# 実用
# 国語辞典

【ポケット判】



高橋書店

# はじめに

情報社会と呼ばれて久しい現代では、パソコンで文書などを作成する機会が増え、表記をワープロソフトなどの漢字変換機能に頼ることが多くなってきました。そのためでしょうか、文章作成が便利になった半面、日常の言語生活で、語意を誤解したり簡単な漢字をど忘れしたりして、思わぬ恥をかくことも増えているようです。

本書は、こうした不都合などをなくし、日常の言語生活をより豊かなものにしていただくために編纂《へんさん》しました。日常よく使われる漢字、漢字仮名交じりの言葉を精選収録、その正しい表記を見出し語にし、主要な意味、用例、対義語などを簡潔にまとめました。また、四字熟語も多数収録しました。まぎらわしい同音異義語は意味ばかりか用例も示し、ひとめで使い分けられるようにしたこと、本則と許容の送り仮名を明示したことなど「用語字典」としての機能も十分に果たす工夫が凝らされています。

この、実用性に富み、携帯にも便利な本書で、美しく確かな日本語の知識を広げられ、本書を、日常生活のあらゆる場でご利用いただくことを願っております。

編　者

# 凡例

◆配列について
見出し語は五十音順に配列した。同音の見出しは、原則として字数、漢字画数の少ない順とした。また、ページ左右端の見出しは、すべて直音・清音で、頭三字で示した。

◆表記について
漢字表記が複数ある場合は、最も標準的な表記を見出し語とし、極力、別表記を【 】で示した。

◆送り仮名について
「送り仮名の付け方」（一九八一年告示）の通則に準じた。「許容」とされていて、省略してもさしつかえないと思われる送り仮名には「▲」をつけた。

【例】 跡《あと》継《つ》▲ぎ　建《た》▲て前《まえ》　引《ひ》▲っ越《こ》▲し

逆に送ってもさしつかえない読みは（ ）で示した。

【例】 表《あら(わ)》す　行《おこ(な)》う　断《こと(わ)》る

◆用例について
該当部分を―で表し「 」で紹介した。

◆対義語について
対義語のある見出し語には極力、⬍に続けて示した。

【例】 下戸《げこ》 酒の飲めない質の人。⬍上戸《じょうご》

◆季語について
俳句などの季語となる語句には、解説の後に新（＝新年）春夏秋冬のマークをつけて季節を示した。

◆同音異義語について
使い分けに迷いがちな同音の語句は▬で示し、明解な語釈のほか、語句により用例も別に明示した。

【例】
**異動《いどう》** 地位や職務が変わること。
**移動《いどう》** 位置・場所が動き変わること。
●本社の人事異動
●座席を移動する

◆収録語数と別掲について
約三万三千語を収録。活用の便を図り、動植物名ほか、カタカナ語、ローマ字略語を巻末にまとめた。

# あ

嗚呼《ああ》 喜びや悲しみ、感動を表す声。

愛《あい》 かわいがり、大切に思う気持ち。

藍《あい》 タデ科の草からとる染料。

相合い傘《あいあいがさ》 恋仲の男女がさす雨傘。

愛飲《あいいん》 好んで飲むこと。「牛乳を―する」

合い印《あいいん》 照合したしるしとしての印。

相打ち《あいうち》 【相討ち】同時に打ち合う。

愛煙《あいえん》 たばこが好きなこと。「―家」

合縁奇縁《あいえんきえん》 不思議な縁。

相生い《あいおい》 同じ根から生えること。

哀歌《あいか》 悲しみをうたった歌。悲歌。

合い鍵《あいかぎ》 その錠に合う別の鍵。

相方《あいかた》 一緒に何かを行う相手。相棒。

相変わらず《あいかわらず》 以前と同様に。

哀感《あいかん》 もの悲しくあわれな感じ。悲哀。

哀歓《あいかん》 悲しみと喜び。悲喜。一喜一憂。

●哀感をそそる
●哀歓をともにする

哀願《あいがん》 情に訴えてこい願うこと。愛訴。

愛玩《あいがん》 かわいがる。もて遊ぶ。「―動物」

合着《あいぎ》 【間着】春と秋の服。合服《あいふく》。

合気道《あいきどう》 当て身や関節技主体の武術。

相客《あいきゃく》 同宿・同席の客となった他人。

愛郷《あいきょう》 故郷を愛すること。「―心」

愛敬《あいきょう》 【愛嬌】愛らしい魅力。「―者」

匕首《あいくち》 【合口】つばのない短刀。どす。

合い口《あいくち》 相手との調子。「―がいい」

愛恵《あいけい》 いつくしみ。かわいがること。

愛犬《あいけん》 愛玩する飼い犬。「―家」



相子《あいこ》 互いに、勝ち負けのないこと。

愛顧《あいこ》 ひいきにすること。引き立て。

愛護《あいご》 かわいがり守ること。「動物―」

愛好《あいこう》 物事を愛し好むこと。「―家」

愛国《あいこく》 自分の国を愛すること。「―心」

合い言葉《あいことば》 合図の言葉。標語。暗号。

愛妻《あいさい》 愛する妻。妻をかわいがること。

挨拶《あいさつ》 応対。儀礼的な言動。答礼。

哀史《あいし》 悲しい出来事の記録。悲史。

愛児《あいじ》 愛してかわいがっているわが子。

哀愁《あいしゅう》 うら悲しい感じ。もの悲しさ。

相性《あいしょう》 【合性】性が合うこと。「―がよい」

愛称《あいしょう》 親しんで呼ぶ呼び名。あだ名。

哀傷《あいしょう》 人の死を悲しむ。哀悼。「―歌」

愛唱《あいしょう》 その歌を好きでよく歌うこと。

愛誦《あいしょう》 詩文を好み、よく口ずさむこと。

●愛唱歌
●詩歌を愛誦する

愛情《あいじょう》 愛する心。いつくしむ気持ち。

愛嬢《あいじょう》 かわいい娘。まなむすめ。

愛人《あいじん》 愛している人。情人。「―関係」

合図《あいず》 決めていた方法で知らせること。

相済む《あいすむ》 済む。申し訳が立つ。

哀惜《あいせき》 人の死を悲しみ惜しむこと。

愛惜《あいせき》 愛して大切に思うことで惜しむ。

●哀惜の念
●祖父の愛惜の品

相席《あいせき》 【合席】他客と同卓につくこと。

哀切《あいせつ》 ひどくあわれで悲しいこと。

相前後《あいぜんご》 時をおかずに続くこと。

哀訴《あいそ》 相手の同情心に嘆き訴えること。

愛想《あいそ》 好感のもてる表情や態度。勘定。

愛憎《あいぞう》 愛することと憎むこと。「―の念」

愛蔵《あいぞう》 物を大切にしまっておくこと。

愛息《あいそく》 かわいがっている息子。⇔愛嬢

間《あいだ》 物と物との中間。すき。関係。

相対《あいたい》 当事者で行うこと。差し向かい。

間柄《あいだがら》 人と人とのつながりの関係。

愛着《あいちゃく》 心を引かれて思い切れないこと。

哀調《あいちょう》 もの悲しい調子。「―を帯びる」

愛重《あいちょう》 かわいがって大切にすること。

愛鳥《あいちょう》 小鳥を愛すること。「―週間」

彼奴《あいつ》 第三者をぞんざいにさす語。

相次ぐ《あいつぐ》 引き続き起こる。「―事故」

相槌《あいづち》 相手の話に調子を合わせた応答。

相手《あいて》 一緒に物事を行う人。敵対者。

哀悼《あいとう》 人の死を、悲しみ悼む。「―の意」

愛読《あいどく》 好んでよく読むこと。「―書」

生憎《あいにく》 都合の悪い様子。「―の天気」

合いの手《あいのて》 【間の手】間に入る音。

相乗り《あいのり》 乗り物に同乗すること。

合い挽き《あいびき》 牛肉と豚肉をまぜたひき肉。

逢い引き《あいびき》 【媾曳】男女の忍び逢い。

愛撫《あいぶ》 愛情をもってなでさすること。

愛別離苦《あいべつりく》 別れの苦しみ。

相部屋《あいべや》 同じ部屋に泊まること。

愛慕《あいぼ》 愛し、したうこと。「―の情」

相棒《あいぼう》 物事を一緒に行う相手。相方。

合間《あいま》 すき間。事の切れ目の短い時間。

曖昧《あいまい》 あやふや。不確か。「―な態度」

曖昧模糊《あいまいもこ》 曖昧であやふや。

相身互い《あいみたがい》 互いに同情し助け合う。

**愛用**《あいよう》 気に入っていつも使う。「—品」
**愛欲**《あいよく》 強い執着。異性への性的な欲望。
**哀楽**《あいらく》 悲しみと楽しみ。「喜怒—」
**哀憐**《あいれん》 あわれみ。「—の情」
**隘路**《あいろ》 狭くて険しい道。障害や支障。
**哀話**《あいわ》 かわいそうな話。悲話。
**合**《あ》**う** 一つになる。調和する。「気が—」
**会**《あ》**う** 顔をあわせる。対面する。
**逢**《あ》**う** 【会う】出会う。巡り会う。
**遭**《あ》**う** 事件や不幸などに出くわす。
●愛し合う ●友に会う ●災難に遭う
**阿吽**《あうん》 吐く息と吸う息。「—の呼吸」
**喘**《あえ》**ぐ** 苦しそうに息をする。苦しむ。
**敢**《あ》**えて** 無理に。強いて。特に。それほど。
**敢**《あ》**え無**《な》**い** あっけない。「—最期」

**和**《あ》**える** 食材をみそや酢とまぜあわせる。
**亜鉛**《あえん》 金属元素の一種。トタン。「—版」
**青息吐息**《あおいきといき》 困り果てた状態。
**青梅**《あおうめ》 熟しきらない青い梅の実。夏
**青黴**《あおかび》 食品などに生じる青緑色のかび。
**仰**《あお》**ぐ** 上を向く。求める。敬う。
**扇**《あお》**ぐ** 【煽ぐ】うちわなどで風を起こす。
**青臭**《あおくさ》**い** 青草のにおいがする。未熟。
**青魚**《あおざかな》 サバ、イワシなど背の青い魚。
**青褪**《あおざ》**める** 【蒼褪める】蒼白になる。
**青写真**《あおじゃしん》 将来の構想図。
**青汁**《あおじる》 生野菜をしぼった汁。
**青白**《あおじろ》**い** 【蒼白い】青みがかって白い。
**青筋**《あおすじ》 皮膚から浮き出て見える静脈。
**青空**《あおぞら》 青く晴れた空。野外。「—市場」

**青田**《あおた》 青々としてまだ実らない田。夏
**青天井**《あおてんじょう》 青空。相場の続騰。無制限。
**青菜**《あおな》 緑色の濃い菜の総称。「—に塩」
**青二才**《あおにさい》 年が若く未熟な男性。
**青葉**《あおば》 青々とした木の葉。新芽。夏
**仰向**《あおむ》**く** 上を向く。⇔うつむく
**青物**《あおもの》 野菜類の総称。背の青い魚。
**呷**《あお》**る** 酒や毒などをひと息で飲む。
**煽**《あお》**る** 風が物を動かす。そそのかす。
●酒を呷る ●火勢を煽る
**垢**《あか》 皮膚にたまった汚れ。「—落とし」
**赤赤**《あかあか》**と** 真っ赤な様子。赤みが強く。
**明明**《あかあか》**と** 光って非常に明るい様子。
●赤赤と燃える ●明明と照らす
**銅**《あかがね》 金属の一種。銅。あか。「—色」

**皹**《あかぎれ》 【皸】寒さによる皮膚のひび割れ。
**足掻**《あ・が》**く** 現状から抜けようともがく。
**赤子**《あかご》 【赤児】生まれての子。赤ん坊。
**証**《あか》**し** 証明。証拠。「—をたてる」
**赤字**《あかじ》 決算上の欠損。校正の書き入れ。
**赤潮**《あかしお》 微生物増殖による海の赤変。夏
**証**《あか》**す** 証明する。「身の潔白を—」
**明**《あ》**かす** 打ち明ける。徹夜する。「夜を—」
●無実を証す ●秘密を明かす
**飽**《あ》**かす** 飽きさせる。おしげもなく使う。
**赤出汁**《あかだし》 赤みそのみそ汁の総称。
**暁**《あかつき》 明け方。ある物事が実現した際。
**赤土**《あかつち》 赤かっ色の粘土。赭土《しゃど》。
**赤点**《あかてん》 赤色で記すことから、落第点。
**購**《あがな》**う** 買い求める。購入する。「家を—」

**贖**《あがな》**う** 金品などを差し出し罪を償う。
**垢抜**《あかぬ》**け** 洗練されている。「—ない」
**赤恥**《あかはじ》 ひどい恥。赤っぱじ。「—をかく」
**赤旗**《あかはた》 共産党や労働者が掲げる旗。
**赤肌**《あかはだ》 【赤膚】皮がむけた赤い肌。山肌。
**赤裸**《あかはだか》 まるはだか。すっぱだか。
**赤札**《あかふだ》 安売り品につける札。その品物。
**赤帽**《あかぼう》 駅構内で旅客の手荷物を運ぶ人。
**赤身**《あかみ》 肉の、脂身の少ない赤い部分。
**崇**《あが》**める** 尊いものとして敬う。「神を—」
**赤**《あか》**らむ** 赤みを帯びる。「顔が—」
**明**《あか》**らむ** 夜が明けて空が明るくなる。
**明**《あ》**かり** 明るい光。光線。ともしび。電灯。
**上**《あ》**がり** 上がること。終わること。収入。
**上**《あ》**がり物**《もの》 供物。収穫物。頂き物。

**上**《あ》**がる** 高所へ移動する。落ち着きを失う。
**挙**《あ》**がる** よく見えるように示す。
**揚**《あ》**がる** 空中に浮かぶ。揚げ物ができる。
**騰**《あが》**る** 【上がる】高騰する。
●階段を上がる 地位が上がる ●犯人が挙がる ●旗が揚がる ●地価が騰る
**明**《あか》**るい** 光が十分にある。精通している。
**赤**《あか》**ん坊**《ぼう》 生まれたばかりの子。赤子。
**秋風**《あきかぜ》 秋の風。男女の心変わり。秋
**秋口**《あきぐち》 秋のはじめ。初秋。秋⇔晩秋
**秋雨**《あきさめ》 秋の雨。九月頃に降る雨。秋
**空**《あ》**き巣**《す》 留守宅、そこに入る泥棒。
**空**《あ》**き地**《ち》 【明き地】使っていない土地。
**商**《あきな》**い** 物を売り買いすること。商売。
**秋晴**《あきば》**れ** 秋の晴れ晴れとした空。秋

秋日和《あきびより》 秋のよく晴れた天気。〔秋〕
秋祭《あきまつり》 秋に行われる祭礼。〔秋〕
空き▼家《あきや》 人が居住していない家。
明らか《あきらか》 はっきり。あざやか。明白。
諦める《あきらめる》 望みを捨てる。断念する。
飽きる《あきる》 同じ物事が続いていやになる。
呆れる《あきれる》 【惘れる】あまりのひどさに驚く。
商人《あきんど》 商う人。商売人。しょうにん。
悪《あく》 悪いこと。よくないこと。⇔善
灰汁《あく》 灰を水に浸した上澄み。「—抜き」
明く《あく》 見えるようになる。終わる。
空く《あく》 からになる。ひまができる。
開く《あく》 閉じていた物が開く。始まる。
●目が明く ●部屋が空く ●扉が開く
悪意《あくい》 害を与えようとする心。悪気。

悪因《あくいん》 悪い結果を生む原因。「—悪果」
悪運《あくうん》 悪事の報いを受けない運。不運。
悪疫《あくえき》 悪い流行病。はやりやまい。
悪縁《あくえん》 悪い結果をもたらす人間関係。
悪逆無道《あくぎゃくむどう》 人道に背く悪事。
悪行《あくぎょう》 悪い行い。みだらな行い。
悪業《あくぎょう》 前世でおかした悪事。あくごう。
悪言《あくげん》 人をあしざまにいう言葉。悪口。
悪妻《あくさい》 夫にとってよくない妻。⇔良妻
悪事《あくじ》 悪いこと。よからぬ行い。悪行。
悪食《あくじき》 一般に食物とされない物を食す。
悪事千里《あくじせんり》 悪いうわさや評判はすぐ広まるということ。「—を走る」
悪質《あくしつ》 たちが悪いこと。質が悪いこと。
握手《あくしゅ》 互いに手を握り合うこと。

悪臭《あくしゅう》 くさくて嫌なにおい。⇔芳香
悪習《あくしゅう》 悪い習慣。悪いならわし。
悪趣味《あくしゅみ》 悪い趣味。嫌な趣味。
悪循環《あくじゅんかん》 悪影響を及ぼし続ける状態。
悪所《あくしょ》 危険な所。難所。遊郭。「—通い」
悪女《あくじょ》 顔の醜い女。性質のよくない女。
悪声《あくせい》 不快で嫌な声。悪いうわさ。
悪性《あくせい》 たちが悪いこと。「—腫瘍」⇔良性
悪政《あくせい》 人民を不幸にする悪い政治。
齷齪《あくせく》 小事にかかわるせかせか働く。
悪銭《あくせん》 不正に得たお金。「—身につかず」
悪戦苦闘《あくせんくとう》 苦しい中での努力。
悪相《あくそう》 恐ろしい人相。不吉な様相。
芥《あくた》 ごみ。ちり。つまらないもの。
悪態《あくたい》 憎まれ口。悪口。「—をつく」

悪玉《あくだま》 悪事を働くもの。悪人。⇔善玉
悪天《あくてん》 天気が悪いこと。悪天候。⇔好天
悪党《あくとう》 悪人。悪者《わるもの》。悪人の集団。
悪童《あくどう》 いたずらっ子。わんぱく。
悪徳《あくとく》 悪い行い。道義に背いた行為。
悪人《あくにん》 悪い心をもつ人。悪事を行う人。
悪念《あくねん》 悪事をたくらむこと。悪心。
悪罵《あくば》 口ぎたなくののしること。悪口。
握髪吐哺《あくはつとほ》 逸材集めに熱心。
欠伸《あくび》 眠い時などに起こる呼吸運動。
悪筆《あくひつ》 下手な字。「—家」⇔能筆・達筆
悪評《あくひょう》 悪いうわさ。よくない評判。
悪平等《あくびょうどう》 形の上だけの誤った平等。
悪風《あくふう》 悪い風習。「—に染まる」
悪文《あくぶん》 下手な文章。わかりにくい文章。

悪弊《あくへい》 悪いならわし。悪風。「社会の—」
悪癖《あくへき》 悪い癖。悪習。「—を直す」
悪木盗泉《あくぼくとうせん》 悪事は決して働いてはいけないという戒め。瓜田李下。
悪魔《あくま》 人の心を迷わし、悪に誘う魔物。
飽く▼迄《あくまで》 徹底的に。どこまでも。
悪夢《あくむ》 不吉でいやな夢。おそろしい現実。
倦む《あぐむ》 物事を成しとげられずに困る。
悪名《あくめい》 悪いうわさ。悪評。「—高い」
悪役《あくやく》 悪人の役。悪い役回り。悪形《あくがた》。
悪友《あくゆう》 悪い友だち。⇔良友
悪用《あくよう》 悪い目的に使うこと。⇔善用
胡座《あぐら》 【胡坐】足を前に組んで座ること。
悪辣《あくらつ》 たちが悪く手段があくどいこと。
悪霊《あくりょう》 人をたたる死者の魂。あくれい。

握力《あくりょく》 手のひらで物を握る力。「—計」
明くる《あくる》 次の。「—日」「—朝」「—年」
悪例《あくれい》 悪い例。悪い先例。「—を残す」
朱《あけ》 【緋】赤い色。「—にそまる」
揚▼げ《あげ》 揚げたもの。油揚げ。「精進—」
揚▼げ足《あげあし》 言葉じり。「—を取る」
揚▼げ板《あげいた》 板の間が開閉できる床板。
明け方《あけがた》 夜明け時分。未明。払暁。
挙▼げ句《あげく》 【揚げ句】結果。「—の果て」
明け暮れ《あけくれ》 朝晩。一日ずっと。
上げ潮《あげしお》 満ち潮。勢いが盛んになる。
明け透け《あけすけ》 包み隠さないこと。
上げ底《あげぞこ》 外見より底を高くした容器。
論う《あげつらう》 物事の是非を論じ立てる。
明け▼放す《あけはなす》 あけたままにする。

曙《あけぼの》 明け方。夜明け。「近代文明の—」
揚《あ》げ▲幕《まく》 能や芝居の花道の垂れ幕。
明《あ》ける 新しい状態になる。新年になる。
空《あ》ける 中のものをなくす。⇔満たす
開《あ》ける ひらく。⇔しめる・とじる
●夜・梅雨が明ける ●家を空ける 間を空ける ●戸を開ける 穴を開ける
上《あ》げる 上の方へ移動させる。高くする。
挙《あ》げる 広く示す。並べる。検挙する。
揚《あ》げる 揚げる。油で煮る。元へ戻す。
●効果を上げる 棚へ上げる 声を上げる ●候補を挙げる ●船荷を陸へ揚げる
明《あ》け▲渡《わた》す 場所を退いて人に渡す。
顎《あご》 【腮】口の上下の部分。あぎと。
憧《あこが》れる 【憬れる】心が強くひかれる。

阿漕《あこぎ》 やり口が強欲であくどいこと。
朝《あさ》 日の出前後から正午までの間。
字《あざ》 町・村内の一区画。
痣《あざ》 皮膚に生じる赤色や紫色の斑紋。
浅《あさ》い 深くない。経験や知識が少ない。
朝市《あさいち》 朝ひらく、野菜や魚などの市。
朝駆《あさが》け▲ 【朝駈】朝早く出掛けること。
浅葱《あさぎ》 【浅黄】薄いネギの葉の色。水色。
浅黒《あさぐろ》い 顔色などが薄黒いさま。
朝餉《あさげ》 朝の食事。朝食。朝飯。
嘲《あざけ》る ばかにして笑う。さげすむ。
浅瀬《あさせ》 海や川の水の浅い所。「—に徒波」
浅知恵《あさぢえ》 思慮の足りない考え。
明後日《あさって》 明日の次の日。みょうごにち。
朝露《あさつゆ》 朝のうちにおりる露。[秋]⇔夜露

浅手《あさで》 【浅傷】軽傷。⇔痛手・深手
糾《あざな》う よりあわせる。なう。「縄を—」
朝凪《あさなぎ》 朝、海上に風のない状態。[夏]
麻縄《あさなわ》 麻をなって作った縄。
朝寝《あさね》 朝遅くまで寝る。[春]⇔朝起き
浅《あさ》はか 考えが浅いさま。浅慮。「—な考え」
朝晩《あさばん》 朝と晩。朝夕。あけくれ。
朝日《あさひ》 【旭】朝のぼる太陽。⇔夕日
浅《あさ》ましい 心がいやしい。見苦しい。
欺《あざむ》く だます。惑わす。「人目を—」
朝飯前《あさめしまえ》 極めて容易なこと。
鮮《あざ》やか はっきりしている。手際がよい。
朝焼《あさや》け 朝、赤くなった東の空。[夏]
漁《あさ》る 魚介類をとる。餌を探し求める。
嘲笑《あざわら》う ばかにして笑う。あざ笑う。

足《あし》 足首から足先。「—が速い」⇔手
脚《あし》 足首から上。下肢。物の支え。
●足を運ぶ 足の裏 ●机の脚 脚の線
味《あじ》 飲食物の味わい。物事の趣。
足跡《あしあと》 歩いたあとに残る足の形。業績。
足掛《あしか》け 年月の概算の数え方。
足枷《あしかせ》 行動を束縛するもの。刑具。
足固《あしがた》め 将来に備えての準備。基礎。
足軽《あしがる》 雑役・歩卒となる下級武士。
足切《あしき》り 基準以下の者を切り捨てる。
足癖《あしくせ》 歩き方や足の置き方のくせ。
足蹴《あしげ》 足でけること。ひどい仕打ち。
味気《あじけ》ない 面白味や風情がない。
悪《あ》し様《ざま》 ことさらに悪く言うこと。
足繁《あししげ》く 同じ所へ何度も。「—通う」

朝《あした》 明け方。早朝。⇔夕べ
明日《あした》 今日の翌日。あす。みょうにち。
足駄《あしだ》 歯の高い下駄《げた》。高げた。
足手纏《あしでまと》い じゃまになるもの。
足止《あしど》め 【足留め】進行をとめること。
足取《あしど》り 歩き方。歩いた道すじ。
足並《あしな》み▲ 歩き方や行動のそろい具合。
足慣《あしな》らし▲ 歩行の練習。準備行動。
足場《あしば》 足がかり。根拠地。拠点。
足早《あしばや》 人の歩き具合の速いさま。
足踏《あしぶ》み その場で足を交互に踏む。
足任《あしまか》せ 気ままに・歩けるだけ歩く。
足回《あしまわ》り 足もと。自動車の車輪周辺。
味見《あじみ》 料理の味加減をみること。
足下《あしもと》 【足許・足元】足が地につく辺り。

阿修羅《あしゅら》 仏法の守護神。修羅。
網代《あじろ》 川魚をとる竹や木の仕掛け。[冬]
味《あじ》わい 食物の味やうまみ。物事の趣。
与《あずか》る 物事にかかわる。「相談に—」
預《あず》かる 金品などを保管・世話すること。
●ごちそうに与る ●留守を預かる
東《あずま》 【吾妻】都の東方の諸国。関東。
四阿《あずまや》 【東屋】屋根と柱だけの小屋。
汗《あせ》 汗腺《かんせん》から出る分泌液。[夏]
畔《あぜ》 【畦】田と田の境。くろ。「—道」
校倉《あぜくら》 木材を井げたに組んだ壁の倉。
汗疹《あせも》 汗で皮膚にできる湿疹《しっしん》。[夏]
焦《あせ》る 気がせく。いらいらする。
褪《あ》せる 色がさめる。退色する。「色—」
唖然《あぜん》 あきれてものが言えないさま。

彼処《あそこ》 【彼所】あの場所。あの局面。
遊《あそ》ぶ おもしろいことをして楽しむ。
仇《あだ》 うらみ。かたき。害。「—を討つ」
徒《あだ》 かいのないこと。むなしいこと。
婀娜《あだ》 なまめかしい。あでやか。
価《あたい》 価格。ねだん。金高の数量。
値《あたい》 価値。数量。「一読に—する書」
●商品に価を付ける ●暗算で値を求める
能《あた》う することができる。なし得る。
仇討《あだう》ち◀ 敵を討ち取ること。仕返し。
与《あた》える 物をやる。相手にこうむらせる。
恰《あたか》も 【宛も】さながら。まるで。丁度。
温《あたた》かい 物の温度がほどよい熱さ。
暖《あたた》かい 気候や気温がほどよい暑さ。
●温かい料理・家庭 ●暖かい部屋・色

徒名《あだな》 【仇名】色事のうわさ。浮き名。
渾名《あだな》 【綽名】呼び名。愛称や蔑称《べっしょう》。
●徒名を流す ●渾名をつける
徒花《あだばな》 実を結ばない花。実《じつ》を伴わない。
頭《あたま》 首から上の部分。かしら。はじめ。
頭打《あたまう》ち◀ 物事が限界に達した状態。
頭数《あたまかず》 人の数。人数。「—をそろえる」
頭金《あたまきん》 代金の一部として支払う保証金。
頭《あたま》ごなし 一方的に決めつけること。
頭割《あたまわ》り◀ 人数にあわせて割り当てる。
徒《あだ》や疎《おろそ》か いいかげん。適当。
可惜《あたら》 惜しくも。もったいなくも。
新《あたら》しい 今までにない、はじめての状態。
辺《あた》り ある物や時間に近い範囲。付近。
当《あ》たり障《さわ》り◀ さしつかえ。支障。

当《あ》たり前《まえ》◀ 当然。ごく普通なこと。
当《あ》たる◀ ぶつかる。的中する。「一等に—」
彼方《あちら》 あの方角。むこう。あの人。
厚《あつ》い 厚みがある。情が深い。⬍薄い
篤《あつ》い 病状が重い。志が深い。
●生地が厚い ●信仰心が篤い
暑《あつ》い 気温が高い。「—夏」⬍寒い
熱《あつ》い 熱が高い。熱がある。⬍冷たい
●暑い日 蒸し暑い ●熱い湯 熱い思い
悪化《あっか》 状態が悪くなること。⬍好転
悪貨《あっか》 品質の粗悪な貨幣。⬍良貨
扱《あつか》う 道具や品物を操作・使用する。
厚皮《あつかわ》 厚い皮。あつかましいこと。
圧巻《あっかん》 最も優れている部分。出色《しゅっしょく》。
悪漢《あっかん》 悪事をはたらく男。悪者。悪党。

熱燗《あつかん》 酒を熱く温めること、その酒。図
悪鬼《あっき》 悪い鬼。たたりをなす魔物。
厚着《あつぎ》 衣服を重ねてたくさん着る。図
暑苦《あつくる》しい 暑さで苦しい。
厚化粧《あつげしょう》 派手で濃い化粧。⬍薄化粧
呆気《あっけ》ない ものたりない。「—最期」
悪口雑言《あっこうぞうごん》 ひどいわるくち。
圧砕《あっさい》 押しつけて砕くこと。「—岩」
圧搾《あっさく》 圧力でしぼること。気体の圧縮。
圧殺《あっさつ》 押し殺すこと。抑えつけること。
圧死《あっし》 押しつぶされて死ぬこと。
圧縮《あっしゅく》 押しつけて縮めること。「—機」
圧勝《あっしょう》 圧倒的に勝つこと。⬍辛勝
圧制《あっせい》 権力で他の言動を抑えつける。
圧政《あっせい》 権力で抑えつける政治。悪政。

斡旋《あっせん》 取りもつこと。世話。周旋。
厚手《あつで》 紙や布などが厚いこと。⬍薄手
圧倒《あっとう》 ほかを断然しのぐこと。「—的」
圧迫《あっぱく》 強い力や権力で抑えつけること。
天晴《あっぱ》れ 【適】立派、とほめる言葉。
圧服《あっぷく》 【圧伏】力で抑えて従わせること。
集《あつ》まる 人や物が多数寄り合う。⬍散る
羹《あつもの》 熱い汁。「—に懲りて膾《なます》を吹く」
誂《あつら》え 注文して製作する品。⬍出来合
誂《あつら》え向《む》き 望みどおり。丁度よい。
圧力《あつりょく》 抑えつける力。人を威圧する力。
軋轢《あつれき》 仲が悪くなること。不和。
宛《あて》 割り当てること。届け先。「本人—」
当《あ》て馬《うま》 仮に表面に推し立てた人。
宛行《あてが》う ぴたりとつける。割り振る。

当《あ》て擦《こす》る◀ 遠回しに悪口を言う。
当《あ》て込《こ》む◀ よい結果を期待する。
宛先《あてさき》 郵便物のあて名。あて名の場所。
当《あ》て字《じ》◀ 漢字の音・訓を借りた表記。
当《あ》て推量《ずいりょう》 根拠なく推し量ること。
当《あ》て所《ど》 目あて。心あたり。「—なく」
宛名《あてな》 手紙などに書く先方の名。
当《あ》て外《はず》れ 期待や予想が外れる。
当《あ》て嵌《は》まる◀ うまく合う。
艶《あで》やか なまめかしく美しいさま。
当《あ》てる 触れさせる。ぶつける。はめる。
充《あ》てる 不足の部分に入れる。充当する。
宛《あ》てる 名指しでおくる。差し出す。
●的に当てる 答を当てる ●貯金を生活費に充てる ●親に宛てる手紙を書く

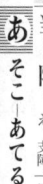

**後**《あと》 のち。後方。「—に続く」⇔先・前
**痕**《あと》 傷などのあと。あとに残る形。
**跡**《あと》 あとかた。あとめ。形跡。
●後を追う ●傷の痕 ●苦心の跡
**後足**《あとあし》 【後脚】四足動物の後肢。⇔前足
**後味**《あとあじ》 食後に残る味。事後に残る感じ。
**後押し**《あとおし》 後ろから押すこと。後援。
**後書き**《あとがき》◀ 書物の終わりに添える文章。
**跡形**《あとかた》 以前に物があったしるし。
**後片付け**《あとかたづけ》 後始末や整理整頓《せいとん》。
**後釜**《あとがま》 前任者に代わってつく地位。
**後腐れ**《あとくされ》 事後に面倒な関係が残る。
**後先**《あとさき》 物事の順序が入れかわること。
**後産**《あとざん》 出産後に胎盤や卵膜が出ること。
**後始末**《あとしまつ》 あと片づけ。事後処理。
**後退り**《あとずさり》 前を向いたまま後退する。
**跡継ぎ**《あとつぎ》◀ 家督を継ぐこと。後継者。
**跡取り**《あととり》◀ 家督を継ぐ人。嗣子。跡目。
**後の祭り**《あとのまつり》◀ 時機遅れ。ておくれ。
**後引き**《あとひき》 次々と飲食物を欲しがる。
**後回し**《あとまわし》 順序を変えて後に回すこと。
**跡目**《あとめ》 後継者。跡取り。相続人。「—争い」
**後戻り**《あともどり》 引き返すこと。後退。退歩。
**後厄**《あとやく》 厄年《やくどし》の次の年。⇔前厄
**穴**《あな》 【孔】くぼんでいる所。損失。
**穴馬**《あなうま》 競馬で、勝ちそうな人気薄の馬。
**穴埋め**《あなうめ》 損失や欠損を補うこと。
**強ち**《あながち》 必ずしも。まんざら。一概《いちがい》に。
**穴蔵**《あなぐら》 【窖】穴を掘って作る貯蔵所。
**貴方**《あなた》 相手を敬って指す語。「—様」
**侮る**《あなどる》 相手を軽んじて見くびること。
**穴場**《あなば》 人が見逃しているよい場所。
**兄**《あに》 年上の男きょうだい。兄貴。
**兄貴**《あにき》 兄や先輩を呼ぶ尊敬語。
**兄弟子**《あにでし》 自分より先に入門した弟子。
**豈図らんや**《あにはからんや》 意外にも。
**兄嫁**《あによめ》 【嫂】兄の妻。
**姉**《あね》 年上の女きょうだい。姉御。
**姉貴**《あねき》 姉の敬称。
**姉御**《あねご》 【姐御】女親分。親分の妻など。
**姐御肌**《あねごはだ》 面倒見がいい女の気性。
**彼の世**《あのよ》 死後の世界。⇔この世
**暴く**《あばく》 【発く】秘密を公表する。
**痘痕**《あばた》 天然痘のあと。「—もえくぼ」
**荒屋**《あばらや》 【荒家】荒れはてた家。粗末な家。
**暴れる**《あばれる》 乱暴な行いをする。暴行する。
**阿鼻叫喚**《あびきょうかん》 むごたらしい状景。
**浴びる**《あびる》 湯や水をかぶる。こうむる。
**泡銭**《あぶくぜに》 労せずして得たお金。悪銭。
**危ない**《あぶない》 危険だ。だめだ。「—目にあう」
**鐙**《あぶみ》 足をふみかける馬具の一つ。
**油**《あぶら》 水に溶けない油状の液体の総称。
**脂**《あぶら》 動物性のあぶら。「—がのる」
●水と油 ●油いため ●牛肉の脂 ●脂ぎる
**油揚げ**《あぶらあげ》◀ 薄い豆腐を揚げた食品。
**脂汗**《あぶらあせ》 苦しい時などに出る汗。
**油絵**《あぶらえ》 油絵の具を用いて描いた絵画。
**油粕**《あぶらかす》 油脂作物の油を絞った残りかす。
**油差し**《あぶらさし》◀ 油を注ぐ道具。またその人。
**油照り**《あぶらでり》◀ じりじりむし暑い天候。夏
**脂身**《あぶらみ》 脂肪の多い肉。またその部分。
**焙る**《あぶる》 【炙る】火で軽く焼く。「干物を—」
**溢れる**《あふれる》 いっぱいになってこぼれる。
**阿片**《あへん》 【鴉片】ケシの実からとった麻薬。
**尼**《あま》 出家した女。女の僧。修道女。
**海女**《あま》 海にもぐり漁をする女性。春
**雨間**《あまあい》 雨が一時やんでいるあいだ。
**雨脚**《あまあし》 【雨足】雨の通りすぎる速さ。
**甘い**《あまい》 甘みがある。厳しくない。快い。
**甘える**《あまえる》 甘ったれる。なれてこびる。
**雨傘**《あまがさ》 雨を防ぐための傘。
**甘糟**《あまかす》 【甘粕】甘酒の堅練りのもの。
**雨合羽**《あまがっぱ》 雨を防ぐための合羽。
**甘皮**《あまかわ》 樹木や果実の外皮の内側の薄皮。
**雨具**《あまぐ》 雨を防ぐための傘や合羽。
**天下り**《あまくだり》 【天降り】退職官僚の再就職。
**甘口**《あまくち》 味が甘い。甘党。甘言。⇔辛口
**雨雲**《あまぐも》 雨気を含んだ雲。乱層雲。
**雨乞い**《あまごい》 神仏に降雨を祈ること。夏
**甘酒**《あまざけ》 【醴】粥《かゆ》と麹《こうじ》で作る飲料。夏
**雨曝し**《あまざらし》 雨にうたれたまま放置する。
**余す**《あます》 余るようにする。残。「—所二日」
**数多**《あまた》 【許多】たくさん。多く。どっさり。
**雨垂れ**《あまだれ》 軒にしたたる雨水。雨滴。
**剰え**《あまつさえ》 そのうえ。おまけに。
**尼寺**《あまでら》 尼の住んでいる寺。比丘尼《びくに》寺。
**雨戸**《あまど》 窓などの外側に取りつけた戸。
**雨樋**《あまどい》 軒先に設けた雨を受け流す樋。
**甘党**《あまとう》 甘い物を好むこと・人。⇔辛党
**普く**《あまねく》 【遍く】すみずみまで広く。

天《あま》の川《がわ》　帯状に見える恒星群。[秋]
天《あま》の◀邪《じゃ》鬼《く》　つむじまがり。悪鬼。
雨模様《あまもよう》　雨が降りそうな天気。
雨漏《あまも》り　屋根などから雨が漏ること。
雨宿《あまやど》り　雨上がりを待つこと。
余《あま》り　残った物。余分。過度。「―物」
余《あま》る　多すぎて残る。力量を超える。
甘《あま》んじる　我慢して受け入れる。
網《あみ》　魚や鳥などをとらえる道具。
阿彌陀《あみだ》　衆生を救済する仏。くじ。
編《あ》み◀出《だ》す　編み始める。作りだす。
網棚《あみだな》　電車などにある手荷物用の棚。
網戸《あみど》　[夏] 網を張った戸。
編《あ》み◀目《め》　編み物で、糸と糸の間。
網元《あみもと》　船や網を所有し漁をする人。

編《あ》む　編み物をする。編集する。
雨《あめ》　空から降ってくる水滴。雨水。
飴《あめ》　でんぷんを糖化した甘い菓子。
雨霰《あめあられ》　弾丸などが降りそそぐさま。
蛙鳴蟬噪《あめいせんそう》　騒がしいこと。
文《あや》　文章の技巧。仕組み。模様。
綾《あや》　線が斜めに交わった模様。
●言葉・事件の文　●綾に織る　綾模様
危《あや》うい　あぶない。危険である。「命が―」
肖《あやか》る　幸福な人に擬する。影響で似る。
妖《あや》しい　不思議な魅力がある。
怪《あや》しい　疑わしい。得体が知れない。
●妖しい美しさ　●怪しい人影
操《あやつ》り◀人形《にんぎょう》　糸であやつる人形。
操《あやつ》る　思うように動かす。操縦する。

綾取《あやと》り　ひもで形を作る遊び。[冬]
危《あや》ぶむ　あぶなく思う。あぶながる。
過《あやま》ち　やりそこない。過失。失敗。
誤《あやま》る　【謬る】間違える。しくじる。
謝《あやま》る　わびる。謝罪する。降参する。
●使用を誤る　●関係者に謝る
文目《あやめ》　模様。色合い。物事の筋道。
殺《あや》める　殺す。危害を加える。「人を―」
阿諛追従《あゆついしょう》　こびへつらうこと。
歩《あゆ》み　歩くこと。進み具合。「年月の―」
歩《あゆ》み寄《よ》る　合意を求め譲互する。
粗《あら》　魚の身をとった残り。人の欠点。
荒《あら》い　乱暴である。粗暴だ。⇕穏やか
粗《あら》い　細かくない。粗雑だ。⇕細かい
●気が荒い　荒い波　●粒が粗い　粗い目

洗《あら》い浚《ざら》い　残らず。全部。「―話す」
洗《あら》い晒《ざら》し　洗濯で色が落ちた衣類。
荒石《あらいし》　石切り場から採取したままの石。
荒磯《あらいそ》　波の荒い浜辺。岩の多い浜辺。
洗《あら》う　水で汚れを落とす。調査する。
抗《あらが》う　抵抗する。言い争う。「権力に―」
予《あらかじ》め　前もって。かねがね。事前に。
荒稼《あらかせ》ぎ　一時に大もうけすること。
粗方《あらかた》　大体。ほとんど全部。大方。
粗金《あらがね》　【鉱】掘り出したままの金属。
粗皮《あらかわ》　木や果実の外皮。⇕甘皮
荒肝《あらぎも》　荒々しい心。肝っ玉。度胸。
荒行《あらぎょう》　苦難をおかして行う修行。
荒《あら》くれ者《もの》　荒くれた者。乱暴者。
荒削《あらけず》り　【粗削り】ざっと削った状態。

荒駒《あらごま》　御しにくい馬。暴れ馬。
粗探《あらさが》し　無理に人の欠点を探すこと。
嵐《あらし》　風が吹き荒れる気象。暴風雨。
粗塩《あらじお》　粒の粗い、未精製の塩。
荒仕事《あらしごと》　骨のおれる、荒っぽい仕事。
荒野《あらしの》　休耕中の焼畑。
嵐窓《あらしまど》　炭竈《すみがま》の後方の煙出し口。
荒《あ》◀らす　壊す。騒がす。領分を侵す。
非《あら》ず　そうではない。「さに―」
粗筋《あらすじ》　【荒筋】あらましのすじ。概略。
争《あらそ》う　はりあう。優劣を競う。
新《あら》た　新しいさま。改めるさま。
灼《あらた》か　神仏の霊験や薬効が著しいこと。
荒立《あらだ》てる　荒くなる。不穏になる。
新玉《あらたま》　新年。「―の年の始め」[新]

改《あらた》まる　新しく変わる。一新する。
革《あらた》まる　病状が重くなる。重態になる。
●社風・年が改まる　●病が革まる
新手《あらて》　新たな手段。新入り。「―の商法」
荒波《あらなみ》　激しい波。激浪。怒濤《どとう》。
荒縄《あらなわ》　わらで作った太い縄。粗索。
粗煮《あらに》　魚のあらを煮た料理。「タイの―」
荒野《あらの》　【曠野】荒れた野原。あれの。
新仏《あらぼとけ》　死後はじめて盆を迎える霊。
粗彫《あらぼり》　【荒彫】粗く彫ること。
新巻《あらま》き◀　【荒巻】甘塩のサケ。[冬]
荒武者《あらむしゃ》　勇猛な武者。荒々しい武士。
荒物《あらもの》　日常生活に使う雑貨類の総称。
新湯《あらゆ》　一番風呂《ぶろ》の湯。さらゆ。
荒《あら》らげる　態度や言葉遣いを荒くする。

荒療治《あらりょうじ》 手荒な治療。荒っぽい改革。
霰《あられ》 水蒸気が凍って降るもの。图
露《あらわ》 隠れた物がむき出しなさま。
荒技《あらわざ》 大胆で強烈なわざ。
荒業《あらわざ》 荒々しい仕事。力仕事。
表《あらわ》す 表面に出す。考えや意思を示す。
現《あらわ》す 姿を見せる。「頭角を—」現出。
著《あらわ》す 書物を書いて世に出す。著作。
顕《あらわ》す 世間の人に広く知らせる。顕示。
●言葉に・敬意を表す ●姿・効果を現す ●自叙伝を著す ●善行・本性を顕す
有《あ》り明《あ》け 月が残った夜明け。
有《あ》り合《あ》わせ その場にあるもの。
在《あ》り処《か》 ある場所。所在。居所。
在《あ》り方《かた》 あるべき姿。現実の様子。

有《あ》り難《がた》い かたじけない。感謝。
有難迷惑《ありがためいわく》 余計に迷惑なさま。
有《あ》り金《がね》 手もとにある金。現金。
在《あ》り来《き》たり ありふれている。
有様《ありさま》 物事の様子や状態。「ひどい—」
有丈《ありたけ》 ある限り。あるだけ全部。
有《あ》り体《てい》 ありのまま。実際のさま。
有《あ》りの儘《まま》 事実どおり。ありてい。
亜流《ありゅう》 模倣だけで独創性がないこと。
有《あ》る 持っている。所有する。⇕無い
在《あ》る その場所にある。存在する。
●才能・財産が有る ●駅前に交番が在る
或《ある》いは もしかすると。はたまた。又は。
歩《ある》く 足で進む。徒歩で行く。あゆむ。
主《あるじ》 一家の長。亭主。雇用主。所有者。

亜鈴《あれい》 【啞鈴】体操器具の一。ダンベル。
荒《あ》れ性《しょう》 乾燥しやすい皮膚のたち。
荒《あ》れ地《ち》 耕作していない荒れた土地。
荒《あ》れ野《の》 荒れ果てた野原。こうや。
荒《あ》れ模様《もよう》 悪天候の気配。
彼《あれ》や是《これ》や あれこれ。いろいろ。
荒《あ》れる あばれる。破れすたれる。
泡《あわ》 液体が気体を含んでできた玉。
淡《あわ》い あっさりしている。薄い。淡白。
袷《あわせ》 裏をつけた着物。夏 ⇕単衣《ひとえ》
合《あ》わせる 合体させる。一致させる。
併《あわ》せる 複数の物事を一緒にする。
●手を合わせる ●二つの会社を併せる
慌《あわ》ただしい 【遽しい】慌てて急ぐ。
粟立《あわだ》つ 鳥肌が立つ。「総身に—」

慌《あわ》てる 驚きまどう。ひどく急ぐ。
泡盛《あわもり》 沖縄特産の焼酎《しょうちゅう》。
泡雪《あわゆき》 【沫雪】軽く溶けやすい雪。
淡雪《あわゆき》 薄く積もった消えやすい雪。春
●泡雪豆腐 泡雪羹 ●春の淡雪
哀《あわ》れ 気の毒なさま。不憫《ふびん》なさま。
哀《あわ》れむ 【憐む】気の毒に思う。同情する。
案《あん》 考え。思いつき。計画。「—を練る」
庵《あん》 いおり。住居や文人などの号。
餡《あん》 小豆を煮つぶし加糖した食品。
暗暗裏《あんあんり》 【暗暗裡】人知れず。ひそか。
安易《あんい》 困難がないこと。たやすいこと。
安意《あんい》 心が安まること。安心。
安逸《あんいつ》 【安佚】何もせずに遊んで暮らす。
暗鬱《あんうつ》 暗くて憂鬱《ゆううつ》なさま。「—な気分」

暗雲《あんうん》 黒い雲。危機の迫るさま。
暗雲低迷《あんうんていめい》 不穏な情勢。
暗影《あんえい》 【暗翳】暗いかげ。不吉な兆し。
行火《あんか》 手足を温める道具。「電気—」图
安価《あんか》 値段が安いこと。安っぽい。廉価。
案下《あんか》 机の下。手紙の脇付。机下。
安臥《あんが》 安らかに寝ること。
案外《あんがい》 思いのほか。存外。意外。
安閑《あんかん》 安らかなさま。気楽なさま。
安危《あんき》 安全と危険。「—にかかわる事態」
暗記《あんき》 そらでおぼえること。暗唱。
鮟肝《あんきも》 鮟鱇《あんこう》の肝臓。
行脚《あんぎゃ》 修行僧などの徒歩の旅。「諸国—」
安居《あんきょ》 心安らかにして暮らすこと。夏
暗渠《あんきょ》 地下の水路。「—排水」⇕明渠

暗愚《あんぐ》 事理に暗いこと。愚か。
暗君《あんくん》 愚かな君主。⇕明君・名君
案件《あんけん》 問題になっている事柄。「重要—」
暗語《あんご》 暗号の言葉。
暗溝《あんこう》 地下にある溝。暗渠《あんきょ》。
暗号《あんごう》 秘密の記号。合い言葉。「—を解く」
暗合《あんごう》 期せずして物事が一致すること。
暗黒《あんこく》 くらがり。やみ。「—街」「—時代」
安座《あんざ》 【安坐】あぐら。現状に安ずる。
按察《あんさつ》 調べてただすこと。吟味する。
暗殺《あんさつ》 ひそかにねらって殺すこと。
安産《あんざん》 苦しまず出産すること。⇕難産
暗算《あんざん》 頭の中でする計算。⇕筆算
暗示《あんじ》 それとなく示すこと。⇕明示
暗室《あんしつ》 光の入らぬようにした部屋。

安車蒲輪《あんしゃほりん》　老人をいたわる。
安住《あんじゅう》　安心して住む。満足しとどまる。
案出《あんしゅつ》　考えだすこと。工夫して作りだす。
暗唱《あんしょう》　【暗誦・諳誦】そらで読むこと。
暗証《あんしょう》　人物を証明する内密の番号。
●詩を暗唱する
●暗証番号
暗礁《あんしょう》　海面下に隠れた岩。物事の障害。
鞍上《あんじょう》　馬のくらの上。馬上。
暗色《あんしょく》　暗い色調。黒ずんだ色。⇔明色
案《あん》じる　心配する。考える。「身を—」
安心《あんしん》　心が安らか。心配ないさま。
安心立命《あんしんりつめい》　安心して動じない。
安静《あんせい》　静かで安らかなさま。「絶対—」
安全《あんぜん》　危険でないこと。確か。無事。
暗然《あんぜん》　悲しく心ふさぐさま。暗いさま。

安全保障《あんぜんほしょう》　国家間の集団保障。
安息《あんそく》　ゆっくりと休むこと。休息。
安打《あんだ》　(野球で)ヒット。「四打数二—」
安泰《あんたい》　安らか。安全。安穏。「お家—」
暗澹《あんたん》　将来に希望を失っているさま。
安置《あんち》　据え置くこと。祭る。納める。
安着《あんちゃく》　無事に到着すること。
暗中飛躍《あんちゅうひやく》　暗躍すること。
暗中模索《あんちゅうもさく》　手探りで捜すこと。
暗潮《あんちょう》　外面に表れない世の風潮や勢力。
安直《あんちょく》　安易。手軽。気軽。「—な考え」
安定《あんてい》　変動しない。落ち着いている。
暗転《あんてん》　事態が悪い方へ転じること。
安堵《あんど》　安心すること。ほっとするさま。
暗闘《あんとう》　裏でひそかに争う。陰の争い。

行灯《あんどん》　昔の、灯火をともす道具。
案内《あんない》　手びき。知らせ。招待。「—状」
暗《あん》に　それとなく。「—指摘する」
安寧《あんねい》　世の中が平穏なさま。「—秩序」
案《あん》の定《じょう》　思った通り。やはり。
安穏《あんのん》　安らかで穏やかなさま。平穏。
鞍馬《あんば》　男子の体操競技の一種目。
案配《あんばい》　【按排・按配】うまく運ばせる。
塩梅《あんばい》　【按配】物事の具合。調子。体調。
●順序を案配する
●いい塩梅の味加減
安否《あんぴ》　様子。無事かどうかということ。
案文《あんぶん》　下書きの文章。「—を練る」
案分《あんぶん》　【按分】一定の割で分けること。
罨法《あんぽう》　患部を冷やす、また温める療法。
按摩《あんま》　もみ療治。もみ療治につく人。

暗幕《あんまく》　外光を遮り暗くする黒い幕。
餡蜜《あんみつ》　餡をのせたみつ豆。
安眠《あんみん》　安らかに眠ること。「—妨害」
暗黙《あんもく》　意志を表さず、黙っていること。
暗夜《あんや》　【闇夜】暗やみの夜。「—の礫《つぶて》」
暗躍《あんやく》　企てのために陰で動き回ること。
安楽《あんらく》　安らかで楽しいこと。「—椅子」
暗流《あんりゅう》　表面にあらわれない不穏な情勢。
暗涙《あんるい》　人知れずこぼす涙。「—にむせぶ」

## い

井《い》　井戸。「—の中の蛙《かわず》」
亥《い》　十二支の第十二。イノシシ。
胃《い》　消化器官の一。胃袋。
異《い》　ことなる。怪しい。「—を唱える」

意《い》　心。思い。考え。わけ。「—に沿う」
居合《いあい》　抜刀の瞬間に相手を斬る技。
威圧《いあつ》　威力でおさえつけること。「—感」
慰安《いあん》　苦労をなぐさめること。「—旅行」
唯唯《いい》　人の言うがままに従うさま。
言《い》い掛《が》かり　難癖をつけること。
好《い》い加減《かげん》　よいほどあい。適当。
言《い》い兼《か》ねる　積極的に言えない。
異域《いいき》　外国。異境。異国。
好《い》い気《き》　得意。うぬぼれる気持ち。
言《い》い切《き》る　断言する。
言《い》い種《ぐさ》　口のきき方。話の種。口実。
言《い》い渋《しぶ》る　言うのをためらう。
言《い》い損《そこ》なう　言い間違う。失言。
唯唯諾諾《いいだくだく》　従順に人に従う。

言《い》い立《た》てる　強調して言う。
言《い》い繕《つくろ》う　言葉でごまかす。
言《い》い付《つ》け　命令。告げ口。
言《い》い伝《つた》え　語り伝え。伝説。
許婚《いいなずけ》　【許嫁】婚約者。フィアンセ。
言《い》い成《な》り　相手の言うがまま。
言《い》い値《ね》　売る側が言うままの値段。
言《い》い逃《のが》れ　責任回避の言い訳。
言《い》い触《ふ》らす　大勢に言いまわる。
言《い》い分《ぶん》　言うべきこと。不平・不満。
言《い》い回《まわ》し　表現方法。言い表し方。
言《い》い訳《わけ》　【言い分け】申し開き。弁解。
言《い》い渡《わた》す　申し渡す。命令する。
医院《いいん》　個人経営で開業する診療所。
委員《いいん》　特定の仕事のために選ばれた人。

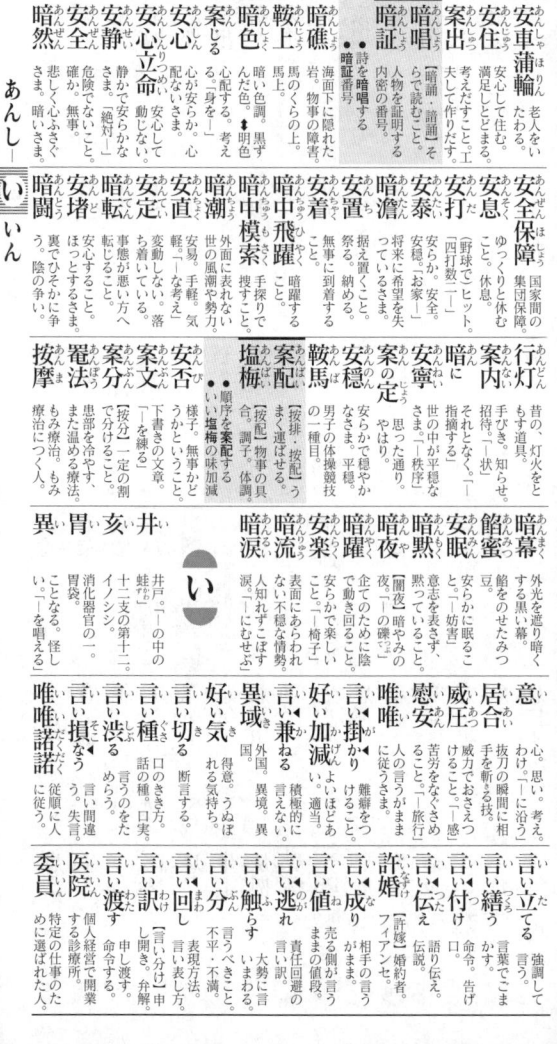

**言《い》う** 口に出す。述べる。発言する。
**家《いえ》** 人の住む建物。家庭。「―を持つ」
**遺影《いえい》** 故人の写真や肖像。
**家柄《いえがら》** 家の格式。家格。「―を誇る」
**家路《いえじ》** 家に帰る路。帰路。「―につく」
**家出《いえで》** ひそかに家を出て帰らないこと。
**雖《いえど》も** といっても。とはいえ。
**家並《いえな》み◀** 建ち並ぶ家々。軒並。やなみ。
**家元《いえもと》** 芸ごとなどの流儀の本家。宗家。
**家屋敷《いえやしき》** 家屋と宅地。
**癒《い》える** 病や傷が治る。治癒する。
**以遠《いえん》** これより遠い場所。ここから先。
**胃炎《いえん》** 胃の粘膜の炎症。胃カタル。
**硫黄《いおう》** 非金属元素の一種。「―泉」
**庵《いおり》** 草木で作った粗末な家。いお。

**以下《いか》** これより下。これよりあと。
**毬《いが》** くりの実を包むとげ付きの外皮。
**位階《いかい》** 国家に功績のあった故人の栄典。
**遺戒《いかい》** 【遺誡】故人が言いのこした戒め。
**以外《いがい》** これを除くほかのもの。⬍以内
**意外《いがい》** 思いのほか。存外。案外。
**遺骸《いがい》** なきがら。遺体。むくろ。
**胃潰瘍《いかいよう》** 胃壁がただれる病気。
**如何《いかが》** どのように。どんなに。どうか。
**如何《いかが》わしい** 疑わしい。下品な。
**威嚇《いかく》** おどかすこと。おどし。「―射撃」
**医学《いがく》** 身体機構や疾病を研究する学問。
**生《い》かす** 【活かす】延命させる。活用する。
**筏《いかだ》** 木材を組んで作った船の一種。
**鋳型《いがた》** 鋳物をつくるための型。

**威喝《いかつ》** 大声でおどかすこと。
**如何《いか》に** どのように。どんなに。
**啀《いが》み合《あ》う** 互いに敵意を持ち争う。
**厳《いか》めしい** おごそか。きびしい。
**錨《いかり》** 【碇】船をとめる鉄のおもり。
**怒《いか》り** 怒ること。立腹。憤怒。「―心頭」
**如何《いかん》** 【奈何】どうであるか。「内容―」
**移管《いかん》** 管理をほかに譲る。管轄を移す。
**偉観《いかん》** 偉大な眺め。立派な見もの。
**遺憾《いかん》** 残念。気の毒。「―千万」
**依願《いがん》** 本人からの願い出。「―退職」
**胃癌《いがん》** 胃に発生する悪性腫瘍《しゅよう》。
**息《いき》** 呼吸。調子。リズム。「―が合う」
**粋《いき》** あかぬけている。すい。⬍野暮
**域《いき》** 範囲。程度。境地。高さ。

**意気《いき》** 気力。気概。「―があがる」
**遺棄《いき》** 捨てること。放っておくこと。
**威儀《いぎ》** 作法通りの厳かなふるまい。
**異義《いぎ》** 意味が違うこと。⬍同義
**異議《いぎ》** ほかと違う意見。不同意。「―無し」
●同音異義語
●異議を唱える
**意義《いぎ》** 物事がもつ価値。「人生の―」
**生《い》き写《うつ》し◀** 非常に似ていること。
**生《い》き埋《う》め◀** 生きたまま埋めること。
**勢《いきお》い** 盛んな様子。元気。はずみ。
**生《い》き甲斐《がい》◀** 生きる張り合い。
**息切《いきぎ》れ** 呼吸が乱れ、息が続かない。
**意気軒昂《いきけんこう》** 意気込みが盛ん。
**意気込《いきご》み** 積極的な気持ち。
**経緯《いきさつ》** 物事の経過、事情。けいい。

**生《い》き様《ざま》** 生きていく有り様。生き方。
**意気地《いきじ》** 貫徹しようとする気力。
**生《い》き地獄《じごく》◀** この世の地獄。
**生《い》き字引《じびき》◀** 深い知識をもつ人。
**意気消沈《いきしょうちん》** しょげかえる。
**意気衝天《いきしょうてん》** 天をつくほど元気。
**意気阻喪《いきそそう》** やる気がない様子。
**寝穢《いぎたな》い** 寝坊だ。ねむたがりやだ。
**生《い》き血《ち》◀** 生きた動物の血。なまち。
**息遣《いきづか》い** 呼吸する様子。「―があらい」
**息継《いきつ》ぎ** 息をつぐこと。短い休息。
**息詰《いきづ》まる◀** 緊張で息が苦しくなる。
**意気投合《いきとうごう》** 思いが一致する。
**憤《いきどお》る** 怒る。ふんがいする。
**息抜《いきぬ》き◀** 小休止。休憩。空気抜きの穴。

**息《いき》の根《ね》** 呼吸。命。「―を止める」
**生《い》き恥《はじ》** なまじ生き長らえることで受ける恥。「―をさらす」⬍死に恥
**息巻《いきま》く** 激しい勢いでいきり立つ。
**息《いき》む** 息をつめて腹に力を入れる。
**生《い》き物《もの》** 生命のあるもの。動植物。
**依拠《いきょ》** よりどころとする。「法に―する」
**異郷《いきょう》** よその土地。外国。他郷。他国。
**異境《いきょう》** 母国を離れた外国。よその国。
**異形《いぎょう》** 普通でない怪しい容姿。非形。
**偉業《いぎょう》** 優れた事業。偉大な事業。
**遺業《いぎょう》** 故人が遺した事業。
●偉業を達成する
●遺業を継ぐ
**異教徒《いきょうと》** 異教を信仰する人。
**意気揚揚《いきようよう》** 得意げなさま。

囲局《いきょく》 碁盤。

委曲《いきょく》 詳しく細かなこと。委細。詳細。

熱《いき》り立《た》つ 非常に興奮する。

生《い》きる 命を保つ。生存する。生活する。

熱《いき》れ 【熅れ】蒸す熱気。ほてり。「人―」

居食《いぐ》い 働かず財産で暮らす。徒食。

幾重《いくえ》 多くの物が重なっていること。

育英《いくえい》 英才の教育。学資の援助。

戦《いくさ》 【軍】戦い。戦争。軍事。「勝ち―」

育児《いくじ》 乳幼児を育てること。子育て。

意気地《いくじ》 気力。いきじ。「―無し」

育種《いくしゅ》 動植物の品種改良をすること。

育成《いくせい》 養い育てること。立派に育てる。

幾多《いくた》 たくさん。さまざま。「―の試練」

幾度《いくたび》 何度。いくど。たびたび。

幾《いく》つ どれほどの数。何歳。多数。

異口同音《いくどうおん》 全員同じ事を言う。

幾年《いくとせ》 【幾歳】何年。いくとし。

幾許《いくばく》 【幾何】どのくらい。どれほど。

猪首《いくび》 いのししのように太く短い首。

幾久《いくひさ》しく 末ながく変わらず。

幾分《いくぶん》 いくらか。少し。「―暖かい」

偉勲《いくん》 優れた手柄。「―を立てる」

遺訓《いくん》 死んだ人が残した教訓。遺戒。

池《いけ》 地面のくぼみに水がたまった所。

畏敬《いけい》 おそれうやまうこと。「―の念」

活◀け魚《いけうお》 【生け魚】いけすにいる魚。

生◀け垣《いけがき》 【生け籬】樹木を植えた垣根。

生◀け簀《いけす》 魚を生かして飼っておく所。

井桁《いげた》 井の字形に組んだ井戸の縁。

生◀け捕《いけど》り 生きたままとらえる。

生◀け贄《いけにえ》 生きたまま神に供えるもの。

生◀け花《いけばな》 【活け花】草木を花器にさす。

埋《い》ける 灰や土の中に埋める。

異見《いけん》 人と違う見解。異論。異議。

意見《いけん》 考え。見込み。いさめ。忠言。

違憲《いけん》 憲法にそむくこと。⬍合憲

威厳《いげん》 いかめしいさま。おごそかなさま。

以後《いご》 これよりあと。今後。⬍以前

囲碁《いご》 碁を打つこと。碁。

憩◀《いこ》い くつろぎ。休息。「―の場」

以降《いこう》 これよりあと。以後。以来。

衣桁《いこう》 着物をかけるための道具。

威光《いこう》 人をおそれ従わせる力。威力。

移行《いこう》 移り変わり。次へ移ること。

意向《いこう》 【意嚮】物事に対する意思・考え。

偉功《いこう》 立派な手柄。偉勲。「―を立てる」

偉効《いこう》 優れた効果。「―を奏する」

遺構《いこう》 昔の建物で一部現存する物。

遺稿《いこう》 発表せず死後に残された原稿。

異国《いこく》 よその国。外国。異域。「―情緒」

居心地《いごこち》 居ぐあい。「―悪い」

依怙地《いこじ》 【意固地】意地を張り頑固。

遺骨《いこつ》 死んだ人の骨。おこつ。

遺恨《いこん》 いつまでも残る深いうらみ。

委細《いさい》 詳しいこと。詳細。「―面談」

異彩《いさい》 異なる色。特に優れている様子。

偉才《いさい》 きわだって優れた才能・人。

勲《いさお》 【功】てがら。功績。勲功。

諍《いさか》い 言い争い。口論。けんか。

居酒屋《いざかや》 大衆的な酒場。

潔《いさぎよ》い 心が清い。未練がない。「―最期」

遺作《いさく》 死後に残された未発表の作品。

些《いささ》か 【聊か】ほんの少し。ちょっと。

寝聡《いざと》い 目が覚めやすい。⬍寝穢い

誘《いざな》う さそう。導く。勧誘する。

勇《いさ》ましい 元気がよい。雄々しい。

勇《いさ》み足《あし》 やりすぎて失敗すること。

勇《いさ》み肌《はだ》 義を重んじ威勢がいい気風。

勇《いさ》む 心が奮い立つ。張り切る。

諫《いさ》める 忠告する。意見する。「言動を―」

十六夜《いざよい》 陰暦十六日の夜・月。〔秋〕

漁《いさ》り火《び》 魚を集めるためにたく火。

躄《いざ》る ひざや尻を地につけて進む。

遺産《いさん》 死んだ人の残した財産。「―相続」

医師《いし》 病気を治す人。医者。「歯科―」

意志《いし》 こころざし。意向。「―薄弱」

意思《いし》 思い。考え。気持ち。「―表示」

●意志が強い
●意思の疎通

遺志《いし》 死んだ人の生前の志。「―を継ぐ」

縊死《いし》 首をくくって死ぬこと。

異字《いじ》 異なる文字。別字。「同音―」

意地《いじ》 気立て。やり通そうとする心。

維持《いじ》 同じ状態を保ち続けること。

遺児《いじ》 親の死後に残された子。遺子。

石垣《いしがき》 石を積み上げて作った垣。

意識《いしき》 認識し、考える心の働き。「―的」

意地汚《いじきたな》い あさましい。さもしい。

石工《いしく》 石材を加工する職人。石屋。

弄《いじ》くる 盛んにいじる。もてあそぶ。

石塊《いしくれ》 石のかけら。石ころ。小石。
礎《いしずえ》 建築物の土台石。物事の基礎。
石畳《いしだたみ》 【甃】板石を敷き並べたもの。
石段《いしだん》 石で作った階段。石磴《せきとう》。
委悉《いしつ》 物事を詳しく細かにすること。
異質《いしつ》 性質が違うこと。⇔同質
遺失《いしつ》 落としなくすこと。忘れなくす。
石突き《いしづき》◀ きのこ類の柄の堅い部分。
意地張り《いじばり》 強情(な人)。いじっぱり。
碑《いしぶみ》 石に文字を刻んだもの。せきひ。
虐める《いじめる》 【苛める】弱い者を苦しめる。
医者《いしゃ》 傷病を診断・治療する人。医師。
慰藉《いしゃ》 【慰謝】なぐさめいたわる。「―料」
異種《いしゅ》 種類の異なること。「―交配」
意趣《いしゅ》 考え。うらみ。わけ。「―返し」

異臭《いしゅう》 変なにおい。いやなにおい。
蝟集《いしゅう》 群がり集まること。たかること。
移住《いじゅう》 ほかの土地へ移り住むこと。
畏縮《いしゅく》 恐れて体を小さくすること。
萎縮《いしゅく》 萎えて縮むこと。活気を失うこと。
●大喝に畏縮する
●気持ちが萎縮する
移出《いしゅつ》 よその国や土地へ物や人を送る。
医術《いじゅつ》 病気を治すための技術。
遺書《いしょ》 かきおき。死後にのこす文書。
衣装《いしょう》 【衣裳】着るもの。衣服。「―持ち」
意匠《いしょう》 (作品への)創意趣向。「―登録」
以上《いじょう》 これより上。これで終わり。
委譲《いじょう》 権限などを他に譲り任すこと。
異状《いじょう》 普通と違う、異常な状態。
異常《いじょう》 ふだんと違うようす。⇔正常
●異状を呈する
●異常な行動

偉丈夫《いじょうふ》 優れた男子。見事な男子。
委嘱《いしょく》 【依嘱】他の人に任せ頼むこと。
異色《いしょく》 普通と違う特色。違った特色。
移植《いしょく》 植えかえること。移し植えること。
衣食住《いしょくじゅう》 衣服・食物・住居。
医食同源《いしょくどうげん》 病気の治療と食事は健康のためで、源は同じだということ。
弄る《いじる》 手をふれる。もてあそぶ。
意地悪《いじわる》 意地が悪いこと・人。
威信《いしん》 威光と信頼。「―を失う」
維新《いしん》 すべてのことがあらたまること。
異人《いじん》 別な人。外国人。「同名―」「―館」
偉人《いじん》 偉大な人物。大人物。「―伝」
以心伝心《いしんでんしん》 心が自然に通じる。

椅子《いす》 腰掛け。ポスト。地位。「社長の―」
鶍《いすか》の嘴《はし》 物事が食い違って思うようにならないことのたとえ。「―の食い違い」
居竦《いすく》まる 恐怖で動けなくなる。
射竦《いすく》める 視線で相手を威圧する。
焉《いずく》んぞ 【安んぞ】どうして。何として。
何処《いずこ》 どこ。「―ともなく立ち去る」
居住《いず》まい◀ 座った姿勢。「―を正す」
泉《いずみ》 水の、地中から湧き出る所。夏
何《いず》れ 【孰れ】どっち。どちらにしても。
居座《いすわ》る 座って動かない。とどまる。
威勢《いせい》 人をおそれさせる勢い。元気。
異性《いせい》 男女、雌雄の違うもの。⇔同性
異姓《いせい》 みょうじが違うこと。⇔同姓
為政者《いせいしゃ》 政治を行う人。

移籍《いせき》 籍がほかに移ること。転籍。
偉績《いせき》 偉大な業績。偉功。
遺跡《いせき》 【遺蹟】建物や事変のあったあと。
異説《いせつ》 定説や通説ではない説。
緯線《いせん》 同緯度の地点を連ねた仮想線。
以前《いぜん》 今より前。むかし。⇔以後
依然《いぜん》 もとの通り。あいかわらず。
磯《いそ》 岩や石の多い波打ち際。「―釣り」
移送《いそう》 移し送る。審理をほかへ移す。
異相《いそう》 普通の人と違う人相・姿。
遺贈《いぞう》 (遺言で)他人に財産を贈ること。
意想外《いそうがい》 思いの外。予想外。意外。
居候《いそうろう》 他家に寄食する人。食客《しょっかく》。
忙《いそが》しい ひまがない。気ぜわしい。
急《いそ》ぐ 普通よりも行動を速める。せく。

異族《いぞく》 違う種族。外国の民族。⇔同族
遺族《いぞく》 死亡した者の家族。「―年金」
勤《いそ》しむ つとめはげむ。「勉学に―」
磯辺《いそべ》 磯のほとり。波打ち際。磯端。
依存《いそん》 他に頼ること。いぞん。「―心」
異存《いぞん》 反対意見。不服。意義。異論。
易損品《いそんひん》 壊れやすい荷物。
遺体《いたい》 死体。なきがら。遺骸《いがい》。
偉大《いだい》 優れてえらい。非常に大きい。
幼気《いたいけ》 子どもの小さくて愛すべきさま。
異体字《いたいじ》 標準字体以外の漢字や仮名。
痛痛《いたいた》しい いたましい。痛そう。
依託《いたく》 物事を人にやってもらうこと。
委託《いたく》 ゆだねること。依頼すること。
●依託射撃
●委託販売

甚《いた》く 大いに。非常に。甚だ。「—悔やむ」
抱《いだ》く 【懐く】かかえもつ。心に思う。
居丈高《いたけだか》 威圧する態度をとること。
痛《いた》し痒《かゆ》し 一方がよければ一方が悪くなり、どうしたらよいか困ること。
致《いた》す する。なす。引き起こす。
悪戯《いたずら》 悪ふざけ。不品行。「—半分に」
徒《いたずら》に むだ。無益。「—過ごす」
頂《いただき》 【嶺】てっぺん。みね。頂上。
頂《いただ》く 【戴く】頭に載せる。もらう。
鼬《いたち》ごっこ 双方で同じ事を繰り返す。
至《いた》って はなはだ。極めて。非常に。
痛手《いたで》 【傷手】重い傷。打撃。⇔薄手
韋駄天《いだてん》 足の速いこと。仏法を守る神。
板《いた》の間《ま》 板をはった部屋。板敷き。

板挟《いたばさ》み 両者の間に入って困ること。
板葺《いたぶ》き◀ 屋根を板でふいたもの。
板前《いたまえ》 和食の料理人。板場。「—修業」
悼《いた》む 人の死を嘆く。「故人を—」
痛《いた》む 痛みを感じる。悩む。「良心が—」
傷《いた》む 傷がつく。食物が悪くなる。
●胸・傷口が痛む
●家・果物が傷む
板目《いため》 板と板のあわせ目。⇔柾《まさ》目
炒《いた》める 食べ物を油でいりつける。
至《いた》る 【到る】行き着く。到着する。
至《いた》る処《ところ》 【到る所】どこもかしこも。
労《いたわ》る ねぎらう。なぐさめる。「体を—」
異端《いたん》 正統から外れている学説や宗教。
異端邪説《いたんじゃせつ》 正統ではない説。
位置《いち》 場所。立場。地位。「—関係」

一意専心《いちいせんしん》 一つに心を注ぐ。
一衣帯水《いちいたいすい》 海や川をはさんで隣り合うこと。密接な関係。「—の地」
一因《いちいん》 数ある原因の一つ。「敗戦の—」
一円《いちえん》 ある地域全体。「関東—」
一応《いちおう》 【一往】とりあえず。ひと通り。
一概《いちがい》に おしなべて。ひとまとめに。
一丸《いちがん》 ひとかたまり。「—となって」
一義《いちぎ》 一理。一意。根本の意義。「—的」
移築《いちく》 別の場所に建てかえること。
一隅《いちぐう》 一方のすみ。かたすみ。「庭の—」
一群《いちぐん》 ひとむれ。ひとかたまり。「—の鳩」
一芸《いちげい》 一つの技芸。一つの技。「—一能」
一撃《いちげき》 ひと打ち。「—のもとに」
一見《いちげん》 馴染でなく初めて。「—の客」

一言居士《いちげんこじ》 何事か言いたい人。
一期《いちご》 一生。一生涯。「—の浮沈」
一期一会《いちごいちえ》 一生一度の出会い。
一言一句《いちごんいっく》 ひとことひとこと。
一言半句《いちごんはんく》 ほんの少しの言葉。
一座《いちざ》 興行の一団。満座。同席。
一事《いちじ》 一つの事。「—が万事」
一時《いちじ》 ある時。特に過去の、ある時。
一字千金《いちじせんきん》 立派な字や文章。
一日千秋《いちじつせんしゅう》 待ちこがれる状態。
一日《いちじつ》の長《ちょう》 少し優れていること。
一汁一菜《いちじゅういっさい》 質素・粗末な食事。
一巡《いちじゅん》 ひとまわり。ひとめぐり。
一助《いちじょ》 多少の助け。足し。「学費の—」
一条《いちじょう》 細長いものの形容。「—の光」

著《いちじる》しい 明らかなさま。歴然。「進境が—」
一陣《いちじん》 先陣。ひとしきり。「—の風」
一途《いちず》 ひとすじ。ひたすら。「仕事—」
一族《いちぞく》 全親族。一門。一血族。同族。
一族郎党《いちぞくろうとう》 同族と従者たち。
一存《いちぞん》 自分独りだけの考え・判断。
一代《いちだい》 一生涯。在位中。その時代。
一大事《いちだいじ》 容易ならぬ出来事。大事件。
一諾千金《いちだくせんきん》 約束を必ず守る。
一段落《いちだんらく》 物事に一区切りがつくこと。
一同《いちどう》 そこにいる人々、また仲間全体。
一堂《いちどう》 一つの建物。一つの家。
●一同礼 社員一同
●一堂に会する
一読《いちどく》 ひと通り読むこと。ざっと読む。
一難《いちなん》 一つの災難。「—去ってまた—」

一任《いちにん》 すべてをまかせること。
一人前《いちにんまえ》 一人分。大人並み。人並み。
一念発起《いちねんほっき》 事を成す決心。
市場《いちば》 商人が集まって売買する場所。
一罰百戒《いちばつひゃっかい》 見せしめに罰する。
逸早《いちはや》く さきがけて。まっさきに。
一番乗《いちばんの》り 最初に乗りこむこと。
一番槍《いちばんやり》 真っ先に手柄をたてること。
一病息災《いちびょうそくさい》 持病があるほうがかえって養生して長生きするということ。
一部始終《いちぶしじゅう》 全部。すべて。
一分《いちぶん》 一人の分際。一身の面目。
一別《いちべつ》 いったん別れること。「—以来」
一瞥《いちべつ》 ちらっと見る。「—をくれる」
一望《いちぼう》 ひとめで見渡すこと。「—千里」

一枚岩《いちまいいわ》　しっかりまとまっている。
一枚看板《いちまいかんばん》　中心になる役者。
一抹《いちまつ》　ひと塗り。わずか。「—の不安」
一味《いちみ》　一つの味。同じ仲間。
一脈《いちみゃく》　ひとつづき。ひとすじ。「—の煙」
一命《いちめい》　人の生命。「—をとりとめる」
一面識《いちめんしき》　過去に一度会った知り合い。
一面的《いちめんてき》　一方の面にかたよる様子。
一網打尽《いちもうだじん》　一挙にとらえる。
一目《いちもく》　ひと目見る。ひと目で見渡す。
一目散《いちもくさん》　わき目もふらずに走るさま。
一目瞭然《いちもくりょうぜん》　一見でわかること。
一物《いちもつ》　一つのたくらみ・考え。「腹に—」
逸物《いちもつ》　優れている人。いちぶつ。
一門《いちもん》　同族。一族。「—の名折れ」

一文無し《いちもんなし》　わずかな金もないこと。
一躍《いちやく》　ひととび。躍進。「—有名になる」
一夜漬け《いちやづけ》◀早漬け。にわか勉強。
意中《いちゅう》　心のうち。考え。「—の人物」
一葉《いちよう》　一枚の葉。薄紙の一枚。小舟。
一様《いちよう》　同じさま。同様。平等。⇔多様
一陽来復《いちようらいふく》　冬が去り春がくる。
一翼《いちよく》　一つの役割・任務。「—を担う」
一覧《いちらん》　ひと通り見る。一目見る。「—表」
一理《いちり》　一応の道理や理由。「—ある」
一利一害《いちりいちがい》　利益も損害もある。
一律《いちりつ》　同じ調子。いちよう。「—昇給」
一流《いちりゅう》　最も優れている地位。独得。
一粒万倍《いちりゅうまんばい》　一万倍の利益。
一両日《いちりょうじつ》　この一日、二日。「—中」

一縷《いちる》　ごくわずか。「—の望み」
一類《いちるい》　同じ種類。同じ仲間。同類。
一礼《いちれい》　軽く礼やあいさつをすること。
一例《いちれい》　一つのたとえ。「—を挙げる」
一連《いちれん》　【一聯】一続きに連なること。
一蓮托生《いちれんたくしょう》　運命をともにする。
一路《いちろ》　一すじの路。ひたすら。「—西へ」
一路平安《いちろへいあん》　旅の平穏無事。
一過《いっか》　さっと通りすぎるさま。「台風—」
一介《いっかい》　とるに足らない。「—の編集者」
一角《いっかく》　一部分。一区域。片隅。「氷山の—」
一画《いっかく》　土地の一区切り。字を形成する線。

●一角に食い込む
●売地の一画を買う

一郭《いっかく》　【一廓】囲いの中。同じ地域。
一攫千金《いっかくせんきん》　簡単に大金を得る。

一家言《いっかげん》　その人独自の意見や論説。
一家眷族《いっかけんぞく》　家族や親類縁者。
一過性《いっかせい》　長く続かない。一回だけの。
一括《いっかつ》　ひとまとめ。ひとくくり。
一喝《いっかつ》　大きく一声にしかりつけること。
一貫《いっかん》　はじめから終わりまで通すさま。
一環《いっかん》　全体に関連した重要な一部分。

●一貫した態度
●計画の一環

一気《いっき》　一呼吸。ひといき。「—に飲む」
一揆《いっき》　武装農民や宗教信者による決起。
一喜一憂《いっきいちゆう》　喜び心配すること。
一騎討ち《いっきうち》◀【一騎打】一対一の戦い。
一気呵成《いっきかせい》　一息に成しとげる。
一騎当千《いっきとうせん》　一人で千人の敵を相手にできるほど強いこと。一人《いちにん》当千。

一挙一動《いっきょいちどう》　動作の一つ一つ。
一興《いっきょう》　一つのおもしろみ。「—を催す」
一驚《いっきょう》　びっくりすること。「—を喫する」
一挙両得《いっきょりょうとく》　一つで二つの利益。
慈しむ《いつくしむ》　愛する。大切にする。
一計《いっけい》　一つの計画。「—を案じる」
一決《いっけつ》　結論が一つに決まる。「衆議—」
一件《いっけん》　一つの事件。あのこと。「—落着」
一見《いっけん》　一回見ること。ちらっと見る。
一顧《いっこ》　ちょっと振り返って見ること。
一向《いっこう》　ひたすら。全く。「—に変化なし」
一考《いっこう》　考えてみること。「—を要す」
一行《いっこう》　連れだった一群れ。一つの行い。
一刻《いっこく》　ひと時。少しの間。「—を争う」
一刻千金《いっこくせんきん》　短いが大切な時間。

一献《いっこん》　酒一杯。「—かわす」「—傾ける」
一切《いっさい》　もれなく全部。全く。全然。
一再《いっさい》　一度二度。「—にとどまらない」
逸材《いつざい》　優れた才能、その持ち主。
一切合切《いっさいがっさい》　残らずすべて。
一策《いっさく》　一つのはかりごと。「窮余の—」
一散に《いっさんに》　【逸散に】まっしぐらに。
一矢《いっし》　一本の矢。「—を報いる」
一糸《いっし》　ごくわずかなこと。「—乱れず」
逸史《いっし》　正史に書き漏れている史実。
逸事《いつじ》　【軼事】世に知られていない事実。
一式《いっしき》　【一色・一職】ひとそろい。
一子相伝《いっしそうでん》　わが子一人に武道や技芸の奥義を伝えること。一家相伝。
一失《いっしつ》　一つの失敗。わずかな失敗。

一視同仁《いっしどうじん》 平等に愛すること。
一紙半銭《いっしはんせん》 わずかなこと。
一瀉千里《いっしゃせんり》 一気に進むこと。
一種《いっしゅ》 一つの種類。同種内の別派。
一蹴《いっしゅう》 問題にせずはねのけること。
一瞬《いっしゅん》 またたくま。わずかな時間。
一緒《いっしょ》 ひとまとめ。ともに。同時に。
一生《いっしょう》 生まれてから死ぬまで。一生涯。
一笑《いっしょう》 ちょっと笑う。笑う。「一に付す」
一生懸命《いっしょうけんめい》 全力で行うこと。自分の領地を守る意の「一所懸命」に由来。
一唱三嘆《いっしょうさんたん》 詩文をほめること。
一触即発《いっしょくそくはつ》 非常に危険な状態。
一心《いっしん》 心を一事に集中する。「一に祈る」
一身《いっしん》 (自分の)一つの体。「一に担う」

一新《いっしん》 全く新しくなるさま。「面目一」
一進一退《いっしんいったい》 進んでは戻るさま。
一心同体《いっしんどうたい》 心も体も一つ。
一心不乱《いっしんふらん》 一つに集中する。
一睡《いっすい》 ひとねむり。「一のひまもない」
逸《いっ》する はなれる。なくなる。「常軌を一」
一斉《いっせい》 同時に。そろって。「一射撃」
一世一代《いっせいちだい》 生涯でただ一度。
一石二鳥《いっせきにちょう》 一つの行為で二つの利益を得ること。一挙両得。「一の名案」
一説《いっせつ》 一つの説。ある説。「一によると」
一閃《いっせん》 さっと光ること。「紫電一」
一掃《いっそう》 すっかり取り除くこと。
一層《いっそう》 さらに。そのうえ。ますます。
逸足《いっそく》 足が速いこと。優れた才能。

一足飛《いっそくと》び◀ 一気に到着すること。
一体《いったい》 一つにまとまること。そもそも。
一帯《いったい》 ひとすじ。ひとつづきの範囲。
逸脱《いつだつ》 本筋や一定範囲から外れること。
一旦《いったん》 ひとたび。一時。一朝。「一休む」
一端《いったん》 一方のはし。かたはし。一部分。
一致《いっち》 一つになること。合一。「満場一」
一致団結《いっちだんけつ》 皆が力をあわせる。
一知半解《いっちはんかい》 生かじりの知識。
一朝一夕《いっちょういっせき》 わずかな時間。
一長一短《いっちょういったん》 長所も短所もある。
一張羅《いっちょうら》 一枚きりの晴れ着。
一対《いっつい》 二つで一組のもの。「好一」
一定《いってい》 きまっていること。「一不変」
一徹《いってつ》 頑な。自分の流儀を押し通す。

一転《いってん》 ひと回り。がらりとかわること。
一途《いっと》 ひとすじの道。ただそれだけ。
一刀両断《いっとうりょうだん》 明快ではやい決断。
一得一失《いっとくいっしつ》 利も害も両方ある。
一派《いっぱ》 一つの流派。仲間。いちみ。
一杯《いっぱい》 十分に満ちるさま。いきわたる。
一端《いっぱし》 一人前。人並み。「一の口をきく」
一般《いっぱん》 ごく当たり前なこと。普通。
一斑《いっぱん》 全体の一部分。⇕全豹《ぜんぴょう》
一臂《いっぴ》 片腕。「一の力を貸す」
一匹狼《いっぴきおおかみ》 孤立し、くせのある人物。
一筆《いっぴつ》 書状一通。ちょっと書くこと。
逸品《いっぴん》 優れた品。上等の品。「天下の一」
一風《いっぷう》 同類・普通と異なる一つの趣。
一服《いっぷく》 茶・薬・たばこの一飲み。一休み。

一幅《いっぷく》 書画の掛け物一つ。「一の掛け軸」
鋳潰《いつぶ》す 金物をとかし地金にもどす。
逸聞《いつぶん》 世間に知られていない珍しい話。
一変《いっぺん》 がらりと変わる。「様相が一する」
一遍《いっぺん》 ひと通り。一度。いちどき。同時。
一辺倒《いっぺんとう》 一方にだけ傾倒すること。
一方《いっぽう》 一つの方面。一つに傾くこと。
一報《いっぽう》 ちょっと知らせる。簡単な通知。
一本化《いっぽんか》 別のものを一まとめにする。
一本気《いっぽんぎ》 純粋でいちずな気性。
一本調子《いっぽんちょうし》 単調で変化がない。
一本槍《いっぽんやり》 得意技など、一つで通す。
逸楽《いつらく》 気ままに楽しみ遊ぶこと。逸遊。
逸話《いつわ》 世間に知られてない興味ある話。
偽《いつわ》る 【詐る】だます。あざむく。

出《い》で立《た》ち 出発。装い。身づくろい。
凍《い》て付《つ》く こおりつく。「一寒さ」
出《い》で湯《ゆ》◀ 温泉。「一巡り」「一の里」
移転《いてん》 移り変わること。住所を変える。
遺伝《いでん》 親の形質が子に伝わる現象。
意図《いと》 もくろみ。目的をもった考え。
井戸《いど》 地を掘り地下水をくむ所。「一水」
緯度《いど》 地球の表面を南北に測る座標。
厭《いと》う きらう。あきる。いたわる。
異同《いどう》 違い。違う点。相違。「一を探す」
異動《いどう》 地位や職務が変わること。
移動《いどう》 位置・場所が動き変わること。
●本社の人事**異動**
●座席を**移動**する
遺徳《いとく》 死後もたたえられる生前の人徳。
糸口《いとぐち》 【緒】糸のはし。物事のはじめ。

幼《いとけな》い　【稚い】あどけない。がんずない。
従兄弟《いとこ》　おじ・おばの息子。
従姉妹《いとこ》　おじ・おばの娘。
居所《いどころ》　居る所。居場所。「虫の―が悪い」
愛《いと》しい　恋しい。かわいい。ふびんだ。
営《いとな》む　とり行う。経営する。「事業を―」
暇《いとま》　休む間。休暇。辞職。辞去。
暇乞《いとまご》い　【暇請い】別れをつげること。
挑《いど》む　挑戦する。張り合う。「戦いを―」
射止《いと》める　自分のものにする。
否《いな》　否定・拒否を表す言葉。いや。
異《い》な　怪しげで変な。妙な。「―こと」
以内《いない》　これより内。「一週間―」⬍以外
居直《いなお》る　急に強い態度に変わる。
田舎《いなか》　都会でない所。故郷。出身地。

稲作《いなさく》　稲を栽培すること。米作。
往《い》なす　【去なす】軽くかわす。あしらう。
稲妻《いなずま》　いなびかり。雷雨時の電光。[秋]
鯔背《いなせ》　いきで、男らしいさま。
嘶《いなな》く　馬が声高く鳴く。
稲光《いなびかり》　いなずま。雷雨時の電光。[秋]
稲穂《いなほ》　イネの穂。いなぼ。[秋]
否《いな》む　【辞む】承知しない。否定する。
居並《いなら》ぶ　並んですわる。並み居る。
稲荷《いなり》　穀物の神をまつった社。油揚げ。
古《いにしえ》　遠い昔。往時。昔時。「―の都」
移入《いにゅう》　国内の物を移し入れる。⬍移出
囲繞《いにょう》　周りをとり囲む。いじょう。「―地」
委任《いにん》　処理をゆだね任せること。「―状」
戌《いぬ》　十二支の第十一。動物のイヌ。

戌亥《いぬい》　【乾】方位の名。西北の方向。
犬死《いぬじ》に◀　役に立たないむだな死に方。
居眠《いねむ》り　体を横たえずにねむること。
異能《いのう》　特別な才能・能力。異才。
居残《いのこ》る　場に残る。定刻後まで残る。
命懸《いのちが》け　命をかける。必死。懸命。
命綱《いのちづな》　身を守るため体に巻く綱。
命取《いのちと》り　命を失う原因。ひどい痛手。
命拾《いのちびろ》い　運よく命が助かること。
祈《いの》る　【禱る】神仏に願をかける。
位牌《いはい》　死者の戒名を記した木札。
違背《いはい》　命令・規則などにそむくこと。
意馬心猿《いばしんえん》　欲情が抑えがたい。
衣鉢《いはつ》　仏教や技芸の奥義。「―を継ぐ」
遺髪《いはつ》　故人の、形見の髪の毛。

茨《いばら》の道《みち》　苦難の多い状況・人生行路。
威張《いば》る　勢いを示す。えらぶる。
違反《いはん》　法にそむくこと。違法。背反。
違犯《いはん》　法に反して罪を犯すこと。
●スピード違反
●軽犯罪法違犯
鼾《いびき》　睡眠中に鼻や口から出る雑音。
歪《いびつ》　形が整わず歪んでいること。
意表《いひょう》　思いの外。意外。「―をつく」
遺品《いひん》　死後に残したかたみの品。
畏怖《いふ》　おそれおののくこと。「―の念」
慰撫《いぶ》　心をなぐさめ静めること。
威風《いふう》　威厳のある様子。「―堂堂」
遺風《いふう》　後世に残した風習や教え。
威風堂堂《いふうどうどう》　威厳があり立派。
訝《いぶか》る　疑わしく思う。不審に思う。

息吹《いぶき》　呼吸すること。生気。「春の―」
衣服《いふく》　着るもの。着衣。衣装。
燻《いぶ》し銀《ぎん》　渋みがある銀。渋い味わい。
異物《いぶつ》　普通でない物。「―感」
遺物《いぶつ》　昔から残されたもの。遺品。
燻《いぶ》る　くすぶる。けむる。「たき火が―」
異聞《いぶん》　珍しい話。変わったうわさ。
異分子《いぶんし》　ほかと性質や考えが違う者。
異変《いへん》　変わった出来事。変事。「天候―」
韋編三絶《いへんさんぜつ》　何度も読み返す。
疣《いぼ》　物の表面や皮膚にできる小突起。
異母《いぼ》　腹違い。異腹。「―きょうだい」
異邦《いほう》　外国。他国。「―の地」「―人」
違法《いほう》　法にそむくこと。「―駐車」⬍適法
遺墨《いぼく》　故人の生前の筆跡・書。遺作。

異本《いほん》　同一だが異同のある本。珍本。
居間《いま》　家の中で普段居る部屋。居室。
今一《いまいち》　今一つ。もの足りないさま。
忌《い》ま忌《い》ましい◀　腹が立つ。
今更《いまさら》　今となっては。今、改めて。
今《いま》し方《がた》　たった今。少し前に。
今時分《いまじぶん》　今ごろ。この時間は。
縛《いまし》め　体をしばること。「―を解く」
戒《いまし》める　【誡める】教え諭す。しかる。
未《いま》だ　まだ。今まで。「―かつて」
今時《いまどき》　現今。当世。「―の若い者」
忌《い》まわしい◀　不吉な。いやな。
意味《いみ》　意義。価値や重要さ。意図。
忌《い》み詞《ことば》◀　縁起のため忌み避ける語。
意味深長《いみしんちょう》　深い意味を含む。

**諱《いみな》** 死後に贈る称号。貴人の実名。

**異名《いみょう》** 実名以外につけられた呼称。

**移民《いみん》** 海外に移り住むこと・人。

**忌《い》む** 【諱む】きらう。避ける。

**妹《いもうと》** 年下の、女のきょうだい。⇔姉

**芋蔓式《いもづるしき》** 関連するものが次々と出る。

**鋳物《いもの》** 溶けた金属を型に入れ固めた物。

**芋名月《いもめいげつ》** 陰暦八月十五日の名月。[秋]

**慰問《いもん》** 慰め見舞うこと。「―品」「―団」

**否《いや》** 承知しない。いいえ。⇔応

**嫌《いや》** 【厭】好まない。「―というほど」

●否、そうではない
●嫌な役目　嫌な人

**否応《いやおう》** 承知と不承知。「―なしに」

**弥《いや》が上《うえ》に** なおその上。ますます。

**嫌《いや》がらせ** 人の嫌がることをすること。

**医薬《いやく》** 医術と薬品。「―品」「―分業」

**意訳《いやく》** 意味だけをとった翻訳。⇔直訳

**違約《いやく》** 約束をたがえること。「―金」

**嫌気《いやけ》** いやだと思う気持ち。「―がさす」

**弥栄《いやさか》** ますます栄える。「―を祈る」

**卑《いや》しい** 【賤しい】身分が低い。下品だ。

**苟《いやしく》も** 仮にも。おろそかにも。

**癒《い》◀やす** 肉体的・精神的苦痛を治す。

**嫌《いや》み** 不快な感じを与えるさま・言葉。

**嫌《いや》らしい** いやな感じがする。下品だ。

**畏友《いゆう》** 尊敬している友人。友人の敬称。

**愈《いよいよ》** ますます。とうとう。ついに。

**威容《いよう》** いかめしい姿。ありさま。

**偉容《いよう》** 堂々として立派な姿・様子。

●威容を誇る戦艦
●富士の偉容を仰ぐ

**異様《いよう》** 変わった様子。「―な空気」

**意欲《いよく》** 【意慾】積極的に行う気持ち。

**以来《いらい》** これよりあと。このかた。爾来。

**依頼《いらい》** 頼むこと。頼ること。「―人」

**甍《いらか》** 屋根にふく瓦《かわら》。屋根瓦。「―の波」

**苛立《いらだ》つ** 気持ちがいらいらする。

**入会《いりあい》** 山林などを共同使用すること。

**入相《いりあい》** 夕暮れ。「―の鐘」

**入《い》り◀江《え》** 岸に入りこんだ海の部分。

**入《い》り組《く》む** 複雑に絡み合う。

**入《い》り◀日《ひ》** 西に沈む太陽。夕日。落日。

**入《い》り浸《びた》る** 頻繁に行く。居続ける。

**入《い》り◀船《ふね》** 港にはいる船。入港。⇔出船《でふね》

**入《い》り交《ま》じる** まじる。混乱する。

**入《い》り乱《みだ》れる** まじって混乱する。

**慰留《いりゅう》** なだめて思いとどまらせること。

**遺留《いりゅう》** 死後に残すこと。置き忘れること。

**衣料《いりょう》** 衣服の材料。着物。衣服。「―品」

**衣糧《いりょう》** 衣服と食糧。

**医療《いりょう》** 医術で病気を治すこと。「―費」

**入《い》り◀用《よう》** さしあたって必要。入費。

**威力《いりょく》** 他を押さえ服従させる強い力。

**入《い》る** はいる。ある状態になる。「寝―」

**居《い》る** その場所にある。すわる。「家に―」

**炒《い》る** 【煎る】火であぶりこがす。

**要《い》る** 必要とする。かかる。「許可が―」

**射《い》る** 矢を弦にかけてはなつ。「的を―」

**鋳《い》る** 金属を溶かし型取る。鋳造する。

**居留守《いるす》** 不在を装う。「―を使う」

**威令《いれい》** 威力と命令。威力ある命令。

**異例《いれい》** 前例のない。珍しい。「―の事態」

**慰霊《いれい》** 死者の霊をなぐさめること。

**入《い》れ◀墨《ずみ》** 【刺青】肌に彫った絵や文字。

**入《い》れ◀知恵《ぢえ》** 教えられた考えや策略。

**入《い》れ◀歯《ば》** 人造の歯。義歯。

**入《い》れ◀物《もの》** 物を入れるうつわ。容器。

**色《いろ》** 色彩。つや。情人。カラー。

**色合《いろあ》い◀** 色のかげん。色の調子。

**色色《いろいろ》** 【種種】さまざま。種類が多いさま。

**慰労《いろう》** 慰めねぎらうこと。「―金」

**遺漏《いろう》** 漏れ落ちること。手ぬかり。

**色香《いろか》** 色と香り。女性の容色。

**色気《いろけ》** 性的魅力。性的関心。色あい。

**色仕掛《いろじか》け◀** 色気で働きかけること。

**色艶《いろつや》** 顔色や皮膚のつや。おもしろ味。

**彩《いろど》る** 色をつける。かざる。

**色目《いろめ》** 色あい。流し目。「―を使う」

**色眼鏡《いろめがね》** 自己的で勝手な観察。

**色好《いろよ》い** 好意的。好ましい。「―返事」

**囲炉裏《いろり》** 床を切って火をたく所。[冬]

**異論《いろん》** 人と異なった意見。反対議論。

**岩《いわ》** 【磐】石の大きなもの。いわお。

**祝《いわ》い◀** 祝うこと。祝いの品。「就職―」

**巌《いわお》** 高く突き出た大きな岩石。いわ。

**違和感《いわかん》** 調和のとれない感じ。

**曰《いわ》く** 言うことには。わけ。事情。

**曰《いわ》く付《つ》き** わけがある。わけあり。

**鰯雲《いわしぐも》** うろこ状に広がる雲。巻積雲。[秋]

**石清水《いわしみず》** 岩の間にわき出る清水。[夏]

**所謂《いわゆる》** 世間で言われている。俗に言う。

謂れ《いわれ》 わけ。理由。由緒。言伝え。
況や《いわんや》 まして。そのうえに。
印《いん》 印章。しるしづける。「—を押す」
陰《いん》 かげ。ひそか。「—に籠る」⬍陽
韻《いん》 音のひびき。「—をふむ」
陰鬱《いんうつ》 気がふさぐこと。いんき。
印影《いんえい》 紙などにおされた印のあと。
陰影《いんえい》 【陰翳】光の当らない部分。かげ。
允可《いんか》 ゆるすこと。許可。
引火《いんか》 ほかからの火や熱で火がつく。
因果《いんが》 原因と結果。むくい。「—関係」
陰画《いんが》 写真の原版画。ネガ。⬍陽画
因果応報《いんがおうほう》 必ず報いが生じる。
印画紙《いんがし》 写真に使う感光紙。
印鑑《いんかん》 はん。印章。「—証明」

陰気《いんき》 はればれしない気分。⬍陽気
隠居《いんきょ》 家督をゆずり気楽に暮らす人。
陰極《いんきょく》 電極の負極。⬍陽極
慇懃無礼《いんぎんぶれい》 丁寧だが実は尊大。
引見《いんけん》 呼び寄せて対面すること。
陰険《いんけん》 うわべは柔和で内心腹黒いこと。
隠見《いんけん》 【隠顕】見えかくれするさま。
隠語《いんご》 かくし言葉。暗号。
咽喉《いんこう》 のど。「耳鼻—科」要害の地。要所。
淫行《いんこう》 淫らな行い。
因業《いんごう》 頑固で無情なこと。「—な手段」
印刷《いんさつ》 紙などの表面に字画を刷ること。
陰惨《いんさん》 暗くてみじめなさま。
印紙《いんし》 収入印紙。郵便切手類。
因子《いんし》 物事の原因となる要素。「遺伝—」

印字《いんじ》 紙などに機械で文字を打つこと。
陰湿《いんしつ》 暗くてじめじめしたさま。
隠者《いんじゃ》 俗世間から離れて生きる人。
飲酒《いんしゅ》 酒を飲むこと。「—家」
因習《いんしゅう》 【因襲】昔から伝わるしきたり。
因循姑息《いんじゅんこそく》 古い習慣を改めず一時しのぎですませること。因循苟且《こうしょ》。
印章《いんしょう》 印。はんこ。
印象《いんしょう》 心に強く刻まれるもの。「—的」
飲食《いんしょく》 飲むことと食べること。「—代」
殷賑《いんしん》 盛んでにぎやか。「—をきわめる」
因数《いんすう》 一つの積をなす式や数。「—分解」
員数《いんずう》 人や物の数。一定の数。
院政《いんせい》 上皇や法皇が政治を行うこと。
陰性《いんせい》 検査に無反応なこと。⬍陽性

隠棲《いんせい》 【隠栖】世間を離れ静かに暮らす。
印税《いんぜい》 売価から支払われる著作権料。
引責《いんせき》 責任を引き受けること。「—辞職」
姻戚《いんせき》 結婚によってできる親類。姻族。
隕石《いんせき》 地球に落ちた流星のかけら。
引率《いんそつ》 率いること。連れ立つこと。
引退《いんたい》 地位を引き退くこと。「現役—」
隠退《いんたい》 俗世間を離れること。
●引退を表明する
●隠退生活を送る
引致《いんち》 逮捕状などにより連行すること。
淫蕩《いんとう》 酒色にふけり、素行が悪いこと。
引導《いんどう》 葬儀で僧が死者に経を唱える。
陰徳《いんとく》 ひそかに行う善行。「—陽報」
隠匿《いんとく》 包み隠すこと。かくまうこと。
隠遁《いんとん》 世俗を逃れ、静かに暮らすこと。

隠忍《いんにん》 がまんして表に出さないこと。
隠忍自重《いんにんじちょう》 こらえて自制する。
因縁《いんねん》 縁《ゆかり》。由来。宿命。言いがかり。
淫靡《いんび》 みだらでだらしない様子。
隠微《いんび》 かすかで、わかりにくいこと。
陰部《いんぶ》 外陰部。局部。恥部。
韻文《いんぶん》 詩など、韻を踏んだ文。⬍散文
隠蔽《いんぺい》 おおい隠すこと。「事実を—する」
陰謀《いんぼう》 【隠謀】ひそかに企む悪い計画。
淫奔《いんぽん》 性的にだらしないこと。淫乱。
堙滅《いんめつ》 【湮滅】消えること。消すこと。
隠喩《いんゆ》 修辞法の一つ。暗喩。⬍直喩
引用《いんよう》 例を用いて考証すること。
陰陽《いんよう》 陰と陽。消極と積極。
淫欲《いんよく》 【淫慾】性的な欲望。情欲。色欲。

淫乱《いんらん》 ひどくみだらなこと。淫奔。
韻律《いんりつ》 詩の音声的な形式。リズム。
飲料《いんりょう》 飲み物。「—水」「清涼—」
引力《いんりょく》 物体同士が引き合う力。⬍斥力
陰暦《いんれき》 旧暦。太陰暦。⬍陽暦
印籠《いんろう》 印や薬を入れて腰に下げる小箱。
淫猥《いんわい》 性的に下品でみだらなさま。

## う

卯《う》 十二支の第四。ウサギ。
初初《ういうい》しい 純であどけないさま。
初産《ういざん》 はじめてのお産。はつざん。
初陣《ういじん》 はじめての出陣、試合。「—を飾る」
有為転変《ういてんぺん》 すべては変化する。
初孫《ういまご》 はじめて生まれた孫。はつまご。

飢《う》え　【餓え】腹がへるさま。空腹。
植木《うえき》　庭や鉢に植えてある木。「—職人」
植《う》え込《こ》◀み　樹木を植えこんだ所。
植《う》える　植物の根を土中にうめること。
有縁《うえん》　両者間に縁があること。⇔無縁
迂遠《うえん》　遠回し。回りくどい様子。
魚《うお》　魚類の総称。さかな。「出世—」
右往左往《うおうさおう》　慌てて動き回る。
魚河岸《うおがし》　魚市場。
魚《うお》の目《め》　角質層が硬化したもの。
羽化《うか》　昆虫が変態し成虫になること。
迂回《うかい》　遠回りすること。「—路」
鵜飼《うかい》◀い　鵜を使い魚を捕える。夏
嗽《うがい》　水や薬でのどや口をすすぐこと。
窺《うかが》い知《し》る　見当をつけ大体を知る。

伺《うかが》う　問う。尋ねる。聞く。訪れる。
窺《うかが》う　様子を察する。機会を探る。
●都合を伺う
●顔色を窺う

迂闊《うかつ》　うっかりするさま。「—な行動」
穿《うが》つ　穴をあける。せんさくする。
羽化登仙《うかとうせん》　天にも昇る心地。
浮《う》かれる　うきうきしておちつかない。
浮《う》き　【浮子】魚釣りに使う浮標。
雨期《うき》　【雨季】雨の多い季節。⇔乾期
浮《う》き◀足《あし》　落ち着かない態度。「—立つ」
浮《う》き◀草《くさ》　水面に浮かぶ水草。「—稼業」
浮《う》き◀沈《しず》み　順境と逆境。浮沈《ふちん》。
浮《う》き◀名《な》　男女間のうわさ。「—を流す」
浮《う》き◀袋《ぶくろ》　水に浮くための装着具。夏
浮《う》き◀彫《ぼ》り　浮き出すような彫刻。

憂《う》き身《み》　苦労の多い身。「—をやつす」
憂《う》き目《め》　つらい体験。「—に遭う」
浮《う》き◀世《よ》　【憂き世】はかない世の中。
浮世絵《うきよえ》　江戸時代の風俗画。
浮《う》く　水面や空中に浮かぶ。「宙に—」
筌《うけ》　魚を捕る仕掛け。うえ。
請《う》け◀合《あ》う　引き受ける。保証。引受。
受《う》け◀入《い》れる　受け取る。承認する。
受《う》け◀売《う》り　人の意見のまま言う。
請《う》け◀負《お》う　仕事を引き受ける。
受《う》け◀皿《ざら》　容器から垂れる滴を受ける皿。物事を受け入れる態勢・組織・場所。
承《うけたまわ》る　伝え聞く。承知する。承諾する。
雨月《うげつ》　陰暦五月の異称。雨夜の月。秋
受《う》け◀継《つ》ぐ　引きつぐ。あとをつぐ。

受《う》け◀付《つ》ける　引き受ける。
受《う》けて立《た》つ　挑戦に応じる。
受《う》け止《と》める　対処する。認識する。
受《う》け◀取《と》る　手に入れる。解釈する。
受《う》け◀流《なが》す　あしらう。かわす。
受《う》け◀身《み》　働きかけられる立場。受動。
受《う》け◀持《も》つ　引き受ける。担当する。
受《う》ける　もらう。好評を得る。被る。
請《う》ける　責任をもって引き受ける。
●損害を受ける
●仕事を請ける

右舷《うげん》　船首に向かって右の側。⇔左舷
烏合《うごう》の衆《しゅう》　寄せ集めの群集。
動《うご》く　位置・場所が変わる。活動する。
右顧左眄《うこさべん》　迷い決断できない。
雨後《うご》の筍《たけのこ》　同じ物事が続出する。

蠢《うごめ》く　うようよと動く。蠢動《しゅんどう》する。
憂《う》さ　気持ちが暗いこと。「—晴らし」
胡散臭《うさんくさ》い　どことなく怪しい。
丑《うし》　十二支の第二。ウシ。
氏《うじ》　苗字。家がら。「—より育ち」
潮《うしお》　【汐】海水。潮汐。「潮汁」の略。
氏神《うじがみ》　鎮守の神。守り神。産土《うぶすな》神。
氏子《うじこ》　鎮守の守りを受ける人。「—総代」
丑寅《うしとら》　【艮】方位の名。北東の方向。
失《うしな》う　なくす。逃がす。死なす。「気を—」
丑三《うしみ》つ◀時《どき》　午前二時頃。真夜中。
後《うし》ろ　背後。過去。あと。⇔前
後《うし》ろ髪《がみ》をひかれる　未練が残り、思いきれない・立ち去りがたい。
後《うし》ろ暗《ぐら》い　悪事をして不安なさま。

後《うし》ろ盾《だて》　陰で助けること・人。
後《うし》ろ前《まえ》　前後が逆転すること。
後《うし》ろめたい　後ろ暗くて気がひける。
後《うし》ろ指《ゆび》をさされる　他人から陰で、悪口を言われる・非難される。
臼《うす》　穀物を精白・加工する道具。
渦《うず》　流体運動の一つ。渦潮。竜巻。
薄明《うすあ》◀かり　かすかな光・明るさ。
雨水《うすい》　二四節気で二月一八日頃。春
薄《うす》い　厚みが少ない。色が淡い。
薄薄《うすうす》　ほのかに。かすかに。少し。
薄着《うすぎ》　たくさん重ね着しない。⇔厚着
薄汚《うすぎたな》い　どことなくきたない。
疼《うず》く　ずきずき痛む。疼痛《とうつう》。「傷が—」
蹲《うずくま》る　【踞る】しゃがむ。つくばう。

**薄曇《うすぐも》り◀** 雲が薄く空をおおう天気。
**薄化粧《うすげしょう》** あっさりとした化粧。
**薄地《うすじ》** 織物・金属の薄いもの。⬍厚地
**渦潮《うずしお》** 潮流が海面で渦を巻くこと。
**堆《うずたか》い** 盛り上がって高い。
**薄手《うすで》** つくりの薄いもの。軽傷。
**薄日《うすび》** 薄曇りの空からさす弱い日の光。
**薄縁《うすべり》** 布の縁がついたござやむしろ。
**渦巻《うずま》き◀** らせん状に巻くこと・形。
**渦巻《うずま》く** 渦になって回る。「不満が—」
**埋《うず》み◀火《ひ》** 灰に埋めた炭火。いけび。冬
**薄笑《うすわら》い** かすかに笑うこと。
**失《う》せる** 立ち去る。なくなる。死ぬ。
**嘘《うそ》** いつわり。そらごと。虚言。
**有象無象《うぞうむぞう》** つまらない人々。

**嘘吐《うそつ》き** 嘘をよく言うこと・人。
**嘯《うそぶ》く** そらとぼける。ほらを吹く。
**唄《うた》** 俗謡。「長—」「小—」「馬子—」
**歌《うた》** 和歌。詩歌。節づけした歌。
**謡《うたい》** 能に合わせる歌曲。謡曲。
**宇内《うだい》** 世界。天地の間。天下。
**歌《うた》う** 節をつけてとなえる。「鳥が—」
**謡《うた》う** 伝統的な歌曲を声に出す。
**謳《うた》う** ほめる。主張する。表明する。
●歌を歌う ●謡を謡う ●効能を謳う
**疑《うたが》う** 怪しむ。あやぶむ。うたぐる。
**泡沫《うたかた》** 水に浮かぶ泡。はかないさま。
**宴《うたげ》** 酒盛り。宴会。えん。
**転《うた》た** 心の動くさま。ますます。
**転《うた》た寝《ね》** ついうとうとと眠ること。

**梲《うだつ》** 梁《はり》の上で棟木を支える短い柱。
**歌姫《うたひめ》** 女性歌手。「昭和の—」
**歌枕《うたまくら》** 和歌によまれた名所、その書物。
**茹《う》だる** 酷暑で体がぐったりする。
**内《うち》** 【中】なか。自分の家。⬍外
**家《うち》** 家屋。住宅。自宅。⬍余所《よそ》
**打《う》ち◀明《あ》ける** 隠さずに話す。
**打《う》ち◀合《あ》わ◀せ** 事前の相談。
**討《う》ち入《い》り◀** 攻め入る。「義士の—」
**内祝《うちいわ》い◀** 身内だけでする祝い・贈物。
**打《う》ち◀掛《か》け◀** 【裲襠】婦人の婚礼衣装。
**内貸《うちが》し◀** 賃金などを前金で払うこと。
**内気《うちき》** 遠慮深いたち。気の弱い性格。
**打《う》ち◀切《き》り** 途中でやめること。
**内金《うちきん》** 事前に支払う代金の一部。

**打《う》ち◀消《け》す** 否定する。取り消す。
**討《う》ち◀死《じ》に◀** 戦って死ぬこと。
**打《う》ち◀出《だ》し** 一日の興行の終わり。
**打《う》ち◀付《つ》けに◀** ふいに。突然に。
**内面《うちづら》** 内輪の人に見せる態度。⬍外面
**内弟子《うちでし》** 師匠の家に住み込む弟子。
**打《う》ち◀解《と》ける** 気を許して親しむ。
**打《う》ち◀止《ど》め◀** 【打留】物事の終わり。
**内法《うちのり》** 容器の内側の寸法。⬍外法
**内懐《うちぶところ》** 肌に近いほうの襟。内情。内心。
**内弁慶《うちべんけい》** 家の中だけでいばること。
**内幕《うちまく》** 内部のさま。内情。裏面。
**内孫《うちまご》** 跡取息子の子となる孫。⬍外孫
**内股《うちまた》** ももの内側。柔道の技の一つ。
**内股膏薬《うちまたごうやく》** 節操のない人。

**打《う》ち◀身《み》** 強く打ってできた傷。
**打《う》ち◀水《みず》** 庭や道に水をまくこと。夏
**内湯《うちゆ》** 旅館などの屋内の風呂《ふろ》。
**宇宙《うちゅう》** すべての天体を含む空間。「—船」
**有頂天《うちょうてん》** 喜びで夢中なこと。大得意。
**内輪《うちわ》** 部外者を交えないこと。内密。
**団扇《うちわ》** あおいで風を起こす道具。夏
**内訳《うちわけ》** 金銭の総額を小分けにしたもの。
**内輪揉《うちわも》め◀** 仲間うちの争い。
**鬱《うつ》** 心が晴れ晴れしない。心ふさぐ。
**打《う》つ** 【拍つ】たたく。ぶつ。打撃。
**討《う》つ** 【伐つ】殺す。攻撃する。成敗。
**撃《う》つ** 射撃する。敵を攻撃する。
●頭を打つ ●敵を討つ ●銃を撃つ
**鬱鬱《うつうつ》** 気が重くふさぐさま。繁茂。

**卯月《うづき》** 夏 陰暦四月の異称。
**美《うつく》しい** きれいである。うるわしい。
**鬱屈《うっくつ》** 気がふさいで滅入ること。
**鬱血《うっけつ》** 静脈管内に起きる充血。
**空《うつ》け者《もの》** おろかもの。愚物。
**写《うつ》す** その通りにかく。写真を撮る。
**映《うつ》す** 物の姿をほかの物の表面に現す。
●解答・写真を写す ●画面・鏡に映す
**鬱積《うっせき》** 不平・不満が心に積もること。
**現身《うつせみ》** この世に生きている身。「—の命」
**鬱蒼《うっそう》** 木がこんもり茂ったさま。
**訴《うった》える** 事情を申し出る。裁判にかける。
**現《うつつ》** 現実。正気。「恋に—を抜かす」
**討手《うって》** 賊軍や罪人をうつ軍・人。
**鬱陶《うっとう》しい** わずらわしい。

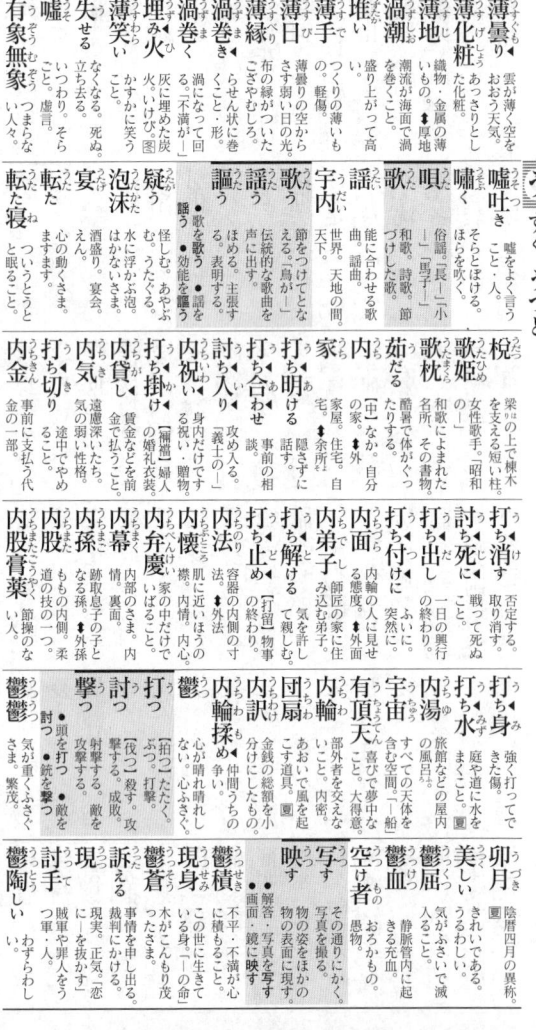

鬱病《うつびょう》 憂鬱・不安を特徴とする病気。
俯す《うつぶ》 顔を下に向けて寝る。⇕仰むく
鬱憤《うっぷん》 重なるうらみ。「—を晴らす」
靫《うつぼ》 矢を入れるための道具。
鬱勃《うつぼつ》 盛んに起こるさま。「勇気—」
俯《うつむ》く 下を向く。⇕仰ぐ
移《うつ》り香《が》◀ 物に移って残るよい香り。
移《うつ》り気《ぎ》◀ 気が変わりやすいさま。
移《うつ》る 場所が変わる。時が変わる。
空《うつ》ろ 【虚ろ】から。うろ。空洞。
器《うつわ》 入れ物。容器。才能。「監督の—」
腕《うで》 ひじと手首の間。技量。「—がある」
腕利《うでき》き 腕前の優れた人。「—の職人」
腕組《うでぐ》み 両腕を組み合わせること。
腕尽《うでず》く 腕前。腕の力。腕力。

腕相撲《うでずもう》 腕の力を競う競技。
腕試《うでだめ》し 腕前をためすこと。
腕っ節《うでぷし》 腕力の強さ。腕の関節。
台《うてな》 屋根のない高殿。高楼。台座。
腕前《うでまえ》 手際。手腕。技量。「—を上げる」
雨天《うてん》 雨降り。雨の日。「—順延」
疎《うと》い 事理に暗い。親しくない。
疎《うと》む 遠ざける。きらう。うとんじる。
饂飩《うどん》 小麦粉を加工しためん類。
優曇華《うどんげ》 クサカゲロウの卵。夏
促《うなが》す 催促する。せきたてる。
鰻登《うなぎのぼ》り どんどん上がる。急上昇。
魘《うな》される 悪夢などで苦しい声を出す。
項《うなじ》 えりくび。首筋。
頷《うなず》く 肯定の意で首をたてに振る。

項垂《うなだ》れる 首をうつむかせる。
海原《うなばら》 広々とした海。海洋。「青—」
唸《うな》る 苦しみ叫ぶ。うめく。呻吟する。
自惚《うぬぼ》れる 得意になる。自負。独善。
畝《うね》 【畦】畑土を長く盛り上げた所。
鵜呑《うの》み かまずに丸のみすること。
右派《うは》 保守的政治団体。保守派。⇕左派
姥《うば》 【媼】年をとった女性。老女。
乳母《うば》 母に代わり幼児に乳を与える女。
奪《うば》う 強引に取りあげる。引きつける。
乳母車《うばぐるま》 乳幼児を乗せる手押し車。
姥桜《うばざくら》 美しさが残っている年増《とし ま》の女。
初《うぶ》 ういういしい。純情。初心。
産着《うぶぎ》 新生児にはじめて着せる着物。
産毛《うぶげ》 生まれた時から生えている毛。

産声《うぶごえ》 生まれてはじめて出す声。
産土《うぶすな》 人の生まれた土地。故郷。
産湯《うぶゆ》 新生児を入浴させる湯。
諾《うべな》う 【肯う】もっともだと承知する。
午《うま》 十二支の第七。ウマ。
旨《うま》い 【美味い】味がよい。おいしい。
上手《うま》い 【巧い】手際がよい。上手だ。
●料理・酒が旨い
●字・演技が上手い
倦《う》まず撓《たゆ》まず 飽きたり怠けたりせずに続けるさま。「—仕事に励む」
馬面《うまづら》 長い顔をあざけっていう語。
馬乗《うまの》り 乗馬。馬に乗るように跨る。
旨味《うまみ》 うまい味。おもしろみ。
厩《うまや》 【馬屋】馬小屋。きゅうしゃ。
海《うみ》 地球表面の潮水をたたえた所。

膿《うみ》 腫物や傷から生じる粘液。
海幸《うみさち》 海でとれる獲物。海の幸。⇕山幸
海千山千《うみせんやません》 したたか者。
海手《うみて》 海の方。浜辺側。浜手。⇕山手
海鳴《うみな》り 波が砕けて生じる低い響き。
海の家《うみのいえ》 海水浴場の簡易な飲食店。
海辺《うみべ》 海のほとり。海岸。海浜。
海坊主《うみぼうず》 坊主頭の海の化け物。
有無《うむ》 ある事ない事。承知と不承知。
生《う》む 新たに作りだす。創造。生産。
産《う》む 子や卵を母体外に出す。出産。
●新記録を生む
●男児を産む
倦《う》む あきる。退屈する。気が疲れる。
熟《う》む 果実が熟する。うれる。
膿《う》む 腫物や傷が化膿して膿をもつ。

呻《うめ》く 苦しみうなる。わめく。
梅酒《うめしゅ》 青梅を焼酎につけた酒。夏
梅干《うめぼ》し◀ 塩漬にした梅の実。夏
埋《う》める うずめる。ふさぐ。補う。
羽毛《うもう》 鳥の羽と毛。はね。「—布団」
恭《うやうや》しい つつしみ深く礼儀正しい。
敬《うやま》う あがめ尊ぶ。尊敬する。
有耶無耶《うやむや》 はっきりしない。
烏有《うゆう》 何もないこと。「—に帰す」
紆余曲折《うよきょくせつ》 曲がりくねること。
右翼《うよく》 保守的・国粋的な思想傾向。
浦《うら》 海が陸に入りこんだ部分。海岸。
裏《うら》 表面と反対の面。内部事情。⇕表
裏打《うらう》ち◀ 裏から補強すること。裏付。
裏表《うらおもて》 裏と表。裏返し。「—のある人物」

**裏書《うらが》き**◀ 手形や証書の裏面の署名。
**裏方《うらかた》** 舞台裏で仕事をする人。⇔表方
**裏金《うらがね》** 取引で表に出さない金。「—工作」
**末枯《うらが》れ** 枝先や葉先が枯れる。秋
**裏切《うらぎ》る** 内通する。予期に反する。
**裏声《うらごえ》** 地声よりも高く出す声。⇔地声
**裏漉《うらご》し** 細かい網やふるいで漉す。
**裏作《うらさく》** 主作物の収穫後の他の作物栽培。
**裏地《うらじ》** 衣服の裏につける布。⇔表地
**裏店《うらだな》** 裏通りの粗末な貸家。「—住まい」
**裏付《うらづ》け** 確かな証拠。保証。裏打。
**裏手《うらて》** 建物の裏の方。背後。裏の方角。
**占《うらな》い**◀ 【卜】吉凶の判断。八卦見。「—師」
**末生《うらな》り** 【末成り】顔色が青白い人。
**裏話《うらばなし》** 一般に知られていない内輪話。

**裏腹《うらはら》** あべこべ。反対。表裏。背中合せ。
**盂蘭盆《うらぼん》** 祖先を供養する仏事。秋
**憾《うら》み** 【恨み】不満・残念に思うこと。
**裏道《うらみち》** 本道以外の道路。間道。抜け道。
**恨《うら》む** 【怨む】不平不満を抱く。
**裏目《うらめ》** 期待と反対の結果。「—に出る」
**恨《うら》めしい** 【怨めしい】うらみに思う。
**羨《うらや》ましい** ねたましい。うらやむ様子。
**羨《うらや》む** 自分もそうなりたいと願う。
**麗《うら》らか** 空が晴れてのどかである。春
**売《う》り上《あ》げ**◀ 品物を売って得た代金。
**売上高《うりあげだか》** 物を売って得た代金の総額。
**売《う》り買《か》い**◀ 商い。売買。「株の—」
**売《う》り掛《か》け**◀ あと払いで物を売る。
**売《う》り言葉《ことば》**◀ けんかをしかける言葉。

**瓜実顔《うりざねがお》** 長い顔。おもなが。
**売《う》り捌《さば》く**◀ 手広く大量に売る。
**売《う》り出《だ》し**◀ 安売り。名を広める。
**売《う》り値《ね》**◀ 売り渡す価格。⇔買い値
**売《う》り払《はら》う**◀ 売ってしまう。売却。
**雨量《うりょう》** 降る雨の分量。降雨量。「—計」
**売《う》る** 代金と引きかえに物を渡す。
**得《う》る** 手に入れる。できる。「考え—」
**閏年《うるうどし》** 陽暦で二月が二九日ある年。
**潤《うるお》う** 湿る。もうかる。「懐が—」
**煩《うるさ》い** 【五月蝿い】やかましい。いやだ。
**粳《うるち》** ねばりの少ない常食用の米。秋
**潤《うる》む** 湿りけを帯びる。涙声になる。
**麗《うるわ》しい** 端正で美しい。愛らしい。
**愁《うれ》い** 嘆き悲しみ。ゆううつなこと。

**憂《うれ》い** 心配。不安。「凶作の—」 ●愁いに沈む ●備えあれば憂いなし
**売《う》れ口《くち》** 売れ先。販路。
**嬉《うれ》しい** よろこばしい。快く楽しい。
**売《う》れ筋《すじ》** 同類の中でよく売れる系統。
**売《う》れ行《ゆ》き**◀ 売れてゆくさま。
**売《う》れる** 物が買われる。有名になる。
**熟《う》れる** 実が入る。果実が熟す。
**迂路《うろ》** とおまわりの道。回り道。迂回路。
**空《うろ》** 【虚・洞】中がからの所。「木の—」
**雨露《うろ》** あめつゆ。「—を凌ぐ」
**疎覚《うろおぼ》え** 確実でない記憶。
**鱗《うろこ》** 魚などの表面をおおう薄片。
**狼狽《うろた》える** 慌てまごつく。
**彷徨《うろつ》く** さまよう。徘徊《はいかい》する。

**胡乱《うろん》** 挙動が確かでなく怪しいさま。
**上書《うわが》き**◀ 書状などの表書き。その字。
**浮気《うわき》** 移り気。ほかの異性に心を移す。
**上着《うわぎ》** 上半身や下着の外側に着るもの。
**釉薬《うわぐすり》** 【釉】陶磁器の表面に塗る薬品。
**譫言《うわごと》** 高熱などで無意識に発する言葉。
**噂《うわさ》** 世間ばなし。評判。風評。風聞。
**上滑《うわすべ》り** 【上辷り】軽はずみなこと。
**上澄《うわず》み** 液体上部にできる澄んだ汁。
**上擦《うわず》る** 落ち着かなくなる。「声が—」
**上背《うわぜい》** 身長。背丈。「—がある」
**浮《うわ》つく** うかれて落ち着かなくなる。
**上《うわ》っ調子《ちょうし》** 落ち着きがないさま。
**上積《うわづ》み** 上方に積むこと。⇔底積み
**上面《うわつら》** 表面。うわべ。うわっつら。

**上手《うわて》** 上の方。さらに優れていること。
**上塗《うわぬ》り** 仕上げ塗り。さらに重ねる。
**上乗《うわの》せ** さらに追加すること。
**上《うわ》の空《そら》** ぼんやりしているさま。
**上履《うわば》き**◀ 建物内で履くはきもの。
**蟒蛇《うわばみ》** 大蛇《だいじゃ》。おろち。大酒飲み。
**上辺《うわべ》** おもてむき。表面。「—を飾る」
**上前《うわまえ》** 着物の前側。賃金や代金の一部。
**上回《うわまわ》る** 基準となる数量を超える。
**上目遣《うわめづか》い** 瞳だけ上へ向けて見る。
**上役《うわやく》** 地位が上の人。上司。⇔下役
**運《うん》** 巡り合せ。運勢。幸運。「—がいい」
**運営《うんえい》** 組織などを動かして営むこと。
**雲煙過眼《うんえんかがん》** 物事に執着しない。
**雲霞《うんか》** 雲と霞。大勢。「—のごとく」

運河《うんが》 水運などのための人工の水路。
雲海《うんかい》 海のように見える群雲。夏
運気《うんき》 自然現象に現れる人の運勢。
運休《うんきゅう》 運転・運行を休止すること。
運行《うんこう》 天体の動き。交通機関の運転。
運航《うんこう》 船・航空機が航路を進むこと。
●列車の運行
●旅客機の運航
雲散霧消《うんさんむしょう》 一度に消え失せる。
醞醸《うんじょう》 醸造すること。醸成すること。
雲水《うんすい》 雲と水。行脚する修行僧。
運勢《うんせい》 運の勢い。運命の巡りあわせ。
運送《うんそう》 運び送ること。運搬。「―会社」
蘊蓄《うんちく》 深い素養・知識。「―を傾ける」
運賃《うんちん》 運送の料金。送料。「初乗り―」
雲泥《うんでい》 雲と泥。大きな違い。「―の差」

運転《うんてん》 動きまわす。動かす。操縦する。
運動《うんどう》 体を動かすこと。活動すること。
云云《うんぬん》 しかじか。とやかく言うこと。
蘊奥《うんのう》 学問や芸術などの奥深いところ。
運搬《うんぱん》 人や物を運び移すこと。運送。
運筆《うんぴつ》 字を書く筆の運び。筆づかい。
運否天賦《うんぷてんぷ》 運を天に任せる。
運命《うんめい》 行動・運を支配する大きな力。
雲母《うんも》 鉱物の一種。きらら。マイカ。
運輸《うんゆ》 運び送ること。運送。「―業」
運用《うんよう》 物の機能を生かして使う。活用。

## え

柄《え》 器物の、手で持つ所。取っ手。
絵《え》 【画】物を描きあらわしたもの。

営為《えいい》 事業。いとなみ。
鋭意《えいい》 集中してはげむこと。専心。
曳曳《えいえい》 雲などが長くたなびくさま。
営営《えいえい》 いそがしく働くさま。「―と築く」
永遠《えいえん》 永久。とこしえ。とわ。「―の別れ」
映画《えいが》 活動写真。シネマ。「―館」
栄華《えいが》 権力や富を得て栄えること。
鋭角《えいかく》 直角より小さい角。⇔鈍角
栄冠《えいかん》 名誉。光栄。「勝利の―」
英気《えいき》 優れた才気。活動する気力。
鋭気《えいき》 鋭く強い気性や勢い。
●英気を養う
●鋭気をくじく
永久《えいきゅう》 永く久しいこと。永世。「―不変」
影響《えいきょう》 力が他に作用して変化を及ぼす。
営業《えいぎょう》 利益を得るための事業。「―活動」

永訣《えいけつ》 永遠の別れ。死別。永別。
英傑《えいけつ》 才知に長けた人物。英雄。
英語《えいご》 イギリスの言語。イングリッシュ。
曳行《えいこう》 引っ張って進むこと。「―飛行」
曳航《えいこう》 船を引っ張って航行すること。
●グライダーの曳行
●難破船を曳航する
栄光《えいこう》 誉れ。光栄。栄誉。「輝かしい―」
永劫《えいごう》 長い年月。永久。「未来―」
栄枯盛衰《えいこせいすい》 栄えたり衰えたり。
英才《えいさい》 優れた才知、その持主。「―教育」
衛視《えいし》 国会の警備・監視にあたる職員。
嬰児《えいじ》 生まれて間もない子ども。赤子。
永字八法《えいじはっぽう》 書の基本的運筆法。
映写《えいしゃ》 映画・幻灯などを映すこと。
永住《えいじゅう》 ながく住むこと。「―の地」「―権」

詠唱《えいしょう》 大勢で節をつけて歌う。アリア。
栄辱《えいじょく》 誉れと恥。栄誉と恥辱。
詠《えい》じる 歌や詩を作る。歌や詩を吟じる。
栄進《えいしん》 地位が上になること。昇進。
永世《えいせい》 限りなく続く世。永久。「―中立国」
衛生《えいせい》 健康を保つための注意。「保健―」
衛星《えいせい》 他の天体に付属した星。「人工―」
営繕《えいぜん》 建物などの新築や修繕。「―費」
営倉《えいそう》 違反兵を留置した施設・その罰。
営巣《えいそう》 動物が巣を作ること。「―本能」
映像《えいぞう》 画面に映った形、姿。イメージ。
影像《えいぞう》 絵画や彫刻の神仏や人の姿。
●テレビの映像
●祖父の影像
永続《えいぞく》 ずっとながく続くこと。持続。
永代《えいたい》 ながい年月。永久。「―供養」

栄達《えいたつ》 高い地位にのぼること。出世。
詠嘆《えいたん》 深い感動を言葉に出すこと。
英断《えいだん》 優れた決断。「―を下す」
英知《えいち》 【叡智】優れた才知。深い知恵。
栄典《えいてん》 めでたい式典。勲章・位階など。
栄転《えいてん》 高い地位に移ること。「―祝い」
永年《えいねん》 ながい年月。「―勤続」
営農《えいのう》 農業を営むこと。「―組合」「―家」
鋭敏《えいびん》 鋭くてさといさま。⇔遅鈍
永別《えいべつ》 永久の別れ。死別。「―の悲しみ」
鋭鋒《えいほう》 鋭い矛先。筆舌の鋭い攻撃。
英邁《えいまい》 才知が優れていること。英明。
永眠《えいみん》 死ぬこと。死亡。死去。
英明《えいめい》 優れて賢明。「天資―」
英訳《えいやく》 英語に翻訳すること。「和文―」

英雄《えいゆう》　武力・才知に優れた人物。
栄誉《えいよ》　誉れ。名誉。「—をたたえる」
栄養《えいよう》　生命を保つ作用、食品。「—失調」
栄耀栄華《えいようえいが》　華やかに栄える。
営利《えいり》　利益のために行うこと。「—事業」
鋭利《えいり》　鋭いさま。「—な刃物」「—な頭脳」
叡慮《えいりょ》　天子の気持ち。天皇の考え。
映倫《えいりん》　映画倫理規定管理委員会。
営林《えいりん》　森林を管理すること。「—署」
英霊《えいれい》　戦死者の霊の敬称。英魂。
会陰《えいん》　人体で陰部と肛門との間。
笑顔《えがお》　笑っている顔面。笑い顔。破顔。
絵描《えか》き◀　【画描】絵をかく人。画家。
描《えが》く　【画く】絵・音楽に表す。描写。
得難《えがた》い　手に入れにくい。「—人材」

絵柄《えがら》　絵などの図案。模様。
役《えき》　人民に課する労役。戦争。
易《えき》　古代中国の占い。易経。「—学」
益《えき》　もうけ。得。ためになること。
液《えき》　水状の流動体の総称。「—汁」
駅《えき》　列車の発着・乗降場。停車場。
液化《えきか》　固体・気体が液体に変じること。
腋窩《えきか》　わきの下のくぼんだところ。
疫学《えきがく》　感染症などを研究する医学。
役牛《えきぎゅう》　労役に使う牛。⇕乳牛・肉牛
易者《えきしゃ》　占いを職業にする人。占い者。
駅舎《えきしゃ》　鉄道の駅の建物。
液汁《えきじゅう》　草木や果物などの汁・つゆ。
液晶《えきしょう》　分子が規則的に配列した液体。
液体《えきたい》　流動する物質。流動物。

益虫《えきちゅう》　人の生活に益になる虫。⇕害虫
益鳥《えきちょう》　人の生活に益になる鳥。⇕害鳥
駅長《えきちょう》　鉄道の駅の責任者。「—室」
駅伝《えきでん》　道路を走る長距離のリレー競走。
疫病《えきびょう》　流行病。伝染病。
駅弁《えきべん》　駅構内で売っている弁当。
役務《えきむ》　労働などの作業。「—賠償」
疫痢《えきり》　はげしい下痢性の伝染病。
蘞《えぐ》い　のどが刺激される味がする。
靨《えくぼ》　【笑窪】笑う時のほおのくぼみ。
抉《えぐ》る　【刳る】ほじくる。穴をあける。
回向《えこう》　死者をとむらうこと。追善。
絵心《えごころ》　絵に理解とたしなみがあること。
依怙地《えこじ》　かた意地。意地っぱり。
依怙贔屓《えこひいき》　不公平な扱い。

餌《えさ》　生物を育てるための食物。
絵師《えし》　【画師】絵かき。画工。画家。
壊死《えし》　体の組織の一部が死ぬこと。
会式《えしき》　法会の儀式。日蓮宗の法会。秋
餌食《えじき》　餌にされるもの。犠牲。くいもの。
会釈《えしゃく》　あいさつでお辞儀すること。
会者定離《えしゃじょうり》　別れは必ずくる。
絵図《えず》　絵。建物・土地などの平面図。
似非《えせ》　似て非なるもの。にせ。「—学者」
壊疽《えそ》　身体組織の一部が腐ること。
絵空事《えそらごと》　実際にはないこと。
枝《えだ》　木の枝。分かれ出たもの。
得体《えたい》　かたち。性質。「—の知れない」
枝毛《えだげ》　毛髪の先が枝状に裂けたもの。
枝葉《えだは》　枝と葉。重要でない部分。

枝振《えだぶ》り　枝の、出具合や格好。
枝分《えだわ》かれ◀　何本かに分かれること。
悦《えつ》　喜ぶこと。嬉しがる。「—に入る」
越境《えっきょう》　国境や境界を越えること。
餌付《えづ》け　動物に食物を与えてならす。
越権《えっけん》　権限を越えること。「—行為」
謁見《えっけん》　貴人・目上の人に面会すること。
越冬《えっとう》　冬の寒さを越すこと。「—隊」
閲読《えつどく》　内容を調べながら読むこと。
越年《えつねん》　年を越す・新年を迎えること。
閲兵《えっぺい》　兵士を検閲すること。「—式」
笑壺《えつぼ》に入《い》る　したり顔で笑う。
悦楽《えつらく》　喜び楽しむこと。「—にふける」
閲覧《えつらん》　調べ見る。読むこと。「—室」
閲歴《えつれき》　その人が経てきたあと。経歴。

得手《えて》　得意とすること。特技。⇕不得手
得手勝手《えてかって》　思い通りふるまう。
干支《えと》　十干と十二支をあわせたもの。
江戸《えど》　東京の旧称（一八六八年改称）。
穢土《えど》　汚れているこの世。しゃば。
会得《えとく》　飲み込むこと。理解すること。
江戸前《えどまえ》　東京湾でとれた魚。江戸風。
縁《えにし》　ゆかり。宿命的なえん。関係。
絵《え》の具《ぐ》　色づけのために使う材料。
絵葉書《えはがき》　絵が印刷してある葉書。
恵比須《えびす》　【恵比寿・戎】福徳の神。
箙《えびら》　矢を入れる道具。やなぐい。
絵筆《えふで》　絵をかくための筆。画ひつ。
恵方《えほう》　【吉方】その年のよい方角。新
烏帽子《えぼし》　元服した男子が被る帽子。

絵馬《えま》 神社へ奉納する額。「—堂」
絵巻物《えまきもの》 物語・記録を絵にした巻物。
笑み《え》 笑い。微笑。「—を浮かべる」
笑む《え》 笑う。花が咲く。実が熟し割れる。
得物《えもの》 手に持つ武器。刀・槍など。
獲物《えもの》 猟や漁でとった動物。「—を追う」
●得物を取って戦う
●獲物を分け合う
衣紋《えもん》 着物。着物のえりもと。「—掛け」
鰓《えら》 水棲動物の呼吸器官。「—呼吸」
偉い《えら》 優れている。強い。偉大だ。
選ぶ《えら》 【択ぶ】よりぬく。選択する。
襟《えり》 【衿】衣服の首に当たる部分。
襟足《えりあし》 えり首の髪の生え際。
襟首《えりくび》 首の後部。首筋。
選《え》り好《ごの》み◀ 好きなものだけ選ぶ。

選《え》りすぐる 厳選する。よりすぐる。
襟巻《えりま》き◀ 首に巻くもの。マフラー。図
得る《え》 手に入れる。取得する。できる。
獲る《え》 狩や猟でとる。奪いとる。
●知識を得る
●海で大魚を獲る
円《えん》 まる。えん。日本の貨幣単位。
宴《えん》 酒盛り。宴会。うたげ。「花の—」
園《えん》 人工の庭。集い楽しむ場。
縁《えん》 へり。縁側。ゆかり。「—を切る」
遠因《えんいん》 遠い原因。間接の原因。⬍近因
遠泳《えんえい》 遠距離を泳ぐこと。夏
演繹《えんえき》 おし広めて述べること。⬍帰納
奄奄《えんえん》 息の絶え絶えなさま。「気息—」
延延《えんえん》 ひたすら長く続くさま。
蜿蜒長蛇《えんえんちょうだ》 長く続く行列。

鴛鴦《えんおう》 おしどり。仲のよい夫婦。図
円価《えんか》 為替相場の円の国際的な価値。
円貨《えんか》 日本の、円単位の通貨。「—手形」
●円価が変動する
●円貨で支払う
煙火《えんか》 煙と火。飯をたくかまどの煙。
煙霞《えんか》 煙と霞。山水。風景。「—癖」
演歌《えんか》 こぶしのきいた日本の歌謡曲。
嚥下《えんか》 飲み下すこと。えんげ。
宴会《えんかい》 ともに飲食する懇親会。「—芸」
円蓋《えんがい》 丸いふた。丸天井。ドーム。
塩害《えんがい》 潮風や海水の塩分による被害。
煙害《えんがい》 火山や工場の煙などによる被害。
沿革《えんかく》 移り変わり。変遷。「社の—」
遠隔《えんかく》 遠くへだたること。「—の地」
円滑《えんかつ》 かど立たずなめらかなさま。

縁側《えんがわ》 座敷の外の板敷。歩廊。
沿岸《えんがん》 川や海に沿った岸辺。「—漁業」
延期《えんき》 期限を延ばすこと。ひのべ。
演技《えんぎ》 人前で技を見せること。「—派」
縁起《えんぎ》 物事の起こり。吉凶のしるし。
婉曲《えんきょく》 表現などが遠回しなさま。
縁切《えんき》り 関係を断つ。夫婦の別れ。
遠近《えんきん》 遠い近い。あちこち。「—感」
縁組《えんぐ》み◀ 縁をむすぶ。婚姻。「養子—」
援軍《えんぐん》 応援の軍勢。加勢。援兵。
円形《えんけい》 まるい形。輪の形。「—劇場」
遠景《えんけい》 遠くの景色。バック。⬍近景
園芸《えんげい》 草花や庭などをつくること。
演芸《えんげい》 人前で芸を演じること。「—会」
演劇《えんげき》 舞台上で演出する芸術。「—鑑賞」

縁故《えんこ》 ゆかり。関係。続き合い。コネ。
掩護《えんご》 【援護】味方を守ること。
援護《えんご》 困っている人を助け守ること。
●掩護射撃
●被災者を援護する
遠交近攻《えんこうきんこう》 遠国と同盟を結び、近隣の国を攻めとる外交政策。
遠国《えんごく》 遠く離れた国。⬍近国
怨恨《えんこん》 深い恨み。恨み。「—による犯行」
怨嗟《えんさ》 恨み嘆くこと。「—の声」
円座《えんざ》 車座。藺草《いぐさ》で編んだ敷物。夏
冤罪《えんざい》 無実の罪。濡れ衣。「—を被る」
塩酸《えんさん》 塩化水素の水溶液。「—ガス」
演算《えんざん》 計算。運算。「—装置」
遠視《えんし》 遠くがよく見えること。⬍近視
園児《えんじ》 幼稚園などに通っている子ども。

臙脂《えんじ》 【燕脂】黒みの混じった赤色。
演者《えんじゃ》 芝居や講演をする人。出演者。
縁者《えんじゃ》 縁のあるもの。身より。「親類—」
円周《えんしゅう》 円のまわり。「—率」
演習《えんしゅう》 けいこ。軍隊での実戦練習。
円熟《えんじゅく》 すっかり慣れて上達する。「—味」
演出《えんしゅつ》 脚本を映画などに表現すること。
炎暑《えんしょ》 ひどい暑さ。炎熱。「—の候」夏
援助《えんじょ》 助けること。救援。「資金—」
延焼《えんしょう》 火がよそへ燃え移ること。
炎症《えんしょう》 体の一部に熱をもつこと。
炎上《えんじょう》 火事で物が燃え上がること。
延伸《えんしん》 のばすこと。のびること。
炎心《えんしん》 【焔心】炎の中心の部分。
円陣《えんじん》 円形に陣どること。「—を組む」

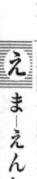

猿人《えんじん》 最古の化石人類。
厭人《えんじん》 交際を嫌うこと。人間嫌い。「—家」
遠心力《えんしんりょく》 回転の中心から遠ざかる力。
円錐《えんすい》 底面が円形で先のとがった立体。
塩水《えんすい》 塩分の溶け込んでいる水。「—湖」
延髄《えんずい》 脳と脊髄《せきずい》の間の部分。
遠征《えんせい》 遠くへ征伐・試合に行くこと。
厭世《えんせい》 世をはかなみいとうこと。「—観」
宴席《えんせき》 酒盛りの場。宴会の席。
縁戚《えんせき》 身内のもの。親類。「—関係」
演説《えんぜつ》 人前で意見を述べる。「街頭—」
沿線《えんせん》 線路に沿った所。沿道。「—の土地」
厭戦《えんせん》 戦争をいとうこと。「—気分」
婉然《えんぜん》 しとやかで美しい様子。
艶然《えんぜん》 【嫣然】（女性が）ほほえむさま。

塩素《えんそ》 刺激臭をもつ元素の一種。
演奏《えんそう》 人前で音楽を奏すること。「—会」
怨憎《えんぞう》 恨み憎むこと。恨みと憎しみ。
塩蔵《えんぞう》 食材を塩に漬けて保存すること。
遠足《えんそく》 遠くへ出歩くこと。小旅行。〔春〕
延滞《えんたい》 期日を過ぎて滞ること。「—金」
遠大《えんだい》 計画が大きいこと。高遠。
演台《えんだい》 講演などで講師の前に置く机。
演題《えんだい》 講演・演説の題目。
縁台《えんだい》 庭などに置く細長い腰掛け。
円高《えんだか》 外貨に対し円が高い。⇔円安
円卓《えんたく》 丸いテーブル。「—を囲む」
円建て《えんだて》◀ 円を基準に通貨価値を計る。
演壇《えんだん》 演説する人が立つ壇。
縁談《えんだん》 結婚や養子縁組の相談。

延着《えんちゃく》 予定より遅れて着く。⇔早着
円柱《えんちゅう》 まるい柱。円筒。
炎昼《えんちゅう》 日が照りつける、真夏の昼。〔夏〕
延長《えんちょう》 引き延ばすこと。「—戦」⇔短縮
鉛直《えんちょく》 重力の方向。垂直の方向。「—線」
縁続き《えんつづき》 親戚関係であること。身内。
堰堤《えんてい》 川を横断して築いた堤防。ダム。
園丁《えんてい》 庭園の手入れをする人。庭師。
炎天《えんてん》 夏の激しい暑さの空。「—下」〔夏〕
塩田《えんでん》 塩をつくる砂地。しおはま。
円転滑脱《えんてんかつだつ》 円滑に事を運ぶ。
円筒《えんとう》 断面がまるい筒。「—形」
遠投《えんとう》 ボールなどを遠くへ投げること。
遠島《えんとう》 陸地から遠く離れた島。島流し。
沿道《えんどう》 道沿い。道筋。沿線。「—の観衆」

縁遠い《えんどおい》 関係がうすい。縁談がない。
鉛毒《えんどく》 鉛の毒。鉛中毒。
煙突《えんとつ》 煙を外に出す筒。けむだし。
縁日《えんにち》 神仏を供養する祭りの日。
炎熱《えんねつ》 夏の激しい暑さ。炎暑。〔夏〕⇔酷寒
延納《えんのう》 期限に遅れて納めること。
縁の下《えんのした》 縁側の下。床下《ゆかした》。
縁の下《えんのした》の力持《ちからも》ち 陰で他人のために苦労・努力すること（人）。
円盤《えんばん》 丸く平たいもの。レコード盤。
鉛版《えんばん》 鉛で作った活字版。活版。
艶美《えんび》 あでやかで美しいこと。
鉛筆《えんぴつ》 筆記具の一つ。木筆。「色—」
燕尾服《えんびふく》 男性の、夜用の正式礼服。
演武《えんぶ》 武芸の練習。武芸を人に見せる。

演舞《えんぶ》 舞の練習。舞を人に見せること。
円舞曲《えんぶきょく》 四分の三拍子の曲。ワルツ。
艶福《えんぷく》 多くの女性にもてる幸せ。「—家」
衍文《えんぶん》 文中に誤って入ったよけいな文。
塩分《えんぶん》 塩気。塩類の量。
艶聞《えんぶん》 つやっぽいうわさ。
掩蔽《えんぺい》 おおい隠すこと。「罪を—する」
遠望《えんぼう》 遠くを見ること。「—が利く」
遠謀《えんぼう》 将来を見ぬいたはかりごと。
遠方《えんぽう》 遠い所。遠くの方。⇔近所
閻魔《えんま》 地獄の主神。「—顔」「—帳」
煙幕《えんまく》 所在をくらますための煙。
円満《えんまん》 十分満ち足りる。穏やか。「夫婦—」
円満具足《えんまんぐそく》 満ち足りて穏やか。
煙霧《えんむ》 煙と霧。空気の濁り。スモッグ。

縁結び《えんむすび》 男女の縁組み。結婚。「—の神」
延命《えんめい》 命をのばすこと。延寿。「息災—」
鳶目兎耳《えんもくとじ》 よい目とよい耳。
艶冶《えんや》 女性のなまめかしく美しいさま。
円安《えんやす》 外貨に対し円が安い。⇔円高
園遊会《えんゆうかい》 庭園などで行う宴会。
援用《えんよう》 裏付けのために引用すること。
遠洋《えんよう》 陸地から遠く離れた海。⇔近海
艶容《えんよう》 あでやかな姿や顔つき。
遠来《えんらい》 遠い所からくること。「—の客」
遠雷《えんらい》 遠くで鳴っているかみなり。〔夏〕
厭離穢土《えんりえど》 現世を厭い離れる。
遠慮《えんりょ》 深い考え。ひかえめ。「—深い」
艶麗《えんれい》 あでやかで美しいさま。
遠路《えんろ》 遠い路。遠方。「—はるばる」

# お

尾《お》 しっぽ。後方に伸びた部分。
緒《お》 ひも。下駄のはなお。楽器の弦。
笈《おい》 仏具などを入れて背負う箱。
甥《おい》 兄弟姉妹のむすこ。⬍姪《めい》
追《お》い討《う》ち▲ 敵を追ってうつこと。
御家芸《おいえげい》 家に伝わる芸。おはこ。
追《お》い追《お》い▲ 徐々に。しだいに。
追《お》い掛《か》ける 先のものを追う。
追《お》い風《かぜ》▲ 後方から吹く風。順風。
追《お》い越《こ》し▲ 相手より前に出ること。
追《お》い込《こ》む 追い立てて中へ入れる。
生《お》い先《さき》 子どもが成長して行く先。
老《お》い先《さき》 老人の余生。「―短い」
美《お》味《い》しい 味がいい。うまい。
生《お》い茂《しげ》る 草木が生えてよく茂る。
追《お》い縋《すが》る 追いついてとりすがる。
追《お》い出《だ》す 追って外へ出す。
生《お》い立《た》ち▲ 成長の過程・経歴。
於《お》いて▲ ～の場所・点で。～の時に。
追《お》い剝《は》ぎ▲ 道で金品を奪う悪人。
老《お》い耄《ぼ》れ▲ もうろくしていること。
追《お》い捲《まく》る 激しく追いはらう。
負《お》い目《め》▲ 心の負担。借り。負債。
追《お》い遣《や》る 追いたてて去らせる。
老《お》いらく 年を取ること。老年。「―の恋」
花魁《おいらん》 上位の遊女。娼妓。「―道中」
老《お》いる 年を取って心身が衰えること。
追分《おいわけ》 道の左右にわかれる所。分岐点。
王《おう》 【皇】君主。天子。首位のもの。
追《お》う 【逐う】あとをつける。求める。
負《お》う 背おう。こうむる。「責任を―」
王位《おうい》 王者のくらい。帝位。「―継承」
王威《おうい》 王の威光。王者の威厳。
横溢《おういつ》 満ちあふれること。盛んなこと。
押印《おういん》 印や判を押すこと。捺《なつ》印。
押韻《おういん》 詩歌の韻をふむこと。「漢詩の―」
応援《おうえん》 加勢すること。励ますこと。
往往《おうおう》 しばしば。時々。「―にして」
桜花《おうか》 さくらの花。「―爛漫《らんまん》」〔春〕
謳歌《おうか》 賛美する。幸福な境遇を楽しむ。
枉駕《おうが》 「来訪」の敬称。「―を謝す」
横臥《おうが》 体を横たえる。横向きに寝る。
王冠《おうかん》 王のかぶる冠。瓶の口金。
往還《おうかん》 ゆきき。往復。街道。往来。
扇《おうぎ》 せんす。「―の要」「―形」〔夏〕
奥義《おうぎ》 学術などの極意。秘訣《けつ》。おくぎ。
王宮《おうきゅう》 帝王が住む宮殿。おうぐう。
応急《おうきゅう》 急場のまにあわせ。「―処置」
往古《おうこ》 遠い過去。おおむかし。往昔。
王侯《おうこう》 王と諸侯。「―貴族」
横行《おうこう》 勝手に歩き回る。おうぎょう。
王国《おうこく》 王が治める国。一大勢力。
黄金《おうごん》 金。こがね。貴重なもの。
王座《おうざ》 王の地位・席。第一番の地位。
横死《おうし》 不慮の死。非業の死。むだ死に。
横恣《おうし》 ほしいままなこと。気まま。
王子《おうじ》 王・皇族の息子。⬍王女
往事《おうじ》 昔のことがら。昔のできごと。
往時《おうじ》 過ぎ去った時。昔。⬍近時
皇子《おうじ》 天皇の息子。こうし。⬍皇女。
王室《おうしつ》 王の一家・一族。皇室。
往日《おうじつ》 過ぎ去った日。昔日。
王者《おうじゃ》 第一人者。王たる人。⬍覇者
尫弱《おうじゃく》 体が弱いこと。少ない。貧乏。
応需《おうじゅ》 需要・要求に応じる。「入院―」
応酬《おうしゅう》 互いにやり合うこと。返事。
押収《おうしゅう》 証拠品などを取り上げること。
欧州《おうしゅう》 ヨーロッパ。「―大戦」「―連合」
王女《おうじょ》 王・皇族の娘。⬍王子
皇女《おうじょ》 天皇の娘。こうじょ。⬍皇子
王将《おうしょう》 将棋で最も重要な駒。玉将。
往生《おうじょう》 死ぬ。困り果てること。「立ち―」
往生際《おうじょうぎわ》 死ぬ間際。ふんぎり。決断。
往信《おうしん》 こちらから出す手紙。⬍返信
往診《おうしん》 医者が患者の家で診察すること。
逢瀬《おうせ》 男女の密会。逢引。「―を重ねる」
王制《おうせい》 王が統治する制度。君主制。
王政《おうせい》 王が自ら行う政治。「―復古」
旺盛《おうせい》 活力が盛んなさま。「元気―」
応接《おうせつ》 人の相手になって応対すること。
応戦《おうせん》 敵の攻撃に応じて戦うこと。
殴打《おうだ》 なぐること。
応対《おうたい》 受け答えすること。「電話―」
横隊《おうたい》 横に列を作る隊形。⬍縦隊
応諾《おうだく》 人の頼みを引き受けること。
黄疸《おうだん》 胆汁色素で皮膚が黄色になる病。
横断《おうだん》 横切って渡る。「―歩道」⬍縦断
横着《おうちゃく》 ずるくなまけること。「―者」

王朝《おうちょう》　同じ王家に属する系列。「―時代」
王手《おうて》　直接王将を取ろうとする手。
横転《おうてん》　横倒しになる。左右に回転する。
嘔吐《おうと》　食べた物を吐くこと。「―を催す」
応答《おうとう》　受け答え。返事。「質疑―」
王道《おうどう》　王の仁徳による政道。近道。
黄銅《おうどう》　銅と亜鉛との合金。真鍮《しんちゅう》。
凹凸《おうとつ》　平らでないこと。でこぼこ。
媼《おうな》　【嫗】年とった女性。老女。⇔翁
押捺《おうなつ》　印や判を押すこと。「指紋―」
往年《おうねん》　過ぎ去った年。昔。先年。
懊悩《おうのう》　なやみもだえること。苦悩。
凹版《おうはん》　印刷部分がへこんだ印刷版。
王妃《おうひ》　王の妻。きさき。
応否《おうひ》　応諾か否かということ。諾否。

欧風《おうふう》　ヨーロッパ風。西洋風。「―建築」
往復《おうふく》　行って帰ること。やりとり。
応分《おうぶん》　身分・能力にふさわしいこと。
欧文《おうぶん》　欧州・欧米の文字や文。⇔和文
横柄《おうへい》　尊大で無礼なこと。「―な態度」
欧米《おうべい》　ヨーロッパとアメリカ。「―諸国」
応募《おうぼ》　募集に応じること。「―者」
往訪《おうほう》　たずねゆくこと。訪問。⇔来訪
横暴《おうぼう》　わがままで乱暴なこと。
鸚鵡返《おうむがえ》し　人の言ったことばをそのまま言い返すこと。「―に繰り返す」
凹面《おうめん》　中央が凹んだ面。「―鏡」⇔凸面
応用《おうよう》　知識を実際に利用すること。
鷹揚《おうよう》　おおらかで悠然としていること。
往来《おうらい》　行ったり来たりすること。道路。

横領《おうりょう》　他人のものを不法に奪うこと。
横列《おうれつ》　横に並んだ列。⇔縦列
往路《おうろ》　行きの道。⇔復路
嗚咽《おえつ》　むせび泣くこと。「―を漏らす」
御偉方《おえらがた》　身分・地位の高い人々。
大味《おおあじ》　細やかさがないこと。「―な試合」
大穴《おおあな》　おおきな欠損。大番狂わせ。
多《おお》い　たくさんある。豊かである。
覆《おお》い　【被い】かぶせるもの。カバー。
大一番《おおいちばん》　大事な取組や勝負。
大《おお》いに　非常に。はなはだ。たくさん。
大入《おおい》り◀　客がいっぱいに入ること。
覆《おお》う　【蔽う】つつみこむ。かぶせる。
大写《おおうつ》し　一部分を拡大して写すこと。
大奥《おおおく》　江戸城内の将軍夫人たちの居所。

大掛《おおが》かり◀　大規模。大仕掛け。
大方《おおかた》　大体。多分。世間一般。大部分。
大形《おおがた》　形・模様が大きいこと。⇔小形
大型《おおがた》　型や規模が大きいこと。⇔小型
●大形の鳥・花
●大型の船舶・台風
大柄《おおがら》　体・模様などが大きい。⇔小柄
大《おお》きい　程度が甚しい。広い。多い。
大仰《おおぎょう》　【大形】おおげさなこと。「―な文」
大切《おおぎ》り　【大喜利】芝居等の最終演目。
大食《おおぐ》い　多く食べること。大食漢。
大口《おおくち》　取引額・数量が多い。おおぐち。
大口《おおぐち》　大げさなことば。「―をたたく」
大袈裟《おおげさ》　実際より誇張していること。
大御所《おおごしょ》　その道の大家。大所《おおどころ》。
大事《おおごと》　大事件。大変。いちだいじ。

大酒《おおざけ》　大量の飲酒。「―飲み」
大雑把《おおざっぱ》　大まか。粗雑なこと。
雄雄《おお》しい　勇ましい。男らしい。
大潮《おおしお》　潮の干満の差が最大の時。
大時代《おおじだい》　非常に古めかしいこと。
大所帯《おおじょたい》　【大世帯】家族が多い家。
大筋《おおすじ》　大体のすじ。あらまし。大略。
大相撲《おおずもう》　日本相撲協会の相撲興業。
仰《おお》せ　ご命令。お言葉。「―つかる」
大勢《おおぜい》　多くの人。多勢。大人数。⇔小勢
大関《おおぜき》　相撲で横綱に次ぐ地位。
大掃除《おおそうじ》　大がかりな掃除。[春]
大台《おおだい》　境目となる数値。「―にのる」
大立《おおだ》て者《もの》◀　その社会の重要人物。
大店《おおだな》　大規模な商店。大きい老舗。

大摑《おおづか》み　多く摑み取る。大要を捉える。
大詰《おおづ》め◀　芝居の最終幕。物事の終局。
大手《おおて》　城の表門。追手。大規模な会社。
大手《おおで》　肩から指先まで。「―を振る」
大道具《おおどうぐ》　情景をこしらえる舞台装置。
大通《おおどお》り◀　町中の幅の広い道。
大鉈《おおなた》を振《ふ》るう　切るべきものは切って、思いきった整理をする。
大波《おおなみ》　大きく高い波。⇔小波
大幅《おおはば》　【大巾】幅が広い。差が大きい。
大判《おおばん》　大型寸法のもの。大型の金貨。
大盤振《おおばんぶ》る舞《ま》い◀　気前よくふるまうこと。椀飯《おうばん》振る舞いの変化。
大引《おおび》け　取引所の立会い終了。終値。
大振《おおぶ》り　少し大きめ。大きく振る。

大部屋《おおべや》 広い部屋。無名俳優の楽屋。
大《おお》まか おおざっぱ。こだわらないさま。
大股《おおまた》 歩幅が広いこと。⬍小股
大見得《おおみえ》 誇張した態度や演技。
大水《おおみず》 河川が増水すること。洪水。
大晦日《おおみそか》 一年の最後の日。大晦《おおつごもり》。図
大向《おおむ》こう◀ 劇場の立見席。
概《おおむ》ね◀ 【大旨】おおよそ。あらまし。大体。
大目《おおめ》 寛大にすること。「—に見る」
大目玉《おおめだま》 ひどくしかる。「—をくう」
大文字《おおもじ》 ABCなど、欧文の大字体。
大本《おおもと》 物事の根本。「—を正す」
大物《おおもの》 大きなもの。大立者。⬍小物
大家《おおや》 【大屋】貸し家の持ち主。
公《おおやけ》 世間。公共。表立つこと。⬍私

大凡《おおよそ》 【凡】大体。おおむね。およそ。
大技《おおわざ》 相撲などの豪快な技。⬍小技
大童《おおわらわ》 必死で奮闘するさま。
丘《おか》 【岡】土地の小高い所。丘陵。
陸《おか》 陸地。硯《すずり》の墨をする部分。
御返《おかえ》し 返礼品。おつり。復讐《ふくしゅう》。
御抱《おかか》え 専属の。「—運転手」
大鋸屑《おがくず》 のこぎりで切った木の屑。
御蔭《おかげ》 神や人から受けた恩恵。加護。
可笑《おか》しい おもしろい。滑稽《こっけい》だ。
尾頭付《おかしらつ》き◀ 尾も頭もついた焼き魚。

犯《おか》す 法律・道徳にそむく。汚す。
侵《おか》す 侵害する。侵入する。
冒《おか》す 冒険する。病害を与える。汚す。
●罪を犯す●領土を侵す●危険を冒す

陸釣《おかづ》り 海岸から釣りをすること。
御門違《おかどちが》い 人違い。見当違い。
御株《おかぶ》 得意とする技。「—を奪う」
陸稲《おかぼ》 畑で栽培する稲。りくとう。秋
傍惚《おかぼ》れ ひそかに恋い慕うこと。
女将《おかみ》 料理屋などの女主人。「旅館の—」
御上《おかみ》 天皇。政府。主君。女主人。
拝《おが》む 手をあわせて祈る。嘆願する。
傍目八目《おかめはちもく》 【岡目八目】当事者より第三者の方が物事を見通せること。
岡持《おかも》ち◀ 料理の出前に使う浅いおけ。
雪花菜《おから》 豆腐のしぼりかす。
小川《おがわ》 細い川の流れ。こがわ。
悪寒《おかん》 発熱のため感じる寒さ・寒け。
御冠《おかんむり》 不機嫌なこと。怒っていること。

沖《おき》 海・湖で岸より遠く離れた所。
燠《おき》 【熾】赤くおこった炭火。消し炭。
沖合《おきあい》 沖の方。「—漁業」
置《お》き去《ざ》り◀ 捨て置いて行くこと。
掟《おきて》 取り決め。さだめ。規則。
翁《おきな》 年老いた男。古老。⬍嫗《おうな》
補《おぎな》う 不足を満たす。埋めあわせる。
起《お》き抜《ぬ》け◀ 寝床から出たばかり。
置《お》き引《び》き◀ 置いた荷物を盗むこと。
起《お》き伏《ふ》し◀ 日々の生活。日常。
置《お》き土産《みやげ》◀ 去る人が置きゆく土産。
置物《おきもの》 装飾で置く物。
起《お》きる 目を覚ます。立つ。生じる。
奥《おく》 内に深く入った所。「洞穴の—」
億《おく》 数の桁。万の万倍。

措《お》く ほうっておく。さしおく。
置《お》く 場所にすえる。設置する。
●それは措くとして●机の上に置く

屋外《おくがい》 家の外。建物の外。⬍屋内
奥書《おくがき》 書の末尾に記す文。あとがき。
奥方《おくがた》 身分の高い人の妻の敬称。
屋上《おくじょう》 屋根の上。建物の最上階の上。
屋上架屋《おくじょうかおく》 重複してむだ。
臆《おく》する おじける。気おくれする。
憶説《おくせつ》 【臆説】推測や想像だけの意見。
憶測《おくそく》 【臆測】あて推量。推測。
奥底《おくそこ》 奥深い所。心の奥深い所、本心。
憶断《おくだん》 【臆断】推測による判断。
奥地《おくち》 海岸や都市から遠く離れた地域。
奥付《おくづけ》 巻末に著者名などを記す一形式。

奥手《おくて》 【晩生】成熟が遅い人。⬍早生

晩生《おくて》 【奥手】成熟が遅い植物の品種。
晩稲《おくて》 成熟の遅い稲。秋⬍早稲《わせ》

屋内《おくない》 家屋・建物の内。「—競技」⬍屋外
御国《おくに》 相手の出身地を敬っていう語。
奥《おく》の手《て》 極意。とっておきの手段。
噯気《おくび》 【噯】げっぷ。「—にも出さない」
臆病《おくびょう》 些細《ささい》なことを恐れる・性質。
奥深《おくぶか》い 奥が深い。意味が深い。
衽《おくみ》 【袵】着物に縫いつける細長い布。
臆面《おくめん》 気おくれする様子。「—もなく」
御悔《おく》やみ◀ 死を悲しみ弔う言葉。
奥床《おくゆか》しい 上品で慎み深い。
奥行《おくゆ》き◀ 表から奥までの長さ。
御蔵《おくら》 興行や催しが中止になること。

**小暗《おぐら》い** 薄暗い。ほの暗い。
**送《おく》り仮名《がな》** 漢字の読みを補う仮名。
**送《おく》り状《じょう》** 発送人が発行する文書。
**贈《おく》り名《な》** 【諡】死後に贈る称号。
**送《おく》り火《び》** 祖先の霊を送る火。秋
**贈《おく》り▲物《もの》** 人に贈る品。おつかいもの。
**送《おく》る** 先方へ託し届ける。時を過ごす。
**贈《おく》る** 金品や称号などを与える。贈答。
●荷物を送る ●感謝状を贈る
**後《おく》れ毛《げ》** ほつれて垂れ下がった毛。
**後《おく》れ馳《ば》せ** 時機におくれること。
**後《おく》れる** 他より後になる。⇔先んじる
**遅《おく》れる** 定刻に間に合わない。⇔早まる
●流行に後れる ●支払が遅れる
**桶《おけ》** 水などを入れる円筒状の器。

**痴《おこ》がましい** 【烏滸がましい】分不相応。
**起《お》▲こす** 立てる。生起する。⇔倒す
**熾《おこ》す** 炭火などの勢いを盛んにする。
**興《おこ》す** 盛んにする。新しくはじめる。
●事故を起こす 体を起こす ●炭を熾す 火を熾す ●産業を興す 社を興す
**厳《おごそ》か** いかめしいこと。厳粛なこと。
**怠《おこた》る** なまける。おろそかにする。
**行《おこな》う** 実行する。物事をなす。
**起《お》▲こり** 始まり。起源。由来。「争いの―」
**怒《おこ》る** 腹をたてる。いかる。憤怒する。
**奢《おご》る** ぜいたくする。ごちそうする。
**驕《おご》る** 【傲る】得意になる。思い上がる。
**長《おさ》** 集団・組織を治める人。かしら。
**抑《おさ》える** おしとどめる。勢いを止める。

**押《お》▲さえる** おして動かないようにする。
●興奮を抑える ●傷口を押さえる
**御下《おさ》がり** 下げた供物。おふる。
**御里《おさと》** 嫁や婿の実家。素姓。経歴。
**幼《おさな》い** 年がいかない。幼稚である。
**幼子《おさなご》** 【幼児】年がいかない幼い子。
**幼心《おさなごころ》** 子ども心。
**幼馴染《おさななじ》み** 幼児期からの仲良し。
**御座成《おざな》り** その場のがれ。
**収《おさ》める** 手に入れる。中に入れる。
**治《おさ》める** 混乱を鎮める。政治を行う。
**修《おさ》める** 行いをよくする。学び習う。
**納《おさ》める** 納入する。受け取る。終える。
●成果を収める ●争いを治める ●学問を修める ●月謝を納める

**御浚《おさら》い** 復習。温習。「けいこの―」
**啞《おし》** 口がきけないこと・人。あ。
**伯父《おじ》** 父母の兄。伯母の夫。
**叔父《おじ》** 父母の弟。叔母の夫。
**惜《お》しい** 捨てがたい。残念だ。「時間が―」
**押《お》▲し入《い》れ▲** 和室で物を収納する所。
**押《お》▲し売《う》り▲** 強いて売ること・人。
**御仕置《おしお》き▲** こらしめること。刑罰。
**怖怖《おじおじ》** おそれるさま。こわごわ。
**押《お》▲し掛《か》ける** 勝手に出向く。
**御辞儀《おじぎ》** 頭を下げて礼をすること。
**御仕着《おしき》せ** 一方的に与えられる。
**怖《お》じ気《け》** 恐怖心。「―づく」
**惜《お》し気《げ》ない** 惜しむ様子がない。
**押《お》▲し込《こ》む** むりに入れる。

**押《お》▲し出《だ》し** 押して出す。人前の印象。
**押《お》▲し付《つ》ける** 強く押す。仕事や責任を無理に引き受けさせる。おっつける。
**押《お》▲し詰《つ》まる▲** 日時が切迫する。
**鴛鴦夫婦《おしどりふうふ》** 仲のよい夫婦。
**押《お》▲し並《な》べて** だいたい。一様に。
**御忍《おしの》び** 目立たないように出歩く。
**推《お》し量《はか》る** 見当をつけ判断する。
**押《お》▲し花《ばな》** 紙にはさんで乾燥させた花。
**雄蕊《おしべ》** 種子植物の雄性生殖器官。
**御絞《おしぼ》り** 水を浸して絞った手ぬぐい。
**御仕舞《おしま》い▲** 終わり。終了。
**惜《お》しむ** けちる。残念がる。「費用を―」
**襁褓《おしめ》** 大小便を受ける布や紙。おむつ。
**押《お》▲し問答《もんどう》** 互いに言い張ること。

**御釈迦《おしゃか》** つくりそこないの品。
**御酌《おしゃく》** 酌の丁寧語。半玉。雛妓。
**御喋《おしゃべ》り** 雑談。口が軽い人。
**御洒落《おしゃれ》** 身なりに気を遣うこと・人。
**汚臭《おしゅう》** くさいにおい。悪臭。
**和尚《おしょう》** 寺の住職。僧りょ。
**御相伴《おしょうばん》** もてなしを受けること。
**汚職《おしょく》** 職権を利用した不正行為。
**汚辱《おじょく》** はずかしめ。恥辱。「―を受ける」
**怖《お》じる** おそれひるむ。怖がる。
**白粉《おしろい》** 顔にぬる白い粉状の化粧品。
**悪心《おしん》** 吐き気がするほどの心地悪さ。
**雄《おす》** 【牡】動物の男性。⇔雌
**押《お》す** 【圧す】上や先に力を加える。
**捺《お》す** 【押す】捺印する。

推す《おす》 人に勧める。思いはかる。
汚水《おすい》 きたない水。よごれた水。
御裾分け《おすそわけ》 頂き物を分け与える。
御墨付き《おすみつき》▲ 権威者から得た保証。
御世辞《おせじ》 口先だけのほめ言葉。
御節《おせち》 正月や節句用の料理。「—料理」
御節介《おせっかい》 よけいな世話。「—をやく」
汚染《おせん》 汚れに染まること。「大気—」
御膳立て《おぜんだて》 食膳の支度。準備。
悪阻《おそ》 つわり。
遅い《おそい》 時間がかかる。のろい。
襲う《おそう》 不意に攻める。受け継ぐ。
遅生まれ《おそうまれ》▲ 四月二日～一二月生まれ。
遅咲き《おそざき》▲ 開花時が遅い。⬍早咲き
遅蒔き《おそまき》 時期に遅れて行うこと。

悍ましい《おぞましい》▲ きつい感じで恐ろしい。
御粗末《おそまつ》 品質が雑。貧弱。手抜き。
恐らく《おそらく》 (主に否定の事柄に対し)たぶん。
虞《おそれ》 【惧れ】心配。懸念。「大雨の—」
恐れ《おそれ》 【畏れ・怖れ】恐怖。敬服。
●大惨事の虞
●恐れを抱く
恐れ入る《おそれいる》 【畏れ入る】恐縮する。
畏れ多い《おそれおおい》 申し訳ない。ありがたい。
恐れ乍ら《おそれながら》 失礼ですが。恐縮ですが。
畏れる《おそれる》 【恐れる】神などを畏敬する。
恐れる《おそれる》 【懼れる】気がひるむ。こわがる。
恐ろしい《おそろしい》 こわい。ひどい。驚くべき。
教わる《おそわる》 教えを受ける。習う。⬍教える
魘われる《おそわれる》 怖い夢をみてうなされる。
汚損《おそん》 よごしきずつけること。

御互い様《おたがいさま》 ともに同様なこと。
汚濁《おだく》 よごれにごること。「水質—」
雄叫び《おたけび》 勇ましい叫び声。
御達し《おたっし》 上司などからの指示や命令。
煽てる《おだてる》 ほめて得意にさせる。煽動する。
阿多福《おたふく》 丸い女の顔。おかめ。
御陀仏《おだぶつ》 死ぬこと。だめになること。
御為倒し《おためごかし》 ごまかす。取り繕う。
穏やか《おだやか》 落ち着いて静かなさま。「—な日」
落ち《おち》▲ もれていること。落語の結末。
落ち合う《おちあう》▲ 出合う。合流する。
陥る《おちいる》 落ちこむ。よくない状態になる。
落ち零れ《おちこぼれ》▲ 取り残されたもの・人。
落ち着く《おちつく》▲ 鎮まる。行きつく。
落ち度《おちど》▲ 【越度】あやまち。過失。

落ち葉《おちば》▲ 枯れて落ちた木の葉。〔冬〕
落魄れる《おちぶれる》 惨めな状態になる。
落ち穂《おちぼ》▲ 収穫後に落ち残った穂。〔秋〕
落ち目《おちめ》▲ 運が下降していくこと。
落人《おちゅうど》 人目を避けて逃げる人。
落ちる《おちる》 下がる。抜ける。劣る。悪化する。
堕ちる《おちる》 【落ちる】品格が下がる。堕落。
墜ちる《おちる》 【落ちる】上から下へ移る。墜落。
●地獄に堕ちる
●飛行機が墜ちる
乙《おつ》 十干の第二。味なこと。第二類。
億劫《おっくう》 めんどうで気が進まないこと。
御告げ《おつげ》 神仏の意思や預言の知らせ。
仰る《おっしゃる》 「言う」の尊敬語。言われる。
追っ付け《おっつけ》▲ ほどなく。「—帰ろう」
追っ手《おって》▲ 罪人・敵などを追う者。

追って書き《おってがき》 【追而書き】追伸。二伸。
夫《おっと》 妻のつれあい。亭主。⬍妻
御勤め品《おつとめひん》 特価で売る商品。
押っ取り刀《おっとりがたな》 武士が刀を手に持ったまま出かける意から、大慌てな様子。
御手上げ《おてあげ》 行き詰まること。降参。
汚泥《おでい》 きたない泥。どぶ泥。
御手の物《おてのもの》 得意とするもの。
御手前《おてまえ》 【御点前】茶道の作法。
御出座し《おでまし》▲ 「外出・出席」の尊敬語。
御手盛り《おてもり》 自ら都合よく計る。
汚点《おてん》 よごれた点。しみ。「経歴の—」
御転婆《おてんば》 活発な女の子。御俠《おきゃん》。「—娘」
音《おと》 ひびき。声。うわさ。評判。
弟《おとうと》 年下の、男のきょうだい。⬍兄

頤《おとがい》 下あご。へらずぐち。「—を叩く」
御伽噺《おとぎばなし》 子ども向けの昔話。夢物語。
戯ける《おどける》 滑稽《こっけい》なことを言ってふざける。
男気《おとこぎ》 弱きを助ける義俠心。任俠心。
男坂《おとこざか》 一対の参道で急坂の方。⬍女坂
男盛り《おとこざかり》 男性の働き盛りの年代。
男伊達《おとこだて》 男気があること。俠客《きょうかく》。
男前《おとこまえ》 男らしい風采。美男。ハンサム。
男勝り《おとこまさり》 男性以上に気性の強い女性。
男鰥《おとこやもめ》 妻帯していない男。⬍女寡《おんなやもめ》
音沙汰《おとさた》 たより。連絡。音信。「—なし」
落とし穴《おとしあな》▲ 落して捕える穴。謀略。
陥れる《おとしいれる》 計略にかけ、苦しい立場にする。
御年玉《おとしだま》 新年を祝い配る金品。〔新〕
落とし前《おとしまえ》▲ もめごとの後始末。

貶《おとし》める　劣ったものとして扱う。「人を―」
脅《おど》す　【威す】恐がらせる。驚かせる。
訪《おとず》れる　たずねる。やってくる。
一昨日《おととい》　昨日の前の日。いっさくじつ。
一昨年《おととし》　昨年の前の年。いっさくねん。
大人《おとな》　成人。分別のあること。「―びる」
大人《おとな》しい　おだやかで素直である。
乙女《おとめ》　年若い少女。未婚の女性。
囮《おとり》　誘い寄せるために使うもの。
踊《おど》り　踊ること。舞踊。ダンス。「盆―」
踊《おど》り◀場《ば》　階段の途中の平らな場所。
劣《おと》る　ほかと比べて程度が低い。
踊《おど》る　曲にあわせて体を動かす。
躍《おど》る　【跳る】はねあがる。とびあがる。
●ダンスを踊る
●期待に胸が躍る

衰《おとろ》える　勢いが弱る。盛んでなくなる。
驚《おどろ》く　びっくりする。驚愕《きょうがく》する。
同《おな》じ　ひとしい。別のものでない。
鬼《おに》　想像上の妖怪。冷酷な人。
鬼瓦《おにがわら》　屋根のはしに飾る鬼面の大瓦。
鬼子《おにご》　親に似ていない子ども。鬼っ子。
鬼《おに》に金棒《かなぼう》　それを手にもと強いものがより強力になること。
鬼《おに》の霍乱《かくらん》　ふだん健康な人が珍しく病にかかるたとえ。霍乱は「日射病」の意。
鬼火《おにび》　火山で硫黄が燃える炎。火の玉。
鬼遣《おにやら》い　節分の夜の豆まき。ついな。冬
尾根《おね》　山の頂と頂を結ぶ峰筋。「―伝い」
斧《おの》　木を切る道具。小さいまさかり。
各《おのおの》　【各各】それぞれ。各自。めいめい。

自《おの》ずから　しぜんに。ひとりでに。
戦《おのの》く　こわくてふるえる。わななく。
御上《おのぼ》り　地方から都会へ行くこと。
己《おのれ》　自分。自己。お前。きさま。
伯母《おば》　父母の姉。伯父の妻。
叔母《おば》　父母の妹。叔父の妻。
十八番《おはこ》　得意の芸事。えて。
雄花《おばな》　めしべのない花。ゆうか。⇔雌花
御花畑《おはなばたけ》　花が群生する所・高原。夏
御祓《おはら》い◀　災厄を除く神事・お札《ふだ》。
御払《おはら》い箱《ばこ》　捨てる。解雇する。
帯《おび》　着物の上から胴に巻く長い布。
怯《おび》える　【脅える】こわがる。おそれる。
誘《おび》き出《だ》す　だましてさそいだす。
御膝下《おひざもと》　権力者の支配がおよぶ土地。

夥《おびただ》しい　非常に多い。はなはだしい。
御櫃《おひつ》　めしびつ。おはち。
御人好《おひとよ》し　だまされやすい人。
御捻《おひね》り　お金を紙に包んだもの。
脅《おびや》かす　おびえさせる。危うくする。
御百度《おひゃくど》を踏《ふ》む　御百度参りをする。同じ所を何遍も訪れて頼む。
帯《お》びる　身につける。引き受ける。含む。
尾鰭《おひれ》が付《つ》く　事実でないことが加わったりして話がおおげさになる。
御披露目《おひろめ》　披露すること。
汚物《おぶつ》　きたないもの。排泄《はいせつ》物。
覚《おぼ》え◀書《が》き◀　忘れないための書付け。
覚《おぼ》える　感じる。記憶する。習得する。
思《おぼ》しい　思われる。みえる。「犯人と―男」

思《おぼ》し召《め》し　お考え。お志。恋心。
覚束《おぼつか》ない　確かでない。不安だ。
溺《おぼ》れる　泳げないで沈む。夢中になる。
朧《おぼろ》げ　ぼんやりしたさま。「―な記憶」
朧月夜《おぼろづきよ》　春のかすんだ月の夜。春
御守《おまも》り◀　神仏の加護がこめられた物。
御丸《おまる》　【御虎子】持ち運びできる便器。
御神酒《おみき》　神前に供える酒。みき。
御神籤《おみくじ》　吉凶を占い社寺で引くくじ。
御見逸《おみそ》れ　会って気づかない。
御見通《おみとお》し　考え・思いを見抜く。
御襁褓《おむつ》　乳児の大小便を受ける布。
汚名《おめい》　悪い評判。不名誉。「―返上」
御目見得《おめみえ》　貴人に会うこと。
思《おも》い　【想い】考え。所存。望み。憂い。

重《おも》い　目方が多い。重大。動きが鈍い。
思《おも》い上《あ》がる　つけあがる。
思《おも》い思《おも》い　各々が思うように。
思《おも》い切《き》る　あきらめる。決心する。
思《おも》い焦《こが》れる　一途に恋しく思う。
思《おも》い込《こ》む　深く思い、決める。
思《おも》い立《た》つ　新たに考えを起こす。
思《おも》い過《す》ごし◀　考えすぎ。邪推。
思《おも》い違《ちが》い　勘違い。考え違い。
思《おも》い付《つ》き　着想。気まぐれ。
思《おも》い詰《つ》める　一途に思い悩む。
思《おも》い出《で》　心に残る昔の出来事。追憶。
思《おも》い做《な》しか　そう思うと。
思《おも》い残《のこ》す　未練を残す。
思《おも》いの丈《たけ》　心に思うすべて。

思《おも》いの外《ほか》　意外にも。思いがけず。
思《おも》い遣《や》り　相手への同情・配慮。
思《おも》う　【想う】考える。想像する。
思《おも》う様《さま》　思うとおりに。思う存分。
思《おも》う存分《ぞんぶん》　気のすむまで。
思《おも》う壺《つぼ》　思いどおりになること。
重重《おもおも》しい　どっしりしておごそか。
面影《おもかげ》　【俤】心に思い浮かぶ顔や姿。
面舵《おもかじ》　船首を右へ向ける操舵。⇕取舵
面変《おもが》わり◀　顔つき・様子が変わる。
重苦《おもくる》しい　抑えられて息苦しい。
面差《おもざ》し◀　顔つき。顔かたち。
面白《おもしろ》い　愉快だ。興味深い。滑稽だ。
面白半分《おもしろはんぶん》　半ばふざけている。
面立《おもだ》ち　顔つき。顔かたち。

玩具《おもちゃ》　遊具。なぐさみもの。がんぐ。
表《おもて》　前面。正面。戸外。公《おおやけ》。⇕裏
面《おもて》　顔。表面。顔面。「矢―に立つ」
重手《おもで》　【重傷】重い傷。ふかで。⇕薄手
表替《おもてが》え◀　畳の表を新しくかえること。
表書《おもてが》き◀　封書などの表面に書く文字。
表沙汰《おもてざた》　事が世間に知れること。
表立《おもてだ》つ　公然となる。裁判になる。
表向《おもてむ》き　公然たること。うわべ。
表門《おもてもん》　建物の前の門。正門。⇕裏門
面長《おもなが》　顔のかたちが長めなこと。
主《おも》に　主として。大部分。ほとんど。
重荷《おもに》　重い荷物。重すぎる負担。
阿《おもね》る　へつらう。追従する。「上司に―」
面映《おもは》ゆい　てれくさい。「―気持ち」

趣《おもむき》　趣旨。様子。あじわい。
赴《おもむ》く　【趣く】その方面へ向かって行く。
徐《おもむろ》に　静かに。ゆっくりと。「―話す」
面持《おもも》ち◀　表情。顔色。「けげんな―」
母屋《おもや》　【母家】屋敷の主な建物。本宅。
重湯《おもゆ》　かゆのうわ汁。飯の汁。
重《おも》り　【錘】重さを加える物。分銅。
思惑《おもわく》　思うこと。考え。「―がはずれる」
思《おも》わず　無意識のうちに。うっかり。
重《おも》んじる　重要視する。⇕軽んじる
慮《おもんぱか》る　深く考える。思い巡らす。
惟《おもんみ》る　よくよく考えてみる。
親《おや》　父母。中心となる物。⇕子
親方《おやかた》　職人などのかしら。相撲の年寄。
親御《おやご》　他人の親の尊敬語。おやごぜ。

親心《おやごころ》　子への慈愛。親のような気持ち。
親父《おやじ》　父親。中年の男性。店の主人。
親潮《おやしお》　寒流の一つ。千島海流。
親知《おやし》らず　第三大臼歯。ちえ歯。
親玉《おやだま》　中心人物。かしら。数珠の大玉。
親馬鹿《おやばか》　子に甘い愚かな親。過保護。
親離《おやばな》れ　子が親から独立すること。
親不孝《おやふこう》　親を敬わず尽くさないこと。
親分《おやぶん》　徒党を組む人のかしら。⇕子分
女形《おやま》　歌舞伎で女役をする男の役者。
親元《おやもと》　【親許】親のいるところ。実家。
親譲《おやゆず》り　親から受け継いだこと・物。
泳《およ》ぐ　水泳をする。巧みに世渡りする。
凡《およ》そ　大体のところ。一般に。約。
及《およ》び腰《ごし》　自信がなく、不安定な様子。

及《およ》ぶ　とどく。達する。いたる。かなう。
折《おり》　その時。機会。「―にふれ」
澱《おり》　【滓】液体の底に沈んだかす。
檻《おり》　動物や罪人を入れる囲い。
折《お》り合《あ》い◀　人と人との仲。和合。
折悪《おりあ》しく　具合の悪いことに。
折《お》り入《い》って◀　特別に。ぜひとも。
折折《おりおり》　そのときどき。おりふし。
折《お》り返《かえ》す◀　二重に折る。引き返す。
折《お》り紙《がみ》◀　色紙で折る遊び。保証。
折《おり》から　ちょうどその時。おりしも。
折《お》り込《こ》む◀　内側に折る。はさみこむ。
織《お》り込《こ》む◀　織り入れる。ふくめる。
折《おり》しも　ちょうどその時に。折も折。
折《お》り畳《たた》む◀　折重ねて小さくする。

折《お》り詰《づ》め◀　折箱に詰めること・物。
織《お》り成《な》す◀　織って作る。描きだす。
織姫《おりひめ》　織女星。はたを織る女性。
折節《おりふし》　おりおり。そのときどき。季節。
折《お》り目《め》◀　折り筋。けじめ。「―正しい」
織物《おりもの》　糸を織った布地。
下《お》りる　下へ移る。許可が出る。しまる。
降《お》りる　低い所へ移る。降車する。退く。
●階段を下りる
●電車を降りる
折《お》る　曲げてたたむ。くじく。「骨を―」
織《お》る　はたで布などをつくる。「帯を―」
俺《おれ》　同輩以下に使う男の自称。
御礼《おれい》　感謝の意を表す言葉や品物。
愚《おろ》か　知恵や考えが足りないこと。
颪《おろし》　山から吹きおろす風。「高嶺《たかね》―」

卸売り《おろしう》◀ 仕入商品を小売業者に売る。
下ろし金《おろしがね》◀ 食材をすりおろす道具。
卸値《おろしね》 卸売りのねだん。
卸す《おろす》 問屋が小売商に商品を売り渡す。
堕ろす《おろす》 堕胎する。中絶する。
疎か《おろそか》 いいかげん。なおざり。まばら。
汚穢《おわい》 汚れていること・もの。糞尿。
終わり初物《おわりはつもの》 旬《しゅん》の終わりに熟し、初物のように珍重される野菜・果物。
終わる《おわる》◀ すむ。終了する。死ぬ。⬍始まる
恩《おん》 人から受けるありがたい行為。
恩愛《おんあい》 親子・夫婦間などの情愛。
音域《おんいき》 音の高低の範囲。「―が広い」
音韻《おんいん》 言語の音声。漢字の音と韻。
音階《おんかい》 楽音を高さの順に並べたもの。

恩返し《おんがえし》 受けた恩に報いること。
音楽《おんがく》 音を組み合わせて表現する芸術。
音感《おんかん》 楽音を聴き分ける感覚。「絶対―」
恩義《おんぎ》 【恩誼】恩を受けた義理。
恩給《おんきゅう》 公務員の年金。共済年金。
温灸《おんきゅう》 間接的に患部にすえる灸。
音響《おんきょう》 音とそのひびき。「―効果」
音曲《おんぎょく》 三味線などにあわせうたう俗曲。
音訓《おんくん》 漢字の音と訓。「―表」
恩恵《おんけい》 めぐみ。なさけ。恩沢。「―を被る」
穏健《おんけん》 おだやかで健全なこと。⬍過激
恩顧《おんこ》 なさけをかけて援助すること。
温厚《おんこう》 やさしく温かな性格。「―な人柄」
温厚篤実《おんこうとくじつ》 穏やかで誠実。
温故知新《おんこちしん》 昔のことを学んでそこから新しい真理を見つけること。

音叉《おんさ》 発音体の振動数を計る器具。
恩師《おんし》 教えを受けた先生。師の敬称。
恩賜《おんし》 天皇から賜ること。「―公園」
音質《おんしつ》 音や声の性質。音のよし悪し。
温室《おんしつ》 保温装置のある室。「―育ち」
恩赦《おんしゃ》 刑を恩典により減免すること。
恩讐《おんしゅう》 恩と仇。情けと恨み。「―の彼方」
温順《おんじゅん》 おとなしくてすなおなこと。
恩賞《おんしょう》 功をたたえて賞を与えること。
温床《おんしょう》 保温した苗床。生みだすもと。
恩情《おんじょう》 なさけある心。いつくしみ。
温情《おんじょう》 あたたかみのある優しい心。
温色《おんしょく》 暖色。⬍冷色 おだやかな顔色。
音信《おんしん》 たより。おとずれ。いんしん。

恩人《おんじん》 恩をかけてくれた人。「命の―」
音信不通《おんしんふつう》 便りがとだえる。
温水《おんすい》 あたたかい水。「―プール」
音声《おんせい》 人の声。おと。「―多重放送」
音節《おんせつ》 音を構成する文字の一綴り。
温泉《おんせん》 地熱によって温められた湧き水。
怨憎会苦《おんぞうえく》 怨み憎む人にも会わなければならない苦しみ。八苦の一つ。
御曹司《おんぞうし》 名門や資産家の子息。
音速《おんそく》 音波が伝わる速さ。「超―」
温存《おんぞん》 大切に保存すること。
御大《おんたい》 一族のかしら。首領。御大将。
温帯《おんたい》 熱帯と寒帯の中間の温暖な地帯。
恩沢《おんたく》 めぐみ。なさけ。「―に浴する」
温暖《おんだん》 気候があたたかいこと。⬍寒冷

音痴《おんち》 音感・感覚が鈍いこと・人。
穏着沈黙《おんちゃくちんもく》 おだやかで無口。
御中《おんちゅう》 会社や団体の宛名に添える語。
音調《おんちょう》 音の高低。音楽の旋律。「話の―」
恩寵《おんちょう》 神や君主のめぐみ・なさけ。
音程《おんてい》 二つの音の高さの隔たり。
怨敵《おんてき》 うらみのある敵。「―退散」
恩典《おんてん》 思いやりある扱い。「―に浴す」
音頭《おんど》 先に調子を取ること。「―を取る」
温度《おんど》 温冷の度合を示す数値。
温湯《おんとう》 熱すぎず、ぬるすぎない湯。
穏当《おんとう》 おだやかで道理にあっている。
音読《おんどく》 声を出して読むこと。⬍黙読
雄鶏《おんどり》 おすのにわとり。⬍雌鶏《めんどり》
音吐朗朗《おんとろうろう》 声量豊かで明朗。

女坂《おんなざか》 傾斜のゆるい参道の坂。⬍男坂
女誑し《おんなたらし》 女を誘惑してもてあそぶ男。
女手《おんなで》 女の働き。女の筆跡。ひらがな。
温熱《おんねつ》 あたたかさ。暖気。「―療法」
怨念《おんねん》 うらみに思う気持ち。「―を抱く」
御の字《おんのじ》 十分でありがたいこと。
音波《おんぱ》 空気中に伝わる音の波動。「超―」
乳母日傘《おんばひがさ》 大事に育てられる。
音便《おんびん》 発声上、他の音に変わること。
穏便《おんびん》 事の処置がおだやかなこと。
音符《おんぷ》 音の高低長短を示す符号。
音譜《おんぷ》 楽曲を記号で表したもの。楽譜。
温文爾雅《おんぶんじが》 温和で礼儀正しい。
御身《おんみ》 相手の体を敬っていう語。
隠密《おんみつ》 物事をこっそり行う様子。密偵。

陰陽道《おんみょうどう》 陰陽五行説による学問。
恩命《おんめい》 情けあるお言葉・ご命令。
温容《おんよう》 優しい顔つき。温顔。
温浴《おんよく》 温湯に入ること。「—療法」
音律《おんりつ》 音の調子。音の高さ。
怨霊《おんりょう》 怨みを抱いてたたりをする亡霊。
音量《おんりょう》 音声の大きさ。ボリューム。
温良《おんりょう》 穏やかで素直なこと。温厚。
温和《おんわ》 気候がおだやかなこと。穏和。
穏和《おんわ》 性質がおだやかなこと。
●温和な毎日が続く
●穏和な人柄

## か

可《か》 よい。許す。できる。「利用—」
香《か》 におい。よいかおり。「潮の—」
課《か》 割り当て。組織上の小区分。
我《が》 自分本位の考え。我意。「—を張る」
加圧《かあつ》 圧力を加える・加わる。⬍減圧
戒《かい》 いましめ。注意。禁止。戒律。
階《かい》 階段。等級。高層建築の各層。
櫂《かい》 水をかく船具。オール。
下位《かい》 低い地位。下の位。⬍上位
甲斐《かい》 しるし。効果。「努力の—」
害《がい》 災い。妨げ。支障。「—を及ぼす」
我意《がい》 自分勝手。わがまま。「—を通す」
改悪《かいあく》 改変し余計に悪くする。⬍改善
害悪《がいあく》 わざわい。害になる悪いこと。
買《か》い上《あ》げ 政府が民間から買う。
外圧《がいあつ》 外からの圧力。「—に屈する」
介意《かいい》 気にかけること。心配すること。
怪異《かいい》 不思議。化け物。「—な事件」
魁偉《かいい》 顔や体が立派なこと。「容貌—」
害意《がいい》 危害を加えようとする意思。
海域《かいいき》 ある範囲の海面。「操業禁止—」
会員《かいいん》 会を組織する人。会の構成員。
海員《かいいん》 船長以外の船の乗組員。「—組合」
開院《かいいん》 国会を開く。病院などの開業。
外因《がいいん》 外部にある原因。「—性」⬍内因
海運《かいうん》 海上の運輸。船による運送。
開運《かいうん》 運がよい方向へ開けること。
開演《かいえん》 演劇などを開始する。⬍終演
外苑《がいえん》 皇居・神宮の外の庭園。⬍内苑
海王星《かいおうせい》 太陽系の惑星の一つ。
買《か》い置《お》き 多く買ってためておく。
開化《かいか》 知識・文化が発展すること。
開花《かいか》 花が開く。成果が現れること。
●文明開化
●才能が開花する
開架《かいか》 図書館で書架を開放する方式。
階下《かいか》 下の階。階段の下。⬍階上
絵画《かいが》 平面芸術の一つ。絵。「—鑑賞」
外貨《がいか》 外国の貨幣。外国からの貨物。
凱歌《がいか》 勝利を祝う歌。かちどき。
開会《かいかい》 会を始めること。「—式」⬍閉会
海外《かいがい》 外国。異国。「—旅行」「—貿易」
外界《がいかい》 周りの世界。外の世界。⬍内界
甲斐甲斐《かいがい》しい けなげだ。
改革《かいかく》 制度などを改めること。「構造—」
外郭《がいかく》 【外廓】外周の囲い。「—団体」
買《か》い掛《か》け 現金でなくかけで買う。
快活《かいかつ》 気持ちが明るく元気な様子。
快闊《かいかつ》 さっぱりとして度量が広いこと。
開豁《かいかつ》 広々としている様子。開くこと。
●快活な子 ●快闊な性格 ●開豁の地
概括《がいかつ》 要点をまとめること。要約。
買《か》い被《かぶ》る 高く評価しすぎる。
貝殻《かいがら》 貝の外側の殻。「—細工」「—骨」
会館《かいかん》 集会などに利用される建物。
快感《かいかん》 快い感じ。感覚的満足感。
海岸《かいがん》 海の岸。海辺。「—線」「—気候」
開眼《かいがん》 視力が戻ること。真髄をつかむ。
外患《がいかん》 外部からの心配ごと。「内憂—」
外観《がいかん》 外から見た状態。外側。みかけ。
概観《がいかん》 ざっと見ること。大体の状況。
●外観が悪い
●日本史を概観する
回忌《かいき》 命日の回数をいう語。年忌。
回帰《かいき》 一回りして帰ること。「原点—」
会期《かいき》 会が開かれている期間。「—延長」
快気《かいき》 病気やけがが治ること。「—祝」
怪奇《かいき》 不思議。奇怪。「—小説」
皆既《かいき》 太陽・月などが全部隠れること。
開基《かいき》 寺院を開くこと。開山。開いた祖。
会議《かいぎ》 集まって話し合うこと。「職員—」
懐疑《かいぎ》 疑いを抱くこと。「—的な意見」
外気《がいき》 外の空気。室外の空気。「—圏」
快気炎《かいきえん》 威勢のよい発言。
怪気炎《かいきえん》 不気味な意気込み。
皆既食《かいきしょく》 皆既日食。皆既月食。
回帰線《かいきせん》 赤道南北を通る二線。
諧謔《かいぎゃく》 しゃれ。こっけい。ユーモア。
階級《かいきゅう》 組織や社会の中の地位・身分。

- 快挙《かいきょ》 壮快な行い。「―を成しとげる」
- 回教《かいきょう》 イスラム教の異称。「―徒」
- 海峡《かいきょう》 陸と陸にはさまった狭い海。
- 改行《かいぎょう》 文章の行を変えること。
- 開業《かいぎょう》 事業・営業を始めること。「―医」
- 概況《がいきょう》 大体の状況。「株式市場―」
- 開局《かいきょく》 放送局などを開設すること。
- 皆勤《かいきん》 一日も休まず出席・出勤する。
- 開襟《かいきん》 【開衿】開いた形の襟。「―シャツ」
- 解禁《かいきん》 禁止を解くこと。「アユ漁―」
- 外勤《がいきん》 社外での勤務。外部での仕事。
- 海軍《かいぐん》 海上の軍備に当たる軍隊。
- 会計《かいけい》 金銭の出納の計算。勘定。
- 外形《がいけい》 うわべの形。外から見た形。
- 会稽《かいけい》の恥《はじ》 戦いに負けた恥。

- 怪傑《かいけつ》 不思議なまでに優れた人物。
- 解決《かいけつ》 事件や問題の決着をつけること。
- 魁傑《かいけつ》 容姿・才能が優れた人物。
- 会見《かいけん》 公的に会うこと。「記者―」
- 改憲《かいけん》 憲法を改めること。「―論者」
- 懐剣《かいけん》 懐中に入れて持ち歩いた小刀。
- 改元《かいげん》 元号をあらためること。
- 開眼《かいげん》 仏像・仏画に魂を入れる儀式。
- 外見《がいけん》 うわべ。外観。見かけ。
- 戒厳令《かいげんれい》 軍統治を宣告する命令。
- 蚕《かいこ》 (製糸に役立つ)カイコガの幼虫。
- 回顧《かいこ》 昔をかえりみること。「―録」
- 懐古《かいこ》 昔を懐かしむこと。懐旧。「―談」
- 解雇《かいこ》 雇用人をやめさせる。「即日―」
- 介護《かいご》 病人や老人の世話をすること。

- 改悟《かいご》 過去の悪事を悟り改めること。
- 悔悟《かいご》 過去の過ちを後悔して悟ること。
  - 改悟の情
  - 悔悟の涙を流す
- 開悟《かいご》 知見を開き真理を悟ること。
- 解悟《かいご》 悟ること。気がつくこと。
- 解語《かいご》 言葉の意味を解すること。
- 魁梧《かいご》 身体が優れて立派なこと。
- 外語《がいご》 外国語。外国の言葉。⇔内語
- 回航《かいこう》 ある所へ船を航行させる。巡航。
- 改稿《かいこう》 原稿を書き改めること。
- 海港《かいこう》 海辺・海岸の港。⇔河港
- 海溝《かいこう》 海底の非常に深くなった所。
- 開口《かいこう》 口を開く。言い出す。「―一番」
- 開校《かいこう》 学校を創立し授業を始めること。
- 開港《かいこう》 貿易のために港を開放すること。

- 邂逅《かいこう》 巡りあうこと。出くわすこと。
- 会合《かいごう》 集まり。集会。寄りあい。
- 回合《かいごう》 巡りあうこと。邂逅《かいこう》。
- 外交《がいこう》 外国との交際。外部との交渉。
- 外向《がいこう》 社交的・積極的な性格傾向。
- 外寇《がいこう》 外国から攻め入ってくること。
- 戒告《かいこく》 【誡告】いましめ注意すること。
- 海国《かいこく》 四方を海に囲まれている国。
- 開国《かいこく》 外国との交際を始める。⇔鎖国
- 外国《がいこく》 自国以外の国。異国。海彼《かいひ》。
- 骸骨《がいこつ》 されこうべ。どくろ。「―を乞う」
- 飼《か》い殺《ごろ》し 死ぬまで飼うこと。能力を発揮させないまま、雇っておくこと。
- 悔恨《かいこん》 くやみ。後悔。「―の念」
- 開墾《かいこん》 新たに田畑を開くこと。開拓。

- 皆済《かいさい》 借金をすべて返し終わること。
- 開催《かいさい》 会合・行事などを催すこと。
- 介在《かいざい》 間にはさまって存在すること。
- 外債《がいさい》 外国で募集する公債・社債。
- 快哉《かいさい》を叫《さけ》ぶ 愉快がる。痛快至極。
- 改作《かいさく》 改めて作ること。作り直すこと。
- 開削《かいさく》 山野に運河などを開き通すこと。
- 改札《かいさつ》 駅で切符を調べること。「―口」
- 海産《かいさん》 海で採れること・もの。「―物」
- 開山《かいさん》 寺院の創立者。開基。開祖。
- 解散《かいさん》 集まりを解くこと。「現地―」
- 改竄《かいざん》 字句を都合よく変更すること。
- 海山《かいざん》 海底から海中にそびえる隆起部。
- 概算《がいさん》 あらましの計算。見積もり。
- 怪死《かいし》 原因に疑いのある奇怪な死。

- 開始《かいし》 物事を始めること。始まること。
- 懐紙《かいし》 ふところがみ。和歌を書く用紙。
- 海事《かいじ》 海上に関係する事柄。「―公法」
- 界磁《かいじ》 発電機で磁界を発生させる磁石。
- 開示《かいじ》 明らかにすること。法廷で示す。
- 外資《がいし》 外国からの資金。「―系企業」
- 外字《がいじ》 欧米の文字。体系外の文字。
- 外耳《がいじ》 耳の鼓膜から外側の部分。「―炎」
- 外事《がいじ》 外部・外国の事柄。⇔内事
- 概《がい》して 一般的に言って。大体。おおむね。
- 買《か》い占《し》める 独占的に買い込む。
- 会社《かいしゃ》 営利事業の社団法人。「―経営」
- 膾炙《かいしゃ》 人々に広く知れ渡ること。
- 介錯《かいしゃく》 切腹者の首を切ること。介添え。
- 解釈《かいしゃく》 情報の受け手側での理解。

外需《がいじゅ》 外国からの需要。⬍内需
回収《かいしゅう》 取り戻すこと。取り集めること。
会集《かいしゅう》 寄り集まること。集会。会合。
会衆《かいしゅう》 寄り集まった人々。参会者。
改宗《かいしゅう》 宗旨・信仰を変えること。
改修《かいしゅう》 修理すること。手入れすること。
怪獣《かいじゅう》 正体不明の怪しい獣。「—映画」
海獣《かいじゅう》 海にすむ哺乳類の総称。
晦渋《かいじゅう》 表現が難解で理解しにくいさま。
懐柔《かいじゅう》 手なづけて従わせること。「—策」
外周《がいしゅう》 外側の周り。周りの長さ・距離。
鎧袖一触《がいしゅういっしょく》 簡単に負かすこと。
外柔内剛《がいじゅうないごう》 表面は弱く見えるがしんは強いこと。⬍内柔外剛
外出《がいしゅつ》 外に出ること。出かけること。

回春《かいしゅん》 春が再び訪れること。若返る。
改春《かいしゅん》 年が改まった春。新年。新春。
改悛《かいしゅん》 【悔悛】過ちを改める。「—の情」
懐春《かいしゅん》 年頃になって色気づくこと。
会所《かいしょ》 寄り集まる場所。「碁—」
楷書《かいしょ》 書き崩さない書体。「—で書く」
介助《かいじょ》 そばにいて動作を助けること。
海恕《かいじょ》 広い心で相手を許すこと。海容。
解除《かいじょ》 禁止措置などを除き去ること。
快勝《かいしょう》 見事な勝利。「大差で—する」
改称《かいしょう》 名称を改めること。改めた名。
海象《かいしょう》 海洋での様々な気象現象。
海嘯《かいしょう》 満潮で波が川をさかのぼる現象。
解消《かいしょう》 関係を消滅させること。「婚約—」
甲斐性《かいしょう》 生活能力。「—なし」

会場《かいじょう》 会を開く場所・施設。「講演—」
回状《かいじょう》 回覧させる手紙・文書。回章。
海上《かいじょう》 海の上。海面。「—自衛隊」
開城《かいじょう》 降伏して城を敵に明け渡すこと。
開場《かいじょう》 会場を開き人を入場させること。
階上《かいじょう》 階段の上。上の階。⬍階下
外商《がいしょう》 店以外で販売すること。「—部」
外傷《がいしょう》 体の表面のきず。けが。
街娼《がいしょう》 街頭で客引きし売春する女性。
下意上達《かいじょうたつ》 下位の者の考えが上位の者によく届くこと。⬍上意下達
会食《かいしょく》 集まって飲食すること。
快食《かいしょく》 気分よく食べること。「—快眠」
海食《かいしょく》 【海蝕】波が陸地を削り取ること。
解職《かいしょく》 職をやめさせる。免職。解任。

外食《がいしょく》 家庭外での食事。「—産業」
会心《かいしん》 心から満足に思うこと。「—の作」
回診《かいしん》 病室を巡回して診察すること。
戒心《かいしん》 用心すること。警戒。「—を怠る」
回心《かいしん》 生き方を改め新しい信仰に入る。
改心《かいしん》 心を入れかえ改める。「—の情」
改進《かいしん》 物事が改まり進むこと。
改新《かいしん》 改まり新しくすること。
●改革が改進する
●制度を改新する
怪人《かいじん》 怪し気な人物。不思議な人物。
海神《かいじん》 海の神。わたつみ。竜王。
外心《がいしん》 ふたごころ。外接円の中心。
外信《がいしん》 外国からの通信。「—部」
灰燼《かいじん》に帰《き》す 燃えてなくなる。全焼してしまう。「灰燼」は灰と燃えさし。

海図《かいず》 海の深浅などを示した図。
海水浴《かいすいよく》 海で遊び、泳ぐこと。夏
回数《かいすう》 繰り返しの数。度数。「—券」
概数《がいすう》 おおよその数。大体の数量。
介《かい》する 心にかける。なかだちする。
会《かい》する 集まる。出会う。「一堂に—」
解《かい》する 解釈・理解する。「風流を—」
害《がい》する 傷つける。邪魔する。「気分を—」
慨《がい》する なげく。うれえる。憤慨する。
●健康を害する
●世相を慨する
回生《かいせい》 生き返ること。復活。「起死—」
快晴《かいせい》 雲のない上天気。日本晴れ。
改正《かいせい》 改め正すこと。よい方へ直す。
改姓《かいせい》 姓を改めること。改めた姓。
外征《がいせい》 外国へ軍隊を出し攻める。外役。

慨世《がいせい》 世のありさまを嘆き憂えること。
蓋世《がいせい》 世を覆うほど大きい気力・才能。
会席《かいせき》 会合の場所。「会席料理」の略。
懐石《かいせき》 茶の湯で出される簡単な料理。
解析《かいせき》 分析して理論的に研究すること。
外戚《がいせき》 母方の親類。⬍内戚
開設《かいせつ》 新たに設けること。「支店の—」
解説《かいせつ》 わかりやすく説明すること。
外接《がいせつ》 外側に接する。「—円」⬍内接
概説《がいせつ》 内容のあらましの説明。概論。
会戦《かいせん》 大規模な陸上戦。「奉天の—」
回旋《かいせん》 ぐるぐる回ること。回すこと。
回船《かいせん》 【廻船】物資輸送の船。運送船。
回線《かいせん》 電話で通信を伝送するための線。
改選《かいせん》 任期満了で改めて選挙すること。

**海戦**《かいせん》 海上での戦闘。「日本海―」
**疥癬**《かいせん》 かゆい皮膚病の一つ。ひぜん。
**開戦**《かいせん》 戦争を始めること。⇔終戦
**改善**《かいぜん》 改めてよくすること。改良。
**外線**《がいせん》 外部への電話。⇔内線
**凱旋**《がいせん》 戦争に勝って帰ること。凱陣。
**慨然**《がいぜん》 憂え嘆くさま。奮起するさま。
**蓋然性**《がいぜんせい》 確実さ。可能性。公算。
**改組**《かいそ》 組織を改めること。編成がえ。
**開祖**《かいそ》 一宗を開いた人。開山。「禅宗の―」
**会葬**《かいそう》 葬儀に参列すること。「―御礼」
**回送**《かいそう》 送り返すこと。送り戻すこと。
**回想**《かいそう》 昔のことを思い巡らすこと。
**回漕**《かいそう》 船で旅客や荷物を運送すること。
**改葬**《かいそう》 ほかの場所へ葬り直すこと。

**改装**《かいそう》 外観や内装を直すこと。「店内―」
**海草**《かいそう》 海に生える被子植物の総称。
**海藻**《かいそう》 海に産する藻類の総称。「―灰」
**階層**《かいそう》 建物の階の重なり。社会的階級。
**潰走**《かいそう》 【壊走】戦いに敗れ逃げること。
**改造**《かいぞう》 造り変えること。「内閣―」「―車」
**解像**《かいぞう》 対象を精密に映すこと。「―度」
**外装**《がいそう》 外側の装飾や設備。⇔内装
**咳嗽**《がいそう》 せき。からせき。しわぶき。
**介添え**《かいぞえ》 つきそい。後見。「―役」
**会則**《かいそく》 会の規則。会規。
**快足**《かいそく》 足が速いこと。俊足。⇔鈍足
**快速**《かいそく》 乗り物などが非常に速いこと。
●快足のランナー ●快速電車 快速船
**海賊**《かいぞく》 海上で船の財貨を奪う盗賊。

**海賊版**《かいぞくばん》 無断で複製した出版物など。
**快打**《かいだ》 (野球で)胸がすくような安打。
**咳唾**《がいだ》 せきとつば。せきばらいの声。
**改替**《かいたい》 改めかえること。かわること。
**拐帯**《かいたい》 持ち逃げ。「公金―」「―犯」
**解体**《かいたい》 ばらばらに、部分に分けること。
**懐胎**《かいたい》 身ごもること。妊娠。懐妊。
**懈怠**《かいたい》 怠けること。怠慢。けたい。
**改題**《かいだい》 題を改めること。変更した題。
**海内**《かいだい》 国内。天下。「―無双」「―統一」
**解題**《かいだい》 書物の作者・内容などの解説。
**開拓**《かいたく》 荒地を開くこと。新分野を開く。
**快諾**《かいだく》 気持ちよく承諾すること。
**買い溜め**《かいだめ》 余分に買い蓄えること。
**外為**《がいため》 「外国為替《かわせ》」の略。「―法違反」

**会談**《かいだん》 会って公式に話し合う。「首脳―」
**快談**《かいだん》 話がはずむこと。気分よく話す。
**戒壇**《かいだん》 僧に戒を授けるために設けた壇。
**怪談**《かいだん》 化け物や幽霊の怖い話。
**階段**《かいだん》 上下の階を結ぶ、段がある通路。
**解団**《かいだん》 団体を解散すること。⇔結団
**慨嘆**《がいたん》 嘆き憤ること。「―に耐えない」
**街談巷説**《がいだんこうせつ》 ちまたのうわさ話。
**快男児**《かいだんじ》 さっぱりした気性の男。
**外地**《がいち》 本国外の土地・領土。⇔内地
**改築**《かいちく》 建物を建てかえる。建て直し。
**回虫**《かいちゅう》 【蛔虫】人体に寄生する害虫。
**懐中**《かいちゅう》 ふところの中。「―時計」
**外注**《がいちゅう》 外部へ仕事を発注すること。
**害虫**《がいちゅう》 人間の生活に害を及ぼす虫類。

**懐中電灯**《かいちゅうでんとう》 携帯用の小型電灯。
**会長**《かいちょう》 会の代表者。社長の上の役職。
**快調**《かいちょう》 調子がよいこと。好調。「―に進む」
**怪鳥**《かいちょう》 姿が不気味で見なれない鳥。
**開帳**《かいちょう》 厨子《ずし》に収めた仏像の公開。[春]
**階調**《かいちょう》 写真や画像の色の、濃淡の調子。
**諧調**《かいちょう》 調和のとれた調子。メロディー。
**害鳥**《がいちょう》 農作物などに害を及ぼす鳥類。
**開陳**《かいちん》 人前で意見を明らかにすること。
**開通**《かいつう》 道路・鉄道などが通じること。
**貝塚**《かいづか》 貝殻が累積してできた遺跡。
**買い付け**《かいつけ》 仕入れなどで買うこと。
**掻い摘む**《かいつまむ》 要約する。概略を言う。
**買い手**《かいて》 物を買う人。⇔売り手
**改定**《かいてい》 制度や規定などを改めること。

**改訂**《かいてい》 本の内容を改め直すこと。
●料金の改定 ●教科書の改訂
**海底**《かいてい》 海の底。「―火山」「―油田」「深―」
**開廷**《かいてい》 裁判のため法廷を開く。⇔閉廷
**階梯**《かいてい》 階段。はしご。入門。手引き。
**快適**《かいてき》 心地よいさま。気持ちよいさま。
**外的**《がいてき》 外部の。肉体的。「―要因」⇔内的
**外敵**《がいてき》 外部や外国から攻めてくる敵。
**回天**《かいてん》 衰えた勢いを盛り返すこと。
**回転**《かいてん》 【廻転】くるくる回ること。「―軸」
**開店**《かいてん》 店を開くこと。店開き。⇔閉店
**皆伝**《かいでん》 奥義を全部伝えること。「免許―」
**外伝**《がいでん》 本伝以外の伝記や逸話。「義士―」
**外電**《がいでん》 外国のニュースを伝える電信。
**回答**《かいとう》 質問への答え。返事。「―書」

解答《かいとう》 問題を解くこと。答え。「—用紙」
●アンケートの回答
●模擬試験の解答

快刀《かいとう》 よく切れる刀。「—乱麻を断つ」

怪盗《かいとう》 神出鬼没で正体不明の盗賊。

解党《かいとう》 政党などが解散すること。

解凍《かいとう》 冷凍した食品を溶かすこと。

会同《かいどう》 会議のために寄り集まること。

会堂《かいどう》 集会場として設けた建物。「公—」

海道《かいどう》 海に沿う道。うみじ。東海道。

街道《かいどう》 交通上重要な道路。本通り。

外灯《がいとう》 屋外に取り付ける電灯・灯火。

外套《がいとう》 防寒のために着る衣類。図

街灯《がいとう》 街路を照らす灯火。街路灯。

街頭《がいとう》 街の中。路上。「—演説」

該当《がいとう》 条件に当てはまること。「—者」

快刀乱麻《かいとうらんま》 手際のよい処理。

会読《かいどく》 何人かで集まって読み論じ合う。

回読《かいどく》 一冊の本を何人かで回して読む。

解読《かいどく》 暗号などを読み解くこと。

買◀い得《かいどく》 買って得すること。「お—品」

害毒《がいどく》 悪影響を与えるもの。「—を流す」

買い取る《かいとる》 買って自分の物にする。

腕《かいな》 うで。二の腕。「—に抱く」

甲斐無し《かいなし》 ふがいない。無益である。

海難《かいなん》 航海中の災難。「—事故」

介入《かいにゅう》 割り込むこと。関係すること。

解任《かいにん》 任務をやめさせること。免職。

懐妊《かいにん》 身ごもること。妊娠。懐胎。

買い主◀《かいぬし》 購入者。買い手。⇔売り主

飼い主◀《かいぬし》 家畜やペットの主人。

買値《かいね》 買い取る値段。買い入れ原価。

概念《がいねん》 本質をつかむ思考。大体の内容。

会派《かいは》 主義・主張によるグループ。

飼葉《かいば》 牛馬に与える食糧。まぐさ。

改廃《かいはい》 改正することと廃止すること。

乖背《かいはい》 理に反し背くこと。背馳《はいち》。

外泊《がいはく》 自宅以外に泊まること。「無断—」

該博《がいはく》 学問や学識が広いこと。

開発《かいはつ》 実用化すること。山野を切り開く。

海抜《かいばつ》 陸地や山の海面からの高さ。

改版《かいはん》 版を改めて出版すること。

会費《かいひ》 会員が会に納める費用。

回避《かいひ》 危険や面倒を避ける。「責任—」

開闢《かいびゃく》 天地の始まり。物事の起こり。

開票《かいひょう》 投票の結果を集計する。「即日—」

解氷《かいひょう》 氷が解けること。圕⇔結氷

概評《がいひょう》 全体をとらえての大まかな批評。

海浜《かいひん》 海辺。浜辺。「—公園」「—植物」

回付《かいふ》 書類を順に回し送り届けること。

外部《がいぶ》 物の外側。組織の外。⇔内部

開封《かいふう》 手紙などの封を開くこと。

回復《かいふく》 【恢復】もとの状態に戻ること。

快復《かいふく》 病気が治ること。全快。治癒。
●体力を回復する
●重病から快復する

開腹《かいふく》 手術で腹部を切り開くこと。

怪物《かいぶつ》 化け物。卓越した力量の持ち主。

回文《かいぶん》 逆に読んでも同じになる文。

怪聞《かいぶん》 変なうわさ。怪しい評判。

外聞《がいぶん》 世間の評判。体面。面目。

怪文書《かいぶんしょ》 出所不明の暴露的文書。

開閉《かいへい》 開け閉め。開けたて。「自動—」

改変《かいへん》 物事を改め違うものにすること。

改編《かいへん》 編成・編集し直すこと。「組織—」

快弁《かいべん》 弁舌のさわやかなこと。

快便《かいべん》 気持ちよく便通がある。「快食—」

介抱《かいほう》 世話すること。看護すること。

会報《かいほう》 会の雑誌・文書。「—に載せる」

回報《かいほう》 【廻報】文書による返信。回状。

快方《かいほう》 病気やけががよくなること。

快報《かいほう》 うれしい知らせ。吉報。朗報。

開放《かいほう》 開け放す。出入りを自由にする。

解放《かいほう》 解き放つ。束縛から自由にする。
●校庭を開放する
●捕虜を解放する

海防《かいぼう》 海岸からの侵入や攻撃への防御。

解剖《かいぼう》 身体を切開して調べること。

外報《がいほう》 外国からの通信・報告。外信。

外貌《がいぼう》 顔かたち。外面の様子。外見。

外米《がいまい》 外国から輸入した米。⇔内地米

掻◀い巻◀き《かいまき》 綿入りの夜着。図

開幕《かいまく》 芝居などが始まること。⇔閉幕

垣間見る《かいまみる》 すき間からのぞき見る。

戒名《かいみょう》 仏教で死者につける名号。法名。

快眠《かいみん》 気持ちよく眠ること。「快食—」

会務《かいむ》 会の事務・業務。

皆無《かいむ》 一つもないこと。何もない。絶無。

外務《がいむ》 国の外交に関する政務。⇔内務

改名《かいめい》 名を改めること。かいみょう。

開明《かいめい》 文明開化。賢く聡明なさま。

階名《かいめい》 音階における各音の名称。

解明《かいめい》 不明な点を解き明かすこと。

壊滅《かいめつ》 【潰滅】壊れてなくなること。
界面《かいめん》 二つの物質の境の面。「―張力」
海面《かいめん》 海の表面。海の上。「―漁業」
海綿《かいめん》 海綿虫の骨格。スポンジ。「―体」
外面《がいめん》 外側。外見。うわべ。見かけ。
皆目《かいもく》 全く。少しも。「―わからない」
買《か》い物《もの》 物を買うこと。買った物。
開門《かいもん》 門を開くこと。⇔閉門
外野《がいや》 直接関係のない者。部外者。
改訳《かいやく》 訳し直す。改めて翻訳したもの。
解約《かいやく》 約束・契約を取り消すこと。
快癒《かいゆ》 病気やけがが完治すること。
回遊《かいゆう》 あちこちを旅行して回ること。
回游 【洄游】魚群の季節的な移動。
●諸国を回遊する ●回游魚の群れ

外遊《がいゆう》 外国に旅行・留学すること。
外憂《がいゆう》 外国や組織外からの脅威や困難。
海洋《かいよう》 大きな海。大洋。「―性気候」
海容《かいよう》 寛大な心で罪を許すこと。寛容。
潰瘍《かいよう》 皮膚や粘膜のただれ。「胃―」
外用《がいよう》 薬を皮膚や粘膜につけること。
外洋《がいよう》 陸から離れた広い海。外海。
概要《がいよう》 物事の大体の様子。概略。大要。
傀儡《かいらい》 操り人形。くぐつ。「―政権」
外来《がいらい》 外国や外部からくること。「―語」
快楽《かいらく》 気持ちよく楽しいこと。「―主義」
回覧《かいらん》 順番に回して見ること。「―板」
乖離《かいり》 背き離れること。離反。「―概念」
解離《かいり》 解けて離れること。分解。
●人心が乖離する ●電気解離 解離熱

海里《かいり》 海上の距離の単位(一八五二メートル)。
怪力《かいりき》 不思議なほど強い力。「―の持主」
介立《かいりつ》 一人だち。間に立つこと。
戒律《かいりつ》 宗教上のいましめとおきて。
概略《がいりゃく》 物事のあらまし。概要。大略。
海流《かいりゅう》 海水の一定方向の流れ。「日本―」
改良《かいりょう》 現状をよりよくすること。「―種」
怪力乱神《かいりょくらんしん》 人知では計り知れない常道から離れた不思議な存在や現象。
回礼《かいれい》 お礼や年賀で方々を回ること。
回路《かいろ》 電流・磁気の通じる経路。
海路《かいろ》 海上で船が進む路。航路。
懐炉《かいろ》 懐中に入れて暖を取る器具。[冬]
街路《がいろ》 市街の道路。「―灯」「―園」
回廊《かいろう》 【廻廊】建物を取りまく廊下。

偕老同穴《かいろうどうけつ》 夫婦仲がよいこと。
街路樹《がいろじゅ》 街路に植えられた木。
概論《がいろん》 全体の大要を述べたもの。概説。
会話《かいわ》 互いに話し合うこと。「英―」
界隈《かいわい》 辺り一帯。近辺。付近。「横浜―」
下院《かいん》 二院制で、公選議員による議会。
買《か》う 金を払い品物を得る。評価する。
飼《か》う 家畜・鳥類を養い育てる。
家運《かうん》 一家の運命。「―が傾く」
課役《かえき》 一定の仕事を割り当てること。
反《かえ》す 逆にする。ひっくりかえす。
返《かえ》す もとに戻す。反応する。「思い―」
帰《かえ》す 帰らせる。戻らせる。
●持ち主に返す ●生徒を家に帰す
孵《かえ》す 卵を温めてひなにする。孵化《ふか》。

返《かえ》す返《がえ》す 繰り返し繰り返し。
替《か》え玉《だま》 本人になりすました偽物。
却《かえ》って あべこべに。逆に。反対に。
帰《かえ》らぬ人《ひと》 故人。不帰の客。
返《かえ》り討《う》ち 討つ敵に討たれること。
返《かえ》り咲《ざ》く 失った地位を回復する。
省《かえり》みる 反省する。気にかける。
顧《かえり》みる ふりかえる。昔を回想する。
●言動を省みる ●学生時代を顧みる
反《かえ》る 裏返る。「徳利が―」
返《かえ》る もとの状態に戻る。逆になる。
帰《かえ》る もといた場所へ戻る。ひき返す。
●軍配が反る ●家に帰る ●我に返る
孵《かえ》る 卵がひなになる。孵化《ふか》する。
代《か》える 代用する。代理させる。

変《か》える 状態を変化させる。移動させる。
換《か》える 別のものに置きかえる。
替《か》える 新しいものと取りかえる。
●投手を代える ●髪形を変える ●物品を金に換える ●商売を替える
火炎《かえん》 【火焔】ほのお。「―瓶」
顔合《かおあ》わせ 初の会合。組合せ。
顔色《かおいろ》 顔の色。表情。機嫌。「―が悪い」
花押《かおう》 署名下に書く自筆の記号。書判。
顔形《かおかたち》 【顔貌】顔の様子。顔立ち。器量。
家屋《かおく》 人が住むための家。家の建物。
顔出《かおだ》し あいさつに行くこと。
顔繋《かおつな》ぎ 関係をもつために会うこと。
顔馴染《かおなじ》み よく見知っている間柄。
顔触《かおぶ》れ 参加する面々。メンバー。

顔《かお》負《ま》け　相手に圧倒されること。
顔《かお》見《み》知《し》り　顔を見知っている間柄。
顔《かお》見《み》せ　はじめて顔を見せること。
顔《かお》見世《みせ》　一座の役者の総出。冬
●新任者の顔見せ
●新春の顔見世興行
顔《かお》向《む》け　他人に顔をあわせること。
顔役《かおやく》　実力者。親分。ボス。「町の―」
香《かお》る　【薫る】よいにおいが漂う。
画架《がか》　カンバスをのせる台。イーゼル。
画家《がか》　絵をかくことを職業とする人。
峨峨《がが》　山などが険しくそびえ立つさま。
嚊《かかあ》　【嬶】妻の俗称。「―天下」⇔亭主
加害《かがい》　他に危害を加えること。⇔被害
禍害《かがい》　思いがけない災難。わざわい。
課外《かがい》　決められた課程以外。「―授業」

瓦解《がかい》　ばらばらにすべて崩れること。
抱《かか》える　抱え持つ。維持する。「ひざを―」
価格《かかく》　価値を金銭で表したもの。値段。
蝸角《かかく》　狭い場所。「―の争い」
化学《かがく》　物質の構造や変化の研究の学問。
科学《かがく》　論理的実証的に研究する学問。
●化学薬品　化学式
●自然科学　科学者
価額《かがく》　価格に相当する金額。「課税―」
雅楽《ががく》　日本古来の宮廷音楽。
掲《かか》げる　高く上げる。目立つように示す。
案山子《かかし》　鳥獣を脅すための人形。秋
係《かかずら》う　【拘う】かかわりをもつ。
呵呵大笑《かかたいしょう》　大声をたてて笑う。
踵《かかと》　足の裏の後部。きびす。「靴の―」
鏡《かがみ》　姿を映して見る道具。「―に映す」

鑑《かがみ》　手本。模範。亀鑑。「教師の―」
鏡開《かがみびら》き◀　鏡餅を食べる行事。新
鏡餅《かがみもち》　正月に神に供える円い餅。新
蹲《かが》む　【屈む】うずくまる。しゃがむ。
輝《かがや》く　【燿く】きらめく。まぶしく光る。
係《かかり》　【掛】ある仕事を担当する人。
掛《かか》り◀　費用。世話。構え。「通り―」
掛《か》かり◀合《あ》い　たずさわること。
掛《か》かり付《つ》け　同じ医者にかかる。
篝火《かがりび》　警護・照明のためにたく火。
掛《か》かり◀湯《ゆ》　ふろのあがり湯。
係《かか》る　関係する。「死活に―問題」
罹《かか》る　病気になる。「食中毒に―」
掛《か》かる◀　人・物にひっかかる。「鍵が―」
懸《か》かる◀　中空にある。「気に―」

架《か》かる◀　かけ渡される。「橋が―」
斯《か》かる　こういう。このような。「―状態」
縢《かが》る　糸で縫って繕う。「靴下を―」
拘《かか》わらず◀　関係なく。であるのに。
拘《かか》わる◀　こだわる。なずむ。「因習に―」
係《かか》わる　【関わる】関係する。影響する。
●小事に拘わる
●名誉に係わる
花冠《かかん》　花びら。花弁の総称。「合弁―」
果敢《かかん》　思い切りがよい。「―に攻める」
垣《かき》　【牆】家の周囲や庭などの囲い。
下記《かき》　後・下に記すもの。⇔上記
火気《かき》　火の気。火の勢い。「―厳禁」
火器《かき》　鉄砲類の総称。火を入れる道具。
花卉《かき》　花の咲く草。草花。「―園芸」
花期《かき》　花が咲いている期間。はなどき。

花器《かき》　花をいけるうつわ。花入れ。
夏季《かき》　夏の季節。夏。「―の風物」
夏期《かき》　夏の期間。夏の間。「―講習」
鉤《かぎ》　物をひっかける器具。括弧。
鍵《かぎ》　錠を開閉する器具。手がかり。
餓鬼《がき》　のどの渇きや飢えに苦しむ亡者。
掻《か》き◀揚《あ》げ　細かい具の天ぷら。
掻《か》き集《あつ》める　一か所に寄せる。
書《か》き入《い》れ◀時《どき》　商売の繁忙期。
書《か》き◀置《お》き◀　置き手紙。遺書。
書《か》き◀下《お》ろし　未発表の新作。
書《か》き◀換《か》え　失効した書類を改める。
書《か》き◀下《くだ》し　漢文をかな交りに直す。
掻《か》き消《け》す　一瞬ですっかり消す。
書《か》き◀込《こ》む　書き加える。記入する。

鉤裂《かぎざ》き　衣類にできた直角の裂け目。
柿渋《かきしぶ》　渋がきから抽出した液。
書《か》き◀損《そこ》なう　書き誤る。書損じる。
書《か》き◀初《ぞ》め◀　新年最初の習字。新
餓鬼大将《がきだいしょう》　いたずら仲間の頭。
掻《か》き立《た》てる　気を高ぶらせる。
掻《か》き◀付《つ》く　とりつく。頼りにする。
書《か》き◀付《つ》け　書きつけた文。勘定書。
嗅《か》ぎ付《つ》ける　見つける。探り出す。
書留《かきとめ》　配達確実な特別郵便。書留郵便。
書《か》き◀取《と》り◀　文字で書く。漢字で書く。
掻《か》き鳴《な》らす　琴などを弾奏する。
書《か》き◀抜《ぬ》く　必要な箇所を写す。
垣根《かきね》　家の敷地の周りに作る囲い。
鉤《かぎ》の手《て》　直角に曲がっていること。

鉤鼻《かぎばな》 先がかぎのように曲がった鼻。
鉤針《かぎばり》 先の曲がった針類。編物用の針。
掻き回す《かきまわす》 かきまぜる。混乱させる。
嗅ぎ回る《かぎまわる》 隠れた事を探り回る。
掻き毟る《かきむしる》 むやみにかく。
貨客《かきゃく》 貨物と旅客。かかく。「―船」
加虐《かぎゃく》 人をいじめること。⇔被虐
苛虐《かぎゃく》 残酷に扱うこと。虐待。「―な待遇」
可逆《かぎゃく》 逆戻りし得ること。「―変化」
下級《かきゅう》 下の等級。低い段階。⇔上級
火急《かきゅう》 極めて急。大至急。「―の用」
加給《かきゅう》 給料を増すこと。増給。⇔減給
可及的《かきゅうてき》 できるだけ。「―迅速に」
家居《かきょ》 家に引きこもっていること。
佳境《かきょう》 最も面白い所。クライマックス。

架橋《かきょう》 橋をかけること。「―工事」
華僑《かきょう》 外国に住む中国系の商人。
家業《かぎょう》 家の職業。自営業。「―を継ぐ」
稼業《かぎょう》 生活のための職業。なりわい。
課業《かぎょう》 割り当てた仕事量。ノルマ。
画境《がきょう》 絵に表れる境地。画くときの心境。
歌曲《かきょく》 声楽のための楽曲。歌。「―集」
限り《かぎり》 限界。範囲内。極限。定め。
限る《かぎる》 仕切る。限定する。「範囲を―」
書き割り《かきわり》◀ 芝居の背景の大道具。
家禽《かきん》 飼育される鳥類。⇔野禽《やきん》
瑕瑾《かきん》 きず。欠点。短所。「―を残す」
角《かく》 四角。方形。角度。「―に切る」
画《かく》 漢字を構成する一線。字画。
格《かく》 身分。位。格式。「―が高い」

核《かく》 中心。核心。原子核。核兵器。
佳句《かく》 よい文句。優れた詩歌。佳什。
欠く《かく》 一部を壊す。不足している。
書く《かく》 文字や記号を記す。執筆する。
描く《かく》 【画く】絵や図をえがく。
●文章を書く
●イラストを描く
斯く《かく》 このように。こう。「―して」
掻く《かく》 ひっかく。水をおしのけて進む。
家具《かぐ》 室内に備えつけて用いる道具類。
嗅ぐ《かぐ》 鼻でにおいを感じる。確かめる。
学《がく》 学問。学術。学識。知識。
萼《がく》 花弁を取り囲む部分。うてな。
楽《がく》 音楽。「―の音」「管弦―」
額《がく》 額縁。ひたい。金額。「予算の―」
格上げ《かくあげ》 地位・等級を引き上げる。

各位《かくい》 みなさまがた。「会員―」
隔意《かくい》 打ち解けない心。心おき。隔心。
学位《がくい》 学術研究者に授ける称号。
画一《かくいつ》 一様にそろえること。「―的」
客員《かくいん》 外部から迎える人。きゃくいん。
学院《がくいん》 学校の異称。学校名の一部。
架空《かくう》 想像上のこと。事実でないこと。
仮寓《かぐう》 仮ずまい。仮居。「離れに―する」
学園《がくえん》 学校の異称。「―祭」「―都市」
角帯《かくおび》 (主に商人が用いた)男帯の一つ。
角界《かくかい》 相撲の社会。相撲界。かっかい。
格外《かくがい》 規格外によい、または悪いこと。
閣外《かくがい》 内閣の外部。「―協力」⇔閣内
諤諤《がくがく》 正論を言いたてる。「侃々―」
核家族《かくかぞく》 夫婦(と子)だけの小家族。

角刈り《かくがり》◀ 全体が四角に見える髪形。
格技《かくぎ》 組み合って競う競技。格闘技。
閣議《かくぎ》 閣僚による会議。「―決定」
学業《がくぎょう》 学問。学校の授業。勉強。
学芸《がくげい》 学問と技芸・芸術。「―会」
隔月《かくげつ》 ひと月おき。「―刊の会報」
格言《かくげん》 訓戒となる短い言葉。金言。
確言《かくげん》 自信をもって言い切ること。
覚悟《かくご》 心構え。決心。観念すること。
格差《かくさ》 価格・資格・等級などの差。
較差《かくさ》 最高と最低、最大と最小の差。
●賃金の格差
●気温の較差
擱坐《かくざ》 【擱座】船が座礁すること。
角材《かくざい》 切り口が四角い木材や石材。
学才《がくさい》 学問の才能。学問への適性。

学際《がくさい》 複数の学問分野がかかわること。
楽才《がくさい》 音楽の才能。音楽への適性。
画策《かくさく》 あれこれと策を巡らすこと。
客作《かくさく》 雇われて仕事をすること。
格下げ《かくさげ》 地位・等級を落とすこと。
拡散《かくさん》 広がって散ること。「核の―」
各紙《かくし》 それぞれの新聞。「―の一面」
各誌《かくし》 それぞれの雑誌。「―の表紙」
客死《かくし》 旅先や他郷で死ぬこと。
各自《かくじ》 めいめい。おのおの。「―持参」
学士《がくし》 大学の学部卒業者の称号。
学資《がくし》 勉学をおさめるのに必要な費用。
楽士《がくし》 職業演奏家。「サーカスの―」
楽師《がくし》 宮廷などで音楽を演奏する人。
隠し味《かくしあじ》 味を引き出す少量の調味料。

格式《かくしき》　身分を表す礼儀作法。「—張る」
学識《がくしき》　学問と見識。学問で得た知識。
隠し芸《かくしげい》　人に知られずに覚えた芸。
隠《かく》し立《だ》て　包み隠すこと。
角質《かくしつ》　つめや髪の主成分。ケラチン。
確執《かくしつ》　互いが我を主張して生じる不和。
隔日《かくじつ》　一日おき。「—集配」「—勤務」
確実《かくじつ》　確か。間違いがないこと。「—性」
学舎《がくしゃ》　学問を修める所。学校。まなびや。
学者《がくしゃ》　学問の研究者。物事に通じた人。
矍鑠《かくしゃく》　高齢でも健康で元気のよいさま。
各種《かくしゅ》　いろいろな種類。種々。「—学校」
馘首《かくしゅ》　解雇。免職。くびきり。
鶴首《かくしゅ》　首を長くして待ち受けること。
隔週《かくしゅう》　一週間おき。「—配信」

拡充《かくじゅう》　拡大して内容を充実させること。
学修《がくしゅう》　学問をまなびおさめる。修学。
学習《がくしゅう》　学問や知識を学ぶこと。「—活動」
学術《がくじゅつ》　学問と技芸。専門的学問。学芸。
各所《かくしょ》　あちこち。そこここ。いたる所。
確証《かくしょう》　確かな証拠。「—を得る」
学匠《がくしょう》　すぐれた学者。大学者。学僧。
楽匠《がくしょう》　すぐれた音楽家。マエストロ。
楽章《がくしょう》　交響曲などを構成する曲の章。
学殖《がくしょく》　学問上の知識。学識。「—が深い」
革進《かくしん》　旧態を改革し新しい方に進む。
革新《かくしん》　制度などを新しくする。⬍保守
核心《かくしん》　物事の中心の本質的で重要な点。
隔心《かくしん》　打ち解けない遠慮の気持ち。
確信《かくしん》　かたく信じて疑わないこと。

各人《かくじん》　おのおの。めいめい。一人一人。
隠《かく》す　かくまう。しまう。隠匿する。
画数《かくすう》　漢字の字画の数。「—順」
画《かく》する　区別する。企てる。「一線を—」
覚醒《かくせい》　目をさます。迷いからさめる。
隔世《かくせい》　時代を隔てること。「—の感」
廓清《かくせい》　害をすっかり払い清める。粛清。
学生《がくせい》　学校で教育を受けている人。
学制《がくせい》　学校制度に関する規定。「—改革」
楽聖《がくせい》　卓越した音楽家。「—バッハ」
拡声器《かくせいき》　音声を大きくする装置。
覚醒剤《かくせいざい》　神経を興奮させる薬物。
学籍《がくせき》　その学校で学ぶ者の籍。「—簿」
隔絶《かくぜつ》　大きく隔たっている。「世代の—」
学説《がくせつ》　学問上の説。「最新の—」

客戦《かくせん》　他国に攻め入って戦うこと。
画然《かくぜん》　【劃然】区別がはっきりしている。
確然《かくぜん》　確かではっきりしているさま。
●画然と分ける
●確然と明示する
廓然《かくぜん》　寛大でわだかまりがないさま。
愕然《がくぜん》　非常に驚くさま。「—たる思い」
学僧《がくそう》　学問に優れた僧。修行中の僧。
学則《がくそく》　その学校の規則。校則。
学卒《がくそつ》　「大学卒業」「大学卒業者」の略。
拡大《かくだい》　広げて大きくすること。⬍縮小
楽隊《がくたい》　音楽を演奏する一団。「軍—」
確《かく》たる　確かな。しっかりした。「—事実」
喀痰《かくたん》　たんをはくこと。はいたたん。
格段《かくだん》　まるで違うこと。とりわけ。
楽団《がくだん》　音楽を演奏する団体。「—員」

楽壇《がくだん》　音楽家の社会。音楽界。
各地《かくち》　それぞれの地方。ここかしこ。
角逐《かくちく》　互いに競争すること。せり合い。
角柱《かくちゅう》　四角い柱。多面体の名称。角。
拡張《かくちょう》　規模・機能などを広げること。
格調《かくちょう》　芸術作品などの品格と調子。
学長《がくちょう》　大学の長。「—の職権」
格付《かくづ》け◀　能力に応じて段階をつける。
斯《か》くて　こうして。このようにして。
画定《かくてい》　区切りをはっきりと定めること。
確定《かくてい》　はっきり決まること。決定。
角度《かくど》　角の大きさ。物の見方。観点。
確度《かくど》　確実さの程度。確かさ。
学徒《がくと》　学生・生徒。学者。「—動員」
格闘《かくとう》　【挌闘】くみうち。懸命に取り組む。

確答《かくとう》　はっきりとした返事・返答。
学童《がくどう》　小学校の児童。小学生。「—保育」
獲得《かくとく》　手に入れること。得ること。
確認《かくにん》　はっきりと確かめること。
客年《かくねん》　去年。昨年。客歳。きゃくねん。
隔年《かくねん》　一年おき。「—に開催する」
学年《がくねん》　学校の一年の修学期間。各学級。
格納《かくのう》　入れ納めること。「飛行機の—庫」
学派《がくは》　学問上の流派。「京都—」
学閥《がくばつ》　同じ学校の出身者から成る派閥。
攪拌《かくはん》　かきまぜること。こうはん。
学費《がくひ》　修学に必要な費用。学資。
擱筆《かくひつ》　文章を書き終えること。⬍起筆
学府《がくふ》　学問をする所。学校。「最高—」
岳父《がくふ》　妻の父。しゅうと。岳翁。

楽譜《がくふ》 楽曲を音譜を用いて表したもの。
学部《がくぶ》 大学の専攻領域別の構成単位。
拡幅《かくふく》 道路などの幅を広げる。「—工事」
額縁《がくぶち》 絵などを入れて飾るわく。
格物致知《かくぶつちち》 道理を究め自己の知を窮めること。心を正し良知を磨く。
確聞《かくぶん》 正確な情報を聞く。確実に聞く。
隔壁《かくへき》 内と外をへだてる壁。しきり。
格別《かくべつ》 とりわけ。別段。特別。「—な味」
確保《かくほ》 確実に自分のものとすること。
確報《かくほう》 確かな知らせ。「当選の—」
角帽《かくぼう》 角形の、大学の学生帽。大学生。
学帽《がくぼう》 学校で決められた制帽。学生帽。
匿う《かくまう》 人を隠し忍ばせる。隠匿する。
角巻《かくまき》 北国の、婦人用肩掛け毛布。图

角膜《かくまく》 眼球の前面をおおう透明の膜。
革命《かくめい》 社会体制が急激に変わること。
学名《がくめい》 動植物の学問上の名称。
額面《がくめん》 証券・債権に記載された金額。
斯くも《かくも》 こんなに。「—盛大な宴《うたげ》」
学問《がくもん》 学び習うこと。体系立った知識。
楽屋《がくや》 出演者の支度部屋。内輪。内情。
確約《かくやく》 はっきりと約束する、その約束。
格安《かくやす》 値段が格段に安いこと。「—の品」
学友《がくゆう》 学校の友人。学問上の友人。
各様《かくよう》 それぞれ。いろいろ。「各人—」
神楽《かぐら》 神前で演奏する音楽や舞。图
霍乱《かくらん》 暑気あたりの諸病。「鬼の—」夏
攪乱《かくらん》 かき乱すこと。こうらん。
隔離《かくり》 ほかから隔て離すこと。隔り。

学理《がくり》 学問上の理論・原理。「—的解明」
確立《かくりつ》 しっかりと打ち立てること。
確率《かくりつ》 ある現象が起こり得る割合。
●基礎を確立する
●当選の確率が高い
閣僚《かくりょう》 内閣を構成する各大臣。「—会議」
学力《がくりょく》 学問で得た能力。「—考査」
学齢《がくれい》 義務教育を受けるべき年齢。
隠れ家《かくれが》 身を隠す所。世を忍ぶ家。
学歴《がくれき》 学業上の経歴。「—優先社会」
隠れ蓑《かくれみの》 本質や真相を隠す手段。
隠れる《かくれる》 見えなくなる。ひそむ。
各論《かくろん》 各項目についての細論。⬌総論
香しい《かぐわしい》 【馨・芳しい】香りがよい。⬌臭い
学割《がくわり》 「学生割引」の略。「—料金」
家訓《かくん》 家に代々伝わる教訓。かきん。

掛《かけ》 定価に対する原価の割合。がけ。
賭け《かけ》 かけごと。運にまかせること。
陰《かげ》 【翳】光の当たらない所。「木—」
影《かげ》 光をさえぎった物の形。姿。
●陰で応援する
●影も形もない
崖《がけ》 山などの険しく切り立った所。
掛け合う《かけあう》 話し合う。談判。交渉。
駆け足《かけあし》 【駈け足】走ること。
花茎《かけい》 根から直接出て花をつける茎。
佳景《かけい》 いい眺め。いい景色。好景。
家系《かけい》 家の系統。いえすじ。「—図」
家計《かけい》 一家の暮らし向き。生計。「—簿」
家鶏野鶩《かけいやぼく》 見慣れたものを遠ざけ、新しいものを尊ぶこと。
掛け売り《かけうり》 代金後払いで売ること。

影絵《かげえ》 光で影を映し出す遊び。幻灯絵。
駆け落ち《かけおち》 男女が秘かに逃げる。
掛け替え《かけがえ》 代わりの物。代わり。
掛け金《かけがね》 戸を閉じておくための金具。
過激《かげき》 考えや程度が激しすぎるさま。
歌劇《かげき》 音楽と歌が中心の劇。オペラ。
掛け金《かけきん》 月掛けなどで積み立てる金。
陰口《かげぐち》 その人がいない所で言う悪口。
掛け声《かけごえ》 勢いをつけるために出す声。
掛詞《かけことば》 【懸詞】二つの意味をもつ一語。
掛け算《かけざん》 積を求める計算法。乗法。
掛け軸《かけじく》 床の間などに飾る書画の軸。
陰膳《かげぜん》 家人の無事を祈って供える食事。
駆け出し《かけだし》 【駈け出し】新人。新米。
可決《かけつ》 議案を承認すること。⬌否決

崖っ縁《がけっぷち》 崖のへり。「—に立たされる」で、絶体絶命の境地のたとえ。
掛け値《かけね》 実価より高くつけた値段。
掛け接ぎ《かけはぎ》 布をつぎ合せ繕うこと。
懸け橋《かけはし》 【架け橋】渡した橋。仲立ち。
筧《かけひ》 水を引くためのとい。⬌埋樋《うずみひ》
駆け引き《かけひき》 【駈け引き】相手の出方を見て有利になるように対処すること。
陰日向《かげひなた》 態度に表裏があること。
影法師《かげぼうし》 物に映った人の影。
陰干し《かげぼし》 日陰で干して乾かすこと。
駆け回る《かけまわる》 【駈け回る】走り回る。
影武者《かげむしゃ》 身代わり。黒幕。
掛け持ち《かけもち》 二つ以上を受け持つ。
欠けら《かけら》 物の欠けた断片。ごくわずか。

欠《か》ける　一部が壊れる。不足する。
架《か》ける　かけ渡す。橋などを渡す。
掛《か》ける　つり下げる。まき散らす。
●吊り橋を架ける
●門に表札を掛ける
翔《かけ》る　空高く飛ぶ。走る。
駆《か》ける　【駈ける】速く走る。「ウマが―」
賭《か》ける　かけ事をする。運に任せる。
懸《か》ける　必死で事に当たる。賞を出す。
●大空を翔る天馬
●草原を駆ける
●大金を賭ける
●賞金を懸ける
陰《かげ》る　【翳る】影になる。薄暗くなる。
陽炎《かげろう》　地面に立ち上る気。糸遊《いとゆう》。春
家憲《かけん》　家のおきて。家法。家訓。
下弦《かげん》　満月のあと、下方が弓状の半月。
下限《かげん》　下の限界。⇔上限

加減《かげん》　加法と減法。ほどあい。「湯―」
苛厳《かげん》　むごく厳しいこと。苛酷。
訛言《かげん》　なまった言葉。誤った風評。
寡言《かげん》　口かずが少ない。寡黙。⇔多言
加減乗除《かげんじょうじょ》　四則演算。
過去《かこ》　すぎた時。昔。前歴。⇔未来
籠《かご》　竹や針金で編んで作った器。
加護《かご》　神仏などが力を加え守ること。
過誤《かご》　あやまち。過失。「―を犯す」
駕籠《かご》　前後から人がかつぐ乗物。
雅語《がご》　上品な言葉。雅言。⇔俗語
下降《かこう》　下がっていくこと。⇔上昇
火口《かこう》　火山の噴火口。「―湖」「―原」
加工《かこう》　手を加えて作ること。「―食品」
仮構《かこう》　空想で作られたもの。虚構。

囲《かこ》う　周囲を取りまく。こっそり養う。
河口《かこう》　河が海や湖に注ぐところ。「―港」
河港《かこう》　河口や河岸にある港。「―都市」
嘉肴《かこう》　【佳肴】うまい料理や酒のさかな。
化合《かごう》　物質が結合し新物質を作ること。
雅号《がごう》　本名のほかにつける風流な名。
花崗岩《かこうがん》　みかげ石。
苛酷《かこく》　むごたらしいこと。無慈悲。
過酷《かこく》　厳しすぎること。ひどすぎること。
過去帳《かこちょう》　死者の命日帳。鬼籍。
託《かこ》つ　不平を言う。恨みに思う。
託《かこつ》ける　他事を口実にする。事寄せる。
籠耳《かごみみ》　聞いてもすぐに忘れる。⇔袋耳
囲《かこ》む　周りを取りまく。周りをふさぐ。
禍根《かこん》　わざわいの原因。「―を残す」

過言《かごん》　言いすぎ。失言。
笠《かさ》　頭にかぶるかさ。かぶりがさ。
傘《かさ》　頭上にかざすかさ。さしがさ。
●電灯の笠　菅《すげ》笠
●傘を差す　雨傘
暈《かさ》　太陽・月の周囲の輪状の光。
嵩《かさ》　【量】分量。長さ・幅・厚さ。
瘡《かさ》　皮膚のできもの。はれ物。梅毒。
風脚《かざあし》　風の速さや強さ。かぜのあし。
風穴《かざあな》　風抜きの穴。風の吹き出る穴。
火災《かさい》　火事。火難。「―保険」「―報知機」
果菜《かさい》　実を食用にする野菜。ナスなど。
家裁《かさい》　「家庭裁判所」の略称。
禍災《かさい》　わざわい。災難。災害。災禍。
花材《かざい》　生け花の材料。
家財《かざい》　家にある道具や家具類。「―道具」

貨財《かざい》　貨幣と財物。財貨。家の財産。
画才《がさい》　絵をかく才能。「―がある」
画材《がざい》　絵にかく題材。絵をかく道具。
火砕流《かさいりゅう》　火山灰などの流出。
風落《かざお》ち　果実が風で落下すること。
風上《かざかみ》　風の吹いてくる方角。⇔風下《かざしも》
佳作《かさく》　優れた作品。入賞に次ぐ作品。
家作《かさく》　家賃を得るための貸家。「―持ち」
寡作《かさく》　少ししか作らないこと。⇔多作
風車《かざぐるま》　風で回して遊ぶおもちゃ。春
翳《かざ》す　覆いにする。頭上にいただく。
挿頭《かざ》す　花などを髪や冠にさす。
嵩高《かさだか》　かさばっている。態度が横柄。
風並《かざなみ》　風の吹く方角。物事のなりゆき。
重《かさ》ね重《がさ》ね　たびたび。くれぐれも。

重《かさ》ね着《ぎ》　重ねて服を着ること。図
重《かさ》ねる　積み上げる。「年を―」「杯を―」
風花《かざばな》　晴天に風に乗って舞う粉雪。図
嵩張《かさば》る　かさが大きくて場所を取る。
瘡蓋《かさぶた》　【痂】治りかけの傷口のかたい皮。
風見鶏《かざみどり》　鶏の形の風向計。
嵩《かさ》む　かさや量が多くなる。かさばる。
風向《かざむ》き　風の吹く方向。形勢。風並。
飾《かざ》り売《う》り　正月飾りを売る人。図
飾《かざ》り付《つ》ける　飾って整える。
飾《かざ》る　美しく見えるようにする。
加算《かさん》　加えて計算する。たし算。⇔減算
家産《かさん》　一家の財産。身代。「―を傾ける」
火山《かざん》　マグマが噴出してできた山。
画賛《がさん》　【画讃】絵に添えた詩句など。

下肢《かし》 あし。脚部。⬍上肢
下視《かし》 見おろすこと。見くだすこと。
下賜《かし》 身分の高い人から賜ること。
可視《かし》 肉眼で見えること。「—光線」
仮死《かし》 一見死んだように見える状態。
河岸《かし》 川の岸。魚市場。「魚—」
華氏《かし》 温度計の一目盛り。華氏温度。
菓子《かし》 常食以外のし好品。「西洋—」
瑕疵《かし》 傷。欠点。欠陥。「—を隠す」
歌詞《かし》 歌の言葉・文句。「—カード」
舵《かじ》 船の方向を定めるための装置。
梶《かじ》 荷車などを引っぱるための棒。
楫《かじ》 【櫓・櫂】水をかき船を進める具。
火事《かじ》 建物などが焼けること。火災。图
家事《かじ》 家の中の仕事。「—代行業」
鍛冶《かじ》 金属を鍛え道具を作ること・人。
賀詞《がし》 祝いの言葉。祝賀の言葉。
餓死《がし》 飢えて死ぬこと。飢え死に。
貸《か》し◀方《かた》 貸す人。貸す方法。⬍借方
悴《かじか》む 手足が凍えて動きにくい。图
加持祈禱《かじきとう》 仏の加護を祈る。
貸《か》し◀切《き》り◀ 特定の団体に貸すこと。
傾《かし》ぐ かたむく。斜めになる。「舟が—」
爨《かし》ぐ 【炊ぐ】飯をたく。食事を作る。
彼処《かしこ》 あそこ。あちら。「ここ—」
賢《かしこ》い 利口である。要領がよい。
貸《か》し◀越《こ》し 限度額以上貸しつける。
畏《かしこ》まる おそれ謹む。正座する。
傅《かしず》く 人に仕えて世話をする。「主に—」
貸席《かしせき》 席料を取って貸す座席。
貸《か》し◀倒《だお》れ 貸金が戻らないこと。
過失《かしつ》 不注意でのあやまち。「—傷害」
佳日《かじつ》 【嘉日】縁起のよいめでたい日。
果実《かじつ》 草木の実。くだもの。「—酒」
過日《かじつ》 このあいだ。先日。せんだって。
画室《がしつ》 絵をかく部屋。アトリエ。
画質《がしつ》 写真やテレビなどの画像の質。
貸《か》し◀付《つ》け◀ 利子を決め金銭を貸す。
貸《か》し◀手《て》 金品を貸す人。⬍借り手
舵取《かじと》り 船のかじを取る人。指揮者。
火事場泥棒《かじばどろぼう》 混乱につけこみ、不正な利益を得る・人。火事泥。
貸間《かしま》 料金を取って貸す部屋。貸室。
姦《かしま》しい やかましい。うるさい。
貸《か》し◀元《もと》 金を貸す人。博徒の親分。
華奢《かしゃ》 はで。華やか。豪華。おごり。
貨車《かしゃ》 鉄道の、貨物を運送する車両。
貸家《かしや》 家賃を取って貸す家。⬍借家
仮借《かしゃく》 一時の許し。「—なく責める」
呵責《かしゃく》 責めさいなむこと。「良心の—」
火酒《かしゅ》 アルコール度の強い蒸留酒。
華主《かしゅ》 お得意の客。顧客。華客。
歌手《かしゅ》 歌を歌うことを職業とする人。
花樹《かじゅ》 花をつける樹木。「北米産の—」
果樹《かじゅ》 果実を産する樹木。「—園」
雅趣《がしゅ》 上品で風雅な趣。雅致。「—に富む」
賀寿《がじゅ》 長寿の祝い。寿賀。としいわい。
歌集《かしゅう》 和歌の本。歌を集めた本。
加重《かじゅう》 重さや負担が加わる。⬍軽減
荷重《かじゅう》 構造物の耐えうる外力。「—制限」
●刑を加重する
●荷重に耐える
果汁《かじゅう》 果実をしぼった汁。「—飲料」
過重《かじゅう》 重すぎること。「—な税負担」
我執《がしゅう》 自分の考えにとらわれること。
画集《がしゅう》 絵画を集めた一冊の本。
賀春《がしゅん》 新年を祝うこと。賀正。
雅馴《がじゅん》 文章が上品で穏やかなこと。
箇所《かしょ》 【個所】特定の部分。場所。
加除《かじょ》 加えたり除いたりすること。
仮称《かしょう》 仮の名。仮につけた名称。
河床《かしょう》 川底の地盤。かわどこ。⬍川面
過小《かしょう》 小さすぎること。「—評価」⬍過大
過少《かしょう》 少なすぎること。⬍過多
●過小な力量
●所得の過少申告
過賞《かしょう》 【過称】ほめすぎること。過褒《かほう》。
寡少《かしょう》 少ないこと。ごくわずか。
歌唱《かしょう》 歌を歌うこと。歌。「—力」
嘉祥《かしょう》 めでたいしるし。瑞祥。
下情《かじょう》 (上の者からみた)庶民の様子。
過剰《かじょう》 必要以上に多い様子。余り。
箇条《かじょう》 【個条】一つ一つの事柄。「—書き」
画商《がしょう》 絵の売買を職業とする人。
臥床《がしょう》 寝床。床につくこと。
賀正《がしょう》 新年を祝うこと。賀春。
牙城《がじょう》 城の本丸。ある勢力の拠点。
賀状《がじょう》 祝いの手紙。年賀状。新
華飾《かしょく》 【花飾】華美。ぜいたく。尊大。
貨殖《かしょく》 財産を増やすこと。利殖。
過食《かしょく》 食べすぎること。暴食。「—症」
華燭《かしょく》の典《てん》 婚礼の儀。結婚式。

頭《かしら》 あたま。一番上。頭領。「盗賊の―」
頭文字《かしらもじ》 欧文の大文字。イニシャル。
齧る《かじる》 少しずつかむ。部分的に覚える。
柏手《かしわで》 【拍手】神前で両手を打ち鳴らす。
柏餅《かしわもち》 柏の葉で包んだ餡《あん》入りの餅。夏
花信《かしん》 花のたより。花が咲いた知らせ。
花唇《かしん》 はなびら。美人のくちびる。
家臣《かしん》 家に仕える臣下。家来。家人。
過信《かしん》 信じすぎること。信用しすぎる。
佳人《かじん》 美しい女性。美人。「―薄命」
家人《かじん》 家族。家の内の者(特に妻)。
歌人《かじん》 和歌をよむ人。うたよみ。俳人。
画人《がじん》 絵をかく人。絵かき。画家。
雅人《がじん》 風流な人。趣味の人。みやびお。
臥薪嘗胆《がしんしょうたん》 目的のための苦労。

粕《かす》 【糟】残りかす。酒のかす。「酒―」
滓《かす》 液体の底に残る不純物。「食べ―」
化す《かす》 形が変わって別のものになる。
貸す《かす》 返してもらう約束で与える。
嫁す《かす》 とつぐ。人になすりつける。
瓦斯《ガス》 燃料用の気体。濃霧。おなら。
下垂《かすい》 たれさがること。「胃―」
仮睡《かすい》 少し眠ること。うたた寝。仮眠。
微か《かすか》 【幽か】ほのか。わずか。
鎹《かすがい》 物の合せ目をつなぎ留める道具。
数数《かずかず》 たくさん。多数。色々。「―の作品」
潜く《かずく》 水中に頭からもぐる。くぐる。
粕汁《かすじる》 【糟汁】酒かす入りのみそ汁。冬
数の子《かずのこ》 ニシンの卵の塩漬け。新
霞《かすみ》 春の空にたなびく水蒸気。春

霞む《かすむ》 かすみが立つ。ぼんやり見える。
翳む《かすむ》 老眼などで見えにくくなる。
掠める《かすめる》 さっと盗む。すれすれに通る。
絣《かすり》 【飛白】かすれた模様の織物。
掠る《かする》 【擦る】軽く触る。かすめ取る。
化する《かする》 別のものに変わる。変える。
科する《かする》 刑罰を負わせる。「懲役刑を―」
課する《かする》 仕事や税などを割り当てる。
●罰金を科する
●税金を課する
掠れる《かすれる》 【擦れる】字や声がとぎれる。
枷《かせ》 手足を束縛する刑具。「足―」
風《かぜ》 空気の流れ。そぶり。「先輩―」
風邪《かぜ》 発熱・せき・悪寒を伴う病気。冬
風当たり《かぜあたり》◀ 世間からの非難や攻撃。
化成《かせい》 形を変えて他の物になること。

火星《かせい》 太陽系の惑星の一つ。「―人」
火勢《かせい》 火の勢い。炎の勢い。
加勢《かせい》 助力すること。援軍。「―を頼む」
仮性《かせい》 真性に類似した症状を示す病気。
苛性《かせい》 皮膚などをただれさせる性質。
苛政《かせい》 過酷な政治。虐政。「―に苦しむ」
河清《かせい》 濁流が澄むこと。かなわぬこと。
家政《かせい》 家庭生活を処理する手段・方法。
苛税《かぜい》 厳しすぎる租税。重い税。酷税。
課税《かぜい》 税の割り当て。割り当てた税。
火成岩《かせいがん》 マグマが固まってできた岩。
家政婦《かせいふ》 雇われて家事を手伝う女性。
化石《かせき》 土に埋まり石化した太古の生物。
稼ぐ《かせぐ》 精を出して働き収入を得る。
下拙《かせつ》 つたないこと。まずいこと。

仮設《かせつ》 仮に設けること。「―の避難所」
仮説《かせつ》 説明のために立てられる仮定。
架設《かせつ》 橋などをかけ渡すこと。「―工事」
風通し《かぜとおし》 風の通り具合。かざとおし。
風の便り《かぜのたより》 うわさ。風聞。
化繊《かせん》 「化学繊維」の略。合成繊維。
河川《かせん》 大小様々な川の総称。「―敷」
架線《かせん》 送電線などをかけ渡すこと。
歌仙《かせん》 和歌の名人。「三六―」
寡占《かせん》 少数の企業が市場を占めること。
果然《かぜん》 案の定。思った通り。やはり。
俄然《がぜん》 たちまち。にわかに。急に。
画仙紙《がせんし》 大判の書画用紙。
河川敷《かせんしき》 川の流域の堤防を含む敷地。
可塑《かそ》 圧力で変形すること。「―性」

過疎《かそ》 人口が少なすぎること。⇔過密
下層《かそう》 下の階層・階級。「―社会」⇔上層
火葬《かそう》 遺体を焼いて葬ること。荼毘《だび》。
仮装《かそう》 他の人や物にふん装すること。
仮想《かそう》 仮に想定すること。「―現実」
家相《かそう》 家の位置や間取りの吉凶。
加増《かぞう》 領地・ろく高を増やす。増加。
画像《がぞう》 平面に表された姿形。「―処理」
数え年《かぞえどし》 生年を一歳と数える年齢。
数える《かぞえる》 数を勘定する。数に入れる。
加速《かそく》 速度を増すこと。「―度」⇔減速
家族《かぞく》 夫婦・親子。血縁関係の集団。
華族《かぞく》 爵位を有した特権階級。
雅俗《がぞく》 風流と野卑。雅語と俗語。
方《かた》 方向。位置。方法。「つくり―」

形《かた》 形状。抵当。「星—」「借金の—」

型《かた》 手本。形を作るもととなるもの。

●形にとらわれない ●型通りの挨拶

肩《かた》 腕と体とのつながる部分。

潟《かた》 海と分離された湖や沼。干潟。

過多《かた》 多すぎること。「胃酸—」⇔過少

夥多《かた》 おびただしいこと。非常に多い。

固い《かたい》 かたまっていて強い。⇔ゆるい

堅い《かたい》 丈夫である。まじめ。⇔もろい

硬い《かたい》 こわばっている。⇔軟らかい

●決意が固い ●堅い商売 ●硬い表情

過怠《かたい》 あやまち。過失。てぬかり。

難い《かたい》 むずかしい。しにくい。⇔易い

仮題《かだい》 正式名をつける前の仮の題名。

架台《かだい》 橋などを支える構造物。足場。

過大《かだい》 大きすぎること。過度。⇔過小

歌題《かだい》 和歌の題目。

課題《かだい》 課された問題。解決すべき問題。

画題《がだい》 絵画の主題。絵の題目。

片意地《かたいじ》 頑固なこと。「—を張る」

片田舎《かたいなか》 都会から遠く離れた所。

肩入れ《かたいれ》 ひいきすること。力添え。

片腕《かたうで》 一方の腕。信頼する補佐役。

片思い《かたおもい》 一方的に恋い慕うこと。

片親《かたおや》 両親のうちの一方の親。⇔二親

肩書き◀《かたがき》 社会的身分・地位・役職。

片陰《かたかげ》 ちょっとしたものかげ。夏

方方《かたがた》 皆さん。「ご来賓の—」

旁《かたがた》 ついでに。かねて。「散歩の—」

片仮名《かたかな》 「ア」など、かな文字の一つ。

型紙《かたがみ》 染め物・洋裁で型に用いる紙。

片側《かたがわ》 一方の側。半面。「—通行」⇔両側

肩代わり◀《かたがわり》 代理で引き受けること。

敵《かたき》 【仇】恨みのある相手。あだ。

気質《かたぎ》 身分・職業に応じた気性。「昔—」

堅気《かたぎ》 実直。正業。「—になる」「—の人」

仇討ち◀《かたきうち》 主君や近親のあだを討つ。

仮託《かたく》 ほかにかこつけること。

家宅《かたく》 家。住まい。住居。「—侵入罪」

頑な《かたくな》 頑固で強情なさま。「—に拒む」

片栗粉《かたくりこ》 片栗から取ったでんぷん。

堅苦しい《かたくるしい》 厳格すぎて窮屈なさま。

肩車《かたぐるま》 肩にまたがらせてかつぐこと。

片言《かたこと》 不完全でたどたどしい言葉。

型式《かたしき》 車・機械などの型。タイプ。

忝い《かたじけない》 【辱い】おそれ多い。ありがたい。

形代《かたしろ》 神霊の代わりとして拝むもの。

肩透かし◀《かたすかし》 相手の気勢をそぐこと。

片隅《かたすみ》 隅っこ。「広間の—」

固唾《かたず》を呑《の》む 事のなりゆきを息をこらして見守る。「勝敗の行方に—」

肩叩き《かたたたき》 (肩こりで)肩をたたくこと・道具。退職の勧告をほのめかすこと。

形《かたち》 物の全体の姿。形状。形式。

下達《かたつ》 上の者の意思を下に伝えること。

片付く《かたづく》 整理される。決着がつく。

片付ける《かたづける》 整理する。処理する。

片手間《かたてま》 本業や用事のあいま。

片時《かたとき》 ほんのわずかな時間。「—の夢」

象る《かたどる》 物の形を写し取る。模倣する。

型取る《かたどる》 型を取る。「石こうで—」

刀《かたな》 片刃の刃物。刀剣の総称。

形無し《かたなし》 面目を失うこと。「色男も—」

肩慣らし◀《かたならし》 事前に行う軽作業。

片端《かたはし》 一方のはし。わずかな部分。

片肌脱ぐ《かたはだぬぐ》 人に手を貸して助ける。

片腹痛い《かたはらいたい》 笑止である。

肩肘張る《かたひじはる》 いばる。気構える。

帷子《かたびら》 麻や絹で仕立てた夏の着物。夏

堅物《かたぶつ》 まじめで融通の利かない人。

固肥り《かたぶとり》 【堅太り】筋肉質で太った人。

片棒《かたぼう》を担《かつ》ぐ 企てに加担する。

固まり《かたまり》 【塊】かたまった物。あつまり。

固まる《かたまる》 かたくなる。定まる。集まる。

形見《かたみ》 思い出となる故人の品。「母の—」

肩身《かたみ》 世間への面目。「—が狭い」

片道《かたみち》 往路か復路の一方。「—切符」

傾く《かたむく》 斜めになる。かたよる。衰える。

型破り《かたやぶり》 一風変わっているさま。

偏る《かたよる》 一方に寄る。不公平になる。

語り種《かたりぐさ》 【語り草】話のたね。話題。

語り手《かたりて》 話を語る人。ナレーター。

語る《かたる》 話して聞かせる。物語る。

騙る《かたる》 だます。偽名を使う。「名を—」

傍ら《かたわら》 【側】そば。また一方で。「道の—」

片割れ《かたわれ》 仲間の一人。壊れ物の一片。

下端《かたん》 下の方のはし。⇔上端

加担《かたん》 【荷担】力を貸すこと。味方する。

花壇《かだん》 草花を植えるための区画。

果断《かだん》 思い切って実行するさま。

歌壇《かだん》 歌人の社会。「―の風雲児」
画壇《がだん》 画家の社会。絵画界。
徒《かち》 歩くこと。とほ。「―渡り」
価値《かち》 値打ち。有用性。「利用―」
雅致《がち》 風雅な趣。雅趣。「―に富む」
搗《か》ち合《あ》う 衝突する。重なり合う。
勝《か》ち◀戦《いくさ》 【勝軍】勝った戦い。⇔負戦
勝《か》ち◀気《き》 他人に負けまいとする気性。
家畜《かちく》 役立てるために人が飼う動物。
搗《か》ち◀栗《ぐり》 干して皮を取った栗の実。
勝《か》ち◀越《こ》す 相手より多く勝つ。
勝《か》ち◀鬨《どき》 勝ち戦であげる声。凱歌《がいか》。
勝《か》ち◀逃《に》げ 勝負に勝った者が敗者の挑戦を受けずにそのまま逃げ去ること。
勝《か》ち◀抜《ぬ》き トーナメント。「―戦」

勝《か》ち◀目《め》 勝つ見込み。「―がない」
火中《かちゅう》 燃える火の中。「―に投じる」
家中《かちゅう》 家の中。一家の全員。藩士。
渦中《かちゅう》 混乱の真っただ中。「疑惑の―」
家長《かちょう》 一家のあるじ。主人。戸主。
課長《かちょう》 会社組織の一課の責任者。
画帳《がちょう》 【画帖】絵・和歌などをかく帳面。
花鳥風月《かちょうふうげつ》 自然の美景。風流。
活《かつ》 いきいきとする。「―を入れる」
渇《かつ》 のどのかわき。「―をおぼえる」
喝《かつ》 禅宗で、しかり悟らせる叫び声。
且《か》つ 同時に。なお。「必要―十分」
克《か》つ 欲などを抑えつける。「己に―」
勝《か》つ 相手を負かす。勝る。「試合に―」
割愛《かつあい》 惜しみながら省略すること。



鰹節《かつおぶし》 カツオを煮て干した食品。
閣下《かっか》 身分の高い人に対する敬称。
学科《がっか》 学問の科目。「英文―」「―試験」
学課《がっか》 学問の履修課程。学問の課程。
各界《かっかい》 さまざまな職務・職業の社会。
学会《がっかい》 学者の研究組織。「―で発表する」
学界《がっかい》 学者・学問の社会。「―の権威」
赫赫《かっかく》 功名などが優れているさま。
活火山《かっかざん》 活動中の火山。⇔死火山
隔靴掻痒《かっかそうよう》 靴の外から足のかゆい所をかくように、もどかしいこと。
活眼《かつがん》 本質を見抜く鋭い目・見識。
活気《かっき》 いきいきとした気力。元気。
客気《かっき》 はやる心。血気。「―に駆られる」
学期《がっき》 一学年の小区分。「新―」「―末」

楽器《がっき》 音楽を演奏するための器具。
画期的《かっきてき》 【劃期的】新時代を開くさま。
学究《がっきゅう》 学問に打ち込む人。学者。「―肌」
学級《がっきゅう》 学校の組。クラス。「―委員」
割拠《かっきょ》 ある地域で勢力を張ること。
活魚《かつぎょ》 生きている魚。「―料理」
活況《かっきょう》 活気ある状況。「―を呈する」
活業《かつぎょう》 生活していくための仕事。職業。
楽曲《がっきょく》 音楽の曲。器楽曲・声楽曲など。
担《かつ》ぐ 物を肩や背に乗せる。だます。
学区《がっく》 学校の通学区域。「―制廃止論」
滑空《かっくう》 風力や上昇気流で空を飛ぶこと。
滑空機《かっくうき》 グライダー。
脚気《かっけ》 ビタミンの欠乏による脚の病気。
活劇《かつげき》 格闘場面の多い映画や劇。

喀血《かっけつ》 呼吸器からの血を吐くこと。
各個《かっこ》 一つ一つ。めいめい。「―撃破」
括弧《かっこ》 区別のために字を囲む記号。
確固《かっこ》 【確乎】確かなさま。「―たる信念」
格好《かっこう》 【恰好】姿形。体裁。「―の相手」
滑降《かっこう》 斜面を滑り降りること。「直―」
渇仰《かつごう》 深く信仰すること。かつぎょう。
学校《がっこう》 生徒が学問を学ぶ公的機関。
確乎不抜《かっこふばつ》 少しも動揺しない。
喝采《かっさい》 ほめはやす声。「拍手―」
合切袋《がっさいぶくろ》 携帯品を入れる手提げ袋。
合作《がっさく》 共同で作品を制作すること。
活殺自在《かっさつじざい》 思うままに操る。
合算《がっさん》 合わせて計算すること。合計。
活字《かつじ》 活版印刷用の金属の字の型。

活写《かっしゃ》 いきいきと表現すること。「―体」
滑車《かっしゃ》 鎖や綱をかけて回転する装置。
合衆国《がっしゅうこく》 連邦国家。アメリカ合衆国。
合宿《がっしゅく》 ある目的で同じ宿に泊まること。
滑翔《かっしょう》 鳥がはばたかず滑るように飛ぶ。
割譲《かつじょう》 一部を分け与えること。「領土―」
合唱《がっしょう》 二人以上で歌うこと。斉唱。
合掌《がっしょう》 手を合わせて拝むこと。
合従連衡《がっしょうれんこう》 その時々の利害に応じて同盟を結んだり、離反したりする。
褐色《かっしょく》 黒っぽい茶色。こげ茶色。
渇水《かっすい》 降雨がなく水がかれること。
渇《かっ》する 干上がる。のどが渇く。渇望。
活性《かっせい》 化学反応しやすい性質。「―剤」
合戦《かっせん》 敵と味方が出合って戦うこと。

豁然《かつぜん》 広々と開けたさま。「—たる眺望」
滑走《かっそう》 滑るように走ること。「—路」
合奏《がっそう》 複数の楽器で演奏すること。
合葬《がっそう》 複数の人を同じ墓に葬ること。
合体《がったい》 合わさって一つになること。
滑沢《かったく》 なめらかでつやがあること。
闊達《かったつ》 心が広く小事にこだわらない。
滑脱《かつだつ》 自在に変化すること。「円転—」
褐炭《かったん》 火力の弱い褐色の炭。
活断層《かつだんそう》 将来活動が予想される断層。
猾知《かっち》 【猾智】悪賢い知恵。狡知《こうち》。
合致《がっち》 ぴたりと合うこと。一致。
甲冑《かっちゅう》 よろいかぶと。「—姿の武士」
勝手《かって》 わがまま。事情。台所。「—が違う」
曾《かつ》て 【嘗て】以前。今までに。

割当《かっとう》 わりあて。分け前。分配。
葛藤《かっとう》 もつれ。いざこざ。「愛憎の—」
活動《かつどう》 活発に動き働くこと。「—拠点」
喝道《かつどう》 大声でしかりつけること。
合羽《かっぱ》 雨よけの上着。雨がっぱ。
河童《かっぱ》 想像上の水生動物。泳ぎの達人。
喝破《かっぱ》 本質を見抜きはっきり言うこと。
活発《かっぱつ》 いきいきしたさま。「—な議論」
掻《か》っ払《ぱら》う 金品をかすめとる。
活版《かっぱん》 活字を組んだ印刷版。「—刷《ずり》」
合評《がっぴょう》 何人かが集まって行う批評。
割賦《かっぷ》 代金を何回かに分けて払うこと。
恰幅《かっぷく》 体つき。体格。「—がよい人」
割腹《かっぷく》 腹切り。切腹。「—自殺」
活仏《かつぶつ》 チベット仏教の高僧。生き仏。

活物《かつぶつ》 生きて活動するもの。「—寄生」
合併《がっぺい》 一つに合わせること。「町村—」
闊歩《かっぽ》 ゆったりと大またで歩くこと。
渇望《かつぼう》 切に望むこと。熱望。
割烹《かっぽう》 和風に調理すること。「—料理」
合本《がっぽん》 数冊を一冊に製本すること。
刮目《かつもく》 目をこすってよく見ること。
活躍《かつやく》 めざましく活動すること。
活用《かつよう》 うまく使うこと。語形の変化。
鬘《かつら》 髪型を作って頭にかぶる物。
滑落《かつらく》 登山中に滑り落ちること。
活力《かつりょく》 活動する力。活動力。生活の力。
活路《かつろ》 窮地を脱する道。命が助かる策。
糧《かて》 食糧。活力の本源。「心の—」
仮定《かてい》 事実とは無関係に想定すること。

家庭《かてい》 家族の集まり・集まる場所。
過程《かてい》 物事の進行する経路。プロセス。
課程《かてい》 学習や作業の範囲・順序。学科。
●発達過程の研究
●教養課程を終える
糅《か》てて加《くわ》えて その上。さらに。
家伝《かでん》 代々家に伝わること・物。
家電《かでん》 家庭用の電気器具。「—業界」
荷電《かでん》 物体が帯びている静電気の量。
合点《がてん》 納得すること。「—がいく」
我田引水《がでんいんすい》 自分の有利を図る。
瓜田李下《かでんりか》 人に疑われるようなまねはしてはいけないということ。
過渡《かと》 移行・変動する途中。「—期」
角《かど》 物のすみ。曲り角。とがった所。
門《かど》 家の外構えの出入り口。もん。

廉《かど》 原因となる事項。条理。ふし。
過度《かど》 適切な程度を超えていること。
下等《かとう》 品質が悪いこと。低級。⇔上等
果糖《かとう》 果物に含まれる糖分。「—甘味料」
過当《かとう》 度が過ぎること。過度。「—競争」
寡頭《かとう》 少ない人数。「—支配」「—政治」
可動《かどう》 移動できること。「—式」「—橋」
華道《かどう》 【花道】いけばな。「—の家元」
稼働《かどう》 働くこと。機械を運転すること。
家督《かとく》 相続されるべき家の跡目。嫡子。
寡徳《かとく》 徳の少ないことの謙そん表現。
角立《かどだ》つ 角がある。感情を刺激する。
門違《かどちが》い 方向・目的が違うこと。
門出《かどで》 旅立。出立。出発。首途。
角張《かどば》る 堅苦しくなる。しかくばる。

角番《かどばん》 それを落とすと負けになる一戦。
門松《かどまつ》 新年に門前に立てる松飾り。新
拐《かどわ》かす▲ 【勾かす】だまして連れて行く。
哉《かな》 詠嘆の意を表す語。「〜だなあ」。
仮名《かな》 音を表す日本の文字。⇔真名
金網《かなあみ》 針金で編んだ網。
家内《かない》 家の中。家族。自分の妻。
叶《かな》う 望みが実現する。「夢が—」
適《かな》う 当てはまる。「理に—」「時宜に—」
敵《かな》う 匹敵する。「—者がいない」
鼎《かなえ》 三本脚の金属製のかま。
金型《かながた》 金属で作られている鋳型。
金切《かなき》り声《ごえ》▲ 特に女性の鋭く高い声。
金具《かなぐ》 器具につける金属製の付属品。
金釘流《かなくぎりゅう》 筆跡がへたなこと。

金縛り《かなしば》り 身動きできなくされること。
悲《かな》しみ 【哀しみ】悲しむこと。悲哀。
彼方《かなた》 あちら。あっち。向こう。「空の—」
仮名遣《かなづか》い 仮名表記の決まり。
金槌《かなづち》 【鉄槌】金属の槌。泳げない人。
奏《かな》でる 楽器で音楽を演奏する。「琴を—」
金棒《かなぼう》 【鉄棒】鉄製の棒。「鬼に—」
金仏《かなぶつ》 金属製の仏像。心の冷たい人。
要《かなめ》 扇の骨を留めるくぎ。最重要点。
金物《かなもの》 金属製の器具の総称。「—屋」
必《かなら》ず 間違いなく。きっと。確かに。
可成《かな》り 並以上に。相当に。「—よい」
火難《かなん》 火事の災難。火災。「—の相」
家難《かなん》 一家の災難。
禍難《かなん》 わざわい。災難。「—に遭う」

果肉《かにく》 果実の可食部分。「—入り飲料」
蟹股《がにまた》 両膝が外側に向いていること。
加入《かにゅう》 加わること。仲間入りすること。
金《かね》 金属。貨幣。金銭。おかね。
矩《かね》 かねじゃく。直線。直角。
鉦《かね》 たたいて鳴らす金属製の器具。
鐘《かね》 つりがね。つりがねの音。
兼《か》ね合《あ》い◀ つりあい。バランス。
矩折《かねおり》 直角に曲がった形。
金貸《かねか》し◀ 金融業。金融業者。
予予《かねがね》 以前から。かねてから。
金食《かねく》い 金銭の多くかかる物事・人。
金繰《かねぐ》り 金銭・資金のやりくり。
曲尺《かねじゃく》 直角に曲がった金属製の物差し。
火熱《かねつ》 火の熱さ。火気。火力。

加熱《かねつ》 熱を加えること。「—器」「—炉」
過熱《かねつ》 過度に熱くなること。熱心すぎ。
●試薬を加熱する
●過熱する報道合戦
金遣《かねづか》い 金銭の使い方。「—が荒い」
金詰《かねづ》まり◀ 金銭の融通がつかない。
金蔓《かねづる》 金銭を出してくれる人。
予《かね》て あらかじめ。以前から。
金離《かねばな》れ お金の使いぶり。「—がよい」
金回《かねまわ》り 収入の具合。「—がよい」
金目《かねめ》 金銭的価値の高いこと。「—の物」
金儲《かねもう》け 金銭をもうけること。
金持《かねも》ち◀ 財産家。富豪。⇔貧乏人
金元《かねもと》 金を出す人。金主。金親。
兼《か》ねる 複数の役割・機能をあわせもつ。
可燃《かねん》 点火すると燃えること。「—物」

彼《かの》 あの。周知の。「—有名な俳優」
化膿《かのう》 傷口がうむこと。「—菌」
可能《かのう》 できること。なし得ること。
庚《かのえ》 十干の第七。
鹿《か》の子《こ》 シカの子。かのこもちの略。秋
彼女《かのじょ》 あの女性。恋人である女性。
辛《かのと》 十干の第八。
佳配《かはい》 よいつれ合い。よい配偶者。
庇《かば》う 害を受けぬよう守る。いたわる。
画伯《がはく》 画家に対する敬称。絵画の師匠。
蚊柱《かばしら》 蚊が群れて飛ぶ様子。夏
屍《かばね》 【尸】死骸。しかばね。骸骨。
蒲焼《かばや》き◀ たれをつけたくし焼き料理。
河畔《かはん》 川のほとり。かわばた。川岸。
過半《かはん》 半分を超えていること。「—数」

過般《かはん》 先日。せんだって。この間。
鞄《かばん》 物を入れ持ち運ぶ道具。バッグ。
画板《がばん》 絵を描く画用紙の台にする板。
可否《かひ》 良いか悪いか。賛否。「—を問う」
歌碑《かひ》 和歌を彫りこんだ碑。
黴《かび》 有機物質に寄生する菌類。夏
華美《かび》 華やかで美しいこと。⇔質実
蛾眉《がび》 美しいまゆ。美人。眉月。
加筆《かひつ》 文章などに筆を加えて直すこと。
画筆《がひつ》 絵画をかく筆。絵筆《えふで》。
画鋲《がびょう》 壁面などに紙片をとめる鋲。
佳品《かひん》 優れた上品な作品。よい作品。
花瓶《かびん》 花を挿し入れる瓶。「—に生ける」
過敏《かびん》 過剰に敏感なこと。「神経—」
下付《かふ》 政府が民間に下げ渡すこと。

寡婦《かふ》 夫を亡くした女性。未亡人。
株《かぶ》 木の切り株。株式。株券。評判。
画布《がふ》 油絵などをかく布。カンバス。
家風《かふう》 その家特有の習慣やおきて。
歌風《かふう》 和歌の詠みぶり・作風。
画風《がふう》 絵のかき方の特徴。作風・流儀。
株価《かぶか》 株式の相場の価格。株券の価格。
歌舞伎《かぶき》 日本固有の伝統的な演劇。
冠木門《かぶきもん》 門柱に横木を渡した門。
禍福《かふく》 わざわいと幸せ。不幸と幸福。
画幅《がふく》 掛け軸にしてある絵画。
下腹部《かふくぶ》 腹の下の部分。したはら。
株券《かぶけん》 株式の所有を示す有価証券。
被《かぶ》さる おおいかかる。責任が及ぶ。
株式《かぶしき》 株式会社の資本の単位。株券。

過不足《かふそく》 過ぎることと足りないこと。
兜《かぶと》 【甲】頭にかぶる防御用の武具。
株主《かぶぬし》 株式会社の株の所有者。出資者。
鏑矢《かぶらや》 矢尻がかぶら形の、音を出す矢。
齧り付き《かぶりつき》 劇場などの最前列。
齧り付く《かぶりつく》 食いつく。しがみつく。
被る《かぶる》 頭などをおおう。上から浴びる。
気触れる《かぶれる》 皮膚がはれる。そまる。
花粉《かふん》 花のおしべでできる粉状のもの。
過分《かぶん》 分にすぎた処遇。分不相応。
寡聞《かぶん》 自らの見聞が狭いこと。
花粉症《かふんしょう》 花粉によるアレルギー症状。
壁《かべ》 外壁や屋内の仕切り。障害。
貨幣《かへい》 硬貨や紙幣。通貨。金銭。
画餅《がべい》 絵に描いたもち。役立たず。

可変《かへん》 変わりうること。「—資本」⬍不変
花弁《かべん》 花びら。「—が開く」
花圃《かほ》 花畑。花園。秋
加法《かほう》 足し算。加算。⬍減法
加俸《かほう》 本俸以外の特別な給与。
果報《かほう》 報い。幸運。「—は寝て待て」
家宝《かほう》 家の宝物。先祖伝来の宝。
画報《がほう》 写真や絵を主とした本・雑誌。
過保護《かほご》 過剰に大事にし世話を焼く。
釜《かま》 炊飯や湯沸かし用の金属製の器。
窯《かま》 陶磁器・炭などを焼成する装置。
●釜で飯を炊く
●炭焼きの窯
鎌《かま》 草などを刈る具。魚の部位の一。
鎌鼬《かまいたち》 皮膚が突然切れる現象。図
構う《かまう》 気にする。世話する。干渉する。

構える《かまえる》 構築する。準備する。整える。
蝦蟇口《がまぐち》 口金つきの袋状の財布。
鎌首《かまくび》 蛇などがかまの形にもたげた首。
叺《かます》 むしろを二つに折って作った袋。
框《かまち》 床や縁側のはしに渡した横木。
竈《かまど》 かまなどをかけ、煮炊きする設備。
喧しい《かまびすしい》 【囂しい】やかましい。騒々しい。
蒲鉾《かまぼこ》 白身の魚のすり身を蒸した食品。
釜飯《かまめし》 小型の釜で作る炊き込みご飯。
窯元《かまもと》 窯で陶磁器を作っている所。
我慢《がまん》 耐え忍ぶこと。辛抱すること。
上《かみ》 川の上流。高い所。天皇。政府。
神《かみ》 信仰心の対象となるもの。
髪《かみ》 頭の毛。頭の毛を結った形。
加味《かみ》 他の要素をつけ加えること。

噛み合う《かみあう》 互いに噛みつきあう。
神懸かり《かみがかり》◀ 【神憑り】神が乗り移る。
神隠し《かみかくし》 急に行方不明になること。
髪飾り《かみかざり》 髪にさすくしなどの飾り。
神風《かみかぜ》 神の威力で吹き起こる風。
上方《かみがた》 京都と大阪周辺。「—漫才」
髪形《かみがた》 【髪型】髪の形。ヘアスタイル。
紙切《かみきり》 紙を切る小刀。紙切りナイフ。
紙屑《かみくず》 不要になった紙。捨てられた紙。
噛み砕く《かみくだく》 細かくする。平明にする。
噛み殺す《かみころす》 噛んで殺す。抑制する。
上座《かみざ》 上位の人が座る席。⬍下座
紙芝居《かみしばい》 絵を見せて語る物語。
噛み締める《かみしめる》 力を入れて噛む。
裃《かみしも》 【上下】江戸時代の武士の礼服。

剃刀《かみそり》 髪やひげをそるための刃物。
神棚《かみだな》 家の中で神を祭ってある棚。
神頼み《かみだのみ》 神に祈り助けを請うこと。
過密《かみつ》 集中しすぎること。⬍過疎
噛み付く《かみつく》 食いつく。文句を言う。
噛み潰す《かみつぶす》 歯でかんでつぶす。
上手《かみて》 上座の方。舞台の向かって右手。
雷《かみなり》 稲光と大音響が起こる現象。夏
紙一重《かみひとえ》 わずかな違い。「—の差」
髪結い《かみゆい》◀ 髪を結う職人。「—の亭主」
神代《かみよ》 【神世】神話による時代。「—の昔」
神業《かみわざ》 人間離れしたすばらしいわざ。
仮眠《かみん》 ちょっとだけ眠ること。「—所」
擤む《かむ》 たまった鼻汁を出してふき取る。
噛む《かむ》 【咬む】ものを歯でくだく。

我武者ら《がむしゃら》 無鉄砲に行動するさま。
瓶《かめ》 【甕】底が深く内が広い容器。
下命《かめい》 命令すること。言いつけ。
加盟《かめい》 同盟や団体などに加わること。
仮名《かめい》 実名を伏せてつける仮の名前。
家名《かめい》 一家の名称。家の評判。
仮面《かめん》 顔をかたどった面。偽りの姿。
画面《がめん》 テレビや映画などの映像。
鴨居《かもい》 障子の上側などの溝のある横材。
科目《かもく》 分類した項目。教科の構成単位。
課目《かもく》 課せられた項目。学校で習う学科。
寡黙《かもく》 口数の少ないこと。無口。寡言。
髢《かもじ》 婦人の髪を結う時に添える毛。
醸す《かもす》 醸造する。ある状態を作り出す。
貨物《かもつ》 運搬・輸送する物資・品物。

下問《かもん》 目下の者に問い尋ねること。
家門《かもん》 家の門。一家一門。家柄。
家紋《かもん》 家のしるしとして定めた紋。
蚊帳《かや》 寝床につるす蚊を防ぐ覆い。夏
火薬《かやく》 衝撃や点火で爆発する薬品。
加薬《かやく》 薬味。料理にまぜる具。「―ご飯」
茅《かや》葺《ぶ》き◀ 屋根を茅で葺く。「―屋根」
蚊《か》遣《や》り◀火《び》 蚊除けにいぶす火。夏
粥《かゆ》 米を軟らかく水煮した食べもの。
痒《かゆ》い 皮膚がかきたい感じ。
粥腹《かゆばら》 腹に力が入らない感じ。
通《かよ》う 行き来する。心などが通じる。
歌謡《かよう》 節をつけて歌う歌の総称。「―曲」
画用紙《がようし》 絵をかくための厚手の紙。
寡欲《かよく》 【寡慾】欲が少ないこと・人。

我欲《がよく》 自分一人の利益を求める気持ち。
空《から》 【虚】何もないこと。実質のないもの。
殻《から》 外部を覆うかたいもの。抜け殻。
柄《がら》 模様。体格。品格。「―にもない」
唐《から》揚《あ》げ◀ 【空揚げ】揚げ物の一つ。
辛《から》い 【鹹い】塩辛い。塩気が多い。
空威張《からいば》り 上辺だけの強がり。
乾煎《からい》り 水を加えずに煎ること。
揶揄《からか》う 相手を困らせて面白がる。
唐紙《からかみ》 ふすまにはる紙。ふすま。
辛辛《からがら》 やっと。かろうじて。「命―」
唐草《からくさ》 つる草がはう模様。唐草模様。
辛口《からくち》 辛味が強い。手厳しい。⇕甘口
辛《から》くも やっとのことで。辛うじて。
絡繰《からく》り◀ しかけ。計略。「―人形」

唐紅《からくれない》 【韓紅】美しく濃い紅色。深紅色。
絡《から》げる 【紮げる】縛る。まくり上げる。
空元気《からげんき》 見せかけの元気。
芥子《からし》 芥菜（からしな）の種子の粉末。
硝子《ガラス》 かたくてもろい透明な物質。
唐鋤《からすき》 【犂】ウシやウマに引かせるくわ。
烏口《からすぐち》 線などを引く製図用具。
空世辞《からせじ》 口先だけのお世辞。
体《からだ》 肉体全部、特に胴の部分。胴体。
空焚《からだ》き 水を入れず風呂などをたく。
体付《からだつ》き 体の様子・格好。体軀《たいく》。
空《から》っ風《かぜ》 乾いた強い北風。からかぜ。
空梅雨《からつゆ》 降雨量が少ない梅雨。夏
空手《からて》 てぶら。手足で戦う武術。
空手形《からてがた》 融通手形。守らない約束。

辛党《からとう》 酒好きな人。左党。⇕甘党
空念仏《からねんぶつ》 実行の伴わない主張。
乾拭《からぶ》き 乾いた布で拭くこと。
空振《からぶ》り 球に当たらない。外れる。
空返事《からへんじ》 うわべだけのそら返事。
空回《からまわ》り むだに動いて進まないこと。
空身《からみ》 何も持たないこと。身軽。
絡《から》む 巻きつく。難癖をつける。
搦《から》め手《て》 城の裏門。相手の手薄な面。
空約束《からやくそく》 守るつもりのない約束。
唐様《からよう》 中国風の様式。唐風。⇕和様
伽藍《がらん》 寺の建物の総称。寺院。「―堂」
仮《かり》 一時的な。かりそめ。偽りの。
狩《か》り◀ 野生の鳥や獣をとること。図
借《か》り 借りること。借金。心の負い目。

駆《か》り◀集《あつ》める 方々から集める。
刈《か》り◀入《い》れ 作物を刈り取る。収穫。
借《か》り◀入《い》れ 金や資財を借りること。
借《か》り◀方《かた》 借りる人・方法。⇕貸与
刈《か》り込《こ》む 刈って整える。
仮処分《かりしょぶん》 裁判所による暫定処置。
仮住《かりず》◀まい 一時的に住むこと。
仮初《かりそ》め◀ その場限り。「―の恋」
駆《か》り◀出《だ》す 促して引っ張り出す。
駆《か》り◀立《た》てる 行動を促す。
仮《かり》に もしも。間にあわせに。
仮《かり》にも ちょっとでも。いやしくも。
仮縫《かりぬ》い◀ 本縫いの前に縫うこと。
仮寝《かりね》 うたた寝。旅先での宿泊。野宿。
仮免許《かりめんきょ》 暫定的に与えられた免許。

下流《かりゅう》 川下。社会の下の層。⇕上流
顆粒《かりゅう》 小さな粒。「―状の薬」
我流《がりゅう》 自分だけの流儀。自己流。
花柳界《かりゅうかい》 芸者や遊女の社会。
狩人《かりゅうど》 狩りをする人。かりうど。図
加療《かりょう》 傷や疾病の治療をすること。
科料《かりょう》 軽微な犯罪に科す財産刑。
過料《かりょう》 法令違反に科す金銭罰。
雅量《がりょう》 度量が広いこと。大らかな度量。
画龍点睛《がりょうてんせい》 最後の仕上げ。
火力《かりょく》 火の強さ・勢い。火器の勢い。
借《か》りる 返す約束で他人の物を使う。
刈《か》る 草や稲などを根元から切り取る。
狩《か》る 鳥獣などを追い求めて捕まえる。
駆《か》る 追い払う。走らせる。急がせる。

**軽《かる》い** 重くない。程度が低い。軽率。

**軽石《かるいし》** 溶岩からできた穴のある軽い石。

**軽軽《かるがる》** 目方が軽そうに。簡単そうに。

**軽軽《かるがる》しい** 軽はずみな。軽薄な。

**軽口《かるくち》** 軽妙でこっけいな話。口が軽い。

**歌留多《かるた》** 絵や文字が描かれた札。新

**軽《かる》はずみ** 軽率。思慮がないさま。

**軽業《かるわざ》** 曲芸。軽快なはなれわざ。「―師」

**彼《かれ》** あの男性。恋人や夫を指す言葉。

**加齢《かれい》** 新年や誕生日に年を取ること。

**佳麗《かれい》** 奇麗なこと。整って美しいさま。

**華麗《かれい》** 華やかで美しいさま。「―な演技」

**嘉礼《かれい》** めでたい儀式・礼式。

**嘉例《かれい》** 【佳例】めでたい先例。吉例。

**枯《か》れ木《き》** 枯れた木。「―に花」図

**瓦礫《がれき》** 瓦や小石。値打ちのないもの。

**彼此《かれこれ》** 【彼是】あれやこれや。大体。

**枯山水《かれさんすい》** 日本式庭園の様式。

**彼氏《かれし》** 彼。あの人。恋人の男性。

**苛烈《かれつ》** 厳しく激しいさま。「―を極める」

**枯《か》れ野《の》** 草木の枯れ果てた野原。図

**枯《か》れる** しおれて死ぬ。芸に味が出る。

**涸《か》れる** 干上がる。才能などが尽きる。
●草木が枯れる　●水源が涸れる

**嗄《か》れる** 声がかすれる。しゃがれる。

**可憐《かれん》** いじらしい。かわいらしい。

**苛斂誅求《かれんちゅうきゅう》** 容赦なく責めて借金や税金を取り立てること。苛政猛虎。

**家老《かろう》** 大名の重臣。一族の中の老人。

**過労《かろう》** 体や精神を使いすぎて疲れる。

**画廊《がろう》** 美術品の展示場。ギャラリー。

**辛《かろ》うじて** やっとのことで。

**夏炉冬扇《かろとうせん》** 役に立たないもの。

**軽《かろ》んじる** あなどる。軽視する。

**皮《かわ》** 動植物の外面を包むもの。毛皮。

**革《かわ》** 獣皮をなめしたもの。「―ひも」
●面の皮　化けの皮　●革のかばん

**側《かわ》** 物事の一つの面・方向・立場。

**可愛《かわい》い** 小さくて愛らしいさま。

**可哀想《かわいそう》** 気の毒な。ふびんな。

**川風《かわかぜ》** 川面を吹き渡る、川から吹く風。

**川上《かわかみ》** 川の源流の方。上流。⬍川下

**川岸《かわぎし》** 【河岸】川の岸。川のほとり。

**皮切《かわき》り** 物事のしはじめ。手はじめ。

**川霧《かわぎり》** 川の上・ほとりに立ちこめる霧。

**乾《かわ》く** 水気がなくなる。乾燥する。

**渇《かわ》く** 水が欲しくなる。渇望する。
●空気が乾く　●のどが渇く

**革靴《かわぐつ》** 【皮靴】皮革で作られた靴。

**皮算用《かわざんよう》** 不明確な事をあてこむ。

**川下《かわしも》** 川の流れる方。下流。⬍川上

**交《か》わす** やりとりする。互いに交える。

**躱《かわ》す** よける。避ける。「身を―」

**為替《かわせ》** 手形や証書による送金の方法。

**川端《かわばた》** 川のはた・へり。川辺。川べり。

**川面《かわも》** 川の表面。川づら。「―を渡る風」

**厠《かわや》** 便所。お手洗い。

**瓦《かわら》** 粘土を焼いた屋根をふく材料。

**河原《かわら》** 川辺の砂や小石の多い平地。

**土器《かわらけ》** 土焼の杯。素焼きの陶器。

**代《か》わり** 交代・代理する人や物。「親―」

**変《か》わり** 変化。異常。違い。「―事」
●身代わりになる　●変わりなく過ごす

**変《か》わり種《だね》** 普通と違う種類。変種。

**代《か》わり映《ば》え** 代わってよくなる。

**変《か》わり身《み》** 転身。転向。「―が早い」

**変《か》わり目《め》** 物事の移り変わる時。

**変《か》わり者《もの》** 変人。奇人。

**代《か》わる** ほかの代わりをする。代理する。

**変《か》わる** 前と違う状態になる。変化する。

**換《か》わる** 交換する。取りかえる。

**替《か》わる** 交替する。入れかわる。
●石油に代わる燃料　●色が変わる　●物が金に換わる　●内閣が替わる

**代《か》わる代《が》わる** 交代に。交互に。

**缶《かん》** 【罐】金属で作った容器。

**官《かん》** 国家。政府。おおやけ。官庁。

**巻《かん》** 巻き物・書籍(を数える単位)。

**疳《かん》** 小児の慢性胃腸病。「―の虫」

**貫《かん》** 尺貫法の基本単位。

**勘《かん》** 考え。悟り。第六感。「―が働く」

**感《かん》** 心の動き・反応。思い。印象。

**観《かん》** 見て悟る。見方。観察。「人生―」
●勘が冴える　勘が鋭い　●感に堪えない　感極まる　●別人の観を呈する

**棺《かん》** 死体を収めるひつぎ。棺桶。

**緘《かん》** 閉じること。手紙の封。封じ目。

**燗《かん》** 酒を温めること。「―をつける」

**癇《かん》** 怒りやすい性質。「―にさわる」

**鐶《かん》** 金属製の輪・引き手・取っ手。

癌《がん》 悪性腫瘍《しゅよう》。障害。「社会の―」
願《がん》 願うこと。神仏にかける願い。
奸悪《かんあく》 【姦悪】心がねじけて悪い。邪悪。
勘案《かんあん》 諸事情を考えあわせること。
官位《かんい》 官職と位階。官務の等級。
簡易《かんい》 手軽な。簡単な。「―裁判所」
願意《がんい》 願いの趣旨。願う心・気持ち。
間一髪《かんいっぱつ》 事態が切迫し余裕がない。
姦淫《かんいん》 みだらな肉体関係。不倫な情交。
甘雨《かんう》 草木をうるおし育てる雨。慈雨。
閑雲野鶴《かんうんやかく》 悠々自適で何の束縛も受けない境遇のたとえ。琴歌酒賦。
官営《かんえい》 政府の経営。「―事業」⇔民営
岩塩《がんえん》 岩石の間に産する食塩の原料。
観桜《かんおう》 桜の花を観賞すること。花見。〔春〕

棺桶《かんおけ》 死体を収める桶。ひつぎ。
干戈《かんか》 武器。たたかい。「―を交える」
坩堝《かんか》 金属などを溶かす容器。るつぼ。
看過《かんか》 見過ごすこと。見逃すこと。
閑暇《かんか》 することのない状態。ひま。
感化《かんか》 影響を与えて自然に変えさせる。
管下《かんか》 管轄の範囲内。「県警の―」
閑雅《かんが》 落ち着いていて上品。「風姿―」
眼下《がんか》 見渡せる下の方。「―に見下ろす」
眼科《がんか》 目に関することを扱う医学部門。
眼窩《がんか》 眼球の穴。「―に入る」
感懐《かんかい》 心に感じた思い。感想。「―を抱く」
干害《かんがい》 【旱害】ひでりによる損害。
感慨《かんがい》 心に深く感じる。「―にひたる」
灌漑《かんがい》 田畑に水を引き入れること。

眼界《がんかい》 目に見える範囲。視界。
間隔《かんかく》 二つのものの間の隔たり。
感覚《かんかく》 本質を感じ取る心の働き。五感。
官学《かんがく》 国が設立する学校。⇔私学
勧学《かんがく》 学問を奨励すること。
漢学《かんがく》 中国古典や漢文を研究する学問。
鰥寡孤独《かんかこどく》 身寄りがない人。
管轄《かんかつ》 権限で支配すること。「―区域」
管楽器《かんがっき》 吹いて音を出す楽器の総称。
轗軻不遇《かんかふぐう》 世に入れられない。
鑑《かんが》みる ほかと比べあわせて考える。
汗顔《かんがん》 恥ずかしい様子。「―の至り」
侃侃諤諤《かんかんがくがく》 遠慮なく直言して大いに議論すること。議論百出。「―の議論」
乾季《かんき》 雨の少ない季節。⇔雨季

喚起《かんき》 呼び起こすこと。「注意を―する」
寒気《かんき》 寒さ。寒さの度合い。⇔暖気
換気《かんき》 空気の入れかえ。「―扇」
歓喜《かんき》 非常に喜ぶこと。大喜び。「―の声」
雁木《がんぎ》 橋の上の桟。庇のある雪路。〔冬〕
柑橘類《かんきつるい》 ミカン・ダイダイ類の総称。
閑却《かんきゃく》 おろそかにする。放置すること。
観客《かんきゃく》 見物人。観衆。「―席」
感泣《かんきゅう》 ひどく感動して泣くこと。
緩急《かんきゅう》 ゆるやかなことと急なこと。
眼球《がんきゅう》 目の玉。めだま。
汗牛充棟《かんぎゅうじゅうとう》 蔵書が膨大なこと。
官許《かんきょ》 政府から民間に与える許可。
閑居《かんきょ》 静かな住まい。ひまな生活。
感興《かんきょう》 興味を感じること。面白み。

環境《かんきょう》 生物に影響を及ぼす周囲の状態。
官業《かんぎょう》 国有・国営の事業。⇔民業
寒行《かんぎょう》 寒中の修行。〔冬〕
勧業《かんぎょう》 産業を興すのを奨励すること。
眼鏡《がんきょう》 めがね。「老―」
頑強《がんきょう》 手ごわいこと。頑固なさま。
缶切《かんき》り◀ 缶詰を切って開ける道具。
換金《かんきん》 ものを売って現金にかえること。
監禁《かんきん》 一定の場所に閉じ込めること。
元金《がんきん》 もときん。起業のためのもとで。
甘苦《かんく》 楽しみと苦しみ。「―を共にする」
管区《かんく》 管轄する区域。「―気象台」
艱苦《かんく》 辛苦。悩み苦しむこと。なんぎ。
玩具《がんぐ》 子どもの遊び道具。おもちゃ。
岩窟《がんくつ》 【巌窟】岩にできたほら穴。岩屋。

雁首《がんくび》 キセルの頭部。人の首。
勘繰《かんぐ》る 気を回す。邪推する。
官軍《かんぐん》 朝廷・政府方の軍勢。「勝てば―」
奸計《かんけい》 【姦計】悪だくみ。邪悪な策略。
関係《かんけい》 かかわり。間柄。「密接な―」
歓迎《かんげい》 喜んで迎えること。「―の辞」
寒稽古《かんげいこ》 寒中の早朝・夜の練習。〔冬〕
間隙《かんげき》 すきま。ひま。「―をぬう」
感激《かんげき》 深く感じ気持ちがたかぶること。
観劇《かんげき》 演劇をみること。芝居見物。
完結《かんけつ》 完全に終わること。完了。「―編」
間歇《かんけつ》 【間欠】一定時間をおいて起こる。
勘決《かんけつ》 よく調べ考えて決定すること。
簡潔《かんけつ》 簡単で要領を押さえていること。
寒月《かんげつ》 冬の寒い夜に冷たく照る月。〔冬〕

観月《かんげつ》 (仲秋の)月を観賞する。月見。秋
間欠泉《かんけつせん》 一定の周期で吹き出す温泉。
官憲《かんけん》 警察関係の役所・役人。
管見《かんけん》 自分の狭い見識。「―によれば」
甘言《かんげん》 相手の気に入るうまい言葉。
換言《かんげん》 言いかえること。「―すれば」
寛厳《かんげん》 寛大なことと厳格なこと。
還元《かんげん》 もとへ還ること。もとへ戻すこと。
諫言《かんげん》 目上の人をいさめること・言葉。
眼瞼《がんけん》 眼球を覆う皮膚のひだ。まぶた。
頑健《がんけん》 非常に健康なさま。強くて丈夫。
管弦楽《かんげんがく》 管・弦・打楽器による大合奏。
歓呼《かんこ》 喜んで叫ぶこと。「―の声」
看護《かんご》 傷病人の手当て、世話をすること。
閑語《かんご》 静かに話すこと。むだ話。「閑人―」

漢語《かんご》 音読する漢字の熟語。中国語。
頑固《がんこ》 考えを曲げない。しつこい病状。
頑固一徹《がんこいってつ》 非常なわからずや。
刊行《かんこう》 書物などを印刷して発行する。
完工《かんこう》 工事を完了すること。⇔起工
勘考《かんこう》 よく考えること。思案。思考。
勘校《かんこう》 照合し誤りを正す。書物の校訂。
敢行《かんこう》 断固として行うこと。決行。
感光《かんこう》 光線に感応して変化すること。
慣行《かんこう》 ならわし・習慣として行われる。
観光《かんこう》 景色や名所などを見物すること。
眼孔《がんこう》 眼球が入っているくぼみ。見識。
眼光《がんこう》 目の輝き。観察・洞察力。
雁行《がんこう》 (雁のように)斜めに並んで行く。
眼光炯炯《がんこうけいけい》 目が鋭く光る様子。

眼高手低《がんこうしゅてい》 批評はうまくても、自ら創作する力は劣ること。志大才疎。
官公庁《かんこうちょう》 官庁と地方公共団体の役所。
箝口令《かんこうれい》 【緘口令】発言を禁じる命令。
勧告《かんこく》 説き勧めること。「辞職―」
監獄《かんごく》 罪人を入れる所。「刑務所」の旧称。
換骨奪胎《かんこつだったい》 改作。焼き直し。
閑古鳥《かんこどり》 カッコウ。閑寂なさま。夏
寒垢離《かんごり》 水を浴び祈願すること。冬
冠婚葬祭《かんこんそうさい》 元服・婚礼・葬式・祖先の祭り。人生の重要な儀式。
監査《かんさ》 監督し検査すること。「―機関」
鑑査《かんさ》 調べて見分けること。鑑定。
●会計監査役 ●出展作品を鑑査する
完済《かんさい》 借金などを残らず返すこと。

関西《かんさい》 京阪神地方の総称。⇔関東
管財《かんざい》 財産を管理し財務を行うこと。
奸策《かんさく》 【姦策】悪だくみ。「―を巡らす」
贋作《がんさく》 絵画や工芸品などの偽物。
簪《かんざし》 女性が頭髪にさす装飾品。
監察《かんさつ》 取り締まって調査・検査する。
観察《かんさつ》 物事をよく注意して見ること。
鑑札《かんさつ》 役所の許可証・証票。「犬の―」
贋札《がんさつ》 偽造した紙幣。偽札《にせさつ》。⇔真札
換算《かんさん》 単位をかえて計算し直すこと。
閑散《かんさん》 ひっそりと静まったさま。
干支《かんし》 十干と十二支。えと。
看視《かんし》 注意して見守る。見つめること。
監視《かんし》 警戒して見張る。「―船」「―員」
環視《かんし》 周囲を取り巻いて見ること。

●構内を監視する ●衆人環視の中
敢死《かんし》 死を覚悟すること。決死。
鉗子《かんし》 手術で使う、物をはさむ道具。
漢詩《かんし》 中国・漢時代の詩。漢字の詩。
諫止《かんし》 いさめて思い留まらせること。
莞爾《かんじ》 にっこり笑うこと。微笑むこと。
幹事《かんじ》 相談役。世話役。まとめ役。
監事《かんじ》 法人の監査役。団体の庶務役。
漢字《かんじ》 中国で発生した表意文字。
雁字搦《がんじがら》め 巻きからげるさま。
鑑識《かんしき》 真偽の見極め。犯罪捜査の鑑定。
樏《かんじき》 【橇】雪上を歩く時の履物。冬
眼識《がんしき》 ものの真偽を見分ける鑑定眼。
乾湿《かんしつ》 かわきとしめり。乾燥と湿気。
元日《がんじつ》 一年の最初の日。一月一日。新

官舎《かんしゃ》 役所(の建物)。公務員の住宅。
感謝《かんしゃ》 ありがたく思う気持ち。「―状」
奸邪《かんじゃ》 【姦邪】よこしまなさま・人。
患者《かんじゃ》 医者から治療を受ける人。病人。
癇癪《かんしゃく》 怒りっぽい性質。「―持ち」
閑寂《かんじゃく》 静かでひっそりしたさま。閑静。
看守《かんしゅ》 囚人を監視・監督する職員。
看取《かんしゅ》 見て知ること。察知すること。
管守《かんしゅ》 保管し守護すること・人。番人。
監守《かんしゅ》 監督し守ること・人。
緩手《かんしゅ》 囲碁や将棋などで不要不急の手。
艦首《かんしゅ》 軍艦のへさき。⇔艦尾
甘受《かんじゅ》 やむをえず、甘んじて受ける。
慣習《かんしゅう》 一般のしきたり。ならわし。
監修《かんしゅう》 書物の編さんを監督すること。

観衆《かんしゅう》 見物の人々。「満員の—」
含羞《がんしゅう》 はじらうこと。「—を秘める」
完熟《かんじゅく》 実や種が完全に熟れていること。
感受性《かんじゅせい》 直感的に感じ取る力。感性。
甘藷《かんしょ》 【甘薯】「さつま芋」の別名。
官署《かんしょ》 官庁。役所。
寛恕《かんじょ》 心が広く思いやりがあること。
雁書《がんしょ》 手紙。便り。雁信。
願書《がんしょ》 許可を求めて出す書類。「入学—」
干渉《かんしょう》 他人・他国のことに立ち入る。
完勝《かんしょう》 完全に勝つこと。⇔完敗
冠省《かんしょう》 手紙で前文を省くこと。前略。
勧奨《かんしょう》 勧め奨励する。ほめ勇気づける。
感傷《かんしょう》 感じて心を痛める。感じやすい。
管掌《かんしょう》 つかさどる。監督して取り扱う。

緩衝《かんしょう》 衝突をゆるめやわらげること。
歓笑《かんしょう》 喜んで笑うこと。「—の声」
癇性《かんしょう》 【疳性】怒りっぽいさま。潔癖。
環礁《かんしょう》 環状のさんご礁。「ビキニ—」
観照《かんしょう》 主観を交えず本質を見つめる。
観賞《かんしょう》 景物や動植物を見て楽しむこと。
鑑賞《かんしょう》 芸術作品を味わい理解すること。
●名木を観賞する ●名画を鑑賞する
勘定《かんじょう》 計算。支払い。見積もり。予想。
感情《かんじょう》 喜怒哀楽などの気持ち。⇔理性
環状《かんじょう》 輪のような形状。「—線」
岩礁《がんしょう》 海中にあり水上から隠れた岩石。
頑丈《がんじょう》 人や物の作りが堅固で丈夫。
官職《かんしょく》 官公庁での職務・地位。
寒色《かんしょく》 寒い感じを与える色。⇔暖色

間食《かんしょく》 あいだぐい。おやつ。
閑職《かんしょく》 仕事の少ない職。重要でない職務。
感触《かんしょく》 外部の刺激に触れた感じ。「好—」
感《かん》じる 心に思う。悟る。受け取る。
甘心《かんしん》 満足する。快く思う。納得する。
寒心《かんしん》 肝を冷やす。「—に堪えない」
感心《かんしん》 心を打つ。ほめたくなる。感服。
関心《かんしん》 気にかかる。心ひかれる。「無—」
歓心《かんしん》 喜ぶ心。気に入る。「—を買う」
●立派な態度に感心する ●日本の歴史に関心を持つ ●ファンの歓心を得る
肝心《かんじん》 【肝腎】非常に重要なこと。肝要。
寛仁《かんじん》 思いやりがあり、心が広いさま。
勧進《かんじん》 勧めること。寺の寄付を募る。
肝心要《かんじんかなめ》 最も肝要で、大切なこと。

寛仁大度《かんじんたいど》 寛大で心が広い。
完遂《かんすい》 最後まで成しとげる。仕上がる。
冠水《かんすい》 大水で田畑の作物が水をかぶる。
灌水《かんすい》 植物や作物に水を注ぐ。「—浴」
鹹水《かんすい》 塩水。海水。「—湖」⇔淡水
関数《かんすう》 一定法則で変化する二つの変数。
関《かん》する かかわる。たずさわる。
完成《かんせい》 最後まで完全にできあがること。
官製《かんせい》 政府が監督し製造する。⇔私製
陥穽《かんせい》 落とし穴。計略。わな。「—に陥る」
喊声《かんせい》 大勢のわめき声。鬨《とき》の声。鯨波。
喚声《かんせい》 興奮して叫ぶ声。「驚きの—」
●突撃の喊声 ●デモ隊の喚声
感性《かんせい》 直感的な心の動き。感受性。
慣性《かんせい》 力に関する物体の性質。惰性。

管制《かんせい》 強制的な管理や制限。「報道—」
歓声《かんせい》 喜んで上げる大声。歓呼の声。
閑静《かんせい》 ひっそりとしたさま。物静か。
関税《かんぜい》 輸出入品に国が課す租税。
眼精疲労《がんせいひろう》 目の疲労に伴う頭痛・肩こり・吐き気などの症状。
漢籍《かんせき》 中国の書籍。漢文の書籍。漢書。
岩石《がんせき》 地殻に厚層を成す鉱物。岩。
冠雪《かんせつ》 上部に雪が積もること。「初—」
間接《かんせつ》 物事を隔て接すること。⇔直接
関節《かんせつ》 骨と骨との結合部分。「—炎」
冠絶《かんぜつ》 無比なほど優れていること。
頑是《がんぜ》ない 幼くて聞き分けがない。
汗腺《かんせん》 皮膚にある汗の分泌腺。
官選《かんせん》 政府が選ぶ。「—弁護人」⇔民選

幹線《かんせん》 道路などの主要な線。「—道路」
感染《かんせん》 病気がうつる。風習に染まる。
観戦《かんせん》 試合・戦いを見ること。「野球—」
艦船《かんせん》 軍艦と一般の船舶の総称。
完全《かんぜん》 悪い所や不足がない。⇔不全
敢然《かんぜん》 思い切って勇敢に行動するさま。
間然《かんぜん》 疑問・欠点を指摘し非難する。
眼前《がんぜん》 目の前。まのあたり。すぐそば。
勧善懲悪《かんぜんちょうあく》 よい行いを奨励し、悪行はいさめて懲らしめる。破邪顕正。
完全無欠《かんぜんむけつ》 十分で欠点がない。
閑疎《かんそ》 人の訪れも少なく静かなこと。
簡素《かんそ》 簡易・手軽で質素な様子。
元祖《がんそ》 物事を始めた人。創始者。祖先。
完走《かんそう》 一定の距離を走り抜くこと。

乾燥《かんそう》 干からびること。乾く。乾かす。
間奏《かんそう》 曲間に楽器だけで演奏する部分。
感想《かんそう》 感じた思い・考え。所感。「—文」
歓送《かんそう》 別離に人を激励して送る。「—会」
肝臓《かんぞう》 胆汁を分泌する腹部右上の内臓。
含嗽《がんそう》 うがい。口をすすぐこと。「—剤」
贋造《がんぞう》 似せて作ること、その物。偽造。
観測《かんそく》 観察し、測定すること。「気象—」
寒村《かんそん》 貧しい村。寂れた村。
官尊民卑《かんそんみんぴ》 官を尊び民を軽視。
寒帯《かんたい》 高緯度の寒冷な地帯。⇔熱帯
歓待《かんたい》 【款待】手厚い親切なもてなし。
艦隊《かんたい》 二隻以上の軍艦による編制部隊。
寛大《かんだい》 心が広いさま。寛容。「—な処分」
眼帯《がんたい》 眼病の目を保護する医療用具。

甲高《かんだか》い 【疳高い】高く鋭い声の調子。
干拓《かんたく》 湿地や湖、海などを陸地化する。
歓諾《かんだく》 よろこんで承諾すること。
肝胆《かんたん》 心の中。心底。「—相照らす」
感嘆《かんたん》 【感歎】感心し賞美・嘆息する。
簡単《かんたん》 手間いらずで煩雑でない。手短。
寒暖《かんだん》 寒さと暖かさ。「—計」
間断《かんだん》 絶え間。途切れ目。「—なく」
閑談《かんだん》 静かに物語る。むだ話。閑話。
歓談《かんだん》 【款談】くつろいだ話し合い。
元旦《がんたん》 一月一日の朝。元朝。元日。新
感嘆符《かんたんふ》 感嘆・強調を表す符号。
完治《かんち》 病気が完全に治癒する。かんじ。
奸知《かんち》 わるがしこい知恵。「—にたける」
感知《かんち》 感づくこと。感じ取る。「—能力」
関知《かんち》 関係して知る。あずかり知る。
•漏電を感知する
•当局は関知しない

勘違《かんちが》い うっかり間違って思い込む。
含蓄《がんちく》 含み豊かなこと。味わい深い内容。
寒中《かんちゅう》 小寒から大寒の時期。「—水泳」
眼中《がんちゅう》 目の中。認めるところ。
干潮《かんちょう》 ひき潮。海面が下がる。⇔満潮
官庁《かんちょう》 役所。国の行政事務を行う機関。
浣腸《かんちょう》 【灌腸】肛門から薬を注入する。
間諜《かんちょう》 回し者。スパイ。間者。諜者。
管長《かんちょう》 仏教や神道の宗派を管理する長。
館長《かんちょう》 博物館・図書館などの責任者。
艦長《かんちょう》 一軍艦を指揮・統率する人。
姦通《かんつう》 男女間の不義な密通。不倫。
貫通《かんつう》 抜け通ること。突き抜けること。

感付《かんづ》く 直感的に気づく。思い知る。
缶詰《かんづめ》 缶に密封した(保存用の)食品。
官邸《かんてい》 大臣や知事などの官舎。公邸。
艦艇《かんてい》 海軍籍の船の総称。いくさぶね。
鑑定《かんてい》 見て調べる。見分ける。目利き。
眼底《がんてい》 眼球内部の後面。「—出血」
貫徹《かんてつ》 貫き通すこと。「初志—」
旱天《かんてん》 【干天】日照り空。夏の空。夏
寒天《かんてん》 冬の寒い空。天草の水産加工品。
観点《かんてん》 観察や考察の立場。見方。見地。
乾田《かんでん》 畑にもできる水はけがよい田。
感電《かんでん》 電流が体に流れる。電撃。「—死」
歓天喜地《かんてんきち》 この上なく喜ぶ。
旱天慈雨《かんてんじう》 苦しい時に訪れる救いの手。渡りに舟。地獄で仏。大旱慈雨。

乾電池《かんでんち》 携帯に便利な小型の電池。
感度《かんど》 感知する度合い。能力。「—良好」
完投《かんとう》 野球で投手が一試合を投げ通す。
巻頭《かんとう》 巻き物などのはじめ。巻首。
敢闘《かんとう》 力の限り勇敢に戦うこと。「—賞」
関東《かんとう》 東京近辺の一都六県。⇔関西
勘当《かんどう》 親子・師弟の縁切り。義絶。
感動《かんどう》 深く感じ心動かすこと。「—的」
間道《かんどう》 主要道路から外れた道。⇔本道
感得《かんとく》 感づく。微妙なことを悟り知る。
監督《かんとく》 取り締まり指図すること・人。
勘所《かんどころ》 物事の重要な部分。「—をつかむ」
鉋《かんな》 材木の表面を削る大工道具。
管内《かんない》 管轄の範囲内。管轄区域内。
神無月《かんなづき》 陰暦で十月の別称。冬

艱難辛苦《かんなんしんく》 大変な苦労や悩み。
堪忍《かんにん》 こらえ忍ぶ。怒りをしずめ許す。
閂《かんぬき》 門扉や戸を閉める横木。貫木。
神主《かんぬし》 神社に仕える人の長。神官。
奸佞《かんねい》 【姦佞】心が曲がる。へつらう。
感熱紙《かんねつし》 熱により印字される用紙。
観念《かんねん》 頭の中の思念。あきらめること。
元年《がんねん》 年号の改まった最初の年。
完納《かんのう》 残らずすべて納めること。全納。
肝脳《かんのう》 肝臓と脳髄。心。肉体と精神。
官能《かんのう》 感覚器官の機能。性的快感。「—的」
感応《かんのう》 物事に感じて心が響き動くこと。
観音《かんのん》 菩薩《ぼさつ》の一つ。「観世音」の略。
観音開《かんのんびら》き 左右に開く開き戸。
悍馬《かんば》 【駻馬】暴れウマ。気の荒いウマ。

看破《かんぱ》 うそなどを見破ること。見抜く。
寒波《かんぱ》 寒気団が来て寒くなる現象。冬
完売《かんばい》 商品を残らず売り切ること。
観梅《かんばい》 梅花を観賞すること。梅見。春
完敗《かんぱい》 完全に負けること。⇔完勝
乾杯《かんぱい》 【乾盃】祝福して杯を飲み干す。
感佩《かんぱい》 深く心に感じて忘れないこと。
関白《かんぱく》 天皇を輔佐した重職。「亭主―」
芳しい《かんばしい》 香りがよい。評判がいい。
甲走る《かんばしる》 高い声が鋭く響く。
旱魃《かんばつ》 雨が降らないこと。日照り。夏
間伐《かんばつ》 間引きで樹木の生育を促すこと。
渙発《かんぱつ》 詔書などを広く発布すること。
煥発《かんぱつ》 輝き現れること。「才気―」
頑張る《がんばる》 奮闘する。頑強に主張する。

看板《かんばん》 店先に掲げる目印。閉店時刻。
甲板《かんぱん》 船の上部一面に張った広い床。
乾板《かんぱん》 写真の感光板の一種。「写真―」
岩盤《がんばん》 岩石でできた地盤層。「―崩落」
甘美《かんび》 味がよいこと。うっとりと快い。
完備《かんび》 十分に備わること。不足がない。
艦尾《かんび》 軍艦の後部。⇔艦首
官費《かんぴ》 政府が支出する公費。「―生」
看病《かんびょう》 病気やけがの介抱。看護。
干瓢《かんぴょう》 【乾瓢】夕顔の実を干した食品。
患部《かんぶ》 病気や傷のある部分。患所。
幹部《かんぶ》 組織などの主だった人。首脳。
完膚《かんぷ》 無傷の皮膚。「―無きまで」
乾布《かんぷ》 乾いた布。「―摩擦」
還付《かんぷ》 もとへ戻すこと。返付。「―金」

完封《かんぷう》 相手を完全に封じる。「―勝利」
寒風《かんぷう》 寒い風。「―吹きすさぶ」冬
感服《かんぷく》 深く感じて敬服・服従すること。
眼福《がんぷく》 すばらしいものを見られた幸せ。
奸物《かんぶつ》 【姦物】心がねじけた悪者。
乾物《かんぶつ》 【干物】乾燥させた食料品。
頑物《がんぶつ》 頑固な人物。
贋物《がんぶつ》 にせもの。偽物。まがいもの。
灌仏会《かんぶつえ》 釈迦降誕の仏事。春
玩物喪志《がんぶつそうし》 目先の楽しみに熱中して、大切な志を失うこと。玩人喪徳。
漢文《かんぶん》 中国古来の文章。漢字だけの文。
完璧《かんぺき》 完全で欠点や欠陥がないこと。
癇癖《かんぺき》 すぐ怒る性質。かんしゃく。
岸壁《がんぺき》 船を横づけする壁。波止場。

岩壁《がんぺき》 【巖壁】壁のように切り立つ岩。
鑑別《かんべつ》 よく調べ見分けること。目利き。
勘弁《かんべん》 罪や過ちを許すこと。堪忍。
簡便《かんべん》 手軽で便利なこと。軽便。
官房《かんぼう》 官庁の特別事務を扱う機関。
感冒《かんぼう》 風邪。呼吸器系の炎症疾患。
監房《かんぼう》 罪人を収容する刑務所の部屋。
官報《かんぽう》 官公庁が日々発行する公報文書。
漢方《かんぽう》 中国伝来の医術。皇漢医学。「―薬」
顔貌《がんぼう》 顔かたち。様子。姿。容貌。
願望《がんぼう》 願い望むこと。願い。「強い―」
灌木《かんぼく》 丈が高くならない木。低木。
翰墨《かんぼく》 筆と墨。詩文。書画。文事。
陥没《かんぼつ》 落ち込むこと。攻め落とされる。
刊本《かんぽん》 刊行された本。刻本。製版本。

完本《かんぽん》 全巻そろった書籍。⇔欠本・端本
元本《がんぽん》 もとになる物件や権利。もと金。
巻末《かんまつ》 巻き物などの終わりの部分。
干満《かんまん》 潮のみちひき。干潮と満潮。
緩慢《かんまん》 速度がゆるやかでぬるいこと。
甘味《かんみ》 甘み。甘い食品。味わい。「―料」
含味《がんみ》 口に含んで味わうこと。玩味。
玩味《がんみ》 【翫味】味や物の意をよく味わう。
官民《かんみん》 政府と民間。官吏と民間人。
冠《かんむり》 頭上にかぶるもの。漢字の部首。
感無量《かんむりょう》 感慨で胸がいっぱいになる。
貫目《かんめ》 めかた。尺貫法の重量の単位。
官命《かんめい》 政府・官庁の命令。「―を帯びる」
感銘《かんめい》 【肝銘】心に深く感じて刻まれる。
簡明《かんめい》 簡単でわかりやすい。「―直截」

頑迷《がんめい》 頑固で道理がわからないこと。
頑迷固陋《がんめいころう》 頑固で見識が狭い。
乾麺《かんめん》 めん類を干して乾燥させたもの。
顔面《がんめん》 顔の表面。つら。「―神経痛」
緘黙《かんもく》 口を閉じ黙り続ける。だんまり。
眼目《がんもく》 主要なこと。主眼。「話の―」
雁擬き《がんもどき》 野菜入りの油揚げ。飛竜頭。
喚問《かんもん》 公に呼び出して問いただすこと。
関門《かんもん》 関所の門。通過が難しい箇所。
完訳《かんやく》 全文を翻訳すること。全訳。
簡約《かんやく》 要点をまとめ手短にすること。
丸薬《がんやく》 小さく練った球状の薬。丸剤。
肝油《かんゆ》 魚の肝臓から採った油。滋養剤。
奸雄《かんゆう》 【姦雄】悪知恵にたけた英雄。
官有《かんゆう》 政府の所有。「―地」⇔私有

勧誘《かんゆう》 勧めて誘う。いざなう。「―員」
含有《がんゆう》 成分として含むこと。「―量」
関与《かんよ》 【干与】事に関係する。携わる。
肝要《かんよう》 肝心。特に重要なこと。
涵養《かんよう》 ゆっくり徐々に養成すること。
寛容《かんよう》 心が広く人を受容すること。
慣用《かんよう》 習慣的に使われること。「―手段」
換用《かんよう》 かえて用いること。代用する。
元来《がんらい》 もとより。はじめから。本来。
陥落《かんらく》 陥ること。攻め落とされること。
乾酪《かんらく》 牛乳で製した食品。チーズ。
歓楽《かんらく》 よろこび楽しむ。快楽。「―街」
観覧《かんらん》 景色や劇を見物すること。「―車」
官吏《かんり》 政府の仕事を行う人。役人。
管理《かんり》 取り締まる。統制する。「―職」

監吏《かんり》 監督する官吏。税関などの官吏。
監理《かんり》 監督・管理する。取り締まること。
元利《がんり》 元金と利子。「―合計」
眼力《がんりき》 物事を見分ける力。視察の能力。
官立《かんりつ》 政府・官庁で設立したもの。
簡略《かんりゃく》 省いて簡単にすること。⬍煩雑
貫流《かんりゅう》 川などが地域を貫いて流れる。
寒流《かんりゅう》 赤道へ向かう低温海流。⬍暖流
緩流《かんりゅう》 ゆるやかな流れ。⬍急流
環流《かんりゅう》 循環するような流れ。流れ巡る。
完了《かんりょう》 完全に終わること。完結。⬍未完
官僚《かんりょう》 役人。上級官吏。政府の役人。
管領《かんりょう》 支配。支配者。総轄。総轄者。
顔料《がんりょう》 溶剤に溶けない細粉着色料。
感涙《かんるい》 感動して出る涙。「―にむせぶ」

寒冷《かんれい》 寒くて冷えること。「―前線」
慣例《かんれい》 ならわし。しきたり。慣習。
還暦《かんれき》 数え年六一(満六十)歳の称。
関連《かんれん》 かかわり。つながり。「―事業」
甘露《かんろ》 甘くて味がよいこと。「―煮」
寒露《かんろ》 二四節気で十月八日頃。図
玩弄《がんろう》 もてあそぶこと。ばかにすること。
貫禄《かんろく》 堂々とした威厳。押し出し。重み。
閑話《かんわ》 【間話】むだ話。静かな談話。
漢和《かんわ》 中国と日本。漢語と日本語。
緩和《かんわ》 制限をゆるめること。「条件―」
閑話休題《かんわきゅうだい》 それはさておき。

## き

木《き》 【樹】茎が木質化した多年生植物。

生《き》 純粋。手を加えていないこと。
気《き》 気象。空気。精神。雰囲気。
忌《き》 喪に服すこと。喪服。「一周―」
癸《き》 十干の第十。みずのと。
黄《き》 きいろ。三原色の一つ。
期《き》 とき。時節。期間。機会。一周。
機《き》 徴候。機会。はた。要所。機械。
義《ぎ》 義理。すじ道。道義。意味。
儀《ぎ》 手本とすべきもの。礼式。典礼。
気合い《きあい》 気持ち。呼吸。精神をこめる。
偽悪《ぎあく》 実際より悪く見せる。「―趣味」
気圧《きあつ》 気体・大気の圧力。「高―」
起案《きあん》 もとの案や文書を作る。起草。
議案《ぎあん》 会議で検討するための案件。
奇異《きい》 不思議。奇怪。奇妙。珍しい。

貴意《きい》 相手の意思の敬語。お考え。
利いた風《きいたふう》 知ったかぶりで生意気。
帰一《きいつ》 一事にまとまること。
生一本《きいっぽん》 純粋で混じり気がないこと。
生糸《きいと》 繭から取り練っていない絹糸。
気韻《きいん》 絵画や書の気品・品格。
起因《きいん》 【基因】物事が起こった原因。
議員《ぎいん》 会議を組織する権利のある人。
議院《ぎいん》 国会。衆議院と参議院。
気宇壮大《きうそうだい》 心構えが雄大。
気鬱《きうつ》 気がふさぎ、晴れ晴れしない。
気移り《きうつり》 集中せず心が移り動くこと。
気運《きうん》 なりゆき。時の動き。時勢。
機運《きうん》 とき。おり。回りあわせ。
●気運が高まる
●機運が熟す

帰依《きえ》 信仰してその力にすがること。
気鋭《きえい》 意気込みが鋭いこと。「新進―」
虧盈《きえい》 月の、欠けることと満ちること。
喜悦《きえつ》 喜び。喜ぶこと。「―の表情」
消える《きえる》 うせる。光や熱、火がなくなる。
気炎《きえん》 【気焔】意気盛ん。威勢。気勢。
奇縁《きえん》 不思議な縁。妙な縁。「合縁―」
機縁《きえん》 きっかけ。機会。因縁。ちなみ。
棄捐《きえん》 捨てること。私財を施与する。
義捐《ぎえん》 慈善のための寄付。「―金」
気炎万丈《きえんばんじょう》 気力に満ち、意気盛んなさま。激しく議論を戦わせること。
既往《きおう》 過ぎ去った物事。過去。「―症」
気負う《きおう》 われこそと臨み意気込む。
記憶《きおく》 覚え。覚えたこと。「―喪失」

気後《きおく》れ　圧倒されて弱気になること。
気落《きお》ち　がっかりすること。落胆。
気重《きおも》　気分が沈みがち。不活発なさま。
気温《きおん》　大気の温度。
祇園《ぎおん》　祇園精舎。釈迦が説法した寺。
擬音《ぎおん》　人工的に似せた音や声。「―化」
机下《きか》　机の下。手紙の脇付。案下。
気化《きか》　液体から気体に変化すること。
奇貨《きか》　意外な利益を生む品・機会。
奇禍《きか》　予期しない災難。不意のわざわい。
帰化《きか》　他国の国籍を得ること。「―人」
貴下《きか》　同輩・目下への敬称。脇付。
幾何《きか》　数学の一分野。「幾何学」の略。
起臥《きが》　おきふし。起居。日常の生活。
飢餓《きが》　ひもじいこと。飢え。「―感」

戯画《ぎが》　こっけいな絵。風刺画。「鳥獣―」
奇怪《きかい》　不思議。怪しいさま。きっかい。
器械《きかい》　動力のない器具。道具。「観測―」
機械《きかい》　動力をもつ装置。からくり。
●器械体操
●精密機械　機械的
機会《きかい》　折。好機。時期。チャンス。
危害《きがい》　危険。損害とわざわい。
気概《きがい》　困難に屈しない意地。気骨。
議会《ぎかい》　合議制の立法機関、特に国会。
着替《きが》え　着替えること。着替用の衣服。
気掛《きが》◀かり　心配なこと。懸念。
企画《きかく》　もくろみ。計画。計画を練ること。
規格《きかく》　工業製品などの公的な標準。
器楽《きがく》　楽器だけで奏する音楽。⇔声楽
着飾《きかざ》る　衣服で身なりを飾る。盛装。

飢渇《きかつ》　飢えと渇き。飲食物の欠乏。
気兼《きが》ね　遠慮。心遣い。気配り。
気化熱《きかねつ》　気化するのに必要な熱量。
気構《きがま》え　心構え。心の用意。
気軽《きがる》　こだわらないさま。気さく。
気管《きかん》　のどから肺に至る呼吸器の一部。
季刊《きかん》　年四回刊行すること・刊行物。
奇観《きかん》　珍しい眺め。変わった景色。
既刊《きかん》　刊行済みなこと、その書籍や雑誌。
帰還《きかん》　出先から任務を終えて帰ること。
基幹《きかん》　おおもと。土台。根幹。中心。
亀鑑《きかん》　かがみ。手本。模範。「教師の―」
期間《きかん》　一定の時間または時日。「―限定」
旗艦《きかん》　艦隊で司令長官の乗る軍艦。
器官《きかん》　生物を構成し機能をもつ部分。

機関《きかん》　組織。動力を起こす仕組み。
祈願《きがん》　神仏に祈り願う。願がけ。祈念。
技官《ぎかん》　技術関係に従事する公務員。
義眼《ぎがん》　人工の眼球。入れ目。
機関銃《きかんじゅう》　自動連射できる銃。機銃。
危機《きき》　危ない状況・場面。「―を逃れる」
鬼気《きき》　恐ろしい気配。「―迫る描写」
嬉嬉《きき》　【喜喜】楽しそうな様子。
機器《きき》　【器機】器具・器械・機械の総称。
機宜《きぎ》　時機に適しているさま。時宜。
疑義《ぎぎ》　はっきりせず疑わしい事柄。
危機一髪《ききいっぱつ》　危険が迫る瀬戸際。
聞《き》き入《い》る　一心に聞く。聞き取れる。
利《き》き腕《うで》　動きが滑らかな方の腕。
奇奇怪怪《ききかいかい》　非常に怪しいさま。

聞《き》き齧《かじ》る　表面だけ聞いて知る。
利《き》き酒《ざけ》　酒の味を鑑定すること。
聞《き》き捨《す》◀て　聞いても対処しない。
聞《き》き糺《ただ》す　不明点を確かめる。
聞《き》き流《なが》す　聞いても心に留めない。
聞《き》き耳《みみ》　聞きもらさぬよう集中する。
効《き》き目《め》　【利き目】効力。効能。
棄却《ききゃく》　捨てて取り上げないこと。却下。
危急《ききゅう》　危難の差し迫っているさま。
気球《ききゅう》　空中に浮遊させる球形の袋。
希求《ききゅう》　請い求めること。願い望むこと。
帰休《ききゅう》　勤務を休んで家にいること。
危急存亡《ききゅうそんぼう》　滅びるほどの危機。
起居《ききょ》　日常の様子。挙動。安否。
寄居《ききょ》　居候。仮住まい。気寓《きぐう》。

義挙《ぎきょ》　正義のために成す行動。
奇矯《ききょう》　言動が風変わりな様子。
帰京《ききょう》　都に帰ること。東京に帰ること。
帰郷《ききょう》　郷里に帰ること。帰省。
企業《きぎょう》　営利活動を行う事業体。「大―」
起業《きぎょう》　新しく事業を興すこと。「―家」
義侠《ぎきょう》　義に勇む心。任侠。男気。「―心」
義兄弟《ぎきょうだい》　妻や夫の兄弟。義理の兄弟。
戯曲《ぎきょく》　劇の台本。脚本形式の文学作品。
帰去来《ききょらい》　官職を離れ故郷に帰ること。
聞《き》き分《わ》ける　弁別する。納得する。
飢饉《ききん》　【饑饉】不作による食糧の欠乏。
寄金《ききん》　金銭を寄付する。寄付金。「政治―」
基金《ききん》　積み立て資金。準備金。
貴金属《ききんぞく》　産出量が少なく高価な金属。

規矩《きく》 手本。規則。おきて。
利く《きく》 効能がある。働く。できる。
効く《きく》 ききめがある。効果がある。
●無理が利く ●薬が効く 気が利く
聞く《きく》 音声が耳に入る。尋ねる。「話を―」
聴く《きく》 耳で感じ理解する。音楽をきく。
訊く《きく》 【聞く】尋ねる。答えを問う。
●物音を聞く ●曲を聴く ●道を訊く
危惧《きぐ》 心配しおそれること。⇔確信
器具《きぐ》 道具。簡単な器械。「体操―」
機具《きぐ》 機械や器具。「農―」「実験―」
疑懼《ぎく》 疑って心配すること。「―の念」
奇遇《きぐう》 意外な出会い。不思議な出会い。
寄寓《きぐう》 人の家に身を寄せる。旅住まい。
規矩準縄《きくじゅんじょう》 人の行為の規準。

掬する《きく》 両手ですくう。推し量る。
気配り《きくば》 あれこれ細かく気を遣う。
気位《きぐらい》 気品。気構え。「―が高い」
気苦労《きぐろう》 心を砕き悩む。心配。心痛。
貴君《きくん》 同輩・目下の男性への敬称。
奇形《きけい》 生物の形態的異常。整わない形。
奇計《きけい》 巧妙なはかりごと。奇策。
詭計《きけい》 計略。詭策。偽計。ペテン。
奇警《きけい》 言動が思いもよらないさま。
貴兄《きけい》 同輩や親しい先輩への敬称。
義兄《ぎけい》 配偶者の兄。姉の夫。兄貴分。
伎芸《ぎげい》 歌舞や音曲に関するわざ。遊芸。
技芸《ぎげい》 美術工芸関係の技術。芸能。
喜劇《きげき》 観客を笑わせる芝居。コメディ。
既決《きけつ》 すでに決まったこと。⇔未決

帰結《きけつ》 当然の結末。帰着。決着。
起結《きけつ》 漢詩文の起句と結句。終始。
議決《ぎけつ》 合議して決めること。「―権」
危険《きけん》 危ういこと。危ない。⇔安全
貴顕《きけん》 身分が高く、名声のあること。
棄権《きけん》 投票や競技などの権利を捨てる。
紀元《きげん》 年数を数えるもとの年。西暦。
起源《きげん》 【起原】事の起こり。根源。
期限《きげん》 あらかじめ決められた時期。
機嫌《きげん》 心持ち。気持ち。感情。安否。
季語《きご》 連歌・俳句で季節を表す語。
擬古《ぎこ》 昔の様式になぞらえること。
気孔《きこう》 植物の葉の裏にある呼吸孔。
気候《きこう》 天気。地域の年間を通じた天候。
奇行《きこう》 奇怪な行為。風変わりな行動。

紀行《きこう》 旅行中の日記。旅行記。「―文」
帰航《きこう》 船や飛行機の帰りの航路。復航。
帰港《きこう》 船が、出発した港に帰ること。
寄港《きこう》 【寄航】船が港に立ち寄ること。
起工《きこう》 工事を始めること。⇔落成・完工
起稿《きこう》 原稿を書き始めること。⇔脱稿
寄稿《きこう》 原稿を新聞や雑誌に寄せること。
機構《きこう》 機械や組織の内部の構造。
記号《きごう》 ふちょう。しるし。符号。
揮毫《きごう》 書画を筆で書くこと。「―料」
技工《ぎこう》 手で加工する技術・技術者。
技巧《ぎこう》 巧みな手法。表現上の工夫。
●技工を学ぶ 技工士 ●技巧を凝らす
貴公子《きこうし》 貴族の子弟。気品ある男性。
帰国《きこく》 本国へ帰ること。帰郷。「―子女」

貴国《きこく》 相手国に対する敬称。
疑獄《ぎごく》 政治がからむ大規模な収賄事件。
鬼哭啾啾《きこくしゅうしゅう》 鬼気迫るさま。
着心地《きごこち》 衣服が体になじむ感じ。
気心《きごころ》 本来もっている気質。気立て。
気骨《きこつ》 屈従しない強い気性。気概。
擬古文《ぎこぶん》 古い文体をまねた詩文。
樵《きこり》 【木樵】山林伐採者。伐採の仕事。
既婚《きこん》 結婚していること。⇔未婚
気障《きざ》 反感を感じるほど気取ったさま。
奇才《きさい》 世にも珍しい優れた才能。
鬼才《きさい》 人間離れした優れた才能。
●奇才を発揮する ●画壇の鬼才
記載《きさい》 文書や帳簿に書き載せること。
起債《きさい》 債券を発行して募集すること。

器材《きざい》 うつわもの。道具。「観測用―」
機材《きざい》 機械の材料。「建設用―」
后《きさき》 【妃】天皇・王の配偶者。皇后。
奇策《きさく》 奇抜なはかりごと。奇計。
偽作《ぎさく》 偽造。贋作。著作権を侵害する。
生酒《きざけ》 まぜ物のない清酒。生一本。
兆し《きざし》 前兆。徴候。芽生え。「春の―」
萌す《きざす》 【兆す】草木の芽が出る。芽ぐむ。
階《きざはし》 はしご段。階段。ものの順序。
貴様《きさま》 同輩以下への呼びかけ。
刻む《きざむ》 細かに切る。彫る。記憶する。
如月《きさらぎ》 圏 陰暦二月の異称。
気障り《きざわり》 気に障り不快なこと。きざ。
帰参《きさん》 帰ること。旧主人に再び仕える。
起算《きさん》 数えはじめ。数えはじめること。

気散《さん》じ　うさ晴らし。気晴らし。
棋士《きし》　囲碁・将棋を職業とする人。
騎士《きし》　乗馬の武士。中世欧州の階級。
木地《きじ》　木目。白木のままの木。
生地《きじ》　本来の性質・状態。織物。布地。
記事《きじ》　新聞・雑誌の文章。「三面―」
技師《ぎし》　高度な技術をもつ専門家。
義士《ぎし》　忠義の士。赤穂義士の別称。
義姉《ぎし》　兄の配偶者。配偶者の姉。
義肢《ぎし》　義手・義足の総称。
義歯《ぎし》　入れ歯。
疑似《ぎじ》　本物と似通っていること。
議事《ぎじ》　会議する事柄。討議すること。
起死《きし》回生《かいせい》　窮状からの脱出。
儀式《ぎしき》　式典。定め。作法。「―ばる」

基軸《きじく》　物事を進める土台。「―通貨」
機軸《きじく》　機関の軸。地軸。方法。「新―」
旗幟《きし》鮮明《せんめい》　旗じるしが鮮やか。立場・主義がはっきりしていること。
気質《きしつ》　気立て。気性。かたぎ。
忌日《きじつ》　死んだ日の当日。命日。きにち。
期日《きじつ》　前から定められた日。期限の日。
岸辺《きしべ》　岸に沿った所。岸のほとり。
軋《きし》む　物がこすれあって音を立てる。
鬼子母神《きしもじん》　安産・養育の神。
汽車《きしゃ》　蒸気の力で走る列車。鉄道列車。
記者《きしゃ》　記事を取材・執筆・編集する人。
喜捨《きしゃ》　進んで仏事・貧民に施すこと。
貴社《きしゃ》　相手方の神社・会社の敬称。
希釈《きしゃく》　【稀釈】溶液の濃度を薄めること。

奇手《きしゅ》　想外な手段・対策。「―を放つ」
旗手《きしゅ》　団体・列の先頭で旗を持つ役。
機首《きしゅ》　飛行機の最前部・頭部。⇔機尾
騎手《きしゅ》　競走馬の乗り手。ジョッキー。
機種《きしゅ》　飛行機や機械の種類。
喜寿《きじゅ》　七七歳、またその祝い。
義手《ぎしゅ》　失った手を補うための人工の手。
奇習《きしゅう》　珍しい、風変わりな習慣や風習。
奇襲《きしゅう》　油断をついて攻める。不意打ち。
既習《きしゅう》　すでに習ったこと。「―単元」
寄宿《きしゅく》　学校の寮。他家に身を寄せる。
耆宿《きしゅく》　学識経験の豊かな長老。
奇術《きじゅつ》　仕掛けで客をだます芸能。手品。
記述《きじゅつ》　文章に記し述べること。叙述。
既述《きじゅつ》　文章中ですでに述べたこと。

技術《ぎじゅつ》　理論を実際に応用するわざ。
帰順《きじゅん》　敵対するのをやめ服従すること。
基準《きじゅん》　基礎になる標準。「―賃金」
規準《きじゅん》　規範。判断・行為の拠り所。
希書《きしょ》　【稀書】数が少ない本。稀こう本。
奇書《きしょ》　珍しい内容の書物。珍本。
貴書《きしょ》　相手の手紙・著書の敬称。貴簡。
鬼女《きじょ》　鬼のように残酷な女。女体の鬼。
偽書《ぎしょ》　似せて書いた書物・手紙。偽筆。
気性《きしょう》　生まれもつ性格。気立て。性質。
気象《きしょう》　大気中に起こる現象。「―台」
希少《きしょう》　【稀少】まれで少ないこと。
奇勝《きしょう》　優れた景色。思いがけぬ勝利。
記章《きしょう》　【徽章】服や帽子につけるしるし。
起床《きしょう》　寝床から起き出ること。⇔就寝

机上《きじょう》　机の上。「―の空論」「―プラン」
気丈《きじょう》　気持ちが確かなさま。気丈夫。
軌条《きじょう》　軌道として敷設した鉄条。線路。
偽称《ぎしょう》　偽名・地位をかたる。詐称する。
偽証《ぎしょう》　いつわりの証拠。にせ証言。
●肩書を偽称する
●法廷で偽証する
儀仗《ぎじょう》　儀式に用いる装飾的な武器。
議場《ぎじょう》　会議を開く場所。会議場。
起承転結《きしょうてんけつ》　漢詩や文の構成法。
気丈夫《きじょうぶ》　心強いさま。気丈。
気色《きしょく》　顔色。様子。心持ち。気分。
寄食《きしょく》　他家で養われること。居候。
喜色満面《きしょくまんめん》　喜びあふれる表情。
軋《きし》る　こすれあう。互いに憎み争う。
貴紳《きしん》　身分の高い人や大金持ち。

寄進《きしん》　社寺に金品を寄付する。奉納。
帰心《きしん》　故郷へ帰りたいと思う心。
奇人《きじん》　【畸人】言動が普通でない変人。
鬼神《きじん》　たけだけしい神。化け物。きしん。
貴人《きじん》　身分・家柄の高い人。きにん。
疑心《ぎしん》　疑う心。疑い。「―が生ずる」
義人《ぎじん》　義のためにつくす人。正義の人。
擬人《ぎじん》　人間になぞらえること。「―化」
疑心暗鬼《ぎしんあんき》　疑念が強いと、何でもないことまでもおそれるということ。
傷《きず》　【疵・瑕】けが。損傷。欠点。
傷痕《きずあと》　【傷跡】傷を負ったあと。
既遂《きすい》　成しとげたこと。⇔未遂
奇瑞《きずい》　慶事の前に起こる不思議な前兆。
気随《きずい》気儘《きまま》　勝手で思うまま。

奇数《きすう》 二で割り切れない数。⇔偶数
帰趨《きすう》 ゆきつく所。帰結。おもむく所。
基数《きすう》 一から九までの整数。⇔序数
築《きず》く 土石で建設する。努力し作る。
絆《きずな》 【紲】断ちがたい情愛。綱。
帰《き》する ある所に落ち着く。集まる。
記《き》する 書き留める。覚える。「感慨を—」
期《き》する 予期する。誓う。期限を決める。
擬《ぎ》する あてがう。なぞらえる。まねる。
議《ぎ》する 会議で意見をかわす。審議する。
気勢《きせい》 勢い。意気込み。「—を上げる」
希世《きせい》 【稀世】めったにないこと。希代。
奇声《きせい》 普通でない変わった声。
帰省《きせい》 一時的に故郷に帰る。帰郷。夏
既成《きせい》 すでにできていること。⇔未成

既製《きせい》 あらかじめ作られていること。
●既成事実 ●既製服 既製品
寄生《きせい》 他の生物に寄着し生活すること。
規正《きせい》 悪いものを正しく直すこと。
規制《きせい》 規則を定め活動を制限すること。
●政治資金の規正 ●交通を規制する
期成《きせい》 物事をやりとげようと誓うこと。
擬制《ぎせい》 見なす。なぞらえる。「—親族」
擬勢《ぎせい》 【儀勢】見せかけの勢い。強がり。
擬製《ぎせい》 似せて作ること。「—弾」
●擬制資本 ●擬勢を張る ●擬製豆腐
犠牲《ぎせい》 いけにえ。目的達成の代償。
擬声語《ぎせいご》 音声をまねた語。擬音語。
奇跡《きせき》 【奇蹟】不思議な出来事。「—的」
軌跡《きせき》 車輪の跡。たどった形跡。

鬼籍《きせき》 死者を記す過去帳。点鬼簿。
議席《ぎせき》 議員の座席。議員の資格。
季節《きせつ》 四季。時季。折々の時節。時候。
既設《きせつ》 すでに設けられていること。
気絶《きぜつ》 一時的に意識が絶える。失神。
煙管《キセル》 刻みたばこをつめて吸う道具。
気忙《きぜわ》しい せかせか落ち着かない。
汽船《きせん》 蒸気の力で動く船舶。蒸気船。
貴賤《きせん》 身分・地位の高い人と低い人。
機先《きせん》 事の起こる矢先。「—を制する」
毅然《きぜん》 意志が強く迷わないさま。
偽善《ぎぜん》 外面をとり繕う善行。⇔偽悪
起訴《きそ》 検察官が裁判所へ公訴すること。
基礎《きそ》 土台。おおもと。「—工事」
競《きそ》う 張り合う。争う。競争する。励む。

奇想《きそう》 奇抜でとっぴな発想。「—を抱く」
起草《きそう》 草稿や草案を書きはじめること。
帰巣《きそう》 動物がもとの巣へ戻る。「—本能」
寄贈《きぞう》 品物を贈る。寄付する。贈呈。
偽装《ぎそう》 ごまかすこと。「—殺人」
擬装《ぎそう》 カムフラージュすること。
●偽装工作 ●擬装陣地 擬装服
艤装《ぎそう》 航海に必要な準備を整えること。
偽造《ぎぞう》 贋物を造ること。贋造。「—紙幣」
奇想天外《きそうてんがい》 突飛で奇抜なさま。
規則《きそく》 決まり。定め。「就業—」「—的」
帰属《きぞく》 所属すること。つき従うこと。
貴族《きぞく》 高い家柄・身分の人。特権階級。
義足《ぎそく》 人工の足。義脚。
義賊《ぎぞく》 盗品を貧者に分け与える盗賊。

気息奄奄《きそくえんえん》 息も絶え絶え。
生蕎麦《きそば》 そば粉だけで打ったそば。
既存《きそん》 すでに存在すること。きぞん。
毀損《きそん》 こわすこと。傷つける。「名誉—」
北《きた》 東西南北の方向の一。「—風」⇔南
危殆《きたい》 危ないこと。危険。危地。
気体《きたい》 流動し定形のない物質。ガス体。
希代《きたい》 【稀代】世にまれ。けったい。希世。
奇態《きたい》 奇妙なさま。風変わりな様子。
期待《きたい》 あてにする。待ち望む。「—薄」
機体《きたい》 飛行機の本体。「—が上昇する」
季題《きだい》 季節を表す語。季語。「俳句の—」
議題《ぎだい》 会議で検討する題目。討議事項。
擬態語《ぎたいご》 状態や動作を描写する語。
鍛《きた》える 金属をかたくする。鍛練する。

帰宅《きたく》 外出先から自宅へ帰ること。
寄託《きたく》 他人に預け保管を頼むこと。
着丈《きたけ》 背丈にあわせた着物の寸法。
来《きた》す 悪い結果をもたらす。「支障を—」
気立《きだ》て 心だて。気性。気質。性質。
汚《きたな》い 【穢い】汚れている。下品。卑怯。
北枕《きたまくら》 枕を北にして寝ること。
義太夫《ぎだゆう》 「義太夫節」の略。竹本義太夫が始めた浄瑠璃《じょうるり》の一派。「—本」
来《きた》る やってくる。この次の。⇔去る
忌憚《きたん》 遠慮すること。「—のない意見」
奇談《きだん》 不思議な話。珍しい話。奇聞。
吉《きち》 めでたい。縁起がよい。⇔凶
危地《きち》 危ない場所・局面。「—を脱する」
既知《きち》 すでに知っていること。⇔未知

基地《きち》 本拠とする地。「飛行—」
奇知《きち》 奇抜な知恵。天才的な知恵。
機知《きち》 臨機応変に働く才知。ウイット。
●奇知をてらう ●機知に富む
鬼畜《きちく》 鬼と畜生。残酷な行いをする者。
吉事《きちじ》 めでたいこと。慶事。⇔凶事
吉日《きちじつ》 めでたい日。縁起がよい日柄。
帰着《きちゃく》 帰り着くこと。行き着く。「—点」
忌中《きちゅう》 喪に服する間。喪中。
几帳《きちょう》 間仕切り用の室内調度。
帰朝《きちょう》 外国から日本へ帰ること。帰国。
記帳《きちょう》 帳簿に記入すること。帳付け。
基調《きちょう》 根底にある考え。「—講演」
貴重《きちょう》 非常に大切な。得がたい。「—品」
機長《きちょう》 航空機乗務員中の最高責任者。

議長《ぎちょう》 会議を運営する代表者。議院長。
几帳面《きちょうめん》 きちんとして厳格なさま。
吉例《きちれい》 めでたいしきたり。きつれい。
木賃宿《きちんやど》 粗末な安宿。木銭宿。
喫煙《きつえん》 たばこを吸う。「—所」⇔禁煙
吃音《きつおん》 どもること。どもった音声。
奇っ怪《きっかい》 怪しい。不思議。きかい。
気遣い《きづかい》 心遣い。心配。懸念。
気疲れ《きづかれ》 気を遣い精神的に疲れる。
拮据《きっきょ》 忙しく働くこと。生活が苦しい。
吉凶《きっきょう》 吉事と凶事。禍福。「—を占う」
喫驚《きっきょう》 【吃驚】びっくりすること。
喫緊《きっきん》 【吃緊】緊急で重要なこと。
気付く《きづく》 気がつく。考えつく。
佶屈聱牙《きっくつごうが》 文章や字句が難解。

着付け《きつけ》◀ 着慣れている。着こなし方。
気付《きづけ》 手紙のあて先に書く断り書。
拮抗《きっこう》 【頡頏】力が同等で張り合うこと。
亀甲《きっこう》 亀の甲。紋所の一つ。
喫茶《きっさ》 茶を飲むこと。「—店」「—室」
切っ先《きっさき》 【鋒】刃物の先端。先端。
生っ粋《きっすい》 混じり気がない。はえぬき。
喫水《きっすい》 【吃水】水面と船底の距離。船脚。
喫する《きっする》 飲食する。吸う。こうむる。
詰責《きっせき》 問い詰める。とがめて責める。
屹然《きつぜん》 高くそびえ立つさま。孤高。
吉相《きっそう》 福々しい人相。吉事の前ぶれ。
吉兆《きっちょう》 めでたいことの前ぶれ。⇔凶兆
切符《きっぷ》 乗車券や乗船券。資格。権利。
気っ風《きっぷ》◀ 気まえ。気性。「—のいい男」

吉報《きっぽう》 めでたい知らせ。果報。⇔凶報
気褄《きづま》 相手の思惑。機嫌。「—を合わす」
気詰まり《きづまり》◀ きゅうくつな気分。
詰問《きつもん》 問い詰めること。なじり問うこと。
屹立《きつりつ》 山や建物が高くそびえ立つさま。
既定《きてい》 すでに決まっている。⇔未定
基底《きてい》 物事を支える土台。立体の底面。
規定《きてい》 決まり。規則として定めること。
規程《きてい》 さだめ。法令。標準規則。
●規定の料金 ●就業規程
義弟《ぎてい》 弟分。配偶者の弟。妹の夫。
議定《ぎてい》 合議して決めること。「—書」
汽笛《きてき》 蒸気で鳴らす笛。その音。
奇天烈《きてれつ》 極めて奇妙な様子。「奇妙—」
起点《きてん》 始まる所。出発点。⇔終点

基点《きてん》 もととなる所。測量の基準点。
●駅が起点の道順 ●思想の基点
機転《きてん》 【気転】心の機敏な働き。
貴殿《きでん》 同輩以上の男性への敬称。
疑点《ぎてん》 疑いのある部分。疑わしいふし。
企図《きと》 企て。もくろみ。計画。
帰途《きと》 帰り道。帰路。「—につく」
木戸《きど》 城門。開き戸。興行場の出入口。
喜怒哀楽《きどあいらく》 多様な感情。
祈禱《きとう》 神仏に祈ること・儀式。「—師」
亀頭《きとう》 陰茎の先端部分。
気道《きどう》 鼻・口から肺までの空気の通路。
軌道《きどう》 わだち。線路。天体が通る道。
起動《きどう》 働きを起こすこと。始動。「—機」
機動《きどう》 状況に応じ迅速に活動すること。
●起動が遅い ●機動力がある

危篤《きとく》 今にも死にそうな状態。重態。
奇特《きとく》 行いが殊勝なこと。「—な人」
既得《きとく》 すでに手に入れていること。
気取る《きどる》 体裁を飾る。上品ぶる。
気長《きなが》 気が長い。のんびり。⇔気短
着流し《きながし》 袴を着けない略式の装い。
生成り《きなり》 さらさないままの生地や糸。
危難《きなん》 危ういこと。災難。難儀。
記入《きにゅう》 書き入れること。書き加えること。
帰任《きにん》 もとの任地・任務に戻ること。
衣《きぬ》 着物。衣服。ころも。
絹《きぬ》 蚕から採った繊維。絹織物。
絹漉し《きぬごし》◀ 絹でこす。きめ細かな豆腐。
衣擦れ《きぬずれ》 服のすそがすれあう(音)。

砧《きぬた》 【碪】布を打つ木や石の台。秋
杵《きね》 うすで餅《もち》などをつく道具。
杵柄《きねづか》 杵のえ。技量。「昔とった―」
祈念《きねん》 心を込めて祈り念じる。祈願。
記念《きねん》 思い出に残す事物。「―撮影」
疑念《ぎねん》 本当か否かを疑う心。「―を抱く」
昨日《きのう》 今日の前の日。さくじつ。
帰納《きのう》 個々の事実から普遍を導くこと。
機能《きのう》 働き。作用。「―障害」「―的」
技能《ぎのう》 技巧。腕前。技量。「特殊―」
甲《きのえ》 十干の第一。
茸《きのこ》 【菌】胞子で増える大型菌類。秋
乙《きのと》 十干の第二。
気の毒《きのどく》 人の不幸などに心を痛める。
着《き》の身《み》気《き》の儘《まま》 着ている服以外に何も持っていない。「―逃げ出す」

気乗り《きのり》 その気になる。興味を感じる。
牙《きば》 獣のとがった犬歯。「―をむく」
木場《きば》 材木を蓄えておく場所。
騎馬《きば》 ウマに乗ること。乗馬。「―戦」
跪拝《きはい》 ひざまずき拝む。敬意を表すこと。
着映え《きばえ》 着た衣服で立派に見える。
気迫《きはく》 【気魄】激しい気力。意気込み。
希薄《きはく》 【稀薄】濃度や密度が薄いこと。
起爆《きばく》 爆発させること。「―剤」「―装置」
気働き《きばたらき》 時に応じて機敏に気を遣う。
揮発《きはつ》 沸点以下で気化すること。「―油」
奇抜《きばつ》 風変わりで頭抜けていること。
気早《きばや》 気が早い。気短。性急。「―な人」
気晴らし▲《きばらし》 うさ晴らし。気散じ。

気張る《きばる》 勇み立つ。奮発する。
規範《きはん》 【軌範】よるべき標準。手本。
基板《きばん》 電気回路が組み込まれた板。
基盤《きばん》 土台。物事のもとい。基礎。
●回路の基板 ●会社の基盤を固める
忌避《きひ》 忌み避けること。嫌い除けること。
機微《きび》 微妙でかすかな趣。きざし。
忌引き▲《きびき》 欠勤・欠席して喪に服す。
厳しい《きびしい》 【酷しい】厳か。厳重。厳格。
踵《きびす》 かかと。くびす。「―を返す」
起筆《きひつ》 書きはじめること。⇔擱筆《かくひつ》
偽筆《ぎひつ》 他人の書に似せて書く。⇔真筆
奇病《きびょう》 奇妙な病気。珍しい病気。
気品《きひん》 気位。品格。「―ある物腰」
貴賓《きひん》 名誉・地位のある客。「―室」

機敏《きびん》 鋭いさま。素早いさま。敏活。
寄付《きふ》 【寄附】公共事業などへの贈与。
棋譜《きふ》 囲碁・将棋の対局の記録。
義父《ぎふ》 養父。継父。配偶者の父。
気風《きふう》 気質。気立て。気性。「進取の―」
忌服《きふく》 喪に服すること。喪中。服忌。
起伏《きふく》 高低。盛衰。「感情の―」
帰服《きふく》 【帰伏】支配下に入り従うこと。
着膨れ《きぶくれ》 重ね着し太って見える。冬
貴婦人《きふじん》 身分の高い家柄の女性。
器物《きぶつ》 うつわもの。道具。「―損壊」
気分《きぶん》 気持ち。雰囲気。趣。「―屋」
奇聞《きぶん》 不思議な話。奇妙なうわさ。
義憤《ぎふん》 正義感からの怒り。いきどおり。
奇癖《きへき》 珍しいくせ。変なくせ。

詭弁《きべん》 言いくるめ、こじつけた議論。
規模《きぼ》 構え。スケール。仕組み。「―広大」
義母《ぎぼ》 養母。継母。配偶者の母。
気泡《きほう》 液体に包まれたあぶく。あわ。
既報《きほう》 すでに報知したこと。「―の通り」
機鋒《きほう》 矛先。切っ先。攻める勢い。
希望《きぼう》 願い。望み。明るい見通し。
技法《ぎほう》 技術と方法。手法。テクニック。
気骨《きぼね》 気を遣うこと。気苦労。心配。
木彫り▲《きぼり》 木を彫る彫刻。もくちょう。
基本《きほん》 もと。もとい。土台。「―給」
義妹《ぎまい》 妹分。弟の妻。配偶者の妹。
気前《きまえ》 気立て。物惜しみしない気質。
気紛れ《きまぐれ》 気分や天候が変わりやすい。
生真面目《きまじめ》 極めてまじめ。

期末《きまつ》 ある期間の終わり。⇔期首
気儘《きまま》 わがまま。思いのまま。
決まり▲《きまり》 【極り】決定。決着。定例。「―手」
欺瞞《ぎまん》 だましごまかす。あざむくこと。
気味《きみ》 様子。趣。傾向。気持ち。「風邪―」
黄身《きみ》 卵黄(胚《はい》)の栄養となるもの。
君が代《きみがよ》 日本の国歌。
気短《きみじか》 短気。怒りやすいたち。⇔気長
気密《きみつ》 密閉されていること。「―室」
機密《きみつ》 国や組織の重要な秘密。「―費」
気脈《きみゃく》 連絡。意思の通い合い。血管。
奇妙《きみょう》 珍しいさま。不思議な様子。
気味悪い《きみわるい》 気持ちが悪い。不愉快。
棄民《きみん》 国家が見捨て救済しない人々。
義民《ぎみん》 私事でなく義のために尽くす人。

義務《ぎむ》　当然なすべきこと。「―教育」
生娘《きむすめ》　処女。うぶで子どもっぽい娘。
木目《きめ》　【木理】もくめ。木肌。
肌理《きめ》　皮膚などの表面の細かいあや。
●木目の粗い板
●肌理細かい配慮
記名《きめい》　姓名を書き記すこと。「―投票」
偽名《ぎめい》　偽りの名前。「―を使う」⬌実名
決《き》め◀込《こ》む　思い込む。決める。
決め手《きめて》　解決の証拠。決める方法。
決める《きめる》　【極める】定める。確定する。
鬼面《きめん》　鬼の顔・仮面。「―人を驚かす」
肝《きも》　【胆】肝臓。内臓。気力。「―試し」
肝煎り《きもいり》◀　間を取りもつこと。斡旋《あっせん》。
起毛《きもう》　織物の表面をけば立てること。
気持ち《きもち》◀　感情。心持ち。気分。考え。

肝っ玉《きもったま》　【肝っ魂】度量。胆力。勇気。
着物《きもの》　衣服。衣装。和服。⬌洋服
鬼門《きもん》　避けるべき方角。苦手。「―除け」
疑問《ぎもん》　問い。疑い。不審。「―視」
規約《きやく》　約束により定めた規則。規定。
逆《ぎゃく》　逆さま。反対。逆らう。⬌順
偽薬《ぎやく》　薬効のない薬。プラシーボ。
客足《きゃくあし》　商店や興行への客の入り具合。
客員《きゃくいん》　客として待遇する人。かくいん。
脚韻《きゃくいん》　詩句の末尾に踏む韻。⬌頭韻
客演《きゃくえん》　他の劇団などに招かれ出演する。
逆縁《ぎゃくえん》　親が子の供養をする。⬌順縁
虐殺《ぎゃくさつ》　なぶり殺し。残酷な殺し方。
逆算《ぎゃくさん》　さかのぼって逆に計算すること。
虐使《ぎゃくし》　無慈悲にこき使うこと。酷使。

客車《きゃくしゃ》　旅客を乗せる列車・車両。⬌貨車
逆襲《ぎゃくしゅう》　反撃・攻勢に転じること。
逆上《ぎゃくじょう》　のぼせ上がる。上気。血迷う。
脚色《きゃくしょく》　演劇などの脚本に仕立てること。
客人《きゃくじん》　客として来ている人。お客。
逆心《ぎゃくしん》　謀反の心。背く心。逆意。
逆臣《ぎゃくしん》　主君に背く家来。反臣。⬌忠臣
逆数《ぎゃくすう》　その数に掛けると1になる数。
客筋《きゃくすじ》　客だね。客の種類。得意筋。
虐政《ぎゃくせい》　人民を苦しめる政治。苛政。
客席《きゃくせき》　劇場などで客が座る席。
逆接《ぎゃくせつ》　文や句の接続関係の一つ。
客船《きゃくせん》　旅客を乗せて運ぶ船。⬌貨物船
脚線美《きゃくせんび》　女性の、脚の曲線の美しさ。
逆走《ぎゃくそう》　本来とは逆方向に走ること。

逆送《ぎゃくそう》　返送。もとへ送り返すこと。
客体《きゃくたい》　行為や実践の対象。⬌主体
虐待《ぎゃくたい》　いじめること。残酷な扱い。
脚注《きゃくちゅう》　本文の下にある注釈。⬌頭注
逆転《ぎゃくてん》　関係・形勢が逆になる。宙返り。
逆睹《ぎゃくと》　物事の結末を見越すこと。先見。
客土《きゃくど》　肥えた土を入れること。かくど。
逆風《ぎゃくふう》　進む方向と逆に吹く風。⬌順風
客分《きゃくぶん》　客としてもてなされること・人。
脚本《きゃくほん》　演劇などの手順を書いた台本。
客間《きゃくま》　客をもてなす部屋。客室。
逆用《ぎゃくよう》　逆の目的に使う。逆に利用する。
逆流《ぎゃくりゅう》　逆方向に流れること。
脚力《きゃくりょく》　歩く力。足の強さ。「―がある」
華奢《きゃしゃ》　【花車】ほっそりとして弱々しい。

気安い《きやすい》　遠慮がいらない。心安い。
気休め《きやすめ》　その場限りの安心・満足。
着痩せ《きやせ》　服を着るとやせて見える。
脚立《きゃたつ》　【脚榻】はしご状の四脚の踏み台。
却下《きゃっか》　訴訟や申請を退けること。
客観《きゃっかん》　認識や行動の対象。⬌主観
逆境《ぎゃっきょう》　苦労の多い不幸な境遇。⬌順境
脚光《きゃっこう》　舞台で足元からあてる照明。
逆光《ぎゃっこう》　被写体側から射す光。逆光線。
逆行《ぎゃっこう》　反対の方向に進む。順序が逆。
脚絆《きゃはん》　歩きやすいようにすねに巻く布。
伽羅《きゃら》　沈香から採る香料。濃茶色。
灸《きゅう》　もぐさを使う温熱療法。やいと。
急《きゅう》　速く激しい。切迫した。突然。
級《きゅう》　地位などの段階。等級。クラス。

球《きゅう》　丸い立体形。丸いもの。玉。
杞憂《きゆう》　取り越し苦労。むだな心配。
喜憂《きゆう》　喜びと憂い・嘆き。
義勇《ぎゆう》　正義のため勇気を奮うこと。
求愛《きゅうあい》　異性の愛情を求めること。
旧悪《きゅうあく》　以前に犯した悪事。「―露見」
吸引《きゅういん》　吸い込む。引きつける。「―力」
吸飲《きゅういん》　吸って飲むこと。「アヘンの―」
牛飲馬食《ぎゅういんばしょく》　大量な飲み食い。
救援《きゅうえん》　困難から救い助ける。「―活動」
吸音《きゅうおん》　音を壁で吸収して反響を防ぐ。
旧家《きゅうか》　古くからの由緒ある家柄。
休暇《きゅうか》　休み。休むこと。「有給―」
旧懐《きゅうかい》　昔を懐かしむ心。懐旧。「―の情」
休会《きゅうかい》　例会や議会を休止すること。

球界《きゅうかい》　野球にかかわる人々の世界。
嗅覚《きゅうかく》　においに対する感覚。臭覚。
休学《きゅうがく》　学校を一定期間休むこと。
休火山《きゅうかざん》　長く活動していない火山。
久闊《きゅうかつ》　長い間会わないこと。ぶさた。
旧観《きゅうかん》　昔のすがた。「―をとどめる街並」
休刊《きゅうかん》　定期刊行物の刊行を休むこと。
休館《きゅうかん》　美術館・映画館などの休業。
急患《きゅうかん》　急ぎの手当てを要する傷病者。
休閑地《きゅうかんち》　耕作を一時休んでいる土地。
吸気《きゅうき》　吸い込む息。⬍呼気
球技《きゅうぎ》　ボールを用いる運動競技。
球戯《きゅうぎ》　球を使う遊戯、特にビリヤード。
汲汲《きゅうきゅう》　あくせくと余裕がない様子。
救急《きゅうきゅう》　急場の手当てをすること。「―車」

九牛《きゅうぎゅう》の一毛《いちもう》　ほんの一部分。
急遽《きゅうきょ》　にわかに。慌てて。「―帰国する」
旧教《きゅうきょう》　カトリック教。「―徒」⬍新教
窮境《きゅうきょう》　苦しい境遇・身の上。窮地。
休業《きゅうぎょう》　営業・業務を休むこと。休み。
究極《きゅうきょく》　【窮極】果て。とどのつまり。
給金《きゅうきん》　給料として支払われる金銭。
窮屈《きゅうくつ》　狭いさま。堅苦しい。気詰まり。
休憩《きゅうけい》　ひと休み。休息。「―時間」
求刑《きゅうけい》　検察官が被告に刑罰を求める。
球形《きゅうけい》　ボールのような丸い立体形。
急激《きゅうげき》　変化が急で激しい様子。
吸血《きゅうけつ》　生き血を吸うこと。「―鬼」
急減《きゅうげん》　にわかに減ること。⬍急増
救護《きゅうご》　救助して保護すること。「―班」

牛後《ぎゅうご》　ウシのしり。権力につき従う人。
旧交《きゅうこう》　昔からの交際。「―を温める」
旧好《きゅうこう》　昔からのよしみ。旧誼《きゅうぎ》。
休校《きゅうこう》　学校または生徒が授業を休む。
休講《きゅうこう》　講義を休みにすること。
急行《きゅうこう》　急いで行くこと。「急行列車」の略。
躬行《きゅうこう》　自ら実際に行うこと。「実践―」
糾合《きゅうごう》　【鳩合】人を集める。まとめる。
急降下《きゅうこうか》　飛行機が急角度で降下する。
急告《きゅうこく》　急ぎ知らせること。急報。
救国《きゅうこく》　国難を救うこと。「―の英雄」
求婚《きゅうこん》　結婚の申し込み。プロポーズ。
球根《きゅうこん》　球状の地下茎や根。「―栽培」
窮困《きゅうこん》　貧乏で困り苦しむこと。困窮。
休載《きゅうさい》　新聞・雑誌で連載物を休むこと。

救済《きゅうさい》　助け救うこと。救援。「―資金」
窮策《きゅうさく》　苦しまぎれの策略。窮余の策。
九死《きゅうし》　ほとんど死にそうな危機状態。
旧址《きゅうし》　建物や事件のあった跡。旧跡。
旧師《きゅうし》　昔教わった先生。先師。
休止《きゅうし》　一時休むこと。動きが止まる。
臼歯《きゅうし》　奥にある臼形の歯。奥歯。
急死《きゅうし》　突然死ぬこと。急逝《きゅうせい》。
灸治《きゅうじ》　灸をすえて治療すること。
給仕《きゅうじ》　飲食・雑用の世話。世話する人。
旧式《きゅうしき》　古い型・様式・考え。⬍新式
吸湿《きゅうしつ》　湿気を吸収すること。「―性」
休日《きゅうじつ》　休みの日。「―出勤」
柩車《きゅうしゃ》　棺をのせる車。霊柩車。
厩舎《きゅうしゃ》　うまや。馬小屋。家畜小屋。

鳩首《きゅうしゅ》　数人が額を寄せ話す。「―凝議」
旧習《きゅうしゅう》　古いならわし。旧慣。⬍新風
吸収《きゅうしゅう》　吸い込む。取り入れる。「―力」
急襲《きゅうしゅう》　不意をつき襲撃すること。
救出《きゅうしゅつ》　危険な現場から救い出す。救助。
弓術《きゅうじゅつ》　弓を射る技。射術。弓道。
救恤《きゅうじゅつ》　困窮者を救い恵むこと。救済。
急峻《きゅうしゅん》　山や坂などが険しい様子。
急所《きゅうしょ》　体の要所。大切な場所。
救助《きゅうじょ》　危難から救い助ける。「人命―」
旧称《きゅうしょう》　以前の呼称。もとの呼び名。
旧情《きゅうじょう》　古い交際・よしみ。「―を温める」
休場《きゅうじょう》　興行や出場をやめること。
球場《きゅうじょう》　野球場。野球の競技場。「神宮―」
窮状《きゅうじょう》　非常に困り苦しむ状態。

休職《きゅうしょく》　一定期間勤務を休むこと。「―者」
求職《きゅうしょく》　職を求めること。「―者」⬍求人
給食《きゅうしょく》　学校・工場などで出される食事。
牛耳《ぎゅうじ》る　中心者となって支配する。
休心《きゅうしん》　【休神】安心する。「御―下さい」
休診《きゅうしん》　診察・診療を休むこと。「本日―」
急進《きゅうしん》　急いで進む。理想の実現を急ぐ。
求人《きゅうじん》　雇う人を探し求める。⬍求職
吸塵《きゅうじん》　ごみ・ちりを吸い取る。「―力」
求心力《きゅうしんりょく》　円の中心方向に働く力。
休《きゅう》す　終わる。休む。「万事―」
急須《きゅうす》　茶葉と湯を入れせんじ出す茶器。
吸水《きゅうすい》　水を吸うこと。「―性」
給水《きゅうすい》　水を供給すること。⬍排水
窮《きゅう》する　行き詰まる。苦しむ。

旧制《きゅうせい》 古い制度。⬍新制 もとの制度。
旧姓《きゅうせい》 もとの姓。改姓前の姓。
急性《きゅうせい》 急激に発病すること。⬍慢性
急逝《きゅうせい》 突然亡くなること。急死。
救世《きゅうせい》 乱れた世を救うこと。「—主」
旧蹟《きゅうせき》 【旧跡】歴史的事件や建物の跡。
弓箭《きゅうせん》 弓と矢。武器。「—を帯す」
休戦《きゅうせん》 話し合いで一時戦いをやめる。
翕然《きゅうぜん》 一か所に集まること。一致する。
急先鋒《きゅうせんぽう》 真っ先に立つこと・人。
泣訴《きゅうそ》 泣いて訴えること。
急造《きゅうぞう》 急いで造ること。にわかづくり。
急増《きゅうぞう》 急に数量が増すこと。⬍急減
休息《きゅうそく》 体を休めること。「—所」
急速《きゅうそく》 進展が速いこと。すみやか。

旧態《きゅうたい》 古くからの状態やありさま。
及第《きゅうだい》 試験に合格する。「—点」⬍落第
休題《きゅうだい》 それまでの話をやめる。「閑話—」
旧態依然《きゅうたいいぜん》 進歩がないこと。
急湍《きゅうたん》 流れが急な浅瀬。早瀬。
糾弾《きゅうだん》 【糺弾】罪状を厳しく問いただす。
球団《きゅうだん》 プロ野球を事業とする団体。
旧知《きゅうち》 古くからの知り合い。「—の仲」
窮地《きゅうち》 苦しい立場。窮境。「—に立つ」
求知心《きゅうちしん》 知識を求める心。知識欲。
吸着《きゅうちゃく》 吸いつくこと。「—力」「—剤」
宮中《きゅうちゅう》 宮殿の中。禁中。神宮の境内。
急追《きゅうつい》 激しく追い上げること。
窮追《きゅうつい》 逃げられないほど追いつめる。
休廷《きゅうてい》 法廷を一定期間閉じること。

宮廷《きゅうてい》 天皇・国王の住む御所。「—文学」
仇敵《きゅうてき》 憎む相手。あだがたき。かたき。
九天《きゅうてん》 そら。全宇宙。天上。宮中。
急転《きゅうてん》 急に変わること。「情勢が—する」
宮殿《きゅうでん》 天皇・国王などの住む御殿。
急転直下《きゅうてんちょっか》 形勢が急に変わる。
旧都《きゅうと》 古都。もとのみやこ。⬍新都
旧冬《きゅうとう》 去年の冬。昨冬。
旧套《きゅうとう》 古い形式や型。「—を脱しない」
急騰《きゅうとう》 物価や株が急に上がる。⬍急落
給湯《きゅうとう》 湯を供給すること。「—設備」
弓道《きゅうどう》 弓で矢を射る技術。弓術。
求道《きゅうどう》 真理や悟りを求め修行すること。
牛刀《ぎゅうとう》 ウシを裂く大きな肉切り包丁。
急難《きゅうなん》 差し迫った災難。事変。

救難《きゅうなん》 災難から救うこと。「—活動」
吸入《きゅうにゅう》 吸い込む。吸い入れる。「酸素—」
牛乳《ぎゅうにゅう》 ウシの乳汁。ミルク。「生—」
旧年《きゅうねん》 去年。昨年。⬍新年
旧派《きゅうは》 旧式のやり方。古くからの流派。
急派《きゅうは》 急いで派遣すること。
急場《きゅうば》 急な場合。せっぱ詰まった場面。
九拝《きゅうはい》 最敬礼。手紙の末尾の敬語。
朽廃《きゅうはい》 朽ちて廃れること。
急迫《きゅうはく》 差し迫ること。せっぱ詰まる。
窮迫《きゅうはく》 行き詰まった状態。生活に困る。
●事態が急迫する
●暮らしが窮迫する
救抜《きゅうばつ》 苦悩・貧困などから救い出す。
急坂《きゅうはん》 傾斜の度合いが大きい坂。
吸盤《きゅうばん》 タコなどの吸着する器官。

給費《きゅうひ》 費用を支給すること。「—生」
牛皮《ぎゅうひ》 ウシの皮。
求肥《ぎゅうひ》 【牛皮】白玉粉で作る和菓子の一。
急病《きゅうびょう》 急に起こった病。「—人」
急便《きゅうびん》 急ぎの便り。急ぎの使い。
給付《きゅうふ》 金品などを与える。交付する。
旧聞《きゅうぶん》 古い話。以前から伝わる話。
牛糞《ぎゅうふん》 ウシのくそ（肥料に利用する）。
旧弊《きゅうへい》 古い悪習慣、それにとらわれる。
急変《きゅうへん》 急に変わる。急に起こった変事。
急募《きゅうぼ》 急いで募集すること。「店員—」
牛歩《ぎゅうほ》 ウシのようにのろい歩み。
旧法《きゅうほう》 廃止された古い法令。古い方法。
急報《きゅうほう》 急いで知らせる。急の知らせ。
窮乏《きゅうぼう》 貧乏に苦しむこと。「—生活」

旧盆《きゅうぼん》 旧暦により行う盂蘭盆《うらぼん》。
休眠《きゅうみん》 活動をやめた静止状態。「—会社」
窮民《きゅうみん》 貧乏に苦しんでいる人民。
急務《きゅうむ》 急を要する仕事・任務。
究明《きゅうめい》 真理を追究して明らかにする。
糾明《きゅうめい》 【糺明】悪事を明らかにする。
●真相を究明する
●汚職を糾明する
救命《きゅうめい》 人命を救うこと。「—胴衣」「—艇」
窮命《きゅうめい》 極めて苦しい目にあうこと。
球面《きゅうめん》 球の表面。
糾問《きゅうもん》 【糺問】罪を問いただす。尋問。
旧約《きゅうやく》 古い約束。「旧約聖書」の略。
給油《きゅうゆ》 燃料油の補給。潤滑油の注入。
旧友《きゅうゆう》 古い友達。昔からの友。
級友《きゅうゆう》 同じ学級の友人。クラスメート。

給与《きゅうよ》 金品を与えること。給料・手当。
窮余《きゅうよ》 苦しまぎれ。「—の一策」
休養《きゅうよう》 身心を休めて気力・体力を養う。
急用《きゅうよう》 急ぎの用事。「—ができる」
旧来《きゅうらい》 もとから。以前から。従来。
及落《きゅうらく》 及第と落第。「—会議」
急落《きゅうらく》 物価などが急に下がる。⇔急騰
究理《きゅうり》 物事の道理や法則を究めること。
急流《きゅうりゅう》 勢いの急な水の流れ。「—地帯」
丘陵《きゅうりょう》 丘。小山。低い山地。「—地帯」
給料《きゅうりょう》 労力の報酬。賃金。給与。
旧暦《きゅうれき》 陰暦。太陰暦。⇔新暦
旧臘《きゅうろう》 前年の一二月。
居《きょ》 住む場所。住所。住居。「—を構える」
挙《きょ》 行動。「反撃の—に出る」

虚《きょ》 うそ。油断。「—をつく」
寄与《きよ》 役立つ行い。貢献。「町に—する」
毀誉《きよ》 けなすこととほめること。
巨悪《きょあく》 大きな悪。大悪人。「—と闘う」
清い《きよい》 汚れがない。きれい。「—心」
御意《ぎょい》 お考え。仰せの通り。「—のまま」
凶《きょう》 よくない。運が悪い。⇔吉
京《きょう》 みやこ。京都の特称。「—人形」
経《きょう》 仏の教えを記した文章。けい。
興《きょう》 おもしろみ。「—を添える」
今日《きょう》 こんにち。本日。「—このごろ」
紀要《きよう》 定期刊行の学術論文集。
起用《きよう》 人を取り立てて役割につける。
器用《きよう》 手先が巧みなこと。要領がよい。
行《ぎょう》 行い。文字の列。修行。「—を積む」

御宇《ぎょう》 天皇が国を治める期間・御世。
狭隘《きょうあい》 面積や度量が狭いこと。「—な心」
凶悪《きょうあく》 【兇悪】極悪。残忍。「—犯」
強圧《きょうあつ》 強い力で押しつけること。「—的」
胸囲《きょうい》 胸の周りの長さ。バスト。
脅威《きょうい》 おどし。おびやかされる恐れ。
驚異《きょうい》 非常に不思議で驚くべきこと。
境域《きょういき》 さかい。区別された範囲。領域。
教育《きょういく》 知識を授け、教え育てること。
強運《きょううん》 強い運勢。「—の持ち主」
共栄《きょうえい》 ともに栄えること。「共存—」
共営《きょうえい》 事業などを共同して営むこと。
競泳《きょうえい》 一定距離で泳ぐ速さを競う競技。
共益《きょうえき》 共同の利益。「団地の—費」
恐悦《きょうえつ》 【恭悦】かしこまって喜ぶこと。

共演《きょうえん》 主役格の者が一緒に出演する。
競演《きょうえん》 同じ劇や役を競って演じること。
饗宴《きょうえん》 もてなしのための酒盛り。
饗応《きょうおう》 【供応】酒食のもてなし。接待。
胸奥《きょうおう》 胸の奥。心中《しんちゅう》。胸中。
跫音《きょうおん》 あしおと。「空谷の—」
狂歌《きょうか》 おどけた調子の短歌。
強化《きょうか》 弱点を補い強くする。⇔弱化
教化《きょうか》 教えて善に導くこと。
恭賀《きょうが》 つつしんで祝うこと。「—新年」
仰臥《ぎょうが》 あおむけに寝ること。⇔伏臥《ふくが》
協会《きょうかい》 会員が協力して組織する会。
胸懐《きょうかい》 胸の中。胸中。胸襟。
教会《きょうかい》 信徒が集会する所。信徒の組織。
教戒《きょうかい》 【教誡】教え戒めること。訓戒。

教誨《きょうかい》 教えさとすこと。「—師」
境界《きょうかい》 さかい。区切り。「—線」
境涯《きょうがい》 身の上。境遇。立場。「不幸な—」
業界《ぎょうかい》 同業者仲間の社会。「—紙」
凝塊《ぎょうかい》 凝り固まったもの。かたまり。
胸郭《きょうかく》 【胸廓】胸部を取りまく骨格。
侠客《きょうかく》 男だて。任侠を看板にする男。
共学《きょうがく》 男女が一緒に学ぶこと。「—校」
驚愕《きょうがく》 ひどく驚いて心が乱れること。
仰角《ぎょうかく》 上を見る視線と水平面のなす角。
経帷子《きょうかたびら》 死者に着せる白い着物。
恐喝《きょうかつ》 おどしつける。金品をゆする。
凶漢《きょうかん》 【兇漢】悪者。悪漢。
共感《きょうかん》 他人の考えに同意する心。同感。
叫喚《きょうかん》 大声でわめき叫ぶ。「—のるつぼ」

郷関《きょうかん》 故郷の境。ふるさと。郷里。
行間《ぎょうかん》 文章の行と行の間。「—を読む」
凶器《きょうき》 【兇器】殺傷に使われる道具。
狂気《きょうき》 気が狂っていること。⇔正気
狂喜《きょうき》 狂わんばかりに喜ぶ。「—乱舞」
驚喜《きょうき》 思いがけず驚き喜ぶこと。
侠気《きょうき》 男だての心。おとこぎ。
狭軌《きょうき》 レール幅で狭いもの。⇔広軌
強記《きょうき》 物覚えがよいこと。「博覧—」
強毅《きょうき》 心が強く、しっかりしている。
驕気《きょうき》 おごりたかぶった気性。
協議《きょうぎ》 寄り合って相談する。「—離婚」
狭義《きょうぎ》 範囲を狭めた意味。⇔広義
教義《きょうぎ》 その宗教の教えの旨。教理。
経木《きょうぎ》 杉材などを薄く削ったもの。

競技《きょうぎ》 技術を競い優劣を争うこと。
暁起《ぎょうき》 朝早く起きること。早起き。
澆季《ぎょうき》 人情が薄く道徳が乱れた末の世。
行儀《ぎょうぎ》 立ち居ふるまいの作法。
橋脚《きょうきゃく》 橋げたを支える柱。脚柱。
供給《きょうきゅう》 必要に応じ物を与える。⇔需要
狂牛病《きょうぎゅうびょう》 ウシの伝染病の一つ。
兢兢《きょうきょう》 おそれてびくびくするさま。
驕矜《きょうきょう》 おごりたかぶるさま。
協業《きょうぎょう》 分担で組織的に働く労働形態。
恐恐謹言《きょうきょうきんげん》 謹んで申す意。
仰仰《ぎょうぎょう》しい 大げさなさま。
胸襟《きょうきん》 胸の内。心。「—を開く」
狂句《きょうく》 おどけた調子の俳句。川柳。
恐懼《きょうく》 おそれかしこまること。

教区《きょうく》 宗派の布教の便宜上設けた区域。
教具《きょうぐ》 学習効果を高めるための道具。
境遇《きょうぐう》 身の上。巡りあわせ。「貧しい—」
教訓《きょうくん》 教えさとすこと・言葉。教え。
行啓《ぎょうけい》 皇太后・皇后・東宮などの外出。
挟撃《きょうげき》 【夾撃】挟みうち。「—作戦」
供血《きょうけつ》 輸血用血液を提供する。給血。
凝血《ぎょうけつ》 血液が固まること。固まった血。
凝結《ぎょうけつ》 凝り固まる。気体が液体になる。
狂犬《きょうけん》 狂犬病にかかってかみつくイヌ。
恭倹《きょうけん》 慎み深く控えめに振る舞うこと。
恭謙《きょうけん》 うやうやしい態度でへりくだる。
強肩《きょうけん》 肩の力が強い。投球力に優れる。
強健《きょうけん》 体がじょうぶなこと。⇔病弱
強権《きょうけん》 強い権力。国家の強制的な権力。

狂言《きょうげん》 日本の古典的な喜劇の一。うそ。
狂言綺語《きょうげんきご》 道理に合わない言葉とうわべを飾った言葉。小説や作り話。
強固《きょうこ》 【鞏固】精神が強くて固い。強堅。
教護《きょうご》 非行少年を教育し保護すること。
凝固《ぎょうこ》 液体が固まること。⇔融解
凶行《きょうこう》 【兇行】凶悪な行い。悪事。
恐惶《きょうこう》 おそれ入ること。書状の結語。
恐慌《きょうこう》 おそれ慌てること。経済の混乱。
強行《きょうこう》 無理に行う。強引に行う。敢行。
強攻《きょうこう》 強引に攻めること。「—策」
強硬《きょうこう》 譲らず手ごわいさま。⇔柔軟
●ストを強行する　●強行採決　●敵陣に強攻する　●強硬に反論する　強硬手段
教皇《きょうこう》 ローマカトリック教会の首長。

校合《きょうごう》 【挍合】照合して異同を確かめる。
強剛《きょうごう》 意志などが強くて不屈なさま。
強豪《きょうごう》 強くて手ごわい相手。「—チーム」
競合《きょうごう》 競り合うこと。「—他社」
驕傲《きょうごう》 おごりたかぶること。「—な態度」
行幸《ぎょうこう》 天皇が外出すること。⇔還幸
暁光《ぎょうこう》 明け方の光。
僥倖《ぎょうこう》 思いがけない幸い。偶然の幸運。
強行軍《きょうこうぐん》 無理な計画で実行すること。
峡谷《きょうこく》 深く険しい谷。V字谷。
強国《きょうこく》 軍事力・経済力に富む国。
教唆《きょうさ》 悪事をそそのかすこと。煽動《せんどう》。
共済《きょうさい》 力をあわせ助け合う。「—組合」
共催《きょうさい》 二つ以上の団体で共同主催する。
恐妻《きょうさい》 夫が妻に頭が上がらない。「—家」

教材《きょうざい》 教授・学習に使う材料。
凶作《きょうさく》 作物の実りがひどい。[秋]⇔豊作
狭窄《きょうさく》 すぼまって狭いこと。「幽門—」
夾雑《きょうざつ》 中によけいなものが混じること。
興醒《きょうざ》め 興味がそがれること。
共産《きょうさん》 財産などを共有すること。「—圏」
協賛《きょうさん》 趣旨に賛同し助力すること。
仰山《ぎょうさん》 はなはだ多いさま。大げさな。
狂死《きょうし》 気が狂って死ぬこと。狂い死に。
教師《きょうし》 先生。教員。宗派の指導者。
凶事《きょうじ》 不吉な出来事。⇔吉事
矜持《きょうじ》 【矜恃】誇り。自信。プライド。
教示《きょうじ》 教え示すこと。きょうし。
仰視《ぎょうし》 仰ぎ見ること。「頂上を—する」
凝視《ぎょうし》 目を凝らしてじっと見つめる。

行司《ぎょうじ》 土俵で勝負を判定する人。
行事《ぎょうじ》 日を決めて行う事柄。「年中—」
教室《きょうしつ》 授業・講義を行う部屋。習い事。
凶日《きょうじつ》 不吉で縁起の悪い日。⇔吉日
強者《きょうしゃ》 勢力や実力が強い人。⇔弱者
驕奢《きょうしゃ》 おごり。うぬぼれ。ぜいたく。
業者《ぎょうしゃ》 商工業を営む者。同業者。「請負—」
行者《ぎょうじゃ》 仏道・修験道の修行者。山伏。
強弱《きょうじゃく》 強いと弱い。強さの程度。
凶手《きょうしゅ》 【兇手】悪事をした者・しわざ。
拱手《きょうしゅ》 何もしないこと。手をこまねく。
梟首《きょうしゅ》 さらし首。獄門。
興趣《きょうしゅ》 面白み。おもむき。「—が増す」
享受《きょうじゅ》 自分の中に取り入れること。
教授《きょうじゅ》 教え授けること。大学などの教師。

業種《ぎょうしゅ》 事業や営業の種類。
教習《きょうしゅう》 技術を教え習わせること。「―所」
強襲《きょうしゅう》 激しい勢いで襲い攻めること。
嬌羞《きょうしゅう》 女性の、なまめかしいはじらい。
郷愁《きょうしゅう》 故郷に寄せる思い。「―を覚える」
凝集《ぎょうしゅう》 一か所に集まり固まること。
行住坐臥《ぎょうじゅうざが》 日常の行い。普段。
恐縮《きょうしゅく》 非常におそれ入ること。
凝縮《ぎょうしゅく》 一つに固まり縮まること。
供出《きょうしゅつ》 米などの割当量を政府に売る。
供述《きょうじゅつ》 尋問に対して述べること。「―書」
拱手傍観《きょうしゅぼうかん》 腕を組んで何もせず、かたわらで見ていること。隔岸観火。
恭順《きょうじゅん》 つつしんで命令や意思に従う。
教書《きょうしょ》 権力者が発する文書。「一般―」

共助《きょうじょ》 助け合い。互助。
行書《ぎょうしょ》 かい書を崩した漢字書体の一つ。
協商《きょうしょう》 協議すること。国家間の協定。
狭小《きょうしょう》 狭くて小さいさま。⇔広大
凶状《きょうじょう》 【兇状】罪状。罪の経歴。
教条《きょうじょう》 教会公認の教義。ドグマ。「―主義」
行商《ぎょうしょう》 商品を売り歩く商売。「―人」
行状《ぎょうじょう》 身持ち。品行。死者の業績。
教職《きょうしょく》 教育する職。教員。「―課程」
興《きょう》じる 面白がる。愉快である。興ずる。
狂信《きょうしん》 異常なまでに信じる・信仰する。
恭慎《きょうしん》 恭しくつつしむこと。
強震《きょうしん》 震度5の強い地震。「―計」
凶刃《きょうじん》 【兇刃】人殺しなどに使う刃物。
強靭《きょうじん》 しなやかで非常に強いこと。

狭心症《きょうしんしょう》 心臓に起こる激痛発作。
行水《ぎょうずい》 たらいの水や湯で汗を流す。夏
供《きょう》する 差し出す。役立てる。「閲覧を―」
饗《きょう》する ごちそうしてもてなす。
共生《きょうせい》 【共棲】ともに生活すること。
匡正《きょうせい》 誤りを正し直すこと。
矯正《きょうせい》 欠点を正しく直すこと。「―術」
強制《きょうせい》 力ずくでさせる。無理じい。「―的」
強請《きょうせい》 無理やり頼むこと。ゆすり。
嬌声《きょうせい》 あでやかでなまめかしい声。
行政《ぎょうせい》 立法・司法以外の国家作用の一。
暁星《ぎょうせい》 夜明けに残る星。明けの明星。
行跡《ぎょうせき》 品行。身持ち。行状。「不―」
業績《ぎょうせき》 事業や学術研究などの成果。
凝然《ぎょうぜん》 じっとして動かない様子。

教祖《きょうそ》 宗教・宗派を最初に開いた人。
狂騒《きょうそう》 【狂躁】狂ったように騒ぐこと。
強壮《きょうそう》 健康で強いこと。「―剤」
競争《きょうそう》 競い合うこと。競り合い。競合。
競走《きょうそう》 走り比べ。かけっこ。「自転車―」
●生存競争
●徒競走　競走馬
競漕《きょうそう》 ボートレース。レガッタ。
胸像《きょうぞう》 人物の胸から上の彫刻・絵画。
形相《ぎょうそう》 顔かたち。顔つき。様子。
狂想曲《きょうそうきょく》 自由な手法の器楽曲。
協奏曲《きょうそうきょく》 独奏楽器と管弦楽の合奏曲。
脇息《きょうそく》 座った時、脇に置くひじ掛け。
教則《きょうそく》 物事を教授する上での規則。
共存《きょうぞん》 ともに生存・存在する。「―共栄」
怯懦《きょうだ》 臆病で気が弱い。小心。「―な性格」

強打《きょうだ》 強く打つこと。打力があること。
狂態《きょうたい》 正気とは思えない態度。
嬌態《きょうたい》 色っぽい態度。こびる様子。
兄弟《きょうだい》 親を同じくする間柄。同胞。
強大《きょうだい》 強くて大きいこと。⇔弱小
鏡台《きょうだい》 姿見のための鏡を立てた台。
業態《ぎょうたい》 事業や営業の状態。「小売―」
供託《きょうたく》 金品などを一定の所に寄託する。
驚嘆《きょうたん》 【驚歎】大いに驚いて感心する。
凶弾《きょうだん》 【兇弾】暗殺などに使われた銃弾。
教団《きょうだん》 同一宗教の信者が作った団体。
教壇《きょうだん》 教室で教師が立つ壇。「―に立つ」
境地《きょうち》 立場。心境。「新―を開く」
胸中《きょうちゅう》 胸の中。心中《しんちゅう》。「―を察する」
共著《きょうちょ》 二人以上が共同して書いた書物。

凶兆《きょうちょう》 不吉な兆し。⇔吉兆
協調《きょうちょう》 譲り合って調和を図ること。
強調《きょうちょう》 調子を強めること。力説する。
胸椎《きょうつい》 肋骨と連結するせき椎の一部。
共通《きょうつう》 二つ以上のどれにも通じること。
教程《きょうてい》 教育する手順・規則。教科書。
協定《きょうてい》 相談して決めること。「労使―」
競艇《きょうてい》 モーターボートのレース。「―場」
胸底《きょうてい》 心の奥。胸の底。「―を明かす」
筐底《きょうてい》 【篋底】箱の底。箱の中。
強敵《きょうてき》 強い敵。手ごわい敵。⇔弱敵
教典《きょうてん》 宗教上、または教育上の基本書。
経典《きょうてん》 宗教の教典、主にお経の本。
仰天《ぎょうてん》 非常に驚くこと。「びっくり―」
暁天《ぎょうてん》 夜明けの空。明け方。「―の星」

驚天動地《きょうてんどうち》 世間を驚かすこと。
凶徒《きょうと》 【兇徒】凶悪な犯罪者。暴徒。
教徒《きょうと》 宗教の信徒。信者。「仏—」
強度《きょうど》 強さの度合い。度が強いこと。
郷土《きょうど》 生まれ育った土地。故郷。「—色」
共闘《きょうとう》 複数の組織が共同して闘争する。
狂濤《きょうとう》 荒れ狂う大波。怒濤《どとう》。狂瀾《きょうらん》。
教頭《きょうとう》 小・中・高校で校長の次位の職。
驚倒《きょうとう》 非常に驚くこと。
共同《きょうどう》 複数の人がともに事を行うこと。
協同《きょうどう》 心と力をあわせて事に当たる。
●共同経営 ●協同組合 産学協同
教導《きょうどう》 教え導くこと。指導。
行頭《ぎょうとう》 行の最初の一字。⇔行末
橋頭堡《きょうとうほ》 敵地に設ける攻撃の拠点。

凶年《きょうねん》 不作の年。不祥な年。⇔豊年
享年《きょうねん》 死んだ時の年齢。行年。「—八十」
教派《きょうは》 同じ宗教の中での分派。宗派。
競売《きょうばい》 競り売り。オークション。
脅迫《きょうはく》 脅し迫ること。「—罪」
強迫《きょうはく》 無理強い。心に強くつきまとう。
●脅迫状 ●強迫観念
共犯《きょうはん》 共同して罪を犯す(人)。⇔主犯
教範《きょうはん》 教える手本・教則。教典。
橋畔《きょうはん》 橋のたもと。橋のほとり。
今日日《きょうび》 今どき。今日このごろ。
器用貧乏《きようびんぼう》 何でも器用にこなすが、一つの道で大成はしないこと。
恐怖《きょうふ》 恐ろしく感じること。「—感」
教父《きょうふ》 キリスト教で洗礼時の名づけ親。

胸部《きょうぶ》 胸の部分。「—疾患」
狂風《きょうふう》 荒れ狂う風。
強風《きょうふう》 強い風。「—注意報」
矯風《きょうふう》 悪い風習を改め直すこと。
強兵《きょうへい》 強い軍隊。兵力を強めること。
胸壁《きょうへき》 とりで。攻防のため築いた堆土。
共編《きょうへん》 共同で編集すること。
強弁《きょうべん》 無理に言い張る、言い訳すること。
教鞭《きょうべん》 授業用のむち。教授すること。
競歩《きょうほ》 一定距離を速く歩く競技。
凶報《きょうほう》 悪い報告。死去の知らせ。悪報。
凶暴《きょうぼう》 【兇暴】荒々しく乱暴なさま。
狂暴《きょうぼう》 狂い暴れるさま。
共謀《きょうぼう》 共同して悪事をたくらむこと。
仰望《ぎょうぼう》 仰いで見ること。尊敬して慕う。

喬木《きょうぼく》 高い木。高木の旧称。⇔灌木《かんぼく》
狂奔《きょうほん》 夢中になり走り回る。奔走する。
教本《きょうほん》 教えの根本。教則の本。教科書。
京間《きょうま》 関西の畳の寸法。⇔江戸間
驕慢《きょうまん》 おごり高ぶる。人をみくびる。
興味《きょうみ》 面白味。趣。「—をひく」「—深い」
興味津々《きょうみしんしん》 興味が尽きない。
興味本位《きょうみほんい》 興味だけが主眼。
教務《きょうむ》 授業上の事務。宗門上の事務。
業務《ぎょうむ》 商売・事業としての務め。仕事。
共鳴《きょうめい》 他人の言動に同感する。共振。
嬌名《きょうめい》 あでやかなうわさ。高い評判。
驍名《ぎょうめい》 武勇の評判。「—をはせる」
経文《きょうもん》 経典の文章・文句。お経。
共訳《きょうやく》 二人以上で共同して訳すこと。

協約《きょうやく》 協議して約束すること。「労働—」
教諭《きょうゆ》 免許をもつ常勤の、正規の教員。
共有《きょうゆう》 共同して所有すること。⇔専有
享有《きょうゆう》 生まれつき身にもっていること。
梟雄《きょうゆう》 残忍でたけだけしい人物。
供与《きょうよ》 物や利益を相手方に与えること。
共用《きょうよう》 共同して使用すること。⇔専用
供用《きょうよう》 使わせる。使えるようにする。
強要《きょうよう》 無理やり要求すること。「—罪」
教養《きょうよう》 教え育てる。豊かな心・知識。
京洛《きょうらく》 みやこ。京都。京師。けいらく。
競落《きょうらく》 競売で競り落とす。けいらく。
享楽《きょうらく》 快楽にふけること。「—主義」
狂乱《きょうらん》 心が狂い乱れる。異常なさま。
狂瀾《きょうらん》 荒れ狂う大波。混乱した情勢。

供覧《きょうらん》 多くの人が見られるようにする。
狂瀾怒濤《きょうらんどとう》 激しく乱れること。
胸裏《きょうり》 【胸裡】胸の内。腹の内。心中《しんちゅう》。
教理《きょうり》 宗教の教えの体系。教義。
郷里《きょうり》 生まれ育った土地。故郷。
共立《きょうりつ》 共同で設立すること。
凝立《ぎょうりつ》 身動きもせずじっと立つこと。
恐竜《きょうりゅう》 中生代に栄え滅びた巨大ハ虫類。
狭量《きょうりょう》 度量が狭いこと。⇔広量
橋梁《きょうりょう》 橋。かけはし。「—工事」
協力《きょうりょく》 力をあわせて努力すること。
強力《きょうりょく》 力・作用が大きいこと。強い力。
杏林《きょうりん》 アンズの林。医者の美称。
強烈《きょうれつ》 強く激しいさま。「—な印象」
行列《ぎょうれつ》 大人数が並んだ列。「—を作る」

狂恋《きょうれん》 狂ったような激しい恋愛。

教練《きょうれん》 教えならす。軍事の教育や訓練。

共和《きょうわ》 合議制による政治形態。「―政治」

協和《きょうわ》 心をあわせて仲よくする。「―音」

●共和制 共和国
●協和の精神

峡湾《きょうわん》 細長い入り江。フィヨルド。

虚栄《きょえい》 うわべだけを飾る。みえ。「―心」

魚影《ぎょえい》 群れて泳ぐ魚の姿。「―が濃い」

御苑《ぎょえん》 皇室の所有する庭園。「新宿―」

餃子《ギョーザ》 中国料理で点心の一種。

炬火《きょか》 たいまつ。かがり火。

許可《きょか》 許す。願いを聞き届ける。「―証」

漁火《ぎょか》 夜に漁の舟でたく火。いさりび。

巨魁《きょかい》 【渠魁】盗賊・悪漢などの首領。

魚介《ぎょかい》 魚類と貝類。海産動物の総称。

巨額《きょがく》 お金の量が非常に多いこと。

漁獲《ぎょかく》 水産物を捕ること。「―高」

巨漢《きょかん》 体が非常に大きい男。大男。

巨岩《きょがん》 【巨巌】非常に大きな岩。

炬眼《きょがん》 物事を十分に見分ける眼識。

虚偽《きょぎ》 うそ。偽り。「―の証言」⬍真実

虚業《きょぎょう》 堅実ではない事業。「―家」

漁業《ぎょぎょう》 水産物を捕獲・養殖する職業。

虚虚実実《きょきょじつじつ》 力・技の限り戦う。

醵金《きょきん》 金銭を出し合うこと、そのお金。

極《きょく》 極み。果て。磁極。電極。

局《きょく》 組織の中の一部署。事態。場面。

曲《きょく》 音楽や歌。メロディー。曲芸。

巨軀《きょく》 大きな体。巨体。

玉《ぎょく》 たま。宝石。天子に関する冠語。

漁区《ぎょく》 漁獲を許された区域。

漁具《ぎょぐ》 漁業に使用する道具。

極右《きょくう》 極端な右翼思想。「―勢力」⬍極左

玉音《ぎょくおん》 天皇の声。「―放送」

局外《きょくがい》 ある事柄に直接関係のない立場。

曲学阿世《きょくがくあせい》 真理を曲げて世俗や時勢にこびへつらうこと。「―の徒」

曲技《きょくぎ》 かるわざ。曲芸。「―団」

曲芸《きょくげい》 見世物の一つ。離れ業などの芸。

曲言《きょくげん》 遠回しに言うこと。⬍直言

局限《きょくげん》 範囲を一部に限定すること。

極限《きょくげん》 限界。果て。極度。「―状況」

●期間を局限する
●極限に達する

極言《きょくげん》 極端な言い方。思う存分論じる。

極左《きょくさ》 極端な左翼思想。「―集団」⬍極右

玉座《ぎょくざ》 天子の座る席。

玉砕《ぎょくさい》 名誉・忠義を重んじ潔く死ぬ。

曲事《きょくじ》 不正な事柄・行為。くせごと。

旭日昇天《きょくじつしょうてん》 勢力が盛んなさま。

局所《きょくしょ》 限られた所。局部。陰部。

極小《きょくしょう》 極めて小さいこと。⬍極大

極少《きょくしょう》 数量が極めて少ないこと。最少。

玉章《ぎょくしょう》 りっぱな文章。手紙の敬称。

玉石混淆《ぎょくせきこんこう》 【玉石混交】よいものと悪いものが交ざり合っていること。

曲折《きょくせつ》 曲がりくねる。こみ入った事情。

曲線《きょくせん》 曲がった線。カーブ。⬍直線

曲想《きょくそう》 楽曲の構想・モチーフ。

極大《きょくだい》 極めて大きなこと。⬍極小

玉代《ぎょくだい》 芸者を揚げるための代金。花代。

極端《きょくたん》 常識を外れたさま。一番はし。

局地《きょくち》 限られた地域。「―的解決」

極地《きょくち》 最果ての地。北極・南極。

●局地的な雨 局地戦
●極地探検

極致《きょくち》 最高の境地・おもむき。「美の―」

曲調《きょくちょう》 音楽の節。曲の調子。「哀切な―」

曲直《きょくちょく》 不正と正。「理非―」

極点《きょくてん》 究極の到達点。南極点・北極点。

極度《きょくど》 これ以上ない程度。「―の緊張」

極東《きょくとう》 欧米から見た東アジア地域。

局留め《きょくど》 郵便物を郵便局に留め置く。

曲乗り《きょくの》 ウマや球などに乗る曲芸。

曲馬《きょくば》 ウマを使う曲芸。「―団」

玉杯《ぎょくはい》 玉のさかずき。立派なさかずき。

曲筆《きょくひつ》 事実を曲げて書くこと。⬍直筆

局部《きょくぶ》 一部分。局所。陰部。「―麻酔」

局面《きょくめん》 碁などの勝負の形勢。なりゆき。

曲目《きょくもく》 音楽の曲の名。「演奏―」

極力《きょくりょく》 力一杯。できる限り。「―控える」

玉露《ぎょくろ》 上等の煎茶。玉のような露。

曲論《きょくろん》 道理を非に曲げた議論。⬍正論

極論《きょくろん》 論じ尽くすこと。極端な議論。

魚群《ぎょぐん》 魚の群れ。「―探知機」

御慶《ぎょけい》 お喜び。新年を祝う言葉。圏

虚言《きょげん》 うそ。他人をあざむく言葉。

挙行《きょこう》 儀式や行事を行うこと。

虚構《きょこう》 こしらえごと。フィクション。

倨傲《きょごう》 おごり高ぶる。傲慢。「―な態度」

挙国一致《きょこくいっち》 目的・目標に向かい国民全体が一つになること。「―内閣」

許婚《きょこん》 婚約者。いいなずけ。「―者」
巨財《きょざい》 ばく大な財産。「―を築く」
巨刹《きょさつ》 大きな寺・寺院。大伽藍《がらん》。
巨資《きょし》 巨額の資本。「―を投じる」
挙止《きょし》 立ち居振る舞い。挙動。「―進退」
御璽《ぎょじ》 天皇の御印。「御名―」
挙式《きょしき》 式を挙げること。結婚式。
居室《きょしつ》 普段いる部屋。居間。
虚実《きょじつ》 うそとまこと。無と有。
巨視的《きょしてき》 全体を大きくとらえること。
御者《ぎょしゃ》 【馭者】馬車に乗りウマを操る人。
虚弱《きょじゃく》 体が弱いこと。ひよわ。「―体質」
挙手《きょしゅ》 手を挙げること。「―の礼」
去就《きょしゅう》 去ることととどまること。進退。
居住《きょじゅう》 住む・住まうこと。「―権」

醵出《きょしゅつ》 【拠出】金品などを出し合うこと。
居所《きょしょ》 居住する場所。いどころ。
巨匠《きょしょう》 文化・芸術分野などの大家。
挙証《きょしょう》 証拠をあげること。「―責任」
魚礁《ぎょしょう》 魚が多く集まる海底の岩場。
魚醤《ぎょしょう》 調味料の一種。しょっつるなど。
漁場《ぎょじょう》 漁業に適した場所。ぎょば。
虚飾《きょしょく》 うわべだけの飾り。みえ。虚栄。
漁色《ぎょしょく》 次々と女色を求めること。「―家」
拒食症《きょしょくしょう》 食事を拒絶する症状。
虚心《きょしん》 心にわだかまりを持たないこと。
巨人《きょじん》 体の大きな人。大男。偉人。
魚信《ぎょしん》 釣りざおに伝わる手応え。
虚心坦懐《きょしんたんかい》 素直で平静な心境。
虚数《きょすう》 数学で、実数でない複素数。

御《ぎょ》する ウマを扱う。意のままに動かす。
季寄《きよ》せ 俳句の季語集。歳事記。
巨星《きょせい》 大きい星。偉大な人。「―墜つ」
去勢《きょせい》 動物の生殖せんを除去すること。
虚勢《きょせい》 うわべだけの勢い。からいばり。
虚説《きょせつ》 根拠のないうわさ。浮説。
拒絶《きょぜつ》 拒むこと。断ること。⬍承諾
漁船《ぎょせん》 水産物を捕る船。「遠洋―」
挙措《きょそ》 立ち居振る舞い。挙止。「―進退」
虚像《きょぞう》 実態とは異なるイメージ。
漁村《ぎょそん》 漁業で生計をたてる村。
巨体《きょたい》 極めて大きな体。「―をもてあます」
巨大《きょだい》 きわめて大きい。「―産業」⬍微細
許諾《きょだく》 相手の要求を聞き入れる。承諾。
魚拓《ぎょたく》 魚の拓本。「―をとる」

虚脱《きょだつ》 体が弱り気力も尽きた状態。
曲解《きょっかい》 ひねくれて解釈すること。誤解。
極刑《きょっけい》 最も重い刑罰。死刑。「―に処す」
極光《きょっこう》 オーロラ（両極の空に現れる）。
拠点《きょてん》 活動の足場となる場所。「戦略―」
巨頭《きょとう》 大きな頭。団体などの代表、長。
挙党《きょとう》 一つの政党全体。「―一致」
挙動《きょどう》 ふるまい。様子。「―不審」
去年《きょねん》 今年の前の年。昨年。こぞ。
巨費《きょひ》 巨額の費用。「―を投じる」
拒否《きょひ》 拒むこと。はねつける。拒絶。
許否《きょひ》 許すか許さないか。「―の決定」
漁夫《ぎょふ》 【漁父】漁師。漁業従事者。
御物《ぎょぶつ》 天皇の持ち物。皇室の所蔵品。
漁父《ぎょふ》の利《り》 第三者が利を得ること。

虚聞《きょぶん》 根もないうわさ。実にそわぬ名声。
挙兵《きょへい》 兵を挙げて戦いを起こすこと。
巨砲《きょほう》 大きな大砲。野球の強打者。
虚報《きょほう》 偽りの情報。デマ。
毀誉褒貶《きよほうへん》 非難と称賛。
巨万《きょまん》 非常に多い、数や金額。「―の富」
漁民《ぎょみん》 漁業で生活している人々。
虚無《きょむ》 何もなくむなしい。空虚。「―感」
虚名《きょめい》 実力以上の名声。偽りの名。
御名《ぎょめい》 天皇のお名前。「―御璽」
虚妄《きょもう》 うそ偽り。事実でないこと。
許容《きょよう》 許して認めること。「―範囲」
去来《きょらい》 去ったり来たり。行き来。
魚雷《ぎょらい》 艦船攻撃用の魚形水中爆破装置。
清《きよ》らか 汚れなく美しいさま。「―な心」

巨利《きょり》 大きな利益。⬍小利
距離《きょり》 隔たり。二点間の長さ。「走行―」
居留《きょりゅう》 一時的に住むこと。仮住まい。
魚鱗《ぎょりん》 魚のうろこ。うろこ形の陣立て。
虚礼《きょれい》 形式だけの礼儀。「―廃止」
漁撈《ぎょろう》 【漁労】職として海産物を捕る。
気弱《きよわ》 気が弱いさま・人。「―な態度」
綺羅《きら》 ぜいたくで美しい服。華やかさ。
帰来《きらい》 出先から帰ってくること。
機雷《きらい》 水中爆破装置。「機械水雷」の略。
嫌《きら》う 好まない。いやがる。避ける。
気楽《きらく》 心配がないこと。のんき。安気。
雪花菜《きらず》 【切らず】おから。うの花。
綺羅星《きらぼし》 きらきら光る多くの星。
煌《きら》めく きらきら光る。派手に飾る。

錐《きり》　小さな穴を開ける大工道具。
霧　水滴が煙のようになる気象。〔秋〕
切《き》り◀　【限】区切り。段。際限。終わり。
義理《ぎり》　交際上の守るべき筋道・礼儀。
切《き》り上《あ》げる◀　適当に終わらせる。
切《き》り替《か》える◀　新しい物とかえる。
切《き》り株《かぶ》◀　草木を切ったあとの根元。
切《き》り口上《こうじょう》◀　改まった調子の物言い。
霧雨《きりさめ》　霧のように細かく降る雨。〔秋〕
切《き》り捨《す》て◀　切って捨てること。
起立《きりつ》　立つこと。立ち上がること。
規律《きりつ》　【紀律】おきて。決まり。秩序。
切《き》り妻《つま》◀　山型の屋根。切り妻造り。
切《き》り詰《つ》める◀　倹約する。
切《き》り通《どお》し◀　山などを切り開いた道。

切《き》り抜《ぬ》ける◀　困難から逃れる。
切《き》り開《ひら》く　開墾する。道をつくる。
霧吹《きりふ》き◀　液体を霧状に吹かす道具。
切《き》り札《ふだ》◀　決め手。いちばん強い札。
切《き》り干《ぼ》し◀　細く切って干した大根。
切《き》り身《み》◀　適当な大きさに切った魚肉。
錐揉《きりも》み　飛行機が旋回急降下する。
切《き》り盛《も》り◀　物事をうまくさばく。
機略《きりゃく》　時に応じたはかりごと。
機略縦横《きりゃくじゅうおう》　計略を巡らすこと。
気流《きりゅう》　大気の流れ。「上昇—」「乱—」
寄留《きりゅう》　一時的によそに住むこと。「—届」
器量《きりょう》　才能。人柄。力量。顔立ち。
技量《ぎりょう》　【伎倆】腕前。手並み。手腕。
議了《ぎりょう》　議事が終わること。審議の終了。

気力《きりょく》　活動に耐える精神力。元気。
麒麟児《きりんじ》　将来有望な優れた若者。
切《き》る　刃物で断つ・刻む。傷つける。
截《き》る　【切る】はさみなどで布地を裁つ。
伐《き》る　樹木を切り倒す。伐採する。
馘《き》る　【切る】解雇する。免職にする。
斬《き》る　人などを刀で切る。批判する。
着《き》る　身につける。こうむる。「恩に—」
切《き》れ　切れ味。切れはし。断片。織物。
切《き》れ味《あじ》　切れ具合。才能などの鋭さ。
綺麗《きれい》　【奇麗】美しい。清らか。「—好き」
儀礼《ぎれい》　形式を整えた礼儀。礼式。「—的」
亀裂《きれつ》　ひびが入ること、その裂け目。
切《き》れ端《はし》　切ってできた小部分。
切《き》れ目《め》　切れた跡・所。終わり。

切《き》れ者《もの》　才能・手腕・決断力のある人。
岐路《きろ》　別れ道。ふたまた道。「人生の—」
帰路《きろ》　帰り道。戻り道。帰途。⇔往路
記録《きろく》　書き記す。競技の結果・成績。
議論《ぎろん》　互いの考えを論じ合うこと。
議論百出《ぎろんひゃくしゅつ》　多くの意見が出る。
際《きわ》　ある事のすぐ前の時。すれすれ。
疑惑《ぎわく》　疑い惑うこと。疑い。「—を抱く」
際立《きわだ》つ　他との違いが明白で目立つ。
際疾《きわど》い　すれすれのところで危ない。
極《きわ》まる　極限に達する。「感—」
窮《きわ》まる　行き詰まる。困り果てる。
●失礼極まる話　●進退が窮まる
極《きわ》み　この上ない。限り。「喜びの—」
極《きわ》め付《つ》き◀　定評がある。折紙つき。

極《きわ》めて　この上なく。非常に。はなはだ。
究《きわ》める　学問などを調べ尽くす。追究。
極《きわ》める　極限まで達し尽くす。「困難を—」
●芸道を究める　●頂点を極める
際物《きわもの》　一時的流行を当て込んだ品。
斤《きん》　尺貫法の重さの単位。
金《きん》　金属・将棋駒・曜日・色の一。
菌《きん》　菌類。細菌。ばい菌。「病原—」
銀《ぎん》　金属・将棋駒・色の一。しろがね。
禁圧《きんあつ》　権力で圧迫し、禁止すること。
均一《きんいつ》　どれもすべて一様なこと。「—性」
金一封《きんいっぷう》　賞金など紙に包んだお金。
近因《きんいん》　近い原因。直接の原因。⇔遠因
金運《きんうん》　金銭に関する運勢。「—がよい」
近影《きんえい》　最近撮った人物の写真。「著者—」

吟詠《ぎんえい》　詩歌を歌うこと。吟唱。
近縁《きんえん》　近い血縁の親類。近い種の生物。
禁煙《きんえん》　喫煙をやめること。喫煙の禁止。
金甌無欠《きんおうむけつ》　完全で傷一つない。
近火《きんか》　近所に起こった火事。「—見舞」
金貨《きんか》　主に金で作った硬貨。「記念—」
謹賀《きんが》　謹んでよろこびを申し述べる。
銀貨《ぎんか》　主に銀で作った硬貨。
銀河《ぎんが》　天の川。銀漢。「—星雲」〔秋〕
近海《きんかい》　陸地に近い海。「—航路」「—魚」
欣快《きんかい》　喜ばしく快い。大変うれしい。
金塊《きんかい》　精錬した金のかたまり。
金科玉条《きんかぎょくじょう》　最も大切な決まり。
金額《きんがく》　金高。金銭の額。「多大な—」
近刊《きんかん》　近く刊行されること・本。

金冠《きんかん》 金色の冠。金合金をかぶせた歯。
近眼《きんがん》 遠くがよく見えない目。近視。
金管楽器《きんかんがっき》 金属製管楽器。
金看板《きんかんばん》 世間に誇示する主張。
禁忌《きんき》 忌み禁じること。タブー。
錦旗《きんき》 天皇の旗。にしきの御旗《みはた》。
近畿《きんき》 京都付近の二府五県。畿内。
欣喜雀躍《きんきじゃくやく》 小躍りして喜ぶ。
緊急《きんきゅう》 事が重大で急を要する。「—事態」
近況《きんきょう》 近頃の様子。近状。「—報告」
金玉《きんぎょく》 黄金と玉。珍重すべきもの。
近距離《きんきょり》 近い距離。⇔遠距離
近近《きんきん》 近いうち。ちかぢか。もうすぐ。
僅僅《きんきん》 わずか。たった。「—数年で」
禁句《きんく》 使ってはならない語句。タブー。

勤苦《きんく》 勤めて苦しむ。休まず努力する。
近景《きんけい》 近くの景色。手前に見える景色。
謹啓《きんけい》 手紙の最初に書くあいさつ語。
金欠《きんけつ》 お金がなくて困ること。「—病」
金券《きんけん》 金銭の代わりに通用する券。
金権《きんけん》 お金の力による権力。「—政治」
勤倹《きんけん》 仕事に精を出し、倹約すること。
金言《きんげん》 尊い言葉。格言。金句。
謹言《きんげん》 手紙の末尾の敬語。「恐惶—」
謹厳実直《きんげんじっちょく》 誠実でまじめ。
金庫《きんこ》 金銭や貴重品を保管する箱。
禁錮《きんこ》 監獄に入るが労役のない刑。
近古《きんこ》 中古と近世の間の時代。
近郊《きんこう》 都市周辺の地域。郊外。「—農業」
均衡《きんこう》 つり合いが取れていること。

欣幸《きんこう》 幸せに思い喜ぶこと。「—の至り」
金工《きんこう》 金属に細工する工芸・職人。
金鉱《きんこう》 金の鉱石、それを埋蔵する鉱山。
近郷《きんごう》 近くの村。都市に近い村。
吟行《ぎんこう》 詩歌を作るため名所に出かける。
銀行《ぎんこう》 貸し付けなどを行う金融機関。
謹告《きんこく》 公示文などの冒頭に用いる語。
禁獄《きんごく》 刑務所にとじ込めること。
筋骨《きんこつ》 筋肉と骨。体つき。「—隆々」
緊褌一番《きんこんいちばん》 心を引き締めて油断せずに物事に取りかかること。
金婚式《きんこんしき》 結婚五十年目の祝い。
銀婚式《ぎんこんしき》 結婚二五年目の祝い。
僅差《きんさ》 わずかの差。「—で敗れる」
銀座《ぎんざ》 銀貨鋳造所。繁華街の代名詞。

近在《きんざい》 都市や町に近い村。「近郷—」
金策《きんさく》 金の工面。資金繰り。「—に走る」
近視《きんし》 遠方がよく見えない。⇔遠視
禁止《きんし》 差し止める。命じてさせない。
近似《きんじ》 よく似通っていること。「—値」
近時《きんじ》 この頃。近頃。最近。⇔往時
近日《きんじつ》 近いうち。近々。「—中」「—開店」
琴瑟相和《きんしつあいわ》す 夫婦仲がよい。
禁じ手《きんじて》 使うことを禁じられた手段。
金字塔《きんじとう》 ピラミッド。不滅の業績。
金紗《きんしゃ》 【錦紗】金糸を織り込んだ紗。
金主《きんしゅ》 資金・費用を出す人。財主。
筋腫《きんしゅ》 筋肉にできる良性腫瘍。
禁酒《きんしゅ》 飲酒をやめる・禁じること。
錦秋《きんしゅう》 紅葉して錦のように美しい秋。

錦繡《きんしゅう》 美しい衣・詩文・紅葉のたとえ。
禽獣《きんじゅう》 鳥と獣。畜生。「—魚貝」
緊縮《きんしゅく》 引き締めること。切り詰めること。
近所《きんじょ》 近い所。近辺。「—迷惑」「隣—」
僅少《きんしょう》 わずか。ほんのすこし。「—差」
今上《きんじょう》 在位中の天皇の称。「—陛下」
近状《きんじょう》 【近情】最近の状態。近頃の様子。
錦上《きんじょう》 にしきの上。「—花を添える」
吟誦《ぎんしょう》 【吟唱】詩歌を節つきで詠むこと。
吟醸《ぎんじょう》 吟味した原料を用いて醸造する。
金城鉄壁《きんじょうてっぺき》 極めて堅い守り。
金城湯池《きんじょうとうち》 攻め難い勢力範囲。
銀燭《ぎんしょく》 光り輝く灯火。銀製のしょく台。
禁《きん》じる 差し止める。やめさせる。
吟《ぎん》じる 詩歌をうたう・作る。吟ずる。

近親《きんしん》 血統の近い親族。親しい家臣。
謹慎《きんしん》 反省し言動を慎む。外出禁止。
金子《きんす》 お金。ぜに。貨幣。金銭。
近世《きんせい》 現代に近い時代。江戸時代。近代。
均整《きんせい》 【均斉】つり合い整っていること。
金星《きんせい》 太陽系惑星の一つ。明けの明星。
禁制《きんせい》 ある行為を禁止すること・法規。
謹製《きんせい》 慎んで製造すること・品。
金声玉振《きんせいぎょくしん》 人徳と才知を兼ね備えていること。優れた人物に大成する。
銀世界《ぎんせかい》 雪が積もり白一面の景色。
近接《きんせつ》 近くにある・近寄ること。接近。
金銭《きんせん》 お金。ぜに。貨幣。「—感覚」
琴線《きんせん》 琴の糸。胸の奥の微妙な感情。「—に触れる」で、感動し共鳴する、の意。

**欣然**《きんぜん》 喜んで快く物事を行う様子。

**禁足**《きんそく》 外出を禁じる。足留め。「—令」

**禁則**《きんそく》 禁止事項を決めた規則。「—処理」

**金属**《きんぞく》 金属元素とその合金の総称。

**勤続**《きんぞく》 同じ職場に勤め続けること。

**勤惰**《きんだ》 勤めることと怠けること。勤怠。

**近代**《きんだい》 現代に近い時代。近頃。「—文学」

**公達**《きんだち》 親王・貴族の子弟。貴族の子弟の尊称。

**金談**《きんだん》 金銭の貸借などの相談。

**禁断**《きんだん》 かたく禁じる。禁制。「—症状」

**巾着**《きんちゃく》 口をひもで締める布や革製の袋。

**禁中**《きんちゅう》 宮中。皇居。

**近著**《きんちょ》 最近の著述作。近作。⬍旧著

**緊張**《きんちょう》 引き締る。張り詰める。⬍弛緩

**謹聴**《きんちょう》 慎んで聞く。「よく聞け」の意。

**謹直**《きんちょく》 慎み深く実直。「—な人物」

**欽定**《きんてい》 君主の命によって選定すること。

**謹呈**《きんてい》 つつしんで差し上げること。

**金泥**《きんでい》 金粉をにかわで溶いたもの。

**金的**《きんてき》 あこがれの目標。「—を射とめる」

**均霑**《きんてん》 平等に利益を受けること。

**金殿玉楼**《きんでんぎょくろう》 極めて美しい御殿。

**襟度**《きんど》 人を受け入れる心の広さ。度量。

**均等**《きんとう》 差のないこと。平等。「機会—」

**銀杏**《ぎんなん》 イチョウの実。イチョウ。㊙

**筋肉**《きんにく》 動物の運動に必要な器官。すじ。

**近年**《きんねん》 最近の数年。この数年。近頃。

**勤皇**《きんのう》 【勤王】天皇に尽くすこと。尊王。

**金歯**《きんば》 金冠をかぶせた歯。金の入れ歯。

**金杯**《きんぱい》 【金盃】金の杯やカップ。

**緊縛**《きんばく》 きつくしばること。「—を解く」

**金箔**《きんぱく》 極薄にのばした金。肩書き。

**緊迫**《きんぱく》 情勢が切迫すること。「—感」

**金髪**《きんぱつ》 金色の毛髪。ブロンド。

**銀髪**《ぎんぱつ》 銀白色の頭髪。白髪の美称。

**銀盤**《ぎんばん》 銀製の皿。スケートリンク。

**金品**《きんぴん》 金銭と品物。「—の贈与」

**均分**《きんぶん》 等しい割合に分けること。等分。

**勤勉**《きんべん》 仕事・勉強に一心に励む。勉励。

**近辺**《きんぺん》 近いあたり。近所。付近。

**近傍**《きんぼう》 近く。近所。近辺。

**金星**《きんぼし》 平幕力士が横綱に勝つ。大手柄。

**銀幕**《ぎんまく》 映写幕。スクリーン。映画界。

**金満家**《きんまんか》 金持ち。富豪。

**吟味**《ぎんみ》 詳しく調べて選ぶ。調べ正す。

**緊密**《きんみつ》 つながりが深く、密接なさま。

**金脈**《きんみゃく》 金の鉱脈。資金の出どころ。

**近未来**《きんみらい》 ごく近い将来。「—小説」

**勤務**《きんむ》 職務に従事すること。勤め。

**金無垢**《きんむく》 純金の俗称。

**禁物**《きんもつ》 避けるべき事柄。「油断は—だ」

**禁輸**《きんゆ》 輸出入を禁じること。「—品」

**金融**《きんゆう》 金銭の融通。資金の貸借。「—筋」

**緊要**《きんよう》 さし迫り必要なさま。肝要。

**禁欲**《きんよく》 欲望(特に性欲)を抑えること。

**銀翼**《ぎんよく》 銀色に輝く航空機の翼。航空機。

**近来**《きんらい》 近頃。この頃。最近。

**金襴緞子**《きんらんどんす》 豪華で高価な織物。

**金利**《きんり》 利子。利息。「—を引き上げる」

**禁裏**《きんり》 【禁裡】皇居。宮中。御所。

**斤量**《きんりょう》 はかりで量った重さ。目方。

**禁猟**《きんりょう》 狩猟の禁止。「—区」

**禁漁**《きんりょう》 魚・貝・藻類の漁を禁止する。

**筋力**《きんりょく》 筋肉の力。体力。「—をつける」

**近隣**《きんりん》 隣近所。「—諸国」

**錦鱗**《きんりん》 美しい魚。金鱗。銀鱗。

**菌類**《きんるい》 きのこやかびなどの総称。「藻—」

**禁令**《きんれい》 ある行為を禁じる法令・命令。

**銀嶺**《ぎんれい》 積雪で銀色に輝く山。「—を仰ぐ」

**勤労**《きんろう》 仕事をすること。勤めに励むこと。

## く

**句**《く》 文中の区切り。俳句。「二の—」

**苦**《く》 苦しみ。悩み。難儀。「—もなく」

**具**《ぐ》 道具。材料。「みそ汁の—」

**愚**《ぐ》 愚か。ばか。「—の骨頂」

**具合**《ぐあい》 【工合】調子。加減。都合。「懐—」

**具案**《ぐあん》 草案をたてる。手段の備った案。

**杭**《くい》 【杙】地中に打ち込む柱状のもの。

**区域**《くいき》 区切った特定の範囲。「危険—」

**食**《く》**い違**《ちが》**う** 互いに合わない。

**食**《く》**い潰**《つぶ》**す** 財産を使い果たす。

**食**《く》**い詰**《つ》**める** 収入がなく窮する。

**食**《く》**い▲逃**《に》**げ** 飲食代を払わず逃げる。

**食**《く》**い扶持**《ぶち》 食糧にあてる金銭。

**悔**《く》**いる** くやしく思う。悔やむ。悔悟。

**食**《く》**う** 【喰う】食べる。費やす。受ける。

**空位**《くうい》 地位があいている状態。

**寓意**《ぐうい》 他事に託しほのめかすこと。

**空域**《くういき》 空中に設定されている区域。

空間《くうかん》 何もない所。無限の広がり。
偶感《ぐうかん》 偶然に浮かんだ考えや感想。
空閑地《くうかんち》 休耕地。空地。あき地。
空気《くうき》 地球を包む混合気体。雰囲気。
空虚《くうきょ》 何もない。から。むなしいさま。
寓居《ぐうきょ》 かりずまい。一時の住居。
空空漠漠《くうくうばくばく》 広々した様子。
空軍《くうぐん》 空中での攻防を受け持つ軍隊。
空閨《くうけい》 ひとりねの床。寂しい寝室。
空隙《くうげき》 物と物とのすき間。ひま。
空拳《くうけん》 素手。援助なく事にあたること。
空言《くうげん》 うわさ。うそ。口先だけの言葉。
空港《くうこう》 航空機の発着する場所。飛行場。
偶作《ぐうさく》 偶然できた作品。偶成。
宮司《ぐうじ》 神社の最高の神官。

空室《くうしつ》 不使用・不入居の部屋。
空車《くうしゃ》 人や物を乗せていない車。
空襲《くうしゅう》 航空機で空から襲撃すること。
偶数《ぐうすう》 二で割り切れる数。⇔奇数
寓《ぐう》する 仮住まいをする。たとえ話をする。
遇《ぐう》する 人をもてなす。待遇する。扱う。
偶成《ぐうせい》 思いがけなくできあがること。
空席《くうせき》 あいている席。欠員のある地位。
空説《くうせつ》 根も葉もない説。そらごと。
空前《くうぜん》 前例がないこと。「史上―の記録」
偶然《ぐうぜん》 思いがけなく。ふと。⇔必然
空前絶後《くうぜんぜつご》 ごくまれなこと。
空疎《くうそ》 しっかりとした内容がないこと。
空想《くうそう》 現実からかけはなれた考え。
偶像《ぐうぞう》 信仰対象の像。あこがれの対象。

空中《くうちゅう》 そら。大空のなか。「―分解」
空中楼閣《くうちゅうろうかく》 絵空事。架空の物。
空調《くうちょう》 「空気調節」の略。エアコン。
空転《くうてん》 からまわり。むだに推移する。
空洞《くうどう》 からっぽ。うつろ。ほらあな。
空白《くうはく》 何も書いてない。行われていない。
空漠《くうばく》 限りなく広い。とりとめない。
空爆《くうばく》 航空機による爆撃。空中爆発。
偶発《ぐうはつ》 偶然の発生。不意に起こること。
空費《くうひ》 費用や時間のむだ遣い。浪費。
空腹《くうふく》 腹がへること。すき腹。⇔満腹
空文《くうぶん》 実際の役に立たない法律や規則。
空母《くうぼ》 「航空母艦」の略。「原子力―」
空包《くうほう》 音だけが出る弾薬。⇔実包
空砲《くうほう》 実弾が入っていない銃砲。

●空包射撃
●歓迎の空砲

空輸《くうゆ》 飛行機での輸送。「空中輸送」の略。
空欄《くうらん》 何も記入されていない欄。
空理《くうり》 実際とかけはなれている理論。
空冷《くうれい》 空気で冷却すること。⇔水冷
空路《くうろ》 航空機の、飛行する航路。
空論《くうろん》 役に立たない議論や理論。
寓話《ぐうわ》 教訓や風刺を含むたとえ話。
苦役《くえき》 苦しい労働。懲役。徒刑。
久遠《くおん》 時を超越し無限に続くこと。
苦界《くがい》 苦しい社会。遊女のつらい境遇。
区画《くかく》 【区劃】区分け。しきり。「―整理」
苦学《くがく》 働きながら苦労して学問する。
区間《くかん》 全体の中での特定の一区切り。
具眼《ぐがん》 本質を見抜く力があること。

茎《くき》 草のみき。花や葉の柄。
釘《くぎ》 物に打ちこむとがった工具の一。
釘付《くぎづ》け くぎで固定する。動けない。
愚挙《ぐきょ》 愚かなふるまいや企て。
苦境《くきょう》 苦しい立場や環境。窮地。
公卿《くぎょう》 公家。殿上人の総称。
苦行《くぎょう》 苦しくつらい修行。「難行―」
区切《くぎ》り◀ 【句切り】物事の切れ目。
苦吟《くぎん》 苦心して詩歌や俳句を作ること。
九九《くく》 一から九までの掛け算の覚え方。
区区《くく》 小さくて取るに足りないさま。
供具《くぐ》 神仏への供え物。またその道具。
潜《くぐ》り戸《ど》 くぐって出入りする戸。
括《くく》る 一つに束ねる。まとめる。
潜《くぐ》る 水中にもぐる。すき間を抜ける。

公家《くげ》 おおやけ。朝廷。公卿。こうけ。
供花《くげ》 【供華】仏前に花を供えること。
矩形《くけい》 直角四辺形。長方形。
愚兄《ぐけい》 自分の兄の謙称。⇔賢兄
苦言《くげん》 いさめる言葉。忠告。⇔甘言
愚見《ぐけん》 自分の意見の謙称。愚考。
具現《ぐげん》 実際に形にして現す。具体化。
愚行《ぐこう》 ばかげている愚かな行い。
愚考《ぐこう》 自分の考えの謙称。愚見。⇔賢慮
草《くさ》 草本植物の俗称。雑草。まぐさ。
草木《くさき》 草と木。植物。そうもく。
臭《くさ》い いやなにおい。疑わしい様子。
愚妻《ぐさい》 愚かな妻。また自分の妻の謙称。
句作《くさく》 俳句を作ること。
愚作《ぐさく》 つまらない作品。自作の謙称。

腐《くさ》す　あしざまに言う。非難する。
草相撲《くさずもう》　素人相撲。秋
草葉《くさば》の陰《かげ》　あの世。墓の下。
草原《くさはら》　草の生い茂った野原。くさわら。
楔《くさび》　木や金属でできたV字形の道具。
草笛《くさぶえ》　草の葉で作った笛。夏
草枕《くさまくら》　旅先で寝ること。旅寝。野宿。
草《くさ》むら　【叢】草が生い茂っている所。
草餅《くさもち》　ヨモギの葉をまぜてついた餅。
草野球《くさやきゅう》　素人野球。
鎖《くさり》　金属の環をつなぎあわせたもの。
腐《くさ》る　腐敗する。やる気をなくす。
腐《くさ》れ縁《えん》　切ろうにも切れない悪縁。
草分《くさわ》け◀　物事を初めて行うこと・人。
串《くし》　物を突き通す細長い具。「—焼き」

櫛《くし》　毛髪をとかし髪飾りにする用具。
駆使《くし》　自由に使いこなす。追い使う。
鬮《くじ》　【籤】吉凶・勝敗を占う方法の一。
挫《くじ》く　ねじり痛める。勢いを弱める。
奇《く》しくも　不思議にも。怪しくも。
梳《くしけず》る　毛髪を櫛ですく。とかす。
串刺《くしざ》し　物をくしで貫くように通す。
籤引《くじび》き◀　くじを引くこと。抽せん。
愚者《ぐしゃ》　愚か者。ばか者。愚人。⇕賢者
嚔《くしゃみ》　急に強い息を出す生理現象。冬
口授《くじゅ》　口頭で言い教えること。口伝。
苦汁《くじゅう》　つらい思い。にがい経験。
苦渋《くじゅう》　物事がうまく進まず苦しみ悩む。
●苦汁をなめる
●苦渋に満ちた人生
駆除《くじょ》　害虫などを取り除くこと。

苦笑《くしょう》　無理して笑うこと。にがわらい。
苦情《くじょう》　不平不満を述べたてること。
具象《ぐしょう》　形があること。具体。⇕抽象
鯨幕《くじらまく》　白と黒の凶事用の幕。
抉《くじ》る　えぐり出す。ほじる。かき回す。
苦心《くしん》　心をくだき苦労する。考え悩む。
具申《ぐしん》　事情を詳しく申し立てること。
苦心惨憺《くしんさんたん》　苦労を重ねること。
愚図《ぐず》　優柔不断でてきぱき動けない人。
頽《くずお》れる　衰える。気落ちする。倒れる。
屑籠《くずかご》　捨てるごみを入れる、籠や箱。
葛切《くずき》り◀　葛粉で作る細い菓子。夏
擽《くすぐ》る　こそばゆく感じるよう刺激する。
葛粉《くずこ》　クズの根からとるでんぷん。
崩《くず》す　物を砕き壊す。乱す。両替する。

薬玉《くすだま》　祝い行事に用いる飾り玉。
屑鉄《くずてつ》　廃品の鉄製品。スクラップ。
燻《くすぶ》る　よく燃えずに煙る。家にこもる。
葛餅《くずもち》　葛粉をこねて蒸した菓子。夏
薬《くすり》　病や傷の治療に使うもの。「胃—」
具《ぐ》する　そなえる。そろえる。伴う。
癖《くせ》　行動の個人的傾向や習慣的動作。
癖毛《くせげ》　自然に縮れたり波打つ質の頭髪。
苦節《くせつ》　苦しみに負けず信念を守り通す。
口舌《くぜつ》　【口説】弁舌。言い争い。「—の種」
曲者《くせもの》　怪しい者。油断できないもの。
苦戦《くせん》　苦しく不利な戦い。苦闘。
糞《くそ》　ふん。大便。人をののしる語。
愚僧《ぐそう》　僧である自分の謙称。⇕貴僧
具足《ぐそく》　十分備わっていること。道具。

愚息《ぐそく》　自分の息子の謙称。豚児。
糞味噌《くそみそ》　分別しないさま。さんざん。
管《くだ》　細長い筒状のもの。チューブ。
具体《ぐたい》　形象を備えているさま。「—策」
砕《くだ》く　強い力を加えて破片にする。
下《くだ》す　低い所へ移動させる。申し渡す。
降《くだ》す　【下す】攻め落とす。降参させる。
草臥《くたび》れる　つかれる。疲労する。
果物《くだもの》　食用の草木の果実。フルーツ。
件《くだり》　【条】文章や話の一部分。
管《くだ》を巻《ま》く　酒に酔いくどくど言う。
件《くだん》　前述したこと。例の。「—の話」
愚痴《ぐち》　むだな事を言って嘆くこと。
口封《くちふう》じ　秘密が漏れないようにする。
口当《くちあ》たり◀　口にした時の感じ。

口入《くちい》れ　仲介に立つこと。仲介人。
口移《くちうつ》し　口から口へ移し入れる。
口裏《くちうら》　話の裏の事情。「—を合わせる」
口絵《くちえ》　雑誌・書物の巻頭に入れる絵。
口惜《くちお》しい　くやしい。残念だ。
口重《くちおも》　物言いがうまくない。口が堅い。
口軽《くちがる》　軽々しくものを言う。⇕口重
口金《くちがね》　器物の口にはめる金具。
朽《く》ち木《き》◀　腐った木。不遇な境遇。
口利《くちき》き　うまく話す人。仲介する人。
口汚《くちぎたな》い　【口穢い】言い方があしざま。
口切《くちき》り◀　容器を開ける。物事のはじめ。
駆逐《くちく》　敵などを追い払うこと。「—艦」
口癖《くちぐせ》　頻繁に使う言葉。決まり文句。
口口《くちぐち》　大勢がそれぞれ言うこと。

口車《くちぐるま》 人をだます巧みな言いまわし。
口喧嘩《くちげんか》 言い合うけんか。言い争い。
口答《くちごた》え 目上の人に逆らい言い返す。
口籠《くちご》▲もる 発語が不明。言い渋る。
口先《くちさき》 心にもないうわべだけの言葉。
口寂《くちさび》しい 口にする物が欲しい。
口過《くちす》ぎ 生計。暮らしをたてること。
口遊《くちずさ》む 詩や歌を軽く声に出し歌う。
漱《くちすす》ぐ 【嗽ぐ】口を清める。うがいする。
口添《くちぞ》え 言葉を添えてとりなすこと。
口出《くちだ》し ほかの人の話に割り込む。
口達者《くちだっしゃ》 口先や物言いがうまい(人)。
口伝《くちづ》て 人から人へ言い伝えること。
口止《くちど》め 他言を禁じること。「—料」
口直《くちなお》し 他物を飲食し前の味を消す。

口《くち》の端《は》 うわさ。風聞。「—にのぼる」
嘴《くちばし》 【喙】鳥の口先。「—を入れる」「—が黄色い」で、「口出しする」「未熟」の意。
口走《くちばし》る 失言する。無意識に言う。
口八丁《くちはっちょう》 話が巧みなこと。「—手八丁」
口幅《くちはば》ったい 大言を言うさま。
口早《くちばや》 物の言い方が早いこと。早口。
口火《くちび》 点火に使う火。きっかけや原因。
唇《くちびる》 口を囲む弁状粘膜。「—を反す」
口笛《くちぶえ》 口をすぼめ音をふき鳴らすこと。
口振《くちぶ》り 話す様子。言葉つき。
口下手《くちべた》 言い方が巧みでないこと。
口紅《くちべに》 唇にさす紅。化粧品の一つ。
口元《くちもと》 【口許】口つき。出入口の近辺。
口喧《くちやかま》しい 言葉数が多くうるさい。

苦衷《くちゅう》 苦しくつらい心中。「—を察する」
駆虫《くちゅう》 寄生虫や害虫を取り除くこと。
口調《くちょう》 言葉の調子。言葉の言い回し。
愚直《ぐちょく》 正直すぎて融通がきかないこと。
口汚《くちよご》し 相手への飲食物の謙譲語。
朽《く》ちる 腐って壊れる。すたれる。
靴《くつ》 【沓】歩行のために足にはくもの。
苦痛《くつう》 心や体が感じる苦しみや痛み。
覆《くつがえ》す ひっくりかえす。滅ぼす。
屈強《くっきょう》 非常に力の強いこと。剛直。
究竟《くっきょう》 結局。最も優れる。具合がいい。
屈曲《くっきょく》 折れ曲がること。屈折。「—した道」
掘鑿《くっさく》 【掘削】土などを掘り穴をあける。
屈指《くっし》 指折り。非常に優れていること。
靴下《くつした》 素足に直接はく衣類。

屈辱《くつじょく》 屈従による辱め。「—を晴らす」
屈伸《くっしん》 のびちぢみ。伸縮。「—運動」
屈《くっ》する かがむ。服従する。くじける。
靴擦《くつず》れ 靴で擦れた、足の擦り傷。
屈折《くっせつ》 折れ曲がること。「—した心理」
屈託《くったく》 気掛かりなことを心配すること。
屈伏《くっぷく》 【屈服】服従。おそれ従う。屈従。
靴篦《くつべら》 靴をはきやすくするための用具。
苦爪楽髪《くづめらくがみ》 苦労が多いと爪が、安楽だと髪が早く伸びるということ。
寛《くつろ》ぐ 落ち着く。ゆったりと休まる。
轡《くつわ》 馬の口に含み手綱をつける金具。
愚弟《ぐてい》 愚かな弟。自分の弟の謙称。
句点《くてん》 文の終わりにつける「。」の記号。
口伝《くでん》 言葉で伝えること。口授。

諄《くど》い しつこく何度も言う。どぎつい。
苦闘《くとう》 苦しい戦い。苦戦。「悪戦—」
駆動《くどう》 動力を与えて動かす。「四輪—」
愚答《ぐとう》 無意味なばかげた答。⇔名答
句読点《くとうてん》 句点「。」と読点「、」。
口説《くど》く 何度も説得する。言い寄る。
功徳《くどく》 善行の報い。積善の効力。
諄諄《くどくど》 何度も繰り返し言う。長々話す。
愚鈍《ぐどん》 判断力が鈍い様子。⇔利発
宮内《くない》 皇居のうち。みやのうち。
苦難《くなん》 苦しみや難儀。困難。「—の道」
国《くに》 【邦】国家。国土。故郷。田舎。
国柄《くにがら》 その国や地方の特色。「お—」
苦肉《くにく》の策《さく》 苦しまぎれの手段。
国元《くにもと》 【国許】故郷。大名の領地。

苦悩《くのう》 あれこれと苦しみ悩む。「—の色」
苦杯《くはい》 にがい経験。「—をなめる」
配《くば》る 割り当てて渡す。行き届かせる。
句碑《くひ》 俳句を彫りつけた石碑。
具備《ぐび》 必要な物が十分に備わっている。
首飾《くびかざ》り▲ 【頸飾り】首にかける装飾品。
軛《くびき》 車の長柄の横木。自由の妨げ。
首筋《くびすじ》 【頸筋】首の後部。襟首。首根っこ。
括《くび》れる 両端が太く中間が細くなる。
首輪《くびわ》 【頸輪】猫や犬の頸にはめる輪。
工夫《くふう》 適切な方法などを考案すること。
九分九厘《くぶくりん》 ほぼ確実なこと。
区分《くぶん》 全体を区切って分けること。
区別《くべつ》 違いや種類によって分けること。
焼《く》べる 火に入れて燃す。「暖炉に薪を—」

凹地《くぼち》 【窪地】くぼんでいる土地。
凹む《くぼむ》 【窪む】へこむ。低く落ち込む。
隈《くま》 物かげ。奥まった所。「目の―」
供米《くまい》 神仏に供える米。饌米《せんまい》。
愚昧《ぐまい》 道理に暗いこと。愚か。愚鈍。
熊手《くまで》 落ち葉などをかき集める道具。
隈取《くまど》り▲ 歌舞伎《かぶき》役者の化粧法。
隈無《くまな》く 残る所なく。隅から隅まで。
組《くみ》 仲間。ひとそろい。グループ。
組合《くみあい》 目的遂行のための共同組織。
組▲み討《う》ち▲ 【組打】組み合って争う。
酌▲み交《か》わす▲ 杯をやりとりする。
与《くみ》する 【組する】仲間となる。賛成する。
組▲み立《た》て▲ 構造。しくみ。
汲み取《と》る 推しはかる。思いやる。

組▲み紐《ひも》 糸を組み合わせて作るひも。
愚民《ぐみん》 愚かな人民。「―政策」
汲《く》む 水などをすくい取る。理解する。
酌《く》む 器に入れて飲む。思いやる。
●流れを汲む
●事情を酌む
組《く》む 編成・組織する。協力する。作る。
工面《くめん》 算段。金品をやりくりすること。
雲足《くもあし》 【雲脚】雲の動き。雲行き。
愚蒙《ぐもう》 愚かで道理にうといこと。
雲隠《くもがく》れ 雲に隠れる。姿をくらます。
雲形《くもがた》 雲のたなびく形。「―定規」
供物《くもつ》 供養のために神仏に供えるもの。
雲間《くもま》 雲の切れた間。晴れ間。
雲行《くもゆ》き 雲のあしどり。事のなりゆき。
曇《くも》り▲ 雲が空を覆った状態。かげり。

苦悶《くもん》 苦しみもだえること。「―の表情」
愚問《ぐもん》 つまらない質問。「―愚答」
悔《くや》しい 【口惜しい】残念でたまらない。
悔《く》や▲む 後悔する。哀悼の言葉を述べる。
具有《ぐゆう》 備えもっていること。具備。
燻《くゆ》る 燃えて煙が立つ。物思いに悩む。
供養《くよう》 霊に物を供え冥福《めいふく》を祈ること。
蔵《くら》 【倉】家財などを保管する建物。
鞍《くら》 人や物を乗せるための馬具。
位《くらい》 地位。等級。程度。数の桁《けた》。
位取《くらいど》り 数の位を定めること。優劣。
暗《くら》い 光量が少なく見えない。陰気だ。
位負《くらいま》け 地位に実力が伴っていない。
食《く》らう 飲み食いする。受ける。被る。
鞍替《くらが》え 勤め場所や職をかえること。

暗《くら》がり 暗い所。暗やみ。また暗い時。
苦楽《くらく》 苦しみと楽しみ。「―を共にする」
暮《く》らす▲ 寝起き・飲食し生活していく。
倉敷料《くらしきりょう》 倉庫の保管料。敷料。倉敷。
蔵出《くらだ》し 倉庫から保管物を出すこと。
蔵払《くらばら》い 在庫商品の安売り処分。
蔵開《くらびら》き 新年吉日に蔵を開く。新
比《くら》べる 【較べる】比較する。競う。
晦《くら》ます 【暗ます】居所を隠す。ごまかす。
眩《くら》む 【暗む】目が回る。判断できない。
暗闇《くらやみ》 暗い所。人目につかない所。
庫裏《くり》 【庫裡】寺の台所。住職の住む所。
繰《く》り上《あ》げる 順に前に移す。
繰《く》り合《あ》わす▲ 都合をつける。
繰《く》り返《かえ》す 同じことを何度も行う。

繰《く》り越《こ》す 残りを次に送る。
繰《く》り言《ごと》▲ 同じ愚痴を繰り返しこぼす。
繰《く》り出《だ》す 順に出す。出かける。
刳《く》り貫《ぬ》く えぐって穴を開ける。
繰《く》り延《の》べる 日程を先にずらす。
栗名月《くりめいげつ》 陰暦九月一三夜の月。秋
厨《くりや》 食物を料理する所。台所。「―船」
苦慮《くりょ》 苦心して考え悩むこと。
来《く》る 近づく。起こる。出現する。
刳《く》る 刃物でえぐり穴をあける。
繰《く》る 巻き取る。めくる。順に数える。
狂《くる》う 正常でなくなる。異常に熱中する。
苦《くる》しい 堪えがたい。困難である。
苦《くる》し紛《まぎ》れ 苦しさの余り行うさま。
踝《くるぶし》 足首の両側の突起した骨。

車椅子《くるまいす》 車輪付きの移動可能な椅子。
車座《くるまざ》 大勢で輪になって座る。円座。
車寄《くるまよ》せ▲ 玄関先の車両乗降用の場所。
包《くる》む 巻くようにしてつつみこむ。
眩《くる》▲めく ぐるぐる回る。目が回る。
郭《くるわ》 【曲輪】城の外囲い。遊里。遊郭。
暮《く》れ▲ 日暮れ。夕方。終わり。年末。
呉呉《くれぐれ》も 念を入れるさま。なにとぞ。
愚劣《ぐれつ》 愚かで劣っている。価値がない。
紅《くれない》 鮮明な赤色。べにいろ。
暮《く》れ泥《なず》む なかなか暮れない。
呉《く》れる 与える。やる。つかわす。
暮《く》れる 日が落ちて暗くなる。終わる。
紅蓮《ぐれん》 燃える炎の色。赤いハスの花。
愚連隊《ぐれんたい》 不正を行う不良集団。

畔《くろ》 田の中のさかい。あぜ。
苦労《くろう》 骨折り。うまくいくように励む。
愚弄《ぐろう》 ばかにすること。ひやかすこと。
玄人《くろうと》 その道に熟達した専門家。本職。
玄人跣《くろうとはだし》 専門家顔負けの能力・技量。
黒髪《くろかみ》 黒くて光沢あるうるわしい毛髪。
黒子《くろこ》 【黒衣】「後見役」のたとえ。
黒字《くろじ》 収入が支出を上回ること。利益。
黒潮《くろしお》 日本列島付近を流れる暖流。
黒白《くろしろ》 黒と白。是非。「—をつける」
黒土《くろつち》 黒色の土。農作に適した土壌。
黒南風《くろはえ》 梅雨期に吹く南風。夏
黒船《くろふね》 江戸期に欧米から来航した艦船。
黒星《くろぼし》 黒い星印。負け。失敗。⇔白星
黒幕《くろまく》 黒い幕。暗躍する者。「政界の—」

黒文字《くろもじ》 茶菓子の楊子《ようじ》。つま楊子。
黒山《くろやま》 大勢が群がる。「—の人だかり」
黒枠《くろわく》 死亡通知等の周りを囲む黒い線。
愚論《ぐろん》 愚かな議論。自分の議論の謙称。
鍬《くわ》 土を掘り起こすために使う農具。
加《くわ》える 足す。増やす。仲間に入れる。
銜《くわ》える 【咥える】口に挟んでささえる。
区《く》分《わ》け 全体を区切って分けること。
詳《くわ》しい 【委しい】精通している。事細か。
食《く》わず嫌《ぎら》い 食べずに嫌うこと。
食《く》わせ物《もの》 中身がいい加減なもの。
企《くわだ》てる もくろむ。計画する。たくらむ。
桑原《くわばら》 落雷よけのまじないの語。桑畑。
区《く》割《わ》り◀ いくつかに分ける。区分。
君《くん》 人名に添えて軽い敬意を表す語。

訓《くん》 漢字に日本語を当てた読み方。
軍《ぐん》 戦争のための兵力の集団単位。
郡《ぐん》 町・村を包括する行政区画。
群《ぐん》 むれ。むらがり。「—を抜く」
軍医《ぐんい》 軍隊で医務に従事する人。
訓育《くんいく》 教え諭してよい方に導き育てる。
薫育《くんいく》 徳をもって導き育てる。薫化。
軍歌《ぐんか》 軍隊の士気を高める歌。
訓戒《くんかい》 【訓誡】教え諭すこと。いましめ。
軍拡《ぐんかく》 軍備を拡張すること。⇔軍縮
軍艦《ぐんかん》 水上戦等に用いる戦闘用の艦艇。
軍記《ぐんき》 戦争や合戦の模様を記した書物。
軍旗《ぐんき》 連隊のしるしの旗。戦場用の旗。
軍機《ぐんき》 軍事上の機密事項。「—保護法」
群居《ぐんきょ》 集まり住む。群で生活すること。

訓詁《くんこ》 古い文字や語句の解釈。「—学」
勲功《くんこう》 国家に対する功績。名誉の手柄。
薫香《くんこう》 たきもの。よいにおい。芳香。
軍功《ぐんこう》 戦争で立てた手柄や功績。
訓告《くんこく》 いましめ教え告げること。
軍国《ぐんこく》 軍事を主な政策とする国家。
葷菜《くんさい》 においの強い野菜(ニラなど)。
群山《ぐんざん》 多くの山々。連なっている山々。
君子《くんし》 徳が高く品のある人。「聖人—」
訓示《くんじ》 上の者が下の者に教え示すこと。
訓辞《くんじ》 教えいましめる言葉。教訓。
●部下に訓示する
●校長先生の訓辞
軍師《ぐんし》 計略などを考える人。参謀。
軍事《ぐんじ》 軍備や戦争に関する事柄。
軍資金《ぐんしきん》 軍事行動に必要な資金。

君子豹変《くんしひょうへん》 君子は過ちとわかれば直ちに改める。変わり身が早いこと。
君主《くんしゅ》 世襲的な国家の元首。天子。
葷酒《くんしゅ》 ニラなどの臭気の強い野菜と酒。
軍需《ぐんじゅ》 軍事上の需要、またその物資。
群衆《ぐんしゅう》 群がり集まった人々。大衆。
群集《ぐんしゅう》 一つの所に群がり集まること。
●群衆をかき分ける
●群集心理 群集地
軍縮《ぐんしゅく》 「軍備縮小」の略。「核—」⇔軍拡
勲章《くんしょう》 国家が勲功ある人に与える記章。
群小《ぐんしょう》 多くの小さいもの。「—国家」
群青《ぐんじょう》 あざやかな青色。「—の秋空」
君臣《くんしん》 主君と臣下。「—水魚」
軍神《ぐんしん》 武運を守る神。戦死した勇将。
軍人《ぐんじん》 軍籍にある人々の総称。武人。

燻製《くんせい》 肉などを燻でいぶした保存食品。
軍制《ぐんせい》 軍隊に関する制度の総称。
軍政《ぐんせい》 軍事に関する行政。軍令。
群生《ぐんせい》 同一植物が同所に群がり生える。
群棲《ぐんせい》 同種の動物が集団で生活する。
●群生植物
●鳥の群棲地
軍勢《ぐんぜい》 兵士の群。軍人の集団。軍隊。
軍曹《ぐんそう》 陸軍下士官の階級の一つ。「鬼—」
群像《ぐんぞう》 多くの人々の活躍している姿。
軍隊《ぐんたい》 一定規律で組織された軍人集団。
軍団《ぐんだん》 軍と師団との中間の編制部隊。
軍手《ぐんて》 太い木綿で編んだ作業用手袋。
訓点《くんてん》 漢文訓読のための文字や符号。
勲等《くんとう》 国家功労者に与える勲章の等級。
薫陶《くんとう》 徳をもって相手を感化すること。

群島《ぐんとう》 群がっている島々。諸島。
群盗《ぐんとう》 集団をなして行動する盗賊。
訓読《くんどく》 漢字に日本語をあてて読むこと。
軍配《ぐんばい》 指揮・行司用のうちわ形の道具。
軍閥《ぐんばつ》 軍部中心の政治勢力。「—政治」
群発《ぐんぱつ》 同一地域で頻発する。「—地震」
軍備《ぐんび》 国防や戦争への備え。「—縮小」
軍部《ぐんぶ》 軍の当局。軍に属する諸機関。
群舞《ぐんぶ》 大勢が一緒に踊る、その踊り。
薫風《くんぷう》 初夏のさわやかな風。南風。夏
軍服《ぐんぷく》 軍人が着用する制服。
軍法《ぐんぽう》 軍隊内の法律。戦術。「—会議」
群民《ぐんみん》 多くの人民。民衆。群がる人々。
訓蒙《くんもう》 初心者を教えさとす、その書物。
群雄割拠《ぐんゆうかっきょ》 英雄たちが争う。
軍用《ぐんよう》 軍事目的に使う。軍の費用。「—金」
群落《ぐんらく》 多くの村落。植物の群集。
軍律《ぐんりつ》 軍隊の中での法律。軍法。軍規。
軍略《ぐんりゃく》 軍事上のはかりごと。戦略。
君臨《くんりん》 君主が統治する。勢力で支配する。
訓令《くんれい》 上級官庁から下級官庁への命令。
訓練《くんれん》 習熟するよう教えて練習させる。
訓話《くんわ》 教え諭すための話。「精神—」

## け

毛《け》 表皮から生えるもの。頭髪。羽。
卦《け》 易で算木に現れる印。占うもの。
褻《け》 ふだん。日常。平生。⬌晴れ
蹴上げ《けあげ》 階段一段の高さ。
毛脚《けあし》 【毛足】敷物などの表面の毛。
毛穴《けあな》 【毛孔】皮膚上の毛が生える穴。
刑《けい》 法律によって犯罪者に科する罰。
芸《げい》 学問。技能。わざ。「—が細かい」
敬愛《けいあい》 尊敬し慕うこと。「—の念」
経緯《けいい》 経線と緯線。いきさつ。事情。
敬意《けいい》 尊敬の気持ち。「—を払う」
軽易《けいい》 手軽。簡単でたやすいこと。
芸域《げいいき》 芸の深さや広さ。「—を深める」
契印《けいいん》 二枚にまたがって押す印。割印。
鯨飲馬食《げいいんばしょく》 大量に飲食する。
経営《けいえい》 事業を営むこと。運営すること。
警衛《けいえい》 警戒し護衛すること(人)。警護。
敬遠《けいえん》 敬うふりをして近づかないこと。
芸苑《げいえん》 文筆家や芸術家の社会。
軽音楽《けいおんがく》 気軽に楽しめる音楽。
経過《けいか》 時間が過ぎ行くこと。なりゆき。
慶賀《けいが》 よろこび祝うこと。祝賀。慶祝。
猊下《げいか》 高僧への敬称。高僧への脇付。
啓開《けいかい》 障害物を取去し水路を切り開く。
軽快《けいかい》 身軽ですばやい。軽やかな気分。
警戒《けいかい》 万一に備え注意し用心すること。
形骸《けいがい》 命や内容を失い形だけ残った物。
謦咳《けいがい》に接《せっ》する 目上の人の話しを聞く。拝謁する。「謦咳」は「咳《しわぶき》」の意。
圭角《けいかく》 言動に角があり円満でないさま。
計画《けいかく》 事前に方法などを考える。企て。
挂冠《けいかん》 官を辞すること。掛冠。月桂冠。
景観《けいかん》 優れた景色。眺め。「都市—」
警官《けいかん》 「警察官」の通称。巡査。
炯眼《けいがん》 鋭く光る目。鋭い眼力。慧眼。

慧眼《けいがん》 本質を見抜く鋭い眼力。⬌凡眼
●炯眼人を射る
●慧眼の士

契機《けいき》 原因。物事のきっかけ。動機。
計器《けいき》 大きさや量・状態を測定する具。
景気《けいき》 社会経済の状況。活気。商況。
刑期《けいき》 刑が科せられる期間。受刑期間。
芸妓《げいぎ》 芸者。げいこ。
景況《けいきょう》 物事のありさま。景気の状態。
荊棘《けいきょく》 いばら。困難。乱れた状態。
軽挙妄動《けいきょもうどう》 軽はずみな行動。
警句《けいく》 巧みに鋭く心理をついた言葉。
敬具《けいぐ》 「謹んで申す」の意。手紙の結語。
鶏群《けいぐん》の一鶴《いっかく》 大勢の凡人の中にいる一人の優れた人のたとえ。
炯炯《けいけい》 目が鋭く光り輝くさま。「眼光—」
軽軽《けいけい》に かるがるしく。
迎撃《げいげき》 攻めてくる敵を迎え撃つこと。
経穴《けいけつ》 灸《きゅう》や鍼《はり》のツボ。
経験《けいけん》 実際に見聞し、行ったこと。
敬虔《けいけん》 神仏などを心から敬い謹むさま。
軽減《けいげん》 減らして少なくする。⬌加重
稽古《けいこ》 学び習う。繰り返し練習する。
敬語《けいご》 相手に敬意を表すための言葉。
警固《けいご》 警戒して守りを固めること。
警護《けいご》 警戒して守ること。「要人の—」
経口《けいこう》 口から体内に入ること。「—投薬」
蛍光《けいこう》 蛍の光。ほたるび。「—灯」「—色」
傾向《けいこう》 状態などが一定の方向に傾く。
携行《けいこう》 携えて行くこと。携帯。「—食料」
迎合《げいごう》 相手が気に入るようにふるまう。

**鶏口牛後**《けいこうぎゅうご》 大きな団体の配下より、小さな団体でも長のほうがよい。
**蛍光灯**《けいこうとう》 水銀蒸気入りの放電灯。
**渓谷**《けいこく》 【谿谷】谷間。「—美」
**経国**《けいこく》 国家を経営し治めること。
**傾国**《けいこく》 美人。遊女。傾城《けいせい》。
**警告**《けいこく》 前もっていましめ注意を促す。
**荊妻**《けいさい》 自分の妻の謙称。愚妻。
**掲載**《けいさい》 新聞や雑誌などに載せること。
**経済**《けいざい》 生産や消費などの活動。倹約。
**警策**《けいさく》 座禅の打ち棒。いましめ励ます。
**警察**《けいさつ》 国民の安全を保つ行政機関。
**計算**《けいさん》 数量を数える。予測。「—ずく」
**経産婦**《けいさんぷ》 出産経験のある婦人。
**刑死**《けいし》 死刑に処せられて死ぬこと。

**京師**《けいし》 帝都。京都。みやこ。
**軽視**《けいし》 軽んじ見下げること。⇔重視
**継子**《けいし》 ままこ。血縁がない子。⇔実子
**継嗣**《けいし》 跡継ぎ。後継者。跡取り。
**警視**《けいし》 警察官の階級で、警視正の下。
**兄事**《けいじ》 兄のように敬いつかえること。
**刑事**《けいじ》 刑法上の事件。捜査する巡査。
**計時**《けいじ》 競技などの経過時間を計ること。
**啓示**《けいじ》 神が真理を人々に教え示すこと。
**掲示**《けいじ》 人目につく所に掲げ示すこと。
**慶事**《けいじ》 祝いごと。おめでた。⇔弔事
**形而下**《けいじか》 形をもったもの。有形。
**形式**《けいしき》 上べの形。一定の手続きや方法。
**型式**《けいしき》 構造や外形などで分類する型。
●**形式**にこだわる
●自動車の**型式**

**形而上**《けいじじょう》 形式をこえたもの。無形。
**形質**《けいしつ》 形と性質。生物の形態上の特徴。
**傾斜**《けいしゃ》 傾くこと。傾きの程度。「—坂」
**芸者**《げいしゃ》 宴会で座興を添える職業の女性。
**閨秀**《けいしゅう》 学問や芸術に優れた女性。女流。
**慶祝**《けいしゅく》 よろこび祝うこと。「—行事」
**掲出**《けいしゅつ》 見やすいように掲示すること。
**芸術**《げいじゅつ》 美を表現する活動の総称。「—家」
**迎春**《げいしゅん》 新年を迎えること。新
**経書**《けいしょ》 中国の儒学・漢学の古典。経典。
**形象**《けいしょう》 形。外に表れている物の姿。
**形勝**《けいしょう》 自然にできた要害の地。景勝。
**景勝**《けいしょう》 風景が優れていること。絶景。
●**形勝**に築城する
●有名な**景勝**の地
**敬称**《けいしょう》 敬意を表す呼び方・言葉。

**軽少**《けいしょう》 少ない。わずか。ほんの少し。
**軽症**《けいしょう》 程度の軽い病気。⇔重症
**軽傷**《けいしょう》 軽い傷。軽いけが。⇔重傷
●**軽症**にかかる
●転んで**軽傷**を負う
**軽捷**《けいしょう》 身軽で素早いこと。軽快。
**継承**《けいしょう》 あとを受け継ぐこと。「王位—」
**警鐘**《けいしょう》 危険を知らせ警戒を促す鐘。
**形状**《けいじょう》 かたち。ありさま。形態。
**刑場**《けいじょう》 死刑を行う場所。しおきば。
**計上**《けいじょう》 全体の数値に組み入れて数える。
**啓上**《けいじょう》 申し上げること。「一筆—」
**経常**《けいじょう》 常に一定で変わらない。「—利益」
**警乗**《けいじょう》 列車などに乗って警戒すること。
**軽食**《けいしょく》 簡単で軽い食事。手軽な食事。
**敬神**《けいしん》 神を敬うこと。「—の念」

**系図**《けいず》 先祖代々の血統の記録。系譜。
**計数**《けいすう》 計算すること。計算結果の値。
**係数**《けいすう》 変数にかけられている数・文字。
**形成**《けいせい》 形を成す。形作る。「人格の—」
**形勢**《けいせい》 ありさま。事のなりゆき。情勢。
**警世**《けいせい》 世間に警告を与えること。「—家」
**経世済民**《けいせいさいみん》 世を治め民を救う。
**形跡**《けいせき》 何か物事があったことを示す跡。
**蛍雪**《けいせつ》 苦労して学問をする。「—の功」
**係船**《けいせん》 【繋船】港に船をつなぎとめる。
**経線**《けいせん》 赤道に垂直な経度を表す線。
**罫線**《けいせん》 一定の間隔で引いた線。罫線表。
**形相**《けいそう》 かたち。姿。本質的特徴。
**係争**《けいそう》 【繋争】訴訟人同士の争い。
**軽装**《けいそう》 身軽で動きやすい服装。

**軽躁**《けいそう》 軽はずみに騒ぐこと。軽はずみ。
**恵贈**《けいぞう》 贈り主への尊敬語。「ご—の品」
**計測**《けいそく》 器械を使って測り調べること。
**係属**《けいぞく》 【繋属】訴訟中であること。
**継続**《けいぞく》 続くこと。受けつぐこと。「—的」
**軽率**《けいそつ》 【軽卒】軽はずみなさま。⇔慎重
**恵存**《けいそん》 本を贈る時に書き添える語。
**形態**《けいたい》 物事の形。ありさま。形状。
**敬体**《けいたい》 「です」「ます」調の文体。⇔常体
**携帯**《けいたい》 たずさえること。「—品」「—電話」
**境内**《けいだい》 境界の内側。寺社の敷地の中。
**恵沢**《けいたく》 めぐみ。恩恵。「—に浴する」
**啓蟄**《けいちつ》 二十四節気で三月五日頃。春
**傾注**《けいちゅう》 一つの事に専念して力を注ぐ。
**敬弔**《けいちょう》 つつしんでとむらうこと。

軽重《けいちょう》 軽いことと重いこと。重さ。
傾聴《けいちょう》 耳を傾けて聞く。熱心に聞くこと。
慶弔《けいちょう》 慶びと弔い。吉事と凶事。
軽佻浮薄《けいちょうふはく》 軽率で短慮なさま。
頸椎《けいつい》 せきついの最上部の七つの骨。
径庭《けいてい》 【逕庭】非常な違い。隔たり。
警笛《けいてき》 警戒を促すために鳴らす笛。
経典《けいてん》 聖人や賢人の著した書物。経書。
敬天愛人《けいてんあいじん》 天を敬い人を愛す。
毛糸《けいと》 羊などの毛を紡いだ糸。
経度《けいど》 子午線が基準の位置を示す座標。
軽度《けいど》 程度が軽いさま。⇔重度・強度
系統《けいとう》 一定の順序・道筋。血統。路線。
傾倒《けいとう》 心を傾けて熱中すること。
継投《けいとう》 別の投手が引き継いで投げる。

芸当《げいとう》 演芸。曲芸。離れ業。「見事な―」
芸道《げいどう》 技芸の道。芸術や芸能の道。
頸動脈《けいどうみゃく》 頭部に血液を送る血管。
芸人《げいにん》 芸能人。芸に巧みな人。多芸人。
経年《けいねん》 年月を経ること。「―変化」
芸能《げいのう》 大衆娯楽の総称。学問や技芸。
競馬《けいば》 競走馬による公認のレース。
軽輩《けいはい》 地位や身分の低い人。未熟者。
啓培《けいばい》 知識を得させ養う。啓発培養。
敬白《けいはく》 【啓白】敬って申す。手紙の結語。
軽薄《けいはく》 思慮が浅く軽々しいこと。
啓発《けいはつ》 気づかせ教えわからせること。
刑罰《けいばつ》 国が罪を犯した人に科する罰。
閨閥《けいばつ》 妻の縁者が中心の勢力。「―政治」
警抜《けいばつ》 着想などがすぐれているさま。

経費《けいひ》 事を行うのに必要な費用。
軽微《けいび》 少し。程度がわずかなさま。
警備《けいび》 警戒し備え守ること。「―員」
景品《けいひん》 売品に添え客に贈る品。賞品。
慧敏《けいびん》 才知に優れていること。
迎賓《げいひん》 国賓などを迎えること。「―館」
系譜《けいふ》 血縁関係の記録。系図。
継父《けいふ》 実父・養父でない父。ままちち。
軽侮《けいぶ》 相手を軽んじあなどること。
頸部《けいぶ》 首。首の部分。「―リンパ節」
警部《けいぶ》 警察官の階級の一つ。警視の下。
芸風《げいふう》 芸の持ち味。技ぶり。演じ方。
敬服《けいふく》 感心し従う気持ちを抱くこと。
景物《けいぶつ》 四季折々の風物。おまけ。景品。
軽蔑《けいべつ》 相手をあなどりさげすむこと。

軽便《けいべん》 簡単で便利なこと。手軽なさま。
敬慕《けいぼ》 心から尊敬して慕うこと。
継母《けいぼ》 実母・養母でない母。ままはは。
刑法《けいほう》 犯罪および刑罰を規定した法律。
警報《けいほう》 危険を警戒させるための知らせ。
閨房《けいぼう》 寝室。寝床。婦人の居間。ねや。
警防《けいぼう》 災害などを警戒して防ぐこと。
警棒《けいぼう》 警察官が腰に携帯する短い棒。
桂馬《けいま》 将棋の、駒《こま》の一つ。「―飛び」
軽妙《けいみょう》 軽快でうまみがある。⇔鈍重
刑務所《けいむしょ》 受刑者を拘禁する施設。
鶏鳴《けいめい》 にわとりの鳴き声。夜明け。
芸名《げいめい》 芸人が芸道上で用いる別名。
鶏鳴狗盗《けいめいくとう》 くだらない技芸。
啓蒙《けいもう》 無学者を啓発して教え導くこと。

契約《けいやく》 法律上の効果が生じる約束。
経由《けいゆ》 ある地点を経て目的地に行く。
軽油《けいゆ》 引火点の低い石油。揮発油。
恵与《けいよ》 恵み与えること。恵贈。恵投。
形容《けいよう》 姿。形状。たとえて言うこと。
掲揚《けいよう》 高く掲げること。「国旗―」
警邏《けいら》 見回って警戒すること・人。
京洛《けいらく》 みやこ。京都。京師。
鶏卵《けいらん》 にわとりの卵。
経理《けいり》 財政管理や会計等に関する事務。
計略《けいりゃく》 はかりごと。謀略。策略。
係留《けいりゅう》 【繋留】綱や鎖でつなぎとめる。
渓流《けいりゅう》 【谿流】谷間の川、その流れ。谷川。
計量《けいりょう》 重量・分量を計ること。「―器」
軽量《けいりょう》 目方が軽いこと。「―級」⇔重量

競輪《けいりん》 公営の自転車競走。ケイリン。
係累《けいるい》 【繋累】扶養するべき家族。
敬礼《けいれい》 敬って礼をすること。「最―」
経歴《けいれき》 これまでに経てきた事柄。履歴。
系列《けいれつ》 組織的な順序や配列。「―会社」
痙攣《けいれん》 筋肉の発作的な収縮。「胃―」
毛色《けいろ》 毛の色。様子。性質。種類。
経路《けいろ》 【径路】経てきた段階。道筋。
敬老《けいろう》 年寄りを敬うこと。「―の日」
鶏肋《けいろく》 無用でも捨てるには惜しいもの。
稀有《けう》 【希有】めったにないこと。
気《け》圧《お》される 勢いに押される。
蹴《け》落《お》とす◀ 蹴り落とす。失脚させる。
毛《け》織《お》り◀ 毛糸で織る。毛糸の織物。
怪我《けが》 きず。負傷。過失。「―の功名」

**外科**《げか》 傷病を手術・治療する医学部門。
**下界**《げかい》 地上の世界。人間界。⬌上界
**汚**《けが》**す** 【穢す】よごす。名誉を傷つける。
**毛皮**《けがわ》 毛のついた獣類の皮。図
**劇**《げき》 芝居。ドラマ。激しいこと。
**檄**《げき》 主張を訴える文。「―を飛ばす」で、主張を訴え同意を求める・行動を促す。
**激越**《げきえつ》 感情が高ぶり言動が激しい様子。
**劇化**《げきか》 事件や小説を激しく脚色する。
**激化**《げきか》 【劇化】前より激しくなること。
**劇画**《げきが》 物語性をもつ実写的な絵の漫画。
**激減**《げきげん》 急激に減ること。⬌激増
**劇作**《げきさく》 演劇の脚本や戯曲を作る。「―家」
**激臭**《げきしゅう》 【劇臭】刺激の強いにおい。
**激賞**《げきしょう》 盛んにほめること。「―を浴びる」

**劇場**《げきじょう》 演劇や映画などを上映する場所。
**激情**《げきじょう》 激しく高ぶりわき立つ感情。
**激職**《げきしょく》 【劇職】極めて忙しい職務。
**激震**《げきしん》 震度7の地震。最も激しい地震。
**激甚**《げきじん》 【劇甚】極めて激しい様子。
**激**《げき》**する** 気がたかぶる。荒くなる。怒る。
**檄**《げき》**する** 檄を飛ばす。檄文を出す。檄す。
**激戦**《げきせん》 激しく戦うこと、その戦い。激闘。
**激増**《げきぞう》 急激に増加すること。⬌激減
**撃退**《げきたい》 敵などを攻撃して追い返すこと。
**劇団**《げきだん》 演劇の研究や上演をする団体。
**劇壇**《げきだん》 芝居をする人の社会。演劇界。
**撃沈**《げきちん》 艦船などを撃ち沈めること。
**撃墜**《げきつい》 飛行機を撃ち落とすこと。
**激痛**《げきつう》 【劇痛】激しい痛み。⬌鈍痛

**劇的**《げきてき》 劇のように感動的なさま。
**激怒**《げきど》 激しく怒ること。激高。憤激。
**激闘**《げきとう》 激しく戦うこと。またその戦い。
**激動**《げきどう》 激しくゆれ動くこと。「―期」
**劇毒**《げきどく》 激しく作用する毒。猛毒。
**激突**《げきとつ》 激しい勢いでぶつかること。
**撃破**《げきは》 敵を撃ち破ること。撃砕。
**激発**《げきはつ》 事件などが次々に発生するさま。
**劇評**《げきひょう》 演劇に関係した批評。
**劇物**《げきぶつ》 医薬品外で毒性のある法定物質。
**激変**《げきへん》 【劇変】急で激しい(悪い)変化。
**激務**《げきむ》 【劇務】非常に忙しい勤務。
**撃滅**《げきめつ》 敵を攻撃して滅ぼすこと。
**劇薬**《げきやく》 用法を誤ると命の危険を伴う薬。
**毛嫌**《けぎら》**い** 理由なく感情だけで嫌う。

**激流**《げきりゅう》 激しい水の流れ。奔流。奔湍《ほんたん》。
**逆鱗**《げきりん》**に触**《ふ》**れる** 目上の人を激怒させる。「逆鱗」は「天子の怒り」の意。
**激励**《げきれい》 励まし元気づけること。「―文」
**激烈**《げきれつ》 【劇烈】極めて激しい様子。
**外宮**《げくう》 伊勢神宮の豊受《とようけ》大神宮。
**下血**《げけつ》 内臓疾患で肛門《こうもん》から出血する。
**怪訝**《けげん》 不思議で合点がいかないさま。
**下戸**《げこ》 酒の飲めない質の人。⬌上戸《じょうご》
**下校**《げこう》 学校から帰ること。⬌登校
**下獄**《げごく》 刑務所に入り服役すること。
**下剋上**《げこくじょう》 【下克上】下位が上位を凌ぐ。
**今朝**《けさ》 きょうの朝。こんちょう。
**袈裟**《けさ》 僧の肩にかけて衣を覆う布。
**下座**《げざ》 囃子方《はやしかた》の席。末座。⬌上座《じょうざ》

**下剤**《げざい》 排便を促す薬。下し薬。通じ薬。
**下作**《げさく》 不出来な作品。⬌上作
**下策**《げさく》 下手なはかりごと・手段。
**下山**《げざん》 山をおりること。⬌登山
**夏至**《げし》 二十四節気で六月二一日頃。夏
**下知**《げじ》 指図・命令すること。げち。
**消印**《けしいん》 郵便局の受領を示す日付印。
**嗾**《けしか》**ける** 相手をそそのかしてやらせる。
**怪**《け》**しからぬ** 無礼な。ふとどきな。
**気色**《けしき》 態度。様子。表情。「―ばむ」
**景色**《けしき》 山水・風物などの眺め。風景。
**消**《け》**し▼炭**《ずみ》 薪の火を消してできた炭。図
**下車**《げしゃ》 電車や自動車から降りる。降車。
**下宿**《げしゅく》 他人の家で間借りして住むこと。
**下旬**《げじゅん》 月の二一日以降末日まで。

**化粧**《けしょう》 顔や外観を美しく見せること。
**下乗**《げじょう》 境内での車などの乗入れの禁止。
**下城**《げじょう》 城から退出すること。⬌登城
**化身**《けしん》 神仏が生まれ変わり現れること。
**消**《け》**す** 火をたやす。取り去る。殺す。
**下水**《げすい》 「下水道」の略。汚れた水や廃水。
**毛筋**《けすじ》 毛髪。櫛《くし》あと。ごく小さい事柄。
**下衆**《げす》**の勘繰**《かんぐ》**り** 下劣な人はとかく邪推する。「下種の〜」とも書く。
**削**《けず》**り節**《ぶし》 かつお節を薄く削ったもの。
**削**《けず》**る** 薄くそぐ。減らす。取り去る。
**解**《げ》**せない** 理解できない。わからない。
**下世話**《げせわ》 世間でよく言う話。「―な話」
**下船**《げせん》 船から降りること。⬌乗船
**下賤**《げせん》 品性が卑しいさま。低い身分。

懸想《けそう》 異性に思いをよせること。恋慕。
下足《げそく》 脱いだ履物。「—番」
毛染め《けぞめ》 毛を染めること、その薬品。
桁《けた》 柱の上に渡す横木。位どり。
下駄《げた》 台木に鼻緒をすげた履物。
懈怠《けたい》 なまけること。げたい。「—心」
外題《げだい》 表紙に記す書名。標題。⇔内題
蹴倒す《けたおす》 蹴り倒す。借金を踏み倒す。
気高い《けだかい》 品格が高い。上品である。
蓋し《けだし》 思うに。つまり。確かに。
桁違い《けたちがい》 価値や程度が大きく違う。
解脱《げだつ》 迷いを払い悟りの境地に達する。
桁外れ《けたはずれ》 規模が標準とはるかに違う。
毛玉《けだま》 衣類表面の繊維が集まった小玉。
獣《けだもの》 野生のほ乳動物。人でなし。

気怠い《けだるい》 何となくだるい。
下段《げだん》 下の段。剣道などの構えの一つ。
吝嗇《けち》 金品を惜しがる人。不吉の前兆。
蹴散らす《けちらす》 蹴り散らす。追い散らす。
欠《けつ》 欠けること。欠乏。「—を補う」
穴《けつ》 あな。しり。最後。びり。
決《けつ》 決定。決断。採決。「—をとる」
血圧《けつあつ》 血管の壁にかかる血液の圧力。
決意《けつい》 意志を決定すること。決心。
欠員《けついん》 定員に足りないこと。「—補充」
血液《けつえき》 動物の体内を循環する赤い液体。
血縁《けつえん》 血族。血のつながった親族。
決河《けっか》 河水があふれる。洪水。「—の勢い」
結果《けっか》 原因により生じた最終の状態。
月下《げっか》 月の光が当たっている所。

血塊《けっかい》 血液のかたまり。
決壊《けっかい》 【決潰】切れて崩れること。
欠格《けっかく》 必要な資格がないこと。⇔適格
結核《けっかく》 結核菌の感染で起こる病気。
月額《げつがく》 一か月当たりの決まった金額。
月下氷人《げっかひょうじん》 媒酌人。仲人。
結跏趺坐《けっかふざ》 仏教の坐法の一つ。
欠陥《けっかん》 欠点。不備。不足。「—商品」
血管《けっかん》 血液の通る管。血脈。「毛細—」
月刊《げっかん》 毎月一回刊行すること。「—誌」
月間《げっかん》 一か月の間。「交通安全—」
血気《けっき》 盛んな意気。「—盛んな若者」
決起《けっき》 決意して行動に移すこと。
決議《けつぎ》 会議などで物事を決めること。
結球《けっきゅう》 葉が開かず球状になること。

月給《げっきゅう》 月ぎめの給料。月俸。「—取り」
穴居《けっきょ》 ほら穴に住むこと。「—生活」
結局《けっきょく》 つまるところ。最後に。ついに。
欠勤《けっきん》 勤めを休むこと。「—届」⇔出勤
結句《けっく》 詩の最終の句。あげくのはて。
月経《げっけい》 子宮の定期的な出血。生理。
月桂冠《げっけいかん》 月桂樹で作った冠。桂冠。
撃剣《げっけん》 剣術。げきけん。「—家」
結語《けつご》 文章や話の結びの言葉。⇔緒語
欠航《けっこう》 船や航空機の運航を休むこと。
血行《けっこう》 血液の循環。「—障害」
決行《けっこう》 思い切って行うこと。敢行。
結構《けっこう》 構成。つくり。立派な。十分な。
結合《けつごう》 結びついて一つになること。
激昂《げっこう》 【激高】激しく怒るさま。

血痕《けっこん》 血のついた跡。血の跡。
結婚《けっこん》 夫婦になること。婚姻。「見合—」
決済《けっさい》 取引の精算を終えること。
決裁《けっさい》 最高責任者が裁き定めること。
●手形の決済
●決裁を仰ぐ
潔斎《けっさい》 神仏に仕えるため心身を清める。
傑作《けっさく》 優れてよくできた作品。滑稽《こっけい》。
決算《けっさん》 一定期間の収支の総計算。
決死《けっし》 死をも覚悟して臨むこと。「—隊」
訣辞《けつじ》 別れの言葉。いとまごい。
結実《けつじつ》 実がなる。成果が現れること。
決して《けっして》 どうしても。必ず。きっと。
結社《けっしゃ》 共同目的達成のための団体。
月謝《げっしゃ》 月々の謝礼金。毎月の授業料。
結集《けっしゅう》 まとめ集める。「総力を—する」

月収《げっしゅう》 その月々の収入。毎月の収入。
傑出《けっしゅつ》 優れている。抜きん出ている。
血書《けっしょ》 決意を示すため血で文字を書く。
欠如《けつじょ》 欠けていること。足りないこと。
血漿《けっしょう》 血液の液状成分。「—交換」
決勝《けっしょう》 最終的な勝負を決めること。
結晶《けっしょう》 規則正しい形体。結果。「努力の—」
欠場《けつじょう》 出るべき場所に出ない。⇔出場
血小板《けっしょうばん》 血液を固まらせる成分。
欠食《けっしょく》 貧困などで食事がとれないこと。
血色《けっしょく》 顔の色。顔色のつや。「—が悪い」
月食《げっしょく》 【月蝕】月が欠ける現象。「皆既—」
決心《けっしん》 強く心に決めること。決意。
結審《けっしん》 裁判で審理を終えること。
決する《けっする》 決める。決まる。堤が切れる。

血清《けっせい》 血液を放置して取れる上澄み。
結成《けっせい》 組織や団体を作りあげること。
血税《けつぜい》 血のにじむ苦労をして納める税。
欠席《けっせき》 出るべき場へ出ない。⬍出席
結石《けっせき》 体内の臓器内にできる石状の塊。
結節《けっせつ》 結ばれ節になる。つなぎ目。「—点」
血栓《けっせん》 血管内で凝固した血の塊。「脳—」
血戦《けっせん》 血まみれの激しい戦い。
決戦《けっせん》 最終的な勝敗を決める戦い。
決選《けっせん》 最終当選者を決める。「—投票」
決然《けつぜん》 きっぱりと思い決めるさま。
血相《けっそう》 顔色。表情。「—を変える」
結束《けっそく》 結び束ねること。一致団結する。
血族《けつぞく》 血のつながった親族。「—結婚」
欠損《けっそん》 欠けること。決算の損失。赤字。

結託《けったく》 悪事のために心を通じあわせる。
血痰《けったん》 血液のまじった痰。
決断《けつだん》 迷わず考えをはっきりと決める。
結団《けつだん》 団体を結成する。「—式」⬍解団
月旦《げったん》 月はじめの日。人物批評。「—評」
決着《けっちゃく》 【結着】決まりがつくこと。落着。
決定《けってい》 はっきり決める、決まること。
欠点《けってん》 不備な所。落第点。⬍美点
血統《けっとう》 祖先から続く血すじ。「—書」
血糖《けっとう》 血液中に含まれる糖。「—値」
決闘《けっとう》 命がけで闘い勝負を決すること。
結党《けっとう》 党派を結成する。「—式」⬍解党
血肉《けつにく》 血と肉。親子兄弟。血族。骨肉。
欠配《けっぱい》 配給や給与の支給が欠けること。
潔白《けっぱく》 正しく清い。やましい所がない。

欠番《けつばん》 連続した番号中欠けている番号。
血判《けっぱん》 指を切った血で印を押す。「—状」
結尾《けつび》 物語の筋などの終わり。結末。
結氷《けっぴょう》 氷が張ること。張った氷。図
月評《げっぴょう》 毎月の事柄や作品に対する批評。
月賦《げっぷ》 月割りにして代金を支払うこと。
傑物《けつぶつ》 特に優れている人物。傑士。
結文《けつぶん》 文章の結末やその文句。末文。
潔癖《けっぺき》 不潔や不正をひどく嫌う性質。
決別《けつべつ》 【訣別】きっぱりとした別れ。
欠乏《けつぼう》 必要な物が欠けて乏しい。不足。
月報《げっぽう》 毎月一回発行する通知や報告。
欠本《けっぽん》 【闕本】全巻そろっていない書物。
結膜《けつまく》 まぶたの裏と眼球を覆う薄い膜。
蹴躓《けつまず》く 「つまずく」を強めた言い方。

結末《けつまつ》 終わり。しめくくり。終末。
月末《げつまつ》 月の終わり。「—締め」⬍月初
血脈《けつみゃく》 血管。血のつながり。血統。
結盟《けつめい》 同盟を結ぶこと、その同盟。
月明《げつめい》 月かげが明るいこと。月光。秋
欠落《けつらく》 あるはずの物が欠けていること。
血涙《けつるい》 悲憤哀惜のあまりに流す涙。
欠礼《けつれい》 礼儀を欠くこと。失礼。「喪中—」
月例《げつれい》 毎月定期的に行うこと。「—会」
月齢《げつれい》 月の満ち欠けを表す日数。
決裂《けつれつ》 意見の不一致で物別れになる。
結露《けつろ》 水蒸気が凝結し水滴になる現象。
欠漏《けつろう》 抜け落ちていること。漏れ。
血路《けつろ》を開《ひら》く 困難を切りぬける。
結論《けつろん》 論じ詰めた末の判断や意見。

尻《けつ》を捲《まく》る 追い詰められてふてぶてしくなる。居直る。「しりをまくる」とも。
下手物《げてもの》 珍奇な物。大衆向けの安物。
外道《げどう》 真理に背く説。目的外の釣魚。
解毒剤《げどくざい》 体内の毒を解き消す薬。
気取《けど》る 気配から察知する。気づく。
健気《けなげ》 年少ながら勇ましく殊勝なさま。
貶《けな》す 悪く言う。くさす。そしる。
毛並《けな》み◀ 毛の様子。性質。血統。
下男《げなん》 男の召使い。下僕。⬍下女
毛抜《けぬ》き◀ 毛などを抜き取る道具。
解熱《げねつ》 高温を下げる。熱さまし。「—剤」
懸念《けねん》 気がかり。心配。「—を抱く」
毛羽《けば》 【毳】紙や布の表面の短い繊維。
気配《けはい》 何となく感じるそれらしい様子。

下馬評《げばひょう》 世間の評判。取りざた。
仮病《けびょう》 病気のふりをする。「—を使う」
下卑《げび》る 品がなく卑しく見える。
下品《げひん》 品が悪い・品格が下等なこと。
毛彫《けぼ》り 細い線で模様や文字を彫る。
閲《けみ》する 読んで調べる。年月が経つ。
毛虫《けむし》 毛が多い、ガなどの幼虫。夏
煙《けむ》たい 【烟たい】けむい。窮屈だ。
煙《けむ》に巻《ま》く 不可解な言動によってごまかしたり相手をとまどわせたりする。
煙《けむり》 【烟】物が燃える時に出る気体。
獣《けもの》 けだもの。毛のある四肢の動物。
下野《げや》 官職を退き民間に下ること。
家来《けらい》 武家の家臣。主君に仕える人。
下落《げらく》 物価・相場・価値が下がること。

**下痢**《げり》 液状の大便が出る症状。腹下し。
**下略**《げりゃく》 あとに続く語句や文章を略す。
**蹴る**《け》 足に物を強く当てる。拒絶する。
**下劣**《げれつ》 品性が卑しいさま。「品性―」
**険しい**《けわ》 傾斜が急なさま。とげとげしい。
**件**《けん》 くだん。すじ。事柄。「例の―」
**妍**《けん》 容姿が美しい。「―を競う」で美女が集い人目を引く。花が咲き乱れるさま。
**券**《けん》 手形。切符。証拠となる紙片。
**剣**《けん》 両刃の刀。剣を使う武術。
**間**《けん》 尺貫法の単位（約一・八二メートル）。
**腱**《けん》 筋肉と骨を結びつける組織。
**言**《げん》 言葉。言を「左右にする」「俟たない」で、言い逃れる、言わずもがな、の意。
**弦**《げん》 【絃】弓の糸。楽器に張った糸。

**舷**《げん》 ふなばた。ふなべり。船の側面。
**験**《げん》 縁起。前兆。効き目。「―がよい」
**険悪**《けんあく》 とげとげしいさま。不穏なさま。
**懸案**《けんあん》 まだ解決されていない問題。
**原案**《げんあん》 討議にかけるための最初の案。
**権威**《けんい》 人を服従させる威力。第一人者。
**牽引**《けんいん》 引き寄せること。引っ張ること。
**検印**《けんいん》 検査ずみを証明する印。
**原因**《げんいん》 物事を引き起こすもと。⇔結果
**減員**《げんいん》 人員を減らすこと。⇔増員
**眩暈**《げんうん》 目がくらむこと。めまい。
**兼営**《けんえい》 本業以外に別の営業を行うこと。
**幻影**《げんえい》 まぼろし。「―におびえる」
**検疫**《けんえき》 伝染病の検査などの予防措置。
**権益**《けんえき》 権利とそれに伴う利益。「―侵害」

**原液**《げんえき》 薄めたりまぜたりする前の液体。
**現役**《げんえき》 現に活動していること・人。
**減益**《げんえき》 利益が減ること。⇔増益
**検閲**《けんえつ》 許否を決めるために調べること。
**倦厭**《けんえん》 飽きていやになること。
**嫌煙**《けんえん》 他者の喫煙を嫌がること。「―権」
**減塩**《げんえん》 食塩の摂取量をひかえること。
**犬猿**《けんえん》**の仲**《なか》 仲の悪い間柄。
**嫌悪**《けんお》 憎み嫌うこと。「自己―」「―感」
**玄奥**《げんおう》 奥深くはかり知れないこと。
**検温**《けんおん》 体温を測ること。「―の時間」
**原音**《げんおん》 原語の発音。録音前のもとの音。
**喧嘩**《けんか》 言い争いや殴り合い。「―両成敗」
**県花**《けんか》 県ごとに定めた代表的な花。
**献花**《けんか》 霊前などに花を供えること。

**言下**《げんか》 言い終えたすぐあと。即座。
**原価**《げんか》 【元価】仕入れ値。元値。生産費。
**現下**《げんか》 いま。ただ今。現在。「―の情勢」
**減価**《げんか》 価額を下げること。値下げ。
**原画**《げんが》 複製でない、もとの絵。「―展」
**見解**《けんかい》 もののみかたや考え方。意見。
**狷介**《けんかい》 意志が固く妥協しない。「―孤高」
**圏外**《けんがい》 範囲の外。枠外。「優勝―」⇔圏内
**限界**《げんかい》 ぎりぎりの境目。限度。「体力の―」
**厳戒**《げんかい》 厳重に警戒すること。「―体制」
**言外**《げんがい》 直接言葉には表さない部分。
**懸隔**《けんかく》 かけ離れていること。隔たり。
**見学**《けんがく》 実地に見て知識を広めること。
**兼学**《けんがく》 複数の学問をあわせ修めること。
**建学**《けんがく》 学校を創立すること。「―の精神」

**幻覚**《げんかく》 ないものをあると感じる。幻視。
**厳格**《げんかく》 厳しくおごそかなさま。
**弦楽**《げんがく》 【絃楽】弦楽器で演奏する音楽。
**衒学**《げんがく》 知識・学殖をひけらかすこと。
**減価償却**《げんかしょうきゃく》 使用や時の経過による固定資産の減価を回収すること。
**剣**《けん》**が峰**《みね》 噴火口の周縁。瀬戸際。
**検眼**《けんがん》 視力を検査すること。「―鏡」
**玄関**《げんかん》 建物の正面の入口。「―払い」
**厳寒**《げんかん》 非常に厳しい寒さ。「―の候」冬
**嫌忌**《けんき》 いみきらうこと。「―の念」
**建議**《けんぎ》 意見を申し立てること。「―書」
**嫌疑**《けんぎ》 疑わしい。容疑。「―がかかる」
**元気**《げんき》 活動のもとになる気力。健康。
**衒気**《げんき》 見せつけて自慢したがる気持ち。

**原義**《げんぎ》 本来の意義。原意。⇔転義
**剣客**《けんきゃく》 優れた剣の使い手。けんかく。
**健脚**《けんきゃく》 足がじょうぶでよく歩けること。
**研究**《けんきゅう》 詳しく調べ、深く考えること。
**牽牛**《けんぎゅう》 わし座アルタイル。ひこぼし。秋
**言及**《げんきゅう》 話が、ある事柄に及ぶこと。
**原級**《げんきゅう》 もとの等級。「―にとどめる」
**減給**《げんきゅう》 給与の額を減らすこと。⇔加給
**検挙**《けんきょ》 容疑者を警察に連れて行くこと。
**謙虚**《けんきょ》 控えめで素直。⇔横柄・尊大
**原拠**《げんきょ》 事柄のもとになるよりどころ。
**兼業**《けんぎょう》 本業以外の仕事をする。⇔専業
**検校**《けんぎょう》 事情を調べること。僧職の一つ。
**元凶**《げんきょう》 【元兇】悪事の中心人物・原因。
**現況**《げんきょう》 現在の様子。現状。「―報告」

現業《げんぎょう》 工場や屋外での現場の仕事。
牽強《けんきょう》付会《ふかい》 強引なこじつけ。
献金《けんきん》 金銭を寄付する、その金。「政治ー」
現金《げんきん》 手元にある金銭。現物の貨幣。
厳禁《げんきん》 厳重に禁止すること。「火気ー」
元勲《げんくん》 国家に大きな功績を残した人。
賢兄《けんけい》 賢い兄。他人の兄や同輩の敬称。
原形《げんけい》 もとの形。進化する前の状態。
原型《げんけい》 製作物のもとになる型。
●原形をとどめる
●鋳物の原型
減刑《げんけい》 刑を軽くすること。恩赦の一つ。
厳刑《げんけい》 きびしい刑罰。「ーに処する」
剣戟《けんげき》 つるぎとほこ。武器。戦い。
剣劇《けんげき》 斬り合いの芝居。ちゃんばら劇。
献血《けんけつ》 血液を無償で提供すること。

建言《けんげん》 役所や上司に意見を述べること。
献言《けんげん》 目上の人に意見を申し述べる。
権限《けんげん》 職権を行使できる範囲。「職務ー」
顕現《けんげん》 明らかに現れること。「神仏のー」
喧喧諤諤《けんけんがくがく》 意見が多く収拾がつかない。侃侃諤諤と喧喧囂囂の合成語。
喧喧囂囂《けんけんごうごう》 大勢が騒ぎたてる。
拳拳服膺《けんけんふくよう》 肝に銘じ忘れない。
堅固《けんご》 容易に壊れないさま。すこやか。
言語《げんご》 表現手段としての音声と文字。
原語《げんご》 翻訳前のもとの言葉。⬍訳語
兼行《けんこう》 物事を急いですること。「昼夜ー」
軒昂《けんこう》 【軒高】意気高く奮い立つさま。
健康《けんこう》 じょうぶで元気なこと。「ー診断」
剣豪《けんごう》 剣道の達人・名人。「ー列伝」

言行《げんこう》 言葉と行い。「ー一致」「ー録」
原稿《げんこう》 発表目的の文章を記載したもの。
現行《げんこう》 現に行われていること。
元号《げんごう》 年につける称号。年号。平成など。
肩甲骨《けんこうこつ》 【肩胛骨】両肩背部にある骨。
現行犯《げんこうはん》 犯行中に見つかった犯罪。
堅甲利兵《けんこうりへい》 強い軍隊や軍事力。
建国《けんこく》 新しく国をつくること。「ーの父」
原告《げんこく》 訴訟を起こした当事者。⬍被告
拳骨《げんこつ》 にぎりこぶし。げんこ。
現今《げんこん》 いま。現在。今の時代。
乾坤一擲《けんこんいってき》 命をかけた大勝負。
検査《けんさ》 基準に照らして取り調べること。
賢才《けんさい》 すぐれた才能、それを備えた人。
健在《けんざい》 健康で暮らしていること。

顕在《けんざい》 はっきり形に現れる。⬍潜在
減殺《げんさい》 減らして少なくすること。
現在《げんざい》 いま。ただいま。この世。「ー地」
検索《けんさく》 情報を調べ探すこと。「情報ー」
献策《けんさく》 計画や案などを進言・上申する。
原作《げんさく》 翻訳や脚色のもとになる作品。
検察《けんさつ》 誤りや不正を調べること。「ー官」
賢察《けんさつ》 相手が推察することの尊敬語。
検札《けんさつ》 乗客の乗車券などを調べること。
研鑽《けんさん》 学問などを深くきわめること。
見参《けんざん》 目上の人に面会する。げんざん。
剣山《けんざん》 生け花の花材を固定する道具。
検算《けんざん》 【験算】計算の正誤を確かめる。
原産《げんさん》 最初に産出されること。「ー地」
減算《げんさん》 差を求める算法。引き算。⬍加算

剣士《けんし》 剣術に巧みな人。剣客。「少年ー」
検死《けんし》 【検屍】変死体を検査すること。
検視《けんし》 事件現場を観察すること。検死。
絹糸《けんし》 きぬいと。生糸をよったもの。
繭糸《けんし》 まゆと糸。まゆからとった糸。
健児《けんじ》 元気な若者。血気盛んな若者。
堅持《けんじ》 考えや態度をかたく守ること。
検事《けんじ》 検察官の階級の一つ。「ー正」
顕示《けんじ》 はっきり示すこと。「自己ー欲」
原子《げんし》 物質を構成する最小の粒子。
原始《げんし》 物事のはじめ。自然の状態。
原資《げんし》 もとになる資金。資金源。
減資《げんし》 企業が資本金を減らす。⬍増資
言辞《げんじ》 言葉。言葉づかい。「ーを弄する」
現時《げんじ》 現在の時点。今。現在。

見識《けんしき》 優れた考えや判断力。気位。
堅実《けんじつ》 てがたく、危なげないこと。
現実《げんじつ》 現にあること。ありのまま。
源氏《げんじ》名《な》 芸妓やホステスなどの呼称。
賢者《けんじゃ》 賢い人。賢人。「ーの石」⬍愚者
堅守《けんしゅ》 かたく守ること。「城をーする」
元首《げんしゅ》 一国の首長。「国家ー」
原酒《げんしゅ》 未加工の清酒。ウイスキー原液。
原種《げんしゅ》 たねとりの種子。原型の動植物。
厳守《げんしゅ》 かたく守ること。「秘密ー」
研修《けんしゅう》 学問や技術などを修めること。
拳銃《けんじゅう》 ピストル。小型の銃。
減収《げんしゅう》 収入や収穫が減ること。⬍増収
現住《げんじゅう》 現在そこに住んでいる。⬍先住
厳重《げんじゅう》 極めて厳しいさま。「ー注意」

原住民《げんじゅうみん》 もとから住んでいる民族。
厳粛《げんしゅく》 おごそかなさま。厳しいさま。
検出《けんしゅつ》 検査・実験して見つけ出すこと。
剣術《けんじゅつ》 刀剣で戦う武術。剣法。剣道。
現出《げんしゅつ》 実際にあらわれ出ること。出現。
幻術《げんじゅつ》 人の目をくらます不思議な術。
険峻《けんしゅん》 【嶮峻】山や坂がけわしくて高い。
原書《げんしょ》 翻訳などのもとの本。洋書。
厳暑《げんしょ》 厳しい暑さ。酷暑。「—の候」
肩章《けんしょう》 肩につける階級を示す記章。
健勝《けんしょう》 健康なこと。すこやかなこと。
検証《けんしょう》 調査して証明すること。「現場—」
憲章《けんしょう》 国家が理想として定めた原則。
謙称《けんしょう》 へりくだった言い方。
顕彰《けんしょう》 功績などを世間に知らせること。

懸賞《けんしょう》 賞金・賞品をかけること。
献上《けんじょう》 さしあげること。「—金」「—品」
謙譲《けんじょう》 へりくだり、ゆずること。「—語」
現象《げんしょう》 形をとって現れること。「社会—」
減少《げんしょう》 減って少なくなること。⇔増加
原状《げんじょう》 もとの状態・形。「—にもどす」
現状《げんじょう》 いまの状態。「—を打破する」
●原状回復
●現状維持
健常《けんじょう》 心身に障害のないこと。「—者」
兼職《けんしょく》 本務以外に他の職務を兼ねる。
原色《げんしょく》 すべての色の基本となる色。
現職《げんしょく》 現在の職業・職務。「—教員」
減食《げんしょく》 食事の量や回数を減らすこと。
原子力《げんしりょく》 原子のエネルギー。「—発電」
献《けん》じる さしあげる。献上する。

減《げん》じる 減る。減らす。引き算をする。
検針《けんしん》 メーターの目盛りを調べること。
検診《けんしん》 病気かどうか診察する。「ガン—」
健診《けんしん》 「健康診断」の略。
献身《けんしん》 自分の利害を考えずつくすこと。
堅陣《けんじん》 守りがかたい陣営。「—を抜く」
賢人《けんじん》 賢い人。徳のある人。にごり酒。
原人《げんじん》 初期の人類。北京《ペキン》原人など。
原図《げんず》 複製・転写でないもとの図。
懸垂《けんすい》 垂れ下がること。鉄棒で行う運動。
元帥《げんすい》 将軍を統率する軍人。総大将。
減水《げんすい》 水量が減ること。⇔増水
減衰《げんすい》 少しずつ減っていくこと。漸減。
原寸《げんすん》 実物と同じ寸法。「—大」
現世《げんせ》 三世の一つ。現在の世。この世。

牽制《けんせい》 注意を引き自由にさせないこと。
権勢《けんせい》 権力と勢力。「—をふるう」「—家」
憲政《けんせい》 憲法に基づいて行う政治。
原生《げんせい》 原始のままであること。「—林」
現勢《げんせい》 現在の情勢。現在の勢力。
厳正《げんせい》 厳しく公正であること。「—中立」
減税《げんぜい》 税金を減らすこと。⇔増税
譴責《けんせき》 過失などをとがめること。叱責。
言責《げんせき》 自分の発言に対する責任。
原石《げんせき》 原料の鉱石。未加工の宝石。
原籍《げんせき》 戸籍を変更する前の籍。本籍。
建設《けんせつ》 建物を新たに造ること。⇔破壊
言説《げんせつ》 言葉で説くこと、またその言葉。
懸絶《けんぜつ》 かけ離れること。隔絶。
健全《けんぜん》 心身がすこやかなさま。正常。

源泉《げんせん》 水の出るもと。物事のおおもと。
厳選《げんせん》 基準にあわせて厳しく選ぶこと。
厳然《げんぜん》 【儼然】近寄りがたく厳しいさま。
現前《げんぜん》 現在、目の前にあること。
倹素《けんそ》 倹約で質素なさま。「—な生活」
元素《げんそ》 もと。万物の基本的な構成要素。
険相《けんそう》 けわしい顔つき。険悪な人相。
喧噪《けんそう》 【喧騒】騒がしく落ち着かない。
建造《けんぞう》 大規模な建物などをつくること。
幻想《げんそう》 とりとめのない空想。「—家」
舷窓《げんそう》 船の側面にある小窓。
幻像《げんぞう》 幻覚による影像。まぼろし。幻影。
現像《げんぞう》 フィルムなどに映像を現すこと。
眷属《けんぞく》 【眷族】血筋のつながった一族。
原則《げんそく》 基本的な規則や法則。⇔例外

舷側《げんそく》 船の側面。ふなべり。
減速《げんそく》 速度を落とすこと。⇔加速
還俗《げんぞく》 僧や尼がもとの俗人に戻ること。
謙遜《けんそん》 へりくだること。謙譲。⇔不遜
現存《げんそん》 現実にあること。げんぞん。
厳存《げんそん》 確かに存在すること。げんぞん。
倦怠《けんたい》 飽きていやになる。倦惰。「—期」
献体《けんたい》 自分の遺体を解剖用に提供する。
見台《けんだい》 読書の際に書物をのせる台。
兼題《けんだい》 歌会などで前もって出される題。
減退《げんたい》 少なくなること。衰える。⇔増進
原題《げんだい》 翻訳・改題する前のもとの題。
現代《げんだい》 今の世。今の時代。「—的」
拳玉《けんだま》 【剣玉】玉を操る玩具の一つ。
健啖《けんたん》 食欲旺盛なこと。大食い。「—家」

減反《げんたん》 【減段】作付面積を減らすこと。
見地《けんち》 観察や判断のよりどころ。観点。
検地《けんち》 田畑を測量すること。
検知《けんち》 検査して確かめること。「—器」
言質《げんち》 後で証拠となる言葉。「—をとる」
現地《げんち》 現に行われている土地。現住地。
建築《けんちく》 建物を建てること。「—家」
原注《げんちゅう》 原本に最初からつけてあった注。
顕著《けんちょ》 著しいさま。際立っているさま。
原著《げんちょ》 翻訳や改作などのもとの著作。
県庁《けんちょう》 県の行政事務を扱う役所。
堅調《けんちょう》 相場が上昇傾向にある。⬍軟調
幻聴《げんちょう》 ない音が聞こえるように感じる。
剣突く《けんつく》◀ 荒々しい小言。ひどくしかる。
検定《けんてい》 検査して合否を定めること。

献呈《けんてい》 謹んで物を差し上げる。進呈。
賢弟《けんてい》 賢い弟。他人の弟に対する敬称。
限定《げんてい》 範囲や数量を限ること。「—版」
圏点《けんてん》 文字のわきにつける符号。傍点。
喧伝《けんでん》 盛んに言いはやすこと。
原典《げんてん》 よりどころにしたもとの書。
原点《げんてん》 基準になる点。物事の出発点。
減点《げんてん》 点数を減らすこと。「—対象」
限度《げんど》 こえられない範囲。限界。
見当《けんとう》 大体の方向。めあて。予測。
拳闘《けんとう》 ボクシング。「—家」
健闘《けんとう》 精一杯よく戦うこと。奮闘。
検討《けんとう》 よく調べ考えること。「再—」
剣道《けんどう》 武道の一つ。剣術。
幻灯《げんとう》 光線をあて拡大して映す装置。

厳冬《げんとう》 寒さの厳しい冬。厳寒。「—の候」
言動《げんどう》 言葉と行い。言行。「—を慎む」
原動《げんどう》 物体の運動を起こすもと。「—力」
捲土重来《けんどちょうらい》 敗者が勢力を再び盛り返してくること。⬍一蹶《いっけつ》不振
圏内《けんない》 範囲の枠内。「勢力—」⬍圏外
験直し《げんなおし》 縁起をよくすること。
現生《げんなま》 「現金」の俗語。
険難《けんなん》 【嶮難】容易に通過できない難所。
現に《げんに》 まのあたりに。実際に。
厳に《げんに》 厳しく。厳重に。「—いましめる」
検尿《けんにょう》 健康状態を知るための尿の検査。
兼任《けんにん》 複数の職務をかねる。⬍専任
堅忍不抜《けんにんふばつ》 がまんし動じない。
献納《けんのう》 寺社や国に金品を差し出すこと。

権能《けんのう》 権利を主張・行使できる力。
玄翁《げんのう》 鉄製の大きな槌《つち》。
剣呑《けんのん》 危険なさま。ぶっそうなさま。
現場《げんば》 物事が実際に起こった場所。
献杯《けんぱい》 【献盃】杯をさすことの謙譲語。
減配《げんぱい》 配給・配当を減らす。⬍増配
建白《けんぱく》 政府などに意見を申し立てる。
堅白同異《けんぱくどうい》 詭弁《きべん》。
原爆《げんばく》 「原子爆弾」の略。「—症」
厳罰《げんばつ》 厳しく罰すること。厳しい罰。
原発《げんぱつ》 「原子力発電所」の略。「—事故」
犬馬の労《けんばのろう》 他人のために尽くす。
鍵盤《けんばん》 鍵楽器の、指でたたく部分。
原板《げんばん》 焼きつけのもとになるネガ。
原版《げんばん》 紙型などのもとになる活字組版。

原盤《げんばん》 複製に使用したもとのレコード。
兼備《けんび》 かね備えていること。「才色—」
顕微鏡《けんびきょう》 物を拡大して観察する装置。
健筆《けんぴつ》 文章などをたくみに書くこと。
検品《けんぴん》 製品の質や個数を検査すること。
現品《げんぴん》 現にある品物。実際の品物。
剣舞《けんぶ》 剣を振り詩吟にあわせて舞う舞。
絹布《けんぷ》 絹で織った布。絹織物。
厳父《げんぷ》 厳しい父。他人の父の敬称。
厳封《げんぷう》 厳重に封をすること。
賢夫人《けんぷじん》 【賢婦人】賢明な夫人。賢婦。
見物《けんぶつ》 催し物などを見ること。「—人」
現物《げんぶつ》 現にある品物。「—支給」
見聞《けんぶん》 見たり聞いたりすること。
検分《けんぶん》 【見分】実際に立ち会って調べる。

原文《げんぶん》 翻訳や改作のもとの文章。
言文一致《げんぶんいっち》 文章を、話し言葉に近いかたちで書くこと。
権柄《けんぺい》 権力に任せて行うこと。「—ずく」
憲兵《けんぺい》 軍事警察を担当する軍人。「—隊」
源平《げんぺい》 源氏と平氏。敵味方。白と赤。
建蔽率《けんぺいりつ》 【建坪率】敷地の建築面積率。
検便《けんべん》 大便を検査すること。
健保《けんぽ》 「健康保険」の略。
原簿《げんぼ》 いちばんもとになる帳簿。元帳。
剣法《けんぽう》 剣術。剣道。
拳法《けんぽう》 こぶしや足を使う中国の格闘技。
憲法《けんぽう》 国の統治体制の基礎を定めた法。
減法《げんぽう》 引き算。減算。⬍加法
減俸《げんぽう》 給料の額を減らすこと。「—処分」

権謀術数《けんぼうじゅっすう》 人をあざむく計略。
健忘症《けんぼうしょう》 記憶力が減退すること。
献本《けんぽん》 書物を進呈すること、その書物。
絹本《けんぽん》 書画で使う絹地、その絵。⬍紙本
原本《げんぽん》 根本。翻訳前のもとの本。
研磨《けんま》 【研摩】とぎ磨くこと。「—剤」
減磨《げんま》 【減摩】すりへる。摩擦をへらす。
玄米《げんまい》 精白していない米。「—食」⬍白米
剣幕《けんまく》 激しく怒っている顔つきや態度。
厳密《げんみつ》 厳重でこまかいさま。「—な審査」
玄妙《げんみょう》 奥深く微妙な道理・技芸。
兼務《けんむ》 複数の職務をかねること。兼任。
賢明《けんめい》 事理に明るくかしこいこと。
懸命《けんめい》 精一杯に努力するさま。「一所—」
言明《げんめい》 はっきり言い切ること。断言。

厳命《げんめい》 厳しく命じること。厳しい命令。
幻滅《げんめつ》 幻想からさめがっかりすること。
減免《げんめん》 刑罰や税金などの軽減・免除。
原毛《げんもう》 毛織物の原料とする羊などの毛。
検問《けんもん》 問いただし調べること。「—所」
権門《けんもん》 官位が高く権力のある家柄。
原野《げんや》 自然のままの広大な野原。
倹約《けんやく》 むだ遣いしないこと。節約。
原油《げんゆ》 精製していない石油。「—価格」
現有《げんゆう》 現在もっていること。「—勢力」
兼用《けんよう》 一つを複数の用途に使うこと。
顕要《けんよう》 地位が高く重要なこと・人。
絢爛《けんらん》 きらびやかで美しいさま。
権利《けんり》 物事を自由に行える資格。「—金」
原理《げんり》 基礎となる大もとの法則や理論。

県立《けんりつ》 県が設立し、運営すること。
源流《げんりゅう》 流れのみなもと。物事の起こり。
賢慮《けんりょ》 賢明な考え。他人の考えの謙称。
見料《けんりょう》 見物料。易者に見てもらう料金。
原料《げんりょう》 製造・加工する前の材料。たね。
減量《げんりょう》 量が減ること。体重を減らす。
権力《けんりょく》 他人を支配し服従させる力。
堅塁《けんるい》 守りが堅く攻めにくいとりで。
険路《けんろ》 【嶮路】けわしい道。
堅牢《けんろう》 堅固でじょうぶなさま。「—無比」
元老《げんろう》 功労のあった老大家・老政治家。
言論《げんろん》 言語により思想を発表すること。
幻惑《げんわく》 人の目をくらましまどわすこと。
眩惑《げんわく》 目がくらんでまどうこと。
●敵を幻惑する
●外見に眩惑される

懸腕直筆《けんわんちょくひつ》 筆をまっすぐ持ち、腕を腋の下につけない、書く時の姿勢。

## こ

戸《こ》 家。家を数える語。酒の量。と。
弧《こ》 弓形。円周や曲線の一部分。
個《こ》 一つ。物を数える語。⬍全
碁《ご》 黒白の石で争うゲーム。囲碁。
期《ご》 とき。時期。「この—におよんで」
小味《こあじ》 細やかな味や趣。「—がきく」
小当《こあ》たり◀ 試みに少し探ってみる。
小商《こあきな》い ⬍大商い 小規模の商売。
恋《こい》 異性を慕う気持ち。恋愛。
濃《こ》い 色が深い。味などの程度が強い。
故意《こい》 わざとすること。⬍過失

語意《ごい》 言葉のもつ意味。語義。
語彙《ごい》 ある範囲で用いられる語の全体。
恋敵《こいがたき》 自分と同じ人を恋する競争相手。
小意気《こいき》 【小粋】しゃれているようす。
濃《こ》い口《くち》◀ 味が濃いこと。⬍薄口
鯉口《こいぐち》 刀のさやの口。「—を切る」
鯉濃《こいこく》 輪切りのコイを煮込んだみそ汁。
恋心《こいごころ》 恋しいと思う気持ち。
恋路《こいじ》 恋い慕う日々のたとえ。恋。
碁石《ごいし》 囲碁で使う白と黒の小石。
恋《こい》しい 慕わしい。懐かしい。「人—」
恋仲《こいなか》 互いに恋い慕う間柄。恋人同士。
希《こいねが》う 【冀う】強く希望する。切望する。
鯉幟《こいのぼり》 コイの形に作ったのぼり。[夏]
恋人《こいびと》 恋の相手。恋愛中の交際相手。

恋文《こいぶみ》 恋慕の情を書きつづった手紙。
恋煩《こいわずら》い 恋愛で悩み病的になること。
五韻《ごいん》 五十音図の各行の五音。
功《こう》 手柄。効き目。「—を奏する」
甲《こう》 十干の第一。きのえ。一番目。
香《こう》 よい香り。たきもの。「—をたく」
候《こう》 時候。伺う。兆し。「新緑の—」
恋《こ》う 慕う。しのぶ。恋する。
請《こ》う 【乞う】頼む。望む。「教えを—」
業《ごう》 仏教で善悪の行為。悪業。
濠《ごう》 【壕】城の周りのほり。みぞ。
高圧《こうあつ》 高い圧力・電圧。「—線」⬍低圧
高圧的《こうあつてき》 相手を従わせようとする。
公安《こうあん》 社会秩序が保たれて安全なこと。
考案《こうあん》 工夫して考え出すこと。「—者」

好意《こうい》 親しみ。親切な気持ち。⬄悪意
厚意《こうい》 他人から受ける厚情。深い情け。
●好意を寄せる ●御厚意に感謝する
行為《こうい》 行い。目的のある意識的な動作。
更衣《こうい》 衣服を着がえること。「―室」
皇位《こうい》 天皇の地位。「―継承」
校医《こうい》 生徒の健康を管理する医師。
校異《こうい》 同一の古典の異同を調べること。
高位《こうい》 高い地位、またその人。⬄低位
合意《ごうい》 互いの意思が一致すること。
広域《こういき》 広い区域。広い範囲。「―行政」
後遺症《こういしょう》 回復後に長く残る障害。
後逸《こういつ》 ボールを後ろへそらすこと。
合一《ごういつ》 一つにあわさること。「知行―」
好一対《こういっつい》 好ましい組み合わせ。

紅一点《こういってん》 多数の男性の中の女性一人。
工員《こういん》 工場で働く労働者。職工。
行員《こういん》 「銀行員」の略。
光陰《こういん》 とき。月日。歳月。「―矢のごとし」
坑員《こういん》 【鉱員】鉱山の採掘労働者。
拘引《こういん》 【勾引】捕えて連行する。誘拐。
荒淫《こういん》 過度に情欲にふけること。
後胤《こういん》 同じ血筋の後代の人。子孫。
強引《ごういん》 物事を無理に行うさま。
降雨《こうう》 雨が降ること。雨降り。「―量」
豪雨《ごうう》 激しく降る雨。大雨。「集中―」
幸運《こううん》 【好運】運がよい。⬄不運・非運
耕耘《こううん》 田畑を耕すこと。「―機」
行雲流水《こううんりゅうすい》 自然のなりゆきに任せて行動すること。雲遊萍寄《ひょううき》。

公営《こうえい》 国や地方公共団体の経営。
光栄《こうえい》 名誉なこと。誉れ。「身に余る―」
後裔《こうえい》 子孫。すえ。後胤。「源氏の―」
後衛《こうえい》 後方を守る競技者・軍隊。⬄前衛
公益《こうえき》 公共の利益。「―事業」⬄私益
交易《こうえき》 物品の交換や売買。貿易。
校閲《こうえつ》 文書などの誤りを調べ正すこと。
高閲《こうえつ》 文章に目を通すことの尊敬語。
口演《こうえん》 講談などの話芸を演じること。
公演《こうえん》 演劇などを人前で演じること。
講演《こうえん》 大勢の前で講義すること。
公園《こうえん》 公衆の憩い・娯楽のための庭園。
広遠《こうえん》 【宏遠】規模が大きく広いさま。
高遠《こうえん》 高尚で遠大なさま。
●広遠な宇宙 ●高遠な理想

好演《こうえん》 見事に演技・演奏すること。
後援《こうえん》 背後から応援、援助すること。
好悪《こうお》 好き嫌い。「―の激しい人」
甲乙《こうおつ》 優劣。「―つけがたい」
厚恩《こうおん》 厚い恩恵。深い情け。
高音《こうおん》 高い音。大きな声。⬄低音
高温《こうおん》 高い温度。「―多湿」⬄低温
恒温《こうおん》 温度が一定なこと。定温。
号音《ごうおん》 信号や合図の音。
轟音《ごうおん》 とどろきわたる音。鳴り響く音。
●ピストルの号音 ●列車の轟音
工科《こうか》 工学を研究する学科。工学部。
公課《こうか》 公法による租税以外の金銭負担。
考課《こうか》 勤務成績の評価。「人事―」
効果《こうか》 よい結果。効き目。「―が上がる」

校歌《こうか》 校風などを表す歌。学校の歌。
降下《こうか》 高い所から降りること。「急―」
降嫁《こうか》 皇女が臣下に嫁ぐこと。
高価《こうか》 値段や価値が高いこと。⬄安価
高架《こうか》 高くかけわたすこと。「―線」
高歌《こうか》 声高に歌うこと。「―放吟」
硬化《こうか》 かたくなる。態度が強硬になる。
硬貨《こうか》 金属製の貨幣。「百円―」⬄紙幣
高雅《こうが》 けだかくて優雅なさま。⬄卑俗
劫火《ごうか》 全世界を焼き尽くすという大火。
業火《ごうか》 罪人を焼くという地獄の火。
業果《ごうか》 前世の悪業の報い。⬄業因
豪華《ごうか》 ぜいたくで華やかなさま。「―版」
公会《こうかい》 一般に公開する会議。⬄秘密会
公海《こうかい》 各国が自由に使える海。⬄領海

公開《こうかい》 公衆に開放すること。「―録音」
更改《こうかい》 制度や契約などを改めること。
後悔《こうかい》 あとになってくやむこと。
航海《こうかい》 船で海を渡ること。渡海。「―士」
降灰《こうかい》 噴火により、火山灰が降ること。
口外《こうがい》 他人に話を漏らすこと。「―無用」
口蓋《こうがい》 口の中の上側の部分。「―音」
公害《こうがい》 不特定多数の人に与える害。
郊外《こうがい》 都市に隣接した住宅地域。
梗概《こうがい》 物語などのあらすじ。概要。
鉱害《こうがい》 鉱業によって生じる被害。
豪快《ごうかい》 力強く堂々としているさま。
号外《ごうがい》 臨時に発行する新聞。⬄本紙
公会堂《こうかいどう》 公衆の集会のための建物。
口角《こうかく》 唇の両脇の部分。「―泡を飛ばす」

広角《こうかく》 レンズの対応角度が広いこと。
甲殻《こうかく》 体表を覆う硬いから。「—類」
降格《こうかく》 地位などが下がること。⬍昇格
工学《こうがく》 科学を工業に応用する学問。
光学《こうがく》 光の現象などを研究する物理学。
向学《こうがく》 学問に励もうと思うこと。「—心」
好学《こうがく》 学問を好むこと。「—の士」
後学《こうがく》 後進の学者。後日役立つ知識。
高額《こうがく》 大きな金額。「—紙幣」⬍低額
合格《ごうかく》 試験や検査に及第すること。
好角家《こうかくか》 相撲好きな人。こうかっか。
豪華絢爛《ごうかけんらん》 ぜいたくで華やか。
広闊《こうかつ》 広々と遠くまで開けていること。
狡猾《こうかつ》 悪賢いこと。「—な手段」
効果覿面《こうかてきめん》 効果がすぐ現れる。

公刊《こうかん》 広く世間に出版すること。刊行。
公館《こうかん》 官庁の建物。大使館や領事館。
交換《こうかん》 物を取りかえること。入れかえ。
交歓《こうかん》 【交驩】親しくし、ともに楽しむ。
向寒《こうかん》 寒さに向かうこと。「—の候」
好感《こうかん》 好ましい感じ。よい印象。
好漢《こうかん》 好ましい感じの男性。
巷間《こうかん》 世間。ちまた。「—の俗説」
後患《こうかん》 後日の心配・難儀。「—を宿す」
浩瀚《こうかん》 広大なこと。本のページが多い。
高官《こうかん》 地位の高い官職。「高位—」
厚顔《こうがん》 厚かましいさま。「—な輩《やから》」
紅顔《こうがん》 若く血色のよい顔。「緑髪—」
睾丸《こうがん》 哺乳類の雄の生殖腺《せん》。
強姦《ごうかん》 暴力により女性を犯すこと。

交感神経《こうかんしんけい》 自律神経の一つ。
傲岸不遜《ごうがんふそん》 高慢で尊大な様子。
厚顔無恥《こうがんむち》 恥知らずなこと。
口気《こうき》 口から出る息。言い方。口ぶり。
公器《こうき》 公共のためのもの。公共物。
広軌《こうき》 標準より幅広のレール。⬍狭軌
光輝《こうき》 輝くこと。名誉。「—ある伝統」
好期《こうき》 ちょうどよい時期。好時期。
好機《こうき》 よい機会。チャンス。「—到来」
後記《こうき》 後述すること。あとがき。
香気《こうき》 よいにおい。香り。「—が漂う」
校紀《こうき》 学校内の風紀。「—を乱す」
校規《こうき》 学校の規則。校則。
校旗《こうき》 学校を象徴する旗。「—を掲げる」
高貴《こうき》 身分が高いこと。高価で貴重。

綱紀《こうき》 国を統治する根本の規律。
興起《こうき》 勢いが盛んになる。ふるいたつ。
広義《こうぎ》 言葉の、広範囲の意味。⬍狭義
交誼《こうぎ》 【交宜】交際のよしみ。「—を結ぶ」
好誼《こうぎ》 【好宜】相手が自分に寄せる交情。
厚誼《こうぎ》 【厚宜】親しい交際。厚い親切。
高誼《こうぎ》 相手からの交誼への敬称。
●交誼を深める
●御好誼に感謝する
●御厚誼をたまわり
●御高誼にあずかり
抗議《こうぎ》 反対意見を強く主張すること。
講義《こうぎ》 学説などの意義を解説すること。
剛毅《ごうき》 意志が強固でくじけないこと。
豪気《ごうき》 気性が強く勇ましいさま。
合議《ごうぎ》 集まって相談すること。「—制」
豪儀《ごうぎ》 大規模で派手。勢いが激しい。

高気圧《こうきあつ》 周囲より気圧の高いところ。
綱紀粛正《こうきしゅくせい》 乱れた規律を正す。
好奇心《こうきしん》 珍しい、未知の事への興味。
剛毅木訥《ごうきぼくとつ》 意志が強く飾り気がなくて無口なこと。⬍巧言令色
公休《こうきゅう》 公式の休日。公休日。
考究《こうきゅう》 よく考え、きわめること。
攻究《こうきゅう》 熱心に研究すること。講究。
恒久《こうきゅう》 いつまでも変わらないこと。
後宮《こうきゅう》 皇后や妃などが住む宮殿。
高級《こうきゅう》 等級・品質などが高い。⬍低級
高給《こうきゅう》 給料が高いこと。「—優遇」⬍薄給
硬球《こうきゅう》 野球などで使う球で、硬いもの。
購求《こうきゅう》 買い求めること。購入。
号泣《ごうきゅう》 大声で泣き叫ぶこと。

公許《こうきょ》 官公庁の許可。官許。
抗拒《こうきょ》 対抗して拒否すること。
皇居《こうきょ》 天皇の住居。皇宮。宮城。
溝渠《こうきょ》 給水・排水のためのみぞ。
薨去《こうきょ》 皇族または三位以上の人の死亡。
公共《こうきょう》 社会一般。公衆が利用すること。
広狭《こうきょう》 広いことと狭いこと。
好況《こうきょう》 景気のよいこと。好景気。⬍不況
高教《こうきょう》 相手から受ける教えの敬語。
工業《こうぎょう》 原料を加工し製品を作る産業。
功業《こうぎょう》 立派な事業。手柄。「—を立てる」
鉱業《こうぎょう》 【礦業】鉱物に関する産業。「—権」
興行《こうぎょう》 有料で見せる催し物。「—を打つ」
興業《こうぎょう》 新しく事業や産業をおこすこと。
●地方興行　興行師
●殖産興業

交響楽《こうきょうがく》 管弦楽曲の総称。交響曲。
公金《こうきん》 国や公共団体の所有する金銭。
抗菌《こうきん》 有害な細菌の増殖を封じること。
拘禁《こうきん》 とらえて外へ出さない。⬍釈放
高吟《こうぎん》 声高に吟詠する。⬍低吟・低唱
合金《ごうきん》 二種以上の金属を融合した金属。
工具《こうぐ》 工作に使用する器具・道具。
航空《こうくう》 航空機で空中を航行すること。
厚遇《こうぐう》 手厚くもてなすこと。⬍冷遇
行軍《こうぐん》 軍隊が列を組んで行進すること。
香華《こうげ》 仏前に供える香と花。こうばな。
高下《こうげ》 高いことと低いこと。上がったり下がったりすること。優劣。「乱—」
口径《こうけい》 円筒状の物の口の内側の直径。
光景《こうけい》 目に映る景色。ありさま。情景。

後継《こうけい》 あとを継ぐこと。あとつぎ。「—者」
工芸《こうげい》 美術的な実用品をつくること。
合計《ごうけい》 全部の数量を加えあわせること。
好景気《こうけいき》 景気がよいこと。⬍不景気
肯綮《こうけい》に中《あた》る 要点を押えている。
攻撃《こうげき》 敵を攻めること。非難すること。
高潔《こうけつ》 気高くてけがれのないこと。
豪傑《ごうけつ》 武勇に優れ、大胆な人。「—笑い」
高血圧《こうけつあつ》 血圧が正常より高い状態。
膏血《こうけつ》を絞《しぼ》る 重税を取りたてる。
公権《こうけん》 参政権など、公法上の権利。
効験《こうけん》 効き目。効能。「—あらたか」
後見《こうけん》 後ろ盾となって世話する。「—人」
貢献《こうけん》 力を尽くして役に立つこと。
高見《こうけん》 立派な見識。他人の意見の敬称。

公言《こうげん》 人前で堂々と言うこと。明言。
広言《こうげん》 【荒言】大きなことを言う。大言。
巧言《こうげん》 巧みに飾った口先だけの言葉。
高言《こうげん》 いばって大きなことを言うこと。
●公言をはばかる
●広言を吐く
●巧言をろうする
●うぬぼれた高言
広原《こうげん》 【曠原】広々とした野原。
光源《こうげん》 光を発するみなもと。「—体」
抗言《こうげん》 逆らって言い返す・言葉。抗弁。
抗原《こうげん》 生体内で抗体の形成を促す物質。
高原《こうげん》 海抜高度が高い土地にある平原。
合憲《ごうけん》 憲法の規定にかなっていること。
剛健《ごうけん》 心身ともに強くたくましいこと。
考現学《こうげんがく》 現代社会を研究する学問。
巧言令色《こうげんれいしょく》 言葉を飾り、うわべをとりつくろうこと。「—鮮《すく》なし仁」

好古《こうこ》 昔のものを好むこと。「—趣味」
好個《こうこ》 ちょうどよいこと。好適。
交互《こうご》 互い違い。かわるがわる。
口語《こうご》 話し言葉。現代の日常語。「—文」
豪語《ごうご》 偉そうに大きなことを言うこと。
口腔《こうこう》 口の中の空間。こうくう。
孝行《こうこう》 親を大切にし、よく仕えること。
航行《こうこう》 船舶や航空機が航路を進むこと。
皓皓《こうこう》 【皎皎】白々と明るいさま。
煌煌《こうこう》 【晃晃】きらきらと光り輝くさま。
●皓皓と照る月
●星が煌煌と輝く
膏肓《こうこう》 体内の、治療しにくい所。
交合《こうごう》 男女の交わり。性交。交接。
咬合《こうごう》 上下の歯のかみあわせ。「不正—」

皇后《こうごう》 天皇・皇帝の妻。きさき。「—陛下」
囂囂《ごうごう》 大勢の声がやかましい。「喧喧—」
轟轟《ごうごう》 物音がとどろきわたるさま。
●囂囂たる非難
●轟轟たる爆音
神神《こうごう》しい 気高く荘厳な感じだ。
好好爺《こうこうや》 優しくて人のよい老人。
考古学《こうこがく》 人類の歴史を研究する学問。
公告《こうこく》 官公庁などが一般に公示する。
広告《こうこく》 広く世間に宣伝すること。広報。
●官報に公告する
●広告媒体を決める
公国《こうこく》 公の称号をもつ君主が治める国。
抗告《こうこく》 裁判所の決定への不服申し立て。
恍惚《こうこつ》 心を奪われうっとりするさま。
硬骨《こうこつ》 信念や意志が強いこと。「—漢」
後顧《こうこ》の憂《うれ》い 後々の心配。

交差《こうさ》 線状のものが一点で交わること。
考査《こうさ》 考え調べること。学力試験。
口座《こうざ》 簿記で項目別に記入するところ。
高座《こうざ》 寄席などで芸を演じる舞台。
講座《こうざ》 大学の学部構成上の単位。講義。
口才《こうさい》 弁舌の才能。口が達者なこと。
公債《こうさい》 国や公共団体が発行する債券。
交際《こうさい》 人と人とがつきあうこと。「—家」
虹彩《こうさい》 光の量を調節する眼球の膜。
功罪《こうざい》 功績と罪。功過。「—相半ばする」
鋼材《こうざい》 建設・機械の材料となる鋼鉄。
光彩陸離《こうさいりくり》 光り輝く美しさ。
光彩《こうさい》を放《はな》つ ひときわ目立つ。
工作《こうさく》 物を作ること。事前の働きかけ。
交錯《こうさく》 複数のものが入り交じること。

耕作《こうさく》　田畑を耕して作物を作ること。

鋼索《こうさく》　ワイヤーロープ。索条。鉄索。

考察《こうさつ》　深く考えること。「原因を―する」

高札《こうさつ》　入札で最も高い値をつけた札。

高察《こうさつ》　相手の推察の尊敬語。お察し。

絞殺《こうさつ》　首をしめて殺すこと。「―死体」

交差点《こうさてん》　二本以上の街路が交わる所。

公算《こうさん》　見込み。確率。「成功する―」

恒産《こうさん》　一定の、安定した財産・職業。

降参《こうさん》　負けて服従すること。閉口する。

鉱山《こうざん》　鉱物を採掘する山。「―学」

公私《こうし》　公事と私事。「―混同」

公使《こうし》　大使に次ぐ外交使節。「―館」

行使《こうし》　権力や権利を用いる。「実力―」

孝子《こうし》　親孝行な子。

厚志《こうし》　厚い志。親切な気持ち。厚情。

格子《こうし》　細い木を縦横に組んだもの。

高士《こうし》　人格の高潔な人。高徳の人。

後嗣《こうし》　あとつぎ。よつぎ。子孫。

嚆矢《こうし》　物事のはじめ。「近代文学の―」

講師《こうし》　講演などをする人。教職の一つ。

麹《こうじ》　【糀】麹菌を繁殖させた穀類。

小路《こうじ》　幅の狭い道。こみち。「袋―」

工事《こうじ》　建築・土木などの仕事・作業。

公示《こうじ》　公の機関が一般に告知すること。

公事《こうじ》　公共に関する仕事。公務。⇔私事

好事《こうじ》　よいこと。よい行い。「―魔多し」

好餌《こうじ》　誘惑する手段。えじき。

高次《こうじ》　高い次元。高い程度。⇔低次

後事《こうじ》　自分の死後のこと。将来のこと。

合祀《ごうし》　複数の神や霊を一緒に祭ること。

合資《ごうし》　複数の人が資本を出し合うこと。

公式《こうしき》　公に定められた形式・方法。

硬式《こうしき》　硬球を使う競技の形式。⇔軟式

高姿勢《こうしせい》　相手を威圧する強い態度。

皇室《こうしつ》　天皇とその一族。「―典範」

硬質《こうしつ》　硬い性質。「―ガラス」⇔軟質

口実《こうじつ》　弁解のための理屈。言い訳。

好日《こうじつ》　よい日。「日日是―」

口耳の学《こうじのがく》　受け売りの、浅薄な学問。

好事魔多し《こうじまおおし》　よいことにはとかくじゃまが入る。月に叢雲《むらくも》花に風。

公社《こうしゃ》　国や公共団体が出資した法人。

巧者《こうしゃ》　慣れていて巧みなこと・人。

後者《こうしゃ》　後ろの方。後に続く者。⇔前者

校舎《こうしゃ》　学校の建物。

降車《こうしゃ》　車などから降りること。⇔乗車

豪奢《ごうしゃ》　豪華で派手なこと。「―な邸宅」

公爵《こうしゃく》　爵位の一つ。五等爵の第一位。

侯爵《こうしゃく》　爵位の一つ。五等爵の第二位。

講釈《こうしゃく》　意味などを説明すること。講談。

巧手《こうしゅ》　技芸が巧みなこと。巧者。

好手《こうしゅ》　囲碁や将棋でうまい手。⇔悪手

叩首《こうしゅ》　ひたいを地につけ礼拝すること。

好守《こうしゅ》　じょうずな守り。好守備。⇔拙守

攻守《こうしゅ》　攻めと守り。「―所を変える」

絞首《こうしゅ》　首を締めて殺すこと。「―刑」

口授《こうじゅ》　口で伝え授けること。⇔口受

口臭《こうしゅう》　口から出るいやなにおい。

公衆《こうしゅう》　社会を構成する一般の人々。

講習《こうしゅう》　学問・技芸などを習うこと。

高周波《こうしゅうは》　周波数の高い電流や電波。

口述《こうじゅつ》　口で述べること。「―筆記」⇔筆述

公述《こうじゅつ》　公の場で意見を述べること。

後述《こうじゅつ》　あとで述べること。⇔前述

高所《こうしょ》　高い場所。高い立場。「―恐怖症」

皇女《こうじょ》　天皇の娘。内親王。⇔皇子

控除《こうじょ》　金銭・数量などを差し引くこと。

口承《こうしょう》　代々口づてに語り伝える。

口誦《こうしょう》　くちずさむこと。声に出して読む。

工匠《こうしょう》　大工など、工作物をつくる職人。

公称《こうしょう》　表向きに発表されていること。

公証《こうしょう》　公の証拠。公的機関の証明。

公傷《こうしょう》　公務中の負傷。「―年金」⇔私傷

交渉《こうしょう》　かけあうこと。かかわること。

好尚《こうしょう》　好み。嗜好《しこう》。流行。「時代の―」

考証《こうしょう》　昔の事を文献で調べて考察する。

行賞《こうしょう》　賞を与えること。「論功―」

哄笑《こうしょう》　大口をあけて笑うこと。高笑い。

校章《こうしょう》　学校の記章。

高尚《こうしょう》　程度が高く上品なさま。⇔低俗

高唱《こうしょう》　大声で歌うこと。

口上《こうじょう》　口頭で言うこと。役者のあいさつ。

工場《こうじょう》　機械で生産・修理する所。

交情《こうじょう》　親しみの気持ち。「こまやかな―」

厚情《こうじょう》　相手からの手厚い情け・親切心。

- 交情を深める
- 御厚情に感謝する

向上《こうじょう》　能力・程度などがよくなること。

恒常《こうじょう》　一定で変わりないこと。「―性」

豪商《ごうしょう》　財力の豊かな大商人。

強情《ごうじょう》　意見・考えを変えない様子。
公職《こうしょく》　公務員・議員などの公の職務。
好色《こうしょく》　情事を好むこと。「—家」
曠職《こうしょく》　職責を果たさないこと。
公序良俗《こうじょりょうぞく》　公の秩序。よい風俗。
亢進《こうしん》　【昂進】高ぶり進むこと。「心悸—」
交信《こうしん》　無線などで通信をかわすこと。
行進《こうしん》　隊列を組んで進むこと。「—曲」
更新《こうしん》　改め、新しくすること。「記録—」
後身《こうしん》　前の形から変化した姿。⬌前身
後進《こうしん》　同分野の後輩。後ろへ進むこと。
恒心《こうしん》　常に変わらない正しい心。
紅唇《こうしん》　赤いくちびる。美人のくちびる。
公人《こうじん》　公職についている人。⬌私人
行人《こうじん》　道を歩いて行く人。旅人。

幸甚《こうじん》　ありがたく思うこと。「—の至り」
黄塵《こうじん》　黄色い土ぼこり。世間の俗事。
興信所《こうしんじょ》　秘密に調べて報告する機関。
好人物《こうじんぶつ》　善良な人。人柄の円満な人。
香辛料《こうしんりょう》　香りや辛みを添える調味料。
後塵《こうじん》を拝《はい》する　権力者などに付き従う。先んじられる。後れをとる。
構図《こうず》　絵や写真の素材の構成・配置。
香水《こうすい》　化粧品。香料を溶かした品。〔夏〕
硬水《こうすい》　カルシウムなどを多く含む水。
洪水《こうずい》　川の水があふれ出すこと。大水。
降水量《こうすいりょう》　地上に降下した雨雪量。
好事家《こうずか》　もの好きな人。風流を好む人。
抗《こう》する　抵抗する。さからう。争う。
高《こう》ずる　【昂ずる】状態がひどくなる。

講《こう》ずる　適切な手段・方法をとる。
号《ごう》する　雅号をつける。言いふらす。
公正《こうせい》　公平で正しいこと。「—な判断」
攻勢《こうせい》　積極的に攻める態勢。⬌守勢
更正《こうせい》　誤りを正しく改めること。是正。
更生《こうせい》　生き返ること。立ち直ること。
厚生《こうせい》　暮らしを健康で豊かにすること。
●税額を**更正**する　●自力で**更生**する　会社**更生**法　●福利**厚生**　**厚生**年金
後世《こうせい》　のちの世。あとの時代。後代。
後生《こうせい》　あとから生まれてくる人。後輩。
●**後世**に名を残す　●**後生**畏《おそ》るべし
恒星《こうせい》　位置を変えずに発光する星。
高声《こうせい》　高く大きな声。大声。⬌低声
校正《こうせい》　文字や図版の誤りを正す作業。

構成《こうせい》　組み立てること。組み立て。
合成《ごうせい》　二つ以上をあわせて一つにする。
豪勢《ごうせい》　非常にぜいたくなさま。
抗生物質《こうせいぶっしつ》　菌の発育阻害物質。
口跡《こうせき》　言葉づかい。せりふの言い方。
功績《こうせき》　優れた働き。「—をたたえる」
鉱石《こうせき》　【礦石】有用金属を多く含む岩石。
航跡《こうせき》　船が通ったあとに残る波の筋。
公設《こうせつ》　公的機関の設立・運営。⬌私設
巧拙《こうせつ》　じょうずとへた。「技の—」
交接《こうせつ》　交際。つきあい。性交。交合。
巷説《こうせつ》　世間のうわさ。世評。巷談。
降雪《こうせつ》　雪が降ること。降った雪。「—量」
高説《こうせつ》　優れた説。他人の考えの敬称。
口舌《こうぜつ》　口先だけの言葉。「—の徒」

豪雪《ごうせつ》　大量に雪が降ること。「—地帯」
口銭《こうせん》　売買の仲介をして得る手数料。
公選《こうせん》　一般国民の投票による選挙。
交戦《こうせん》　戦いを交えること。「—区域」
光線《こうせん》　光。光の筋。「可視—」
好戦《こうせん》　戦いを好むこと。「—的」「—国」
抗戦《こうせん》　抵抗して戦うこと。「徹底—」
黄泉《こうせん》　死者の行く所。あの世。よみ。
鉱泉《こうせん》　鉱物成分を含んだ泉。わき水。
公然《こうぜん》　包み隠さないさま。「—と認める」
昂然《こうぜん》　自信にあふれ、意気盛んなさま。
浩然《こうぜん》　心が広くゆったりしているさま。
傲然《ごうぜん》　偉そうに人を見下す様子。
轟然《ごうぜん》　大きな音が鳴り響くさま。
公租《こうそ》　国税と地方税。「—公課」

公訴《こうそ》　刑事事件での検察官による起訴。
皇祖《こうそ》　天皇の先祖。「—皇宗」
控訴《こうそ》　一審に不服な場合の上訴。上告。
酵素《こうそ》　生体内の化学反応を助ける物質。
強訴《ごうそ》　集団で強く訴えること。
広壮《こうそう》　【宏壮】広くて立派なさま。
抗争《こうそう》　対立して争うこと。「派閥—」
香草《こうそう》　においのよい草。ハーブ。
後送《こうそう》　あとで送ること。後方へ送ること。
校葬《こうそう》　学校が執り行う葬儀。学校葬。
高僧《こうそう》　高位の僧。徳の高い僧。
高層《こうそう》　高く積み重なっている。「—建築」
構想《こうそう》　全体の構成や内容を考えること。
構造《こうぞう》　ものの内部の組み立て。「社会—」
豪壮《ごうそう》　建物などが大きくて立派なさま。

拘束《こうそく》 行動の自由を束縛する。⬍解放
校則《こうそく》 生徒が守るべき学校の規則。
高速《こうそく》 速度が速いこと。高速度。「—道路」
梗塞《こうそく》 ふさがって通じなくなること。
後続《こうぞく》 あとから続くこと。「—部隊」
皇族《こうぞく》 天皇を除く天皇家の一族。「—譜」
豪族《ごうぞく》 地方の権勢ある一族。「地方—」
小唄《こうた》 三味線の伴奏で歌う短い俗曲。
交替《こうたい》 【交代】入れ代わること。「世代—」
抗体《こうたい》 病原体の免疫となる物質。
後退《こうたい》 引きさがること。勢いの衰え。
広大《こうだい》 【宏大】広く大きいさま。⬍狭小
高大《こうだい》 高くて大きいさま。「—な理想」
皇太后《こうたいごう》 先代の天皇の皇后。「—宮」
皇太子《こうたいし》 皇位を継承すべき皇子。

広大無辺《こうだいむへん》 広く果てないこと。
甲高《こうだか》 足の甲が高く張り出ていること。
光沢《こうたく》 物の表面のつや。「—が出る」
強奪《ごうだつ》 力ずくで奪い取ること。「—事件」
降誕《こうたん》 神仏・聖人などが生まれること。
公団《こうだん》 政府などが出資する特殊法人。
巷談《こうだん》 世間のうわさ。風説。「—俗説」
後段《こうだん》 文章などの後ろの段落。⬍前段
講談《こうだん》 武勇伝などを語る寄席演芸。
講壇《こうだん》 講義や講演をする壇。「—的」
豪胆《ごうたん》 【剛胆】物事に動じないさま。
強談《ごうだん》 強引に談判すること。「—に及ぶ」
好男子《こうだんし》 美男子。好感のもてる男。
巧遅《こうち》 巧みだが、仕上がりが遅いこと。
巧緻《こうち》 きめ細かく巧みなこと。精巧。

拘置《こうち》 受刑者を監獄に拘禁すること。
狡知《こうち》 【狡智】悪賢い知恵。「—にたける」
耕地《こうち》 耕作して農作物を収穫する土地。
高地《こうち》 海抜の高い土地。「—栽培」⬍低地
構築《こうちく》 組み立てて築くこと。「—物」
紅茶《こうちゃ》 茶の若葉を発酵、乾燥させた物。
膠着《こうちゃく》 ねばりつくこと。動かないこと。
甲虫《こうちゅう》 かたい前ばねにおおわれた昆虫。
好調《こうちょう》 調子や具合のよいこと。⬍不調
紅潮《こうちょう》 顔が赤みを帯びること。
候鳥《こうちょう》 季節ですむ場が違う鳥。渡り鳥。
校長《こうちょう》 学校の最高責任者。学校長。
高潮《こうちょう》 満潮の極度。勢いが高まること。
高調《こうちょう》 調子が高まること、その調子。
●最高潮に達する
●気分が高調する

公聴会《こうちょうかい》 公の機関が意見を聞く会。
硬直《こうちょく》 こわばって柔軟性を失うこと。
剛直《ごうちょく》 意思が強く信念を曲げないこと。
工賃《こうちん》 生産・加工に対する賃金。
交通《こうつう》 人や乗り物が行き来すること。
業突《ごうつ》◀く張《ば》◀り 欲が深くて頑固。
好都合《こうつごう》 都合のよいこと。⬍不都合
工程《こうてい》 生産・工事の作業の手順・段階。
公定《こうてい》 公共機関が定めること。「—価格」
公邸《こうてい》 高官が在職中に与えられる住宅。
行程《こうてい》 目的地までの距離。旅行の日程。
肯定《こうてい》 認めること。「—的」⬍否定
皇帝《こうてい》 帝国の君主。帝王。「ロシア—」
校訂《こうてい》 古典の本文を異本と比べて正す。
校庭《こうてい》 学校の庭や運動場。「—開放」

高低《こうてい》 高いことと低いこと。「—差」
高弟《こうてい》 特に優れた弟子。高足。
拘泥《こうでい》 こだわること。「小事に—する」
豪邸《ごうてい》 たいへん立派な家。豪壮な邸宅。
好適《こうてき》 何かするのにちょうどよい状態。
好敵《こうてき》 実力が同等の競争相手。「—手」
公的《こうてき》 おおやけであるさま。⬍私的
更迭《こうてつ》 ある地位の者を他の者にかえる。
鋼鉄《こうてつ》 弾性をもつかたい鉄。はがね。
公転《こうてん》 惑星が恒星の周囲を回ること。
好天《こうてん》 よい天気。晴天。「—に恵まれる」
交点《こうてん》 線と線、線と面が交わる点。
好転《こうてん》 事態がよい方に向かう。⬍悪化
後天《こうてん》 生後に身につくこと。⬍先天
荒天《こうてん》 風雨の激しい悪天候。

香典《こうでん》 【香奠】霊前に供える金銭。香料。
光度《こうど》 光の強度。恒星の明るさ。
高度《こうど》 高さ。程度が高いこと。「—差」
硬度《こうど》 金属や鉱物などの硬さの度合い。
口頭《こうとう》 言葉で述べること。「—試問」
公党《こうとう》 公的に認められた政党。⬍私党
高等《こうとう》 程度が高く優れていること。
高踏《こうとう》 俗世間を離れて高潔を保つこと。
高騰《こうとう》 【昂騰】物価が高くなること。
公道《こうどう》 正しい道理。国道・県道・市道。
行動《こうどう》 体を動かして活動すること。
坑道《こうどう》 鉱山などの内部の通路。
香道《こうどう》 香を楽しむ芸道。
高堂《こうどう》 他人の家や家人の敬称。
講堂《こうどう》 式・講演などを行う大きな建物。

黄道《こうどう》 地球から見た太陽の運行軌道。
強盗《ごうとう》 力ずくで金品を奪うこと・者。
合同《ごうどう》 複数のものが一つになること。
荒唐無稽《こうとうむけい》 でたらめなこと。
公徳《こうとく》 社会で守るべき道徳。「—心」
高徳《こうとく》 優れて高い徳。「—の僧」
講読《こうどく》 内容や意味を説明しながら読む。
購読《こうどく》 書物などを買って読むこと。
●古典を講読する
●新聞の購読料
坑内《こうない》 炭鉱・鉱山の坑道の内部。
構内《こうない》 建物や敷地の中。「駅の—」
口内炎《こうないえん》 口の中にできる炎症。
後難《こうなん》 後日起こる災難。「—をおそれる」
硬軟《こうなん》 硬さと軟らかさ。「—取り混ぜ」
購入《こうにゅう》 買うこと。購買。「—額」⇕販売

公認《こうにん》 国家などが正式に認めること。
後任《こうにん》 前任者に代わり任務につくこと。
高熱《こうねつ》 高い温度・体温。「—に苦しむ」
光熱費《こうねつひ》 電気代やガスなどの燃料費。
光年《こうねん》 光が一年間に進む距離。
行年《こうねん》 これまで生きてきた年数。
後年《こうねん》 ある時点から、ずっとのちの年。
更年期《こうねんき》 閉経の時期。「—障害」
効能《こうのう》 効き目。効用。「—書き」
豪農《ごうのう》 財産と勢力をもつ農家。⇕貧農
香の物《こうのもの》 「漬けもの」の美称。
剛の者《ごうのもの》 【豪の者】優れて強い人。
光波《こうは》 光の波。波動としての光。
硬派《こうは》 強硬な主張をもつ党派。⇕軟派
交配《こうはい》 雌雄の配合。かけあわせ。「—種」

光背《こうはい》 仏像の背にある光明を表す装飾。
向背《こうはい》 従うこととそむくこと。成行き。
好配《こうはい》 よいつれあい。よい配当。
後輩《こうはい》 年齢や経験が下の者。⇕先輩
高配《こうはい》 他人の配慮の尊敬語。厚配。
荒廃《こうはい》 荒れ果てること。「国土の—」
興廃《こうはい》 盛んになることと衰えること。
公売《こうばい》 公告して入札・競売で売ること。
勾配《こうばい》 傾いている度合い。「急—」
購買《こうばい》 買うこと。購入。「—力」⇕販売
公倍数《こうばいすう》 複数の整数に共通の倍数。
後背地《こうはいち》 都市や港の周辺地域。
紅白《こうはく》 赤と白。「—対抗リレー」「—戦」
広漠《こうばく》 【宏漠】果てしなく広い様子。
香ばしい《こうばしい》 【芳ばしい】香りがよい。

後発《こうはつ》 後から出発・開発する。⇕先発
業腹《ごうはら》 ひどく腹が立つ。いまいましい。
公判《こうはん》 公開の法廷で行われる刑事裁判。
広範《こうはん》 【広汎】広い範囲。「—な調査」
後半《こうはん》 二つに分けたあとの方の半分。
交番《こうばん》 警官の派出所。「交番所」の略。
降板《こうばん》 投手が試合途中で退く。⇕登板
合板《ごうはん》 薄板を接着剤で張りあわせた板。
後半生《こうはんせい》 一生涯の、あとの半分。
工費《こうひ》 工事にかかる費用。
公費《こうひ》 国や公共団体の費用。⇕私費
高庇《こうひ》 他人の庇護の敬称。「ご—を賜る」
高批《こうひ》 他人の批評の敬称。「ご—を仰ぐ」
交尾《こうび》 動物の雌雄の生殖行為。「—期」
後尾《こうび》 列などの後方。「最—」⇕先頭

合否《ごうひ》 合格と不合格。「—を判定する」
硬筆《こうひつ》 先がかたい筆記具。⇕毛筆
公表《こうひょう》 世間に発表すること。
公評《こうひょう》 世間の評判。公平な批評。
好評《こうひょう》 よい評判。⇕不評・悪評
高評《こうひょう》 高い評判。人の批評の尊敬語。
講評《こうひょう》 説明しながら批評すること。
業病《ごうびょう》 悪業の報いと考えられた難病。
後便《こうびん》 あとの便り。この次の便り。
幸便《こうびん》 よいついで。「—に託す」
公布《こうふ》 法令などを国民に知らせること。
交付《こうふ》 国や役所がお金や書類を渡す。
後部《こうぶ》 後ろの部分。「—座席」⇕前部
荒蕪《こうぶ》 土地が荒れて雑草が茂ること。
光風《こうふう》 陽光を吹きぬけるさわやかな風。

高風《こうふう》 気高い風格。相手の人格の敬称。
校風《こうふう》 学校に見られる気風。
口腹《こうふく》 飲み食い。口と腹。「—の欲」
幸福《こうふく》 しあわせ。満ち足りた気持ち。
降伏《こうふく》 【降服】戦いに負け服従すること。
剛愎《ごうふく》 頑固で人の言うことに従わない。
剛腹《ごうふく》 太っ腹で度胸があるさま。豪胆。
好物《こうぶつ》 好きな食べ物や飲み物。「大—」
鉱物《こうぶつ》 地殻を構成する天然の無機物。
口吻《こうふん》 口ぶり。「反対のような—」
公憤《こうふん》 社会の悪に対する怒り。⇕私憤
興奮《こうふん》 【昂奮】刺激により感情が高ぶる。
行文《こうぶん》 文章の筆の運び方。「—流麗」
構文《こうぶん》 文章の構成。文の組み立て。
公文書《こうぶんしょ》 公の機関から出される文書。

**首**《こうべ》 【頭】首から上。あたま。
**公平**《こうへい》 かたよりがなく正しいこと。
**公平無私**《こうへいむし》 公平で私心がない。
**抗弁**《こうべん》 相手の主張に対し反論すること。
**合弁**《ごうべん》 事業の共同経営。「—会社」
**候補**《こうほ》 ある地位や資格の取得を望む者。
**公募**《こうぼ》 広く一般から募集すること。
**酵母**《こうぼ》 イーストなど発酵を起こす菌類。
**工法**《こうほう》 工事や加工の方法。「最新—」
**公法**《こうほう》 権力・公益に関する法。⬌私法
**公報**《こうほう》 官庁が国民に発表する報告。
**広報**《こうほう》 【弘報】広く一般に知らせること。
●選挙**公報**
●**広報**誌の発行
**後方**《こうほう》 後ろの方。「—支援」⬌前方
**航法**《こうほう》 船や航空機を動かす技術。

**工房**《こうぼう》 工芸家・美術家などの仕事場。
**光芒**《こうぼう》 光の筋。「—を放つ」
**攻防**《こうぼう》 攻撃と防御。攻守。「—戦」
**興亡**《こうぼう》 興ることと滅びること。盛衰。
**号砲**《ごうほう》 合図のためにうつ銃砲。
**合法**《ごうほう》 法律に適合する。「—的」⬌非合法
**業報**《ごうほう》 善悪の行いによって受ける報い。
**豪放磊落**《ごうほうらいらく》 心が広くて大らか。
**公僕**《こうぼく》 国民に奉仕する人。公務員。
**香木**《こうぼく》 香道で用いる香りのよい木材。
**稿本**《こうほん》 下書きの本。草稿本。⬌刊本
**高邁**《こうまい》 気高く優れていること。
**毫末**《ごうまつ》 ごくわずか。「—の疑いもない」
**高慢**《こうまん》 おごり高ぶるさま。「—ちき」
**傲慢**《ごうまん》 思い上がり、人を見下すさま。

**香味**《こうみ》 飲食物の香りと味。「—野菜」
**口蜜腹剣**《こうみつふくけん》 口先ではよいことを言うが、本音は邪心を抱いていること。
**功名**《こうみょう》 手柄で名を上げること。「—心」
**巧妙**《こうみょう》 非常にうまいこと。⬌拙劣
**光明**《こうみょう》 明るく輝く光。「一筋の—」
**公民**《こうみん》 参政権のある国民。「—館」
**公民権**《こうみんけん》 選挙権と被選挙権。市民権。
**工務**《こうむ》 土木・建築の仕事。工場の事務。
**公務**《こうむ》 国や公共団体の仕事。「—員」
**被る**《こうむる》 【蒙る】他から受ける。「損害を—」
**高名**《こうめい》 よい評判。相手の名の尊敬語。
**合名**《ごうめい》 名前を一緒に書き連ねること。
**公明正大**《こうめいせいだい》 公平で正しいこと。
**毫も**《ごうも》 少しも。「—慌てない」

**鴻毛**《こうもう》 極めて軽いことのたとえ。
**剛毛**《ごうもう》 かたくて太い毛。
**剛猛**《ごうもう》 【豪猛】つよくたけだけしいこと。
**紅毛碧眼**《こうもうへきがん》 西洋人。
**項目**《こうもく》 物事を小さく分けた一つ一つ。
**綱目**《こうもく》 大まかな骨組みと細かい項目。
**肛門**《こうもん》 大便を排出する穴。しりの穴。
**校門**《こうもん》 学校の出入口にある門。
**閘門**《こうもん》 運河などにある水量調節用の門。
**拷問**《ごうもん》 苦痛を与え問いただすこと。
**広野**《こうや》 【曠野】広々とした野原。
**荒野**《こうや》 あれはてた野原。あれの。
**口約**《こうやく》 口頭で約束すること。口約束。
**公約**《こうやく》 政治家が有権者に約束する政策。
**膏薬**《こうやく》 あぶらで練り固めた外用薬。

**公約数**《こうやくすう》 複数の整数に共通の約数。
**香油**《こうゆ》 においのよい化粧用の油。
**鉱油**《こうゆ》 石油など鉱物質の油。
**公有**《こうゆう》 官庁や公共団体の所有。「—林」
**交友**《こうゆう》 友としてのつきあい。「—関係」
**交遊**《こうゆう》 親しくつきあうこと。交際。
●**交友**範囲が広い
●幼友達と**交遊**する
**剛勇**《ごうゆう》 【豪勇】強く勇気があること。
**豪雄**《ごうゆう》 すぐれて強いこと・人。豪傑。
**豪遊**《ごうゆう》 大金を使って派手に遊ぶこと。
**公用**《こうよう》 おおやけの用事。公務。⬌私用
**孝養**《こうよう》 親を大切にして面倒をみること。
**効用**《こうよう》 効き目。使い道。「薬の—」
**紅葉**《こうよう》 秋に赤く色づく葉。もみじ。[秋]
**黄葉**《こうよう》 秋に黄色に色づく葉。[秋]

**高揚**《こうよう》 【昂揚】高まること。「精神の—」
**綱要**《こうよう》 もととなる大切なところ。
**広葉樹**《こうようじゅ》 葉が幅広の樹木。⬌針葉樹
**強欲**《ごうよく》 非常に欲が深いこと。貪欲。
**甲羅**《こうら》 カメやカニの背を覆う堅いから。
**光来**《こうらい》 人の来訪の尊称。「ご—を待つ」
**後来**《こうらい》 このあと。遅れてくること。
**行楽**《こうらく》 外に出かけて遊ぶこと。「—客」
**高覧**《こうらん》 他人が見ることの尊敬語。
**公理**《こうり》 一般に通じる道理。真理。
**功利**《こうり》 功名と利益。「—説」「—主義」
**行李**《こうり》 柳や竹で作った荷物入れ。「柳—」
**高利**《こうり》 不当な高率の利息。⬌低利
**小売り**《こうり》◀ 個人消費者に売ること。
**合理**《ごうり》 道理にかなうこと。「—的」「—化」

強力《ごうりき》 【剛力】強い力。山の案内人。
公立《こうりつ》 公共団体の設立・運営のもの。
効率《こうりつ》 一定時間での仕事の進む割合。
高率《こうりつ》 率の高いこと。⇔低率
攻略《こうりゃく》 敵地に攻め入って負かすこと。
後略《こうりゃく》 後の部分を省くこと。⇔前略
勾留《こうりゅう》 刑が確定しない者の留置。拘置。
拘留《こうりゅう》 犯罪者を留置場に留める刑罰。
●勾留理由の開示
●一晩の拘留に処す
交流《こうりゅう》 交互に逆の向きに流れる電流。
興隆《こうりゅう》 物事が盛んになり栄えること。
合流《ごうりゅう》 一つにあわさること。「—点」
考慮《こうりょ》 よく考えあわせること。
広量《こうりょう》 【宏量】度量の広いこと。⇔狭量
考量《こうりょう》 いろいろ考え合わせて判断する。

香料《こうりょう》 よいにおいを出すもの。香典。
荒涼《こうりょう》 【荒寥】荒れはててさびしいさま。
校了《こうりょう》 校正が終了すること。
綱領《こうりょう》 要点。政党などの根本方針。
効力《こうりょく》 効き目。はたらき。「絶大な—」
光臨《こうりん》 人の来訪の尊称。「ご—を仰ぐ」
降臨《こうりん》 神仏などが地上に下ること。
好例《こうれい》 よい例。もってこいの例。適例。
恒例《こうれい》 決まって行われること。慣例。
高齢《こうれい》 年齢の高いこと。「—社会」「—者」
号令《ごうれい》 集団に大声で指示する命令。
行路《こうろ》 ゆききの道。世渡り。「人生—」
香炉《こうろ》 香をたくのに用いる容器。
航路《こうろ》 船や航空機の通るみちすじ。
高炉《こうろ》 製鉄工場で鉄を溶かす炉。

功労《こうろう》 功績とその努力。手柄。「—者」
高楼《こうろう》 高い建物。たかどの。「—に登る」
高禄《こうろく》 多額の禄高。高給。「—をはむ」
口論《こうろん》 口げんか。「—が絶えない」
公論《こうろん》 世間一般が認める正しい議論。
抗論《こうろん》 張り合って議論すること。
甲論乙駁《こうろんおつばく》 意見が一致しない。
高論卓説《こうろんたくせつ》 優れた意見。高説。
高話《こうわ》 他人の談話の敬称。高説。
講和《こうわ》 【媾和】戦争終結。仲直り。⇔宣戦
講話《こうわ》 説き聞かすこと。説き聞かす話。
港湾《こうわん》 みなと。いりうみ。「—都市」
声《こえ》 のどから出る音。人々の意見。
肥《こえ》 地味をこやすためのもの。肥料。
孤影悄然《こえいしょうぜん》 寂しい独り姿。

護衛《ごえい》 つき添って危険から守ること。
御詠歌《ごえいか》 巡礼が歌う仏をたたえる歌。
呉越同舟《ごえつどうしゅう》 敵同士が同じ場所に居あわせたり、行動をともにすること。
肥《こ》える ふとる。土地が豊かになる。
越《こ》える ある地点・時間を通りすぎる。
超《こ》える 基準を上回る。範囲の外に出る。
●難関を越える
●予想を超える
呼応《こおう》 互いに意思が疎通していること。
古往今来《こおうこんらい》 昔から今まで。
小躍《こおど》り 非常に喜んで躍り上がる。
氷《こおり》 水が冷えて固まったもの。図
氷砂糖《こおりざとう》 結晶させた純良の砂糖。
氷枕《こおりまくら》 頭を冷やすための氷入りまくら。
凍《こお》る 【氷る】液体が寒さで固まる現象。

古歌《こか》 昔の人の歌。いにしえの歌。
古雅《こが》 古風で風情がある。みやびやか。
戸外《こがい》 家のそと。おもて。屋外。
子飼《こが》い 幼児期から面倒をみること。
誤解《ごかい》 事実とは異なる間違った理解。
碁会《ごかい》 集まって碁を打ち合う会合。
子会社《こがいしゃ》 他会社の支配下の会社。
互角《ごかく》 互いに優劣がない。「—の戦い」
語学《ごがく》 外国語の学習。言語学。
木陰《こかげ》 【木蔭】木のかげ。「—で休もう」
焦《こ》がす 焼いて黒くする。思い悩む。
小形《こがた》 大小の小さい方。小さい形。
小型《こがた》 同種類で小さい方。⇔大型
●小形の模様
●小型車 小型化
小刀《こがたな》 小さい刀。小太刀《こだち》。ナイフ。

枯渇《こかつ》 【涸渇】水がかれる。乏しくなる。
小金《こがね》 少額の金銭。「—をためる」
黄金《こがね》 きん。おうごん。「—色の稲」
小柄《こがら》 体格が小さいこと。細かい模様。
木枯《こが》らし 【凩】初冬に吹く風。図
焦《こ》がれる 切なく恋い慕う。「待ち—」
股間《こかん》 【胯間】またのあいだ。またぐら。
五官《ごかん》 目・耳・鼻・舌・皮膚の五器官。
五感《ごかん》 五官を通して知る感覚。
●五官の機能
●五感をとぎすます
互換《ごかん》 互いに取りかえがきくこと。
語感《ごかん》 言葉から受ける感じ。「鋭い—」
語幹《ごかん》 用言の活用しない部分。⇔語尾
護岸《ごがん》 堤防を保護して水害を防ぐこと。
古稀《こき》 【古希】七十歳。七十歳の祝い。

**呼気**《こき》　体外に吐き出す空気。⇕吸気

**狐疑**《こぎ》　疑い深いこと。疑いためらう。

**語気**《ごき》　話す言葉の勢い。語調。「—が荒い」

**誤記**《ごき》　書き誤り、その字。「—を正す」

**語義**《ごぎ》　言葉の意味。語意。「—未詳」

**扱き下ろす**《こきおろす》　ひどくけなす。

**御機嫌**《ごきげん》　機嫌の尊敬語。上機嫌。

**小刻み**《こきざみ》　細かく速く刻むこと。

**狐疑逡巡**《こぎしゅんじゅん》　実行をためらう。

**小汚い**《こぎたない》　なんとなくきたない感じだ。

**扱き使う**《こきつかう》　遠慮容赦なく人を使う。

**漕ぎ着ける**《こぎつける》　努力して到達する。

**小切手**《こぎって》　有価証券の一種。

**小気味**《こきみ》　「気味」の強調語。「—いい」

**顧客**《こきゃく》　お得意の客。「会社の—リスト」

**呼吸**《こきゅう》　息をすること。調子。要領。

**故旧**《こきゅう》　昔のなじみ。古くからの知己。

**胡弓**《こきゅう》　【鼓弓】三味線に似た弦楽器。

**故郷**《こきょう》　ふるさと。郷里。「—へ錦を飾る」で、立身出世をして帰郷すること。

**五経**《ごきょう》　易経・書経・詩経・春秋・礼記。

**小奇麗**《こぎれい》　清潔で整っているさま。

**石**《こく》　容積単位の一。一斗の十倍。

**酷**《こく》　厳しすぎること。「—な練習」

**扱く**《こく》　しごいてかきおとす。「稲を—」

**漕ぐ**《こぐ》　櫓《ろ》や櫂《かい》で舟を操り進める。

**極**《ごく》　極めて。「—上品」「—普通」

**語句**《ごく》　語と句。言葉のひとまとまり。

**極悪**《ごくあく》　この上なく悪いこと。「—非道」

**国威**《こくい》　国家の威光。「—の発揚」

**極意**《ごくい》　道を極めた人が会得する核心。

**刻一刻**《こくいっこく》　次第次第に。だんだんに。

**刻印**《こくいん》　印を彫刻する。硬貨の縁のぎざ。

**虚空**《こくう》　何もない空間。「—をにらむ」

**穀雨**《こくう》　二四節気で四月二十日頃。㊌

**御供**《ごくう》　神仏へのお供え。「人身—」

**国運**《こくうん》　国の運命・運勢。「—が傾く」

**国益**《こくえき》　国家の利益。「—に沿う」

**黒鉛**《こくえん》　炭素からなる黒く柔らかい鉱物。

**国王**《こくおう》　一国の王。国の統治者。

**国外**《こくがい》　国の領土・領海のそと。⇕国内

**国学**《こくがく》　日本の精神を研究する学問。

**国技**《こくぎ》　日本の相撲など国の代表競技。

**酷遇**《こくぐう》　むごい取り扱い。ひどい待遇。

**極月**《ごくげつ》　陰暦一二月の異称。師走。㊄

**刻限**《こくげん》　そこまでと限り定められた時刻。

**国語**《こくご》　国民が使用する自国の言葉。

**国号**《こくごう》　一国の称号。国の名前。

**極極**《ごくごく》　「極」の強調表現。きわめて。

**国債**《こくさい》　国家が発行する債券。「赤字—」

**国際**《こくさい》　複数の国の間に関係する。「—的」

**極彩色**《ごくさいしき》　緻密な彩色。はでな色彩。

**国策**《こくさく》　国としてとるべき政策。

**国産**《こくさん》　国の生産物。「—牛肉」⇕舶来

**国史**《こくし》　一国の歴史。日本史。

**酷使**《こくし》　ひどく使うこと。こきつかうこと。

**告示**《こくじ》　公衆に告げ知らすこと。「内閣—」

**国字**《こくじ》　国語を表記する文字。和字。

**国事**《こくじ》　国政に関する事柄。「—行為」

**国璽**《こくじ》　国家のしるしとして押す印。

**酷似**《こくじ》　極めてよく似ていること。

**獄死**《ごくし》　獄舎の中で死ぬこと。牢死。

**国士無双**《こくしむそう》　国家第一の大人物。

**獄舎**《ごくしゃ》　獄舎の建物。刑務所。ろうごく。

**国手**《こくしゅ》　医師の敬称。名医。碁の名人。

**国書**《こくしょ》　国が出す外交文書。日本語の書。

**酷暑**《こくしょ》　耐えがたい暑さ。㊍⇕酷寒《こっかん》

**極暑**《ごくしょ》　極めて暑いさかり。㊍⇕極寒《ごっかん》

**国情**《こくじょう》　【国状】その国のありさま。

**極上**《ごくじょう》　極めて上等。「—の一品」

**国辱**《こくじょく》　国の恥。国家の恥辱。国恥。

**国粋**《こくすい》　一国の長所・美点。「—主義」

**刻する**《こくする》　彫る。刻む。書きしるす。

**哭する**《こくする》　大声で泣き叫ぶ。「墓前に—」

**国是**《こくぜ》　国家としての方針。「—を定める」

**国政**《こくせい》　国の政治。「—を担う」

**国勢**《こくせい》　国の状態。国の勢い。「—調査」

**国税**《こくぜい》　国が徴集する税。⇕地方税

**国籍**《こくせき》　その国の国民であるという資格。

**国選**《こくせん》　国が選ぶこと。「—弁護人」

**告訴**《こくそ》　被害者が公的機関に訴えること。

**国葬**《こくそう》　国の功労者を国費で弔う葬式。

**穀倉**《こくそう》　穀物の貯蔵庫。穀物の主産地。

**獄窓**《ごくそう》　獄舎のまど、また獄舎。刑務所。

**国賊**《こくぞく》　体制に反し国家に害をなす者。

**国体**《こくたい》　国の状態。「国民体育大会」の略。

**告知**《こくち》　告げ知らすこと。「—板」

**小口**《こぐち》　切り口。少量。少額。「—の取引」

**木口**《こぐち》　木材を横に切った断面。切り口。

**獄中**《ごくちゅう》　監獄の中。獄内。「—記」

穀潰《ごくつぶ》し　食べるだけで働かない者。
国定《こくてい》　国家が認定するもの。「―公園」
黒点《こくてん》　黒い点。太陽面にある斑点。
国土《こくど》　国家の領土。「―開発」「―計画」
国道《こくどう》　国家が建設・管理する道路。
極道《ごくどう》　【獄道】悪事や道楽をすること。
国内《こくない》　国の領土内。「―市場」⇔国外
国難《こくなん》　国家の存亡にかかわる危難。
酷熱《こくねつ》　がまんできない暑さ。酷暑。
告白《こくはく》　隠していたことを打ち明ける。
酷薄《こくはく》　むごくて薄情。「―非道」
告発《こくはつ》　第三者が犯罪をあばくこと。
黒板《こくばん》　白墨で文字などを書く黒い板。
国費《こくひ》　国が出す費用。「―を投じる」
極秘《ごくひ》　絶対に秘密ということ。「―情報」

極微《ごくび》　非常に微小なこと。最小。
黒白《こくびゃく》を付《つ》ける　物事の善悪・正邪・是非をはっきりさせる。
酷評《こくひょう》　手厳しい批評。「新作を―する」
小首《こくび》を傾《かし》げる　少し考え込む。
国賓《こくひん》　国費で招待される外国人。
極貧《ごくひん》　極めて貧乏なこと。赤貧。
国富《こくふ》　国の経済力。「―調査」「―論」
国風《こくふう》　その国独特の風俗。和歌。
克服《こくふく》　困難な状態を努力で切り抜ける。
極太《ごくぶと》　特に太いこと・もの。⇔極細
国文《こくぶん》　日本語で書かれた文章。「―学」
告別《こくべつ》　死者に別れを告げること。「―式」
国宝《こくほう》　国の宝。「人間―」
国法《こくほう》　国の法律・法規。「―を犯す」

国防《こくぼう》　外国の侵略に対する国のそなえ。
極細《ごくぼそ》　非常に細いこと・もの。⇔極太
国民《こくみん》　国を構成する人々。「―年金」
国務《こくむ》　国家の政務。「―大臣」「―長官」
克明《こくめい》　細かく丹念。実直。「―な記事」
穀物《こくもつ》　米など人間が主食とする作物。
告諭《こくゆ》　目下の者に言いきかせること。
国有《こくゆう》　国家の所有。「―鉄道」⇔民有
木暗《こぐら》い　木が茂り、その下が暗い。
極楽《ごくらく》　仏教でいう安楽の世界。「―浄土」
国利《こくり》　国の利益。国益。「―民福」
国立《こくりつ》　国家で経営維持する。「―大学」
国力《こくりょく》　国の勢力。「―の衰え」
穀類《こくるい》　食糧としての作物。穀物。
国連《こくれん》　「国際連合」の略。「―大使」

国論《こくろん》　国民全体の意見。世論。
孤軍奮闘《こぐんふんとう》　一人で敵と戦う。
後家《ごけ》　夫の死後も家を守る婦人。
固形《こけい》　一定の形があるもの。「―物」
孤閨《こけい》　夫不在で妻が一人で寝る部屋。
互恵《ごけい》　互いに利益を与えあうこと。
虚仮威《こけおど》し　見えすいたおどし。
虎穴《こけつ》　非常に危険な所のたとえ。虎口。
虚仮《こけ》にする　侮ってばかにする。
柿落《こけらお》とし◀　新築劇場の最初の興行。
転《こ》ける　【倒ける】倒れる。ころぶ。落ちる。
焦《こ》げる　火に焼けて黒っぽくなる。
痩《こ》ける　やつれる。「やせ―」「ほおが―」
沽券《こけん》　品位。体面。「―にかかわる」
護憲《ごけん》　憲法の精神を守ること。「―運動」

語源《ごげん》　【語原】変化した言葉のもとの形。
此処《ここ》　【此所】この所。この場所。
呱呱《ここ》　赤ん坊の泣き声。「―の声を上げる」で、物事が新たに始まる、の意。
個個《ここ》　【箇箇】一つ一つ。おのおの。「―人」
古語《こご》　昔つかわれた言葉。古人の言葉。
午後《ごご》　正午から午前零時まで。⇔午前
股肱《ここう》　いちばん頼みとする部下。
孤高《ここう》　一人超然としているさま。
古豪《こごう》　経験豊富な実力者・団体。⇔新鋭
呼号《こごう》　大げさに言う・大声で呼ぶこと。
後光《ごこう》　菩薩《ぼさつ》の体からさす光。
糊口《ここう》を凌《しの》ぐ　やっと生活する。
小声《こごえ》　小さい声。低い声。「―で話す」
凍《こご》える　寒さで感覚を失う。

此処彼処《ここかしこ》　あちこち。ほうぼう。
故国《ここく》　ふるさと。郷里。故郷。母国。
五穀《ごこく》　米・麦・アワ・キビ・豆。「―豊穣」
後刻《ごこく》　のちほど。あとから。⇔先刻
護国《ごこく》　国の平和を守ること。「―の鬼」
心地《ここち》　気分。感じ。「夢見―」「―いい」
小言《こごと》　しかりいましめる言。文句。
九重《ここのえ》　数多く重なること。皇居。宮中。
屈《こご》む　かがむ。しゃがむ。「床に―」
粉米《こごめ》　【小米】つく時にくだけた米。
凝《こご》る　液体が冷えてゼリー状に固まる。
心《こころ》　感情。思い。考え。情け。意味。
心当《こころあ》たり◀　思いつくこと。見当。
心意気《こころいき》　積極的態度。意気込み。
心得《こころえ》　知っておくべきこと。知識。

心得《こころえ》る　理解・承知・用心する。
心置《こころお》きなく　遠慮なく。安心して。
心覚《こころおぼ》え　思いあたる記憶。備忘録。
心掛《こころが》け　【心懸け】普段の心がまえ。
心構《こころがま》え　何か起こる前の心の用意。
心変《こころが》わり▲　心情が他に移る。変心。
心配《こころくば》り　心づかい。配慮。心ばせ。
心苦《こころぐる》しい　いたわしい。すまない。
志《こころざし》　心に決めた目的。厚意。「—を得る」
志《こころざ》す　しようと心に決める。「学に—」
心添《こころぞ》え　心づけ。注意。忠告。
心遣《こころづか》い　気配り。気づかい。配慮。
心尽《こころづ》くし▲　思いやり。「—の品物」
心付《こころづ》け▲　忠告。チップ。祝儀。
心積《こころづ》もり▲　事前に考えておくこと。

心強《こころづよ》い　安心だ。心丈夫。⇔心細い
心無《こころな》い　思いやりがない。無分別。
心憎《こころにく》い　憎らしく思うほど立派だ。
心根《こころね》　心のあり方。「優しい—の少女」
心残《こころのこ》り　心配。残念。みれん。
心延《こころば》え　心のありよう。性質。性向。
心許《こころばか》り　少しばかり。ほんの気持ち。
心密《こころひそ》かに　心中でこっそり思う。
心細《こころぼそ》い　何となく心配。心淋しい。
心任《こころまか》せ　思いのままに行うさま。
心待《こころま》ち　心の中で期待して待つこと。
試《こころ》み　実際にやってみる。「新しい—」
心持《こころも》ち▲　気分。少し。「—大きい」
心許《こころもと》ない　何となく不安だ。
心安《こころやす》い　遠慮ない間柄。気安い。

心安《こころやす》だて　親しさで無遠慮になる。
心《こころ》ゆく　思い残すことなく。十分に。
快《こころよ》い　気持ちよい。「—眠りにつく」
古今《ここん》　昔から今まで。「—未曾有《みぞう》」
古今東西《ここんとうざい》　時代や所を問わず。
古今独歩《ここんどっぽ》　昔から今まで、比べるものがないほど優れていること。
胡座《こざ》　あぐらをかくこと。あぐら。
誤差《ごさ》　近似値と真の値との差。
茣蓙《ござ》　イグサを細かく編んだ敷物。
小才《こさい》　ちょっとした才知。「—がきく」
巨細《こさい》　委細。一部始終。「—に報告する」
後妻《ごさい》　あとに結婚した妻。⇔先妻
小細工《こざいく》　手先の仕事。一時的な計略。
小賢《こざか》しい　利口ぶってなまいき。

小作《こさく》　人の土地を借りて耕作すること。
古刹《こさつ》　由緒ある古い寺院。「—巡り」
小雨《こさめ》　細かい雨。小降りの雨。⇔大雨
古参《こさん》　古くからいる者。「最—」⇔新参
午餐《ごさん》　昼食。昼食をとること。「—会」
誤算《ごさん》　計算違い。見込み違い。
御三家《ごさんけ》　有名で有力な三人。「花の—」
腰《こし》　人体の背骨の下部。「—が低い」
輿《こし》　昔の乗り物の一。みこし。「玉の—」
古紙《こし》　【故紙】使い古しの紙。ほご。
枯死《こし》　草木がすっかり枯れること。
古寺《こじ》　歴史の古い寺。こさつ。「—旧跡」
固持《こじ》　かたく持ち続けること。固執。
固辞《こじ》　かたく辞退すること。
●自説を固持する
●受賞を固辞する

居士《こじ》　仏門にはいった在家の男性。
孤児《こじ》　親をなくし身寄りのない子ども。
故事《こじ》　昔からのつたわりごと。「—成句」
誇示《こじ》　ほこらしげに見せびらかすこと。
五指《ごし》　片手の五本の指。「—にあまる」
誤字《ごじ》　間違った字。「—脱字」⇔正字
護持《ごじ》　大切に守り保つこと。「—僧」
抉《こじ》じ開《あ》ける　むりやりに開ける。
輿入《こしい》れ　嫁に行くこと。嫁入り。
腰折《こしお》れ　年寄り。へたな和歌。
腰掛《こしか》け▲　腰かける台。一時的。
来《こ》し方《かた》　過去。きしかた。⇔行く末
古式《こしき》　昔からのやり方。「—ゆかしい」
乞食《こじき》　人に恵んでもらって暮らす者。
腰巾着《こしぎんちゃく》　権力者につき回る人。

腰砕《こしくだ》け　事の進行中に勢いを失う。
虎視眈眈《こしたんたん》　様子を窺うさま。
固執《こしつ》　考えをかたく守って変えない。
個室《こしつ》　個人用の部屋。一人用の部屋。
痼疾《こしつ》　久しく治らない病気。持病。
故実《こじつ》　法令・儀式などの昔の事例。
後日《ごじつ》　今後の日。他日。いつか。「—談」
五十歩百歩《ごじっぽひゃっぽ》　大差ない。
腰抜《こしぬ》け　いくじなし。小心なこと。
腰巻《こしまき》　女性が和装時に腰に巻く下着。
腰元《こしもと》　貴人のそばに仕える女性。
誤写《ごしゃ》　書写を誤ること。写し間違い。
誤射《ごしゃ》　誤って撃つこと。撃ち間違い。
小癪《こしゃく》　生意気で腹立たしい。「—なやつ」
語釈《ごしゃく》　語意を説明すること、その説明。

固守《こしゅ》 かたく守ること。「自説を—する」
呼集《こしゅう》 呼び集めること。「非常—」
小姑《こじゅうと》 配偶者の姉妹。こじゅうとめ。
小舅《こじゅうと》 夫または妻の兄弟。
古書《こしょ》 昔に書かれた書物。古本。
御所《ごしょ》 昔の貴人の、敬称・居場所。皇居。
互助《ごじょ》 互いに助け合うこと。「—の精神」
呼称《こしょう》 名付けて呼ぶこと。呼び名。
故障《こしょう》 正常に働かなくなること。「—車」
湖沼《こしょう》 みずうみとぬま。「—地帯」
誇称《こしょう》 自慢して大げさに言うこと。
古城《こじょう》 古い城。古びた城。
後生《ごしょう》 来世。哀願する時の語。「—一生」
互譲《ごじょう》 互いに譲り合うこと。「—の精神」
小正月《こしょうがつ》 一月一五日前後。新

後生大事《ごしょうだいじ》 非常に大事にする。
孤城落日《こじょうらくじつ》 衰えて心細いさま。
古色《こしょく》 古びた色つや・趣。「—を帯びる」
誤植《ごしょく》 印刷の文字の間違い。
古色蒼然《こしょくそうぜん》 古びてあせたさま。
故事来歴《こじらいれき》 物事の由来や歴史。
拵《こしら》える 作りあげる。整える。装う。
抉《こじ》る すきまに物を入れて強くねじる。
拗《こじ》れる 状態がもつれ悪化する。「話が—」
小皺《こじわ》 こまかいしわ。「—が増えた」
古人《こじん》 いにしえの人。昔の人。⇔今人
故人《こじん》 死んだ人。昔の友人。「—を偲ぶ」
個人《こじん》 社会を構成する個々の人。私人。
誤信《ごしん》 間違って信じこむこと。
誤診《ごしん》 医者の、誤った診断。「—責任」

誤審《ごしん》 誤った裁判・審判。
護身《ごしん》 危険から身を守ること。「—術」
吾人《ごじん》 われわれ。われら。
御仁《ごじん》 人・他人の尊称。おかた。おひと。
御親父《ごしんぷ》 他人の父の敬称。⇔御母堂
越《こ》す 越えていく。引っ越す。「峠を—」
超《こ》す ある基準より上になる。「度を—」
●年・冬を越す
●定量・百名を超す
漉《こ》す 【濾す】かすを取り除く。
狡《こす》い ずるい。悪賢い。「—やり方」
湖水《こすい》 みずうみ、またその水。「—地方」
鼓吹《こすい》 勢いをつける。「志気を—する」
午睡《ごすい》 昼間に寝ること。昼寝。「—をとる」
戸数《こすう》 人家のかず。世帯のかず。
個数《こすう》 【箇数】物のかず。かず。「品物の—」

梢《こずえ》 木の幹や枝の先のほう。
狡辛《こすから》い 抜け目がなくずるい。けち。
鼓《こ》する うちならす。おこす。「勇を—」
擦《こす》る 押しつけてすりあわす。「目を—」
伍《ご》する 同等の位置に並ぶ。「列強に—」
個性《こせい》 個々の人の特有の性質。「—的」
小勢《こぜい》 少ない人数。こにんずう。⇔大勢
互生《ごせい》 葉が茎から互い違いに出ること。
悟性《ごせい》 論理的な思考力。知性。「—形式」
語勢《ごせい》 言葉の勢い。「—を強める」
戸籍《こせき》 家族関係を記した公文書。
古跡《こせき》 【古蹟】歴史的事件のあった所。
古拙《こせつ》 つたないが古風で趣のあること。
孤絶《こぜつ》 つながりがなく孤立すること。
小銭《こぜに》 こまかいおかね。少額の金銭。

小競《こぜ》り◀合《あ》い◀ 小さい争い。
古銭《こせん》 昔通用した貨幣。「—の収集家」
互選《ごせん》 話し合い自分たちの中から選ぶ。
午前《ごぜん》 午前零時から正午まで。⇔午後
御前《ごぜん》 貴人の前。貴人の敬称。「—試合」
跨線橋《こせんきょう》 線路の上に渡した陸橋。
古戦場《こせんじょう》 昔、合戦のあった場所。
五線紙《ごせんし》 楽譜を書くための用紙。
去年《こぞ》 きょねん。昨年。前年。「—の秋」新
小僧《こぞう》 年少の男子。年少の僧。「腕白—」
護送《ごそう》 守って送る・監視して送ること。
五臓六腑《ごぞうろっぷ》 体内の器官。
姑息《こそく》 その場逃れ。「—な言い訳」
御足労《ごそくろう》 来訪してもらうことの敬語。
刮《こそ》げる 削り落とす。「焦げを—」

挙《こぞ》って 残らずそろって。「—参加する」
小袖《こそで》 そで口が狭い着物。絹の綿入れ。
固体《こたい》 一定の形・体積をもつもの。
個体《こたい》 一つの、独立した存在。「—発生」
古代《こだい》 遠い昔。中世以前。「—象」
誇大《こだい》 実際より大げさなさま。「—広告」
五体《ごたい》 頭と両手両足。全身。「—満足」
誇大妄想《こだいもうそう》 自分の能力を実際より優れていると過大に空想すること。
答《こた》え◀ 質問・呼び掛けに対する返事。
応《こた》える 要請などに見合うよう応じる。
答《こた》える 返事をする。解答を出す。回答。
堪《こた》える 刺激を感じる。我慢する。保つ。
●期待・信頼・努力に応える ●設問に答える ●寒さが堪える 持ち堪える

子宝《こだから》　子という宝。「—に恵まれる」
御託《ごたく》　「御託宣」の略。くどくど言う。
小出し《こだし》　少しずつ出すこと。
木立《こだち》　群がって生えている木。「冬—」
火燵《こたつ》　【炬燵】暖房器具の一。「掘—」图
誤脱《ごだつ》　文章中の誤字と脱字。
子種《こだね》　子を産むべきもと。精子。継子。
御多分《ごたぶん》　世間一般。「—にもれず」
木霊《こだま》　【谺】樹木の霊。やまびこ。
拘る《こだわる》　とらわれる。「学歴に—」
枯淡《こたん》　さらりとしているが趣がある。
誤断《ごだん》　間違って判断する。誤った判断。
東風《こち》　東の方から吹く風。春風。圏
故知《こち》　昔の人の知恵。知略。
御馳走《ごちそう》　豪華な食事。「—になる」

固着《こちゃく》　かたくついて離れないさま。
壺中の天《こちゅうのてん》　別世界。狭小なこと。
誇張《こちょう》　大げさに表現すること。
語調《ごちょう》　言葉の調子。イントネーション。
此方《こちら》　当方。われわれ。これ。こっち。
忽焉《こつえん》　突然。急に。「—として逝く」
刻下《こっか》　現在。ただいま。「—の急務」
国花《こっか》　国の象徴とされる花（日本は桜）。
国家《こっか》　領土と統治権をもつ政治組織。
国歌《こっか》　国の象徴として演奏される歌曲。
小柄《こづか》　刀のさやにさしそえる小刀。
国会《こっかい》　国の議会。「—議員」「臨時—」
小遣い《こづかい》◀　個人の、自由に遣える金銭。
骨格《こっかく》　【骨骼】骨組み。体つき。
骨柄《こつがら》　人がら。外見。「人品—」

酷寒《こっかん》　厳しい寒さ。厳寒。图⇔酷暑
極寒《ごっかん》　ひどい寒さ、その時節。⇔極暑
克己《こっき》　自分の欲に打ち勝つこと。「—心」
国旗《こっき》　国家の象徴として定めた旗。
克己復礼《こっきふくれい》　私情や私欲を抑え、規範や礼儀に従った行動をとること。
国教《こっきょう》　国家が認定・保護する宗教。
国境《こっきょう》　国と国との境界。くにざかい。
国禁《こっきん》　国家が法律で禁止していること。
小突く《こづく》　少し突く。いじめ苦しめる。
刻苦勉励《こっくべんれい》　苦労して励むこと。
滑稽《こっけい》　ばかばかしく面白い。おどけ。
酷刑《こっけい》　残酷な刑罰。ひどすぎる刑罰。
国権《こっけん》　国の統治権。国家の権力。
国憲《こっけん》　国のおきて。国家の憲法。

国庫《こっこ》　国家の収入・支出をなす機関。
国交《こっこう》　国と国との交際。「—断絶」
刻刻《こっこく》　時をおって。刻一刻。こくこく。
骨子《こっし》　骨組みとなる重要な事柄。
骨髄《こつずい》　骨のずい。心の底。「—移植」
骨折《こっせつ》　外力が加わり骨が折れること。
忽然《こつぜん》　急に。たちまち。「—と消える」
骨相《こっそう》　骨組みのありさま。こつがら。
骨粗鬆症《こつそしょうしょう》　骨がもろくなる病。
小槌《こづち》　小さいつち。「打出の—」
骨頂《こっちょう》　この上ない。「愚の—」「真—」
小包《こづつみ》　小さい包み。郵便で送る小荷物。
骨董《こっとう》　希少価値のある古道具類。「—品」
骨肉《こつにく》　みうち。血縁の者。「—の争い」
骨肉腫《こつにくしゅ》　骨の悪性腫瘍《しゅよう》。

木っ端微塵《こっぱみじん》◀　粉々に砕ける。
骨盤《こつばん》　腰の所にある大きく平たい骨。
小粒《こつぶ》　粒・体・度量が小さいこと。
骨粉《こっぷん》　動物の骨を粉にしたもの。
骨法《こっぽう》　根本となる規定。基礎。こつ。
骨膜《こつまく》　骨の表面を覆う膜。「—炎」
小面憎い《こづらにくい》　顔を見てもにくらしい。
鏝《こて》　セメントなどを塗る道具。
籠手《こて》　よろいなどで腕を覆う道具。
後手《ごて》　受け身。手遅れ。後攻。⇔先手
固定《こてい》　一定の場所に定まり動かぬ状態。
鼓笛《こてき》　太鼓と笛。「—隊」
小手先《こてさき》　ちょっとした技能。
小手調べ《こてしらべ》　事前の軽い練習。
古典《こてん》　昔に作られ今も価値がある芸術。

個展《こてん》　個人の作品を発表する展覧会。
御殿《ごてん》　貴人の家の敬称。豪邸。「—医」
古都《こと》　古いみやこ。旧都。「—鎌倉」
事《こと》　物事。務め。わけ。「本当の—」
琴《こと》　邦楽の弦楽器の一つ。「—の調べ」
糊塗《こと》　ごまかして取り繕うこと。
孤灯《ことう》　暗中に見る一つのともしび。
孤島《ことう》　はなれ島。「絶海の—」「陸の—」
鼓動《こどう》　心臓の収縮の音。「—が高まる」
誤答《ごとう》　誤って答える、その答。⇔正答
悟道《ごどう》　仏教の真理をさとること。
小道具《こどうぐ》　舞台で使うこまかな道具。
御当地《ごとうち》　相手の土地に対する尊敬語。
事欠く《ことかく》　不足する。「食糧に—」
事柄《ことがら》　事のありさま。事の内容。

事切《こときれ》れる　息が絶える。終わる。
孤独《こどく》　ひとりぼっち。「天涯—」
五徳《ごとく》　五つの徳。鉄瓶を載せる台。
悟得《ごとく》　悟りを開き真理を会得すること。
誤読《ごどく》　間違った読み方をすること。
悉《ことごと》く　【尽く】残らず。みんな。
事事《ことごと》しい　言動が大げさなさま。
事毎《ことごと》に　事あるたびに。いつも。
事細《ことこま》か　細かく詳しい。「—に伝える」
殊更《ことさら》　わざと。とりわけ。「—若い」
今年《ことし》　今の年。本年。こんねん。新
琴柱《ことじ》　琴の胴に立てて弦を支える道具。
如《ごと》し　ほかの物事と同じ。「例の—」
言霊《ことだま》　言葉に宿ると信じられた力。
事足《ことた》りる　不足がない。間にあう。

言付《ことづ》ける　【託る】代行を頼む。
言伝《ことづて》　言葉の取り次ぎ。伝言。
事勿《ことなか》れ主義《しゅぎ》　ひたすら平穏無事ばかりを望む消極的な態度。
異《こと》なる　同じでない。違う。「性格が—」
殊《こと》に　とりわけ。「—重要である」
殊《こと》の外《ほか》　案外。特別。「—大切な」
詞《ことば》　【辞】言語。歌詞。連語。「閉会の—」
言葉《ことば》　言語。単語や文。ものの言い方。
事始《ことはじ》め◀　仕事始め。手始め。
言葉尻《ことばじり》　言い誤った表現。
言葉遣《ことばづか》い　言葉の用法。「丁寧な—」
寿《ことぶき》　祝いの言葉・儀式。「—退社」
寿《ことほ》ぐ　お祝いを述べる。祝う。「長寿を—」
事程左様《ことほどさよう》に　それほどに。

子供《こども》　自分の子。幼児など。幼いこと。
事《こと》も無《な》げ　平気な様子。「—に言う」
事寄《ことよ》せる　かこつける。「仕事に—」
諺《ことわざ》　民衆に伝わるいましめの言葉。
理《ことわり》　すじみち。道理。「自然の—」
断《ことわ》る　承知しない。あらかじめ言う。
粉《こな》　砕いて細かにしたもの。「—薬」
粉粉《こなごな》　非常に細かく砕けた様子。
熟《こな》す　消化する。処理する。「乗り—」
小生意気《こなまいき》　いかにも生意気。
粉微塵《こなみじん》　こなごなに砕けるさま。
粉雪《こなゆき》　さらさらした細かい雪。冬
誤認《ごにん》　認め間違い。見間違い。「—逮捕」
小人数《こにんずう》　人数が少ない。⇔大人数
小糠雨《こぬかあめ》　霧のように細かい雨。霧雨。

捏《こ》ねる　ねりまぜる。あれこれ言う。
此《こ》の間《あいだ》　先頃。先日。「—はどうも」
近衛《このえ》　皇居を守る天皇の親兵。
此《こ》の方《かた》　ある時以来。「生まれて—」
此《こ》の頃《ごろ》　近頃。最近。「—の陽気」
此《こ》の際《さい》　この場合。こうした場合。
此《こ》の度《たび》　今度。今回。「—転居した」
木《こ》の葉《は》　樹木の葉。きのは。冬
此《こ》の儘《まま》　現在のまま。「—続けよう」
木《こ》の実《み》　樹木になる果実。きのみ。秋
好《この》む　愛する。すく。たしなむ。
木《こ》の芽《め》　木の若芽。きのめ。春
此《こ》の世《よ》　今の世。この世界。⇔あの世
後場《ごば》　取引所で午後の立会い。⇔前場
故買《こばい》　盗品と知りながら買うこと。

琥珀《こはく》　樹脂の化石化したもの。「—色」
誤爆《ごばく》　誤って爆撃し破壊すること。
御破算《ごはさん》　物事を最初の状態に戻す。
小走《こばし》り　小またに走る。「—に行く」
鞐《こはぜ》　【小鉤】足袋などの合せ目の留具。
御法度《ごはっと》　禁じられている事柄。禁制。
小鼻《こばな》　鼻柱の両側のふくらんだ所。
小話《こばなし》　【小咄】しゃれた短い笑い話。
小幅《こはば》　日本の織物の定型。小さい幅。
胡馬北風《こばほくふう》　故郷を思う気持ち。
拒《こば》む　拒否する。「要求を—」⇔諾する
小春《こはる》　陰暦十月の異称。小六月。「—日和」
湖畔《こはん》　みずうみのほとり。「—の宿」
小判《こばん》　昔の金貨の称。判が小さいこと。
御飯《ごはん》　「めし」「食事」の丁寧な言い方。

碁盤《ごばん》　碁を打つのに用いる木台。
古碑《こひ》　古い石碑。「—に刻まれた文字」
媚《こび》　こびること。へつらうこと。
語尾《ごび》　言葉の末尾。言い終わり。⇔語頭
木挽《こび》き◀　伐採した木を材木にする。
誤謬《ごびゅう》　間違い。「—を指摘する」
小兵《こひょう》　小柄(な男)。「—力士」⇔大兵
媚《こ》びる　気に入られようと機嫌をとる。
瘤《こぶ》　皮膚のふくれ上り。木の節。
鼓舞《こぶ》　気を奮い立たす。「士気を—する」
護符《ごふ》　神仏の守りふだ。ごふう。
五分《ごぶ》　半分。百分の五。五分五分。互角。
古風《こふう》　昔ふう。「—なやり方」⇔今風《いまふう》
五風十雨《ごふうじゅうう》　農作に適し、平和。
木深《こぶか》い　木立が茂っていて奥深い。

子福者《こぶくしゃ》　子どもの多いしあわせ者。

呉服《ごふく》　反物。絹織物。「―商」「―屋」

鼓腹撃壌《こふくげきじょう》　太平の世の形容。

五分五分《ごぶごぶ》　優劣がなく互角。

御無沙汰《ごぶさた》　長らく不通である。

拳《こぶし》　指を握り固めた形。げんこつ。

小節《こぶし》　民謡などの装飾的な節回し。

古仏《こぶつ》　【故仏】古代の仏像。高僧の敬称。

古物《こぶつ》　【故物】古い物。由緒ある昔の品。

瘤付《こぶつ》き　子どもを連れていること。

小太《こぶと》り　【小肥り】少し太っている。

小振《こぶ》り　普通より形が少し小さい。

小降《こぶ》り　雨や雪の降り方が弱いこと。

古墳《こふん》　昔の権力者の墓。昔の塚。古い墓。

子分《こぶん》　部下。てした。⇕親分

古文《こぶん》　古代の文章。古代の文字。

胡粉《ごふん》　貝がらから作った白色の顔料。

誤聞《ごぶん》　聞き違い。「春を猿と―した」

語弊《ごへい》　不適切な言葉による悪影響。

戸別《こべつ》　家ごと。一軒一軒。「―訪問」

個別《こべつ》　【箇別】それぞれ別々。一個ごと。

顧眄《こべん》　ふりかえり見る。まわりを見る。

語法《ごほう》　言葉を組み立てる法則。言い方。

誤報《ごほう》　間違った知らせや報道。

護法《ごほう》　仏法をまもる。病気を治す法力。

御坊《ごぼう》　僧・寺院の敬称。

古木《こぼく》　年数を多く経た樹木。老樹。

枯木《こぼく》　枯れた木。かれき。「―に花開く」

溢《こぼ》す　【翻す】外に落とす。ぐちを言う。

零《こぼ》れる　【溢れる】あふれる。漏れ出る。

毀《こぼ》れる　欠ける。壊れる。「刃が―」

子煩悩《こぼんのう》　子を非常にかわいがる(親)。

駒《こま》　ウマ。ウマの子。将棋の道具。

齣《こま》　一つの画面・場面。「生活の一―」

独楽《こま》　回して遊ぶ玩具の一つ。新

護摩《ごま》　火をたいて仏に祈ること。「―壇」

木舞《こまい》　垂木にわたす木材。壁下の竹。

古米《こまい》　前年に収穫した米。⇕新米

狛犬《こまいぬ》　寺社にある獅子に似た獣の像。

駒絵《こまえ》　書物に挿入する版画。カット。

細《こま》かい　非常に小さい。勘定だかい。

誤魔化《ごまか》す　だまして取り繕う。

鼓膜《こまく》　耳の穴の奥にあり音を伝える膜。

駒下駄《こまげた》　くりぬいて作ったげた。

細細《こまごま》　いかにも細かい。「―した仕事」

胡麻塩《ごましお》　塩入りのごま。「―頭」

胡麻擂《ごます》り　人にへつらうこと。

小股《こまた》　歩幅が狭い。「―が切れ上がる」

小町《こまち》　地域で評判の美しい娘。小町娘。

小間使《こまづか》い◀　身辺の雑用をする女中。

拱《こまぬ》く　腕を組み傍観する。こまねく。

小間物《こまもの》　化粧品など細々した品物。

細《こま》やか　【濃やか】情が厚い。色が深い。

困《こま》る　苦しむ。迷惑する。「生活に―」

小回《こまわ》り　細かな動き。「―がきく」

塵《ごみ》　【芥】ちり。不要のもの。「―箱」

込《こ》み合《あ》う　【混み合う】混雑する。

込《こ》み上《あ》げる　急に出る。「涙が―」

込《こ》み入《い》る　複雑に入りくんでいる。

小耳《こみみ》　ちょっと耳にする。「―に挟む」

込《こ》む　中に入れる。つまっている。

混《こ》む　【込む】余地がなくなる。⇕すく

小結《こむすび》　相撲の三役の一。関脇の次位。

虚無僧《こむそう》　普化宗の有髪の僧。

木叢《こむら》　木がむらがり生える所。茂み。

腓返《こむらがえ》り　ふくらはぎの急なけいれん。

顳顬《こめかみ》　【蟀谷】目じりと耳の間の部分。

米俵《こめだわら》　米を入れる俵。米の入った俵。

米搗《こめつ》き　玄米をついて白米にする。

米粒《こめつぶ》　米のつぶ。ごはんつぶ。

米櫃《こめびつ》　米を保管する箱。「―が空っぽ」

込《こ》める　【籠める】すっかり入れる。

御免《ごめん》　許しを請うこと。免除の敬語。

薦《こも》　【菰】あらく織ったむしろ。

薦被《こもかぶ》り　こもで包んだ酒だる。乞食。

五目《ごもく》　種々の物が混入する。「―そば」

交交《こもごも》　かわるがわる。「悲喜―」

子持《こも》ち　子がいる。卵が入っている。

小物《こもの》　こまごまとした道具。小人物。

子守《こもり》　子の世話をする人。おもり。

籠《こ》◀もる　ずっと外出しない。内に満ちる。

木洩《こも》れ日《び》　枝葉から漏れる日光。

小紋《こもん》　布一面に染めた細かい模様。

顧問《こもん》　相談される役の人。「―弁護士」

古文書《こもんじょ》　史料となる古代の文書。

小屋《こや》　小さく粗末な家。興行用の建物。

誤訳《ごやく》　間違った翻訳。「―を正す」

肥《こ》◀やし　土に与える栄養分。肥料。

小止《こや》み　雨がやんだり小降りになる。

固有《こゆう》　そのものだけにある。「―名詞」

今宵《こよい》 今夜。今晩。「—の宴」
小用《こよう》 ちょっとした用事。小便。
雇用《こよう》 【雇傭】やとうこと。「終身—」
御用《ごよう》 用事の敬語。宮中・官庁の用事。
誤用《ごよう》 間違って使うこと。用法の誤り。
御用達《ごようたし》 宮中・官庁に商品を納める。
暦《こよみ》 一年の月日などを記したもの。
紙捻り《こより》 【紙縒り】和紙をよったもの。
古来《こらい》 昔から今まで。「—の風習」
御来光《ごらいこう》 山頂で見る日の出。御来迎。
堪え性《こらえしょう》 忍耐できる性分。「—がない」
堪える《こらえる》 【怺える】我慢する。「怒りを—」
娯楽《ごらく》 遊びとして楽しむこと。「—施設」
凝らす《こらす》 一点に集中させる。「目を—」
懲らす《こらす》 制裁し懲りさせる。こらしめる。

御覧《ごらん》 見るの敬語。〜してみなさい。
狐狸《こり》 キツネとタヌキ。「—がすむ」
垢離《こり》 水を浴び身を清める。水ごり。
小利口《こりこう》 要領がよく、抜け目がない。
懲り懲り《こりごり》 すっかりこりること。
凝り性《こりしょう》 物事を徹底して行う性質。
孤立《こりつ》 たった一人で仲間がいない。
孤立無援《こりつむえん》 助けがない状態。
五里霧中《ごりむちゅう》 判断つかないさま。
御利益《ごりやく》 神仏に与えられる恵み。
顧慮《こりょ》 気にかけ心配すること。顧念。
御陵《ごりょう》 天皇・皇后の墓。みささぎ。
小料理《こりょうり》 ちょっとした手軽な料理。
懲りる《こりる》 二度とするまいと思う。
五輪《ごりん》 オリンピック大会の俗称。「—旗」

凝る《こる》 熱中する。血行不良で固まる。
孤塁《こるい》 孤立した、ただ一つのとりで。
此れ《これ》▲ 【是・之】この物。ここ。「—幸い」
古例《これい》 古来のならわし。昔の先例。
御霊前《ごれいぜん》 香典・供物に書く、上書き。
語呂《ごろ》 【語路】言葉の響きの善し悪し。
頃合い《ころあい》▲ 適当な時機。適当な程度。
古老《ころう》 【故老】昔のことを知る老人。
固陋《ころう》 考えが古く狭いこと。「頑迷—」
虎狼《ころう》 トラとオオカミ。残忍なもの。
転がる《ころがる》 回転する。倒れる。横になる。
語録《ごろく》 偉人などの言葉を集めたもの。
殺し文句《ころしもんく》 気を引くひと言。
殺す《ころす》 生命を奪う。勢いをおさえる。
転寝《ごろね》 ごろりと横になって寝ること。

転ぶ《ころぶ》 体の安定を失って倒れる。
衣替え《ころもがえ》▲ 【衣更え】衣服をかえる。夏
怖い《こわい》 【恐い】おそろしい。
強い《こわい》 つよい。かたい。「—飯」「手—」
声色《こわいろ》 声の調子。声まね。「—を使う」
小脇《こわき》 体のわき。「—に抱える」
蠱惑《こわく》 人の心を魅了し、惑わすこと。
怖怖《こわごわ》 おそるおそる。「—のぞきこむ」
壊す《こわす》 【毀す】破壊する。故障させる。
声高《こわだか》 声高く張り上げる。「—に話す」
強談判《こわだんぱん》 強い態度で行うかけあい。
声音《こわね》 声の音色・調子。こわいろ。
強張る《こわばる》 かたくなる。「表情が—」
強飯《こわめし》 赤飯。おこわ。
強面《こわもて》 おそろしい顔つき。強硬な態度。

強持て《こわもて》 おそれられて優遇される。
●強面に出る
●強持てに扱われる

坤《こん》 八卦《はっけ》の一つ。南西の方角。
根《こん》 気力。物事のもと。「—をつめる」
紺《こん》 色の一つ。紫を帯びた濃い青。
懇意《こんい》 親しく交際していること。
混一《こんいつ》 まぜて一つにすること。
婚姻《こんいん》 夫婦になること。結婚。「—届」
婚家《こんか》 嫁入り先、または婿入り先の家。
今回《こんかい》 現在行われているもの。この度。
根幹《こんかん》 物事の中枢の部分。⬍枝葉
懇願《こんがん》 心から願い懸命に頼むこと。
根気《こんき》 物事を続ける気力。「—がない」
婚期《こんき》 結婚に適した年頃。「—を逃す」
婚儀《こんぎ》 結婚の儀式。婚礼。「—が調う」

困却《こんきゃく》 困りきること。「事態に—する」
困窮《こんきゅう》 困りきること。貧乏で苦しむ。
根拠《こんきょ》 理由。よりどころ。「—を示す」
今暁《こんぎょう》 今日の明け方。けさ。
勤行《ごんぎょう》 僧の仏へのつとめ。修行。
困苦《こんく》 困り苦しむこと。「—欠乏」
欣求浄土《ごんぐじょうど》 極楽往生への願い。
根比べ《こんくらべ》 【根競べ】根気強さの競争。
権化《ごんげ》 神仏が仮の姿で現れる。化身。
根茎《こんけい》 ハスの根などのような地下茎。
混血児《こんけつじ》 異人種間に生まれた子。
根元《こんげん》 【根源】おおもと。「—的な問題」
権現《ごんげん》 仏が日本の神の姿となったもの。
今後《こんご》 これからあと。将来。「—の予想」
混交《こんこう》 【混淆】入りまじること。「玉石—」

混合《こんごう》 まじりあうこと。まぜあわすこと。
金剛石《こんごうせき》 ダイヤモンドの別称。
金剛不壊《こんごうふえ》 志をかたく守る。
言語道断《ごんごどうだん》 もってのほか。
昏昏《こんこん》 意識のないさま。「―と眠る」
滾滾《こんこん》 水などがわき出て尽きないさま。
懇懇《こんこん》 親切にくり返し説明するさま。
根菜《こんさい》 大根など根や茎を食す野菜。
混在《こんざい》 入りまじって存在すること。
権妻《ごんさい》 めかけ。てかけ。側室。⇔本妻
混雑《こんざつ》 人や車が多く身動きがとれない。
今次《こんじ》 今回。この度。「―の昇進」
恨事《こんじ》 うらめしいこと。「千秋の―」
根治《こんじ》 根本から治ること。こんち。
金色《こんじき》 黄金色。きんいろ。「―夜叉」

今昔《こんじゃく》 今と昔。こんせき。古今。「―の感」
懇書《こんしょ》 丁寧な手紙。相手の手紙の敬称。
今生《こんじょう》 この世。現世。「―の別れ」
根性《こんじょう》 根本的な性質。強い精神。「ど―」
紺青《こんじょう》 あざやかな藍《あい》色。「―の海」
懇情《こんじょう》 思いやり深い行き届いた心遣い。
言上《ごんじょう》 申し上げること。「御礼―」
混信《こんしん》 違う信号がまじって受信される。
渾身《こんしん》 体中すべて。「―の力をこめる」
懇親《こんしん》 親しみ合うこと。親睦《しんぼく》。「―会」
昏睡《こんすい》 意識を失って覚めないこと。
混成《こんせい》 まぜあわせてつくること。
混声《こんせい》 「混声合唱」の略。男女で行う合唱。
懇請《こんせい》 心を込めてていねいに頼むこと。
痕跡《こんせき》 あと。形跡。「―を残さない」

今節《こんせつ》 このごろ。現在の節。当節。
懇切《こんせつ》 極めて親切なさま。「―丁寧」
根絶《こんぜつ》 すっかり絶やすこと。ねだやし。
混戦《こんせん》 敵味方が入り乱れて戦うこと。
混線《こんせん》 通信線が入りまじり乱れること。
渾然一体《こんぜんいったい》 いくつかの異質なもの同士が溶け合って、一体となること。
混濁《こんだく》 【溷濁】にごること。不明瞭。
献立《こんだて》 料理の品目。おぜんだて。「―表」
魂胆《こんたん》 たくらみ。入りくんだ事情。
懇談《こんだん》 打ち解けて話し合うこと。「―会」
昆虫《こんちゅう》 節足動物の一種。「―標本」
根底《こんてい》 【根柢】基礎。物事や考えの土台。
今度《こんど》 この度。今回。また。この次。
昏倒《こんとう》 目がくらんで倒れること。卒倒。

金堂《こんどう》 寺の本尊を安置する建物。本堂。
金銅《こんどう》 銅に金を施したもの。「―仏」
混同《こんどう》 一緒にすること。「公私―」
懇篤《こんとく》 心がこもって親切なさま。
混沌《こんとん》 【渾沌】はっきりしないさま。
困難《こんなん》 難しくて苦しむさま。「呼吸―」
今日《こんにち》 きょう。今の時代。現代。現在。
蒟蒻《こんにゃく》 【崑蒻】コンニャク芋で作る食品。
混入《こんにゅう》 まぜ入れること。まじりはいる。
困憊《こんぱい》 すっかり疲れきるさま。「疲労―」
魂魄《こんぱく》 たましい。霊魂。「―を呼ぶ」
今晩《こんばん》 晩である今。きょうの晩。今夜。
今般《こんぱん》 この度。今回。⇔先般
金毘羅《こんぴら》 航海の安全を守る神。
紺碧《こんぺき》 黒味を帯びた青色。「―の空」

混紡《こんぼう》 違う種類の繊維をまぜ紡ぐこと。
棍棒《こんぼう》 先の太い棒。警棒。体操具の一。
梱包《こんぽう》 包装しひもをかけ荷造りする。
根本《こんぽん》 おおもと。土台。「―精神」「―的」
根負《こんま》け 根気が続かないで負ける。
今明日《こんみょうにち》 今日か明日。きょうかあす。
昏迷《こんめい》 理性がくらみ心が乱れること。
混迷《こんめい》 混乱してわけがわからなくなる。
●意識が昏迷する
●政局が混迷する
懇望《こんもう》 ひたすら望む。心から切に望む。
今夜《こんや》 きょうの夜。今晩。こよい。
婚約《こんやく》 結婚の約束。「―者」「―指輪」
今夕《こんゆう》 きょうの夕方。今晩。こんせき。
混用《こんよう》 種類が違うものをまぜて用いる。
混浴《こんよく》 男女入りまじって入浴すること。

混乱《こんらん》 乱れて秩序がないさま。「大―」
建立《こんりゅう》 寺院・堂塔を建てること。
金輪際《こんりんざい》 断じて。絶対。「―許さない」
婚礼《こんれい》 結婚の儀式。挙式。「―衣装」
焜炉《こんろ》 煮炊きに用いる器具。「ガス―」
混和《こんわ》 まざり合うこと。まぜあわせる。
懇話《こんわ》 打ち解けて話し合うこと。懇談。
困惑《こんわく》 どうしたらよいか困り迷うこと。

## さ

差《さ》 違い。減法で二数の開き。
座《ざ》 座る場所。地位。「―につく」
才《さい》 優れた能力。知恵。「天賦の―」
最《さい》 一番。第一。最も。「―たるもの」
歳《さい》 年齢や年数の助数詞。「満四十―」

際《さい》 とき。場合。「この—」「非常の—」
差異《さい》 【差違】比べた場合の違い。
最愛《さいあい》 最も愛していること。「—の妻」
最悪《さいあく》 最も悪い。非常によくない。
罪悪《ざいあく》 宗教や道徳に反する行い。「—感」
在位《ざいい》 ある地位についていること。
最右翼《さいうよく》 最も有力なもの・人。
才媛《さいえん》 教養や才能に優れた女性。才女。
再演《さいえん》 もう一度上演・出演すること。
菜園《さいえん》 野菜を作る畑。「家庭—」
塞翁《さいおう》が馬《うま》 人間の幸不幸は予測しがたいということ。「人間万事—」
災禍《さいか》 天災などによるわざわい。災害。
細瑕《さいか》 ごく小さなきずや欠点。
裁可《さいか》 君主が許可すること。「—を仰ぐ」

財貨《ざいか》 財産になる金銭や品物。
罪科《ざいか》 法に背いた罪。罪に対する刑罰。
罪過《ざいか》 法に背いた行為。犯罪や過失。
●罪科に処する
●罪過を犯す
再会《さいかい》 別れていた者がまた会うこと。
再開《さいかい》 再びはじめること。「試合—」
際会《さいかい》 重要な局面や事態にでくわす。
災害《さいがい》 天災などによる不時のわざわい。
財界《ざいかい》 実業家や資本家の社会。経済界。
在外《ざいがい》 外国にあること・いること。「—法人」
斎戒沐浴《さいかいもくよく》 神仏に祈り、神聖な儀式に臨む前に心身を清めること。
才覚《さいかく》 知恵の働き。金銭の算段。
在学《ざいがく》 学校に籍を置くこと。「高校—中」
才幹《さいかん》 才能。腕前。処理能力。

才気《さいき》 優れた頭の働き。「—走る」
再起《さいき》 不振から立ち直ること。「—不能」
債鬼《さいき》 容赦なくとりたてる借金取り。
猜疑《さいぎ》 そねみ疑うこと。「—心」
才気煥発《さいきかんぱつ》 才能が輝くさま。
再挙《さいきょ》 失敗したことを再び行うこと。
最強《さいきょう》 一番強いこと。「—のチーム」
在京《ざいきょう》 みやこにいること。都住い。
細菌《さいきん》 単細胞の微生物の一種。「—学」
最近《さいきん》 最も近い。ついこの頃。近頃。
在勤《ざいきん》 勤務についていること。在職。
細工《さいく》 細かい物を作ること。計略。
採掘《さいくつ》 地中の鉱物などを掘り出すこと。
細君《さいくん》 他人の妻。自分の妻の謙称。
在家《ざいけ》 僧ではない俗人。「—信者」⇔出家

才芸《さいげい》 才能と技芸。
財形《ざいけい》 「勤労者財産形成制度」の略。
最恵国《さいけいこく》 最も有利な処遇を受ける国。
採血《さいけつ》 体内の血液を採取すること。
採決《さいけつ》 参会者の賛否によって決める。
裁決《さいけつ》 理非をさばき申し渡すこと。
●法案を採決する
●裁決を下す
歳月《さいげつ》 年月。としつき。「—人を待たず」
再建《さいけん》 建て直すこと。さいこん。「—策」
債券《さいけん》 国などが発行する有価証券。
債権《さいけん》 貸した人の権利。「—者」⇔債務
●債券の発行
●不良債権
再現《さいげん》 再びあらわれること。再生。
際限《さいげん》 終わり。きり。「—がない」
財源《ざいげん》 必要な金銭の出所。「—確保」

最古《さいこ》 最も古いこと。「史上—」⇔最新
最後《さいご》 物事の一番あと。最終。⇔最初
最期《さいご》 死にぎわ。いまわ。末期。臨終。
●最後の切り札
●最期をみとる
在庫《ざいこ》 品物が倉庫などにある。「—品」
再考《さいこう》 もう一度よく考えること。
再校《さいこう》 再び校正すること、その校正紙。
再興《さいこう》 衰えたものを盛りかえすこと。
採光《さいこう》 外光をとり入れること。「—窓」
採鉱《さいこう》 鉱物を掘りとること。
最高《さいこう》 最も高い。最も優れた。⇔最低
在校《ざいこう》 学校に在籍する。校内にいること。
在郷《ざいごう》 いなか。郷里にいること。
罪業《ざいごう》 罰になる行い。「—妄想」
最高潮《さいこうちょう》 最も高まった状態。

最後尾《さいこうび》 一番後ろ。⇔最先端
最高峰《さいこうほう》 最も高い山。最も優れた物。
催告《さいこく》 ある行為の実行を求めること。
最後通牒《さいごつうちょう》 実力行使前の要求。
賽子《さいころ》 【骰子】正六面体の遊具。さい。
再婚《さいこん》 ふたたび結婚すること。再縁。
再再《さいさい》 たびたび。何度も。再三。
幸先《さいさき》 前兆。きざし。「—よい出だし」
再三《さいさん》 二度も三度も。何度も。「—再四」
採算《さいさん》 収支のバランス。「—割れ」
財産《ざいさん》 経済価値がある所有物。「—家」
才子《さいし》 頭脳的で才能に優れた人物。
妻子《さいし》 妻と子。つまこ。「—を養う」
祭司《さいし》 宗教上の儀式をとり行う人。
祭祀《さいし》 神や祖先をまつること。祭り。

細事《さいじ》 小さいことがら。詳しいことがら。
催事《さいじ》 もよおし。もよおしごと。「—場」
彩色《さいしき》 いろどり。着色すること。
歳時記《さいじき》 年中行事や風物の解説書。
才子多病《さいしたびょう》 才人は、体が弱い。
祭日《さいじつ》 祭りの日。国民の祝日。「祝—」
材質《ざいしつ》 材料や木材の性質。「丈夫な—」
際して《さいして》 あたって。であって。「開会に—」
採取《さいしゅ》 目的のものをとること。
採集《さいしゅう》 とり集めること。「昆虫—」
最終《さいしゅう》 最も終わり。最後。「—報告」
在住《ざいじゅう》 そこに住んでいること。「米国—」
歳出《さいしゅつ》 一会計年度の支出合計。⇔歳入
最初《さいしょ》 最もはじめ。当初。⇔最後
才女《さいじょ》 頭がよく才能のある女性。才媛。
妻女《さいじょ》 妻。妻と娘。
在所《ざいしょ》 ありか。郷里のいなか「—育ち」
妻妾《さいしょう》 妻とめかけ。
宰相《さいしょう》 総理大臣。首相。「一国の—」
最小《さいしょう》 最も小さいこと。「—限度」⇔最大
最少《さいしょう》 最も少ない・若い。⇔最多・最長
●最小公倍数
●最少人員　最少額
斎場《さいじょう》 葬儀をとり行う場所。祭場。
最上《さいじょう》 最も上。最も上等。「—階」
罪証《ざいしょう》 犯罪を明らかにする証拠。
罪状《ざいじょう》 犯罪の詳しい内容。「—認否」
最小限《さいしょうげん》 最小限度。少なくとも。
菜食《さいしょく》 野菜類だけを副食にすること。
在職《ざいしょく》 職務についていること。在勤。
才色兼備《さいしょくけんび》 才能と美を兼ねる。
再診《さいしん》 二度め以降の診察。⇔初診
再審《さいしん》 審理や審査をやり直すこと。
砕心《さいしん》 【摧心】あれこれ気づかうこと。
細心《さいしん》 細やかに注意すること。「—熟慮」
最新《さいしん》 最も新しいこと。「—技術」⇔最古
才人《さいじん》 頭がよく才能の優れた人物。
祭神《さいじん》 その神社に祭ってある神。
座椅《ざい》子《す》 脚のない背もたれ椅子。
採寸《さいすん》 洋裁で、体の寸法を測ること。
在世《ざいせ》 生きている間。世にあること。
再生《さいせい》 生き返る。再び生まれる。「—紙」
再製《さいせい》 別の製品にこしらえ直すこと。
●録画を再生する
●再製茶　再製機械
最盛《さいせい》 最もさかんなこと。「—期」
財政《ざいせい》 国などの経済行為。金まわり。
砕石《さいせき》 岩石を砕くこと。砕いた石。「—機」
採石《さいせき》 石材を切り出すこと。「—場」
在籍《ざいせき》 学校などに籍があること。
再説《さいせつ》 繰り返し説明すること。
細説《さいせつ》 こまかく説明すること。
再選《さいせん》 選挙で同じ人を再び選ぶこと。
賽銭《さいせん》 神仏にお参りして供える金銭。
最前《さいぜん》 一番前。ついさっき。「—列」
最善《さいぜん》 最もよいこと。ベスト。「—策」
最前線《さいぜんせん》 敵に最も近い戦地。第一線。
細則《さいそく》 細かくとりきめた規則。⇔総則
催促《さいそく》 うながすこと。急がせること。
最多《さいた》 数が最も多いこと。⇔最少
妻帯《さいたい》 妻をもつこと。「—者」
臍帯《さいたい》 へそのお。ほぞのお。せいたい。
細大《さいだい》 小事も大事も。「—漏らさず」
最大《さいだい》 最も大きいこと。「—公約数」
採択《さいたく》 意見などを選びとること。
在宅《ざいたく》 家にいること。「—勤務」
最たる《さいたる》 第一の。「美の—もの」
最短《さいたん》 一番みじかい。「—距離」⇔最長
祭壇《さいだん》 祭事や礼拝を行うための壇。
裁断《さいだん》 布や紙を切る。判断して下す。
財団《ざいだん》 同一目的の財産集合体。「—法人」
才知《さいち》 【才智】才気と知恵。「—にたける」
細緻《さいち》 きめ細かく精密なこと。緻密《ちみつ》。
再築《さいちく》 もう一度建築すること。
最中《さいちゅう》 物事の進行している途中。
在中《ざいちゅう》 中に入っていること。「明細書—」
最長《さいちょう》 最も長い。年上。⇔最短・最少
採長補短《さいちょうほたん》 他人の長所を取り入れ、自分の短所を補うこと。舎短取長。
才槌《さいづち》 小型の木のつち。「—頭」
再訂《さいてい》 もう一度訂正すること。
最低《さいてい》 程度や位置が最も低い。⇔最高
裁定《さいてい》 是非を考えて決定すること。
最低限《さいていげん》 低い所の限界。最低限度。
最適《さいてき》 最もふさわしいこと。
採点《さいてん》 試験などの点数をつけること。
祭典《さいてん》 祭りの儀式。大きな催し。
祭殿《さいでん》 祭りの儀式を行う建物。
再度《さいど》 再び。もう一度。二度。
彩度《さいど》 色のあざやかさの度合い。
済度《さいど》 迷える人々を仏が救うこと。
再読《さいどく》 再び読み返すこと。「—文字」

苛《さいな》む　【嘖む】苦しめ悩ます。責める。
災難《さいなん》　不意に起こるわざわい。
在日《ざいにち》　来日して日本に住んでいること。
歳入《さいにゅう》　会計年度の収入の合計。⬌歳出
再任《さいにん》　再び同じ役職につくこと。
在任《ざいにん》　任務についていること。「—中」
罪人《ざいにん》　罪を犯した者。「—扱い」
再燃《さいねん》　再び燃え出す。再度問題になる。
才能《さいのう》　素質や能力。「—を生かす」
賽《さい》の目《め》　【采の目】賽の面にある数。
再拝《さいはい》　繰り返し拝む。手紙の結語。
采配《さいはい》　指図。指揮。「—を振る」
栽培《さいばい》　植物を植え育てること。「水—」
菜箸《さいばし》　調理に使う長い箸。取り箸。
才走《さいばし》る　才気がきわだちすぎる。

再発《さいはつ》　ぶり返すこと。「病気の—」
採伐《さいばつ》　木を切りとること。伐採。
財閥《ざいばつ》　大実業家・大資本家の一団。
最果《さいは》て　一番はずれ。「—の地」
再犯《さいはん》　再び罪を犯すこと。⬌初犯
再版《さいはん》　同一の書物を再び刊行すること。
裁判《さいばん》　法律にのっとり争いをさばく。
採否《さいひ》　採用するか否か。採用と不採用。
歳費《さいひ》　一年間の入費。議員の年間手当。
才筆《さいひつ》　たくみな文章。文章の才能。
砕氷《さいひょう》　氷を砕くこと。砕いた氷。「—船」
財布《さいふ》　金銭を入れる携帯用の入れ物。
細部《さいぶ》　こまかな部分。「—にこだわる」
才物《さいぶつ》　才子。きれもの。⬌鈍物
細分《さいぶん》　細かく分けること。「—化」

細別《さいべつ》　こまかく区別すること。⬌大別
再編《さいへん》　編成し直すこと。「組織を—する」
砕片《さいへん》　砕けたかけら。
再訪《さいほう》　ふたたびおとずれること。
裁縫《さいほう》　布を裁ち、衣服などを縫うこと。
細胞《さいぼう》　生物体をつくる基本的単位。
財宝《ざいほう》　金銭や宝石など。財産と宝物。
歳末《さいまつ》　年の暮れ。年末。歳晩。「—商戦」[冬]
細密《さいみつ》　細かく詳しいこと。綿密。「—画」
催眠術《さいみんじゅつ》　意識をもうろうとさせる術。
債務《さいむ》　借金返済などの義務。⬌債権
財務《ざいむ》　財政にまつわる事務。「—官」
罪名《ざいめい》　犯した罪の種類を示す名称。
細目《さいもく》　細かく決められた項目。⬌大綱
材木《ざいもく》　建築物などの材料にする木。

祭文《さいもん》　神や死者の霊に告げる言葉。
在野《ざいや》　官に仕えず民間にあること。
災厄《さいやく》　わざわい。災難。災禍。
採油《さいゆ》　原油を地下からくみ上げること。
採用《さいよう》　とりあげ用いること。「—試験」
再来《さいらい》　再びくること。生まれかわり。
在来《ざいらい》　ありきたり。従来どおり。「—線」
犀利《さいり》　頭の働きや文章が鋭い。鋭利。
才略《さいりゃく》　才知と計略。才知による計略。
細流《さいりゅう》　ほそい流れ。小川。
在留《ざいりゅう》　一定の地にとどまり住むこと。
宰領《さいりょう》　世話や監督をすること・人。
最良《さいりょう》　最もよいこと。最善。⬌最悪
裁量《さいりょう》　自分の考えでとりさばくこと。
材料《ざいりょう》　物を作るもとになるもの。資材。

財力《ざいりょく》　費用の支出に耐える力。経済力。
催涙《さいるい》　涙を出させる。「—弾」「—ガス」
祭礼《さいれい》　祭り。祭りの儀式。
再録《さいろく》　再び記録・掲載すること。
採録《さいろく》　とりあげて記録すること。
載録《さいろく》　書物などに書いてのせること。
細論《さいろん》　くわしく論じること。⬌概論
幸《さいわ》い　よい運命。運よく。「不幸中の—」
才腕《さいわん》　優れた処理能力。「—を振るう」
座員《ざいん》　演劇一座に属する人。劇団員。
冴《さ》◀え　澄み切っている。鋭くはたらく。
差益《さえき》　収支差で得られる利益。⬌差額
遮《さえぎ》る　隔てる。邪魔する。「行く手を—」
囀《さえず》り　鳥が鳴くこと。鳥が鳴く声。[春]
査閲《さえつ》　実地に成績を検査すること。

冴《さ》える　澄みわたる。際だつ。「頭が—」
竿《さお》　木や竹の棒。「物干し—」「旗—」
棹《さお》　舟を進める棒。「—舵」
棹《さお》さす　舟を進める。時流などに乗る。
早乙女《さおとめ》　田植えをする若い娘。[夏]
竿秤《さおばかり》　竿についた分銅で量る秤。
坂《さか》　【阪】勾配《こうばい》のある道。さかみち。
茶菓《さか》　客をもてなす茶と菓子。
性《さが》　生まれついての性質。ならわし。
座下《ざか》　手紙の脇付の一つ。
坐臥《ざが》　【座臥】日常。ふだん。「行住—」
逆上《さかあ》◀がり　鉄棒に上がる技の一種。
境《さかい》　【界】しきり。分かれ目。境界。
境目《さかいめ》　境になるところ。「生死の—」
逆恨《さかうら》み　逆に恨まれる。誤解して恨む。

栄《さか》える　勢いが盛んになる。⬍衰える
逆落《さかお》とし▲　絶壁に近い坂。
差額《さがく》　差し引きした額。違いの額。
酒蔵《さかぐら》　酒をつくり、貯蔵する蔵。
逆毛《さかげ》　毛先から根もとにとかした毛。
逆子《さかご》　【逆児】赤子が足から生まれ出る。
逆《さか》さ　「さかさま」の略語。「―言葉」
逆様《さかさま》　順序や位置が反対なこと。
賢《さか》しい　かしこい。利口な。生意気な。
賢《さか》しら　かしこそうにふるまうこと。
捜《さが》す　見えなくなったものを追求する。
探《さが》す　欲しいものを見つけようとする。
●迷子・犯人を捜す
●獲物・職を探す
杯《さかずき》　【盃】酒をつぐ小さい器。
逆立《さかだ》ち　手を地につけさかさに立つ。

逆立《さかだ》つ　上向きに立つ。逆さまに立つ。
酒樽《さかだる》　酒を入れておくたる。
逆手《さかて》　普通とは逆の持ち方。
酒手《さかて》　酒代。心づけ。「―をはずむ」
肴《さかな》　酒を飲む時の副食物。「酒の―」
魚《さかな》　魚類。(食用としての)うお。
逆撫《さかな》で　気に障ることをわざとする。
逆波《さかなみ》　【逆浪】流れに逆らって立つ波。
逆捩《さかね》じ　あべこべにやりこめること。
遡《さかのぼ》る　【溯る】上流に進む。過去に戻る。
酒場《さかば》　酒を飲ませる店。飲み屋。「大衆―」
逆巻《さかま》く　波が巻きたつ。「―激流」
坂道《さかみち》　傾斜している道。坂の道。
逆剝《さかむ》け　爪の生え際の皮がむける。
酒盛《さかも》り▲　大勢で酒食を楽しむこと。

酒屋《さかや》　酒を販売する店や人。造り酒屋。
月代《さかやき》　頭髪を半月形にそった部分。
酒焼《さかや》け　飲酒で顔や胸が赤くなる。
逆夢《さかゆめ》　吉凶の事実と反対の夢。⬍正夢
逆《さか》らう　反抗する。反対する。⬍従う
盛《さか》り　勢いのよい時期。「働き―」「男―」
盛《さか》り場《ば》　町なかの、人の集まる所。
下《さ》がる　低い方に行く。安くなる。
左官《さかん》　壁を塗る職人。しゃかん。「―屋」
盛《さか》ん　勢いのよい様子。「―な声援」
先《さき》　【前】まえ。将来。以前。⬍後《あと》
崎《さき》　【埼】海中に突き出た陸地。岬。
左記《さき》　縦書き文で左に書いてあること。
詐欺《さぎ》　人をだまして金品を手に入れる。
一昨昨日《さきおととい》　おとといの前の日。

一昨昨年《さきおととし》　おととしの前の年。
先駆《さきが》け　【魁】先頭を切ること。
先潜《さきくぐ》り　先回りして行う。早合点。
先頃《さきごろ》　このあいだ。過日。「つい―」
先先《さきざき》　ずっと将来。訪れた場所すべて。
先様《さきさま》　「相手」の尊敬語。「―のご都合」
先高《さきだか》　近い将来の、値上がりの見込み。
先立《さきだ》つ　前になる。先に死ぬ。
先取《さきど》り　早く取る。期限以前に取る。
先《さき》に　【嚮に・曩に】以前に。前に。
先走《さきばし》る　でしゃばる。勇み足をする。
先払《さきばら》い▲　前払い。届け先払い。
先触《さきぶ》れ　前ぶれ。予報。先駆者。
先棒《さきぼう》　手先になる。「お―をかつぐ」
先細《さきぼそ》り　ゆくゆく衰える。細くなる。

先程《さきほど》　今より少し前。今しがた。先刻。
先回《さきまわ》り　相手より先に到着している。
砂丘《さきゅう》　砂が積もってできた丘。「内陸―」
先行《さきゆ》き　将来の見通し。「―が明るい」
作業《さぎょう》　仕事をすること。仕事。「単純―」
座興《ざきょう》　宴席などに興をそえる遊芸。
座業《ざぎょう》　座って行う仕事。居職《いじょく》。
砂金《さきん》　砂にまじった金の粒。しゃきん。
先《さき》んじる　人より先に行う。先んずる。
作《さく》　制作。作品。収穫。「会心の―」
柵《さく》　木材などを立て並べた囲い。
策《さく》　はかりごと。計略。「善後―」
咲《さ》く　花のつぼみが開く。⬍散る
割《さ》く　切り分ける。充てる。「紙面を―」
裂《さ》く　引き破る。離す。「ボロ布を―」

●人手・時間を割く
●紙・仲を裂く
作為《さくい》　ことさら手を加える。作りごと。
作意《さくい》　たくらみ。趣向。制作の意図。
●作為的なふるまい
●作意を表現する
索引《さくいん》　書物中の事項などの一覧表。
作柄《さくがら》　農作物の生育や収穫の具合。
削減《さくげん》　けずりへらすこと。「経費―」
錯誤《さくご》　あやまり。食い違い。「時代―」
嘖嘖《さくさく》　口々にはやすさま。「好評―」
作詞《さくし》　歌詞を作ること。「新曲を―する」
作詩《さくし》　詩を作ること。作った詩。詩作。
策士《さくし》　計略や駆け引きの巧みな人。
昨日《さくじつ》　きのう。きょうの前日。
搾取《さくしゅ》　利益などをしぼり取ること。
削除《さくじょ》　文章などの一部をけずりのぞく。

**策《さく》する** 計略を立てる。ことをもくろむ。

**作成《さくせい》** 書類や計画・法案を作ること。

**作製《さくせい》** 物品や印刷物を作ること。製作。

●文書を作成する ●模型を作製する

**鑿井《さくせい》** 井戸を掘ること。ボーリング。

**作戦《さくせん》** 【策戦】勝つための手立ての筋道。

**索然《さくぜん》** 空虚になる・趣がなくなるさま。

**錯綜《さくそう》** 複雑に入りくむさま。繁雑。

**作付《さくづ》け◂** 田畑に作物を植えること。

**策定《さくてい》** 計画にそって物事を決めること。

**索道《さくどう》** 「架空索道」の略。ロープウェー。

**策動《さくどう》** 計略を巡らし行動すること。

**搾乳《さくにゅう》** 牛などの乳をしぼること。「—場」

**昨年《さくねん》** 今年の前の年。去年。旧年。

**索漠《さくばく》** 【索莫】ものさびしい様子。

**昨晩《さくばん》** きのうの夜。ゆうべ。昨夜。

**作品《さくひん》** 制作した品。芸術的制作物。

**作風《さくふう》** 作品に表れる作者の特徴。

**作文《さくぶん》** 文章を作ること。作った文章。

**作法《さくほう》** 作りかた。「小説—」

**策謀《さくぼう》** はかりごと。計略。「—家」

**作物《さくもつ》** 田畑で栽培する植物。「—の出荷」

**昨夜《さくや》** きのうの夜。ゆうべ。昨晩。

**桜肉《さくらにく》** 「馬肉」の別名。

**桜餅《さくらもち》** 桜の葉で包んだ和菓子。春

**桜湯《さくらゆ》** 桜漬けに湯を注いだ飲み物。春

**錯乱《さくらん》** 入り乱れて混乱すること。

**策略《さくりゃく》** はかりごと。謀略。「—にはまる」

**探《さぐ》る** さがす。調べる。求める。

**炸裂《さくれつ》** 爆弾などが破裂すること。

**酒《さけ》** アルコールをふくむ飲料。

**酒粕《さけかす》** 【酒糟】酒をしぼった残りのかす。

**酒癖《さけくせ》** 酒に酔った時のくせ。さけぐせ。

**下《さ》げ潮《しお》** 引き潮。落ち潮。⇔上げ潮

**蔑《さげす》む** 【貶む】見下す。軽べつする。

**叫《さけ》ぶ** 大声を出す。強く主張する。

**裂《さ》け目《め》** 破れた所。われめ。

**裂《さ》ける** 切れ分かれる。破れ離れる。

**避《さ》ける** よける。のがれる。「人目を—」

**下《さ》げる** 低くする。たらす。おろす。

**提《さ》げる** 手につるす。持ちさげる。携帯。

●コストを下げる ●かばんを提げる

**下《さ》げ渡《わた》す** 官庁から民間に与える。

**雑魚《ざこ》** 多種類の小魚。小物。⇔大物

**座高《ざこう》** 座面から頭頂までの高さ。

**左顧右眄《さこうべん》** 周囲の思惑や様子を気にして決断できないこと。右顧左眄。

**鎖国《さこく》** 外国との交流を禁じる。⇔開国

**鎖骨《さこつ》** 胸骨と肩をつなぐ骨。

**座骨《ざこつ》** 臀部《でんぶ》の後下部にある一対の骨。

**雑魚寝《ざこね》** ひしめきあって寝ること。

**些細《ささい》** 【瑣細】わずか。いささか。

**支《ささ》え** ささえるもの・こと。「心の—」

**支《ささ》える** もちこたえる。維持する。

**笹掻《ささが》き** 根菜などのそぎ切りの方法。

**捧《ささ》げる** 心から差し上げる。たてまつる。

**査察《ささつ》** 基準どおりかを調査し視察する。

**小波《さざなみ》** 【細波・漣】水面に細かくたつ波。

**細雪《ささめゆき》** 細かく降る雪。冬

**細《ささ》やか** 小さい。つつましい。「—な進物」

**囁《ささや》く** 小声で言う。うわさする。

**差《さ》し** 二人で向き合うこと。「—で話す」

**渣滓《さし》** 液体中に沈殿しているかす。

**匙《さじ》** 液体や粉末をすくいとる道具。

**些事《さじ》** 【瑣事】小さな事。くだらぬ事。

**座視《ざし》** 【坐視】見ているだけ。傍観。

**差《さ》し上《あ》げる** 「与える」「やる」の謙譲語。「お手紙差し上げます」

**差《さ》し◂当《あ》たり** 今のところ。当座。

**刺《さ》し◂網《あみ》** 魚の通りみちに張る網。

**差《さ》し◂入《い》れ** 慰労の物品を届ける。

**挿《さ》し◂絵《え》** 文章の中にさしはさむ絵。

**差《さ》し◂置《お》く** 放置する。無視する。

**差《さ》し◂押《お》さえ◂** 財産処分を禁じる。

**差《さ》し◂替《か》える** 【差し換える】とりかえて別なものを入れる。「原稿を—」

**匙加減《さじかげん》** 調合の加減。手加減。

**差《さ》し翳《かざ》す** 掲げて覆う。振り上げる。

**差《さ》し固《かた》める** 門扉を固く閉ざす。

**差《さ》し◂金《がね》** かね尺。陰で人を操ること。

**挿《さ》し◂木《き》** 地面に枝をさす植物繁殖法。

**桟敷《さじき》** 舞台よりも高い見物席。「天井—」

**座敷《ざしき》** 畳を敷いた部屋。客間。「—能」

**差《さ》し◂繰《く》る** 都合する。繰り合せる。

**刺《さ》し◂子《こ》** 綿布を重ねて縫ったもの。

**差《さ》し越《こ》える** でしゃばる。

**差《さ》し◂込《こ》む** 入り込む。急に痛む。

**差《さ》し◂障《さわ》り** 不具合。支障。差支え。

**指図《さしず》** いいつけ。命令。指定。

**差《さ》し◂詰《づ》め** つまり。当面は。結局。

差《さ》し▼迫《せま》る 時期が間近になる。
差出人《さしだしにん》 郵便物を出した人。
差《さ》し▼出《だ》す 前に出す。発送する。
差《さ》し▼支《つか》える 不都合が生じる。
指《さ》し▼手《て》 将棋の駒《こま》を進める動作。
差《さ》し▼手《て》 相撲などの組み手の一種。
差《さ》し▼出口《でぐち》 よけいな口だし。
差《さ》し▼止《と》める 禁止する。
指《さ》し▼値《ね》 客が指定する売買の値。
差《さ》し▼伸《の》べる 【差し延べる】伸ばす。救助する。「救いの手を―」
差《さ》し▼歯《ば》 人工の歯をつぎたすこと。
差《さ》し▼挟《はさ》む はさむ。間に入れる。
差《さ》し▼控《ひか》える 遠慮する。ひかえる。
差《さ》し▼引《ひ》き▼ 数量を引くこと。

差《さ》し▼招《まね》く 【麾く】手まねきする。
刺《さ》し▼身《み》 食用にする生の魚介類。
差《さ》し▼水《みず》 水をたすこと。つけたす水。
差《さ》し▼向《む》かう 二人が向かい合う。
差《さ》し▼向《む》き 今のところ。さしあたり。
差《さ》し▼戻《もど》す やり直すために返す。
指《さ》し▼物《もの》 板を組んでつくる家具類。
詐取《さしゅ》 人をだまして金品をとること。
差《さ》し▼湯《ゆ》 湯をつぎたすこと。
査収《さしゅう》 調べたうえで受け取ること。
些少《さしょう》 わずかなさま。少し。「―ながら」
査証《さしょう》 入国許可証。ビザ。
詐称《さしょう》 姓名などをいつわって言うこと。
砂上《さじょう》 砂の上。「―の楼閣」
座礁《ざしょう》 【坐礁】船が浅瀬に乗り上げる。

挫傷《ざしょう》 うちみ。「脳―」
座食《ざしょく》 【坐食】働かずに暮らす。徒食。
差《さ》し▼渡《わた》し 物の直径。「―を測る」
砂塵《さじん》 【沙塵】砂ぼこり。「―が舞う」

刺《さ》す 針や刀で突く。虫が針をさす。
注《さ》す 【差す】液体をそそぐ。加える。
指《さ》す 指で示す。めざす。将棋をやる。
差《さ》す 挟み入れる。かざす。そそぐ。
射《さ》す 【差す】光が照らす。「夕日が―」
挿《さ》す 間にさしはさむ。頭にかざす。
●針で刺す ●水を注す ●方角を指す ●傘を差す ●西日が射す ●花を挿す

砂州《さす》 【砂洲】入り江に発達する砂地。
流石《さすが》 いかにも。なるほど。
授《さず》かり物《もの》 神仏が与えたもの。

授《さず》ける 目上の人が与える。教える。
流離《さすらい》 【漂泊】さまよい歩く。「―の旅」
摩《さす》る 【擦る】手や指で軽くこする。
座《ざ》する 【坐する】座る。まきぞえになる。
座席《ざせき》 すわる席。すわる場所。「―指定」
挫折《ざせつ》 くじける。途中でだめになる。
左遷《させん》 低い地位に下げること。⇔栄転
座禅《ざぜん》 【坐禅】静座し心を鍛錬する修行。
嘸《さぞ》 きっと。さぞかし。さだめし。
誘《さそ》い水《みず》 呼び水。ある事への誘因。
誘《さそ》う 同行をすすめる。うながす。
座像《ざぞう》 すわっている像。⇔立像
差損《さそん》 収支差による損失。⇔差益
沙汰《さた》 便り。しわざ。「正気の―」
定《さだ》か 明らかなさま。確かなさま。

座卓《ざたく》 和室用の脚の短い机。
定《さだ》め 決まり。規則。決定。運命。
定《さだ》めし きっと。さだめて。おそらく。
定《さだ》める 決める。しずめる。「条令を―」
座談《ざだん》 すわって話し合うこと。「―会」
幸《さち》 幸福。自然の産物。「海の―」
座長《ざちょう》 演劇などの一座の長。座頭。
札《さつ》 ふだ。かきもの。紙幣。切符。
雑《ざつ》 大ざっぱなこと。粗い。「―な仕事」
殺意《さつい》 殺そうとする意思。「―を抱く」
撮影《さつえい》 写真や映画をとること。「―所」
雑役《ざつえき》 こまごました種種の仕事。
雑音《ざつおん》 不愉快な物音。じゃまな音。
作家《さっか》 小説や芸術作品を創作する人。
作歌《さっか》 短歌を作ること、その歌。

雑貨《ざっか》 こまごました日用品。「―商」
殺害《さつがい》 人を殺すこと。「―現場」
錯覚《さっかく》 実際と異なる知覚。思い違い。
雑学《ざつがく》 非系統的な多方面の知識や学問。
擦過傷《さっかしょう》 かすりきず。すりきず。
雑感《ざっかん》 まとまりのない種々の感想。
殺気《さっき》 敵意がみなぎる緊張した空気。
皐月《さつき》 陰暦五月。さつきつつじ。夏
雑記《ざっき》 雑多な内容を書きつけること。
五月晴《さつきば》れ▼ 梅雨の晴れ間。夏
早急《さっきゅう》 にわか。大いそぎ。そうきゅう。
雑居《ざっきょ》 種々の人がまじり住むこと。
作曲《さっきょく》 曲を作ること。「―家」
殺菌《さっきん》 ばい菌を死滅させること。
雑菌《ざっきん》 様々な種類の雑多な菌。

**雑穀**《ざっこく》 米・麦以外の穀類。
**昨今**《さっこん》 このごろ。「—の情勢」
**冊子**《さっし》 簡単にとじた本。書物。「小—」
**察し**《さっ》 推量すること。「—がいい」
**雑誌**《ざっし》 定期的に刊行する出版物。
**雑事**《ざつじ》 細かい用事。「—にかまける」
**雑種**《ざっしゅ》 異種類の雌雄から生まれた個体。
**殺傷**《さっしょう》 殺したり傷つけること。「—事件」
**刷新**《さっしん》 弊害を除き新しくすること。
**殺人**《さつじん》 人を殺す。すごいさま。「—的」
**殺陣**《さつじん》 映画などの斬り合い場面。たて。
**撒水**《さっすい》 水をまく。さんすい。「—車」
**察**《さっ》**する** 推量する。思いやる。「心中を—」
**雑然**《ざつぜん》 ごちゃごちゃな様子。⇔整然
**颯爽**《さっそう》 姿や態度がきりっとした様子。

**雑草**《ざっそう》 栽培にじゃまな種々の草。
**早速**《さっそく》 すぐさま。直ちに。すぐに。
**雑多**《ざった》 色々入りまじっている。「種々—」
**札束**《さつたば》 束になった紙幣。多額の金銭。
**雑談**《ざつだん》 様々な内容の気楽な会話。
**察知**《さっち》 推察して、そうとわかること。
**殺虫剤**《さっちゅうざい》 害虫を駆除する薬剤。
**颯**《さっ》**と** すばやいさま。急なさま。
**殺到**《さっとう》 大勢が同時に押し寄せること。
**雑踏**《ざっとう》 【雑沓】人々でこみあうこと。
**雑念**《ざつねん》 気を散らすあれこれの思い。
**雑駁**《ざっぱく》 知識などがまとまりのないさま。
**殺伐**《さつばつ》 荒くれてすさんだ様子。
**雑費**《ざっぴ》 こまごました費用。
**札片**《さつびら》 紙幣。かねびら。「—を切る」



**殺風景**《さっぷうけい》 興ざめで趣がない(風景)。
**雑文**《ざつぶん》 気楽に書き流した軽い文章。
**雑報**《ざっぽう》 あれこれを伝える報道。
**雑木**《ざつぼく》 材木価値が低い木。ぞうき。
**雑務**《ざつむ》 色々な細かい仕事。ぞうむ。
**雑用**《ざつよう》 色々な細かい用事。
**殺戮**《さつりく》 残忍なやり方で大量に殺すこと。
**扠**《さて》 【扨・偖】ところで。それから。
**査定**《さてい》 調べて金額などを決めること。
**扨措**《さてお》**く** 捨てておく。「冗談は—として」
**砂鉄**《さてつ》 砂状になった磁鉄鉱の細かい粒。
**蹉跌**《さてつ》 つまずき。行き詰まり。
**里**《さと》 【郷】人の住む村。実家。人里。
**聡**《さと》**い** 【敏い】かしこい。鋭い。「利に—」
**左党**《さとう》 急進的な政党。酒好きの人。

**作動**《さどう》 機械やしかけが働くこと。
**茶道**《さどう》 茶の湯の作法。ちゃどう。
**里親**《さとおや》 親代わりに子を養育する人。
**里帰**《さとがえ》**り** 実家へ帰ること。里開き。
**里方**《さとかた》 妻または養子の実家や親類。
**里子**《さとご》 他家に養育を依頼した子。
**里心**《さとごころ》 実家や郷里が恋しい気持ち。
**諭**《さと》**す** 静かに言い聞かせる。「非を—」
**里人**《さとびと》 その土地に住んでいる人。
**悟**《さと》**る** 【覚る】真理に達する。気づく。
**早苗**《さなえ》 苗代から田に移し植える苗。夏
**最中**《さなか》 まっ盛り。さいちゅう。「夏の—」
**宛**《さなが》**ら** あたかも。ちょうど。そのまま。
**蛹**《さなぎ》 成虫になる前の昆虫の成長期。
**然**《さ》**に非**《あら》**ず** そうではない。

**左脳**《さのう》 大脳の左半分。言語の制動部分。
**左派**《さは》 左翼。急進派。⇔右派
**差配**《さはい》 所有者の代理で管理すること。
**砂漠**《さばく》 【沙漠】乾燥地帯の荒原。「—気候」
**捌**《さば》**く** 扱う。売りはらう。「残品を—」
**裁**《さば》**く** 理非を判定する。裁判する。
**茶飯事**《さはんじ》 日常のありふれたこと。
**寂**《さび》 古めかしい趣。枯れた味わい。
**錆**《さび》 【銹】金属に生じる酸化物。
**寂**《さび》**しい** 【淋しい】静かで心細い。
**座標**《ざひょう》 点の位置を示すひと組の数値。
**寂**《さび》**れる** 荒廃する。衰える。すたれる。
**座布団**《ざぶとん》 【座蒲団】敷いて座るふとん。
**差別**《さべつ》 差をつけて扱うこと。「人種—」
**作法**《さほう》 振るまい方。物事の仕方。

**砂防**《さぼう》 土砂の流出や崩壊を防ぐこと。
**茶房**《さぼう》 喫茶店。
**様**《さま》 様子。名の下につける敬語。
**様**《ざま》 【態】見苦しい様子。「—を見ろ」
**様変**《さまが》**わり**◀ 様子や形勢が一変する。
**様様**《さまざま》 色々。くさぐさ。「—な種類」
**冷**《さ》**ます** つめたくする。興を失わす。
**覚**《さ》**ます**◀ 【醒ます】意識のある状態に戻す。
**妨**《さまた》**げる** 邪魔する。阻害する。妨害する。
**瑣末**《さまつ》 【些末】重要でないこと。ささい。
**彷徨**《さまよ》**う** あてもなく歩く。迷い歩く。
**寂**《さみ》**しい** 静かで心細い。さびしい。
**五月雨**《さみだれ》 つゆ。梅雨。夏
**寒**《さむ》**い** 気温が低く体が冷える。⇔暑い
**作務衣**《さむえ》 禅僧が作務の時に着る衣服。

寒気《さむけ》 寒くてぞくぞくする感じ。
寒寒《さむざむ》 寒気を感じる様子。「―した風景」
寒空《さむぞら》 寒い天気。冬の空。图
侍《さむらい》 【士】武士。気骨のある人物。
鮫肌《さめはだ》 【鮫膚】ざらざらした皮膚。
冷《さ》める 冷たくなる。興味が薄らぐ。
覚《さ》める 眠りや迷いから戻る。「夢から―」
褪《さ》める 色があせる。色がはげる。
醒《さ》める 【覚める】酔いがぬける。
然《さ》も 実に。そのようにも。「―ないと」
座持《ざも》ち その場の人々を楽しませる。
査問《さもん》 質問し実情を調査すること。
莢《さや》 豆の種子を包むから。「―豆」
鞘《さや》 刀などを入れるもの。差額。
鞘当《さやあ》て 意地をかけて争う。「恋の―」

清《さや》か 【明か】はっきりとしたさま。
座薬《ざやく》 【坐薬】肛門などに入れるくすり。
白湯《さゆ》 沸かしただけの湯。
左右《さゆう》 ひだりとみぎ。意のままに扱う。
座右《ざゆう》 身近な所。「―の銘」
小夜《さよ》 夜。「―ふけて」「―曲」
作用《さよう》 働きかけること。「同化―」
然様《さよう》 【左様】そのよう。その通り。
左翼《さよく》 左の翼。革新的な思想。⇔右翼
皿《さら》 平たく浅い食器・容器。
更《さら》 【新】新しいこと。未使用。「―の服」
再来月《さらいげつ》 次の次の月。翌々月。
再来週《さらいしゅう》 次の次の週。翌々週。
再来年《さらいねん》 次の次の年。翌々年。
浚《さら》う 【渫う】底のごみなどを取り去る。

攫《さら》う 急に奪い取る。すべて奪う。
●井戸・溝を浚う
●賞金・人気を攫う
復習《さら》う 復習する。「日本舞踊を―」
曝《さら》け出《だ》す 隠さずすっかり出す。
更紗《さらさ》 種々の色模様を捺染した綿布。
更更《さらさら》 少しも。全く。「恨みは―ない」
晒《さら》し 【曝し】陽にあて白くした布。夏
晒《さら》し者《もの》 【曝し者】人前で恥を晒す人。
晒《さら》す 【曝す】見せる。暴露する。
新地《さらち》 【更地】何もない空き地。
更《さら》に 重ねて。もっと。「―強くなる」
然《さ》らば それなら。それでは。
粗目《ざらめ》 結晶の大きい砂糖。ざらめ糖。
新湯《さらゆ》 【更湯】まだ入浴者のない風呂。
然《さ》り気無《げな》い なにげない。

申《さる》 十二支の第九。時刻の名。
去《さ》る その場を離れる。過ぎた。除く。
然《さ》る とある。そのような。「―人物」
笊《ざる》 竹で編んだ籠《かご》。「―そば」
猿轡《さるぐつわ》 声を出させぬための口かせ。
笊碁《ざるご》 碁がへたなこと。へぼご。
猿芝居《さるしばい》 サルの劇。へたな芝居・策。
猿知恵《さるぢえ》 間の抜けている考え・知恵。
猿股《さるまた》 男性用の下着。短いももひき。
猿真似《さるまね》 うわべだけまねること。
猿回《さるまわ》し サルに芸をさせること。新
然《さ》る者《もの》 相当な人。ある人。「敵も―」
砂礫《されき》 砂と小石。「―層」
髑髏《されこうべ》 雨風にさらされ白骨化した頭骨。
戯《ざ》れ言《ごと》 ふざけた言葉。冗談。

戯《ざ》れ事《ごと》 ふざけた行い。いたずら。
然《さ》れど しかし。そうではあるが。
戯《ざ》れる 遊び半分にする。たわむれる。
沢《さわ》 山中の水の流れ。「―登り」
茶話《さわ》 茶を飲みながらの話。「―会」
騒《さわ》ぐ うるさくする。不穏になる。
爽《さわ》やか さっぱりした。あざやかな。秋
触《さわ》る 手をふれる。かかわる。接触。
障《さわ》る 差支える。害になる。「気に―」
●素手で触る
●寝不足は体に障る
左腕《さわん》 左のうで。「―投手」⇔右腕
桟《さん》 床下の横木。障子などの骨組。
酸《さん》 すっぱい味。酸性の化合物。
賛《さん》 【讃】絵や書に添える詩文。
賛意《さんい》 賛成の気持ち。「―を表する」

散逸《さんいつ》 【散佚】散らばって失せること。
産院《さんいん》 出産を取り扱う医院。産科医院。
参加《さんか》 仲間に入ること。「会合に―する」
惨禍《さんか》 むごいわざわい。「戦争の―」
産科《さんか》 妊娠・出産に関する医学の分野。
傘下《さんか》 支配を受ける立場。配下。
酸化《さんか》 物質が酸素と化合する。⇔還元
賛歌《さんか》 【讃歌】ほめたたえる歌。
山河《さんが》 山と河。周囲の自然。さんか。
参賀《さんが》 皇居に行き祝賀の意を表す。新
山海《さんかい》 山と海。「―の珍味」
参会《さんかい》 会合に出席すること。「―者一同」
散会《さんかい》 会合が終わること。
散開《さんかい》 散らばること。散り広がること。
三界《さんがい》 仏教で、欲界・色界・無色界。

惨害《さんがい》 ひどい損害。いたましい被害。
残骸《ざんがい》 破壊されて残ったもの。
参画《さんかく》 計画の相談に参加すること。
山岳《さんがく》 高い山。「—地帯」
産学《さんがく》 産業界と学校。「—協同」
残額《ざんがく》 残った金額。残りの数量。
三角関係《さんかくかんけい》 男女三人の関係。
三角巾《さんかくきん》 三角形の布。救急用品の一。
三角洲《さんかくす》 【三角州】河口が三角形の地。
山間《さんかん》 山に囲まれた地域。「—僻地」
参観《さんかん》 現場に行って見ること。「授業—」
三寒四温《さんかんしおん》 寒い日が三日、暖かい日が四日続く冬の気象。図
山気《さんき》 山地特有の冷気。嵐気。山酔《やま》よい。
算木《さんぎ》 占いに使う角棒。和算に使う棒。

慚愧《ざんき》 【慙愧】深く恥じ入ること。
参議院《さんぎいん》 国会の両院の一つ。参院。
三脚《さんきゃく》 カメラなどを支える三本脚の台。
残虐《ざんぎゃく》 むごたらしいこと。「—な行為」
産休《さんきゅう》 出産のためにとる有給休暇。
山峡《さんきょう》 山と山の間のせまい谷間。
蚕業《さんぎょう》 蚕から繭を取る事業。
産業《さんぎょう》 ものを生産する事業。「—機械」
残響《ざんきょう》 鳴りやんだあと室内に残る響き。
残業《ざんぎょう》 規定の勤務時間以後の労働。
参勤《さんきん》 【参覲】出仕して主君にまみえる。
残金《ざんきん》 差し引いて残った金。未払い金。
参宮《さんぐう》 神社、特に伊勢神宮に参拝する。
産気《さんけ》 出産のきざし。「—づく」
散華《さんげ》 供養のため花をまく。戦死する。



懺悔《ざんげ》 罪を告白して悔い改めること。
参詣《さんけい》 神社・仏閣におまいりすること。
惨劇《さんげき》 むごたらしい出来事。
酸欠《さんけつ》 空気中の酸素が不足すること。
残欠《ざんけつ》 【残闕】一部が欠け不完全なこと。
残月《ざんげつ》 夜明けの空に残る月。
三権《さんけん》 司法・行政・立法の権利。
散見《さんけん》 あちこちに見られること。
三弦《さんげん》 【三絃】三味線。雅楽の三楽器。
讒言《ざんげん》 うその告げ口で人を陥れること。
三原色《さんげんしょく》 基本になる三つの色。
三権分立《さんけんぶんりつ》 立法・司法・行政の三権を議会、裁判所、内閣に分ける制度。
産後《さんご》 出産のあと。「—の肥立ち」
参向《さんこう》 出向くこと。参上すること。参

参考《さんこう》 考えをまとめる助けにすること。
塹壕《ざんごう》 野戦で使う防御用のみぞ。
残酷《ざんこく》 【惨酷】むごいこと。残忍。
三国一《さんごくいち》 世界一優れる。「—の花嫁」
三顧の礼《さんこのれい》 礼を尽くして依頼する。
三才《さんさい》 天と地と人。地球の万物。「—石」
山菜《さんさい》 山に生える食用植物。「—料理」
散在《さんざい》 あちこちに散らばっているさま。
散財《さんざい》 むやみに金銭を使うこと。
斬罪《ざんざい》 打ち首の刑罰。「—に処す」
散策《さんさく》 そぞろ歩き。散歩。
惨殺《ざんさつ》 むごたらしく殺すこと。「—死体」
斬殺《ざんさつ》 刃物で切って殺すこと。
三差路《さんさろ》 【三叉路】道が三分する場所。
燦燦《さんさん》 光がきらきら輝く様子。

散散《さんざん》 はなはだしいさま。とても悪い。
三三九度《さんさんくど》 婚礼の盃の儀礼。
三三五五《さんさんごご》 ちらほら散らばる。
蚕糸《さんし》 蚕の繭から紡いだ糸。生糸。
参事《さんじ》 ある事務にあずかる職。「—官」
惨事《さんじ》 悲惨な出来事。「大—」
産児《さんじ》 生まれる子。出生間もない子。
賛辞《さんじ》 【讃辞】ほめ言葉。「—を呈す」
残滓《ざんし》 残りかす。ざんさい。残渣《さ》。
惨死《ざんし》 むごたらしく死ぬこと。
暫時《ざんじ》 少しの間。しばし。「—待った」
三次元《さんじげん》 縦・横・高さの空間の次元。
三思後行《さんしこうこう》 熟慮の後、実行する。
山紫水明《さんしすいめい》 美しい自然の風景。
産室《さんしつ》 妊婦がお産をする部屋。うぶや。

三枝の礼《さんしのれい》 孝行・孝道のたとえ。
参酌《さんしゃく》 比べて参考にすること。参照。
傘寿《さんじゅ》 八十歳の異称、またその祝い。
斬首《ざんしゅ》 首を切って落とすこと。「—の刑」
参集《さんしゅう》 集まりくる。「会議に—する」
産出《さんしゅつ》 産物を生産すること。「—量」
算出《さんしゅつ》 計算して結果の数値を出すこと。
算術《さんじゅつ》 計算をあつかう数学。算数。
纂述《さんじゅつ》 材料を集めて著述すること。
賛助《さんじょ》 意図に同意して手を貸すこと。
残暑《ざんしょ》 立秋後の夏の暑さ。「—見舞」秋
参照《さんしょう》 照らしあわせること。「—符」
参上《さんじょう》 目上の人のもとに行く。伺う。
惨状《さんじょう》 むごたらしいありさま。
残照《ざんしょう》 日没後に空に残る日の光。

蚕食《さんしょく》 次第に他国を侵略すること。
産褥《さんじょく》 妊婦が出産に使う寝床。「—熱」
散《さん》じる 散らばる。なくす。なくなる。
三振《さんしん》 野球で打者のストライクアウト。
斬新《ざんしん》 趣向がきわだって新しいこと。
山水《さんすい》 山と川の、自然の風景。「—画」
散水《さんすい》 【撒水】水をまくこと。さっすい。
算数《さんすう》 初等の数学。計算。「—に弱い」
三竦《さんすく》み 三者が牽制《けんせい》し合うこと。
三途《さんず》の川《かわ》 死後七日目に渡る川。
産《さん》する うみだす。収穫できる。「米を—」
賛《さん》する 【讃する】同意する。ほめる。
三世《さんぜ》 過去・現在・未来。三代。
三世《さんせい》 三代目。親・子・孫。「日系—」
三省《さんせい》 毎日何度も身をかえりみること。

三聖《さんせい》 釈迦《しゃか》・孔子・キリスト。
参政《さんせい》 政治に参加すること。「—権」
酸性《さんせい》 酸の性質をもつこと。「—雨」
賛成《さんせい》 同調すること。「—意見」⬄反対
山積《さんせき》 たくさんあること。「—の荷物」
残雪《ざんせつ》 消えずに残った雪。春
参戦《さんせん》 戦争・戦いにくわわること。
参禅《さんぜん》 師から禅の道を学ぶこと。「—者」
産前《さんぜん》 出産目前の臨月の頃。⬄産後
燦然《さんぜん》 きらめき輝く様子。「—と輝く」
酸素《さんそ》 呼吸・燃焼に欠かせない気体。
讒訴《ざんそ》 人を陥れるうその訴え。讒言。
山荘《さんそう》 高原や山中の別荘。山の家。
残像《ざんぞう》 見たあとに目に残る姿形。
山賊《さんぞく》 山中で悪事を働く盗賊。

山村《さんそん》 山の中の村落。
散村《さんそん》 人家が散在している村。⬄集村
残存《ざんそん》 残っている。ざんぞん。「—勢力」
参内《さんだい》 皇居に行くこと。
残高《ざんだか》 差し引いた残りの金額。「差引—」
三嘆《さんたん》 【三歎】何度もなげく・感心する。
惨憺《さんたん》 【惨澹】いたましい。苦心する。
賛嘆《さんたん》 【讃嘆】感心してほめたたえる。
散弾《さんだん》 【霰弾】多数の弾が飛び出す弾丸。
算段《さんだん》 やりくり。工夫すること。
三段跳《さんだんと》び◀ 陸上競技の一種目。
山地《さんち》 山だらけの土地。山間の高地。
産地《さんち》 物品を産する土地。「—直送」
山頂《さんちょう》 山のてっぺん。頂上。⬄麓《ふもと》
算定《さんてい》 計算して結果を確定すること。

暫定《ざんてい》 一時的に決めること。「—予算」
散点《さんてん》 あちらこちらに散らばる。点在。
残土《ざんど》 土木工事で出る不要の土砂。
参堂《さんどう》 神仏のお堂に参る。訪問の敬称。
参道《さんどう》 寺社に参詣するための道。
桟道《さんどう》 急斜面に張り出してつくった道。
賛同《さんどう》 同意すること。「—を得る」
残党《ざんとう》 戦いに敗れた集団の生き残り。
三度笠《さんどがさ》 顔が覆い隠れるすげがさ。
参入《さんにゅう》 あらたに加わること。入ること。
算入《さんにゅう》 計算に含み入れること。
残忍《ざんにん》 むごいことを平気で行うこと。
三人称《さんにんしょう》 自分と相手以外の代名詞。
残念《ざんねん》 くやしいこと。不満が残ること。
参拝《さんぱい》 寺社や皇族の墓のお参り。参詣。

三拝九拝《さんぱいきゅうはい》 何度も拝礼する。
惨敗《ざんぱい》 みじめな負け。さんぱい。
三杯酢《さんばいず》 酢を主にした調味料。
三羽《さんば》烏《がらす》 ある分野で特に優れた三人。
桟橋《さんばし》 船と岸を結ぶ浮橋やかけ橋。
散発《さんぱつ》 ときどき起こること。⬄続発
散髪《さんぱつ》 髪を切り整えること。理髪。
残飯《ざんぱん》 食べ残した料理や飯。「—処理」
酸鼻《さんび》 【惨鼻】むごたらしいこと。
賛美《さんび》 【讃美】ほめたたえること。
賛否《さんぴ》 賛成と反対。「—両論」
賛美歌《さんびか》 神やキリストを讃える歌。
三百代言《さんびゃくだいげん》 詭弁を弄すること。
産品《さんぴん》 生産される品物。「一次—」
残品《ざんぴん》 売れ残った商品。「—半額」

産婦《さんぷ》 出産前後の女性。
散布《さんぷ》 【撒布】まき散らすこと。さっぷ。
三伏《さんぷく》 最も暑い時期。酷暑。夏
山腹《さんぷく》 山の、頂とふもとの間。
産物《さんぶつ》 そこで産するもの。「研究の—」
散文《さんぶん》 韻律にこだわらない普通の文章。
散歩《さんぽ》 気晴らしや健康目的に歩くこと。
三方《さんぼう》 供え物や儀式に使う方形の台。
三宝《さんぼう》 仏・法・僧。ほとけ。「—荒神《こうじん》」
参謀《さんぼう》 作戦・指揮を受け持つ将校。
讒謗《ざんぼう》 そしる。悪口を言うこと。「—者」
三昧《さんまい》 没頭する。ざんまい。「読書—」
三枚目《さんまいめ》 笑いをとる役回りの役者。
散漫《さんまん》 まとまりがない。集中できない。
酸味《さんみ》 すっぱい味。「—の強い果実」

三位一体《さんみいったい》 三者が一つになる。
山脈《さんみゃく》 山々が長く連なる地形。
残務《ざんむ》 処理しきれなかった事務。
三面記事《さんめんきじ》 新聞の社会面。
三面六臂《さんめんろっぴ》 何人分もの働き。
三文《さんもん》 安いこと。三流の。「二束―」
山門《さんもん》 寺院の正門。延暦寺の異称。
三文判《さんもんばん》 できあいの安いはんこ。
山野《さんや》 山と野原。
三役《さんやく》 大関・関脇・小結。三つの重職。
散薬《さんやく》 粉末の薬。
参与《さんよ》 相談に加わり協力すること・職。
残余《ざんよ》 余り。残り。剰余。
山容《さんよう》 山のかたち・すがた。「―水態」
算用《さんよう》 計算すること。「胸―」「―数字」

産卵《さんらん》 卵をうむこと。「―期」
散乱《さんらん》 一面に散らばること。「―ごみ」
燦爛《さんらん》 美しくきらめくさま。「光輝―」
残留《ざんりゅう》 居残ること。「―塩素」「―孤児」
山陵《さんりょう》 天皇・皇后の墓。みささぎ。
山稜《さんりょう》 山の尾根。峰すじ。
山林《さんりん》 山と林。山中の林。「―地帯」
三隣亡《さんりんぼう》 建築を忌むとする暦注の一。
残塁《ざんるい》 (野球で)塁上に走者を残すこと。
山嶺《さんれい》 山のみね。山のいただき。
三令五申《さんれいごしん》 繰り返し命令する。
参列《さんれつ》 式に列席すること。「―者」
惨烈《さんれつ》 非常にむごたらしいこと。
参籠《さんろう》 社寺にこもって願をかけること。
山麓《さんろく》 山すそ。山のふもと。⇔山頂



## し

士《し》 立派な男子。武士。「同好の―」
氏《し》 この方。みょうじ。名前の敬称。
市《し》 いち。町。行政区画の一。
死《し》 死ぬこと。「急―」「安楽―」⇔生
師《し》 先生。技術者。軍隊。「―の教え」
詞《し》 言葉。文章。詩文。歌詞。
詩《し》 リズムをもった形式の表現。
字《じ》 文字。漢字。筆跡。「大の―」
地《じ》 土地。地面。本性。「―でいく」
痔《じ》 肛門やその付近の病気の総称。
辞《じ》 言葉。断り。別れを告げること。
試合《しあい》 【仕合】武術や競技で勝敗を争う。
自愛《じあい》 自分の体を大切にすること。

慈愛《じあい》 いつくしみ愛すること。
仕上《しあ》げ 仕事の最終段階。
明明後日《しあさって》 あさっての次の日。
指圧《しあつ》 指などで体の要所を押す療法。
地雨《じあめ》 同じ強さで降り続く雨。
幸《しあわ》せ 【仕合わせ・倖せ】幸運。幸福。
私案《しあん》 個人的な考えや提案。
思案《しあん》 考え。もの思い。心配。「―投げ首」
試案《しあん》 試みに立てた仮の案。⇔成案
四囲《しい》 まわり。周囲。ぐるり。
私意《しい》 私見。私情。「―をさしはさむ」
思惟《しい》 考えること。思考。しゆい。
恣意《しい》 自分の勝手な考え。「―的」
示威《じい》 威力を示すこと。「―運動」
自慰《じい》 自ら慰めること。オナニー。

侍医《じい》 宮中や貴人に仕える医者。
辞意《じい》 辞職・辞退する意志。「―を促す」
詩歌《しいか》 詩と短歌と俳句。詩文の総称。
飼育《しいく》 飼い育てること。飼うこと。
自意識《じいしき》 自分自身に対する意識。
弑《しい》する 主君・父など目上の者を殺す。
尸位素餐《しいそさん》 才能もないのに高位につき、給与をもらうこと・人。
虐《しいた》げる むごく扱う。虐待する。
強《し》いて 無理に。あえて。「―言えば」
強《し》いる 無理にさせる。強制する。
仕入《しい》れ◀ 原料や商品の買い入れ。
地色《じいろ》 布などの、模様のない部分の色。
子音《しいん》 母音以外の音。「無声―」
死因《しいん》 死亡の原因。

私印《しいん》 家や個人で使うはんこ。
試飲《しいん》 試しに飲んでみること。
寺院《じいん》 寺。「―建築」
時雨《じう》 ほどよく降る雨。しぐれ。[冬]
慈雨《じう》 恵みの雨。「旱天の―」
地唄《じうた》 【地歌】土地の俗謡。上方唄。
慈烏反哺《じうはんぽ》 親孝行すること。
仕打《しう》ち 他人に対する態度。扱い。
時運《じうん》 その時の運勢。時勢。「―にのる」
試運転《しうんてん》 試しに運転してみること。
市営《しえい》 市で経営すること・もの。
私営《しえい》 個人で経営すること・もの。
自営《じえい》 独立して自分で経営すること。
自衛《じえい》 自分で自分を守ること。「―官」
私益《しえき》 自分一人の利益。私利。⇔公益

使役《しえき》 人を使って何かをさせること。
支援《しえん》 他人を助けること。援助。
私怨《しえん》 個人的なうらみ。私恨。
紫煙《しえん》 紫色の煙。たばこの煙。
塩《しお》 塩辛い調味料。食塩。「—味」
潮《しお》 【汐】海水、その干潮。ころあい。
潮脚《しおあし》 【潮足】潮の満ち引き時の速さ。
潮風《しおかぜ》 海からの風。海風。
塩辛《しおから》 魚介類を塩漬けにした食品。
塩辛い《しおからい》 塩けがつよい。しょっぱい。
仕置き《しおき》◀ こらしめのため罰すること。
仕送り《しおくり》 生活費や学費を送ること。
塩気《しおけ》 塩辛い味。塩分、その度合。塩味。
潮煙《しおけむり》 海水のしぶき。「—が立つ」
潮騒《しおさい》 満ち潮の時の波の音。しおざい。

塩鮭《しおざけ》 塩漬けのさけ。塩じゃけ。冬
仕納め《しおさめ》 これを最後として行うこと。
潮路《しおじ》 潮の満ち引きの通り道。海路。
塩漬け《しおづけ》◀ 魚などを塩で漬けること。
潮時《しおどき》 【汐時】潮の干満の時。よい頃合。
塩花《しおばな》 清めにふりまく塩。もりじお。
潮干狩り《しおひがり》◀ 浜で貝をとること。春
塩引き《しおびき》 魚を塩づけにすること。
塩水《しおみず》 塩分を含む水。食塩水。⇔真水
潮水《しおみず》 海の水。海水《かいすい》。うしお。
塩焼き《しおやき》◀ 塩をかけて焼いた魚や肉。
潮焼け《しおやけ》 潮風に吹かれ日に焼けた肌。
枝折り《しおり》◀ 【栞】手引。本に挟むもの。
枝折り戸《しおりど》◀ 木の枝や竹で作った扉。
萎れる《しおれる》 植物がしぼむ。しょげる。

字音《じおん》 漢字の音読み。⇔字訓
史家《しか》 歴史を研究している人。歴史家。
市価《しか》 市場で売買する値段。市場価格。
私家《しか》 個人。私的。自分の家。「—集」
直《じか》 直接。じき。「—に話す」
自家《じか》 自分の家。自分自身。「—用車」
時下《じか》 (手紙文で)このごろ。目下。
時価《じか》 その時の相場。時の市価。
自我《じが》 自己。自分自身。「—の目覚め」
司会《しかい》 会などの進行を担当する係。
視界《しかい》 見通せる区域。視野。「—ゼロ」
斯界《しかい》 この分野。この社会。「—の権威」
市街《しがい》 人家の集まった土地。街。「—地」
死骸《しがい》 【屍骸】しかばね。なきがら。死体。
自戒《じかい》 自分で自分をいましめること。

自壊《じかい》 ひとりでに壊れること。「—作用」
耳介《じかい》 頭の側面にある耳。外耳。耳殻。
磁界《じかい》 磁場。磁石の周りの力の場。
自害《じがい》 刃物などで自殺すること。自尽。
四海兄弟《しかいけいてい》 全人類は兄弟のように仲よくすべきということ。四海同胞。
紫外線《しがいせん》 殺菌作用がある光線。UV。
仕返し《しかえし》 相手にやり返すこと。報復。
地顔《じがお》 化粧をしていない顔。素顔。
事過境遷《じかきょうせん》 事態の移行・経過によって心境や境遇、状況も移り変ること。
死角《しかく》 陰に隠れて見通せない範囲。
刺客《しかく》 暗殺者。しきゃく。
視角《しかく》 物の両端と目を結ぶ線がなす角。
視覚《しかく》 物を見る感覚。「—神経」

資格《しかく》 身分や地位、その必要条件。
史学《しがく》 歴史を研究する学問。歴史学。
志学《しがく》 十五歳の異称。学問に志すこと。
私学《しがく》 私立の学校。⇔官学
視学《しがく》 学校教育の視察指導を行う官職。
斯学《しがく》 この学問。「—の権威」
字画《じかく》 漢字の点画、その数。筆画。
自覚《じかく》 自分の状態や能力を知ること。
四角四面《しかくしめん》 堅苦しい様子。
四角張る《しかくばる》 堅苦しくまじめくさる。
仕掛け《しかけ》◀ 物事のやりかけ。からくり。
死火山《しかざん》 活動した記録のない火山。
然し《しかし》 【併し】けれども。ではあるが。
然然《しかじか》 【云云】このように。これこれ。
自画自讃《じがじさん》 自ら自分をほめる。

而して《しかして》 【然して】そうして。それから。
如かず《しかず》 【若かず】及ばない。劣る。
自画像《じがぞう》 自分自身を描いた絵。
仕方《しかた》 やり方。手段。ふるまい。
地下足袋《じかたび》 たびの形の履き物。
地固め《じがため》 地盤を固めること。下準備。
直談判《じかだんぱん》 相手と直接交渉すること。
死活《しかつ》 死ぬか生きるか。「—問題」
自活《じかつ》 独力で生計を立てること。
鹿爪《しかつめ》らしい 堅苦しい様子。
確《しか》と 【聢と】確かに。はっきりと。
自家撞着《じかどうちゃく》 言動の矛盾。
歯牙《しが》にもかけない まったく問題にしない。無視する。
地金《じがね》 下地の金属。本性。「—が出る」

**為兼ねる**《しかねる》 「できない」の婉曲表現。
**屍**《しかばね》 なきがら。死体。死骸。「生ける―」
**顰めっ面**《しかめっつら》 しかめた顔つき。渋面。
**顰める**《しかめる》 不快で眉根にしわをよせる。
**然も**《しかも》 【而も】さらに。にもかかわらず。
**然らずんば**《しからずんば》 そうでなければ。
**柵**《しがらみ》 水中の垣。まとわりつくもの。
**然り**《しかり》 そうである。その通りだ。
**叱る**《しかる》 【呵る】小言を言う。注意する。
**然るに**《しかるに》 そうであるのに。それなのに。
**紙価を高める**《しかをたかめる》 著書が好調に売れる。「紙価」は紙の値段。「洛陽《らくよう》の―」
**士官**《しかん》 将校（佐官と尉官）。「見習―」
**仕官**《しかん》 官吏になること。主君に仕える。
**史観**《しかん》 歴史の根本的な考え方・見方。

**弛緩**《しかん》 ゆるむこと。たわむ。⇔緊張
**此岸**《しがん》 仏教で、この世。現世。⇔彼岸
**志願**《しがん》 自ら望むこと。志すこと。「―者」
**次官**《じかん》 大臣の次の官位。「政務―」
**時間**《じかん》 とき。時刻。刻限。「―帯」
**式**《しき》 かた。儀式。一定のやり方。
**士気**《しき》 【志気】意気込み。「―高揚」
**四季**《しき》 春夏秋冬の四つの季節。一年。
**死期**《しき》 死ぬとき。命の終わる時期。
**指揮**《しき》 指図。演奏の統率。「陣頭―」
**紙器**《しき》 紙製の、器や箱の総称。
**仕儀**《しぎ》 なりゆき。事の次第。
**私議**《しぎ》 私見。陰でそしること。
**直**《じき》 間もなく。直接。直取引。じか。
**自棄**《じき》 すてばち。やけ。

**時季**《じき》 季節で区切られた時期。時節。
**時期**《じき》 一定の長さの時間・期間。時分。
**時機**《じき》 時宜。頃合。物事を行う好機。
●一年の空白の**時期**
●反撃の**時機**を失う
**磁気**《じき》 磁石が鉄を引きつける作用。
**磁器**《じき》 ガラス質の、上質の白い焼き物。
**字義**《じぎ》 漢字の表す意味。語義。
**児戯**《じぎ》 子どものたわむれ。「―に類する」
**時宜**《じぎ》 よい頃合。好機。「―を得る」
**事宜**《じぎ》 ある事柄に対して適切なさま。
**辞儀**《じぎ》 【辞宜】頭を下げ挨拶する。「お―」
**敷居**《しきい》 開け閉めする戸の下部の横木。
**敷居が高い**《しきいがたかい》 不義理や面目ないことをして、その相手の所に行きづらい。
**敷石**《しきいし》 地面に敷く平らな石。

**敷き写し**《しきうつし》 重ねて写す。文をまねる。
**色覚**《しきかく》 色を見分ける能力。色神。
**色感**《しきかん》 色から受ける感じ。色彩感覚。
**敷金**《しききん》 借主が家主に預ける保証金。
**識見**《しきけん》 物事に対する正しい判断。
**色彩**《しきさい》 いろどり。いろあい。傾向。
**色紙**《しきし》 和歌などを書く四角い紙。
**式次**《しきじ》 式の行われる順序。式次第。
**式辞**《しきじ》 儀式で述べる挨拶の言葉。
**識字**《しきじ》 文字の読み書きができること。
**直直**《じきじき》 直接。じか。「―に指示を受ける」
**式日**《しきじつ》 儀式のある日。祝日・祭日。
**敷島**《しきしま》 大和国の別名。日本国。
**識者**《しきしゃ》 見識のある人。有識者。
**指揮者**《しきしゃ》 合奏・合唱の指揮をする人。

**色弱**《しきじゃく》 程度の軽い色盲。
**色情**《しきじょう》 男女間の情欲。いろけ。色欲。
**式場**《しきじょう》 式をとり行う場所。「結婚―」
**時期尚早**《じきしょうそう》 機会がまだ早い。
**色素**《しきそ》 色のもととなる物質。「―沈着」
**直訴**《じきそ》 直接上に訴えること。上訴。
**直奏**《じきそう》 直接に申し上げること。
**色即是空**《しきそくぜくう》 仏教語で、この世の形あるものの本性は空であるということ。
**式台**《しきだい》 【敷台】玄関先の一段低い板敷。
**仕来り**《しきたり》 ならわし。慣例。「―を破る」
**直談**《じきだん》 直接の談判。じかだんぱん。
**敷地**《しきち》 建築や造設のための土地。用地。
**色調**《しきちょう》 色の濃淡などの調子。色合い。
**敷き詰める**《しきつめる》 すきまなく敷く。

**式典**《しきてん》 儀式。祭典。「記念―」
**直伝**《じきでん》 師から弟子に直接伝授すること。
**直答**《じきとう》 取次を介さずに直接答えること。
**色読**《しきどく》 文字の、表面的な読解。⇔体読
**直筆**《じきひつ》 直接自分で書くこと。自筆。
**敷布**《しきふ》 敷き布団に敷く布。シーツ。
**式服**《しきふく》 儀式で着用する衣服。礼服。
**識別**《しきべつ》 見分けること。みきわめること。
**色魔**《しきま》 多くの女性を弄ぶ男。女たらし。
**閾**《しきみ》 敷居。家の内外を区画する横木。
**色盲**《しきもう》 色の識別が困難な色覚異常。
**敷物**《しきもの》 下に敷いて座るもの。
**直門**《じきもん》 師から直接教えを受ける・人。
**嗜虐**《しぎゃく》 残虐なことを好むこと。「―的」
**自虐**《じぎゃく》 自分で自分を痛めつけること。

**子宮**《しきゅう》 女性の生殖器官。子を宿す所。
**支給**《しきゅう》 金品をあてがい渡すこと。
**死球**《しきゅう》 野球で、デッドボール。「四ー」
**至急**《しきゅう》 非常に急ぐこと。「ー便」「大ー」
**自給**《じきゅう》 必要な物を自分でまかなうこと。
**持久**《じきゅう》 永く持ちこたえること。「ー力」
**自給自足**《じきゅうじそく》 自分が必要とするものを自らの力でまかなうこと。
**死去**《しきょ》 死ぬこと。死亡。永眠。
**辞去**《じきょ》 挨拶して他人の所から去ること。
**市況**《しきょう》 株式や商品の市場での取引状況。
**司教**《しきょう》 カトリック教会での僧の位。
**至境**《しきょう》 最もすぐれた境地。「ーに達する」
**詩興**《しきょう》 作詩したくなる気持ち。詩情。
**仕業**《しぎょう》 操作や運行の作業。「ー点検」

**始業**《しぎょう》 仕事や授業のはじめ。⇔終業
**自供**《じきょう》 自分から申し述べること。自白。
**自彊**《じきょう》 自分からすすんで努め励むこと。
**事業**《じぎょう》 仕事。企業。社会・経済活動。
**試供品**《しきょうひん》 試しに使ってもらう商品。
**支局**《しきょく》 本局とは別の出先事務所。
**色欲**《しきよく》 【色慾】男女間の情欲。色情。
**私曲**《しきょく》 私利のための不正。公正でない。
**時局**《じきょく》 そのときの国内外の情勢。
**磁極**《じきょく》 磁石の両端。N極とS極。
**頻りに**《しきりに》 頻繁に。はげしく。無性に。
**仕切る**《しきる》 間を隔てる。勘定をつける。
**直話**《じきわ》 直接に話す話。直接に聞く話。
**至近**《しきん》 非常に近いこと。「ー距離」
**資金**《しきん》 資本金。もとで。資本。「ー繰り」

**詩吟**《しぎん》 漢詩に節をつけ吟じ詠じること。
**試金石**《しきんせき》 価値や力量を測る物事。
**如く**《しく》 【若く・及く】匹敵する。
**敷く**《しく》 広げる。配置する。統治する。
**軸**《じく》 心棒。中心。まきもの。「回転ー」
**字句**《じく》 文字と語句。文句。
**時空**《じくう》 時間と空間。「ーを超越する」
**軸受け**《じくうけ》◀ 機械の回転軸を支えるもの。
**仕草**《しぐさ》 【仕種】ちょっとした動作。
**忸怩**《じくじ》 自分の行いに恥じ入るさま。
**地口**《じぐち》 ことわざなどをもじったしゃれ。
**試掘**《しくつ》 試しに掘ってみること。「ー権」
**四衢八街**《しくはちがい》 四方八方に通じる道路。大都市。四通八達。
**四苦八苦**《しくはっく》 非常に苦しむこと。

**字配り**《じくばり》 一つ一つの文字の配置。
**仕組み**《しくみ》◀ 組立て。機構。計画。企て。
**仕組む**《しくむ》 組み立てる。もくろむ。
**軸物**《じくもの》 かけもの。まきもの。
**時雨**《しぐれ》 初冬に降るにわか雨。図
**字訓**《じくん》 漢字の訓読み。⇔字音
**時化**《しけ》 風雨で海が荒れること。不漁。
**死刑**《しけい》 犯罪者の生命を絶つ刑罰。死罪。
**私刑**《しけい》 個人的に加える制裁。リンチ。
**紙型**《しけい》 印刷で活字に紙を当て取った型。
**至芸**《しげい》 最高の芸。芸の極致。名人芸。
**字形**《じけい》 文字の形。
**自警**《じけい》 自力で身辺を警戒する。「ー団」
**刺激**《しげき》 【刺戟】反応をひき起こすこと。
**繁く**《しげく》 何回も。しばしば。「足ー通う」

**繁繁**《しげしげ》 つくづく。よくよく。しきりに。
**止血**《しけつ》 出血を止めること。血どめ。
**自決**《じけつ》 自分できめること。自殺。
**時化る**《しける》 海が荒れる。不景気になる。
**湿気る**《しける》 しめりけを帯びる。しめる。
**茂る**《しげる》 【繁る】草木が生い重なる。
**私見**《しけん》 自分の意見。個人の考え。
**私権**《しけん》 私法上の権利。⇔公権
**試験**《しけん》 学力を試す物事。ためし。試み。
**至言**《しげん》 本質を適切に言い表した言葉。
**始源**《しげん》 【始原】物事のはじめ。原始。
**資源**《しげん》 自然に産出する生産材料。
**事件**《じけん》 事柄。出来事。「ー記者」「難ー」
**示現**《じげん》 神仏が霊験を現すこと。天啓。
**次元**《じげん》 立場。数学概念の一。「ーが低い」

**字源**《じげん》 一つ一つの文字の起こり。
**時限**《じげん》 時間割の単位。時間を限ること。
**四顧**《しこ》 周辺を見回すこと。付近。
**指呼**《しこ》 指さして呼ぶ。近い。「ーの間」
**死後**《しご》 死んだのち。没後。⇔生前
**死期**《しご》 死ぬ時。臨終の時。いまわ。
**死語**《しご》 現在は使われなくなった言葉。
**私語**《しご》 ひそひそ話。ささやき。
**自己**《じこ》 おのれ。自分自身。自我。
**事故**《じこ》 人災。思いがけない災難。
**事後**《じご》 物事の終わったあと。⇔事前
**爾後**《じご》 このかた。そののち。以後。
●事後承諾
●爾後、見ていない
**持碁**《じご》 囲碁で、勝負のつかない引分け。
**至高**《しこう》 この上なく優れていること。

伺候《しこう》 【祗候】貴人の側に仕えること。
志向《しこう》 心がある目的に向かうこと。
指向《しこう》 ある方向を目指して進むこと。
●安物志向の消費者 ●指向性アンテナ
私行《しこう》 私生活での行為。「—をあばく」
思考《しこう》 思い巡らすこと。考え。「—力」
施工《しこう》 工事を行うこと。せこう。「—主」
施行《しこう》 実地に行うこと。実施。せこう。
●ビル建設の施工 ●新憲法の施行
恣行《しこう》 ほしいままに行うこと。
歯垢《しこう》 歯に付着するやわらかい汚れ。
試行《しこう》 ためしにやってみること。
嗜好《しこう》 たしなみこのむこと。このみ。
諡号《しごう》 死後におくる名。おくりな。
事項《じこう》 一つ一つの事柄。「確認—」

時好《じこう》 その時代の好み。「—に投じる」
時効《じこう》 期間経過による権利の得失。
時候《じこう》 四季の気候。時節。「—の挨拶」
試行錯誤《しこうさくご》 試みと失敗を繰り返して解決に近づいていくこと。「—の末」
而して《しこうして》 【然して】そうして。しかして。
自業自得《じごうじとく》 自分がしでかした悪い行いのむくいを自分で受けること。
地声《じごえ》 生まれつきの声。⇔裏声
扱く《しごく》 手で引きこする。厳しく訓練する。
至極《しごく》 極めて。「残念—」「—当然」
自国《じこく》 自分の国。わが国。⇔他国
時刻《じこく》 時の流れの、ある一瞬。「—表」
地獄《じごく》 悪人が死後行く所。苦しい状態。
子午線《しごせん》 地球表面の経線。「—観測」

仕事《しごと》 つとめ。職業。「—納め」
醜名《しこな》 【四股名】力士の呼び名。
仕込む《しこむ》 教えこむこと。仕入れること。
凝り《しこり》 【痼り】筋肉のこり。わだかまり。
士魂《しこん》 武士のたましい。「—商才」
私恨《しこん》 ひそかなうらみ。私怨。
紫紺《しこん》 むらさきがかった紺色。
自今《じこん》 【爾今】今後。これから後。
示唆《しさ》 それとなく教えること。じさ。
視座《しざ》 物事を認識する時の立場。
時差《じさ》 時刻の差。「—通勤」「—ぼけ」
子細《しさい》 【仔細】詳しいこと。さしさわり。
司祭《しさい》 カトリックの僧職の一つ。
死罪《しざい》 犯罪者の生命を絶つ刑罰。死刑。
私財《しざい》 個人の財産。私有の財産。私産。

資材《しざい》 物を作るもとになる材料。
資財《しざい》 事業の元手になる資本。財産。
自在《じざい》 思いのままになること。「自由—」
思索《しさく》 秩序立てて考えること。⇔行動
施策《しさく》 政策や方針を実行すること。
試作《しさく》 ためしに作ること。その作品。
自作《じさく》 自ら作る、その作品。「—自演」
地酒《じざけ》 その土地でつくった酒。
刺殺《しさつ》 刃物で刺し殺すこと。
視察《しさつ》 現地で実際の様子を見ること。
自殺《じさつ》 自分の生命を絶つこと。自害。
四散《しさん》 四方に散ること。ちりぢり。
試算《しさん》 試しに計算してみること。検算。
資産《しさん》 財産。企業の資産。「—家」
死産《しざん》 胎児が死んで生まれること。

自賛《じさん》 【自讃】自らをほめること。
持参《じさん》 もってくる・いくこと。「—金」
四肢《しし》 両手と両足。手足。
死屍《しし》 なきがら。死体。死骸。しかばね。
志士《しし》 国に尽す人。忠臣。「勤皇の—」
孜孜《しし》 一心に励むさま。「—として働く」
嗣子《しし》 家のあととり。あとつぎ。
支持《しじ》 賛成し助けること。支えること。
私事《しじ》 個人的な事情。わたくしごと。
指示《しじ》 さし示すこと。指図すること。
師事《しじ》 師とした人に教えを受けること。
侍史《じし》 手紙の脇付の一。侍曹。
時事《じじ》 その時々の世の中の出来事。
爺《じじい》 年寄りをぞんざいにいう言葉。
鹿威し《ししおどし》 水音で鳥獣を追払う仕掛け。

獅子吼《ししく》 雄弁をふるうこと。大演説。
時時刻刻《じじこっこく》 時の進むさま。
私室《ししつ》 個人用の部屋。個室。⇔公室
紙質《ししつ》 紙の性質。紙の品質。
資質《ししつ》 生まれつきの才能や性質。
史実《しじつ》 歴史上の事実。
自失《じしつ》 ぼんやりする。気抜けする。
痔疾《じしつ》 肛門部分に起こる病気。痔。
事実《じじつ》 実際の事柄。真実のわけ。
時日《じじつ》 時と日。日時。所要時間。
獅子鼻《ししばな》 低くて小鼻の開いた鼻。
獅子奮迅《ししふんじん》 非常な奮闘。
静寂《しじま》 【黙】静かなさま。無言。沈黙。
獅子舞《ししまい》 獅子頭をかぶった舞い。新
支社《ししゃ》 本社と分かれた出先事務所。

死《し》者《しゃ》 死んだ人。死人。死亡者。⇔生者
使《し》者《しゃ》 命令をうけて使いをする人。
試《し》写《しゃ》 映画を公開前に見せること。
試《し》射《しゃ》 試しに撃ってみること。
自《じ》社《しゃ》 自分の勤めている会社。⇔他社
寺《じ》社《しゃ》 寺と神社。社寺。「—奉行」
子《し》爵《しゃく》 爵位の五等級のうちの第四位。
磁《じ》石《しゃく》 鉄を引きつける性質の物体。
自《じ》若《じゃく》 物事に動じないさま。「泰然—」
四《し》捨《しゃ》五《ご》入《にゅう》 省略算の一。
死《し》守《しゅ》 命がけで守ること。
詩《し》趣《しゅ》 詩的なおもむき。詩的な味わい。
自《じ》主《しゅ》 自分の判断で行うこと。「—性」
自《じ》首《しゅ》 自分の犯罪を自ら訴え出ること。
死《し》臭《しゅう》 【屍臭】死体から発する異臭。

刺《し》繍《しゅう》 布地に糸で縫い取りをすること。
詩《し》集《しゅう》 詩を集め載せた書物。「—を編む」
始《し》終《じゅう》 始めから終わりまで。常に。
自《じ》修《しゅう》 自分で習いおさめること。独習。
自《じ》習《しゅう》 自分で学習すること。「—時間」
自《じ》重《じゅう》 機械などのそれ自体の重さ。
四《し》十《じゅう》九《く》日《にち》 死後49日目の法要。
四《し》十《じゅう》八《はっ》手《て》 相撲のわざの種類。
止《し》宿《しゅく》 泊まること。下宿すること。
私《し》淑《しゅく》 ひそかにその人を師とすること。
自《じ》粛《しゅく》 自発的に言動を控えること。
支《し》出《しゅつ》 金銭や物品を支払う。⇔収入
至《し》純《じゅん》 このうえなく純粋。「至高—」
耳《じ》順《じゅん》 六十歳の異称。
思《し》春《しゅん》期《き》 児童から青年への移行期。

支《し》所《しょ》 中央と分かれた出先事務所。
司《し》書《しょ》 図書館で庶務を扱う専門職。
四《し》書《しょ》 大学・論語・中庸・孟子の総称。
死《し》所《しょ》 【死処】死ぬべき場所。「—を得る」
子《し》女《じょ》 息子と娘。女の子。「帰国—」
地《じ》所《しょ》 財産や敷地としての土地。
字《じ》書《しょ》 漢字を集めて解説した書。字典。
辞《じ》書《しょ》 言葉を集めて解説した書。辞典。
自《じ》署《しょ》 自分でする署名。⇔代署
次《じ》女《じょ》 【二女】二番目の娘。
児《じ》女《じょ》 男の子と女の子。子どもと女性。
自《じ》序《じょ》 著者が自ら書いた序文。⇔他序
自《じ》助《じょ》 自力で事をなすこと。「—努力」
爾《じ》汝《じょ》 相手を呼び捨てにすること。
支《し》障《しょう》 さしつかえ。さしさわり。妨げ。

死《し》傷《しょう》 死ぬことと負傷すること。「—者」
私《し》傷《しょう》 公務中でない時の負傷。⇔公傷
師《し》匠《しょう》 学問や技芸を教授する人。
史《し》上《じょう》 歴史に見られる事柄。「—最大」
市《し》場《じょう》 売買取引を行う所。「青果—」
至《し》上《じょう》 最上。最高。「—命令」「—の喜び」
至《し》情《じょう》 このうえない情。真心。赤心。
私《し》情《じょう》 個人の感情。「—をさしはさむ」
紙《し》上《じょう》 紙の上。新聞の紙面。「—の空論」
誌《し》上《じょう》 雑誌の紙面。誌面。「—討論会」
試《し》乗《じょう》 試しに乗ってみること。
詩《し》情《じょう》 詩に表現したい欲求。詩趣。
自《じ》称《しょう》 自分で名乗ること。一人称。
自《じ》照《しょう》 自省し冷静になること。「—文学」
事《じ》象《しょう》 出来事や現象。「社会的な—」

自《じ》乗《じょう》 【二乗】同じ数の掛け算をする。
自《じ》浄《じょう》 自身の力できれいになること。
事《じ》情《じょう》 ことがら。わけ。様子。「—通」
自《じ》縄《じょう》自《じ》縛《ばく》 自分自身の言動によって身動きができなくなること。
私《し》小《しょう》説《せつ》 作者が主人公の小説。
試《し》食《しょく》 ためしに食べること。「—会」
辞《じ》色《しょく》 言葉と表情。言辞と容色。
辞《じ》職《しょく》 自分から職をやめること。「—願」
自《じ》叙《じょ》伝《でん》 自分で書いた自分の伝記。
私《し》書《しょ》箱《ばこ》 郵便局の私人用有料郵便箱。
私《し》心《しん》 自己の考え。利己的な心。私意。
私《し》信《しん》 私用の手紙。内密の手紙。私書。
指《し》針《しん》 方針。道しるべ。メーターの針。
私《し》人《じん》 一個人。⇔公人

詩《し》人《じん》 詩を作る人。詩を解する人。
自《じ》身《しん》 自分。それ自体。「私—の問題」
自《じ》信《しん》 自分の力を信じる心。「—喪失」
地《じ》震《しん》 地面が震動する現象。「—予知」
自《じ》刃《じん》 刀や刃物で自殺すること。
自《じ》尽《じん》 自殺。自害。
雌《し》蕊《ずい》 花のめしべ。⇔雄蕊
自《じ》炊《すい》 自分で食事を作り生活すること。
指《し》数《すう》 程度を表す指標の数字。「知能—」
静《しず》か 物音のない様子。穏やかな様子。
滴《しずく》 【雫】たれ落ちる水・液体の粒。
静《しず》静《しず》 落ち着いた様子。「—と歩む」
地《じ》滑《すべ》り 土石が滑り落ちること。
静《しず》まる 動かなくなる。落ち着く。
鎮《しず》まる 和らぐ。制圧され収束する。

●場内が静まる
●頭痛が鎮まる

**沈《しず》む** 水に落ち込む。気持ちがふさぐ。
**資《し》する** 役に立つ。「地域の発展に―」
**侍《じ》する** そばにいる。はべる。侍す。
**持《じ》する** 保つ。守る。慎む。「満を―」
**辞《じ》する** 挨拶する。断る。退職・退任する。
**市井《しせい》** 人家の集まった所。ちまた。
**市制《しせい》** 自治体としての市の制度。
**市政《しせい》** 自治体としての市の政治・行政。
**死生《しせい》** 生と死。生死。「―命《めい》あり」
**至誠《しせい》** 誠実。真心。「―天に通ず」
**私製《しせい》** 私人・民間で作ること・もの。
**施政《しせい》** 政治をとり行うこと。「―方針」
**姿勢《しせい》** 体の構え。心構え。「高―」
**資性《しせい》** もちまえの性質や才能。天性。

**詩聖《しせい》** 極めて優れた詩人。杜甫の尊称。
**自生《じせい》** 自然に生えること。「―植物」
**自制《じせい》** 自分の感情や欲望を抑えること。
**自省《じせい》** 自分の言動を反省すること。
**自製《じせい》** 自分で作ること・もの。手作り。
**時世《じせい》** 時代(そのもの)。年代。世の中。
**時勢《じせい》** 時代の流れや勢い。「―に遅れる」

●不況のご時世
●時勢に流される

**辞世《じせい》** 死ぬこと。臨終に残す詩歌など。
**私生活《しせいかつ》** 個人としての暮らしぶり。
**私生子《しせいし》** 嫡出でない子ども。私生児。
**史跡《しせき》** 【史蹟】歴史上の事件の場所。
**史籍《しせき》** 歴史に関する書物。史書。
**咫尺《しせき》** 近い距離。「―を弁ぜず」
**歯石《しせき》** 歯間に沈着した石灰分。

**次席《じせき》** 首席の次の地位・人。「―検事」
**自責《じせき》** 自分を責めること。「―の念」
**事跡《じせき》** 【事蹟】あとかた。事件のあと。
**事績《じせき》** その人の成した事業と功績。

●事跡の調査
●先人の事績

**私設《しせつ》** 私人・民間が設立すること。
**使節《しせつ》** 国が外国に派遣する使者。使臣。
**施設《しせつ》** 特定の目的で設けられた建物。
**自説《じせつ》** 自分の説。自分の意見。⬌他説
**持説《じせつ》** 唱え続けている意見。持論。
**時節《じせつ》** 季節。時世。よい折。「―到来」
**支線《しせん》** 本線から分岐した線。分線。
**死線《しせん》** 生死の境。「―をさまよう」
**私撰《しせん》** 個人が編さんすること。⬌勅撰
**私選《しせん》** 個人が選ぶこと。「―弁護人」

**視線《しせん》** 目で見る方向。目の向き。
**詩仙《しせん》** 天才的な詩人。李白の尊称。
**自然《しぜん》** 森羅万象。ありのまま。「―現象」
**自選《じせん》** 自分で選ぶこと。自分を選ぶこと。
**自薦《じせん》** 自分で自分を推薦する。⬌他薦
**次善《じぜん》** 最善の次によいもの。「―の策」
**事前《じぜん》** 物事の起こる前。「―運動」⬌事後
**慈善《じぜん》** 困っている人を助ける。「―事業」
**自然体《しぜんたい》** 気負いのない自然な態度。
**自然淘汰《しぜんとうた》** 適者生存。自然選択。
**始祖《しそ》** 先祖。祖先。元祖。創設者。
**死相《しそう》** 死に顔。死に近づいた顔つき。
**使嗾《しそう》** 【指嗾】そそのかす。けしかける。
**思想《しそう》** 考え。社会・人生への思考体系。
**詞藻《しそう》** 文を美しく飾ることば。文才。

**試走《しそう》** ためしに走ってみること。「―車」
**詩想《しそう》** 詩的な考え。詩作の思想や感情。
**死蔵《しぞう》** 活用せずむだに保管すること。
**私蔵《しぞう》** 個人で所有していること。
**地蔵《じぞう》** 地蔵菩薩。衆生を救済する菩薩。
**志操堅固《しそうけんご》** 意志がかたいこと。
**歯槽膿漏《しそうのうろう》** 歯の根本が膿む病。
**子息《しそく》** 他人の息子。「御―」⬌息女
**四則《しそく》** 数学で加減乗除の総称。「―計算」
**氏族《しぞく》** 祖先が同じである血族。うじ。
**自足《じそく》** 自ら満足する。自力で満たす。
**時速《じそく》** 一時間当たりの速さ。「―百キロ」
**持続《じぞく》** 永く持ち続けること。持久。
**為損《しそこ》なう** しくじる。機会を逃す。
**子孫《しそん》** 祖先の血を引く代々の人々。

**自存《じそん》** 自分の力で生きること。
**自尊《じそん》** 自分の品位を尊ぶこと。「―心」
**自損《じそん》** 自分でしたけが。「―事故」⬌他損
**為損《しそん》じる** しくじる。失敗する。
**舌《した》** 口中の味覚と発音を司る器官。
**自他《じた》** 自分と他人。「―ともに認める」
**耳朶《じだ》** みみたぶ。耳。「―に触れる」
**下味《したあじ》** 調理前の食材に味をつけておく。
**死体《したい》** 【屍体】しかばね。なきがら。死骸。
**肢体《したい》** 手足。手足と体。身体。五体。
**姿態《したい》** 動作する姿。体つき。容姿。
**至大《しだい》** このうえなく大きい。「至高―」
**次第《しだい》** 順序。いきさつ。~するとすぐ。
**字体《じたい》** 文字の形。字形。書体。「旧―」
**自体《じたい》** 自分の体。それ自身。いったい。

事態《じたい》　事のなりゆき。事のありさま。
辞退《じたい》　遠慮すること。断ること。
地代《じだい》　借地料。地価。ちだい。
次代《じだい》　次の時代。「―をになう青少年」
事大《じだい》　強大なものにつき従う。「―主義」
時代《じだい》　世の中。現代。
時代錯誤《じだいさくご》　時代遅れ。「―の趨勢《すうせい》」
次第《しだい》に　時が経つにつれて。徐徐に。
慕《した》う　恋しく思う。あとを追う。倣う。
下請《したう》け◀　請負い仕事を他者が請負う。
舌打《したう》ち　不快時に舌を鳴らすこと。
下絵《したえ》　下書きの絵。下地にかく絵。
下帯《したおび》　ふんどし。腰巻き。岩田帯。
従《したが》う　【随う】服従する。付いていく。
従《したが》える　【随える】引連れる。屈服させる。

下書《したが》き◀　清書の前の試し書き。草稿。
従《したが》って　だから。それゆえに。並行して。
下着《したぎ》　肌にじかにつける衣類。肌着。
支度《したく》　【仕度】準備。用意。「―金」「旅―」
私宅《したく》　自宅。個人の家。私邸。
自宅《じたく》　自分の住む家。わがや。「―待機」
下稽古《したげいこ》　本番前のけいこ。
下心《したごころ》　悪だくみ。ひそかなもくろみ。
下拵《したごしら》え　用意。かねてからの準備。
舌先《したさき》　舌の先。口先。「―三寸」
舌触《したざわ》り　舌で感じる食べ物の感じ。
下地《したじ》　基礎。本来の性質。土台。醤油。
仕出《しだ》し　料理して届ける。「―弁当」
親《した》しい　仲がよい。なじみが深い。
下敷《したじ》き◀　物の下に敷くもの。手本。

親《した》しむ　親しくする。なじむ。交わる。
下調《したしら》べ　事前に調べておく。下見。
強《したた》か　ひどく。手ごわいさま。「―酔う」
強《したた》か者《もの》　一筋縄ではいかない人物。
認《したた》める　書き記す。食事する。「謝状を―」
舌足《したた》らず　発音が明瞭でないさま。
滴《したた》る　滴がたれる。たれ落ちる。
舌鼓《したつづみ》　おいしくて舌を鳴らすこと。
下《した》っ端《ぱ》　身分や地位が低いこと・者。
下積《したづ》み　下に積むこと。不遇。「―生活」
下手《したて》　下のほう。へりくだった態度。
仕立《した》て◀　こしらえること。裁縫。
仕立《した》てる　用意する。作り上げる。
下取《したど》り◀　古い品を売り、価格を値引く。
舌舐《したな》めずり◀◀　待ち構えるさま。

下塗《したぬ》り◀　上塗り前に下地を塗ること。
下履《したば》き◀　戸外で足にはく、はきもの。
下働《したばたら》き　人の指揮下で働くこと・人。
下火《したび》　火勢が衰える。勢いが弱まる。
下町《したまち》　都市の中の低地にある町。
下回《したまわ》る　基準に達しない。「予想を―」
下見《したみ》　前もって見ておくこと。下調べ。
下萌《したも》え　春芽が出ること。その芽。圉
下読《したよ》み　前もって読んでおくこと。
自堕落《じだらく》　だらしないこと。ふしだら。
垂《しだ》る　長く垂れ下がる。しだれる。
枝垂《しだ》れる　長くたれさがる。
慕《した》わしい　恋しい。なつかしい。
指弾《しだん》　排斥・非難すること。
師団《しだん》　陸軍の編制単位の一つ。「―長」

詩壇《しだん》　詩人の社会。
示談《じだん》　話し合いで争いを解決すること。
地団駄《じだんだ》　【地団太】足をふみならす。
質《しち》　質屋への担保の品。抵当。
死地《しち》　非常に危険な所。死に場所。
自治《じち》　自ら治め処理すること。「―体」
質種《しちぐさ》　【質草】質に入れる物品。
七五三《しちごさん》　子の成長を祝う行事。圕
七七日《しちしちにち》　死んでから四十九日目の日。
七転八起《しちてんはっき》　七転び八起き。
七転八倒《しちてんばっとう》　もがき苦しむさま。
七難《しちなん》　様々な災難。欠点。「―八苦」
七福神《しちふくじん》　福の神とされる七人の神。
七面倒《しちめんどう》　ひどくめんどうな様子。
七夜《しちや》　生後七日めの夜、またその祝い。

質屋《しちや》　品物を預かってお金を貸す商売。
試着《しちゃく》　ためしに着てみること。「―室」
支柱《しちゅう》　支える柱・棒。重要なもの。
死中《しちゅう》　死ぬしかないような窮地。
自著《じちょ》　自分の著書。
七曜《しちよう》　週の、七日の曜日。
思潮《しちょう》　その時代の一般の思想傾向。
視聴《しちょう》　注目。テレビをみること。「―者」
試聴《しちょう》　ためしに聴いてみること。
自重《じちょう》　自分を大切にし品位を保つこと。
自嘲《じちょう》　自分で自分をあざけること。
司直《しちょく》　裁判官。「―の手にゆだねる」
七輪《しちりん》　【七厘】土製のこんろ。
地鎮祭《じちんさい》　工事の無事を祈る儀式。
室《しつ》　部屋。座敷。むろ。奥方。「後―」

質《しっ》 もちまえ。ただす。内容。品質。
実《じっ》 中身。真心。本当。「—の親子」
失意《しっい》 落胆する。「—のどん底」⇔得意
実意《じつい》 真心。真実の心。「—を尽くす」
実印《じついん》 印鑑登録された個人印。
止痛《しつう》 痛みをとめること。「—剤」
私通《しつう》 男女でひそかに情を通じること。
歯痛《しつう》 歯の痛み。歯のうずき。
四通八達《しつうはったつ》 交通至便な様子。
実益《じつえき》 実際の利益。実利。
実演《じつえん》 実際にやって見せること。
失火《しっか》 過失が原因で起こった火災。
膝下《しっか》 ひざもと。庇護のもと。
実科《じっか》 実用的な技術を教える学科。
実家《じっか》 自分の生まれた家。生家。さと。

実害《じつがい》 実質的な損害。実際の損害。
失格《しっかく》 資格を失うこと。不適なこと。
実学《じつがく》 実際の生活に役立つ学問。
確り《しっかり》 【聢り】堅固なさま。「—者」
疾患《しっかん》 病気。やまい。疾病。「胸部—」
質感《しつかん》 材質から受ける感じ。
実感《じっかん》 実際に感じること。実際の感情。
湿気《しっき》 しめりけ。しっけ。「—をきらう」
漆器《しっき》 うるしぬりの器物。
質疑《しつぎ》 疑問点を問いただす。「—応答」
実技《じつぎ》 実際に行う演技や技術。「—試験」
失脚《しっきゃく》 失敗して地位を失うこと。
失業《しつぎょう》 職を失うこと。職に就けない。
実況《じっきょう》 実際の状況。「—放送」
実業《じつぎょう》 生産・経済に関する事業。「—家」

失禁《しっきん》 尿や便をもらすこと。
疾苦《しっく》 病気のくるしみ。悩み。
疾駆《しっく》 車や馬が速く走ること。疾走。
漆喰《しっくい》 消石灰が主原料の塗装材料。
躾《しつけ》 行儀作法などを教え込むこと。
湿気《しっけ》 しめりけ。しっき。「—を嫌う」
仕付け《しつけ》◀ 仮に縫っておくこと・糸。
失敬《しっけい》 礼を欠く。失礼。無断で用いる。
実兄《じっけい》 実の兄。同じ父母の兄。⇔義兄
実刑《じっけい》 執行猶予でない実際に受ける刑。
失権《しっけん》 権利・権力を失うこと。
執権《しっけん》 政治の実権を握ること・人。
失言《しつげん》 言うべきでないことを言うこと。
湿原《しつげん》 湿地にできた草原。「—地帯」
実見《じっけん》 実際にそのものを見ること。

実検《じっけん》 本物か否か調べること。「首—」
実験《じっけん》 理論を実際に確かめること。
実権《じっけん》 実際の権力。「—を握る」
実現《じつげん》 現実のものとなること。「—性」
失語《しつご》 言い違うこと。正しく言えない。
失効《しっこう》 効力がなくなること。⇔発効
執行《しっこう》 実際にとり行うこと。「—委員」
膝行《しっこう》 ひざをついて進退すること。
実行《じっこう》 実際に行うこと。実践。「—に移す」
実効《じっこう》 実際の効力。本当のききめ。
●実行力がある
●実効が上がる
執行猶予《しっこうゆうよ》 執行をのばすこと。
桎梏《しっこく》 自由の妨げとなるもの。束縛。
漆黒《しっこく》 黒々と光沢があるさま。「—の闇」
昵懇《じっこん》 【入魂】親しい間柄。懇意。

失魂落魄《しっこんらくはく》 驚き慌てふためく。
実際《じっさい》 本当の姿。実地。全く。「—の様子」
実在《じつざい》 実際に存在すること。⇔架空
失策《しっさく》 失敗。しくじり。やり損い。
嫉視《しっし》 ねたみの気持ちで見る。「—反目」
執事《しつじ》 家政をとり行う人。
十指《じっし》 十本の指。衆目。「—に余る」
実子《じっし》 実の子。⇔養子・継子
実姉《じっし》 実の姉。同じ父母の姉。⇔義姉
実施《じっし》 実際にとり行うこと。実行。
質実《しつじつ》 飾りけなくまじめ。質素。⇔華美
実質《じっしつ》 正味の質。実際の中身。「—資金」
質実剛健《しつじつごうけん》 まじめですこやか。
実写《じっしゃ》 実際の場面などを写すこと。
実収《じっしゅう》 実際の収入・収穫量。手取り。

実習《じっしゅう》 実地に習うこと。「工場—」「—生」
湿潤《しつじゅん》 湿り気が多いさま。「—な土地」
失笑《しっしょう》 思わずふきだすこと。「—を買う」
実証《じっしょう》 事実によって証明すること。
実情《じつじょう》 実際の事情。まことの心。
実状《じつじょう》 実際の状況・状態。「現場の—」
失職《しっしょく》 職を失うこと。失業。⇔就職
失神《しっしん》 【失心】正気を失うこと。
湿疹《しっしん》 皮膚の炎症性疾患。
十進法《じっしんほう》 十倍で桁が変わる数え方。
実数《じっすう》 実際の数。有理数＋《プラス》無理数。
失する《しっする》 しそこなう。(程度が)過ぎる。
叱正《しっせい》 叱って正すこと。「御—を乞う」
失政《しっせい》 政治のしかたを誤ること。
執政《しっせい》 政をとり行う人、または職。

**叱責**《しっせき》 叱りとがめること。「—を受ける」
**失跡**《しっせき》 行方がわからなくなる。失踪《しっそう》。
**実績**《じっせき》 実際の功績・業績・成績。
**実戦**《じっせん》 実際に戦闘・試合すること。
**実践**《じっせん》 実際に自分で行う。実行。「—的」
**実線**《じっせん》 切れめがない線。⇔点線・破線
**実践躬行**《じっせんきゅうこう》 自ら実際に行う。
**質素**《しっそ》 倹約なさま。飾りけのないさま。
**失踪**《しっそう》 行方をくらますこと。行方不明。
**疾走**《しっそう》 非常に速く走ること。疾駆。
**実相**《じっそう》 実際のありさま。真の事情。
**実像**《じつぞう》 光が交わりできる像。実際の姿。
**失速**《しっそく》 飛行の速度を失う。勢力を失う。
**実測**《じっそく》 実際に計測すること。「—図」
**実損**《じっそん》 実際の損害。実質的な損失。

**実存**《じつぞん》 実際に存在すること。実在。
**失態**《しったい》 【失体】不面目。しくじり。
**実体**《じったい》 内に潜む本質。実像。本体。正体。
**実態**《じったい》 外に現れた実相。実情。状態。状況。
●実体のない会社
●相次ぐ倒産の実態
**叱咤激励**《しったげきれい》 大声で叱り励ます。
**実弾**《じつだん》 本物の弾丸。(買収の)現金。
**失地**《しっち》 失った領土・地位。「—回復」
**湿地**《しっち》 しっけの多い土地。「—草原」
**実地**《じっち》 現場。実際の場。「—検証」
**十中八九**《じっちゅうはっく》 おおかた。ほとんど。
**失調**《しっちょう》 調和を失うこと。調子を崩すこと。
**実直**《じっちょく》 まじめ。正直。律義。「—な性格」
**七珍万宝**《しっちんまんぽう》 様々な宝物。
**失墜**《しっつい》 名誉・信用などを失う。「権威—」

**地続き**《じつづき》 土地が続いていること。
**実弟**《じってい》 実の弟。同じ父母の弟。⇔義弟
**失点**《しってん》 敵に与えた点数。落ち度。失敗。
**湿田**《しつでん》 水気の多い田。⇔乾田
**嫉妬**《しっと》 ねたみ。そねみ。やきもち。「—心」
**湿度**《しつど》 大気中の水蒸気の割合。「—計」
**失当**《しっとう》 当を得ていないこと。不当。
**執刀**《しっとう》 手術のためにメスを執ること。
**実動**《じつどう》 実際に行動すること。「—訓練」
**実働**《じつどう》 実際に労働すること。「—時間」
**実に**《じつに》 本当に。全く。まことに。非常に。
**失念**《しつねん》 うっかり忘れること。ど忘れ。
**実年**《じつねん》 五十、六十歳代。「—世代」
**実は**《じつは》 本当のことを言うと。
**失敗**《しっぱい》 しくじること。やりそこない。

**十把一絡げ**《じっぱひとからげ》 多くのものを区別しないでひとまとめに扱うこと。
**失費**《しっぴ》 要した費用。ものいり。入用。
**櫛比**《しっぴ》 ぎっしりと並ぶこと。
**実否**《じっぴ》 本当かうそか。事実かどうか。
**実費**《じっぴ》 実際に必要とする費用。
**執筆**《しっぴつ》 筆をとること。文章を書くこと。
**湿布**《しっぷ》 患部治療に使う湿らせた布。
**実父**《じっぷ》 実の父。⇔養父・継父・義父
**疾風**《しっぷう》 激しい風。はやて。
**疾風迅雷**《しっぷうじんらい》 すばやく激しい。
**櫛風沐雨**《しっぷうもくう》 苦労して活動する。
**実物**《じつぶつ》 実際の物体。ほんもの。⇔偽物
**竹箆**《しっぺい》 参禅者の戒めに打つ竹製の棒。
**疾病**《しっぺい》 病気。やまい。疾患。「—保険」

**竹箆返し**《しっぺがえし》 すぐするしかえし。
**尻尾**《しっぽ》 動物の尾。ひもなどの末端。
**実母**《じつぼ》 実の母。⇔養母・継母・義母
**失望**《しつぼう》 望みを失うこと。落胆。「—感」
**七宝**《しっぽう》 七種のたからもの。七宝焼き。
**質朴**《しつぼく》 【質樸】飾らず素直なさま。
**卓袱**《しっぽく》 中国風の食卓。卓袱台。「—料理」
**実妹**《じつまい》 実の妹。同じ父母の妹。⇔義妹
**執務**《しつむ》 事務をとること。「—時間」
**実務**《じつむ》 実際に取り扱う業務。「—家」
**字詰め**《じづめ》◀ 一行に並べる文字の数。
**失明**《しつめい》 視力を失うこと。
**実名**《じつめい》 本当の名。本名。⇔偽名・仮名
**質問**《しつもん》 疑問などを問いただすこと。
**執拗**《しつよう》 しつこいさま。意地をはるさま。

**実用**《じつよう》 実際に役立つこと。「—新案」
**字面**《じづら》 文字の並びを見た感じ。
**設える**《しつらえる》 設備する。きちんと用意する。
**実利**《じつり》 実際の利益。実際の効用。「—的」
**実理**《じつり》 実際に沿う道理や理論。⇔空理
**質量**《しつりょう》 物体の有する物質の量。質と量。
**実力**《じつりょく》 本当の力。実際の力量。「—主義」
**失礼**《しつれい》 無礼。別れ・謝罪の際の言葉。
**実例**《じつれい》 実際にあった例。「—がない」
**失恋**《しつれん》 恋が成就しないこと。⇔得恋
**実録**《じつろく》 事実をありのまま記録したもの。
**実話**《じつわ》 実際にあった話。実談。実説。
**仕手**《して》 あることを行う人。相場師。
**四手**《しで》 【垂】玉串や注連縄に下げるもの。
**子弟**《してい》 子ども。子や弟。若者。⇔父兄

私邸《してい》 自分のやしき。自邸。⇔公邸
指定《してい》 それと定めること。「―席」
師弟《してい》 先生と生徒。師匠と弟子。
為出《しで》かす してしまう。やらかす。
史的《してき》 歴史に関係すること。歴史的。
私的《してき》 個人の。個人的。⇔公的
指摘《してき》 問題となる点をさし示すこと。
詩的《してき》 詩の趣があるさま。⇔散文的
自適《じてき》 心のままに楽しむさま。「悠々―」
死出《しで》の旅《たび》 死ぬこと。「―に出る」
支店《してん》 本店と分かれて営業する店。
支点《してん》 てこのささえとなる点。
始点《してん》 物事の始めの点。出発点。⇔終点
視点《してん》 視線の位置。観点。「―を変える」
史伝《しでん》 歴史的記録にもとづいた伝記。

師伝《しでん》 師匠から伝授される。「―の奥義」
字典《じてん》 漢字の意味や発音を解説した書。
事典《じてん》 物事の内容を説明した書。
辞典《じてん》 言葉の意味や用法を解説した書。
●草書字典 ●百科事典 ●英和辞典
次点《じてん》 当選、入選に次ぐ点・人。
自転《じてん》 自ら回転すること。⇔公転
時点《じてん》 時間の流れのある一点。「現―」
自伝《じでん》 自分の伝記。自叙伝。
紫電一閃《しでんいっせん》 急激に変化する。
自転車《じてんしゃ》 乗り手が足でこぐ二輪車。
自転車操業《じてんしゃそうぎょう》 走るのをやめると倒れることから苦しい経営状態。
使徒《しと》 キリストの十二人の弟子。
使途《しと》 使いみち。用途。「―不明金」

至当《しとう》 当たりまえ。当然。妥当。適当。
死闘《しとう》 決死の覚悟で戦うこと。
私党《しとう》 私的に結成した党。⇔公党
私闘《しとう》 個人的なうらみで闘争すること。
私道《しどう》 私有地内に設けた道路。⇔公道
始動《しどう》 機械などが動き始めること。
指導《しどう》 教えみちびくこと。「―者」
祠堂《しどう》 祖先の霊をまつる所。ほこら。
斯道《しどう》 この道。この学芸。「―の大家」
自動《じどう》 機械などが自ら動く。「―販売機」
児童《じどう》 子ども、特に小学生。「―書」
自動車《じどうしゃ》 発動機の力で路上を走る車。
自得《じとく》 会得。報いを受ける。満足する。
為所《しどころ》 すべきところ・場合。「思案の―」
茵《しとね》 【褥】座布団。敷き布団。

蔀《しとみ》 日光や風雨をよける格子戸。
仕留《しと》める うちとる。殺す。
淑《しと》やか 落ち着いて上品なさま。
品《しな》 商品。品質。物の種類。「上等な―」
科《しな》 なまめかしい様子。「―を作る」
竹刀《しない》 剣道の稽古《けいこ》で使う竹の刀。
撓《しな》う 折れずにたわみ曲がる。「竹が―」
品切《しなぎ》れ◀ 売品がなくなること。
品定《しなさだ》め 品のよしあしの評価。
撓垂《しなだ》れる 甘えてこびる。寄添う。
萎《しな》びる 生気がなくなる。しわがよる。
品物《しなもの》 品。しろもの。商品。
地鳴《じな》り 地盤が振動して響く現象。
至難《しなん》 非常に難しいさま。「―の業《わざ》」
指南《しなん》 教え導くこと、またその人。

次男《じなん》 【二男】二番目の息子。
死《し》に金《がね》 役立っていない金。むだ金。
死《し》に神《がみ》◀ 人を死に誘う神。
死《し》に様《ざま》 死んだ時のようすや態度。
老舗《しにせ》 代々続いた古い店。ろうほ。
死《し》に恥《はじ》 死後に残る恥。「―をさらす」
死《し》に花《ばな》 死後の栄誉。「―を咲かせる」
死《し》に水《みず》 臨終に死者の口に入れる水。
死《し》に目《め》 死にぎわ。臨終の対面。
死《し》に物狂《ものぐる》い 決死で奮い闘する。
屎尿《しにょう》 大便と小便。糞尿。「―処理」
死《し》に欲《よく》 死が近づいて欲が深くなる。
死《し》に別《わか》れ 一方の死による別れ。
死人《しにん》 死んだ人。死者。「―に口なし」
視認《しにん》 実際に目で確認すること。

自任《じにん》 自分を適任と思う。自負する。
自認《じにん》 自分でそうと認めること。
●首相を自任する ●過失を自認する
辞任《じにん》 現職を自分からやめること。
死《し》ぬ 命が絶える。活気がない。
地主《じぬし》 土地の所有主。
思念《しねん》 心に思うこと。心に浮かぶ考え。
鎬《しのぎ》 刀の両面の刃と峰の間の部分。
凌《しの》ぐ 超える。切り抜ける。防ぐ。
四《し》の五《ご》の つべこべ言うさま。
篠竹《しのだけ》 群生する細い竹や笹の俗称。
東雲《しののめ》 明け方。あかつき。「―の空」
忍《しの》び足《あし》 音を立てないような歩き方。
忍《しの》び込《こ》む こっそりと入り込む。
忍《しの》びない 我慢できない。耐えられない。

忍《しの》び泣《な》き　声をたてずに泣くこと。

忍《しの》ぶ　こらえる。こっそり行う。

偲《しの》ぶ　過去や面影をなつかしむ。追憶。

●恥を忍ぶ　人目を忍ぶ　●故人を偲ぶ

柴《しば》　山野に生える小さい雑木。「―刈」

地場《じば》　土地や地域。地元。「―産業」

磁場《じば》　磁力の作用する範囲。磁界。

支配《しはい》　取締り。統御。「―階級」「―力」

紙背《しはい》　紙の裏。文章の言外の意義。

賜杯《しはい》　【賜盃】皇族が賜る優勝杯。

芝居《しばい》　演劇。つくりごと。「―を打つ」

自白《じはく》　自分で罪を白状すること。自供。

自爆《じばく》　自分で爆破すること。「―行為」

暫《しば》し　少しのあいだ。「―の別れ」

屢《しばしば》　【数】たびたび。いくども。

地肌《じはだ》　【地膚】生来の肌。大地の表面。

瞬《しばたた》く　【屡叩く】まばたきする。「目を―」

始発《しはつ》　その日の最初の発車。起点。

自発《じはつ》　自らすすんで行うこと。「―的」

芝生《しばふ》　芝草のはえている場所。芝地。

自腹《じばら》　自分の支出。自弁。「―をきる」

支払《しはら》い◀　金銭の払い渡し。「―手形」

暫《しばら》く　少しの間。やや長い期間。

縛《しば》る　くくる。自由を奪う。

市販《しはん》　商店や市場で販売していること。

死斑《しはん》　【屍斑】死後皮膚に現れる斑点。

師範《しはん》　教授する人。「師範学校」の略。

紫斑《しはん》　皮膚の内出血の斑点。

事犯《じはん》　刑罰に相当する事柄。「経済―」

地盤《じばん》　基礎となる土地。根拠地。「―沈下」

四半期《しはんき》　三か月ずつの期間。

私費《しひ》　個人で出す費用。「―留学」⬍公費

詩碑《しひ》　詩を刻んだ石碑。

自費《じひ》　自分の費用。私費。「―出版」

慈悲《じひ》　情け。いつくしむ心。「―を請う」

耳鼻科《じびか》　耳鼻の病気を治す医学。

字引《じびき》　字典。字書。辞典。辞書。

地引《じび》き◀　【地曳き】漁法の一つ。「―網」

試筆《しひつ》　【始筆】書き初め。「新年―」 新

自筆《じひつ》　自分で書くこと。⬍他筆・代筆

地響《じひび》き　地盤が動き響く音。地鳴り。

指標《しひょう》　何かを定める目印となるもの。

師表《しひょう》　世の手本。世間の模範。

死病《しびょう》　助かる見込みのない病気。

時評《じひょう》　時事の批評・批判。「社会―」

辞表《じひょう》　辞職を申し出る文書。

持病《じびょう》　完治しない慢性の病気。

痺《しび》れる　感覚が薄れ自由がきかない。

尿瓶《しびん》　【溲瓶】寝床に置く小便用の容器。

渋《しぶ》　渋柿から製した汁。しぶい味。

支部《しぶ》　本部と分かれた出先事務所。

自負《じふ》　自分の能力に自信をもつこと。

慈父《じふ》　慈しみ深い父。父親の敬称。

渋《しぶ》い　舌をしびれさす味。けち。地味。

渋皮《しぶかわ》　樹木や果実のあま皮。

飛沫《しぶき》　とび散る細かい水玉。「水―」

至福《しふく》　この上ない幸福。「―に浸る」

私服《しふく》　個人の服。私服の刑事。⬍官服

私腹《しふく》　自己の利益・財産。「―を肥やす」

紙幅《しふく》　紙のはば。原稿の分量。

雌伏《しふく》　力をためて活躍の場を待つこと。

渋渋《しぶしぶ》　いやいやながら。「―応じる」

死物《しぶつ》　生命のない物。役立たずな物。

私物《しぶつ》　個人の所有する物。「―検査」

事物《じぶつ》　物事。事柄。「具体的な―」

渋味《しぶみ》　渋い味。落ち着いた味わい。

仕振《しぶ》り　物事を行うさま。やり方。

渋《しぶ》る　すらすらいかない。ためらう。

私憤《しふん》　個人的な怒り。⬍公憤

脂粉《しふん》　紅と白粉。化粧。「―の香に惑う」

死文《しぶん》　無効な法令・規則。空文。

詩文《しぶん》　詩と文。漢詩と漢文。文芸作品。

自分《じぶん》　その人自身。わたくし。「―勝手」

時分《じぶん》　おり。時。頃合。「今―」「若い―」

四分五裂《しぶんごれつ》　ばらばらになる。

私文書《しぶんしょ》　⬍公文書　個人的文書。

蕊《しべ》　【蘂】花のおしべとめしべ。ずい。

紙幣《しへい》　紙の貨幣。さつ。⬍硬貨

時弊《じへい》　その時代特有の弊害・悪習。

自閉症《じへいしょう》　自分の世界にこもる症状。

嗜癖《しへき》　特定のことを好んでするくせ。

死別《しべつ》　死に別れること。⬍生別

四辺《しへん》　あたり。近所。四方。周囲。

紙片《しへん》　紙の切れはし。かみきれ。

支弁《しべん》　金銭を支払うこと。

至便《しべん》　極めて便利なこと。「交通―」

思弁《しべん》　論理的に考えて判断すること。

事変《じへん》　異常な出来事。変乱。騒乱。

自弁《じべん》　自分で費用を出すこと。自腹。

思慕《しぼ》　思いしたうこと。「―の情」

字母《じぼ》 表音文字の一つ一つの字。母型。
慈母《じぼ》 慈しみ深い母。「—観音」⇔慈父
四方《しほう》 東西南北の四方向。「—正面」
司法《しほう》 国が法律に基づいて行う裁判。
至宝《しほう》 この上なく大切な宝。「角界の—」
私法《しほう》 個人の権益等を規制した法律。
死亡《しぼう》 死ぬこと。息絶えること。死去。
志望《しぼう》 望み。こころざし。志願。
脂肪《しぼう》 動植物のあぶら。「—質」「皮下—」
時報《じほう》 時刻の知らせ。時々の報道。
自暴自棄《じぼうじき》 やけになること。
四方八方《しほうはっぽう》 あらゆる方面。
死没《しぼつ》 【死歿】死ぬこと。死亡。
萎《しぼ》む 【凋む】しおれちぢむ。「花が—」
絞《しぼ》り滓《かす》 汁をしぼったあとのかす。

絞《しぼ》り染《ぞ》め 布を糸で括る染め方。
絞《しぼ》る 水分を除く。無理に出す。制限。
搾《しぼ》る 締めて液を採る。無理に出させる。
●範囲・知恵を絞る
●油・牛乳を搾る
資本《しほん》 事業のもとになる資金。もとで。
島《しま》 四方が水に囲まれた陸地。「—国」
縞《しま》 織物に別の色で入れた筋。「横—」
仕舞《しまい》 能で、謡だけで舞う略式の舞い。
姉妹《しまい》 姉と妹。同系統のもの。「—都市」
終《しま》い 【仕舞い】終わること。最後。
終《しま》う 【仕舞う】終える。戻す。片づける。
自前《じまえ》 費用を自分で負担すること。
揣摩憶測《しまおくそく》 当て推量。
島陰《しまかげ》 島に隠れて見えないところ。
島影《しまかげ》 島の姿。「遠方に—が見える」

字幕《じまく》 映画の台詞《せりふ》などの画面表示。
島国《しまぐに》 周りを海に囲まれた小さい国。
島田《しまだ》 未婚女性の日本髪の結い方。
島台《しまだい》 蓬萊《ほうらい》山を模した婚礼の飾り。
始末《しまつ》 物事のしめくくり。いきさつ。
島流《しまなが》し 罪人を島や遠国に送る刑罰。
自侭《じまま》 自分勝手。気まま。「—に暮らす」
閉《し》まる◀ 開いている所がとじる。⇔開く
締《し》まる◀ 【緊る】緩みがなくなる。⇔緩む
地回《じまわ》り 近在を巡り歩く商売・商人。
自慢《じまん》 自分のことを他人に誇る。「力—」
染《し》み しみてできた汚れ。皮膚の斑点。
地味《じみ》 ひかえめなさま。⇔派手
滋味《じみ》 美味。深い味わい。「—豊か」
沁沁《しみじみ》 深く心にしみる様子。「—思う」

清水《しみず》 清らかな水。澄んだわき水。夏
地道《じみち》 手堅く着実に事を行うさま。
支脈《しみゃく》 本脈から分かれた脈・筋。
沁《し》みる 心身に入って痛い。「身に—忠言」
染《し》みる 色がつく。そまる。「悪習に—」
滲《し》みる 【浸みる】液体が入る。にじむ。
●歯に沁みる ●臭い・墨が染みる ●所帯・子供染みる ●油・汗が服に滲みる
凍《し》みる こおる。いてつく。「寒さで—」
市民《しみん》 市・都市の住人「—運動」「—税」
嗜眠《しみん》 意識混濁で眠り続ける状態。
寺務《じむ》 寺の事務。
事務《じむ》 主として机上でする仕事。「—的」
仕向《しむ》ける 働きかける。発送する。
締《し》め◀ 締めること。合計すること。

氏名《しめい》 氏と名。姓名。
死命《しめい》 生きるか死ぬか。命。「—を制する」
使命《しめい》 与えられた任務。「—を果たす」
指名《しめい》 名をさすこと。なざし。「—手配」
自明《じめい》 説明しなくても明らかなこと。
注連飾《しめかざ》り 注連縄の飾り。新
閉《し》め切《き》る すっかり閉め開けない。
締《し》め切《き》る 打ち切る。閉じておく。
締《し》め括《くく》る 束ねしばる。まとめる。
示《しめ》し合《あ》わせる◀ 相談しておく。
示《しめ》す 出して見せる。「手本を—」
締《し》め出《だ》す 仲間に入れない。
死滅《しめつ》 死に絶えること。絶滅。
自滅《じめつ》 自分の所為で自分が滅びること。
注連縄《しめなわ》 【標縄】神前などに張る縄。

湿《しめ》る 水分を含む。気持ちが沈む。
占《し》める 持つ。得る。専有する。「味を—」
閉《し》める 開いている口を閉じる。「窓を—」
締《し》める 緩みをなくす。倹約・合計する。
●店を閉める
●ねじを締める
絞《し》める 首・手足を手でしぼる。殺す。
紙面《しめん》 紙の表面。新聞、手紙などの紙上。
誌面《しめん》 雑誌の紙面。誌上。「創刊号の—」
地面《じめん》 大地の表面。土地。地所。
四面楚歌《しめんそか》 孤立無援の状態。
霜《しも》 露・水蒸気の凝結した物。冬
霜枯《しもが》れ 霜で草木が枯れること。冬
耳目《じもく》 多くの人の注目。「—を集める」
下肥《しもごえ》 人糞《じんぷん》。人糞の肥料。こやし。
下座《しもざ》 座席の下位。末席。末座。⇔上座

下下《しもじも》 身分の低い人々。一般庶民。
仕舞屋《しもたや》 商店街の中の商店でない家。
霜月《しもつき》 陰暦十一月の異称。霜降月。図
下手《しもて》 客席側から舞台の左。⇔上手《かみて》
地元《じもと》 関係ある土地。住んでいる土地。
霜解《しもど》け 【霜融け】霜がとける。図
地物《じもの》 その土地の産物。⇔旅物
霜柱《しもばしら》 地中の水分が凍ったもの。図
下膨《しもぶく》れ 【下脹れ】下が膨らんでいる。図
霜降《しもふ》り 脂肪が網の目に入った牛肉。
僕《しもべ》 【下部】召使い。下男。「神の—」
霜焼《しもや》け 指先に生じる軽い凍傷。図
霜除《しもよ》け 霜から保護する覆い。図
指紋《しもん》 指先内側の皮膚の紋様。
試問《しもん》 試験。試験のため質問すること。

諮問《しもん》 有識者に意見を尋ね求めること。
●口頭試問 ●諮問機関
地紋《じもん》 布地に織り出した模様。
自問自答《じもんじとう》 自ら問答すること。
社《しゃ》 やしろ。会社。同志の集まり。
紗《しゃ》 織り目の粗い絹織物。うすぎぬ。
斜《しゃ》 ななめ。はす。「—に構える。」
視野《しや》 視界。思考・判断の及ぶ範囲。
邪悪《じゃあく》 よこしまで悪いこと。「—な心」
謝意《しゃい》 お礼・お詫びの気持ち。
社員《しゃいん》 会社の従業員。会社員。
邪淫《じゃいん》 男女のよこしまでみだらな情欲。
社運《しゃうん》 会社の運命。「—をかけた事業」
社屋《しゃおく》 会社の建物。
遮音《しゃおん》 音をさえぎること。「—壁」

謝恩《しゃおん》 受けた恩に感謝すること。「—会」
釈迦《しゃか》 インドの聖人で仏教の開祖。
社会《しゃかい》 共同生活を営む集団。世間。
社会人《しゃかいじん》 職に就き実社会で暮らす人。
嗄《しゃが》れ声《ごえ》 かすれた声。しわがれ声。
舎監《しゃかん》 寄宿舎の監督をする人。
邪気《じゃき》 わるぎ。体を害する気。悪意。
写経《しゃきょう》 経文を書きうつすこと。
邪教《じゃきょう》 人心を惑わすよこしまな教え。
勺《しゃく》 尺貫法で一合の十分の一。
尺《しゃく》 長さの単位。約三〇・三センチメートル。
笏《しゃく》 束帯の時、右手に持つ細い板。
酌《しゃく》 酒を盃につぐこと。お酌。「独—」
癪《しゃく》 腹が立つ。さしこみ。「—に障る」
試薬《しやく》 ある物質の検出に用いる薬。

持薬《じやく》 常時服用する薬。持ち歩く薬。
借財《しゃくざい》 金銭を借りること。借金。
杓子《しゃくし》 飯や汁をよそう道具。「飯《めし》—」
弱視《じゃくし》 視力の衰えた目。視力が弱いこと。
杓子定規《しゃくしじょうぎ》 融通が利かない。
弱者《じゃくしゃ》 弱い人。力なき者。⇔強者
綽綽《しゃくしゃく》 ゆったりと余裕があるさま。
錫杖《しゃくじょう》 僧などが持つ鉄の輪のある杖。
弱小《じゃくしょう》 弱くて小さいこと。年若。弱年。
弱震《じゃくしん》 震度3の地震。
寂《じゃく》する 僧が死ぬ。入寂する。
尺寸《しゃくすん》 極めて小さいこと。「—の庭」
釈然《しゃくぜん》 こだわりが消えるさま。
釈尊《しゃくそん》 釈迦《しゃか》の尊称。おしゃかさま。
弱体《じゃくたい》 弱い体。弱い組織・体制。

借地《しゃくち》 土地を借りること。借りた土地。
蛇口《じゃぐち》 水道管の先につける金属製の口。
弱点《じゃくてん》 弱い個所。弱み。欠点。「—をつく」
尺度《しゃくど》 ものさし。物事の判断の基準。
赤銅《しゃくどう》 銅に金・銀を加えた合金。
弱肉強食《じゃくにくきょうしょく》 強者が勝ち栄える。
灼熱《しゃくねつ》 焼けつくように暑いさま。
若年《じゃくねん》 【弱年】年が若い。弱齢。若者。
若輩《じゃくはい》 【弱輩】年が若い人。未熟な若者。
尺八《しゃくはち》 竹で作った縦笛の一つ。
釈放《しゃくほう》 解き放して自由にすること。
釈明《しゃくめい》 事情を説明し理解を得ること。
寂滅《じゃくめつ》 涅槃《ねはん》の境地。死ぬこと。
借家《しゃくや》 家賃を払って借りて住む家。
借用《しゃくよう》 借りて使うこと。「—証書」

噦《しゃく》り上《あ》げる 激しい息で泣く。
酌量《しゃくりょう》 事情をくみとること。「情状—」
社家《しゃけ》 神職を世襲する家柄。神主。
舎兄《しゃけい》 自分の兄を他人に言う語。
射撃《しゃげき》 銃でねらいうつこと。「—場」
瀉血《しゃけつ》 治療目的で血液を除去すること。
車検《しゃけん》 自動車の定期的な車両検査。
邪険《じゃけん》 【邪慳】冷たく扱うさま。
車庫《しゃこ》 車を入れておく建物。「—証明」
社交《しゃこう》 社会の交際。世間づきあい。
遮光《しゃこう》 光をさえぎること。「—幕」
藉口《しゃこう》 かこつけること。口実を言うこと。
社交辞令《しゃこうじれい》 社交上のほめ言葉。
射幸心《しゃこうしん》 偶然の利益や幸運を望む心。
社債《しゃさい》 株式会社の発行する債務証券。

**謝罪**《しゃざい》　罪を詫びること。「―文」
**射殺**《しゃさつ》　銃などで、うち殺すこと。
**斜視**《しゃし》　やぶにらみ。流し目。斜眼。
**奢侈**《しゃし》　過度なぜいたく。「―に流れる」
**社寺**《しゃじ》　やしろと寺。神社仏閣。
**謝辞**《しゃじ》　お礼やお詫びの言葉。
**車軸**《しゃじく》　車の心棒。「―を流すような雨」
**写実**《しゃじつ》　ありのままの描写。「―主義」
**洒洒落落**《しゃしゃらくらく》　言動や気質がさばさばとしているさま。「洒落」を強めた語。
**社主**《しゃしゅ》　会社・結社の持ち主。
**射手**《しゃしゅ》　弓または弾丸を発射する人。
**射出**《しゃしゅつ》　弾丸などを発射すること。
**車掌**《しゃしょう》　車中の用務を取り扱う乗務員。
**捨象**《しゃしょう》　無関係な要素を考えない抽象。

**射場**《しゃじょう》　弓道場。射撃を行う場。射撃場。
**謝状**《しゃじょう》　お礼の書状。おわびの書状。
**写真**《しゃしん》　写真機で写したもの。「記念―」
**邪心**《じゃしん》　よこしまな心。不正な心。
**邪推**《じゃすい》　ひがみから悪く推測すること。
**謝する**《しゃ》　礼を言う。詫びる。謝罪する。
**社是**《しゃぜ》　会社の経営方針・主張。
**写生**《しゃせい》　ものをありのままに写すこと。
**射精**《しゃせい》　精液を出すこと。
**社説**《しゃせつ》　新聞社の主張として載せる論説。
**謝絶**《しゃぜつ》　ことわること。「面会―」
**邪説**《じゃせつ》　よこしまな説。不正な説。
**車線**《しゃせん》　車の走行路線。「追い越し―」
**斜線**《しゃせん》　ななめに引いた直線。
**社葬**《しゃそう》　会社が施主となって営む葬儀。

**車窓**《しゃそう》　列車・電車・自動車などの窓。
**車体**《しゃたい》　車の、人や荷物をのせる部分。
**社宅**《しゃたく》　会社所有の社員用住宅。
**洒脱**《しゃだつ》　俗気を離れあかぬけている様子。
**社団**《しゃだん》　ある目的で設立された団体。
**遮断**《しゃだん》　ふさぎとめること。遮ること。
**鯱**《しゃちほこ》　【鯱鉾】屋根の棟の両端の飾り瓦。
**鯱張る**《しゃちほこばる》　緊張して、かたくなる。
**社中**《しゃちゅう》　会社などの内。同門の仲間。
**社長**《しゃちょう》　会社の長。会社の代表者。
**弱化**《じゃっか》　だんだんに弱くなる。⇔強化
**借款**《しゃっかん》　国際間の貸借契約。「政府―」
**若干**《じゃっかん》　いくらか。いくばく。多少。
**弱冠**《じゃっかん》　二十歳の異称。年若いこと。
**尺貫法**《しゃっかんほう》　日本古来の度量衡法。

**惹起**《じゃっき》　事件・問題などをひきおこす。
**借金**《しゃっきん》　金銭を借りること、その金。
**惹句**《じゃっく》　広告などで人を惹きつける文句。
**嚔り**《しゃっくり》　【吃逆】横隔膜の痙攣《けいれん》で出る音。
**借景**《しゃっけい》　外の風景を庭に取り入れること。
**赤口**《しゃっこう》　六曜の一。昼が吉で朝と夕が凶。
**弱国**《じゃっこく》　軍事・経済力の弱い国。⇔強国
**舎弟**《しゃてい》　自分の弟。弟分。家弟。⇔舎兄
**射程**《しゃてい》　弾丸の届く最大距離。「―圏内」
**射的**《しゃてき》　銃で的をねらって撃つこと。
**社殿**《しゃでん》　神社で神体をまつってある建物。
**車道**《しゃどう》　道路の、車が通行する部分。
**邪道**《じゃどう》　不正な行い・やり方。⇔正道
**謝肉祭**《しゃにくさい》　カトリックの祝祭の一。
**遮二無二**《しゃにむに》　がむしゃらに。

**邪念**《じゃねん》　よこしまな考え。「―を払う」
**蛇の目**《じゃのめ》　太い環の紋様。じゃのめ傘。
**娑婆**《しゃば》　仏教で現世。浮き世。俗界。
**蛇腹**《じゃばら》　蛇の腹に似た伸縮自在なもの。
**這般**《しゃはん》　これら。このたび。「―の情勢」
**社風**《しゃふう》　その会社の気風。「堅実な―」
**煮沸**《しゃふつ》　煮え立たせること。「―消毒」
**遮蔽**《しゃへい》　おおって見えなくすること。
**喋る**《しゃべる》　ものを言う。口外する。
**写本**《しゃほん》　書き写した本。⇔版本・刊本
**邪魔**《じゃま》　妨げること。妨げになるもの。
**三味線**《しゃみせん》　弦楽器の一つ。三弦。
**社務**《しゃむ》　神社や会社の事務。「―所」
**赦免**《しゃめん》　罪や過ちを許すこと。「―状」
**斜面**《しゃめん》　傾いた面。はすの面。「急―」

**杓文字**《しゃもじ》　ご飯や汁をよそう道具。
**借問**《しゃもん》　試しに尋ねること。しゃくもん。
**社用**《しゃよう》　会社の用事。神社の用務。
**斜陽**《しゃよう》　夕日。衰えかかること。「―産業」
**邪欲**《じゃよく》　よこしまな欲望。みだらな欲望。
**洒落**《しゃらく》　執着がなくさっぱりしている。
**洒落臭い**《しゃらくさい》　生意気なさま。
**舎利**《しゃり》　釈迦の遺骨。米粒。「仏―」「銀―」
**砂利**《じゃり》　小石。小石の集まり。子ども。
**車両**《しゃりょう》　【車輛】旅客などを輸送する車。
**車輪**《しゃりん》　車の輪。一生懸命な働き。「大―」
**洒落**《しゃれ》　めかし。気のきいた冗談。地口。
**謝礼**《しゃれい》　謝意を表す言葉や金品。お礼。
**社歴**《しゃれき》　勤続年数。会社の歴史。
**戯れる**《じゃれる》　まつわりついてたわむれる。

邪恋《じゃれん》 よこしまな恋愛。不倫の恋愛。
主《しゅ》 主君。おも。キリスト教で神。
朱《しゅ》 色の一つ。朱墨。添削。「—入れ」
種《しゅ》 生物を分類する上での基本単位。
主位《しゅい》 主となる地位。⇔客位
主意《しゅい》 主な意味・考え。大意。「質問—書」
首位《しゅい》 第一位。一番。首席。⇔末位
趣意《しゅい》 物事を始める際の意見・意味。
主因《しゅいん》 主要な原因。⇔従因・副因
州《しゅう》 川の中にできた島。行政区。
宗《しゅう》 経典の中心的な教え。教義団体。
週《しゅう》 七日をひと区切りとした期間。
衆《しゅう》 多くの人。なかま。「若い—」
私有《しゆう》 一個人の所有。「—財産」⇔公有
師友《しゆう》 先生と友人。尊敬する友人。

雌雄《しゆう》 めすとおす。勝ち負け。
銃《じゅう》 弾丸を発射する武器。鉄砲。
自由《じゆう》 心のまま。規制を受けないこと。
事由《じゆう》 物事がそうなった理由・事情。
醜悪《しゅうあく》 醜いこと。けがらわしいこと。
重圧《じゅうあつ》 強い力による圧迫。「—感」
周囲《しゅうい》 まわり。まわりの物・人。
拾遺《しゅうい》 もれ落ちたものを拾い補うこと。
重囲《じゅうい》 幾重にも厳重に包囲すること。
獣医《じゅうい》 動物の傷病を診る医師。「—師」
秀逸《しゅういつ》 優れひいでていること・もの。
充溢《じゅういつ》 満ちあふれること。「気力—」
従因《じゅういん》 副次的な原因。副因。⇔主因
秋雨《しゅうう》 秋の雨。あきさめ。
驟雨《しゅうう》 にわか雨。夕立。［夏］

舟運《しゅううん》 船による交通・輸送。「—の便」
収益《しゅうえき》 利益を収めること。実入り。
就役《しゅうえき》 役務や任務に就くこと。
終焉《しゅうえん》 人の命の終わり。末期。「—の地」
終演《しゅうえん》 その日の上演が終わること。
重縁《じゅうえん》 縁家と重ねて縁組みすること。
縦横《じゅうおう》 たてとよこ。心に思うまま。
縦横無尽《じゅうおうむじん》 自在に行う様子。
重恩《じゅうおん》 重なる恩義。大恩。
衆寡《しゅうか》 大人数と小人数。「—敵せず」
集荷《しゅうか》 各地の産物が集まること。
集貨《しゅうか》 荷物や商品が集まること。
●野菜の集荷
●電化製品の集貨
銃火《じゅうか》 銃器による射撃。「—を交える」
周回《しゅうかい》 周囲をひと回りすること。

集会《しゅうかい》 寄り合い。集まり。「定例—」
醜怪《しゅうかい》 ひどくみにくいさま。
収穫《しゅうかく》 田畑の作物のとりいれ。成果。
臭覚《しゅうかく》 においを感じる感覚。嗅覚《きゅうかく》。
修学《しゅうがく》 学芸を習い修めること。「—証書」
就学《しゅうがく》 学校に入学すること。「—児童」
自由闊達《じゆうかったつ》 心が広くおおらか。
収監《しゅうかん》 牢《ろう》に入れて監禁すること。
週刊《しゅうかん》 一週一度発行すること。「—誌」
週間《しゅうかん》 一週間。七日間。「安全—」
習慣《しゅうかん》 ならわし。しきたり。慣習。
重患《じゅうかん》 重い病気、また重病患者。
縦貫《じゅうかん》 縦・南北に貫くこと。「—道路」
周忌《しゅうき》 年毎に巡りくる命日。回忌。
周期《しゅうき》 ひとまわりの期間。「—的」

秋気《しゅうき》 秋の気配。秋の景色。［秋］
秋季《しゅうき》 秋の時節。秋の季節。⇔春季
秋期《しゅうき》 秋の期間。「—講習」⇔春期
臭気《しゅうき》 くさいにおい。くさみ。悪臭。
終期《しゅうき》 終わりの時期。⇔始期
祝儀《しゅうぎ》 婚礼。祝いの儀式。こころづけ。
衆議《しゅうぎ》 大人数による議論。「—一決」
什器《じゅうき》 日用の家具・うつわ。什物。
銃器《じゅうき》 ピストル、小銃、機関銃の総称。
衆議院《しゅうぎいん》 国会を構成する議院の一。
週休《しゅうきゅう》 一週間ごとの決まった休日。
週給《しゅうきゅう》 一週間ごとに支払われる給料。
蹴球《しゅうきゅう》 フットボール、主にサッカー。
住居《じゅうきょ》 人の住む家。すまい。住宅。
宗教《しゅうきょう》 神仏などを信仰する教え。「—家」

修業《しゅうぎょう》 学芸や技術を習い修めること。
終業《しゅうぎょう》 仕事や学期の授業を終えること。
就業《しゅうぎょう》 業務につくこと。就労。「—時間」
従業《じゅうぎょう》 業務についていること。「—員」
終局《しゅうきょく》 対局の終了。物事の結末。終末。
終極《しゅうきょく》 一番終わり。最後。果て。究極。
●終局を迎える
●終極の目標
終曲《しゅうきょく》 音楽で最後の楽章。フィナーレ。
褶曲《しゅうきょく》 平らな地層が波状になる現象。
集魚灯《しゅうぎょとう》 魚をよせるためのあかり。
集金《しゅうきん》 金銭を集めること、集めた金銭。
秀吟《しゅうぎん》 優れた詩歌。
秀句《しゅうく》 優れた俳句。たくみな詩句。
衆愚《しゅうぐ》 愚かな人々。「—政治」
重苦《じゅうく》 重々しい、耐えがたい苦しみ。

従軍《じゅうぐん》 軍隊に加わって出陣すること。
集計《しゅうけい》 集めた数値を合計すること。
重刑《じゅうけい》 重い刑罰。厳刑。「―に処する」
従兄《じゅうけい》 年上の、男性のいとこ。⬍従弟
襲撃《しゅうげき》 不意に敵を攻撃すること。
銃撃《じゅうげき》 銃器で射撃・攻撃すること。
終決《しゅうけつ》 決着がついて終わること。
終結《しゅうけつ》 物事が終わること。しまい。
集結《しゅうけつ》 一か所に集まること。
充血《じゅうけつ》 体の一部に血が集まること。
集権《しゅうけん》 権力を一か所に集める。⬍分権
祝言《しゅうげん》 婚礼。祝いの儀式。祝詞。
銃剣《じゅうけん》 銃と剣。銃の先につける剣。
銃後《じゅうご》 戦闘に直接加わらない一般国民。
周航《しゅうこう》 船で各地を巡ること。巡航。

就航《しゅうこう》 船・航空機のはじめての運航。
●世界周航の旅
●新造船が就航する
修好《しゅうこう》 【修交】国家間の親交。「―条約」
衆口《しゅうこう》 大勢の言うところ。「―一致」
集光《しゅうこう》 光線を一か所に集めること。
醜行《しゅうこう》 恥ずべき行い。
秋毫《しゅうごう》 わずか。いささか。細いさま。
習合《しゅうごう》 教義を折衷すること。「神仏―」
集合《しゅうごう》 集まること、その集まり。「―体」
重厚《じゅうこう》 落着いていて重々しい。⬍軽薄
銃口《じゅうこう》 鉄砲の筒口。「―を向ける」
十五夜《じゅうごや》 陰暦八月十五日の夜。〔秋〕
重婚《じゅうこん》 既婚者によるほかの人との結婚。
秀才《しゅうさい》 才知・学問にひいでた人。
重罪《じゅうざい》 重い罪。重科。⬍微罪

秀作《しゅうさく》 優れた作品。傑作や名作。
習作《しゅうさく》 練習用の作品。エチュード。
銃殺《じゅうさつ》 銃でうち殺すこと。「―刑」
集散《しゅうさん》 集まることと散ること。「離合―」
収支《しゅうし》 収入と支出。「―決算」
宗旨《しゅうし》 宗門の教義の主な趣旨。宗派。
秋思《しゅうし》 秋季のものおもい。〔秋〕
修士《しゅうし》 大学院前期課程修了の学位。
終止《しゅうし》 終わり。どんづまり。「―形」
終始《しゅうし》 始めから終わりまで。いつも。
修辞《しゅうじ》 言葉を効果的に使う技術。「―法」
習字《しゅうじ》 文字の書き方を習うこと。
重視《じゅうし》 重点としてみる。重要視。⬍軽視
縦恣《じゅうし》 ほしいまま。勝手気まま。
住持《じゅうじ》 寺の、主たる僧りょ。住職。

従事《じゅうじ》 その仕事に携わること。
終始一貫《しゅうしいっかん》 ずっと変わらない。
十字架《じゅうじか》 キリスト教の象徴の十字形。
終日《しゅうじつ》 朝から晩まで。一日中。
週日《しゅうじつ》 平日。ウイークデー。
充実《じゅうじつ》 豊かにみちているさま。「―感」
終止符《しゅうしふ》 ピリオド。物事の決着。
従者《じゅうしゃ》 つき従う者。供の者。おとも。
袖手《しゅうしゅ》 労を惜しみ何もしない。供手。
収受《しゅうじゅ》 受けとって収めること。
収拾《しゅうしゅう》 混乱した状態をとりまとめる。
収集《しゅうしゅう》 【蒐集】物を取り集める。「―癖」
●収拾がつかない
●ゴミの収集
重重《じゅうじゅう》 よくよく。かさねがさね。
収縮《しゅうしゅく》 ちぢまること。⬍膨張

習熟《しゅうじゅく》 練習して十分に会得すること。
袖手傍観《しゅうしゅぼうかん》 成り行きまかせ。
柔順《じゅうじゅん》 素直でおとなしいさま。温順。
従順《じゅうじゅん》 素直で逆らわないさま。
住所《じゅうしょ》 住んでいる場所。その番地。「―録」
終宵《しゅうしょう》 よどおし。徹夜。終夜。
就床《しゅうしょう》 寝どこにつくこと。就寝。⬍起床
愁傷《しゅうしょう》 嘆き悲しむこと。死を悼むこと。
醜状《しゅうじょう》 みにくいありさま。醜態。
重症《じゅうしょう》 症状が重いこと。重い病気。
重傷《じゅうしょう》 重い傷。ひどいけが。「―を負う」
周章狼狽《しゅうしょうろうばい》 慌てふためくこと。
秋色《しゅうしょく》 秋らしい気配。秋の景色。〔秋〕
修飾《しゅうしょく》 きれいにつくろい飾ること。
就職《しゅうしょく》 職業につくこと。⬍退職・失職

愁色《しゅうしょく》 憂いに沈んだ顔つき・様子。
住職《じゅうしょく》 寺の、主たる僧りょ。住持。
重職《じゅうしょく》 重大で責任のある職務。要職。
十字路《じゅうじろ》 よつつじ。つじ。交差点。
修身《しゅうしん》 行いを正すよう努力すること。
執心《しゅうしん》 ある物に強く心がひかれること。
終身《しゅうしん》 命が終わるまで。一生。終生。
終審《しゅうしん》 裁判所の最終審理。「―裁判所」
就寝《しゅうしん》 寝床に入ること。就床。⬍起床
囚人《しゅうじん》 刑務所に入っている人。
衆人《しゅうじん》 多くの人々。大勢。大衆。
集塵《しゅうじん》 ちりやごみを集めること。「―車」
重心《じゅうしん》 重力の中心点。重きを置く点。
重臣《じゅうしん》 重要な役職にある家臣。
銃身《じゅうしん》 銃の円筒部分。

衆人環視《しゅうじんかんし》 大勢の見ている前。
秋水《しゅうすい》 鋭い刃。秋の清らかな流れ。〔秋〕
秋声《しゅうせい》 秋を感じさせる音。秋風。〔秋〕
修正《しゅうせい》 直し正すこと。訂正。「軌道―」
修整《しゅうせい》 写真の原板などを修正すること。
終生《しゅうせい》 【終世】命が終わるまで。一生。
習性《しゅうせい》 習慣。その動物特有の行動様式。
収税《しゅうぜい》 税金のとりたて。徴税。「―吏」
銃声《じゅうせい》 銃を撃つ音。銃の発砲音。
獣性《じゅうせい》 けもののような、人の本能的な面。
重税《じゅうぜい》 重い租税。苛税。「―にあえぐ」
集積《しゅうせき》 集まり積み重なること。「―回路」
重責《じゅうせき》 重い責任。「―を担う」
周旋《しゅうせん》 世話。とりもち。あっせん。
終戦《しゅうせん》 戦争が終わること。⇔開戦

修繕《しゅうぜん》 つくろい直すこと。修復。
愁然《しゅうぜん》 うれえ悲しみに沈むさま。
十全《じゅうぜん》 完全であるさま。万全。「―な準備」
従前《じゅうぜん》 これまで。以前。「―通り」
愁訴《しゅうそ》 嘆き訴える、その訴え。「不定―」
収蔵《しゅうぞう》 物をしまっておくこと。「―庫」
重奏《じゅうそう》 各楽器が異声部を受け持つ演奏。
重曹《じゅうそう》 重炭酸ソーダ。ふくらし粉。
重創《じゅうそう》 重い傷。ひどいけが。重傷。
銃創《じゅうそう》 鉄砲によるきず。銃傷。「貫通―」
縦走《じゅうそう》 尾根伝いに山を歩くこと。
秋霜烈日《しゅうそうれつじつ》 刑罰が厳しいこと。
収束《しゅうそく》 おさまりがつくこと。⇔紛糾
終息《しゅうそく》 【終熄】終わる。終結する。やむ。
●争議の収束を図る
●戦争が終息をみる

習俗《しゅうぞく》 ならわし。ならい。風俗。風習。
衆俗《しゅうぞく》 多数の俗人。一般大衆。群俗。
充足《じゅうそく》 十分に満ちたりること。「―感」
充塞《じゅうそく》 満たす・満たしてふさぐこと。
従属《じゅうぞく》 ほかのものにつき従うこと。
醜態《しゅうたい》 恥ずかしいさま。「―をさらす」
重態《じゅうたい》 【重体】傷病が重く危険なさま。
渋滞《じゅうたい》 とどこおってはかどらないこと。
縦隊《じゅうたい》 縦に並んだ隊列。⇔横隊
重大《じゅうだい》 容易ならぬ。大切な。「責任―」
集大成《しゅうたいせい》 体系的に集めまとめること。
住宅《じゅうたく》 人の住む家。すみか。「―難」
収奪《しゅうだつ》 強制的に奪い取ること。
愁嘆《しゅうたん》 【愁歎】嘆き悲しむこと。「―場」
集団《しゅうだん》 集まり。むれ。「―食中毒」

絨毯《じゅうたん》 【絨緞】床に敷く毛織物。
銃弾《じゅうだん》 小銃・ピストルなどのたま。
縦断《じゅうだん》 たてに切断する。南北に抜ける。
周知《しゅうち》 知れ渡る。知らせる。「―の事実」
衆知《しゅうち》 【衆智】多くの人の知恵。
●周知の徹底を図る
●衆知を結集する
羞恥《しゅうち》 恥じること。恥じらい。「―心」
修築《しゅうちく》 建造物を修理すること。修造。
祝着《しゅうちゃく》 めでたいこと。喜んで祝うこと。
執着《しゅうちゃく》 心が強くひかれること。「―心」
終着《しゅうちゃく》 終点に到着すること。⇔始発
集中《しゅうちゅう》 一か所に集まること。⇔分散
酋長《しゅうちょう》 種族や部族の長。
重鎮《じゅうちん》 重きをなす人物。中心人物。
舟艇《しゅうてい》 小形の舟。「上陸用―」

修訂《しゅうてい》 書物などの誤りを直すこと。
従弟《じゅうてい》 年下の、男性のいとこ。⇔従兄
終点《しゅうてん》 終わりの地点。終着。⇔起点
充塡《じゅうてん》 すきまに物をつめて満たすこと。
重点《じゅうてん》 大切な点。重心のかかる点。
充電《じゅうでん》 蓄電池に電気を蓄える。⇔放電
姑《しゅうと》 夫、または妻の母。しゅうとめ。
舅《しゅうと》 夫、または妻の父。⇔姑
宗徒《しゅうと》 宗門の信者。信徒。
重度《じゅうど》 病気などの症状が重いこと。
周到《しゅうとう》 行き届いていて抜かりないさま。
充当《じゅうとう》 当てはめること。充てること。
柔道《じゅうどう》 日本古来の武術の一つ。
修道院《しゅうどういん》 カトリック教の僧院。
拾得《しゅうとく》 落とし物を拾うこと。「―物」

修得《しゅうとく》 学芸や技術を会得すること。
習得《しゅうとく》 習って会得すること。
柔軟《じゅうなん》 しなやかなこと。柔らか。⇔強硬
十二支《じゅうにし》 時・方角を表す十二の動物。
十二指腸《じゅうにしちょう》 小腸の上部。
十二単《じゅうにひとえ》 平安時代の女官の正装。
十二分《じゅうにぶん》 多すぎるほど十分な様子。
収入《しゅうにゅう》 入ってくる金品。「―源」⇔支出
就任《しゅうにん》 つとめや役職につく。⇔辞任
住人《じゅうにん》 その土地・家に住む人。住民。
重任《じゅうにん》 重大な任務。再任。留任。
十人十色《じゅうにんといろ》 人それぞれ。
十人並《じゅうにんな》み◀ 人並み。普通。
周年《しゅうねん》 年中。～回目に当たる年。「五―」
執念《しゅうねん》 強く思いこんで動かない一念。

十年一日《じゅうねんいちじつ》 長い年月、同じことをくり返していること。「一のごとく」
収納《しゅうのう》 物をしまう。金品を受け取る。
十能《じゅうのう》 炭火を運ぶ柄のついた道具。
周波《しゅうは》 波動の一循環。「一数」「高一」
宗派《しゅうは》 宗教の分派。宗旨。宗門。
秋波《しゅうは》 いろめ。流し目。「一を送る」
集配《しゅうはい》 集めることと配ること。「一局」
重箱《じゅうばこ》 料理を重ね盛る方形の木製の器。
十八番《じゅうはちばん》 最も得意なもの。おはこ。
秀抜《しゅうばつ》 きわだって優れていること。
終盤《しゅうばん》 対局や物事の最終段階。⇔序盤
重犯《じゅうはん》 重ねて罪を犯すこと。重い犯罪。
重版《じゅうはん》 出版物の版数をかさねること。
従犯《じゅうはん》 主犯の手助けをする罪。⇔正犯

愁眉《しゅうび》 うれい顔。心配顔。「一を開く」
衆評《しゅうひょう》 多くの人の批評や批判。
重病《じゅうびょう》 重い病気。重症。大病。「一人」
秋風索漠《しゅうふうさくばく》 衰えて寂しくなる。
修復《しゅうふく》 修繕してもとどおりにすること。
重複《じゅうふく》 幾度も重なること。ちょうふく。
秋分《しゅうぶん》 彼岸の中日。九月二三日頃。[秋]
醜聞《しゅうぶん》 悪いうわさ。スキャンダル。
十分《じゅうぶん》 【充分】満ち足り、不足のないさま。
習癖《しゅうへき》 習慣から身に付いた悪いくせ。
周辺《しゅうへん》 まわり。ぐるり。周囲。「一海域」
衆望《しゅうぼう》 多くの人の期待。「一を担う」
什宝《じゅうほう》 代々に伝わる秘蔵の家宝。什物。
重宝《じゅうほう》 貴重な宝物。大事なたから。
銃砲《じゅうほう》 小銃と大砲。「一の不法所持」

従僕《じゅうぼく》 召使いの男性。しもべ。下僕。
従妹《じゅうまい》 年下の、女性のいとこ。⇔従姉
終幕《しゅうまく》 演劇の最後の幕。⇔序幕
終末《しゅうまつ》 物事の終わり。果て。「一観」
週末《しゅうまつ》 週の終わり。一週間の末。土日。
充満《じゅうまん》 いっぱいに満ちるさま。
臭味《しゅうみ》 くさみ。身についた悪い気風。
周密《しゅうみつ》 行き届いて抜け目がないさま。
就眠《しゅうみん》 眠りにつくこと。就寝。「一時刻」
住民《じゅうみん》 その土地に住む人。「一登録」
襲名《しゅうめい》 芸道で師匠の名を継ぐこと。
渋面《じゅうめん》 不機嫌な顔つき。しかめっつら。
衆目《しゅうもく》 多くの人の見るところ。十目。
什物《じゅうもつ》 日常使う道具類。秘蔵の家宝。
宗門《しゅうもん》 宗派。宗旨。僧。「邪一」

終夜《しゅうや》 よどおし。一晩中。「一運転」
集約《しゅうやく》 集めて一つにまとめること。
重役《じゅうやく》 重い役目。取締役・監査役など。
重油《じゅうゆ》 原油から軽油を除いたあとの油。
周遊《しゅうゆう》 あちこちを巡り遊ぶこと。「一券」
収用《しゅうよう》 国などが強制的に買い取ること。
収容《しゅうよう》 人や物を特定場所に入れること。
●土地の**収用**
●病院に**収容**する
修養《しゅうよう》 徳行を養い人柄を鍛えること。
充用《じゅうよう》 本来の用途以外にあてること。
重用《じゅうよう》 人を重要な地位につかせること。
重要《じゅうよう》 大切。かんじん。「一文化財」
獣欲《じゅうよく》 動物の本能のような欲望・性欲。
襲来《しゅうらい》 おそいかかってくること。来襲。
従来《じゅうらい》 これまで。以前から。従前。

集落《しゅうらく》 【聚落】人家が集まっている所。
収攬《しゅうらん》 とらえること。「人心を一する」
縦覧《じゅうらん》 自由に見ること。「一謝絶」
修理《しゅうり》 破損部をつくろい直すこと。
秋涼《しゅうりょう》 初秋のすずしさ。陰暦の八月。[秋]
修了《しゅうりょう》 学業や課程を学び終えること。
終了《しゅうりょう》 物事が終わること。⇔開始
十両《じゅうりょう》 相撲で幕内の一つ下の階級。
重量《じゅうりょう》 重さ。目方。「一超過」「一挙げ」
重力《じゅうりょく》 地球が物体を引きつける力。
秋霖《しゅうりん》 秋に降る長雨。秋雨。[秋]
蹂躙《じゅうりん》 ふみにじること。「人権一」
秀麗《しゅうれい》 優れて美しいこと。「眉目一」
秋冷《しゅうれい》 秋の冷ややかさ。「一の候」[秋]
収斂《しゅうれん》 縮むこと。引き締めること。

修練《しゅうれん》 努力や練習を重ね向上すること。
習練《しゅうれん》 習い慣れること。練習。
就労《しゅうろう》 仕事に従事すること。「一時間」
収録《しゅうろく》 書物などに掲載すること。録画。
集録《しゅうろく》 集めまとめて記録すること。
●ビデオに**収録**する
●民話の**集録**
宗論《しゅうろん》 （仏教の）宗派間の教義の論争。
衆論《しゅうろん》 多くの人の議論や意見。
収賄《しゅうわい》 わいろを受けとること。⇔贈賄
守衛《しゅえい》 建物を警護する職務。番人。
樹影《じゅえい》 物にうつった木のかげ。
受益《じゅえき》 利益を受けること。「一者負担金」
樹液《じゅえき》 樹木の分泌する液汁。
主演《しゅえん》 映画や演劇で主役を演じること。
酒宴《しゅえん》 さかもり。うたげ。宴会。

**主家**《しゅか》 主人・主君の家。しゅけ。
**儒家**《じゅか》 儒者の家、または儒者。
**首魁**《しゅかい》 悪人の集団のかしら。張本人。
**受戒**《じゅかい》 仏門に入り戒律を受けること。
**樹海**《じゅかい》 海のように見える広大な森林。
**主客**《しゅかく》 主人と客人。主語と客語。
**主格**《しゅかく》 文法で主語を表す格。
**酒客**《しゅかく》 酒のみ。じょうご。酒徒。
**儒学**《じゅがく》 儒教を研究する学問。
**主客転倒**《しゅかくてんとう》 主と従が逆転する。
**手簡**《しゅかん》 手紙。書簡。
**主幹**《しゅかん》 中心となって仕事をする人。
**主管**《しゅかん》 中心になって管理すること。
**主観**《しゅかん》 自我。自分だけの見方。⇔客観
**主眼**《しゅがん》 主要な点。かなめ。眼目。

**手記**《しゅき》 自分が書き記したもの。
**酒気**《しゅき》 酒のにおい。「—を帯びる」
**主義**《しゅぎ》 常にもっている主張や考え。
**守旧**《しゅきゅう》 古くからの習慣を守る。「—派」
**受給**《じゅきゅう》 配給や年金などを受けること。
**需給**《じゅきゅう》 需要と供給。「—のバランス」
**酒興**《しゅきょう》 酒に酔った気分。酒宴の座興。
**修行**《しゅぎょう》 仏道や武道、学芸に励むこと。
**修業**《しゅぎょう》 学問や技芸を習い修めること。
●武者修行　●板前修業　花嫁修業
**儒教**《じゅきょう》 孔子を祖とする政治道徳思想。
**授業**《じゅぎょう》 学業や技芸を教えさずけること。
**珠玉**《しゅぎょく》 真珠と宝石。美しく尊いもの。
**宿**《しゅく》 やど屋。宿場。うまや。
**塾**《じゅく》 子弟を教育する私設の学校。

**宿痾**《しゅくあ》 長い間治癒しない病気。持病。
**祝意**《しゅくい》 お祝いの気持ち。賀意。「—を表す」
**宿怨**《しゅくえん》 年来のうらみ。遺恨。宿恨。
**祝宴**《しゅくえん》 祝いのさかもり。賀宴。祝筵《しゅくえん》。
**宿縁**《しゅくえん》 仏教で前世の因縁。すくえん。
**祝賀**《しゅくが》 喜び祝うこと。慶賀。「—会」
**宿願**《しゅくがん》 かねてからの願い。念願。
**縮減**《しゅくげん》 量を減らし規模を縮めること。
**熟語**《じゅくご》 二つ以上の漢字が結合した語。
**宿業**《しゅくごう》 仏教で前世の報い。すくごう。
**祝祭**《しゅくさい》 祝いと祭り。祝いの祭り。「—日」
**縮刷**《しゅくさつ》 版を縮小して印刷すること。
**祝辞**《しゅくじ》 祝いの言葉。祝詞。「新年の—」
**熟思**《じゅくし》 よく考えること。熟慮。
**熟柿**《じゅくし》 [秋] よく熟したカキ。

**熟視**《じゅくし》 じっと見つめること。凝視。
**熟字訓**《じゅくじくん》 熟字全体を訓読みすること。
**祝日**《しゅくじつ》 祭日。国民が祝う休日。
**宿舎**《しゅくしゃ》 やど。宿泊所。寄宿舎。「国民—」
**縮写**《しゅくしゃ》 原形を小さく縮めて写すこと。
**縮尺**《しゅくしゃく》 縮めて書くこと。縮小比。「—図」
**粛粛**《しゅくしゅく》 静かでおごそかなさま。
**淑女**《しゅくじょ》 しとやかで気品の備わった女性。
**祝勝**《しゅくしょう》 【祝捷】勝利を祝うこと。「—会」
**縮小**《しゅくしょう》 小さく縮めること。⇔拡大
**祝す**《しゅく》 祝う。ことほぐ。祝する。
**縮図**《しゅくず》 原形を縮めた図面。「社会の—」
**熟す**《じゅく》 熟れる。上達する。好機となる。
**宿酔**《しゅくすい》 二日酔い。
**熟睡**《じゅくすい》 ぐっすり眠ること。熟眠。

**粛正**《しゅくせい》 取り締まって正すこと。「綱紀—」
**粛清**《しゅくせい》 抗う勢力を排除すること。追放。
●選挙を粛正する　●反体派を粛清する
**熟成**《じゅくせい》 しこんだものが十分できあがる。
**粛然**《しゅくぜん》 厳かな様子。静まること。
**宿題**《しゅくだい》 教師が課す家庭学習。残る課題。
**熟達**《じゅくたつ》 熟練し上達すること。⇔未熟
**熟知**《じゅくち》 十分に知っていること。精通。
**宿直**《しゅくちょく》 交代で泊まり当直に当たること。
**宿敵**《しゅくてき》 昔からの敵。年来の敵。
**祝典**《しゅくてん》 祝いの儀式。祝賀式。
**祝電**《しゅくでん》 祝いの電報。⇔弔電
**淑徳**《しゅくとく》 上品でしとやかな女性の美徳。
**熟読**《じゅくどく》 書物を十分に味わい読むこと。
**粛**《しゅく》**として** ひっそりとしている様子。

**熟年**《じゅくねん》 人生経験を積んで円熟した年頃。
**宿場**《しゅくば》 昔、街道で宿泊所があった所。
**祝杯**《しゅくはい》 【祝盃】祝いのさかずき。
**宿泊**《しゅくはく》 自分の家以外の所に泊まること。
**祝福**《しゅくふく》 人の幸福を祈ること。祝うこと。
**祝文**《しゅくぶん》 神に祈る文。祝いの文。のりと。
**宿弊**《しゅくへい》 古くから続いている弊害・悪習。
**宿便**《しゅくべん》 長い間腸の中にたまっている便。
**祝砲**《しゅくほう》 祝意を表して撃つ空砲。礼砲。
**宿坊**《しゅくぼう》 参詣者が泊まる寺の宿泊所。
**宿望**《しゅくぼう》 かねてからの望み。宿願。
**宿命**《しゅくめい》 前世から定まっている運命。
**夙夜**《しゅくや》 朝早くから夜遅くまで。常に。
**熟覧**《じゅくらん》 十分に目をとおすこと。
**熟慮**《じゅくりょ》 よく考えること。熟考。

熟慮断行《じゅくりょだんこう》 熟慮の上の実行。
熟練《じゅくれん》 慣れていてすぐれている。「―工」
宿老《しゅくろう》 物事の経験を積んだ老巧な人。
主君《しゅくん》 自分の仕えている君主・主人。
殊勲《しゅくん》 特に優れたてがら。殊功。
主計《しゅけい》 会計を担当する職務・人。「―官」
手芸《しゅげい》 手先で行うわざ。刺繡《ししゅう》など。
受刑《じゅけい》 刑の執行を受けること。「―者」
主権《しゅけん》 国家を治める最高権力。「―在民」
受検《じゅけん》 検査・検定を受けること。「―者」
受験《じゅけん》 試験を受けること。「大学―」
修験者《しゅげんじゃ》 修験道を修行する僧。山伏。
主語《しゅご》 述語に対して主格となる語。
守護《しゅご》 守ること。鎌倉・室町幕府の職名。
手交《しゅこう》 公式文書などを手渡すこと。

首肯《しゅこう》 うなずくこと。納得すること。
酒肴《しゅこう》 酒とさかな。「―料」
趣向《しゅこう》 おもしろみをそえるための工夫。
酒豪《しゅごう》 酒に強い人。大酒飲み。
受講《じゅこう》 講義や講習を受けること。「―生」
手工業《しゅこうぎょう》 人の力による小規模工業。
主査《しゅさ》 中心となって調査すること・人。
主宰《しゅさい》 中心となって物事を行うこと。
主催《しゅさい》 中心となって会などを催すこと。
●同人誌を主宰する
●弊社主催の美術展
取材《しゅざい》 作品や報道の材料を集めること。
珠算《しゅざん》 そろばんを使って行う計算。
授産《じゅさん》 失業者などに仕事を与えること。
主旨《しゅし》 話や文章の、中心となる意味。
種子《しゅし》 物の発生するもと。たね。

趣旨《しゅし》 目的やねらい。むね。趣意。
主事《しゅじ》 一定の業務を主管する人。主任。
樹脂《じゅし》 樹木のやに。合成樹脂。「―加工」
主治医《しゅじい》 かかりつけの医者。
主軸《しゅじく》 中心となる軸。中心人物。
取捨《しゅしゃ》 必要なものを選び取ること。
儒者《じゅしゃ》 儒学を修めて講じる人。
侏儒《しゅじゅ》 背が異常に低い人。無見識の人。
種種《しゅじゅ》 色々。様々。「―雑多」「―相」
授受《じゅじゅ》 受け渡し。やりとり。「金品の―」
主従《しゅじゅう》 主君と家来。主と従。「―関係」
手術《しゅじゅつ》 患部を切開して治療すること。
呪術《じゅじゅつ》 まじない。魔術。「―師」
朱書《しゅしょ》 朱文字で書く、また書いたもの。
主将《しゅしょう》 総大将。チームのキャプテン。

主唱《しゅしょう》 中心となって主張すること。
首唱《しゅしょう》 まっ先に主張すること。
首相《しゅしょう》 内閣総理大臣。「―官邸」
殊勝《しゅしょう》 けなげなこと。立派。奇特。
衆生《しゅじょう》 仏教で生命のあるものすべて。
受章《じゅしょう》 勲章や褒章を受ける。⇔授章
受賞《じゅしょう》 賞を受けること。「―記念」⇔授賞
授章《じゅしょう》 勲章や褒章をさずけること。
授賞《じゅしょう》 賞をさずけること。「―式」
主食《しゅしょく》 食事で主となる食品。⇔副食
酒色《しゅしょく》 酒と女色。「―にふける」
酒食《しゅしょく》 酒と食べ物。のみくい。
主審《しゅしん》 主となって審判する人。⇔副審
主人《しゅじん》 あるじ。夫。自分が仕える人。
受信《じゅしん》 通信や放送を受ける。⇔発信

受診《じゅしん》 医師の診察を受けること。
主人公《しゅじんこう》 小説などの中心人物。
繻子《しゅす》 なめらかでつやのある絹織物。
数珠《じゅず》 【珠数】珠を輪にした仏具。
取水《しゅすい》 水を水源から取り入れること。
入水《じゅすい》 水中に身を投げて自殺すること。
朱墨《しゅずみ》 朱をにかわでねり固めた墨。
守成《しゅせい》 創業を受け事業を守ること。
守勢《しゅせい》 敵の攻撃から身を守る態勢。
酒精《しゅせい》 アルコール。「―発酵」「―飲料」
受精《じゅせい》 卵子と精子が結合すること。
授精《じゅせい》 人工的に受精させること。
●受精卵　受精膜
●人工授精
手跡《しゅせき》 【手蹟】書いた文字。筆跡。
主席《しゅせき》 政府・団体などで最高位。

首席《しゅせき》 最上位の席次。第一位の席。
●国家主席　党主席
●首席で卒業する
主戦《しゅせん》 戦闘を主張する。主力として戦う。
鬚髯《しゅぜん》 ほおひげとあごひげ。ひげ。
守銭奴《しゅせんど》 金銭欲が強くけちな人。
呪詛《じゅそ》 【呪咀】まじない。のろい。
酒造《しゅぞう》 酒を醸造すること。「―税」
受像《じゅぞう》 電波を受け画像を映し出すこと。
種族《しゅぞく》 共通の文化をもつ人間の集団。
主体《しゅたい》 物事の中心となるもの。⇔客体
主題《しゅだい》 おもな題目。作品の中心的思想。
首題《しゅだい》 最初の題目。経典の最初の文句。
受胎《じゅたい》 妊娠すること。懐妊。「―調節」
受託《じゅたく》 委託を受けること。預かること。
受諾《じゅだく》 頼みを引き受けること。承諾。

手段《しゅだん》 しかた。方法。手立て。⬍目的
趣致《しゅち》 おもむき。風情。「—のある景観」
種畜《しゅちく》 繁殖用の家畜。種馬、種牛など。
酒池肉林《しゅちにくりん》 豪勢な酒宴。
手中《しゅちゅう》 手のうち。入手。「—に収める」
受注《じゅちゅう》 【受註】注文を受ける。⬍発注
主張《しゅちょう》 言い張ること。言い張った意見。
主潮《しゅちょう》 その時代の中心となる潮流。
首長《しゅちょう》 組織や団体の長。主宰者。「—選挙」
腫脹《しゅちょう》 体の一部がはれあがること。
術《じゅつ》 わざ。技芸。方法。魔術や忍術。
出捐《しゅつえん》 金品を寄付すること。「—金」
出演《しゅつえん》 舞台などに出て演じること。
出火《しゅっか》 火災が起こること。「—原因」
出荷《しゅっか》 品物を市場などへ出す。⬍入荷

出芽《しゅつが》 草木が芽を出すこと。芽生え。
述懐《じゅっかい》 過去への思いを述べること。
出棺《しゅっかん》 葬式で棺を家から送り出すこと。
出願《しゅつがん》 国家機関などに願い出ること。
出金《しゅっきん》 金銭を出すこと。出す金。⬍入金
出勤《しゅっきん》 勤めに出ること。「—時間」⬍欠勤
出家《しゅっけ》 僧になること。得度。⬍在家
出撃《しゅつげき》 陣地を出て敵を攻撃すること。
出欠《しゅっけつ》 出席と欠席。出勤と欠勤。
出血《しゅっけつ》 血が出ること。損害を被ること。
出現《しゅつげん》 あらわれ出ること。現出。
出庫《しゅっこ》 倉庫・車庫から物品を出すこと。
述語《じゅつご》 動作・作用・性質を表す文節。
術後《じゅつご》 手術を行った後。「—の経過」
術語《じゅつご》 学術などの専門語。学術語。

出向《しゅっこう》 命令を受け他所で勤務すること。
出航《しゅっこう》 船や航空機が出発すること。
出港《しゅっこう》 船が港から出ること。⬍入港
熟考《じゅっこう》 じっくりと考えること。熟慮。
出国《しゅっこく》 国外・外国へ行くこと。⬍入国
出獄《しゅつごく》 刑務所を出る。出所《しゅっしょ》。⬍入獄
術策《じゅっさく》 はかりごと。謀計。策略。術計。
出札《しゅっさつ》 切符を売ること。「—係」「—口」
出産《しゅっさん》 子を産むこと。分娩《ぶんべん》。お産。
出仕《しゅっし》 公式の席に出る。公職につくこと。
出資《しゅっし》 資本を出すこと。「—者」「—金額」
出自《しゅつじ》 人の生まれ。出身。「—を調べる」
出社《しゅっしゃ》 会社に出ること。出勤。⬍退社
出処《しゅっしょ》 出仕することと民間に退くこと。
出所《しゅっしょ》 刑務所から出ること。出どころ。

出場《しゅつじょう》 競技や演技などに出ること。
出色《しゅっしょく》 ひときわ優れていること。
出処進退《しゅっしょしんたい》 現在の職や地位にとどまるか退くかという、身の処し方。
出身《しゅっしん》 その土地などの出であること。
出陣《しゅつじん》 戦いに出ていくこと。「—式」
出水《しゅっすい》 水が出ること。大水。洪水。
出穂《しゅっすい》 稲・麦などの穂が出ること。
出世《しゅっせ》 成功して高い地位を得ること。
出生《しゅっせい》 子が生まれること。「—届」「—地」
出征《しゅっせい》 軍に加わり戦地におもむくこと。
出世魚《しゅっせうお》 成長につれ呼称の変わる魚。
出席《しゅっせき》 会や授業に出ること。⬍欠席
出来《しゅったい》 事件などが起こること。成就。
出題《しゅつだい》 試験などで問題を出すこと。

出立《しゅったつ》 旅に出ること。旅だち。出発。
術中《じゅっちゅう》 計略。わな。「—におちいる」
出張《しゅっちょう》 業務によりほかの土地に行く。
出超《しゅっちょう》 輸出が、輸入より多い。⬍入超
出陳《しゅっちん》 陳列品として出品すること。
出廷《しゅってい》 法廷に出ること。⬍退廷
出典《しゅってん》 故事・引用文などの出どころ。
出店《しゅってん》 店を出すこと。
出土《しゅつど》 化石・遺物が発掘されること。
出頭《しゅっとう》 呼びだされ役所などへ出向く。
出動《しゅつどう》 警官隊などが活動のために出る。
出馬《しゅつば》 馬に乗って出ること。立候補。
出発《しゅっぱつ》 目的地に向かって出かけること。
出帆《しゅっぱん》 帆船が出航する。出港。船出《ふなで》。
出版《しゅっぱん》 書物を発行する。刊行。上梓《じょうし》。

出費《しゅっぴ》 費用を出すこと。ものいり。出金。
出品《しゅっぴん》 展覧会などに作品を出す。出展。
出兵《しゅっぺい》 軍隊を出動させること。⬍撤兵
恤兵《じゅっぺい》 金品を送り兵士を慰問すること。
出没《しゅつぼつ》 現れたり隠れたりすること。
出奔《しゅっぽん》 逃げて行方をくらますこと。
出藍《しゅつらん》 弟子が師に勝ること。「—の誉れ」
出猟《しゅつりょう》 狩りに出かけること。
出漁《しゅつりょう》 漁に出かけること。しゅつぎょ。
出塁《しゅつるい》 野球で打者が塁に出ること。
出廬《しゅつろ》 隠退後、再び世に出て活躍する。
主都《しゅと》 中心となる主要な都市。大都会。
首都《しゅと》 その国の政府のある都市。首府。
酒徒《しゅと》 酒を飲む人、その仲間。酒飲み。
酒盗《しゅとう》 カツオの腸の塩辛。

種痘《しゅとう》 天然痘の予防接種。
手動《しゅどう》 機械などを手で操作すること。
主動《しゅどう》 中心となって行動すること。
主導《しゅどう》 中心となって導くこと。「―権」
受動《じゅどう》 他から働きを受ける。⇕能動
取得《しゅとく》 自分のものとすること。入手。
受難《じゅなん》 災難・苦難にあうこと。「―劇」
朱肉《しゅにく》 朱色の印肉。
授乳《じゅにゅう》 赤ん坊に乳を飲ませること。
主任《しゅにん》 中心となって担当すること・人。
朱塗り《しゅぬり》◀ 朱色に塗ること。「―の門」
首脳《しゅのう》 政府・団体などの中心人物。
受納《じゅのう》 金品などを受け取り納めること。
酒杯《しゅはい》 【酒盃】さかずき。
呪縛《じゅばく》 まじないで動けなくすること。
主犯《しゅはん》 中心となって犯罪を働いた人物。
首班《しゅはん》 席次の第一位。首席。首相。
襦袢《じゅばん》 和服の下着。じばん。「長―」
守秘《しゅひ》 秘密を守ること。「―義務」
守備《しゅび》 まもり。かため。「―隊」⇕攻撃
首尾《しゅび》 始めと終わり。なりゆき。結果。
樹皮《じゅひ》 樹幹の外皮の組織層。木の皮。
主筆《しゅひつ》 新聞や雑誌の首席記者。
朱筆《しゅひつ》 朱墨をつけた筆。朱色の書き入れ。
種苗《しゅびょう》 植物のたねとなえ。「―産業」
樹氷《じゅひょう》 木の枝などにできる霧氷。図
首尾よく《しゅびよく》 都合よく。具合よく。
主賓《しゅひん》 一番大事な客。主な来賓。
主婦《しゅふ》 家庭を管理する、一家の主人の妻。
首府《しゅふ》 国の中央政府のある都市。首都。
呪物《じゅぶつ》 呪力があるとされるもの。物神。
主文《しゅぶん》 文中の主な部分。判決主文。
受粉《じゅふん》 雌蕊に雄蕊の花粉がつくこと。
授粉《じゅふん》 雄蕊の花粉を雌蕊につけること。
酒癖《しゅへき》 酒に酔った時のくせ。さけぐせ。
種別《しゅべつ》 種類で区別すること、その区別。
手法《しゅほう》 やり方。芸術作品の表現技法。
主砲《しゅほう》 軍艦の砲中で最大口径の大砲。
主峰《しゅほう》 【首峰】その山脈で最も高い山。
首謀《しゅぼう》 【主謀】悪事などの中心人物。
趣味《しゅみ》 味わい。好み。愛好する事柄。
須彌壇《しゅみだん》 寺院で仏像などを置く台。
寿命《じゅみょう》 命の長さ。物の使用可能期間。
主務《しゅむ》 中心となって取り扱う事務。
種目《しゅもく》 種類の名。種類の項目。「競技―」
撞木《しゅもく》 鐘を打ち鳴らす丁字形の棒。
樹木《じゅもく》 立ち木。喬木。「―医」
腫物《しゅもつ》 できもの。はれもの。
呪文《じゅもん》 まじないやのろいの文句。
主役《しゅやく》 劇中の主要人物。主人公。⇕脇役
須臾《しゅゆ》 しばらく。暫時。「―も忘れぬ」
授与《じゅよ》 さずけ与えること。「表彰状の―」
主要《しゅよう》 おもなこと。重要なこと。「―国」
腫瘍《しゅよう》 体内で異常に繁殖する病的細胞。
受容《じゅよう》 受け入れて取り込むこと。
需用《じゅよう》 電気、ガスなどの需要。「電力―」
需要《じゅよう》 必要として求める欲求。⇕供給
主翼《しゅよく》 飛行機に揚力を与える翼。
修羅場《しゅらば》 悲惨な場面。しゅらじょう。
酒乱《しゅらん》 酒に酔って暴れる・癖のある人。
受理《じゅり》 書類などを受けつけること。
手裏剣《しゅりけん》 敵に投げつける小剣。
樹立《じゅりつ》 しっかりと作りたてること。
主流《しゅりゅう》 川の本流。中心となる勢力。
手榴弾《しゅりゅうだん》 手で投げる小型爆弾。
狩猟《しゅりょう》 野生の鳥獣を狩ること。かり。
首領《しゅりょう》 集団のかしら。頭目。領袖。
受領《じゅりょう》 金品を受け取ること。「―証」
主力《しゅりょく》 中心となる勢力。主な力。「―選手」
樹林《じゅりん》 樹木の多い群落。樹木の多い林。
種類《しゅるい》 共通点をもつ集まり。同類。
樹齢《じゅれい》 樹木の年齢。「―三百年の老木」
手練《しゅれん》 熟練したてなみ。手際。「―の早業」
寿老人《じゅろうじん》 七福神の一人。長寿を授ける。
手話《しゅわ》 手や指を使う会話法。「―通訳」
受話器《じゅわき》 電話で相手の話を聞く器具。
手腕《しゅわん》 てなみ。うでまえ。技量。「―家」
旬《しゅん》 食べ頃の時期。最適の時期。
純《じゅん》 純粋・純真な様子。⇕不純
順《じゅん》 順序。従う。「五十音―」⇕逆
純愛《じゅんあい》 純粋な愛。ひたむきな愛。
俊逸《しゅんいつ》 才能などが優れていること・人。
純一《じゅんいつ》 まじりけのないさま。純潔。
俊英《しゅんえい》 才能が優れていること・人。俊秀。
純益《じゅんえき》 総収入から経費を引いた利益。
巡演《じゅんえん》 各地を上映して回る。巡回上映。
順延《じゅんえん》 順に日のべすること。「雨天―」
春画《しゅんが》 男女の情交が描かれた絵。枕絵。
純化《じゅんか》 混じりけを取り除くこと。
馴化《じゅんか》 【順化】その環境に適応すること。

巡回《じゅんかい》 方々を回ること。見まわること。

潤滑《じゅんかつ》 動きを円滑にすること。「—油」

春寒《しゅんかん》 春先の寒さ。立春後の寒さ。[春]

瞬間《しゅんかん》 またたく間。ごく少しの間。

旬刊《じゅんかん》 十日ごとに刊行すること。

旬間《じゅんかん》 ある行事の行われる十日間。

循環《じゅんかん》 一回りしてもとへかえること。

春季《しゅんき》 春の季節。⇔秋季

春期《しゅんき》 春の期間。⇔秋期

順逆《じゅんぎゃく》 道理に従うこととそむくこと。

準急《じゅんきゅう》 停車する駅が急行より多い列車。

峻拒《しゅんきょ》 厳しく断ること。拒絶。

準拠《じゅんきょ》 よりどころとして従うこと。

春暁《しゅんぎょう》 春のあかつき。春の夜明け。[春]

殉教《じゅんきょう》 信仰のために命を失うこと。

順境《じゅんきょう》 都合よく進む境遇。⇔逆境

巡業《じゅんぎょう》 方々を興行してまわること。

純金《じゅんきん》 混じり物のない黄金。二十四金。

順繰《じゅんぐ》り 順を追って物事を行うこと。

巡警《じゅんけい》 見まわって警戒すること。

純血《じゅんけつ》 純粋な血統。「—種」⇔混血

純潔《じゅんけつ》 心や体が汚れなく清いこと。

峻険《しゅんけん》 【峻嶮】山が高く険しいこと。

峻厳《しゅんげん》 非常にきびしいさま。「—な躾《しつけ》」

竣工《しゅんこう》 【竣功】工事の完成。完工。⇔起工

巡行《じゅんこう》 方々を巡り歩くこと。巡遊。

巡幸《じゅんこう》 天皇が各地を視察されること。

巡航《じゅんこう》 船・航空機が各地を巡ること。

順光《じゅんこう》 撮影対象の正面から差す光線。

順行《じゅんこう》 順序に従い進むこと。⇔逆行

醇厚《じゅんこう》 【淳厚】人情などの厚いこと。

殉国《じゅんこく》 国のために命を捨てること。

巡査《じゅんさ》 警察官の最下位の階級。警官。

俊才《しゅんさい》 【駿才】優れた才知。英才。

巡察《じゅんさつ》 見まわり、事情を調べること。

瞬時《しゅんじ》 少しの間。またたくま。瞬間。

巡視《じゅんし》 見まわること。巡察。「—艇」

殉死《じゅんし》 主君の後を追い自殺すること。

順次《じゅんじ》 順を追ってつぎつぎに。

春日《しゅんじつ》 春の日。うららかな日。「—遅遅」

旬日《じゅんじつ》 十日(間)。わずかな日数。旬月。

遵守《じゅんしゅ》 【順守】法律や教えを従い守る。

俊秀《しゅんしゅう》 才能や才知がひいでている人。

春愁《しゅんしゅう》 春に感じるものうい思い。[春]

春秋《しゅんじゅう》 春と秋。年月。年齢。「—に富む」

逡巡《しゅんじゅん》 決断をためらうこと。「遅疑—」

諄諄《じゅんじゅん》 丁寧に言い聞かせるさま。

順順《じゅんじゅん》に 順序正しく。順をおって。

順序《じゅんじょ》 順番。手順。段どり。「—不同」

春宵《しゅんしょう》 春の宵。春の夜。「—一刻直千金」

春情《しゅんじょう》 春らしいさま。春景色。色情。

純情《じゅんじょう》 素直で邪心のない心。「—可憐《かれん》」

準縄《じゅんじょう》 手本。規則。「規矩《きく》—」

春色《しゅんしょく》 春の景色。春光。色っぽい様子。

殉職《じゅんしょく》 己の職務のため命を落とすこと。

潤色《じゅんしょく》 誇張して面白おかしくすること。

殉《じゅん》じる 殉死する。主君と同行動をとる。

準《じゅん》じる のっとる。なぞらえる。準ずる。

純真《じゅんしん》 心に汚れがなく清らかなさま。

純粋《じゅんすい》 混じりけがないこと。きっすい。

竣成《しゅんせい》 建築物ができあがること。落成。

純正《じゅんせい》 純粋で正しいさま。「—部品」

浚渫《しゅんせつ》 水底の土砂をさらうこと。「—船」

純然《じゅんぜん》 それ以外の何ものでもないこと。

俊足《しゅんそく》 才知に優れた人。足の速い人。

駿足《しゅんそく》 足が速いこと。俊足。⇔鈍足

準則《じゅんそく》 規則にのっとること。その規則。

潤沢《じゅんたく》 うるおい。豊富にあるさま。

春暖《しゅんだん》 春のあたたかさ。「—の候」⇔秋冷

馴致《じゅんち》 慣れさせなじませること。

順調《じゅんちょう》 物事が調子よく進むさま。

順手《じゅんて》 手の、普通の持ち方。⇔逆手

春泥《しゅんでい》 春の、雪どけなどの泥濘《ぬかるみ》。[春]

純度《じゅんど》 品質の純粋さの度合。「高—の金」

春闘《しゅんとう》 労働組合の春の賃上げ闘争。[春]

蠢動《しゅんどう》 つまらぬ者が陰で策動すること。

順当《じゅんとう》 当たりまえ。当然なさま。

殉難《じゅんなん》 国難や宗教迫害で死ぬこと。

順応《じゅんのう》 環境の変化に適応すること。

駿馬《しゅんば》 駿足の馬。しゅんめ。⇔駑馬《どば》

巡拝《じゅんぱい》 諸所を巡り歩いて参詣すること。

純白《じゅんぱく》 まじりけのない白。まっ白。

瞬発力《しゅんぱつりょく》 瞬間的に出せる筋肉の力。

順番《じゅんばん》 順序通りに物事に当たること。

準備《じゅんび》 そなえ。したく。用意。「—万端」

潤筆《じゅんぴつ》 書や絵をかくこと。揮毫。「—料」

俊敏《しゅんびん》 機転が利き行動が的確。⇔遅鈍

春風《しゅんぷう》 春の風。はるかぜ。「—秋雨」

順風《じゅんぷう》 舟の進む方へ吹く風。追風。

春風駘蕩《しゅんぷうたいとう》 のどかな様子。

醇風美俗《じゅんぷうびぞく》 人情に厚い、美しい風俗や習慣。良風美俗。
順風満帆《じゅんぷうまんぱん》 順調に進むさま。
春分《しゅんぶん》 春の彼岸の中日。[春]⇔秋分
峻別《しゅんべつ》 厳しく分別《ふんべつ》すること。
遵奉《じゅんぽう》 命令・教義をかたく守ること。
遵法《じゅんぽう》 法律を守り従うこと。「—闘争」
純朴《じゅんぼく》 【淳朴】飾り気がなく素直なさま。
春眠《しゅんみん》 ここちよい春の夜の眠り。[春]
純毛《じゅんもう》 羊毛だけを原料とした糸や織物。
春陽《しゅんよう》 春の陽気。春のひざし。「—の候」
準用《じゅんよう》 規則をほかにも適用すること。
巡邏《じゅんら》 巡回警備。パトロール。
春雷《しゅんらい》 [春] 春先に鳴る雷。
純良《じゅんりょう》 混じりけがなく良質なさま。

順良《じゅんりょう》 素直で善良なさま。「—な性格」
●純良なバター
●順良な生徒

巡礼《じゅんれい》 聖地・霊場を巡拝すること・人。
巡歴《じゅんれき》 各地を巡り歩くこと。遍歴。
峻烈《しゅんれつ》 厳しく、妥協を許さないさま。
順列《じゅんれつ》 順序。数学で数の並べ方の一。
順路《じゅんろ》 順序が定めてある道筋。道順。
書《しょ》 書道。本。手紙。「—を善くする」
緒《しょ》 物事のはじめ。ちょ。「—に就く」
序《じょ》 順序。はじめ。端書き。序文。
自余《じよ》 【爾余】このほか。それ以外。
諸悪《しょあく》 多くの悪行や悪事。「—の根元」
所為《しょい》 しわざ。行い。せい。ふるまい。
叙位《じょい》 位を授けられること。「—叙勲」
初一念《しょいちねん》 最初の決心。「—を貫く」

所員《しょいん》 名に「所」がつく所に勤める人。
書院《しょいん》 書斎。表座敷。客間。「—造り」
署員《しょいん》 名に「署」とつく所に勤める人。
升《しょう》 尺貫法で容積の単位。「一—瓶」
抄《しょう》 【鈔】抜き書き（したもの）。
性《しょう》 生まれつきの性質。「—に合う」
将《しょう》 軍隊を率いる人。将官。「敗軍の—」
章《しょう》 文中の区分。段落。印形。「序—」
笙《しょう》 管楽器の一つ。しょうの笛。
賞《しょう》 ほうびの金品。「—に入る」
止揚《しよう》 矛盾概念を高い段階で統一する。
仕様《しよう》 手段。方法。形式。性能。「—書」
私用《しよう》 自分で用いること。自分の用事。
使用《しよう》 使うこと。用いること。「—人」
枝葉《しよう》 枝と葉。重要でない点。「—末節」

飼養《しよう》 動物などを養い育てる。飼育。
試用《しよう》 試しに使うこと。「—期間」
背負《しょ》う 人や荷をかつぐ。せおう。
上《じょう》 優れていること。「天井の—」
丈《じょう》 尺貫法の長さの単位。尺の十倍。
滋養《じよう》 栄養となること・もの。「—強壮」
情愛《じょうあい》 深い思いやりの気持ち。愛情。
掌握《しょうあく》 思いのままにできること。入手。
小異《しょうい》 少しの違い。「大同—」
傷痍《しょうい》 きず。けが。「—軍人」
上位《じょうい》 上の位、または位が上。⇔下位
上意下達《じょういかたつ》 上位の者からの命令を下位の者へ伝えること。⇔下意上達
情意《じょうい》 感情と意思。心持ち。「—投合」
攘夷《じょうい》 外敵をうちはらうこと。「尊王—」

譲位《じょうい》 君主が地位をゆずること。
焼夷弾《しょういだん》 高熱で火災を起こす爆弾。
証印《しょういん》 証明のために押す印。証明印。
勝因《しょういん》 勝利した原因。⇔敗因
上院《じょういん》 二院制度で下院に対する議院。
冗員《じょういん》 【剰員】組織などのむだな人員。
乗員《じょういん》 乗り物に乗って勤務する乗務員。
小雨《しょうう》 こさめ。「—決行」⇔大雨
上映《じょうえい》 映画を映写すること。「—会」
小宴《しょうえん》 小人数での宴会。
招宴《しょうえん》 宴会へ招待すること、その宴会。
荘園《しょうえん》 【庄園】貴族・社寺の私有地。
消炎《しょうえん》 炎症を取り去ること。「—作用」
硝煙《しょうえん》 鉄砲の火薬の煙。「—弾雨」
上演《じょうえん》 劇を舞台で演じて見せること。

情炎《じょうえん》 燃え上がるほどの情欲。情火。
照応《しょうおう》 互いに関連・対応しあうこと。
消音《しょうおん》 音を聞こえないようにすること。
常温《じょうおん》 つねに一定した温度。恒温。
昇華《しょうか》 固体から直接気体になる現象。
消化《しょうか》 食物をこなすこと。理解。会得。
消火《しょうか》 火を消すこと。「—器」「—栓」
消夏《しょうか》 【銷夏】夏の暑さをしのぐこと。
商家《しょうか》 商人の家。あきないや。
唱歌《しょうか》 歌唱。旧制小学校の教科の一つ。
頌歌《しょうか》 神や人の功績をほめたたえる歌。
城下《じょうか》 城の近く。城壁の外。「—町」
浄化《じょうか》 汚れを除いてきれいにすること。
哨戒《しょうかい》 敵の攻撃を警戒して見張ること。
商会《しょうかい》 商業を営む会社や組織。商社。

紹介《しょうかい》 人同士を引き合せる。知らせる。
照会《しょうかい》 問い合わせること。聞き合わせ。
●自己紹介をする
●照会に回答する
詳解《しょうかい》 詳しい解釈・解説。⬍略解
生涯《しょうがい》 生きている間。一生。「—教育」
渉外《しょうがい》 外部と交渉・連絡すること。
傷害《しょうがい》 きずを負わせること。「—事件」
障害《しょうがい》 【障碍】さしつかえ。邪魔なもの。
昇格《しょうかく》 位や階級があがること。⬍降格
小額《しょうがく》 単位の小さい金額。⬍高額
少額《しょうがく》 わずかな金額。低額。⬍多額
●小額の紙幣
●少額の融資
奨学《しょうがく》 学問を奨励すること。「—金」
城郭《じょうかく》 【城廓】城と囲い。城の囲い。城。
上顎《じょうがく》 うわあご。顎《がく》 ⬍下顎

正月《しょうがつ》 一年で最初の月。新年を祝う期間。
小寒《しょうかん》 二十四節気で、一月五日頃。図
小閑《しょうかん》 【少閑】わずかなひま。「—を得る」
召喚《しょうかん》 役所・裁判所などの出頭命令。
召還《しょうかん》 外国へ派遣した者を呼び戻す。
●法廷に召喚する
●大使を召還する
将官《しょうかん》 陸海軍の大・中・少将の総称。
償還《しょうかん》 債務を返済すること。返却。
賞翫《しょうがん》 【賞玩】めでること。味わうこと。
上官《じょうかん》 上級の官。うわやく。⬍下僚
情感《じょうかん》 しみじみとした感情。感動。
正気《しょうき》 気が確かなこと。本気。⬍狂気
匠気《しょうき》 芸術家などの、意匠による顕示欲。
商機《しょうき》 商売上の好機。商取引上の機密。
勝機《しょうき》 勝てる機会。「—をつかむ」

詳記《しょうき》 くわしく書きしるす。⬍略記
床几《しょうぎ》 折りたたみ式の腰かけ。
将棋《しょうぎ》 相手の王将を詰めるゲーム。
娼妓《しょうぎ》 遊女。公認された売春婦。公娼。
上気《じょうき》 のぼせること。逆上すること。
条規《じょうき》 掟《おきて》。定め。条文・法令の規定。
常軌《じょうき》 普通のやり方。「—を逸する」
蒸気《じょうき》 蒸発した気体。水蒸気。「—圧」
定規《じょうぎ》 【定木】線引きなどに用いる道具。
情義《じょうぎ》 人情と義理。「—を欠く」
情宜《じょうぎ》 【情誼】よしみ。友人間の情愛。
上機嫌《じょうきげん》 大変機嫌がよい。⬍不機嫌
消却《しょうきゃく》 消し去ること。消費。返済。
償却《しょうきゃく》 債務などを返却すること。
●記録から消却する
●減価償却

焼却《しょうきゃく》 焼き捨てること。「—炉」
上客《じょうきゃく》 正客。大切な客。上得意。
常客《じょうきゃく》 なじみの客。常連。常連客。
乗客《じょうきゃく》 乗りものを利用する客。
昇級《しょうきゅう》 地位や等級があがること。
昇給《しょうきゅう》 給与の額があがること。⬍降給
上級《じょうきゅう》 位や等級が高いこと。「—生」
消去《しょうきょ》 消してなくすこと。消却。「—法」
商業《しょうぎょう》 商品の売買で利益を得る仕事。
上京《じょうきょう》 地方から東京へ行くこと。出京。
状況《じょうきょう》 【情況】物事のその時々の様子。
消極《しょうきょく》 率先して行わない。「—的」⬍積極
正金《しょうきん》 正貨。現金。「—払い」
賞金《しょうきん》 褒美として与える金銭。「—稼ぎ」
償金《しょうきん》 損害のつぐないとして払う金銭。

常勤《じょうきん》 毎日一定時間勤務すること。
章句《しょうく》 文章の章と句。文章の区切り。
冗句《じょうく》 むだな句。ふざけた句。「冗談」
上空《じょうくう》 空の上の方。上方の空。
将軍《しょうぐん》 全軍の大将。軍隊の将官。「—家」
小計《しょうけい》 一部分の合計。⬍合計・総計
小径《しょうけい》 【小逕】こみち。細い道。
小憩《しょうけい》 【少憩】少しの休憩。小休止。
承継《しょうけい》 受け継ぐこと。継承。
捷径《しょうけい》 近道。早道。手っ取り早い方法。
勝景《しょうけい》 優れてよい景色。絶景。景勝。
象形《しょうけい》 物の形をかたどること。「—文字」
憧憬《しょうけい》 あこがれ。どうけい。「—の的」
情景《じょうけい》 【状景】人の心を動かす場面。
衝撃《しょうげき》 激しい突き当たり。ショック。

猖獗《しょうけつ》 悪事や病気がはびこること。
正絹《しょうけん》 混じりもののない絹。⬍人絹
証券《しょうけん》 株券・債券の総称。手形。
証言《しょうげん》 事実を証明する言葉。「—台」
条件《じょうけん》 ある物事の成立に必要なもの。
上弦《じょうげん》 新月から満月までの間の月。
上限《じょうげん》 上方・初めの方の限界。⬍下限
条件反射《じょうけんはんしゃ》 ある刺激によって自動的に引き起こされる体の反応。
尚古《しょうこ》 昔の文物を尊ぶこと。「—趣味」
称呼《しょうこ》 呼び名。呼称。名前を呼ぶこと。
証拠《しょうこ》 事実を証明する根拠。あかし。
鐘鼓《しょうこ》 かねと太鼓。
正午《しょうご》 昼の十二時。午後零時。⬍正子
上戸《じょうご》 酒が飲める人。酒飲み。⬍下戸

冗語《じょうご》 【剰語】むだな言葉。余計な言葉。

畳語《じょうご》 同じ単語を二つ重ねた言葉。

漏斗《じょうご》 口の小さな器に液体を移す道具。

小康《しょうこう》 病気や争いが少し治まること。

少考《しょうこう》 すこし考えること。⬍長考

昇降《しょうこう》 のぼりとくだり。「—機」「—口」

消光《しょうこう》 その日その日を暮らすこと。

将校《しょうこう》 少尉以上の軍人。士官。

商工《しょうこう》 商業と工業。「—組合」

商港《しょうこう》 商船が出入りする港湾。貿易港。

焼香《しょうこう》 霊前で香をたいて拝むこと。

照校《しょうこう》 照らし合わせて正すこと。

称号《しょうごう》 呼び名。栄誉の資格を表す名称。

商号《しょうごう》 商業上に用いる名称。屋号。

照合《しょうごう》 照らし合わせて比べること。

条項《じょうこう》 箇条書きにした一つ一つの事柄。

乗降《じょうこう》 乗り降りすること。「—客」

情交《じょうこう》 男女の性的な交わり。「—を結ぶ」

症候群《しょうこうぐん》 特定の病変から出る症状群。

生国《しょうこく》 その人の生まれた国。出生国。

上告《じょうこく》 上級裁判所への再審理の請求。

性懲《しょうこ》り 心底からこりる。「—もなく」

性根《しょうこん》 一つのことを長く続ける根気。

商魂《しょうこん》 商売に対する意欲や行動力。

傷痕《しょうこん》 きずあと。「生々しい—」

小差《しょうさ》 わずかの違い。僅差《きんさ》。⬍大差

証左《しょうさ》 よりどころとなるもの。証拠。

商才《しょうさい》 商売上の才能。「—にたける」

詳細《しょうさい》 詳しくて細かいこと。「—な説明」

城塞《じょうさい》 【城砦】城ととりで。城塁。



浄財《じょうざい》 慈善活動や寺社に寄付する金銭。

錠剤《じょうざい》 固形の、粒状の薬剤。

上策《じょうさく》 最良のやりかた。良策。⬍下策

状差《じょうさ》し◀ 手紙をさし入れておくもの。

笑殺《しょうさつ》 笑って取り合わないこと。黙殺。

小冊子《しょうさっし》 小形の薄い本。小型本。

消散《しょうさん》 消えて無くなる、また無くすこと。

称賛《しょうさん》 【賞賛】ほめたたえること。称揚。

勝算《しょうさん》 勝てる見込み。勝ちめ。

硝酸《しょうさん》 窒素化合物の液体で爆薬の原料。

乗算《じょうざん》 掛け算。乗法。⬍除算

尚歯《しょうし》 老人を敬うこと。敬老。「—会」

笑止《しょうし》 ばかばかしい様子。「—千万」

焼死《しょうし》 焼け死ぬこと。やけじに。「—体」

証紙《しょうし》 支払いや品質などを証明する紙。

小事《しょうじ》 ささいなこと。「大事の前の—」

少時《しょうじ》 幼少時。しばらくの間。暫時。

正時《しょうじ》 分と秒が0の、ちょうどの時刻。

商事《しょうじ》 商業に関する事柄。商事会社。

障子《しょうじ》 木枠に紙を貼った建具。図

上司《じょうし》 地位が上の人。上役《うわやく》。⬍下僚

上肢《じょうし》 人間の手や腕。動物の前足。

上梓《じょうし》 書籍を出版すること。

城址《じょうし》 昔、城のあったところ。城跡《しろあと》。

情死《じょうし》 相愛の男女が一緒に死ぬこと。

常時《じょうじ》 つねづね。ふだん。いつも。

情事《じょうじ》 男女間の恋愛にかかわる事柄。

畳字《じょうじ》 繰り返し符号。「ゝ・々」など。

招《しょう》じ入《い》れる 客をまねき入れる。

正直《しょうじき》 正しく偽りがないこと。「ばか—」

常識《じょうしき》 普通一般の知識や判断力。

消失《しょうしつ》 消えてなくなること。「権利—」

焼失《しょうしつ》 焼けてなくなること。「—面積」

上質《じょうしつ》 品質が上等なこと。良質。「—紙」

情実《じょうじつ》 個人的な利害関係や事情。

商社《しょうしゃ》 商品取引を貿易により行う会社。

勝者《しょうしゃ》 勝負や試合に勝った人。⬍敗者

照射《しょうしゃ》 光線や放射線などをあてること。

瀟洒《しょうしゃ》 しゃれてあかぬけているさま。

精舎《しょうじゃ》 寺・寺院の異称。「祇園《ぎおん》—」

浄写《じょうしゃ》 きれいに書き写すこと。浄書。

乗車《じょうしゃ》 自動車や列車などに乗ること。

盛者必衰《じょうしゃひっすい》 栄える者もいつかは必ず滅びるということ。栄枯盛衰。

生者必滅《しょうじゃひつめつ》 生ある者はいつかは必ず死ぬということ。是正滅法。

情趣《じょうしゅ》 しみじみとした味わい。情致。

成就《じょうじゅ》 願いがかなうこと。完成。

召集《しょうしゅう》 (目下の者を)召し集めること。

招集《しょうしゅう》 (上下無関係に)招き集めること。

●国会を召集する
●理事を招集する

常習《じょうしゅう》 悪事を繰り返すこと。「—犯」

常住《じょうじゅう》 定住。永久に存在すること。

常住坐臥《じょうじゅうざが》 いつでも。ふだん。

抄出《しょうしゅつ》 一部分を抜き書きすること。

詳述《しょうじゅつ》 くわしくのべること。⬍略述

上首尾《じょうしゅび》 事がうまく運ぶ。⬍不首尾

頌春《しょうしゅん》 新春をたたえることば。賀春。

照準《しょうじゅん》 目標にねらいを定めること。

上旬《じょうじゅん》 月のはじめの十日間。初旬。

**小暑**《しょうしょ》 二四節気で、七月七日頃。夏
**証書**《しょうしょ》 証明となる文書。証文。「卒業―」
**詔書**《しょうしょ》 天皇が発する公文書。
**少女**《しょうじょ》 年の若い女性。女の子。おとめ。
**上書**《じょうしょ》 官や貴人に意見書を出すこと。
**浄書**《じょうしょ》 きれいに書き直すこと。清書。
**乗除**《じょうじょ》 掛け算と割り算。「加減―」
**少少**《しょうしょう》 数量・程度がわずか。ちょっと。
**悄悄**《しょうしょう》 元気のないさま。すごすご。
**蕭蕭**《しょうしょう》 肌寒くものさびしいさま。蕭条。
**症状**《しょうじょう》 病気や負傷の状態。「自覚―」
**清浄**《しょうじょう》 汚れなく清らかなさま。「―潔白」
**賞状**《しょうじょう》 賞賛する言葉を記した贈る書状。
**上昇**《じょうしょう》 のぼること。「―気流」⇔下降
**常勝**《じょうしょう》 戦えばいつも勝つこと。

**上上**《じょうじょう》 このうえなくよいこと。上乗。
**上場**《じょうじょう》 取引所で売買対象とされること。
**情状**《じょうじょう》 実情。諸事情。「―酌量」
**嫋嫋**《じょうじょう》 しなやかなさま。長く響くさま。
**霄壌**《しょうじょう》**の差**《さ》 大きな差。雲泥の差。
**小食**《しょうしょく》 【少食】食事の量が少ないこと。
**常食**《じょうしょく》 主食として普段食べているもの。
**生**《しょう》**じる** はえる。できる。起こる。生ずる。
**招**《しょう》**じる** 【請じる】まねく。招待する。
**乗**《じょう》**じる** 掛け算をする。つけこむ。
**小心**《しょうしん》 臆病なこと。気が小さいこと。
**昇進**《しょうしん》 【陞進】官位・地位が上位に進む。
**焼身**《しょうしん》 自分の体を火で焼く。「―自殺」
**焦心**《しょうしん》 いらだつこと。思い悩むこと。
**傷心**《しょうしん》 心をいためること。いためた心。

**小人**《しょうじん》 子ども。小児。度量の狭い人。
**焼尽**《しょうじん》 すっかり焼くこと。焼きつくす。
**精進**《しょうじん》 仏道に励むこと。菜食。「―料理」
**上申**《じょうしん》 上役などに意見や事情を述べる。
**常人**《じょうじん》 普通の人。並みの人。凡人。
**情人**《じょうじん》 恋人。情のある人。じょうにん。
**正真正銘**《しょうしんしょうめい》 うそ偽りないこと。
**小心翼々**《しょうしんよくよく》 とても臆病な様子。
**上手**《じょうず》 巧みなこと・人。お世辞。「お―」
**憔悴**《しょうすい》 やせ衰える。やつれること。
**祥瑞**《しょうずい》 めでたいことが起こる前ぶれ。
**上水**《じょうすい》 上水道からの飲用水。⇔下水
**浄水**《じょうすい》 きれいな水。手洗いの水。「―場」
**小数**《しょうすう》 一より小さいかず。「―点」
**少数**《しょうすう》 数の少ないさま。「―民族」⇔多数

**称**《しょう》**する** 名のる。呼ぶ。偽る。ほめる。
**賞**《しょう》**する** ほめる。たたえる。⇔罰する
●理由を病と称する
●善行を賞する
**証**《しょう》**する** 証明する。保証する。「合格を―」
**小成**《しょうせい》 わずかな成功。⇔大成《たいせい》
**小生**《しょうせい》 男性の、自分の謙称。わたくし。
**招請**《しょうせい》 頼んできてもらうこと。招待。
**上製**《じょうせい》 上等に仕上げてあること。
**情勢**《じょうせい》 【状勢】現在の様子。なりゆき。
**醸成**《じょうせい》 醸造すること。かもし出すこと。
**上席**《じょうせき》 席次・階級の上位。⇔末席
**定石**《じょうせき》 決まったやり方・碁の打ち方。
**定跡**《じょうせき》 将棋で使う決まった指し方。
●セールスの定石
●定跡通りに指す
**小雪**《しょうせつ》 二四節気で一一月二二日頃。冬

**小節**《しょうせつ》 楽譜で、縦線でしきった一部分。
**小説**《しょうせつ》 散文体の文学作品。ノベル。
**詳説**《しょうせつ》 くわしく説くこと。その説明。細説。
**常設**《じょうせつ》 常に設けてあること。常置。
**饒舌**《じょうぜつ》 おしゃべり。多弁。⇔寡黙
**商船**《しょうせん》 客船や貨物船など商業用の船舶。
**商戦**《しょうせん》 商売のうえでの競争。「歳末―」
**承前**《しょうぜん》 前文を継ぐこと。前文のつづき。
**悄然**《しょうぜん》 元気のないさま。「孤影―」
**蕭然**《しょうぜん》 ひっそりとものさびしい様子。
**乗船**《じょうせん》 【上船】船に乗ること。⇔下船《げせん》
**勝訴**《しょうそ》 訴訟で勝つこと。⇔敗訴
**上訴**《じょうそ》 上級裁判所への再審査請求。
**少壮**《しょうそう》 年が若くて意気盛んなさま。
**尚早**《しょうそう》 物事を行う時期が早すぎること。

**焦躁**《しょうそう》 【焦燥】気があせっていらだつ。
**肖像**《しょうぞう》 人の顔・姿を写した絵や写真。
**上奏**《じょうそう》 天皇に申し上げること。奏上。
**上層**《じょうそう》 重なりの上の部分。上の階級。
**情操**《じょうそう》 複雑で高尚な感情。「―教育」
**醸造**《じょうぞう》 酒などを発酵作用で作ること。
**消息**《しょうそく》 便り。様子。状態。「―不明」
**装束**《しょうぞく》 身じたく。礼服。「旅―」「白―」
**消息筋**《しょうそくすじ》 ある方面の情報に詳しい人。
**正体**《しょうたい》 隠れていた本当の姿。正気。
**招待**《しょうたい》 客としてまねきもてなすこと。
**上体**《じょうたい》 上半身。「―を起こす」
**状態**《じょうたい》 【情態】物事のある時点での様子。
**常態**《じょうたい》 いつもの様子。普通の状態。
**沼沢**《しょうたく》 沼と沢。「―地」「―植物」

妾宅《しょうたく》 めかけを住まわせる家。
承諾《しょうだく》 承知して引き受けること。
上達《じょうたつ》 学術・技芸が巧みになること。
上玉《じょうだま》 美人。上等の品物。上物。
小胆《しょうたん》 気が小さいさま。小心。⇕大胆
賞嘆《しょうたん》 【賞歎】称えほめる。ほめはやす。
昇段《しょうだん》 武道などで段位があがること。
商談《しょうだん》 商業上の用談。取引の相談。
冗談《じょうだん》 むだ話。ふざけて言う話。「一口」
承知《しょうち》 知っていること。承諾すること。
招致《しょうち》 招いて呼びよせること。「一運動」
常置《じょうち》 いつでも設けてある。「一委員会」
情致《じょうち》 おもむき。おもしろみ。風情。
情痴《じょうち》 色情におぼれ理性を失うこと。
松竹梅《しょうちくばい》 めでたい物。松と竹と梅。

掌中《しょうちゅう》 手のひらの中。力の及ぶ範囲。
焼酎《しょうちゅう》 麦や芋から造る蒸留酒。夏
常駐《じょうちゅう》 常に駐在していること。
情緒《じょうちょ》 そのもの独自の味わい。「一豊か」
小腸《しょうちょう》 胃と大腸の中間にある消化器。
省庁《しょうちょう》 中央官庁をまとめていう語。
消長《しょうちょう》 衰えることと栄えること。
象徴《しょうちょう》 抽象的な概念を表現する具象物。
上長《じょうちょう》 地位や年齢が上の人。目上の人。
冗長《じょうちょう》 くだくだしく長いさま。⇕簡潔
詔勅《しょうちょく》 天皇の出す公文書の総称。
消沈《しょうちん》 【銷沈】気力が衰える。「意気一」
祥月《しょうつき》 故人の命日と同じ月。「一命日」
上程《じょうてい》 議案を会議にかけること。
上出来《じょうでき》 上等のできばえ。質がよい。

昇天《しょうてん》 天にのぼること。死去すること。
商店《しょうてん》 あきないをする所。みせ。「一街」
焦点《しょうてん》 光が集まる点。興味が集まる点。
衝天《しょうてん》 天をつくほど勢いの盛んなさま。
昇殿《しょうでん》 許されて拝殿に入ること。
詳伝《しょうでん》 くわしく記した伝記。⇕略伝
焦土《しょうど》 焼けてなにもなくなった土地。
照度《しょうど》 光を受ける面の明るさの度合い。
譲渡《じょうと》 人に譲り渡すこと。「一契約」
浄土《じょうど》 仏がいる清浄の世界。極楽浄土。
小刀《しょうとう》 脇差し。こがたな。⇕大刀
消灯《しょうとう》 灯りを消すこと。⇕点灯
唱道《しょうどう》 人に先だって説をとなえること。
唱導《しょうどう》 先だって人を導くこと。「一師」
衝動《しょうどう》 発作的な心の動き。「一買い」

聳動《しょうどう》 驚かせ動揺させること。
上棟《じょうとう》 むねあげ。たてまえ。「一式」
上等《じょうとう》 上の等級。品質がよいこと。
常套《じょうとう》 ありふれたやりかた。「一手段」
成道《じょうどう》 仏教で悟りをひらくこと。
常道《じょうどう》 従うべき正しい道。「一論」
情動《じょうどう》 急激に起こる激しい感情。情緒。
生得《しょうとく》 生まれつき。天性。せいとく。
頌徳《しょうとく》 功績や徳行をほめ称える。「一碑」
消毒《しょうどく》 薬や熱などで病原菌を殺すこと。
衝突《しょうとつ》 突き当たること。争うこと。
少納言《しょうなごん》 太政官の第三等の官。
小児《しょうに》 幼い子ども。幼児。「一科」
鍾乳洞《しょうにゅうどう》 石灰岩地の地下の空洞。
小人《しょうにん》 こども。小児。⇕大人《だいにん》

上人《しょうにん》 立派な人。高僧。僧りょ。「法然一」
昇任《しょうにん》 【陞任】地位があがる。⇕降任
承認《しょうにん》 認めること。承知すること。
商人《しょうにん》 商業を営む人。あきんど。
証人《しょうにん》 事実を証明する人。保証人。
聖人《しょうにん》 徳の高い僧の呼び名。「日蓮一」
常任《じょうにん》 つねにその任にある。「一委員」
性根《しょうね》 心の持ち方。根性。「一をすえる」
焦熱《しょうねつ》 こげるような熱さ。「一地獄」
情熱《じょうねつ》 燃えるような激しい感情。熱情。
少年《しょうねん》 若年者。男の子。「一院」「一犯罪」
情念《じょうねん》 心に湧き上がる消しがたい感情。
正念場《しょうねんば》 真価が問われる大事な局面。
小脳《しょうのう》 運動・平衡を司る脳の一部。
笑納《しょうのう》 贈り物をする際の挨拶語。

樟脳《しょうのう》 クスノキからとった薬品。
上納《じょうのう》 政府や上級機関に金品を収める。
乗馬《じょうば》 馬に乗ること。「一服」⇕下馬《げば》
勝敗《しょうはい》 勝ち負け。勝負。「一を決する鍵」
賞杯《しょうはい》 【賞盃】賞として贈る杯。カップ。
賞牌《しょうはい》 賞として贈る記章。盾。メダル。
商売《しょうばい》 あきない。売買。「一気」「一敵《がたき》」
賞罰《しょうばつ》 賞と罰。「一無し」
蒸発《じょうはつ》 液体が気体となる。行方不明。
相伴《しょうばん》 正客とともに接待を受けること。
消費《しょうひ》 費やしてなくすこと。⇕生産
賞美《しょうび》 【称美】ほめたたえること。称賛。
焦眉《しょうび》の急《きゅう》 近くに迫った危険。
冗費《じょうひ》 むだな費用。むだづかい。
常備《じょうび》 常にそなえておくこと。「一薬」

商標《しょうひょう》 自社商品につける標章。「—登録」
証票《しょうひょう》 あることの証明となる書き付け。
証憑《しょうひょう》 ある事実を証明する根拠。証拠。
傷病《しょうびょう》 けがや病気。「—兵」「—手当」
小品《しょうひん》 小さい作品。短文。⬍大作
商品《しょうひん》 商売の対象となる品物。「—切手」
賞品《しょうひん》 ほうびの品。賞与品。「入選の—」
上品《じょうひん》 気品がある。上等の品。⬍下品
娼婦《しょうふ》 娼妓。女郎。売春婦。
尚武《しょうぶ》 武芸を尊ぶこと。「—の精神」
勝負《しょうぶ》 勝ち負け。勝敗。試合。「真剣—」
情夫《じょうふ》 内縁関係にある男性。愛人の男。
情婦《じょうふ》 内縁関係にある女性。愛人の女。
丈夫《じょうぶ》 健康なさま。堅固なさま。達者。
上部《じょうぶ》 上の部分。上の方。⬍下部《かぶ》

妾腹《しょうふく》 めかけから生まれる、その子。
承服《しょうふく》 【承伏】承知して従うこと。承引。
懾伏《しょうふく》 【慴伏】相手の威勢に恐れ服する。
浄福《じょうふく》 信仰生活で得るやすらぎや幸せ。
正札《しょうふだ》 商品の正価を記した札。
成仏《じょうぶつ》 解脱し仏となること。死ぬこと。
城府《じょうふ》を設《もう》けず 隔てずうちとけてつきあう。「城府」は都市（の外囲い）。
性分《しょうぶん》 生まれつき。性質。たち。
冗文《じょうぶん》 むだな文。よけいな文。
条文《じょうぶん》 法律や条約の個条書きの文。
招聘《しょうへい》 礼をつくして人をまねくこと。
障壁《しょうへき》 仕切りにする壁。じゃま。妨げ。
城壁《じょうへき》 城の塀。城郭のかべ。塁壁。
小変《しょうへん》 わずかな変化。小さな変事。

小編《しょうへん》 短い文学作品。短編。⬍長編
掌編《しょうへん》 【掌篇】きわめて短い作品。
小便《しょうべん》 尿。尿を出すこと。⬍大便
譲歩《じょうほ》 意見をまげて人と折り合うこと。
商法《しょうほう》 商売の方法。商業上の法律。
勝報《しょうほう》 【捷報】勝利の知らせ。⬍敗報
詳報《しょうほう》 詳しい知らせ。⬍略報
消防《しょうぼう》 火災を消す・防止する。「—署」
定法《じょうほう》 決まったやりかた・法則。
情報《じょうほう》 判断や行動に必要な知識。
抄本《しょうほん》 原本の一部の抜き書き。「戸籍—」
消磨《しょうま》 すりへらす。すれてなくなる。
錠前《じょうまえ》 鍵《かぎ》。じょう。
枝葉末節《しようまっせつ》 つまらない事柄。
小満《しょうまん》 二十四節気で五月二十一日頃。(夏)

冗漫《じょうまん》 むだが多くまとまりがないさま。
正味《しょうみ》 中身の目方。実際の数量。実質。
賞味《しょうみ》 味わいつつ食べること。「—期限」
情味《じょうみ》 人の心のあたたかみ。人情味。
詳密《しょうみつ》 細部にわたってくわしいこと。
静脈《じょうみゃく》 血液を心臓に戻す血管。⬍動脈
称名《しょうみょう》 【唱名】仏の名号をとなえること。
乗務《じょうむ》 交通機関に乗って行う業務。
常務《じょうむ》 日常の事務。「常務取締役」の略。
証明《しょうめい》 真実であることを証拠だてる。
照明《しょうめい》 光で照らして明るくすること。
消滅《しょうめつ》 消えてなくなること。消失。
正面《しょうめん》 真向き。真向い。前面。「—衝突」
消耗《しょうもう》 使い減らすこと。「—品」
上物《じょうもの》 上等の品物。上玉。⬍下物《げもの》

証文《しょうもん》 証書。書きつけ。「—の出し後れ」
定紋《じょうもん》 その家の印である紋所。家紋。
縄文《じょうもん》 土器の網目の文様。「—時代」
生薬《しょうやく》 動植鉱物を材料とする薬。
抄訳《しょうやく》 原文の、一部の翻訳。⬍全訳
条約《じょうやく》 国家間の約束。協約。「安保—」
定宿《じょうやど》 【常宿】決まって利用する宿。
常雇《じょうやと》い◀ 長期間続けてやとう。常傭。
常夜灯《じょうやとう》 夜中につけておく灯火。
醤油《しょうゆ》 大豆や小麦から作る液体調味料。
小勇《しょうゆう》 見せかけの一時の勇気。⬍大勇
賞与《しょうよ》 給与とは別に支給する金銭。
剰余《じょうよ》 余り。残り。「—金」「—価値」
譲与《じょうよ》 物や権利をゆずり与えること。
小用《しょうよう》 ちょっとした用事。小便。

従容《しょうよう》 落ち着き払っているさま。
商用《しょうよう》 商売上の用事。「—文」
逍遥《しょうよう》 ぶらぶら歩き。そぞろ歩き。
慫慂《しょうよう》 勧めること。勧誘すること。
常用《じょうよう》 ふだん、または続けて使用する。
情欲《じょうよく》 異性の肉体に対する欲望。色欲。
招来《しょうらい》 招き寄せること。「危機を—する」
松籟《しょうらい》 松に吹く風、またその音。松韻。
将来《しょうらい》 今後。未来。もってくること。
上洛《じょうらく》 京都に行くこと。入洛。
笑覧《しょうらん》 「ご覧ください」の意の謙譲語。
照覧《しょうらん》 神仏がご覧になること。
上覧《じょうらん》 天皇・貴人がご覧になること。
擾乱《じょうらん》 秩序の乱れ。乱れ騒ぐこと。
勝利《しょうり》 【捷利】戦いに勝つこと。⬍敗北

**掌理**《しょうり》 職務を担当し処理すること。
**条理**《じょうり》 物事の道理。筋道。「―にかなう」
**情理**《じょうり》 人情と道理。「―を尽くす」
**場裏**《じょうり》 【場裡】その場のうち・範囲内。
**上陸**《じょうりく》 陸にあがること。「台風が―する」
**省略**《しょうりゃく》 一部をはぶくこと。「以下―」
**商略**《しょうりゃく》 商売上のかけひき。売買の策略。
**上流**《じょうりゅう》 川のかみ。社会的地位の高い層。
**蒸留**《じょうりゅう》 【蒸溜】気体を冷却し液体に戻す。
**焦慮**《しょうりょ》 あせっていらだつこと。「―の念」
**小量**《しょうりょう》 度量の狭いこと。狭量。⇔大度《たいど》
**少量**《しょうりょう》 わずかな分量・数量。⇔多量
**商量**《しょうりょう》 あれこれとはかり考えること。
**渉猟**《しょうりょう》 広く探し求める。読みあさること。
**精霊**《しょうりょう》 死者の霊魂。亡者の魂。「―流し」

**省力**《しょうりょく》 作業の手間やむだをはぶくこと。
**常緑**《じょうりょく》 一年中緑の葉をつけていること。
**浄瑠璃**《じょうるり》 清元・義太夫などの総称。
**省令**《しょうれい》 各省の大臣が発する命令。
**症例**《しょうれい》 病気やけがの症状の例。
**奨励**《しょうれい》 すすめはげますこと。「―金」
**条令**《じょうれい》 箇条書きされた法令や規則。条文。
**条例**《じょうれい》 地方公共団体が制定する法規。
**常連**《じょうれん》 つねにくる客。いつもの仲間。
**如雨露**《じょうろ》 草木に水を注ぎかける道具。
**鐘楼**《しょうろう》 境内の、釣鐘の堂。かねつき堂。
**抄録**《しょうろく》 書き抜き。抜き書き。抜粋。
**詳録**《しょうろく》 詳しく記録する。詳しい記録。
**詳論**《しょうろん》 くわしく論じること。詳説。
**笑話**《しょうわ》 おかしい話。笑いばなし。

**唱和**《しょうわ》 一人に合わせて大勢がとなえる。
**情話**《じょうわ》 人情ばなし。恋愛ばなし。
**性悪**《しょうわる》 根性・性質が悪いこと・人。
**初演**《しょえん》 はじめての上演・演奏。「本邦―」
**助演**《じょえん》 脇役として出演すること・人。
**女王**《じょおう》 女性の君主。王妃。皇族の姫宮。
**初夏**《しょか》 夏のはじめ。五、六月頃。〔夏〕
**書架**《しょか》 書物を置く棚。本棚。
**書家**《しょか》 書道の専門家。書道家。能書家。
**諸家**《しょか》 その方面で知名な人々。家々。
**書画**《しょが》 書と画。書や画。「―骨董《こっとう》」
**初会**《しょかい》 はじめての会合・面会。発会。
**初回**《しょかい》 最初の回。第一回。「―金」
**所懐**《しょかい》 心に思うところ。所思。所感。
**除外**《じょがい》 取り除くこと。別にする。「―例」

**初学**《しょがく》 学びはじめたばかりなこと・人。
**所轄**《しょかつ》 管轄。管轄の範囲。「―署」
**所感**《しょかん》 心に感じること。感想。「年頭の―」
**所管**《しょかん》 管理。管理の範囲。「―庁」
**書簡**《しょかん》 【書翰】手紙。書状。「―文」「―箋」
**初期**《しょき》 はじめの時期。「昭和―」⇔末期
**所期**《しょき》 心に期していること。期待。
**書記**《しょき》 記録をとること。記録をとる役職。
**暑気**《しょき》 夏の暑さ。暑熱。「―払い」〔夏〕
**暑気中り**《しょきあたり》 暑さで病気になる。〔夏〕
**除去**《じょきょ》 除き去ること。のけること。
**所業**《しょぎょう》 【所行】よくない行い。しわざ。
**諸行無常**《しょぎょうむじょう》 仏教で、すべては移り変わって一定ではない、ということ。
**序曲**《じょきょく》 歌劇で開幕前に演奏する楽曲。

**食**《しょく》 食事。食物。「―が細い」
**職**《しょく》 職業。仕事。勤め。「―を失う」
**私欲**《しよく》 私腹を肥やそうとする欲望。
**食中り**《しょくあたり》 飲食物による中毒。食中毒。
**職安**《しょくあん》 「公共職業安定所」の略。
**職域**《しょくいき》 職務の範囲。職場。「―を広げる」
**職員**《しょくいん》 職務を担当する人。「―室」
**処遇**《しょぐう》 地位につりあう待遇をすること。
**食塩**《しょくえん》 調味料の一つ。精製された塩。
**職業**《しょくぎょう》 仕事。商売。家業。「―意識」
**食言**《しょくげん》 約束をたがえること。「―行為」
**殖財**《しょくざい》 財産を増やすこと。貨殖。
**贖罪**《しょくざい》 金品を出し刑罰を逃れる。贖刑。
**殖産**《しょくさん》 産業を盛んにすること。「―興業」
**食事**《しょくじ》 食物を食べること、その食物。

**食指**《しょくし》**が動**《うご》**く** ある物事をしたがる(欲しがる)。「食指」は人差し指のこと。
**職種**《しょくしゅ》 職業・職務の種類。「―が異なる」
**植樹**《しょくじゅ》 樹木を植えること。「―祭」
**触手**《しょくしゅ》**を伸**《の》**ばす** あるものを得ようと、近づいたり働きかけたりする。
**織女**《しょくじょ》 織女星。琴座のα《アルファ》星ベガ。〔秋〕
**食傷**《しょくしょう》 同じ物が続いてあきること。
**職掌**《しょくしょう》 つとめ。職務。役目。「―柄」
**触診**《しょくしん》 患者の体に触れて行う診察。
**嘱する**《しょくする》 頼む。ことづける。伝言する。
**職制**《しょくせい》 職務配分に関する制度。管理職。
**職責**《しょくせき》 職務上の責任。「―を果たす」
**食前**《しょくぜん》 食事の前。「―酒」⇔食後
**食膳**《しょくぜん》 おぜん。食事。「―に供する」

燭台《しょくだい》 ろうそくを立てる台。灯台。
食卓《しょくたく》 食事をする台。ちゃぶ台。
嘱託《しょくたく》 仕事を頼み任せること。「―殺人」
辱知《じょくち》 知り合いであることの謙譲語。
食中毒《しょくちゅうどく》 飲食物による中毒。食中り。
食通《しょくつう》 料理や味に詳しいこと・人。
食堂《しょくどう》 食事をする部屋。料理を出す店。
食道《しょくどう》 喉から胃に通じている消化器官。
職人《しょくにん》 手先の技術で物を作る職業の人。
職能《しょくのう》 職務を果たす能力。固有の機能。
職場《しょくば》 仕事をする場所。仕事場。「―結婚」
触媒《しょくばい》 他の物質の反応に影響する物質。
触発《しょくはつ》 刺激を与え行動させること。
食費《しょくひ》 食事の費用。まかない料。
食品《しょくひん》 食物となるものの総称。食料品。

植物《しょくぶつ》 生物の一。樹木・草木の類。
職分《しょくぶん》 職務上果たすべき務め。
食紅《しょくべに》 食物を着色する紅色の染料。
嘱望《しょくぼう》 人の将来に望みをかけること。
植民《しょくみん》 外国へ移住させること。殖民。
職務《しょくむ》 受け持っている任務。「―質問」
植毛《しょくもう》 毛を植えつけること。「―術」
嘱目《しょくもく》 将来を期待して見守ること。
食物《しょくもつ》 飲食物。食品。「―連鎖」
食用《しょくよう》 食べられること。食糧。「―油」
食欲《しょくよく》 食べたいと思う欲望。くいけ。
食料《しょくりょう》 食べ物一般。「―品」
食糧《しょくりょう》 特に米などの主食になる食べ物。
植林《しょくりん》 山野に樹木を植えつけること。
職歴《しょくれき》 職業・職務上の経歴。

諸君《しょくん》 対等以下の大勢を指す語。諸子。
叙勲《じょくん》 勲等を授けて勲章を与えること。
処刑《しょけい》 刑、特に死刑に処すこと。
書痙《しょけい》 書く時に手がふるえる神経症。
諸兄《しょけい》 多くの男性を指す語。⬍諸姉
女系《じょけい》 女性の系統。母方の血統。
叙景《じょけい》 景色を文章などに述べ記すこと。
女傑《じょけつ》 傑出した女性。男まさりの女。
悄気る《しょげる》 失望して元気がなくなる。
初見《しょけん》 はじめて見る。はじめて会う。
所見《しょけん》 見た結果。考え。意見。「―欄」
書見《しょけん》 書物を読むこと。読書。「―台」
諸賢《しょけん》 大人数に対する敬称。皆さん。
緒言《しょげん》 前書き。端書き。序文。⬍結語
女権《じょけん》 女性の有する権利。「―拡張」

助言《じょげん》 わきから言葉を添え助けること。
序言《じょげん》 前書き。端書き。緒言。まえがき。
書庫《しょこ》 書物をしまっておく蔵。文庫。
初更《しょこう》 戌の刻。夜の七時から九時頃。
諸公《しょこう》 地位のある人々に対する敬称。
諸侯《しょこう》 封建時代の国王。諸大名。
曙光《しょこう》 夜明けの光。前途の光明。
徐行《じょこう》 自動車などがゆっくり進むこと。
諸国《しょこく》 もろもろの国。多くの国。
初婚《しょこん》 はじめての結婚。⬍再婚
所作《しょさ》 ふるまい。身のこなし。「―事」
所載《しょさい》 書物などに載っていること。
書斎《しょさい》 読書したり執筆したりする部屋。
所在《しょざい》 ありか。すみか。「責任の―」
如才《じょさい》 手おち。手ぬかり。「―ない」

初産《しょさん》 はじめてのお産。ういざん。
所産《しょさん》 うみだされたもの。「努力の―」
助産師《じょさんし》 出産を助ける職またその人。
初志《しょし》 最初の決意。初心。「―を翻す」
書誌《しょし》 書物に関して記述したもの。
庶子《しょし》 嫡出でない実子。⬍嫡子
諸氏《しょし》 大人数を指す語。皆さん。「先輩―」
諸姉《しょし》 多くの女性を指す語。「諸兄―」
所持《しょじ》 身につけて持っていること。
諸事《しょじ》 色々な事。多くの事。「―万端」
女史《じょし》 社会的地位のある女性の敬称。
序詞《じょし》 前置きの言葉。まえがき。序文。
女児《じょじ》 女の子ども。少女。⬍男児
序次《じょじ》 物事の順序。しだい。「―法」
叙事《じょじ》 事実のままに述べる。⬍叙情

初志貫徹《しょしかんてつ》 当初の志を貫く。
書式《しょしき》 公的文書の決まった書き方。
諸式《しょしき》 【諸色】いろいろの品物。物価。
除湿《じょしつ》 空気中から水分を取り除くこと。
除日《じょじつ》 おおみそか。おおつごもり。
書写《しょしゃ》 書き写すこと。学校の習字科目。
助手《じょしゅ》 仕事の補助をする人。
初秋《しょしゅう》 秋のはじめ。秋口。[秋] ⬍晩秋
所収《しょしゅう》 本などに収められていること。
初出《しょしゅつ》 はじめて出てくること。⬍再出
庶出《しょしゅつ》 妻以外から生れる。妾腹。⬍嫡出
叙述《じょじゅつ》 順序をおって述べること。
初春《しょしゅん》 春のはじめ。春先。[新] ⬍晩春
初旬《しょじゅん》 月のはじめの十日間。上旬。
処暑《しょしょ》 二四節気で八月二三日頃。[秋]

所所《しょしょ》　【処処】ところどころ。「―方方」
諸所《しょしょ》　【諸処】いろいろな場所。
処女《しょじょ》　生娘。最初であること。「―航海」
書状《しょじょう》　手紙。書簡。
序章《じょしょう》　小説などの最初の章。⇔終章
如上《じょじょう》　上にのべたこと。上述。前述。
叙情《じょじょう》　【抒情】感情を表すこと。「―的」
徐徐に《じょじょに》　そろそろ。ゆるゆる。
女丈夫《じょじょうふ》　すぐれた女子。女傑。男勝り。
女色《じょしょく》　女性との情事。女性の性的魅力。
初心《しょしん》　思い立った時の志。習い始め。
初診《しょしん》　最初の診察。「―料」⇔再診
所信《しょしん》　正しいと信じている所。「―表明」
書信《しょしん》　書面による音信。手紙。
序数《じょすう》　物の順序を表す自然数。順序数。

処《しょ》する　裁く。処理する。「難局に―」
署《しょ》する　署名する。
叙《じょ》する　位を授ける。文章で述べる。
除《じょ》する　割り算をする。取り去る。
処世《しょせい》　世渡り。「―術」
書生《しょせい》　他家に住み込んでいる学生。
女性《じょせい》　おんな。女子。婦人。⇔男性
女婿《じょせい》　娘の夫。娘むこ。
助成《じょせい》　研究や事業を助けること。「―金」
助勢《じょせい》　力をそえて助けること。助力。
書籍《しょせき》　本。書物。図書。「―小包」
除籍《じょせき》　戸籍・名簿から名を除くこと。
所説《しょせつ》　説くところ。述べた意見。説。
諸説《しょせつ》　いろいろな説や意見。「―紛々」
叙説《じょせつ》　考えを述べ説くこと。叙述。

除雪《じょせつ》　雪を取り除くこと。雪かき。
初戦《しょせん》　第一戦。最初の戦い・試合。
緒戦《しょせん》　始まったばかりの戦い・試合。
所詮《しょせん》　つまるところ。要するに。
諸相《しょそう》　さまざまな姿。いろいろな様子。
所蔵《しょぞう》　しまっておくこと、そのもの。
女装《じょそう》　男性が女性にふんそうすること。
助走《じょそう》　勢いをつけるために走ること。
序奏《じょそう》　曲の導入部分の演奏。イントロ。
除草《じょそう》　雑草を取ること。草とり。「―剤」
所属《しょぞく》　団体や組織に属していること。
所存《しょぞん》　心に思っていること。おもわく。
所帯《しょたい》　【世帯】独立した生活を営む一家。
書体《しょたい》　文字の形。文字の書きぶり。
初代《しょだい》　一系統の最初の代・人。「―横綱」

除隊《じょたい》　兵役を解かれること。⇔入隊
初対面《しょたいめん》　はじめて会うこと。初会。
書棚《しょだな》　本棚。本を並べておく棚。
処断《しょだん》　はっきり決めること。決断。
処置《しょち》　始末。はからい。手当て。措置。
書中《しょちゅう》　手紙の文中。文書の中。
暑中《しょちゅう》　夏の、暑い時期。夏の土用の期間。
初潮《しょちょう》　最初の月経。初経。「―年齢」
所長《しょちょう》　「所」と名のつくところの長。
署長《しょちょう》　「署」と名のつくところの長。
助長《じょちょう》　成長を助ける。傾向を強める。
職階《しょっかい》　職種と職責による等級。「―制」
触角《しょっかく》　節足動物の頭部の感覚器官。
触覚《しょっかく》　物にふれた時に起こる感覚。
食間《しょっかん》　食事と食事のあいだ。

触感《しょっかん》　さわった時の感じ。てざわり。
食器《しょっき》　食物を盛るうつわ。「―棚」
織機《しょっき》　布を織る機械。はたおりき。
職権《しょっけん》　職務上持っている権限。「―濫用」
燭光《しょっこう》　ともしびの光。光度の旧単位。
初《しょ》っ端《ぱな》　物事の一番はじめ。最初。
初手《しょて》　はじめ。囲碁・将棋の最初の手。
所定《しょてい》　定まっていること。「―の用紙」
書店《しょてん》　本屋。本を売る店。書房。書肆《しょし》。
初冬《しょとう》　冬のはじめ。はつふゆ。图⇔晩冬
初等《しょとう》　最初の段階。初級。「―教育」
初頭《しょとう》　ある年代・期間のはじめ。
諸島《しょとう》　一定区域内にある島の集まり。
初動《しょどう》　最初の行動。「―捜査」
書道《しょどう》　筆で文字を書く芸道。「―家」

所得《しょとく》　一定期間の収入・利益。「―税」
初七日《しょなのか》　死んでから七日めの法事。
女難《じょなん》　男性が女性関係で受ける災難。
初任《しょにん》　はじめて職に就くこと。「―給」
叙任《じょにん》　位を授け官に任じること。
序《じょ》の口《くち》　はじめ。相撲番付の最下級。
序破急《じょはきゅう》　導入・展開・終結の構成。
処罰《しょばつ》　罰すること。刑罰に処すること。
初犯《しょはん》　はじめて罪を犯すこと。⇔再犯
初版《しょはん》　出版された書籍の最初の版。
諸般《しょはん》　いろいろ。もろもろ。「―の事情」
序盤《じょばん》　対局や物事の初期の段階。「―戦」
書評《しょひょう》　本の内容の紹介・批評の文章。
書幅《しょふく》　文字が書かれた掛け軸。
処分《しょぶん》　始末すること。処罰すること。

**序文**《じょぶん》 本の端書き・前書き。⇕跋文《ばつぶん》

**初歩**《しょほ》 学問や技術の学びはじめ。初学。

**処方**《しょほう》 てだて。しかた。薬の調合。

**諸方**《しょほう》 あちらこちら。ほうぼう。

**書房**《しょぼう》 書斎。本屋。書店。書林。

**処方箋**《しょほうせん》 薬の処方が記された書類。

**序幕**《じょまく》 芝居の最初の幕。⇕終幕

**除幕**《じょまく》 銅像などの幕を取除き披露する。

**庶民**《しょみん》 一般大衆。ごく普通の人。「—的」

**処務**《しょむ》 事務処理。処理する事務。

**庶務**《しょむ》 一般の事務。種々の事務。「—係」

**書名**《しょめい》 書籍の題名。「—目録」「—索引」

**署名**《しょめい》 自分の姓名を書くこと。「—捺印」

**助命**《じょめい》 命を助けること。「—嘆願」

**除名**《じょめい》 団体や組織を脱退させること。

**書面**《しょめん》 文面。かきつけ。手紙。文書。

**所望**《しょもう》 欲しいと願うこと。望み。

**初夜**《しょや》 新婚夫婦が迎えるはじめての夜。

**除夜**《じょや》 おおみそかの夜。「—の鐘」 冬

**助役**《じょやく》 市町村長や駅長を補佐する職務。

**所有**《しょゆう》 持っていること。所持。「—権」

**女優**《じょゆう》 女性の俳優。⇕男優

**所与**《しょよ》 与えられていること・もの。

**所用**《しょよう》 用いること。用事。用件。入用。

**所要**《しょよう》 必要なこと。必要とすること。

- 所用で外出する
- 所要時間

**処理**《しょり》 物事を始末すること。「敗戦—」

**女流**《じょりゅう》 女性(仲間)。「—作家」「—文学」

**所領**《しょりょう》 領有する土地。領地。「—地」

**助力**《じょりょく》 力添え。手助け。手伝い。助勢。

**書類**《しょるい》 かきつけ。事務・記録の文書。

**序列**《じょれつ》 一定の基準により並べた順序。

**初老**《しょろう》 老いはじめ。「—の紳士」

**所論**《しょろん》 主張する事柄や意見。持論。

**緒論**《しょろん》 本文に入る前の準備の論。序論。

**序論**《じょろん》 本論に入る前に述べる概論。

**白和え**《しらあえ》 豆腐や白ごまのあえもの。

**地雷**《じらい》 地中に埋めて爆発させる兵器。

**爾来**《じらい》 このかた。その後。以来。

**白髪**《しらが》 白くなった頭髪。「若—」

**白河夜船**《しらかわよふね》 熟睡するさま。

**白木**《しらき》 木地のままの材木。「—造り」

**白子**《しらこ》 魚の精巣。

**白白しい**《しらじらしい》 見えすいているさま。

**白州**《しらす》 白い砂や小石を敷きつめた所。

**焦らす**《じらす》 わざと人をいらだたせる。

**知らず知らず**《しらずしらず》 いつのまにか。

**白滝**《しらたき》 白い滝。糸こんにゃく。

**白玉**《しらたま》 もち米の粉で作った団子。夏

**不知火**《しらぬい》 沖に光が現れる現象。秋

**白刃**《しらは》 さやから抜いた刀。抜き身。

**白羽**《しらは》 白い矢羽。「—の矢が立つ」

**白旗**《しらはた》 降伏を表す旗。源氏の旗じるし。

**素面**《しらふ》 【白面】酔っていない状態。

**調べる**《しらべる》 調査する。尋問する。演奏する。

**虱潰し**《しらみつぶし》 一つ残らず処理するさま。

**白む**《しらむ》 夜が明ける。興がさめる。

**白焼き**《しらやき》 魚を何もつけずに焼くこと。

**尻**《しり》 腰の下の後ろの部位。臀部《でんぶ》。

**私利**《しり》 自分一人の利益。「—私欲」

**事理**《じり》 物事の道理。すじみち。「—明白」

**知り合い**《しりあい》 知り合っている人。

**尻上がり**《しりあがり》 後になるほど良くなる。

**尻馬**《しりうま》 前を行く馬の後ろ。「—に乗る」

**尻押し**《しりおし》 助勢すること。助勢する人。

**尻隠し**《しりかくし》 自分の過失をかくすこと。

**尻軽**《しりがる》 軽率。女の、浮気なこと。「—女」

**地力**《じりき》 本来備わっている力。底力。実力。

**自力**《じりき》 自分一人の力。独力。⇕他力

**尻切れ**《しりきれ》 中途で終わること。尻切り。

**尻毛を抜く**《しりげをぬく》 油断につけこみ、不意に事をしでかして、人をおどかす。

**尻込み**《しりごみ》 【後込み】ためらうこと。

**尻窄まり**《しりすぼまり》 終わりに勢いが衰える。

**退く**《しりぞく》 後ろに下がる。引退する。

**市立**《しりつ》 市が設立・経営している施設。

**私立**《しりつ》 私人が設立・経営するもの。

**而立**《じりつ》 「三十歳」の異称。

**自立**《じりつ》 他に頼らず自力で行う。自活。

**自律**《じりつ》 自分で自分を律する。⇕他律

- 自立して働く
- 自律神経 自律的

**尻取り**《しりとり》 言葉を言い合う遊びの一つ。

**尻拭い**《しりぬぐい》 人の失敗の後始末。

**尻目**《しりめ》 【後目】横目。無視すること。

**支離滅裂**《しりめつれつ》 めちゃくちゃ。

**尻餅**《しりもち》 後ろに倒れて尻が地に着くこと。

**支流**《しりゅう》 本流に注ぎこむ川。⇕本流

**時流**《じりゅう》 その時代の一般の傾向・流行。

**思慮**《しりょ》 深く考えること。「—分別《ふんべつ》」

**史料**《しりょう》 歴史研究の遺物や材料。

資料《しりょう》 研究や調査の基礎となる材料。
試料《しりょう》 検査や分析の材料。サンプル。
死霊《しりょう》 死者の魂。怨霊。⇔生き霊
思量《しりょう》 【思料】思いはかること。
飼料《しりょう》 家畜などに与える食料。えさ。
死力《しりょく》 必死の力。あらんかぎりの力。
視力《しりょく》 物を見る、目の能力。「—検査」
資力《しりょく》 資金を出しうる力。財力。
磁力《じりょく》 磁気の力。磁場の強さ。「—計」
四隣《しりん》 となり近所。四辺。四方の国々。
汁《しる》 物の中に含まれる液。吸い物。
知《し》る 認める。覚えている。把握する。
汁粉《しるこ》 餡《あん》の汁にもちを入れた食べ物。
印《しるし》 【標】目印。証拠。合図。「—半纏《ばんてん》」
徴《しるし》 きざし。兆候。前兆。「回復の—」

験《しるし》 効き目。効能。ためし。霊験。
印《しる》す しるしをつける。跡を残す。
記《しる》す 書きつける。心にとどめる。
●足跡を印す
●ノートに記す
導《しる》べ 【標】手引き。道案内。「道—」
知《し》る辺《べ》 知人。知り合い「—を頼る」
司令《しれい》 軍隊を指揮統一すること・役。
指令《しれい》 上から下への指図。命令。指示。
●司令官 司令塔
●指令を下す
事例《じれい》 前例となる事実・事件。実例。
辞令《じれい》 任免を記した、本人に渡す文書。
痴《し》れ言《ごと》 ばかげた言葉。たわごと。
熾烈《しれつ》 勢いが盛んではげしいさま。
痴《し》れ者《もの》 ばかもの。愚かもの。
痴《し》れる 頭が鈍くなる。「美酒に酔い—」

焦《じ》れる いらだつ。心がせく。
試練《しれん》 【試煉】力や心の強さを試す苦難。
城《しろ》 敵を防ぐために築いた建物。
素人《しろうと》 本職・専門でない人。⇔玄人《くろうと》
銀《しろがね》 ぎん。白銀。「—細工」
四六時中《しろくじちゅう》 一日じゅう。
白黒《しろくろ》 白色と黒色。無罪か有罪か。
白酒《しろざけ》 もち米で作る濃厚な甘酒。春
白妙《しろたえ》 【白栲】白い色。白い布。
白星《しろぼし》 白い星印・丸印。勝ち星。⇔黒星
白身《しろみ》 卵白。白い魚肉。(木材の)白太。
白無垢《しろむく》 白一色の慶事用の着物。
白目《しろめ》 【白眼】眼球の白い部分。⇔黒目
代物《しろもの》 品物。人。「たいした—」
史論《しろん》 歴史に関する論説や評論。

私論《しろん》 個人的な意見や評論。自分の論。
試論《しろん》 試しに述べた論説や論文。
持論《じろん》 いつも主張する意見。持説。
時論《じろん》 時事の議論。その当時の世論。
皺《しわ》 【皴】表面にできる細かい筋目。
吝《しわ》い 【嗇い】けちなさま。
仕訳《しわけ》 簿記で、項目別に記入すること。
仕分《しわ》け◀ 区別・分類すること。仕訳。
仕業《しわざ》 あまりよくない行為・所業。
師走《しわす》 陰暦十二月の異称。しはす。冬
咳《しわぶき》 せき。せきばらい。冬
皺寄《しわよ》せ◀ 悪い影響が他に及ぶこと。
地割《じわ》れ 地面に割れ目ができること。
心《しん》 こころ。精神。「—から疲れる」
芯《しん》 物の真ん中のかたい部分。

信《しん》 偽りのないこと。「—を問う」
真《しん》 まこと。本物。「—の姿」
仁《じん》 なさけ。思いやり。人。「ご—」
親愛《しんあい》 親しみを感じること。「—の情」
仁愛《じんあい》 いつくしむこと。情け。慈愛。
塵埃《じんあい》 ちりやほこり。俗事。世事。
新案《しんあん》 新しい思いつき。新考案。「—特許」
真意《しんい》 本当の心。真の意義。「—を問う」
深意《しんい》 深い意味。「—はない」「—を語る」
人為《じんい》 人のしわざ。人手を加えること。
神域《しんいき》 神社の境内。霊域。聖域。
震域《しんいき》 地震の震動が感じられる範囲。
真因《しんいん》 事件や事故の本当の原因。
人員《じんいん》 人数。人の数。「—整理」
神韻縹渺《しんいんひょうぼう》 芸術品の奥深い趣。

真打《しんう》ち◀ 寄席に出る最上格の人。
新鋭《しんえい》 新しく勢いが鋭い・人。⇔古豪
親衛《しんえい》 国王や要人の身辺護衛。「—隊」
陣営《じんえい》 陣地。軍営。勢力集団。
深淵《しんえん》 深いふち。底知れないさま。
深遠《しんえん》 奥が深くてはかりしれないさま。
人煙《じんえん》 人家のかまどの煙。人家。
深奥《しんおう》 奥が深いこと。奥底。「心の—」
真価《しんか》 本当の価値。「—が問われる」
深化《しんか》 深まること。「思索の—」
進化《しんか》 物事が進歩・発展する。⇔退化
人家《じんか》 人の住む家屋。人屋《じんおく》。
深海《しんかい》 深い海。「—魚」⇔浅海
心外《しんがい》 思いのほか。意外。残念。
侵害《しんがい》 他者の権利をおかし害を与える。

**人界**《じんかい》 人の住んでいる世界。人間界。
**塵芥**《じんかい》 ちり。あくた。ごみ。
**塵界**《じんかい》 ちりのように汚れた俗界。
**人外**《じんがい》 人の道に外れること。人界の外。
**新開地**《しんかいち》 新しく切りひらいた場所。
**新顔**《しんがお》 新しく仲間に加わった人。新人。
**神学**《しんがく》 キリスト教を研究する学問。
**進学**《しんがく》 上級学校へ進むこと。「―塾」
**人格**《じんかく》 品格。品性。人柄。「二重―」
**神格化**《しんかくか》 神のように扱うこと。
**陣笠**《じんがさ》 下級武士のかぶる笠。「―議員」
**新型**《しんがた》 【新形】新しい型。流行の型。
**殿**《しんがり》 軍隊で追撃を防ぐ最後尾の部隊。
**心肝**《しんかん》 心臓と肝臓。心底。「―に徹する」
**神官**《しんかん》 かんぬし。神職。

**信管**《しんかん》 爆弾・弾丸などの起爆装置。
**森閑**《しんかん》 【深閑】静まりかえっているさま。
**新刊**《しんかん》 新しく出版された書物。⇔旧刊
**震撼**《しんかん》 震え動くこと。震い動かすこと。
**心眼**《しんがん》 物事の真実を見抜く鋭い洞察力。
**真贋**《しんがん》 本物と偽物。「―を見分ける」
**心気**《しんき》 気持ち。心持ち。「―を燃やす」
**心機**《しんき》 心の動きや働き。気持ち。
**心悸**《しんき》 心臓の鼓動・動悸。「―亢進」
**辛気**《しんき》 心晴れやかでないさま。「―臭い」
**新奇**《しんき》 目新しくて風変わり。⇔陳腐
**新規**《しんき》 新しいこと。「―採用」「―の客」
**心技**《しんぎ》 精神力とわざ。「―体」
**神技**《しんぎ》 人間離れしている技。神わざ。
**信義**《しんぎ》 約束を守り務めを果すこと。

**真偽**《しんぎ》 本当かうそか。真否。正誤。
**審議**《しんぎ》 詳しく検討・論議すること。
**仁義**《じんぎ》 仁と義。人が実行すべき道徳。
**心機一転**《しんきいってん》 心を切りかえる。
**新機軸**《しんきじく》 新しい計画・工夫。
**新旧**《しんきゅう》 新しいものと古いもの。「―交替」
**進級**《しんきゅう》 学年や等級が上に進むこと。
**鍼灸**《しんきゅう》 はりときゅう。「―院」
**新居**《しんきょ》 新しい住まい。「―を構える」
**心境**《しんきょう》 心持ち。「―の変化をきたす」
**信教**《しんきょう》 宗教を信じること。「―の自由」
**進境**《しんきょう》 進歩のあと。上達した様子。
**蜃気楼**《しんきろう》 光の異常屈折による現象。[春]
**呻吟**《しんぎん》 うめくこと。うなること。
**親近感**《しんきんかん》 身近で親しみやすい感じ。

**心筋梗塞**《しんきんこうそく》 心筋が機能しない。
**辛苦**《しんく》 苦しむこと。「―を味わう」
**深紅**《しんく》 【真紅】濃い紅色。まっか。
**寝具**《しんぐ》 寝る時の道具。夜具。
**甚句**《じんく》 七七七五の四句の俗謡。「相撲―」
**真空**《しんくう》 物質が全く存在しない空間。
**神宮**《じんぐう》 格式高い神社。伊勢神宮。
**神経**《しんけい》 知覚・運動・伝達を司る器官。
**進撃**《しんげき》 前進していって攻撃すること。
**新劇**《しんげき》 歌舞伎などに対しいう近代演劇。
**心血**《しんけつ》 真心。全精力。「―を注ぐ」
**新月**《しんげつ》 陰暦で月の初日の夜に見える月。
**真剣**《しんけん》 本物の刀。本気。まじめ。「―勝負」
**親権**《しんけん》 子を監督・管理する親の権利。
**進言**《しんげん》 上の人に意見を申し述べること。

**森厳**《しんげん》 極めておごそかなさま。「―静寂」
**箴言**《しんげん》 教訓的な短い言葉。格言。
**震源**《しんげん》 地震が発生した場所。「―地」
**人絹**《じんけん》 「人造絹糸」の略。レーヨン。
**人権**《じんけん》 人間が生まれながらにもつ権利。
**人件費**《じんけんひ》 労働の対価に支払う経費。
**新香**《しんこ》 香りのもの。つけもの。「お―」
**人後**《じんご》 人の後ろ。「―に落ちない」
**信仰**《しんこう》 神仏を心から信じうやまうこと。
**侵攻**《しんこう》 他国・敵地を攻め侵入すること。
**振興**《しんこう》 盛んになること。盛んにすること。
**進攻**《しんこう》 前進し攻撃すること。進撃。
**深厚**《しんこう》 内容が奥深い。恩徳が深く厚い。
**進行**《しんこう》 物事が進み、はかどること。
**深更**《しんこう》 夜ふけ。深夜。真夜中。

**進講**《しんこう》 身分の高い人に講義すること。
**新興**《しんこう》 新しく興ること。「―宗教」「―国」
**親交**《しんこう》 親しくつきあうこと。「―を結ぶ」
**信号**《しんごう》 合図。交通信号。「停止―」
**人口**《じんこう》 一定地域の総人数。世間の評判。
**人工**《じんこう》 人手を加えること。⇔天然・自然
**沈香**《じんこう》 香木のジンコウから製した香料。
**塵劫**《じんこう》 仏教で、極めて長い時間。永劫。
**深呼吸**《しんこきゅう》 深く息を出し入れすること。
**申告**《しんこく》 官庁・上司に申し出る。「確定―」
**深刻**《しんこく》 ひどく重大で切実なさま。「―化」
**親告**《しんこく》 自ら告げること。被害者の告訴。
**真骨頂**《しんこっちょう》 本来の姿。本領。「―を発揮」
**心魂**《しんこん》 【神魂】たましい。全身全霊。心底。
**新婚**《しんこん》 結婚して間もないこと。「―旅行」

**審査《しんさ》** 調べて等級や良否をきめること。
**震災《しんさい》** 地震による災害。「―地」
**人災《じんさい》** 人の不注意による災害。⇕天災
**人材《じんざい》** 有能な人物。役に立つ人物。
**診察《しんさつ》** 医者が病状を調べ判断すること。
**心算《しんさん》** 心づもり。皮算用。「―を立てる」
**辛酸《しんさん》** 苦しくつらいこと。にがい経験。
**新参《しんざん》** 新しく仲間に加わった人。新米。
**深山《しんざん》幽谷《ゆうこく》** 奥深い山や谷。
**真摯《しんし》** まじめ。本気。「―な態度」
**紳士《しんし》** 教養品格があり礼儀正しい男性。
**心耳《しんじ》** 心の中で聞くこと。「―を澄ます」
**心事《しんじ》** 心に思うことがら。「―を察する」
**神事《しんじ》** 神をまつる行事。祭り。
**人士《じんし》** 教養や地位のある人。方がた。

**人事《じんじ》** 人間に関する事柄。「―異動」
**仁慈《じんじ》** めぐみ。いつくしみ。情け。
**神式《しんしき》** 神道のやり方・儀式。「―結婚」
**新式《しんしき》** 新しい方式や様式。⇕旧式
**紳士《しんし》協定《きょうてい》** 非公式の国際協定。信頼し合って結ぶ口約束。紳士協約。
**寝室《しんしつ》** 寝る部屋。ねや。臥室。寝間。
**信実《しんじつ》** 誠実な心。真心。「―を傾ける」
**真実《しんじつ》** 偽りのない本当のこと。「―味」
**尽日《じんじつ》** 終日。みそか。大みそか。
**人事《じんじ》不省《ふせい》** 意識不明になる。
**深謝《しんしゃ》** 厚く感謝すること。深くわびる。
**親炙《しんしゃ》** 親しく接して感化を受けること。
**信者《しんじゃ》** その宗教を信仰する人。信徒。
**仁者《じんしゃ》** 情けぶかい人。「―は敵なし」

**神社《じんじゃ》** 神道の神をまつる所。やしろ。
**斟酌《しんしゃく》** 事情をくみ取ること。遠慮。
**進取《しんしゅ》** 進んで新しい事を試みること。
**新酒《しんしゅ》** その年の新米で醸造した酒。秋
**新種《しんしゅ》** 新しい種類。新発見の品種。
**真珠《しんじゅ》** 貝類の体内にできる美しい玉。
**人種《じんしゅ》** 人類の形質的特徴上の区別。
**心中《しんじゅう》** 一緒に自殺すること。「無理―」
**伸縮《しんしゅく》** のびたりちぢんだりすること。
**浸出《しんしゅつ》** 液体にひたして溶かし出すこと。
**滲出《しんしゅつ》** 液体がしみ出ること。「汗の―」
**進出《しんしゅつ》** 進み出る。新方面に乗り出す。
**鍼術《しんじゅつ》** 【針術】針を患部にさす治療法。
**仁術《じんじゅつ》** 仁を行う医術。「医は―」
**神出《しんしゅつ》鬼没《きぼつ》** 出没が自在なこと。

**新春《しんしゅん》** はつはる。新年。正月。新
**浸潤《しんじゅん》** 次第にしみこみ広がること。
**信書《しんしょ》** 個人の手紙。私信。書状。
**親書《しんしょ》** 自筆の手紙。天皇や元首の手紙。
**仁恕《じんじょ》** 思いやりがある。哀み罪過を許す。
**心証《しんしょう》** 言動が他人に与える印象。
**心象《しんしょう》** 心の中に描く像。「―風景」
**辛勝《しんしょう》** やっと勝つこと。⇕圧勝・楽勝
**身上《しんしょう》** 財産。身代。「―をつぶす」
**心情《しんじょう》** 心の中の思い。気持ち。「―的」
**身上《しんじょう》** 身の上。取り柄。価値。「―書」
**信条《しんじょう》** 日頃からかたく信じている事柄。
**真情《しんじょう》** 真心。本当の状態。実情。
**進上《しんじょう》** さしあげること。進呈。「―品」
**尋常《じんじょう》** 普通。当たりまえ。殊勝なこと。

**信賞《しんしょう》必罰《ひつばつ》** 厳格な賞罰。
**針小《しんしょう》棒大《ぼうだい》** 誇張した表現。
**侵食《しんしょく》** 【侵蝕】徐々にむしばみ食いこむ。
**浸食《しんしょく》** 【浸蝕】水がしみこんで削り取る。
●領土を侵食する
●河川の浸食作用
**寝食《しんしょく》** 寝ることと食べること。
**心身《しんしん》** 【身心】心と体。精神と肉体。
**心神《しんしん》** 心。たましい。精神。「―消耗」
●心身を鍛える
●心神喪失
**津津《しんしん》** あふれ出て尽きない。「興味―」
**深深《しんしん》** 夜が静かにふける。奥深いさま。
**新進《しんしん》** 新しく進み出ること・人。
**信心《しんじん》** 信仰の心。信仰して祈ること。
**深甚《しんじん》** 意味や気持ちが非常に深いさま。
**人心《じんしん》** 人の気持ち。民衆の気持ち。

**人身《じんしん》** 人体。「―事故」個人の身分。
**新進《しんしん》気鋭《きえい》** 意気込み鋭い新鋭。
**人心《じんしん》収攬《しゅうらん》** 民の心をまとめる。
**心身《しんしん》症《しょう》** ストレスに起因した疾患。
**心酔《しんすい》** 熱中すること。深く傾倒する。
**浸水《しんすい》** 水びたしになること。「―家屋」
**進水《しんすい》** 新造船をはじめて水に浮かべる。
**薪水《しんすい》** 炊事。家事。「―の労をとる」
**心髄《しんずい》** 物の中心。中枢。心底。「―を探る」
**神髄《しんずい》** 【真髄】奥義。精髄。「―を究める」
**申請《しんせい》** 許可・認可などを願い出ること。
**神聖《しんせい》** 清らかでけがれがないこと。
**真正《しんせい》** 真実で正しい様子。正真正銘。
**真性《しんせい》** 天性。本物の病。⇕擬似・仮性
**新生《しんせい》** 新しく生まれ出ること。新生活。

**新制**《しんせい》 新しい制度。「—大学」⬌旧制
**新星**《しんせい》 急に輝き出る星。急に出た人気者。
**人世**《じんせい》 人の、この世の中。世間。浮世。
**人生**《じんせい》 人が生きている間。一生。「—観」
**仁政**《じんせい》 情け深いよい政治。⬌悪政
**新生面**《しんせいめん》 新しい分野。「—を開く」
**真跡**《しんせき》 【真蹟】真筆。本当の筆跡。
**親戚**《しんせき》 親類。親族。縁類。姻戚。
**人跡未踏**《じんせきみとう》 誰も行っていない。
**新雪**《しんせつ》 降り積もったばかりの雪。初雪。
**新設**《しんせつ》 新しく設けること。「—合併」
**新説**《しんせつ》 新しい学説や意見。「—を唱える」
**親切**《しんせつ》 【深切】思いやりがあること。
**神仙**《しんせん》 神や仙人。神通力のある仙人。
**神饌**《しんせん》 神前に供える酒食。

**深浅**《しんせん》 深いことと浅いこと。色の濃淡。
**新鮮**《しんせん》 新しくて生きがよいさま。
**親善**《しんぜん》 親しんで仲よくする。「—外交」
**人選**《じんせん》 適当な人材を選ぶこと。
**荏苒**《じんぜん》 月日が移り行くさま。延び延び。
**真善美**《しんぜんび》 人間の理想を具現したもの。
**親疎**《しんそ》 親密と疎遠。親密さの度合い。
**真相**《しんそう》 事件などの本当の事情。「—究明」
**深窓**《しんそう》 邸宅内の奥の部屋。「—の令嬢」
**深層**《しんそう》 奥深く隠された部分。「—心理」
**新装**《しんそう》 新しいよそおい。「—開店」
**心臓**《しんぞう》 血液循環の中枢器官。かなめ。
**新造**《しんぞう》 新しく造ること。「—船」「—語」
**人造**《じんぞう》 人間が作ること。人工製造。「—湖」
**腎臓**《じんぞう》 五臓の一つ。尿の排泄《はいせつ》器官。

**神速**《しんそく》 人間離れして素早いさま。
**真俗**《しんぞく》 僧りょと俗人。「—二諦」
**親族**《しんぞく》 親戚。血族と姻族。「—会議」
**迅速**《じんそく》 極めて速いさま。すみやか。
**塵俗**《じんぞく》 けがれた世の中。俗界。俗世間。
**心底**《しんそこ》 【真底】心の奥底。本当に。「—驚く」
**真率**《しんそつ》 素直で飾り気がないこと。
**新卒**《しんそつ》 その年に学校を卒業したこと。
**身体**《しんたい》 人間の体。肉体。「—測定」
**神体**《しんたい》 神が宿るものとして祭るもの。
**進退**《しんたい》 進むことと退くこと。職の去就。
**身代**《しんだい》 財産。家産。身上。「—限り」
**寝台**《しんだい》 寝るために使用する台。ベッド。
**靭帯**《じんたい》 骨と骨をつなぎとめる筋。
**甚大**《じんだい》 極めて大きい。はなはだしい。

**進退両難**《しんたいりょうなん》 身動きできず困る。
**信託**《しんたく》 信用して任せること。「—会社」
**申達**《しんたつ》 官庁の、上から下への文書指令。
**進達**《しんたつ》 官庁への上申を取り次ぐ。「—書」
**陣立て**《じんだ》◀ 軍勢の配置。陣ぞなえ。
**心胆**《しんたん》 心。肝玉。「—を寒からしめる」
**薪炭**《しんたん》 たきぎとすみ。燃料。「—商」
**診断**《しんだん》 患者を診察して病状を判断する。
**人知**《じんち》 【人智】人類の知恵。「—の限り」
**陣地**《じんち》 戦闘のため軍隊を配置した場所。
**新築**《しんちく》 あらたに建築する・建物。
**人畜**《じんちく》 人と家畜。「—無害」
**新着**《しんちゃく》 届いたばかりであること・もの。
**心中**《しんちゅう》 心の中。内心。胸中。
**身中**《しんちゅう》 体のうち。「獅子《しし》—の虫」

**真鍮**《しんちゅう》 銅と亜鉛との合金。黄銅。
**進駐**《しんちゅう》 軍が他国に進軍しとどまること。
**陣中**《じんちゅう》 戦陣の中。戦いの最中。「—見舞」
**伸長**《しんちょう》 長さや力などがのびる。増進。
**伸張**《しんちょう》 勢力などがのび広がる。拡張。
**身長**《しんちょう》 身の高さ。身のたけ。背たけ。
**深長**《しんちょう》 意味が深く含蓄が多いさま。
**慎重**《しんちょう》 注意深く軽々しくない。⬌軽率
**新調**《しんちょう》 衣服などを新しく作ること。
**進捗**《しんちょく》 物事が進みはかどること。
**新陳代謝**《しんちんたいしゃ》 新旧の交替。
**心痛**《しんつう》 ひどく心配して心を痛めること。
**陣痛**《じんつう》 分娩前の周期的な痛み。
**神通力**《じんつうりき》 何事もなし得る不思議な力。
**進呈**《しんてい》 物をさしあげること。贈呈。

**新訂**《しんてい》 新たに訂正すること。「—増補」
**心的**《しんてき》 心についてのようす。「—外傷」
**人的**《じんてき》 人に関すること。「—損害」⬌物的
**伸展**《しんてん》 勢いや範囲がのびひろがること。
**進展**《しんてん》 物事が進歩・発展すること。
●事業の伸展
●交渉が進展する
**親展**《しんてん》 名宛人自身の開封を求める脇付。
**神殿**《しんでん》 神を祭った殿堂。神社の正殿。
**寝殿**《しんでん》 昔、天子が住んだ宮殿。「—造《づく》り」
**心電図**《しんでんず》 心臓の活動を記録した図。
**新天地**《しんてんち》 新しい活躍の場。新世界。
**震天動地**《しんてんどうち》 世間を驚かすこと。
**信徒**《しんと》 その宗教を信じる人。信者。
**深度**《しんど》 海や湖の深さの度合・程度。
**進度**《しんど》 物事の進み具合。

**震度**《しんど》 地震のゆれの度合。「—計」
**心頭**《しんとう》 心。念頭。「怒り—に発す」
**神道**《しんとう》 日本古来の民俗信仰。「国家—」
**浸透**《しんとう》 【滲透】しみとおること。
**震盪**《しんとう》 【振盪】激しく動かすこと。「脳—」
**親等**《しんとう》 親族間の近さを表す等級。
**神童**《しんどう》 並はずれた才能を持つ児童。
**振動**《しんどう》 ふれ動くこと。「車体が—する」
**震動**《しんどう》 揺れ動くこと。「大地が—する」
**陣頭**《じんとう》 戦いの先頭。第一線。「—指揮」
**人道**《じんどう》 人間として行うべき道。歩道。
**真読**《しんどく》 経典を略さず全部読む。⇔転読
**人徳**《じんとく》 その人にそなわった徳。
**仁徳**《じんとく》 人を愛しいつくしむ徳。仁愛。
**陣取**《じんど》**る** ある場所を占有する。

**親日**《しんにち》 日本に好意的。「—家」⇔反日
**侵入**《しんにゅう》 無理に押し入ること。「家宅—罪」
**浸入**《しんにゅう》 水などが入りこむ。「濁流の—」
**進入**《しんにゅう》 すすみ入る。「列車が駅に—する」
**新入**《しんにゅう》 新たに組織に加わること・人。
**滲入**《しんにゅう》 水などがしみ込むこと。
**信任**《しんにん》 信用してまかせること。「—投票」
**信認**《しんにん》 信用して承認すること。
**新任**《しんにん》 あらたに任務につくこと・人。
**親任**《しんにん》 天皇が直接官に任命すること。
**信念**《しんねん》 かたく信じて変わらない心。
**親王**《しんのう》 天皇の、息子また男の孫。「—家」
**新派**《しんぱ》 新しい流派。「新派劇」の略。
**心配**《しんぱい》 気にかけること。「—性《しょう》」⇔安心
**陣羽織**《じんばおり》 鎧《よろい》の上から着込んだ羽織。

**心拍**《しんぱく》 【心搏】心臓の鼓動。「—数」
**神罰**《しんばつ》 神が下す罰。天罰。「—が下る」
**心張**《しんば》**り▲棒**《ぼう》 つっかい棒。
**侵犯**《しんぱん》 他国の領土・権利をおかすこと。
**新版**《しんぱん》 新しい出版物。新刊。⇔旧版
**審判**《しんぱん》 審理し判決する。競技の判定。
**審美**《しんび》 美と醜とを見わけること。「—眼」
**神秘**《しんぴ》 人知では理解しがたい不思議さ。
**真否**《しんぴ》 真実か否か。真偽。「—を糺《ただ》す」
**真筆**《しんぴつ》 本当の筆跡。真跡。⇔偽筆
**親筆**《しんぴつ》 高貴な人が自ら書いた筆跡。
**信憑**《しんぴょう》 信用すること。「—性」
**人品**《じんぴん》 人格。品性。「—卑しからざる」
**神父**《しんぷ》 カトリック教会の司祭の呼称。
**新婦**《しんぷ》 花嫁。「新郎—」

**新風**《しんぷう》 新しい方法や考え方。「—を送る」
**心服**《しんぷく》 心から敬い従うこと。
**信服**《しんぷく》 【信伏】信じて服従すること。
**心腹**《しんぷく》 胸と腹。心。胸中。「—に落つ」
**振幅**《しんぷく》 振動している物体の、揺れる幅。
**震幅**《しんぷく》 地震の揺れ幅。
**心不全**《しんふぜん》 心臓の機能が衰えた状態。
**神仏**《しんぶつ》 神と仏。神道と仏道。「—習合」
**人物**《じんぶつ》 人。ひとがら。人品。「好—」
**新聞**《しんぶん》 社会の事柄を報道する刊行物。
**人文**《じんぶん》 人類の文明・文化。人文科学。
**甚平**《じんべい》 男が着る、筒袖の羽織の一。〔夏〕
**身辺**《しんぺん》 身のまわり。「—整理」
**神変**《しんぺん》 はかり知れない不思議な変化。
**進歩**《しんぽ》 物事が次第に発達すること。

**心棒**《しんぼう》 回転の中心の軸木。活動の中心。
**辛抱**《しんぼう》 耐え忍ぶこと。我慢。忍耐。
**信望**《しんぼう》 信用と人望。人気。「—を得る」
**信奉**《しんぽう》 思想などを信じて尊ぶこと。
**人望**《じんぼう》 世間の信頼。「—が厚い」
**深謀遠慮**《しんぼうえんりょ》 深く考え計画する。
**神木**《しんぼく》 神社の境内で特に祭られる樹木。
**親睦**《しんぼく》 仲むつまじくする。「—を深める」
**新仏**《しんぼとけ》 死んで間もない霊。あらぼとけ。
**新米**《しんまい》 新人。その年、収穫した米。〔秋〕
**蕁麻疹**《じんましん》 発疹を生じる急性皮膚病。
**新味**《しんみ》 新しい感じ。新しい趣向。
**親身**《しんみ》 肉親のような心遣いをすること。
**親密**《しんみつ》 極めて親しい関係。「—度」⇔疎遠
**人脈**《じんみゃく》 人々の社会的なつながり。

**神妙**《しんみょう》 けなげなこと。素直なこと。
**臣民**《しんみん》 君主国の国民。
**人民**《じんみん》 社会を構成する人々。平民。
**神馬**《しんめ》 神社に奉納する馬。しんば。
**新芽**《しんめ》 新しく出た芽。若芽。
**身命**《しんめい》 体と命。一身。「—をなげうつ」
**神明**《しんめい》 かみ。神霊。「—に誓う」
**人命**《じんめい》 人の命。「—救助」
**人面獣心**《じんめんじゅうしん》 冷酷な恩知らず。
**真面目**《しんめんもく》 本来の姿。真価。実直。
**進物**《しんもつ》 人にさしあげる品物。贈り物。
**審問**《しんもん》 詳しく問いただすこと。
**尋問**《じんもん》 【訊問】裁判官などが問いただす。
**深夜**《しんや》 よふけ。真夜中。「—営業」
**新訳**《しんやく》 新しい翻訳。⇔旧訳

新薬《しんやく》 新しく開発・発売された薬品。
新約《しんやく》 新しい約束・契約。新約聖書。
心友《しんゆう》 心から信じ合っている友人。
親友《しんゆう》 非常に親しい友達。「無二の—」
神佑《しんゆう》 神のたすけ。神助。「—天助」
深憂《しんゆう》 深くうれえること。大きな心配。
信用《しんよう》 信頼されている。確実と信じる。
陣容《じんよう》 組織を構成する人員。顔ぶれ。
針葉樹《しんようじゅ》 葉が針状の樹木。⬍広葉樹
信頼《しんらい》 信じてたよること。「—に応える」
新来《しんらい》 新しく来ること・もの・人。
迅雷《じんらい》 はげしい雷鳴。「疾風—」
辛辣《しんらつ》 極めて手厳しいさま。「—な批評」
森羅万象《しんらばんしょう》 宇宙の全存在。
心理《しんり》 心の動き。精神のありさま。

心裏《しんり》 【心裡】心のうち。心中《しんちゅう》。
真理《しんり》 普遍的な法則。真実の道理。
審理《しんり》 法廷で事実関係を明らかにする。
神力《しんりき》 神の通力。神の不可思議な力。
人力《じんりき》 人間の力。じんりょく。「—車」
侵略《しんりゃく》 【侵掠】他国に侵入し領地を奪う。
心慮《しんりょ》 考え。思い。おもいはかること。
深慮《しんりょ》 深く考え巡らすこと。⬍浅慮
診療《しんりょう》 病気を診察し治すこと。「—所」
新涼《しんりょう》 初秋の涼しさ。秋涼。秋
心力《しんりょく》 心の力。心の働き。精神力。
深緑《しんりょく》 こいみどり。ふかみどり色。
新緑《しんりょく》 初夏の若葉のみどり。夏
尽力《じんりょく》 全力をつくすこと。尽瘁《じんすい》。
森林《しんりん》 樹木の密生している一帯。

親臨《しんりん》 天皇・皇族が自ら出席すること。
人倫《じんりん》 人として守るべき道徳。
親類《しんるい》 身内。親戚。血族と姻族。「—縁者」
人類《じんるい》 動物分類上での人間。「—学」
心霊《しんれい》 たましい。不思議な精神現象。
神霊《しんれい》 神。神の徳。人の魂。霊魂。
新暦《しんれき》 太陽暦。⬍旧暦・陰暦
針路《しんろ》 航路。行動すべき方向。
進路《しんろ》 進む道。将来進む方向。⬍退路
心労《しんろう》 精神上の苦労。気苦労。気疲れ。
辛労《しんろう》 骨折り。苦労。「—辛苦」
新郎《しんろう》 花婿。「—新婦」
甚六《じんろく》 世間知らずの長男。「総領の—」
神話《しんわ》 民族の神を中心とした説話。
親和《しんわ》 互いに親しみ仲がよいこと。

## す

州《す》 【洲】積もって水面に出た土地。
巣《す》 生き物の、こもりすむ所。
酢《す》 【醋】酸味の強い液状調味料。
鬆《す》 大根などの芯にできる穴。
図《ず》 絵図。図形。思い通り。「—にのる」
頭《ず》 あたま。こうべ。「—が高い」
素足《すあし》 はだし。靴下をはかない足。夏
素甘《すあま》 蒸したうるちと砂糖で作る菓子。
図案《ずあん》 色や形の組み合わせ。デザイン。
粋《すい》 優れたもの。いきであること。
蕊《ずい》 【蘂】花のおしべ・めしべ。しべ。
髄《ずい》 骨の中の組織。物事の中心部。
水圧《すいあつ》 水による圧力。「—機」

水位《すいい》 川などの基準からの水面の高さ。
推移《すいい》 物事が年月の経過で変わること。
随意《ずいい》 心の思うままにすること。任意。
水域《すいいき》 海や川などに設けた一定の区域。
随一《ずいいち》 同類内で一番。「当代—の名筆」
随員《ずいいん》 高官などにつき従う人。随行員。
水運《すいうん》 水路による交通や運送。⬍陸運
衰運《すいうん》 衰えゆく運命。⬍盛運・隆運
瑞雲《ずいうん》 めでたい前兆を表す雲。慶雲。
水泳《すいえい》 水中を泳ぐこと・競技。夏
水煙《すいえん》 みずけむり。塔の九輪上の飾り。
炊煙《すいえん》 炊事のけむり。かまどのけむり。
水温《すいおん》 水の温かさ。水の温度。「—計」
水禍《すいか》 水による災難。水害。水難。
誰何《すいか》 人を呼びとめ問いただすこと。

水害《すいがい》 洪水など水による被害。水禍。
透垣《すいがい》 竹や板で間を透かした垣根。
水火《すいか》の仲《なか》 仲の悪いさま。氷炭。
水火《すいか》も辞《じ》さず 困難もいとわない。どんな「水火」は「洪水と火災」の意。
吸《す》い殻《がら》 たばこの、吸い終えたかす。
酔漢《すいかん》 酒に酔った男。酔いどれ。酔客。
酔顔《すいがん》 酒に酔った顔つき。
随感《ずいかん》 折りに触れて感じたこと。随想。
酔眼朦朧《すいがんもうろう》 ひどく酔った様子。
随喜《ずいき》 ありがたく思うこと。「—渇仰」
瑞気《ずいき》 神々しくめでたい気配。
酔客《すいきゃく》 酒に酔った人。酔人。すいかく。
水球《すいきゅう》 ハンドボールに似た水上球技。
推挙《すいきょ》 ある地位に人を推すこと。推薦。

**水郷**《すいきょう》 川や湖のある景勝地。すいごう。
**酔狂**《すいきょう》 【粋狂】ものずき。「—の極み」
**水魚**《すいぎょ》**の交**《まじ》**わり** 親密な交友。
**水銀**《すいぎん》 常温で液状の金属。「—灯」
**吸**《す》**▼い口**《くち》 口で吸う部分。吸い物の付物。
**垂訓**《すいくん》 人に教えを説き示す・その教え。
**推計**《すいけい》 およその数を算出すること。
**水源**《すいげん》 水の流れ出る源。「—地」
**水耕**《すいこう》 養分を含む水で植物を栽培する。
**推考**《すいこう》 道理などを推し量って考える。
**推敲**《すいこう》 文章の字句を練り直すこと。
**遂行**《すいこう》 物事を最後までやりとげること。
**随行**《ずいこう》 供としてつき従い行くこと。
**瑞光**《ずいこう》 めでたいことの前兆の光。
**水彩画**《すいさいが》 水で溶く絵の具でかいた絵。

**推察**《すいさつ》 推し量って思いやること。推量。
**水産**《すいさん》 海・川・湖などの産物。「—業」
**炊爨**《すいさん》 飯をたくこと。炊事。「飯盒《はんごう》—」
**推参**《すいさん》 自ら参ること。無礼をとがめる。
**衰残**《すいざん》 衰え弱ること。「—の身」
**水死**《すいし》 おぼれて死ぬこと。でき死。
**出師**《すいし》 軍隊を繰り出すこと。出兵。
**炊事**《すいじ》 食物を煮炊きすること。「—場」
**随時**《ずいじ》 その折々。必要に応じて。
**水質**《すいしつ》 水の成分・性質。「—汚濁」
**水車**《すいしゃ》 水力を使って動力を得る装置。
**衰弱**《すいじゃく》 体力などが衰え弱ること。
**水手**《すいしゅ》 雑役をする船の乗組員。船乗り。
**随従**《ずいじゅう》 人につき従うこと。言いなり。
**水準**《すいじゅん》 物事の標準となる高さ。レベル。

**随所**《ずいしょ》 【随処】いたる所。どこでも。
**水晶**《すいしょう》 鉱物の一種。石英の結晶。
**推奨**《すいしょう》 人にすすめること。「—品」
**推賞**《すいしょう》 【推称】すばらしいとほめること。
**瑞祥**《ずいしょう》 【瑞象】めでたいきざし。吉兆。
**水蒸気**《すいじょうき》 水が蒸発した状態の気体。
**水深**《すいしん》 水面から底までの深さ。「—計」
**推進**《すいしん》 物事を推し進めること。「—力」
**粋人**《すいじん》 いきな人。風流を好む人。
**水生**《すいせい》 【水棲】水中にすむこと。⇔陸生
**水性**《すいせい》 水に溶けやすい性質をもつこと。
**水星**《すいせい》 太陽に最も近い位置にある惑星。
**衰勢**《すいせい》 勢いが衰えた状態。退勢。
**彗星**《すいせい》 尾を引く形の天体。ほうきぼし。
**酔生夢死**《すいせいむし》 くだらぬ一生。

**水洗**《すいせん》 水で洗い流すこと。「—便所」
**垂線**《すいせん》 直線や平面と直角をなす線。
**推選**《すいせん》 選んですすめる。「学校—図書」
**推薦**《すいせん》 人や物をすすめること。推挙。
**垂涎**《すいぜん》**の的**《まと》 誰もが欲し(羨まし)がるもの。「垂涎」は「よだれをたらす」の意。
**水素**《すいそ》 無色・無臭の最も軽い元素。
**水葬**《すいそう》 遺体を水中に投じて葬ること。
**水槽**《すいそう》 水をためて入れておく容器。
**吹奏**《すいそう》 管楽器を演奏すること。「—楽団」
**膵臓**《すいぞう》 血糖値を調節する臓器。「—炎」
**随想**《ずいそう》 心に浮かぶままの感想。随感。
**瑞相**《ずいそう》 吉兆。瑞祥。福福しい人相。
**推測**《すいそく》 推し量ること。推察。推量。
**水族館**《すいぞくかん》 水生生物を見せる施設。

**衰退**《すいたい》 【衰頽】勢いが衰えること。
**推戴**《すいたい》 団体の長に推薦して迎え入れる。
**酔態**《すいたい》 酒に酔い乱れた様子・姿。
**翠黛**《すいたい》 遠くにかすんで見える緑の山。
**推断**《すいだん》 推測により判断すること。推定。
**水中花**《すいちゅうか》 水中で開かせる造花。夏
**瑞兆**《ずいちょう》 めでたい兆し。吉兆。瑞験。
**垂直**《すいちょく》 まっすぐなこと。鉛直。⇔水平
**吸**《す》**▼い付**《つ》**く** ぴったり密着する。
**推定**《すいてい》 推し量って決定すること。推断。
**水滴**《すいてき》 水のしたたり。水のしずく。
**水田**《すいでん》 水を引き入れた耕地。たんぼ。
**水天彷彿**《すいてんほうふつ》 沖合の水面と空の境界線がはっきりと見分けられないさま。
**水痘**《すいとう》 小児に多い伝染病。水ぼうそう。

**水筒**《すいとう》 飲料水を入れる携帯用の容器。
**水稲**《すいとう》 水田で栽培する稲。⇔陸稲
**出納**《すいとう》 金銭や物品の収入と支出。「—簿」
**水道**《すいどう》 飲料水供給の設備。水路。海峡。
**隧道**《すいどう》 トンネル。地下通路。ずいどう。
**水団**《すいとん》 団子状の小麦粉を汁で煮た食品。
**水難**《すいなん》 船舶や家屋などの水による災難。
**水爆**《すいばく》 「水素爆弾」の略。「—実験」
**垂範**《すいはん》 手本を示すこと。「率先—」
**炊飯**《すいはん》 米をたくこと。「—器」
**水盤**《すいばん》 生け花用の、底が浅い器。
**推輓**《すいばん》 【推挽】推挙すること。
**随伴**《ずいはん》 供としてつき従うこと。「—者」
**衰微**《すいび》 勢力が衰えて弱まること。
**随筆**《ずいひつ》 感想などを思うままに書いた文。

水分《すいぶん》 物の中に含まれる水の量。水気。
随分《ずいぶん》 非常に。かなりひどいさま。
水平《すいへい》 水面のように平らなさま。
水兵《すいへい》 海軍に属する兵士。「―帽」
水平線《すいへいせん》 空と海とをくぎる線。
水疱《すいほう》 皮膚のはっしんの一。水ぶくれ。
水防《すいぼう》 水害に備え防ぐこと。「―訓練」
衰亡《すいぼう》 勢力が弱り滅びること。⬍興隆
水泡《すいほう》に帰《き》す 骨折り損。徒労。
水墨画《すいぼくが》 墨絵。「―の山水」
水没《すいぼつ》 水上物が水中に沈むこと。
睡魔《すいま》 眠気。「―におそわれる」
水密《すいみつ》 水が漏れ出ない状態にあること。
水脈《すいみゃく》 地下水の流れの道すじ。みお。
睡眠《すいみん》 眠ること。眠り。「―薬」「―不足」

水明《すいめい》 水が澄み美しいさま。「山紫―」
吹鳴《すいめい》 ふいて高く鳴らす。ふき鳴らす。
衰滅《すいめつ》 活力を失い滅びること。衰亡。
水面《すいめん》 水の表面。水上。「―下で動く」
吸い物《すいもの》 すまし汁。料理の汁物。
水門《すいもん》 水流や水量を調節する門。
酔余《すいよ》 酒に酔ったあげく。「―の失言」
水溶《すいよう》 水に溶けること。「―性」「―液」
水浴《すいよく》 水で体を洗うこと。水浴び。
翠嵐《すいらん》 山の、みどりあふれる気。
翠巒《すいらん》 みどりに映えた連山。
水利《すいり》 運送、灌漑《かんがい》などの水の利用。
推理《すいり》 未知の事柄を推し量ること。
水陸《すいりく》 水と陸。水路と陸路。「―両用機」
水流《すいりゅう》 水の流れ。「―地」「―を変える」

水量《すいりょう》 水の分量。水かさ。「―計」
推量《すいりょう》 推し量ること。思いやること。
水力《すいりょく》 水の力。水の勢い。「―発電」
推力《すいりょく》 推し進める力。「ロケットの―」
水冷《すいれい》 水で冷却すること。⬍空冷
水路《すいろ》 水の通路。船のかよい路。
推論《すいろん》 推理により論を組み立てること。
吸《す》う 液体などを口から引き入れる。
数学《すうがく》 数・量・空間などの学問。
枢機《すうき》 物事の大切な点。重要な政務。
数奇《すうき》 変化に満ちた運命。不遇な運命。
崇敬《すうけい》 敬いあがめること。「―の念」
崇高《すうこう》 気高く偉大なこと。「―な理念」
趨向《すうこう》 自然のなりゆき。傾向。すうせい。
数字《すうじ》 数を表す文字。「算用―」「漢―」

数次《すうじ》 数回。数度。たびたび。
数式《すうしき》 数字や文字を記号で結んだ式。
枢軸《すうじく》 物事のかなめ。要所。「―国」
図図《ずうずう》しい ずぶとく厚かましい。
趨勢《すうせい》 物事のなりゆき。動向。「時の―」
図体《ずうたい》 大きな体。なり。
数段《すうだん》 はるかに。かなり。格段。数等。
数値《すうち》 測定や計算で得られた値。
数等《すうとう》 かなり。ずっと。数段階。
崇拝《すうはい》 敬い信仰すること。「英雄―」
枢密《すうみつ》 政治などの重要な機密。「―院」
枢要《すうよう》 非常に重要なかなめ。要所。
数理《すうり》 数学の理論。数学の計算。「―的」
数量《すうりょう》 物の数や分量。「―をはかる」
末《すえ》 終わり。将来。結果。はし。

図会《ずえ》 図や絵を集めたもの。「名所―」
据え置く《すえおく》 そのままにしておく。
末恐《すえおそ》ろしい 行く末が案じられる・十分に将来性があるさま。「―子供」
末末《すえずえ》 のちのち。しもじも。子孫。
据え膳《すえぜん》 食膳を用意すること。
据え付ける《すえつける》 物を置き固定する。
末っ子《すえっこ》 兄弟姉妹の最年少の子。
末永《すえなが》く この先いつまでも。永遠に。
末長《すえなが》く これから先ずっと。
●末永くお幸せに
●末長くごひいきに
末広《すえひろ》がり 次第に栄えてゆくこと。
据える《すえる》 その場に置く。座らせる。
饐える《すえる》 食物が腐敗し酸っぱくなる。
図画《ずが》 図と絵。絵をかくこと。「―工作」

図解《ずかい》 絵図を用いて説明すること。
頭蓋骨《ずがいこつ》 頭部を形成する骨格。
素顔《すがお》 化粧をしない顔。ありのまま。
透かさず《すかさず》 すぐさま。するやいなや。
透かし《すかし》 すき間を作る。光で浮き出る絵。
賺す《すかす》 機嫌をとる。言いくるめる。
透かす《すかす》 すかし見る。まばらにする。
空かす《すかす》 へらす。空腹にする。「腹を―」
清清《すがすが》しい 爽やかで気持ちがよい。
姿《すがた》 体つき。身なり。物の形。「―形」
姿見《すがたみ》 全身を映し見る大きな鏡。
眇める《すがめる》 片側の目を細める。「目を―」
図柄《ずがら》 図案の模様。構図。「派手な―」
縋る《すがる》 依存する。頼る。「追い―」
尽れる《すがれる》 枯れ始める。盛りを過ぎ衰える。

図鑑《ずかん》 絵図を用いて説明した書物。
頭寒足熱《ずかんそくねつ》 健康のため、頭を冷やし足元を温かくすること。頭寒足暖。
素寒貧《すかんぴん》 非常に貧しいこと。
犂《すき》 牛馬に引かせ土を掘り返す農具。
隙《すき》 【透き】すき間。あいだ。油断。
鋤《すき》 畑や耕地を掘り起こす農具。
好《す》き 好み。もの好き。好色。⇔嫌い
数寄《すき》 【数奇】風流の道を好むこと。
隙間《すきま》 【透き間】物と物との間。「―風」
数寄屋《すきや》 【数奇屋】庭園などの茶室。
鋤焼《すきや》き▲ 牛肉など煮焼きする鍋料理。
過《す》ぎる 時や物が過ぎ去る。超える。
頭巾《ずきん》 頭や顔をおおう布。「防災―」図
好《す》く 好む。愛情や好意を感じる。

空《す》く まばらになる。腹が減る。
透《す》く すき間ができる。すきとおる。
梳《す》く くしで髪の毛をとかす。
漉《す》く 紙やのりを薄く平たく作る。
鋤《す》く すきやくわで土地を掘り起こす。
直《す》ぐ 直ちに。そのまま。すぐ近く。
掬《すく》う くみ取る。持ち上げる。「汁を―」
救《すく》う 助ける。加勢する。恵む。
巣《す》くう 巣を作りすむ。根城を構える。
直《す》ぐ様《さま》 直ちに。すぐに。「―始める」
宿世《すくせ》 前世。仏教で、前世からの因縁。
少《すく》ない 【尠い】数や量がわずか。まれ。
竦《すく》む おそれ驚いて動けない。「立ち―」
選《すぐ》る よいものを選び出す。えりぬく。
優《すぐ》れる 【勝れる】他に勝てる。秀でる。

図形《ずけい》 点・線・面で構成される形。
菅笠《すげがさ》 菅の葉を編んで作った笠。
助太刀《すけだち》 助けること・人。
助《すけ》っ人《と》 加勢して手助けする人。
素気《すげ》ない 愛想がない。そっけない。
助平《すけべい》 好色な人。助兵衛《すけべえ》。「―根性」
透《す》ける 物を通して向こうが見える。
箝《す》げる 【挿げる】さし込む。はめ込む。
凄《すご》い 恐ろしい。ひどい。「―顔つき」
凄腕《すごうで》 能力が人並み以上であるさま。
少《すこ》し 数や量がわずかなさま。
過《す》ごす▲ 時間を費やす。暮らす。「寝―」
悄悄《すごすご》 元気なくその場を立ち去るさま。
頗《すこぶ》る たいそう。はなはだ。「―元気」
凄《すご》み 恐ろしいさま。すさまじいさま。

凄《すご》む おどすような様子を見せる。
巣籠《すご》もる▲ 雛鳥が巣に入っている。
健《すこ》やか 健康なさま。達者。丈夫。
双六《すごろく》 さいころを振るゲームの一。新
遊《すさ》び 気をまぎらわす慰みごと。
荒《すさ》ぶ 粗雑になる。荒れる。すさむ。
凄《すさ》まじい 恐ろしい。勢いが強い。
退《すさ》る 引きさがる。しりぞく。しさる。
杜撰《ずさん》 正確でないさま。いいかげん。
鮨《すし》 【鮓】酢飯と刺身で作る食品。夏
筋《すじ》 物事の道理。系統。手順。素質。
図示《ずし》 絵・図にかいて示すこと。
厨子《ずし》 仏像などを安置する仏具。
筋合《すじあ》い▲ 確かな理由や根拠。間柄。
筋交《すじか》い 【筋違い】斜めに交わること。

筋書《すじが》き▲ 劇などのあらすじ。企て。
筋金《すじがね》 支えとなるもの。「―入り」
図式《ずしき》 相互の関係を説明する図。
筋子《すじこ》 塩漬けにしたサケやマスの卵。
筋立《すじた》て▲ 話の筋の立て方。あらすじ。
筋違《すじちが》い 道理に外れていること。
鮨詰《すしづ》め▲ ぎっしり詰まっているさま。
筋張《すじば》る 体の筋が浮き出る。角張る。
筋道《すじみち》 物事を行うための手順。道理。
筋向《すじむ》かい▲ 斜めに向かい合うこと。
筋目《すじめ》 家柄。血統。物事の道筋。
素性《すじょう》 【素姓】生まれや経歴。血筋。
煤《すす》 煙に混じる黒い粉末。油煙。
鈴《すず》 金属製や陶製の鳴りもの。
錫《すず》 銀白色の金属元素。「―色」

雪《すす》ぐ 恥などをつぐなう。「汚名を―」
漱《すす》ぐ うがいする。「食前に口を―」
濯《すす》ぐ 汚れを洗い落とす。「食器を―」
煤《すす》ける すすで黒くなる。古びて汚れる。
涼《すず》しい 心地よく冷ややかなさま。
鈴生《すずな》り 果実が群がりなるさま。
煤払《すすはら》い 煤やほこりを払い出す。図
進《すす》む 前方へ向かっていく。はかどる。
涼《すず》む 暑さを避け涼しい空気に当たる。
雀《すずめ》の涙《なみだ》 極めて少ない。ごくわずか。
進《すす》める 前に出す。はかどらせる。進行。
勧《すす》める 行動するように誘い促す。勧誘。
薦《すす》める 人や物などを紹介する。推薦。

●歩み・計画を進める ●転職・読書を勧める ●上物を・適任者として薦める

涼《すず》やか 涼しげなさま。さわやかなさま。
硯《すずり》 水を入れ墨をするための用具。
啜《すす》り泣《な》き 声を忍ばせる泣き方。
啜《すす》る 吸い上げる。鼻水を吸い込む。
図説《ずせつ》 図や写真を掲げて説明すること。
裾《すそ》 衣服の下のふち。山のふもと。
裾野《すその》 山のふもとの原。「富士の―」
巣立《すだ》つ 巣を離れ出る。社会に出る。
頭陀袋《ずだぶくろ》 修行僧が首にかける袋。
魑魅《すだま》 山林・木石の精・怪物。ちみ。
廃《すた》る 使われなくなる。衰える。「男が―」
簾《すだれ》 竹や葦《あし》で作る日よけ。みす。
廃《すた》れる はやらなくなり衰える。
宛《ずつ》 数量を表す語。「一人一つ―」
頭痛《ずつう》 頭の痛み。心配。「―の種」

擦《す》った揉《も》んだ もめるさま。
素《す》っ頓狂《とんきょう》 間の抜けたさま。
酸《す》っぱい 酸味がある。酸い。
素《す》っ裸《ぱだか》 何も身につけない状態。
素《す》っ破抜《ぱぬ》く 秘密をあばく。
素手《すで》 何も持たずにいること。手ぶら。
捨▲《す》て石《いし》 庭石。碁の作戦上のむだ石。
捨▲《す》て印《いん》 訂正を予期し欄外に押す印。
素敵《すてき》 優れているさま。素晴らしいさま。
捨《す》て台詞《ぜりふ》 去り際に残す言葉。
既《すで》に 【已に】もはや。先に。以前に。
捨▲《す》て値《ね》 損得を度外視した安い値段。
捨▲《す》て鉢《ばち》 やけになること。「―な態度」
捨▲《す》て身《み》 命をかけて事に当たること。
捨《す》てる 【棄てる】投げ出す。見限る。

素通《すどお》し 見通せること。丸見え。
素通《すどお》り そのまま通りすぎること。
素泊▲《すど》まり 飲食などしない宿泊。
砂《すな》 細かい石の粒。まさご。「―浜」
砂嵐《すなあらし》 砂漠地方の砂を吹きつける強風。
素直《すなお》 性格が従順なさま。温和。
砂子《すなご》 砂。金銀はくを粉末にしたもの。
漁《すなど》る 魚貝を捕る。漁をする。
砂浜《すなはま》 砂が一面に堆積した浜べ。
砂埃《すなぼこり》 細かい砂のほこり。さじん。
即《すなわ》ち 【則ち】言いかえると。つまり。
図抜《ずぬ》ける 並外れる。抜群である。
臑《すね》 【脛】ひざから足首までの部位。
臑齧《すねかじ》り 親に養われている・人。
拗《す》ねる 意地を張る。ひねくれる。

頭脳《ずのう》 頭の働き。知力。「―明晰《めいせき》」
簀《す》の子《こ》 板を並べて打ちつけた台。
巣箱《すばこ》 鳥の営巣・産卵のための木箱。
素肌《すはだ》 【素膚】化粧をしていない肌。
巣離《すばな》れ 雛鳥が成長して巣立つこと。
素早《すばや》い 動きや頭の回転がはやい。
素晴《すば》らしい 立派で優れている。
昴《すばる》 牡牛座にあるプレアデス星団。
図版《ずはん》 書物に掲載された図や写真。
図表《ずひょう》 数字や文字を記した図や表。
図譜《ずふ》 絵や図が中心の本。図鑑。
図太《ずぶと》い 肝がすわったさま。「―態度」
素振《すぶ》り 練習で竹刀などを振ること。
術《すべ》 手立て。手段。「なす―がない」
須《すべか》らく すべきこととして。是非とも。

統《す》べ括《くく》る 一つにまとめる。統括。
全《すべ》て 【凡て・総て】ぜんぶ。みんな。
滑《すべ》り込《こ》む 滑って入る。間に合わす。
滑《すべ》り出《だ》し 滑り始め。出だし。
滑《すべ》る 【辷る】なめらかに動く。落第。
統《す》べる 【総べる】一つにする。支配する。
図星《ずぼし》 的の中心。見込んだ所。目当て。
窄《すぼ》む 先が細まる。縮む。つぼむ。
住▲《す》まい 住んでいる家。すみか。住宅。
簀巻▲《すま》き 簀で物をまく。魚捕り装置。
済《す》ます し終える。果す。借りを返す。
澄《す》ます 【清ます】きどる。集中する。
炭《すみ》 木を燃やした燃料。木炭。図
隅《すみ》 【角】奥まった場所。はし。かど。
墨《すみ》 書画に用いる黒色の液。墨汁。

住▲《す》み処《か》 【栖】住んでいる所。住家。
住▲《す》み込《こ》み 雇い主の家などに住む。
隅隅《すみずみ》 方々のすみ。あらゆるすみ。
住《す》み着《つ》く 住みかに居つく。
墨流《すみなが》し 水の上に字や絵をかく方法。
炭火《すみび》 木炭を使っておこした火。図
速《すみ》やか 迅速なさま。はやい様子。
澄《す》み渡《わた》る 一面が曇りなく澄む。
住《す》む 場所を決めて生活する。暮らす。
棲《す》む 【栖む】鳥獣などがすみかを作る。
●郊外に住む
●水辺に棲む生物
済《す》む 終わる。解決する。足りる。
澄《す》む 【清む】清らかになる。⬍濁る
図面《ずめん》 建築などの設計構造を表した図。
相撲《すもう》 【角力】土俵で勝負する国技。図

素焼き《すやき》◀ うわ薬を塗らず焼いた陶器。
掏摸《すり》 懐中物を盗み取ること・人。
掏り替える《すりかえる》 密かに入れかえる。
擦り傷《すりきず》◀ 肌をすりむいてできた傷。
摺り切り《すりきり》◀ 容器のふち一杯にする。
擂り粉木《すりこぎ》◀ すりつぶし用の棒。
擂り鉢《すりばち》◀ 食物をすりつぶすための器。
磨り減らす《すりへらす》 こすってへらす。
擂り身《すりみ》◀ たたいてすりつぶした魚肉。
擦り剥く《すりむく》 こすって皮などをむく。
擦り寄る《すりよる》 接触するほど近づく。
刷る《する》 【摺る】文字などを印刷する。
為る《する》 行う。そうさせる。感じられる。
掏る《する》 懐中物を抜き取る。すりを働く。
磨る《する》 【摩る】こすって減らす。
擂る《する》 食物などをつぶして細かくする。
擦る《する》 こする。使い切ってなくなる。
●墨を磨る ●ゴマを擂る ●手を擦る

狡い《ずるい》 悪賢い。私利を追求する。
鋭い《するどい》 とがる。優れている。⬌鈍い
鯣《するめ》 イカを干して作る食品。
擦れ枯らし《すれからし》 世なれて悪くなる。
擦れ違う《すれちがう》 すぐ近くを行きちがう。
杜漏《ずろう》 粗略で手抜かりの多いこと。
座る《すわる》 【坐る】腰を下ろす。地位につく。
据わる《すわる》 とどまって動かない。動じない。
寸《すん》 尺貫法の長さの単位。短いこと。
寸陰《すんいん》 わずかな時間。少しの間。
寸暇《すんか》 わずかのひま。「―を惜しむ」
寸感《すんかん》 ふと感じたこと。「―を述べる」



寸劇《すんげき》 短い演劇（特に喜劇）。コント。
寸隙《すんげき》 少しのすき間。少しのひま。
寸言《すんげん》 短いが深い意味をもつ言葉。
寸毫《すんごう》 非常にわずか。ほんの少し。
寸刻《すんこく》 わずかな時間。寸時。寸陰。
寸志《すんし》 心ばかりのちょっとした贈り物。
寸時《すんじ》 わずかな時間。少しの間。
寸借《すんしゃく》 少額の金を借りること。「―詐欺」
寸進尺退《すんしんしゃくたい》 少し進み多く退く。
寸前《すんぜん》 わずか一歩手前。直前。「死の―」
寸善尺魔《すんぜんしゃくま》 世間は悪事が多い。
寸断《すんだん》 ずたずたに切り裂くこと。
寸楮《すんちょ》 短い手紙。自分の手紙の謙称。
寸詰まり《すんづまり》◀ 丈が少し短いこと。
寸鉄《すんてつ》 短い刃物。「―人を刺す」

寸土《すんど》 ほんのわずかな土地。寸地。
寸胴《ずんどう》 上から下まで同じ太さなさま。
寸描《すんびょう》 簡単にかいた描写。スケッチ。
寸評《すんぴょう》 新聞などの短い批評。短評。
寸分《すんぶん》 ほんの少しも。「―たがわず」
寸法《すんぽう》 長さ。大きさ。計画。段取り。
寸話《すんわ》 ちょっとした短い話。

## せ

背《せ》 背中。後ろ。身の丈。「山の―」
畝《せ》 尺貫法の土地面積の単位。
瀬《せ》 川の浅い所。急な流れの所。
是《ぜ》 道理にかなうこと。これ。⬌非
姓《せい》 みょう字。一族の名称。家すじ。
性《せい》 生まれつき。男女雌雄の別。

精《せい》 魂。気力。詳しい。「―が出る」
所為《せい》 しわざ。ゆえ。「人の―にする」
税《ぜい》 政府が徴収する金銭。「住民―」
贅《ぜい》 むだ。ぜいたく。「―を尽くす」
井蛙《せいあ》 井の中の蛙。見識の狭い人。
性愛《せいあい》 男女間の本能的な愛欲。
制圧《せいあつ》 威力で相手を押さえつけること。
成案《せいあん》 考えや文案ができあがったもの。
勢威《せいい》 人を押さえつける権勢と威力。
誠意《せいい》 私欲に動かぬ心。真心。「誠心―」
声域《せいいき》 発声可能な高低音の範囲。
聖域《せいいき》 侵食不能な神聖な地域。
生育《せいいく》 植物が育つこと。生長。「稲の―」
成育《せいいく》 人や動物が育つこと。成長。
斉一《せいいつ》 一つに整いそろっているさま。

精一杯《せいいっぱい》 力の限り行う。「―努力する」
正員《せいいん》 正式な資格のある人員。⬌客員
成因《せいいん》 物事を成り立たせる原因。
成員《せいいん》 団体などを構成している人。
晴雨《せいう》 晴れと雨降り。晴天と雨天。
青雲《せいうん》 青く晴れた空。高位。「―の志」
星雲《せいうん》 雲のように見える星の集まり。
盛運《せいうん》 栄える運命。隆盛な運。⬌衰運
清栄《せいえい》 清く栄えること。「御―のことと」
精鋭《せいえい》 知力や体力が優れた人。「少数―」
精液《せいえき》 雄性の生殖器から分泌される液。
声援《せいえん》 応援でかける声。「―に応える」
凄艶《せいえん》 非常にあでやかなさま。
盛宴《せいえん》 酒盛りが盛んなさま。大宴会。
製塩《せいえん》 食塩を製造すること。「天日―」

西欧《せいおう》 西洋。ヨーロッパ西部。「—文化」
清音《せいおん》 濁音・半濁音をつけない音節。
静穏《せいおん》 穏やかで静かなさま。「—な日々」
正価《せいか》 かけ値なしの価格。「—販売」
正貨《せいか》 額面と同じ価値をもつ金銀貨幣。
正課《せいか》 学校などで修めるべき課業。
生花《せいか》 いけばな。生きた自然の花。
生家《せいか》 生まれた家。実家。さと。
成果《せいか》 目的にかなう結果。いい結果。
声価《せいか》 世間の評判。聞こえ。うわさ。
青果《せいか》 野菜と果物。「—市場」「—店」
盛夏《せいか》 夏の、最も暑い時期。真夏。夏
勢家《せいか》 権勢のある家柄。「権門—」
聖火《せいか》 神に供える火。五輪大会の灯火。
聖歌《せいか》 神聖な歌。賛美歌。「—隊」

精華《せいか》 たいへん優良なところ。はな。
製菓《せいか》 菓子を作ること。「—業」
製靴《せいか》 くつを製造すること。「—業」
清雅《せいが》 清らかで上品な様子。
静臥《せいが》 病人などが静かに横になること。
正解《せいかい》 解答や解釈が正しいこと。
政界《せいかい》 政治に関係する人々の世界。
盛会《せいかい》 会合が盛んなさま。「—を祈る」
制海権《せいかいけん》 海上を支配する権力。
正確《せいかく》 正しく確実なさま。的確。
精確《せいかく》 精密で確かなさま。「—な図面」
性格《せいかく》 人・物がもつ品性。たち。
声楽《せいがく》 人の音声により奏する音楽。
臍下丹田《せいかたんでん》 へその下。下腹。
生活《せいかつ》 生物が活動すること。暮らし。

生還《せいかん》 危険な場所から生きて帰ること。
性感《せいかん》 性的な快感。性的感覚。「—帯」
清閑《せいかん》 俗事に煩わされず静かなさま。
盛観《せいかん》 立派で素晴らしい見もの。
精悍《せいかん》 表情が鋭く行動的なさま。
静観《せいかん》 物事のなりゆきを見守ること。
正眼《せいがん》 剣の先を相手の目に向ける構え。
青眼《せいがん》 人を喜んで迎える目。⇔白目
誓願《せいがん》 神仏に誓いを立てて願うこと。
請願《せいがん》 官署などに願い求める。「—書」
税関《ぜいかん》 輸出入品を管理する役所。
世紀《せいき》 百年を一期とする年代の単位。
正規《せいき》 規則にかなう正式なこと。
正気《せいき》 天地の気。正しく大らかな気風。
生気《せいき》 いきいきした気力。活気。元気。

精気《せいき》 生命の源泉となる元気。精力。
生起《せいき》 事件や現象が起こること。
性器《せいき》 生殖のための器官。
正義《せいぎ》 人として正しい理義。道理。
盛儀《せいぎ》 儀式が盛大なさま。盛典。
世紀末《せいきまつ》 退廃的・懐疑的な風潮。
性急《せいきゅう》 気短でせっかち。「—な催促」
制球《せいきゅう》 投手のコントロール。「—難」
請求《せいきゅう》 正当な権利として求めること。
逝去《せいきょ》 「死」の敬称。みまかること。
生魚《せいぎょ》 生きた魚。活魚。新鮮な魚。
成魚《せいぎょ》 十分成長した魚。⇔稚魚・幼魚
制御《せいぎょ》 【制禦】支配し操ること。「—不能」
生協《せいきょう》 「生活協同組合」の略。
政教《せいきょう》 政治と宗教。「—分離」

盛況《せいきょう》 盛んで活気があるさま。
精強《せいきょう》 優れていて力が強いこと。精鋭。
正業《せいぎょう》 まともで、堅気な職業。
生業《せいぎょう》 生活するための仕事。なりわい。
成業《せいぎょう》 業を成すこと。学業の修了。
盛業《せいぎょう》 事業や家業などが盛んなさま。
政局《せいきょく》 政治の動向。「混沌《こんとん》とした—」
精勤《せいきん》 休まず勤め励むこと。「—手当」
税金《ぜいきん》 税として納める金銭。「—対策」
成句《せいく》 ことわざや格言。慣用句。「故事—」
制空権《せいくうけん》 上空を支配する権力。
背比べ《せいくらべ》 並んで背丈を比べること。
請訓《せいくん》 本国政府に指示を求めること。
生計《せいけい》 生活するための手段・方法。
西経《せいけい》 子午線から西方の経度。⇔東経

成形《せいけい》 形を作ること。形を成すこと。
成型《せいけい》 型に入れて一定の形にすること。
整形《せいけい》 形を整えること。「—手術」
●陶器の成形 ●圧縮成型 ●美容整形
清潔《せいけつ》 汚れなく清らかなさま。⇔不潔
生検《せいけん》 組織を一部切り取って行う検査。
政見《せいけん》 政治についての考え。「—放送」
政権《せいけん》 政治を行う権力。「軍事—」
聖賢《せいけん》 聖人と賢人。「—の教え」
制限《せいげん》 限りをつけること。「入場—」
税源《ぜいげん》 税の源泉となる所得や財産。
贅言《ぜいげん》 むだな言葉。必要のない言葉。
正誤《せいご》 誤りを正すこと。「—表」
生後《せいご》 生まれてこのかた。「—三か月」
成語《せいご》 言いならわされた語。「故事—」

生硬《せいこう》 表現が未熟で練れていないさま。
成功《せいこう》 目的をとげること。⬌失敗
性交《せいこう》 男女の性的な交わり。交合。
性向《せいこう》 性質の傾向。気質。気立て
性行《せいこう》 人の性質と行い。身もち。
●穏和な性向
●性行不良
政綱《せいこう》 その政党の政策のおおもと。
盛行《せいこう》 広く盛んに行われること。
精巧《せいこう》 細かく巧みなさま。「—な機械」
製鋼《せいこう》 銑鉄から鋼鉄を製造すること。
整合《せいごう》 矛盾なく合致すること。「—性」
晴好雨奇《せいこううき》 山水の景色が晴天、雨天それぞれに趣のあるさま。雨奇晴好。
晴耕雨読《せいこううどく》 気ままな生活。
西高東低《せいこうとうてい》 冬の気圧配置の一。

正攻法《せいこうほう》 正面から攻める方法。
正鵠《せいこく》 主要点。急所。「—を射る」
整骨《せいこつ》 骨折や脱きゅうを治療すること。
成婚《せいこん》 結婚が成り立つこと。「御—記念」
精根《せいこん》 精力と根気。気力。「—を尽くす」
精魂《せいこん》 魂。精神。心魂。「—をそそぐ」
性差《せいさ》 男女・雌雄の性別による差。
精査《せいさ》 細かい部分まで調べること。
正座《せいざ》 【正坐】足を崩さず座ること。
星座《せいざ》 恒星群を形で分けたもの。
静座《せいざ》 【静坐】静かな心で座ること。
正妻《せいさい》 正式な婚姻による妻。⬌内妻
制裁《せいさい》 法や道徳にそむく者の処分。
精彩《せいさい》 【生彩】いきいきと元気なさま。
精細《せいさい》 細かく詳しいこと。精密。

製材《せいざい》 原木から角材・板を作ること。
製剤《せいざい》 医薬品を調合・製造すること。
政策《せいさく》 政治を行う方針。「—協定」
制作《せいさく》 芸術的なものを作ること。
製作《せいさく》 物品を作ること。大量な製造。
●彫刻・絵画の制作
●機械を製作する
制札《せいさつ》 禁令などを記して立てた札。
省察《せいさつ》 自らかえりみて考えること。
精察《せいさつ》 詳しく観察・視察すること。
生殺与奪《せいさつよだつ》 生かすも殺すも自由に支配できるということ。活殺自在。
正餐《せいさん》 正式の献立による洋食の食事。
生産《せいさん》 物品を作り出すこと。⬌消費
成算《せいさん》 成功する見通し。可能性。
青酸《せいさん》 劇毒性の酸性の液体。「—カリ」

凄惨《せいさん》 【悽惨】非常にむごたらしいさま。
清算《せいさん》 貸借や関係を始末する。「—人」
精算《せいさん》 計算し過不足を正すこと。「—所」
●過去・借金の清算
●出張費の精算
聖餐《せいさん》 最後の晩さんを記念する儀式。
青山《せいざん》 木々が茂る山。骨を埋葬する地。
世子《せいし》 【世嗣】跡継ぎとなる子。
正史《せいし》 国家として編修した歴史書。
正視《せいし》 まっすぐ見つめること。直視。
生死《せいし》 生きるか死ぬか。「—をさまよう」
制止《せいし》 言動などを押し止めること。
姓氏《せいし》 名字。苗字。氏姓。
青史《せいし》 歴史書。記録。
精子《せいし》 生物の雄の生殖細胞。⬌卵子
製糸《せいし》 繭から生糸を作ること。「—業」

製紙《せいし》 パルプから紙を作ること。「—業」
誓紙《せいし》 誓いを書いた紙。誓文。
誓詞《せいし》 誓う言葉。誓言。「—を交わす」
静止《せいし》 じっと動かないでいること。
静思《せいし》 心を落ちつけて静かに考える。
正字《せいじ》 点や画の正しい文字。⬌略字
青磁《せいじ》 青緑色のうわ薬で焼いた磁器。
政治《せいじ》 国を治めること。「民主—」「—家」
政事《せいじ》 政治についてのことがら。
盛事《せいじ》 盛んな事業。盛大な行事。
盛時《せいじ》 国などの勢いが盛んな時。
正式《せいしき》 正しい方式。定められた方式。
清拭《せいしき》 体をふき清潔にすること。
正室《せいしつ》 本妻。正妻。嫡子。世継ぎ。⬌側室
性質《せいしつ》 人や物が生まれつきもつ特徴。

誠実《せいじつ》 真心があり、まじめなさま。
勢至菩薩《せいしぼさつ》 知恵を表す仏。
正邪《せいじゃ》 正しいことと邪悪なこと。
聖者《せいじゃ》 知徳の優れた人。殉教者。
静寂《せいじゃく》 静かでひっそりしているさま。
脆弱《ぜいじゃく》 もろくて壊れやすいさま。
清酒《せいしゅ》 白米からつくる日本固有の酒。
税収《ぜいしゅう》 税金による国や自治体の収入。
静粛《せいしゅく》 声を出さずに静かでいるさま。
成熟《せいじゅく》 十分に熟すこと。上達すること。
青春《せいしゅん》 年の若い時期。春。「—期」
正閏《せいじゅん》 正統と閏統。平年と閏《うる》年。
清純《せいじゅん》 心が清く汚れがないさま。
清書《せいしょ》 きれいに書き直すこと。浄書。
盛暑《せいしょ》 夏の最も暑い時期。盛夏。酷暑。

聖書《せいしょ》 キリスト教の経典。「新約—」
誓書《せいしょ》 誓いを書いた文書。誓文。誓紙。
整序《せいじょ》 秩序立ててととのえること。
斉唱《せいしょう》 同じ音律を一斉に歌うこと。
政商《せいしょう》 政治家と結び利権を得る商人。
清祥《せいしょう》 【清勝】手紙のあいさつ語。健勝。
正常《せいじょう》 普通であるさま。「—運転」⬄異常
性状《せいじょう》 人や物の性質と状態・行状。
性情《せいじょう》 生まれもつ性質と心情。気立て。
政情《せいじょう》 政界の状況。政治のありさま。
清浄《せいじょう》 汚れなく清らかなさま。⬄不浄
星条旗《せいじょうき》 アメリカ合衆国の国旗。
青少年《せいしょうねん》 青年と少年。若い人。
生色《せいしょく》 顔色がいきいきとしたさま。
生食《せいしょく》 なまのまま食べること。⬄火食

生殖《せいしょく》 生物が子を産み増やすこと。
聖職《せいしょく》 神聖な職業。「—に就く」「—者」
生新《せいしん》 いきいきとして新しい様子。
星辰《せいしん》 ほし。星座。「—崇拝」
清新《せいしん》 新しくすがすがしいさま。
誠心《せいしん》 まことの心。「—誠意」
精神《せいしん》 心の働き。魂。根本の理念。
成人《せいじん》 大人になること。二十歳以上の人。
聖人《せいじん》 知徳が優れ師とすべき人。清酒。
星図《せいず》 恒星の配置を記した図。
製図《せいず》 設計図などをつくること。作図。
盛衰《せいすい》 盛んなことと衰えること。興廃。
精粋《せいすい》 まじりけのない最も良いところ。
精髄《せいずい》 物事の最も重要なところ。神髄。
正数《せいすう》 零より大きい数。⬄負数

整数《せいすう》 自然数・負数・零の総称。
制《せい》する 定める。抑える。支配する。
征《せい》する 従わない者を攻める。征伐する。
製《せい》する 物を作る。こしらえる。
生成《せいせい》 物が生じること。作ること。
済済《せいせい》 多くて盛んなさま。多忙。
清清《せいせい》 すっきりとさわやかなさま。
精製《せいせい》 念入りにつくること。⬄粗製
精精《せいぜい》 力の及ぶ限り。たかだか。
税制《ぜいせい》 税に関しての制度。「—改革」
税政《ぜいせい》 税務に関しての行政。
正正堂堂《せいせいどうどう》 態度が立派なさま。
生生流転《せいせいるてん》 万物は生死を繰り返し絶えず変化し続けること。流転輪廻。
成績《せいせき》 学業や仕事のでき具合。「—表」

聖跡《せいせき》 【聖蹟】神聖な遺蹟。旧跡。
凄絶《せいぜつ》 すさまじいさま。「—な闘い」
生鮮《せいせん》 新しく生きがよいこと。「—食品」
聖戦《せいせん》 神聖な目的のために行う争い。
精選《せいせん》 よいものを入念に選ぶこと。
井然《せいぜん》 乱れた所がなく整っているさま。
生前《せいぜん》 生存していた時。存命中。⬄死後
西漸《せいぜん》 だんだん西方に移りゆくこと。
凄然《せいぜん》 冷たく寒いさま。物寂しいさま。
整然《せいぜん》 秩序正しいさま。「理路—」⬄雑然
清楚《せいそ》 飾らなく清らかなさま。「—な姿」
精粗《せいそ》 詳細なことと大ざっぱなこと。
正装《せいそう》 正式な場の服装。礼装。⬄略装
盛装《せいそう》 華やかな服装。美装。⬄軽装
政争《せいそう》 政治上での争い。政戦。「—の具」

星霜《せいそう》 としつき。年月。歳月。「幾—」
清掃《せいそう》 掃除すること。「—車」「—業」
清爽《せいそう》 清くさわやかな様子。爽快。
悽愴《せいそう》 いたましいさま。凄惨。「—な光景」
精巣《せいそう》 生物の雄の生殖器。⬄卵巣
製造《せいぞう》 材料を加工し製品にすること。
成層圏《せいそうけん》 地球の上層の大気層。
正則《せいそく》 正しい規則や法則。⬄変則
生息《せいそく》 【棲息】動物がすんでいること。
勢揃《せいぞろ》い 人が一か所に集まること。
生存《せいぞん》 生き長らえること。「—競争」
正対《せいたい》 相手と真正面に向き合うこと。
生体《せいたい》 生きている体。「—実験」⬄死体
生態《せいたい》 生物の、生活する様子。「—系」
成体《せいたい》 生殖可能なほど成熟した生物。

声帯《せいたい》 のどの発声器官。「—模写」
政体《せいたい》 国家の政治の形態。「立憲—」
静態《せいたい》 静止している状態。⬄動態
整体《せいたい》 骨格のゆがみをととのえる療法。
臍帯《せいたい》 へその緒。さいたい。
正大《せいだい》 言行が正しく、堂々としたさま。
盛大《せいだい》 大きな規模で盛んなさま。
請託《せいたく》 権力者などに特別に頼むこと。
贅沢《ぜいたく》 多くの消費をすること。「—品」
清濁併《せいだくあわ》せ呑《の》む 心が広く、善悪の分け隔てなくすべてを受け入れる。
生誕《せいたん》 人が誕生すること。「—祭」
政談《せいだん》 政治に関する議論・談話。
星団《せいだん》 多くの恒星の密集した集団。
清談《せいだん》 俗世間を離れた高尚な話。

**聖断**《せいだん》 天子の下す裁き。「—を仰ぐ」
**聖誕祭**《せいたんさい》 クリスマス。一二月二五日。
**生地**《せいち》 生まれた場所。出生地。出身地。
**聖地**《せいち》 神聖な土地。パレスチナ。
**精緻**《せいち》 緻密で細かいさま。「—な描写」
**整地**《せいち》 土地を耕しならすこと。地固め。
**筮竹**《ぜいちく》 占いで使う竹製の細い棒。
**成虫**《せいちゅう》 生殖可能に育った昆虫。⬍幼虫
**掣肘**《せいちゅう》 自由な行動を妨げること。牽制。
**精虫**《せいちゅう》 生物の雄の生殖細胞。精子。
**正調**《せいちょう》 曲の正しい調子。「—博多節」
**生長**《せいちょう》 植物などがおい育つこと。生育。
**成長**《せいちょう》 人や動物が一人前に育つこと。
●稲の**生長**を調べる
●子どもの**成長**記録
**声調**《せいちょう》 声の調子。節回し。音調。

**性徴**《せいちょう》 男女の体の特徴。「第二次—」
**政庁**《せいちょう》 政務を取り扱う役所や官庁。
**清澄**《せいちょう》 清く澄んださま。「—な空気」
**清聴**《せいちょう》 相手が聞くことに対する敬称。
**静聴**《せいちょう》 静かに耳を傾けること。
**整腸**《せいちょう》 腸の機能を整えること。「—剤」
**精通**《せいつう》 その事物に詳しいこと。
**制定**《せいてい》 法律などを定めること。「条約—」
**政敵**《せいてき》 政治上の対立する相手。
**性的**《せいてき》 性に関すること。「—魅力」
**清適**《せいてき》 無事を喜ぶ、手紙のあいさつ語。
**静的**《せいてき》 静止しているさま。⬍動的
**聖哲**《せいてつ》 知徳が優れて道理に通じる賢人。
**製鉄**《せいてつ》 鉄鉱石から鉄をつくること。
**盛典**《せいてん》 盛大に行われる儀式。盛儀。

**晴天**《せいてん》 空が晴れ渡ること。好天。青天。
**聖典**《せいてん》 聖人の教えを説いた書物。聖書。
**正殿**《せいでん》 表となる御殿。神社の本殿。
**静電気**《せいでんき》 物や人に静止している電荷。
**青天の霹靂**《せいてんのへきれき》 突発的出来事。突然の衝撃。「青空の雷(霹靂)」の意から。
**青天白日**《せいてんはくじつ》 潔白であること。
**生徒**《せいと》 学校などで教育を受ける人。
**征途**《せいと》 出征のみち。遠征や旅行のみち。
**制度**《せいど》 社会的な定め。法律。「入試—」
**精度**《せいど》 正確さや精密さの度合い。
**正当**《せいとう》 道理に合うこと。合理。⬍不当
**正統**《せいとう》 正しい系統。直系。「—派」⬍異端
●**正当**防衛　**正当**性
●**正統**を継ぐ
**正答**《せいとう》 正しく答えること。正解。⬍誤答

**征討**《せいとう》 そむく者を攻めて討つこと。
**政党**《せいとう》 政治的な同主義者の組織。
**精糖**《せいとう》 砂糖を精製すること。⬍粗糖
**精到**《せいとう》 細かく行き届いているさま。
**製糖**《せいとう》 砂糖を製造すること。
**正道**《せいどう》 正しい道。正しい行為。⬍邪道
**生動**《せいどう》 筆勢が強く生き生きとしたさま。
**制動**《せいどう》 運動や速力を抑え止めること。
**青銅**《せいどう》 銅とすずとの合金。ブロンズ。
**政道**《せいどう》 政治の道。政治を行う方法。
**聖堂**《せいどう》 聖人を祭る堂。礼拝《れいはい》堂。
**精読**《せいどく》 詳しく読むこと。熟読。⬍乱読
**整頓**《せいとん》 きれいに整えること。「整理—」
**精肉**《せいにく》 精選した品質のよい肉。「—店」
**贅肉**《ぜいにく》 体についた余分な肉や脂肪。

**生年**《せいねん》 生まれ年。生まれたあとの年数。
**成年**《せいねん》 成人となる年齢。二十歳。
**青年**《せいねん》 青春期の若い人たち。若者。
**盛年**《せいねん》 働き盛りの元気な年頃。
**性能**《せいのう》 機械などの特性と能力。「高—」
**精農**《せいのう》 農業に熱心な農民。篤農家。
**制覇**《せいは》 権力を手中にすること。優勝。
**成敗**《せいばい》 処罰すること。「けんか両—」
**精白**《せいはく》 米・麦をついて白くすること。
**整髪**《せいはつ》 髪を整えること。理髪。「—剤」
**征伐**《せいばつ》 背く者を攻め平らげること。
**正犯**《せいはん》 犯罪の直接の実行者。⬍従犯
**製版**《せいはん》 印刷のための版を作ること。
**正反対**《せいはんたい》 全く反対のこと。あべこべ。
**正否**《せいひ》 正しいか正しくないか。

**成否**《せいひ》 成功するかしないか。成敗《せいはい》。
**精微**《せいび》 詳しく細かいこと。「—な模様」
**整備**《せいび》 整えて備えること。「—員」
**静謐**《せいひつ》 穏やかで安らかなさま。
**青票**《せいひょう》 議会で反対を表す青色票。
**製氷**《せいひょう》 人工的に氷を製造すること。
**性病**《せいびょう》 性行為により感染する病気。
**聖廟**《せいびょう》 聖人を祭る廟。孔子の廟。聖堂。
**正賓**《せいひん》 主となる客。正客。主客。
**清貧**《せいひん》 貧しくとも行いが潔白なこと。
**製品**《せいひん》 加工し製造した品物。「—検査」
**政府**《せいふ》 国を統治する機関。「内閣—」
**清風**《せいふう》 清らかでさわやかな風。「—名月」
**正副**《せいふく》 正なるものと副なるもの。
**制服**《せいふく》 定められている服装。⬍私服

**征服**《せいふく》 攻め従えること。困難にかつこと。
**清福**《せいふく》 相手の幸福を祝う手紙用語。
**整復**《せいふく》 骨折や脱きゅうなどを治すこと。
**生物**《せいぶつ》 動物と植物。生あるもの。
**静物**《せいぶつ》 花・器具など動かない物。「—画」
**製粉**《せいふん》 穀物をひいて粉をつくること。
**正文**《せいぶん》 条約などの基準となる原文。
**成分**《せいぶん》 物質を構成している要素。
**成文**《せいぶん》 文に書き表すこと。「—化」
**精兵**《せいへい》 えり抜かれた強い兵士。精鋭。
**性癖**《せいへき》 生まれつきの癖かたより。
**生別**《せいべつ》 生き別れること。⇔死別
**性別**《せいべつ》 男女・雌雄の別。「—不問」
**正編**《せいへん》 書籍の主要な部分。本編。⇔続編
**政変**《せいへん》 政治上の変動。政権の交代。

**生母**《せいぼ》 生みの母。実母。⇔養母
**歳暮**《せいぼ》 年の暮れ。年末の贈り物。冬
**聖母**《せいぼ》 キリストの母。マリア。
**製法**《せいほう》 品物を製造する方法。作り方。
**声望**《せいぼう》 世間のよい評判と人望。名望。
**制帽**《せいぼう》 定められている帽子。「制服—」
**税法**《ぜいほう》 税の徴収などに関する法律。
**正本**《せいほん》 原本同様の効力をもつ文書。
**製本**《せいほん》 本の形にとじあわせること。
**精米**《せいまい》 玄米をついて白くした米。白米。
**精密**《せいみつ》 細かく詳しいさま。「—機械」
**精妙**《せいみょう》 細かく巧みにできているさま。
**政務**《せいむ》 行政上の事務。「—次官」
**税務**《ぜいむ》 税金に関する行政上の事務。
**生命**《せいめい》 命。寿命。最も大切な部分。

**声明**《せいめい》 公式に明言すること。「—文」
**姓名**《せいめい》 苗字と名前。氏名。「—判断」
**清明**《せいめい》 清く明らかなさま。節気の一。
**盛名**《せいめい》 評判が盛んなこと。高名。
**生面**《せいめん》 新しい方面。初の面会。⇔熟面
**正門**《せいもん》 正面に構える門。表門。⇔裏門
**声門**《せいもん》 声帯の間にある息が通るすき間。
**声紋**《せいもん》 声の周波数を解析した図。
**誓文**《せいもん》 誓いを記した文書。誓書。
**星夜**《せいや》 星が光り輝く夜空。星月夜。
**聖夜**《せいや》 聖誕祭の前夜。クリスマスイブ。
**成約**《せいやく》 契約や約束が成立すること。
**誓約**《せいやく》 必ず守ると約束すること。「—書」
**制約**《せいやく》 条件を課して制限すること。
**製薬**《せいやく》 薬剤を製造すること。「—会社」

**精油**《せいゆ》 石油を精製すること。芳香油。
**製油**《せいゆ》 石油などの油を製造すること。
**声優**《せいゆう》 声の吹き替えで出演する俳優。
**清遊**《せいゆう》 風雅な遊び。旅の尊敬語。
**西洋**《せいよう》 欧米諸国。「—料理」⇔東洋
**静養**《せいよう》 静かに養生すること。「自宅—」
**性欲**《せいよく》 男女間の情欲。肉体的な欲望。
**生来**《せいらい》 生まれてこのかた。天性。
**青嵐**《せいらん》 青葉の頃に吹き渡る風。薫風。
**清覧**《せいらん》 手紙で、相手が見るの意の敬語。
**晴嵐**《せいらん》 晴天の日に立つかすみ。
**生理**《せいり》 生体に起こる働き。月経。「—的」
**整理**《せいり》 きちんと整える。片づけること。
**税吏**《ぜいり》 税務にかかわる役人。税務官吏。
**成立**《せいりつ》 成り立つこと。できあがること。

**税率**《ぜいりつ》 価格に対する税金の比率・割合。
**政略**《せいりゃく》 政治上のかけ引き・策略。
**清流**《せいりゅう》 清らかな水の流れ。⇔濁流
**整流**《せいりゅう》 電気の交流を直流に変えること。
**声量**《せいりょう》 声の大きさや強さの度合い。
**清涼**《せいりょう》 さわやかで涼しいさま。「—剤」
**勢力**《せいりょく》 勢い。威勢。力。「—分布」「—圏」
**精力**《せいりょく》 活動の原動力。心身の元気。
**勢力伯仲**《せいりょくはくちゅう》 優劣の差がない。
**声涙**《せいるい》 声と涙。「—ともに下る」
**政令**《せいれい》 政府が出す政治上の命令。
**聖霊**《せいれい》 キリスト教の信徒を導く神の魂。
**精霊**《せいれい》 死者の魂。万物に宿る魂。
**精励**《せいれい》 つとめて励むこと。「刻苦—」
**精励恪勤**《せいれいかっきん》 一生懸命勤め励む。

**西暦**《せいれき》 キリスト生誕が紀元の西洋の暦。
**清冽**《せいれつ》 水が清らかで冷ややかなさま。
**整列**《せいれつ》 整然と順序よく並ぶ。「—乗車」
**精練**《せいれん》 繊維から不純物を除くこと。
**精錬**《せいれん》 【精煉】鉱石から不純物を取る。
**製錬**《せいれん》 鉱石から金属を採る。冶金《やきん》。
**清廉潔白**《せいれんけっぱく》 清らかで正しい。
**晴朗**《せいろう》 晴れてのどかなさま。「天気—」
**蒸籠**《せいろう》 食品を蒸すための器具。せいろ。
**正論**《せいろん》 道理にかなう正しい議論・主張。
**政論**《せいろん》 政治にかかわる議論。
**背負**《せお》**う** 背に負う。引き受ける。
**世界**《せかい》 地球全体。世間。特定の社会。
**施餓鬼**《せがき》 無縁の死者への供養。秋
**是《ぜ》が非《ひ》でも** どうしても。ぜひ。

倅《せがれ》 【悴】息子の謙称。「うちの—」
咳《せき》 のどからせき出される息。図
席《せき》 座る所。集まりの座。寄席。
堰《せき》 水位や流量を調節する構造物。
関《せき》 支え止めるもの。関所。「人目の—」
積《せき》 積むこと。数をかけた値。
籍《せき》 戸籍。学校や組織の所在。
積悪《せきあく》 悪行を積み重ねること。⇔積善
積雲《せきうん》 夏に多い、垂直に重なる雲。
石英《せきえい》 陶磁器などの原料の鉱物。
積怨《せきえん》 長年のうらみ。「—を晴らす」
赤外線《せきがいせん》 波長の長い電磁波。
碩学《せきがく》 学識が広く深い人。博学な人。
関《せき》が原《はら》 勝敗・運命を決する戦い。
隻眼《せきがん》 一つの眼。真実を見抜く眼。

隻語《せきご》 ほんのわずかな言葉。「片言—」
咳《せ》き込《こ》む 続けざまに激しくせく。
積載《せきさい》 車・船に荷を積むこと。「—量」
石材《せきざい》 建築など製作の材料となる石。
積算《せきさん》 加算すること。累計。見積もり。
赤子《せきし》 生まれてまもない子。人民。
席次《せきじ》 座席の順番。成績の順位。
昔日《せきじつ》 昔年。むかし。「—の感」
赤手《せきしゅ》 手に何も持たないこと。素手。
赤十字《せきじゅうじ》 傷病者救護の国際組織。
析出《せきしゅつ》 溶液から結晶が分離すること。
惜春《せきしゅん》 過ぎゆく春を惜しむ。「—の賦」
関所《せきしょ》 要所で旅人を調べた機関。難関。
席上《せきじょう》 会合の場。その場。座席の上。
脊髄《せきずい》 脊柱の中にある中枢神経系。

赤誠《せきせい》 まことの心。まごころ。赤心。
積雪《せきせつ》 地表に降り積もる雪。「—量」
寂然《せきぜん》 物寂しくひっそりしているさま。
積善《せきぜん》 善行を積み重ねること。⇔積悪
石像《せきぞう》 石材を刻んで造った像。
石鏃《せきぞく》 狩猟具や武器となる石のやじり。
席題《せきだい》 歌会でその場で出す題。⇔兼題
石炭《せきたん》 地中で植物が炭化したもの。
脊柱《せきちゅう》 脊椎動物の中軸の骨格。背骨。
脊椎《せきつい》 脊柱を構成する骨。「—動物」
石庭《せきてい》 岩石で造る日本風の庭園。
席亭《せきてい》 寄席。寄席を経営する人。
石塔《せきとう》 石製の五輪の塔。墓石。
赤道《せきどう》 両極から等距離の緯度の基準線。
尺牘《せきとく》 手紙。書簡。文書。

関取《せきとり》 相撲で十両以上の力士。
責任《せきにん》 なすべき任務や償い。「—転嫁」
積年《せきねん》 積み重ねた年月。「—の努力」
関《せき》の山《やま》 ここまでの限度。せいぜい。
惜敗《せきはい》 惜しいところで負ける。⇔辛勝
寂寞《せきばく》 【寂漠】ひっそり寂しいさま。
咳払《せきばら》い わざと咳をすること。
赤飯《せきはん》 餅米と小豆で作る赤色の飯。
石盤《せきばん》 石筆で文字などを書く板石。
石碑《せきひ》 文字を彫った石の記念碑。石塔。
赤貧《せきひん》 極めて貧しいさま。極貧。
石斧《せきふ》 農耕などに使う斧の形の石器。
積分《せきぶん》 関数にかかわる数学の計算法。
積弊《せきへい》 長い年月で積もり積もった弊害。
惜別《せきべつ》 別れを惜しむこと。「—の情」

石墨《せきぼく》 純粋な炭素からなる黒色の鉱物。
責務《せきむ》 責任をもつ務め。義務。「—を果す」
赤面《せきめん》 恥じて顔が赤くなる。「—の至り」
石油《せきゆ》 地下採取する燃料などに使う油。
夕陽《せきよう》 西に沈む太陽。入り日。ゆうひ。
施行《せぎょう》 僧や貧しい人に物を施すこと。
赤裸裸《せきらら》 包み隠しのないさま。
積乱雲《せきらんうん》 形が山のような雲。入道雲。
赤痢《せきり》 発熱・下痢を伴う疾病。「—菌」
席料《せきりょう》 会場などを借りる料金。座敷代。
脊梁《せきりょう》 背骨。背すじ。「—山脈」
寂寥《せきりょう》 静かで物寂しいさま。「—感」
斥力《せきりょく》 二物体間で互いに退け合う力。
関脇《せきわけ》 相撲の三役の一。大関の次位。
咳《せ》く せきをする。しわぶく。

急《せ》く はやる。急がせる。激しくなる。
塞《せ》く 【堰く】流れを遮り隔てる。
世間《せけん》 社会。世の中。「—知らず」
世間体《せけんてい》 世間に対する体裁・体面。
世故《せこ》 世間のならわし。「—にたける」
勢子《せこ》 【列卒】狩りで獲物を挑発する人。
世才《せさい》 世俗に明るいこと。世渡りの才。
世事《せじ》 世の中の出来事。「—にうとい」
世辞《せじ》 耳に快い言葉。愛想。「—を言う」
施主《せしゅ》 法事・供養を行う主人役。
世襲《せしゅう》 相続により代々受け継ぐこと。
世上《せじょう》 世間。巷間《こうかん》。「—のうわさ」
世情《せじょう》 世間の状態。世間の人情。
施錠《せじょう》 錠にかぎをかけること。「—確認」
世人《せじん》 社会・世の中の人。世間の人々。

背筋《せすじ》　背骨に沿った背中の中心線。
是正《ぜせい》　欠点などの間違いを改めること。
是是非非《ぜぜひひ》　公平無私の態度。
世相《せそう》　世の中のありさま。世態。
世俗《せぞく》　世の中のならわし。世間の人。
世帯《せたい》　住居・生計が同じ人。所帯。
世代《せだい》　それぞれの代。ある年齢層。
背丈《せたけ》　身の丈。身長。衣服の丈。
世知《せち》　【世智】世間を生きる知恵。
世知辛《せちがら》い　暮らしにくい。打算的。
節《せつ》　折。季節。時。操。ふし。適度。
説《せつ》　意見。学説。風説。説明。
拙悪《せつあく》　へたで出来が悪いさま。へた。
設営《せつえい》　施設や会場を整えること。「—隊」
節煙《せつえん》　喫煙量を減らすこと。

絶縁《ぜつえん》　縁切り。電気や熱伝導を絶つ。
赤化《せっか》　共産主義化すること。左翼化。
舌禍《ぜっか》　自分の発言から受けるわざわい。
絶佳《ぜっか》　優れてよい。美しい。「風光—」
切開《せっかい》　治療のため患部を切り開くこと。
石灰《せっかい》　生石灰・消石灰の総称。「—岩」
節介《せっかい》　よけいな世話焼き・口出し。
雪害《せつがい》　降雪による損害。「—対策」
絶海《ぜっかい》　陸地から遠い海。「—の孤島」
折角《せっかく》　骨を折って。せいぜい。
石棺《せっかん》　石で造られた棺おけ。
切諫《せっかん》　強くいさめること。
折檻《せっかん》　痛めつけ、責めこらしめること。
摂関《せっかん》　摂政と関白。「—政治」
切願《せつがん》　懸命に願うこと。ひたすら願う。

接岸《せつがん》　船を岸に横づけすること。
石器《せっき》　先史時代の遺物。石製の道具。
節気《せっき》　季節の区分。気候の変わり目。
節季《せっき》　季節の終わり。歳暮。盆と年末。
節義《せつぎ》　人として行うべき道を守ること。
絶技《ぜつぎ》　すぐれた技術・演技。妙技。
接客《せっきゃく》　客に面接し応対する。もてなす。
説教《せっきょう》　信仰を説く。教訓的な忠告。
説経《せっきょう》　教義を説いて聞かせること。
絶叫《ぜっきょう》　あらん限りの声で叫ぶこと。
積極《せっきょく》　進んで物事に取り組む。⇔消極
接近《せっきん》　近づく。差がつまる。「—遭遇」
節句《せっく》　【節供】五節句の式日。「雛《ひな》の—」
責付《せっつ》く　急がせる。せっつく。
絶句《ぜっく》　言葉に詰まる。漢詩の一形式。

石窟《せっくつ》　岩石をくり抜いた住居。いわや。
設計《せっけい》　工事や機械の計画・図面。
雪渓《せっけい》　夏でも雪が残る高山の谷間。夏
絶景《ぜっけい》　非常に優れた景色。絶勝。
雪月花《せつげつか》　四季ごとの美しい眺め。
赤血球《せっけっきゅう》　血中で酸素を運ぶ細胞。
石鹸《せっけん》　汚れを落とすのに使う洗剤。
席巻《せっけん》　【席捲】次々と攻め取ること。
接見《せっけん》　貴人が会見すること。引見する。
節倹《せっけん》　質素にしていること。節約。
切言《せつげん》　懇切に言うこと。厳しい忠言。
雪原《せつげん》　高山などで雪が溶け残った地域。
節減《せつげん》　切り詰めて減らすこと。「経費—」
絶後《ぜつご》　再度起こらない。息絶えたあと。
斥候《せっこう》　敵情をひそかに探ること・者。

石工《せっこう》　石材を細工する職人。いしく。
石膏《せっこう》　鉱物の一。天然の硫酸石灰。
拙稿《せっこう》　へたな原稿。自分の原稿の謙称。
接合《せつごう》　つなぎあわせること。続きあう。
絶交《ぜっこう》　交わりを断つ。交際をやめる。
絶好《ぜっこう》　この上なくよいこと。「—の機会」
接骨《せっこつ》　骨折などを治療する。骨つぎ。
切削《せっさく》　金属などを切り削る。「—工具」
拙作《せっさく》　へたな作品。自作の謙称。
拙策《せっさく》　まずい策略。自分の計略の謙称。
切磋琢磨《せっさたくま》　励まし磨き合う。
絶賛《ぜっさん》　【絶讃】ほめたたえること。
摂氏《せっし》　「摂氏温度」の略。セ氏。⇔華氏
切実《せつじつ》　直接差し迫って強く感じるさま。
拙者《せっしゃ》　武士が使った自称。小生。私《わたくし》。

接写《せっしゃ》　被写体に接近して撮影すること。
切歯扼腕《せっしやくわん》　憤り残念がること。
窃取《せっしゅ》　こっそり盗むこと。「宝を—する」
接種《せっしゅ》　病毒を体に移植する。「予防—」
摂取《せっしゅ》　体内に吸収する。取り入れること。
節酒《せっしゅ》　飲酒量を節制すること。
接収《せっしゅう》　権力で強制的に取り上げること。
切除《せつじょ》　切り取って除くこと。「—手術」
折衝《せっしょう》　利害の一致しない相手との談判。
殺生《せっしょう》　生物を殺すこと。残酷なこと。
摂政《せっしょう》　君主に代わり政治を行うこと。
絶唱《ぜっしょう》　優れた詩や歌。熱唱。
絶勝《ぜっしょう》　最も勝ること。優れた景色。
接触《せっしょく》　近づき触れること。交渉する。
摂食《せっしょく》　動物が食物を食べること。

節食《せっしょく》 食事量をほどよく減らすこと。
雪辱《せつじょく》 恥をすすぐこと。「—戦」
絶食《ぜっしょく》 食を断つこと。断食。「—療法」
節水《せっすい》 水をむだにせず節約すること。
接する《せっする》 触れる。交わる。会う。続く。
節する《せっする》 控えめにする。「飲酒を—」
絶する《ぜっする》 比類がない。絶える。尽きる。
摂生《せっせい》 健康に留意すること。養生。
節制《せっせい》 控えめにすること。自制。自重。
●摂生に努める
●酒を節制する
節税《せつぜい》 払う税金の軽減を工夫すること。
絶世《ぜっせい》 世に並ぶ者がないほど優れる。
切切《せつせつ》 思い迫る。熱心な。もの寂しい。
拙戦《せっせん》 まずい・つまらない戦い(試合)。
接戦《せっせん》 互角の勝負。近寄って戦うこと。
截然《せつぜん》 区別が明白なさま。「—たる差」
舌戦《ぜっせん》 言い争い。口論。論戦。⇔筆戦
節奏《せっそう》 音楽のふし。リズム。
節操《せっそう》 信念をかたく守ること。貞操。
拙速《せっそく》 下手だが作業は速い。⇔巧遅
接続《せつぞく》 つなぐ・つながること。「—詞」
雪駄《せった》 【雪踏】底が革張りの竹皮草履。
接待《せったい》 もてなし。ほどこし。「—費」
絶対《ぜったい》 比較・制限されないこと。必ず。
舌代《ぜつだい》 口上代わりの簡単なあいさつ文。
絶大《ぜつだい》 非常に大きいこと。「—なる拍手」
絶体絶命《ぜったいぜつめい》 逃れがたい窮地。
拙宅《せったく》 自分の家の謙称。陋屋《ろうおく》。
切断《せつだん》 【截断】切り離す。断ち切る。「—面」
舌端《ぜったん》 舌の先。弁舌。「—火を吐く」
接地《せっち》 地面に接触すること。アース。
設置《せっち》 作り設けること。設け置くこと。
接着《せっちゃく》 つく・くっつけること。「—剤」
折衷《せっちゅう》 【折中】中ほどをとること。「—案」
拙著《せっちょ》 自分の著作物の謙称。⇔貴著
絶頂《ぜっちょう》 山の頂上。物事の最上。「—期」
雪隠《せっちん》 便所。かわや。はばかり。
設定《せってい》 作り定める。こしらえておく。
接点《せってん》 【切点】二つの物が接する点。
節電《せつでん》 電気の使用量を節約すること。
節度《せつど》 規則。適度な程合い。調子。
窃盗《せっとう》 盗むこと。泥棒。「—犯」
雪洞《せっとう》 茶炉の覆い。雪に掘った横穴。
舌頭《ぜっとう》 口の先。舌の先。言葉。弁舌。
絶倒《ぜっとう》 笑い転げること。「抱腹—」
説得《せっとく》 納得させること。説き伏す。「—力」
刹那《せつな》 非常に短い瞬間。⇔劫《こう》
切ない《せつない》 胸が締めつけられてつらい。
切に《せつに》 心から。強く願うさま。「—願う」
切迫《せっぱく》 差し迫ること。詰め寄せること。
切羽詰まる《せっぱつまる》 ▼窮して手段がない。
折半《せっぱん》 半分に分ける。山分け。二分。
絶版《ぜっぱん》 出版を打ち切ること、その本。
設備《せつび》 備え設けること。用意。「—投資」
雪庇《せっぴ》 ひさしのような雪のふきだまり。
拙筆《せっぴつ》 自分の筆跡の謙称。⇔能筆
絶筆《ぜっぴつ》 故人の最後の作品。筆を絶つ。
絶品《ぜっぴん》 またとない優れた品物・作品。
切腹《せっぷく》 腹を切って死ぬこと。割腹。
説伏《せっぷく》 【説服】説き伏せる。説得する。
拙文《せつぶん》 まずい文章。自分の文章の謙称。
節分《せつぶん》 特に立春の前日。二月三日頃。图
接吻《せっぷん》 くちづけ。キス。
絶壁《ぜっぺき》 非常に険しいがけ。「断崖—」
切望《せつぼう》 心から望むこと。たって希望する。
説法《せっぽう》 仏法を説きさとす。意見する。
絶望《ぜつぼう》 望みがまったくないこと。失望。
舌鋒《ぜっぽう》 弁舌や議論が鋭いこと。
絶妙《ぜつみょう》 このうえなく巧みなさま。
絶無《ぜつむ》 全くない。絶えてない。皆無。
説明《せつめい》 相手にわかるように述べること。
絶命《ぜつめい》 命が絶えること。死ぬこと。落命。
絶滅《ぜつめつ》 滅びる。この世からなくなる。
雪盲《せつもう》 積雪の反射光線による目の炎症。
設問《せつもん》 問題を作ること。作られた問題。
節約《せつやく》 むだを省くこと。倹約。「経費—」
説諭《せつゆ》 教えさとすこと。言い聞かせる。
切要《せつよう》 極めて大切なこと。肝要。
摂理《せつり》 万物を支配する理法。神の意志。
節理《せつり》 規則正しい岩石の割れ目。道理。
設立《せつりつ》 機関などを新しく作る。創立。
絶倫《ぜつりん》 並外れて優れている。「精力—」
拙劣《せつれつ》 下手。劣る。まずい。⇔巧妙
説話《せつわ》 伝説。神話。昔話。民話。
瀬戸《せと》 狭い海峡。「瀬戸物・瀬戸際」の略。
背戸《せど》 裏口。裏門。家の後ろ。「—口」
瀬戸際《せとぎわ》 勝敗などの大事な分かれ目。
瀬戸物《せともの》 茶わんなどの陶磁器の総称。
背中《せなか》 体の後ろ側。背面。背後。
銭《ぜに》 金属性の通貨。金銭。お金。

是認《ぜにん》 よしと認める。許す。⬍否認
背伸《せの》び つま先立ちで体を伸ばす。
狭《せば》める 幅を狭くする。距離を縮める。
施肥《せひ》 農作物に肥料を与えること。
是非《ぜひ》 物事のよしあし。きっと。必ず。
世評《せひょう》 世間の評判。うわさ。風評。
背広《せびろ》 男性用の折り襟の平服。スーツ。
瀬踏《せぶ》み 前もって試す。打診すること。
背骨《せぼね》 脊柱《せきちゅう》を構成する骨。
狭《せま》い 面積が小さい。余裕や幅がない。
狭《せま》き門《もん》 競争の激しい難関。
迫《せま》る 【逼る】狭くなる。近づく。窮する。
蟬時雨《せみしぐれ》 セミが鳴きたてるさま。夏
攻《せ》め倦《あぐ》む 攻めきれずいやになる。
責《せ》め苦《く》 責められる苦しみ。

鬩《せめ》ぐ 恨み争い合う。互いに争う。
責《せ》め苛《さいな》む 責めいじめて苦しめる。
攻《せ》める 攻撃する。敵を討つ。⬍守る
責《せ》める 非難する。なじる。せがむ。
●奇襲戦法で攻める
●あやまちを責める
施薬《せやく》 薬を施し与えること、その薬。
競《せ》り 【糶】競争すること。競り売り。
迫《せ》り出《だ》す 上や前へ押し出す。
台詞《せりふ》 【科白】役者が劇中で話す言葉。
施療《せりょう》 無料で貧乏な病人を治療する。
競《せ》る 競争する。競って値を高くする。
世論《せろん》 世間一般の見方。よろん。「―調査」
世話《せわ》 面倒をみること。間をとりもつ。
世話《せわ》がない 手間がかからない。いい気なものだとあきれる。処置なしだ。

忙《せわ》しい いそがしい。気ぜわしい。
栓《せん》 管や容器などの口をふさぐ物。
線《せん》 すじ。仕切り。方向。筋道。
選《せん》 選び出すこと。「―にもれる」
善《ぜん》 よい。正しい。「―は急げ」⬍悪
禅《ぜん》 解脱の境地に入る。「座禅」の略。
膳《ぜん》 食器や食べ物を載せる台。食事。
善悪《ぜんあく》 善と悪。善人と悪人。よしあし。
戦意《せんい》 戦おうとする気力。「―喪失」
遷移《せんい》 物事が移り変わること。推移。
繊維《せんい》 細い糸状の物質。「天然―」
善意《ぜんい》 善良な心。親切心。⬍悪意
全域《ぜんいき》 地域・分野の全体。「市内―」
専一《せんいつ》 専ら。ひたすら心を注ぐ。肝要。
船員《せんいん》 船舶の乗組員。「―保険」

全員《ぜんいん》 全部の人。総員。「―参加」
戦雲《せんうん》 戦いが起きそうな殺気立つ気配。
先鋭《せんえい》 【尖鋭】とがって鋭いこと。急進。
船影《せんえい》 船の姿。「―を認めず」
前衛《ぜんえい》 前方の守り。先進的。⬍後衛
戦役《せんえき》 戦い。いくさ。戦争。「日露―」
僭越《せんえつ》 みだりに分を越えること。
遷延《せんえん》 長びくこと。延び延びになる。
専横《せんおう》 自分勝手。横暴。「―な態度」
全音《ぜんおん》 半音二つ分の音の隔たり。
専科《せんか》 専門の学科・課程。専修課程。
戦火《せんか》 戦争。戦争による火災。
戦果《せんか》 戦闘で得た成果。「―を上げる」
戦渦《せんか》 戦争によって起こる混乱。戦災。
戦禍《せんか》 戦争による災害。戦災。「―を被る」

線画《せんが》 線だけで描いた画。線描画。
前科《ぜんか》 前に刑罰を受けたこと。「―者」
浅海《せんかい》 水深の浅い海。海の浅い所。
旋回《せんかい》 くるくる回ること。回すこと。
選外《せんがい》 選から漏れること。「―佳作」
全会《ぜんかい》 会の人全体。全員。「―一致」
全快《ぜんかい》 病気がすっかり治ること。本復。
全開《ぜんかい》 開ききる。全力を出す。⬍半開
全壊《ぜんかい》 【全潰】丸つぶれ。「―家屋」⬍半壊
先覚《せんかく》 人より先に見抜くこと。⬍後覚
先学《せんがく》 学問上での先輩。先覚。⬍後学
浅学《せんがく》 見識が未熟なこと。浅い学問。
全額《ぜんがく》 全部の金高。総額。
浅学非才《せんがくひさい》 学識が浅く才能が劣っていることを表す謙称。「―の身」

詮方無《せんかたな》い しかたない。無意味だ。
専管《せんかん》 一手に管轄すること。「―水域」
戦艦《せんかん》 「戦闘艦」の略。大型軍艦。
潜函《せんかん》 水中や地下の基礎工事で使う箱。
洗眼《せんがん》 水や薬液などで目を洗うこと。
洗顔《せんがん》 顔を洗うこと。「―クリーム」
戦記《せんき》 戦争に関する記録。軍記。
戦機《せんき》 軍事上の機密。戦争の機運。
先議《せんぎ》 (他院より)先に審議すること。
詮議《せんぎ》 評議して決めること。取り調べ。
全期《ぜんき》 全部の期間。その期間全体。
前記《ぜんき》 上記。前に記した箇条。⬍後記
先客《せんきゃく》 先にきた客。「―がある」
千客万来《せんきゃくばんらい》 客が大勢くる。
占拠《せんきょ》 場所を占有して立てこもること。

船渠《せんきょ》 船を造り修繕する施設。ドック。
選挙《せんきょ》 投票で代表者を選ぶこと。「―権」
鮮魚《せんぎょ》 新鮮な魚。生の魚。「―商」
仙境《せんきょう》 【仙郷】俗界を離れた勝地。仙界。
宣教《せんきょう》 宗教を広めること。布教。「―師」
船橋《せんきょう》 船の上甲板にある司令所。
戦況《せんきょう》 戦いの状況。戦局。「―報告」
専業《せんぎょう》 専門の事業・職業。独占事業。
戦局《せんきょく》 戦争や試合のなりゆき・局面。
選曲《せんきょく》 楽曲を選ぶこと。選んだ楽曲。
千切《せんぎ》り 【繊切り】野菜を線状に切る。
千金《せんきん》 千両。多額の金銭。「一刻―」
千鈞《せんきん》 千貫目。重いもの。「―の重み」
先駆《せんく》 先に立つ人。先覚者。「―者」
前駆《ぜんく》 先乗り。先駆け。「―のパトカー」

遷宮《せんぐう》 神社の神霊を移すこと・儀式。
先口《せんくち》 申し込みなどの順番が先なこと。
千軍万馬《せんぐんばんば》 大軍。多くの戦歴。
宣下《せんげ》 天皇からの命令が下ること。
遷化《せんげ》 高僧が死去すること。入寂《にゅうじゃく》。
全景《ぜんけい》 全体の景色・眺め。全画面。
前掲《ぜんけい》 前に述べていること。前出。
前景《ぜんけい》 手前のけしき。⇕後景
前傾《ぜんけい》 体を前に傾けること。「―姿勢」
先決《せんけつ》 先に決定すべきこと。「―問題」
専決《せんけつ》 一人で決めること。「独断―」
鮮血《せんけつ》 生き血。流れ出た直後の赤い血。
先遣《せんけん》 本隊に先立つ派遣。「―隊」
先賢《せんけん》 昔の賢人・偉人。先哲。前賢。
浅見《せんけん》 浅はかな見識。「自説」の謙称。

専権《せんけん》 権力をほしいままにすること。
嬋娟《せんけん》 容姿があでやかで美しいさま。
宣言《せんげん》 意見や方針を公に発表すること。
全権《ぜんけん》 一切の権限。完全な権力。
前言《ぜんげん》 前に述べた言葉。先人の言葉。
漸減《ぜんげん》 だんだん減ること。⇕漸増
先験的《せんけんてき》 経験に先立つさま。
先見《せんけん》の明《めい》 先行きを見通せる見識。
千言万語《せんげんばんご》 非常に多くの言葉。
千古《せんこ》 大昔。永久。永遠。「―不易」
戦後《せんご》 戦争のあと。終戦後。⇕戦前
前後《ぜんご》 前と後ろ。先と後。物の順序。
善後《ぜんご》 うまく後始末をつけること。
先考《せんこう》 死亡した父。⇕先妣《せんぴ》
先行《せんこう》 先に進むこと。先に行う。案内。

先攻《せんこう》 試合で先に攻めること。⇕後攻
専行《せんこう》 自分だけの判断で行うこと。
専攻《せんこう》 専門に研究すること。専修。
穿孔《せんこう》 穴を開ける。穴が開く。「―機」
閃光《せんこう》 瞬間的にきらめく光。ひらめき。
戦功《せんこう》 戦争の手柄。戦いの功。軍功。
潜行《せんこう》 水中を潜り行くこと。忍び歩き。
潜航《せんこう》 水中を航行する。ひそかな航海。
線香《せんこう》 香料を棒状に固めたもの。
選考《せんこう》 【銓衡】能力を調べ適任者を選ぶ。
繊巧《せんこう》 技術がこまやかで巧みなこと。
鮮紅《せんこう》 鮮やかな紅色。赤。「―色」
善行《ぜんこう》 よい行い。「―を積む」⇕悪行《あくぎょう》
先刻《せんこく》 先ほど。とっくに。「―承知」
宣告《せんこく》 言い渡すこと。裁判の言い渡し。

戦国《せんごく》 戦いが絶えないその国の世上。
全国《ぜんこく》 国内全体。国中。「―区」「―的」
善後策《ぜんごさく》 後始末の方法。「―を講じる」
仙骨《せんこつ》 非凡な風体。脊柱の下端の骨。
千古不易《せんこふえき》 永久に変わらない。
前後不覚《ぜんごふかく》 正体を失うこと。
善根《ぜんこん》 果報を招くよい行い。功徳。
遷座《せんざ》 神仏や天皇の座をほかへ移す。
前座《ぜんざ》 落語で真打ちの前に出る人。
先妻《せんさい》 前の妻。もとの妻。⇕後妻
浅才《せんさい》 浅はかな才知。浅知恵。非才。
戦災《せんさい》 戦争による災害。戦禍。「―孤児」
繊細《せんさい》 ほっそりと優美。感情が細やか。
前栽《せんざい》 庭先の草木。草木を植えた庭園。
洗剤《せんざい》 汚れを洗い落とすのに使う薬剤。

潜在《せんざい》 内に潜む。隠れている。⇕顕在
前菜《ぜんさい》 最初の軽い料理。オードブル。
善哉《ぜんざい》 ほめて、喜び祝う語。汁粉。
千載一遇《せんざいいちぐう》 非常にまれな好機。
穿鑿《せんさく》 穴を開ける。細かく探り求める。
詮索《せんさく》 細かく口出しする・憶測する。
千差万別《せんさばんべつ》 多種多様なこと。
先史《せんし》 有史以前。「―時代」「―学」
戦士《せんし》 戦いに参加する兵士。「企業―」
戦史《せんし》 戦争の歴史。
戦死《せんし》 戦争で死ぬこと。戦没。「―者」
宣旨《せんじ》 天皇の命を伝えること・公文書。
戦時《せんじ》 戦争中。「―体制」⇕平時
禅師《ぜんじ》 高僧。知徳の高い禅僧の敬称。
漸次《ぜんじ》 しだいに。徐々に。だんだんに。

**泉質**《せんしつ》　温泉・鉱泉の水の化学的性質。
**船室**《せんしつ》　船の中の客室。船房。キャビン。
**先日**《せんじつ》　この間。過日。先般。前日。
**千思万考**《せんしばんこう》　いろいろと考える。
**千紫万紅**《せんしばんこう》　様々な色の花が咲き乱れているさま。色とりどりの花の色。
**千姿万態**《せんしばんたい》　様々な姿や形。
**洗車**《せんしゃ》　車の汚れを洗い落とすこと。
**戦車**《せんしゃ》　戦闘に使う軍用車。装甲車。
**選者**《せんじゃ》　優れた作品を選定する人。
**撰者**《せんじゃ》　書物・文章などの作者。撰述者。
**前者**《ぜんしゃ》　二つのうち前のもの。⇔後者
**繊弱**《せんじゃく》　細くて弱々しいさま。しなやか。
**前借**《ぜんしゃく》　前借りすること。先借り。
**浅酌低唱**《せんしゃくていしょう》　ほどよく酒を味わいながら、小声で歌を口ずさみ楽しむ。
**千社札**《せんじゃふだ》　参詣して社殿にはる紙札。
**先取**《せんしゅ》　ほかより先に取ること。「―点」
**船主**《せんしゅ》　船の持ち主。ふなぬし。
**船首**《せんしゅ》　船の最前端。へさき。⇔船尾
**僭主**《せんしゅ》　君主の位を奪い取った者。
**選手**《せんしゅ》　選ばれた競技者。「―権」「―宣誓」
**繊手**《せんしゅ》　女性の、かぼそくしなやかな手。
**千秋**《せんしゅう》　千年。長い年月。永遠。「一日―」
**専修**《せんしゅう》　一事を専門に修めること。専攻。
**選集**《せんしゅう》　代表作をいくつか選び集めた書。
**撰集**《せんしゅう》　詩歌・文章を集め編集すること。
**先住**《せんじゅう》　先に住んでいること。⇔現住
**専従**《せんじゅう》　その事だけに専ら従事すること。
**全集**《ぜんしゅう》　個人や同種の著作を集めたもの。

**禅宗**《ぜんしゅう》　仏教の一派。座禅で悟りを開く。
**千秋万歳**《せんしゅうばんぜい》　長寿を祝う言葉。
**千秋楽**《せんしゅうらく》　興行の最終日。雅楽の曲。
**選出**《せんしゅつ》　選び出すこと。選抜。「―者」
**戦術**《せんじゅつ》　戦ううえでの方策。兵法。「―家」
**前述**《ぜんじゅつ》　前に述べたこと。前陳。⇔後述
**浅春**《せんしゅん》　春のはじめの頃。早春。⇔晩春
**選書**《せんしょ》　多くの著作から選びまとめた書。
**全書**《ぜんしょ》　特定の事項を全部集めた書。
**善処**《ぜんしょ》　適切な処置をとること。
**先勝**《せんしょう》　数試合内で先に勝つ。六曜の一。
**先蹤**《せんしょう》　先人の事跡。前の時代の実例。
**戦勝**《せんしょう》　【戦捷】戦いに勝つ。「―国」⇔戦敗
**僭称**《せんしょう》　身分以上の称号を勝手に称する。
**選奨**《せんしょう》　優れたものを選び勧めること。

**洗浄**《せんじょう》　【洗滌】洗い清めること。「―剤」
**扇情**《せんじょう》　【煽情】情欲・感情をあおること。
**戦場**《せんじょう》　いくさの場。戦陣。戦地。「古―」
**僭上**《せんじょう》　みだりに分限を越えること。
**全勝**《ぜんしょう》　すべての勝負に勝つ。⇔全敗
**全焼**《ぜんしょう》　全部焼けること。丸焼け。⇔半焼
**禅定**《ぜんじょう》　精神を統一して瞑想《めいそう》すること。
**禅譲**《ぜんじょう》　権力を徳のある人に譲る。譲位。
**前哨戦**《ぜんしょうせん》　小手調べ。準備的活動。
**扇状地**《せんじょうち》　扇形に広がる沖積地。
**染色**《せんしょく》　糸などを染料で染めること。
**染織**《せんしょく》　糸や布を染めることと織ること。
**煎**《せん》**じる**　煮出す。煮詰める。「漢方薬を―」
**先進**《せんしん》　ほかより進歩・発達している。
**専心**《せんしん》　一つの物事に心を注ぐ。専念。

**千尋**《せんじん》　【千仞】非常に深い・高い。ちひろ。
**先人**《せんじん》　前代の人。祖先。亡父。⇔後人《こうじん》
**先陣**《せんじん》　一番乗り。先頭。「―争い」⇔後陣
**戦陣**《せんじん》　いくさの陣営。戦場。戦争。
**戦塵**《せんじん》　戦いの騒ぎ。「―を避ける」
**全身**《ぜんしん》　体全体。総身。「―像」⇔半身
**前身**《ぜんしん》　以前の身分や職業・組織の形態。
**前進**《ぜんしん》　前へ進むこと。⇔後退
**漸進**《ぜんしん》　少しずつ進むこと。⇔急進
**全身全霊**《ぜんしんぜんれい》　身も心もすべて。
**千辛万苦**《せんしんばんく》　様々な辛苦。
**前人未到**《ぜんじんみとう》　【前人未踏】まだだれもやったり足を踏み入れたりしていない。
**扇子**《せんす》　おうぎ。「―であおぐ」夏
**泉水**《せんすい》　庭にある池。わき水。泉。

**潜水**《せんすい》　水にもぐること。「―病」「―艦」
**詮**《せん》**ずる所**《ところ》　要するに。結局。所詮。
**前世**《ぜんせ》　現世に生まれる前の世。前生。
**先生**《せんせい》　教師。専門家に対する敬称。
**先制**《せんせい》　先手を取ること。機先を制する。
**宣誓**《せんせい》　誓い。誓いの言葉を述べること。
**専制**《せんせい》　物事や政治を独断で行うこと。
**全盛**《ぜんせい》　最も盛んな時期。栄華の極。「―期」
**善政**《ぜんせい》　よい政治。正しい政治。⇔悪政
**占星術**《せんせいじゅつ》　星の運行で占う術。「西洋―」
**戦跡**《せんせき》　戦場の跡。戦いの跡。
**戦績**《せんせき》　戦いや試合の成績・結果。
**先占**《せんせん》　先に占有する。「先占取得」の略。
**宣戦**《せんせん》　戦争開始の宣言。「―布告」
**戦線**《せんせん》　戦闘の最前線。戦闘の区域。

戦前《せんぜん》 戦争の前。第二次大戦の前。
全線《ぜんせん》 すべての線路。すべての戦線。
前線《ぜんせん》 寒暖気団の境目。戦場。「寒冷―」
善戦《ぜんせん》 力を尽くして十分に戦うこと。
全然《ぜんぜん》 全く。非常に。少しも。
戦戦恐恐《せんせんきょうきょう》【戦戦兢兢】おそれおののくさま。びくびくしているさま。
践祚《せんそ》 皇位を継承すること。
先祖《せんぞ》 代々の人々。家系の初代。祖先。
船倉《せんそう》【船艙】船の中の倉庫。ふなぐら。
戦争《せんそう》 国家間の武力争闘。戦闘。競争。
前奏《ぜんそう》 楽曲の冒頭部分。物事の始まり。
禅僧《ぜんそう》 禅宗の僧。禅坊主。
漸増《ぜんぞう》 徐々に増えること。⬄漸減
専属《せんぞく》 一つの会社・組織だけに属す。

喘息《ぜんそく》 あえぐ。呼吸困難に陥る病気。
全速力《ぜんそくりょく》 最高の速力。フルスピード。
船体《せんたい》 船の体部。船の姿。船郭。
先代《せんだい》 前の代の当主。前の時代。
全体《ぜんたい》 全部。すべて。元来。⬄部分
前代未聞《ぜんだいみもん》 これまでに聞いたことも見たこともないような珍しいこと。
洗濯《せんたく》 洗いすすぐ。衣服などを洗う。
選択《せんたく》 適するものを選び取る。「―肢」
先達《せんだつ》 先輩。指導者。先導者。案内者。
先達て《せんだって》 先頃。この間。先日。「―来」
膳立て《ぜんだて》 (食事の)準備。「お―が整う」
善玉《ぜんだま》 善人。よい働きをする存在。
先端《せんたん》【尖端】物の一番先の部分。
戦端《せんたん》 戦いのきっかけ。「―を開く」

専断《せんだん》【擅断】自分の考えで処理する。
船団《せんだん》 船の集団。「―を組む」「捕鯨―」
全治《ぜんち》 傷病が完全に治ること。全快。
善知識《ぜんちしき》 仏道に導く人・高僧。
全知全能《ぜんちぜんのう》 完全無欠の能力。
煎茶《せんちゃ》 せんじて飲む緑茶。中級の茶葉。
先着《せんちゃく》 ほかより先に着くこと。「―順」
船長《せんちょう》 船の乗組員の長。船の長さ。
全長《ぜんちょう》 全体の長さ。「―百メートルの橋」
前兆《ぜんちょう》 事が起こる兆し。予兆。前ぶれ。
疝痛《せんつう》 腹部の発作性の激痛。
全通《ぜんつう》 全部開通すること。全線開通。
先手《せんて》 相手より先に行うこと。⬄後手
剪定《せんてい》 枝木などを刈り込む。整枝。[春]
船底《せんてい》 船の底。ふなぞこ。

選定《せんてい》 多くの中から選び決めること。
前提《ぜんてい》 土台となる条件。前置き。「―条件」
先哲《せんてつ》 昔の哲人。昔の思想家。先賢。
銑鉄《せんてつ》 鉄鉱石を溶かした低純度の鉄。
前轍《ぜんてつ》 前車の車輪の跡。「―を踏む」
禅寺《ぜんでら》 禅宗の寺。禅院。禅林。
先天《せんてん》 生まれ持った性質。⬄後天
宣伝《せんでん》 広く伝え知らせる。言いふらす。
遷都《せんと》 都をほかの土地に移すこと。
先途《せんど》 瀬戸際。運命の分かれ目。最期。
鮮度《せんど》 新鮮さの度合い。新しさ。
前途《ぜんと》 行く手。将来。「―を祝す」
全土《ぜんど》 国土全体。国じゅう。「日本―」
先頭《せんとう》 いちばん先。真っ先。⬄後尾
尖塔《せんとう》 屋根が細長くとがった塔。

戦闘《せんとう》 武力で戦うこと。交戦。「―員」
銭湯《せんとう》 入浴料を払う湯屋。公衆浴場。
先導《せんどう》 先に立って導くこと。「―車」
扇動《せんどう》【煽動】あおること。おだてる。
船頭《せんどう》 船をこぐ職業。ふなのり。船長。
漸騰《ぜんとう》 相場や物価が段々上がること。
善導《ぜんどう》 よく導き教えること。「思想―」
蠕動《ぜんどう》 うごめくこと。胃腸の消化運動。
前途多難《ぜんとたなん》 将来困難が多い。
前途洋洋《ぜんとようよう》 将来が明るいこと。
詮無い《せんない》 かいない。仕方ない。無益。
千成り《せんなり》◀【千生り】たくさん実がなる。
善男善女《ぜんなんぜんにょ》 仏教に帰依した人。
禅尼《ぜんに》 仏門に入り髪をそった女性。
全日制《ぜんにちせい》 昼に授業する教育課程。

潜入《せんにゅう》 ひそかに入り込む。水中に潜る。
先入観《せんにゅうかん》 はじめに抱いた固定観念。
仙人《せんにん》 不老不死で神変自在な人。
先任《せんにん》 先にその任務に就いていた人。
専任《せんにん》 専ら一つの仕事に従事すること。
選任《せんにん》 人を選び任に当たらせること。
前任《ぜんにん》 前に任務していた人。前の仕事。
善人《ぜんにん》 善良な人。お人好し。⬄悪人
栓抜き《せんぬき》◀ 瓶などの栓を抜く道具。
潜熱《せんねつ》 内にひそみ表面に現れない熱。
先年《せんねん》 前の年。過ぎ去った年。往年。
専念《せんねん》 一つの事に集中し励む。専心。
洗脳《せんのう》 思想や主義を改めさせること。
全能《ぜんのう》 できないことがない。「全知―」
全納《ぜんのう》 全部納めること。「会費を―する」

**前納**《ぜんのう》 事前に納める。期限前に納める。
**前場**《ぜんば》 証券取引所の午前の立ち会い。
**専売**《せんばい》 独占して売ること。「—特許」
**先輩**《せんぱい》 経験や年齢が上の人。⇔後輩
**全敗**《ぜんぱい》 すべて負けること。⇔全勝
**全廃**《ぜんぱい》 全部廃止すること。「制度の—」
**浅薄**《せんぱく》 考えや知識が浅はか。「—皮相」
**船舶**《せんぱく》 人や貨物を輸送する大型の船。
**選抜**《せんばつ》 多数の中からより抜くこと。
**先発**《せんぱつ》 先に出発する。「—隊」⇔後発
**染髪**《せんぱつ》 髪を染めること。毛染め。染毛。
**洗髪**《せんぱつ》 髪を洗うこと。「—剤」
**千羽鶴**《せんばづる》 多数の折鶴を連ねたもの。
**千波万波**《せんぱばんぱ》 絶えず寄せる波。
**千万**《せんばん》 状態がはなはだしい。「迷惑—」

**旋盤**《せんばん》 物を回転させ、工作する機械。
**先般**《せんぱん》 先頃。この間。過日。先日。
**戦犯**《せんぱん》 「戦争犯罪人」の略。「A級—」
**前半**《ぜんはん》 前後のうちの前半分。⇔後半
**全般**《ぜんぱん》 すべて。全体。総体。「—的」
**船尾**《せんび》 船の後ろの部分。とも。⇔船首
**戦備**《せんび》 戦争のための準備や設備。軍備。
**戦費**《せんぴ》 戦争に要する費用。
**善美**《ぜんび》 善と美。立派で美しいさま。
**前非**《ぜんぴ》 過去の悪事や過ち。先非。
**染筆**《せんぴつ》 筆で書や画をかくこと。揮毫《きごう》。
**線描**《せんびょう》 線ばかりでかくこと。「—画」
**選評**《せんぴょう》 選んだものを批評すること。
**全豹**《ぜんぴょう》 物事の全体の様子。⇔一斑《いっぱん》
**先負**《せんぶ》 六曜の一。午前は凶、午後は吉。

**宣撫**《せんぶ》 占領地の人心を安定させること。
**宣布**《せんぷ》 公に広く知らせること。流布《るふ》。
**全部**《ぜんぶ》 すべて。みな。全体。⇔一部
**膳部**《ぜんぶ》 膳に載せて出す料理。
**旋風**《せんぷう》 つむじ風。突発的な変動。
**扇風機**《せんぷうき》 風を吹き送る機械。〔夏〕
**船腹**《せんぷく》 船の胴体。船の積載量。船内。
**潜伏**《せんぷく》 隠れ潜むこと。「—期間」
**全幅**《ぜんぷく》 あらんかぎり。「—の信頼」
**全文**《ぜんぶん》 文章の全体。「—を読み上げる」
**前文**《ぜんぶん》 前に記した文。前書き。
**千分率**《せんぶんりつ》 全体を千とした比率（パーミル）。
**煎餅**《せんべい》 米粉・小麦粉を練り焼いた菓子。
**先兵**《せんぺい》 【尖兵】警戒・探索する兵隊。
**選別**《せんべつ》 基準を設けて選び分けること。

**餞別**《せんべつ》 別れのしるしに贈る金品。餞《はなむけ》。
**全編**《ぜんぺん》 【全篇】文章や書物の全体。
**前編**《ぜんぺん》 【前篇】前の巻。⇔後編
**千篇一律**《せんぺんいちりつ》 一本調子。
**千変万化**《せんぺんばんか》 変化が激しいさま。
**先鞭**《せんべん》**をつける** 先んじて着手する。「馬にむち打ち先駆けする」から。
**羨望**《せんぼう》 うらやましく思うこと。「—の的」
**先方**《せんぽう》 相手方。相手の人。⇔当方
**先鋒**《せんぽう》 先頭を進むもの。前鋒。「急—」
**戦法**《せんぽう》 戦いの方法。戦術。「—を変える」
**全貌**《ぜんぼう》 全体の姿や様子。全容。「事件の—」
**潜望鏡**《せんぼうきょう》 潜水艦が水上を探る望遠鏡。
**占卜**《せんぼく》 占うこと。占い。卜占。
**戦没**《せんぼつ》 【戦歿】戦争で死ぬ。戦死。「—者」

**発条**《ぜんまい》 【撥条】渦巻状で弾力のあるばね。
**千枚通し**《せんまいどおし》▲ 紙に孔を開けるきり。
**千万無量**《せんまんむりょう》 計り知れない量。
**禅味**《ぜんみ》 禅の趣味。禅の味わい。
**専務**《せんむ》 専門の仕事。「専務取締役」の略。
**鮮明**《せんめい》 際立って鮮やか。あいまいでない。
**闡明**《せんめい》 道理を明らかにすること。
**殲滅**《せんめつ》 皆殺し。全滅。掃滅。「—戦」
**全滅**《ぜんめつ》 すべてが残らず滅びる。絶滅。
**洗面**《せんめん》 顔を洗うこと。洗顔。「—所」
**全面**《ぜんめん》 あらゆるすべての方面。「—的」
**旋毛**《せんもう》 渦巻状の毛。つむじ。つむじげ。
**繊毛**《せんもう》 極めて細い毛。「—運動」
**専門**《せんもん》 一事を専ら行うこと。「—家」
**禅問答**《ぜんもんどう》 ちぐはぐで難解な問答。

**前夜**《ぜんや》 特定の日の、前日の夜。「—祭」
**仙薬**《せんやく》 不老・不死の薬。霊薬。
**先約**《せんやく》 前の約束。他の人との先の約束。
**煎薬**《せんやく》 煮出して飲む薬。煎じ薬。湯薬。
**全訳**《ぜんやく》 原文全部の翻訳。完訳。⇔抄訳
**僭踰**《せんゆ》 身分をこえた振る舞いをする。
**全癒**《ぜんゆ》 傷病が完全に治ること。全快。
**占有**《せんゆう》 自分の所有とすること。「—権」
**専有**《せんゆう》 独りで所有する。独占。⇔共有
●市場占有率
●専有面積　専有車
**戦友**《せんゆう》 ともに戦った友。軍隊での同僚。
**先憂後楽**《せんゆうこうらく》 先に苦労や苦難を経験した者は後に安楽になれる。
**占用**《せんよう》 独占して使用すること。⇔兼用
**宣揚**《せんよう》 広く世に示すこと。「国威—」

専用《せんよう》 特定の人だけが使う。⬍共用
全容《ぜんよう》 全体の姿。全貌《ぜんぼう》。「—の解明」
善用《ぜんよう》 よいことにうまく使う。⬍悪用
全裸《ぜんら》 何も身にまとわないさま。丸裸。
漸落《ぜんらく》 相場や物価が段々下落すること。
戦乱《せんらん》 戦いで世の中が乱れる。戦争。
千里眼《せんりがん》 未来や人心を見通す力。
旋律《せんりつ》 曲の節。メロディー。「主—」
戦慄《せんりつ》 おそれて震えること。「—が走る」
千里同風《せんりどうふう》 天下が平和である。
戦利品《せんりひん》 戦った敵から奪った品物。
戦略《せんりゃく》 戦いの駆け引き。戦術。策略。
前略《ぜんりゃく》 手紙などで前文を省くときの語。
川柳《せんりゅう》 滑稽《こっけい》と風刺を特色とする短詩。
千慮《せんりょ》 十分な思慮。「—の一失・一得」

浅慮《せんりょ》 思慮が浅いこと。浅見。⬍深慮
千両《せんりょう》 価値が高いこと。「—役者」
占領《せんりょう》 他国に侵入し武力で支配する。
染料《せんりょう》 繊維を染める原料。「天然—」
選良《せんりょう》 選ばれた人。エリート。代議士。
善良《ぜんりょう》 性質が素直でよい。正直なこと。
戦力《せんりょく》 戦いを遂行する力。働き手。
全力《ぜんりょく》 あらん限りの力。全部の力。
善隣《ぜんりん》 隣同士が仲よくする。「—友好」
禅林《ぜんりん》 禅宗の寺院。
先例《せんれい》 以前あった同種の例。前例。
洗礼《せんれい》 キリスト教徒になる儀式。
鮮麗《せんれい》 鮮やかで麗しいさま。「—な色彩」
全霊《ぜんれい》 精神のすべて。「全身—」
前例《ぜんれい》 以前の例。先例。「—に倣う」

戦歴《せんれき》 戦争や試合で戦った経歴。
前歴《ぜんれき》 今にいたるまでの経歴。前身。
戦列《せんれつ》 戦闘部隊の隊列。「—を離脱する」
鮮烈《せんれつ》 鮮やかではっきりしたさま。
洗練《せんれん》 【洗煉】磨き上げる。あか抜ける。
線路《せんろ》 鉄道の軌道。レール。
千六本《せんろっぽん》 【繊六本】大根の千切り。
禅話《ぜんわ》 禅の修行や思想などの講話。

## そ

祖《そ》 先祖。元祖。大もと。「考古学の—」
粗悪《そあく》 粗末で品質が悪いこと。「—品」
素案《そあん》 大もとの案。大体の考え。
粗衣粗食《そいそしょく》 質素で貧しい生活。
其奴《そいつ》 その人。そのもの・こと。それ。

添い寝《そいね》 寄り添って寝ること。
素因《そいん》 原因。病気になりやすい素質。
訴因《そいん》 訴訟の原因となる事由。
疎音《そいん》 久しく便りがないこと。ぶさた。
相《そう》 姿。吉凶の現れ。「水難の—」
僧《そう》 仏門に入った男性。坊さん。
想《そう》 思い。考え。構想。「—を練る」
層《そう》 重なり。階層。地層。「—が厚い」
箏《そう》 十三弦の琴。撥弦楽器。「—曲」
艘《そう》 船を数える助数詞。

沿う《そう》 離れずに伝っていく。「方針に—」
添う《そう》 そばにいる。付き従う。「寄り—」
副う《そう》 【添う】かなう。「期待に—」
●川に沿う ●付き添う ●趣旨に副う

像《ぞう》 形。神仏や物をかたどったもの。

相愛《そうあい》 互いに愛すること。「相思—」
増悪《ぞうあく》 病状が悪くなる。ふえて悪化する。
総揚げ《そうあげ》 芸者などを全員呼んで遊ぶ。
草案《そうあん》 下書きの文章。審議の原案。
草庵《そうあん》 草ぶき屋根の粗末な小屋。
創案《そうあん》 新しく考え出す、考え出したもの。
相違《そうい》 比べた違い。「—点」「—ない」
創痍《そうい》 刃物によるきず。損害。「満身—」
創意《そうい》 独創的な考え。思いつき。
僧衣《そうい》 僧が着る衣服。法衣。ほうえ。
総意《そうい》 全員に共通する意見や意思。
層一層《そういっそう》 さらにいっそう。ますます。
僧院《そういん》 僧の住む寺院。修道院。
総員《そういん》 全部の人。すべての人員。全員。
増員《ぞういん》 人員を増やすこと。⬍減員

躁鬱《そううつ》 興奮状態とゆううつ状態。「—病」
層雲《そううん》 低空で層状に広がる局地的な雲。
叢雲《そううん》 むらがる雲。むらくも。
造営《ぞうえい》 神社・寺院などを建築すること。
造影《ぞうえい》 X線で映し出すこと。「—剤」
増益《ぞうえき》 利益の増加。「増収—」⬍減益
造園《ぞうえん》 石や草木で庭・公園を造ること。
増援《ぞうえん》 人数を増やして助けること。
憎悪《ぞうお》 激しく憎むこと。嫌う。「近親—」
相応《そうおう》 つりあう。ふさわしい。「身分—」
騒音《そうおん》 騒がしい音。雑音。「—公害」
喪家《そうか》 家を失う。喪中の家。「—の狗《いぬ》」
爪牙《そうが》 魔手。助けになる部下。そうげ。
挿画《そうが》 書物の、文中のさしえ。
造化《ぞうか》 宇宙を造った神。天地・宇宙。

造花《ぞうか》 紙や布などで作った花。⬍生花
増加《ぞうか》 数量が増えること。⬍減少
壮快《そうかい》 元気が満ちあふれて快い。豪快。
爽快《そうかい》 さわやかで快いこと。「―な朝」
●壮快な議論
●爽快な山頂の空気
掃海《そうかい》 海中の危険物を取り除くこと。
蒼海《そうかい》 【滄海】青海原。「―桑田」
総会《そうかい》 全構成員が集まる会。「株主―」
霜害《そうがい》 霜による農作物などの損害。
総掛《そうが》かり◀ 全員で一事にあたる。
騒客《そうかく》 詩歌などを作る風流人。騒人。
奏楽《そうがく》 音楽、特に雅楽を演奏すること。
総額《そうがく》 すべてを合計した額。全額。
増額《ぞうがく》 金額や数量を増やす。⬍減額
総括《そうかつ》 別々のものを一つにまとめる。
総轄《そうかつ》 全体を取り締まること。
●意見を総括する
●営業部を総轄する
壮観《そうかん》 壮大で立派な眺め。偉観。
相姦《そうかん》 社会通念上禁じられた性行為。
相関《そうかん》 互いに関係があること。「―関係」
送還《そうかん》 もとへ送り返すこと。「強制―」
創刊《そうかん》 定期刊行物を新たに発行する。
総監《そうかん》 全体を統率し監督すること・人。
増刊《ぞうかん》 定期以外で臨時に発行すること。
象眼《ぞうがん》 【象嵌】金などをはめ込む工芸。
双眼鏡《そうがんきょう》 両目にあてて見る望遠鏡。
双管斉下《そうかんせいか》 二つの物事を同時に処理する。同時に二つの方法を用いる。
早期《そうき》 時期が早いこと。早いうち。
想起《そうき》 過去のことを思い起こす。回想。
総記《そうき》 全体のまとめを記述したもの。
争議《そうぎ》 意見の衝突・争い。労働争議。
葬儀《そうぎ》 死者を弔う儀式。葬式。「―屋」
雑木《ぞうき》 用材にならない雑多な木。「―林」
臓器《ぞうき》 内臓の諸器官。「―移植」
早急《そうきゅう》 大急ぎ。至急。さっきゅう。
蒼穹《そうきゅう》 青空。大空。蒼天。蒼空。
壮挙《そうきょ》 壮大な企てや行動。壮図。
早暁《そうぎょう》 夜の明け方。あかつき。早朝。
創業《そうぎょう》 事業を新しくはじめる。「―者」
僧形《そうぎょう》 僧の姿。出家の身なり。⬍俗形
操業《そうぎょう》 機械を動かして仕事をすること。
増強《ぞうきょう》 さらに強くする。機能を高める。
送金《そうきん》 金銭を送ること。「―小切手」
雑巾《ぞうきん》 汚れをふく掃除用の布。「―がけ」
走禽類《そうきんるい》 翼がなく、速く走る鳥類。
走狗《そうく》 狩猟犬。手先になって働く人。
痩軀《そうく》 やせた体。痩身。「長身―」
装具《そうぐ》 武具や登山の装備。化粧道具。
遭遇《そうぐう》 不意に人や出来事に巡りあう。
巣窟《そうくつ》 悪者などの根城。隠れ家。「悪の―」
宗家《そうけ》 一門の本家。家元。そうか。
僧家《そうけ》 寺院。僧侶。そうか。⬍俗家《ぞっか》
象牙《ぞうげ》 象の門歯。アイボリー。「―細工」
早計《そうけい》 早まった考え。はやがてん。
総計《そうけい》 全体の合計。通計。総締め。
送迎《そうげい》 送り迎え。「―車」「―会」
造形《ぞうけい》 【造型】形体を作り上げること。
造詣《ぞうけい》 学問などに深く通じること。
総毛立《そうけだ》つ 怖さでぞっとする。
造血《ぞうけつ》 体内で血液を作り出すこと。
増結《ぞうけつ》 列車に車両を連結し増やすこと。
総決算《そうけっさん》 収入・支出を総計すること。
象牙《ぞうげ》の塔《とう》 俗世から逃避した学究・学者の閉鎖的な社会、また、その研究室。
壮健《そうけん》 体がじょうぶなこと。達者。
送検《そうけん》 容疑者・犯罪者を検察庁へ送る。
創見《そうけん》 新しい見解。新発見。「―に富む」
創建《そうけん》 はじめて建てること。創立。
総見《そうけん》 団体全員が興行を見物すること。
草原《そうげん》 草の生えている広い原っぱ。
造言《ぞうげん》 つくりごと。デマ。「―蜚語《ひご》」
増減《ぞうげん》 増加と減少。「―の幅」
双肩《そうけん》に担《にな》う 果たすべき任務や責務を引き受ける。双肩は「左右の肩」。
倉庫《そうこ》 物品を保管する建物。くら。
操觚《そうこ》 詩文を作る・文筆に携わること。
壮語《そうご》 意気盛んな言葉。壮言。「大言―」
相互《そうご》 お互い。代わる代わる。交互。
造語《ぞうご》 新しい語を作ること。新語。
壮行《そうこう》 旅立ちや門出を励まし送ること。
走行《そうこう》 車などが走ること。「―距離」
奏功《そうこう》 事がうまく運ぶ・成功すること。
奏効《そうこう》 効き目がある・効果が出ること。
草稿《そうこう》 下書き。草案。原稿。
倉皇《そうこう》 【倉惶】慌てる。あわただしい。
装甲《そうこう》 武装。船体・車体に鉄板を張る。
操行《そうこう》 行い。品行。行儀。素行。
霜降《そうこう》 二四節気で、十月二三日頃。図
糟糠《そうこう》 粗末な食事。無価値なもの。

総合《そうごう》 【綜合】一つにまとめあげること。
糟糠《そうこう》の妻《つま》 ともに苦労を重ねた妻。
草行露宿《そうこうろしゅく》 苦しい旅。辛い行程。
相好《そうごう》を崩《くず》す にこにことうれしそうな表情をする。相好は「顔つき」の意。
相克《そうこく》 【相剋】対立する両者が争うこと。
早婚《そうこん》 年が若いうちの結婚。⬍晩婚
創痕《そうこん》 傷のあと。きずあと。
荘厳《そうごん》 威厳があり厳かなさま。「—な寺」
雑言《ぞうごん》 いろいろな悪口。「悪口《あっ》—」
捜査《そうさ》 警察が犯人を捜し証拠を調べる。
操作《そうさ》 機械などを操る。やりくりする。
造作《ぞうさ》 【雑作】手間取る。もてなし。手段。
相殺《そうさい》 差し引きして帳消しにすること。
葬祭《そうさい》 葬礼と祖先の祭事。「冠婚—」
総裁《そうさい》 全体をつかさどる長。「日銀—」
惣菜《そうざい》 【総菜】普段の副食物。おかず。
捜索《そうさく》 捜し求めること。「家宅—」
創作《そうさく》 創意で作品を作り出すこと。
造作《ぞうさく》 建物内部の仕上げ。顔の作り。
走査線《そうさせん》 テレビ画像を構成する線。
増刷《ぞうさつ》 刊行物を追加して刷ること。
総浚い《そうざらい》 総復習。仕上げの稽古《けいこ》。
早産《そうざん》 予定日より早い月足らずの出産。
増産《ぞうさん》 生産量・額を増やす。⬍減産
壮士《そうし》 壮年の男性。意気盛んな若者。
相思《そうし》 互いに慕い思うこと。「—相愛」
草紙《そうし》 【草子】とじてある書冊。
創始《そうし》 物事の始め。始まり。「—者」
相似《そうじ》 性質・形が互いに似る。「—形」
送辞《そうじ》 送別のあいさつ。はなむけの言葉。
掃除《そうじ》 ごみを除き汚れをふき整備する。
増資《ぞうし》 資本を増やすこと。⬍減資
葬式《そうしき》 とむらい。葬礼。葬儀。
総辞職《そうじしょく》 全員が辞職する。「内閣—」
喪失《そうしつ》 なくなること。失う。「自信—」
総《そう》じて 概して。全体として。一般に。
造次顚沛《ぞうじてんぱい》 わずかの間。
壮者《そうしゃ》 壮年の人。若者。
走者《そうしゃ》 競技の走り手。ランナー。
奏者《そうしゃ》 演奏する人。天子に奏上する人。
掃射《そうしゃ》 一掃するように機関銃を撃つ。
操車《そうしゃ》 列車編成や車両入れ替えを扱う。
双手《そうしゅ》 両方の手。両手。⬍隻手《せきしゅ》
宗主《そうしゅ》 本家の長。諸侯を支配する盟主。
爽秋《そうしゅう》 さわやかな秋。「—の候」
操縦《そうじゅう》 自由に操り動かす。運転する。
増収《ぞうしゅう》 収穫や収入が増える。⬍減収
早熟《そうじゅく》 早く熟す。ませている。⬍晩熟
創出《そうしゅつ》 物事を新たに作り出すこと。
槍術《そうじゅつ》 やりを武器として使う武術。
早春《そうしゅん》 春のはじめ。初春。〔春〕⬍晩春
草書《そうしょ》 行書をくずした書体。「—体」
叢書《そうしょ》 同じ体裁で刊行するシリーズ本。
蔵書《ぞうしょ》 書物を所蔵する。蔵本。「—家」
宗匠《そうしょう》 俳句・和歌・茶道などの師匠。
相承《そうしょう》 技や学問を受け継ぎ伝えること。
相称《そうしょう》 上下・左右が対応していること。
創唱《そうしょう》 人より先にはじめて唱えること。
創傷《そうしょう》 体を傷つけること。切り傷。
総称《そうしょう》 ひっくるめて呼ぶこと・呼び名。
奏上《そうじょう》 天子に申し上げること。上奏。
相乗《そうじょう》 掛け合わせること。「—効果」
葬場《そうじょう》 葬式を行う場所。葬儀場。斎場。
僧正《そうじょう》 僧官の最高の位。「大—」
騒擾《そうじょう》 騒いで秩序を乱すこと。暴動。
宋襄《そうじょう》の仁《じん》 無益の情けや哀れみ。
増上慢《ぞうじょうまん》 おごり慢心する。自信過剰。
草食《そうしょく》 草を食物とする。植食。⬍肉食
装飾《そうしょく》 飾り。飾りつけ。装い。「—音」
増殖《ぞうしょく》 増やす・増えて多くなること。
送信《そうしん》 通信信号を送る。発信。⬍受信
喪心《そうしん》 【喪神】正気を失うこと。気絶。
総身《そうしん》 体全体。全身。そうみ。
痩身《そうしん》 やせた体。「短軀《たんく》—」「—術」
増進《ぞうしん》 能力などを増やすこと。「食欲—」
装身具《そうしんぐ》 身につける装飾品。
添水《そうず》 ししおどし。〔秋〕
送水《そうすい》 ポンプなどで水を送る。「—管」
総帥《そうすい》 全体を指揮する人。総大将。
増水《ぞうすい》 水かさが増す。「—期」⬍減水
雑炊《ぞうすい》 野菜や魚介と煮込んだかゆ。〔冬〕
総数《そうすう》 全体の数。全数。「応募—」
総《そう》すかんを食《く》う 関係者全員から嫌われ、相手にされなくなる。
奏《そう》する 奏上する。演奏する。成功する。
草《そう》する 文章の下書きを作る。
蔵《ぞう》する 所蔵する。心中に含みもつ。
早世《そうせい》 若くして死ぬこと。早死に。
奏請《そうせい》 天皇に奏上し許可を求めること。

**創世**《そうせい》 世界のはじまり。世界の出来始め。
**創製**《そうせい》 物をはじめて作り出すこと。
**蒼生**《そうせい》 国民。人民。「天下の—」
**叢生**《そうせい》 【簇生】草木が群がり生えること。
**総勢**《そうぜい》 すべての人数。総員。総軍。
**造成**《ぞうせい》 造り上げること。「宅地—」「—地」
**増税**《ぞうぜい》 税率を上げること。⬍減税
**双生児**《そうせいじ》 同一分娩で生まれた二児。
**踪跡**《そうせき》 足あと。あとかた。行方。
**漱石枕流**《そうせきちんりゅう》 負け惜しみが強い。
**創設**《そうせつ》 施設などを新たに設ける。創立。
**総説**《そうせつ》 全体をまとめて論じる。総論。
**壮絶**《そうぜつ》 非常に勇ましく盛ん。壮烈。
**増設**《ぞうせつ》 設備などを増やすこと。
**操船**《そうせん》 船を操縦すること。

**蒼然**《そうぜん》 青々したさま。薄暗い。古びた。
**騒然**《そうぜん》 騒がしいさま。「物情—」
**造船**《ぞうせん》 船を設計し建造すること。「—所」
**総選挙**《そうせんきょ》 衆議院議員全員を選ぶ選挙。
**早早**《そうそう》 急ぐさま。はやばやと。「新年—」
**草草**《そうそう》 【匆匆】手紙の結語。簡略なさま。
**草創**《そうそう》 最初。手はじめ。創始。創業。
**葬送**《そうそう》 【送葬】死者を墓まで見送ること。
**蒼蒼**《そうそう》 空・海が青々したさま。薄暗い。
**錚錚**《そうそう》 特に優れたさま。「—たる顔ぶれ」
**創造**《そうぞう》 新しいものをはじめて造り出す。
**想像**《そうぞう》 頭の中に思い描くこと。「—力」
**騒騒**《そうぞう》**しい** うるさい。やかましい。
**滄桑**《そうそう》**の変**《へん》 世の変遷が激しいこと。
**総則**《そうそく》 全般に関した法則・規則。

**宗族**《そうぞく》 共通の祖先をもつ一族。一門。
**相続**《そうぞく》 財産や組織を受け継ぐこと。
**僧俗**《そうぞく》 僧と俗人。出家と在家。
**相即不離**《そうそくふり》 非常に密接な関係。
**倉卒**《そうそつ》 【怱卒】あわただしい。「—の間」
**曽祖父**《そうそふ》 祖父母の父。ひいじじ。
**曽祖母**《そうそぼ》 祖父母の母。ひいばば。
**曽孫**《そうそん》 孫の子。ひまご。ひいまご。ひこ。
**操舵**《そうだ》 かじを操り船を進める。「—手」
**早退**《そうたい》 定刻より早く退出する。早びき。
**相対**《そうたい》 向かい合うこと。相互に関係する。
**掃苔**《そうたい》 盂蘭盆《うらぼん》の墓参り。
**総体**《そうたい》 全体。総じて。元来。「—的」
**壮大**《そうだい》 立派で大きいさま。雄大。
**総代**《そうだい》 関係者全員の代表。「友人—」

**増大**《ぞうだい》 増えて大きくなること。⬍減少
**送達**《そうたつ》 送り届ける。訴訟文書の手続き。
**争奪**《そうだつ》 争って奪い合うこと。「—戦」
**操短**《そうたん》 「操業短縮」の略。生産を制限する。
**相談**《そうだん》 話し合い。評議。談合。「—役」
**装弾**《そうだん》 銃砲に弾丸をこめること。
**増反**《ぞうたん》 作付面積を増やすこと。⬍減反
**送致**《そうち》 書類などを送り届ける。送達。
**装置**《そうち》 仕掛けや機材を備えつけること。
**増築**《ぞうちく》 在来の建物に建て増しすること。
**早着**《そうちゃく》 定刻より早く着くこと。⬍延着
**装着**《そうちゃく》 器具や装具を取りつけること。
**早朝**《そうちょう》 朝の早いうち。早旦。「—出勤」
**荘重**《そうちょう》 厳かで重々しいさま。「—な儀式」
**総長**《そうちょう》 全体を管理する長。大学長。

**増長**《ぞうちょう》 はなはだしくなる。つけ上がる。
**増徴**《ぞうちょう》 税を今までより多く取ること。
**総出**《そうで》 全部そろって出ること。「一家—」
**壮丁**《そうてい》 成年に達した男。一人前の男性。
**送呈**《そうてい》 物を送り、差し上げる。進呈。
**装丁**《そうてい》 【装釘】書物の表装。装本。
**想定**《そうてい》 条件から情況を仮定すること。
**漕艇**《そうてい》 ボートをこぐこと。「—場」
**贈呈**《ぞうてい》 人に物を贈ること。進呈。
**争点**《そうてん》 争いの中心になる重要な点。
**装塡**《そうてん》 物を詰め込む。弾薬を詰める。
**蒼天**《そうてん》 青空。大空。蒼空。春の空。
**相伝**《そうでん》 代々受け伝えること。「一子—」
**送電**《そうでん》 電流を送ること。「—線」⬍給電
**壮図**《そうと》 大きな計画や事業。壮挙。

**壮途**《そうと》 勇ましい門出。旅。雄途。
●壮図を胸に抱く
●壮途につく
**双頭**《そうとう》 頭が二つある。両頭。「—の鷲」
**相当**《そうとう》 当てはまる。釣り合う。かなり。
**掃討**《そうとう》 【掃蕩】敵などを討ち払うこと。
**想到**《そうとう》 考えが及ぶこと。思いいたること。
**総統**《そうとう》 全体を統轄する職・人。
**草堂**《そうどう》 庵《いおり》。草ぶきの家。自宅の謙称。
**騒動**《そうどう》 騒ぎ立てて秩序が乱れること。
**贈答**《ぞうとう》 物や詩歌のやりとり。「—品」
**総動員**《そうどういん》 全部の人や物を集めること。
**蔵頭露尾**《ぞうとうろび》 悪事などは隠しても丸見えということ。頭隠して尻隠さず。
**総督**《そうとく》 植民地をまとめ監督する長官。
**蔵匿**《ぞうとく》 見つからないように隠しておく。

**総嘗《そうな》め** 全体に及ぶ。全部を負かす。
**遭難《そうなん》** 山や海で事故に遭うこと。「—者」
**僧尼《そうに》** 僧と尼。男女の出家。「—令」
**雑煮《ぞうに》** もちを野菜などと煮た汁物。新
**挿入《そうにゅう》** さし込むこと。さし入れること。
**壮年《そうねん》** 血気盛んな年頃。壮齢。「—期」
**想念《そうねん》** 考え。観念。思索。思念。
**争覇《そうは》** 覇権を争うこと。優勝を競うこと。
**走破《そうは》** 一定の距離を走り通すこと。
**搔爬《そうは》** 身体組織を削り取る。人工流産。
**相場《そうば》** 時価。投機的な取引。為替相場。
**増派《ぞうは》** 増員して派遣すること。「兵力—」
**増配《ぞうはい》** 株の配当が増えること。⇔減配
**蒼白《そうはく》** 青白い。血色が悪い。「顔面—」
**糟粕《そうはく》を嘗《な》める** 先人の追従・模倣に終始する。「糟粕」は「酒かす」の意。

**双発《そうはつ》** 発動機が二つあること。⇔単発
**総髪《そうはつ》** 髪全体を束ねて結った男の髪形。
**増発《ぞうはつ》** 運転本数や紙幣の発行を増やす。
**総花《そうばな》** 客が関係者全員に出す祝儀。
**早晩《そうばん》** 遅かれ早かれ。いつか。いずれ。
**造反《ぞうはん》** 権力を批判する。反体制運動。
**壮美《そうび》** 壮大で美しいこと。崇高な美。
**装備《そうび》** 必要な備品を整え、取りつける。
**総評《そうひょう》** 全般にわたっての批評。概評。
**宗廟《そうびょう》** 祖先の霊を祭ってある建物。
**躁病《そうびょう》** 感情が高揚する精神障害。
**贓品《ぞうひん》** 不法に手に入れた財物。盗品。
**増便《ぞうびん》** 交通機関の便数を増やすこと。
**送付《そうふ》** 品物や書類を送り届けること。

**臓腑《ぞうふ》** 五臓六腑。内臓。はらわた。
**送風《そうふう》** 風や空気を送ること。「—機」
**双幅《そうふく》** 二つで一組みの掛け軸。対幅。
**増幅《ぞうふく》** 電圧・電流の振幅を大きくする。
**僧兵《そうへい》** 寺院の私兵。武装した僧。
**造幣《ぞうへい》** 貨幣を鋳造すること。「—局」
**双璧《そうへき》** 優れた一対のもの。両雄。
**送別《そうべつ》** 旅立つ人・別れる人を見送る。
**増補《ぞうほ》** 補って加えること。「—改訂」
**双方《そうほう》** 両方。どちらも。⇔片方
**奏法《そうほう》** 楽器を奏でる方法。演奏法。
**双眸《そうぼう》** 両方のひとみ。両目。両眼。
**怱忙《そうぼう》** 忙しくて慌ただしいこと。
**相貌《そうぼう》** 顔かたち。顔つき。容貌。様子。
**僧坊《そうぼう》** 【僧房】僧の住む部屋・建物。

**想望《そうぼう》** 思慕する。思い描く。期待する。
**蒼氓《そうぼう》** 人民。国民。蒼生。
**蒼茫《そうぼう》** 青々して広いさま。「—たる大洋」
**増俸《ぞうほう》** 給料を増やすこと。⇔減俸《げんぽう》
**草本《そうほん》** 茎が木質でない植物。草稿。
**造本《ぞうほん》** 製本・装丁などの書物製作作業。
**蔵本《ぞうほん》** 所蔵している書物。蔵書。
**総本山《そうほんざん》** 宗派の本山を総轄する寺院。
**草昧《そうまい》** 世の中が未開なさま。「—の世」
**総捲《そうまく》り** 残らず明らかにすること。
**走馬灯《そうまとう》** 影絵が回転する灯籠。夏
**総務《そうむ》** 全体の事務を処理する職・人。
**聡明《そうめい》** さとく賢い。賢明。「—な判断」
**滄溟《そうめい》** 青々とした海。青海原。滄海。
**奏鳴曲《そうめいきょく》** 器楽曲の形式の一。ソナタ。

**掃滅《そうめつ》** 残らず討ち滅ぼすこと。皆殺し。
**素麺《そうめん》** 【索麺】小麦粉で作る細い乾麺。
**草莽《そうもう》の臣《しん》** 在野の人。民間人。
**草木《そうもく》** 草と木。植物の総称。「山川—」
**臓物《ぞうもつ》** 内臓。はらわた。もつ。「—料理」
**相聞《そうもん》** 万葉集の部立ての一。恋愛歌。
**僧門《そうもん》** 僧家。仏門。仏家。「—に入る」
**桑門《そうもん》** 沙門。僧の異称。出家。
**総門《そうもん》** 屋敷の外構えの大門。正門。
**曽遊《そうゆう》** かつて訪れたことがある。「—地」
**贈与《ぞうよ》** 金や物を贈り与えること。「—税」
**搔痒《そうよう》** かゆい所をかく。かゆいこと。
**争乱《そうらん》** 争いで世が乱れること。「—の世」
**騒乱《そうらん》** 世間を混乱させる騒動。「—罪」
**総覧《そうらん》** 【綜覧】全体に目を通すこと。

**総攬《そうらん》** 一手に掌握して治めること。
**総理《そうり》** 全体を総轄する。内閣総理大臣。
**草履《ぞうり》** わらなどで編んだ履物。「ゴム—」
**創立《そうりつ》** はじめて設立すること。創設。
**僧侶《そうりょ》** 出家した人。僧。僧徒。沙門。
**送料《そうりょう》** 送り賃。郵送料。「—別途」
**爽涼《そうりょう》** 気候がさわやかで涼しいさま。
**総量《そうりょう》** すべての量。全重量。「—規制」
**総領《そうりょう》** 【惣領】一番目の子。跡取り。
**増量《ぞうりょう》** 分量を増す。増えた量。⇔減量
**総力《そうりょく》** すべての力。全体の力。「—戦」
**相輪《そうりん》** 仏塔の最上層の装飾部分。
**造林《ぞうりん》** 樹木を植え森林を造る。植林。
**走塁《そうるい》** 野球で走者が先の塁に走ること。
**壮齢《そうれい》** 血気盛んな年頃。壮年。

壮麗《そうれい》 雄大で麗しい。立派で美しい。
葬礼《そうれい》 弔い。葬式。葬儀。「―を営む」
壮烈《そうれつ》 勇ましく勢いが盛ん。壮絶。
葬列《そうれつ》 弔い・葬式の参列者の行列。
走路《そうろ》 車が走る道。逃げ道。競走路。
早老《そうろう》 実際の年齢より老けていること。
早漏《そうろう》 性交の際の射精が早すぎる症状。
蹌踉《そうろう》 足もとがよろよろするさま。
候文《そうろうぶん》 丁寧語の「候」を用いた文章。
争論《そうろん》 いさかい。言い争い。「―に及ぶ」
総論《そうろん》 全般に関する議論。⇔各論
送話《そうわ》 電話などで先方へ話を送ること。
挿話《そうわ》 本筋の合間にはさむ小話。逸話。
総和《そうわ》 全体の合計。総計。
贈賄《ぞうわい》 わいろを贈ること。⇔収賄

添《そ》▲え書《が》▲き 文書に添えて書く文。
疎遠《そえん》 交際が途絶え親しみが薄れる。
添える《そえる》 【副える】付け加える。「彩りを―」
租界《そかい》 治外法権区域の外人居留地。
素懐《そかい》 日常抱いている思い・願い。
疎開《そかい》 空襲を避け地方へ移り住むこと。
阻害《そがい》 【阻碍】妨げる。邪魔する。妨害。
疎外《そがい》 【疏外】のけ者にし近づけない。
阻隔《そかく》 邪魔して間を隔てる。隔たる。
疎隔《そかく》 まばらに隔たる。遠ざけ隔てる。
組閣《そかく》 内閣を組織すること。「―工作」
訴願《そがん》 行政官庁などに訴え願うこと。
訴求《そきゅう》 宣伝広告で購買欲を高めること。
遡及《そきゅう》 【溯及】過去にさかのぼること。
即《そく》 直ちに。すぐに。すなわち。

殺ぐ《そぐ》 【削ぐ】削る。勢いを弱める。
俗《ぞく》 卑しい。ありふれている。世間。
賊《ぞく》 盗賊。謀反《むほん》人。不忠な者。
俗悪《ぞくあく》 卑しくて下品。趣味が悪く醜い。
即位《そくい》 君主が位に就く。践祚《せんそ》。⇔退位
惻隠《そくいん》 哀れに思うこと。同情。「―の情」
即詠《そくえい》 その場で作った詩歌。即吟。
続映《ぞくえい》 映画の上映期間を延長すること。
続演《ぞくえん》 演劇などの上演期間を延長する。
即応《そくおう》 その状況にすぐに応じること。
促音《そくおん》 発音で、つまる音。「っ」「ッ」。
即吟《そくぎん》 その場ですぐに詩歌を詠むこと。
賊軍《ぞくぐん》 支配者に反逆する軍勢。⇔官軍
俗気《ぞくけ》 世俗的な気風。俗臭。ぞっけ。
塞源《そくげん》 害悪の根本をふさぐ。「抜本―」

俗言《ぞくげん》 世間で使う俗語。世間の俗評。
俗諺《ぞくげん》 通俗のことわざ。俚諺《りげん》。
俗語《ぞくご》 くだけた言葉。口語。⇔雅語
即座《そくざ》 その場。すぐさま。即席。
息災《そくさい》 壮健。無事。健康。「無病―」
即死《そくし》 その場で死ぬこと。すぐに死ぬ。
即時《そくじ》 すぐその時。すぐさま。即刻。
俗字《ぞくじ》 正体ではない漢字。⇔正字
俗耳《ぞくじ》 世間の理解。「―に入りやすい」
俗事《ぞくじ》 世俗の事。細々とした雑用。
側室《そくしつ》 貴人のめかけ。そばめ。⇔正室
即日《そくじつ》 その日。すぐその日。当日。
速射《そくしゃ》 素速くたて続けに発射すること。
束脩《そくしゅう》 入門時に師に贈呈する謝礼。
俗臭《ぞくしゅう》 世俗的な感じ。俗っぽさ。

俗習《ぞくしゅう》 世俗のならい。俗世間の習慣。
続出《ぞくしゅつ》 次々現れる・続いて起こること。
息女《そくじょ》 他人の娘の敬称。お嬢様。⇔息男
俗称《ぞくしょう》 正式でない名称。俗名。通称。
促進《そくしん》 促してどんどん進めること。
俗信《ぞくしん》 民間で信じられている迷信。
賊心《ぞくしん》 盗もうとする心。謀反《ほん》の心。
続伸《ぞくしん》 取引相場が続いて上がる。続騰。
俗人《ぞくじん》 僧でない人。風流心のない人。
俗塵《ぞくじん》 世俗の煩わしさ。世塵。
属人《ぞくじん》 人を基本にして考える。⇔属地
即する《そくする》 合わせる。適応する。⇔外れる
則する《そくする》 ある基準に従う。のっとる。よる。
●事実に即する ●法に則する
属する《ぞくする》 従属する。その系統につながる。

俗世《ぞくせ》 この世の中。俗世間。ぞくせい。
即製《そくせい》 直ちに作ること。その場で作る。
促成《そくせい》 人工で早く生長させる。促進。
速成《そくせい》 早々に成しとげる。早くできる。
●即製の料理 ●促成栽培 ●速成教育
属性《ぞくせい》 属する性質。本質をなす特徴。
即席《そくせき》 その場ですぐ行う。間に合わせ。
足跡《そくせき》 あしあと。旅のあと。業績。
俗世間《ぞくせけん》 俗事の多い世。俗世。俗界。
俗説《ぞくせつ》 世間に言い伝わる説。通説。
速戦即決《そくせんそっけつ》 即座に決着させる。
即戦力《そくせんりょく》 準備なしで即戦える力。
続続《ぞくぞく》 途切れなく引き続くさま。
束帯《そくたい》 正式な装束を着る。正式な礼服。
即諾《そくだく》 その場ですぐに承諾すること。

速達《そくたつ》　速やかに届く。「速達郵便」の略。
即断《そくだん》　即座に判断すること。即決。
速断《そくだん》　速い決断。早まった判断。速決。
即断即決《そくだんそっけつ》　すぐに決定を下す。
測地《そくち》　土地を測量すること。「一学」
属地《ぞくち》　付属の土地。土地に属すること。
測定《そくてい》　長さ・重さ・速さなどをはかる。
速度《そくど》　進む速さ。スピード。「一計」
賊徒《ぞくと》　泥棒の仲間。支配者に背く者。
即答《そくとう》　すぐにその場で答えること。
速答《そくとう》　素速く答えること。速い返答。
属島《ぞくとう》　大陸または本島に付属する島。
続投《ぞくとう》　同一人が投げ(務め)続けること。
続騰《ぞくとう》　相場が引き続いて上がること。
速読《そくどく》　本などを速く読むこと。「一術」

俗念《ぞくねん》　名誉欲や物欲。世俗的な考え。
即納《そくのう》　すぐにその場で納めること。
即売《そくばい》　陳列品などをその場で売ること。
俗輩《ぞくはい》　俗人。学問・教養のないやから。
束縛《そくばく》　制限して自由を奪うこと。縛る。
続発《ぞくはつ》　続けざまに発生すること。
速筆《そくひつ》　ものを書くのが速い。⇔遅筆
俗物《ぞくぶつ》　私利私欲にとらわれた人間。
即物的《そくぶつてき》　事物を実体に即して考える。
仄聞《そくぶん》　【側聞】間接的にちょっと聞く。
俗文《ぞくぶん》　内容が低俗な文章。
続編《ぞくへん》　映画や小説の続き。⇔正編
速歩《そくほ》　速い足どりで歩くこと。早足。
速報《そくほう》　素速く知らせること。「選挙一」
続報《ぞくほう》　前に引き続いて報告すること。

即妙《そくみょう》　機転がきくこと。「当意一」
俗名《ぞくみょう》　出家前の名前。生前の名前。
側面《そくめん》　左右の面。脇。物事の一面。
俗謡《ぞくよう》　民謡。小唄・長唄などの総称。
続落《ぞくらく》　連続して下落すること。⇔続伸
俗吏《ぞくり》　官吏を軽べつしていう語。
測量《そくりょう》　土地の位置・面積などの測定。
属領《ぞくりょう》　本国に属している領地。植民地。
速力《そくりょく》　速さ。速度。スピード。
俗論《ぞくろん》　世俗の論議。卑俗な意見。
鼠蹊部《そけいぶ》　もものつけ根の内側の部位。
狙撃《そげき》　ねらい撃つこと。「一兵」
削げる《そげる》　【殺げる】けずられる。「ほおが一」
訴権《そけん》　裁判所に訴え出る権利。
底《そこ》　容器などの下部。真の力。心中。

其処《そこ》　【其所】その場所。その事。
祖語《そご》　同系の言語の源となる語。母語。
齟齬《そご》　食い違い。行き違い。「一を来す」
底意《そこい》　隠された意図。下心。心の底。
底意地《そこいじ》　心に隠しもつ意地。
素行《そこう》　ふだんの品行。日常の行い。
粗鋼《そこう》　精錬されていない未加工の鋼。
粗肴《そこう》　客に出す料理の謙称。「粗酒一」
遡行《そこう》　【溯行】流れをさかのぼる。遡上。
遡航《そこう》　【溯航】船でさかのぼる。逆航。
●過去に遡行する
●河川を遡航する
其処彼処《そこかしこ》　あちらこちら。
祖国《そこく》　先祖代々が住んだ国。母国。
底力《そこぢから》　いざというときに発揮する力。
粗忽《そこつ》　そそっかしい。不注意な過ち。

損なう《そこなう》　壊す。害す。し損じる。「機嫌を一」
底無し《そこなし》　底がわからない。そこぬけ。
底抜け《そこぬけ》　底がない。しまりがない。
底値《そこね》　取引で相場の最低の値段。
若干《そこばく》　いくらか。いくつか。多少。
底冷え《そこびえ》　体のしんまで冷える。
底光り《そこびかり》◀　底の光。表面に出ない良さ。図
蔬菜《そさい》　野菜。青もの。「一類」
素材《そざい》　もとになる材料。原料。原材。
粗雑《そざつ》　粗っぽくていいかげんなさま。
粗餐《そさん》　人にふるまう食事の謙称。
阻止《そし》　【沮止】拒みとめる。くいとめる。
祖師《そし》　宗門を開いた人。開祖。
素志《そし》　以前からの考え・志望。素意。
素地《そじ》　もととなるもの。下地。素質。

措辞《そじ》　言葉の用い方。言葉遣い。
組織《そしき》　組み立て。構造。系統立てること。
素質《そしつ》　生まれ持った性質。本来の能力。
粗品《そしな》　人に贈る品物の謙称。そひん。
咀嚼《そしゃく》　かみ砕く。味わう。理解する。
租借《そしゃく》　他国の領土を借りて統治する。
祖述《そじゅつ》　先人の説に基づいて述べること。
訴訟《そしょう》　裁判所への裁判の要求。「民事一」
訴状《そじょう》　訴訟を起こすための書類。
遡上《そじょう》　【溯上】川上にさかのぼること。
俎上にのせる《そじょう》　議論や批評の対象に取り上げる。「俎」は「まな板」の意。
粗食《そしょく》　粗末な食事。「粗衣一」⇔美食
謗る《そしる》　【誹る】悪く言う。非難する。
疎水《そすい》　【疏水】灌漑《かんがい》・発電用の水路。

素数《そすう》　その数と一でしか割れない整数。
組成《そせい》　組み立てること、その要素・成分。
粗製《そせい》　作り方が粗雑。「—濫造」⇔精製
蘇生《そせい》　生き返る。よみがえる。回生。
租税《そぜい》　税金。年貢。「—負担率」
礎石《そせき》　建物の土台の石。いしずえ。
祖先《そせん》　一家の初代。先祖。「—崇拝」
楚楚《そそ》　鮮やか。さっぱりしたさま。
阻喪《そそう》　【沮喪】気持ちがくじけること。
粗相《そそう》　不注意による過ち。そこつ。
塑像《そぞう》　粘土や石こうで作った像。
注《そそ》ぐ　【灌ぐ】水をつぎ込む。集中する。
雪《そそ》ぐ　汚名を取り除く。すすぐ。「恥を—」
唆《そそのか》す　言葉で悪い方へ誘い導く。
聳《そそ》り立《た》つ　高く険しくそびえ立つ。

漫《そぞ》ろ　落ち着かない。何となく。軽率。
漫《そぞ》ろ歩《ある》き　当てもなくぶらつく。
粗朶《そだ》　たきぎ用の切り取った枝。柴《しば》。
粗大《そだい》　粗くて大きいこと。大ざっぱ。
育《そだ》つ　成長する。大きくなる。
措置《そち》　取り計らい。対処の仕方。処置。
粗茶《そちゃ》　人にふるまう茶の謙称。
其方《そちら》　相手に近い方角・物。相手の側。
卒《そつ》　下級の兵士。「卒業」の略。
訴追《そつい》　起訴。裁判官の罷免請求。
疎通《そつう》　【疏通】支障なく通じること。
足下《そっか》　足もと。手紙の脇付の一つ。
俗化《ぞっか》　卑俗になる。世俗に感化される。
俗界《ぞっかい》　俗なこの世の中。俗世間。
俗解《ぞっかい》　通俗的な解釈。ぞくかい。

速記《そっき》　符号などを用い速く書く技術。
速急《そっきゅう》　大急ぎ。早急。至急。急速。
即興《そっきょう》　その場の興味。座興。即詠。
卒業《そつぎょう》　一定の学業を修了すること。圏
俗曲《ぞっきょく》　三味線伴奏の通俗的な歌曲。
即金《そっきん》　その場で支払うお金。現金。
側近《そっきん》　そば近くで仕えること・人。
俗気《ぞっけ》　世俗的な気風。俗臭。ぞくけ。
即決《そっけつ》　その場で決めること。「—裁判」
速決《そっけつ》　速やかに決めること。
素《そ》っ気《け》無《な》い　愛想のない態度。
即行《そっこう》　すぐに行くこと。すぐに行うこと。
即効《そっこう》　薬などの即座な効き目。「—薬」
速効《そっこう》　効き目がはやい。「—性」⇔遅効
速攻《そっこう》　素速く攻撃すること。「—戦術」

側溝《そっこう》　道路のはしの、排水用の溝。
続行《ぞっこう》　引き続き行うこと。「試合の—」
測候所《そっこうじょ》　その地方の気象観測所。
即刻《そっこく》　すぐさま。即時。⇔後刻
属国《ぞっこく》　他国の法に従う国。従属国。
卒爾《そつじ》　【率爾】軽はずみな。急な。
卒寿《そつじゅ》　九十歳の異称。九十歳の祝い。
率先《そっせん》　先立って行うこと。さきがける。
卒然《そつぜん》　【率然】軽率。出し抜けに。
率先躬行《そっせんきゅうこう》　先立って自ら行う。
率先垂範《そっせんすいはん》　進んで手本を示す。
卒中《そっちゅう》　脳出血で急に倒れる病気。「脳—」
率直《そっちょく》　【卒直】すなお。ありのまま。
卒倒《そっとう》　突然意識を失って倒れること。
卒読《そつどく》　急いでざっと読み終える。読了。

外方《そっぽ》　よその方。別の方。「—を向く」
袖《そで》　衣服の、腕を覆う部分。たもと。
袖垣《そでがき》　門などに添えて作った垣根。
袖《そで》の下《した》　わいろ。心付け。「—を使う」
粗糖《そとう》　精製していない砂糖。⇔精糖
外海《そとうみ》　国土を囲む大海。外洋。⇔内海
素読《そどく》　意味を考えずに棒読みすること。
外面《そとづら》　見せかけ。うわべ。表面。⇔内面
外法《そとのり》　容器の外側の寸法。⇔内法
卒塔婆《そとば》　【卒都婆】供養塔。供養の板。
外堀《そとぼり》　【外濠】城の外側の堀。⇔内堀
外孫《そとまご》　他家に嫁いだ娘の子。⇔内孫
外股《そとまた》　足先が外に向く歩き方。⇔内股
供《そな》える　神仏に物をささげる。手向ける。
備《そな》える　【具える】準備する。設備する。

●仏壇に供える
●明日に備える

其方《そなた》　あなた。お前。そちら。
嫉《そね》む　うらやみねたむ。しっとする。
園《その》　【苑】庭。庭園。場所。「学びの—」
園生《そのう》　草木の生えている庭。庭園。
其《そ》の筋《すじ》　その道。警察。「—のお達し」
其《そ》の儘《まま》　今まで通り。そっくり。
側《そば》　【傍】かたわら。わき。すぐに。
蕎麦《そば》　そば粉をこねて作った食べ物。
雀斑《そばかす》　顔面にできる褐色の斑《はん》。
聳《そばだ》つ　【峙つ】険しく高くそびえ立つ。
欹《そばだ》てる　一方を上げる。注意を向ける。
側杖《そばづえ》　【傍杖】とばっちり。「—をくう」
側目《そばめ》　第三者の目。「—にも可哀相だ」
側《そば》める　細める。そむける。「目を—」

聳《そび》える　高く立つ。そそり立つ。
聳《そび》やかす　高く上げる。「肩を—」
素描《そびょう》　単色線で表した絵。デッサン。
粗描《そびょう》　大まかな描写。粗筋を描くこと。
祖父《そふ》　父母の父。おじいさん。⇔祖母
素振《そぶ》り　様子。気配。挙動。態度。
祖母《そぼ》　父母の母。おばあさん。⇔祖父
粗放《そほう》　【疎放】大ざっぱ。いい加減。
粗暴《そぼう》　性質・挙動などが荒々しいさま。
素封家《そほうか》　代々の金持ち。財産家。
素朴《そぼく》　【素樸】飾らない。考え方が単純。
粗笨《そほん》　荒くて雑なさま。「—な計画」
杣《そま》　材木をきり出す山。きこり。
粗末《そまつ》　品質が悪いこと。雑に扱うこと。
杣山《そまやま》　材木用の木を植える山。そま。

染《そ》まる　色がつく。感化を受ける。
疎密《そみつ》　【粗密】粗いことと細かいこと。
背《そむ》く　【叛く】逆らう。背を向ける。
染《そ》め物《もの》　布などを染める、その織物。
初《そ》める　動作の始まりを表す。「明け—」
染《そ》める　色をつける。紅潮する。「筆を—」
梳毛《そもう》　羊毛などの長い繊維をそろえる。
作麼生《そもさん》　いかに。いかが。
抑《そもそも》　最初。いったい。もともと。
征矢《そや》　【征箭】戦闘に用いるための矢。
粗野《そや》　言動が荒々しく下品なこと。
素養《そよう》　学び身についた知識・教養。
微風《そよかぜ》　そよそよと吹く風。びふう。
戦《そよ》ぐ　風でそよそよとかすかに動く。
空言《そらごと》　【虚言】いつわりごと。うそ。

反《そ》らす　弓なりに曲げる。曲げる。「身を—」
逸《そ》らす　外す。違う方へ向ける。「話を—」
●胸を反らす
●注意を逸らす
空空《そらぞら》しい　見えすいているさま。
空頼《そらだの》み　当てにならない望み。
空惚《そらとぼ》ける　わざととぼける。
空泣《そらな》き　泣くふりをする。うそ泣き。
空似《そらに》　他人なのによく似ているさま。
空音《そらね》　聞こえる気がする音。うそ。
空寝《そらね》　狸《たぬき》寝入り。寝たふり。
空耳《そらみみ》　聞き違い。聞かぬふり。
空模様《そらもよう》　天候。雲行き。物事の成行き。
空夢《そらゆめ》　見たように作り上げた夢。空想。
諳《そら》んじる　そらで覚える。暗記する。
反《そ》り　刀身の曲り具合。「—が合わない」

橇《そり》　雪や氷の上を滑る乗り物。図
反《そ》り身《み》　上半身を後ろへ反らす姿勢。
粗略《そりゃく》　【疎略】おろそか。ぞんざい。
素粒子《そりゅうし》　物質を構成する粒子。
疎林《そりん》　木や葉がまばらな林。⇔密林
反《そ》る　弓なりに曲がる。のけぞる。
剃《そ》る　かみそりで毛を根もとから切る。
其《そ》れ　【夫れ】やや離れた物を指す語。
某《それがし》　なにがし。だれそれ。わたくし。
逸《そ》れる　思わぬ方へ行く。はずれる。
疎漏《そろう》　【粗漏】雑でぬかりがあること。
揃《そろ》う　整い集まる。一致する。並ぶ。
算盤《そろばん》　計算に使う器具。勘定。打算。
損《そん》　不利益。失う。「—な役」⇔得
尊影《そんえい》　人の写真・肖像の敬称。

損益《そんえき》　出費と収益。財産の増減。
損壊《そんかい》　壊れること。壊しくずれること。
損害《そんがい》　損なう。損失。不利益。「—賠償」
存外《ぞんがい》　思いのほか。案外。意外。
尊顔《そんがん》　人の顔の敬称。お顔。
尊貴《そんき》　尊いこと。尊い人。「—な身分」
損気《そんき》　損をする気質。「短気は—」
蹲踞《そんきょ》　うずくまってする礼。しゃがむ。
損金《そんきん》　損失した金銭。(税法上で)支出。
尊敬《そんけい》　尊び敬うこと。「—語」⇔軽蔑《けいべつ》
尊厳《そんげん》　尊く厳かなこと。「—死」
尊公《そんこう》　対等の男性間で用いる敬称。
存在《そんざい》　ある。現存する。「—価値」「—感」
損失《そんしつ》　損をする。利益を失う。⇔利益
尊称《そんしょう》　尊んで呼ぶ敬称。尊号。敬称。

損傷《そんしょう》　傷つき損なわれること。「車の—」
遜譲《そんじょう》　へり下って人に譲ること。
遜色《そんしょく》　劣る様子。見劣り。「—ない」
損《そん》じる　壊れる。悪くする。間違う。
存《ぞん》じる　知る・思うの謙譲語。ぞんずる。
尊崇《そんすう》　尊びあがめること。そんそう。
存《そん》する　ある。現存する。残す。残る。
存続《そんぞく》　続いて存在すること。「—期間」
尊属《そんぞく》　父母と同列以上の血族。⇔卑属
樽俎折衝《そんそせっしょう》　平和的な外交談判。
尊大《そんだい》　横柄に構えた態度。⇔謙虚
尊台《そんだい》　目上の人への敬称。貴台。
忖度《そんたく》　人の気持ちを推し量る。推察。
存置《そんち》　既存のものを残すこと。⇔廃止
存知《ぞんち》　知っていること。承知。

尊重《そんちょう》　尊び重んじること。大事にする。
尊堂《そんどう》　人の家の敬称。手紙で人の敬称。
損得《そんとく》　損失と利益。損益。「—抜き」
存念《ぞんねん》　いつも思っていること。考え。
尊皇《そんのう》　【尊王】天皇を尊ぶ考え。「—攘夷」
存廃《そんぱい》　存続・保持と廃止。「制度の—」
存否《そんぴ》　有るか無いか。健在か否か。
尊卑《そんぴ》　身分の高い者と低い者。
尊父《そんぷ》　他人の父の敬称。お父上。「御—」
村夫子《そんぷうし》　田舎の学者。物知り。
存分《ぞんぶん》　思いのまま。十分。「—に遊ぶ」
存亡《そんぼう》　残るか滅ぶか。興廃。「組織の—」
尊名《そんめい》　人の姓名の敬称。尊い称号。
存命《ぞんめい》　生きている。生き長らえている。
損亡《そんもう》　損害を受け利益を失う。損失。
損耗《そんもう》　使って減ること。使って傷むこと。
尊容《そんよう》　人・仏像の容姿の敬称。
村落《そんらく》　村。村里。「—共同体」⬍都市
存立《そんりつ》　存在し成り立つこと。「会の—」
損料《そんりょう》　物を貸した使用料。貸し賃。

## た

田《た》　稲などを植える土地。田んぼ。
他《た》　ほか。よそ。べつ。他人。
体《たい》　身体。形。状態。「名は—を表す」
対《たい》　向かい合うこと。そろい。つい。
隊《たい》　人の集団。軍の組織。「—を組む」
他意《たい》　ほかの考え。隠している考え。
台《だい》　ものをのせるもの。物見台。
第《だい》　物事の順序・序列。次第。
題《だい》　内容を短く表す言葉。表題。
体当《たいあ》たり◀　全力でぶつかっていく。
大安《たいあん》　万事によいとされている日。
対案《たいあん》　ある提案に対する別の案。
代案《だいあん》　代わりの案。
大意《たいい》　大体の意味。あらまし。要旨。
体位《たいい》　体格などの程度。体の構え・位置。
退位《たいい》　位を退くこと。⬍即位
題意《だいい》　題や問題の意味する内容。
体育《たいいく》　健康な身体発育のための教育。
第一《だいいち》　順序・順位の最初。「—印象」
第一人者《だいいちにんしゃ》　その中の最有力者。
第一線《だいいっせん》　最も重要な立場。最前線。
太陰《たいいん》　月。太陽の対。「—暦」
退院《たいいん》　療養を終え病院を出る。⬍入院
頽運《たいうん》　衰える気運。衰運。
退嬰《たいえい》　新しいことに消極的。⬍進取
題詠《だいえい》　題を決めて詩歌を詠むこと。
体液《たいえき》　体内の液体。リンパ液など。
退役《たいえき》　軍人が兵役を退くこと。「—将校」
対応《たいおう》　向き合うこと。応じること。
大往生《だいおうじょう》　安らかに死ぬこと。
頽屋《たいおく》　崩れた家屋。
体温《たいおん》　動物や人体の温度。「基礎—」
大恩《だいおん》　大きな恩。深い恵み。
大火《たいか》　大きな火事・火災。⬍小火《ぼや》
大家《たいか》　その道の権威。大きな家。屋家。
大過《たいか》　大きな間違い。⬍小過
対価《たいか》　報酬として受け取る利益。
耐火《たいか》　高熱に耐え燃えにくい。「—建築」
退化《たいか》　進歩したものがもとに戻ること。
滞貨《たいか》　輸送できずにたまった貨物。
大河《たいが》　大きな川。中国の黄河。
台下《だいか》　相手を敬って用いる手紙の脇付。
代価《だいか》　品物の値段。代金。
大会《たいかい》　大勢が集まる会。大きな会合。
大海《たいかい》　広々した海原。大洋。「—の一滴」
退会《たいかい》　入っていた会から退くこと。
大概《たいがい》　ほとんど全部。あらまし。
対外《たいがい》　外部または外国に対すること。
対角《たいかく》　多角形の隣りあわない角。
体格《たいかく》　体つき。「—検査」体軀《たいく》。
退学《たいがく》　学校をやめること。退校。
大喝《だいかつ》　大声でしかりとばす。「—一声」
代替《だいが》わり◀　主人が次の代になる。
大患《たいかん》　大きな心配ごと。重い病気。
大観《たいかん》　広く見渡すこと。壮大な眺め。
体感《たいかん》　体に感じること。「—温度」
退官《たいかん》　官職を去ること。⬍任官
耐寒《たいかん》　寒さに耐えること。「—服」
大願《たいがん》　大きな願望。だいがん。「—成就」
大寒《だいかん》　二四節気で一月二十日頃。图
戴冠式《たいかんしき》　君主の即位式。
大旱《たいかん》の雲霓《うんげい》　特定の物事や時期の出現・到来をしきりに待ち望む。
対岸《たいがん》の火事《かじ》　自分側には無関係な事件や出来事。対岸の火災。「—視」
大気《たいき》　地球を取りまく空気。「—圏」
大器《たいき》　優れた人物。「未完の—」
待機《たいき》　準備して機会を待つこと。

大義《たいぎ》 重要な道理・意義。「―にもとる」
大儀《たいぎ》 重大な儀式。面倒なこと。億劫。
代議士《だいぎし》 衆議院議員。選良。
大吉《だいきち》 運勢・縁起が非常によいこと。
大器晩成《たいきばんせい》 大人物は他人よりも遅れて大成するということ。大才晩成。
大義名分《たいぎめいぶん》 極めて当然の理由。
退却《たいきゃく》 負けて退くこと。⇔進撃
大逆《たいぎゃく》 この上なく非道な行い。「―無道」
耐久《たいきゅう》 長く持ちこたえること。「―性」
代休《だいきゅう》 休日働く代わりにとる休み。
大挙《たいきょ》 大人数で繰り出すこと。
退去《たいきょ》 立ち退くこと。退き去ること。
大魚《たいぎょ》 大きな魚。「―を逸する」
胎教《たいきょう》 妊婦が胎児に与える感化。

大業《たいぎょう》 大きな事業。立派な事業。
怠業《たいぎょう》 仕事を怠ける。サボタージュ。
大凶《だいきょう》 この上なく運勢が悪いこと。
大局《たいきょく》 物事の全体のなりゆき。「―的」
対局《たいきょく》 相対して碁や将棋をすること。
対極《たいきょく》 反対の極点。相対する点。
太極拳《たいきょくけん》 中国の拳法の一つ。
大金《たいきん》 多額のお金。「―をつぎこむ」
退勤《たいきん》 勤め先から退くこと。⇔出勤
代金《だいきん》 品物に対して支払う金。代価。
体軀《たいく》 体格。体つき。
大愚《たいぐ》 非常に愚かなこと。⇔大賢
大工《だいく》 主に木造建築に従事する職人。
対空《たいくう》 空からの攻撃に対すること。
滞空《たいくう》 空中を飛び続けること。「―時間」

待遇《たいぐう》 もてなし。給料などの取り扱い。
退屈《たいくつ》 することがなく困る様子。
大勲《たいくん》 大きな手柄。大功。偉勲。
大軍《たいぐん》 兵の多い軍隊。「―に関所なし」
大群《たいぐん》 動物などの大きな群れ。
大家《たいけ》 大金持ちの家。名家。
大兄《たいけい》 男同士で同輩以上の友人の敬称。
大系《たいけい》 著作を系統的にまとめたもの。
体系《たいけい》 個々を体系的に統一した全体。
●古典文学大系
●体系的な研究
大計《たいけい》 大きな計画。「―を練る」
大慶《たいけい》 最高にめでたいこと。「―の至り」
体刑《たいけい》 体に直接与える刑罰。自由刑。
体形《たいけい》 体の形。形態。姿。「―を整える」
体型《たいけい》 体格の型。体つき。「肥満―」

隊形《たいけい》 戦う際の隊の形。隊のなり。
台形《だいけい》 対辺が一組だけ平行な四辺形。
対決《たいけつ》 相対して勝負を決めること。
大賢《たいけん》 非常に賢いこと。⇔大愚
体験《たいけん》 身をもって経験すること。
帯剣《たいけん》 腰に剣をつるす、またその剣。
大言《たいげん》 大げさな言葉。「―壮語」
体言《たいげん》 活用しない語。名詞・代名詞。
体現《たいげん》 具体的な形にあらわすこと。
代言《だいげん》 代わりに弁論すること。
太古《たいこ》 大昔。有史以前。原始時代。
太鼓《たいこ》 ばちで音を出す打楽器の一種。
隊伍《たいご》 隊を組んで並んだ列。「―を組む」
大功《たいこう》 大きな手柄。大きな仕事。
大綱《たいこう》 物事の根本。おおもと。⇔細目

太閤《たいこう》 もと関白の敬称。豊臣秀吉のこと。
対向《たいこう》 向かい合っていること。対面。
対抗《たいこう》 張り合うこと。対決。「―策」
●対向車　対向車線
●対抗試合　対抗馬
対校《たいこう》 学校間の対抗。校合《きょうごう》する。
退行《たいこう》 退くこと。前の状態に戻ること。
退校《たいこう》 退学すること。下校すること。
代行《だいこう》 本人に代わって行うこと・人。
太公望《たいこうぼう》 釣りの好きな人。釣師。
大国《たいこく》 国土が広い国。国力が強い国。
大黒天《だいこくてん》 七福神の一つで福徳の神。
大黒柱《だいこくばしら》 家で最も太い柱。中心人物。
大悟徹底《たいごてってい》 悟りきること。
太鼓判《たいこばん》 絶対に確実という保証。
醍醐味《だいごみ》 真の楽しさや味わい。

太鼓持ち《たいこもち》 ◀おべっか使い。幇間《ほうかん》。
大差《たいさ》 大きな違い。非常な差。⇔小差
対座《たいざ》 互いに向かい合って座ること。
退座《たいざ》 退席する。一座をやめる。退団。
台座《だいざ》 ものをのせる台。仏像をすえる台。
大祭《たいさい》 盛大な祭り。天皇自ら行う祭り。
大罪《たいざい》 重い罪。大きな罪。だいざい。
滞在《たいざい》 ほかの所に行ってとどまること。
題材《だいざい》 作品の題目・内容となる素材。
大作《たいさく》 優れた作品。大規模な制作物。
対策《たいさく》 相手・事件に対する方策。
代作《だいさく》 人に代わって作る・作った作品。
大冊《たいさつ》 厚みのある大きな本。⇔小冊
退散《たいさん》 逃げ去る。立ち去り帰ること。
代参《だいさん》 本人に代わって参拝すること。

第三者《だいさんしゃ》 当事者以外の人。
泰山北斗《たいざんほくと》 その道の第一人者。
大山鳴動《たいざんめいどう》 から騒ぎ。
大旨《たいし》 おおまかな趣旨。大要。大意。
大志《たいし》 大きな志。大望。「―を抱く」
大使《たいし》 国を代表する最上位の外交使節。
太子《たいし》 皇太子。聖徳太子。「―堂」
対峙《たいじ》 双方が向き合って動かないこと。
胎児《たいじ》 母の胎内で成育中の子ども。
退治《たいじ》 【対治】滅ぼすこと。無くすこと。
大姉《だいし》 女性の戒名の下につける称号。
大師《だいし》 仏・菩薩《ぼさつ》の尊称。弘法大師。
台紙《だいし》 写真や図面を張りつける紙。
大事《だいじ》 重大な事件や事柄。大切。
題字《だいじ》 書物の巻頭に書く表題文字。

大した《たいした》 驚くべき。それほどの。「―男だ」
大慈大悲《だいじだいひ》 仏の広大な慈悲。
体質《たいしつ》 もって生まれた体の性質。
退室《たいしつ》 部屋から出て行くこと。⬍入室
耐湿《たいしつ》 湿気に耐えること。「―性」
大して《たいして》 それほど。さほど。「―強くない」
大赦《たいしゃ》 国の慶事に行われる刑の減免。
代赭《たいしゃ》 赤褐色。赤黄色の顔料。赤土色。
代謝《たいしゃ》 新旧の入れかわり。「新陳―」
退社《たいしゃ》 会社をやめる。社を退出する。
大蛇《だいじゃ》 大きなへビ。うわばみ。おろち。
貸借《たいしゃく》 ものや金の貸しと借り。「―関係」
帝釈天《たいしゃくてん》 仏法を守る天上界の王。
大車輪《だいしゃりん》 大奮闘する。忙しく働く。
大樹《たいじゅ》 大きな木。「寄らば―の陰」

大衆《たいしゅう》 多くの人々。一般の庶民。民衆。
体臭《たいしゅう》 体のにおい。独特の持ち味。
体重《たいじゅう》 体の重さ。「―測定」
退出《たいしゅつ》 その場から引き下がって帰る。
帯出《たいしゅつ》 備品などを持ち出すこと。
大書《たいしょ》 大きな字で書く。「特筆―する」
大暑《たいしょ》 二十四節気で七月二二日頃。夏
太初《たいしょ》 天地の開けたはじめ。太始。
対処《たいしょ》 物事に対し適切な処理を行う。
対蹠《たいしょ》 正反対の関係にあること。
代書《だいしょ》 本人に代わって書くこと。代筆。
大将《たいしょう》 軍の最高将官。一団のかしら。
大笑《たいしょう》 大いに笑うこと。大笑い。「呵呵―」
大勝《たいしょう》 圧倒的な差で勝つこと。⬍大敗
大賞《たいしょう》 最優秀者の受賞。グランプリ。

対称《たいしょう》 互いが対応してつりあうこと。
対象《たいしょう》 考えや行動の目標・目的。
対照《たいしょう》 照らしあわせる。見比べる。「好―」
●左右対称 ●研究の対象 ●比較対照
隊商《たいしょう》 隊を組んで砂漠を旅する商人。
退場《たいじょう》 その場を出る。その場を去る。
代償《だいしょう》 及ぼした損害への償い。代価。
大乗《だいじょう》 万人の救済を説く仏法。⬍小乗
大上段《だいじょうだん》 相手を威圧する態度。
大丈夫《だいじょうぶ》 心配がない。立派な男性。
対症療法《たいしょうりょうほう》 症状に対する治療。
大食《たいしょく》 多量に食べる。大食い。「―漢」
体色《たいしょく》 生物の、体の表面の色。
退色《たいしょく》 【褪色】色あせること。あせた色。
耐食《たいしょく》 【耐蝕】腐食しにくいこと。「―性」

退職《たいしょく》 現職をやめる。辞職。「定年―」
大所高所《たいしょこうしょ》 広く大きな視野。
大事を取る《だいじをとる》 念のため用心する。
大身《たいしん》 身分の高いこと・人。⬍小身
耐震《たいしん》 地震に耐えること。「―建築」
大人《たいじん》 徳の高い立派な人。巨人。「―国」
対人《たいじん》 人に対すること。「―恐怖症」
対陣《たいじん》 敵と向かい合って陣取ること。
退陣《たいじん》 軍隊を後ろへ移す。引退。退職。
代診《だいしん》 主治医に代わって診察すること。
大尽《だいじん》 大金持ち。富豪。豪遊する客。
大臣《だいじん》 内閣を構成し国政をとり行う人。
大信不約《たいしんふやく》 真の信頼関係は約束し築くようなものではないということ。
大酔《たいすい》 酒にひどく酔うこと。酩酊《めいてい》。

耐水《たいすい》 ぬれても水がしみない。「―性」
代数《だいすう》 数学の一分野。「代数学」の略。
対する《たいする》 向かい合う。応じる。対抗する。
大成《たいせい》 完全に成しとげる。一流になる。
大政《たいせい》 国の政治。天下の政治。
大勢《たいせい》 物事の大体のありさま。形勢。
体制《たいせい》 社会や組織の構造。体系。「反―」
体勢《たいせい》 行動するときの体の姿勢や構え。
態勢《たいせい》 物事に対する身構え・態度。
●勝負の大勢が決する ●資本主義体制 ●腰高な体勢 ●受入れ態勢 協力態勢
耐性《たいせい》 薬に抵抗して菌が生きる力。
胎生《たいせい》 胎内で発育し生まれる。⬍卵生
泰西《たいせい》 西洋諸国。欧米。「―名画」⬍泰東
頽勢《たいせい》 【退勢】勢いが衰えること。

体積《たいせき》 立体の容量。もののかさ。
対席《たいせき》 双方が向き合って着席すること。
退席《たいせき》 席を立って立ち去ること。退座。
堆積《たいせき》 うずたかく積み重なる。「—岩」
滞積《たいせき》 滞り積もること。「難問が—する」
大切《たいせつ》 貴重なこと。大事にすること。
大雪《たいせつ》 二四節気で一二月七日頃。图
大戦《たいせん》 激しい戦い。大規模な戦争。
対戦《たいせん》 敵と味方が相対して戦うこと。
滞船《たいせん》 碇泊すること、またその船。
泰然自若《たいぜんじじゃく》 物事に動じない。
大葬《たいそう》 天皇・皇后・皇太后などの葬儀。
大層《たいそう》 非常に。たいへん。ひどく。
体操《たいそう》 規則的な体の運動。「ラジオ—」
退蔵《たいぞう》 隠しもつこと。しまい込むこと。

大それた《だいそれた》 とんでもない。おおそれた。
怠惰《たいだ》 怠けてだらしないこと。⬍勤勉
大体《だいたい》 大方。主要な部分。総じて。
大腿《だいたい》 脚の付け根からひざ。ふともも。
代替《だいたい》 ほかのもので代えること。「—品」
代代《だいだい》 歴代。何代も続いていること。
大大的《だいだいてき》 極めて大規模なさま。
大多数《だいたすう》 極めて多数。全体の大部分。
対談《たいだん》 向き合って話すこと。「—記事」
退団《たいだん》 団体から抜けること。⬍入団
大胆《だいたん》 度胸があること。⬍小胆
大団円《だいだんえん》 小説・劇などの終わり。
大胆不敵《だいたんふてき》 少しもおそれない。
対置《たいち》 物事を相対する位置におくこと。
大地《だいち》 広大な地。地上。「—に根を下す」

台地《だいち》 小高く平らな土地。高台。
大著《たいちょ》 偉大な著作。優れた著作。
体長《たいちょう》 動物・生物の体の長さ。
体調《たいちょう》 体の調子。コンディション。
退庁《たいちょう》 役所から退出すること。⬍登庁
退潮《たいちょう》 潮がひくこと。衰えること。
隊長《たいちょう》 一隊を指揮するかしら。
大腸《だいちょう》 消化器官の一種。「—菌」
台帳《だいちょう》 大もとになる帳簿。原簿。
大抵《たいてい》 おおかた。総じて。たぶん。
退廷《たいてい》 法廷から退出する。⬍入廷・出廷
大敵《たいてき》 強敵。大勢の敵。⬍小敵
大典《たいてん》 重大な儀式。大儀。重大な法典。
帯電《たいでん》 物体が電気を帯びること。「—体」
泰斗《たいと》 その道でいちばん優れた人。

態度《たいど》 そぶり。心構え。身構え。「勤務—」
擡頭《たいとう》 【台頭】勢力を得て進出してくる。
対当《たいとう》 相当すること。つり合う。「—額」
対等《たいとう》 互いに差がない。同等。「—に扱う」
駘蕩《たいとう》 のどかなさま。「春風—」
胎動《たいどう》 胎児が母の胎内で動くこと。
帯同《たいどう》 同伴・同行すること。
大同《だいどう》 大体同じ・有志がまとまること。
大道《だいどう》 幅の広い道。行うべき正しい道。
大同小異《だいどうしょうい》 大差ないこと。
大同団結《だいどうだんけつ》 小異を捨てた結束。
大統領《だいとうりょう》 共和国の元首。「—選挙」
体得《たいとく》 体験して身につけること。
体読《たいどく》 文意外の真意を読む。⬍色読《しきどく》
大徳《だいとく》 偉大な得。大きな恩恵。

代読《だいどく》 本人に代わって読むこと。
台所《だいどころ》 食物を調理する所。炊事場。
体内《たいない》 体の内部。「—受精」⬍体外
対内《たいない》 内部に対すること。「—的」⬍対外
胎内《たいない》 妊婦の腹の中。「—潜《くぐ》り」
台無し《だいなし》 物事がすっかりだめになる。
大難《だいなん》 大きな災難・苦労。⬍小難
滞日《たいにち》 外国人が日本に滞在すること。
大任《たいにん》 重い役目。重要な任務。
退任《たいにん》 任務を退くこと。⬍就任
耐熱《たいねつ》 高温の熱に耐えること。「—鋼」
滞納《たいのう》 【怠納】期限内に金品を納めない。
代納《だいのう》 金銭の代わりに物品で納める。
大の字《だいのじ》 手足を広げて寝転んだ姿。
大破《たいは》 ひどく壊れる・壊す。⬍小破

台場《だいば》 海防のためにつくった砲台。
大敗《たいはい》 大差で負けること。⬍大勝
退廃《たいはい》 【頽廃】道徳が乱れ不健全になる。
大八車《だいはちぐるま》 大形の、二輪の荷車。
体罰《たいばつ》 体に直接苦痛を与える罰。
大半《たいはん》 おおかた。半分以上。
大磐石《だいばんじゃく》 大きな岩。堅固なさま。
対比《たいひ》 比較・対照すること。「—的」
待避《たいひ》 その場を離れ通過するのを待つ。
退避《たいひ》 危険を避け逃れること。避難。
堆肥《たいひ》 草などを積み腐らせた肥料。
貸費《たいひ》 学費などを貸すこと。「—学生」
代筆《だいひつ》 本人の代わりに書くこと。代書。
大病《たいびょう》 重い病気。重い患い。大患《たいかん》。
大兵《だいひょう》 体格が立派。「—肥満」⬍小兵《こひょう》

代表《だいひょう》 多数の人に代わって意思を示す。
大部《たいぶ》 書物の分量が多いこと。大部分。
大分《だいぶ》 よほど。かなり。おおかた。
台風《たいふう》 暴風雨を伴う熱帯低気圧。秋
台風の目《たいふうのめ》 注目される物事の中心に位置し全体の動向を左右する人・勢力。
大福《だいふく》 福の多いこと。大福もち。
対物《たいぶつ》 物・物件に対すること。「—保険」
大仏《だいぶつ》 大きな仏像。「—開眼」
大部分《だいぶぶん》 おおかた。半分以上の部分。
太平《たいへい》 【泰平】世の中が穏やかなさま。
太平楽《たいへいらく》 のんきで好き勝手なさま。
大別《たいべつ》 大まかに区別すること。⇔細別
大変《たいへん》 一大事。重大なこと。非常に。
大便《だいべん》 肛門からの排出物。くそ。ふん。

代弁《だいべん》 代わって弁償・弁解すること。
退歩《たいほ》 後戻り。前より劣ること。
逮捕《たいほ》 警察が犯人などをとらえること。
大砲《たいほう》 大きな弾丸を発射する兵器。
耐乏《たいぼう》 ものが乏しい状態に耐えること。
待望《たいぼう》 待ち望むこと。期待すること。
大木《たいぼく》 大きな木。大樹。「独活《うど》の—」
台本《だいほん》 脚本。せりふや動作を記した本。
大麻《たいま》 植物の麻、そこからとれる麻薬。
大枚《たいまい》 多額のお金。「—をはたく」
松明《たいまつ》 松などを束ねて火をつけた照明。
怠慢《たいまん》 怠けておろそかにする。⇔勤勉
大名《だいみょう》 江戸期の一万石以上の領主。
待命《たいめい》 命令を待つこと。「—休職」
題名《だいめい》 本・映画などの表題。タイトル。

体面《たいめん》 世間に対する体裁。面目。
対面《たいめん》 面会すること。向かい合うこと。
大望《たいもう》 大きな望み。野心。たいぼう。
題目《だいもく》 表題。主題。お題目。
代物《だいもつ》 代わりのもの。代金。銭《ぜに》。
逮夜《たいや》 葬儀・忌日の前夜。
大厄《たいやく》 大きな災難。最も重い厄年。
大役《たいやく》 大事な役目。責任の重い役目。
対訳《たいやく》 原文に並べて訳文を示すこと。
代役《だいやく》 役目を代わりに担うこと・人。
貸与《たいよ》 貸し与える。貸すこと。⇔借用
大洋《たいよう》 大きな広い海。おおうなばら。
大要《たいよう》 あらまし。要点。大筋。⇔明細
太陽《たいよう》 太陽系の中心にある恒星。天日。
耐用《たいよう》 使用に耐えること。「—年数」

代用《だいよう》 代わりに使うこと。まにあわせ。
大欲非道《たいよくひどう》 欲深く非情なさま。
大乱《たいらん》 国家が大いに乱れること。
内裏《だいり》 皇居。御所。内裏びな。
代理《だいり》 代わって物事を処理する・人。
大陸《たいりく》 広大な陸地。「—性気候」
大理石《だいりせき》 石灰岩の一種。マーブル。
対立《たいりつ》 互いに反対して張り合うこと。
大略《たいりゃく》 あらまし。大体。大筋。概要。
対流《たいりゅう》 熱が加えられて起こる循環運動。
滞留《たいりゅう》 滞ること。滞在すること。「—地」
大量《たいりょう》 分量の多いこと。「—生産」⇔少量
大漁《たいりょう》 漁で魚が多くとれること。豊漁。
体力《たいりょく》 体の力。抵抗力。「—測定」
大輪《たいりん》 花が普通より大きい。⇔小輪

大礼《たいれい》 宮中の重大な儀式。即位礼など。
隊列《たいれつ》 大勢が秩序正しく並んだ列。
退路《たいろ》 退却する道。逃げ道。「—を断つ」
大牢《たいろう》 立派で盛大な料理。「—の珍味」
第六感《だいろっかん》 直観。勘。「—が働く」
対論《たいろん》 対抗して議論すること。
対話《たいわ》 向かい合って話すこと。対談。
田植え《たうえ》◀ イネの苗を田に植える。夏
妙《たえ》 優れて立派なこと。「—なる」
唾液《だえき》 つば。つばき。
絶え絶え《たえだえ》 途切れそうなさま。
絶え間《たえま》 途切れて中断した間。
耐える《たえる》 我慢する。持ちこたえる。
堪える《たえる》 応じられる。値する。「任に—」
●弾圧に耐える
●観賞に堪える名木

絶える《たえる》 とぎれる。滅ぶ。やむ。「命が—」
楕円《だえん》 【楕円】小判形の、細長い円。「—形」
倒す《たおす》 横にする。殺す。滅ぼす。「敵を—」
斃す《たおす》 【殪す】殺す。「銃で獲物を—」
嫋やか《たおやか》 姿や動作がしなやかなさま。
手弱女《たおやめ》 優美な女性。⇔益荒男《ますらお》
手折る《たおる》 手で折る。手に入れる。
多寡《たか》 多いことと少ないこと。多少。
箍《たが》 おけを締め固める竹や金の輪。「—が緩む」で、緊張・締まりがなくなる。
高い《たかい》 上方にある・のびているさま。
他界《たかい》 死者の世界。死ぬこと。死去。
互い《たがい》 向こうとこちら。双方。「相身—」
打開《だかい》 解決の道を見いだすこと。「—策」
互い違い《たがいちがい》 代わる代わる。交互。

高鼾《たかいびき》をかく ぐっすり寝入る。
違《たが》う かみあわない。くいちがう。
高《たか》が知《し》れる 大したことはない。
多角《たかく》 角が多い。多方面。「—化」「—的」
多額《たがく》 金額が多いこと。⇔少額
拿獲《だかく》 取り押さえて強奪する。捕獲。
駄菓子《だがし》 安価な庶民向けの菓子。
高潮《たかしお》 海面が異常に高くなる現象。
鷹匠《たかじょう》 タカを飼育・訓練する人。图
高瀬舟《たかせぶね》 喫水の浅い、平底の和船。
高台《たかだい》 周囲より高く平らな場所。
高高《たかだか》 せいぜい。たいへん高いさま。
高坏《たかつき》 食べ物などを盛る脚つきの台。
打楽器《だがっき》 打って音を出す楽器。
高殿《たかどの》 高く作った御殿。高い建物。高楼。

高飛《たかと》び 空高く飛ぶ。遠方へ逃げる。
高跳《たかと》び 陸上競技の一つ。「走り—」
高波《たかなみ》 【高浪】高い波。大きな波。大波。
高鳴《たかな》る 高く鳴り響く。どきどきする。
高値《たかね》 高い値段。「—をつける」⇔安値
高根《たかね》 【高嶺】いただき。高い峰。「—の花」
鏨《たがね》 【鑽】はがねで作ったのみ。
綰《たが》ねる 一つにまとめる。つかねる。
高望《たかのぞ》み 身分や能力以上に望むこと。
鷹派《たかは》 妥協しない強硬派。⇔鳩派《はとは》
高話《たかばなし》 大声で話をする、またその話。
高飛車《たかびしゃ》 頭ごなしで威圧的なさま。
昂《たか》ぶる 【高ぶる】自慢する。おごる。
高《たか》みの見物《けんぶつ》 のんきな傍観。
耕《たがや》す 田畑の土を掘り返す。「土壌を—」

宝《たから》 財宝。かけがえのないもの。
宝籤《たからくじ》 公共団体などで売り出すくじ。
宝《たから》の持《も》ち腐《ぐさ》れ 役立つものを持ちながらそれを利用しないこと。
宝船《たからぶね》 宝と七福神が乗った帆船。新
宝物《たからもの》 宝とされるもの。ほうもつ。
集《たか》る 群がる。金品をせしめる。
高笑《たかわら》い 大きな声で笑うこと。
多感《たかん》 感じやすく、傷つきやすいさま。
兌換《だかん》 正貨と紙幣を引きかえること。
滝《たき》 高所から落下する流水。瀑布。夏
多岐《たき》 多方面に分かれていること。
多義《たぎ》 多くの意味があること。「—語」
唾棄《だき》 さげすんで、忌み嫌うこと。
惰気《だき》 怠け心。「—満々」

抱《だ》き◀合《あ》◀わせ 需要の多い商品に需要の少ない商品を組み合わせて売る。
薪《たきぎ》 燃料にする細い枝や割り木。
薪能《たきぎのう》 薪をたいて行う夜の野外能。春
抱《だ》き込《こ》む 味方に引き入れる。
抱《だ》き締《し》める しっかりと抱く。
焚《た》◀き出《だ》し 災難時に飯を炊して配る。
焚《た》き付《つ》ける 燃やす。嗾《けし》ける
滝壺《たきつぼ》 滝水が落ちて溜まる所。⇔滝口
焚《た》◀き火《び》 暖をとるためにたく火。图
多岐亡羊《たきぼうよう》 真理を得がたい。
薫《た》◀き物《もの》 練り香。香をくゆらすこと。
他郷《たきょう》 よその土地。他国。異郷。
妥協《だきょう》 双方が折れ合ってまとまること。
多極化《たきょくか》 中心が分散している状態。

滾《たぎ》る 沸き上がる。煮えたつ。「血が—」
宅《たく》 わが家。自分の夫。「お—に伺う」
卓《たく》 ものを置く台。机。テーブル。
炊《た》く 食べ物を煮る。「釜飯を—」
焚《た》く 燃料をもやす。「ふろを—」
薫《た》く 香をくゆらす。「お香を—」
抱《だ》く 腕の中にかかえる。いだく。
沢庵《たくあん》 大根が材料の漬物。たくわん。
類《たぐ》◀い 【比】同じ種類・程度のもの。
諾意《だくい》 引き受ける意志。承諾する意志。
択一《たくいつ》 複数のものから一つだけ選ぶ。
卓越《たくえつ》 群を抜いて優れているさま。
濁音《だくおん》 濁点をつけて表される音。「鼻—」
沢山《たくさん》 多いこと。多数。十分なこと。
卓識《たくしき》 高い判断力。優れた考え。卓見。

卓爾不群《たくじふぐん》 並はずれて優れる。
濁酒《だくしゅ》 粗製でこさない日本酒。⇔清酒
卓出《たくしゅつ》 抜きんでて優れていること。
託生《たくしょう》 【托生】ほかを頼って生きること。
卓上《たくじょう》 机の上。食卓の上。「—演説」
拓殖《たくしょく》 未開の地を開拓し住みつくこと。
託《たく》す ほかの人に依頼する。ゆだねる。
濁水《だくすい》 濁った水。濁り水。⇔清水《しみず》
卓説《たくせつ》 優れた意見。優れた説。「名論—」
卓絶《たくぜつ》 ずば抜けて優れていること。
託宣《たくせん》 神のお告げ。神託。
託送《たくそう》 人にことづけて送らせること。
諾諾《だくだく》 人の言いなりになるさま。
宅地《たくち》 家屋の敷地。住宅用の土地。
濁点《だくてん》 濁音を表すためにつける点々。

宅配《たくはい》 荷物などを家に配達すること。
托鉢《たくはつ》 僧尼が修行で施しをもらい歩く。
卓抜《たくばつ》 飛び抜けて優れていること。
拓本《たくほん》 碑などの文字を写しとったもの。
琢磨《たくま》 玉を磨くこと。学芸を磨くこと。
逞《たくま》しい 体が強そう。たのもしいさま。
匠《たくみ》 【工】職人。大工。木工職人。
巧《たく》み じょうず。手際がよい。「—な技」
企《たくら》む 悪事などを企てる。「陰謀を—」
濁流《だくりゅう》 濁った水の流れ。⇔清流
手繰《たぐ》る 手もとに引きよせる。
卓論《たくろん》 優れた議論・論説。⇔俗論
蓄《たくわ》える 【貯える】ためる。とっておく。
丈《たけ》 高さ。身長。長さ。あるかぎり。
他家《たけ》 よその家。「—に嫁ぐ」

多芸《たげい》 種々の学問・芸能に通じている。
竹馬《たけうま》 二本の竹ざおで歩く遊具。冬
打撃《だげき》 打ちたたくこと。損害。痛手。
猛猛《たけだけ》しい 勇ましく強い。図太い。
妥結《だけつ》 対立者が折れあい話がつくこと。
酣《たけなわ》 【闌】まっ最中。最盛期。「宴—」
竹光《たけみつ》 刀身の代わりに使った竹の刀。
竹藪《たけやぶ》 竹が群生している所。竹林。
哮《たけ》る 大声で叫ぶ。ほえる。「狼が—」
猛《たけ》る 暴れる。荒れ狂う。「荒波が—」
長《た》ける 優れている。長じている。
闌《た》ける たけなわになる。盛りをすぎる。
●技に長ける
●春が闌ける
多元《たげん》 根源・要素が多いこと。⇔一元
多言《たげん》 口数多く言う。「—を要しない」

凧《たこ》 糸をつけ空中にあげるもの。春
胼胝《たこ》 角質化し厚くなった皮膚の一部。
多幸《たこう》 幸せが多いこと。「—多福」
蛇行《だこう》 蛇のように曲がりくねって進む。
他国《たこく》 ほかの国。異国。外国。⇔自国
打刻《だこく》 かたいものに文字を刻みつける。
蛸配当《たこはいとう》 架空の利益計上による配当。
他言《たごん》 他人に話すこと。「—無用」
多才《たさい》 各方面の才能をもつこと。
多彩《たさい》 種類が多いこと。色とりどり。
多作《たさく》 作品をたくさん作ること。
駄作《ださく》 つまらない作品。拙作。⇔秀作
他殺《たさつ》 他人に殺されること。⇔自殺
多産《たさん》 子や卵を多く産むこと。「—系」
打算《ださん》 損得を勘定すること。計算高い。

他山《たざん》の石《いし》 自己を磨き鍛えるために役立つ悪い見本。戒めとなる例。
他事《たじ》 よそごと。ほかのこと。余事。
出《だ》し 【出汁】方便にするもの。だし汁。
山車《だし》 祭礼のとき引き回す飾り車。夏
確《たし》か 【慥か】確実なさま。信頼できる。
確《たし》かめる はっきりとさせる。
多士済々《たしせいせい》 優れた人材が多い。
多事多端《たじたたん》 非常に多忙なさま。
多事多難《たじたなん》 困難が絶えない。
多湿《たしつ》 湿度が高いこと。「高温—」
他日《たじつ》 いつか。ほかの日。後日。
嗜《たしな》む 愛好する。身につける。「酒を—」
窘《たしな》める 穏やかな口調で注意する。
出《だ》し抜《ぬ》け 不意に行うこと。突然。

多謝《たしゃ》 厚く礼を述べる。深く詫びること。
打者《だしゃ》 野球のバッター。「強—」
惰弱《だじゃく》 【懦弱】意気地がない。⇔剛健
駄洒落《だじゃれ》 つまらないしゃれ。
舵手《だしゅ》 船・ボートのかじを取る人。
多種多様《たしゅたよう》 さまざま。いろいろ。
多少《たしょう》 多いか少ないか。いくらか。
多生《たしょう》 何度も生まれ変わること。
多情《たじょう》 感じやすいさま。移り気。
多情多恨《たじょうたこん》 情が深く悩みが多い。情が深い分、恨みも強いということ。
多情仏心《たじょうぶっしん》 感じやすく移り気だが、薄情にはなれないという性質。
打診《だしん》 指先でたたく診察。様子を探る。
足《た》す 加える。不足を補う。すませる。

出《だ》す 外へ移す。発送する。表す。
多数《たすう》 数が多いこと。「絶対—」⇔少数
多数決《たすうけつ》 賛同者数の多い方に決める。
襷《たすき》 和服のそでをたくしあげるひも。
助《たす》ける 【扶ける】危機を救う。力を貸す。
携《たずさ》える 手にさげる。伴って行く。
訪《たず》ねる 訪れる。訪問する。「友人宅を—」
尋《たず》ねる さがす。問う。「真意を—」
●名所旧跡を訪ねる
●道を尋ねる
多勢《たぜい》 たくさんの人。「—に無勢」
惰性《だせい》 昔からの癖。今までの習慣。
他薦《たせん》 他者が推薦すること。⇔自薦
黄昏《たそがれ》 暮れ方。夕暮れ。夕方。夕刻。
多蔵厚亡《たぞうこうぼう》 欲深いと全部失う。
蛇足《だそく》 よけいなもの。むだなつけ足し。

只《ただ》　無料。普通であるさま。「—の人」
唯《ただ》　一つのことだけに限定すること。
●只で入手する　●唯泣くばかり
多大《ただい》　数量や程度が非常に大きいこと。
堕胎《だたい》　人工の妊娠中絶。「—罪」
只今《ただいま》　【唯今】すぐさま。目下。「—発売中」
称《たた》える　【讃える】ほめあげる。称賛する。
湛《たた》える　一杯に満たす。「顔に笑みを—」
戦《たたか》う　戦争・試合などで勝負する。
闘《たたか》う　困難に負けまいとする。闘争。
●敵と戦う　●病気と闘う
叩《たた》き　【三和土】セメントで固めた土間。
叩《たた》き上《あ》げ　苦労して一人前になる。
叩《たた》き台《だい》　もとになる原案。試案。
叩《たた》く　【敲く】続けて打つ。ぶつ。

只事《ただごと》　【徒事】普通のこと。「—ではない」
但《ただ》し　しかし。あるいは。
正《ただ》しい　道理に合う。誤っていない。
但《ただ》し書《が》き　本文に追加する説明文。
正《ただ》す　誤りや乱れを直す。「姿勢を—」
糾《ただ》す　【糺す】取り調べる。「罪を—」
質《ただ》す　尋ねて明らかにする。「疑問を—」
佇《たたず》まい　ありさま。雰囲気。「静かな—」
佇《たたず》む　立ちどまる。しばらく居る。
直《ただ》ちに　時をおかずすぐに。直接。
直中《ただなか》　【只中】真ん中。真っ最中。
畳《たたみ》　ワラを芯にした敷きもの。
畳替《たたみが》え　畳の表を新しくする。図
畳《たた》み掛《か》ける　続けざまに行う。
畳《たた》む　折り重ねて小さくする。「帯を—」

漂《ただよ》う　浮かんで揺れ動く。さまよう。
踏鞴《たたら》を踏《ふ》む　空足をふむ。
祟《たた》り　神仏や死霊によるわざわい。
爛《ただ》れる　皮膚や肉が破れ崩れる。
質《たち》　生まれつきの性質。持ち前。
立《た》ち会《あ》い　立ち会うこと・人。取引所の売買。「第三者の—」「—演説」
立《た》ち合《あ》い　相撲の挙動の一つ。
立《た》ち居《い》　【起居】日常の動作。「—振舞」
立《た》ち入《い》る　中に入る。関係する。
太刀打《たちう》ち　太刀で戦う。互角の勝負。
立《た》ち往生《おうじょう》　止まったまま動けない。
立《た》ち後《おく》れ　【立遅れ】着手の遅れ。
立《た》ち木《き》　地に生えている木。生木《なまき》。
立《た》ち消《ぎ》え　物事が中途でやむこと。

立《た》ち聞《ぎ》き　立って盗み聞きする。
立《た》ち眩《くら》み　立った時めまいがする。
立《た》ち込《こ》める　辺り一面をおおう。
立《た》ち竦《すく》む　立ったまま動けない。
立《た》ち直《なお》る　もとのよい状態に戻る。
立《た》ち退《の》く　土地や家を明け渡す。
立場《たちば》　立っている所。考え方。地位。
立《た》ち塞《ふさ》がる　前に立って遮る。
忽《たちま》ち　急に。にわかに。「—売り切れる」
立《た》ち回《まわ》る　奔走する。うまく動く。
立《た》ち見《み》　立ったまま見ること。「—席」
駄賃《だちん》　使いに対するお礼の金品。
辰《たつ》　十二支の五番目。
竜《たつ》　りゅう。想像上の動物。
立《た》つ　立ち上がる。風などが起こる。

建《た》つ　建造物ができあがる。建立。
●柱が立つ　腹が立つ　●ビルが建つ
発《た》つ　出発する。「日本を—」「旅に—」
経《た》つ　時がすぎる。「五分—」「月日が—」
絶《た》つ　それ以上続けない。終わらせる。
断《た》つ　切断する。やめる。遮る。
裁《た》つ　【截つ】布や紙を切る。裁断する。
●消息を絶つ　命を絶つ　●酒を断つ　関係を断つ　退路を断つ　●服地を裁つ
達意《たつい》　考えが他の人によく伝わること。
脱衣《だつい》　衣服を脱ぐこと。「—場」⇔着衣
脱会《だっかい》　属していた会を抜けること。
奪回《だっかい》　奪い返すこと。奪還。「政権—」
達観《たっかん》　広い視野で全体を見通すこと。
奪還《だっかん》　奪い返すこと。奪回。「王座—」

脱却《だっきゃく》　抜け出ること。捨て去ること。
卓球《たっきゅう》　室内球技の一つ。ピンポン。
脱臼《だっきゅう》　関節の骨がずれること。
卓見《たっけん》　優れた意見や見識。卓識。
脱稿《だっこう》　原稿を書き終わること。⇔起稿
脱穀《だっこく》　穀物の実を穂から取り離すこと。
脱獄《だつごく》　監獄・刑務所から逃げ出すこと。
脱字《だつじ》　文書の中で抜けた字。⇔衍字《えんじ》
達者《たっしゃ》　壮健。巧みなさま。達人。「芸—」
奪取《だっしゅ》　奪い取ること。「領土を—する」
脱臭《だっしゅう》　においを除去すること。「—剤」
脱出《だっしゅつ》　抜け出ること。逃げ出すこと。
脱色《だっしょく》　色を抜くこと。いろぬき。
達人《たつじん》　学問・技芸に深く通じた人。
脱水《だっすい》　水分を除去すること。「—症状」

達《たっ》する　及ぶ。届く。果たす。「半数に—」
脱《だっ》する　抜け出る。逃げ出す。「危機を—」
達成《たっせい》　やりとげること。「悲願を—する」
脱税《だつぜい》　不法に納税義務を逃れること。
立《た》つ瀬《せ》がない　面目を失する。
脱線《だっせん》　線路から外れる。本筋からそれる。
脱走《だっそう》　抜け出して逃げること。逃走。
脱俗《だつぞく》　俗世間を超越していること。
脱退《だったい》　団体・組織・会から抜けること。
脱党《だっとう》　所属党派から抜ける。⬍入党
脱兎《だっと》の勢《いきお》い　極めて素速いさま。
貴《たっと》ぶ　【尊ぶ】うやまう。あがめる。
手綱《たづな》　馬のくつわにつける操縦用の綱。
脱皮《だっぴ》　古い表皮や考えを捨てること。
達筆《たっぴつ》　字がじょうずなこと。⬍悪筆

達弁《たつべん》　弁舌が達者。能弁。⬍訥弁《とつべん》
脱帽《だつぼう》　帽子を脱ぐこと。敬意を表する。
竜巻《たつまき》　激しい空気のうず巻。旋風。
巽《たつみ》　方位の名。東南の方向。
脱毛《だつもう》　毛が抜けること。除毛すること。
脱落《だつらく》　抜け落ちる。漏れること。「—者」
奪略《だつりゃく》　【奪掠】無理に奪いとること。
脱力《だつりょく》　体の力が抜けること。「—感」
脱漏《だつろう》　漏れること。遺漏。「—を防ぐ」
盾《たて》　【楯】敵の矢弾を防ぐ武具。
縦《たて》　【竪】上下あるいは前後の方向。
殺陣《たて》　劇中の格闘場面。立回り。「—師」
伊達《だて》　はでな行動。見えを張るさま。
竪穴《たてあな》　【縦穴】地面を縦に掘った穴。
立《た》て板《いた》に水《みず》　すらすら話すさま。

縦糸《たていと》　【経糸】織物の縦の糸。⬍横糸
建《た》て◀売《う》り◀　家を建てて売る商売。
立《た》て◀替《か》え　代わって支払っておく。
鬣《たてがみ》　ウマやライオンの首筋の長い毛。
建具《たてぐ》　戸・障子・ふすまなど。
竪琴《たてごと》　楽器の一つ。ハープ。
立《た》て込《こ》む　こみ合う。用が重なる。
立《た》て籠《こ》◀もる　家や室内にこもる。
盾突《たてつ》く　【楯突く】従わず反抗する。
立《た》て◀付《つ》け　建具の開閉の具合。
立《た》て続《つづ》け　続々行われる。続け様。
建坪《たてつぼ》　建物が占める土地の面積の坪数。
立《た》て引《ひ》◀き　意地を立て通し争う。
立《た》て膝《ひざ》　片ひざを立てて座る姿勢。
立《た》て◀札《ふだ》　道端などに立てておく掲示板。

立《た》て◀前《まえ》　【建て前】表向きの方針。
建《た》て◀前《まえ》　棟上げ。上棟式。
奉《たてまつ》る　献上する。敬う。「頼み—」
建物《たてもの》　建てたもの。家。建築物。
立《た》て◀役《やく》　「立て役者」の略。中心人物。
立《た》てる　起こす。面目を保つ。「顔を—」
点《た》てる　抹茶を入れる。「薄茶を—」
建《た》てる　建物をつくる。「家を—」
打電《だでん》　電報を打つこと。⬍受電
打倒《だとう》　打ち倒すこと。打ち負かすこと。
妥当《だとう》　適切である。よく合っている。
例《たと》えば　例を挙げれば。もしも。仮に。
譬《たと》える　【喩える】似た物になぞらえる。
辿《たど》る　探し求めてゆく。探る。「家路を—」
炭団《たどん》　炭の粉を練り固めた燃料。图

棚《たな》　ものをのせる水平に渡した台。
棚上《たなあ》げ　処理事項を一時保留する。
店卸《たなおろ》し◀　【棚卸】在庫調査。人の悪口。
店子《たなこ》　家主から見た借家人。
掌《たなごころ》　手のひら。「—をかえす」
棚浚《たなざら》え　全在庫品を廉価処分する。
店晒《たなざら》し　売れずに店先にある商品。
店賃《たなちん》　家賃。借家代。
七夕《たなばた》　陰暦七月七日夜の星祭り。秋
棚引《たなび》く　雲や煙が横に長く漂う。
多難《たなん》　災難や困難が多いこと。「前途—」
谷《たに》　山と山の間の低い所。「—底」
谷間《たにあい》　谷の中。たにま。「—の村」
他人《たにん》　自分以外の人。親族でない人。
他人行儀《たにんぎょうぎ》　よそよそしい態度。

狸寝入《たぬきねい》り　眠ったふりをすること。
種《たね》　果実などの種子。しかけ。材料。
胤《たね》　血のつながった子。「—を宿す」
種明《たねあ》かし◀　しくみを明かすこと。
種付《たねつ》け　良種の雄を雌に交尾させる。
種本《たねほん》　著作などのもとになる本。
種蒔《たねま》き◀　【種播き】種をまくこと。春
他年《たねん》　後年。将来の年。
多年《たねん》　長い年月。多くの年。「—草」
多能《たのう》　多才。多芸。多機能。「多芸—」
楽《たの》しむ　楽しく思う。満足を感じる。
頼《たの》む　依頼する。ゆだねる。懇願する。
頼《たの》もしい　頼りになる。「—味方」
束《たば》　【把】ひとまとめにしたもの。
打破《だは》　打ち破る・障害を取り除くこと。

駄馬《だば》　荷物を運ぶ馬。下等な馬。
謀《たばか》る　思案する。策略を用いてだます。
煙草《たばこ》　【莨】火をつけて吸う嗜好品の一。
手挟《たばさ》む　手に挟み持つ。脇に抱え持つ。
多発《たはつ》　多く発生すること。「—事故」
束《たば》ねる　束にする。一つにまとめる。
足袋《たび》　和装で足にはく袋状のもの。図
度《たび》　おり。とき。その時ごと。回数。
度重《たびかさ》なる　何度も続いて起こる。
旅路《たびじ》　旅の行程。行路。旅行先。「心の—」
度度《たびたび》　何度も。幾度も。「—訪れる店」
荼毘《だび》に付《ふ》す　死者を火葬にする。
旅枕《たびまくら》　旅先で寝ること。
多病《たびょう》　体が弱く病気がちなこと。
誑《たぶら》かす　だます。欺く。

他聞《たぶん》　他人の耳に入る。「—を憚《はばか》る」
多分《たぶん》　たくさん。おおかた。おそらく。
多聞《たぶん》　多くの物事を聞き知ること。
駄文《だぶん》　つまらない文章。下手な文章。
食《た》べ物《もの》　食べるもの。食料。食品。
食《た》べる　飲食物をとる。生計を立てる。
多弁《たべん》　口数が多いこと。おしゃべり。
駄弁《だべん》　むだ口。くだらないおしゃべり。
拿捕《だほ》　船をとらえること。捕獲。
他方《たほう》　ほかの方向や方面。一方では。
多忙《たぼう》　非常に忙しいこと。「—を極める」
多望《たぼう》　将来性があること。「前途—」
多謀善断《たぼうぜんだん》　よく考え善処する。
多方面《たほうめん》　いろいろな方面・分野。
打撲《だぼく》　打ったりたたいたりする。「—傷」

玉《たま》　【珠】宝石。美しい・大切なもの。
球《たま》　球技用のボール。電球。「—拾い」
弾《たま》　銃弾。弾丸。「砲身に—をこめる」
玉石《たまいし》　庭や石垣に使われる丸い石。
玉垣《たまがき》　神社の周囲に巡らした垣。瑞垣。
玉串《たまぐし》　サカキの枝に紙をつけた奉納物。
魂消《たまげ》る　とても驚く。仰天する。
卵《たまご》　鳥などの雌が産むもの。未熟者。
卵酒《たまござけ》　卵と砂糖を加えた熱い酒。図
偶《たま》さか　たまたま。偶然。まれ。
魂《たましい》　【霊】霊。精霊。心。気力。
騙《だま》す　うそをつく。欺く。「声色で—」
偶《たまたま》　ちょうどその時。偶然に。
玉手箱《たまてばこ》　物を大切にしまっておく箱。
偶《たま》に　めったにない。まれに。

玉《たま》に瑕《きず》　惜しむべきささいな欠点。
玉《たま》の輿《こし》　女が結婚で得る富貴の身分。
玉虫色《たまむしいろ》　どうにでも解釈できること。
賜《たまもの》　【賜物】恵みの物。おかげ。成果。
堪《たま》らない　我慢できない。最高によい。
溜《た》まる◀　集まる。とどまる。「ごみが—」
黙《だま》る　言うのをやめる。口をつぐむ。
賜《たまわ》る　【給わる】頂く。ちょうだいする。
民草《たみくさ》　人民。たみくさ。「—を憂える」
惰眠《だみん》　怠けて眠ること。「—をむさぼる」
手向《たむ》ける　神仏に供える。
屯《たむろ》する　群れ集まる。
為《ため》　利益。理由。目的。「雨の—中止」
駄目《だめ》　役に立たない。よくないさま。
溜《た》め◀息《いき》　失望の時などに出る長い息。

駄目押《だめお》し　念を入れ確定的にする。
例《ためし》　過去の実例。「見た—がない」
試《ため》し　試すこと。「—に行ってみる」
試《ため》す　こころみる。調べてみる。
矯《た》めつ眇《すが》めつ　じっくり見る。
躊躇《ためら》う　迷って決心がつかない。
貯《た》める　お金を蓄える。「こづかいを—」
溜《た》める　蓄える。滞らせる。「仕事を—」
矯《た》める　改め直す。矯正する。「悪癖を—」
多面《ためん》　多くの平面。多方面。「—体」
多毛作《たもうさく》　一耕地で年三回以上の収穫。
保《たも》つ　所持する。持ちこたえる。
袂《たもと》　和服のそでの、袋状の部分。
絶《た》◀やす　存続させない。切らす。「酒を—」
容易《たやす》い　やさしい。難しくない。

弛《たゆ》む　油断する。努力を怠る。
多用《たよう》　多忙。頻繁に用いること。
多様《たよう》　いろいろの様子。さまざま。種々。
便《たよ》り　消息。手紙。情報。「風の—」
頼《たよ》る　すがる。依存する。「辞典に—」
盥《たらい》　ものを洗うのに使う平たい容器。
盥回《たらいまわ》し　順送りに送り回すこと。
堕落《だらく》　身を持ち崩すこと。落ちぶれる。
誑《たら》し込《こ》む　うまくだます。
垂《た》らす　垂れるようにする。したたらす。
他力《たりき》　他からの助力。仏の本願や力。
他力本願《たりきほんがん》　他人まかせ。
他律《たりつ》　他からの強制・命令による行動。
打率《だりつ》　野球で、安打を打つ割合。
他流《たりゅう》　ほかの流儀・流派。「—試合」

多量《たりょう》 分量が多いこと。沢山。⇔少量
惰力《だりょく》 惰性の力。習慣のなごり。
足《た》りる 必要なだけある。十分ある。足る。
樽《たる》 酒などを入れる木製の器。「—酒」
怠《だる》い 【懈い】脱力感を覚える。億劫《おっくう》。
達磨《だるま》 中国禅宗の祖、達磨大師の人形。
弛《たる》む ゆるむ。たわむ。「気が—」
誰《だれ》 知らない人。不定の人。たれ。
誰彼《だれかれ》 あの人この人。「—区別なく」
垂《た》れ込《こ》み 警察などへの密告。
戯《たわ》け ふざけること。おどけ。愚か者。
戯言《たわごと》 ふざけた言葉。ばかげた言葉。
束子《たわし》 こすって汚れを取る道具。
撓《たわ》む 曲がる。傾く。気力が弱る。
戯《たわむ》れる ふざける。いちゃつく。楽しむ。

俵《たわら》 穀物を入れるワラ製の袋。「米—」
丹《たん》 赤色。よくねった薬。真心。
痰《たん》 気管から出る粘液性の分泌物。
段《だん》 階段。等級。くぎり。一局面。
壇《だん》 一段高くなった所。「ひな—」
弾圧《だんあつ》 権力で抑えつけること。「思想—」
断案《だんあん》 最終決定案。結論。
単位《たんい》 数量を計る基準。履修量の基準。
単一《たんいつ》 一つ。一人。混じり気がない。
暖衣飽食《だんいほうしょく》 ぜいたくな暮らし。
団員《だんいん》 団体構成員。団体に所属する人。
担架《たんか》 病人などを乗せて運ぶ用具。
炭化《たんか》 有機物が燃えて炭素が残ること。
単価《たんか》 商品の一定単位当たりの値段。
啖呵《たんか》 威勢のある歯切れのよい言葉。

短歌《たんか》 三十一音からなる和歌の一形式。
譚歌《たんか》 物語風の歌曲。バラード。
檀家《だんか》 布施で寺の財政を助ける家。
団塊《だんかい》 かたまり。「—の世代」
段階《だんかい》 順序。等級。区切り。一過程。
断崖《だんがい》 切り立った険しいがけ。「—絶壁」
弾劾《だんがい》 罪や不正を調べ出し訴えること。
単眼《たんがん》 昆虫などの単純構造の小さな目。
嘆願《たんがん》 【歎願】切に願うこと。「—書」
弾丸《だんがん》 鉄砲の弾。速いもののたとえ。
弾丸黒子《だんがんこくし》 極めて狭い土地。
断簡零墨《だんかんれいぼく》 文書や筆跡の断片。
単騎《たんき》 馬に乗ってただ一人で行くこと。
短気《たんき》 気みじか。せっかち。⇔気長
短期《たんき》 短い時期・期間。「—国債」⇔長期

暖気《だんき》 暖かい気候・気温。暖かみ。
談義《だんぎ》 解説して示す・聞かせること。
探求《たんきゅう》 探し求める。探索。「原因の—」
探究《たんきゅう》 本質を探り見極める。「心理の—」
段丘《だんきゅう》 沿岸に見られる階段状の地形。
鍛金《たんきん》 金属を打ち鍛えて物を作る技法。
弾琴《だんきん》 琴をひくこと。
短軀《たんく》 背丈が低いこと。⇔長軀
短靴《たんぐつ》 くるぶしくらいまでの浅い靴。
端倪《たんげい》 事の本末。推測すること。
団結《だんけつ》 人々が力をあわせ結びつくこと。
探検《たんけん》 【探険】危険を冒し実地に調べる。
短見《たんけん》 浅はかな考え。目先の判断。
短剣《たんけん》 短い剣。あいくち。⇔長剣
単元《たんげん》 学習における教材の一区分。

断言《だんげん》 断定して言うこと。言いきる。
単語《たんご》 言語の最小単位。「英—」
端午《たんご》 陰暦五月五日の男子の節句。夏
断固《だんこ》 【断乎】強い意志で押し切るさま。
団子《だんご》 穀物の粉をこね丸めた和菓子。
炭坑《たんこう》 石炭を掘り出す穴。石炭坑。
炭鉱《たんこう》 石炭を採掘している鉱山。
断交《だんこう》 交際をやめること。国交の断絶。
断行《だんこう》 押しきって行うこと。「熟慮—」
談合《だんごう》 話し合い。相談。「—入札」
単行本《たんこうぼん》 単独に刊行する本。
弾痕《だんこん》 大砲・銃の弾丸の当たったあと。
探査《たんさ》 探り調べること。「—機」
端座《たんざ》 正しい姿勢できちんと座ること。
段差《だんさ》 道路上などの高低のずれ。

淡彩《たんさい》 あっさりした彩色。「—画」
断裁《だんさい》 紙・布をたち切ること。裁断。
断罪《だんざい》 罪を裁くこと。打ち首の刑。
探索《たんさく》 探したずねること。探り求める。
短冊《たんざく》 【短尺】和歌などを書く細長い紙。
炭酸《たんさん》 二酸化炭素が水溶した弱い酸。
短詩《たんし》 短い詩。短い形式の詩。⇔長詩
端子《たんし》 電気機器接続用の金具。
弾糸《だんし》 箏《そう》・琴などを弾くこと。
弾指《だんし》 ごくわずかな時間。つまはじき。
男児《だんじ》 男の子。男子。「日本—」⇔女児
断食《だんじき》 一定期間食物を食べないこと。
短日《たんじつ》 冬の、昼間の短いこと。冬
断《だん》じて 必ず。決して。どうしても。
単車《たんしゃ》 オートバイ。

男爵《だんしゃく》 爵位の第五位。
断酒《だんしゅ》 飲酒を断つこと。禁酒。
胆汁《たんじゅう》 肝臓から分泌する消化液。
短銃《たんじゅう》 ピストル。けん銃。
短縮《たんしゅく》 時間などを短く縮める。⇔延長
単純《たんじゅん》 簡単。混じりものがない。「―音」
短所《たんしょ》 劣っている点。欠点。⇔長所
端緒《たんしょ》 手掛かり。糸口。たんちょ。
探勝《たんしょう》 景勝地を訪ねること。
短小《たんしょう》 短くて小さいさま。⇔長大
嘆賞《たんしょう》 【歎賞・嘆称】感心してほめる。
誕生《たんじょう》 生まれること。新しくできる。
断章《だんしょう》 文章の断片。詩文の一部分。
談笑《だんしょう》 打ちとけて楽しく話し合うこと。
壇上《だんじょう》 演壇・教壇・祭壇などの上。

単色《たんしょく》 単一の色。七原色の個々の色。
暖色《だんしょく》 暖かさを感じる色。⇔寒色
嘆じる《たんじる》 【歎じる】憂い悲しむ。
弾じる《だんじる》 弦楽器を奏でる。弾劾する。
談じる《だんじる》 話す。かけあう。相談する。
単身《たんしん》 ただ独り。単独。「―赴任」
短身《たんしん》 背が低いこと。短軀《たんく》。⇔長身
短信《たんしん》 短い便り。小さな短いニュース。
短針《たんしん》 時計の針で、短い方。⇔長針
箪笥《たんす》 ものを整理・保存する収納家具。
淡水《たんすい》 塩分を含まない水。真水。「―湖」
断水《だんすい》 水道・給水が止まること。
炭水化物《たんすいかぶつ》 糖類などの総称。
単数《たんすう》 数が一つのこと。⇔複数
丹誠《たんせい》 真心。赤心。「―込めた贈り物」

丹精《たんせい》 【丹誠】心を込め行う。「―した画」
嘆声《たんせい》 【歎声】嘆く声。感心の声。
端正《たんせい》 【端整】美しく整っているさま。
男性《だんせい》 おとこ。一般に成年の男子。
弾性《だんせい》 変形したものがもとに戻る性質。
旦夕《たんせき》 朝夕。常々。今晩か明朝か。
胆石《たんせき》 胆のうや胆管にできる結石。
嘆惜《たんせき》 【歎惜】嘆き惜しむこと。
断絶《だんぜつ》 とだえること。切れる。絶える。
単線《たんせん》 一本の線。単線軌道。⇔複線
短箋《たんせん》 短い料紙。簡単な手紙。
丹前《たんぜん》 広袖で綿が入った防寒用の和服。
湛然《たんぜん》 静かで動かないさま。静寂。
端然《たんぜん》 姿勢などがきちんと整ったさま。
断然《だんぜん》 きっぱりと。ずばぬけて。

炭素《たんそ》 非金属元素の一つ。カーボン。
嘆訴《たんそ》 【歎訴】嘆き訴えること。
鍛造《たんぞう》 金属を鍛えものを造ること。
男装《だんそう》 女性が男性の身なりをすること。
断想《だんそう》 折々に浮かんだ断片的な考え。
断層《だんそう》 地層がずれること。食い違い。
弾奏《だんそう》 弦楽器を弾き奏でること。
弾倉《だんそう》 連発銃で弾丸を込めておく部分。
探測《たんそく》 気象現象などを観測すること。
嘆息《たんそく》 【歎息】嘆いてため息をつくこと。
断続《だんぞく》 切れたり続いたりすること。
単体《たんたい》 ただ一種の元素からなる物質。
団体《だんたい》 共通の目的をもつ人の集団。
胆大心小《たんだいしんしょう》 大胆で細心なさま。
坦坦《たんたん》 平らなさま。平穏無事にすぎる。

眈眈《たんたん》 鋭い目でねらうこと。「虎視―」
淡淡《たんたん》 あっさりしたさま。「―と語る」
段段《だんだん》 階段状。「―畑」次第に。
探知《たんち》 探り知ること。「―機」「逆―」
団地《だんち》 住宅や工場を集合させた地区。
段違い《だんちがい》 格段に差があること。
弾着《だんちゃく》 弾丸が的に達すること。「―点」
単調《たんちょう》 単一な調子で変化がないこと。
探鳥《たんちょう》 野山で野鳥を観察・観賞する。
短調《たんちょう》 短音階でつくられた曲の調子。
団長《だんちょう》 団の長。集団の代表者。「応援―」
断腸《だんちょう》 非常な悲しみや辛さ。「―の思い」
探偵《たんてい》 事情をこっそり探ること・人。
断定《だんてい》 きっぱりと判断を下すこと。
端的《たんてき》 率直。明白。てっとり早いさま。

耽溺《たんでき》 酒や女にふけりおぼれること。
丹田《たんでん》 へその下のあたり。「臍下《せいか》―」
炭田《たんでん》 多量の石炭が採掘される地域。
檀徒《だんと》 寺の信徒。檀家の人々。
担当《たんとう》 受け持つこと。受け持つ人。
短刀《たんとう》 短い刀。あいくち。⇔長刀
弾頭《だんとう》 弾薬を装着した砲弾の先端部分。
暖冬《だんとう》 例年に比べて暖かい冬。「―異変」
弾道《だんどう》 発射した弾丸の進む道筋。
断頭台《だんとうだい》 首切り台。ギロチン。
単刀直入《たんとうちょくにゅう》 即用件に入るさま。
単独《たんどく》 ただ一つ。ただ一人。「―行動」
耽読《たんどく》 夢中になり読みふけること。
段取り《だんどり》◀ 手順。心構え。順序。
旦那《だんな》 【檀那】主人。夫。檀家。施主。

単《たん》に　ただ。ひとえに。「—に行くだけ」
担任《たんにん》　担当。クラスを受け持つ・先生。
断熱《だんねつ》　熱が伝わらないようにすること。
丹念《たんねん》　誠意をもって念入りにするさま。
断念《だんねん》　きっぱりとあきらめること。
堪能《たんのう》　習熟している。十分満足する。
短波《たんぱ》　波長の短い電波。「—放送」
探梅《たんばい》　梅花を探し見て回ること。图
淡泊《たんぱく》　【淡白】あっさりしていること。
蛋白質《たんぱくしつ》　生物細胞の主要物質。
単発《たんぱつ》　一発ずつの発射。⇔連発
短髪《たんぱつ》　短い髪。短い髪形。⇔長髪
断髪《だんぱつ》　髪を切ること。女性の短い髪形。
談判《だんぱん》　かけあうこと。交渉すること。
耽美《たんび》　美に浸り陶酔すること。「—主義」

短評《たんぴょう》　短い批評。寸評。簡単な批評。
単品《たんぴん》　一種類の品物。一個の品物。
単文《たんぶん》　主述関係が一つの文。⇔複文
短文《たんぶん》　短い文。ごく簡単な文。⇔長文
短兵急《たんぺいきゅう》　だしぬけなさま。いきなり。
短編《たんぺん》　小説などの短い作品。⇔長編
断片《だんぺん》　切れ端。一部分。「—的」
田圃《たんぼ》　田になっている土地。水田。
担保《たんぽ》　債務を保証する提供品。抵当。
探訪《たんぼう》　実地に出向いて調べること。
暖房《だんぼう》　屋内・室内を暖める・もの。图
段幕《だんまく》　布を横に何段も縫いあわせた幕。
弾幕《だんまく》　横一列になって行う一斉射撃。
断末魔《だんまつま》　【断末摩】臨終。臨終の苦しみ。
旦明《たんめい》　明け方。夜明け。



短命《たんめい》　短い命。若くして死ぬ。⇔長命
断面《だんめん》　切り口の面。物事のある一面。
反物《たんもの》　一反に仕上げた織物。呉服。
弾薬《だんやく》　弾丸と火薬。「—庫」
男優《だんゆう》　男の俳優。「主演—」⇔女優
短絡《たんらく》　物事を性急に結びつけること。
段落《だんらく》　文章中の段。物事の区切り。
団欒《だんらん》　集まって和やかに楽しみ過ごす。
単利《たんり》　元金だけに対する利子。⇔複利
暖流《だんりゅう》　熱帯から流れる高温な海流。
短慮《たんりょ》　浅はかな考え。短気。「—軽率」
胆力《たんりょく》　ものおじしない精神力。度胸。
弾力《だんりょく》　はね返す力。もとに戻る力。
端麗《たんれい》　整っていて美しいさま。「容姿—」
鍛錬《たんれん》　【鍛練】金属を鍛える。修行する。

暖炉《だんろ》　【煖炉】火をたいて暖める炉。图
談論風発《だんろんふうはつ》　盛んに議論する。
暖和《だんわ》　気候が暖かく穏やかなさま。
談話《だんわ》　話すこと。会話。非公式な意見。

## ち

血《ち》　血液。血筋。「—が騒ぐ」「—を引く」
知《ち》　知恵。知性。「—をめぐらす」
血合《ちあ》い◀　魚肉の血の多い赤黒い部分。
治安《ちあん》　国・社会の秩序が保たれた状態。
地位《ちい》　社会や組織での立場。身分。
地異《ちい》　地震や洪水などの地上での異変。
地域《ちいき》　土地の区域。区画された土地。
知育《ちいく》　知能・知識を向上させる教育。
知恵《ちえ》　正しい判断をして処理する能力。

知恵袋《ちえぶくろ》　あらゆる知恵。知恵者。
地縁《ちえん》　同じ地域に住むことで生じる縁。
遅延《ちえん》　予定より遅れる。長引くこと。
地温《ちおん》　地面または地中の温度。
地下《ちか》　地面の下。表立たない所。
地価《ちか》　土地の売買価格。「—の高騰」
治下《ちか》　政権や国家の支配・統治下。
近《ちか》い　隔たりが少ない。親しい。⇔遠い
地階《ちかい》　建築物で、地下に作られた階。
知解《ちかい》　知識の力によって悟ること。
治外法権《ちがいほうけん》　外国人が滞在国の法律や裁判権の支配を免れる権利。
誓《ちか》う　かたく約束する。誓約する。
違《ちが》う　同じでない。誤る。外れる。
地核《ちかく》　地球の中心部。コア。

地殻《ちかく》　地球の表層部分。「—変動」
知覚《ちかく》　感覚器官で判別・意識すること。
地学《ちがく》　地球に関する自然科学の総称。
地下茎《ちかけい》　地中にある植物の茎。
近頃《ちかごろ》　このごろ。最近。昨今。
近近《ちかぢか》　ごく近い将来。もうすぐ。
近付《ちかづ》く　近くへ寄る。期日が迫る。
地下鉄《ちかてつ》　地下に敷いた鉄道。
近場《ちかば》　近い所。近所。近間。
近道《ちかみち》　距離の近い道。早くできる方法。
近寄《ちかよ》る　接近する。⇔遠ざかる
力《ちから》　体力。能力。変化を来す作用。
力一杯《ちからいっぱい》　力の限り。精一杯。
力瘤《ちからこぶ》　二の腕にできる筋肉の隆起。
力尽《ちからず》く　力を出し尽す。強引に行う。

力添《ちからぞ》え　助けること。加勢。援助。
力試《ちからだめ》し　力量を試すこと。
力強《ちからづよ》い　力があふれている。心強い。
力任《ちからまか》せ　加減せずに力の限り行う。
力負《ちからま》け　力の入れ間違いで負ける。
力業《ちからわざ》　力仕事。力を頼りに行う業。
置換《ちかん》　位置や順序を置きかえること。
痴漢《ちかん》　女性にみだらな行為をする男。
知己《ちき》　親友。知人。「十年来の―」
稚気《ちき》　子どもっぽい様子。幼稚な気風。
遅疑《ちぎ》　疑い迷ってすぐに決行しない。
地球《ちきゅう》　人類が住む太陽系の第三惑星。
稚魚《ちぎょ》　生まれて間もない魚。⇔成魚
地峡《ちきょう》　二つの陸地をつなぐ狭い陸地。
地境《ちきょう》　土地・領地の境。じざかい。

契《ちぎ》る　かたく約束する。情交する。
千切《ちぎ》る　指先で細かく裂く。
地区《ちく》　指定された特定の地域。「風致―」
逐一《ちくいち》　一つ一つ順を追って。何もかも。
知遇《ちぐう》　認められて手厚く待遇される。
蓄音機《ちくおんき》　レコードを再生する装置。
逐語《ちくご》　一語一語の意義を忠実にたどる。
千草《ちぐさ》　種々の草。多くの草。
蓄財《ちくざい》　金銭や財産を蓄えること。貯財。
畜産《ちくさん》　家畜を飼育し生活に利用する。
逐次《ちくじ》　次々。順を追って。順次。
畜舎《ちくしゃ》　家畜を飼育する小屋。
畜生《ちくしょう》　獣。ののしりの言葉。「あん―」
築城《ちくじょう》　城を築くこと。
蓄積《ちくせき》　蓄えていること。たまること。

築造《ちくぞう》　ダム・堤防・城などを築くこと。
逐電《ちくでん》　逃げて姿をくらますこと。出奔。
蓄電《ちくでん》　電気を蓄えること。「―器」
乳首《ちくび》　乳房の先の部位。乳頭。
竹林《ちくりん》　竹やぶ。竹の林。「―の七賢」
畜類《ちくるい》　家畜。けだもの。畜生。
竹輪《ちくわ》　筒形の、魚肉の練り食品。
地形《ちけい》　地表の高低や起伏の状態。「―図」
血煙《ちけむり》　飛び散る多量の血。
地検《ちけん》　「地方検察庁」の略語。
知見《ちけん》　見て知ること。知識による見解。
知言《ちげん》　道理にかなったもっともな言葉。
稚児《ちご》　幼児。着飾って祭礼に出る子。
地溝《ちこう》　断層の間にある細長いくぼ地。
遅効《ちこう》　ゆっくり効くこと。⇔速効

知行合一《ちこうごういつ》　知識と実行の一致。
遅刻《ちこく》　定められた時間に遅れること。
恥骨《ちこつ》　外陰部のすぐ上にある骨盤。
治山《ちさん》　植林などにより山を整えること。
治産《ちさん》　財産の管理・処分。
遅参《ちさん》　遅れてやってくること。遅刻。
地誌《ちし》　地域の地理的現象を記した本。
致死《ちし》　死なすこと。「過失―」「―量」
知事《ちじ》　都道府県を代表する長。役僧。
血潮《ちしお》　【血汐】ほとばしり出る血。熱情。
知識《ちしき》　知って理解している事柄。「―欲」
地軸《ちじく》　南北に貫く地球の自転軸。
地質《ちしつ》　地層の状態や土地の性質。「―学」
知悉《ちしつ》　知り尽くすこと。精通。
遅日《ちじつ》　日暮れが遅い春の日。[春]

知者《ちしゃ》　知恵のある人。賢人。もの知り。
知将《ちしょう》　知恵があり作戦の巧みな大将。
地上《ちじょう》　地面の上。この世。現世。
痴情《ちじょう》　色情に動かされる心。「―関係」
恥辱《ちじょく》　はじ。はずかしめ。屈辱。
知人《ちじん》　知っている人。知り合い。知己。
地図《ちず》　地表の状況を縮尺し現された図。
治水《ちすい》　水流・水路を整備し利便を図る。
血筋《ちすじ》　血のつながり。血縁者。血統。
地勢《ちせい》　土地のありさま。地形の状態。
治世《ちせい》　太平の世。国を治めること。
知性《ちせい》　物事を考え判断する能力。「―的」
地積《ちせき》　土地の面積。
治績《ちせき》　政治上の功績。国を治めた実績。
稚拙《ちせつ》　子どもじみてつたない。⇔老巧

地層《ちそう》　土砂・泥などが積み重なった層。
遅速《ちそく》　遅いか速いか。「―を競う」
地帯《ちたい》　特徴をもつ一定の地域・場所。
遅滞《ちたい》　期日に遅れる。遅くなり滞る。
痴態《ちたい》　愚かなふるまいや態度。
地代《ちだい》　借地料。土地の価格。地価。
遅遅《ちち》　進行が遅い。「―として進まず」
千千《ちぢ》　数が非常に多いこと。さまざま。
乳臭《ちちくさ》い　幼い。幼稚な。未熟な。
縮《ちぢ》む　小さくなる。低く（短く）なる。
地中《ちちゅう》　土の中。地下。
縮《ちぢ》れる　うねるなどしてちぢむ。
蟄居《ちっきょ》　閉じこもって外出しないこと。
秩序《ちつじょ》　物事の正しい順序・決まり。
窒素《ちっそ》　無色無臭の、気体元素の一つ。

窒息《ちっそく》 呼吸ができなくなること。「—死」
地底《ちてい》 大地の底。地面のずっと下の方。
知的《ちてき》 知識に関するさま。知性が豊か。
地点《ちてん》 地上の一か所。一定の場所。
知徳《ちとく》 知識と道徳。学識と人格。
千鳥足《ちどりあし》 酒に酔った人の足つき。
遅鈍《ちどん》 のろくて鈍いこと。⇔鋭敏
血腥《ちなまぐさ》い 血のにおいがする。「—事件」
因《ちな》みに◀ ついでに。関連して言うなら。
因《ちな》む 関係・関連する。「名は生地に—」
知日《ちにち》 外国人が日本に詳しい。「—家」
知能《ちのう》 頭の働き。判断能力。「—指数」
血《ち》の気《け》 肌の血色・赤み。血気。
乳飲《ちの》み児《ご》◀ 【乳吞子】乳児。赤ん坊。
血糊《ちのり》 乾ききらずにねばねばする血。

地《ち》の利《り》 場所や地形で有利なこと。
遅配《ちはい》 配給や配達などが遅れること。
血走《ちばし》る 目が充血して赤くなる。
遅筆《ちひつ》 文章を書くのが遅い。⇔速筆
地表《ちひょう》 地球や土地の表面。
禿《ち》びる 先がすりへる。すり切れる。
千尋《ちひろ》 限りなく高い・深いこと。
恥部《ちぶ》 陰部。恥ずべき点。「日本の—」
乳房《ちぶさ》 女性の、胸の乳を分泌する器官。
地平線《ちへいせん》 空と地の境界線。
血反吐《ちへど》 血が混じったへど。
地変《ちへん》 地震・噴火などの土地の異変。
地歩《ちほ》 自分のいる地位・立場。地盤。
地方《ちほう》 一定の地域。首都以外の地域。
知謀《ちぼう》 巧みなはかりごと。上手な作戦。

粽《ちまき》 ササの葉に包んだ蒸しもち。[夏]
巷《ちまた》 街路。まちなか。世間。「—の声」
血祭《ちまつ》り◀ 敵を殺し気勢を上げること。
血眼《ちまなこ》 血走った目。夢中になるさま。
血塗《ちまみ》れ 血だらけ。血みどろ。
血迷《ちまよ》う 興奮・逆上して理性を失う。
地味《ちみ》 地質の善し悪し。土地の生産力。
血道《ちみち》 血管。血脈。異性に夢中になる。
緻密《ちみつ》 きめが細かい。細かく詳しい。
魑魅魍魎《ちみもうりょう》 さまざまな妖怪。
地名《ちめい》 土地の名称・呼び名。
知名《ちめい》 世間に名が知れていること。
致命傷《ちめいしょう》 命取りの傷。大打撃。
地目《ちもく》 田・畑など用途別の土地の名称。
茶《ちゃ》 葉をこす飲料。茶道。茶色。

茶請《ちゃう》け◀ 茶に添える菓子。茶菓子。
茶会《ちゃかい》 茶の湯の会。さかい。
茶化《ちゃか》す 冗談にする。からかう。
茶釜《ちゃがま》 茶の湯に使う湯沸かし釜。
茶殻《ちゃがら》 茶を入れたあとの残りかす。
茶器《ちゃき》 茶の湯に使う道具。茶入れ。
茶巾《ちゃきん》 茶の湯で、茶わんをぬぐう布。
着衣《ちゃくい》 衣服を着ること。着ている衣服。
着眼《ちゃくがん》 着目すること。目のつけどころ。
嫡子《ちゃくし》 正妻の子。あと継ぎ。⇔庶子
着実《ちゃくじつ》 落ち着いて確実に行うさま。
着手《ちゃくしゅ》 取りかかること。手をつけること。
嫡出《ちゃくしゅつ》 正妻から生まれること。⇔庶出
着色《ちゃくしょく》 色をつけること。色づけ。「—剤」
着水《ちゃくすい》 水面に降りること。⇔離水

着席《ちゃくせき》 席につくこと。席に座ること。
着想《ちゃくそう》 思いつき。糸口となる考え。
着脱《ちゃくだつ》 取りつけたり外したりすること。
着地《ちゃくち》 地面に降り立つこと。着陸。
着着《ちゃくちゃく》 順を追って、はかどるさま。
嫡男《ちゃくなん》 嫡出の男子。正妻が産んだ長男。
着任《ちゃくにん》 任地に到着する。職務に就くこと。
着服《ちゃくふく》 こっそり自分のものにすること。
着目《ちゃくもく》 目をつけること。着眼。
着用《ちゃくよう》 衣服などを身につけること。
着陸《ちゃくりく》 空から地上に降り着く。⇔離陸
嫡流《ちゃくりゅう》 本家の系統。⇔庶流
茶室《ちゃしつ》 茶会を催す部屋。数寄屋。
茶渋《ちゃしぶ》 茶わんなどについた茶のあか。
茶杓《ちゃしゃく》 抹茶をすくうさじ。茶びしゃく。

茶人《ちゃじん》 茶道に通じた人。風流人。さじん。
茶席《ちゃせき》 茶会をもよおす席。茶会。茶室。
茶筅《ちゃせん》 抹茶をたてる際に使う道具の一。
茶托《ちゃたく》 茶わんをのせる小さな皿状の台。
茶簞笥《ちゃだんす》 茶器や食器の収納家具。
茶茶《ちゃちゃ》 妨害。邪魔。「—を入れる」
着火《ちゃっか》 火をつけること。火がつくこと。
着荷《ちゃっか》 荷物が到着すること、その荷物。
茶漬《ちゃづ》け◀ 熱い茶を飯にかけた食べ物。
着工《ちゃっこう》 工事に着手すること。⇔竣工
茶摘《ちゃつ》み◀ 茶の若葉を摘み取る。[春]
茶《ちゃ》の間《ま》 食事などをする部屋。居間。
茶《ちゃ》の湯《ゆ》 茶をたてる作法。茶道。
茶柱《ちゃばしら》 湯茶の中に立って浮かぶ茶の茎。
茶番《ちゃばん》 「茶番狂言」の略。ふざけた行為。

卓袱台《ちゃぶだい》 脚付きの低い食卓。
茶店《ちゃみせ》 茶や菓子を売り休息させる店。
茶目《ちゃめ》 ふざけること。いたずらっぽい。
茶屋《ちゃや》 製茶を売る店。茶店。色茶屋。
茶碗《ちゃわん》 茶や飯を入れる器。「湯飲み―」
治癒《ちゆ》 病気やけがが治ること。全快。
宙《ちゅう》 空。空中。暗記。「―に浮く」
忠《ちゅう》 忠実。忠義。忠誠。「―を尽くす」
注《ちゅう》 【註】本文中の語句などの説明。
知友《ちゆう》 心のよく通じ合った友人。知己。
知勇《ちゆう》 【智勇】知恵と勇気。「―兼備」
注意《ちゅうい》 気を配ること。用心。忠告。
中央《ちゅうおう》 まんなか。中心。首府。「―集権」
中華《ちゅうか》 中国。漢民族が呼んだ自国の称。
仲夏《ちゅうか》 陰暦五月の異称。夏の半ば。〔夏〕

鋳貨《ちゅうか》 貨幣を鋳造すること、その貨幣。
仲介《ちゅうかい》 取りもつこと。なかだち。「―者」
注解《ちゅうかい》 【註解】注をつけ説明すること。
中外《ちゅうがい》 内部と外部。国内と国外。
虫害《ちゅうがい》 農作物や樹木の、虫による被害。
宙返《ちゅうがえ》り 空中で回転すること。
中核《ちゅうかく》 重要な部分。中心。核心。
中間《ちゅうかん》 二つのものの間。中ほど。途中。
忠肝《ちゅうかん》義胆《ぎたん》 忠義一途の心。
注記《ちゅうき》 【註記】注をつけること、その注。
忠義《ちゅうぎ》 君主に真心を尽くすこと。忠節。
忠勤《ちゅうきん》 忠実に働き勤めること。「―人」
鋳金《ちゅうきん》 金属を溶かし鋳型で器をつくる。
中空《ちゅうくう》 空の中ほど。内部が空なこと。
中継《ちゅうけい》 中間で受け継ぐ。「中継放送」の略。

中堅《ちゅうけん》 組織・集団の中心になる人。
忠犬《ちゅうけん》 主人のためによく尽くす犬。
中元《ちゅうげん》 七月十五日頃の進物。〔秋〕
忠言《ちゅうげん》 真心からいさめる言葉。忠告。
中古《ちゅうこ》 新品でないもの。中古品。「―車」
中興《ちゅうこう》 いったん衰えたものを盛り返す。
忠告《ちゅうこく》 真心をもっていさめさとすこと。
中国《ちゅうごく》 中華人民共和国。日本で中国地方。
中腰《ちゅうごし》 腰を半分浮かせた姿勢。
中座《ちゅうざ》 会合などの途中で席を外すこと。
仲裁《ちゅうさい》 両者の間に入って和解させる。
駐在《ちゅうざい》 派遣された地にとどまる。「―人」
中産階級《ちゅうさんかいきゅう》 財産の所有程度が有産階級と無産階級の中間にいる層。
中止《ちゅうし》 中途でやめること。取りやめる。

注視《ちゅうし》 注意してじっと見ること。注目。
中耳《ちゅうじ》 聴覚器官の一部。「―炎」
中軸《ちゅうじく》 中央を貫く軸。中心となる人。
忠実《ちゅうじつ》 まじめに仕える。ありのまま。
注射《ちゅうしゃ》 薬液を針で体内に注入すること。
駐車《ちゅうしゃ》 車をとめておくこと。「―禁止」
注釈《ちゅうしゃく》 【註釈】本文の解説。注解。「―書」
中秋《ちゅうしゅう》 陰暦八月十五日。「―の名月」〔秋〕
仲秋《ちゅうしゅう》 陰暦八月の異称。秋の半ば。盛秋。
抽出《ちゅうしゅつ》 抜き出すこと。引き出すこと。
仲春《ちゅうしゅん》 陰暦二月の異称。春の半ば。〔春〕
中旬《ちゅうじゅん》 月の十一日から二十日まで。
中傷《ちゅうしょう》 根拠のない悪口で人を傷つける。
抽象《ちゅうしょう》 個から一般化した概念をつくる。
衷情《ちゅうじょう》 うそ偽りのない心。「―を訴える」

昼食《ちゅうしょく》 昼の食事。昼めし。ランチ。
中心《ちゅうしん》 真ん中。最も重要な位置。重心。
中震《ちゅうしん》 震度4の地震。
忠信《ちゅうしん》 誠実でいつわりのないこと。
注進《ちゅうしん》 事件を急いで報告すること。
衷心《ちゅうしん》 本当の気持ち。真心。心底。
虫垂《ちゅうすい》 盲腸の下の細長い突起。「―炎」
中枢《ちゅうすう》 中心となる大事な所。「国家の―」
誅《ちゅう》する 罪あるものを殺す。成敗する。
中世《ちゅうせい》 中世紀。鎌倉・室町時代。
中正《ちゅうせい》 偏らないで公平なこと。中庸。
中性《ちゅうせい》 中間の性質。「―紙」「―洗剤」
忠誠《ちゅうせい》 忠実で正直な心。忠義な心。
中背《ちゅうぜい》 中ぐらいの身長。「中肉―」
忠節《ちゅうせつ》 主君への忠義を貫くこと。

中絶《ちゅうぜつ》 中途でやめること。妊娠中絶。
抽選《ちゅうせん》 【抽籤】くじを引く。くじ引き。
注疏《ちゅうそ》 【註疏】(本文の)詳解や注釈。
鋳造《ちゅうぞう》 金属を溶かし鋳型で成形する。
中退《ちゅうたい》 「中途退学」の略。
紐帯《ちゅうたい》 二つのものを結びつけるもの。
中断《ちゅうだん》 中途で切る。中途でとだえる。
躊躇《ちゅうちょ》 ためらうこと。決行に迷うこと。
宙吊《ちゅうづ》り◀ 空中にぶらさがった状態。
中天《ちゅうてん》 天の真ん中。中心。中空。
中途《ちゅうと》 道中の中ほど。途中。「―半端」
中道《ちゅうどう》 偏らず穏当なこと。「―路線」
中毒《ちゅうどく》 毒素による機能障害。「ガス―」
駐屯《ちゅうとん》 軍隊がある地にとどまる。「―地」
中日《ちゅうにち》 彼岸のなかび。春分・秋分の日。

**注入**《ちゅうにゅう》 注ぎ入れること。つぎ込むこと。
**中年**《ちゅうねん》 青年と老年の間の年頃。「―太り」
**虫媒花**《ちゅうばいか》 昆虫の媒介で受粉する花。
**中盤**《ちゅうばん》 中ほどまで進んだ時期・局面。
**中風**《ちゅうぶう》 脳卒中発作のあとのまひ症状。
**中腹**《ちゅうふく》 山の頂上とふもとの中間。山腹。
**厨房**《ちゅうぼう》 台所。調理場。
**忠僕**《ちゅうぼく》 忠実なしもべ。忠実な家来。
**稠密**《ちゅうみつ》 一か所に多く集まっていること。
**誅滅**《ちゅうめつ》 罪ある者を討ち滅ぼすこと。
**注目**《ちゅうもく》 注意して・関心をもって見る。
**注文**《ちゅうもん》 【註文】依頼。希望。期待。条件。
**昼夜**《ちゅうや》 昼と夜。日夜。いつも。「―兼行」
**注油**《ちゅうゆ》 機械などに油をさすこと。
**忠勇**《ちゅうゆう》 忠義で勇気のあるさま。

**中庸**《ちゅうよう》 偏らずほどよいこと。凡庸。
**中葉**《ちゅうよう》 時代の中頃の一時期。中期。
**中立**《ちゅうりつ》 間に立ちどちらにも味方しない。
**中略**《ちゅうりゃく》 文章などの中間を省くこと。
**中流**《ちゅうりゅう》 川の流れの中ほど。中位の階層。
**駐留**《ちゅうりゅう》 軍隊が長期間滞在すること。
**駐輪**《ちゅうりん》 自転車やバイクをとめること。
**中和**《ちゅうわ》 異質のものが融合し特性を失う。
**著**《ちょ》 書物を著す。書物。著作。明らか。
**千代**《ちよ》 千年。非常に長い年月。
**兆**《ちょう》 きざし。一億の一万倍の数。
**長**《ちょう》 おさ。かしら。年長。長所。
**腸**《ちょう》 胃の下に続く、消化器の一つ。
**寵愛**《ちょうあい》 特別に目を掛けかわいがること。
**帳合い**《ちょうあい》◀ 現金・商品・帳簿の照合。

**懲悪**《ちょうあく》 悪を懲らしめること。「勧善―」
**弔意**《ちょうい》 死を悼み悲しむ気持ち。
**弔慰**《ちょうい》 死者を弔い遺族を慰める。「―金」
**潮位**《ちょうい》 基準面からの海面の高さ。
**調印**《ちょういん》 条約・文書に署名押印すること。
**朝雲暮雨**《ちょううんぼう》 男女の契り。情交。
**懲役**《ちょうえき》 監獄に拘置して労役を科す刑。
**超越**《ちょうえつ》 程度がはるかにこえること。
**寵恩**《ちょうおん》 慈しみの厚い恩。寵愛の恩。
**超音波**《ちょうおんぱ》 耳に聞こえない高周波音波。
**弔花**《ちょうか》 人の死を悼んで贈る花。花輪。
**弔歌**《ちょうか》 人の死を悲しむ歌。挽歌《ばんか》。
**町家**《ちょうか》 町の中の家。商人の家。
**長歌**《ちょうか》 和歌の形式の一。
**釣果**《ちょうか》 釣りの成果。釣りの成績。

**超過**《ちょうか》 一定の程度・数をすぎること。
**町会**《ちょうかい》 町内の議決機関。町内会。
**懲戒**《ちょうかい》 不正・不当な行為に対する制裁。
**聴覚**《ちょうかく》 音を感じる感覚。「―中枢」「―器」
**長官**《ちょうかん》 官庁で、その官の最高の人。
**鳥瞰**《ちょうかん》 高所から見下ろすこと。「―図」
**朝刊**《ちょうかん》 日刊で朝発行する新聞。⬍夕刊
**弔旗**《ちょうき》 弔意を表して掲げる旗。半旗。
**長期**《ちょうき》 期間が長いこと。「―休暇」⬍短期
**長久**《ちょうきゅう》 長く続くさま。永久。「武運―」
**調教**《ちょうきょう》 ウマ・イヌなどを訓練すること。
**長距離**《ちょうきょり》 距離が長いこと。「―電話」
**彫金**《ちょうきん》 たがねで金属に彫刻する技法。
**長駆**《ちょうく》 長い距離を一気に走ること。
**長軀**《ちょうく》 背が高いこと。長身。「瘦身《そうしん》―」

**寵遇**《ちょうぐう》 慈しみ。深いもてなし。
**長兄**《ちょうけい》 一番上の兄。⬍末弟
**帳消し**《ちょうけし》 貸借の消滅。棒引き。
**兆候**《ちょうこう》 【徴候】ものの起こるきざし。
**長考**《ちょうこう》 長時間かけて考える。⬍少考
**長講**《ちょうこう》 長い講演。長い講談。「―一席」
**彫工**《ちょうこう》 彫刻。彫刻作品。彫刻師。彫物師。
**朝貢**《ちょうこう》 外国の使いが貢ぎ物を奉ること。
**聴講**《ちょうこう》 講義を聴くこと。「―生」
**調合**《ちょうごう》 薬剤などを数種類まぜあわせる。
**長広舌**《ちょうこうぜつ》 長々としゃべり続けること。
**彫刻**《ちょうこく》 木石や金属に図や像を刻むこと。
**超克**《ちょうこく》 困難を乗り越え打ちかつこと。
**調査**《ちょうさ》 事柄を調べただすこと。「国勢―」
**長座**《ちょうざ》 人を訪ねて長居すること。

**調剤**《ちょうざい》 薬を調合すること。「―師」
**朝三暮四**《ちょうさんぼし》 目先にとらわれる。
**張三李四**《ちょうさんりし》 ごく普通の人々。
**銚子**《ちょうし》 酒を入れ盃につぐ器。徳利。
**調子**《ちょうし》 音調。拍子。語調。具合。「本―」
**弔事**《ちょうじ》 おくやみごと。不幸。⬍慶事
**弔辞**《ちょうじ》 弔いの言葉。弔文。弔詞。
**寵児**《ちょうじ》 愛《いと》し子。もてはやされる人。
**庁舎**《ちょうしゃ》 官公庁の建物。役所の建物。
**長者**《ちょうじゃ》 金持ち。富豪。「―番付」
**聴取**《ちょうしゅ》 聞き取ること。「事情―」
**長寿**《ちょうじゅ》 寿命が長いこと。長生き。「不老―」
**徴収**《ちょうしゅう》 税・お金を取り立てる。⬍納入
**徴集**《ちょうしゅう》 呼び集めること。招集。徴発。

- 会費を徴収する
- 会員を徴集する

聴衆《ちょうしゅう》　演奏・講演などを聞きにきた人。
鳥獣《ちょうじゅう》　鳥やけだもの。「―保護区」
長所《ちょうしょ》　優れている面。美点。⇔短所
調書《ちょうしょ》　調査事項を記した文書。
長女《ちょうじょ》　最初に生まれた娘。⇔長男
嘲笑《ちょうしょう》　あざけり笑うこと。冷笑。
重畳《ちょうじょう》　幾重にも重なる。極めて満足。
頂上《ちょうじょう》　山のいただき。てっぺん。絶頂。
帳尻《ちょうじり》　帳簿の決算の結果。つじつま。
長《ちょう》じる　成長する。ほかに勝る。年長。
長身《ちょうしん》　身長が高い。丈が高い。⇔短身
長針《ちょうしん》　時計の、長い方の針。分針。
朝臣《ちょうしん》　朝廷に仕える臣下。
澄心《ちょうしん》　心を清く澄ませること。
調進《ちょうしん》　注文の品を整え届ける。調達。

聴診《ちょうしん》　体内の音を聴く診察。「―器」
寵臣《ちょうしん》　お気に入りの家来。
超人《ちょうじん》　並外れて優れた能力の持ち主。
彫心鏤骨《ちょうしんるこつ》　大変に苦労する。
手水《ちょうず》　手や顔を洗う水。用足し。便所。
長逝《ちょうせい》　死ぬこと。逝去。永眠。
澄清《ちょうせい》　澄んで清いさま。晴れているさま。
調製《ちょうせい》　注文に合わせてつくる。調達。
調整《ちょうせい》　正常な状態に手直しする。調節。
●仕出しを**調製**する
●意見を**調整**する
徴税《ちょうぜい》　税金を取り立てる。租税の徴収。
朝夕《ちょうせき》　朝晩。毎日。常に。いつも。
潮汐《ちょうせき》　毎日の周期的な潮の満ちひき。
調節《ちょうせつ》　物事をほどよく整えること。
長舌《ちょうぜつ》　口数が多いこと。長々としゃべる。

超絶《ちょうぜつ》　ほかより飛び抜けて優れている。
挑戦《ちょうせん》　戦いを挑む。困難に立ち向かう。
超然《ちょうぜん》　世俗にとらわれず平然なさま。
彫塑《ちょうそ》　彫刻と塑像。塑像をつくること。
彫像《ちょうぞう》　彫刻で像をつくる。彫刻した像。
超俗《ちょうぞく》　世俗を超越していること。超脱。
長蛇《ちょうだ》　長く続くさま。「―の列」
長大《ちょうだい》　長くて大きいこと。⇔短小
頂戴《ちょうだい》　もらう・食べることの謙譲語。
長大息《ちょうたいそく》　長く大きなため息。長嘆。
彫琢《ちょうたく》　宝石を磨く。詩文を練り上げる。
暢達《ちょうたつ》　のびのびしているさま。流暢。
調達《ちょうたつ》　品物を取りそろえること。
長短《ちょうたん》　長いと短い。長さ。長所と短所。
長嘆《ちょうたん》　【長歎】長いため息をついて嘆く。

打擲《ちょうちゃく》　打ちたたくこと。なぐる。ぶつ。
長調《ちょうちょう》　長音階で作られた曲の調子。
喋喋喃喃《ちょうちょうなんなん》　男女の楽しい会話。
丁丁発止《ちょうちょうはっし》　互いに打ち合うこと。互いに激しく議論を戦わせるさま。
提灯《ちょうちん》　中にろうそくをともす照明具。
蝶番《ちょうつがい》　開き戸などにつける開閉用金具。
腸詰《ちょうづ》め◀　ソーセージ。
帳面《ちょうづら》　帳面に記入された表向きの収支。
朝廷《ちょうてい》　天子が政治を行う所。「大和―」
調停《ちょうてい》　両者の争いを和解させる。仲裁。
長汀曲浦《ちょうていきょくほ》　長く続く海岸線。
頂点《ちょうてん》　頂上。絶頂。多角形の辺の交点。
弔電《ちょうでん》　弔意を述べる電報。⇔祝電
長途《ちょうと》　遠い道のり。長い旅路。遠路。

丁度《ちょうど》　ぴったり。ほどよく。あたかも。
調度《ちょうど》　日常用いる道具。「―品」
超弩級《ちょうどきゅう》　ずば抜けて強大なこと。
長男《ちょうなん》　最初に生まれた息子。⇔末弟
長波《ちょうは》　波長の長い電波。「―通信」
帳場《ちょうば》　商店で帳付けや勘定をする所。
跳馬《ちょうば》　ウマに似た用具を使う体操競技。
嘲罵《ちょうば》　あざけり罵ること。「―を浴びる」
長髪《ちょうはつ》　長くのばした髪。⇔短髪
挑発《ちょうはつ》　そそのかすこと。しむけること。
徴発《ちょうはつ》　軍が物資を人民から駆り集める。
調髪《ちょうはつ》　髪を切り形を整えること。整髪。
懲罰《ちょうばつ》　こらしめ罰すること。懲戒。
丁半《ちょうはん》　さいころの目の偶数と奇数。
掉尾《ちょうび》　最後に勢いづくこと。「―を飾る」

貼付《ちょうふ》　はりつけること。てんぷ。
重複《ちょうふく》　同じものが何度か重なること。
調伏《ちょうぶく》　仏の力で悪や敵を下すこと。
弔文《ちょうぶん》　弔意を述べる文章。弔辞。
徴兵《ちょうへい》　国が兵役のため国民を徴集する。
長編《ちょうへん》　詩・小説・映画などの長い作品。
帳簿《ちょうぼ》　金銭・物品の出納を記す帳面。
弔砲《ちょうほう》　死者を悼んで撃つ礼砲。⇔祝砲
重宝《ちょうほう》　【調法】大切なもの。便利なこと。
調法《ちょうほう》　調査し考慮する。準備。調停。
諜報《ちょうほう》　敵の秘密を探り知らせること。
眺望《ちょうぼう》　遠く見渡すこと。見晴らし。
長方形《ちょうほうけい》　矩形《くけい》。ながしかく。
張本人《ちょうほんにん》　事件などを起こした人。
調味《ちょうみ》　食物に味をつけること。「―料」

長命《ちょうめい》 長生き。長寿。⬍短命
澄明《ちょうめい》 澄みきって明るい。「―な秋空」
帳面《ちょうめん》 ノート。帳簿。収支帳。
鳥目《ちょうもく》 穴の空いた銭。金銭。
長目飛耳《ちょうもくひじ》 見聞を広める書籍。
弔問《ちょうもん》 遺族を訪問し悔やみを述べる。
聴聞《ちょうもん》 利害関係者の意見を聞くこと。
長夜《ちょうや》 長い夜。夜長。ながよ。⬍短夜
跳躍《ちょうやく》 跳ね上がること。飛び上がること。
長幼《ちょうよう》 年上の者と年下の者。「―の序」
重用《ちょうよう》 人を重く扱うこと。じゅうよう。
重陽《ちょうよう》 陰暦九月九日の菊の節句。[秋]
長楽《ちょうらく》 楽しみが長く続くこと。
凋落《ちょうらく》 落ちぶれること。没落。衰退。
調理《ちょうり》 食物を料理すること。「―師」

調律《ちょうりつ》 楽器の音調を正しく調節する。
潮流《ちょうりゅう》 潮・海水の流れ。時勢の動き。
跳梁《ちょうりょう》 跳ね回ること。勝手にふるまう。
跳梁跋扈《ちょうりょうばっこ》 悪人がのさばる。
張力《ちょうりょく》 引っ張り合う力。「表面―」
潮力《ちょうりょく》 潮の干満で生じるエネルギー。
彫鏤《ちょうる》 彫り刻むこと。ちりばめること。
鳥類《ちょうるい》 脊椎《せきつい》動物の一種。とり類。
朝礼《ちょうれい》 始業前の、朝の集会。朝会。
朝令暮改《ちょうれいぼかい》 命令がすぐ変わる。
調練《ちょうれん》 兵士を訓練すること。「―場」
長老《ちょうろう》 経験豊かで指導的な立場の人。
嘲弄《ちょうろう》 あざけりもてあそぶこと。
調和《ちょうわ》 つりあいがとれ自然なこと。
千代紙《ちよがみ》 模様が色刷りされた和紙。

貯金《ちょきん》 金銭をためること。ためた金銭。
直営《ちょくえい》 ほかを介さず直接経営すること。
勅願《ちょくがん》 勅令による祈願。「―の寺院」
直撃《ちょくげき》 直接打撃を与える。命中する。
直言《ちょくげん》 遠慮せず思うままを言うこと。
直後《ちょくご》 すぐあと。すぐ後ろ。⬍直前
勅語《ちょくご》 天皇の言葉。みことのり。
直裁《ちょくさい》 すぐ裁決する。直接裁決する。
直視《ちょくし》 目をそらさずありのままを見る。
勅使《ちょくし》 勅旨を伝えるための使者。
直写《ちょくしゃ》 じかに写す。ありのままに写す。
直射《ちょくしゃ》 直接に照らしつけること。
直情径行《ちょくじょうけいこう》 心のままに行う。
直進《ちょくしん》 まっすぐにためらわず進むこと。
直接《ちょくせつ》 じかに接する。「―話す」⬍間接

直截《ちょくせつ》 回りくどくないこと。「―簡明」
直線《ちょくせん》 まっすぐな線。「―距離」⬍曲線
勅撰《ちょくせん》 勅命で撰定し編集すること。
直前《ちょくぜん》 すぐ前。目前。「開演―」⬍直後
直送《ちょくそう》 直接送ること。「産地―」
直属《ちょくぞく》 直接その下に属する。「―の部下」
直通《ちょくつう》 直接に通じていること。「―電話」
直答《ちょくとう》 即座に答える。直接に答える。
直入《ちょくにゅう》 核心に入り込むこと。「単刀―」
勅任《ちょくにん》 勅旨によって官職に任ぜられる。
直売《ちょくばい》 直接消費者に売ること。「産地―」
直披《ちょくひ》 宛名人の開封を求める。親展。
直筆《ちょくひつ》 事実を曲げずに書く。⬍曲筆
勅命《ちょくめい》 天皇の命令。みことのり。
直面《ちょくめん》 直接に物事に対すること。

直訳《ちょくやく》 原文の通りに訳する。⬍意訳
直喩《ちょくゆ》 直接ほかのものにたとえる表現。
直立《ちょくりつ》 まっすぐに立つこと。垂直。
直流《ちょくりゅう》 大きさと方向が一定の電流。
直列《ちょくれつ》 電池を正負の順に接続すること。
猪口《ちょこ》 小形のさかずき。ちょく。
猪口才《ちょこざい》 生意気。こしゃく。
著作《ちょさく》 書物を書き著す。著述。「―権」
著者《ちょしゃ》 書物を書き著した人。著作者。
著述《ちょじゅつ》 書物を書き著すこと。著作。
著書《ちょしょ》 書き著した書物。著作物。
貯水《ちょすい》 水をたくわえること。「―池」
貯蔵《ちょぞう》 ものをたくわえること。「―庫」
貯蓄《ちょちく》 【儲蓄】財をたくわえる。「―高」
直下《ちょっか》 まっすぐに下る。すぐ下。「急転―」

直角《ちょっかく》 九十度の角。「―三角形」
直覚《ちょっかく》 直接に感じ知ること。「―的」
直轄《ちょっかつ》 直接の支配・管轄。「―学校」
直感《ちょっかん》 直ちに心で感じ取ること。
直観《ちょっかん》 推論でなく直接本質をとらえる。
直球《ちょっきゅう》 (野球で)まっすぐな投球。
直系《ちょっけい》 直接的・直線的に続く系統。
直径《ちょっけい》 円や球の中心を通る線分。
直結《ちょっけつ》 間に何も挟まず直接つながる。
直行《ちょっこう》 寄り道せずまっすぐ行くこと。
直航《ちょっこう》 寄航せず直接目的地へ航行する。
一寸《ちょっと》 しばし。わずか。かなり。「―見」
猪突猛進《ちょとつもうしん》 無鉄砲に突き進む。
著名《ちょめい》 有名。高名。「―人」「―な作家」
著明《ちょめい》 よく知れ渡っていること。「―人」

猪勇《ちょゆう》 向こう見ずに突進する勇気。
佇立《ちょりつ》 たたずむこと。ちょりゅう。
瀦溜《ちょりゅう》 【貯留】水をためる。水がたまる。
樗櫟《ちょれき》 【樗櫪】役に立たない木・人。
著録《ちょろく》 書き記すこと。帳簿に記録する。
丁髷《ちょんまげ》 昔の男子の髪形の一つ。
散《ち》らす まき散らす。散らかす。
治乱《ちらん》 世が、治まることと乱れること。
塵《ちり》 小さなごみ。わずかな量。
地利《ちり》 土地から生まれる産物。地の利。
地理《ちり》 土地の状態。地表の有様「―学」
塵芥《ちりあくた》 ちりやごみ。つまらぬもの。
散《ち》り散《ぢ》り ばらばらになるさま。
塵取《ちりと》り ごみをすくって取る道具。
鏤《ちりば》める 宝石などを散らしてはめ込む。

縮緬《ちりめん》 細かなしじら縮みがある絹織物。
知略《ちりゃく》 【智略】才知に富むすぐれた策略。
知慮《ちりょ》 賢い考え。先を考える能力。
治療《ちりょう》 病気やけがを治すこと。加療。
地力《ちりょく》 その土地の生産力。
知力《ちりょく》 【智力】知恵の働き。才知。
散《ち》る 花や葉が落ちる。散らばる。
痴話《ちわ》 男女の戯れ話。「―喧嘩《げんか》」
亭《ちん》 庭園内に建てた小屋。あずまや。
朕《ちん》 天皇の自称。われ。
賃上《ちんあ》げ 賃金の額をあげること。
鎮圧《ちんあつ》 押し鎮めること。抑えつけること。
沈鬱《ちんうつ》 気が沈むこと。気分がふさぐ。
沈下《ちんか》 沈み下がること。「地盤―」⇕隆起
鎮火《ちんか》 火事が消える。火事を消すこと。

珍奇《ちんき》 珍しくて奇妙なこと。「―な事件」
珍客《ちんきゃく》 めったに来ない、予想しない客。
沈魚落雁《ちんぎょらくがん》 美しい女性の形容。
沈金《ちんきん》 漆塗りに金箔を押した細工。
沈吟《ちんぎん》 思いにふける。静かに口ずさむ。
賃金《ちんぎん》 労働の報酬に支払われる金銭。
鎮護《ちんご》 反乱を鎮め国家を守ること。
沈降《ちんこう》 沈み下ること。「―海岸」⇕隆起
鎮魂《ちんこん》 死者の霊を慰め鎮める。「―歌」
鎮座《ちんざ》 神霊がとどまる。どっかり座る。
珍事《ちんじ》 珍しい、意外な出来事。椿事。
椿事《ちんじ》 思いがけない事件。変事。珍事。
沈思黙考《ちんしもっこう》 思案にふけること。
陳謝《ちんしゃ》 訳を言って謝る。「失言を―する」
賃借《ちんしゃく》 料金を払って借りること。「―権」

鎮守《ちんじゅ》 その土地を守護する神・神社。
珍獣《ちんじゅう》 数が少なく、生態が珍しい獣。
陳述《ちんじゅつ》 口で述べる。申し述べる。「―書」
枕上《ちんじょう》 枕もと。床についていること。
陳情《ちんじょう》 実情を述べ対策を要請すること。
沈静《ちんせい》 落ち着き穏やかになる。静まる。
鎮静《ちんせい》 騒動や興奮を静まらせる。「―剤」
●物価が沈静する
●暴動が鎮静する
珍説《ちんせつ》 【椿説】変わった話。珍しい意見。
沈潜《ちんせん》 沈み隠れること。深く没頭する。
沈滞《ちんたい》 停滞すること。活気がないこと。
賃貸《ちんたい》 料金を取って貸すこと。⇕賃借
珍談《ちんだん》 珍しい話。珍説。奇談。「―奇聞」
沈着《ちんちゃく》 落ち着いて動じない。「冷静―」
珍重《ちんちょう》 珍しいものとして大切にする。

沈痛《ちんつう》 深い悲しみに沈み胸を痛める。
鎮痛《ちんつう》 痛みを抑え鎮めること。「―剤」
鎮定《ちんてい》 反乱をしずめ平静を取り戻す。
沈溺《ちんでき》 水におぼれる。物事にふける。
沈澱《ちんでん》 【沈殿】底に沈んでたまること。
枕頭《ちんとう》 枕もと。まくらべ。「―の書」
闖入《ちんにゅう》 断りなく突然入り込む。「―者」
珍品《ちんぴん》 珍しい品物。珍物。貴重な品。
陳腐《ちんぷ》 古くさい。平凡で面白みがない。
珍聞《ちんぶん》 珍しいうわさ。珍しい話。珍談。
陳弁《ちんべん》 訳を言って弁解する。申し開き。
沈没《ちんぼつ》 水中に沈み隠れること。⇕浮上
珍本《ちんぽん》 珍しい本。入手しがたい本。
珍味佳肴《ちんみかこう》 珍しくうまい食物。
珍妙《ちんみょう》 変わっていて滑稽《こっけい》。奇妙。

珍無類《ちんむるい》 何とも風変わりでおかしい。
沈湎《ちんめん》 飲酒にふけり荒れすさむこと。
沈黙《ちんもく》 口をきかないこと。静かなこと。
沈勇《ちんゆう》 沈着で勇敢なこと。「―の士」
沈淪《ちんりん》 深く沈むこと。落ちぶれること。
陳列《ちんれつ》 見せるために物品を並べること。

## つ

津《つ》 船着き場。渡し場。港。港町。
対《つい》 二つで一組となるもの。ペア。
終《つい》 最後。「―のすみか」「―の別れ」
費《つい》える むだにすぎる。乏しくなる。
潰《つい》える 壊れる。敗れる。だめになる。
●財産が費える
●夢が潰える
追憶《ついおく》 過ぎ去ったことを思いしのぶ。

追加《ついか》 あとから補い加えること。追贈。
追願《ついがん》 さらにほかのことを願うこと。
追記《ついき》 あとから書き加える文章。
追及《ついきゅう》 問い詰める。追い詰める。追跡。
追求《ついきゅう》 追い求める。追いかける。探求。
追究《ついきゅう》 【追窮】調べきわめる。探究。究明。

●責任を追及する ●理想を追求する
目的の追求 ●真理・学理・本質の追究

対句《ついく》 形や意義が一対の二つの句。
追撃《ついげき》 逃げる敵を追いかけ討つ。追討。
追行《ついこう》 あとから追う。あとから行う。
追諡《ついし》 死後に贈り名を贈る。贈り名。
築地《ついじ》 土で作った垣根。土塀。築地塀。
追従《ついじゅう》 人の意見にそのまま従うこと。
追従《ついしょう》 こびへつらうこと。「—笑い」

追伸《ついしん》 手紙で、追記の冒頭の語。二伸。
追随《ついずい》 つき従うこと。追従。「—者」
追跡《ついせき》 あとをつけて行くこと。「—調査」
追善《ついぜん》 冥福《めいふく》を祈り法事を行うこと。
追訴《ついそ》 さらに追加して訴えること。
終《つい》ぞ いまだかつて一度も。
追送《ついそう》 あとから再度送ること。見送り。
追想《ついそう》 過去のことや人を思いしのぶ。
追贈《ついぞう》 死者に勲章や官位を贈ること。
追体験《ついたいけん》 人の体験を自分で再現する。
一日《ついたち》 【朔日】月の第一日。月はじめ。
衝立《ついたて》 室内に立てる仕切り用の家具。
追逐《ついちく》 追いかけること。追い払うこと。
追弔《ついちょう》 死者の生前をしのび弔うこと。
追徴《ついちょう》 あとから不足分を取り立てる。

就《つ》いて それに関して。それゆえに。
序《つい》で◀ 他事をあわせて行うよい機会。
次《つ》いで つぎに。引き続いて。それから。
追討《ついとう》 追いかけて討ちとること。追撃。
追悼《ついとう》 死者をしのび、悼み悲しむこと。
追突《ついとつ》 後ろから突き当たること。
追儺《ついな》 節分の豆まき。鬼やらい。図
遂《つい》に 【終に】しまいに。とうとう。
追認《ついにん》 過去にさかのぼって認めること。
追納《ついのう》 あとから不足分を納めること。
啄《ついば》む くちばしでつついて食う。
追尾《ついび》 あとをつけて行くこと。追跡。
追捕《ついぶ》 追いかけてとらえること。没収。
対幅《ついふく》 一対になっている掛け軸。双幅。
追慕《ついぼ》 死者や去った人を思い慕うこと。

追放《ついほう》 追いはらう。公職から退ける。
費《つい》やす 使い減らす。むだに使う。
墜落《ついらく》 高い所から落ちること。「—事故」
通《つう》 その道によく通じて詳しいこと。
通院《つういん》 病院に治療を受けに通うこと。
痛飲《つういん》 多量の酒を飲むこと。
通運《つううん》 荷物を運ぶこと。貨物の運搬。
通貨《つうか》 一国内で認められている貨幣。
通過《つうか》 通りすぎること。無事に通ること。
痛快《つうかい》 非常に愉快なさま。「—極まる話」
通過儀礼《つうかぎれい》 誕生や成年、結婚や死亡などの人生の節目に行われる儀礼。
痛覚《つうかく》 痛みを感じる感覚。
通学《つうがく》 生徒・学生が学校へ通うこと。
通関《つうかん》 税関を通過すること。「—手続き」

通観《つうかん》 全体を見渡す。全部目を通す。
痛感《つうかん》 深く心に感じる。身にしみること。
通気《つうき》 空気が出入りすること。「—性」
通義《つうぎ》 世間一般に通用する道理。
通暁《つうぎょう》 詳しく知っていること。事情通。
通勤《つうきん》 勤め人が勤務先へ通うこと。
痛苦《つうく》 痛み苦しむこと。苦痛。「病の—」
痛撃《つうげき》 手ひどい打撃。手厳しい攻撃。
痛言《つうげん》 手厳しく言うこと。直言。
通交《つうこう》 【通好】国と国が親しく交際する。
通行《つうこう》 道を通って行く。広く行われる。
通告《つうこく》 告げて知らせること。「最後—」
痛哭《つうこく》 ひどく泣くこと。大いに嘆くこと。
痛恨《つうこん》 ひどく恨む。大変残念に思う。
通才《つうさい》 諸事に通じている才能、その人。

通察《つうさつ》 全体にわたって観察すること。
通算《つうさん》 全体をまとめた計算。「—打率」
通史《つうし》 歴史の全体を通観した記述。
通式《つうしき》 一般に通用する方式。
通釈《つうしゃく》 全体にわたって解釈すること。
通称《つうしょう》 一般に通用する名称。とおりな。
通商《つうしょう》 外国と商取引をすること。貿易。
通常《つうじょう》 普通。一般的な状態。⇔臨時
通《つう》じる 通う。届く。わかる。通用する。
通信《つうしん》 便り。情報を伝達すること。
痛心《つうしん》 ひどく心配すること。心痛。
通人《つうじん》 もの知り。いきな人。通な人。
痛惜《つうせき》 ひどく惜しむこと。「—の念」
通説《つうせつ》 世間一般の説。全体の解説。
痛切《つうせつ》 身にしみて強く感じるさま。

通則《つうそく》 全体に通用する規則。⬍変則
通俗《つうぞく》 わかりやすく広く好まれること。
通達《つうたつ》 告げ知らせる。熟練している。
通知《つうち》 告げ知らせること。知らせ。
通帳《つうちょう》 金銭の出し入れを記す帳簿。
通牒《つうちょう》 書面で通知する。通達。「最後―」
通底《つうてい》 基底の部分で共通すること。
通電《つうでん》 電流を通すこと。
痛悼《つうとう》 人の死を悼み悲しむこと。追悼。
通読《つうどく》 はじめから終わりまで読むこと。
通年《つうねん》 一年を通して行うこと。「―営業」
通念《つうねん》 一般に共通した考え。「社会―」
痛罵《つうば》 手ひどく罵しる。痛烈なののしり。
通風《つうふう》 風を通して換気すること。「―孔」
痛風《つうふう》 関節がはれ激しく痛む病気。

通弊《つうへい》 一般に共通する弊害。
通報《つうほう》 告げ知らせること。通知。
痛棒《つうぼう》 座禅で僧が人を打つ棒。「―を食らわす」で厳しく叱る・懲らしめる、の意。
通訳《つうやく》 双方の言語を訳し伝えること。
通有《つうゆう》 同類のものに共通なこと。
通用《つうよう》 広く用いられる。認められること。
痛痒《つうよう》 痛みとかゆみ。さしさわり。
通覧《つうらん》 全体にわたって一通り見ること。
通例《つうれい》 世間一般のしきたり。通常。
痛烈《つうれつ》 非常に激しいさま。「―な批判」
通路《つうろ》 通り道。道路。「地下―」
通論《つうろん》 全般にわたった論。定論。汎論。
痛論《つうろん》 激しく議論すること、その議論。
通話《つうわ》 電話で話をすること。「―料」

杖《つえ》 歩行の助けとする棒。支え。
束《つか》 本の厚さ。束柱。「新刊の―見本」
柄《つか》 刀剣などの握る部分。筆の軸。
塚《つか》 土を盛り上げた所。墓。「一里―」
番《つがい》 二つで一組。雌雄の一対。
使い勝手《つかいがって》 使ったときの具合。
使い途《つかいみち》 使用法。用途。
使い物《つかいもの》 【遣い物】役立つ物。贈り物。
使う《つかう》 用いる。費やす。働かせる。使用。
遣う《つかう》 心を配る。役立つように用いる。
●道具・金・人を使う ●気・技・人形を遣う
支える《つかえる》 【閊える】とどこおる。詰まる。
仕える《つかえる》 目上の人のそばで働く。仕官。
番える《つがえる》 二つのものを組み合わせる。
司《つかさ》 役人。職務。官職。官位。



司る《つかさどる》 【掌る】職務にあたる。支配する。
束の間《つかのま》 少しの間。ちょっとの間。
摑まえる《つかまえる》 【捕まえる】取り押さえる。
仕る《つかまつる》 する・行うの謙譲語。「失礼―」
摑む《つかむ》 手で握る。入手する。理解する。
浸かる《つかる》 水の中に入る。ひたる。「湯に―」
疲れる《つかれる》 体力が弱る。くたびれる。衰弱。
遣わす《つかわす》 命じて生かせる。派遣する。
月《つき》 地球の衛星。一か月。秋
次《つぎ》 すぐあと。すぐ下。隣。「二の―」
付き合い《つきあい》 交際。交際上の義理。
突き当たり《つきあたり》 道の行きづまり。
突き合わす《つきあわす》 相対する。照合する。
月影《つきかげ》 月の光・姿。月の光に映るもの。
接ぎ木《つぎき》 枝を他の木に接ぐこと。春

月極め《つきぎめ》 【月決め】一か月単位の契約。
築地《つきじ》 海などを埋めて作った土地。
付き添う《つきそう》 そばに付き世話をする。
次次《つぎつぎ》 あとから続いて。順々に。
突き付ける《つきつける》 目前にさし出す。
突き詰める《つきつめる》 調べ、考えつくす。
突き止める《つきとめる》 さがしあてる。
月並み《つきなみ》 【月次】毎月。平凡。陳腐。
継ぎ接ぎ《つぎはぎ》 寄せ集めてつなぐこと。
尽き果てる《つきはてる》 すっかりなくなる。
突き放す《つきはなす》 突き飛ばす。関係を絶つ。
月払い《つきばらい》 月ごとに支払うこと。
付き人《つきびと》 そばで世話する人。付添《つきそい》。
接ぎ穂《つぎほ》 台木に接ぐ芽や枝。「話の―」
付き纏う《つきまとう》 たえず離れないでいる。

月見《つきみ》 月を観賞すること。秋
継ぎ目《つぎめ》 つなぎあわせた部分。
築山《つきやま》 庭園などに土石で築いた小山。
月夜《つきよ》 月が照る夜。秋 ⬍闇夜《やみよ》
尽きる《つきる》 終わる。極みに達する。「運が―」
月割り《つきわり》 月の数に分けること。月賦。
付く《つく》 【附く】付着する。跡が残る。従う。
就く《つく》 【即く】地位・場所に身を置く。
着く《つく》 到着する。達する。身を置く。
●力が付く ●職に就く ●荷物が着く
吐く《つく》 口から出す。言う。「うそを―」
突く《つく》 ものの先で強く押す。攻める。
搗く《つく》 きねなどで打って押しつぶす。
撞く《つく》 棒の先端を打ち当てて鳴らす。
●つえを突く ●餅を搗く ●鐘を撞く

点《つ》く　点火する。点灯する。「灯が—」
憑《つ》く　もののけ・霊がのりうつる。
告《つ》ぐ　知らせる。申し上げる。つげる。
注《つ》ぐ　液体を注ぎ入れる。「杯に酒を—」
次《つ》ぐ　後に続く。位がすぐ下。「取り—」
継《つ》ぐ　相続する。修繕する。「引き—」
●優勝者に次ぐ成績　●亡父の遺志を継ぐ
接《つ》ぐ　つなげる。くっつける。「骨を—」
机《つくえ》　読み書きに使う台。「—に向かう」
尽《つ》くす▲　出し切る。ほかのために働く。
佃《つくだ》煮《に》　海産物を味濃く煮た食品。
熟《つくづく》　深く感じ入るさま。入念に。
償《つぐな》う　弁償する。埋めあわせる。
捏《つく》ねる　こねあげる。こねて丸める。
蹲《つくば》う　うずくまる。しゃがむ。「はい—」

噤《つぐ》む　口を閉じてものを言わない。
九十九髪《つくもがみ》　老女の白髪。
旁《つくり》　漢字の字形の右側部分。⇔偏
作《つく》り声《ごえ》　わざと違えた声。⇔地声《じごえ》
作《つく》り事《ごと》　でっち上げた事柄。うそ。
作《つく》り付《つ》け　固定して作ること。
作《つく》り泣《な》き　うそ泣き。
作《つく》り話《ばなし》　創作した話。架空の話。
作《つく》り笑《わら》い　不本意に笑ってみせる。
作《つく》る　こしらえる。栽培する。装う。
造《つく》る　大きなものをこしらえる。醸造。
創《つく》る　【作る】新たに生みだす・始める。
●詩歌を作る　野菜を作る　話を作る　●庭園を造る　酒を造る　●天地を創る
繕《つくろ》う　直す。整える。うまく処理する。

付《つ》け　あとでまとめて支払うこと。
付《つ》け合《あ》わせ▲　料理に添えるもの。
付《つ》け入《い》る　機会に乗じる。「—隙《すき》」
告《つ》げ口《ぐち》　こっそり言いつけること。
付《つ》け加《くわ》える　つけ足す。追加する。
付《つ》け込《こ》む　好機をとらえ利用する。
付《つ》け足《た》す　追加する。補足する。
付《つ》け届《とど》け　義理による贈りもの。
付《つ》け根《ね》　もの同士が接合する根もと。
付《つ》け値《ね》　買手がつける値。⇔言い値
付《つ》け目《め》　つけ込む相手の弱点。
漬物《つけもの》　塩やぬかなどに漬けた野菜。
付《つ》け焼《や》き▲刃《ば》▲　間にあわせの知識。
漬《つ》ける　水に浸す。漬物にする。「塩で—」
都合《つごう》　事情。便宜。やりくり。合計。

辻《つじ》　十字路。路上。道端。街頭。
辻占《つじうら》　吉凶を占う文句を記した紙。
辻強盗《つじごうとう》　道で通行人を襲う強盗。
辻説法《つじせっぽう》　街角で行う説法・説教。
辻褄《つじつま》　はじめと終わり。話の筋道。
伝《つた》える　知らせる。伝授する。「情報を—」
拙《つたな》い　下手。いたらない。運が悪い。
槌《つち》　【鎚】ものをたたく柄つきの工具。
培《つちか》う　養い育てる。草木を育てる。
土臭《つちくさ》い　野暮ったい。あかぬけない。
土塊《つちくれ》　土のかたまり。
土気色《つちけいろ》　血の気を失った顔色。
戊《つちのえ》　十干の第五。
己《つちのと》　十干の第六。
筒《つつ》　丸くて長い中空のもの。銃身。

津津浦浦《つつうらうら》　全国いたる所。
恙無《つつがな》い　健康である。異常がない。
続《つづ》き柄《がら》▲　血縁の関係。続き合い。
続《つづ》く　つながる。連なる。連続する。
続《つづ》け様《ざま》　物事が引き続いて起こる。
突《つ》っ慳貪《けんどん》　冷たくとげとげしい。
慎《つつし》む　控えめにする。気をつける。
謹《つつし》む　かしこまる。敬意を表する。
筒抜《つつぬ》け　話がすぐに漏れ伝わること。
突《つ》っ張《ぱ》る　強く張る。虚勢を張る。
慎《つつ》ましい　控えめなさま。思慮深い。
約《つづ》まやか　質素で控えめ。簡略。簡素。
堤《つつみ》　土手。堤防。ため池。
鼓《つづみ》　手で打ち鳴らす革張りの楽器。
包《つつ》む　ものを紙や布などで覆う。

約《つづ》める　短くする。簡略にする。「話を—」
美人局《つつもたせ》　情婦に男を誘惑させゆすする。
葛籠《つづら》　衣服などを入れる蓋《ふた》つきの箱。
葛折《つづらお》り▲　【九十九折】折れ曲った坂道。
綴《つづ》る　つなぎあわせる。文章を作る。
伝手《つて》　【伝】言づて。媒介。縁故。てづる。
苞《つと》　わらづと。あらまき。みやげ。
都度《つど》　そのたびごと。毎回。「その—」
集《つど》う　集まる。寄り合う。集合する。
夙《つと》に　ずっと前から。朝早く。幼時に。
努《つと》める　【勉める】精を出す。励む。努力。
務《つと》める　役目を担う。任務を果たす。
勤《つと》める　いそしむ。修行する。勤労。
●問題解決に努める　●主役・司会を務める　●社に定年まで勤める　禅に勤める

綱《つな》 太くてじょうぶなひも。助け。
繋《つな》ぐ 結びつけて切れないようにする。
綱引《つなひ》き◀ 綱を引き合う競技。
津波《つなみ》 【津浪】地震などで起こる高波。
綱渡《つなわた》り 高所に張った綱を渡る軽業。
常《つね》 いつもと同じ。変わらないこと。
常常《つねづね》 いつも。ふだん。平生《へいぜい》。日頃《ひごろ》。
抓《つね》る 指先で肌を強くつまんでねじる。
角《つの》 動物の頭上にある骨状の突起物。
角隠《つのかく》し 和装の花嫁がかぶる角帽子。
角目立《つのめだ》つ にらみつける。角《かど》だつ。
募《つの》る 招き集める。ますます強まる。
唾《つば》 だ液。つばき。「—を付ける」
鍔《つば》 【鐔】刀剣・釜・帽子の一部分。
翼《つばさ》 鳥や飛行機のはね。

鍔迫《つばぜ》り◀合《あ》い◀ 際どい互角の争い。
粒《つぶ》 小さく丸いもの。穀類の種。「雨—」
具《つぶさ》に 【備に】もれなく。詳しく。悉《ことごと》く。
潰《つぶ》す 形を崩す。機能を失わせる。
粒揃《つぶぞろ》い よりすぐりの人などの集合。
礫《つぶて》 【飛礫】投げる小石。「なしの—」
呟《つぶや》く 小声でひとりごとを言う。
粒選《つぶよ》り 優れたものを選ぶこと。
円《つぶ》ら 丸くてふっくらなさま。「—な瞳」
瞑《つぶ》る 目を閉じる。つむる。
坪《つぼ》 面積の単位。約三・三平米。
壺《つぼ》 口が小さく胴の膨れた容器。
局《つぼね》 宮中の女官の部屋。女房。女官。
蕾《つぼみ》 【莟】咲き開く前の花の状態。
窄《つぼ》む しぼむ。狭く小さくなる。

妻《つま》 夫の配偶者。刺身にそえるもの。
褄《つま》 着物のすその、左右両端の部分。
爪音《つまおと》 琴を弾く音。馬のひづめの音。
爪繰《つまぐ》る 指先で順に送り動かす。
爪先《つまさき》 足の指の先。「—立ち」「—上り」
倹《つま》しい 質素なさま。倹約なさま。
躓《つまず》く けつまずく。中途で失敗する。
爪立《つまだ》つ つま先で立つ。つまさき立つ。
爪弾《つまはじ》き 嫌ってのけものにすること。
詳《つまび》らか 【審らか】事細か。詳しい。委細。
摘《つま》み食《ぐ》い 指先でつまんで食べる。
摘《つま》む 【撮む】指先で挟んで取る。
爪楊枝《つまようじ》 小形のようじ。
詰《つ》まり◀ 結局。要するに。終り。「とどの—」
詰《つ》まる◀ 一杯になる。ふさがる。縮まる。

罪《つみ》 処罰。悪い行いや過ちへの責任。
積《つ》み重《かさ》ねる 積んで高くする。重ねてふやす。繰り返し行う。「討議を—」
積《つ》み木《き》◀ 木製の、子ども用の玩具。
積《つ》み立《た》て◀ 金銭を積んで貯える。
積《つ》み荷《に》◀ 船や車に積んで運ぶ荷物。
罪滅《つみほろ》ぼし 善により罪を償うこと。
錘《つむ》 【紡錘】糸をつむぎ巻く装置。
詰《つ》む すき間がない。王将を取られる。
摘《つ》む 指先でつまみ切る。先を切る。
積《つ》む 上へ重ねる。増す。荷を載せる。
紬《つむぎ》 つむぎ糸で作った絹布。「—糸」
紡《つむ》ぐ 綿や繭の繊維をよって糸にする。
旋毛曲《つむじま》がり◀ へそまがり。
爪《つめ》 指先にある角質物。「—を研ぐ」

爪痕《つめあと》 たてた爪のあと。被害のあと。
詰《つ》め襟《えり》◀ 立ち襟。立ち襟の箙《えびら》。
詰《つ》め掛《か》ける◀ 大勢が押し掛ける。
詰《つ》め込《こ》む◀ できるだけ押し入れる。
詰《つ》め所《しょ》◀ 係員が待機する場所。
詰《つ》め将棋《しょうぎ》◀ 連続王手で詰ます将棋。
冷《つめ》たい 温度が低い。人情がない。
詰《つ》め腹《ばら》◀ 強制された切腹・辞職。
詰《つ》め寄《よ》る◀ 相手の程近くにせまる。
積《つ》もり◀ 心ぐみ。心算。「勝つ—で挑む」
艶《つや》 光沢。みずみずしさ。面白み。
通夜《つや》 葬る前の死者と終夜すごすこと。
艶気《つやけ》 光沢あるさま。色っぽいこと。
艶事《つやごと》 男女間の情事。色ごと。
艶《つや》めく つやつやしている。色っぽい。

汁《つゆ》 【液】液汁。つけ汁。吸物の汁。
露《つゆ》 水蒸気が冷えてできた水滴。[秋]
梅雨《つゆ》 夏至を中心にした雨期。[夏]
梅雨寒《つゆざむ》 梅雨の季節外れの寒さ。[夏]
露払《つゆはら》い◀ 先導者。前座をつとめる人。
強《つよ》い 体がじょうぶなさま。力がある。
強気《つよき》 気が強く強硬。積極的な態度。
強腰《つよごし》 態度が強硬で譲らない。⇔弱腰
強火《つよび》 火力の強い火。⇔弱火
強味《つよみ》 強さの程度。頼りになる点。
面《つら》 顔。表情。表面。「馬—」「上っ—」
面当《つらあ》て あてつけの言葉や態度。
辛《つら》い 耐えがたいほど苦しい。冷酷な。
面構《つらがま》え 顔つき。
面魂《つらだましい》 気迫や強い性格が現れた顔つき。

**連《つら》なる** 【列なる】並び続く。つながる。
**面憎《つらにく》い** 顔を見るのも憎い。
**貫《つらぬ》く** 突き通す。最後までやり通す。
**面《つら》の皮《かわ》** 顔の表皮。「—が厚い」
**面汚《つらよご》し** 名誉を傷つけること。
**氷柱《つらら》** 軒下などに下がる氷の棒。図
**釣《つ》り◀** 釣り銭。魚を釣ること。「磯—」
**釣《つ》り合《あ》い◀** 平衡。調和。均衡。
**釣《つ》り書《がき》◀** (取交す)身上書。系図。
**釣《つ》り鐘《がね》◀** 【吊鐘】寺院にある大きな鐘。
**釣《つ》り革《かわ》◀** 【吊革】乗客用の紐付きの輪。
**釣《つ》り竿《ざお》◀** 魚釣りに使う竹・金属の竿。
**釣《つ》り銭《せん》◀** 代価分を引いて戻すお金。
**釣《つ》り橋《ばし》◀** 【吊橋】吊り下げてある橋。
**釣《つ》り堀《ぼり》◀** 有料で魚を釣らせる所。夏

**弦《つる》** 弓や弦楽器に張る糸。「琴の—」
**鉉《つる》** 鍋などの取っ手。「土瓶の—」
**蔓《つる》** 伸びた茎(状の物)。「眼鏡の—」
**吊《つ》る** ぶらさげる。かけ渡す。「首を—」
**攣《つ》る** 筋が強張る。「足が—」「引き—」
**釣《つ》る** 魚を捕る。だます。「巧言で—」
**剣《つるぎ》** たち。けん。刀剣。「—太刀」
**釣瓶《つるべ》** 井戸の水をくみ上げる桶《おけ》。
**連《つ》れ** 仲間。同伴者。同行者。配偶者。
**連《つ》れ合《あ》い◀** 配偶者。仲間。
**連《つ》れ添《そ》う** 夫婦になる。連れあう。
**徒然《つれづれ》** することがなく手持ち無沙汰。
**兵《つわもの》** 武士。軍人。兵士。猛者。「古—」
**悪阻《つわり》** 妊娠初期の吐き気などの症状。
**劈《つんざ》く** 激しい勢いで破る。「耳を—」

## て

**手合《てあ》い◀** 連中。手あわせ。対局。
**出会《であ》い頭《がしら》◀** 【出合い頭】出合ったとたん。両方から行きあうはずみ。
**手垢《てあか》** 触ってついた汚れ。「—のついた」
**出足《であし》** 人々の外出・動きはじめの具合。
**手当《てあ》たり次第《しだい》◀** 手に触れたものをどれでも。「—に投げつける」
**手厚《てあつ》い** 親切で丁寧な。「—看護」
**手当《てあて》** 基本給以外の支給金。「家族—」
**手当《てあ》て◀** 用意。準備。傷病の処置。
**手編《てあ》み◀** 手で編むこと。⬍機械編
**手荒《てあら》** 丁寧でないさま。乱暴なさま。
**手洗《てあら》い◀** 手を洗う所。便所。

**出歩《であ》く** 外出して方々歩き回る。
**手合《てあ》わせ◀** 相手になって勝負する。
**丁《てい》** 十干の第四番。甲・乙・丙の次。
**体《てい》** ありさま。形。風情。「—を成す」
**艇《てい》** こぶね。はしけ。ボート。「巡視—」
**提案《ていあん》** 案を提出すること、その案。
**帝位《ていい》** 天子の位。皇位。帝王の位。
**定員《ていいん》** あらかじめ決められた人数。
**庭園《ていえん》** 規模が大きく立派に整った庭。
**帝王《ていおう》** 君主国の元首。皇帝・王。
**低音《ていおん》** 低い音。低い声。バス。⬍高音
**低温《ていおん》** 低い温度。「—保存」⬍高温
**低下《ていか》** 低く下がること。程度が落ちる。
**定価《ていか》** 前もって決められた値段。
**定額《ていがく》** 一定の金額。「—貯金」

**停学《ていがく》** 学生の登校を一時禁止する処分。
**定款《ていかん》** 社団法人や会社の規約。
**諦観《ていかん》** 本質を見極める。あきらめ悟る。
**定期《ていき》** 一定の期限。決まった期間。
**提起《ていき》** 問題として差し出す。「問題—」
**定義《ていぎ》** 概念や意味を明確に定めたもの。
**低気圧《ていきあつ》** 周囲より気圧が低い所。
**定期便《ていきびん》** 定期的な連絡・輸送。
**低級《ていきゅう》** 程度や質が低く劣る。⬍高級
**定休《ていきゅう》** 決まった休み。「—日」
**涕泣《ていきゅう》** 涙を流して泣くこと。
**啼泣《ていきゅう》** 声をあげて泣くこと。
**提供《ていきょう》** 差し出して相手の用に供する。
**庭訓《ていきん》** 家庭で子に教育すること。
**低空《ていくう》** 地面・水面に近い空。「—飛行」

**定形《ていけい》** 一定の決まった形。「—郵便物」
**定型《ていけい》** 一定の決まった型。「—詩」
**提携《ていけい》** 協力して事業などを行うこと。
**締結《ていけつ》** 条約や契約を結ぶこと。
**定見《ていけん》** しっかりした一定の意見。
**低減《ていげん》** 減る。減らす。値が安くなる。
**逓減《ていげん》** 次第に減少する。漸減。⬍逓増
**提言《ていげん》** 意見や考えを出すこと。
**抵抗《ていこう》** 手向かい。反発。反対に働く力。
**定刻《ていこく》** 決められた一定の時刻。定時。
**帝国《ていこく》** 皇帝の統治する国家。「—主義」
**体裁《ていさい》** 外観。面目。一定の形式。
**偵察《ていさつ》** 敵の情勢をひそかに探ること。
**停止《ていし》** 中途で止まること。差し止め。
**呈示《ていじ》** 差しだして見せること。開示。

提示《ていじ》 持ちだして見せること。提出。
定時《ていじ》 一定の時期。定期。定刻。
定式《ていしき》 一定の方式。様式。「―化する」
低次元《ていじげん》 次元が低いこと。低級。
低姿勢《ていしせい》 相手に対し下手に出た態度。
定時制《ていじせい》 夜間に授業を行う教育制度。
低湿《ていしつ》 土地が低く湿気が多い。⇔高燥
帝室《ていしつ》 天皇の一家。皇室。王室。
停車《ていしゃ》 車が止まること。「急―」⇔発車
泥車瓦狗《でいしゃがこう》 役に立たないもの。
亭主《ていしゅ》 その家の主人。あるじ。夫。
定収《ていしゅう》 決まって入る収入。定収入。
定住《ていじゅう》 一定の場所に住居すること。
低周波《ていしゅうは》 周波数の低い電波や音波。
貞淑《ていしゅく》 女の操がかたくしとやかなこと。

呈出《ていしゅつ》 あらわしだすこと。差しだす。
提出《ていしゅつ》 必要なものとして人に出すこと。
貞順《ていじゅん》 操がかたくて素直なこと。
汀渚《ていしょ》 みずぎわ。なぎさ。
貞女《ていじょ》 操をかたく守る女。貞節な女。
低唱《ていしょう》 低い声で歌うこと。「浅酌―」
提唱《ていしょう》 意見を示して、呼びかけること。
呈上《ていじょう》 差し上げること。進呈。
定食《ていしょく》 飲食店の一定の献立による食事。
定職《ていしょく》 決まった職業。「―につく」
抵触《ていしょく》 【牴触】規則や法律に触れること。
停職《ていしょく》 一定期間職務につかせないこと。
丁字路《ていじろ》 「丁」形の道路。T字路。
泥水《でいすい》 泥がまじって濁った水。どろ水。
泥酔《でいすい》 正体を失うほど酒に酔うこと。

定数《ていすう》 一定の数・人数。「―是正」
呈する《ていする》 差し出す。進呈する。示す。
訂する《ていする》 訂正する。直す。交わりを結ぶ。
挺する《ていする》 自ら進んで投げ出す。「身を―」
定性《ていせい》 物質の成分を調べ定めること。
訂正《ていせい》 誤りを正しく直すこと。修正。
帝政《ていせい》 帝王が行う政治。「―ロシア」
啼声《ていせい》 鳥や獣のなく声。鳥獣のなきごえ。
定説《ていせつ》 一般に認められている説。
貞節《ていせつ》 妻が夫に対して貞操を守ること。
停船《ていせん》 船を止めること。船が止まること。
停戦《ていせん》 戦争を一時中断すること。
定礎《ていそ》 着工に際し土台石を据えること。
提訴《ていそ》 訴訟を起こすこと。⇔応訴
低層《ていそう》 建物の階が低いこと。「―住宅」

貞操《ていそう》 異性関係の純潔を守ること。
逓送《ていそう》 荷物を次々と先に送ること。
逓増《ていぞう》 数量が次第に増えること。漸増。
定則《ていそく》 一定の法則・決まり。定規。
低俗《ていぞく》 低級で卑しい。下品で俗っぽい。
定足数《ていそくすう》 必要最小限度の出席議員数。
停滞《ていたい》 はかどらないこと。滞ること。
手痛い《ていたい》 激しい。手ひどい。「―打撃」
邸宅《ていたく》 大きく立派な家。屋敷。「大―」
鼎談《ていだん》 三人で行う議論や話し合い。
泥炭《でいたん》 泥状の質の低い石炭。「―地」
低地《ていち》 低い土地。周囲より低い土地。
定置《ていち》 一定の場所に置くこと。「―網」
偵知《ていち》 探り知ること。窺い知ること。
定着《ていちゃく》 しっかり定まること。固定すること。

泥中《でいちゅう》 どろの中。「―の蓮《はす》」
丁重《ていちょう》 【鄭重】礼儀正しく手厚いこと。
低調《ていちょう》 程度が低い。調子が出ないこと。
低潮《ていちょう》 干潮の、極限に達した状態。
亭亭《ていてい》 大木が高くそびえたつさま。
蹄鉄《ていてつ》 馬のひづめに打つU字形の鉄具。
定点《ていてん》 位置の定まった点。「―観測」
逓伝《ていでん》 次々と伝え送ること。「―競走」
停電《ていでん》 送電が一時的に止まること。
程度《ていど》 度合い。標準。限度。範囲。
低頭《ていとう》 頭を下げること。うなだれること。
抵当《ていとう》 貸し手に与える保証。担保。
提督《ていとく》 艦隊の司令官。海軍の将校。
停頓《ていとん》 はかどらないこと。行き詰まる。
丁寧《ていねい》 【叮嚀】注意深い。礼儀正しいさま。

泥濘《でいねい》 泥が深いこと。ぬかるみ。
丁年《ていねん》 一人前になる年齢。満二十歳。
定年《ていねん》 【停年】法規により退職する年齢。
諦念《ていねん》 道理を悟った心。あきらめの気持。
碇泊《ていはく》 【停泊】船が碇を下ろしとまる。
剃髪《ていはつ》 髪をそり落とし仏門に入ること。
定評《ていひょう》 世間に認められているよい評判。
綴文《ていぶん》 文章をつづること。作文。
底辺《ていへん》 三角形の頂点に対する辺。下層。
堤防《ていぼう》 河岸・海岸に築く堤や土手。
低木《ていぼく》 丈の低い木。灌木《かんぼく》。⇔高木《ぼく》
定本《ていほん》 原本に最も近く標準となる本。
底本《ていほん》 翻訳や校訂の際のもとになる本。
弟妹《ていまい》 弟と妹。⇔兄姉《けいし》
低迷《ていめい》 低く漂うこと。活動が鈍ること。

底面《ていめん》 底の面。立体の底の部分。
締約《ていやく》 契約や条約を結ぶこと。「—国」
提要《ていよう》 要領を掲げ示す、またその書物。
体よく《ていよく》 【態よく】体裁を繕うさま。
低落《ていらく》 低くなる。値が下がる。⇔高騰
廷吏《ていり》 裁判所で事務に従事する職員。
低利《ていり》 安い利息。低い利率。⇔高利
定理《ていり》 定義や公理で証明された命題。
出入り《でいり》 ではいり。支出と収入。
低率《ていりつ》 低い利率。低い割合。⇔高率
定率《ていりつ》 一定の割合・比率。「—償却」
鼎立《ていりつ》 三者が互いに対立すること。
定流《ていりゅう》 一定方向に流れる水流・電流。
底流《ていりゅう》 底の方の流れ。表に出ない動き。
停留《ていりゅう》 とどまること。止まる。「—所」
泥流《でいりゅう》 多量の泥土が混じった奔流。
定量《ていりょう》 決められた分量。一定の分量。
手入れ《ていれ》 直し。修理。世話。検挙。
定例《ていれい》 定期的に行われていること。
低劣《ていれつ》 程度が低く劣っている。俗悪。
低廉《ていれん》 値段が安いこと。廉価。⇔高価
泥路《でいろ》 ぬかるんだ道。どろみち。
定論《ていろん》 人々に認められている論。定説。
提論《ていろん》 議論を提出すること。提議。
手薄《てうす》 不十分なさま。人手が少ない。
手打ち《てうち》◀ 事の成立に手を打ち鳴らす。そばなどを手作りする。「—うどん」
手負い《ておい》◀ 傷を負うこと。「—の熊」
手桶《ておけ》 取っ手のある桶。水くみ桶。
手落ち《ておち》 手続きや手段に不備がある。
手織り《ており》◀ 手で織りあげること・もの。
手鏡《てかがみ》 手に持って使う柄のついた鏡。
手掛かり《てがかり》◀ 問題を解決する糸口。
出掛ける《でかける》 外出する。出発する。
手加減《てかげん》 相手に応じて調節すること。
手械《てかせ》 【手枷】手にはめる刑具。「—足枷」
出稼ぎ《でかせぎ》◀ 他郷で働くこと。「—農民」
手形《てがた》 手の形。有価証券の一。「為替—」
手堅い《てがたい》 確実で危なげない。堅実。
手柄《てがら》 立派な働き。功績。「—顔」
出涸らし《でがらし》◀ 味が薄くなったもの。
手軽《てがる》 簡単でたやすいさま。機敏。
敵《てき》 争いの相手。かたき。⇔味方
出来《でき》 でき具合。できばえ。収穫。
溺愛《できあい》 むやみにかわいがること。
出来合い《できあい》◀ 既製のもの。間にあわせ。
敵意《てきい》 敵対しようとする心。「—を抱く」
適応《てきおう》 環境に合うように変わること。
適温《てきおん》 適した温度。ほどよい温度。
滴下《てきか》 しずくとなって落ちること。
摘果《てきか》 余分な果実を初期に摘み取る。
摘芽《てきが》 果樹栽培でむだな芽を摘み取る。
敵愾心《てきがいしん》 敵に対して憤る気持ち。
的確《てきかく》 確実で間違いがないこと。
適格《てきかく》 その資格に当てはまること。
●的確な判断を下す
●監督に適格な人物
適宜《てきぎ》 ほどよいこと。随意。適当。
適言《てきげん》 その場にふさわしい言葉。
適合《てきごう》 ぴったりと当てはまること。
出来心《できごころ》 ふとわいた悪い考え。
適材《てきざい》 その仕事に適した才能をもつ人。
適材適所《てきざいてきしょ》 その人物の能力・特性に適した仕事や任務につけること。
敵視《てきし》 敵としてみる。敵対者と見なす。
適時《てきじ》 適当な時期。よい機会。「—性」
溺死《できし》 水におぼれて死ぬこと。水死。
適者生存《てきしゃせいぞん》 環境に適応したものが生き残り、他は滅びるということ。
敵手《てきしゅ》 敵の支配下。競争相手。「好—」
敵襲《てきしゅう》 敵が襲ってくること。敵の襲撃。
剔出《てきしゅつ》 手術で、患部をえぐりだすこと。
摘出《てきしゅつ》 つまみだすこと。暴きだすこと。
摘除《てきじょ》 悪い部分を摘出して取り除く。
敵将《てきしょう》 敵の大将。敵方の将軍。
敵情《てきじょう》 【敵状】敵の情勢・状況。「—偵察」
敵陣《てきじん》 敵の陣営・陣地。「—突破」
手傷《てきず》 【手創・手疵】戦いで負った傷。
適する《てきする》 うまくあう。適合する。
適正《てきせい》 適当で正しい。妥当。「—規模」
適性《てきせい》 物事に適した性質。「—検査」
●適正価格・を欠く
●選手としての適性
敵勢《てきせい》 敵の勢い・様子。敵の軍勢。
適切《てきせつ》 うまく当てはまること。至当。
的然《てきぜん》 はっきりとしたさま。明らかな。
敵前《てきぜん》 敵の目の前。「—逃亡」
出来損ない《できそこない》 出来が不完全・変。
敵対《てきたい》 敵としてはむかう。張り合う。
出来高《できだか》 できた量。収穫量。「—払い」
敵地《てきち》 敵の領地。敵の勢力範囲。
的中《てきちゅう》 【適中】予想が当たること。命中。

適度《てきど》 程度がちょうどよい。ほどよい。
適当《てきとう》 ふさわしいこと。あてはまること。
適任《てきにん》 その任務に適していること。
出来栄《できば》え◀【出来映え】仕上り具合。
摘発《てきはつ》 悪事を暴き公表すること。
適否《てきひ》 適することと適さないこと。
手厳《てきび》しい 極めて厳しい。「―評価」
適評《てきひょう》 適切な批評・評価。「―を下す」
適法《てきほう》 法にかなうこと。合法。⬌違法
覿面《てきめん》 結果がすぐにあらわれるさま。
適役《てきやく》 その人に適した役。はまり役。
適訳《てきやく》 適切な翻訳・訳語。
適用《てきよう》 当てはめ用いること。準用。
摘要《てきよう》 要点を抜き出して記したもの。
適量《てきりょう》 ちょうどよい量。適度な分量。

出来《でき》る 生じる。完成する。可能。
適例《てきれい》 よく当てはまる例。適切な例。
適齢《てきれい》 規定や条件に適する年齢。「―期」
手際《てぎわ》 処理のしかた。技量。腕前。
木偶《でく》 木彫りの人形。役立たずの人。
天蚕糸《てぐす》 釣糸に用いられる透明な糸。
手癖《てくせ》 無意識に行う手の動き。盗癖。
手管《てくだ》 人を巧みにだます手段や方策。
手口《てぐち》 やりかた。犯行のやりくち。
出口《でぐち》 外へ出るための口。⬌入口
手配《てくば》り 手わけして準備を進める。
梃子《てこ》 【梃】重いものを動かす時使う棒。
手心《てごころ》 手加減。「―を加える」
手古摺《てこず》る 【梃子摺る】扱いかねる。
手応《てごた》え 手にこたえる感覚。反応。

凸凹《でこぼこ》 表面に起伏がある状態。「―道」
手頃《てごろ》 扱うのにちょうどいい。適合。
手強《てごわ》い 簡単に勝てないほど強い。
出盛《でさか》り 盛んに出回る時期。
手先《てさき》 指の先。手下として働く者。
出先《でさき》 外出している先。出張先。
手探《てさぐ》り 手先の感じで探る。模索。
手提《てさ》げ◀ 手にさげて持つ袋・鞄。
手捌《てさば》き ものを扱う手つき。扱い方。
手触《てざわ》り 手で触った時の感じ。
弟子《でし》 師について教えを受ける人。
出潮《でしお》 月の出の満潮。⬌入り潮
手塩《てしお》に掛《か》ける 自ら世話をし大切に育てる。「手塩に掛けた愛弟子《まなでし》」
手仕事《てしごと》 手先でする仕事。手工。

手下《てした》 手先となって行動する人。
手品《てじな》 人の目をくらます芸。奇術。
手酌《てじゃく》 自分で酒をついで飲むこと。
手順《てじゅん》 物事を進める順序。段取り。
手錠《てじょう》 【手鎖】罪人の手首にはめる錠。
手数《てすう》 手間。てかず。骨折り。面倒。
手透《てす》き 【手隙】手が空いていること。
手漉《てす》き◀ 手で紙をすくこと。
手遊《てすさ》び 手先でもてあそぶこと。
手筋《てすじ》 技芸などの素質。手段。方法。
手摺《てす》り◀ 橋や階段などに渡した横木。
手製《てせい》 手作り。自分で作る品。
手狭《てぜま》 住居や部屋の空間が狭いこと。
手相《てそう》 手のひらの筋に現れた運勢。
出初《でぞ》め◀ はじめて出る。消防の出初式。

出揃《でそろ》う 残らず出る。全部集まる。
手代《てだい》 頭《かしら》に当たる人の代理。
出《で》だし 【出出し】すべりだし。始まり。
手助《てだす》け 仕事の手伝いをすること。
手達者《てだっしゃ》 書字・技芸の巧みな人。
手立《てだ》て 事を行う順序。方法。術。
手玉《てだま》に取《と》る 人を思い通り操る。
出鱈目《でたらめ》 いいかげん。無軌道。
手近《てぢか》 かたわら。すぐそば。卑近。
手違《てちが》い◀ 行き違い。当てはずれ。
手帳《てちょう》 【手帖】覚書きに使う小さい帳面。
鉄《てつ》 金属の一つ。堅固のたとえ。
轍《てつ》 車輪の跡。わだち。先例。
鉄火《てっか》 熱した鉄。勇み肌。生のマグロ。
撤回《てっかい》 取り下げること。引っ込めること。

哲学《てつがく》 根本原理を追求する学問。
手摑《てづか》み 手で直接つかむこと。
鉄器《てっき》 鉄で作った器具。「―時代」
撤去《てっきょ》 取り去ること。取り除くこと。
鉄橋《てっきょう》 鉄製の橋。鉄道が通る橋。
鉄筋《てっきん》 コンクリート補強用の軟鋼の棒。
手付《てつ》け◀ 契約の保証金。「―金」
剔抉《てっけつ》 悪事などを暴きだす。「爬羅《はら》―」
鉄拳《てっけん》 握りこぶし。げんこつ。「―制裁」
鉄工《てっこう》 鉄材による工作。鉄を扱う職工。
鉄甲《てっこう》 鉄製のよろいやかぶと。
鉄鉱《てっこう》 鉄の原料となる鉱石。「赤―」
鉄鋼《てっこう》 鉄とはがね。銑鉄・鋳鉄と鋼鉄。
●鉄鉱を採掘する
●鉄鋼を生産する
鉄格子《てつごうし》 鉄製の格子。刑務所。

鉄骨《てっこつ》 建築の骨組みにする鉄材。
鉄鎖《てっさ》 鉄の鎖。厳しい束縛。
鉄材《てつざい》 建築材料用の鉄。
撤収《てっしゅう》 取り去って、しまうこと。撤退。
徹宵《てっしょう》 夜通し。一晩じゅう。徹夜。
鉄条網《てつじょうもう》 有刺鉄線の網状の柵。
鉄心《てっしん》 鉄のように堅固な精神・意志。
哲人《てつじん》 見識や知徳の高い人。哲学者。
鉄人《てつじん》 強い体をもった人。不死身。
徹《てっ》する 押し通す。貫く。しみる。「夜を―」
撤《てっ》する 取り払う。引き払う。「陣を―」
●プロに徹する
●障壁を撤する
鉄石《てっせき》 非常に堅固なこと。「―心」
鉄則《てっそく》 変更できない厳しい決まり。
撤退《てったい》 陣地をひき払い退去すること。

手伝《てつだ》う 手助けする。援助する。
捏《でっ》ち上《あ》げる うそを作りあげる。
鉄槌《てっつい》 かなづち。ハンマー。「―を下す」
手続《てつづ》き◀ 物事を行う順序・方法・手順。
出突《でづ》っ張《ぱ》り 続けざまの出演。
徹底《てってい》 十分に行き届くこと。貫き通す。
鉄塔《てっとう》 鉄の塔。鉄骨を組んだ柱。
鉄道《てつどう》 交通・運輸用の鉄の軌道。
徹頭徹尾《てっとうてつび》 始終。あくまで。
手《て》っ取《と》り早《ばや》い 手早く簡単。
撤廃《てっぱい》 制度・法規を取りやめること。
鉄板《てっぱん》 鉄の板。「―焼き」
鉄扉《てっぴ》 鉄製の扉。「―を閉ざす」
鉄筆《てっぴつ》 印刻に使う小刀。鉄製ペン。
鉄瓶《てつびん》 湯を沸かす鉄製の容器。

轍鮒《てっぷ》の急《きゅう》 差し迫った危険。
鉄分《てつぶん》 成分として含まれる鉄。
撤兵《てっぺい》 軍隊を引き揚げること。⇔出兵
鉄壁《てっぺき》 非常にかたい守り。「―の守備」
天辺《てっぺん》 いただき。頂上。「山の―」
鉄棒《てつぼう》 鉄製の棒。器械体操の器具。
鉄砲《てっぽう》 火薬を使う武器の一種。小銃。
鉄砲玉《てっぽうだま》 弾丸。使いに出て戻らない。
手詰《てづ》まり◀ 手段・方法がなく困る。
鉄面皮《てつめんぴ》 図々しいこと。厚顔。
徹夜《てつや》 一晩中起きていること。徹宵。
哲理《てつり》 哲学上の理論。奥深い道理。
手蔓《てづる》 手掛かり。つて。糸口。縁故。
鉄腕《てつわん》 鉄のように強い腕・腕力。
出所《でどころ》 【出処】出たもと。出るべき時。

手取《てど》り◀ 実際に受け取る金額。
手直《てなお》し 少し手を加えて直すこと。
手慰《てなぐさ》み 退屈しのぎの遊び。賭博《とばく》。
手懐《てなず》ける 味方に引き入れる。
手並《てな》み◀ 手際。腕前。技量。
手習《てなら》い◀ 習字。けいこ。「六十の―」
手慣《てな》れる 【手馴れる】扱い慣れる。
手荷物《てにもつ》 持ち運べる荷物。チッキ。
手縫《てぬ》い◀ 手で縫うこと。縫ったもの。
手抜《てぬ》かり 不完全な手続きや方法。
手拭《てぬぐ》い◀ 手や顔をふく木綿布。
手緩《てぬる》い 厳しさが足りない。のろい。
手《て》の内《うち》 胸中。腕前。勢力の範囲。
掌《てのひら》 【手の平】手の内側。たなごころ。
出歯《でば》 前方に反った前歯。でっぱ。

手配《てはい》 手はず。犯人逮捕の指令・配置。
手始《てはじ》め 【手初め】物事を行うはじめ。
手筈《てはず》 てくばり。手順。「―を整える」
出花《でばな》 たてたばかりの香りのよい茶。
出端《でばな》 【出鼻】しはじめ。「―をくじく」
手放《てばな》す 手を放す。人手に渡す。
出払《ではら》う 残らず出ていなくなる。
出番《でばん》 出演する番。出勤の当番。
手控《てびか》える 控えめにする。
手引《てび》き◀ 手ほどき。案内。導き。
手酷《てひど》い 手加減せず厳しい。「―批判」
手拍子《てびょうし》 手をたたいて取る拍子。
手広《てびろ》い 範囲などが広い。「―交遊」
手袋《てぶくろ》 防寒・装飾に手にはめる物。図
出無精《でぶしょう》 【出不精】外出したがらない。

手不足《てぶそく》 人手が足りないこと。
手札《てふだ》 トランプなどの持ち札。
手《て》ぶら 手に何も持たないこと。
手文庫《てぶんこ》 文具などを入れる小箱。
出放題《でほうだい》 出る一方。でまかせを言う。
手解《てほど》き 初歩を教えること。
手本《てほん》 模範とする本。見本。標準。
手間《てま》 かかる時間や労力。「―賃」
手前《てまえ》 自分の前。こちら。対面。自分。
出前《でまえ》 注文先に料理を届けること。
手前味噌《てまえみそ》 自分を自慢する。
出任《でまか》せ でたらめ。「口から―」
手枕《てまくら》 腕を曲げて枕にすること。
出窓《でまど》 外側に張り出して作られた窓。
手間取《てまど》る 手数・時間がかかる。

手招《てまね》く 来るように手で合図する。
手間隙《てまひま》 【手間暇】労力と時間。
手忠実《てまめ》 まめに行うこと。器用。
手鞠《てまり》 【手毬】手でついて遊ぶまり。新
手回《てまわ》し 前もってする準備。手配。
出回《でまわ》る 品物があちこちで見られる。
手短《てみじか》 手っ取り早い。簡単。「—に話す」
出店《でみせ》 本店から分かれ出た店。露店。
手土産《てみやげ》 訪問用の簡単なみやげもの。
手向《てむ》かう◀ はむかう。抵抗する。
出迎《でむか》え わざわざ出向いて迎える。
手持《ても》ち◀ 手もとに持っていること。
手元《てもと》 【手許】手ぢか。手つき。「—金」
出戻《でもど》り 離婚して実家に帰ること。
衒《てら》う 見せびらかす。ひけらかす。

寺子屋《てらこや》 昔の庶民の教育機関。
照《て》らす 光を当てて明るくする。比較する。
寺銭《てらせん》 ばくちの場所代。
照《て》り返《かえ》し◀ 照り返すこと。反射。
照《て》り焼《や》き◀ たれにつけて焼く料理。
手料理《てりょうり》 手作りの料理。
照《て》る 光を放つ。輝く。光る。「日が—」
出《で》る 内から外に行く。現れる。超える。
照《て》れ隠《かく》し 照れくささを取り繕う。
照《て》れる 決まり悪がる。はにかむ。
手練手管《てれんてくだ》 人をだます手段。
手分《てわ》け 何人かで分担すること。
手渡《てわた》す 直接手から手にわたす。
天《てん》 空。神。運命。天国。⇕地
電圧《でんあつ》 二点間の電位差(単位はボルト)。

転位《てんい》 位置が変わる。位置を変える。
転移《てんい》 場所が移ること。移動。「ガンの—」
天衣無縫《てんいむほう》 詩歌に技巧のあとがなく自然で完璧なこと。無邪気な人柄。
店員《てんいん》 商店に勤める人。販売員。
天運《てんうん》 天から授かった運命。天命。
田園《でんえん》 田畑。緑豊かな郊外。田舎。
天下《てんか》 全世界。全国。世の中。支配下。
点火《てんか》 灯をともすこと。火をつけること。
転化《てんか》 状態が移り変わる・変化する。
転嫁《てんか》 罪や責任をほかになすりつける。
●量から質への転化
●責任を転嫁する
添加《てんか》 添え加えること。「—物」「無—」
転訛《てんか》 本来の発音がなまり変わること。
典雅《てんが》 美しく品がよい。みやび。⇕粗野

伝家《でんか》 その家に代々伝わる。「—の宝刀」
殿下《でんか》 天皇と三后以外の皇族への敬称。
電化《でんか》 電力を利用するようになること。
展開《てんかい》 繰り広げる。発展する。「—図」
転回《てんかい》 方向などを変える。回転。「—期」
●論戦を展開する
●方針の転回
天外《てんがい》 はるかかなた。「奇想—」
天涯《てんがい》 空のはて。異郷。「—万里」
天蓋《てんがい》 仏像や棺の上にかざす覆い。
電解《でんかい》 「電気分解」の略。「—質」
天涯孤独《てんがいこどく》 身寄りがないこと。
天下一品《てんかいっぴん》 天下一の優れもの。
点画《てんかく》 漢字を形成する点と線。字画。
田楽《でんがく》 民俗芸能の一つ。「田楽焼き」の略。
天下泰平《てんかたいへい》 世間が平穏なこと。

天下無双《てんかむそう》 天下で一番のもの。
転換《てんかん》 別の方向に変えること。「—期」
癲癇《てんかん》 けいれんなどを伴う脳疾患。
天気《てんき》 空模様。天候。晴天。人の機嫌。
転機《てんき》 転換する機会・きっかけ。
伝奇《でんき》 不思議な物語。幻想に富む話。
伝記《でんき》 個人の一生を記したもの。
電気《でんき》 電荷。電気エネルギー。「静—」
電器《でんき》 電力を使う器具。「家庭—」「—商」
電機《でんき》 電力を使う機械。「—工業」「重—」
天球《てんきゅう》 天体を球面ととらえた仮想球面。
電球《でんきゅう》 電灯のたま。「豆—」「裸—」
典拠《てんきょ》 正しいよりどころ。出典。
転居《てんきょ》 住居を移転すること。引っ越し。
電極《でんきょく》 電流の出入り口。陽極と陰極。

転勤《てんきん》 勤務する場所が変わること。
天狗《てんぐ》 想像上の怪物。自慢する人。
天空《てんくう》 限りなく広い空。大空。天穹《てんきゅう》。
天空海闊《てんくうかいかつ》 度量が広く大きい。
天恵《てんけい》 天の恵み。神の恵み。
天啓《てんけい》 天の啓示。天の導き。
典型《てんけい》 規範となるもの。代表的なもの。
点景《てんけい》 【添景】風景画に配する人・動物。
電撃《でんげき》 電流による衝撃。急で激しいこと。
天険《てんけん》 地勢の険しい所。「—の利」
点検《てんけん》 一つ一つ細かく検査すること。
電源《でんげん》 電力・電流を供給するみなもと。
点呼《てんこ》 名を呼び人数を調べること。
天候《てんこう》 空模様。天気の状態。「悪—」
転向《てんこう》 方向・立場・主義主張を変える。

転校《てんこう》 生徒がほかの学校に移ること。
電光石火《でんこうせっか》 非常に敏速なこと。
篆刻《てんこく》 木や石などに文字を彫ること。
天国《てんごく》 天上の世界。極楽。⬍地獄
典獄《てんごく》 監獄の事務を司る人。刑務所長。
伝言《でんごん》 ことづて。ことづけ。「―板」
天才《てんさい》 天性のずば抜けた才能の持ち主。
天災《てんさい》 地震・洪水など自然の災害。
転載《てんさい》 既刊の記事などをほかに載せる。
点在《てんざい》 散らばって存在すること。散在。
転作《てんさく》 従来とは別種類の農作物を作る。
添削《てんさく》 人の文章などを手を入れて直す。
天子《てんし》 天上界の人。帝王。天皇。
天使《てんし》 天界からの神の使者。「白衣の―」
展翅《てんし》 昆虫の羽を広げて固定すること。

点示《てんじ》 一つ一つ指し示すこと。指摘。
点字《てんじ》 突起した点による盲人用の文字。
展示《てんじ》 並べて人々に見せること。「―会」
篆字《てんじ》 篆書体の文字。篆文。
電子《でんし》 原子を構成する素粒子の一つ。
天竺《てんじく》 インドの古称。「天竺木綿」の略。
電磁波《でんじは》 磁場の変化で起こる波動。
転写《てんしゃ》 写しとる。ほかに写しかえる。
電車《でんしゃ》 電気を動力源とした鉄道車両。
転借《てんしゃく》 人が借りたものを借りる。又借。
天守《てんしゅ》 城の最も高い物見やぐら。「―閣」
店主《てんしゅ》 店の主人。
天寿《てんじゅ》 天から授けられた寿命。天命。
伝授《でんじゅ》 奥義を教え授けること。⬍伝受
点出《てんしゅつ》 絵画で、目立つように描きだす。

転出《てんしゅつ》 ほかの地へ転住すること。「―届」
添書《てんしょ》 使者や贈り物に添える手紙。
天象《てんしょう》 空模様。天気。天体の様子。
天上《てんじょう》 天。空の上。天上界。「―天下」
天井《てんじょう》 部屋の上方を覆う板張り。「青―」
殿上《てんじょう》 宮殿や殿堂の上。「―人」
伝承《でんしょう》 風習などを受け継ぎ伝えること。
天壌無窮《てんじょうむきゅう》 永遠に続くこと。
天職《てんしょく》 生来の性質にあった職業。
転職《てんしょく》 ほかの職業に変わること。転業。
伝書鳩《でんしょばと》 通信文を運ぶハト。
転じる《てんじる》 変わる。移る。巡る。「話題を―」
転身《てんしん》 身分・職業などを変えること。
転進《てんしん》 進路を転じること。退却。
電信《でんしん》 電信・電波による通信。「―柱」

天真爛漫《てんしんらんまん》 飾らず無邪気。
天水《てんすい》 雨水。空と水。「―桶《おけ》」
点数《てんすう》 評点・得点の数。品物の数量。
天成《てんせい》 天然にできている。「―の要害」
天性《てんせい》 生まれながらの性質。「―の画家」
転生《てんせい》 生まれ変わること。「輪廻《りんね》―」
転成《てんせい》 別の性質のものに変わること。
典籍《てんせき》 書物。書籍。本。
転籍《てんせき》 本籍・学籍などをほかに移す。
伝説《でんせつ》 昔から語り伝えられてきた話。
点線《てんせん》 点の連続による線。⬍実線
転戦《てんせん》 場所を変えて各地で戦うこと。
恬然《てんぜん》 こだわらずのんびりしたさま。
伝染《でんせん》 伝わり移ること。「―病」
伝線《でんせん》 ほころびが線状に広がること。

転送《てんそう》 送られたものを再びほかへ送る。
伝送《でんそう》 次々送り伝えること。「―路」
電送《でんそう》 電流や電波で信号を送ること。
天測《てんそく》 経緯度を知るための天体観測。
転属《てんぞく》 ほかの管轄に移ること。転籍。
天体《てんたい》 宇宙に存在する物体の総称。
転貸《てんたい》 またがし。「―借禁止」⬍転借
転宅《てんたく》 住居をほかへ移すこと。転居。
電卓《でんたく》 「電子式卓上計算機」の略。
伝達《でんたつ》 指令・連絡事項を伝えること。
恬淡《てんたん》 【恬澹】あっさりして欲がない。
天地《てんち》 天と地。宇宙。上下。「―創造」
転地《てんち》 住む土地を変えること。「―療養」
田地《でんち》 田として利用する土地。
天地開闢《てんちかいびゃく》 天地の始まり。

天地神明《てんちしんめい》 天地の神神。
点茶《てんちゃ》 抹茶をたてること。
天誅《てんちゅう》 天の下す罰。「―が下る」
転調《てんちょう》 曲の途中で調子を変えること。
点綴《てんてい》 ほどよく散らばっている。点在。
天敵《てんてき》 宿命的に外敵である生物。
点滴《てんてき》 水のしたたり。点滴注射。
転転《てんてん》 次々移るさま。転がるさま。
輾転反側《てんてんはんそく》 思い悩んで眠れず、何度も寝返りをうつこと。
店頭《てんとう》 店の前。みせさき。「―販売」
点灯《てんとう》 灯をともすこと。点火。⬍消灯
転倒《てんとう》 順序が逆になる。倒れること。
伝統《でんとう》 代々受け継いできたしきたり。
電灯《でんとう》 電気エネルギーによる明かり。

伝道《でんどう》 教えを伝え広めること。「—師」
伝導《でんどう》 熱や電気がものを伝わる。「熱—」
殿堂《でんどう》 広大で立派な建物。「美の—」
恬《てん》として 平然として。「—恥じない」
転入《てんにゅう》 ほかの土地から移り住むこと。
転任《てんにん》 ほかの任務・任地に変わること。
天然《てんねん》 人の手が加わらず自然のまま。
天皇《てんのう》 日本国、また日本国民の象徴。
天王山《てんのうざん》 天下分け目の時・局面。
伝播《でんぱ》 伝わり広まる。波動が広がる。
電波《でんぱ》 おもに通信に利用する電磁波。
転売《てんばい》 人から買ったものをほかへ売る。
天罰《てんばつ》 天が下す罰。
天罰覿面《てんばつてきめん》 天罰が即座に下る。
典範《てんぱん》 手本となる正しい事柄・おきて。
天日《てんぴ》 太陽の光。「—干し」
天火《てんぴ》 蒸し焼きにする器具。オーブン。
天引《てんび》き▲ 前もって一定額を引き去る。
点描《てんびょう》 点で描く画法。簡単な部分描写。
伝票《でんぴょう》 取引の要件を記載する紙片。
天秤《てんびん》 てこの原理を応用したはかり。
天稟《てんぴん》 生まれつきの性質・才能。
天賦《てんぷ》 天から受けた性質・才能。
添付《てんぷ》 書類などにつけ添えること。
臀部《でんぶ》 尻の部分。
転覆《てんぷく》 【顚覆】ひっくりかえる。滅びる。
田夫野人《でんぷやじん》 無教養で粗野な人。
天麩羅《てんぷら》 衣をつけ油で揚げた料理。
天分《てんぶん》 生まれつきの才能・資質。天性。
伝聞《でんぶん》 人づてに伝え聞くこと・内容。
電文《でんぶん》 電報の文。
澱粉《でんぷん》 イモや米に含まれる炭水化物。
転変《てんぺん》 移り変わり。変遷。「有為—」
天変地異《てんぺんちい》 様々な天地の異変。
店舗《てんぽ》 商品を並べて販売する建物。店。
塡補《てんぽ》 不足を補い埋めること。補塡。
展望《てんぼう》 事のなりゆき。見晴らし。「—台」
伝法《でんぽう》 乱暴なふるまい。勇み肌(の女性)。
電報《でんぽう》 電信による通信(文)。「—を打つ」
天幕《てんまく》 野営のための幕。テント。
伝馬船《てんません》 荷物を運送する平底の船。
顚末《てんまつ》 はじめから終わりまでの経緯。
天窓《てんまど》 採光や換気用に屋根につけた窓。
天命《てんめい》 天が与えた使命。運命。天運。
点滅《てんめつ》 明かりがついたり消えたりする。
殄滅《てんめつ》 残らず滅ぶこと。滅ぼし絶やす。
纏綿《てんめん》 まといつくこと。情が細やか。
天文《てんもん》 天体や宇宙の諸現象。「—台」
点訳《てんやく》 文字を点字に直すこと。点字訳。
点薬《てんやく》 目薬をさすこと。点眼。点眼薬。
店屋物《てんやもの》 出前の食べ物。
天佑神助《てんゆうしんじょ》 天や神の助け。
天与《てんよ》 天の与えるもの。天賦。「—の才」
転用《てんよう》 本来の目的以外に用いること。
天来《てんらい》 天からくること。素晴らしいもの。
伝来《でんらい》 外国から伝わる。代々伝わること。
転落《てんらく》 【顚落】転げ落ちる。堕落する。
天覧《てんらん》 天皇が御覧になること。「—試合」
展覧《てんらん》 広げ並べて見せること。「—会」
天理《てんり》 自然の道理。「—に従う」
電流《でんりゅう》 電気の流れ(単位はアンペア)。
電力《でんりょく》 電流の仕事量(単位はワット)。
典礼《てんれい》 一定の儀式。作法。「即位の—」
典例《てんれい》 典拠となる先例。前例。「法規—」
典麗《てんれい》 典雅で美麗。整っていて美しい。
伝令《でんれい》 命令を伝えること・人。
電話《でんわ》 電話機(による通話)。「—番号」

## と

戸《と》 家の出入口にたてる扉。「網—」
斗《と》 容積の単位。一升の十倍。
度合《どあ》い▲ 程度。ほどあい。「濃淡の—」
投網《とあみ》 水面に投げて魚をとらえる網。
樋《とい》 水を送り流す屋根のしかけ。
問《と》い▲ 質問。問題。「—に答える」
問《と》い合《あ》わせる▲ 尋ね確かめる。
吐息《といき》 ため息。ほっとつく息。「青息—」
砥石《といし》 刃物を研ぐための石。
問《と》い質《ただ》す 問い責め明らかにする。
党《とう》 仲間。政治上の結社。政党。
等《とう》 ～など。～のほか。
塔《とう》 高くそびえた細長い建造物。
問《と》う 尋ねる。聞きただす。「安否を—」
胴《どう》 体の中心となる部分。胴体。
堂《どう》 神仏を祭る建物。集会する建物。
獰悪《どうあく》 凶悪で荒々しいさま。「—な人相」
胴上《どうあ》げ 祝福して人を空中に投げる。
等圧《とうあつ》 気圧が等しいこと。「—線」
答案《とうあん》 試験などで解答を書いたもの。
等位《とうい》 等級。位。等しい等級・位置。

同意《どうい》 同じ意見。同じ意味。賛成。
当意即妙《とういそくみょう》 適切な対応と機転。
統一《とういつ》 多くのものを一つにまとめる。
同一《どういつ》 同じこと。差がないこと。平等。
同一視《どういつし》 同様と見なすこと。同視。
党員《とういん》 政党に属している人。
登院《とういん》 議員が議院に出席する。⬍退院
動因《どういん》 物事を引き起こす原因。誘因。
動員《どういん》 人やものを駆り集めること。
堂宇《どうう》 堂の軒。堂の建物。殿堂。
投影《とうえい》 影を映し出すこと。反映させる。
倒影《とうえい》 逆さに映った影。倒景。「富士の―」
等温《とうおん》 温度が等しいこと。「―線」
同音《どうおん》 同じ字音。同じ音声。「―語」
灯下《とうか》 ともしびの下。明かりのそば。

灯火《とうか》 ともしび。「―親しむべし」
投下《とうか》 投げ落とすこと。資金などの投入。
透過《とうか》 透き通ること。通り抜けること。
等価《とうか》 価格や価値が等しいこと。
糖化《とうか》 でんぷんなどが糖になること。
同化《どうか》 周りの異質のものと一体化する。
銅貨《どうか》 銅で造った貨幣。「十円―」
動画《どうが》 連続画像。アニメーション。
童画《どうが》 子ども向けに描いた絵。
倒壊《とうかい》 【倒潰】倒れ壊れること。
韜晦《とうかい》 才能や本心を他事で隠すこと。
当該《とうがい》 そのことに当てはまること。
凍害《とうがい》 作物が寒さや霜で受ける害。
等外《とうがい》 定められた等級に入らないこと。
当確《とうかく》 「当選確実」の略。

倒閣《とうかく》 内閣を倒すこと。「―運動」
頭角《とうかく》 頭の先。優れた才能。「―を現す」
同格《どうかく》 同じ格式。同じ資格。
同学《どうがく》 同じ学校や師に学ぶこと。
同額《どうがく》 等しい金額。
導火線《どうかせん》 火薬に火をつける線。
薹《とう》が立《た》つ 盛り・年頃をすぎる。
統括《とうかつ》 全体を一つにまとめる。統合。
統轄《とうかつ》 全体をまとめ取り仕切ること。
恫喝《どうかつ》 【恫愒】おどすこと。威嚇。
唐辛子《とうがらし》 【唐芥子】香辛料の一つ。秋
灯竿《とうかん》 先に灯火をつけた標識用の柱。
投函《とうかん》 郵便物をポストに入れること。
等閑《とうかん》 いいかげんな気持ちで行うこと。
統監《とうかん》 政治・軍隊を支配・監督する。

桃顔《とうがん》 桃の花のような美しい顔。
同感《どうかん》 同じように考え、感じること。
動感《どうかん》 いきいきした動きのある感じ。
導管《どうかん》 【道管】水などを導く管。道管。
童顔《どうがん》 子どもの顔。幼い顔。
冬季《とうき》 冬の季節。冬の時期。⬍夏季
冬期《とうき》 冬の期間。冬の間。⬍夏期
当期《とうき》 この時期。この期間。今期。
投棄《とうき》 投げ捨てること。「不法―」
投機《とうき》 市価変動を利用した商取引。
党紀《とうき》 党の風紀や規律。「―委員会」
党規《とうき》 党の規則。党則。「―改正」
陶器《とうき》 焼き物。瀬戸物。陶磁器。
登記《とうき》 権利・身分を公簿に示す。「―簿」
騰貴《とうき》 物価や相場が上がる。⬍下落

党議《とうぎ》 党内での討論や決議。
討議《とうぎ》 意見を述べ論じ合うこと。討論。
闘技《とうぎ》 力や技の優劣を競う。格闘競技。
同気《どうき》 同じ仲間。同類。「―相求めて」
同期《どうき》 同じ時期。同じ年度。「―生」
動悸《どうき》 【動気】心臓がどきどきすること。
動機《どうき》 決心や行動の原因。きっかけ。
同義《どうぎ》 同じ意味。同意。「―語」⬍異義
胴着《どうぎ》 【胴衣】防寒用の下着。「救命―」
動議《どうぎ》 会議中に出る予定外の議題。
道義《どうぎ》 人の行うべき正しい道。道理。
投球《とうきゅう》 投手が打者に投げる、その球。
討究《とうきゅう》 討議して深く追究すること。
等級《とうきゅう》 上下の区別を示す段階。階級。
闘牛《とうぎゅう》 人と牛との闘技。「―士」

同級《どうきゅう》 同じ等級・学級。「―生」
撞球《どうきゅう》 ビリヤード。玉つき。
統御《とうぎょ》 全体を取り仕切ること。「―の才」
同居《どうきょ》 一緒に住むこと。「―人」⬍別居
同郷《どうきょう》 郷里が同じなこと。「―のよしみ」
道教《どうきょう》 中国の老子が開いた宗教。
同業《どうぎょう》 同じ職業・業種。「―組合」「―者」
当局《とうきょく》 そのことに責任をもつ機関。
同衾《どうきん》 男女が一緒に寝ること。ともね。
倒句《とうく》 意味を強めるため倒置した語句。
道具《どうぐ》 仕事や家事用の用具。調度。
盗掘《とうくつ》 鉱物・埋蔵物を無断で採掘する。
洞窟《どうくつ》 ほらあな。岩屋。洞穴。
当家《とうけ》 この家。「―の主人」⬍他家
峠《とうげ》 山道を上りつめた所。最高潮。

道化《どうけ》 おどけた言語・動作。道化師。
東経《とうけい》 子午線から東方の経度。⇔西経
統計《とうけい》 特性を数量的に把握すること。
闘鶏《とうけい》 鶏同士を戦わす遊び、その鶏。[春]
陶芸《とうげい》 陶器を作る工芸。「一家」「一展」
同形《どうけい》 同じかたち。同じ様式。⇔異形
同系《どうけい》 同じ系統・系列。「一交配」「一色」
同慶《どうけい》 互いにめでたい。ともに喜ぶこと。
凍結《とうけつ》 凍りつくこと。固定。使用禁止。
道化《どうけ》る おどける。
刀剣《とうけん》 かたなとつるぎ。かたな。
闘犬《とうけん》 犬同士を戦わせる遊び、その犬。
同権《どうけん》 権利が平等であること。「男女一」
桃源郷《とうげんきょう》 俗世を離れた別世界。仙郷。
倒語《とうご》 種を「ねた」とするような逆さ語。

灯光《とうこう》 ともしびの光。明かり。
投光《とうこう》 光を集めて照らすこと。「一器」
投降《とうこう》 自ら降参すること。降伏。「一兵」
投稿《とうこう》 掲載目的で原稿を送る。寄稿。
党綱《とうこう》 党の政綱。党の綱領。
陶工《とうこう》 陶磁器を作る職人。焼物師。
登校《とうこう》 学校へ行くこと。「不一」⇔下校
等高《とうこう》 高さが等しいこと。「一線」
投合《とうごう》 心などが一致すること。「意気一」
等号《とうごう》 等しいことを示す符号(=)。
統合《とうごう》 二つ以上のものを一つにする。
同好《どうこう》 好みが同じなこと。「一会」
同行《どうこう》 連れだつこと。同道。同伴。
動向《どうこう》 物事が変わりゆく方向・傾向。
瞳孔《どうこう》 眼球の中心にある穴。ひとみ。

同工異曲《どうこういきょく》 見かけは違っても中身は同じであること。似たり寄ったり。
投獄《とうごく》 とらえて監獄に入れること。
慟哭《どうこく》 大声で泣き叫ぶこと。号泣。
刀痕《とうこん》 刀で切った傷跡。「一生々しい」
当今《とうこん》 このごろ。いまどき。当節。
闘魂《とうこん》 戦おうとする意気込み。闘志。
同根《どうこん》 根本が同じであること。兄弟。
等差《とうさ》 等級をつけること。等級の格差。
踏査《とうさ》 実際に出かけて行って調べる。
当座《とうざ》 その場。当面。「当座預金」の略。
動作《どうさ》 体の動き。挙動。「一が鈍い」
当歳《とうさい》 その年生まれ。その年。今年。
搭載《とうさい》 物品や装置を積み込む。積載。
登載《とうさい》 新聞などに文章を載せる。掲載。

同罪《どうざい》 同じ罪。同じ責任。「全員一」
東西《とうざい》を失《うしな》う 途方に暮れる。
東西《とうざい》を弁《べん》ぜず 物事の道理がまったくわからない。西も東もわからない。
倒錯《とうさく》 逆さまになること。異常な行動。
盗作《とうさく》 他人の作品の無断使用。剽窃《ひょうせつ》。
洞察《どうさつ》 物事を見抜く・見通す。洞見。
倒産《とうさん》 経営難で企業がつぶれること。
蕩産《とうさん》 財産を使い果たすこと。破産。
動産《どうさん》 現金・商品など移動可能な財産。
投資《とうし》 利益を得る目的で出す資本。
凍死《とうし》 寒さのために凍え死ぬこと。[冬]
透視《とうし》 透かして見ること。千里眼。
盗視《とうし》 盗み見る・ひそかに見ること。
闘士《とうし》 戦士。主義のために活動する人。

闘志《とうし》 戦おうとする意志。闘魂。
冬至《とうじ》 二四節気で一二月二一日頃。[冬]
当時《とうじ》 その時。その頃。その昔。「新婚一」
杜氏《とうじ》 造り酒屋の職人のかしら。とじ。
悼辞《とうじ》 人の死を悼み悲しむ言葉や文。
湯治《とうじ》 温泉に入って行う療治。「一場」
答辞《とうじ》 受けた式辞に返す言葉。⇔送辞
蕩児《とうじ》 酒色にふける者。道楽息子。
同士《どうし》 同類。仲間。「似た者一」「男一」
同志《どうし》 同じ志をもつ人々。盟友。「一愛」
同旨《どうし》 趣旨が同じなこと。同じ趣旨。
動止《どうし》 動くことと止まること。動作。
動詞《どうし》 動作・状態を表す品詞の一つ。
道士《どうし》 道教を修めた人。仙人。僧。
導師《どうし》 法会を執り行う僧。仏。菩薩《ぼさつ》。

瞪視《どうし》 目をみはり見つめること。
同時《どうじ》 同じ時間。「一進行」「一通訳」
童子《どうじ》 【童児】幼い子。児童。わらべ。
同士《どうし》討《う》ち◀ 仲間どうしの争い。
等式《とうしき》 等号で結ぶ二つ以上の数式。
陶磁器《とうじき》 焼き物。陶器と磁器。
当事者《とうじしゃ》 その物事の、直接の関係者。
等質《とうしつ》 性質などがひとしいこと。均質。
当日《とうじつ》 その日。この日。「一券」「試験一」
同室《どうしつ》 同じ部屋に居住・宿泊すること。
同質《どうしつ》 性質・実質が同じこと。⇔異質
投射《とうしゃ》 光の像や影を映し出すこと。
透写《とうしゃ》 透き写しにする。トレース。「一紙」
謄写《とうしゃ》 書き写すこと。写しとる。「一版」
瞠若《どうじゃく》 驚き目をみはるさま。瞠目。

当主《とうしゅ》 現在の戸主・主人。⬍先代
投手《とうしゅ》 野球のピッチャー。「—戦」
党首《とうしゅ》 党の首領。「—会談」
同種《どうしゅ》 同じ種類。同じ人種。⬍異種
答酬《とうしゅう》 返答。返事の手紙の表に書く語。
踏襲《とうしゅう》 それまでの方法を受け継ぐこと。
同臭《どうしゅう》 同じ趣味を持つ者。同臭味。
投宿《とうしゅく》 宿を取る・旅館に泊まること。
同宿《どうしゅく》 同じ宿屋に泊りあわせること。
導出《どうしゅつ》 結論などを導きだす。⬍導入
当初《とうしょ》 はじめ。最初。「—の計画」
投書《とうしょ》 新聞や雑誌に意見などを送る。
島嶼《とうしょ》 大小の島々。「—巡り」「—群」
頭書《とうしょ》 本文の最初の文章・内容。
倒叙《とうじょ》 遡って事柄を記述すること。

童女《どうじょ》 女の童子。幼女。どうにょ。
刀匠《とうしょう》 刀作りの職人。刀工。刀かじ。
凍傷《とうしょう》 寒冷によっておきる傷害。
闘将《とうしょう》 闘志の盛んな大将。働き手。
東上《とうじょう》 関西から上京する。⬍西下《さいか》
搭乗《とうじょう》 船・飛行機などに乗り込むこと。
登場《とうじょう》 舞台に現れる。世の中に出る。
闘諍《とうじょう》 互いに争うこと。闘争。けんか。
同上《どうじょう》 前に述べたものと同じなこと。
同乗《どうじょう》 乗りあわせる。一緒に乗ること。
同情《どうじょう》 他人の身になって思いやること。
道場《どうじょう》 仏道の修養所。武芸練習所。
同床異夢《どうしょういむ》 同じ立場や同じ仕事にあっても、考えが異なること。
投《とう》じる 投げる。投げ入れる。つぎ込む。

動《どう》じる 心が動き騒ぐ。動揺する。
刀身《とうしん》 刀の中身。刀の、やいばの部分。
灯心《とうしん》 [灯芯]ランプなどの火を灯す芯。
投身《とうしん》 身投げ。「—自殺」
盗心《とうしん》 盗もうとする心。盗み心。
答申《とうしん》 上司の問いに意見を申し述べる。
等身《とうしん》 身の丈と同じ高さ。「—大」
蕩心《とうしん》 遊蕩《ゆうとう》にふける心。
唐人《とうじん》 中国人。外国人。「—髷《まげ》」「—笛」
蕩尽《とうじん》 使い果たすこと。破れ果てること。
同心《どうしん》 中心が同じ。心を同じくすること。
童心《どうしん》 純真な、子供の心。「—に返る」
道心《どうしん》 仏道を信じる心。道徳心。
同人《どうじん》 志を同じくする人。「—誌」
陶酔《とうすい》 気持ちよく酔う。うっとりする。

統帥《とうすい》 軍隊をまとめ率いること。「—権」
党是《とうぜ》 党が実行するとした基本方針。
当世《とうせい》 現代。現在の世の中。「—風」
党勢《とうせい》 党派の勢力。党の勢い。
統制《とうせい》 一定の規則により取り締まる。
騰勢《とうせい》 物価や相場が上がる勢い。
同姓《どうせい》 同じ姓。一族。「—同名」
同性《どうせい》 性が同じなこと。「—愛」⬍異性
同棲《どうせい》 未婚の男女が一緒に住むこと。
動静《どうせい》 様子。ありさま。動き。動向。
同勢《どうぜい》 同行の人々。連れの人たち。
投石《とうせき》 石を投げつけること。
党籍《とうせき》 党員としての籍。「—離脱」
透析《とうせき》 血液中の老廃物除去。「人工—」
同席《どうせき》 同じ会合に居あわせること。

当節《とうせつ》 この節。当今。今の時節。
当選《とうせん》 選挙で選出されること。⬍落選
当籤《とうせん》 くじに当たること。「—番号」
当然《とうぜん》 そうあるべきこと。当たり前。
陶然《とうぜん》 酔ってうっとりするさま。
導線《どうせん》 電流を通すための針金。
同前《どうぜん》 前述と同じ。同上。「以下—」
同然《どうぜん》 同じさま。同様。「負けたも—」
刀創《とうそう》 刀できられた傷。刀傷。刀痕《とうこん》。
逃走《とうそう》 逃げ去ること。「—経路」
党争《とうそう》 党派間の争い。
凍瘡《とうそう》 しもやけ。
闘争《とうそう》 争い闘う。激しく闘う。「—心」
同窓《どうそう》 同じ学校で学んだこと。「—会」
銅像《どうぞう》 青銅で作った像。ブロンズ像。

党則《とうそく》 党の規則。党規。
盗賊《とうぞく》 どろぼう。ぬすびと。
同族《どうぞく》 同じ血筋に属する人。一族。
道俗《どうぞく》 僧侶と俗人。
道祖神《どうそじん》 旅の安全を守る神様。
統率《とうそつ》 まとめて率いること。「—力」
淘汰《とうた》 よいものを選び残す。「自然—」
灯台《とうだい》 灯光を放つ航路標識。「—守」
当代《とうだい》 現代。その当時。当主。「—一の」
同体《どうたい》 同じ体・体勢。一体。「一心—」
胴体《どうたい》 体やものの中心部分。「—着陸」
動態《どうたい》 動く・変動する状態。「人口—」
導体《どうたい》 熱・電気をよく伝える物体。
灯台下暗《とうだいもとくら》し 身近すぎるためにかえって気づかないことのたとえ。

**銅鐸**《どうたく》 釣り鐘形の青銅器。
**到達**《とうたつ》 目的や結論などに行きつくこと。
**逃脱**《とうだつ》 抜けて逃れること。逃げ出す。
**登壇**《とうだん》 演説などで壇上にあがること。
**同断**《どうだん》 前と同じ。同上。同然。同様。
**当地**《とうち》 この土地・地方。「—の名産」
**倒置**《とうち》 位置・順序を逆にすること。
**統治**《とうち》 国土・人民を治めること。「—権」
**到着**《とうちゃく》 目的地に着く。到達。⇔出発
**同着**《どうちゃく》 ゴールなどに同時に着くこと。
**撞着**《どうちゃく》 つじつまが合わないこと。矛盾。
**道中**《どうちゅう》 旅の途中。旅の間。「—記」
**盗聴**《とうちょう》 無断でこっそり聞くこと。「—器」
**登庁**《とうちょう》 官庁に出勤すること。⇔退庁
**登頂**《とうちょう》 山の頂上に登ること。とちょう。

**同調**《どうちょう》 人の意見に賛同すること。
**道聴塗説**《どうちょうとせつ》 中途半端な知識。
**当直**《とうちょく》 当番で宿直・日直をする。「—医」
**疼痛**《とうつう》 ずきずき痛みうずくこと。
**到底**《とうてい》 つまるところ。どうしても。
**同定**《どうてい》 同一であることを見極めること。
**童貞**《どうてい》 性的経験がない男性。⇔処女
**道程**《どうてい》 道のり。過程。
**投擲**《とうてき》 放り投げること。「投擲競技」の略。
**透徹**《とうてつ》 透き通ること。一貫すること。
**読点**《とうてん》 文中の切れ目につける点(、)。
**盗電**《とうでん》 金を払わず電力をひそかに使う。
**同点**《どうてん》 ほかと同じ点数。得点数が同じ。
**動転**《どうてん》 【動顛】非常に驚き慌てること。
**凍土**《とうど》 凍りついた地面。

**陶土**《とうど》 陶磁器の原料となる粘土。
**尊い**《とうとい》 大切で尊重すべきものである。
**貴い**《とうとい》 地位や価値が上で貴重である。
**到頭**《とうとう》 ついに。果ては。結局。「—出来た」
**滔滔**《とうとう》 盛んに流れる。よどみなく話す。
**蕩蕩**《とうとう》 広々としているさま。穏やかな。
**同等**《どうとう》 等級が同じこと。程度が等しい。
**堂塔**《どうとう》 寺院の堂と塔。「—伽藍《がらん》」
**同道**《どうどう》 一緒に行くこと。同行。同伴。
**堂堂**《どうどう》 立派で気品があるさま。公然と。
**堂堂巡り**《どうどうめぐ》 同じことの繰り返し。
**逃匿**《とうとく》 逃げ隠れること。逃竄《とうざん》。
**統督**《とうとく》 まとめ取り締まる。統轄。総督。
**道徳**《どうとく》 人が守るべき行為の規準。「—心」
**唐突**《とうとつ》 だしぬけ。不意。「—な発言」

**頭取**《とうどり》 銀行の取締役の首席。音頭取り。
**盗難**《とうなん》 金品を盗まれる災難。「—品」
**堂に入る**《どうにいる》 習熟・熟達している。
**投入**《とうにゅう》 投げ込む。注ぎ込む。「資金の—」
**豆乳**《とうにゅう》 大豆から作る乳状の液。大豆乳。
**導入**《どうにゅう》 導き入れること。取り入れること。
**糖尿病**《とうにょうびょう》 尿に糖分を含む病気。
**当人**《とうにん》 その事に直接かかわる人。本人。
**当年**《とうねん》 この年。今年。その年。当歳。
**党派**《とうは》 主義主張や利害が同一の団体。
**踏破**《とうは》 長く困難な道などを歩き通す。
**塔婆**《とうば》 墓に立てる供養の板。卒塔婆。
**道破**《どうは》 言い尽くす。はっきり言い切る。
**同輩**《どうはい》 学校や職場に同期に入った仲間。
**頭髪**《とうはつ》 髪の毛。頭の毛。

**党閥**《とうばつ》 他党の者を排斥すること。
**討伐**《とうばつ》 兵を派遣して討つこと。征伐。
**登攀**《とうはん》 高い所へよじ登ること。とはん。
**当番**《とうばん》 仕事の番に当たること。⇔非番
**同伴**《どうはん》 一緒に連れ立って行くこと。
**銅板**《どうばん》 銅製の板。「—の表札」
**銅版**《どうばん》 銅板の印刷版。「—画」「—印刷」
**当否**《とうひ》 正当か不当か。よしあし。
**逃避**《とうひ》 逃げ隠れる・避けて逃れること。
**投票**《とうひょう》 選挙・採決で票を入れること。
**投錨**《とうびょう》 船がいかりを下ろすこと。碇泊。
**闘病**《とうびょう》 病気と闘うこと。「—生活」
**道標**《どうひょう》 方向や距離を示す札。道しるべ。
**同病**《どうびょう》 同じ病気。「—あい憐《あわれ》む」
**盗品**《とうひん》 盗んだ品物。「—故買」

**豆腐**《とうふ》 大豆を加工した軟らかい食品。
**当風**《とうふう》 現代風。当世風。いまふう。
**東風**《とうふう》 東の風。春風。こち。
**党風**《とうふう》 党の気風。党の性質。
**同封**《どうふう》 手紙に別のものを一緒に入れる。
**同風**《どうふう》 同じ風習。様態が同じなさま。
**同腹**《どうふく》 母が同一の子。一腹。⇔異腹
**動物**《どうぶつ》 生物のうち植物以外のもの。
**当分**《とうぶん》 しばらくの間。差し当たり。
**等分**《とうぶん》 数量を等しく分けること。「三—」
**糖分**《とうぶん》 糖類の成分。甘み。
**同文**《どうぶん》 同じ文章・文字。「以下—」
**党弊**《とうへい》 党を組むことで生じる弊害。
**盗癖**《とうへき》 盗みぐせ。
**等辺**《とうへん》 辺の長さが等しい。「二—三角形」

答弁《とうべん》 質問に答えて弁明する。「国会―」
唐変木《とうへんぼく》 気の利かない人。
当方《とうほう》 こちら。自分の方。⬌先方
逃亡《とうぼう》 逃げ出すこと。「―犯」
同邦《どうほう》 同じ国。同国。
同朋《どうほう》 友達。仲間。どうぼう。
同胞《どうほう》 兄弟姉妹。同一の国民・民族。
倒木《とうぼく》 倒れた木。倒れている木。「風―」
唐本《とうほん》 中国から渡来した書籍。漢書。
謄本《とうほん》 原本を全部写した文書。「戸籍―」
東奔西走《とうほんせいそう》 方々を駆け回る。
胴巻き《どうまき》◀ 金銭を入れ胴に巻く袋。
胴間声《どうまごえ》 調子外れの太く下品な声。
動脈《どうみゃく》 心臓から血を送る血管。「―硬化」
灯明《とうみょう》 神仏に供える灯火。みあかし。

冬眠《とうみん》 動物が冬季活動しないこと。图
透明《とうめい》 透き通って見えるさま。「無色―」
同名《どうめい》 名が同じ。同じ名前。「―異人」
同盟《どうめい》 同一行動をとる約束をすること。
同盟罷業《どうめいひぎょう》 ストライキ。
当面《とうめん》 面と向かうこと。差し当たり。
獰猛《どうもう》 性質が荒々しく残忍なさま。
頭目《とうもく》 かしら。おやかた。おさ。首領。
瞠目《どうもく》 目をみはること。「―に値する」
筒元《どうもと》 【胴元】ばくちのもとじめ。筒親。
同門《どうもん》 同じ師につくこと。「―の友」
陶冶《とうや》 鍛える・養成すること。「―性」
投薬《とうやく》 薬を処方して与えること。
灯油《とうゆ》 灯火用の油。石油製品の一つ。
同憂《どうゆう》 憂いをともにすること・人。

投与《とうよ》 患者に薬剤を与えること。投薬。
当用《とうよう》 差し当たって使用すること。
東洋《とうよう》 アジア東部・南部の総称。
盗用《とうよう》 他人の所有物を無断で使用する。
登用《とうよう》 【登庸】人を引き上げて使うこと。
同様《どうよう》 同じさま。同然。「新品―」
動揺《どうよう》 気持ちや物体が揺れ動くこと。
童謡《どうよう》 子ども向けの歌。わらべ歌。
胴欲《どうよく》 欲がふかく薄情なこと。「―な人」
到来《とうらい》 時機がくること。到着。「時節―」
当落《とうらく》 当選と落選。「―線上」
騰落《とうらく》 物価や相場の上がり下がり。
道楽《どうらく》 趣味として楽しむこと。放蕩《ほうとう》。
胴乱《どうらん》 植物採集用の円筒形容器。
動乱《どうらん》 戦いや暴動で世の中が乱れる。

倒卵形《とうらんけい》 鶏卵を逆さにしたような形。
党利《とうり》 党としての利益。「―党略」
道理《どうり》 物事の正しい筋道。理由。
倒立《とうりつ》 逆さまに立つ。逆立ち。「―像」
党略《とうりゃく》 党としての謀略。「党利―」
逗留《とうりゅう》 旅先に一定期日とどまる。「―客」
登竜門《とうりゅうもん》 立身出世の関門。
投了《とうりょう》 対局で一方が負けを認めること。
棟梁《とうりょう》 大工のかしら。重臣。統率者。
頭領《とうりょう》 【統領】まとめ治める人。頭目。
同僚《どうりょう》 同じ職場に勤める人。同輩。
動力《どうりょく》 機械を動かすエネルギー。「―源」
動輪《どうりん》 動力を受け車を駆動させる車輪。
盗塁《とうるい》 走者が隙をついて先の塁へ進む。
同類《どうるい》 同じたぐい。仲間。「―項」

答礼《とうれい》 先方の礼に応じる礼。返礼。
同列《どうれつ》 同じ列。同じ程度・地位。
当路《とうろ》 重要な地位。交通の要路。
道路《どうろ》 人・車が通る整備された道。
灯籠《とうろう》 火を灯す用具。石灯籠。秋
登楼《とうろう》 高殿に登ること。遊郭で遊ぶこと。
登録《とうろく》 公の帳面に載せること。「―商標」
討論《とうろん》 互いに議論しあうこと。「―会」
童話《どうわ》 子ども向けに作られた物語。
道話《どうわ》 人が行うべき道を説く話。
当惑《とうわく》 迷いとまどう。途方にくれる。
十重二十重《とえはたえ》 幾重にも取りまいているさま。「―に取り囲む」
遠浅《とおあさ》 海岸から遠くまでが浅いこと。
遠い《とおい》 距離がある。時間がへだたる。

遠縁《とおえん》 血縁が遠い（親戚）。⬌近縁
通す《とおす》 通わせる。中へ入れる。貫く。
遠出《とおで》 遠くへ出かけて行くこと。
遠退く《とおのく》 遠ざかる。疎遠になる。
遠乗り《とおのり》 車で遠くへ出かけること。
遠吠え《とおぼえ》 長く尾を引くようにほえる。
遠巻き《とおまき》 遠くから取りまくこと。
遠回し《とおまわし》 それとなく言い表すさま。
遠回り《とおまわり》 遠い方の道を通る。回り道。
遠目《とおめ》 遠方から見る。遠くまで見える。
通り《とおり》 道。往来。伝わる程度。評判。
通り雨《とおりあめ》 さっと降ってすぐやむ雨。
通り一遍《とおりいっぺん》 形式的な。誠意のない。
通り名《とおりな》 世間一般に通用する名前。
通り値《とおりね》 一般に通用する値段。相場。

通り魔《とおりま》 通行人に危害を加える者。
透る《とおる》 透けて見える。内部に達する。
咎《とが》 【科】過ち。罪。欠点。短所。
都会《とかい》 人口が密集した繁華な地区。
渡海《とかい》 船で海を渡ること。航海。
土塊《どかい》 土のかたまり。つちくれ。
度外視《どがいし》 全く問題にしないこと。
溶《と》かす 固形物を液状にする。溶解する。
解《と》かす 【梳かす】くしで髪をととのえる。
咎人《とがにん》 【科人】罪人。
利鎌《とがま》 鋭利な鎌。よく切れる鎌。
咎《とが》める 責める。心が痛む。怪しむ。
尖《とが》る 先が細く鋭くなる。鋭敏になる。
土管《どかん》 粘土製の素焼きの管。
時《とき》 時刻。時間。時代。時勢。

鬨《とき》 【鯨波】戦闘開始の際に発する声。
伽《とぎ》 退屈を慰めること・人。
土器《どき》 素焼きの焼き物。かわらけ。
怒気《どき》 おこった様子。怒り。「―を含む」
解《と》き明《あ》かす 解明する。「謎を―」
説《と》き明《あ》かす 説明する。「形を―」
時折《ときおり》 ときどき。たまに。おりおり。
時偶《ときたま》 ときどき。ときおり。
時時《ときどき》 ときおり。おりおり。ときたま。
時《とき》の人《ひと》 そのとき世間で評判の人。
解《と》き放《はな》す 自由にする。解き放つ。
度胆《どぎも》 きもったま。「―を抜く」
度胸《どきょう》 物事に動じない心。胆力。
読経《どきょう》 声を出して経文を読むこと。
徒競走《ときょうそう》 かけくらべ。かけっこ。

途切《とぎ》れる 途中で切れる。
常磐《ときわ》 永久に変わらない。永久不変。
鍍金《ときん》 メッキ。表だけ飾ったもの。
得《とく》 もうけ。利益。「損して―取れ」
徳《とく》 人として立派な心。恩恵。
説《と》く 言って聞かせる。説明する。
解《と》く ほどく。解決する。解除する。
研《と》ぐ 【磨ぐ】刃を鋭くする。みがく。
毒《どく》 毒物。毒薬。害をもたらすもの。
退《ど》く しりぞく。居場所から移る。
特異《とくい》 ほかとはっきり違っていること。
得意《とくい》 満足。自慢。優れたもの。顧客。
徳育《とくいく》 道徳心を育てる教育。
得意満面《とくいまんめん》 誇らしい顔つき。
土偶《どぐう》 縄文文化の土製の人形。土人形。

独演《どくえん》 共演者なしで独りで演じること。
毒牙《どくが》 毒液を出す牙。悪らつな手段。
篤学《とくがく》 学問に熱心なこと。「―の士」
独学《どくがく》 独力で学ぶこと。独習。
特技《とくぎ》 特に優れた技能。
徳義《とくぎ》 道徳上の義務。「―心」
得業《とくぎょう》 定められた課程を学び終える。
独吟《どくぎん》 詩歌を独りで吟じること。
毒気《どくけ》 有毒な成分。わるぎ。どっけ。
独語《どくご》 ひとりごと。ドイツ語。
読後《どくご》 本などを読んだあと。「―感」
独裁《どくさい》 特定の個人や団体による支配。
得策《とくさく》 有利な方策。うまいやり方。
特撮《とくさつ》 「特殊撮影」の略。「―場面」
毒殺《どくさつ》 毒物・毒薬による殺害。毒害。

特産《とくさん》 特にその地方に産するもの。
特使《とくし》 特別に遣わす使者。「―の派遣」
篤志《とくし》 社会事業などに熱心なこと。
毒死《どくし》 毒物・毒薬によって死ぬこと。
独自《どくじ》 そのものにだけ特有なこと。
特質《とくしつ》 それだけがもつ特別な性質。
得失《とくしつ》 利益と損失。利害。成功と失敗。
篤実《とくじつ》 人情に厚く実直。誠実で親切。
特写《とくしゃ》 特別に写真を撮ること。「本誌―」
特赦《とくしゃ》 恩赦の一つ。特定者の刑の免除。
読者《どくしゃ》 本などの読み手。購読者。
毒蛇《どくじゃ》 毒腺・毒牙をもつへビ。毒へび。
独酌《どくしゃく》 相手なしに独りで酒を飲むこと。
特殊《とくしゅ》 普通とは違うこと。特別。⇔一般
特種《とくしゅ》 特別な種類。「―免許」

特需《とくじゅ》 特別な需要。「―景気」「―産業」
毒手《どくしゅ》 悪だくみ。悪らつな手段。
読誦《どくじゅ》 声をあげて経文を読むこと。
特集《とくしゅう》 特定の問題に関して編集する。
独習《どくしゅう》 【独修】独自で習い学ぶこと。
特出《とくしゅつ》 ぬきんでている。傑出。特別出演。
読書《どくしょ》 書物を読むこと。「―家」「―週間」
独唱《どくしょう》 独りで歌うこと。「―曲」
特色《とくしょく》 ほかと特に異なっている点。
瀆職《とくしょく》 職務を汚すこと。汚職。「―罪」
読書三到《どくしょさんとう》 読書に大切な三つの心得。声に出し、集中しよく見て読む。
読書尚友《どくしょしょうゆう》 読書によって昔の賢人を友とすること。「―の楽しみ」
読書百遍《どくしょひゃっぺん》 読書は熟読が大切。

特進《とくしん》 特別に昇進すること。「二階級—」
得心《とくしん》 心から承知する。納得。「—がいく」
篤信《とくしん》 信仰が厚いこと。「—家」
徳人《とくじん》 徳の高い人。富裕な人。
毒心《どくしん》 敵意を抱いた心。悪心。
独身《どくしん》 配偶者のない人。ひとりみ。
毒刃《どくじん》 害悪を行う者のもつ刃。凶刃。
読心術《どくしんじゅつ》 表情などから心を見抜く術。
読唇術《どくしんじゅつ》 唇の動きで言葉を理解する。
毒《どく》する 悪い影響を与える。悪くする。
特性《とくせい》 ほかにない特有の性質。特質。
特製《とくせい》 特別に作ったもの。「—品」
徳性《とくせい》 道徳心のある正しい人格。
特設《とくせつ》 特別に設けたもの。「—会場」
毒舌《どくぜつ》 辛らつな皮肉や悪口。「—家」

特撰《とくせん》 特に入念に作ること・もの。
特選《とくせん》 特別に選ぶこと・選ばれること。
独占《どくせん》 ひとりじめ。占有。「—販売」
独善《どくぜん》 ひとりよがり。「—的」
独擅場《どくせんじょう》 ひとりぶたい。独壇場《どくだんじょう》。
毒素《どくそ》 毒性の高い物質。「抗—」
徳操《とくそう》 変わらない、固い道徳心。
毒草《どくそう》 毒を含む草。⇔薬草
独走《どくそう》 ほかを引き離して独りで走る。
独奏《どくそう》 独りで演奏すること。ソロ。
独創《どくそう》 独自の考えでつくりだすこと。
督促《とくそく》 うながすこと。催促する。「—状」
特段《とくだん》 特別。格別。「—の計らい」
独断《どくだん》 自分だけの考えで決めること。
独断専行《どくだんせんこう》 勝手な判断と行動。

戸口《とぐち》 家の出入口。門口。
特注《とくちゅう》 「特別注文」、「特別発注」の略。
特長《とくちょう》 他と比べ優れている美点。長所。
特徴《とくちょう》 それがもつ特有な点。特色。
毒突《どくづ》く ひどい悪口を言う。
特定《とくてい》 特別に指定すること。「—銘柄」
特典《とくてん》 特に与えられた権利や扱い。
得点《とくてん》 競技や試験で得た点数。
篤《とく》と つくづく。よくよく。「—調べる」
得度《とくど》 仏門に入り僧になること。
禿頭《とくとう》 はげ頭。「—病」
特等《とくとう》 一等の上の、特別の等級。「—席」
得得《とくとく》 得意なさま。満足なさま。
独特《どくとく》 【独得】それだけがもつもの。
独得《どくとく》 その人だけが会得するさま。

毒毒《どくどく》しい どぎつい。憎々しい。
特《とく》に とりわけ。特別に。「—おいしい」
特派《とくは》 特別に派遣すること。「—員」
読破《どくは》 最後まで読み通すこと。読了。
特配《とくはい》 特別に配給する品。特別の配当。
特売《とくばい》 特別に安い値段で売る。「—品」
独白《どくはく》 相手なしで言うせりふ。独り言。
特筆《とくひつ》 特に取り立てて書く。「—大書」
毒筆《どくひつ》 皮肉や悪意に満ちた文章。
得票《とくひょう》 選挙で得た票数。「—数」
毒婦《どくふ》 腹黒く人に害を与える女。奸婦。
毒物《どくぶつ》 毒性を含んだ物質・薬物。
特別《とくべつ》 一般と違っているさま。格別。
特報《とくほう》 特別な報道・報告。「—番組」
徳望《とくぼう》 徳が高く人望があること。「—家」

独房《どくぼう》 一人だけ入れる監房。独居房。
読本《とくほん》 昔の国語教科書。入門書。「文章—」
毒味《どくみ》 【毒見】毒が入ってないか調べる。
特務《とくむ》 特別の任務。特殊な任務。
匿名《とくめい》 実名を隠すこと。「—希望」
特命《とくめい》 特別の命令や任命。
徳目《とくもく》 忠・孝・仁など徳を分類した名称。
毒矢《どくや》 矢じりに毒を塗った矢。
特約《とくやく》 特別の条件をつけた契約。「—店」
毒薬《どくやく》 毒を含んだ薬。
特有《とくゆう》 それだけに特に備わる。⇔通有
特融《とくゆう》 金銭などを特別に融通すること。
徳用《とくよう》 【得用】割安なこと。「—品」
徳利《とくり》 酒を入れる口の狭い細長い容器。
独立《どくりつ》 ひとりだち。単独。「—国」

独立独歩《どくりつどっぽ》 自力で行動する。
独立不羈《どくりつふき》 束縛されずに行う。
読了《どくりょう》 すっかり読み終わること。
独力《どくりょく》 自分一人だけの力。自力。
特例《とくれい》 特別に設けた例外。特別の例。
督励《とくれい》 監督して励ますこと。
髑髏《どくろ》 頭がい骨。されこうべ。
刺《とげ》 【棘】植物・動物の針状の突起。
解《と》け合《あ》う 隔たりなくうち解ける。
時計《とけい》 時間をはかるための機械。「腕—」
溶《と》け込《こ》む なじんで一体となる。
土下座《どげざ》 地面にひざまずく拝礼。
吐血《とけつ》 胃などから出た血を吐くこと。
刺刺《とげとげ》しい 意地悪で角立っている。
解《と》ける ほどける。解消する。「雪が—」

溶《と》ける 【融ける】固体が液状になる。
●疑問が解ける
●砂糖が溶ける

遂《と》げる 目的を成就する。「発展を—」
土建《どけん》 土木と建築。「—業者」
床《とこ》 ねどこ。ゆか。床の間。「万年—」
何処《どこ》 【何所】どの場所。どのような所。
床上《とこあ》げ 病気が治り床を取り払う。
床入《とこい》り 婚礼の夜の夫婦初の共寝。
渡航《とこう》 船・飛行機で外国へ行くこと。
怒号《どごう》 怒り叫ぶ声。風波の荒れ狂う音。
床擦《とこず》れ 長い病床による体のただれ。
常夏《とこなつ》 気候がいつも夏のようなこと。
床の間《とこのま》 座敷上座に一段高くした所。
床柱《とこばしら》 床の間のわきの化粧柱。
床離《とこばな》れ 寝床から起き出る。全快。

常世《とこよ》 永久に変わらないこと。「—の国」
所《ところ》 【処】場所。住所。現場。最中。
心太《ところてん》 テングサで作った食品。夏
土左衛門《どざえもん》 水死体。
鶏冠《とさか》 鶏の頭部にある肉質の突起。
屠殺《とさつ》 食肉や革用に家畜を殺すこと。
塗擦《とさつ》 薬を塗って擦り込むこと。
登山《とざん》 山登り。「—家」「—隊」夏⇔下山
年《とし》 【歳】時の単位で一年。年齢。
徒死《とし》 むだな死に方。犬死に。
都市《とし》 都会。みやこ。「国際—」
刀自《とじ》 年配の女性の敬称。
徒事《とじ》 無意味なこと。むだなこと。
徒爾《とじ》 効果なくむだなさま。「—に終る」
途次《とじ》 道のついで。道すがら。

年甲斐《としがい》 年齢にふさわしい分別。
年嵩《としかさ》 年上。年長。高齢。としがさ。
年格好《としかっこう》 外見で推測される年頃。
年子《としご》 同腹で一歳違いの兄弟姉妹。
年越《としこ》し◀ 新年に移る。「—そば」冬
年頃《としごろ》 ここ数年。適齢期。大体の年齢。
年玉《としだま》 新年に子どもなどに与える金銭。
年波《としなみ》 年を取ること。「寄る—」
年の市《としのいち》 年末の正月用品売り市。冬
年の暮《としのく》れ◀ 年末。歳末。年の瀬。冬
年の功《としのこう》 年をとり経験豊富なこと。
年の瀬《としのせ》 年の暮れ。年末。歳末。冬
年端《としは》 年のほど。年齢。「—もいかぬ子」
綴じ蓋《とじぶた》◀ 繕い直した蓋。「割れ鍋に—」
年増《としま》 娘盛りをすぎた女性。「耳—」

戸締《とじ》まり◀ 戸を閉め鍵をかける。
年回《としまわ》り 年齢による吉凶。「—が悪い」
吐瀉《としゃ》 嘔吐《おうと》と下痢。
土砂《どしゃ》 土と砂。「—くずれ」
土砂降《どしゃぶ》り 激しく降る雨。
斗酒《としゅ》 一斗の酒。多量の酒。
徒手《としゅ》 手に何も持たないこと。「—空拳」
図書《としょ》 書物。書籍。本。「—券」「—室」
徒渉《としょう》 【渡渉】川を歩いて渡ること。
途上《とじょう》 ある地点・目的に向かう途中。
登城《とじょう》 城内に参上すること。⇔下城
土壌《どじょう》 土。事物が育つ基盤。「政治的—」
土性骨《どしょうぼね》 生まれつきの性質。
図書館《としょかん》 図書を閲覧させる公共施設。
徒食《としょく》 何もせず遊び暮らす。「無為—」

年寄《としよ》り◀ 年を老いた人。老人。
閉《と》じる 閉める。閉まる。終わる。「目を—」
綴《と》じる 重ねて綴りあわせる。「紙を—」
年若《としわか》 年齢が若いこと・人。若年。
年忘《としわす》れ 一年の労苦を忘れる宴。冬
妬心《としん》 ねたむ心。嫉妬《しっと》心。
都心《としん》 都市・東京都の中心地帯。
都塵《とじん》 都会のごみごみした雰囲気。
賭《と》する かける。なげだす。「命を—」
渡世《とせい》 世渡り。なりわい。生業。稼業。
土星《どせい》 太陽系の第六の惑星。
怒声《どせい》 怒った声。どなり声。
土石流《どせきりゅう》 土砂が一気に流れ出る現象。
途絶《とぜつ》 【杜絶】途中が切れてとだえる。
渡船《とせん》 渡し船。「—場」

屠蘇《とそ》 屠蘇散を浸した正月用の酒。新
塗装《とそう》 塗料を塗ること。「—工事」「—業」
土葬《どそう》 死体を焼かずに埋葬すること。
土蔵《どぞう》 土や漆喰で四面を厚く塗った蔵。
土足《どそく》 履き物を履いたままの足。
土俗《どぞく》 その土地の風俗やならわし。
土台《どだい》 建物・物事の基本。もともと。
途絶《とだ》える 【跡絶える】とぎれる。
戸棚《とだな》 戸のついている棚。「食器—」
途端《とたん》 ちょうどその時。矢先。直後。
塗炭《とたん》 とても苦しい境遇。「—の苦しみ」
土壇場《どたんば》 切羽詰まった最後の場面。
土地《とち》 大地。地所。その地方。「—柄」
土地鑑《とちかん》 【土地勘】その土地に詳しい。
土着《どちゃく》 その土地に長く住みつくこと。

途中《とちゅう》 道なか。中途。なかば。「—下車」
怒張《どちょう》 ふくれあがる。肩をいからせる。
特価《とっか》 特別の価格。特に安い値。「—品」
徳化《とっか》 徳によって教化すること。
読解《どっかい》 文章を読んで内容を理解する。
吶喊《とっかん》 鬨《とき》の声を上げ突撃すること。
突貫《とっかん》 一気に完成させること。「—工事」
突起《とっき》 突き出ること。突き出たもの。
特記《とっき》 特別に書き記すこと。特筆。
特急《とっきゅう》 特に急ぐこと。「特別急行」の略。
特許《とっきょ》 特別に与える許可。特許権。
独居《どっきょ》 独りで住むこと。「—生活」
嫁《とつ》ぐ 嫁にゆく。妻になる。
特訓《とっくん》 特別に行う訓練や練習。
突撃《とつげき》 突進して攻撃すること。「—隊」

特権《とっけん》 特定の人が有する特別な権利。
特効《とっこう》 特に著しい効き目。「—薬」
徳行《とっこう》 道徳にかなった行い。善行。
篤行《とっこう》 誠実で慈愛に満ちた行い。善行。
篤厚《とっこう》 人情に厚く誠実なさま。
独行《どっこう》 独力で行う。独り行く。「独立—」
咄嗟《とっさ》 一瞬。あっという間。「—の判断」
突出《とっしゅつ》 突き出ること。抜きん出ること。
突如《とつじょ》 だしぬけ。突然。「—現れる」
突進《とっしん》 勢いよくまっしぐらに進むこと。
突然《とつぜん》 予想外のことが急に起こるさま。
突端《とったん》 突き出たはし。先端。とっぱな。
取《と》っ手《て》 【把っ手】手で持つ突出部分。
突堤《とってい》 海に長く突きでた堤防。
訥訥《とつとつ》 【吶吶】つかえつかえ話すさま。

突入《とつにゅう》 激しい勢いで突き入ること。
突破《とっぱ》 突き破ること。「敵陣—」
突破口《とっぱこう》 解決のための糸口。
突発《とっぱつ》 突然起こるさま。「—的」「—事故」
突飛《とっぴ》 非常に奇抜なさま。だしぬけ。
突風《とっぷう》 突然強く吹く風。
訥弁《とつべん》 滑らかでない話し方。⬍能弁
独歩《どっぽ》 独立して事を行うこと。「独立—」
凸面《とつめん》 突起した面。「—鏡」⬍凹面
土手《どて》 土を盛って造った堤。堤防。
途轍《とてつ》 すじみち。道理。「—もない」
迚《とて》も なかなか。非常に。とうてい。
褞袍《どてら》 防寒用の綿入りの着物。丹前。図
徒党《ととう》 悪事をもくろむ仲間。「—を組む」
怒濤《どとう》 荒れ狂う大波。荒波。「疾風—」

届《とど》く 着く。及ぶ。通じる。達する。
届《とど》◀け 役所などに届け出ること。届出。
届《とど》◀け出《で》 官庁・会社に申し出ること。
滞《とどこお》る つかえて先へ進まない。たまる。
調《ととの》う そろう。まとまる。「材料が—」
整《ととの》う きちんとする。均整。「息が—」
●交渉が調う ●準備が整う
止《とど》まる 【留まる】動かずその場所にいる。
止《とど》め 息の根を止める最後の一撃。
轟《とどろ》く 大きく響きわたる。有名になる。
称《とな》える 名づけて言う。称する。呼ぶ。
唱《とな》える 声に出して読む。主張する。
●芸名を称える ●お経を唱える
土鍋《どなべ》 素焼きの、土製のなべ。
隣《となり》 すぐ近くに並び続いているもの。

怒鳴《どな》る 大声を出す。大声でしかる。
図南《となん》の翼《つばさ》 大事業の計画。
兎《と》に角《かく》 いずれにせよ。ともかく。
殿《との》 主君の敬称。敬語の一つ。「—様」
土嚢《どのう》 堤防などに使う土を詰めた袋。
殿方《とのがた》 女性から、男性を敬っていう語。
砥《と》の粉《こ》 刀磨きなどに使う砥石の粉。
賭場《とば》 ばくちをする所。
賭博《とばく》 金品をかけて勝負事をすること。
怒髪衝天《どはつしょうてん》 怒り狂うさま。
帳《とばり》 【帷】室内に垂れ下げる仕切り布。
都鄙《とひ》 都会といなか。
飛《と》◀び石《いし》 庭園の通路用におく石。
飛《と》び交《か》う 入り乱れてとぶ。
飛《と》◀び切《き》り 程度がずば抜けている。

鳶職《とびしょく》 建築に携る職人。とび。
跳《と》◀び箱《ばこ》 木枠を重ねた、体操用具の一つ。
飛《と》◀び火《ひ》 火が燃え移る。火の粉が散る。
土俵《どひょう》 土をつめた俵。相撲をとる場所。
扉《とびら》 開き戸の戸。本の巻頭のページ。
土瓶《どびん》 湯茶をわかす陶製の器。「—蒸し」
塗布《とふ》 塗りつける。一面に塗る。「—剤」
飛《と》ぶ 空中を進む。急行する。「空を—」
跳《と》ぶ 跳躍する。飛び越える。
●鳥・話・やじが飛ぶ ●カエルが跳ぶ
溝《どぶ》 汚水を流すみぞ。下水の溝。「—板」
戸袋《とぶくろ》 開けた雨戸をしまっておく所。
土塀《どべい》 土で築いた塀。
徒歩《とほ》 何にも乗らずに歩くこと。かち。
途方《とほう》 方法。手段。「—もない」

途方《とほう》に暮《く》れる　手立てがなくなり、どうしたらよいかわからなくなる。
土木《どぼく》　土石・木材・鉄を使う工事。
惚《とぼ》ける　【恍ける】知らぬふりをする。
乏《とぼ》しい　少ない。不足している。貧しい。
苫《とま》　スゲやカヤで編んだむしろ。
土間《どま》　屋内で床がなく地面のままの所。
塗抹《とまつ》　塗りつけること。塗りつぶすこと。
戸惑《とまど》う　勝手がわからずまごつく。
止《と》まる　動かなくなる。やむ。「時計が―」
泊《と》まる　宿泊する。碇泊する。「客船が―」
留《と》まる　固定される。心に残る。「目に―」
土饅頭《どまんじゅう》　土を丸く盛った墓。土墳。
富《とみ》　豊かなこと。豊かな財産。
左見右見《とみこうみ》　あちこちを見る。

頓《とみ》に　急に。にわかに。「―老けてきた」
富《と》む　財産を多く持つ。豊富である。
弔《とむら》う　死を悲しみ悼む。法要を営む。
留《と》め金《がね》　あわせ目を留めておく金具。
友《とも》　親しい人。親しんでいるもの。
供《とも》　主人につき従っていく人。従者。
巴《ともえ》　丸い渦の模様。「三つ―」
共稼《ともかせ》ぎ　夫婦共に働き生計を立てる。
輩《ともがら》　仲間。やから。同類。
共食《ともぐ》い　同類のものが害し合うこと。
灯火《ともしび》　【灯】明かり。ともした火。
点《とも》す　【灯す】明かりをつける。
友達《ともだち》　日常親しく交わる人。「幼―」
纜《ともづな》　【艫綱】船をつなぎとめる綱。
伴《ともな》う　連れて行く。付随する。

友引《ともびき》　六曜の一。葬儀を忌みきらう日。
吃《ども》る　言葉がつかえる。
土用《どよう》　立秋前の十八日間の称。夏
響《どよ》めく　【響動めく】鳴り響く。ざわめく。
寅《とら》　十二支の三番目。時刻の名。
銅鑼《どら》　円盤状の、青銅製の打楽器。
渡来《とらい》　外国から海を渡ってくること。
捕《と》らえる　【捉える】捕まえる。つかむ。
虎《とら》の子《こ》　大切な品物。秘蔵品。
虎《とら》の巻《まき》　兵法の秘伝書。あんちょこ。
酉《とり》　十二支の十番目。時刻の名。
取《と》り敢《あ》えず　差し当たって。
取《と》り扱《あつか》う　使う。処理する。
取《と》り合《あ》わせ　組合せ。寄せ集め。
鳥居《とりい》　神社の参道入口に立てる門。



取《と》り急《いそ》ぐ　たいへん急いで行う。
取《と》り入《い》る　中に入り機嫌をとる。
取《と》り柄《え》　【取得】長所。役立つ点。
執《と》り行《おこな》う　行事を行う。挙行する。
取《と》り返《かえ》す　取り戻す。もとに戻す。
取《と》り替《か》える　【取り換える】ほかと交換する。互いに相手のものとかえる。
取舵《とりかじ》　船首を左に転じる舵。⇔面舵《おもかじ》
取《と》り交《か》わす　やりとりする。
取《と》り決《き》める　決定する。約束する。
取組《とりくみ》　相撲の組み合わせ。「好―」
取《と》り組《く》む　物事に対処する。
取《と》り消《け》す　決めたことをやめる。
虜《とりこ》　【擒】捕虜。熱中。「恋の―」
取《と》り越《こ》し苦労《ぐろう》　将来のことまであれこれといらぬ心配をすること。

取《と》り込《こ》む　中に入れる。ごたつく。
取《と》り壊《こわ》す　【取り毀す】取り崩す。
取《と》り沙汰《ざた》　世間のうわさ。評判。
取《と》り締《し》まる　管理する。監督する。
取《と》り調《しら》べ　詳しい調査。
取《と》り揃《そろ》える　もれなく集める。
取《と》り次《つ》ぐ　仲介する。
取《と》り繕《つくろ》う　手入れする。ごまかす。
取《と》り付《つ》ける　装着する。買付ける。
砦《とりで》　軍事の拠点となる小規模の城。
取《と》り留《と》める　命が助かる。
取《と》り成《な》す　【執り成す】仲裁する。
酉《とり》の市《いち》　十一月の酉の日の祭り。冬
取《と》り計《はか》らう　うまく処理する。

鳥肌《とりはだ》　鳥の肌のように粟《あわ》立った肌。
取引《とりひき》　売買の契約。利益の交換。
取《と》り巻《ま》く　取り囲む。包囲する。
取《と》り回《まわ》す　うまく処理する。
取《と》り乱《みだ》す　散らかす。理性を失う。
鳥目《とりめ》　眼病の一つ。夜盲症。
取《と》りも直《なお》さず　つまり。即《すなわ》ち。
捕《と》り物《もの》　罪人をめしとらえること。
塗料《とりょう》　物体表面に塗る液体。「蛍光―」
度量《どりょう》　長さと容積。心の大きさ。
度量衡《どりょうこう》　長さ・容積・重さ。
努力《どりょく》　つとめ励むこと。精を出すこと。
取《と》り寄《よ》せる　注文して送らせる。
取《と》り分《わ》け　格別に。ことさらに。
取《と》る　持つ。奪う。除く。得る。「資格を―」

【獲る】「魚貝を—」
【穫る】「作物を—」
【摂る】「栄養を—」
【盗る】「金品を—」

捕《と》る　つかまえる。捕獲。「鳥獣を—」
執《と》る　持って使う。扱う。「事務を—」
採《と》る　採取・採用する。集める。「血を—」
撮《と》る　撮影する。「映画を—」「写真を—」
土鈴《どれい》　土を固め焼いて作った鈴。
奴隷《どれい》　しもべ。自由のない人。とりこ。
吐露《とろ》　心の中を残さず述べること。
泥《どろ》　水分を含んだ軟らかな土。「—靴」
徒労《とろう》　むだな骨折り。「—に終わる」
泥臭《どろくさ》い　土くさい。やぼったい。
蕩《とろ》ける　溶け軟かくなる。うっとりする。
泥仕合《どろじあい》　欠点をあばきあう醜い争い。
泥縄《どろなわ》　事が起きてから慌てて準備する。

泥沼《どろぬま》　抜け出せない悪い環境。「—化」
泥棒《どろぼう》　ぬすびと。盗賊。「—根性」
泥棒猫《どろぼうねこ》　隠れて悪事をはたらく者。
泥水《どろみず》　泥のまじった水。汚水。「—渡世」
薯蕷《とろろ》　とろろいも。山の芋の料理の一。
問《と》わず語《がた》り　一方的に自ら話す。
度忘《どわす》れ　ふと忘れて思い出せない。
屯営《とんえい》　兵士がいる所。屯所。兵営。
鈍化《どんか》　勢いなどがにぶくなること。
鈍角《どんかく》　直角より大きく二直角未満の角。
鈍感《どんかん》　感覚が鈍いこと。気が利かない。
鈍器《どんき》　鋭くない刃物。重くかたい凶器。
頓狂《とんきょう》　急に調子外れの言動をするさま。
団栗《どんぐり》　カシ・クヌギ・ナラなどの実。図
鈍行《どんこう》　各駅停車の普通列車。⇔急行

鈍根《どんこん》　才知がにぶいこと。⇔利根
頓挫《とんざ》　急に勢いを失う。行き詰まること。
頓才《とんさい》　頓知の才能。機転。「頓知—」
鈍才《どんさい》　頭の働きが鈍いこと。愚鈍な人。
頓死《とんし》　急にあっけなく死ぬこと。急死。
豚児《とんじ》　自分の子の謙称。愚息。
遁辞《とんじ》　言い逃れ。逃げ口上。
頓首《とんしゅ》　敬意を示す手紙の結語。「—再拝」
屯集《とんしゅう》　たむろすること。集まること。
鈍重《どんじゅう》　鈍くてのろいこと。⇔敏捷《びんしょう》
呑舟《どんしゅう》の魚《うお》　大人物・大物のたとえ。
屯所《とんしょ》　たむろする所。「警察署」の旧称。
貪食《どんしょく》　むさぼり食うこと。
豚汁《とんじる》　豚肉入りの、味噌《みそ》仕立ての汁。
緞子《どんす》　厚手でつやのある絹織物。

遁世《とんせい》　俗世を去って仏門に入る。隠居。
遁走《とんそう》　逃げ走ること。逃走。「—曲」
鈍足《どんそく》　走るのが遅いこと。⇔駿足《しゅんそく》
頓知《とんち》　即座に出る知恵。機知。「—が働く」
頓着《とんちゃく》　物事を深く心に掛ける。拘泥。
緞帳《どんちょう》　厚手の織物で作られた垂れ幕。
頓珍漢《とんちんかん》　わけのわからないさま。
鈍痛《どんつう》　鈍く重苦しい痛み。⇔激痛
曇天《どんてん》　曇った天気。⇔晴天・雨天
頓服《とんぷく》　症状が現れる度に服用する薬
鈍物《どんぶつ》　愚鈍な人。⇔才物
丼《どんぶり》　厚手で深い陶製の鉢。「親子—」
丼勘定《どんぶりかんじょう》　大ざっぱな金勘定。
蜻蛉返《とんぼがえ》り　宙返り。行って即戻る。
頓馬《とんま》　まぬけなこと。しくじり。

鈍麻《どんま》　感覚がにぶくなること。
鈍磨《どんま》　磨り減ってにぶくなること。
問屋《とんや》　商品の卸売りをする商店。「—街」
貪欲《どんよく》　強欲なこと。貪婪《どんらん》。⇔恬淡《てんたん》

## な

菜《な》　食用の草の総称。菜っ葉。青菜。
名宛《なあて》　小包などの受取人。あてな。
亡《な》い　死亡してこの世にいない。
無《な》い　存在しない。類がない。
内意《ないい》　心の中の考え。内々の意向。
内謁《ないえつ》　内々に目上の人に面会すること。
内苑《ないえん》　神社・皇居の内の庭。⇔外苑
内縁《ないえん》　法律上の婚姻外の夫婦関係。
内奥《ないおう》　内部の奥深い所。心中《しんちゅう》。

内科《ないか》　内臓疾患を手術以外で扱う医学。
内海《ないかい》　陸地に囲まれた海。⇔外海
内界《ないかい》　心の中の世界。意識の内面。
内外《ないがい》　内部と外部。国内と海外。
内角《ないかく》　多角形の内側にある角。⇔外角
内郭《ないかく》　城の内部にさらに築かれた囲い。
内閣《ないかく》　国の最高の行政機関。政府。
蔑《ないがし》ろ　無視して軽んじるさま。侮る。
内患《ないかん》　内部のわざわい。心配事。⇔外患
内規《ないき》　内部の規定。部内の規約。
内儀《ないぎ》　他人の妻を敬っていう語。
内勤《ないきん》　職場内での勤務。⇔外勤
内宮《ないくう》　伊勢の皇大《こうたい》神宮。⇔外宮《げくう》
内向《ないこう》　心が内に向かう。内気。⇔外向
内国《ないこく》　その国のうち。自国の内。国内。

内妻《ないさい》 内縁関係にある妻。⬍正妻
内済《ないさい》 表沙汰にせず内輪で済ませる。
内在《ないざい》 内部に含まれ存在すること。
乃至《ないし》 または。～から～まで。
内示《ないじ》 内密に示すこと。内々の告示。
内耳《ないじ》 耳の、最も奥の部分。⬍外耳
内実《ないじつ》 内部の実情。実際は。内情。
内需《ないじゅ》 国内の需要。「―拡大」⬍外需
内周《ないしゅう》 内に沿った周りの長さ。⬍外周
内柔外剛《ないじゅうがいごう》 本当は気が弱いが外見は強そうに見えること。⬍外柔内剛
内出血《ないしゅっけつ》 体内での出血。
内緒《ないしょ》 内々にすること。内輪。家計。
内助《ないじょ》 内部における援助。「―の功」
内情《ないじょう》 内部の事情。内実。「―を探る」

内職《ないしょく》 本職のほかにする仕事。副業。
内心《ないしん》 心の内部。心中。胸中。内意。
内申《ないしん》 内々に報告すること・書類。
内診《ないしん》 婦人生殖器内部を診察すること。
内陣《ないじん》 神体や本尊の安置場。⬍外陣《げじん》
内親王《ないしんのう》 天皇の娘や孫に当たる女子。
内政《ないせい》 国内の政治。「―干渉」⬍外政
内省《ないせい》 自分を深くかえりみる。内観。
内戦《ないせん》 同じ国民同士の戦い。内乱。
内線《ないせん》 内部連絡用の電話機。⬍外線
内争《ないそう》 内部で争うこと。うちわもめ。
内装《ないそう》 建物内部の設備・装飾。⬍外装
内蔵《ないぞう》 内部に持っていること。内包。
内臓《ないぞう》 体内にある諸器官の総称。
内則《ないそく》 部内で決められた規則。内規。

内諾《ないだく》 内々に承諾すること。
内達《ないたつ》 事前に、非公式に通達すること。
内談《ないだん》 内密に話し合うこと。密談。
内地《ないち》 本国の領土内。国内。本土。
内通《ないつう》 ひそかに敵に通じること。内応。
内定《ないてい》 非公式に決まっていること。
内偵《ないてい》 ひそかに探ること。内探。
内的《ないてき》 内部に関するさま。内面的。
内内《ないない》 表立たないこと。内輪。うちうち。
内部《ないぶ》 ものの内側。組織や集団の中。
内服《ないふく》 薬を飲むこと。服用。内用。
内紛《ないふん》 うちわもめ。内部の争い。内訌。
内憤《ないふん》 内心の憤り。
内分《ないぶん》 表ざたにしない。線分を二分する。
内聞《ないぶん》 内々にひそかに聞くこと。内分。

内包《ないほう》 内部に持つ。一概念の共通属性。
綯《な》い交《ま》ぜ 混交して一つにする。
内密《ないみつ》 表向きにしないこと。秘密。
内務《ないむ》 国内の行政事務。⬍外務
内命《ないめい》 表向きでない命令。内密の命令。
内面《ないめん》 ものの内部。心の中。⬍外面
内野《ないや》 野球で各塁を結ぶ線の内側。
内約《ないやく》 内々に約束すること。内約束。
内憂外患《ないゆうがいかん》 内外の心配事。
内用《ないよう》 うちわの用事。内服。「―薬」
内容《ないよう》 ものの中身。ものの実質。
内乱《ないらん》 内部の乱れ。国内の騒乱。内訌。
内覧《ないらん》 非公式に見ること。内見。「―会」
内陸《ないりく》 海から遠く離れた地帯・大陸。
綯《な》う 糸をよりあわせて一本にする。

苗《なえ》 発芽して間のない草や木。
苗木《なえぎ》 樹木の苗。
苗床《なえどこ》 樹木や野菜などの苗を育てる所。
萎《な》える 力が抜けてぐったりとする。
尚《なお》 【副】それでもやっぱり。さらに。
尚且《なおか》つ◀ その上に。それでもまだ。
尚更《なおさら》 一段と。ますます。「―の事」
等閑《なおざり》 あまり注意を払わないさま。
治《なお》る 病気やけががいやされる。
直《なお》る 誤りや悪いところが正しくなる。
●風邪が治る
●故障が直る
名折《なお》れ 名声を傷つける。不名誉。
長雨《ながあめ》 何日にもわたって降り続く雨。
仲居《なかい》 客を接待し世話をする女中。
永《なが》い 時間がずっといつまでも続く。

長《なが》い 隔たりが大きい。「髪が―」⬍短い
●永い眠りに就く
●長い道のりを歩む
長居《ながい》 訪問先に長くとどまる。長尻。
長生《ながい》き 長く生きること。長命。
長唄《ながうた》 三味線を伴奏に歌う長い謡物。
長柄《ながえ》 柄や柄に当たる部分が長いこと。
中落《なかお》ち 三枚おろしの魚の中骨部分。
仲買《なかがい》 売買の仲立ちをはかる。「―人」
長靴《ながぐつ》 ひざの辺まである長い靴。
中頃《なかごろ》 中ほどの所。中途。中間。
仲仕《なかし》 船の荷物を陸揚げする人。「沖―」
流《なが》し目《め》 横目。人の気を引く目つき。
中州《なかす》 【中洲】川の水面に出ている地面。
流《なが》す 液体を低い方へ移動させる。
長袖《ながそで》 丈の長いそで。⬍半袖

仲違《なかたが》い 仲が悪くなること。不仲。
仲立《なかだ》ち 【媒】間に立ち、仲を取りもつ。
中弛《なかだる》み 途中で緊張がゆるむこと。
長談義《ながだんぎ》 長時間話すこと。「下手の―」
長丁場《ながちょうば》 長時間かかること。長期戦。
中継《なかつ》ぎ 【中次ぎ】途中をつなぐこと。
長月《ながつき》 陰暦九月の異称。菊月。秋
中吊《なかづ》り◀ 電車内の吊り下げ広告。
中手《なかて》 早稲と晩稲の中間に実る稲。秋
仲直《なかなお》り 仲違いが直ること。和解。
中中《なかなか》 かなり。随分。容易に。「―上手」
長長《ながなが》 とても長いさま。「―と続く」
中庭《なかにわ》 建物と建物の間にある庭。坪庭。
中値《なかね》 高値と安値との中間の値段。
長年《ながねん》 【永年】長い年月の間。多年。

半《なか》ば 半分。ある程度。真ん中辺り。
長話《ながばなし》 長い時間話をする、その話。
中日《なかび》 一定期間のまんなかにあたる日。
長引《ながび》く のびのびになる。手間取る。
中程《なかほど》 真ん中の辺り。中頃。「―の成績」
仲間《なかま》 一緒に物事をする人。同類。
仲間外《なかまはず》れ 仲間にのけ者にされる。
仲間割《なかまわ》れ 仲間どうしで分裂する。
中身《なかみ》 【中味】中に入っているもの。
仲見世《なかみせ》 【仲店】社寺の境内の商店街。
眺《なが》める 見つめる。のぞむ。見渡す。
長持《ながも》ち 変わらずに長い間役に立つ。
長屋《ながや》 長い平屋を数戸に区切ったもの。
長湯《ながゆ》 長時間におよぶ入浴。長ぶろ。
中指《なかゆび》 五本の指の中央にある指。

仲良《なかよ》し 【仲好し】仲のよいこと。
乍《なが》ら とはいうものの。しつつも。
勿《なか》れ 【莫れ】してはいけない。「驚く―」
流《なが》れ弾《だま》 目標をそれて飛ぶ弾丸。
流《なが》れ星《ぼし》 宇宙塵《じん》。落下時の発光。秋
流《なが》れ者《もの》 定住せず各地を流れ歩く人。
長患《ながわずら》い 長く病気をする。長病み。
就中《なかんずく》 その中でとりわけ。特に。
凪《なぎ》 海面の平穏な状態。⇔時化《しけ》
泣《な》き落《お》とし◀ 泣きついて同情を誘い頼みごとを承諾させること。「―戦術」
亡骸《なきがら》 死骸《しがい》。しかばね。死体。
泣《な》き声《ごえ》 泣いている声。涙声。
鳴《な》き声《ごえ》 鳥・虫・獣などが鳴く声。
泣《な》き言《ごと》 不遇を嘆いて愚痴ることば。

渚《なぎさ》 【汀】波が打ち寄せる所。
鳴《な》き頻《しき》る 鳥や虫がさかんに鳴く。
泣《な》き噦《じゃく》る 声を出し泣きつづける。
泣《な》き上戸《じょうご》 酔うと泣く性質・人。
薙《な》ぎ倒《たお》す 横に払って倒す。
泣《な》き面《つら》 泣いた顔つき。なきっつら。
泣《な》き所《どころ》 弱点。向こうずね。
長刀《なぎなた》 【薙刀】刃に長い柄のついた武器。
無《な》きにしも非《あら》ず 全くないわけではない。「難病だが治る可能性も―」
泣《な》き寝入《ねい》り◀ あきらめること。
泣《な》き腫《は》らす 泣いて目を腫らす。
泣《な》き黒子《ぼくろ》 目じりにあるほくろ。
泣《な》き真似《まね》 泣くふりをすること。
泣《な》き虫《むし》 すぐに泣くこと・人。

泣《な》き喚《わめ》く 大声を出して泣く。
泣《な》く 涙を流す。つらい思いをする。
鳴《な》く 【啼く】獣・鳥などが声を出す。
●看板が泣く
●羊が鳴く
凪《な》ぐ 風がやみ海面が穏やかになる。
薙《な》ぐ 横にはらって切る。「雑草を―」
慰《なぐさ》み 気を紛らせる手段。楽しみ。
慰《なぐさ》める 心を和ませる。元気づける。
亡《な》くす 死なして失う。「病で妻を―」
無《な》くす 尽きて失う。紛失する。「金を―」
殴《なぐ》り書《が》き◀ 乱暴に書く。書いたもの。
殴《なぐ》り飛《と》ばす 力いっぱいに殴る。
殴《なぐ》る 【撲る】力を込めて打つ。たたく。
擲《なげう》つ 【抛つ】惜しげなく差し出す。
投《な》げ売《う》り◀ 利益無視で安値で売る。

嘆《なげ》かわしい 嘆くほどに情けない。
嘆《なげ》く 【歎く】悲しむ。残念に思う。
投《な》げ首《くび》◀ 策がなく思案にくれるさま。
長押《なげし》 日本建築で柱と柱をつなぐ横木。
投《な》げ出《だ》す 途中であきらめる。
投《な》げ飛《と》ばす 手荒くほうり出す。
投《な》げ遣《や》り◀ 無責任な態度。
投《な》げる ほうり出す。途中でやめる。
仲人《なこうど》 結婚の仲立ちをする人。媒酌人。
和《なご》む なごやかになる。やわらぐ。
名残《なごり》 あとに残るもの。惜別の気持ち。
余波《なごり》 風が止んだあとも残る波。
情《なさ》け 人間みのある温かい心。人情。
情《なさ》けない 嘆かわしい。惨め。無情だ。
済《な》し崩《くず》し 徐々に片づけること。

成《な》し遂《と》げる　最後までやり通す。
梨《なし》の礫《つぶて》　音さたがないこと。
馴染《なじ》む　なれて親しくなる。なつく。
詰《なじ》る　過失を問いただして責める。
成《な》す　あるものを作り上げる。「群を―」
為《な》す　ある行為をする。行う。「大事を―」
泥《なず》む　進行が妨げられる。難渋する。
擦《なす》る　こすりつける。すりつける。
謎《なぞ》　実体のつかめないもの。
準《なぞら》える　ほかのものに見立てる。似せる。
鉈《なた》　短く厚く幅の広い刃物。
灘《なだ》　風波の荒い航行の難所。「玄界―」
名代《なだい》　名高い・評判なこと。著名。
名題《なだい》　歌舞伎・浄瑠璃などの標題。
名高《なだか》い　評判が高い。有名である。

名《な》だたる　評判の高い。「―建築家」
菜種梅雨《なたねづゆ》　春の長雨。春
宥《なだ》め賺《すか》す　おだてたり機嫌をとる。
宥《なだ》める　和らげる。静める。
雪崩《なだれ》　積雪がくずれ落ちる現象。春
雪崩《なだれ》る　勢いよく押し寄せる。
捺印《なついん》　印判を押すこと。押印。
懐《なつ》かしい　思い出に心がひかれる。
夏枯《なつが》れ◀　暑さでなえる。夏の商売不振。
懐《なつ》く　なれ親しむ。慕う。「飼い犬が―」
夏草《なつくさ》　夏に繁茂している草。夏
名付《なづ》け親《おや》◀　命名する人。
名付《なづ》ける　名をつける。命名する。
夏木立《なつこだち》　夏の、生い茂った木立。夏
納豆《なっとう》　大豆を発酵させて作る食品。冬

納得《なっとく》　理解して認めること。同意。
夏隣《なつどなり》　晩春の、夏が間近なころ。春
菜《な》っ葉《ぱ》　葉が食用とされる野菜。
夏負《なつま》け　暑さで体が衰弱すること。
夏休《なつやす》み　夏季の休暇。暑中休暇。夏
夏痩《なつや》せ　暑さのためやせること。夏
撫《な》で肩《がた》　なだらかに下がっている肩。
撫《な》で斬《ぎ》り　敵を残らず斬り倒す。
撫《な》でる　静かにこする。さする。
名取《なと》り◀　評判が高い有名な人。
七草粥《ななくさがゆ》　春の七草を入れた粥。新
七転《ななころ》び八起《やお》き　何度失敗しても屈せず、奮起すること。七転八起。
七光《ななひかり》　親の威光が大きく及ぶこと。
斜《なな》め　傾いている。普通と違っている。

某《なにがし》　だれそれ。いくらかの。「何の―」
何食《なにく》わぬ顔《かお》　そしらぬ顔つき。
何気《なにげ》ない　意図がない。さり気ない。
何事《なにごと》　どのような事柄。いかなること。
名《な》にし負《お》う　名にふさわしい。
何卒《なにとぞ》　どうぞ。何とか。「―よろしく」
何分《なにぶん》　いろいろと。何卒。いくらか。
何程《なにほど》　どれくらい。どんなに。いかに。
何者《なにもの》　どんな人。何という人。何奴《なにやつ》。
何故《なにゆえ》　どういうわけで。どうして。なぜ。
浪花節《なにわぶし》　三味線を伴奏にした語り物。
名乗《なの》る　名や身分を明らかにする。
靡《なび》く　風などでゆらめく。服従する。
名札《なふだ》　名を記したふだ。ネームプレート。
嬲《なぶ》る　からかいもてあそぶ。いじめる。

鍋《なべ》　食物を煮る器。「鍋料理」の略。
鍋底《なべぞこ》　鍋の底。悪い状態が続くこと。
那辺《なへん》　【奈辺】どのへん。どのあたり。
生《なま》　手を加えていない状態。直接。
生欠伸《なまあくび》　十分でない、半端なあくび。
生揚《なまあ》げ◀　厚揚げ。不十分な揚げ方。
生暖《なまあたた》かい　なんとなく暖かい。
生意気《なまいき》　偉そう。こしゃく。「―盛り」
生餌《なまえ》　生もののえさ。いきえ。すりえ。
名前《なまえ》　氏名。姓に対して名。名称。
名前負《なまえま》け　名に実が伴わないこと。
生齧《なまかじ》り　本質をよく理解していない。
生乾《なまがわ》き　十分に乾いていないこと。
生木《なまき》　生えている木。切りたての木。
生傷《なまきず》　受けたばかりの傷。⇔古傷

生臭《なまぐさ》い　【腥い】生魚のにおいがする。
鈍《なまくら》　切れ味の鈍い刃。怠け者。「―な人」
怠《なま》け者《もの》　よく怠ける人。⇔働き者
怠《なま》ける　【懶ける】働かない。ずるける。
生殺《なまごろ》し　半殺し。中途半端。「蛇の―」
憖《なまじ》　しなくてもよいのに。むりに。
生食《なましょく》　生で食べるのに適していること。
膾《なます》　【鱠】魚介や野菜などの酢の物。
生血《なまち》　生き血。生きている動物の血。
生唾《なまつば》　口中のつばき。「―をのみこむ」
生爪《なまづめ》　指に生えているままの爪。
生中《なまなか》　【生半】中途半端なさま。生半可。
生生《なまなま》しい　新鮮なさま。鮮烈なさま。
生煮《なまに》え　十分煮えていない状態。
生温《なまぬる》い　少しぬるい。柔弱である。

生半可《なまはんか》 いいかげんで不十分。

生兵法《なまびょうほう》 中途半端な知識や技術。

生返事《なまへんじ》 あいまいな、気のない返事。

生身《なまみ》 生きている体。「―の人間」

生水《なまみず》 くんだままの水。沸かしてない水。

艶《なま》めかしい あでやかな。色っぽい。

生焼《なまや》け 十分に焼けていないこと。

生易《なまやさ》しい たやすい。容易。簡単。

生茹《なまゆ》で ゆで方が不十分なこと。

訛《なまり》 その地方独特の発音や言い方。

鉛《なまり》 蒼白色の柔らかく重い金属。

訛《なま》る 方言などで発音が崩れる。

鈍《なま》る 切れが悪くなる。にぶる。「体が―」

波《なみ》 【浪】水面の上下運動。「逆巻く―」

並《な》み◀ 同類。同程度。普通。「世間―」

並《な》み居《い》る そこに並んでいる。

波打《なみう》ち際《ぎわ》◀ 波の打ち寄せる所。

波風《なみかぜ》 波と風。ごたごた。もめごと。

並木《なみき》 一列に植えた木。「―道」「銀杏―」

波路《なみじ》 【浪路】船が通る道筋。航路。

涙《なみだ》 【泪】涙腺《るいせん》から分泌する液。

涙雨《なみだあめ》 悲しみの雨。少し降る雨。

並大抵《なみたいてい》 ひと通り。普通程度。

涙金《なみだきん》 小額の手切れ金。わずかな金。

涙声《なみだごえ》 泣きそうな声。泣き声。

涙脆《なみだもろ》い 情け深い。涙を流しやすい。

並並《なみなみ》 人並み。通り一遍。「―ならぬ」

波《なみ》の花《はな》 白く泡立つ波。塩。図

並外《なみはず》れ けたはずれ。

波間《なみま》 波と波の間。波の谷。

波枕《なみまくら》 船中で旅寝すること。船旅。

菜飯《なめし》 刻んだ青菜をまぜた飯。春

鞣《なめ》し革《がわ》 なめして柔らかくした革。

鞣《なめ》す 動物の皮を柔らかくする。

舐《な》めずる 舌で唇などをなめ回す。

滑《なめ》らか すべすべした。よどみない。

嘗《な》める 【舐める】舌で触れる。見下す。

納屋《なや》 ものをしまっておく小屋。

悩《なや》む 困る。思い煩う。苦しむ。

弱竹《なよたけ》 細くしなやかな竹。若竹。

習《なら》い しきたり。習慣。世の常。「―事」

倣《なら》う 先例をまねる。「ひそみに―」

習《なら》う 教えを受ける。学ぶ。「書道を―」

奈落《ならく》 地獄。舞台の床下。どん底。

均《なら》す 平らにする。平均する。「地を―」

馴《な》らす 手なずける。訓練する。「馬を―」

慣《な》らす なじませる。「登板前に肩を―」

奈良漬《ならづけ》 瓜類の粕漬《かすづけ》。

並《なら》びに また。および。「親族―友人」

並《なら》ぶ 列になる。隣になる。匹敵する。

習《なら》わし 【慣わし】風習。しきたり。

成《な》り◀上《あ》がり◀ 急に出世した・人。

成《な》り代《か》わる 代理をする。

成金《なりきん》 急に金持ちになった人。「―風」

成《な》り済《す》ます 別ものになりきる。

成《な》り◀立《た》ち 物事の過程。構成・仕組。

成《な》り立《た》つ 構成される。成立する。

成《な》り◀手《て》 【為り手】ある役目になる人。

鳴《な》り響《ひび》く 音が一面に広く伝わる。

形振《なりふ》り 服装や態度。「―かまわず」

鳴《な》り物入《ものい》り 鳴り物で囃《はや》す。大々的な宣伝で騒ぎたてる。「―の新人」

成《な》り◀行《ゆ》き 物事の移り変わる過程。

生業《なりわい》 生活していくための仕事。家業。

生《な》る 実る。生じる。実を結ぶ。

成《な》る できあがる。構成される。

為《な》る 変化して、ある状態になる。

●カキの実が生る　●優勝成る　六球団から成る連盟　●化粧して美しく為る

鳴《な》る 音が出る。世間に知れ渡る。

鳴子《なるこ》 音で鳥を追い払うしかけ。秋

成《な》る丈《たけ》 できるだけ。なるべく。

成《な》る程《ほど》 確かに。いかにも。

馴《な》れ合《あ》う 親しみ合う。ぐるになる。

馴《な》れ◀初《そ》め 恋愛関係のきっかけ。

馴《な》れ馴《な》れしい 親しくもないのに親しく接してはばからない。気安い。

成《な》れの果《は》て◀ 落ちぶれた結果。

狎《な》れる 親しみすぎてけじめを失う。

馴《な》れる なつく。動物が人になじむ。

慣《な》れる 習慣になる。適応する。

熟《な》れる ほどよく熟成する。旨くなる。

●恩師に狎れる　●野犬が人に馴れる　●仕事に慣れる　●漬物が熟れる

縄《なわ》 繊維をよりあわせた太いひも。

苗代《なわしろ》 稲の苗を育てる水田。春

畷《なわて》 あぜ道。長くまっすぐな道。

縄跳《なわと》び◀ 縄を回して跳びはねる遊び。

縄暖簾《なわのれん》 縄で作ったのれん。

縄梯子《なわばしご》 縄で作ったはしご。

縄張《なわば》り◀ 勢力範囲。「—争い」
難《なん》 困難。わざわい。欠点。「住宅—」
南緯《なんい》 赤道以南の緯度。⇕北緯
難易《なんい》 困難なことと容易なこと。「—度」
南下《なんか》 南の方へ進むこと。⇕北上
軟化《なんか》 軟らかくなる。穏やかになる。
難解《なんかい》 理解・解釈しにくい。⇕容易
難関《なんかん》 切り抜けにくい場面や事態。
難艱《なんかん》 苦しみ。苦労。艱難。
難儀《なんぎ》 物事の困難なさま。めんどう。
難詰《なんきつ》 欠点を挙げて非難すること。
軟球《なんきゅう》 軟式競技で使うボール。⇕硬球
難行苦行《なんぎょうくぎょう》 辛く苦しい修行。
南極《なんきょく》 地軸の南端の地点。「—大陸」
難曲《なんきょく》 演奏に高度な技術を要する楽曲。

難局《なんきょく》 対処しにくい困難な局面。
軟禁《なんきん》 程度の緩い監禁。「—状態」
難癖《なんくせ》 非難すべき点。欠点。
喃語《なんご》 乳児が発する意味のない音声。
軟膏《なんこう》 半固形の軟らかい膏薬。⇕硬膏
難航《なんこう》 物事が容易にはかどらないこと。
難攻不落《なんこうふらく》 陥落しがたいさま。
軟骨《なんこつ》 弾力のある軟らかい骨。⇕硬骨
難産《なんざん》 困難な出産。成立しがたいこと。
汝《なんじ》 【爾】おまえ。あなた。
難治《なんじ》 病気が治りにくいこと。なんち。
難事《なんじ》 処理するのが困難な事柄。
軟質《なんしつ》 軟らかい性質。「—ガラス」
軟弱《なんじゃく》 弱々しいさま。腰抜け。⇕強硬
難渋《なんじゅう》 事が思うように進行しないこと。

難所《なんしょ》 往来の難しい所。危険な所。
難色《なんしょく》 難しいとしぶる様子。「—を示す」
軟水《なんすい》 鉱物質含有量の少ない水。
軟性《なんせい》 軟らかな性質。柔軟な性質。
難船《なんせん》 船が難破すること。難破船。
南船北馬《なんせんほくば》 常に旅すること。
難題《なんだい》 難しい問題。難問。「無理—」
南端《なんたん》 陸地・国境などの南のはし。
南中《なんちゅう》 天体が子午線を通過すること。
軟調《なんちょう》 取引相場の下落傾向。⇕堅調
難聴《なんちょう》 聴覚が弱く聞こえにくいこと。
難敵《なんてき》 てごわい争い相手。「—を下す」
軟鉄《なんてつ》 炭素含有量の少ない鉄。
難点《なんてん》 欠点。解決するのが困難な点。
納戸《なんど》 衣類や道具などをしまう部屋。

難度《なんど》 難しさの程度。難易度。
何時《なんどき》 何時《なんじ》。いつ。「いつ—」
難読《なんどく》 漢字の読み方が難しいこと。
難《なん》なく 簡単に。造作なく。たやすく。
垂《なんな》んとする 正にそうなろうとする。
軟派《なんぱ》 意見や主義が軟弱な一派。
難破《なんぱ》 船が暴風雨で破船すること。
南蛮《なんばん》 昔用いた、東南アジアの呼称。
難病《なんびょう》 治療の困難な病気。「—奇病」
難物《なんぶつ》 扱いにくい人やもの。
難文《なんぶん》 読解の困難な文章。
何遍《なんべん》 たびたび。何度。しばしば。何回。
難民《なんみん》 戦禍などで故国を逃れた人。
難問《なんもん》 解答の困難な問題。「—奇問」
難役《なんやく》 難しい役目・役割。「—に挑む」

南洋《なんよう》 太平洋の赤道付近の海域と島々。
難路《なんろ》 通行の困難な道。険しい道。難所。

## に

荷《に》 荷物。手数のかかるもの。
似合《にあ》う 釣り合う。適合する。
荷揚《にあ》げ◀ 船の積荷を陸に揚げること。
新妻《にいづま》 結婚間もない妻。新婚の妻。新婦。
新盆《にいぼん》 死後最初に迎える盆。[秋]
荷受《にう》け◀ 荷物を受け取る。⇕荷送り
贄《にえ》 みつぎもの。神への供え物。
煮《に》え返《かえ》る 沸騰する。腹立たしい。
煮《に》え滾《たぎ》る 煮えて沸き立つ。
煮《に》え湯《ゆ》 煮え立った湯水。熱湯。
匂《にお》い 香り。つや。趣。美しさ。「花の—」

臭《にお》い 悪臭。くさみ。不審。「犯罪の—」
匂《にお》う よい香りがする。色が際立つ。
臭《にお》う くさい。怪しい。「不正が—」
●新茶が匂う
●生ごみが臭う
仁王《におう》 寺門の左右にある金剛力士像。
荷送《におく》り◀ 荷物を送り出す。⇕荷受け
荷重《におも》 荷・責任が重いさま。
苦《にが》い 不快な味。つらい。「—経験」
似顔《にがお》 人面に似せて描く、またその絵。
苦手《にがて》 扱いにくい嫌な相手。不得意。
苦苦《にがにが》しい 非常に不愉快な。
苦《にが》み 【苦味】辛い心情。苦い味。「—走る」
苦水《にがみず》 苦汁。苦い経験。「—を飲ませる」
苦虫《にがむし》 噛んだら苦そうな虫。「—をかみつぶしたよう」で、不機嫌そうな顔・様子。

似通《かよ》う　互いによく似る。類似する。
苦汁《にがり》　海水から食塩を晶出させた残液。
膠《にかわ》　皮骨などを煮固めた接着剤。
苦笑《にがわら》い　仕方なくする苦々しい笑い。
二期作《にきさく》　同じ田で年二回米を作る。
二義的《にぎてき》　根本的でないさま。二次的。
賑賑《にぎにぎ》しい　非常ににぎやかなさま。
面皰《にきび》　思春期にできる吹き出物。
賑《にぎ》やか　活気なさま。陽気なさま。
握《にぎ》り飯《めし》　握り固めた飯。おむすび。
握《にぎ》る　つかむ。自分のものにする。
賑《にぎ》わう　活気がある。繁盛する。
憎《にく》い　憎らしい。憎らしいほど見事。
肉眼《にくがん》　眼鏡などで矯正しない視力。
肉腫《にくしゅ》　非上皮性の悪性腫瘍の総称。

肉食《にくしょく》　鳥獣の肉を食べること。⬍菜食
肉親《にくしん》　血族関係にある人。血縁。
肉声《にくせい》　直接出る生の声。
肉体《にくたい》　生きている人間の体。⬍精神
肉付《にくづ》き◀　体の、肉のつき具合。
憎憎《にくにく》しい　いかにも憎らしい。
肉薄《にくはく》　【肉迫】すぐ近くまで迫ること。
肉離《にくばな》れ　運動で筋肉が切れること。
肉筆《にくひつ》　実際に手で書いたもの。自筆。
肉太《にくぶと》　文字の線が太いこと。⬍肉細
憎《にく》まれ口《ぐち》　憎らしい言葉や態度。
憎《にく》む　憎いと思う。強く嫌う。
肉欲《にくよく》　肉体上の欲情。性欲。
憎《にく》らしい　いかにも憎い。しゃくに障る。
荷車《にぐるま》　人や牛馬の力で荷物を運ぶ車。

逃《に》げ足《あし》◀　逃げる様子・速度。
逃《に》げ失《う》せる　逃げて姿を消す。
逃《に》げ口上《こうじょう》◀　責任を逃れる口実。
逃《に》げ腰《ごし》◀　逃げようとする態度。
逃《に》げ水《みず》◀　蜃気楼の一種。春
逃《に》げ道《みち》◀　逃げる方向。避ける方法。
逃《に》げる　のがれる。責任を回避する。
二元《にげん》　根本となる二つのもの・場所。
和毛《にこげ》　軟らかな毛。綿毛。産毛。
煮凝《にこご》り　固めた魚の煮汁の食品。冬
濁《にご》る　不透明になる。汚れる。⬍澄む
西《にし》　方角の一。日の沈む方角。⬍東
虹《にじ》　弧状の七色の光の帯。天弓。夏
二次《にじ》　二番目の。第二回。副次。「一会」
錦《にしき》　生地の厚い華麗な模様の絹織物。

錦絵《にしきえ》　多色刷りの浮世絵版画。
錦《にしき》の御旗《みはた》　自分の主張や行動を権威づけるために掲げる名分。
西日《にしび》　西に傾いた太陽、その光。夏
滲《にじ》む　しみて広がる。
煮染《にし》め◀　煮て味を染みこませた料理。
二者択一《にしゃたくいつ》　二つから一つ選ぶ。
二豎《にじゅ》　病気。病魔。「一の冒す所となる」
二重顎《にじゅうあご》　たるんで二重に見える顎。
二重唱《にじゅうしょう》　二人での合唱。デュエット。
二乗《にじょう》　同じ数を二個掛けあわせること。
躙《にじ》る　座ったまま膝でじりじりと動く。
二心《にしん》　【弐心】ふたごころ。疑い。
二伸《にしん》　手紙の追書につける語。追伸。
二審《にしん》　第二次の審理。控訴審。

偽《にせ》　【贋】本物に似せたもの。「一医者」
偽札《にせさつ》　【贋札】偽造の紙幣。がんさつ。
偽物《にせもの》　【贋物】本物に似せた物。模造品。
偽者《にせもの》　【贋者】本人に見せかけた別人。
尼僧《にそう》　出家した女性の僧。あま。⬍僧
二束三文《にそくさんもん》　ひどく安い値段。
荷駄《にだ》　馬で運ぶ荷物。
煮立《にた》つ　煮えてぐらぐらと沸く。
似《に》たり寄《よ》ったり　内容や性質の程度に差がなくみな同じであるさま。
日限《にちげん》　期日。定められた日。
日常《にちじょう》　ふだん。へいぜい。「一生活」
日常座臥《にちじょうざが》　ふだん。常々。
日常茶飯《にちじょうさはん》　ありふれたこと。
日没《にちぼつ》　太陽が西に沈むこと。日の入り。

日夜《にちや》　昼と夜。絶えず。「一励む」
日用《にちよう》　毎日の生活に使うこと。「一品」
日輪《にちりん》　太陽。天日《てんじつ》。
日課《にっか》　毎日割り当てて行う仕事。
日刊《にっかん》　毎日刊行すること。「一紙」
肉感《にっかん》　性欲をそそる感じ。にくかん。
日記《にっき》　毎日の出来事や感想の記録。
日給《にっきゅう》　一日単位の給料。日当。
荷造《にづく》り◀　運びやすく荷物をまとめる。
日光《にっこう》　太陽の光。「一浴」
日参《にっさん》　毎日神仏へ参る。毎日訪問する。
日誌《にっし》　毎日の出来事の記録。「学級一」
日射病《にっしゃびょう》　直射日光による病気。夏
日収《にっしゅう》　一日の収入。毎日のもうけ。
日照《にっしょう》　太陽が地上を照らすこと。「一権」

日章旗《にっしょうき》 日の丸の旗。
日食《にっしょく》 【日蝕】太陽が欠けて見える現象。
日進月歩《にっしんげっぽ》 日々進歩すること。
二進《にっち》も三進《さっち》も 行きづまるさま。どうにもこうにも。「—いかない」
日中《にっちゅう》 (日が高くのぼっている)昼間。
日直《にっちょく》 その日の当直。昼間の当番。
日程《にってい》 一日の予定。毎日の予定。
日当《にっとう》 一日単位の手当。日給。
日報《にっぽう》 毎日行う報告。新聞。「時事—」
煮詰《につ》まる◀ 煮えて水気がなくなる。
担《にな》う かつぐ。引き受ける。「重責を—」
二《に》の足《あし》を踏《ふ》む ためらう。
二《に》の腕《うで》 肩とひじの間の部位。
二《に》の句《く》 次の言葉。「—が継げない」

二《に》の次《つぎ》 その次。あと回し。
二《に》の舞《まい》◀ 前の人と同じ失敗をくりかえすこと。「—を演じ(ず)る」
二《に》の矢《や》 二本目の矢。次の手段。
二番煎《にばんせん》じ 煎じたものをもう一度煎じる。既出の趣向のまね。「—の企画」
鈍《にぶ》い 切れ味が悪い。鋭敏でない。
荷札《にふだ》 宛名などを書き荷物につける札。
煮干《にぼ》し◀ 煮て干した出汁魚・干物。
二枚舌《にまいじた》 うそを言うこと。「—を使う」
二枚目《にまいめ》 美男子。美男役の俳優。
二毛作《にもうさく》 同じ耕地で年二回収穫する。
荷物《にもつ》 運ぶべきもの。負担になるもの。
煮物《にもの》 煮た料理。食物を煮ること。
煮《に》やす 怒りを激しくする。「業を—」

入院《にゅういん》 治療で病院に入ること。⇔退院
入荷《にゅうか》 商店や市場に商品が入ること。
入会《にゅうかい》 会に入ること。「—金」⇔退会
入閣《にゅうかく》 大臣として内閣の一員になる。
入学《にゅうがく》 生徒として学校に入ること。春
乳牛《にゅうぎゅう》 乳を搾り取るためのウシ。
入居《にゅうきょ》 住宅に入って住むこと。「—者」
乳業《にゅうぎょう》 牛乳や乳製品を製造する事業。
入金《にゅうきん》 金銭が入ること。⇔出金
入庫《にゅうこ》 物品や車を倉庫に入れること。
入港《にゅうこう》 船が港に入ること。⇔出港
入国《にゅうこく》 他国に入る。「—査証」⇔出国
入獄《にゅうごく》 監獄に拘禁されること。⇔出獄
入魂《にゅうこん》 作品などに精神を注ぎ込むこと。
入札《にゅうさつ》 売買や請負時に出す見積り。

乳歯《にゅうし》 永久歯が生える前の乳幼児の歯。
乳児《にゅうじ》 生後一年ぐらいまでの子。嬰児。
入社《にゅうしゃ》 社員として会社に入る。⇔退社
入寂《にゅうじゃく》 高僧が死去すること。入滅。
柔弱《にゅうじゃく》 精神・体質が弱いこと。軟弱。
入手《にゅうしゅ》 手に入れること。所有すること。
入場《にゅうじょう》 会場・場内に入ること。⇔退場
入信《にゅうしん》 信仰の道に入ること。帰依する。
入神《にゅうしん》 技術が優れていること。「—の技」
入籍《にゅうせき》 戸籍に加わること。⇔除籍
入選《にゅうせん》 審査に合格すること。⇔落選
入隊《にゅうたい》 隊に入ること。⇔除隊
入団《にゅうだん》 団体の一員となること。⇔退団
入党《にゅうとう》 政党に入ること。⇔離党・脱党
入道雲《にゅうどうぐも》 積乱雲。雷雲。雲の峰。夏

入念《にゅうねん》 念入り。注意を重ねる。⇔粗略
入梅《にゅうばい》 梅雨の季節に入ること。夏
乳鉢《にゅうばち》 固形物を粉末にすりつぶす鉢。
入費《にゅうひ》 費用。必要な金。
入幕《にゅうまく》 大相撲で幕内力士になること。
入門《にゅうもん》 弟子入り。学びはじめ。「—書」
入用《にゅうよう》 必要。出費。費用。いりよう。
入浴《にゅうよく》 風呂に入ること。ゆあみ。入湯。
入来《にゅうらい》 はいってくること。来訪。「御—」
乳酪《にゅうらく》 牛乳から作るバターなどの食品。
入力《にゅうりょく》 機械に信号や情報を入れること。
柔和《にゅうわ》 穏やかなさま。性質が優しい。
如意《にょい》 思いのままになること。
尿《にょう》 小便。「—検査」
尿意《にょうい》 小便がしたい気持。「—を催す」

女房《にょうぼう》 (自分の)妻。「—詞《ことば》」
女房役《にょうぼうやく》 そばで補佐する役目(の人)。
如実《にょじつ》 現実そのままに。あたかも。
如来《にょらい》 仏の尊称。「阿弥陀《あみだ》—」
睨《にら》む 鋭い目つきでじっと見る。
二律背反《にりつはいはん》 二つの命題や推論が矛盾・対立して両立しないこと。
二流《にりゅう》 質が最上より劣ること。「—品」
似《に》る 互いに同じように見える。
煮《に》る 水や汁に入れ熱を通す。
二六時中《にろくじちゅう》 一日中。しじゅう。
庭《にわ》 敷地内・家屋の周りの空地。
俄《にわか》 急に。突然。「—作り」
俄雨《にわかあめ》 突然降り出しすぐにやむ雨。
俄仕込《にわかじこ》み◀ 急場しのぎに覚える。

庭先《にわさき》 縁側近くの庭。庭の辺り。縁先。

庭師《にわし》 庭園を作り手入れをする職人。

任意《にんい》 心まかせ。随意。「—同行」

認可《にんか》 よいと認め許可すること。認許。

任官《にんかん》 官職に任じられること。⇕退官

人気《にんき》 人々の受け。世間の評判。「—者」

任期《にんき》 職務上のある一定の年限。

人魚《にんぎょ》 海にすむ想像上の生き物。

任侠《にんきょう》 【仁俠】男らしい気性に富むこと。

人形《にんぎょう》 人の姿に似せて作った玩具。

忍苦《にんく》 苦しみを耐え忍ぶ。「—の生活」

人間《にんげん》 ひと。人類。人物。人柄。「—味」

認識《にんしき》 よく知り正しく理解すること。

忍者《にんじゃ》 忍びの者。忍術使い。

忍従《にんじゅう》 耐え忍び従うこと。「—の生活」

忍術《にんじゅつ》 武芸の一つ。忍びの術。

認証《にんしょう》 公の機関が証明すること。

人情《にんじょう》 情け。慈しみ。思いやり。「—味」

刃傷《にんじょう》 刃物で人を傷つける。「—沙汰」

任じる《にんじる》 役につける。担当させる。

妊娠《にんしん》 身ごもること。懐妊。受胎。

人数《にんずう》 人の数。人員。にんず。

人相《にんそう》 人の顔かたち、その運勢。「—見」

忍耐《にんたい》 耐え忍ぶこと。辛抱。「—力」

任地《にんち》 任命された職務を行う土地。

認知《にんち》 はっきりと認めること。

人体《にんてい》 身なりなどから判断される品格。

認定《にんてい》 公の機関が認め決定すること。

認否《にんぴ》 認めるか認めないか。「罪状—」

人非人《にんぴにん》 人でなし。非道の悪人。

妊婦《にんぷ》 妊娠している女性。「—服」

任務《にんむ》 役目。職務。「—を遂行する」

任命《にんめい》 地位や職務を命じること。

任免《にんめん》 任命することと罷免すること。

任用《にんよう》 職務を与えて人を使うこと。

認容《にんよう》 認めて許すこと。容認。

## ぬ

縫◀い糸《ぬいいと》 裁縫用の糸。

縫◀い代《ぬいしろ》 縫い込みの幅。

縫◀い取◀り《ぬいとり》 色糸で縫った模様。

縫◀い針《ぬいばり》 縫い物に使う針。

縫◀い物《ぬいもの》 衣服などを縫うこと。裁縫。

縫う《ぬう》 糸つきの針でつづる。間を通る。

糠《ぬか》 精白の際に出る玄米の表皮の粉。

糠雨《ぬかあめ》 非常に細かい雨。こぬか雨。

吐かす《ぬかす》 【抜かす】生意気を言う。

額ずく《ぬかずく》 頭を地につけ礼をする。

糠漬け◀《ぬかづけ》 ぬかみそに漬けた漬け物。

糠に釘《ぬかにくぎ》 何をしても手ごたえがない。

糠働き《ぬかばたらき》 むだ働き。徒労。

糠味噌が腐る《ぬかみそがくさる》 歌声が悪い・歌うのが下手なことをあざける言葉。

糠喜び《ぬかよろこび》 当てが外れてしまった喜び。

抜かり《ぬかり》 落ち度。「—ない捜査」

抜かる《ぬかる》 油断して失敗する。

泥濘《ぬかるみ》 雨雪でぬかった所。

抜き◀足《ぬきあし》 つま先立てそっと歩くこと。

緯糸《ぬきいと》 織物の横糸。⇕経糸《たていと》

抜き◀打ち《ぬきうち》 予告なしに行うこと。

抜き◀書き《ぬきがき》 要点を書き抜くこと。

抜き◀差しならない《ぬきさしならない》 身動きがとれない。どうにもならない。「—仲」

抽んでる《ぬきんでる》 抜群にすぐれる。「衆に—」

抜く《ぬく》 引いて取る。省く。追い越す。

脱ぐ《ぬぐ》 身につけているものを取る。

温い《ぬくい》 あたたかい。㊗

拭う《ぬぐう》 ふき取る。恥などを消し去る。

温温《ぬくぬく》 温かい・のんびりしているさま。

温もり《ぬくもり》 あたたかさ。ぬくみ。

抜け◀駆け《ぬけがけ》 人を出し抜くこと。

抜け◀殻《ぬけがら》 【脱け殻】脱皮したあとの殻。

抜け◀毛《ぬけげ》 抜け落ちた毛。抜け髪。

抜け◀道《ぬけみち》 裏道。逃げ道。逃れる手立て。

抜け◀目《ぬけめ》 手抜かり。油断。「—がない」

幣《ぬさ》 神に捧げる供え物。御幣。幣帛。

主《ぬし》 主人。所有者。住みついたもの。

盗人《ぬすびと》 他人の物を盗む者。ぬすっと。

盗み◀聞き《ぬすみぎき》 話をこっそり聞くこと。

盗み◀食い《ぬすみぐい》 こっそり食べること。

盗み◀見る《ぬすみみる》 こっそり見る。

盗む《ぬすむ》 他人のものをひそかに取る。

布《ぬの》 織物の総称。きれ。「—地」

布子《ぬのこ》 木綿の綿入れ。㊇

布地《ぬのじ》 衣服に仕立てる前の織物。

布目《ぬのめ》 布の織り目、またその模様。

沼《ぬま》 泥土が多い深くない池。「—地」

絖《ぬめ》 薄く滑らかでつやのある絹布。

滑り《ぬめり》 ぬるぬるすること・もの。

塗り◀絵《ぬりえ》 着色し楽しむ輪郭だけの絵。

塗《ぬ》り▲替《か》える　新たに塗り直す。
塗《ぬ》り▲物《もの》　漆塗りの器物の総称。漆器。
塗《ぬ》る　表面にすりつける。なする。
温《ぬる》い　生あたたかい。厳しくない。
微温湯《ぬるまゆ》　温度の低い湯。安楽な状態。
濡《ぬ》れ▲縁《えん》　戸の外側の雨に濡れる縁側。
濡《ぬ》れ▲衣《ぎぬ》　無実の罪。根も葉もない話。
濡《ぬ》れ▲手《て》で粟《あわ》　苦労なく利を得る。
濡《ぬ》れ▲鼠《ねずみ》　全身ずぶ濡れの様子。
濡《ぬ》れ▲場《ば》　芝居で情事の場面。
濡《ぬ》れる　水がしみ込む。情交する。

## ね

子《ね》　十二支の第一番。時刻の名。
音《ね》　おと。声。「鐘の―」「―を上げる」
根《ね》　植物の養分吸収器官。起源。
根上《ねあ》が▲り　根が地上に現れること。
値上《ねあ》げ　値段を高くすること。
寝汗《ねあせ》　【盗汗】眠っている間にかく汗。
寝息《ねいき》　眠っている間の呼吸。
佞奸《ねいかん》　外見は従順でも内心は腹黒い。
寧日《ねいじつ》　平穏無事な日。「―なし」
寝入《ねい》り▲端《ばな》　寝入ってまもない時。
音色《ねいろ》　その音に特有な音の感じ。
値打《ねう》ち▲　そのものにある価値。
寝起《ねお》き　起きた直後。生活すること。
寝押《ねお》し　衣類を布団の下に敷き寝ること。
願《ねが》い▲下《さ》げ　取り消すこと。
願《ねが》う　祈願する。望む。頼む。希望する。
寝返《ねがえ》り　寝たまま体の向きを変える。「―を打つ」で、裏切って敵方につくの意。
寝顔《ねがお》　眠っているときの顔つき。
禰宜《ねぎ》　神職の総称。神宮の神官。
労《ねぎら》う　【犒う】骨折りをいたわる。
値切《ねぎ》る　値段をまけさせる。
値崩《ねくず》れ　供給過多で価格が急落する。
寝癖《ねぐせ》　睡眠中にできた髪のくせ。
寝首《ねくび》を掻《か》く　信用させて陥れる。
塒《ねぐら》　鳥の寝る所。自分の家・寝所。
寝苦《ねぐる》しい　なかなか寝つけない。
猫被《ねこかぶ》り　おとなしく見せること。
猫車《ねこぐるま》　土砂などを運ぶ手押しの一輪車。
猫舌《ねこじた》　熱いものを飲食できない・人。
猫背《ねこぜ》　背が曲がっている姿勢。
根刮《ねこそ》ぎ　根絶すること。すっかり。
寝言《ねごと》　睡眠中に発する言葉。たわごと。
猫撫《ねこな》で声《ごえ》　こびを含んだ作り声。
猫糞《ねこばば》　拾得物を自分のものにすること。
猫額《ねこびたい》　ネコの額のように狭い所。
寝込《ねこ》む　熟睡する。病床につく。
猫《ねこ》も杓子《しゃくし》も　誰もかれも。みな。
値頃《ねごろ》　適当な値段。割安な値段。
寝転《ねころ》ぶ　横になる。ごろりと寝る。
値下《ねさ》げ　値段を安くすること。
寝酒《ねざけ》　寝る前に安眠のために飲む酒。
根差《ねざ》す　根づく。由来する。基づく。
寝覚《ねざ》め　眠りから覚めること。
螺子《ねじ》　【捻子】締めつけ固定する部品。
拗《ねじ》ける　ねじれ曲がる。ひねくれる。
捩《ね》じ▲込《こ》む　押し込む。抗議する。
寝静《ねしず》まる　寝入って静かになる。
捩《ね》じ▲伏《ふ》せる　押さえつけ負かす。
音締《ねじ》め▲　三味線の弦を巻きしめる。
捩《ね》じる▲　【捻じる】ひねる。くねらせる。
根城《ねじろ》　活動の根拠地。本城。⇔出城《でじろ》
鼠算《ねずみざん》　急速に増加するたとえ。
寝相《ねぞう》　睡眠中の格好。「―が悪い」
根太《ねだ》　床板を支える横木。
妬《ねた》む　うらやみ憎む。しっとする。
根絶《ねだ》やし▲　残らず取り除くこと。
強請《ねだ》る　甘えて欲しがる。せがむ。
値段《ねだん》　売買の相場。価格。「―が張る」
寝違《ねちが》える　寝て首筋などを痛める。
熱《ねつ》　熱さのもと。体温。情熱。
熱愛《ねつあい》　熱心に愛すること。
熱意《ねつい》　熱烈な意気込み。熱心さ。
熱演《ねつえん》　熱意を込めて演じること。
熱気《ねっき》　熱い空気。興奮。意気込み。
熱狂《ねっきょう》　夢中になり興奮するさま。「―的」
熱血《ねっけつ》　激しい情熱。「―漢」
熱冷《ねつさま》し　熱を下げる薬。解熱剤。
熱情《ねつじょう》　激しい感情。熱心な気持ち。
熱心《ねっしん》　精神を集中し熱中して行うこと。
熱《ねっ》する　加熱する。興奮する。
熱戦《ねっせん》　熱のこもった激しい勝負・試合。
捏造《ねつぞう》　事実のように作り上げること。
熱帯《ねったい》　赤道と南北回帰線の間の地帯。
熱中《ねっちゅう》　心を傾け夢中になること。
熱湯《ねっとう》　煮え立っている湯。煮え湯。
熱闘《ねっとう》　熱の入った激しい闘い。

熱病《ねつびょう》 高熱が出る病気の総称。
熱風《ねっぷう》 熱気を含む風。夏
熱弁《ねつべん》 熱のこもった弁舌。「—をふるう」
熱望《ねつぼう》 熱心に希望すること。切望。
根強《ねづよ》い 根深い。根気強い。「—人気」
熱量《ねつりょう》 熱のエネルギー量。カロリー。
熱涙《ねつるい》 非常に感動して流す涙。
熱烈《ねつれつ》 熱心で激しいこと。「—歓迎」
寝床《ねどこ》 寝るための床。寝る場所。
寝泊《ねと》まり◀ 宿泊する・暮らすこと。
根無《ねな》し草《ぐさ》 浮き草。「—の生活」夏
粘《ねば》つく ねばねばする。べたつく。
値幅《ねはば》 高値と安値との差額。「—が開く」
粘《ねば》り気《け》 粘る力。粘る性質・程度。
粘《ねば》り強《づよ》い 根気強い。
粘《ねば》る べたつく。根気よく頑張る。
涅槃《ねはん》 悟りの境地。解脱。釈迦《しゃか》の死。
寝冷《ねび》え 睡眠中に冷えること。夏
値引《ねび》き◀ 値段を引くこと。値下げ。
寝袋《ねぶくろ》 登山などで使う袋状の寝具。
寝不足《ねぶそく》 睡眠時間が足りないこと。
値踏《ねぶ》み 値段を見積もること。評価。
舐《ねぶ》る しゃぶる。なめる。
寝坊《ねぼう》 朝遅くまで寝ていること・人。
寝惚《ねぼ》ける 寝起きでぼんやりする。
根掘《ねほ》り葉掘《はほ》り 細部まで執拗に聞きだすさま。こまごまとしつこく。
寝間《ねま》 寝るための部屋。寝室。
寝間着《ねまき》 【寝巻】寝る時に着る衣服。
根回《ねまわ》し 前もって手を打つこと。
寝乱《ねみだ》れる 寝て衣服や髪が乱れる。
寝耳《ねみみ》に水《みず》 だしぬけで驚くこと。
眠《ねむ》い 眠りたい気持ち・状態だ。
眠気《ねむけ》 眠いこと。眠りたい気分。
寝憤《ねむつか》り 就寝前に幼児がぐずること。
眠《ねむ》る 目を閉じて無意識の状態になる。
根元《ねもと》 【根本】根のもと。物事の基本。
閨《ねや》 寝室。寝間。夫婦の寝室。
根雪《ねゆき》 溶けずに冬を越す積雪。冬
狙《ねら》い撃《う》ち 目標を定め撃つ。狙撃。
狙《ねら》う 命中させようとする。うかがう。
練《ね》り歩《ある》く◀ 行を組みゆっくり歩く。
練《ね》り糸《いと》◀ 精練した柔らかい絹糸。
練《ね》り絹《ぎぬ》◀ 精練した柔らかい絹布。
練《ね》り塀《べい》◀ 【煉塀】瓦と練土で作った塀。
寝《ね》る 眠る。横になる。寝床に入る。
煉《ね》る 【練る】火に掛けてこねる。
練《ね》る よく考える。こねまぜ粘らせる。
錬《ね》る 【練る】刀を焼いて鍛える。
●餡を煉る ●構想を練る ●鉄を錬る
根分《ねわ》け 根を分けて移し植える。春
寝技《ねわざ》 【寝業】倒れた姿勢でかける技。
年《ねん》 とし。十二か月。年数。年季。
念入《ねんい》り 注意深いさま。丁寧なさま。
粘液《ねんえき》 粘りけのある液体。「—質」
年賀《ねんが》 新年の祝賀。「—状」新
年較差《ねんかくさ》 年間での最大と最小値の差。
年間《ねんかん》 一年間。一年を通して。「—所得」
年鑑《ねんかん》 一年間の統計などを載せた本。
念願《ねんがん》 ひたすら望み願うこと。宿願。
年忌《ねんき》 毎年の命日。回忌。祥月命日。
年季《ねんき》 奉公人などの使用契約期。
年給《ねんきゅう》 一年単位の俸給。年俸。年期。
年金《ねんきん》 毎年定期的に支給される金銭。
年貢《ねんぐ》の納《おさ》め時《どき》 その物事に対してあきらめなくてはならないとき。
年月《ねんげつ》 としつき。歳月。期間。「—がたつ」
拈華微笑《ねんげみしょう》 心から心へ伝わる。
年功《ねんこう》 長年にわたる功績。多年の熟練。
年号《ねんごう》 年につける称号。「平成」など。
年功序列《ねんこうじょれつ》 勤続年数や年齢で職場での地位や給料の額が決まること。
懇《ねんご》ろ 親切で丁寧。親しい。「—になる」
捻挫《ねんざ》 関節をねじりくじくこと。
年始《ねんし》 年のはじめ。新年の祝賀。新
年次《ねんじ》 一年ごと。年の順序。「—休暇」
念珠《ねんじゅ》 数珠《じゅず》。ねんず。
念誦《ねんじゅ》 心に念じ仏名を唱える。ねんず。
年収《ねんしゅう》 一年間の収入。
年中《ねんじゅう》 一年間。たえず。つねに。「—無休」
捻出《ねんしゅつ》 【拈出】苦労してひねり出すこと。
年初《ねんしょ》 年のはじめ。年頭。新 ⬌年末
念書《ねんしょ》 証拠のために作成する書面。
年少《ねんしょう》 年の若いこと。「—者」⬌年長
燃焼《ねんしょう》 ものが燃える。力を出し尽くす。
念《ねん》じる 深く心に思う。祈願する。
粘性《ねんせい》 粘る性質。粘っこさ。ねばりけ。
年代《ねんだい》 経過した年月。時代。世代。
粘着《ねんちゃく》 粘り着くこと。「—力」「—剤」
年長《ねんちょう》 年齢が上なこと。年上。⬌年少

**捻転**《ねんてん》 ねじれて向きが変わること。
**年度**《ねんど》 便宜上の一年の期間。「会計―」
**粘土**《ねんど》 水分により粘り気を生じる土。
**年頭**《ねんとう》 年のはじめ。年始。「―所感」新
**念頭**《ねんとう》 心。考え。胸中。「―に置く」
**年年歳歳**《ねんねんさいさい》 毎年毎年。
**年配**《ねんぱい》 【年輩】年の頃。相当な年齢。
**燃費**《ねんぴ》 走行などで使用する燃料消費率。
**年百年中**《ねんびゃくねんじゅう》 いつも。常に。
**年表**《ねんぴょう》 歴史上の事柄を順番に記した表。
**年賦**《ねんぷ》 毎年一定額を分割払いすること。
**年譜**《ねんぷ》 個人の履歴を順に記した記録。
**念仏**《ねんぶつ》 阿弥陀《あみだ》仏の名を唱えること。
**年俸**《ねんぽう》 一年ごとに定めた給料。「―制」
**年報**《ねんぽう》 事業などの一年間の報告書。
**粘膜**《ねんまく》 内臓の内壁を覆う粘液を出す膜。
**年末**《ねんまつ》 年の暮れ。歳末。「―調整」⬌年始
**年余**《ねんよ》 一年を超える期間。一年あまり。
**年来**《ねんらい》 数年来。ここ数年。長年。
**年利**《ねんり》 一年単位で定められた利率。
**念力**《ねんりき》 意志の力。超能力。
**念慮**《ねんりょ》 思い巡らす考え。思慮。
**燃料**《ねんりょう》 燃やして熱や光を得る材料。
**粘力**《ねんりょく》 粘る力。粘りの強さ。
**年輪**《ねんりん》 樹木の横断面の、同心円状の輪。
**年齢**《ねんれい》 生まれてからの年数。とし。

## の

**野**《の》 広い平地。野原。田畑。「―を耕す」
**野遊び**《のあそび》 野原に出て遊ぶこと。春
**能**《のう》 能力。効き目。取り柄。能楽。
**脳**《のう》 頭蓋骨中の神経中枢部。頭脳。
**脳溢血**《のういっけつ》 脳の血管が破れる病気。
**脳炎**《のうえん》 脳の炎症性疾患の総称。
**農園**《のうえん》 園芸作物を栽培する農場。
**濃艶**《のうえん》 あでやかで美しいさま。
**農家**《のうか》 農業で生計を立てる世帯・家屋。
**濃化**《のうか》 濃くなる。次第に顕著となる。
**納会**《のうかい》 その年の最後に催す会合。
**能書き**《のうがき》◀ 効能書き。自己宣伝の文句。
**能楽**《のうがく》 室町時代にできた舞楽。能。
**農学**《のうがく》 農業に関する研究学問。「―博士」
**納棺**《のうかん》 遺体を棺に納めること。入棺。
**農閑期**《のうかんき》 農作業のひまな時期。
**納期**《のうき》 税金や商品を納める期限。
**納経**《のうきょう》 書写した経文を寺社に納める。
**農協**《のうきょう》 「農業協同組合」の略。JA。
**農業**《のうぎょう》 耕作や家畜の飼育などの産業。
**納金**《のうきん》 金銭を納めること、またその金。
**農具**《のうぐ》 農業に使う器具や道具。農器具。
**農芸**《のうげい》 農業の技術。農業と園芸。
**農耕**《のうこう》 田畑を耕すこと。「―民族」
**濃厚**《のうこう》 とても濃い。可能性大。⬌淡泊
**脳梗塞**《のうこうそく》 脳の血管が詰まったりして血液が流れなくなることで発症する病気。
**納骨**《のうこつ》 遺骨を納骨堂や墓に納めること。
**濃紺**《のうこん》 濃い紺色。「―の制服」
**農作**《のうさく》 田畑を耕し農作物を作る。耕作。
**悩殺**《のうさつ》 性的魅力で男の心を乱すこと。
**農産**《のうさん》 農業による生産物。「―物」
**脳死**《のうし》 脳の回復不可能な機能停止。
**農事**《のうじ》 農業に関する仕事・事柄。
**納受**《のうじゅ》 受納。神仏が祈願を聞き入れる。
**濃縮**《のうしゅく》 液の濃度を高めること。「―還元」
**能書**《のうしょ》 文字を巧みに書くこと。「―家」
**農場**《のうじょう》 農業経営を行う設備のある場所。
**脳震盪**《のうしんとう》 一時的な意識障害。
**脳髄**《のうずい》 脳。脳みそ。
**農政**《のうせい》 農業についての行政・政策。
**納税**《のうぜい》 税金を納めること。⬌徴税
**脳卒中**《のうそっちゅう》 脳血管の障害による病気。
**農村**《のうそん》 住人の多くが農業従事者の村。
**濃淡**《のうたん》 濃いことと薄いこと。「色の―」
**農地**《のうち》 耕作に使われる土地。「―改革」
**嚢中の錐**《のうちゅうのきり》 優れた才能は自然とその能力があらわれてくるということ。
**脳天**《のうてん》 頭のてっぺん。頭頂部。
**能天気**《のうてんき》 【脳天気】のんきで軽薄。
**濃度**《のうど》 液体などの濃さ。「アルコール―」
**能動**《のうどう》 積極的にほかに働きかけること。
**能無し**《のうなし》 無能で役たたず(な人)。
**納入**《のうにゅう》 金銭や品物を納めること。納付。
**脳波**《のうは》 脳の活動による微量の電流変化。
**農繁期**《のうはんき》 農作業の忙しい時期。
**能否**《のうひ》 有能と無能。可能と不可能。
**能筆**《のうひつ》 字がじょうずなこと。⬌悪筆
**納品**《のうひん》 品物を納入すること。「―書」
**納付**《のうふ》 国や役所に金品を納入すること。
**能文**《のうぶん》 文章の巧みなこと。「―家」
**能弁**《のうべん》 弁舌の巧みなこと。⬌訥《とつ》弁《べん》

脳味噌《のうみそ》 脳髄の俗称。頭の働き。
濃密《のうみつ》 濃くて細やかなこと。⇔希薄
農民《のうみん》 農業を生業とする人。
濃霧《のうむ》 濃い霧。深い霧。「—注意報」秋
能面《のうめん》 能楽を演じるときにかぶる面。
農薬《のうやく》 除草剤など農業で使われる薬剤。
悩乱《のうらん》 悩み苦しんで心が乱れること。
能吏《のうり》 事務処理の能力に優れた役人。
脳裏《のうり》 【脳裡】頭の中。心中。「—に刻む」
能率《のうりつ》 一定時間内にできる仕事量。
納涼《のうりょう》 夏にすずむこと。「—船」夏
能力《のうりょく》 物事をなし得る力。「処理—」
野飼《のが》い 放し飼い。放牧。
逃《のが》す とらえそこなう。逸する。「機を—」
逃《のが》れる 逃げる。免れる。「責任を—」

軒《のき》 屋根の張り出した下の部分。
軒先《のきさき》 軒の先端。家の戸口の前。軒口。
軒並《のきな》み 家並み。どこもかしこも。
軒端《のきば》 軒先。軒に近い所。「—の桜」
野際《のぎわ》 野原とその付近。野辺。
退《の》く その場を去る。しりぞく。
仰《の》け反《ぞ》る あお向けに反り返る。
除《の》け者《もの》 仲間はずれ。「—にされる」
退《の》ける どかす。見事にやる。「やって—」
除《の》ける 除外する。のぞく。「不良品を—」
鋸《のこぎり》 木材・金属などを引き切る工具。
残《のこ》す 【遺す】残るようにする。とどめる。
残《のこ》り香《が》 人が去ったあとに残る香り。
残《のこ》り滓《かす》 食べ残し。残った不要物。
残《のこ》る 余る。とどまる。存在し続ける。

遺《のこ》る 【残る】後世に伝わる。「名が—」
野晒《のざら》し 野外で風雨にさらすこと。
熨斗《のし》 進物用の細長い六角形の色紙。
野路《のじ》 野の中の道。のみち。
伸《の》し上《あ》がる 位が次第に上がる。
伸《の》し歩《ある》く 横柄に威張って歩く。
伸《の》し掛《か》かる おおいかぶさる。負荷が身の上にかかる。「責任が重く—」
野宿《のじゅく》 野山や屋外で宿泊すること。
伸《の》す 伸びる。発展する。「勢力を—」
熨《の》す のばして平らにする。「しわを—」
野末《のずえ》 野の果て。野原の外れ。
乗《の》せる 乗り物に乗らせる。だます。
載《の》せる 積む。紙面に出す。上に置く。
●友人を車に乗せる ●荷物を車に載せる

覗《のぞ》き見《み》 こっそりうかがい見ること。
除《のぞ》く 排除する。除外する。のける。
覗《のぞ》く 【覘く】すき間から見る。見下す。
野育《のそだ》ち 放任され躾《しつけ》を受けずに育つ。
望《のぞ》む 遠くから眺める。願う。「成功を—」
臨《のぞ》む 出席する。出会う。対面する。
●対岸を望む ●海に臨む 試験に臨む
野点《のだて》 野外で行う茶の湯。野掛け。
宣《のたま》う 【曰う】「言う」の尊敬語。
野垂《のた》れ死《じ》に 行き倒れ。
後《のち》 ある時よりあと。将来。後世。
後添《のちぞ》い 後妻。二度めの妻。
後後《のちのち》 以後。将来。今後ずっと。
後程《のちほど》 少しあと。あとで。のちに。
則《のっと》る 【法る】模範・手本とする。

乗《の》っ取《と》る 攻め入って奪い取る。
退《の》っ引《ぴ》きならない 進退きわまる。避けられない。「—事情で断る」
喉《のど》 【咽】口の奥まった所。歌う声。
長閑《のどか》 【閑】穏やかで静かな様子。春
喉越《のどご》し 飲食物が喉を通る(感じ)。
喉自慢《のどじまん》 歌唱のうまさを自慢する。
喉笛《のどぶえ》 喉の気管が通っている部分。
喉仏《のどぼとけ》 喉の中ほどの甲状軟骨の突出部。
喉元《のどもと》 喉の胸部に近い部分。喉の辺り。
罵《ののし》る 大声で口汚い悪口を言う。
伸《の》ばす 長くする。発展させる。伸張。
延《の》ばす 長びかせる。付け加える。延長。
●業績を伸ばす ●出発を延ばす
野放《のばな》し 鳥や家畜の放し飼い。放任。

野原《のはら》 草などの生えた広々した平地。
野火《のび》 初春に野山の枯草を焼く火。春
伸《の》び悩《なや》む 物事が順調にいかない。
伸《の》び伸《の》び 開放的で自由なさま。
延《の》び延《の》び 何度も延期されるさま。
伸《の》びる 長くなる。緩む。発展する。
延《の》びる 時間が長くなる。延期される。
●背・学力が伸びる ●寿命・日が延びる
野武士《のぶし》 農民の武装集団。山賊の類。
延《の》べ 重複も一つと数える計算・合計。
野辺《のべ》 野原。野の辺り。埋葬地。火葬場。
延《の》べ板《いた》 平らに延ばした板状の金属。
野辺送《のべおく》り 亡骸を墓地まで見送る。
延《の》べ払《ばら》い 支払期限などを延ばす。
述《の》べる 順を追って説く。記述する。

延《の》べる　広げて敷く。「床を―」
野放図《のほうず》　横柄。際限のないさま。
上《のぼ》せる　のぼらせる。取り上げる。
逆上《のぼ》せる　上気する。血迷う。
●食膳に上せる　●風呂で逆上せる
幟《のぼり》　竿に通し目印にした旗。夏
上《のぼ》り坂《ざか》　上りの坂。盛んになるさま。
上《のぼ》り調子《ちょうし》　よい方向に向かうさま。
上《のぼ》る　上方・都へ行く。「坂を―」⇔下る
昇《のぼ》る　空高く移動する。「天に―」⇔沈む
登《のぼ》る　高所へよじのぼる。「木に―」
●話題に上る　●山に登る　●日が昇る
鑿《のみ》　木材・石材を加工する工具。
飲《の》み口《くち》　飲んだ時の口当たり。
飲《の》み込《こ》む　喉《のど》を通す。理解する。

飲《の》み代《しろ》　酒を飲む代金。酒代。酒手。
蚤取《のみと》り眼《まなこ》　一生懸命に探す目つき。
蚤《のみ》の市《いち》　古物市。フリーマーケット。
飲《の》み干《ほ》す　残らずすべて飲む。
飲《の》み物《もの》　飲むための液体。飲料。
呑《の》む　丸のみにする。受け入れる。
飲《の》む　喉《のど》から体内に流しこむ。
●条件・相手を呑む　●水・薬を飲む
喫《の》む　【飲む】たばこを吸う。
野良《のら》　野。野原。田畑。「―仕事」「―犬」
法《のり》　【則・矩】おきて。手本。道理。寸法。
糊《のり》　ものを貼る際に使う接着剤。
海苔《のり》　食用の海藻の一種。「青―」春
乗《の》り合《あ》い　乗り物に一緒に乗る。
乗《の》り移《うつ》る　乗りかえる。取りつく。

乗《の》り降《お》り　乗ることと降りること。
乗《の》り換《か》え　ほかの乗り物に移る。
乗《の》り掛《か》かる　し始める。着手する。
乗《の》り気《き》　進んで事に当たる気持ち。
乗《の》り切《き》る　困難を切り抜ける。
乗組員《のりくみいん》　船や飛行機などの乗務員。
乗《の》り組《く》む　運転や業務で乗る。
乗《の》り越《こ》す　予定より先まで乗る。
乗《の》り込《こ》む　乗り入れる。繰り込む。
糊代《のりしろ》　糊付けのために残した部分。
祝詞《のりと》　神に向かって唱える言葉。
海苔巻《のりま》き　海苔で巻いた鮨《すし》。
乗《の》り物《もの》　人を乗せて運ぶ交通機関。
乗《の》る　乗り物の中に入る。加わる。
載《の》る　上に置かれる。掲載される。
●勢い・相談に乗る　●食卓・新聞に載る

伸《の》るか反《そ》るか　成否を天に任せ勝負に出る。一か八か。「―の大ばくち」
暖簾《のれん》　店先に垂らす布。店の信用。
鈍《のろ》い　動きが遅い。頭がにぶい。
呪《のろ》う　【詛う】わざわいを祈る。
惚《のろ》ける　恋人などのことを得意気に語る。
狼煙《のろし》　【烽火】合図のためにあげる煙。
鈍間《のろま》　のろくて気が利かないこと。
野分《のわ》け　秋から冬に吹く強い風。秋
暢気《のんき》　【呑気】気楽な・心配のないさま。
飲《の》ん兵衛《べえ》　【呑兵衛】大酒飲み。

## は

刃《は》　刀などの、物を切る鋭い部分。

派《は》　有志によるグループ。「急進―」
葉《は》　植物の同化・呼吸を営む器官。
歯《は》　食物をかみくだく口中の突起。
端《は》　はし。へり。ほとり。ふち。
覇《は》　天下を治めること。「―を唱える」
場《ば》　物事の行われる時機・局面。
場合《ばあい》　とき。おり。時機。境遇。
把握《はあく》　しっかりつかむ・理解すること。
場当《ばあ》たり　その場だけの思いつき。
灰《はい》　物が燃えたあとに残る粉末。
杯《はい》　【盃】さかずき。「―を重ねる」
肺《はい》　呼吸器の主要器官。肺臓。
牌《はい》　字の記されたふだ。麻雀のパイ。
倍《ばい》　同数量を重ねる。二倍。
廃案《はいあん》　採択せず廃止にされた議案。

廃位《はいい》　君主をその位から追うこと。
灰色《はいいろ》　ねずみ色。曖昧《あいまい》。疑惑の比喩。
敗因《はいいん》　負けた原因。⇔勝因
梅雨《ばいう》　六月から七月に降り続く雨。夏
背泳《はいえい》　泳法の一つ。せおよぎ。
廃液《はいえき》　使用済みで捨てる液体。
拝謁《はいえつ》　目上の人に面会することの謙称。
肺炎《はいえん》　細菌などによる肺の炎症。
排煙《はいえん》　煙突などから出る煙。
廃園《はいえん》　荒れ果てた庭園。営業中止の園地。
梅園《ばいえん》　梅を多く植えた庭園。春
煤煙《ばいえん》　すすやけむり。石炭の煙。
廃屋《はいおく》　あばらや。住人のいない家。
配下《はいか》　支配下の者。手下。部下。
拝賀《はいが》　目上の人にお祝いを言うこと。

**胚芽**《はいが》 植物の種の中にある芽。「—米」
**俳画**《はいが》 俳諧《はいかい》風の淡彩画・墨絵。
**売価**《ばいか》 物を売る時の値段。売り値。
**倍加**《ばいか》 増し加えること。二倍になること。
**俳諧**《はいかい》 発句・連句の総称。俳句。
**徘徊**《はいかい》 歩き回ること。ぶらつくこと。
**拝外**《はいがい》 外国の文物・思想を崇拝する。
**排外**《はいがい》 外国の文物・思想を排斥する。
**媒介**《ばいかい》 双方の間を取りもつこと。仲立。
**灰神楽**《はいかぐら》 湯水がこぼれて立つ灰。
**肺活量**《はいかつりょう》 肺が吸う空気の最大量。
**拝観**《はいかん》 寺社の宝物を観覧すること。
**肺肝**《はいかん》 肺と肝。心の底。「—を砕く」
**配管**《はいかん》 ガスや水道管などの設置。
**廃刊**《はいかん》 定期刊行物の刊行をやめること。

**拝顔**《はいがん》 「会う」の謙譲語。お目にかかる。
**拝跪**《はいき》 ひざまずいて拝むこと。跪拝。
**排気**《はいき》 空気を外へ出す。燃焼後のガスを排出する、またそのガス。「—口」「—量」
**廃棄**《はいき》 不要なものとして捨てること。
**売却**《ばいきゃく》 売り払うこと。「資産—」
**配球**《はいきゅう》 野球で、投手の投球の配合。
**配給**《はいきゅう》 割り当てて支給すること。
**排球**《はいきゅう》 バレーボール。
**倍旧**《ばいきゅう》 前よりも程度を増すこと。
**廃墟**《はいきょ》 荒れ果てた城や建物の跡。
**背教**《はいきょう》 信者が教えに背く・改宗する。
**廃業**《はいぎょう》 商売や職業をやめること。
**拝金**《はいきん》 金銭をあがめること。「—主義」
**背筋**《はいきん》 背中の筋肉の総称。広背筋など。

**黴菌**《ばいきん》 有害な細菌。バクテリア。
**俳句**《はいく》 五・七・五の十七字の短詩。
**拝具**《はいぐ》 手紙の結語。申し上げる。
**配偶者**《はいぐうしゃ》 夫婦の片方から見た他方。
**敗軍**《はいぐん》 戦いに負けた軍隊。「—の将」
**拝啓**《はいけい》 手紙の冒頭語。申し上げる。
**背景**《はいけい》 絵の背後の部分。舞台装置。
**排撃**《はいげき》 押しのけようと攻撃すること。
**肺結核**《はいけっかく》 伝染病の一つ。肺病。
**敗血症**《はいけつしょう》 細菌が血管に回る急性炎症。
**拝見**《はいけん》 「見る」の謙譲語。「お手並み—」
**背後**《はいご》 後ろ。内部事情。「—関係」
**廃坑**《はいこう》 鉱山や炭坑を廃棄すること。
**廃校**《はいこう》 学校が廃止になること。
**廃鉱**《はいこう》 廃棄した、鉱山や炭鉱。

**俳号**《はいごう》 俳人の雅号。
**配合**《はいごう》 取り合わせ。組み合わせ。
**廃合**《はいごう》 廃止したり合併したりすること。
**売国**《ばいこく》 私利のため自国を裏切ること。
**配剤**《はいざい》 薬の調合。程よい配合。「天の—」
**拝察**《はいさつ》 「推察」の意の謙譲語。
**灰皿**《はいざら》 たばこの灰や吸い殻を入れる器。
**敗残**《はいざん》 戦いに負けて生き残ること。
**廃残**《はいざん》 人生に失敗しおちぶれること。
**廃止**《はいし》 従来の制度・習慣をやめること。
**稗史**《はいし》 小説風の歴史書。⬍正史
**拝辞**《はいじ》 「辞退する」の謙譲語。⬍拝受
**媒質**《ばいしつ》 光・音などを伝える媒介物。
**配車**《はいしゃ》 車両を必要な場所へ回すこと。
**敗者**《はいしゃ》 勝負や試合に負けた者。⬍勝者

**廃車**《はいしゃ》 登録を抹消し廃棄した車両。
**歯医者**《はいしゃ》 歯を治療する医師。歯科医。
**拝借**《はいしゃく》 「借りる」の謙譲語。「お手を—」
**媒酌**《ばいしゃく》 【媒妁】結婚を取りもつ。「—人」
**拝受**《はいじゅ》 「受け取る」の謙譲語。⬍拝辞
**買収**《ばいしゅう》 買い取る。金を与え味方にする。
**排出**《はいしゅつ》 外に押し出すこと。排せつ。
**輩出**《はいしゅつ》 優れた人材が次々に出ること。
**売春**《ばいしゅん》 女が、金で男に身を売る。売淫。
**買春**《ばいしゅん》 男が女の身を買う。かいしゅん。
**排除**《はいじょ》 取りのけること。押し除くこと。
**拝承**《はいしょう》 「聞く」「承知する」の謙譲語。
**賠償**《ばいしょう》 与えた損害を償うこと。「損害—」
**配色**《はいしょく》 色の配合・取りあわせ。色どり。
**敗色**《はいしょく》 負けそうな様子。敗勢。「—濃厚」

**陪食**《ばいしょく》 貴人とともに食事すること。
**背信**《はいしん》 信義に背くこと。裏切り。「—行為」
**俳人**《はいじん》 俳句を作る人。俳諧《はいかい》師。
**廃人**《はいじん》 通常の生活を営めなくなった人。
**陪審**《ばいしん》 公民が裁判に参加する制度。
**煤塵**《ばいじん》 煙に含まれるすすなどの微粒子。
**配水**《はいすい》 水を方々に配ること。「—管」
**排水**《はいすい》 余分な水を排出すること。放水。
**廃水**《はいすい》 使用済みで捨てられた汚水。
●排水溝　排水管
●工場廃水
**背水**《はいすい》**の陣**《じん》 決死の覚悟の構え。
**拝趨**《はいすう》 「(先方へ)出向く」の謙譲語。
**拝する**《はいする》 敬礼する。拝む。拝命・拝見する。
**配する**《はいする》 くばる。配付する。配置する。
**排する**《はいする》 押し開く。のける。「私情を—」

廃する《はいする》 廃止する。退かせる。「虚礼を―」
倍する《ばいする》 倍にする。増やす。加える。
俳聖《はいせい》 優れた俳人。松尾芭蕉《ばしょう》。
敗勢《はいせい》 敗色。負けそうな気配。⇔勝勢
排斥《はいせき》 従うことをやめること。「―運動」
陪席《ばいせき》 貴人や目上の人と同席すること。
排泄《はいせつ》 体内の不要物を外に出すこと。
廃絶《はいぜつ》 すたれ絶えること。なくすこと。
杯洗《はいせん》 酒席で、さかずきをすすぐ器。
配線《はいせん》 電線を引くこと。導線で結ぶこと。
敗戦《はいせん》 戦いに負けること。負け戦《いくさ》。
廃線《はいせん》 路線・通信線の営業を廃止する。
廃船《はいせん》 使用を中止して廃棄した船。
沛然《はいぜん》 雨が激しく降るさま。沛雨《はいう》。
配膳《はいぜん》 食事の膳を客に配ること。「―係」

焙煎《ばいせん》 茶葉などを火熱で煎《い》ること。
敗訴《はいそ》 裁判などの訴訟に負けること。
背走《はいそう》 前向きのまま後方へ走ること。
配送《はいそう》 配達と発送。送り届けること。
敗走《はいそう》 戦いに負けて逃げること。
肺臓《はいぞう》 呼吸をつかさどる胸部の内臓。
倍増《ばいぞう》 二倍に増えること。倍化。
配属《はいぞく》 部署を割り当て所属させること。
排他《はいた》 仲間以外のものを排除すること。
胚胎《はいたい》 物事の原因・きざしを含みもつ。
敗退《はいたい》 戦いに負けて退くこと。
廃退《はいたい》 【廃頽】廃れ衰えること。「―的」
媒体《ばいたい》 仲立ち。情報伝達の手段。
配達《はいたつ》 物を配り届けること。「新聞―」
俳壇《はいだん》 俳句を作る人の社会。

背馳《はいち》 食い違うこと。反対。背くこと。
配置《はいち》 適当な位置に割り当てること。
拝聴《はいちょう》 「聞く」の謙譲語。拝聞。「高説の―」
蠅帳《はいちょう》 食品を入れる小さな戸棚。
這い蹲る《はいつくばる》 這うようにうずくまる。
配転《はいてん》 部署などが変わる。配置転換。
拝殿《はいでん》 拝礼するお宮の御殿。⇔本殿
配電《はいでん》 電力を供給すること。「―盤」
売店《ばいてん》 物を売る小さな店。「駅の―」
佩刀《はいとう》 刀を身につけること、その刀。
配当《はいとう》 割り当て。利益の分配。「―金」
背徳《はいとく》 【悖徳】道徳に背くこと。「―的」
拝読《はいどく》 「読む」の謙譲語。「貴書を―する」
梅毒《ばいどく》 伝染性の性感染症。シフィリス。
胚乳《はいにゅう》 種子の中の発芽のための養分。

排尿《はいにょう》 尿を体外に出すこと。放尿。
背任《はいにん》 任務に背くこと。「―罪」「―行為」
売買《ばいばい》 売り買い。商売。「―契約」
背反《はいはん》 背くこと。むほんすること。
杯盤狼藉《はいばんろうぜき》 酒宴後の乱雑さ。
拝眉《はいび》 お目にかかること。拝顔。
配備《はいび》 手配りして備えること。「緊急―」
廃品《はいひん》 不用の品物。廃物。「―回収」
肺腑《はいふ》 肺。心の底。「―をえぐる金言」
配付《はいふ》 関係者各々に配り渡すこと。
配布《はいふ》 広く行き渡るように配る。領布。
● 会議資料の配付
● 号外を配布する
拝復《はいふく》 手紙の返信に書く冒頭語。敬復。
廃仏《はいぶつ》 仏教を弾圧すること。「―毀釈《きしゃく》」
廃物《はいぶつ》 役に立たなくなったもの。廃品。

俳文《はいぶん》 俳味のある簡潔な散文。
配分《はいぶん》 割り当てて配ること。分配。
売文《ばいぶん》 文章を作り生計を立てること。
排便《はいべん》 大便をすること。脱糞《だっぷん》。
買弁《ばいべん》 外国資本の手先となるもの。
敗亡《はいぼう》 戦いに負けて滅びること。
敗北《はいぼく》 戦いに負けること。「―宣言」
配本《はいほん》 出版された書物を配布すること。
俳味《はいみ》 俳諧《はいかい》の洒脱《しゃだつ》なおもしろみ。
拝命《はいめい》 命令を承ること。
売名《ばいめい》 名を世間に広めること。「―行為」
廃滅《はいめつ》 すたれ滅びること。
背面《はいめん》 後ろ。背後。後ろの方向。
配役《はいやく》 芝居などでの役の割り当て。
売約《ばいやく》 売る約束をすること。「―済」

売薬《ばいやく》 製造・調合された市販の薬。
廃油《はいゆ》 廃物油。使用後の潤滑油など。
俳優《はいゆう》 役者。映画・演劇の出演者。
佩用《はいよう》 身につけて用いること。
培養《ばいよう》 発育・増殖させること。「菌の―」
排卵《はいらん》 卵巣から卵子が排出されること。
背理《はいり》 【悖理】道理に合わないこと。
背離《はいり》 互いに背いて離れる。乖離《かいり》。
倍率《ばいりつ》 像の大きさと実物との比。
配慮《はいりょ》 心を配ること。心遣い。配意。
拝領《はいりょう》 目上や貴人から物をもらうこと。
梅林《ばいりん》 梅の林。うめばやし。春
拝礼《はいれい》 拝む・頭を下げて礼をすること。
配列《はいれつ》 【排列】順序よく並べること。
這う《はう》 腹ばいになって進む。「地面を―」

端唄《はうた》　江戸文化・文政期の三味線歌曲。
栄《は》え　光栄。誉れ。「―ある伝統」
南風《はえ》　みなみかぜ。穏やかな順風。[夏]
生《は》え際《ぎわ》　髪の毛の生えているきわ。
延縄《はえなわ》　釣り糸をつけた縄。「―漁業」
生《は》え抜《ぬ》き　はじめから所属する。
生《は》える　育ち伸び出る。「歯が―」「芽が―」
映《は》える　照り輝く。調和して目立つ。
栄《は》える　立派に見える。引き立つ。
●紅葉が夕日に映える　●優雅に栄える
羽音《はおと》　鳥や虫の、羽をふるわせる音。
葉音《はおと》　風に吹かれて鳴る木の葉の音。
羽織《はおり》　着物の上に着る短い和服。
墓《はか》　遺骸や遺骨を葬った所。墓石。
破瓜《はか》　思春期の年頃。「―期」

馬鹿《ばか》　【莫迦】愚かなこと。愚。あほう。
破戒《はかい》　僧が戒律を破ること。⇔持戒
破壊《はかい》　壊すこと。破れること。「自然―」
墓石《はかいし》　墓のしるしに建てる石。ぼせき。
羽交《はが》い締《じ》め　背後から脇に両手を通して首の後ろで締めること。
葉書《はがき》　「郵便はがき」の略。「往復―」
破格《はかく》　従来の常識を破ること。特別。
葉陰《はかげ》　【葉蔭】木や葉の陰。木陰《こかげ》。
馬鹿騒《ばかさわ》ぎ　度を超して騒ぐこと。
馬鹿正直《ばかしょうじき》　正直一辺倒。愚直。
剝《は》がす　くっついている物をめくり取る。
化《ば》かす　人の心を迷わせる。だます。
場数《ばかず》　場所の数。経験の数。「―をふむ」
博士《はかせ》　学問などに広く通じた人。学者。

歯形《はがた》　歯でかんだ跡。「―がつく」
捗《はかど》る　仕事がだんだん片づく。⇔滞る
儚《はかな》い　頼りにならない。「―夢」
儚《はかな》む　はかないと思う。「世を―」
鋼《はがね》　刃物の刃などにする鋼鉄。
墓場《はかば》　墓のある所。墓地。
捗捗《はかばか》しい　事が順調に進むさま。
端株《はかぶ》　取引単位に足りない株式。
袴《はかま》　腰につけるひだのある着物。
墓参《はかまい》り　墓にもうでること。展墓。[秋]
歯噛《はが》み　非常に残念がる。歯ぎしり。
歯痒《はがゆ》い　じれったい。もどかしい。
計《はか》らう　処置する。相談する。
図《はか》らずも　思いがけず。予想外にも。
秤《はかり》　重さをはかる器具。「―にかける」

謀《はかりごと》　計画。もくろみ。策略。計略。
図《はか》る　方法を考える。取りはからう。
計《はか》る　計算する。計画する。推定する。
測《はか》る　長さや面積を測定する。計測。
量《はか》る　重さや容積を調べる。計量する。
●解決・便宜を図る　●安全・時間を計る　●血圧・水深を測る　●体重・目方を量る
謀《はか》る　だます。あざむく。たくらむ。
諮《はか》る　課題について他人の意見をきく。
●暗殺・逃亡を謀る　●審議会に諮る
破顔一笑《はがんいっしょう》　にっこりと笑う。
破棄《はき》　破り捨てること。取り消すこと。
覇気《はき》　勝利への意気。進取の意気。
脛《はぎ》　ひざとくるぶしの間。すね。
吐《は》き気《け》　吐きたくなるような気持ち。

歯軋《はぎし》り　歯がみ。残念がるさま。
掃《は》き溜《だ》め　ごみ捨て場。「―に鶴」
履《は》き違《ちが》える　意味を取り違える。
履《は》き物《もの》　足に履く物の総称。
馬脚《ばきゃく》　馬のあし。ぼろ。「―をあらわす」
波及《はきゅう》　次第に影響が及ぶこと。「―効果」
破鏡《はきょう》　離婚すること。「―の嘆を見る」
覇業《はぎょう》　天下の権力を握る事業。
破局《はきょく》　悲惨な最後。悲劇的な結末。
歯切《はぎ》れ　歯のかみ具合。発言の調子。
端切《はぎ》れ　裁ち残りの半端な布。
箔《はく》　紙状に薄く伸ばした金属。「金―」
吐《は》く　口中や心中のものを出す。
佩《は》く　武器を腰につける。「刀を―」
履《は》く　足につける。「足袋を―」「靴を―」

穿《は》く　下半身に着用する。「ズボンを―」
掃《は》く　ほうきでちりをはらい除く。
剝《は》ぐ　むき取る。はがす。「仮面を―」
接《は》ぐ　布などをつぎあわせる。「板を―」
漠《ばく》　とりとめがない。「―とした話」
馬具《ばぐ》　馬につける道具。
白亜《はくあ》　【白堊】白い色の壁。「―の殿堂」
博愛《はくあい》　すべての人を平等に愛すること。
白衣《はくい》　白い衣服。白い上着。「―の天使」
博引旁証《はくいんぼうしょう》　広く例を引用したり証拠を示したりしながら説明すること。
白雨《はくう》　夏の夕立。にわか雨。[夏]
博奕《ばくえき》　花札などの勝負ごと。ばくち。
箔押《はくお》し　箔で文字などを表現する。
爆音《ばくおん》　爆発の音。エンジンの音。

博雅《はくが》 学問に通じ、行いが正しいこと。
麦芽《ばくが》 麦の芽。ビールなどの原料。
迫害《はくがい》 苦しめ悩ますこと。
博学《はくがく》 多くの学問に通じること。博識。
博学多才《はくがくたさい》 学識・才能が豊か。
白眼《はくがん》 冷遇する目つき。「―視」⇕青視
歯茎《はぐき》 歯の根元を覆う肉。歯肉。
莫逆《ばくぎゃく》 非常に親密な関係。「―の友」
白玉楼《はくぎょくろう》 文人墨客が死後に行く宮殿。
白銀《はくぎん》 銀。雪の形容。しろがね。
育《はぐく》む 慈しみ育てる。「夢を―」
迫撃《はくげき》 迫り撃つこと。近づき撃つこと。
爆撃《ばくげき》 爆弾を落として攻撃すること。
舶載《はくさい》 外国から船で運ぶこと。舶来。
駁雑《ばくざつ》 入りまじること。雑然。「―多端」

白紙《はくし》 白い紙。何もない状態。「―撤回」
博士《はくし》 学位の最高位。「法学―」「―号」
薄志《はくし》 少しの謝礼。寸志。弱い意志。
白磁《はくじ》 【白瓷】純白の磁器。
博識《はくしき》 物事を広く知っていること。
薄志弱行《はくしじゃっこう》 意志薄弱で行動力に欠けているさま。優柔不断。⇕剛毅果断
白日《はくじつ》 真昼の太陽。日中。潔白。「―夢」
拍車《はくしゃ》 乗馬靴のかかとにある金具。
薄謝《はくしゃ》 わずかな謝礼。謝礼の謙譲語。
伯爵《はくしゃく》 爵位の第三位。
薄弱《はくじゃく》 弱いさま。確かでない。「意志―」
白砂青松《はくしゃせいしょう》 美しい浜辺の風景。
拍手《はくしゅ》 賞賛の意を込め手を打ち鳴らす。
白寿《はくじゅ》 九十九歳の異称。

麦秋《ばくしゅう》 麦の熟する時。初夏の頃。[夏]
拍手喝采《はくしゅかっさい》 盛大な拍手。
白書《はくしょ》 政府発行による実情報告書。
薄暑《はくしょ》 初夏のやや汗ばむ暑さ。[夏]
曝書《ばくしょ》 [夏]書物の虫干し。
白状《はくじょう》 秘密や自分の罪を打ち明ける。
薄情《はくじょう》 義理人情に薄いこと。「―者」
爆笑《ばくしょう》 一度にどっと大声で笑うこと。
迫真《はくしん》 表現や演技などが真に迫ること。
白人《はくじん》 白色人種に属する人。
白刃《はくじん》 抜いた刀。抜き身。しらは。
爆心《ばくしん》 爆撃・爆発の中心。「―地」
驀進《ばくしん》 まっしぐらに進むこと。突進。
博《はく》する 得る。広める。独占する。
駁《ばく》する 他人の論を非難・攻撃する。

## は　くか―はくほ

剥製《はくせい》 動物・鳥類の生体標本。
白皙《はくせき》 肌の色が白いさま。「―の美少年」
白髯《はくぜん》 白いほおひげ。白ひげ。
漠然《ばくぜん》 ぼんやりとはっきりしないさま。
博大《はくだい》 知識などが広くて大きいこと。
莫大《ばくだい》 極めて大きい。多大。「―な財産」
白濁《はくだく》 白くにごること。「液が―する」
剥脱《はくだつ》 はげ落ちること。「金箔が―する」
剥奪《はくだつ》 はぎ取ること。取り上げること。
爆弾《ばくだん》 物を破壊させる兵器。「―宣言」
白地《はくち》 何もない土地。白い生地。
白痴《はくち》 知能が著しく劣っていること。
博打《ばくち》 金品を賭けて勝負を争うこと。
爆竹《ばくちく》 火薬入りの筒を並べた花火。
白地図《はくちず》 島や陸地の輪郭だけの地図。

白昼《はくちゅう》 ひるなか。ひるま。日中。白日。
伯仲《はくちゅう》 優劣がつけにくいこと。「勢力―」
白昼夢《はくちゅうむ》 非現実的な空想。白日夢。
爆沈《ばくちん》 艦船が爆発で沈没すること。
▲箔付《はくつ》き 定評があること・人。
幕天席地《ばくてんせきち》 気宇壮大なさま。
博徒《ばくと》 ばくちうち。渡世人。
白糖《はくとう》 精製した白砂糖。しろざとう。
白銅《はくどう》 銅とニッケルの合金。「―貨」
白内障《はくないしょう》 目の水晶体が濁る病気。
白熱《はくねつ》 高熱による白色光。最高潮。
爆破《ばくは》 爆薬によって破壊すること。
白白《はくはく》 明らかなこと。「明々―」
白髪《はくはつ》 白い毛髪。しらが。「―三千丈」
爆発《ばくはつ》 急な破裂。感情の急激な表出。

白眉《はくび》 多くの中で最も優れた人。
白票《はくひょう》 何も記入のない投票。⇕青票
薄氷《はくひょう》 薄い氷。うすごおり。「―を踏む」
幕府《ばくふ》 将軍の執務所。武家の政府。
瀑布《ばくふ》 大きな滝。「―線都市」[夏]
爆風《ばくふう》 爆発で起こる強風。
博物館《はくぶつかん》 学術的資料を展覧する施設。
白文《はくぶん》 返り点や送り仮名のない漢文。
博聞《はくぶん》 広く物事を聞いて知る。「―強記」
白兵《はくへい》 敵を斬り、刺す刀などの兵器。
白璧《はくへき》の微瑕《びか》 わずかな欠点。
剥片《はくへん》 はがれ落ちた小片。
薄片《はくへん》 薄い切れ端。かけら。
薄暮《はくぼ》 夕暮れ。たそがれ。
白墨《はくぼく》 黒板用の筆記用具。チョーク。

幕末《ばくまつ》 江戸幕府の末期。「—の志士」
薄命《はくめい》 短い命。不運。薄幸。「佳人—」
薄明《はくめい》 うすあかり。「—の空」
白夜《はくや》 極地付近の薄明るい夜。夏
爆薬《ばくやく》 爆発性のある火薬の類。爆発薬。
舶来《はくらい》 外国から渡来すること。「—品」
伯楽《はくらく》 馬・人物を見抜く眼力のある人。
剝落《はくらく》 はげ落ちる・はがれ落ちること。
博覧《はくらん》 広く書物を読むこと。博識。
博覧強記《はくらんきょうき》 知識が豊富なこと。
剝離《はくり》 はがれ、離れること。「網膜—」
薄利《はくり》 少しの利益。「—多売」
幕僚《ばくりょう》 軍事参謀にあずかる将校。
迫力《はくりょく》 心に強く押し迫る力。「—を欠く」
歯車《はぐるま》 周囲に歯を刻んだ輪型の部品。

爆裂《ばくれつ》 爆発して破裂すること。「—音」
莫連《ばくれん》 世間ずれした人(主に女にいう)。
白露《はくろ》 二四節気で、九月七日頃。秋
暴露《ばくろ》 【曝露】秘密が明るみに出ること。
博労《ばくろう》 牛馬の仲買い・鑑定人。
駁論《ばくろん》 相手の説を非難する議論。反論。
刷毛《はけ》 毛を束ねた柄つきの塗装用具。
禿《はげ》 毛髪が抜け落ちたあと。「—頭」
捌け口《はけぐち》 水の流出口。発散の対象。
激しい《はげしい》 【烈しい】勢い強い。気性が荒い。
励む《はげむ》 精を出す。骨を折る。「研究に—」
化け物《ばけもの》◀ おばけ。
禿山《はげやま》 草木が生えていない山。
捌ける《はける》 たまらず流れる。売れる。「水が—」
禿げる《はげる》 頭髪が抜けてなくなる。「頭が—」

剝げる《はげる》 塗料などが取れる。「メッキが—」
化ける《ばける》 姿を変えて別のものになる。
派遣《はけん》 役目を負わせて出向かせること。
覇権《はけん》 他を支配する力。優勝。「—を握る」
馬券《ばけん》 競馬で買う勝ち馬投票券。
罵言《ばげん》 ひどい悪口。ののしりの言葉。
箱《はこ》 物を入れる四角い容器。「—詰め」
羽子板《はごいた》 羽をつく長方形の板。新
箱入り娘《はこいりむすめ》◀ 大切に育てた娘。
跛行《はこう》 片足をひいて歩く。順調でない。
箱師《はこし》 乗り物内でのすりの常習者。
筥迫《はこせこ》 和装の婦人が懐に持つ装身具。
歯応え《はごたえ》 食物が歯に当たる感覚。
箱庭《はこにわ》 箱の中に作った庭園の模型。夏
運ぶ《はこぶ》 移し動かす。はかどる。進める。

箱船《はこぶね》 【方舟】長方形の船。「ノアの—」
羽衣《はごろも》 天人の着衣。虫などのはね。
破婚《はこん》 結婚関係を解消すること。離縁。
破砕《はさい》 砕き壊すこと。砕くこと。
端境期《はざかいき》 農産物の新旧交替期。
葉桜《はざくら》 花が散り若葉の出る頃の桜。夏
狭間《はざま》 【迫間】ものの間の狭い所。谷間。
鋏《はさみ》 ものを挟んで切る道具。
螯《はさみ》 カニ・エビなどの大爪。
挟み撃ち《はさみうち》 前後左右から攻め撃つ。
挟む《はさむ》 間にものを置く。「しおりを—」
鋏む《はさむ》 【剪む】鋏で切る。つむ。「枝を—」
破産《はさん》 財産を全部失うこと。「—管財人」
端《はし》 中心から遠い、外に近い所。
箸《はし》 食物などを挟む一対の棒。

嘴《はし》 鳥のくちばし。「イスカの—」
橋《はし》 川などの上にかけ渡した通路。
恥《はじ》 【辱】面目・名誉を失うこと。
把持《はじ》 かたく、しっかり持つこと。
端居《はしい》 縁側など家の端で涼むこと。夏
麻疹《はしか》 伝染性の皮ふ病。ましん。
端書き《はしがき》◀ 序文。追伸。和歌の前書き。
弾く《はじく》 はね返す。寄せつけない。
端くれ《はしくれ》 取るに足りない存在。「作家の—」
艀《はしけ》 大船の荷を陸へ運ぶ小舟。
橋桁《はしげた》 橋板を支える材。
梯子《はしご》 上り下りするための道具。「縄—」
恥曝し《はじさらし》 恥を世間にさらすこと。
端《はした》 はんぱ。過不足の量。「—者」
端金《はしたがね》 わずかな金。半端な金。

端近《はしぢか》 家の上がり口や縁側に近い所。
馬耳東風《ばじとうふう》 話を聞き流す様子。
端端《はしばし》 あちらこちらの部分。「言葉の—」
始まる《はじまる》 物事が新たに起こる。⇔終わる
初め《はじめ》 最初の段階。初期。「年の—」
始め《はじめ》 物事や動作の発生。「仕事—」
覇者《はしゃ》 力で天下を治める人。優勝者。
馬車《ばしゃ》 人や荷物を乗せ馬が引く車。
燥ぐ《はしゃぐ》 浮かれてさわぐ。からからに乾く。
破邪顕正《はじゃけんしょう》 誤った見解や不正を打ち破り、正義をあきらかにすること。
播種《はしゅ》 田畑・苗床に種子をまくこと。
馬主《ばしゅ》 馬の持ち主。ばぬし。うまぬし。
派出《はしゅつ》 仕事のため人を出向かせること。
馬術《ばじゅつ》 馬を乗りこなす技術。「—競技」

場所《ばしょ》 ところ。地点。居どころ。「—柄」
波状《はじょう》 波のように寄せては返す様子。
破傷風《はしょうふう》 細菌による感染症の一つ。
端折《はしょ》る すそをからげる。省略する。
柱《はしら》 物を支える直立した材。根幹。
羞《は》じらう 【恥じらう】はずかしがる。
走《はし》る 足でかける。移動する。進む。
恥《は》じる 劣る。恥ずかしく思う。「名に—」
橋渡《はしわた》し 間に立って仲立ちする人。
斜《はす》 ななめ。すじかい。「—向かい」
筈《はず》 そうあるべきこと。すじ。
端数《はすう》 はしたの数。半端の数。
場末《ばすえ》 都市・繁華街の中心を外れた所。
斜交《はすか》い ななめ。すじかい。はす。
恥《は》ずかしい 照れくさい。面目ない。

辱《はずか》める 恥をかかせる。けがす。「名を—」
蓮《はす》っ葉《ぱ》 言動が浮薄で下品な女。
弾《はず》み 跳ね返り。勢い。瞬間。「ものの—」
外《はず》れる 取れる。それる。当たらない。
派生《はせい》 根源からわかれ生じること。
罵声《ばせい》 口汚くののしる声。「—を浴びる」
馳《は》せる 走らせる。遠くへ行かせる。
爆《は》ぜる はじける。飛び散る。「クリが—」
破線《はせん》 切れ目の入った線。⇔実線
把捉《はそく》 しっかり理解すること。把握。
破損《はそん》 壊れること。壊すこと。損傷。
傍《はた》 【側】すぐそば。近く。「—の人」
端《はた》 物のへり。ふち。はし。「池の—」
旗《はた》 装飾・標識に用いる布・紙。
機《はた》 布を織る機械。「—を織る」

肌《はだ》 【膚】皮膚。皮。きめ。気質。
肌合《はだあ》い 気がまえ。気だて。気質。
旗揚《はたあ》げ◀ 戦いを起こす。新たに起こす。
旗色《はたいろ》 戦いの形勢。立場。「—が悪い」
機織《はたお》り◀ はたで布を織ること・人。
裸《はだか》 衣服をつけていない体。夏
裸一貫《はだかいっかん》 体以外資本が何もないこと。
旗頭《はたがしら》 旗の上方。集団の長。
叩《はた》き 屋内のちりを払う道具。
肌着《はだぎ》 肌に直接着る衣料。下着。
叩《はた》く たたく。うつ。はらう。「埃を—」
畑《はたけ》 【畠】農作物を栽培する土地。
疥《はたけ》 皮膚病の一種。白色の斑紋。
畑違《はたけちが》い 該当分野が専門でないこと。
開《はだ》ける 服の前を広げる。着衣の前が開く。

旅籠《はたご》 宿屋。旅人宿。宿泊所。旅籠屋。
肌寒《はだざむ》 何となく寒い。薄ら寒い。秋
裸足《はだし》 【跣】何も履かない足。素足。夏
果《は》たし合《あ》い◀ 決闘すること。
果《は》たし状《じょう》◀ 決闘の申し込み状。
果《は》たして◀ 思った通り。実に。本当に。
旗印《はたじるし》 【旗標】旗の紋。行動指針。
果《は》たす◀ しとげる。完成する。殺す。
果《は》たせる哉《かな》◀ 案の定。やはり。
二十歳《はたち》 【二十】年齢が二十なこと。
将又《はたまた》 あるいはまた。それともまた。
肌身《はだみ》 はだ。体。「—離さず」
傍目《はため》 傍観者の見た感じ。傍観者の目。
傍迷惑《はためいわく》 周りの人の迷惑になること。
働《はたら》き手《て》 働いて生計を支える人。

働《はたら》き蜂《ばち》 働きすぎる人のたとえ。
働《はたら》く 仕事をする。活動する。「頭が—」
破綻《はたん》 破れほころびること。壊れる。
破談《はだん》 取り決めた事を取り消すこと。
鉢《はち》 底の深い食器。植木鉢。
枹《ばち》 【撥】太鼓を打つ棒。「—さばき」
撥《ばち》 びわ・三味線を弾く道具。
罰《ばち》 悪事に対する神仏の返報。
鉢合《はちあ》わせ◀ 思いがけず出合うこと。
破竹《はちく》の勢《いきお》い 一節割ると一気に割れる竹にたとえ抑えがたい激しい勢い。
八十八夜《はちじゅうはちや》 立春から八八日目。
鉢巻《はちま》き◀ 頭部に巻き締める布きれ。
八幡《はちまん》 「八幡大菩薩《ぼさつ》」「八幡宮」の略。
蜂蜜《はちみつ》 ミツバチが巣にためた蜜。

八面玲瓏《はちめんれいろう》 どの面からも美しく鮮明なこと。誰とでも円満なこと。
八面六臂《はちめんろっぴ》 何人分もの働き。
爬虫類《はちゅうるい》 脊椎《せきつい》動物の一種。
波長《はちょう》 音波や電波の山と山の間隔。
初《はつ》 はじめ。最初。第一回。「—舞台」
罰《ばっ》 罪・過ちに対する報い。しおき。
閥《ばつ》 家柄。系統。排他的な集団。
発案《はつあん》 考え出すこと。議案を出すこと。
発意《はつい》 言い出すこと。思いつき。
発育《はついく》 育ち。成長。成育。「—不全」
初午《はつうま》 二月の最初の午の日。春
発煙《はつえん》 煙が出る・煙を出すこと。「—筒」
発音《はつおん》 音声を出すこと。「—記号」
撥音《はつおん》 語中・語尾に表れる鼻音。

発火《はっか》 火を発すること。火がつくこと。
発芽《はつが》 植物が芽を出すこと。めばえ。
発会《はっかい》 会としての活動を始めること。
発覚《はっかく》 隠し事が表に出ること。
初鰹《はつがつお》 初夏のはしりのカツオ。夏
初釜《はつがま》 その年最初に行う茶事。新
発刊《はっかん》 書物・雑誌・新聞を出すこと。
発汗《はっかん》 汗が出ること。汗をかく。「—剤」
発揮《はっき》 実力を外に出し働かせること。
発議《はつぎ》 議案や意見を提出すること。
葉月《はづき》 陰暦八月の異称。秋
発給《はっきゅう》 出して与えること。「旅券の—」
薄給《はっきゅう》 少ない給料。安月給。⇔高給
発狂《はっきょう》 気が狂うこと。
白金《はっきん》 金属元素の一種。プラチナ。

発禁《はっきん》 書籍などの「発売禁止」の略。
罰金《ばっきん》 罪に科し取り立てる金銭。「—刑」
発掘《はっくつ》 土中のものを掘り出すこと。
抜群《ばつぐん》 普通よりとび抜け優れること。
八卦《はっけ》 占い。易。「—見」
白血球《はっけっきゅう》 血液成分の一種。⇔赤血球
発見《はっけん》 はじめて見つけること。「—者」
発言《はつげん》 意見を述べること。「—権」
発現《はつげん》 現れ出ること。現出。顕出。
跋扈《ばっこ》 思うようにのさばること。
初恋《はつこい》 生まれてはじめての恋愛。
発光《はっこう》 光を放つこと。「—体」
発行《はっこう》 書物を印刷して世に広めること。
発効《はっこう》 効力が発生すること。「条約の—」
薄幸《はっこう》 【薄倖】幸せでないこと。不幸。

発酵《はっこう》 【醱酵】菌による化学変化。
八紘一宇《はっこういちう》 世界を一つの家にする。日本の海外侵略の戦時スローガン。
初氷《はつごおり》 その冬はじめて張った氷。冬
白骨《はっこつ》 風雨にさらされた骨。「—死体」
伐採《ばっさい》 樹木などを切り倒すこと。
八朔《はっさく》 陰暦八月一日。秋
発散《はっさん》 内部のものを外に表すこと。
抜山蓋世《ばつざんがいせい》 勇壮・壮大な気性。
末子《ばっし》 末の子。すえこ。まっし。⇔長子
抜糸《ばっし》 手術後、縫合糸を抜き取ること。
抜歯《ばっし》 治療などで歯を抜くこと。
初霜《はつしも》 その冬はじめての霜。冬
発車《はっしゃ》 電車や自動車などの出発。
発射《はっしゃ》 矢をいること。弾丸を撃ち出す。

発症《はっしょう》 症状が現れること。
発祥《はっしょう》 吉兆の発端。事の起源。「—地」
発条《はつじょう》 ぜんまい。ばね。らせん。
発情《はつじょう》 情欲・感情を起こすこと。「—期」
跋渉《ばっしょう》 いろいろな所を巡り歩くこと。
発色《はっしょく》 色が出ること。色の仕上がり方。
発信《はっしん》 郵便・電信を出すこと。⇔受信
発疹《はっしん》 皮膚にできる小さな吹出物。
発進《はっしん》 出発させること。「緊急—」
撥水《はっすい》 水をはじくこと。「—加工」
抜粋《ばっすい》 【抜萃】要所の抜き書き。抄録。
発する《はっする》 出掛ける。始まる。放つ。
罰する《ばっする》 罰を与える。処罰する。
発生《はっせい》 生え出ること。起こる。生じる。
発声《はっせい》 声を出すこと。音頭をとること。

抜染《ばっせん》 捺染《なっせん》法の一つ。抜き染め。
発走《はっそう》 走り出すこと。スタート。
発送《はっそう》 荷物を送り出すこと。
発想《はっそう》 思いつき。思想を表し出すこと。
罰則《ばっそく》 違反行為に対する処罰規定。
閥族《ばつぞく》 貴い家柄。閥をなす一族。
発達《はったつ》 成長して大きくなること。
発着《はっちゃく》 出発と到着。「—時刻」
発注《はっちゅう》 【発註】注文を出すこと。⇔受注
抜擢《ばってき》 特に選び登用すること。重用。
発展《はってん》 栄え伸びゆくこと。「—性」
発電《はつでん》 電気を発生させること。「火力—」
罰点《ばってん》 罰として減点する点数。
法度《はっと》 おきて。制度。禁制。「—書」
発動《はつどう》 動き出すこと。権力の行使。

抜刀《ばっとう》 刀をさやから抜くこと。
発動機《はつどうき》 動力を起こす装置。
初荷《はつに》 新年はじめて運び出す荷物。新
初音《はつね》 その季節はじめての鳴き声。
発熱《はつねつ》 熱が出ること。
発破《はっぱ》 岩石を火薬で爆破すること。
発売《はつばい》 売り出すこと。売り出し。
初春《はつはる》 新年。元旦。新春。「—月」新
初日《はつひ》 元日の日の出。初日の出。新
法被《はっぴ》 職人などが着るしるしばんてん。
発病《はつびょう》 病気になること。
発表《はっぴょう》 一般に知らせ示すこと。「合格—」
抜錨《ばつびょう》 出航すること。出帆。⇔投錨
発布《はっぷ》 世の中に触れ知らせること。
髪膚《はっぷ》 頭髪と皮膚。体。「身体—」

発奮《はっぷん》 【発憤】精神を奮い起こすこと。
跋文《ばつぶん》 あとがきの言葉。跋語。⇔序文
初穂《はつほ》 その年の初収穫の稲の穂。「―料」
八方《はっぽう》 あらゆる方向。
発泡《はっぽう》 泡が発生すること。「―酒」
発砲《はっぽう》 大砲・鉄砲を発射すること。
八方美人《はっぽうびじん》 だれにでも愛想がよい人を、軽んじていう語。お調子者。
抜本《ばっぽん》 根本の原因を抜き去ること。
抜本塞源《ばっぽんそくげん》 根本の原因を抜き去って、それによるわざわいを防ぐこと。
初孫《はつまご》 最初の孫。ういまご。
初耳《はつみみ》 はじめて聞くこと。
発明《はつめい》 新しく考え出すこと。「―家」
初詣で《はつもうで》◀ 新年初の神社仏閣参り。新

初物《はつもの》 その季節の最初の作物など。
初雪《はつゆき》 その年の冬に降る最初の雪。冬
初夢《はつゆめ》 元日・正月二日の夜の夢。新
発揚《はつよう》 奮い起こすこと。「国威を―する」
潑剌《はつらつ》 元気あふれるさま。「元気―」
撥乱反正《はつらんはんせい》 乱れた世を治め、もとの正しい状態に戻すこと。
発令《はつれい》 法令・辞令の発布や公表。
発露《はつろ》 表面に表れること。ほつろ。
果て《はて》◀ 終わり。最後。落ちぶれた姿。
派手《はで》 華やかで目立つさま。⇔地味
馬丁《ばてい》 駄馬の口取り。乗馬の口取り。
馬蹄《ばてい》 馬のひづめ。「―形」
果てる《はてる》 終わる。死ぬ。しつくす。
破天荒《はてんこう》 前例のないことをする。

波頭《はとう》 波の上。なみがしら。
波濤《はとう》 大波。波浪。
波動《はどう》 波のように動き広がること。
覇道《はどう》 武力や権謀で国を治めること。
罵倒《ばとう》 口汚くののしること。
再従兄弟《はとこ》 男の、またいとこ。
再従姉妹《はとこ》 女の、またいとこ。
鳩派《はとは》 穏健な派閥。平和論者。⇔鷹派
波止場《はとば》 船着き場。埠頭。
鳩胸《はとむね》 胸が前に張り出している・人。
鳩目《はとめ》 ひもを通す丸い穴。環状の金具。
歯止め《はどめ》 制動装置。ブレーキ。
花《はな》 植物の生殖器官。美しいもの。春
洟《はな》 鼻の穴から出る液体。はなじる。
華《はな》 はなやか。すぐれる。「人生の―」

端《はな》 最初。先端。はし。「寝入り―」
鼻息《はないき》 意気込み。人の機嫌。「―が荒い」
花生け《はないけ》 【花活け】花をいける器。
鼻歌《はなうた》 【鼻唄】小声で節だけ歌う歌。
鼻緒《はなお》 下駄や草履にすげるひも。
花笠《はながさ》 花や造花で飾った笠。
花形《はながた》 花の形。人気者。「―歌手」
鼻紙《はながみ》 洟をかむのに用いる紙。ちり紙。
鼻薬《はなぐすり》 鼻の薬。少額の賄賂《わいろ》。
鼻糞《はなくそ》 【鼻屎】鼻孔で洟の固まったもの。
花曇り《はなぐもり》◀ 桜の季節の薄曇りの空。春
鼻声《はなごえ》 鼻のつまった声。甘えた声。
花茣蓙《はなござ》 模様を織り出したござ。夏
花言葉《はなことば》 花にもたせた象徴的な意味。
花盛り《はなざかり》 花の真っ盛り。盛んなこと。

鼻先《はなさき》 鼻の頭。すぐ目の前。「―思案」
咄《はなし》 【噺】物語。おとし話。落語。
話《はなし》 会話。相談。うわさ。わけ。
咄家《はなしか》 【噺家】落語家。
話半分《はなしはんぶん》 事実が半分程度の話。
鼻白む《はなじろむ》 気後れする。興ざめする。
放す《はなす》 解く。自由にする。「鳥を空に―」
離す《はなす》 隔てる。分ける。「机を窓から―」
話す《はなす》 言う。しゃべる。語る。「事情を―」
鼻筋《はなすじ》 みけんから鼻先までの線。
花相撲《はなずもう》 臨時に興行する相撲。
花園《はなぞの》 草花が植えてある庭。秋
花代《はなだい》 芸者などの揚げ代。玉代。
花束《はなたば》 草花を何本か束ねたもの。
花便り《はなだより》 桜の開花の様子の便り。春

鼻血《はなぢ》 鼻の粘膜からの出血。
放つ《はなつ》 自由にする。発射する。出す。
鼻っ柱《はなっぱしら》 鼻筋。負けん気。向こう気。
鼻摘み《はなつまみ》 人に嫌がられること・人。
鼻面《はなづら》 鼻先。鼻端。「馬の―」
甚だ《はなはだ》 非常に。たいへん。「―迷惑だ」
甚だしい《はなはだしい》 程度が激しい。「勘違いも―」
華華しい《はなばなしい》 華やか。見事。「―活躍」
花火《はなび》 火薬で音や光を出す仕掛け。夏
花冷え《はなびえ》 桜の咲く頃の寒さ。春
花弁《はなびら》 【花片】花冠の一枚一枚の薄片。
花房《はなぶさ》 房のように垂れて咲く花。
花札《はなふだ》 花合わせに使うかるた。
花吹雪《はなふぶき》 吹雪のように散る花。春
鼻曲がり《はなまがり》◀ つむじ曲がり。

花街《はなまち》 【花町】芸者屋などの町。色町。
花祭り《はなまつり》◀ 四月八日の灌仏会《かんぶつえ》。春
花見《はなみ》 花(桜)を見物して楽しむ。春
花実《はなみ》 花と実、転じて、名と実利。
歯並み《はなみ》◀ 歯の生え具合。歯の並び具合。
花道《はなみち》 舞台で役者が通る細長い道。
餞《はなむけ》 【贐】去る人に贈る金品・言葉。
花婿《はなむこ》 結婚したての男。新郎。⇔花嫁
鼻持《はなも》ちならない 臭くて我慢できない。言動などが嫌みで不快だ。
華《はな》やか 美しくきらびやかなさま。
花嫁《はなよめ》 結婚したての女。新婦。⇔花婿
離《はな》れ◀ 母屋からはなれた座敷。離れ家。
場慣《ばな》れ 【場馴れ】経験し慣れている。
離《はな》れ業《わざ》 【離れ技】奇抜で大胆な芸。

花環《はなわ》 【花輪】花でこしらえた輪。
鼻輪《はなわ》 牛の鼻に通す輪。
埴生《はにゅう》 黄赤色の粘土を産する土地。
埴輪《はにわ》 古代の墓所にある粘土製の像。
羽《はね》 鳥類の全身を覆う羽毛。「鳥の—」
羽根《はね》 翼状のもの。「矢—」「扇風機の—」
●羽を伸ばす
●飛行機の羽根
翅《はね》 【羽】昆虫の、飛ぶための器官。
発条《ばね》 鋼などを巻き弾性を利かすもの。
跳《は》ね返《かえ》す 弾き(押し)かえす。
羽根突《はねつ》き 羽子で羽根を突く遊び。
撥《は》ね除《の》ける 勢いよくどかす。
羽布団《はねぶとん》 鳥の羽を詰めた布団。図
刎《は》ねる 首を切る。打ち首にする。
跳《は》ねる 跳び上がる。飛び散る。「蛙が—」

撥《は》ねる 取除く。はじき飛ばす。上げる。
●泥が跳ねる
●車で人を撥ねる
母《はは》 女の親。実母。基《もと》になるもの。
幅《はば》 横の長さ。開き。余地。「—が利く」
婆《ばば》 老婆。老年の女。ばばあ。⇔爺《じい》
馬場《ばば》 乗馬や競馬を行う場所。
母方《ははかた》 母親のほうの血筋。⇔父方
憚《はばか》る 恐縮する。遠慮する。「人前を—」
幅利《はばき》き 羽振りのよいこと・人。
羽撃《はばた》く 鳥が翼を広げて動かす。
派閥《はばつ》 集団内部の排他的集団。「—争い」
幅跳《はばと》び◀ 跳躍の距離を競う陸上競技。
幅広《はばびろ》 普通より幅が広い。はばひろ。
阻《はば》む 邪魔する。妨げる。「行く手を—」
蔓延《はびこ》る 一杯に広がる。増長する。

省《はぶ》く 除く。減らす。約する。略す。
羽二重《はぶたえ》 薄くて滑らかな絹布。「—餅」
羽振《はぶ》り 勢力。金力。「—がよい」
馬糞《ばふん》 ウマのくそ。まぐそ。「—紙」
派兵《はへい》 軍隊を派遣すること。「海外—」
侍《はべ》る 貴人のそば近くに仕える。
破片《はへん》 壊れたかけら。かけ。
浜《はま》 海・湖に沿った陸の平地。港。
葉巻《はまき》 葉巻たばこ。シガー。
浜辺《はまべ》 海のほとり。はま。海浜。
破魔矢《はまや》 正月に飾る魔よけの矢。新
嵌《は》まる◀ 【填る】合う。落ち込む。「型に—」
歯磨《はみが》き◀ 歯を磨くこと。「—粉」
食《は》み出《だ》す 収まらずに外に出る。
食《は》む 食物をかむ。食う。「草を—」

刃向《はむ》かう◀ 【歯向かう】反抗する。
羽目《はめ》 板張りの形。場面。苦しい立場。
嵌《は》め込《こ》む はめて入れる。陥れる。
破滅《はめつ》 破れ滅びること。「身の—」
嵌《は》める 【填める】差込む。入れ込む。欺く。
場面《ばめん》 その場の様子。シーン。
刃物《はもの》 刃のついているものや道具。
端物《はもの》 はしたもの。半端もの。
波紋《はもん》 波が広がる時の形・模様。影響。
破門《はもん》 師が弟子との関係を断つこと。
早《はや》い 時刻や時機が前。短時間ですむ。
速《はや》い 動きがすみやか。「川の流れが—」
●耳が早い　早い話
●足が速い　速い車
早生《はやう》まれ◀ 元日～四月一日生まれ。
早合点《はやがてん》 早飲み込みすること。

早鐘《はやがね》 急の知らせに打ち鳴らす鐘。
破約《はやく》 履行しないこと。取り消し。解約。
端役《はやく》 主要でない役。重要でない役目。
早口《はやくち》 しゃべり方がはやいこと。早言。
林《はやし》 樹木が群がり生える所。「白樺—」
囃子《はやし》 芝居などでの笛や太鼓の合奏。
囃《はや》す 囃子《はやし》を奏する。大声でからかう。
早瀬《はやせ》 川の、流れの速い所。急湍《きゅうたん》。
早早《はやばや》 予想よりかなり早いさま。
早引《はやび》け 【早退け】定刻より早い退出。
早《はや》まる 時期が早くなる。焦る。「予定が—」
速《はや》まる 速度が速くなる。「脈が—」
早道《はやみち》 近道。手近な方法。「上達の—」
早耳《はやみみ》 物事を早く聞きつけること。
流行《はやり》 はやること。時流。「—廃り」

逸《はや》る 勇み立つ。焦る。「—気持ち」
早技《はやわざ》 【早業】すばやくて巧みなわざ。
原《はら》 平らで広い土地。野原。
腹《はら》 胴の下半分。考え。胆力。
払《はら》い下《さ》げる▲ 官が民に売り渡す。
腹癒《はらい》せ 恨みなどを晴らすこと。
払《はら》う 除き去る。対価のお金を手渡す。
祓《はら》う 神に祈り災厄を除く。清める。
●注意を払う
●けがれを祓う
同胞《はらから》 兄弟姉妹。同じ国民。どうほう。
腹下《はらくだ》し 下痢。くだりばら。
腹黒《はらぐろ》い 根性が悪い。陰険である。
腹芸《はらげい》 言動によらず気持ちを表すこと。
腹拵《はらごしら》え 事に備えて食事すること。
晴《は》らす 気持ちをすっきりさせる。

腹立《はらだ》たしい しゃくにさわる。
腹違《はらちが》い 母が異なる、その兄弟姉妹。
腹鼓《はらつづみ》を打《う》つ 満腹に満足し、自分の腹を鼓のようにたたくさま。
腹這《はらば》い 腹を下にして這うこと。
腹巻《はらま》き▲ 腹に巻く布または帯。腹帯。
孕《はら》む 【妊む】妊娠する。含みもつ。
腸《はらわた》 大腸・小腸の称。心底。わた。
波瀾《はらん》 【波乱】大波。騒ぎ。「—含み」
波瀾万丈《はらんばんじょう》 劇的な変化に富む。
針《はり》 細長くてとがった道具の総称。
梁《はり》 柱の上に渡す棟木。「天井の—」
鉤《はり》 魚を釣るはり。釣りばり。
鍼《はり》 体に刺して治療する医療器具。
張《は》り▲ 張ること。張る力。張り合い。

玻璃《はり》 ガラス。水晶。
罵詈《ばり》 ののしる・あしざまに言うこと。
張《は》り合《あ》い▲ 競り合い。やりがい。
針金《はりがね》 金属を細長く紐状にしたもの。
馬力《ばりき》 仕事率の単位。精力。能力。
張《は》り切《き》る▲ 十分に張る。意気込む。
針供養《はりくよう》 折れた針の供養行事。[春][冬]
張《は》り子《こ》▲ 紙張りの細工物。「—の虎」で、虚勢を張って強がる人を嘲ける言葉。
張《は》り込《こ》む▲ 奮発する。待ち構える。
張《は》り裂《さ》ける▲ 膨れて破れる。
罵詈讒謗《ばりざんぼう》 ひどい悪口。
針仕事《はりしごと》 縫い物・編み物をすること。
罵詈雑言《ばりぞうごん》 口汚くののしる語。
磔《はりつけ》 十字架に縛り刺し殺す刑罰。



針《はり》の筵《むしろ》 気の休まらないつらい境地。
針箱《はりばこ》 裁縫の道具を入れておく箱。
張《は》り巡《めぐ》らす▲ 囲むように張る。
張《は》る 膨れる。かさむ。設ける。押通す。
貼《は》る 【張る】糊づけする。付着する。
春一番《はるいちばん》 立春後最初の強い南風。[春]
遙《はる》か 距離の隔たるさま。「—彼方」
春着《はるぎ》 正月または春に着る衣服。[新]
春雨《はるさめ》 春に降る細かい雨。緑豆麵。[春]
遙遙《はるばる》 遠いさま。遠来のさま。「遠路—」
春巻《はるまき》 薄い皮で具を巻いたから揚げ。
晴《は》れ▲ 天気がよい。華やか。「—の舞台」
腫《は》れ 腫れた状態。「—が引く」
馬齢《ばれい》 自分の年齢の謙称。「—を重ねる」
晴《は》れ着《ぎ》▲ 晴れの場所で着る衣服。

晴《は》れ姿《すがた》▲ 晴れがましい場所に出た姿。
破裂《はれつ》 裂け破れること。割れ裂けること。
晴《は》れ晴《ば》れ▲ さっぱりしたさま。
晴《は》れ間《ま》▲ 雨や雪の一時的にやんだ間。
腫《は》れ物《もの》 できもの。「—に触るよう」で、恐る恐る接する・慎重に取り扱うさま。
晴《は》れる 青空が見える。疑いが消える。
腫《は》れる 皮膚が膨れ上がる。
晴《は》れ渡《わた》る 空が一面に晴れる。
馬簾《ばれん》 纏《まとい》の周囲に垂れ下げる飾り。
破廉恥《はれんち》 恥を恥とも思わない態度。
波浪《はろう》 なみ。「—注意報」
刃渡《はわた》り 刃物の刃の長さ。刃の曲芸。
班《はん》 小人数のグループ。組。「—長」
煩《はん》 煩わしいこと。「—に堪えず」

範《はん》 のり。手本。かた。「—を示す」
藩《はん》 大名の支配領域。かこい。「—士」
判《ばん》 書籍や紙の大きさを示す単位。
版《はん》 印刷物。出版物の刊行回数。
●大判の本 A4判
●改訂版 地方版
番《ばん》 順序。見張り。「—を待つ」
晩《ばん》 夕暮れ。夜。遅い。「—年」
盤《ばん》 皿。たらい。台。「将棋—」
汎愛《はんあい》 差別なく皆同じに愛すること。
犯意《はんい》 罪を犯す意思。「—の有無」
叛意《はんい》 背こうとする意思。叛心。
範囲《はんい》 さかい。かぎり。区域。「守備—」
反映《はんえい》 光などが反射して映ること。
繁栄《はんえい》 発展し栄える。隆盛。⬄衰微
煩懊《はんおう》 もだえ苦しむこと。

半音《はんおん》 全音の二分の一の音程。⬍全音
反歌《はんか》 万葉集などに多い返し歌。
繁華《はんか》 人出が多く、にぎやか。「—街」
版画《はんが》 版に刷った絵。木版画。
挽歌《ばんか》 人を悼み悲しむ歌。弔歌。哀歌。
晩夏《ばんか》 夏の末ごろ。陰暦六月の称。夏
半解《はんかい》 物事の一部だけを知る。「一知—」
半壊《はんかい》 半分ほど壊れるさま。⬍全壊
挽回《ばんかい》 取り返すこと。もとへ戻すこと。
番外《ばんがい》 一定の番組以外のもの。予定外。
半角《はんかく》 文字一字分の半分の大きさ。
半額《はんがく》 決まった金額の半分。
晩学《ばんがく》 年が長じてからの学問。
番傘《ばんがさ》 太い竹の骨に油紙を貼った和傘。
半可通《はんかつう》 通人ぶること、またその人。

反間《はんかん》 敵同士の仲を裂こうと計略する。
反感《はんかん》 反抗の感情。張り合う心。
繁閑《はんかん》 忙しいことと暇なこと。
繁簡《はんかん》 繁雑なことと簡略なこと。
●繁閑の差 ●繁簡よろしきを得る
半眼《はんがん》 目を半分ほど開く、またその目。
万感《ばんかん》 種々の感じ・思い。「—胸に迫る」
反間苦肉《はんかんくにく》 敵をだまし仲間割れさせるために、自らを痛めつけること。
半期《はんき》 一期間の半分。一年の半分。
半旗《はんき》 弔意を表す国旗の掲揚方法。
版木《はんぎ》 【板木】文字や絵画を彫刻した板。
万機《ばんき》 政治上の重要な事柄。
晩期《ばんき》 終わりの時期。晩年の時期。
反逆《はんぎゃく》 【叛逆】背き逆らうこと。むほん。

半球《はんきゅう》 地球面を二等分した一方。「北—」
盤踞《ばんきょ》 【蟠踞】わだかまりうずくまる。
反響《はんきょう》 音が反射して響くこと。影響。
半玉《はんぎょく》 まだ一人前でない芸妓《げいぎ》。お酌。
反旗《はんき》を翻《ひるがえ》す 謀反する。反逆する。
板金《ばんきん》 【鈑金】金属板の常温塑性加工。
輓近《ばんきん》 近頃。最近。近事。近年。
番組《ばんぐみ》 組み合わせ。プログラム。「裏—」
番狂《ばんくる》わせ 結果が意外なさま。
半径《はんけい》 円や球の、直径の半分。「行動—」
反撃《はんげき》 逆に攻撃をかけること。反攻。
半夏生《はんげしょう》 夏至から十一日目。夏
判決《はんけつ》 裁判の決定。裁き。「—を下す」
版権《はんけん》 著作に関する権利。著作権。
半減《はんげん》 半分に減る・減らす。⬍倍増

番犬《ばんけん》 家の用心のために飼う犬。
判子《はんこ》 印鑑。印章。「—を押す」
反語《はんご》 意味を裏返して言う語。
万古《ばんこ》 永久・永遠。「万古焼」の略。
反抗《はんこう》 逆らうこと。刃向うこと。「—的」
反攻《はんこう》 攻めに転じること。反撃。
犯行《はんこう》 犯罪の行為。罪の行い。「—現場」
版行《はんこう》 本を印刷して売ること。印鑑。
飯盒《はんごう》 炊飯に使う金属容器。「—炊さん」
蛮行《ばんこう》 乱暴で野蛮な行い。
番号《ばんごう》 順番のしるし・数。「郵便—」
万国《ばんこく》 多くの国。世界の国々。「—旗」
万斛《ばんこく》 非常に多いさま。多量。「—の涙」
反骨《はんこつ》 【叛骨】時勢や権威に反する気骨。
万骨《ばんこつ》 多くの人の骨。多くの生命。

万古不易《ばんこふえき》 永久に変わらない。
半殺《はんごろ》し 死ぬほどまでに痛めつける。
斑痕《はんこん》 まだらな、傷などのあと。
瘢痕《はんこん》 傷などが治癒した後に残るあと。
反魂《はんごん》 死んだ人の魂を呼びかえすこと。
晩婚《ばんこん》 普通より遅い結婚。⬍早婚
盤根錯節《ばんこんさくせつ》 解決の困難な事柄。
煩瑣《はんさ》 細かくて煩わしいこと。煩雑。
犯罪《はんざい》 罪を犯すこと。犯した罪。「軽—」
万歳《ばんざい》 祝い唱える語。「—三唱」
万策《ばんさく》 ありとあらゆる方策。「—尽きる」
煩雑《はんざつ》 こみいっていて煩わしいこと。
繁雑《はんざつ》 事が多くごたごたしていること。
反作用《はんさよう》 反対方向に働き返す力。
晩餐《ばんさん》 夕飯。晩飯。「—会」

半紙《はんし》 習字などに使う和紙。「わら—」
判事《はんじ》 裁判事務を扱う国家公務員。
万死《ばんし》 何度も死ぬこと。「罪—に値す」
万事《ばんじ》 すべて。いろいろ。「一事が—」
万事休《ばんじきゅう》す もはや一巻の終わり。
版下《はんした》 製版用の原稿。版木の下書き。
半死半生《はんしはんしょう》 死にかかり。
判《はん》じ物《もの》 考え判じさせるなぞ。
反射《はんしゃ》 跳ね返ること。無意識の反応。
万謝《ばんしゃ》 厚く礼を言う・深くわびること。
晩酌《ばんしゃく》 晩飯の時に酒を飲む、その酒。
盤石《ばんじゃく》 【磐石】大きな岩。堅固。「—な構え」
晩秋《ばんしゅう》 秋の末頃。秋の暮れ。秋 ⬍初秋
半熟《はんじゅく》 生煮え。熟しきっていないこと。
晩熟《ばんじゅく》 普通より遅く成熟する。⬍早熟

**搬出**《はんしゅつ》 運び出すこと。持ち出すこと。
**晩春**《ばんしゅん》 春の末頃。暮春。圏⇔初春
**板書**《ばんしょ》 黒板などに字を書くこと。
**反証**《はんしょう》 否定の証拠立て、またその証拠。
**反照**《はんしょう》 照り返すこと。照返し。夕映え。
**半焼**《はんしょう》 火事で建物などが半分焼ける。
**半鐘**《はんしょう》 小さい釣り鐘。火事の鐘。
**汎称**《はんしょう》 同類のものを括った呼称。総称。
**繁盛**《はんじょう》 【繁昌】活気があり盛んなさま。
**万象**《ばんしょう》 様々の形。万物。万有。「森羅―」
**万障**《ばんしょう》 いろいろな差し障り。万難。
**晩鐘**《ばんしょう》 夕暮れの鐘。入相の鐘。
**万丈**《ばんじょう》 非常に高いこと。意気盛んなさま。
**半畳**《はんじょう》**を入**《い》**れる** 他人の言動をまぜかえしたりちゃかしたりする。

**繁殖**《はんしょく》 新しく生まれふえること。「―力」
**伴食**《ばんしょく》 供としてごちそうになること。
**半身**《はんしん》 体の半分。「上―」「右―」⇔全身
**半信半疑**《はんしんはんぎ》 信じきれないこと。
**半身不随**《はんしんふずい》 半身が麻痺《まひ》すること。
**反芻**《はんすう》 繰り返し考え味わうこと。
**半数**《はんすう》 全部の数の半分。全体の半分。
**反**《はん》**する** 反対する。違反する。たがう。
**反省**《はんせい》 振り返って考えてみること。
**半生**《はんせい》 一生涯の半分。今までの生涯。
**万世**《ばんせい》 永久。万代。「―不朽」「―不易」
**晩生**《ばんせい》 遅く成熟する。晩熟。⇔早生《わせ》
**晩成**《ばんせい》 遅く成就する。老成。⇔早成
**蛮声**《ばんせい》 粗野な声。荒々しい大声。
**半醒半睡**《はんせいはんすい》 夢うつつの状態。

**犯跡**《はんせき》 犯罪のあとかた。罪跡。
**版籍**《はんせき》 版図と戸籍。領地と領民。
**半切**《はんせつ》 【半截】半分に切ること。
**晩節**《ばんせつ》 晩年の節操。「―を汚す」
**反戦**《はんせん》 戦争に反対する。「―運動」⇔主戦
**帆船**《はんせん》 帆掛けぶね。風帆船。帆前《ほまえ》船。
**判然**《はんぜん》 明らかな様子。「―としない」
**万全**《ばんぜん》 安全で少しも不安がないこと。
**反訴**《はんそ》 被告が原告を逆に訴えること。
**帆走**《はんそう》 船が帆をかけて進むこと。
**搬送**《はんそう》 荷物を運んでいくこと。「―先」
**伴走**《ばんそう》 他の人と一緒に走ること。
**伴奏**《ばんそう》 歌う者につれて奏楽すること。
**晩霜**《ばんそう》 晩春の霜。遅霜《おそじも》。圏⇔早霜《はやじも》
**絆創膏**《ばんそうこう》 粘着性のある医療品の一つ。

**反則**《はんそく》 規則に反すること。規則違反。
**反俗**《はんぞく》 世間一般の風潮に逆らうこと。
**半袖**《はんそで》 ひじの辺りまでの長さの袖。
**煩多**《はんた》 物事が多くわずらわしいこと。
**繁多**《はんた》 用事が多くて忙しいこと。
**半田**《はんだ》 【盤陀】鉛と錫《すず》の合金。「―付け」
**万朶**《ばんだ》 花のついた多くの枝。「―の桜」
**反対**《はんたい》 あべこべ。逆。「―方向」⇔賛成
**飯台**《はんだい》 食事する台。ちゃぶ台。
**番台**《ばんだい》 風呂屋の見張りの台。
**万代不易**《ばんだいふえき》 永久に変わらない。
**半濁音**《はんだくおん》 パ・ピ・プ・ペ・ポの五音。
**判断**《はんだん》 考え決めること。見分けること。
**万端**《ばんたん》 すべて。いろいろ。「準備―」
**番地**《ばんち》 居住地区を区分した番号。地番。

**半知半解**《はんちはんかい》 知識や理解が中途半端で、実際の役に立たないこと。
**番茶**《ばんちゃ》 摘み残りの葉や茎で作る茶。
**範疇**《はんちゅう》 基礎となる概念。部類。領域。
**番付**《ばんづけ》 技術や力量の順位をつけること。
**判定**《はんてい》 見分けをつけること。判断。
**反転**《はんてん》 転ぶこと。ひっくりかえること。
**半纏**《はんてん》 羽織に似た短い服。糸半纏。
**斑点**《はんてん》 まだらな点。ぶち。
**反徒**《はんと》 【叛徒】謀反する人の仲間。逆徒。
**半途**《はんと》 仕事や学問などの半ば。中途。
**版図**《はんと》 一国の領域。領土。「―を広げる」
**反騰**《はんとう》 下落の株価が騰貴する。⇔反落
**半島**《はんとう》 海中へ突き出た陸地。「朝鮮―」
**反動**《はんどう》 反対方向に生じる力・動き。

**晩冬**《ばんとう》 冬の末。陰暦一二月。图⇔初冬
**晩稲**《ばんとう》 遅く実る稲。おくて。秋⇔早稲
**番頭**《ばんとう》 商家の雇い人のかしら。
**半導体**《はんどうたい》 電気伝導率を持つ物質。
**半時**《はんとき》 一時《いっとき》の半分。少しの時間。
**判読**《はんどく》 推し量って読むこと。
**繙読**《はんどく》 書をひもといて読むこと。
**半年**《はんとし》 一年の半分。六か月。はんねん。
**万難**《ばんなん》 多くの困難や障害。「―を排する」
**反日**《はんにち》 日本に反感をもつこと。⇔親日
**般若**《はんにゃ》 悟りを開く知恵。鬼女の面。
**搬入**《はんにゅう》 運び入れること。持ち込むこと。
**犯人**《はんにん》 罪を犯した人。犯罪者。「真―」
**万人**《ばんにん》 すべての人。ばんじん。「―向き」
**番人**《ばんにん》 番をする人。見張り番。

半人前《はんにんまえ》 一人分の半分。未熟者。
晩年《ばんねん》 年老いた時。老後。⇔幼年
反応《はんのう》 刺激に対する変化やききめ。
万能《ばんのう》 万事に巧み。すべてに有効。
半農半漁《はんのうはんぎょ》 農業と漁業の兼業。
飯場《はんば》 工事現場近くの労働者の宿舎。
半端《はんぱ》 はした。ふぞろい。「中途—」
輓馬《ばんば》 車両を引かせる馬。
販売《はんばい》 売りさばく。商うこと。⇔購入
反駁《はんばく》 非難に対して論じ返すこと。
半白《はんぱく》 白髪まじりの毛髪。「—の老人」
反撥《はんぱつ》 【反発】跳ね返す。受けつけない。
半半《はんはん》 半分ずつ。五分五分。二つ割り。
万万《ばんばん》 非常に多いさま。十分に。決して。
万般《ばんぱん》 すべての物事。百般。万端。
反比例《はんぴれい》 逆数に比例すること。
頒布《はんぷ》 あまねく分け配ること。「無料—」
反復《はんぷく》 【反覆】繰り返す。度々すること。
万福《ばんぷく》 多くの幸い。満腹。「—を祈る」
万物《ばんぶつ》 宇宙のありとあらゆるもの。
半分《はんぶん》 二分の一。半ば。「冗談—」「話—」
繁文縟礼《はんぶんじょくれい》 規則や礼法、手続きなどが面倒で、煩わしいこと。
判別《はんべつ》 判じ分けること。見分けること。
反哺《はんぽ》 食物を口移しに食べさせること。
繁忙《はんぼう》 忙しいこと。繁用。「—を極める」
万邦《ばんぽう》 多くの国。諸国。万国。「—共栄」
飯米《はんまい》 飯にたく米。自家用米。
半身《はんみ》 体を、相手に対し斜めに構える。
万民《ばんみん》 多くの民。すべての民衆。
判明《はんめい》 はっきりわかる。明らかになる。
反面《はんめん》 反対の面。他の面。他面。他方。
半面《はんめん》 顔や表面の半分。片面。片方。
反面教師《はんめんきょうし》 悪い見本として、反省の材料やいましめの対象となるもの。
繁茂《はんも》 草木が勢いよくしげること。
反目《はんもく》 仲が悪くにらみ合うこと。
反問《はんもん》 逆に尋ねること。問い返すこと。
斑紋《はんもん》 まだらの模様。
煩悶《はんもん》 思いもだえる。思い煩うこと。
万有《ばんゆう》 すべてのもの。万物。「—引力」
蛮勇《ばんゆう》 乱暴な勇気。「—をふるう」
汎用《はんよう》 広く多方面に使うこと。⇔専用
半裸《はんら》 半身が裸であること。⇔全裸
万来《ばんらい》 多くの人がくること。「千客—」
万雷《ばんらい》 鳴り響く音。「—の拍手」
反落《はんらく》 騰貴相場が下落する。⇔反騰
盤楽遊嬉《ばんらくゆうき》 大いに遊び楽しむ。
反乱《はんらん》 背き乱れること。むほん。叛逆《はんぎゃく》。
氾濫《はんらん》 河川の水があふれ出る。蔓延《まんえん》。
万里《ばんり》 一万里。はるかで遠い距離。
伴侶《はんりょ》 とも。連れ。仲間。「終生の—」
煩慮《はんりょ》 思い煩うこと。心配。
万緑《ばんりょく》 見渡す限り緑であるさま。夏
煩累《はんるい》 めんどうなこと。心配。
凡例《はんれい》 書物の見方についての説明。
判例《はんれい》 過去の裁判での判決例。「—集」
範例《はんれい》 模範・規範となる例。「—を示す」
販路《はんろ》 品物のはけみち。売れみち。
反論《はんろん》 相手の議論に言い返すこと。
汎論《はんろん》 全体にわたり論じること。通論。

## ひ

日《ひ》 太陽。陽。一昼夜。昼。日づけ。
火《ひ》 ほのお。灯火。炭火。火災。
比《ひ》 同類。割合。「—を見ない」
灯《ひ》 明かり。ともしび。「街の—」
妃《ひ》 きさき。現在皇族の妻。「—殿下」
非《ひ》 〜でない。「—の打ち所がない」
碑《ひ》 石に文を刻んで建てたもの。
樋《ひ》 水を導き送る長い管。とい。
美《び》 美しい。ほめる。旨い。「有終の—」
悲哀《ひあい》 悲しみ。あわれ。「人生の—」
干上《ひあ》がる 【乾上がる】乾ききる。
日脚《ひあし》 【日足】昼間の時間。「—が延びる」
火脚《ひあし》 【火足】火の燃えひろがる速さ。
日当《ひあ》たり 日光が当たる。「—良好」
微意《びい》 自分の志の謙称。寸志。
贔屓《ひいき》 目を掛け引き立てること。「—目」
贔屓《ひいき》の引《ひ》き倒《たお》し ひいきをしすぎて、逆に迷惑になること。
肥育《ひいく》 食用の家畜を太らせる飼育法。
延《ひ》いては その結果、さらには。
秀《ひい》でる 勝る。ぬきんでる。「一芸に—」
麦酒《ビール》 麦芽で造るアルコール飲料。夏
眉宇《びう》 まゆの辺り。「—に漂う決意」
非運《ひうん》 【否運】運がない。不運。⇔幸運
悲運《ひうん》 悲しい運命。逆境。
裨益《ひえき》 役立つこと。助けになる。貢献。
冷《ひ》える 温度が下がりつめたくなる。

飛燕《ひえん》 飛んでいるツバメ。
秘奥《ひおう》 物事の奥深い所。奥義。「芸道の―」
火桶《ひおけ》 木製の丸い火鉢。图
微温《びおん》 なまぬるいこと。手ぬるいこと。
鼻音《びおん》 発音で鼻に掛かる音声。
悲歌《ひか》 悲しみのこもった歌。哀歌。
彼我《ひが》 彼とわれ。相手と自分。
美化《びか》 美しくすること。「―運動」
美果《びか》 美しい・おいしい果実。好結果。
微瑕《びか》 少しの傷。わずかの欠点。
被害《ひがい》 害を被る。被った損害。⇔加害
控《ひか》◀え 備えておくこと・もの。予備。
控《ひか》えめ 遠慮するさま。内気なさま。
日帰《ひがえ》り その日のうちに帰ること。
控《ひか》える 進まずに待つ。遠慮する。

膕《ひかがみ》 ひざの後ろのくぼんだ部分。
比較《ひかく》 比べ合わす・比べること。「―的」
皮革《ひかく》 動物の皮を加工したもの。
日陰《ひかげ》 【日蔭】日光が当たらない場所。
日影《ひかげ》 日の光。日ざし。日脚。
悲歌慷慨《ひかこうがい》 憤り嘆くこと。
僻事《ひがごと》 道理や事実に合わないこと。
日傘《ひがさ》 日光を遮るための傘。夏
東《ひがし》 方角の一。日が昇る方向。⇔西
干菓子《ひがし》 乾いた菓子。⇔生菓子
干潟《ひがた》 潮が引くと現れる海岸の浅瀬。
僻《ひが》む 素直に解釈しない。すねる。
僻目《ひがめ》 見間違い。誤った考え方。
日柄《ひがら》 その日の吉凶。日並。「よいお―」
飛花落葉《ひからくよう》 無常な世のたとえ。

干涸《ひから》びる 【乾涸びる】乾ききる。
光《ひかり》 明るく照らすもの。栄光。
光《ひか》る 光を放つ。光沢がある。
日替《ひが》◀わり 毎日かわる。「―弁当」
悲観《ひかん》 先々に希望を持たない。⇔楽観
避寒《ひかん》 寒さを避け暖地で過ごす。图
彼岸《ひがん》 春分・秋分の日の前後計七日間。
悲願《ひがん》 心に念じている大きな願い。
美感《びかん》 美しいと感じること、その感覚。
美観《びかん》 美しい風景。よい眺め。「―地区」
美顔《びがん》 美しい顔。顔を美しくすること。
悲喜《ひき》 悲しみと喜び。「―こもごも」
避忌《ひき》 忌み嫌うこと。避け嫌うこと。
非議《ひぎ》 【誹議】議論してそしること。
秘技《ひぎ》 秘密のわざ。奥の手。秘術。

美技《びぎ》 見事な技・演技。ファインプレー。
引《ひ》き上《あ》げる 上げる。高くする。
引《ひ》き揚《あ》げる 元に戻る。退去する。
率《ひき》いる 引き連れて行く。引率する。
引《ひ》き受《う》ける 承知する。保証する。
碾《ひ》◀き臼《うす》 【挽き臼】穀物を粉にする具。
引《ひ》◀き金《がね》 鉄砲を発射する時引く金具。
引《ひ》き際《ぎわ》 仕事などを退く時期。
悲喜劇《ひきげき》 悲劇的かつ喜劇的な戯曲。
引《ひ》き籠《こ》◀もる 家に閉じこもる。
引《ひ》◀き算《ざん》 差を求める計算法。減法。
引《ひ》◀き潮《しお》 【引汐】落ち潮。下げ潮。干潮。
被疑者《ひぎしゃ》 犯罪の疑いのある者。
引《ひ》き摺《ず》る すって引く。長引かせる。
引《ひ》◀き出《だ》し 【抽斗】抜差しできる箱。

引《ひ》き立《た》つ 見栄えがする。栄える。
碾《ひ》◀き茶《ちゃ》 【挽茶】粉にした上質の茶。
引《ひ》き継《つ》ぐ 受け継ぐ。「仕事を―」
引《ひ》◀き続《つづ》き 続けて。続けざまに。
引《ひ》き攣《つ》る 縮れる。筋《すじ》がつる。
引《ひ》◀き出物《でもの》 主人から来客へ贈る物。
引《ひ》き取《と》る 場から退く。受け取る。
挽《ひ》◀き肉《にく》 細かくひき砕いた肉。
轢《ひ》◀き逃《に》げ 車で人をひいて逃げる。
引《ひ》き抜《ぬ》く 人を自分の所属へ移す。
引《ひ》き払《はら》う 物を片づけて退去する。
引《ひ》◀き幕《まく》 芝居などの横に引く幕。
引《ひ》きも切《き》らず 絶え間なく。
飛脚《ひきゃく》 昔、手紙などを配達した使い。
被虐《ひぎゃく》 他人から虐げられること。「―性」

美挙《びきょ》 ほめるべき立派な行い。
比況《ひきょう》 他と比べること。たとえること。
卑怯《ひきょう》 勇気がなくずるいさま。卑劣。
秘境《ひきょう》 人に知られていない場所。
悲況《ひきょう》 悲しい有様。悲惨な状況。
悲境《ひきょう》 悲しい境遇。哀れな境遇。
罷業《ひぎょう》 仕事を中止すること。「同盟―」
引《ひ》◀き分《わ》け 勝負がつかないこと。
卑近《ひきん》 身近なこと。「―な例」⇔高遠
非金属《ひきんぞく》 金属の性質を持たない単体。
卑金属《ひきんぞく》 さびやすい金属。⇔貴金属
引《ひ》く ひっぱる。減らす。やめる。
曳《ひ》く 【引く・牽く】前からひっぱる。
退《ひ》く 【引く】しりぞく。引退する。
挽《ひ》く 刃物ですり砕く。木を割る。

**弾《ひ》く** 楽器などを奏でる。「ピアノを―」
**惹《ひ》く** 【引く】人の関心をひく。
**碾《ひ》く** うすですって砕く。「豆を―」
**轢《ひ》く** 車輪がものを踏みつけて通る。

●辞書を引く ●身を退く ●尾を曳く ●のこぎりを挽く ●人目を惹く ●琴を弾く ●粉を碾く ●車が人を轢く

**比丘《びく》** 出家した男性。僧。⇔比丘尼
**魚籠《びく》** 釣った魚を入れるかご。魚籃《ぎょらん》。
**低《ひく》い** 高くない。声・音が小さい。
**微苦笑《びくしょう》** 軽いにが笑い。
**卑屈《ひくつ》** 劣等感で、いじける態度。
**引《ひ》く手《て》** 誘いかける人。「―あまた」
**比丘尼《びくに》** 出家した女性。尼僧。⇔比丘
**日暮《ひぐ》れ**◀ 夕暮れ。晩方。日没。薄暮。

**微醺《びくん》** 少し酔うこと。ほろよい。微酔。
**髭《ひげ》** 顔面に生える毛。口ひげ。「―面《づら》」
**卑下《ひげ》** 自ら卑しむこと。へりくだること。
**秘計《ひけい》** 秘密のはかりごと。秘策。
**美形《びけい》** 美しい容姿。美しい顔だち。
**悲劇《ひげき》** 悲しい場面を描写した劇。
**引《ひ》け際《ぎわ》** 【退け際】物事が終わる間際。
**火消《ひけ》し**◀ 消火すること。昔の消防夫。
**否決《ひけつ》** 議案などを承認しない。⇔可決
**秘訣《ひけつ》** 奥の手。こつ。奥義。「健康の―」
**引《ひ》け時《どき》** 【退け時】退出の時刻。
**引《ひ》け目《め》** 気後れ。後ろめたさ。欠点。
**比肩《ひけん》** 肩を並べること。匹敵すること。
**披見《ひけん》** 手紙や書籍を開いて見ること。
**卑見《ひけん》** 【鄙見】自分の意見の謙遜語。

**籤《ひご》** 竹を細く割って削ったもの。
**庇護《ひご》** かばい守ること。ひいきすること。
**卑語《ひご》** 【鄙語】卑しい言葉。卑俗な語。
**飛語《ひご》** 【蜚語】根拠のないうわさ。飛言。
**非行《ひこう》** 道理や道徳に外れた行い。「―化」
**肥厚《ひこう》** 肉などが肥えて厚くなること。
**飛行《ひこう》** 空中を飛んで行くこと。「低空―」
**非業《ひごう》** 天命でないこと。非命。「―の死」
**尾行《びこう》** 人のあとをつけて行くこと。
**備考《びこう》** 参考のため書き添えること。
**微行《びこう》** 忍び歩き。おしのび。
**微光《びこう》** かすかな光。わずかな希望。
**鼻孔《びこう》** 鼻のあな。
**鼻腔《びこう》** 鼻の内部の空所。びくう。
**非公開《ひこうかい》** 一般には公開しないこと。



**飛行機《ひこうき》** 空中を飛ぶ乗り物。
**非公式《ひこうしき》** 公式ではないこと。「―会談」
**非合法《ひごうほう》** 法律に背いていること。
**非合理《ひごうり》** 論理・理性に合わないこと。
**被告《ひこく》** 訴訟で訴えられた者。⇔原告
**日毎《ひごと》** 日々。一日一日。「―に春めく」
**蘖《ひこばえ》** 草木の切り株から出た芽。[春]
**彦星《ひこぼし》** 鷲座の首星アルタイル。[秋]
**日頃《ひごろ》** ふだん。つねづね。平生。
**膝《ひざ》** 脚の関節部の前面。「―小僧」
**非才《ひさい》** 【菲才】自分の才能の謙称。
**被災《ひさい》** 災害を受けること。罹災。「―者」
**微細《びさい》** 極めて細かいこと。極小。
**微罪《びざい》** 軽度な犯罪。軽微な罪。小罪。
**日盛《ひざか》り** 日の照る真っ盛り。[夏]

**秘策《ひさく》** 秘密のはかりごと。秘計。
**鬻《ひさ》ぐ** 【販ぐ】売る。商う。「春を―」
**瓢《ひさご》** ひょうたん。ふくべ。[秋]
**庇《ひさし》** 【廂】家の軒の突き出た部分。
**日差《ひざ》し** 日の光。日が照ること。
**久《ひさ》しい** 長い時間が経つ。ひさしぶり。
**久《ひさ》し振《ぶ》り** 長い期間を経ている。
**膝詰《ひざづ》め**◀ 膝をつきあわせる。「―談判」
**久久《ひさびさ》** 久しぶり。しばらくぶり。
**膝枕《ひざまくら》** 他人の膝を枕にして寝ること。
**跪《ひざまず》く** ひざを地につけてかがむ。
**氷雨《ひさめ》** あられ。ひょう。冷たい雨。[夏][冬]
**膝元《ひざもと》** 膝のそば。そば近く。身の回り。
**飛散《ひさん》** 飛び散ること。散りぢりになる。
**悲惨《ひさん》** 痛ましく哀れなこと。「―な光景」

**皮脂《ひし》** 皮脂腺からの脂肪性分泌物。
**秘史《ひし》** 秘密の記録。隠された歴史。
**秘事《ひじ》** 秘密の事柄。隠し事。「―は睫《まつげ》」
**肘《ひじ》** 【肱・臂】腕の節の曲がる部分。
**醤《ひしお》** 【醢】なめみその一種。
**菱形《ひしがた》** 菱の実のような形。ひしなり。
**拉《ひし》ぐ** 押しつぶす。勢いをくじく。
**飛耳長目《ひじちょうもく》** 優れた情報収集。
**皮質《ひしつ》** 臓器の表層部分。「大脳―」⇔髄質
**卑湿《ひしつ》** 土地が低く湿気があること。
**美質《びしつ》** 美しい性質。よい性質。
**微視的《びしてき》** 対象が極めて細かいさま。
**肘鉄《ひじてつ》** ひじで突くこと。強く断ること。
**犇《ひし》と** ぴったりと。しっかりと。
**肘枕《ひじまくら》** 自分のひじを枕にして寝ること。

犇めく《ひしめく》 押し合い騒ぐ。
柄杓《ひしゃく》 湯水などをくみ取る道具。
微弱《びじゃく》 極めて弱いさま。か弱いさま。
被写体《ひしゃたい》 写真に写されるもの。
毘沙門《びしゃもん》 七福神の一。多聞天。「―天」
美酒《びしゅ》 よい酒。うまい酒。「―嘉肴《かこう》」
悲愁《ひしゅう》 悲しみに深く沈む気持ち。
比重《ひじゅう》 同体積の物体の重量比。
美醜《びしゅう》 美しいことと醜いこと。
秘術《ひじゅつ》 人に知らさぬ術。奥の手。秘技。
美術《びじゅつ》 美を表現する芸術。「―館」
批准《ひじゅん》 条約の確認や同意の手続き。
秘書《ひしょ》 秘密の文書。要人を補佐する職。
避暑《ひしょ》 転地し暑さを避ける。〔夏〕⬌避寒
美女《びじょ》 美しい女性。美人。「美男―」

卑小《ひしょう》 見すぼらしく小さいさま。
卑称《ひしょう》 ぞんざいな言葉や表現。卑語。
飛翔《ひしょう》 空中を飛びかけること。
悲傷《ひしょう》 深く悲しみ傷むこと。
費消《ひしょう》 消費。使い果たすこと。「公金―」
非常《ひじょう》 甚だ。普通でない事態。「―階段」
非情《ひじょう》 情のないさま。心ない様子。
美称《びしょう》 ほめて言う名。美しい名称。
美粧《びしょう》 美しく装う・化粧する。「―室」
微小《びしょう》 極めて小さい・細かいこと。
微少《びしょう》 極めて少ない・わずかなこと。
微笑《びしょう》 にっこり笑うこと。ほほえみ。
尾錠《びじょう》 締め金。バックル。
非常勤《ひじょうきん》 常勤でないこと。「―講師」
非常口《ひじょうぐち》 非常時避難用の出入り口。

非常識《ひじょうしき》 常識から外れていること。
美食《びしょく》 味のよい食物。「―家」⬌粗食
聖《ひじり》 聖人。高徳の僧。「高野―」
美辞麗句《びじれいく》 美しく飾った言葉。
微震《びしん》 震度1の弱い地震。
美人《びじん》 容姿の美しい女性。美女。美姫《びき》。
翡翠《ひすい》 宝石の一。カワセミの異称。〔夏〕
歪み《ひずみ》 ひずむこと。ゆがみ。「社会の―」
秘する《ひする》 秘密にする。「特に名を―」
批正《ひせい》 批判して訂正すること。
美声《びせい》 美しい声。よい声。⬌悪声
尾生の信《びせいのしん》 愚直。ばか正直。
微生物《びせいぶつ》 ごく細かな生物。
日銭《ひぜに》 日ごとに入る金銭。日済し金。
卑賤《ひせん》 身分・地位が低く卑しいこと。

美髯《びぜん》 美しいほおひげ。
砒素《ひそ》 有毒な非金属元素の一種。
鼻祖《びそ》 先祖。元祖。始祖。
皮相《ひそう》 うわべ。表面。「―な理解」「―的」
悲壮《ひそう》 哀れにも勇ましいこと。「―美」
悲愴《ひそう》 悲しく痛ましいこと。「―感」
秘蔵《ひぞう》 大切にしまっておくこと。「―品」
脾臓《ひぞう》 リンパ球を作る小さな臓器。
美装《びそう》 美しく装うこと。美しく飾ること。
微増《びぞう》 ほんのわずか増える。⬌微減
皮相浅薄《ひそうせんぱく》 知識や思慮が浅い。
密か《ひそか》 【窃か】内緒で。忍びやか。
卑俗《ひぞく》 卑しいこと。上品でないさま。
卑属《ひぞく》 孫・甥など、子と同列以下の血族。
美俗《びぞく》 美しい風俗。「良風―」

顰み《ひそみ》 眉をしかめること。「―に倣う」
潜む《ひそむ》 隠れる。忍ぶ。潜伏する。
潜める《ひそめる》 隠す。秘める。「鳴りを―」
顰める《ひそめる》 眉の辺りにしわを寄せる。
襞《ひだ》 衣服などの細い折目。
額《ひたい》 眉と頭髪の生えぎわの間。
肥大《ひだい》 太り大きくなること。「心臓―」
媚態《びたい》 こびるさま。嬌態。「―を示す」
鐚一文《びたいちもん》 ごく少額。「―まけない」
直押し《ひたおし》 しゃにむに押し進めること。
浸す《ひたす》 液体につける。濡らす。
只管《ひたすら》 【一向】ただそればかり。いちず。
肥立ち《ひだち》 病気や出産後の回復。
火種《ひだね》 争いや事件の原因。「紛争の―」
直走る《ひたはしる》 休まず一途に走る。

日溜まり《ひだまり》◀ 日が当たる暖かい場所。
直向き《ひたむき》 一途に熱中するさま。
左団扇《ひだりうちわ》 安楽な生活を送ること。
左利き《ひだりきき》 利き手が左手。酒好き。
左前《ひだりまえ》 経済的に苦しくなること。
饑い《ひだるい》 空腹である。ひもじい。
火達磨《ひだるま》 全身に火がつき燃えること。
悲嘆《ひたん》 【悲歎】悲しみ嘆く。「―にくれる」
美談《びだん》 ほめるべき行為などの話。佳話。
備蓄《びちく》 万一に備えて蓄えること。「―米」
微衷《びちゅう》 自分の心中の謙称。微意。
秘中の秘《ひちゅうのひ》 秘密の内の秘密。極秘。
飛鳥《ひちょう》 空を飛ぶ鳥。「―の早わざ」
櫃《ひつ》 ふた付きの大型の箱。「長―」
悲痛《ひつう》 悲しみで心が痛むこと。

筆禍《ひっか》 自己の著作で受ける災難。
筆記《ひっき》 書き記すこと。「—具」「口述—」
柩《ひつぎ》 【棺】死体を入れて葬る箱。
畢竟《ひっきょう》 つまるところ。結局。「—するに」
吃驚《びっくり》 【喫驚】突然なことに驚くこと。
引《ひ》っ括《くる》める 一つにまとめる。
日付《ひづけ》 文書などを作成・提出した年月日。
必携《ひっけい》 常時携えること。「—品」
必見《ひっけん》 必ず見るべきこと。「—の作」
筆硯《ひっけん》 筆とすずり。文章を書くこと。
筆耕《ひっこう》 報酬を受けて筆写すること。
引《ひ》っ越《こ》す 住居を移す。転居する。
引《ひ》っ込《こ》み思案《じあん》 消極的。
必殺《ひっさつ》 必ずしとめること。「—の一撃」
筆算《ひっさん》 数字を書いて計算する。⇔暗算

必死《ひっし》 命懸け。全力を尽くすこと。
必至《ひっし》 当然そうなること。必然。
●必死の覚悟
●倒産は必至
筆紙《ひっし》 筆と紙。「—に尽くしがたい」
未《ひつじ》 十二支の第八。時刻の名。
未申《ひつじさる》 【坤】方位の名。南西の方向。
筆写《ひっしゃ》 書き写すこと。書写。「—体」
筆者《ひっしゃ》 その文章や書画を書いた人。
必需《ひつじゅ》 必ずなければならない。「—品」
必修《ひっしゅう》 必ず修めなければならないこと。
必勝《ひっしょう》 必ず勝つこと。「—の信念」
必定《ひつじょう》 必ずそうなること。「勝利は—だ」
必須《ひっす》 なくてはならないこと。
畢生《ひっせい》 一生。生涯。終生。「—の大事業」
筆勢《ひっせい》 筆の勢い。筆遣い。筆力。

筆跡《ひっせき》 【筆蹟】筆の跡。文字。「—鑑定」
筆舌《ひつぜつ》 筆と舌。文章と言語。
筆洗《ひっせん》 筆を洗うための器。筆池《ひっち》。
必然《ひつぜん》 必ずそうあるべきこと。⇔偶然
逼塞《ひっそく》 落ちぶれて隠れて暮らすこと。
筆談《ひつだん》 言語を用いない筆による談話。
筆致《ひっち》 筆の趣。書きぶり。ふでつき。
必着《ひっちゃく》 必ず到着すること。
必中《ひっちゅう》 必ず当たること。「一発—」
筆誅《ひっちゅう》 筆で書きたてて責めること。
匹敵《ひってき》 肩を並べること。相手になること。
筆頭《ひっとう》 第一番の人。筆の先。「—株主」
必読《ひつどく》 必ず読むべきこと。「—書」
逼迫《ひっぱく》 差し迫ること。貧乏。「財政—」
必罰《ひつばつ》 罪のある者は必ず罰されること。

引《ひ》っ張《ぱ》る 引き寄せる。引いて張る。
匹夫《ひっぷ》 道理を解さない男。「—の勇」
匹婦《ひっぷ》 道理を解さない女。「匹夫—」
筆法《ひっぽう》 書法。筆致。やり口。
筆鋒《ひっぽう》 文筆の勢い。文章の勢い。
筆墨《ひつぼく》 筆と墨。文字の書き跡。
蹄《ひづめ》 牛や馬などの足先のつめ。
必滅《ひつめつ》 必ず滅びること。「生者—」
必用《ひつよう》 必ず用いること・もの。⇔不用
必要《ひつよう》 必ず要ること・もの。⇔不要
筆力《ひつりょく》 筆の力。筆の勢い。文章力。
比定《ひてい》 類似のものと比べ、推定する。
否定《ひてい》 認めないこと。打ち消すこと。
美的《びてき》 美に関するさま。美しいさま。
日照《ひで》り◀ 雨が降らず渇水する。夏

秘伝《ひでん》 他にもらさない秘密の奥義。
美点《びてん》 よい点。優れた点。長所。
美田《びでん》 肥えたよい田地。良田。
一泡《ひとあわ》 ひどく驚き慌てさせること。
酷《ひど》い むごい。残酷。激しい。悪い。
一息《ひといき》 一呼吸。息をつかぬさま。
人一倍《ひといちばい》 普通の人以上。
非道《ひどう》 道理でないこと。非人情なさま。
尾灯《びとう》 乗物の後尾の標識灯。⇔前照灯
微動《びどう》 少し動くこと。わずかな動き。
一重《ひとえ》 重なっていないこと。「紙—の差」
単衣《ひとえ》 裏地のない着物。「十二—」夏
●一重まぶた
●単衣の着物
偏《ひとえ》に 【一重に】ひたすら。専ら。全く。
人怖《ひとお》じ 知らない人に怖じけづく。

人垣《ひとがき》 大人数が立ち並ぶさま。
人陰《ひとかげ》 【人蔭】人の陰。「—に隠れる」
人影《ひとかげ》 人の姿。人の影。「まばらな—」
一角《ひとかど》 【一廉】優れていること。一端《いっぱし》。
人柄《ひとがら》 人の性質。人の品格。「温厚な—」
人聞《ひとぎ》き 人づてに聞く。世間の評判。
一際《ひときわ》 一段と。一入《ひとしお》。一層。「—美しい」
秘匿《ひとく》 秘密にして隠しておく。隠匿。
美徳《びとく》 ほめるべきよい行い。立派な徳。
一癖《ひとくせ》 一つの癖。普通でない点。
一苦労《ひとくろう》 かなりの苦労。相応の骨折り。
人気《ひとけ》 人のいる様子。人の気配。
人心地《ひとごこち》 生きた心地。正気。
他人事《ひとごと》 【人事】自分に無関係なこと。
一齣《ひとこま》 映画などの一場面。「人生の—」

人込《ひとご》み　人の込み合うこと・場所。
一頃《ひところ》　以前の一時期。「—流行した歌」
人里《ひとざと》　人家が集まっている所。
人騒《ひとさわ》がせ　理由なく人を驚かせる。
等《ひと》しい　【均しい】同じである。同一。
一入《ひとしお》　ひときわ。いっそう。「喜びも—」
一頻《ひとしき》り　しばらくの間盛んなさま。
人質《ひとじち》　脅迫のため人を拘束すること。
等《ひと》し並《な》み◀　同等。同様。「—に扱う」
一筋縄《ひとすじなわ》　普通のやり方。並手段。
人擦《ひとず》れ　人にもまれ世なれている。
一度《ひとたび》　一回。いったん。いちど。
人魂《ひとだま》　死者の魂とされる青白い火の玉。
一溜《ひとた》まり◀　少しもちこたえること。
人違《ひとちが》い　人を思い違いすること。

人伝《ひとづて》　人を介して伝える。「—に聞く」
一粒種《ひとつぶだね》　大切にしている一人っ子。
人妻《ひとづま》　他人の妻。既婚の女性。
人手《ひとで》　他人の手。働き手。「—不足」
人出《ひとで》　人が出て集まること。人の数。
一通《ひとおお》り　一渡り。並み。普通。
人通《ひとどお》り　人の通行。行き来。
一時《ひととき》　しばらくの間。「いこいの—」
人波《ひとなみ》　群衆が押し合い動くさま。
人並《ひとな》み◀　常人と同じ程度。世間並み。
一握《ひとにぎ》り　一手に握る。ほんの少量。
一旗揚《ひとはたあ》げる　起業し財力を得る。
一肌脱《ひとはだぬ》ぐ　本気になって助力する。
一花咲《ひとはなさ》かす　一時栄華を極める。
人払《ひとばら》い◀　他人をその場から去らせる。

人前《ひとまえ》　多くの人の見ている所。面前。
人任《ひとまか》せ　自分のことを他人に任せる。
一先《ひとま》ず　なにはともあれ。とにかく。
一纏《ひとまと》め　一つにまとめること。一括。
人真似《ひとまね》　他人のまね。人間のまね。
瞳《ひとみ》　【眸・睛】眼球の中の黒い部分。
人身御供《ひとみごくう》　人間を神に供える。
人見知《ひとみし》り　知らない人を嫌うこと。
一昔《ひとむかし》　もう昔だと感じるほどの過去。
人目《ひとめ》　世間の目。人の往来。「—を憚る」
一儲《ひともう》け　まとまった利益を得ること。
一役買《ひとやくか》う　役目を自ら引き受ける。
独《ひと》り　単独。独身。「—決め」「—者」
一人《ひとり》　人間の数が一つ。「—娘」「——人」
日取《ひど》り◀　予定日の取り決め。日程。

独《ひと》り歩《ある》き　単独で歩く。独力で行う。
独《ひと》り合点《がてん》　自分だけで了解する。
独《ひと》り言《ごと》　自分一人でものを言うこと。
独《ひと》り占《じ》め　独りで専有する。独占。
独《ひと》り相撲《ずもう》　自分一人で意気込む。
独《ひと》り立《だ》ち　自立。独立。
独《ひと》り舞台《ぶたい》　独壇場。独りの活躍。
独《ひと》り善《よ》がり　他説を受け入れない。
鄙《ひな》　都から離れた土地。田舎。
雛《ひな》　ひよこ。ひなどり。雛人形。
日長《ひなが》　【日永】昼が長いこと。春⬌夜長
日向《ひなた》　日の当たる場所。「—水」⬌日陰
鄙《ひな》びる　田舎風になる。
雛祭《ひなまつ》り◀　三月三日の女児の節句。春
日並《ひな》み◀　【日次】日のよしあし。日柄。

非難《ひなん》　【批難】欠点などを責めること。
避難《ひなん》　災難を避ける。「—民」「—訓練」
皮肉《ひにく》　遠回しの非難。当てこすり。
髀肉《ひにく》の嘆《たん》　力量を発揮する機会に恵まれないまま過ごす無念さを嘆くこと。
泌尿器《ひにょうき》　尿に関係する臓器。「—科」
否認《ひにん》　事実と認めないこと。⬌是認
避妊《ひにん》　妊娠しないようにする。「—薬」
微熱《びねつ》　少しの熱。わずかの熱。
捻《ひね》る　【拈る】ねじる。負かす。凝す。
丙《ひのえ》　十干の第三。
檜舞台《ひのきぶたい》　実力を示す晴れの舞台。
火《ひ》の車《くるま》　貧乏に苦しむさま。
火《ひ》の気《け》　火の気味・ぬくみ。かき。
火《ひ》の粉《こ》　飛び散る小さな火片。

火《ひ》の玉《たま》　火の塊。鬼火。
丁《ひのと》　十干の第四。
日《ひ》延《の》べ　決まった期日を延ばすこと。
日《ひ》の目《め》を見《み》る　埋もれていたもの（人）が世に出る・認められる。
非売品《ひばいひん》　売り物でない品物。⬌売物
飛瀑《ひばく》　高所から落ちる大滝。夏
被曝《ひばく》　放射線にさらされること。
被爆《ひばく》　原水爆の被害。爆撃を受ける。
火箸《ひばし》　炭火をはさむ金属性のはし。
火鉢《ひばち》　炭火を入れ暖をとる器具。冬
火花《ひばな》　飛び散る火。火の粉。
脾腹《ひばら》　横腹。脇腹。
批判《ひはん》　批評して判断する。批評。「—的」
非番《ひばん》　当番でないこと・人。⬌当番

狒狒《ひひ》 中高年の好色感をののしる言葉。
霏霏《ひひ》 雪・雨などがしきりに降るさま。
皹《ひび》 【皸】寒さによる皮膚の亀裂。冬
罅《ひび》 陶器などの細かい割れ目。
●手の皹《ひび》が痛む
●友情に罅《ひび》が入る
微微《びび》 極めて小さなさま。「—たる勢力」
響《ひび》く 音声などが周囲に伝わる。
批評《ひひょう》 指摘して価値を論じること。
備品《びひん》 備えつけの品物。「—台帳」
皮膚《ひふ》 体の表面を覆う組織。「—呼吸」
日歩《ひぶ》 利息計算期間の一日の利率。
美風《びふう》 美しい風俗。よいならわし。
微風《びふう》 わずかな風。そよかぜ。⇔暴風
被服《ひふく》 体に着るもの。衣服。「—費」
被覆《ひふく》 物の表面にかぶせ包むこと。

火膨《ひぶく》れ やけどで皮膚が膨れること。
火蓋《ひぶた》 火縄銃の火皿を覆うふた。
碑文《ひぶん》 碑に彫りつける文章。碑名。
美文《びぶん》 飾りつづった巧みな文章。
悲憤慷慨《ひふんこうがい》 憤り嘆くこと。
疲弊《ひへい》 疲れ弱ること。衰えること。
秘宝《ひほう》 人に見せずしまっておく宝。
秘法《ひほう》 秘密の方法。「—の伝授」
悲報《ひほう》 悲しい知らせ。死去の知らせ。
非望《ひぼう》 身分不相応な望み。高望み。
誹謗《ひぼう》 悪口を言うこと。「—中傷」
弥縫《びほう》 失敗をとりつくろうこと。「—策」
美貌《びぼう》 美しい顔だち。「—の持ち主」
備忘録《びぼうろく》 忘れないための記録。
干乾《ひぼ》し◀ 食物がなく飢え衰える。

日干《ひぼ》し◀ 【日乾し】日光に当てて干す。
非凡《ひぼん》 特に優れていること。「—な才能」
暇《ひま》 【閑・隙】手すき。用事の合間。
皮膜《ひまく》 皮膚と粘膜。わずかな差。
被膜《ひまく》 覆い包んでいる膜。
曽孫《ひまご》 孫の子。ひいまご。そうそん。
日増《ひま》し 日毎に強まる。「—に深まる」
暇人《ひまじん》 【閑人】暇でぶらぶらしている人。
飛沫《ひまつ》 細かく飛び散る水滴。しぶき。
暇潰《ひまつぶ》し 空き時間を適当に過ごす。
暇取《ひまど》る 時間が掛かる。てまどる。
肥満《ひまん》 体が肥え太ること。「—体」
瀰漫《びまん》 風潮などが広がりはびこること。
美味《びみ》 味がうまいこと。おいしいこと。
秘密《ひみつ》 隠して知らさぬこと。非公開。

秘密裡《ひみつり》 【秘密裏】人に知られずに。
微妙《びみょう》 細かく複雑な意味や味わい。
氷室《ひむろ》 氷を蓄えておく部屋・穴。夏
姫《ひめ》 貴人の娘の敬称。女性の美称。
非命《ひめい》 不慮の死。非業。横死。
悲鳴《ひめい》 叫び声。泣き言。弱音。
碑銘《ひめい》 石碑に彫りつける銘。「墓—」
美名《びめい》 よい評判。聞こえよい名目。
秘《ひ》め事《ごと》 内緒事。隠し事。秘事。
秘《ひ》める 人に知らさぬ。隠す。「内に—」
罷免《ひめん》 職務をやめさせること。免職。
紐《ひも》 物を縛る糸の太いもの。
費目《ひもく》 費用支出の細目。使途。
眉目秀麗《びもくしゅうれい》 容貌が端正なこと。
日持《ひも》ち◀ 【日保ち】食品が変質しない。

紐付《ひもつ》き◀ 見返り条件がつくこと。
繙《ひもと》く 書物を開けて読む。「古書を—」
干物《ひもの》 【乾物】魚などを干した食品。
神籬《ひもろぎ》 神に供えるもの。神事で使う榊《さかき》。
冷《ひ》や汗《あせ》 恥ずかしい時などに出る汗。
冷《ひ》やかす◀ からかう。「新婚さんを—」
飛躍《ひやく》 躍り上がること。地位が上がる。
秘薬《ひやく》 秘伝の薬。よく効く薬。
秘鑰《ひやく》 秘密の鍵。秘密を解明する手段。
媚薬《びやく》 相手に恋慕の情を起こさせる薬。
百害《ひゃくがい》 多くの弊害。「—あって一利なし」
百尺竿頭《ひゃくしゃくかんとう》 到達すべき極点。
百獣《ひゃくじゅう》 あらゆる動物。「—の王」
百出《ひゃくしゅつ》 次々たくさん出ること。「異論—」
百姓《ひゃくしょう》 農業に従事する人。農民。農業。

百戦錬磨《ひゃくせんれんま》 経験・鍛錬が豊富。
百態《ひゃくたい》 いろいろな姿や様子。
百代《ひゃくだい》 長い年代・世代。「—の過客」
百聞《ひゃくぶん》 何度も聞いて知ること。
百分率《ひゃくぶんりつ》 パーセントで表した比率。
百面相《ひゃくめんそう》 面相をいろいろと変える芸。
百薬《ひゃくやく》 いろいろな薬。「—の長」
百葉箱《ひゃくようばこ》 気象観測用の白い木箱。
日焼《ひや》け◀ 日光で肌がやけること。夏
冷《ひ》や酒《ざけ》 燗をしない酒。れいしゅ。夏
百科《ひゃっか》 多くの科目。あらゆる学科。
百花斉放《ひゃっかせいほう》 多様な文芸の隆盛。
百家争鳴《ひゃっかそうめい》 自由活発な議論。
百貨店《ひゃっかてん》 大規模小売り店。デパート。
百花繚乱《ひゃっかりょうらん》 花が咲き乱れる。

百鬼夜行《ひゃっきやこう》 化け物の横行。
百計《ひゃっけい》 あらゆるはかりごと。「—尽きる」
百発百中《ひゃっぱつひゃくちゅう》 すべて当たること。
百般《ひゃっぱん》 いろいろの方面。多くの物事。
日雇い《ひやとい》▼ 【日傭】一日契約で雇う・人。
冷や麦《ひやむぎ》▼ 冷やして食べる細めん。夏
冷や飯《ひやめし》▼ 冷たい飯。「—を食う」で、居候する、不当に冷遇される、の意。
冷ややか《ひややか》▼ 冷淡。冷静。冷たいさま。秋
比喩《ひゆ》 【譬喩】たとえ。たとえること。
謬見《びゅうけん》 違った意見。誤った考え。
表《ひょう》 おもて。図表。「—にまとめる」
票《ひょう》 ふだ。くじ。「—が割れる」
評《ひょう》 ねぶみ。批評。評判。「選者の—」
雹《ひょう》 強風に伴って降る氷の塊。夏

飛揚《ひよう》 高く飛ぶこと。高位につくこと。
費用《ひよう》 何かを行う際に必要な金銭。
秒《びょう》 時間で、一分の六十分の一。
廟《びょう》 たまや。やしろ。朝廷。霊堂。
鋲《びょう》 頭の大きいくぎ。「画—」
美容《びよう》 容姿を美しく整えること。「—師」
憑依《ひょうい》 よりすがる・霊がのりうつること。
飄逸《ひょういつ》 世事にこだわらずのんきなこと。
病因《びょういん》 病気の原因。
病院《びょういん》 病人を収容し治療する施設。
評価《ひょうか》 価値を決める・値踏みすること。
氷河《ひょうが》 高山から流れ下る氷。「—期」
病臥《びょうが》 病気のため床につくこと。
描画《びょうが》 絵を描くこと。
氷塊《ひょうかい》 氷のかたまり。

氷解《ひょうかい》 疑問や誤解が解けること。
病害《びょうがい》 病気による作物などの被害。
剽悍《ひょうかん》 動作がはやくて荒々しいこと。
表記《ひょうき》 文字に書くこと。おもてがき。
標記《ひょうき》 目印をつけること。題目。
評議《ひょうぎ》 集まって相談すること。「—会」
病気《びょうき》 やまい。わずらい。悪癖。
剽軽《ひょうきん》 気軽でこっけいなこと。「—者」
病菌《びょうきん》 病気の原因となる細菌。病原菌。
表具《ひょうぐ》 書画やふすまなどの表装。
病苦《びょうく》 病気のための苦しみ。「—と闘う」
病軀《びょうく》 病気にかかっている体。病体。
表敬《ひょうけい》 敬意を表すこと。「—訪問」
氷結《ひょうけつ》 氷が張ること。凍りつくこと。
表決《ひょうけつ》 議案に対する賛否の表明。

票決《ひょうけつ》 投票による決定。「無記名の—」
評決《ひょうけつ》 評議して決定すること。評定。
病欠《びょうけつ》 病気で欠席すること・人。
氷原《ひょうげん》 氷で覆われた広い所。氷野。
表現《ひょうげん》 あらわしだす・表へ出すこと。
病原《びょうげん》 【病源】病気の原因。病根。「—菌」
標語《ひょうご》 簡潔に表した文句。スローガン。
病後《びょうご》 病気の治った直後。病み上がり。
標高《ひょうこう》 海面からの高さ。海抜。「—三千㍍」
病根《びょうこん》 病気の原因。病原。悪習のもと。
表札《ひょうさつ》 【標札】出入口に掛ける札。門札。
氷山の一角《ひょうざんのいっかく》 表面に現れ出たものは全体のほんの一部にすぎない。
拍子《ひょうし》 周期的な音の強弱。はずみ。
表紙《ひょうし》 書物の表面につける厚紙。

表示《ひょうじ》 外に表し示すこと。「意思—」
標示《ひょうじ》 目印として人に示す。「道路—」
表式《ひょうしき》 手本。規範。一定の形式。
標識《ひょうしき》 しるし。めじるし。「交通—」
拍子木《ひょうしぎ》 打ちあわせて鳴らす木。
拍子抜け《ひょうしぬけ》 張り合いが抜けること。
描写《びょうしゃ》 描き写すこと。描き出すこと。
評釈《ひょうしゃく》 批評を加え意義を解釈すること。
病弱《びょうじゃく》 病気で体が弱いこと。⇔強健
表出《ひょうしゅつ》 外部へ表し出すこと。「感情—」
描出《びょうしゅつ》 文章や絵画に描き出すこと。
標準《ひょうじゅん》 基準。手本。目印。「—語」
表象《ひょうしょう》 形を表すこと。心的概念。心像。
表彰《ひょうしょう》 功労などを人前でほめ表すこと。
標章《ひょうしょう》 しるしとする徽章や記号。

表情《ひょうじょう》 外部に表れる感情。顔つき。
評定《ひょうじょう》 評議して決めること。評決。
病床《びょうしょう》 病人の床。病の床。「—に伏す」
病症《びょうしょう》 病気の性質や状態。
病状《びょうじょう》 病気の様子。病人の具合。病態。
病身《びょうしん》 弱くて病気になりやすい体。
表する《ひょうする》 言葉や表情にあらわす。
評する《ひょうする》 値打ちを決める。批評する。
病勢《びょうせい》 病気のなりゆき。「—が革《あらた》まる」
剽窃《ひょうせつ》 他人の説や文章を盗み使うこと。
飄然《ひょうぜん》 ふらりと現れて立ち去ること。
表装《ひょうそう》 書画の装丁。表具。
表層《ひょうそう》 表面をなす層。「—雪崩」⇔深層
病巣《びょうそう》 病気に冒されている箇所。
平仄《ひょうそく》 漢詩の平音と仄音。つじつま。

**秒速**《びょうそく》 一秒当たりの速さ。
**表題**《ひょうだい》 【標題】題目。書名。
**病態**《びょうたい》 病気の容態。病状。「—の悪化」
**氷炭相容**《ひょうたんあいい》**れず** 二つのものの性質が正反対で調和も一致もしない。
**漂着**《ひょうちゃく》 漂い流れて岸に着くこと。
**表徴**《ひょうちょう》 外面に表れたしるし。象徴。
**評定**《ひょうてい》 一定の尺度で価値を定めること。
**標的**《ひょうてき》 まと。めじるし。めど。「—を射る」
**病的**《びょうてき》 言動など健康でない状態。
**氷点**《ひょうてん》 水が凝固しはじめる温度。「—下」
**評点**《ひょうてん》 批評の点。成績の点数。
**票田**《ひょうでん》 選挙で票が集中している所。
**評伝**《ひょうでん》 評論をまじえた伝記。
**表土**《ひょうど》 土壌の最上層の部分。耕土。

**病棟**《びょうとう》 病院で病室のある建物。「小児—」
**平等**《びょうどう》 差別がないこと。等しいこと。
**廟堂**《びょうどう》 祖先の霊を祭る所。朝廷。
**評頭品足**《ひょうとうひんそく》 他人を評論する。
**病毒**《びょうどく》 病気を起こす毒。ウイルス。
**氷嚢**《ひょうのう》 患部を冷やす氷入りの袋。
**表白**《ひょうはく》 表し述べること。表し言うこと。
**漂白**《ひょうはく》 白くさらすこと。脱色。「—剤」
**漂泊**《ひょうはく》 流れ漂うこと。さすらうこと。
**評判**《ひょうばん》 世間の批評。話題になること。
**表皮**《ひょうひ》 外部の皮。皮膚の外がわ。
**飄飄**《ひょうひょう》 とらえどころのないさま。
**縹渺**《ひょうびょう》 かすかではっきりしないさま。
**屏風**《びょうぶ》 仕切り・装飾用の室内家具。図
**病弊**《びょうへい》 物事の内部にある弊害。

**氷壁**《ひょうへき》 氷の壁。氷でおおわれた岸壁。
**病癖**《びょうへき》 病的な悪い癖。
**豹変**《ひょうへん》 心や言動が急に変わること。
**標榜**《ひょうぼう》 掲げ示すこと。看板にすること。
**病没**《びょうぼつ》 病気のために死ぬこと。病死。
**標本**《ひょうほん》 見本。手本。ひながた。「—調査」
**病魔**《びょうま》 病を起こす魔物。「—に冒される」
**表明**《ひょうめい》 はっきりと示し表すこと。
**表面**《ひょうめん》 うわべ。おもて。「—張力」「—化」
**表裏**《ひょうり》 物の表と裏。「—を成す」「—一体」
**病理**《びょうり》 病気の原因などに関する理論。
**漂流**《ひょうりゅう》 漂い流れること。「—船」
**秤量**《ひょうりょう》 はかりで重さを量ること。
**病歴**《びょうれき》 病人についての治療などの経歴。
**兵糧**《ひょうろう》 陣中の軍隊の食糧。「—攻め」

**表六玉**《ひょうろくだま》 まぬけな人。ひょうろく。
**評論**《ひょうろん》 批評し論議する、またその文。
**比翼**《ひよく》 翼を並べること。衣服の仕立。
**肥沃**《ひよく》 土地が肥えていること。豊饒《ほうじょう》。
**尾翼**《びよく》 飛行機の後部にある翼。⬍主翼
**比翼連理**《ひよくれんり》 男女の深い契り。
**日除**《ひよ》**け** 日光をよける覆い。夏
**火除**《ひよ》**け** 火災の延焼を避けること。
**雛**《ひよこ》 ニワトリのひな。未熟な者。
**日和**《ひより》 天気。空模様。晴れた天気。
**日和見**《ひよりみ》 形勢で態度を決めること。
**平**《ひら》 平たい。役職でない。「—社員」
**平謝**《ひらあやま》**り** ひたすら謝るさま。
**飛来**《ひらい》 飛んでくること。「ツバメの—」
**避雷針**《ひらいしん》 雷よけの装置。

**平仮名**《ひらがな》 日本特有の音節文字。
**開**《ひら》**き直**《なお》**る** 急にふてぶてしくなる。
**拓**《ひら》**く** 【開く】荒地を耕地にする。
**啓**《ひら》**く** 【開く】道理を明らかにする。
**開**《ひら》**く** あける。始める。開催する。
**平**《ひら》**たい** 起伏がなく広がっている。
**平手**《ひらて》 開いた手のひら。「—打ち」
**平**《ひら》**に** ぜひとも。なにとぞ。
**平幕**《ひらまく》 横綱と三役以外の幕内力士。
**閃**《ひらめ》**く** 瞬間的に輝く。ふと思いつく。
**平屋**《ひらや》 【平家】一階建ての家。
**糜爛**《びらん》 ただれること。腐乱。「—ガス」
**非力**《ひりき》 力や能力がないこと。ひりょく。
**比率**《ひりつ》 二つ以上の物を比べた割合。
**肥料**《ひりょう》 植物に与える養分。こやし。

**微量**《びりょう》 少しの量。ごくわずかな量。
**鼻梁**《びりょう》 鼻筋。鼻柱。
**飛竜頭**《ひりょうず》 「がんもどき」の異称。
**微力**《びりょく》 わずかな力。力が乏しいこと。
**昼**《ひる》 日のある間。日中。正午。
**干**《ひ》**る** 水分がなくなる。乾く。「池が—」
**昼行灯**《ひるあんどん》 役に立たない人。間抜け。
**比類**《ひるい》 比べるもの。たぐい。「—がない」
**翻**《ひるがえ》**る** 裏返る。ひらめく。急に変わる。
**昼餉**《ひるげ》 昼の食事。昼食。昼飯。
**昼寝**《ひるね》 日中に寝ること。午睡。夏
**怯**《ひる》**む** 威圧で身がすくむ。尻込みする。
**鰭**《ひれ》 水生の脊椎《せきつい》動物の運動器官。
**比例**《ひれい》 互いに関連する二数の割合。
**非礼**《ひれい》 礼儀に外れること。無礼。

美麗《びれい》 美しいさま。麗しいさま。
披瀝《ひれき》 隠さずに打ち明けること。
卑劣《ひれつ》 心や言動が卑しいさま。「―漢」
平伏《ひれふ》す 平たく伏す。平伏する。
悲恋《ひれん》 悲しい結果に終わる恋。
尋《ひろ》 長さを示す単位の一つ。
広《ひろ》い 面積や幅が大きい。⇔狭い
拾《ひろ》う 落ちたものを取り上げる。
披露《ひろう》 公に発表し見せること。「―宴」
疲労《ひろう》 疲れ。くたびれ。「―感」「金属―」
尾籠《びろう》 汚い・不潔なこと。「―な話」
疲労困憊《ひろうこんぱい》 疲れ果てること。
秘録《ひろく》 秘められた記録。
微禄《びろく》 給与が減じる。落ちぶれること。
広小路《ひろこうじ》 幅の広い道路。
広場《ひろば》 広い場所。広っぱ。「駅前―」
広間《ひろま》 広い部屋。広い座敷。「大―」
秘話《ひわ》 世間に知られていない話。
悲話《ひわ》 悲しい物語。哀れな話。哀話。
琵琶《びわ》 東洋独特の弦楽器の一つ。
卑猥《ひわい》 【鄙猥】下品で淫らなさま。
檜皮《ひわだ》 檜《ひのき》の樹皮。「―ぶきの屋根」
日割《ひわ》れ 乾いて割れる、その割れ目。
品《ひん》 その人・物の値打ち。「―がよい」
便《びん》 手紙などを運ぶこと。つて。
瓶《びん》 【罎】液体などを入れる容器。
鬢《びん》 頭部の左右の側面の髪。
品位《ひんい》 気高さ。品のよさ。「―を汚す」
品格《ひんかく》 品位。人品。人柄。気品。
敏活《びんかつ》 機敏で活発な様子。⇔遅鈍
貧寒《ひんかん》 貧しく寒々したさま。「―な風景」
敏感《びんかん》 感覚が鋭いこと。⇔鈍感
賓客《ひんきゃく》 客。大切な客人。ひんかく。
貧窮《ひんきゅう》 貧しくて苦しいこと。貧困。
貧苦《ひんく》 貧乏の苦しみ。「―に打ち勝つ」
貧血《ひんけつ》 赤血球・血色素が減少するさま。
品行《ひんこう》 みもち。行い。行状。「―を正す」
品行方正《ひんこうほうせい》 品行が正しいこと。
貧困《ひんこん》 貧しくて生活に困ること。貧苦。
憫察《びんさつ》 哀れんで思いやること。
品詞《ひんし》 単語の文法上の部類。
瀕死《ひんし》 死にそうな状態。「―の重傷」
品質《ひんしつ》 たち。品物の質。「―保証」
貧者《ひんじゃ》 貧しい人。⇔富者 貧乏人。
貧弱《ひんじゃく》 みすぼらしいこと。見劣りする。
品種《ひんしゅ》 種類。たぐい。「―改良」
顰蹙《ひんしゅく》 まゆをひそめること。「―を買う」
頻出《ひんしゅつ》 しきりに起こる・現れること。
敏捷《びんしょう》 素早いさま。すばしこいさま。
憫笑《びんしょう》 哀れんで笑うこと。「―を買う」
便乗《びんじょう》 よい機会をうまく利用すること。
瀕《ひん》する 悪い事態が迫る。「危機に―」
貧《ひん》すれば鈍《どん》する 貧しくなると、おのずとあさましくなる。
品性《ひんせい》 人の性格。人柄。「―高潔」
稟性《ひんせい》 生まれつき。天性。稟質。
便箋《びんせん》 手紙を書くための用紙。用箋。
貧相《ひんそう》 貧乏くさい容貌や態度。⇔福相
敏速《びんそく》 速い。素速いさま。⇔遅鈍
頻度《ひんど》 繰り返し起こる度数。「使用―」
貧農《ひんのう》 貧乏な農民。⇔豪農・富農
頻発《ひんぱつ》 物事が頻繁に起こること。
頻繁《ひんぱん》 しきりに行われるさま。
品評《ひんぴょう》 品定め。「―会」
頻頻《ひんぴん》 しきりに起こるさま。
貧富《ひんぷ》 貧乏と金持。「―の差が激しい」
繽紛《ひんぷん》 多くのものが入り乱れるさま。
貧乏《びんぼう》 貧しいこと。貧困。「―性《しょう》」
品目《ひんもく》 品物の種目。品物の名。「料理―」
紊乱《びんらん》 乱れること。乱すこと。「風紀―」
賓礼《ひんれい》 礼をもってもてなすこと。
敏腕《びんわん》 素早い手腕。うできき。「―記者」

## ふ

負《ふ》 零より小さい数。「―の数」⇔正
符《ふ》 わりふ。ふだ。しるし。「音―」
斑《ふ》 ぶち。まだら。「―入りの花」
腑《ふ》 内臓。心の中。「―に落ちない」
麩《ふ》 小麦粉の蛋白《たんぱく》質から作る食品。
譜《ふ》 系図。音譜。図鑑。棋譜。
分《ぶ》 単位の一。優劣度。「―が悪い」
歩《ぶ》 単位の一。歩合。金利。「―が高い」
武《ぶ》 武芸・軍事に関する事柄。⇔文
部《ぶ》 全体を分けた一つ一つ。
歩合《ぶあい》 割合。取引の手数料。「―制」
無愛想《ぶあいそう》 愛想がないこと。ぶあいそ。
分厚《ぶあつ》い 【部厚い】かなり厚みがある。
不安《ふあん》 安心できないさま。心配。
不案内《ふあんない》 物事や様子を知らないこと。
不意《ふい》 思いもよらないこと。出し抜け。

武威《ぶい》 武による威力。武勇の威光。
部位《ぶい》 その部分の占める位置。
扶育《ふいく》 世話し育てること。「—料」
傅育《ふいく》 かしずいて育てる。「幼君の—」
撫育《ぶいく》 かわいがって育てること。
鞴《ふいご》 火をおこすための送風器。
吹聴《ふいちょう》 言いふらすこと。言い広めること。
不一《ふいつ》 手紙の末尾に用いる語。不尽。
訃音《ふいん》 死去の知らせ。訃報。
無音《ぶいん》 おとさたのないこと。ぶさた。
封《ふう》 袋などを閉じること。とじ目。
風合《ふうあい》 織物の手触りや見た感じ。
風圧《ふうあつ》 風が物体に加える圧力。「—計」
諷意《ふうい》 それとなくほのめかす意味。
封印《ふういん》 封じ目に印を押す、その印。

風韻《ふういん》 趣が感じられること。風趣。
風雨《ふうう》 風と雨。嵐《あらし》。あめかぜ。
風雲《ふううん》 風と雲。事変。「—急を告げる」
諷詠《ふうえい》 詩歌を吟じ歌うこと。「花鳥—」
風化《ふうか》 岩石が風雨で土砂になる現象。
風雅《ふうが》 雅やか。俗でないこと。風流。
風害《ふうがい》 暴風・大風による被害。
風格《ふうかく》 人柄。人品。趣。「—が漂う」
風変《ふうが》わり◀ 普通と違う様子や性質。
封緘《ふうかん》 書状を封じること。「—葉書」
諷諫《ふうかん》 遠回しに忠告すること。⇔直諫
風紀《ふうき》 社会生活のうえでの規律。
富貴《ふうき》 財が多く身分が高い。⇔貧賤《ひんせん》
風狂《ふうきょう》 物狂い。風雅に浸りきること。
封切《ふうき》り◀ 封を切ったばかり。初上映。

風琴《ふうきん》 オルガン。
風景《ふうけい》 景色。眺め。風光。「—画」
風月《ふうげつ》 風と月。自然界の風物。「花鳥—」
風向《ふうこう》 風の吹く方向。かざむき。「—計」
風光明媚《ふうこうめいび》 景色が見事なこと。
封鎖《ふうさ》 封じ込めること。「海上—」
風采《ふうさい》 人柄。風姿。姿から受ける印象。
夫子《ふうし》 賢者の敬称。男性の敬称。「村—」
風姿《ふうし》 容姿。風采。姿形。趣のある姿。
諷刺《ふうし》 遠回しに批判・非難する。「—画」
封《ふう》じ手《て》 武術や相撲で、禁じ手。
風車《ふうしゃ》 風の力で回す大きな羽根車。
風趣《ふうしゅ》 おもむき。風致。「—のある庭」
風習《ふうしゅう》 生活・行事などの習慣。風俗。
風樹《ふうじゅ》の嘆《たん》 すでに親が死去していて、親孝行をしたくてもできない嘆き。

封書《ふうしょ》 封をした書面・郵便物。手紙。
風食《ふうしょく》 風が砂で岩石を浸食すること。
封《ふう》じる 封をする。禁じる。抑える。
風信《ふうしん》 風の様子。風向き。風の便り。
風疹《ふうしん》 急性伝染病の一つ。三日麻疹《ばしか》。
風塵《ふうじん》 風に舞うちり。世上の俗事。
風水《ふうすい》 地気・方位などで地を定める術。
風水害《ふうすいがい》 風害と水害。風雨の被害。
風声鶴唳《ふうせいかくれい》 おじけづいたものがささいなことにも恐れおののくたとえ。
風雪《ふうせつ》 風と雪。厳しい試練や苦難。
風説《ふうせつ》 うわさ。とりざた。風評。風聞。
風船《ふうせん》 気体で膨らむ紙やゴムの袋。[春]
風前《ふうぜん》の灯《ともしび》 滅亡寸前の状態。

風葬《ふうそう》 遺体を風雨にさらす弔い方。
風霜《ふうそう》 風と霜。苦難。世の中の試練。
風速《ふうそく》 風の吹く速さ。
風俗《ふうぞく》 日常生活上のしきたり。風紀。
風袋《ふうたい》 外包み。包装袋。箱。外見。
風致《ふうち》 自然界の美しさ。風趣。「—地区」
風潮《ふうちょう》 世間一般の傾向。時勢。
風体《ふうてい》 姿形。見た目の姿。「怪しい—」
瘋癲《ふうてん》 精神状態が異常(な人)。放浪者。
風土《ふうど》 土地の状態・気候・地味。「—病」
封筒《ふうとう》 手紙を入れて送る袋。状袋。
風洞《ふうどう》 実験に使う送風装置。
封入《ふうにゅう》 中に入れ封をすること。封緘《ふうかん》。
風波《ふうは》 風と波。風が吹き波が荒いさま。
風媒花《ふうばいか》 風の媒介で受粉する花。

風馬牛《ふうばぎゅう》 互いに全く関係のないこと。
風発《ふうはつ》 風が起こる。勢いよく話すこと。
風靡《ふうび》 人をなびき従わせること。
風評《ふうひょう》 噂《うわさ》。とりざた。風説。「—被害」
夫婦《ふうふ》 夫と妻。めおと。夫妻。「似た者—」
風物《ふうぶつ》 眺めとして目に入るもの。「—詩」
風聞《ふうぶん》 ほのかに聞くこと。うわさ。
風防《ふうぼう》 風を防ぐこと。「—ガラス」
風貌《ふうぼう》 【風丰】風采と容貌。顔形。
風味《ふうみ》 おもむきのある味わい。「—豊か」
風紋《ふうもん》 砂丘の風によってできた模様。
諷喩《ふうゆ》 遠まわしにそれとなく諭すこと。
風来坊《ふうらいぼう》 どこからともなくきた人。
風流《ふうりゅう》 雅やかな趣、またそれを親しむ。
風流韻事《ふうりゅういんじ》 風雅な遊び。

風力《ふうりょく》　風の力。風の強さ。「—発電」
風鈴《ふうりん》　風を受けて鳴る小さな鈴。夏
風浪《ふうろう》　風が立ち波が荒いさま。風と波。
不運《ふうん》　運が悪いこと。不幸せ。⇔幸運
浮雲《ふうん》　浮き雲。確かでないさま。
武運《ぶうん》　戦いの勝敗の運。「—長久」
笛《ふえ》　吹き鳴らす楽器の一つ。呼び子。
不易《ふえき》　ずっと変わらないこと。不変。
賦役《ふえき》　貢ぎ物と労役。夫役《ぶやく》。
斧鉞《ふえつ》　おのとまさかり。征伐。重刑。添削。
不得手《ふえて》　不得意。上手でないこと。

殖《ふ》える　金や財産などが多くなる。繁殖。
増《ふ》える　数や量が多くなる。増加する。
●貯蓄が殖える
●入場客が増える

不縁《ふえん》　縁談がまとまらないこと。離縁。
敷衍《ふえん》　【布衍】言葉を加えて説明する。
醜男《ぶおとこ》　顔だちが醜い男。醜夫《しゅうふ》。⇔美男
不穏《ふおん》　穏やかでないさま。「—な空気」
醜女《ぶおんな》　顔だちが醜い女。しこめ。醜婦《しゅうふ》。
不可《ふか》　よくないこと。不合格。⇔可
付加《ふか》　【附加】付け加えること。「—税」
負荷《ふか》　になうこと。かつぐ。仕事量。
孵化《ふか》　卵がかえること。孵卵。「人工—」
賦課《ふか》　割り当て負担させること。「—金」
部下《ぶか》　手下。子分。配下。
深《ふか》い　底までの距離が長い。⇔浅い
不快《ふかい》　快くない。体調が悪い。病気。
付会《ふかい》　【附会】こじつけ。「牽強《けんきょう》—」
腑甲斐《ふがい》ない　【不甲斐ない】いくじがない。だらしない。「格下に敗れ—」

深入《ふかい》り　深く入り込む。深くかかわる。
深追《ふかお》い　しつこく追いかけること。
不可解《ふかかい》　理解できない。「—な事件」
不覚《ふかく》　油断して失敗すること。「前後—」
富岳《ふがく》　【富嶽】富士山の異称。「—百景」
舞楽《ぶがく》　舞を伴う古楽。雅楽。「—面」
不可欠《ふかけつ》　なくてはならないこと。
不可抗力《ふかこうりょく》　人力の及ばぬ力。
深酒《ふかざけ》　度をこして酒を飲むこと。
不可視《ふかし》　肉眼では見えない。⇔可視
不可思議《ふかしぎ》　不思議。なぞ。
不可侵《ふかしん》　侵害を許さない。「—条約」
蒸《ふか》す　食物を蒸気で加熱する。むす。
吹《ふ》かす　エンジンを速く回す。喫煙する。
更《ふ》かす　夜がふけるまで起きている。

不恰好《ぶかっこう》　【不格好】恰好がよくない。
深爪《ふかづめ》　爪を深く切りすぎること。
深手《ふかで》　【深傷】重い負傷。重傷。⇔浅手
深情《ふかなさ》け　異性への情愛が深いこと。
不可能《ふかのう》　可能でない。「—に近い」
不可避《ふかひ》　避けられない。「—な状況」
不可分《ふかぶん》　分けられない。「—の関係」
深間《ふかま》　水の深い所。男女の情の深み。
俯瞰《ふかん》　高い所から見下ろすこと。「—図」
武官《ぶかん》　武事に携わる官吏。⇔文官
不感症《ふかんしょう》　性感を感じない女性の病症。
不軌《ふき》　法・規則に従わない。反逆する。
不帰《ふき》　二度と帰らないこと。「—の客」
不羈《ふき》　束縛されないこと。「—奔放」
付記《ふき》　【附記】付け加えて記すこと。

不義《ふぎ》　義に背くこと。不正。密通。
付議《ふぎ》　【附議】会議にかけること。
武器《ぶき》　戦いに用いる道具・兵器類。
武技《ぶぎ》　武芸の技術。武術。
吹《ふ》き替《か》え　台詞の自国語での録音。
葺《ふ》き替《か》え　屋根を新しくふき直す。
不機嫌《ふきげん》　機嫌が悪いさま。⇔上機嫌
吹《ふ》き曝《さら》し　風が直接当たる所。
吹《ふ》き荒《すさ》ぶ　風が吹き荒れるさま。
不規則《ふきそく》　規則正しくないさま。
吹《ふ》き溜《だ》まり　吹き寄せられた所。
不吉《ふきつ》　縁起が悪いこと。「—な知らせ」
吹《ふ》き出物《でもの》　はれもの。できもの。
吹《ふ》き流《なが》し　風になびかせる布。夏
不気味《ぶきみ》　【無気味】気味が悪いさま。

不朽《ふきゅう》　後世に残ること。不滅。「—の名作」
不急《ふきゅう》　急がないこと。急でないさま。
普及《ふきゅう》　広く行き渡ること。「—版」
腐朽《ふきゅう》　腐り朽ちること。「—船」
不況《ふきょう》　景気が悪いこと。不景気。⇔好況
不興《ふきょう》　不愉快なこと。「—をかう」
布教《ふきょう》　宗教を広めること。「—活動」
富強《ふきょう》　富んで強いこと。「富国強兵」の略。
俯仰《ふぎょう》　立ち居ふるまい。一切の言動。
不器用《ぶきよう》　器用でない。要領が悪い。
不協和音《ふきょうわおん》　調和しない音。
部局《ぶきょく》　官庁や会社の局・部・課など。
舞曲《ぶきょく》　舞と音曲。舞楽の曲。
不義理《ふぎり》　自分の都合で交流を絶つ。
不器量《ぶきりょう》　容貌《ようぼう》が醜い。器量が悪い。

布巾《ふきん》　食器などをふく小さい布。
付近《ふきん》　【附近】辺り。近所。周辺。
不謹慎《ふきんしん》　態度が不まじめなこと。
服《ふく》　着る物。洋服。「学生―」
副《ふく》　主となるものの控え。そえ。
福《ふく》　幸せ。「笑う門には―来たる」
吹《ふ》く　風が出る。息を出す。自慢する。
噴《ふ》く　水や火が勢いよく出る。「煙を―」
●ほらを吹く
●鯨が潮を噴く
拭《ふ》く　こすって取る。ぬぐう。「汗を―」
葺《ふ》く　屋根を瓦・板などで覆う。
武具《ぶぐ》　よろいなど、戦いの道具。
不具合《ふぐあい》　具合が悪い。体調が悪い。
腹案《ふくあん》　心の中に持っている案。
馥郁《ふくいく》　よい香りが漂うさま。

副因《ふくいん》　二次的・間接的な原因。⬌主因
幅員《ふくいん》　道路・船などの広さ。幅。
復員《ふくいん》　召集を解かれた兵士の帰郷。
福音《ふくいん》　よい知らせ。キリスト教の教え。
不遇《ふぐう》　適切な境遇が得られないこと。
福運《ふくうん》　幸福と好運。幸福をもたらす運。
服役《ふくえき》　兵役や懲役に服すること。
復縁《ふくえん》　離縁後にもとの関係に戻ること。
伏臥《ふくが》　うつぶせに寝ること。⬌仰臥
復学《ふくがく》　学生が再び学校に戻ること。
複眼《ふくがん》　昆虫の、小眼が集まった眼。
副業《ふくぎょう》　本業の傍らにする仕事。内職。
復元《ふくげん》　【復原】もとの姿に返ること。
腹腔《ふくこう》　腹部の、内臓の入っている部分。
複合《ふくごう》　二つ以上のものが一つになる。

袱紗《ふくさ》　【帛紗・服紗】絹の小風呂敷。
伏在《ふくざい》　表面に出ないで潜んでいること。
服罪《ふくざい》　刑に服すること。
複雑《ふくざつ》　こみいっていること。⬌単純
副作用《ふくさよう》　伴って起こる別の作用。
副産物《ふくさんぶつ》　付随してできる別の産物。
副詞《ふくし》　用言を修飾する品詞の一。
福祉《ふくし》　幸福。調った生活環境。「社会―」
服地《ふくじ》　洋服を作る際に使う生地。
複写《ふくしゃ》　同じ文書を写すこと。コピー。
輻射《ふくしゃ》　一点から周囲に射出する。放射。
復習《ふくしゅう》　繰り返し自習すること。⬌予習
復讐《ふくしゅう》　敵討ち。仕返し。あだ討ち。
服従《ふくじゅう》　他人の意思につき従う。⬌反抗
副賞《ふくしょう》　正式の賞に添えて贈られる賞品。

復唱《ふくしょう》　【復誦】繰り返し唱えること。
服飾《ふくしょく》　衣服や装身具。「―品」
副食《ふくしょく》　主食に添える食物。おかず。
復職《ふくしょく》　もとの職に復帰すること。
腹心《ふくしん》　心の奥底。心を許した輔佐《ほさ》。
福神漬《ふくじんづけ》　七種の野菜で作る漬物の一。
覆水《ふくすい》　入れ物からひっくり返した水。
複数《ふくすう》　二つ以上の数。⬌単数
福助《ふくすけ》　幸福招来の縁起ものの人形。
伏《ふく》する　かがむ。負けて従う。ひそむ。
服《ふく》する　心から従う。つき従う「喪に―」
復《ふく》する　もとの状態に戻る。「正常に―」
複製《ふくせい》　美術品などの再製。「不許―」
復籍《ふくせき》　もとの戸籍や学籍に戻ること。
伏線《ふくせん》　あとの準備。予備事項。

複線《ふくせん》　上り・下りを並行敷設した線路。
服装《ふくそう》　服を着た身なり。装い。
副葬《ふくそう》　生前の愛用品や特製品の埋葬。
福相《ふくそう》　ふくぶくしい人相。⬌貧相
輻湊《ふくそう》　【輻輳】物事が一か所に集まる。
腹蔵《ふくぞう》　心の中に秘め隠すこと。「―なく」
服属《ふくぞく》　つき従うこと。従属すること。
不倶戴天《ふぐたいてん》　深くうらむこと。
福茶《ふくちゃ》　縁起を祝って飲む茶。[新]
復調《ふくちょう》　体調がもとに戻ること・調子。
不屈《ふくつ》　苦難に負けず意志を通すこと。
腹痛《ふくつう》　おなかの痛み。はらいた。
覆轍《ふくてつ》　前人の失敗例。「―を踏む」
覆土《ふくど》　種をまいたあとに土をかける。
福徳《ふくとく》　幸福と財産。「―円満」

服毒《ふくどく》　毒を飲むこと。「―自殺」
副読本《ふくとくほん》　教科書の補助用の書物。
福の神《ふくのかみ》　福徳を授けるといわれる神。
腹背《ふくはい》　腹と背。前後。心の中でそむく。
福引《ふくびき》　くじを引き景品をもらうこと。
福福《ふくぶく》しい　いかにも福徳がある。
複複線《ふくふくせん》　複線が二本並列した線路。
福袋《ふくぶくろ》　様々な商品を入れて売る袋。
復文《ふくぶん》　返事の文。返信。漢文を原文に戻す、速記を普通の文章に直す、その文。
伏兵《ふくへい》　隠しておく兵。
副木《ふくぼく》　副え木。骨折した時にあてる物。
副本《ふくほん》　【複本】正本と同じ内容の書物。
腹膜《ふくまく》　腹腔の内部を被う薄い膜。「―炎」
伏魔殿《ふくまでん》　悪事などが企まれている所。

福豆《ふくまめ》 節分にまく豆。
福耳《ふくみみ》 耳たぶの大きい耳。
含《ふく》み笑《わら》い 声に出さずに笑うこと。
含《ふく》む 内部に包み持つ様子。根に持つ。
服務《ふくむ》 職務に服すること。「―規定」
復命《ふくめい》 命令を果し結果を報告すること。
覆面《ふくめん》 布などで顔を被い隠すこと。
服喪《ふくも》 喪に服すること。「―期間」⇔除喪
服用《ふくよう》 薬を飲むこと。服薬。
服膺《ふくよう》 心にとどめて忘れないこと。
複葉《ふくよう》 飛行機で主翼が上下二重なもの。
膨《ふく》よか ふっくらしたさま。香り豊か。
脹《ふく》ら脛《はぎ》 すねの後ろ側の部位。腓《こむら》。
福利《ふくり》 幸福と利益。福徳。「―厚生」
複利《ふくり》 利子に利子のつく利息法。

脹《ふく》れ面《づら》 むっとした顔。ふくれっつら。
膨《ふく》れる 【脹れる】ふくらむ。むくれる。
袋《ふくろ》 【嚢】物を入れるもの。「堪忍―」
復路《ふくろ》 帰り道。⇔往路
袋帯《ふくろおび》 袋織の二重になった帯。
福禄寿《ふくろくじゅ》 七福神の一人。
袋小路《ふくろこうじ》 行き止まりの小路。
袋叩《ふくろだた》き 大勢で囲んで殴ること。
袋綴《ふくろと》じ 小口側で綴じる製本法の一。
袋耳《ふくろみみ》 聞いたことを忘れない。⇔籠耳
袋物《ふくろもの》 手提げなど袋状の入れ物の総称。
腹話術《ふくわじゅつ》 唇を動かさないで話す芸。
福笑《ふくわら》い 正月の遊びの一つ。[新]
夫君《ふくん》 相手の夫に対する敬称。御主人。
父君《ふくん》 他人の父の敬称。ちちぎみ。

武勲《ぶくん》 軍事や戦争の手柄・功績。武功。
雲脂《ふけ》 【頭垢】頭皮から生じる白いあか。
武家《ぶけ》 武士の家柄。武門。「―屋敷」
父兄《ふけい》 父と兄。生徒の保護者。「―会」
不敬《ふけい》 敬意を失すること。無礼。「―罪」
父系《ふけい》 父方の血筋。「―社会」⇔母系
武芸《ぶげい》 武道に関する技芸。「―百般」
不景気《ふけいき》 景気が悪い。活気がない。
不経済《ふけいざい》 むだな費用がかかること。
不潔《ふけつ》 汚い。汚らわしい。⇔清潔・純潔
耽《ふけ》る 熱中する。おぼれる。「読書に―」
老《ふ》ける 年をとる。老人になる。
更《ふ》ける 夜が遅くなる。季節が深くなる。
蒸《ふ》ける 蒸されてやわらかくなる。
父権《ふけん》 父親としての権利。父の支配権。

不言《ふげん》 何も言わないこと。「―不語」
付言《ふげん》 【附言】付け加えて言うこと。
誣言《ふげん》 事実を偽って言う語。ぶげん。
分限《ぶげん》 身のほど。身分。ぶんげん。「―者」
不見識《ふけんしき》 見識がないこと。不定見。
不言実行《ふげんじっこう》 黙って実行する。
不健全《ふけんぜん》 健やかでない様子。病的。
畚《ふご》 タケ・ワラで編んだ運搬道具。
不孝《ふこう》 親につかえる道を欠く。⇔孝行
不幸《ふこう》 ふしあわせ。身内の人の死。
符号《ふごう》 記号。符丁。「補助―」「地図の―」
符合《ふごう》 一致する。合致。「意見が―する」
富豪《ふごう》 金持ちの人。財産家。「大―」
不公平《ふこうへい》 公平でないこと。
不合理《ふごうり》 理にかなっていないこと。

布告《ふこく》 広く一般に告げること。「宣戦―」
富国《ふこく》 国を富ますこと。「―強兵」
誣告《ぶこく》 事実を偽って告げること。「―罪」
不心得《ふこころえ》 心掛けのよくないこと。
無骨《ぶこつ》 【武骨】無風流。無作法。
房《ふさ》 群がり垂れた花や実。「藤《ふじ》の―」
総《ふさ》 糸などを束ねた飾り。「帽子の―」
趺坐《ふざ》 足を組んで座ること。
不才《ふさい》 才能が乏しい様子。自分の謙称。
夫妻《ふさい》 (他人の)夫婦。めおと。「首相―」
付載《ふさい》 【附載】付加して掲載する。付録。
負債《ふさい》 金銭の借り。債務。借財。「―額」
不在《ふざい》 その場にいないこと。留守。
不細工《ぶさいく》 細工が下手。容貌《ようぼう》が醜い。
不作《ふさく》 作物のできが悪いこと。凶作。

塞《ふさ》ぐ 遮る。閉じる。満たす。「口を―」
鬱《ふさ》ぐ 滅入る。気分が沈む。「気が―」
不作為《ふさくい》 積極的な行動をしないこと。
無沙汰《ぶさた》 久しく訪問や音信をしない。
蕪雑《ぶざつ》 雑然として整っていないこと。
無作法《ぶさほう》 【不作法】礼儀作法に外れる。
無様《ぶざま》 【不様】体裁が悪いこと。醜態。
相応《ふさわ》しい 釣り合う。似合う。
節《ふし》 植物の茎の区切り。段落。調子。
父子《ふし》 父と子。「―相伝」⇔母子
不死《ふし》 いつまでも長生きすること。
不二《ふじ》 二つとないこと。唯一。「―の山」
不治《ふじ》 病気が治らない。ふち。「―の病」
不時《ふじ》 時ならぬ。思いがけない時。
武士《ぶし》 さむらい。武者。もののふ。

無事《ぶじ》 変わりがない。つつがない様子。
蕪辞《ぶじ》 自分の、言葉また文章の謙譲語。
節穴《ふしあな》 物事を見抜く力のない目。
不思議《ふしぎ》 奇怪。怪しいさま。不可解。
節榑立つ《ふしくれだつ》 骨ばってごつごつする。
不自然《ふしぜん》 自然でない。わざとらしい。
不時着《ふじちゃく》 飛行機などの緊急着陸。
不死鳥《ふしちょう》 フェニックス。
不日《ふじつ》 近いうち。近日中に。ほどなく。
不実《ふじつ》 誠実でないこと。事実でないこと。
不躾《ぶしつけ》 無遠慮で失礼な様子。無作法。
臥《ふ》し◀所《ど》 寝床。ねや。ふしどころ。
富士額《ふじびたい》 前髪の生え際が富士形の額。
節節《ふしぶし》 体の方々の関節。「—が痛む」
不始末《ふしまつ》 後始末が悪い。だらしない。

節回《ふしまわ》し 歌などの声の抑揚。
不死身《ふじみ》 死なない。困難に負けない。
節目《ふしめ》 物事の切れ目。転機。「人生の—」
伏《ふ》し◀目《め》 うつむいて見る視線。
不惜身命《ふしゃくしんみょう》 一途に仏道に励む。
浮腫《ふしゅ》 皮下に水分がたまったむくみ。
腐儒《ふじゅ》 実際の役に立たない学者。
部首《ぶしゅ》 漢字分類の目安となる構成部分。
俘囚《ふしゅう》 敵にとらわれた人。とりこ。
腐臭《ふしゅう》 腐った物のいやなにおい。
不自由《ふじゆう》 自由にならず困るさま。
不祝儀《ぶしゅうぎ》 葬式など不吉な行事。凶事。
不十分《ふじゅうぶん》 不足な点があり十分でない。
不出《ふしゅつ》 外へ出ない・出さない。「門外—」
武術《ぶじゅつ》 武道に関する技芸。武芸。

不首尾《ふしゅび》 いい結果が出ない。不成功。
不純《ふじゅん》 純粋・純真でないさま。「—物」
不順《ふじゅん》 順調でない様子。調子が狂うこと。
扶助《ふじょ》 助けること。養うこと。「生活—」
部署《ぶしょ》 各自の受け持ちの場所・役目。
不肖《ふしょう》 自分の謙称。愚かなこと。
不詳《ふしょう》 詳しくわからないこと。「年齢—」
負傷《ふしょう》 けが。けがをすること。「—者」
不定《ふじょう》 定まっていないこと。「老少—」
不浄《ふじょう》 清浄でないこと。便所。「—なお金」
浮上《ふじょう》 (水上へ)浮び上がる。⇔沈下
武将《ぶしょう》 武道に長じた大将。「戦国—」
不精《ぶしょう》 【無精】怠けがち。なおざり。「出—」
不祥事《ふしょうじ》 好ましくない事件・事柄。
不承不承《ふしょうぶしょう》 いやいやながら。

夫唱婦随《ふしょうふずい》 息のあった夫婦。
不条理《ふじょうり》 筋道が立たないこと。
扶植《ふしょく》 植えつけること。「勢力を—する」
腐食《ふしょく》 【腐蝕】ものが腐って形が崩れる。
腐植《ふしょく》 有機物の分解でできた物質。
●金属の腐食 ●腐植土 腐植質
侮辱《ぶじょく》 ばかにしてはずかしめること。
不信《ふしん》 信用できないこと。不実。「—感」
不振《ふしん》 振るわないさま。「食欲—」
不審《ふしん》 疑わしいこと。「挙動—」「—火」
普請《ふしん》 家を建てること。改築。「安—」
腐心《ふしん》 心を悩ますこと。苦心。心痛。
夫人《ふじん》 奥様。他人の妻の敬称。「首相—」
不尽《ふじん》 尽きないこと。手紙の結語の一。
布陣《ふじん》 戦いの態勢を整えること。

婦人《ふじん》 成年の女性。「—問題」「—科」
不信心《ふしんじん》 信仰心がない。ぶしんじん。
不信任《ふしんにん》 信任しないこと。「—案」
不寝番《ふしんばん》 徹夜で見張ること・人。
付《ふ》す 【附す】与える。託す。「審議に—」
伏《ふ》す うつぶせになる。潜む。腹ばい。
臥《ふ》す 病気で床に横になる。「病床に—」
俯《ふ》す うつぶす。うつむく。「顔を—」
不随《ふずい》 思うようにならない。「半身—」
付随《ふずい》 【附随】主な物事に付き従うこと。
不粋《ぶすい》 【無粋】風流でないさま。野暮。
負数《ふすう》 零以下の数。マイナス。⇔正数
部数《ぶすう》 書物・出版物の冊数。「発行—」
麩《ふすま》 【麬】碾《ひ》いた小麦の皮のくず。
襖《ふすま》 紙を張った建具の一。唐紙。図

賦《ふ》する 配る。割当てる。詩などを作る。
撫《ぶ》する さする。いたわる。「腕を—」
布施《ふせ》 施し与えること。僧に施す金。
不正《ふせい》 正しくないこと。正義でないこと。
父性《ふせい》 父としての性質。⇔母性
不整《ふせい》 整っていない様子。「—地」「—脈」
斧正《ふせい》 詩文の添削をしてもらうこと。
浮世《ふせい》 はかないこの世。うきよ。
風情《ふぜい》 趣のある雰囲気。もてなし。
無勢《ぶぜい》 人数の少ないこと。⇔多勢
不世出《ふせいしゅつ》 世にまれな優れた存在。
布石《ふせき》 囲碁の序盤の打ち方。準備。
防《ふせ》ぐ 敵の攻撃をくいとめる。守る。
伏《ふ》せ◀字《じ》 明記できない文字を表す印。
付設《ふせつ》 【附設】付属の設置。「倉庫の—」

**敷設**《ふせつ》 【布設】広域な設置。「鉄道の―」
●別館を付設する
●水道管を敷設する

**浮説**《ふせつ》 根拠のないうわさ。風説。

**不摂生**《ふせっせい》 健康に不注意。不養生なこと。

**不戦**《ふせん》 戦争や試合をしないこと。「―勝」

**付箋**《ふせん》 【附箋】目印として貼る紙片。

**不全**《ふぜん》 欠ける点があること。不完全。

**不善**《ふぜん》 よくないこと。道徳に背くこと。

**憮然**《ぶぜん》 失意のさま。暗然。ぼうぜん。

**父祖**《ふそ》 父と祖先。祖先。先祖。「―の地」

**扶桑**《ふそう》 日本の異名。扶桑国。

**武装**《ぶそう》 戦闘のための装備。「―解除」

**不相応**《ふそうおう》 相応しないこと。不釣合。

**不足**《ふそく》 足りないこと。不十分。不満足。

**不測**《ふそく》 はかりがたい。予測できない。

**付則**《ふそく》 【附則】本則に加えた規則。

**付属**《ふぞく》 【附属】付き従っていること。

**部族**《ぶぞく》 思想を同じくする民族の一集団。

**不即不離**《ふそくふり》 つかず離れず。

**不揃い**《ふぞろい》 揃わない。一律でない。

**不遜**《ふそん》 ふるまいが無礼なさま。⬍謙遜

**蓋**《ふた》 入れ物などの口をふさぐもの。

**札**《ふだ》 標札。守り札。入場券。「絵―」

**付帯**《ふたい》 【附帯】主なものに伴うこと。

**譜代**《ふだい》 代々家の系統を継ぐこと。系譜。

**部隊**《ぶたい》 軍隊の一組織。団体の一部。

**舞台**《ぶたい》 芝居などを演じる場所。「裏―」

**不退転**《ふたいてん》 かたく決心して屈しない。

**二重**《ふたえ》 二つに重なること。にじゅう。

**二親**《ふたおや》 父親と母親。両親。⬍片親

**付託**《ふたく》 【附託】他に頼んで任せること。

**負託**《ふたく》 責任をもたせ任せること。
●専門家に付託する
●負託にこたえる

**双子**《ふたご》 【二子】一度に生まれた二人の子。

**二心**《ふたごころ》 信頼を裏切る心。謀反の心。

**二言目**《ふたことめ》 言い始めると決まってそのあとに口に出す言葉。「―には愚痴を言う」

**不確か**《ふたしか》 確かでないさま。あやふや。

**札所**《ふだしょ》 参詣者が札を納める霊場。

**再び**《ふたたび》 二度。再度。もう一度。

**札付き**《ふだつき》◀ 世間に悪評のあること。

**二つ返事**《ふたつへんじ》 快く承知すること。

**札止め**《ふだどめ》◀ 満員による入場券販売停止。

**二七日**《ふたなぬか》 死後十四日目。ふたなのか。

**双葉**《ふたば》 【二葉】発芽した二枚の葉。〔春〕

**豚箱**《ぶたばこ》 「留置場」の俗称。

**二股**《ふたまた》 先が二つに分かれたもの。

**不為**《ふため》 ためにならないこと。不利益。

**負担**《ふたん》 責任を引き受ける。義務を負う。

**不断**《ふだん》 絶え間がない。決断力がない。

**普段**《ふだん》 【不断】いつも。日常。「―着」
●不断の努力
●普段の心掛け

**武断**《ぶだん》 武力で断行する。「―政治」⬍文治

**淵**《ふち》 池や沼の深い所。苦境。⬍瀬

**縁**《ふち》 物のへり。はし。まわりの枠。

**不知**《ふち》 知らないこと。知恵がないこと。

**付置**《ふち》 【附置】付属させ設置すること。

**布置**《ふち》 物を適当な所に置くこと。配置。

**扶持**《ふち》 武士の給与。ふち米。「食い―」

**斑**《ぶち》 色々な毛色がまじっていること。

**淵瀬**《ふちせ》 水の流れの深い所と浅い所。

**縁取り**《ふちどり》 へりに飾りや細工を施す。

**不着**《ふちゃく》 到着しないこと。着かないこと。

**付着**《ふちゃく》 【附着】ほかのものにつくこと。

**付注**《ふちゅう》 注釈。注釈をつけること。

**不注意**《ふちゅうい》 注意が足りないこと。

**不調**《ふちょう》 整わない様子。調子が悪い。

**符丁**《ふちょう》 【符牒】値付け。隠語。合言葉。

**不調法**《ぶちょうほう》 行き届かない。過ち。へた。

**不調和**《ふちょうわ》 調和しないこと。不釣合。

**浮沈**《ふちん》 浮き沈み。繁栄と衰退。

**打つ**《ぶつ》 うつ。演説する。「一席―」

**不通**《ふつう》 通じないこと。通らないこと。

**普通**《ふつう》 ありふれていること。当たり前。

**仏縁**《ぶつえん》 仏の縁。仏の引き合わせ。

**物価**《ぶっか》 品物の値段。「―騰貴」「―高」

**仏画**《ぶつが》 仏教に関する絵画。

**仏閣**《ぶっかく》 てら。寺院。伽藍《がらん》。「神社―」

**復活**《ふっかつ》 生き返ること。もとに返ること。

**二日酔い**《ふつかよい》◀ 酔いを翌日に持ち越す。

**復刊**《ふっかん》 廃止していた出版物の再刊。

**復帰**《ふっき》 もとの状態に戻ること。「社会―」

**物議**《ぶつぎ》 世間の議論。世のとりざた。

**復旧**《ふっきゅう》 もと通りに直ること。「―工事」

**払暁**《ふつぎょう》 夜明け。明け方。

**仏教**《ぶっきょう》 釈迦を教祖とする宗教。「―美術」

**仏経**《ぶっきょう》 仏教の経典。経文。

**腹筋**《ふっきん》 腹壁を構成している筋の総称。

**仏具**《ぶつぐ》 仏事の用具。仏器。「―店」

**文机**《ふづくえ》 読書や書き物で使う和様の机。

復権《ふっけん》 失った権利を取り戻すこと。
物件《ぶっけん》 物。物品。品物。「証拠―」
物権《ぶっけん》 財産権の一つ。所有権など。
復古《ふっこ》 昔に還《かえ》ること。「―主義」「―調」
仏語《ふつご》 フランス語。「―辞典」
物故《ぶっこ》 人が死ぬこと。死去する。「―者」
復興《ふっこう》 再び盛んになること。「―策」
不都合《ふつごう》 都合が悪いこと。不届き。
復刻《ふっこく》 【覆刻】もとのままの再製。
仏座《ぶつざ》 仏像を安置する台。蓮台《れんだい》。
物産《ぶっさん》 その土地から産出する物。
仏師《ぶっし》 仏像をつくる職人。仏工。「絵―」
物資《ぶっし》 生活などに必要な物。「救援―」
仏事《ぶつじ》 法事。法会。仏教行事。
仏式《ぶっしき》 仏教によって行う儀式のやり方。

物質《ぶっしつ》 物。実質的な物。「―欲」
仏舎利《ぶっしゃり》 釈尊の遺骨。仏骨。
仏性《ぶっしょう》 仏となる可能性。悟りの性質。
物証《ぶっしょう》 物品による証拠。⇔人証《じんしょう》・書証
物象《ぶっしょう》 生命のない物に関する現象。
物情《ぶつじょう》 世間のありさま。人心。「―騒然」
払拭《ふっしょく》 ぬぐい去ること。「疑いを―する」
物色《ぶっしょく》 多くの中から探し求めること。
仏心《ぶっしん》 仏の心。仏のような慈悲深い心。
物心《ぶっしん》 物質と精神。「―両面」
仏前《ぶつぜん》 仏の前。仏壇の前。
弗素《ふっそ》 ハロゲン元素の一(元素記号F)。
仏葬《ぶっそう》 仏教式の葬式。
物騒《ぶっそう》 不安な状態。穏やかでないさま。
仏像《ぶつぞう》 仏の彫像。仏の画像。

仏陀《ぶっだ》 釈迦《しゃか》の尊称。聖者。ぶっだ。
物体《ぶったい》 具体的な形のある物質。
仏壇《ぶつだん》 仏像や位牌を安置する壇。
仏頂面《ぶっちょうづら》 無愛想な顔つき。ふくれ面。
不束《ふつつか》 気が利かず、行き届かないさま。
払底《ふってい》 残りのないさま。欠乏。品切れ。
物的《ぶってき》 物に関する。物質的。「―損害」
降《ふ》って湧《わ》いた なかったものが思いがけずに生じるさま。「―災難」
沸点《ふってん》 液体が沸騰する温度。⇔氷点
仏典《ぶってん》 仏の教えを記した書。仏教経典。
仏殿《ぶつでん》 仏像を安置する建物。仏堂。
仏徒《ぶっと》 仏教の信仰者。仏教徒。
沸騰《ふっとう》 煮え立つこと。騒ぎ立てること。
仏堂《ぶつどう》 仏像を安置するお堂。仏殿。

仏道《ぶつどう》 仏の道を説いた教え。「―修行」
物納《ぶつのう》 租税・品物で納める。⇔金納
物品《ぶっぴん》 物。品物。「―受領書」「―税」
沸沸《ふつふつ》 水がわき出る・煮えてわく様子。
物物交換《ぶつぶつこうかん》 物と物との交換。
仏法《ぶっぽう》 仏の説いた教え。仏道。仏教。
仏間《ぶつま》 仏像や位牌を安置した部屋。
仏滅《ぶつめつ》 六曜の一。すべてに凶である日。
仏門《ぶつもん》 仏の道。仏道。「―に入る」
物欲《ぶつよく》 金銭・物品などに対する欲。
物理《ぶつり》 自然科学の一分野。物理学。
物流《ぶつりゅう》 商品の輸送・保管などの流れ。
物量《ぶつりょう》 物の分量・多さ。「―作戦」
筆《ふで》 字や絵をかく道具。かいたもの。
不定《ふてい》 決まっていない。一定でない。

不貞《ふてい》 夫、または妻が浮気すること。
不逞《ふてい》 行いが悪いこと。けしからぬ。
不定愁訴《ふていしゅうそ》 不可解な体調不良。
不適《ふてき》 適さないこと。不適当。「適―」
不敵《ふてき》 大胆で物事をおそれないさま。
不出来《ふでき》 できが悪いこと。まずい。
不手際《ふてぎわ》 手際・やり方がまずいこと。
不貞腐《ふてくさ》れる 不満でむくれる。
不貞寝《ふてね》 ふてくされて寝ること。
筆箱《ふでばこ》 筆記用具の携帯用容器。筆入れ。
筆不精《ふでぶしょう》 【筆無精】書くことを疎む。
筆忠実《ふでまめ》 面倒がらずに書くこと。
太《ふと》い 周りの長さや横幅が大きい。
不当《ふとう》 正当でないこと。適当でないこと。
不等《ふとう》 等しくないこと。同一でないこと。

埠頭《ふとう》 港の船着き場。波止場。
不同《ふどう》 同じでないこと。そろわないこと。
不動《ふどう》 動かない様子。「不動明王」の略。
浮動《ふどう》 揺れ動くこと。軽く漂うこと。
舞踏《ぶとう》 舞い踊ること。ダンス。「―会」
武道《ぶどう》 武士道。武芸。武術。「―館」
不凍港《ふとうこう》 冬でも海面が凍らない港。
不動産《ふどうさん》 土地など動かせない財産。
不道徳《ふどうとく》 道義に背いていること。
不撓不屈《ふとうふくつ》 困難にくじけない。
不同不二《ふどうふじ》 ただ一つ。絶対無二。
不動明王《ふどうみょうおう》 五大明王の主尊。
風土記《ふどき》 地理や伝説の書物。「人物―」
不徳《ふとく》 徳の足りないこと。道徳に背く。
不得要領《ふとくようりょう》 要領を得ないこと。

懐《ふところ》 胸の辺り。所持金。胸中。
懐刀《ふところがたな》 懐に入れて持つ守り刀。
懐具合《ふところぐあい》 金回り。
懐手《ふところで》 人まかせ。手を懐に入れる。图
太っ腹《ふとっぱら》 度量が大きいさま。「—な人」
不届き《ふとどき》 けしからぬさま。不都合。
歩留《ぶど》まり◀ 製品と原料との割合。
太股《ふともも》 足のつけ根近くの太い股の部位。
太《ふと》る 【肥る】肥えて太くなる。
布団《ふとん》 【蒲団】綿入りの寝具や敷物。图
船脚《ふなあし》 【船足】船の速さ。吃水《きっすい》。
船遊《ふなあそ》び 船で遊ぶこと。船遊山。夏
舟歌《ふなうた》 【舟唄】舟をこぎながら歌う歌。
不仲《ふなか》 仲のよくないこと。不和。
船路《ふなじ》 船の通う道筋。航路。海路。

船底《ふなぞこ》 船の底。弓形の底。「—枕」
船賃《ふなちん》 乗船のために支払う代金。
船出《ふなで》 船が港を出ること。出港。出帆。
船荷《ふなに》 船に積んで運ぶ荷物。
船乗《ふなの》り◀ 船の乗組員。船頭。海員。
船便《ふなびん》 船による輸送。船の便宜。
船宿《ふなやど》 船による運送を営む家。
船酔《ふなよ》い◀ 船の揺れで気分が悪くなる。
不慣《ふな》れ 【不馴れ】慣れていないこと。
無難《ぶなん》 無事。よくもないが悪くもない。
不似合《ふにあ》い 似合わないさま。
不如意《ふにょい》 思うようにならない様子。
不妊《ふにん》 妊娠しないこと。「—症」
赴任《ふにん》 任地へ赴くこと。「単身—」
無人《ぶにん》 人数が少ない。人手が足りない。

腑抜《ふぬ》け まぬけ。腰抜け。
舟《ふね》 手こぎによる小型の舟。「渡し—」
船《ふね》 水上を航行する大型の乗り物。
槽《ふね》 【船】箱形の容器。水槽。「湯—」
不燃《ふねん》 燃えない・燃えにくいこと。
不能《ふのう》 できないこと。能力がないこと。
富農《ふのう》 富裕な農民・農家。⇔貧農
布海苔《ふのり》 煮て糊にする海藻。夏
不敗《ふはい》 負けないこと。常勝。
腐敗《ふはい》 腐ること。堕落すること。「—菌」
不買《ふばい》 買わないこと。「—運動」
布帛《ふはく》 木綿の布と絹の布。織物。
浮薄《ふはく》 浅はかなさま。重みがない様子。
文箱《ふばこ》 手紙や書類を入れておく箱。
不発《ふはつ》 爆発しないこと。成功しないこと。

不抜《ふばつ》 しっかりして動じない様子。
武張《ぶば》る 勇ましくふるまう。
不備《ふび》 十分に備わらない。手紙の結語。
不評《ふひょう》 評判が悪いこと。悪評。「—を買う」
浮標《ふひょう》 海面に浮かべる標識。ブイ。
不敏《ふびん》 敏捷でないこと。才知に乏しい。
不憫《ふびん》 【不愍】哀れでかわいそうなさま。
部品《ぶひん》 機械などの部分品。パーツ。
吹雪《ふぶき》 強い風を伴い激しく降る雪。图
不服《ふふく》 従う気になれないさま。不満足。
部分《ぶぶん》 全体を分けた一つ一つ。⇔全体
舞文曲筆《ぶぶんきょくひつ》 いたずらに文辞をもてあそび、事実を曲げて書くこと。
不文律《ふぶんりつ》 文章化されていない決まり。
不平《ふへい》 満足でないこと。不服。「—不満」

侮蔑《ぶべつ》 相手を侮りさげすむこと。
不変《ふへん》 変わらないこと。変じないこと。
不偏《ふへん》 偏らないこと。中立。「—性」
普遍《ふへん》 あまねく行き渡ること。「—性」
不便《ふべん》 便利でないこと。不自由なさま。
不偏不党《ふへんふとう》 公正中立の立場。
父母《ふぼ》 父と母。両親。
不法《ふほう》 法律に背くこと。「—所持」
訃報《ふほう》 死去の知らせ。訃音。悲報。
不犯《ふぼん》 僧尼が淫戒を犯さないこと。
不本意《ふほんい》 本意でない。本心と違う。
踏《ふ》まえる しっかり踏む。根拠にする。
不満《ふまん》 不足に思うこと。満足でないこと。
文《ふみ》 手紙。書状。「—をしたためる」
書《ふみ》 書物。ほん。「—読む月日」

踏《ふ》み石《いし》◀ 靴脱ぎ場に据えおく石。
踏《ふ》み絵《え》◀ キリスト教徒に踏ませた絵。
踏切《ふみきり》 鉄道線路と道路との交差点。
踏《ふ》み台《だい》◀ 足つぎ。足場とする台。
踏《ふ》み倒《たお》す◀ 代金を払わない。
文月《ふみづき》 陰暦七月の異称。ふづき。秋
踏《ふ》み躙《にじ》る 踏みつけてつぶす。
不眠《ふみん》 眠れないこと。眠らないこと。
不眠症《ふみんしょう》 眠れない状態が続く病気。
踏《ふ》む 足で押さえる。推測する。
不向《ふむ》き 向いていない。適していない。
不明《ふめい》 明らかでないこと。道理に暗い。
不名誉《ふめいよ》 名誉にならないこと。
不明瞭《ふめいりょう》 はっきりしないさま。
不滅《ふめつ》 永久に滅びないこと。「霊魂—」

**譜面**《ふめん》 楽譜。「―台」
**不面目**《ふめんぼく》 面目を汚す。面目を失う。
**不毛**《ふもう》 作物が育たないこと。「―の地」
**麓**《ふもと》 さんろく。山のすそ。⇔山頂
**不問**《ふもん》 あえて問わないこと。「―に付す」
**部門**《ぶもん》 全体を区分けしたそれぞれ。
**不夜城**《ふやじょう》 夜通し活気のある場所。
**殖やす**《ふ》 家畜・財を多くする。「貯金を―」
**増やす** 数量を多くする。増量。「予算を―」
●乳牛を殖やす
●作業員を増やす
**浮遊**《ふゆう》 【浮游】ふわふわと浮き動くさま。
**富裕**《ふゆう》 財産があって生活が豊かなさま。
**武勇**《ぶゆう》 強く勇ましいさま。「―伝」
**不愉快**《ふゆかい》 面白くない。愉快でない。
**冬枯れ**《ふゆが》 冬に草木が枯れること。图

**不行◀き届◀き**《ふゆとど》 行き届かない様子。
**冬籠◀もり**《ふゆご》 冬の間閉じこもる。图
**冬ざれ**《ふゆ》 冬の荒れさびれた光景。图
**冬将軍**《ふゆしょうぐん》 厳寒の冬を擬人化した呼称。
**冬日**《ふゆび》 最低気温が零度未満の日。
**付与**《ふよ》 【附与】授け与えること。⇔剝奪
**賦与**《ふよ》 神などが分け与えること。
●権利を付与する
●天の賦与した才能
**不用**《ふよう》 使わない・役に立たないこと。
**不要**《ふよう》 必要がないこと。求めないこと。
**扶養**《ふよう》 世話して養うこと。「―義務」
**浮揚**《ふよう》 浮かび上がること。「―力」
**舞踊**《ぶよう》 音楽にあわせ踊る舞い。「日本―」
**不用意**《ふようい》 用心が足りない。不注意。
**不養生**《ふようじょう》 健康に留意しないこと。

**不用心**《ぶようじん》 【無用心】用心しないこと。
**腐葉土**《ふようど》 落葉が腐ってできた土。
**無頼**《ぶらい》 生業がなく無法に行動する・人。
**部落**《ぶらく》 少数の民家の集まり。集落。
**不埒**《ふらち》 道理に外れてけしからぬこと。
**腐乱**《ふらん》 【腐爛】腐りただれる。「―死体」
**鞦韆**《ぶらんこ》 横板を鎖でつり下げた遊具。圕
**振り**《ふ》 なりふり。恰好。姿。「知らない―」
**不利**《ふり》 利がないこと。不利益。「形勢―」
**振り替◀え**《ふか》 一時的に取りかえる。
**振り翳す**《ふかざ》 頭上に振り上げる。
**振り仮◀名**《ふがな》 読み方を示す仮名。
**振り子◀**《ふこ》 往復運動をする仕掛け。
**不履行**《ふりこう》 契約を実行しないこと。
**振り袖◀**《ふそで》 袖の長い未婚女性用の晴着。

**振り出す**《ふだ》 振って出す。発行する。
**振り付◀け◀**《ふつ》 踊りの振りの教授。
**振り向く**《ふむ》 振り返って見る。
**武略**《ぶりゃく》 軍事上の策略。戦略。軍略。
**不立文字**《ふりゅうもんじ》 禅宗で、悟りは言葉ではなく心から心に伝えるもの。
**不慮**《ふりょ》 思いがけぬこと。意外。「―の死」
**俘虜**《ふりょ》 敵にとらわれた人。捕虜。
**不良**《ふりょう》 よくないこと。素行が悪いこと。
**不猟**《ふりょう》 猟で獲物が少ない。「山嵐で―だ」
**不漁**《ふりょう》 漁獲が少ない。⇔大漁・豊漁
**無聊**《ぶりょう》 時間を持て余す。退屈なさま。
**不料簡**《ふりょうけん》 よくない考え。
**浮力**《ふりょく》 物体の浮き上がる力。「―計」
**富力**《ふりょく》 富の力。経済的な力。財力。

**武力**《ぶりょく》 武の力。兵力。戦闘力。「―行使」
**不倫**《ふりん》 人倫の道・道徳に外れた恋愛。
**振る**《ふ》 揺り動かす。割り当てる。嫌う。
**降る**《ふ》 雨・雪などが空から落ちてくる。
**篩**《ふるい》 粒の大小でより分ける道具。「―に掛ける」で、適・不適を選別する、の意。
**古い**《ふる》 新しくない。昔。「歴史が―」
**部類**《ぶるい》 種類による区別。仲間。
**振◀るう**《ふる》 振り回す。力などを発揮する。
**奮う**《ふる》 気力を盛り上げる。「心が―」
●権力を振るう
●勇気を奮う
**篩う**《ふる》 ふるいでより分ける。
**震える**《ふる》 細かく揺れ動く。震動する。
**古顔**《ふるがお》 古くからいる人。古参。⇔新顔
**古株**《ふるかぶ》 樹木などの古い株。古参。古顔。

**古着**《ふるぎ》 着古した衣服。「―屋」
**古傷**《ふるきず》 昔の傷。昔の嫌な体験。
**古狐**《ふるぎつね》 経験を積んだ狡猾《こうかつ》な人。
**古里**《ふるさと》 【故郷】生まれた土地。郷里。
**古巣**《ふるす》 もとの巣。もとの住んでいた所。
**古狸**《ふるだぬき》 経験を積んだずる賢い者。
**古強者**《ふるつわもの》 【古兵】年功を積んだ熟練者。
**古手**《ふるて》 古参。古くからある。⇔新手
**古本**《ふるほん》 読み古した書物。古書。⇔新本
**振る舞◀う**《ふま》 行動する。もてなす。
**触れ**《ふ》 広く知らせること・もの。「お―」
**不例**《ふれい》 貴人の病気。不予。「ご―」
**布令**《ふれい》 官署が命令を布告すること。
**無礼**《ぶれい》 礼儀を欠くこと。ぶしつけ。「―者」
**無礼講**《ぶれいこう》 上下関係抜きに楽しむ宴会。

触《ふ》れ込《こ》み◀ 事前の宣伝。ふれだし。
狂《ふ》れる 正常でなくなる。気が狂う。偏る。
触《ふ》れる さわる。接する。そむく。「法に—」
風呂《ふろ》 湯船。入浴のための設備。銭湯。
風炉《ふろ》 茶席で湯を沸かす炉。ふうろ。
浮浪《ふろう》 家・職業を持たずさまようこと。
不労所得《ふろうしょとく》 働かずに入る収入。
不老不死《ふろうふし》 老いず死なない。
付録《ふろく》 【附録】本文の補足。おまけ。
風呂敷《ふろしき》 物を包むための正方形の布。
不和《ふわ》 仲が悪いこと。仲たがい。
不惑《ふわく》 四十歳の異称。
不渡《ふわた》り◀ 小切手や手形の支払い拒絶。
付和雷同《ふわらいどう》 見識がない同意。
分《ふん》 時間・角度の単位。「—刻の予定」

糞《ふん》 大便。くそ。「—尿」
分《ぶん》 割り当て。分け前。「取り—」
文《ぶん》 ひと続きの言葉。文章。学芸。
文案《ぶんあん》 文書の下書き。草稿。草案。
文意《ぶんい》 文章の意味。文句のわけ。
雰囲気《ふんいき》 その場の独特の気分や空気。
文運《ぶんうん》 学問・芸術文化の発展する勢い。
噴煙《ふんえん》 火山などから噴き出す煙。
噴火《ふんか》 火山がマグマなどを噴出すること。
分化《ぶんか》 分かれて進化すること。
分科《ぶんか》 専門別の科目分け。「—会」
文化《ぶんか》 世の中の開け進むこと。「—遺産」
文科《ぶんか》 人文科学・社会科学の分野。
文雅《ぶんが》 雅やかなこと。優美。「—の士」
憤慨《ふんがい》 ひどく怒ること。憤り嘆くこと。

分解《ぶんかい》 部分にわかれること。「空中—」
分外《ぶんがい》 身分や限度をこえていること。
文学《ぶんがく》 文の道。文芸。「日本—」「—界」
分割《ぶんかつ》 分かち割ること。「—払い」⇔一括
分轄《ぶんかつ》 いくつかに分け管轄すること。
文官《ぶんかん》 軍事以外の仕事に就く官吏。
噴気《ふんき》 ガスを噴き出すこと。「—孔」
奮起《ふんき》 奮い立つこと。励み立つこと。
紛議《ふんぎ》 議論がもつれ決着がつかない。
分岐《ぶんき》 分かれること。「—点」
紛糾《ふんきゅう》 物事がもつれ乱れること。
文教《ぶんきょう》 学問・教育による教化。「—政策」
分業《ぶんぎょう》 仕事を手分けして行うこと。
踏《ふ》ん切《ぎ》り 決断。「—がつかない」
文金高島田《ぶんきんたかしまだ》 髪形の一。

分家《ぶんけ》 本家からわかれた家。⇔本家
刎頸《ふんけい》 首をはねること。「—の交わり」
文芸《ぶんげい》 言葉による芸術。文学。学芸。
文芸復興《ぶんげいふっこう》 ルネサンス。
憤激《ふんげき》 激しく憤ること。激怒。「—を招く」
分遣《ぶんけん》 本隊から分けて派遣すること。
文献《ぶんけん》 参考となる書物や文書。「参考—」
分権《ぶんけん》 権力や権限を分散する。⇔集権
分限《ぶんげん》 身分や法律上の地位・資格。
文庫《ぶんこ》 書物を納める蔵。廉価な小型本。
文語《ぶんご》 読み書きに使われる言葉。「—体」
吻合《ふんごう》 ぴったり合うこと。符合。
文豪《ぶんごう》 たいへん優れた文芸家。大作家。
分骨《ぶんこつ》 遺骨を二か所以上に埋めること。
粉骨砕身《ふんこつさいしん》 最大限努力する。

粉砕《ふんさい》 みじんに打ち砕くこと。「—機」
文才《ぶんさい》 文章を巧みに操る才能。
分際《ぶんざい》 身分。分限。「学生の—で」
分冊《ぶんさつ》 一つの本を何冊かに分けること。
分散《ぶんさん》 散らばること。破産。⇔集中
憤死《ふんし》 憤慨して死ぬこと。
分子《ぶんし》 物質の最小単位。隊の一員。「異—」
文士《ぶんし》 文筆に従事する人。文学者。
紛失《ふんしつ》 物がまぎれてなくなること。
噴射《ふんしゃ》 強く噴き出させること。「逆—」
文弱《ぶんじゃく》 学問に熱心で弱々しいこと。
文集《ぶんしゅう》 文章を集めた書。「卒業—」
噴出《ふんしゅつ》 勢いよく噴き出すこと。噴射。
文書《ぶんしょ》 意思を文字で書いたもの。書類。
分署《ぶんしょ》 分設された警察署や税務署。

紛擾《ふんじょう》 関係がもつれること。紛争。
文章《ぶんしょう》 語句を連ね記したもの。「—語」
分掌《ぶんしょう》 手分けして受け持つ。「事務—」
分乗《ぶんじょう》 別々の乗物に分かれて乗ること。
分譲《ぶんじょう》 区分けして売ること。「—住宅」
粉飾《ふんしょく》 表面を飾り立てること。「—決算」
文飾《ぶんしょく》 語句・文章を修飾すること。
焚書坑儒《ふんしょこうじゅ》 思想や言論の弾圧。
分針《ふんしん》 時刻の分を表す時計の長針。
粉塵《ふんじん》 細かなちり。空中のごみ。
奮迅《ふんじん》 激しく奮い立つこと。「獅子《しし》—」
分身《ぶんしん》 生まれた子。分れ出たもの。
文人《ぶんじん》 文筆家。文士。「—画」⇔武人
文人墨客《ぶんじんぼっかく》 風流に親しむ人。
噴水《ふんすい》 水を噴き出す仕掛け。夏

分水嶺《ぶんすいれい》 河川の流れを分ける山。
分数《ぶんすう》 分母・分子で表した数。
扮する《ふんする》 装う。扮装する。その役になる。
分析《ぶんせき》 細かく分けて調べる。「定量―」
文責《ぶんせき》 書いた文章についての責任。
分節《ぶんせつ》 いくつかの部分に分けること。
文節《ぶんせつ》 文を区切った単位。文素。
奮戦《ふんせん》 力をふるって戦う様子。「―記」
憤然《ふんぜん》 激しくいきどおること。怒る。
奮然《ふんぜん》 ふるい立つさま。気負い立つさま。
●憤然たる面持ち
●奮然として励む
扮装《ふんそう》 装い。他人の変装をすること。
紛争《ふんそう》 ごたごた。もめごと。紛議。
文藻《ぶんそう》 文章のあや。詩文の才能。文才。
分相応《ぶんそうおう》 身分にふさわしいこと。

分速《ふんそく》 一分当たりの速さ。
粉黛《ふんたい》 おしろいとまゆずみ。化粧。
文体《ぶんたい》 文章の様式や体裁、内容の特色。
分担《ぶんたん》 分けて負担し受け持つ。「責任―」
分断《ぶんだん》 断ち切り別々にすること。寸断。
文壇《ぶんだん》 文学者達の社会。文学者仲間。
文治《ぶんち》 法制で世を治めること。⬍武断
文鎮《ぶんちん》 紙を押さえるための文具。
文通《ぶんつう》 手紙のやりとりをすること。
文典《ぶんてん》 文法・語法を説いた書物。
奮闘《ふんとう》 力を奮って戦うこと。「孤軍―」
分銅《ふんどう》 天秤ばかりの金属製のおもり。
分度器《ぶんどき》 角度を測るための器具。
褌《ふんどし》 男性の陰部を覆い隠す細長い布。
分《ぶん》捕《ど》る 他人の物を奪い取る。

粉乳《ふんにゅう》 粉状にした牛乳。粉ミルク。
糞尿《ふんにょう》 大便と小便。屎尿。「―処理」
憤怒《ふんぬ》 【忿怒】大いに怒ること。ふんど。
分納《ぶんのう》 何回かに分けて納める。⬍全納
分派《ぶんぱ》 主流からわかれて作った流派。
分売《ぶんばい》 分けて売ること。分け売り。
分配《ぶんぱい》 分けて配ること。配分。「所得―」
奮発《ふんぱつ》 精神を奮い起こすこと。はずむ。
踏《ふ》ん張《ば》る 足を開き踏みこたえる。
噴飯《ふんぱん》 ばかげていて笑うこと。「―もの」
分泌《ぶんぴつ》 細胞が消化液や乳汁を排出する。
分筆《ぶんぴつ》 一区画の土地の分割。ふでわけ。
文筆《ぶんぴつ》 文章を書くこと。「―業」「―家」
分秒《ふんびょう》 一分と一秒。非常に短い時間。
文武《ぶんぶ》 文道と武道。「―両道」

分布《ぶんぷ》 分かれて散らばること。「人口―」
文物《ぶんぶつ》 文化に関する事物。芸術・宗教。
芬芬《ふんぷん》 香気が、強くかおるさま。
紛紛《ふんぷん》 入り乱れるさま。「諸説―」
分別《ふんべつ》 考え。わきまえ。弁別。「思慮―」
分別《ぶんべつ》 種類別に分けること。「―収集」
糞便《ふんべん》 排泄《はいせつ》物。大便。くそ。「―検査」
分娩《ぶんべん》 胎内の子を産むこと。出産。
墳墓《ふんぼ》 墓地。墓所。はか。「―の地」
分母《ぶんぼ》 分数で、割る方の数。⬍分子
文法《ぶんぽう》 文章作成の法則。言葉の規則。
文房具《ぶんぼうぐ》 書き物のための道具。文具。
粉末《ふんまつ》 砕いて細かくしたもの。こな。
憤懣《ふんまん》 【忿懣】憤慨してもだえること。
文脈《ぶんみゃく》 文章や文の続き具合。文章の筋。

噴霧器《ふんむき》 液体を噴き散らす器具。
文名《ぶんめい》 文壇における名声。文声。
文明《ぶんめい》 物心ともに豊かになった社会。
分明《ぶんめい》 区別などが明らかなさま。明瞭。
文明開化《ぶんめいかいか》 人知が開け世が進歩すること。明治初期の日本の近代化。
文面《ぶんめん》 文章や手紙に記された文句。
噴門《ふんもん》 食道に続く胃への入口。⬍幽門
分野《ぶんや》 物事の範囲。活動区域。「専門―」
分与《ぶんよ》 分け与えること。「財産―」
文楽《ぶんらく》 人形浄瑠璃の通称。人形芝居。
紊乱《ぶんらん》 秩序が乱れること。びんらん。
分離《ぶんり》 分け離れること。「―課税」
分立《ぶんりつ》 分かれて独立すること。「三権―」
噴流《ふんりゅう》 ふきだすような勢いの流れ。

分量《ぶんりょう》 目方。かさ。程度。「目―」
分類《ぶんるい》 種類別にいくつかに分けること。
奮励《ふんれい》 奮い励むこと。「―努力」
文例《ぶんれい》 文章の書き方の例。文章の実例。
分裂《ぶんれつ》 いくつかに分かれること。「核―」

## へ

屁《へ》 おなら。価値のないもの。
丙《へい》 等級の第三位。十干の第三。
兵《へい》 兵士。兵卒。武器。つわもの。
塀《へい》 垣。敷地の境界に設ける囲い。
平安《へいあん》 無事で穏やか。平穏。「一路―」
平易《へいい》 たやすいこと。簡単。⬍難解
弊衣破帽《へいいはぼう》 ぼろ服と破れた帽子。身なりに無頓着でむさくるしいこと。

兵営《へいえい》 兵の居住する所。営所。軍営。
兵役《へいえき》 徴兵により一定期間軍務に就く。
平温《へいおん》 平常の温度。平年並の気温。
平穏《へいおん》 穏やかなさま。「—無事」⬌不穏
平価《へいか》 平日値段。貨幣価値の比。
兵戈《へいか》 刃物と戈《ほこ》。武器。「—を交える」
兵火《へいか》 戦争で起こる火事。戦争。
陛下《へいか》 天皇・皇后。皇太后の敬称。
米価《べいか》 米の値段。「—審議会」「生産者—」
閉会《へいかい》 会が終了すること。⬌開会
弊害《へいがい》 悪いこと。害となること。
兵革《へいかく》 いくさの道具。転じて戦争。
平滑《へいかつ》 滑らかなこと。平らであること。
平気《へいき》 落ち着いたさま。頓着しないこと。
兵器《へいき》 戦争の道具。武器。「秘密—」

併記《へいき》 幾つかの事柄を並べて書くこと。
閉業《へいぎょう》 営業を終える。商売をやめる。
平均《へいきん》 中間的な数値。ならすこと。
閉経《へいけい》 更年期の婦人の月経停止。
睥睨《へいげい》 にらみつけて威勢を示すこと。
平原《へいげん》 平らで広々とした野原。
平行《へいこう》 二直線が交わらない。「—四辺形」
並行《へいこう》 【併行】並び進むこと。同時進行。
●平行線をたどる
●並行して捜査する
平衡《へいこう》 つりあって安定していること。
閉口《へいこう》 弱りきる様子。困りきること。
閉校《へいこう》 学校を閉鎖すること。廃校。
併合《へいごう》 あわせて一つにすること。合併。
米穀《べいこく》 こめ。穀物一般。「—年度」「—商」
閉鎖《へいさ》 施設を閉じる。閉ざす。⬌開放

平作《へいさく》 通常の作がら。平年作。
米作《べいさく》 稲を栽培・収穫すること。
閉山《へいざん》 登山期間の終了。鉱山閉鎖。
兵士《へいし》 軍隊で仕官の指揮下の人。兵卒。
閉止《へいし》 機能が止まること。「月経—」
斃死《へいし》 行き倒れて死ぬ。のたれ死に。
平時《へいじ》 平生の。平和な時。ふだん。
平日《へいじつ》 (土・)日曜・祝日以外の日。
兵舎《へいしゃ》 兵士の宿舎。兵営。
弊社《へいしゃ》 自分の会社の謙称。小社。
米寿《べいじゅ》 八十八歳の異称、またその祝い。
弊習《へいしゅう》 悪い風習。悪いしきたり。弊風。
平準《へいじゅん》 水平にすること。均一。「—化」
兵書《へいしょ》 兵学・兵法についての書物。
閉所《へいしょ》 閉ざされた場所。「—恐怖症」

平叙《へいじょ》 物事をありのままに述べること。
並称《へいしょう》 【併称】あわせて呼ぶ。並び称す。
平常《へいじょう》 つね。いつも。普通。「—心」
閉場《へいじょう》 会合や催しを終了すること。
米食《べいしょく》 主食として米を食べること。
平心定気《へいしんていき》 心を平穏にする。
平身低頭《へいしんていとう》 ひたすら恐縮する。
聘《へい》する 手厚く招き迎える。訪問する。
平静《へいせい》 穏やか。静かで落ち着いた様子。
平生《へいぜい》 ふだん。平常。平素。平時。
兵籍《へいせき》 軍人としての身分。軍籍。
併設《へいせつ》 主たる物にあわせて設けること。
平然《へいぜん》 落ち着き払っているさま。平気。
平素《へいそ》 ふだん。平生。平常。日頃。
並走《へいそう》 【併走】並んで走ること。伴走。

屏息《へいそく》 おそれて縮こまる。息を殺す。
閉塞《へいそく》 閉じふさがれたさま。「腸—」
平俗《へいぞく》 平凡で世間並み。わかりやすい。
併存《へいぞん》 ともに存在すること。へいそん。
兵隊《へいたい》 兵士の組。軍隊。兵士。
兵隊勘定《へいたいかんじょう》 わりかん。
平坦《へいたん》 土地が、起伏がなく平ら。「—部」
平淡《へいたん》 あっさりしてしつこくないこと。
兵站《へいたん》 戦場で、後方で活動する機関。
兵端《へいたん》 戦いの糸口。「—を開く」
平談俗語《へいだんぞくご》 日常遣う普通の語。
平地《へいち》 平らな土地。ひらち。⬌山地
併置《へいち》 【並置】複数をあわせて設置する。
平定《へいてい》 騒乱を鎮めること。平和にする。
閉廷《へいてい》 法廷を閉じること。⬌開廷

閉店《へいてん》 店を閉じること。商売をやめる。
弊店《へいてん》 自分の店の謙称。小店。⬌貴店
併読《へいどく》 二つ以上のものをあわせ読む。
併呑《へいどん》 一緒にのむこと。あわせ従える。
併任《へいにん》 二つ以上の任務に就く。兼任。
平熱《へいねつ》 健康時の体温。
平年《へいねん》 閏《うる》年でない年。普通の年。例年。
兵馬《へいば》 兵器と軍馬。戦争。軍備。
幣帛《へいはく》 神前に供える供物。進物。ぬさ。
米麦《べいばく》 米と麦。穀物。
併発《へいはつ》 同時に起きる。同時に起こす。
平板《へいばん》 平たい板。単調なさま。「—な話」
米飯《べいはん》 米のめし。
兵備《へいび》 軍備。戦争の用意。
弊風《へいふう》 悪い風俗やならわし。弊習。

平伏《へいふく》 ひれ伏すこと。地に頭をつけること。
平服《へいふく》 ふだんに着る衣服。⇔礼服
平平凡凡《へいへいぼんぼん》 極めて平凡なさま。
平方《へいほう》 同数を二回掛ける。二乗。「一根」
兵法《へいほう》 軍の方法。戦術。ひょうほう。
平凡《へいぼん》 普通でありふれたさま。⇔非凡
閉幕《へいまく》 幕を閉じること。行事が終わる。
平脈《へいみゃく》 健康時・平常時の脈搏《みゃくはく》。
平民《へいみん》 官位のない普通の人々。庶民。
平明《へいめい》 平易で明瞭なこと。簡明なさま。
平面《へいめん》 凹凸のない平らな面。⇔立体
閉門《へいもん》 門を閉じること。⇔開門
平野《へいや》 低く平らな土地。平原。「沖積一」
平癒《へいゆ》 病気が治ること。本復。全快。
併有《へいゆう》 あわせもつこと。同時にもつこと。

併用《へいよう》 あわせて用いること。「薬の一」
兵乱《へいらん》 戦争で世が乱れること。戦乱。
並立《へいりつ》 並び立つこと。同等に並ぶこと。
兵力《へいりょく》 軍隊の力。軍力。武力。戦闘力。
並列《へいれつ》 並ぶこと、また並べること。
平和《へいわ》 戦乱がなく穏やかな状態。
頁《ページ》 書物などの紙面を数える単位。
辟易《へきえき》 勢いに圧倒されること。閉口。
僻遠《へきえん》 偏って遠いこと。へんぴな所。
壁画《へきが》 壁に、装飾のために描いた絵。
碧眼《へきがん》 西洋人の青い目。転じて欧米人。
僻見《へきけん》 偏った見方・見解。偏見。
僻言《へきげん》 ひがみ。道理に外れた言説。
僻陬《へきすう》 僻地。へんぴな田舎。片田舎。
僻村《へきそん》 へんぴな村里。田舎。

僻地《へきち》 へんぴな土地。片田舎。辺地。
劈頭《へきとう》 事のはじめ。最初。まっさき。
壁面《へきめん》 壁の表面。
霹靂《へきれき》 急に激しく鳴る雷。「青天の一」
僻論《へきろん》 中正を欠いた議論。曲論。
兵児帯《へこおび》 男子・子どものしごき帯
凹《へこ》む くぼむ。屈する。損する。
舳先《へさき》 船の先首。船首。みよし。⇔とも
圧《へ》し折《お》る たわめて折る。
臍《へそ》 腹の中央にあるくぼみ。
臍繰《へそく》り 内緒で貯えた金銭。
臍曲《へそま》がり◀ ひねくれもの。
蔕《へた》 柿などの実についているがく。
下手《へた》 つたない。まずい。拙劣。⇔上手
隔《へだ》てる 間に物を置く。間を仕切る。

別《べつ》 別れる。違う。問題外。ほかの。
別誂《べつあつら》え 特別に注文して作ること。
別院《べついん》 本山と別に建てられた寺院。
別格《べっかく》 定まった格式以外。破格。
別館《べっかん》 本館のほかに建てた建物。
別記《べっき》 別に記す。別途書き添える事柄。
別居《べっきょ》 別れて住むこと。「一生活」⇔同居
別口《べつくち》 別の部類・区分。別の方面。
別家《べっけ》 本家の分流。分家。別宅。
別掲《べっけい》 別に掲げること。別に掲載する。
別件《べっけん》 別の事件。別の事柄。「一逮捕」
瞥見《べっけん》 一目見ること。ちらりと見る。
別言《べつげん》 ほかの言葉。ほかの言い方。
別個《べっこ》 【別箇】別の物。別にすること。
別項《べっこう》 別の項目。別のくだり。

鼈甲《べっこう》 タイマイの甲羅の加工装飾品。
別懇《べっこん》 特別に親しくしていること。
別冊《べっさつ》 別の本。本文以外の付録。
別紙《べっし》 本書に添えた別の紙・文書。
蔑視《べっし》 さげすむこと。軽べつして見る。
別事《べつじ》 ほかの事。他事。特別のこと。
別辞《べつじ》 別れの言葉。訣別の辞。
別室《べっしつ》 ほかの部屋。特別の部屋。
別種《べっしゅ》 別の種類。異種。⇔同種
別称《べっしょう》 別の呼び名。異称。別名。
蔑称《べっしょう》 人や物の、軽べつした呼び方。
別条《べつじょう》 変わった事柄。異常。
別状《べつじょう》 普通と変わった状態。異状。
●別条なく暮らす
●命に別状はない
別人《べつじん》 ほかの人。当人でなく別の人。

別製《べっせい》 別ごしらえ。特別の製造。
別世界《べっせかい》 日常とは異なる環境。
別席《べっせき》 別に設けた座席。ほかの部屋。
別荘《べっそう》 本宅から離し建てた屋敷。「一地」
別宅《べったく》 本宅のほかに構えた邸宅。別邸。
別立《べつだ》て 別の基準で取り扱うこと。
別段《べつだん》 格別。特別。とりわけ。
別珍《べっちん》 綿ビロード。ベルベット。
竈《へっつい》 かまど。煮炊きする施設。
別邸《べってい》 本邸のほかに構えた屋敷。別宅。
別天地《べってんち》 俗世間でない別世界。仙境。
別途《べっと》 ほかの道。別の方法。別に。
別納《べつのう》 別にして納めること。
別杯《べっぱい》 【別盃】別れに酌み交わす杯。
別腹《べっぱら》 同じ父で母の異なること。異腹。

**別表**《べっぴょう》 別に添えた表。本文に添えた表。
**屁っ放り腰**《へっぴりごし》 自信のない腰つき。
**別便**《べつびん》 別に出す郵便。別に用いる交通。
**別嬪**《べっぴん》 美しい女性。美人。
**別封**《べっぷう》 別々に封をする。別添えの封書。
**別別**《べつべつ》 ちりぢり。それぞれ。「―に行く」
**別間**《べつま》 別の部屋。特別な部屋。別室。
**別命**《べつめい》 特別の命令。別に下す命令。
**別物**《べつもの》 別の物。特別のもの。例外。
**諂う**《へつらう》 おもねる。世辞を言う。
**別離**《べつり》 別れること。離別「―の涙」
**別枠**《べつわく》 特別に設けられた基準。
**反吐**《へど》 食べた物を吐きもどすこと。
**紅**《べに》 紅色。紅花からとった赤い色素。
**屁**《へ》**の河童**《かっぱ》 たやすいこと。平気。

**部屋**《へや》 間。座敷。室。「―着」「―割り」
**箆**《へら》 竹・木などの細長くて薄い道具。
**箆棒**《べらぼう》 ばか者。程度がはなはだしい。
**縁**《へり》 ふち。はし。「畳の―」「川の―」
**遜る**《へりくだる》 自分を卑下する。けんそんする。
**屁理屈**《へりくつ》 筋道の立たない理屈。
**経る**《へる》 過ぎて進む。時がたつ。たどる。
**減る**《へる》 少なくなる。ひるむ。減少する。
**辺**《へん》 ほとり。程度。角を囲む直線部。
**変**《へん》 変わること。事件。異常。奇妙。
**偏**《へん》 かたよる。漢字の左の部分。
**弁**《べん》 花びら。言葉づかい。バルブ。
**便**《べん》 都合。たより。便利。大・小便。
**偏愛**《へんあい》 偏って愛すること。
**変圧**《へんあつ》 電圧を変えること。「―器」

**変異**《へんい》 平常と異なる。異変。「突然―」
**変移**《へんい》 移り変わること。「時の―」
**偏倚**《へんい》 一方に偏ること。偏り。偏差。
**便意**《べんい》 大・小便をしたくなる気持ち。
**片雲**《へんうん》 ちぎれ雲。断雲。一片の雲。
**片影**《へんえい》 わずかに見えるものの姿・形。
**便益**《べんえき》 都合がよく便利で利益がある。
**返歌**《へんか》 返事のうた。かえしうた。
**変化**《へんか》 ほかの状態・性質に変わること。
**変改**《へんかい》 変え改めること。変わり改まる。
**弁解**《べんかい》 言い訳。言い訳すること。
**変革**《へんかく》 物事を変えて新しくすること。
**扁額**《へんがく》 室内に掛ける横に長い額。横額。
**勉学**《べんがく》 学問に勉め励むこと。勉強。
**返還**《へんかん》 もとの所・持ち主に返すこと。

**変換**《へんかん》 変える・変わること。変更。
**便器**《べんき》 大小便を受ける器。
**便宜**《べんぎ》 特別のはからい。適切な処理。
**返却**《へんきゃく》 持ち主のもとへ返すこと。
**辺境**《へんきょう》 【辺疆】中央から離れた国ざかい。
**偏狭**《へんきょう》 【褊狭】片意地。度量が狭いこと。
**勉強**《べんきょう》 努力する。学ぶ。経験。安く売る。
**編曲**《へんきょく》 楽曲を改編すること。アレンジ。
**返金**《へんきん》 借りたお金を返すこと、その金。
**偏屈**《へんくつ》 性質・考え方がねじけている。
**変化**《へんげ》 化け物。人の姿をした神仏。
**変形**《へんけい》 形を変えること。変わった形。
**変型**《へんけい》 規格が違う型。
**偏見**《へんけん》 偏った見解。「―をもつ」
**変幻自在**《へんげんじざい》 出没や変化が思うままなこと。千変万化。⇔千篇一律

**片言隻語**《へんげんせきご》 ちょっとした一言。
**弁護**《べんご》 申し開きして人の立場を守る。
**変更**《へんこう》 何らかの事情で改めること。
**偏向**《へんこう》 一方に偏って中立でないこと。
**偏好**《へんこう》 好みが偏っていること。
**弁護士**《べんごし》 訴訟行為を代理する者。
**偏差**《へんさ》 標準からの偏りの度合。「標準―」
**便座**《べんざ》 洋式便所の腰かけ部分。
**返済**《へんさい》 借りた金品を返すこと。「―期限」
**偏在**《へんざい》 部分的に存在すること。⇔遍在
**遍在**《へんざい》 行き渡って存在すること。普遍。
●都市部に偏在する
●全国に遍在する
**弁才**《べんさい》 弁舌の才能。口才。べんざい。
**弁済**《べんさい》 債務を全部返済すること。

**弁財天**《べんざいてん》 【弁才天】七福神の一。弁天。
**偏差値**《へんさち》 平均との隔たりを示す数値。
**編纂**《へんさん》 書物の内容をまとめること。
**変死**《へんし》 不自然な死。非業の死。
**返事**《へんじ》 【返辞】答えること、その言葉。
**変事**《へんじ》 普通でない事件。悪い知らせ。
**弁士**《べんし》 弁舌の巧みな人。活弁。
**変質**《へんしつ》 性質または物質が変化すること。
**編者**《へんしゃ》 書物を編集する人。へんじゃ。
**変種**《へんしゅ》 変わりだね。変わった種類。
**偏執**《へんしゅう》 片意地なこと。偏屈。「―狂」
**編修**《へんしゅう》 史料を集め史書などを作ること。
**編集**《へんしゅう》 書物の内容をまとめ作ること。
●国史の編修
●雑誌の編集
**返書**《へんしょ》 返事の手紙。返信。返簡。

便所《べんじょ》 大小便をする所。トイレ。厠《かわや》。
返上《へんじょう》 返し奉る。返すこと。「汚名—」
弁証《べんしょう》 道理を明らかにし論証すること。
弁償《べんしょう》 償い。補うこと。代償。
変色《へんしょく》 色が変わること。色を変えること。
偏食《へんしょく》 食物の好き嫌いが激しいさま。
返信《へんしん》 返事の手紙。返書。⇔往信
変心《へんしん》 心が変わること。心変わり。
変身《へんしん》 ほかのものに姿を変えること。
変人《へんじん》 【偏人】風変わりな人。変わり者。
偏頭痛《へんずつう》 【片頭痛】頭の片側が痛む。
貶《へん》する 下位に落とす。けなす。そしる。
変成《へんせい》 形が変わってできること。「—岩」
編成《へんせい》 個々を組み立ててまとめること。
編制《へんせい》 団体、軍隊を組織する。「学級—」

●予算を編成する
●部隊を編制する

偏西風《へんせいふう》 高空で吹く西からの風。
変節《へんせつ》 節義を変じる。変心する。「—漢」
弁舌《べんぜつ》 口のきき方。話し振り。
弁説《べんぜつ》 物事の論理を説き明かす。論証。
変遷《へんせん》 移り変わり。変転。推移。
弁疏《べんそ》 言い開きをする。弁解。言い訳。
返送《へんそう》 送り返すこと。
変装《へんそう》 姿を変えること。服装を変える。
変造《へんぞう》 造り変えること。「—紙幣」
変奏曲《へんそうきょく》 主題を変化させて作った曲。
変則《へんそく》 通常の規則に外れること。「—的」
変速《へんそく》 速力を変えること。「—機」
変体《へんたい》 普通と違った体形。「—仮名」
変態《へんたい》 形態を変えること。異常な状態。
編隊《へんたい》 隊形を整えること。「—飛行」
鞭撻《べんたつ》 むちうつこと。強く励ますこと。
辺地《へんち》 へんぴな土地。田舎。僻地。
編著《へんちょ》 著者自身の編集、またその書物。
変調《へんちょう》 調子が変わる。変わった調子。
偏重《へんちょう》 偏り重んじること。「学歴—」
便通《べんつう》 大便が出ること。通じ。
変哲《へんてつ》 普通とは違う点。注目すべき点。
変転《へんてん》 状態が移り変わること。変遷。
変電所《へんでんしょ》 配電・電圧調整をする施設。
返答《へんとう》 問いに対する答え。返事。
変動《へんどう》 変わり動くこと。変え動かすこと。
弁当《べんとう》 携行用容器に詰めた食事。
扁桃腺《へんとうせん》 咽頭《いんとう》にあるリンパ組織。
編入《へんにゅう》 組み入れること。組み込むこと。
編年《へんねん》 歴史上の年代的序列をつける。
返納《へんのう》 返し納めること。お返しすること。
偏頗《へんぱ》 不公平。えこひいき。へんば。
返杯《へんぱい》 【返盃】差された杯を差し返す。
弁駁《べんぱく》 他人の説を論破する。べんばく。
辺鄙《へんぴ》 都会から離れた不便な所。僻地。
便秘《べんぴ》 大便の出る回数が減ること。
返品《へんぴん》 買った商品を引き返すこと。
返付《へんぷ》 返して渡すこと。返還。還付。
扁平《へんぺい》 平たいこと。「—足」「—率」
弁別《べんべつ》 違いを見分ける。識別。「—的特徴」
片片《へんぺん》 きれぎれ。取るに足らないこと。
翩翩《へんぺん》 翻るさま。軽々しいさま。
便便《べんべん》 腹が出ている様子。時間の浪費。
変貌《へんぼう》 姿が変わること。姿を変えること。
返報《へんぽう》 好意に報いること。仕返し。
便法《べんぽう》 便利な方法。便宜的な方法。
返本《へんぽん》 仕入れた本を版元などに返す。
翩翻《へんぽん》 旗などが翻るさま。
弁務官《べんむかん》 保護国に派遣される官吏。
変名《へんめい》 名を変えること、その名。改名。
弁明《べんめい》 弁解。釈明。言い開き。「自己—」
変容《へんよう》 姿や様子を変えること。変貌《へんぼう》。
変乱《へんらん》 事変が起こり世の乱れが生じる。
便覧《べんらん》 便利なようにまとめた冊子。
便利《べんり》 都合がよいこと。重宝。⇔不便
弁理士《べんりし》 特許手続きの代理者。
片鱗《へんりん》 全体のごく一部。「—を窺わせる」
返礼《へんれい》 他人の好意に礼を返すこと。
返戻《へんれい》 もとに返すこと。返却。「—金」
勉励《べんれい》 勉め励むこと。「刻苦—」
遍歴《へんれき》 諸国を巡ること。歴遊。「人生—」
遍路《へんろ》 四国八十八か所の霊所巡り。[春]
弁論《べんろん》 論じ述べること。法廷での陳述。

## ほ

帆《ほ》 帆柱に張り風を受ける船具。
歩《ほ》 歩み。歩むこと。「歩兵」の略。
穂《ほ》 花や実が茎の先についたもの。
暮靄《ぼあい》 夕方のもや。夕もや。晩靄。
保安《ほあん》 社会の安寧を保つこと。「—林」
布衣《ほい》 無官。庶民。ふい。「—の交わり」
補遺《ほい》 漏れ落ちた事を補うこと。拾遺。
保育《ほいく》 乳幼児を守り育てること。「—園」
哺育《ほいく》 動物の親が子を育てること。

母音《ぼいん》 「アイウエオ」の五音。⬌子音
拇印《ぼいん》 親指で押す印。つめ印。
方《ほう》 方向。方角。方面。部門。
法《ほう》 法則。おきて。仕方。法律。
報《ほう》 報いる。知らせ。返す。「合格の—」
坊《ぼう》 男の子。僧りょ。僧りょの住まい。
某《ぼう》 それがし。なにがし。「—氏」
棒《ぼう》 細長いもの。「—に振る」
暴悪《ぼうあく》 極めて手荒なこと。非理非道。
棒上《ぼうあ》げ 株などの一本調子の上昇。
防圧《ぼうあつ》 【防遏】防ぎ止めること。防止。
暴圧《ぼうあつ》 力ずくで抑えつけること。圧迫。
方案《ほうあん》 方法についての考え。
法案《ほうあん》 法律の草案。「—を審議する」
方位《ほうい》 向き。方角。「—磁石」

包囲《ほうい》 取り囲むこと。「—作戦」「—網」
暴威《ぼうい》 乱暴な威勢。「—をふるう」
法医学《ほういがく》 法律上応用される医学。
豊衣足食《ほういそくしょく》 衣食が充分なさま。
放逸《ほういつ》 節度がないこと。気ままなさま。
法印《ほういん》 僧の最高位。山伏の異称。
暴飲《ぼういん》 むやみに酒を飲むこと。「—暴食」
暴雨《ぼうう》 激しく降る雨。
法会《ほうえ》 説法のための会。法要。法事。
法衣《ほうえ》 僧の服。衣。ほうい。
放映《ほうえい》 映画フィルムのテレビ放送。
防衛《ぼうえい》 防ぎ守ること。防守。「正当—」
法益《ほうえき》 法律によって保護される利益。
防疫《ぼうえき》 伝染病を予防して流行を防ぐ。
貿易《ぼうえき》 外国との商業取引。「—収支」

法悦《ほうえつ》 信仰による心中の喜び。法喜。
方円《ほうえん》 方形と円形。四角と丸。
芳縁《ほうえん》 よい因縁。よい機会。
砲煙《ほうえん》 発砲時に出る煙。「—弾雨」
豊艶《ほうえん》 肉づきがよくてあでやかなこと。
望遠《ぼうえん》 遠くを見る。「—レンズ」「—鏡」
法王《ほうおう》 カトリック教会の首長。教皇。
法皇《ほうおう》 仏門に入った譲位後の天皇。院。
●ローマ法王
●後白河法皇
訪欧《ほうおう》 ヨーロッパをおとずれること。
鳳凰《ほうおう》 中国の、想像上のめでたい鳥。
茅屋《ぼうおく》 あばら屋。自分の家の謙称。
芳恩《ほうおん》 相手の恩に対する敬称。ご恩。
報恩《ほうおん》 恩に報いること。恩返し。⬌忘恩
忘恩《ぼうおん》 恩義を忘れる。恩知らずなこと。

防音《ぼうおん》 音が漏れるのを防ぐこと。「—壁」
邦貨《ほうか》 自国の貨幣。⬌外貨
放火《ほうか》 故意に火をつけること。⬌失火
法科《ほうか》 法律を専門に研究する学科。
放歌《ほうか》 声高に歌うこと。「—高吟」
放課《ほうか》 学校の課業が終わること。「—後」
砲火《ほうか》 大砲を撃った時に出る火。
烽火《ほうか》 のろしの火。合図用ののろし。
邦画《ほうが》 日本映画。日本画。⬌洋画
奉加《ほうが》 神仏に財物を寄付すること。
奉賀《ほうが》 賀し奉ること。賀状を奉呈する。
萌芽《ほうが》 芽が出ること。芽生え。兆し。
防火《ぼうか》 火災を防ぐこと。耐火。「—訓練」
忘我《ぼうが》 熱中してわれを忘れること。
抱懐《ほうかい》 ある考えや感じを心に抱くこと。

崩壊《ほうかい》 【崩潰】崩れること。つぶれる。
方外《ほうがい》 おきてから外れていること。
法外《ほうがい》 並外れている様子。「—な値段」
妨害《ぼうがい》 【妨碍】邪魔。妨げ。「営業—」
望外《ぼうがい》 望み以上であること。思いの外。
法界悋気《ほうかいりんき》 自分に関係ないことに嫉妬《しっと》すること。他人の恋を妬むこと。
方角《ほうがく》 方位。方向。進路。向き。
邦楽《ほうがく》 日本音楽。和歌。⬌洋楽
法学《ほうがく》 法律についての研究をする学問。
包括《ほうかつ》 あわせくくる。まとめること。
芳翰《ほうかん》 他人の手紙の尊敬語。芳書。
奉還《ほうかん》 天皇に返すこと。「大政—」
宝冠《ほうかん》 宝石で飾った冠。王冠。
宝鑑《ほうかん》 模範を記した本。便利な実用書。

砲艦《ほうかん》 沿岸・河岸の警備用小形の軍艦。
幇間《ほうかん》 たいこもち。男芸者。
包含《ほうがん》 内部に包み含むこと。含有。
芳顔《ほうがん》 美しい顔。相手の顔の敬称。
砲丸《ほうがん》 大砲の弾。砲丸投げの球。
防寒《ぼうかん》 寒さを防ぐこと。「—服」⬌防暑
傍観《ぼうかん》 はたで見ること。そばで眺める。
暴漢《ぼうかん》 乱暴をはたらく男。乱暴者。
方眼紙《ほうがんし》 均等な縦横の線の入った紙。
判官贔屓《ほうがんびいき》 弱者に対する同情。
箒《ほうき》 【帚】ごみ・ちりを掃く道具。
芳紀《ほうき》 年頃の若い女性の年齢。
法規《ほうき》 法律と規則。法律上の規定。
放棄《ほうき》 【抛棄】投げ捨てる。捨てておく。
蜂起《ほうき》 大勢が一斉に起こす反乱。

謀議《ぼうぎ》 犯罪計画などを相談すること。
箒星《ほうきぼし》 彗星《すいせい》の異称。
忘却《ぼうきゃく》 すっかり忘れ去ること。忘失。
暴虐《ぼうぎゃく》 乱暴なやり方で人を苦しめる。
謀逆《ぼうぎゃく》 謀反を企てること。
俸給《ほうきゅう》 職務の決まった報酬。サラリー。
報仇雪恥《ほうきゅうせっち》 屈辱をはらすこと。
崩御《ほうぎょ》 天皇・皇后などが死去すること。
暴挙《ぼうきょ》 無謀で乱暴な行い。「—に出る」
防御《ぼうぎょ》 【防禦】防ぎ守る。防ぎ食い止める。
豊凶《ほうきょう》 豊作と凶作。豊年と凶年。
豊頬《ほうきょう》 ふくよかなほお。「—の美少年」
望郷《ぼうきょう》 故郷を懐かしむこと。「—の念」
宝玉《ほうぎょく》 宝とする貴重なたま。宝珠。
放吟《ほうぎん》 詩歌を遠慮なく吟唱すること。

防具《ぼうぐ》 競技で相手の攻撃を防ぐ道具。
防空《ぼうくう》 空からの攻撃・空襲を防ぐこと。
亡君《ぼうくん》 亡くなった主君。先君。
傍訓《ぼうくん》 漢字の傍らにつけるふりがな。
暴君《ぼうくん》 暴虐な君主。横暴な人物。
方形《ほうけい》 四角形。四角。「正—」⇔円形
包茎《ほうけい》 亀頭が外皮で包まれている陰茎。
奉迎《ほうげい》 身分の高い人を迎えること。
傍系《ぼうけい》 直系からわかれた系統。⇔直系
謀計《ぼうけい》 相手をだます計略。はかりごと。
砲撃《ほうげき》 大砲を用いての攻撃。
惚《ほう》ける 【呆ける】知覚が鈍る。夢中になる。
宝剣《ほうけん》 宝とする貴重な剣。宝刀。
奉献《ほうけん》 神仏などに物を奉ること。
封建《ほうけん》 従属関係を重んじること。専制。

方言《ほうげん》 地域特定の言葉。国言葉。
放言《ほうげん》 でたらめな言動。無責任な発言。
冒険《ぼうけん》 危険を冒して行うこと。「—談」
剖検《ぼうけん》 解剖による検査をすること。
望見《ぼうけん》 遠くから望み見る。遠くを見る。
妄言《ぼうげん》 偽り。無茶な言葉。もうげん。
暴言《ぼうげん》 乱暴で無礼な言葉。「—を吐く」
謗言《ぼうげん》 ほかをそしる言葉。悪口。
宝庫《ほうこ》 貴重な宝の倉。「知識の—」
邦語《ほうご》 日本の国語。日本語。「—訳」
法語《ほうご》 仏教を説いた言語・語句・文章。
防護《ぼうご》 災害などから防ぎまもる。「—団」
方向《ほうこう》 向き。目当て。進路。「—転換」
彷徨《ほうこう》 あてもなくさまようこと。放浪。
芳香《ほうこう》 かぐわしい香り。「—剤」⇔悪臭

咆哮《ほうこう》 動物などがたけり叫ぶ・声。
奉公《ほうこう》 国家に尽くす。主人に仕える。
放校《ほうこう》 学校から追放すること。「—処分」
法号《ほうごう》 仏になった人の称号。戒名。
抱合《ほうごう》 抱き合うこと。化合。
縫合《ほうごう》 縫いあわせること。「傷口の—」
膀胱《ぼうこう》 尿がたまる器官。「—炎」「—結石」
暴行《ぼうこう》 乱暴な仕業。乱暴行為。「婦女—」
報告《ほうこく》 知らせ告げる。知らせる。「—書」
報国《ほうこく》 国恩に報いること。「尽忠—」
亡国《ぼうこく》 国を滅ぼすこと。滅んだ国。
暴虎馮河《ぼうこひょうが》 蛮勇を振るうこと。
亡妻《ぼうさい》 亡くなった妻。亡き妻。⇔亡夫
防災《ぼうさい》 災害を防ぐこと。「—訓練」
方策《ほうさく》 対処する手段・方法。策略。

豊作《ほうさく》 五穀が豊かに実ること。豊年。
忙殺《ぼうさつ》 極めて忙しいさま。
謀殺《ぼうさつ》 計画的な殺人。故殺。
放散《ほうさん》 放たれ散ること。放ち散らすこと。
奉賛《ほうさん》 仏閣事業などへ謹んで賛助する。
芳志《ほうし》 相手の志の敬称。芳意。芳情。
奉仕《ほうし》 仕えまつること。献身。「社会—」
奉祀《ほうし》 神仏・祖先などを謹んでまつる。
放恣《ほうし》 【放肆】気ままなこと。勝手。
法師《ほうし》 僧りょ。「山—」「影—」
胞子《ほうし》 シダ・コケ類などの生殖細胞。
邦字《ほうじ》 日本の文字。漢字と仮名。国字。
法事《ほうじ》 仏事の営み。仏事。法要。
捧持《ほうじ》 うやうやしくささげ持つこと。
褒辞《ほうじ》 ほめる言葉。褒詞。賛辞。

某氏《ぼうし》 ある人。
防止《ぼうし》 防ぎ止めること。「犯罪の—」
紡糸《ぼうし》 糸をつむぐこと。つむいだ糸。
帽子《ぼうし》 頭にかぶるもの。「麦わら—」
亡児《ぼうじ》 死んだ子ども。亡子。
房事《ぼうじ》 男女の交合。夫婦の営み。閨事。
方式《ほうしき》 定まった形式・やり方・手続き。
法式《ほうしき》 儀式や礼儀の方法。作法。

●所定の**方式**に従う
●冠婚葬祭の**法式**

焙《ほう》じ茶《ちゃ》 番茶を焙じ香りをつけた茶。
亡失《ぼうしつ》 失いなくすこと。なくなること。
忘失《ぼうしつ》 忘れる。忘れてなくす。忘却。
防湿《ぼうしつ》 湿気を防ぐこと。「—剤」
某日《ぼうじつ》 ある日。はっきりわからない日。
放射《ほうしゃ》 外部に放つ。四方へ放つ。「—線」

報謝《ほうしゃ》 返礼。他人の恩に報いること。
傍若無人《ぼうじゃくぶじん》 勝手なふるまい。
放射能《ほうしゃのう》 放射線を放出する性質。
法主《ほうしゅ》 一宗派の長。法会の主宰者。
砲手《ほうしゅ》 火砲を撃つ兵士。
芒種《ぼうしゅ》 二十四節気で、六月五日頃。夏
傍受《ぼうじゅ》 第三者が無線を受信すること。
報酬《ほうしゅう》 労働に対する礼金。返礼。
放縦《ほうじゅう》 勝手気ままでだらしがないさま。
防臭《ぼうしゅう》 臭気を防ぎ止めること。「—剤」
包羞忍恥《ほうしゅうにんち》 屈辱に耐えること。
奉祝《ほうしゅく》 謹んで祝うこと。奉賀。「—行事」
豊熟《ほうじゅく》 穀物が豊かに実ること。豊穣。
防縮《ぼうしゅく》 織物などの縮みを防ぐこと。
放出《ほうしゅつ》 物などを提供する。一気に出す。

方術《ほうじゅつ》 手立て。方法。わざ。
芳醇《ほうじゅん》 酒の香りが高くこくがあること。
豊潤《ほうじゅん》 豊かでみずみずしいさま。
芳書《ほうしょ》 相手の手紙に対する敬称。
奉書《ほうしょ》 主に儀式用の和紙。「—紙」
幇助《ほうじょ》 加勢。犯罪の手助け。「—罪」
防除《ぼうじょ》 害虫や病害の予防と駆除。
報奨《ほうしょう》 勤労や努力に報い奨励すること。
報償《ほうしょう》 損害を償うこと。弁償。補償。
●功労を報奨する ●被害者への報償金
褒章《ほうしょう》 国が功績者に与える記章。
褒賞《ほうしょう》 ほめたたえること。褒美の金品。
●紫綬褒章 ●人命救助に対する褒賞
方丈《ほうじょう》 住職。寺の住持の部屋。
芳情《ほうじょう》 相手の親切な志の敬称。芳志。

豊壌《ほうじょう》 肥えた土地。肥沃《ひよく》な地。
豊穣《ほうじょう》 作物がよく実ること。豊作。
豊饒《ほうじょう》 土地が肥え作物がよく実ること。
●五穀豊穣を祈る。●豊饒な土地
傍証《ぼうしょう》 事実の間接的証拠。「—を固める」
帽章《ぼうしょう》 帽子・制帽につける記章。
放生会《ほうじょうえ》 生き物を放つ儀式。秋
宝飾《ほうしょく》 装飾品としての宝石・貴金属。
奉職《ほうしょく》 仕事に従事すること。官に就く。
飽食《ほうしょく》 飽きるほど食うこと。満足する。
防食《ぼうしょく》 金属の腐食を防ぐこと。「—剤」
紡織《ぼうしょく》 つむぐことと織ること。「—工場」
望蜀《ぼうしょく》 望みを遂げさらにその上を望む。
暴食《ぼうしょく》 むやみに食べること。「暴飲—」
奉《ほう》じる たてまつる。承る。奉ずる。

報《ほう》じる 報いる。知らせる。報ずる。
焙《ほう》じる 火であぶり湿気を取る。焙ずる。
方針《ほうしん》 目指すべき方向。一定の目的。
芳信《ほうしん》 他人の手紙の尊称。貴信。
放心《ほうしん》 うっかりすること。ぼんやり。
方陣《ほうじん》 兵士を方形に配列する陣立て。
邦人《ほうじん》 (外国在住の)日本人。「在留—」
法人《ほうじん》 法律上権利義務の主となる団体。
亡親《ぼうしん》 死んだ親。
防塵《ぼうじん》 ちり・ほこりの侵入を防ぐこと。
坊主《ぼうず》 髪を剃った頭。僧。釣果なし。
放水《ほうすい》 水を勢いよく流し出すこと。
防水《ぼうすい》 水の浸透を防ぐこと。「—加工」
紡錘《ぼうすい》 糸をつむぐための用具。
紡錘形《ぼうすいけい》 両端が細く真ん中が太い形。

方寸《ほうすん》 一寸四方。心。ごく狭い範囲。
方正《ほうせい》 まじめで正しいさま。「品行—」
法制《ほうせい》 法律と制度。法律。「—史」
砲声《ほうせい》 大砲を撃つ音。
縫製《ほうせい》 縫って衣服などを作ること。
暴政《ぼうせい》 過酷な政治。暴虐な政治。
宝石《ほうせき》 貴重な石。硬質で美しい鉱物。
紡績《ぼうせき》 綿をつむいで糸にすること。
防雪《ぼうせつ》 雪害を防ぐこと。「—林」
防戦《ぼうせん》 攻撃を防ぎ戦うこと。「—一方」
傍線《ぼうせん》 強調のため文字のそばにひく線。
呆然《ぼうぜん》 状況にあきれているさま。唖然。
茫然《ぼうぜん》 気が抜けてぼんやりするさま。
茫然自失《ぼうぜんじしつ》 ぼんやりして、われを忘れてしまった様子。瞠目結舌。

包装《ほうそう》 上包みをかけること。荷作り。
放送《ほうそう》 報道などを多くの人に送ること。
法曹《ほうそう》 法律事務に従事する人。「—界」
疱瘡《ほうそう》 天然痘。種痘。
包蔵《ほうぞう》 中に包み隠すこと。内包。内蔵。
宝蔵《ほうぞう》 宝物を保管しておく倉。経蔵。
暴走《ぼうそう》 むやみ・乱暴に走り進めること。
法則《ほうそく》 守るべき決まり。一定の相関関係。
滂沱《ぼうだ》 涙が止めどなく出る様子。
包帯《ほうたい》 【繃帯】傷口などに巻く布。
邦題《ほうだい》 外国作品につける日本語の題名。
放題《ほうだい》 思いのままに行うさま。「食べ—」
砲台《ほうだい》 火砲を据え置く台。砲座。
傍題《ぼうだい》 副題。サブタイトル。
膨大《ぼうだい》 【厖大】膨れて大きくなる。莫大。

棒立ち《ぼうだち》 驚いて立ちつくすさま。
放胆《ほうたん》 非常に大胆なさま。⬌細心
放談《ほうだん》 思うままに語ること。「テレビ―」
砲弾《ほうだん》 大砲などの弾。
防弾《ぼうだん》 銃弾の貫通を防ぐ。「―ガラス」
法治《ほうち》 法律に基づいて国を治めること。
放置《ほうち》 そのままにしておくこと。
報知《ほうち》 告げ知らせること。「火災―器」
放逐《ほうちく》 追いはらうこと。追放。「国外―」
逢着《ほうちゃく》 出くわすこと。たどり着くこと。
忙中《ぼうちゅう》 忙しい最中。「―閑あり」⬌閑中
防虫《ぼうちゅう》 害虫の侵入・増殖を防ぐ。「―剤」
傍注《ぼうちゅう》 【旁注】本文の側に添えた注釈。
包丁《ほうちょう》 【庖丁】料理や調理に使う刃物。
防潮《ぼうちょう》 津波や高潮の害を防ぐ。「―堤」

防諜《ぼうちょう》 機密が敵に漏れないようにする。
傍聴《ぼうちょう》 公判などをその場で聴くこと。
膨脹《ぼうちょう》 【膨張】膨れる・増大すること。
法廷《ほうてい》 裁判を行う所。裁判所。
法定《ほうてい》 法律で定められたこと。「―貨幣」
捧呈《ほうてい》 差し上げること。献上すること。
鵬程《ほうてい》 遠い航路・道程。「―万里」
方程式《ほうていしき》 ある値でだけ成り立つ等式。
放擲《ほうてき》 【抛擲】投げだす・放っておくこと。
宝典《ほうてん》 貴重で大切な書物。重宝な書物。
法典《ほうてん》 法律を組織的に編集した書物。
宝殿《ほうでん》 神宝や奉納物を納める殿舎。
放電《ほうでん》 帯電体の電気が放出すること。
傍点《ぼうてん》 字句のそばにつける点。
方途《ほうと》 進むべき道。方法。手段。仕方。

暴徒《ぼうと》 暴動を起こした人々。「―と化す」
宝刀《ほうとう》 宝物の刀。宝剣。「伝家の―」
宝塔《ほうとう》 寺の塔の美称。「多宝塔」の略。
奉灯《ほうとう》 神仏に奉る灯火。
法灯《ほうとう》 仏の教えのたとえ。仏前の灯り。
奉答《ほうとう》 貴人の問いに謹んで答えること。
放蕩《ほうとう》 道楽。遊蕩。「―息子」
報道《ほうどう》 出来事を広く告げ知らせること。
冒頭《ぼうとう》 物事のはじめ。最初。出だし。
暴投《ぼうとう》 野手の捕球できない投球・送球。
暴騰《ぼうとう》 物価が急激に高くなること。
暴動《ぼうどう》 徒党を組んで騒乱を起こすこと。
蓬頭垢面《ほうとうこうめん》 身なりに無頓着。
放蕩無頼《ほうとうぶらい》 放蕩で無法者。
報徳《ほうとく》 受けた恩を返すこと。報恩。

冒瀆《ぼうとく》 尊い神聖なものを汚すこと。
法難《ほうなん》 宣教のために受ける迫害。
訪日《ほうにち》 外国人が日本をおとずれること。
棒に振る《ぼうにふる》 それまでの努力や得たもの、今後得るものをふいにしてしまう。
放尿《ほうにょう》 小便をすること。尿を放つこと。
放任《ほうにん》 なりゆきまかせ。干渉しないさま。
放熱《ほうねつ》 熱を放散すること。「―器」
放念《ほうねん》 気に掛けないこと。「ご―下さい」
豊年《ほうねん》 五穀が豊かに実ること。豊作。秋
忘年会《ぼうねんかい》 年末の年忘れの宴会。冬
奉納《ほうのう》 神仏に供え奉ること。寄進。
澎湃《ほうはい》 水が逆巻く・勢いが盛んなこと。
朋輩《ほうばい》 友達。仲間。傍輩。
傍白《ぼうはく》 演劇で相手に聞こえないせりふ。

茫漠《ぼうばく》 限りなく広い。とりとめない。
蓬髪《ほうはつ》 伸び乱れた髪。乱れ髪。蓬頭。
暴発《ぼうはつ》 銃を誤って発射すること。突発。
防波堤《ぼうはてい》 港などで波を防ぐための堤。
防犯《ぼうはん》 犯罪を防ぐこと。「―ベル」
放屁《ほうひ》 おならをする・屁をひること。
褒美《ほうび》 ほめること。ほめ与えるもの。
防備《ぼうび》 防ぎ守ること、その準備。防御。
棒引き《ぼうびき》◀ 貸し借りを帳消しにする。
抱負《ほうふ》 心の中に抱く、考えや計画。
豊富《ほうふ》 豊かに富むこと。沢山あること。
亡夫《ぼうふ》 亡くなった夫。⬌亡妻
亡父《ぼうふ》 亡くなった父。先人。先父。
防腐《ぼうふ》 腐るのを防ぐこと。「―剤」
防風《ぼうふう》 暴風・強風を防ぐこと。「―林」

暴風《ぼうふう》 激しい風。「―警報」⬌微風
暴風雨《ぼうふうう》 激しい風を伴う雨。
法服《ほうふく》 裁判官や弁護士の制服。法衣《ほうえ》。
報復《ほうふく》 仕返しをすること。復讐《ふくしゅう》。
抱腹絶倒《ほうふくぜっとう》 大笑いすること。
彷彿《ほうふつ》 【髣髴】ありありと思い浮かぶ。
放物線《ほうぶつせん》 投げたものが描く曲線。
邦文《ほうぶん》 日本語の文章。国文。⬌欧文
法文《ほうぶん》 法令の条文。法科と文科。
砲兵《ほうへい》 もっぱら大砲をあつかう兵。
防壁《ぼうへき》 外部からの害を防ぐための壁。
褒貶《ほうへん》 ほめることとけなすこと。
方便《ほうべん》 便宜上の手段。一時の手立て。
亡母《ぼうぼ》 亡くなった母。⬌亡父
方法《ほうほう》 仕方。手段。手立て。「―論」

方方《ほうぼう》 あちこち。あちらこちら。
茫茫《ぼうぼう》 果てしなく広大な様子。
這《ほ》う這《ほ》うの体《てい》 逃げだすさま。
放牧《ほうぼく》 ウシやヒツジなどの放し飼い。
泡沫《ほうまつ》 あぶく。はかないもの。「─候補」
放漫《ほうまん》 ほしいまま。しまりがないさま。
豊満《ほうまん》 豊かで多い・肉づきがよいさま。
飽満《ほうまん》 食べ飽きる・十分に足りること。
暴慢《ぼうまん》 乱暴でわがままなさま。
膨満《ぼうまん》 いっぱいに膨れ上がる様子。
法名《ほうみょう》 死者におくる名。戒名。⇔俗名
法務《ほうむ》 法律に関する事務。「─局」
葬《ほうむ》る 埋葬する。覆い隠す。「闇に─」
芳名《ほうめい》 相手の姓名の敬称。名声。「─録」
亡命《ぼうめい》 政事で他国に逃れる。「─政権」

方面《ほうめん》 方角。方向。一方。「東京─」
放免《ほうめん》 拘束を解き自由にする。「無罪─」
訪問《ほうもん》 人を訪ねること。「─着」「─販売」
邦訳《ほうやく》 外国語を日本語に訳す。和訳。
朋友《ほうゆう》 友達。友人。
亡友《ぼうゆう》 死んだ友達。亡き友人。
包容《ほうよう》 含みもつ。包み入れる。「─力」
抱擁《ほうよう》 抱き締めること。「─を交わす」
法要《ほうよう》 仏事の営み。法事。法会《ほうえ》。
茫洋《ぼうよう》 【芒洋】広々とした様子。茫々。
望洋《ぼうよう》 遠方を眺める。見当がつかない。
亡羊補牢《ぼうようほろう》 失敗してから慌てて改善すること。あとのまつり。泥縄。
豊沃《ほうよく》 土地がよく肥えている様子。
棒読《ぼうよ》み 単調に読む。漢文の音読。

法楽《ほうらく》 仏法を敬愛し善を行い楽しむ。
崩落《ほうらく》 崩れ落ちる・相場が下がること。
暴落《ぼうらく》 物価の急激な下落。⇔暴騰
放埒《ほうらつ》 身持ちが悪いさま。道楽。
法吏《ほうり》 司法の官吏。裁判官。法官。
法理《ほうり》 法律における原理。「─学」
暴利《ぼうり》 不当な利益。「─をむさぼる」
法力《ほうりき》 仏法の威力。修行で得た力。
法律《ほうりつ》 国会の議決による規律。おきて。
方略《ほうりゃく》 はかりごと。手立て。計略。
謀略《ぼうりゃく》 人を陥れる策略。謀計。
放流《ほうりゅう》 水を流すこと。放魚すること。
傍流《ぼうりゅう》 本流から分かれた流れ。⇔主流
豊漁《ほうりょう》 魚貝が豊富に獲れること。大漁。
暴力《ぼうりょく》 乱暴をはたらくこと。「─行為」

放《ほう》る 【抛る】投げる。諦《あきら》めてやめる。
堡塁《ほうるい》 敵の襲撃を防ぐ構築物。とりで。
法令《ほうれい》 法律と命令。おきて。「─の施行」
法例《ほうれい》 定め。法律適用に関する規定。
豊麗《ほうれい》 豊かで美しいさま。「─な女性」
亡霊《ぼうれい》 亡き魂。亡魂。幽霊。
芳烈《ほうれつ》 香りが非常に強い様子。
放列《ほうれつ》 【砲列】大砲を横に並べた隊形。
放浪《ほうろう》 さまよう・ぶらつくこと。「─記」
報労《ほうろう》 労苦に報いること。「─金」
望楼《ぼうろう》 遠くを見るための物見やぐら。
俸禄《ほうろく》 給与。扶持。「─をはむ」
焙烙《ほうろく》 素焼きの土鍋。「─蒸し」
放論《ほうろん》 はばからず議論すること。
法論《ほうろん》 仏法上の議論。宗論。

暴論《ぼうろん》 乱暴で理に合わない議論。
法話《ほうわ》 仏法についての話。説教。法談。
飽和《ほうわ》 最大限度まで満ちた状態。
吠《ほ》え面《づら》をかく 泣き顔をする。
吠《ほ》える 【吼える】猛獣が鳴く。わめく。
頬被《ほおかぶ》り 布を顔にかぶること。図
蓬《ほお》ける けばだって乱れる。「髪の毛が─」
頬擦《ほおず》り 頬と頬をすりあわせること。
頬杖《ほおづえ》 ひじを立て手で頬を支える格好。
頬張《ほおば》る 口いっぱいに食物を入れる。
頬紅《ほおべに》 頬にさす紅。チーク。
保温《ほおん》 一定の温度を保つこと。「─器」
外《ほか》 対象物の範囲外。「謝る─ない」
他《ほか》 対象物と無関係。「─の店へ行く」
簿価《ぼか》 「帳簿価額」の略。帳簿上の価額。

保革《ほかく》 保守と革新。皮革の状態を保つ。
捕獲《ほかく》 生け捕る・とらえること。「─量」
火影《ほかげ》 【灯影】火の影。灯火の光。
帆影《ほかげ》 遠方に見えるふねの帆の姿。
帆掛《ほか》け船《ぶね》◀ 帆をかけて進むふね。
暈《ぼか》す はっきりさせない。ぼやかす。
朗《ほが》らか 曇りがなく晴れ晴れしたさま。
保管《ほかん》 物を預かって保護し管理する。
補完《ほかん》 不足を補って完全にすること。
補記《ほき》 補い記すこと。
簿記《ぼき》 商取引上の記帳簿。「複式─」
捕球《ほきゅう》 ボールを捕る。送球を受ける。
補給《ほきゅう》 足りなくなった分を補うこと。
補強《ほきょう》 補い強くすること。「─工事」
募金《ぼきん》 寄付金を募ること。「街頭─」

保菌者《ほきんしゃ》　病菌を体内に持つ人。
僕《ぼく》　男性の自称の一つ。
牧牛《ぼくぎゅう》　ウシの放し飼い、またそのウシ。
撲殺《ぼくさつ》　殴り殺すこと。たたき殺すこと。
牧師《ぼくし》　プロテスタント教会の教職。
卜者《ぼくしゃ》　占い師。易者。
牧者《ぼくしゃ》　牧場で家畜を世話する人。牧人。
牧舎《ぼくしゃ》　牧場の、家畜を入れる建物。
墨守《ぼくしゅ》　自説を頑固に守ること。「旧習―」
墨汁《ぼくじゅう》　墨を擦った液。
墨書《ぼくしょ》　墨で書くこと。墨で書いたもの。
北上《ほくじょう》　北の方向へ進む。北進。⬍南下
牧場《ぼくじょう》　家畜を放牧する場所。まきば。
木人石心《ぼくじんせきしん》　薄情で冷酷な人。
解す《ほぐす》　とく。ほどく。かきまぜる。

卜する《ぼく》　占う。定める。
木石《ぼくせき》　木や石。情に欠ける人。「―漢」
墨跡《ぼくせき》　【墨蹟】書いた筆の跡。筆跡。
火糞《ほくそ》　ろうそくの燃えがら。火口《ほくち》。
牧草《ぼくそう》　家畜の飼料用に栽培される草。
木鐸《ぼくたく》　世人を教え導く人。指導者。
北端《ほくたん》　陸地などの北の境。北のはし。
牧畜《ぼくちく》　家畜を飼い育てること。「―業」
朴直《ぼくちょく》　【樸直】素直で正直なこと。
木刀《ぼくとう》　木製の刀。木剣。きだち。
牧童《ぼくどう》　子供の牧者。牧人。カウボーイ。
北斗星《ほくとせい》　北天の七つの星。北斗七星。
朴訥《ぼくとつ》　【木訥】飾らず口数が少ないさま。
朴念仁《ぼくねんじん》　わからず屋。無愛想な人。
撲滅《ぼくめつ》　完全に討ち滅ぼすこと。根絶。

牧野《ぼくや》　家畜を放牧し、採草する野原。
北洋《ほくよう》　北の方の海。北海。「―漁業」
牧羊《ぼくよう》　羊の放し飼い、その羊。「―犬」
黒子《ほくろ》　皮膚上にある黒い斑紋。「泣き―」
捕鯨《ほげい》　クジラを捕ること。「―船」[名]
母系《ぼけい》　母方の血筋。母方。⬍父系
母型《ぼけい》　活字の鋳型。字母。
暮景《ぼけい》　夕暮れの景色。暮色。
補欠《ほけつ》　不足人員を補うこと。ひかえ。
墓穴を掘る《ぼけつをほる》　自らの言動が原因で自分自身の失敗・破滅を招いてしまう。

惚ける《ぼける》　【呆ける】脳力が鈍る・弱くなる。
暈ける《ぼける》　色や形が不明確になる。
●年で頭が惚ける
●焦点が暈ける

保健《ほけん》　健康を守り保つこと。「―室」

保険《ほけん》　病や事故などが生じた際の保証。
母権《ぼけん》　母としての親権。⬍父権
矛《ほこ》　【鉾・戈】槍に似た長い両刃の剣。
反古《ほご》　【反故】書損じの紙。無用なもの。
保護《ほご》　助け守る。かばい守る。「―者」
補語《ほご》　術語の意味を補う語。
母語《ぼご》　幼時に、自然に習得する言語。
歩行《ほこう》　歩くこと。「―困難」「―訓練」
補講《ほこう》　補充のための講義。
母后《ぼこう》　天皇の母。皇太后。ははきさき。
母校《ぼこう》　その人が卒業した学校。出身校。
母港《ぼこう》　その船の本拠地となる港。
母国《ぼこく》　その人の生まれた国。祖国。
矛先《ほこさき》　【鋒】矛の切っ先。攻撃目標。「―が鈍る」で、相手への攻めに勢いがなくなる。

祠《ほこら》　神をまつる小社殿。やしろ。
埃《ほこり》　空中の細かいごみ。「綿―」「砂―」
誇る《ほこる》　得意になる。「伝統を―」
綻びる《ほころびる》　縫い目が解ける。少し開く。綻ぶ。
矛を収める《ほこをおさめる》　攻撃をやめる。
補佐《ほさ》　【輔佐】仕事を助けること。「―役」
穂先《ほさき》　穂の先。とがったものの先。
捕殺《ほさつ》　とらえて殺すこと。「野犬の―」
菩薩《ぼさつ》　仏陀《ぶつだ》に次ぐ位。仏のような人。
墓参《ぼさん》　墓参り。お寺参り。展墓。
星《ほし》　夜空に輝く天体。恒星・惑星など。
保持《ほじ》　保ち持つこと。「記録―者」
母子《ぼし》　母と子。親子。「―手帳」
墓誌《ぼし》　墓石に記した死者の文。「―銘」
糒《ほしい》　炊いた米を乾燥した保存食。[夏]

欲しい《ほ》　入手したい。望ましい。
縦《ほしいまま》　【恣】気のむくまま。思いどおり。
干し柿《ほしがき》　渋柿をむいて干した物。[秋]
星影《ほしかげ》　星の光。星明かり。
干し草《ほしくさ》　刈り取って干した草。[夏]
星屑《ほしくず》　夜空の、無数の小さな星。
穿る《ほじくる》　掘ってつつき出す。あばき出す。
星空《ほしぞら》　星がたくさん出ている夜空。
保湿《ほしつ》　湿度を一定の範囲内に保つこと。
星月夜《ほしづきよ》　星が月のように照る夜。[秋]
星祭り《ほしまつり》◀　七夕祭り。七夕。[秋]
保釈《ほしゃく》　未決囚が帰宅を許されること。
保守《ほしゅ》　古きを守る。旧習を守る。「―的」
補修《ほしゅう》　傷んだ所を補い修理すること。
補習《ほしゅう》　補い習う。補足的学習。「―授業」

補充《ほじゅう》 補い充たすこと。「人員—」
募集《ぼしゅう》 募り集めること。「社員を—する」
暮秋《ぼしゅう》 秋の暮れ。晩秋。秋の末。⇔初秋
暮春《ぼしゅん》 春の暮れ。晩春。春の末。⇔初春
補助《ほじょ》 補い助けること。補佐。「—金」
歩哨《ほしょう》 兵営の要所で監視すること・人。
保証《ほしょう》 責任を持って請け合う。「連帯—」
保障《ほしょう》 安全や権利を守ること。保護。
補償《ほしょう》 損害を補い償うこと。弁済。
●保証書 身元を保証する ●人権を保障する 社会保障 ●被害者に補償する
慕情《ぼじょう》 恋い慕う気持ち。「—を抱く」
捕食《ほしょく》 生物が生物をとらえて食うこと。
補色《ほしょく》 赤と青緑などの反対色。余色。
暮色《ぼしょく》 夕暮れの景色。夕暮れ時の色。

保身《ほしん》 自分の身や地位を守ること。
干《ほ》す 乾かす。からにする。「杯を—」
補正《ほせい》 補い正すこと。「—予算」
補整《ほせい》 不足を補い調整する。「—下着」
墓石《ぼせき》 墓に立てた石碑。はかいし。
補説《ほせつ》 説明の不足を補足すること。
保線《ほせん》 線路の安全を保つこと。「—工事」
保全《ほぜん》 保護して安全にすること。
母船《ぼせん》 漁業船団の中心となる大型船。
墓前《ぼぜん》 墓の前。「—にひざまずく」
枘《ほぞ》 (接合させるための) 木材の突起。
蔕《ほぞ》 果実のへた。「—落ち」
臍《ほぞ》 へそ。「—を固める」で「固く決意する」の、「—をかむ」で「後悔する」の意。
細《ほそ》い 狭く長い。乏しい様子。「食が—」

舗装《ほそう》 【鋪装】道路の表面を固めること。
細腕《ほそうで》 やせ腕。経済力が乏しいさま。
細面《ほそおもて》 ほっそりした感じの顔かたち。
歩測《ほそく》 歩幅と歩数で距離を測る。測歩。
捕捉《ほそく》 捕まえ、とらえること。掌握。
補足《ほそく》 つけ足し。補うこと。「—説明」
補則《ほそく》 法令の規定を補う規則。付則。
細引《ほそび》き◀ 細めの麻縄。
細細《ほそぼそ》 非常に細いさま。やっと続くさま。
細身《ほそみ》 ほっそりとしていること。
細目《ほそめ》 少し開いた目。細い編み目。
保存《ほぞん》 状態を維持し残す・保つこと。
榾《ほた》 たきぎにする木の切れ端。図
母体《ぼたい》 母の体。本体。主。「選挙—」
母胎《ぼたい》 母の胎内。土台。温床。「思想の—」

菩提《ぼだい》 悟りを開くこと。冥福。「—寺」
菩提《ぼだい》を弔《とむら》う 死者の冥福を祈る。
絆《ほだ》される 情にひかれて束縛される。
牡丹餅《ぼたもち》 おはぎ。「棚から—」で、苦労なく幸運を手に入れる。「たなぼた」とも。
蛍火《ほたるび》 ホタルの光。消え残った炭火。
釦《ボタン》 衣服の合わせ目を留める具。
牡丹雪《ぼたんゆき》 大きな塊で降る雪。図
墓地《ぼち》 墓のあるところ。墓場。「共同—」
捕虫《ほちゅう》 虫をとらえること。「—網」
補注《ほちゅう》 【補註】補い加えた注釈。
歩調《ほちょう》 足並み。歩行・行動の調子。
補聴器《ほちょうき》 聴力を補う音声増幅器。
没《ぼつ》 沈む。死ぬ。「平成十年—」
牧歌《ぼっか》 牧童が歌う歌。田園詩。「—的」

没我《ぼつが》 熱中してわれを忘れるさま。
墨客《ぼっかく》 書画などをかく人。ぼっきゃく。
発願《ほつがん》 神仏に願掛けすること。願掛け。
発起《ほっき》 企てを起こすこと。発心。「—人」
勃起《ぼっき》 にわかに起こり立つこと。
没却《ぼっきゃく》 すっかり忘れ去ってしまうこと。
北極《ほっきょく》 地軸の北端の地点。「—圏」「—海」
北極星《ほっきょくせい》 こぐま座のアルファ星の名。
発句《ほっく》 和歌・連歌・俳諧の第一句。俳句。
木履《ぼっくり》 駒下駄の一つ。ぽくり。
没後《ぼつご》 【歿後】死んだあとのこと。死後。
勃興《ぼっこう》 急に勢力が出て盛んになること。
没交渉《ぼっこうしょう》 交渉がないこと。無関係。
没個性《ぼっこせい》 個性を欠き画一化すること。
墨痕《ぼっこん》 墨で書いた筆のあと。墨蹟《ぼっせき》。

発作《ほっさ》 症状が急に激しく起こること。
没収《ぼっしゅう》 強制的に取り上げること。
没趣味《ぼっしゅみ》 趣味に乏しい。⇔多趣味
没書《ぼっしょ》 寄稿を掲載しない、その原稿。
発心《ほっしん》 思い立つ。仏道に入る。「一大—」
欲《ほっ》する ほしいと思う。願望を持つ。
没《ぼっ》する 沈む。おぼれる。死ぬ。「夕日が—」
没前《ぼつぜん》 【歿前】死ぬ前。生前。⇔没後
勃然《ぼつぜん》 にわかに起こるさま。怒るさま。
発足《ほっそく》 新設。設立。開始。はっそく。
発端《ほったん》 糸口。起こり。端緒。⇔終局
没頭《ぼっとう》 一つの物事に掛かりきる。熱中。
帆綱《ほづな》 帆を操作・調節するための綱。
没入《ぼつにゅう》 すっかり入りこむ・はまること。
没年《ぼつねん》 【歿年】死んだ年齢・年次。

**勃発《ぼっぱつ》** 急に事件などが起こりはじめる。
**勃勃《ぼつぼつ》** 盛んに起こり立つ。わき起こる。
**没没求活《ぼつぼつきゅうかつ》** 平凡に生きていく。
**没滅《ぼつめつ》** 滅びてなくなる、また滅ぼすこと。
**没落《ぼつらく》** 衰え滅びる。衰退。破産。倒産。
**解《ほつ》れる** 端から解けて緩む。ほどける。
**布袋《ほてい》** 七福神の一人。「―腹」
**補訂《ほてい》** 補いただすこと。「―版」
**補綴《ほてい》** 手を加えよくすること。作詩。
**火照《ほて》る** 【熱る】顔や体が熱くなる。
**補塡《ほてん》** 不足部分を補い埋めること。
**程《ほど》** 頃合。身分。頃。限り。「―よい味」
**歩度《ほど》** 人や馬の歩く速度・歩幅。
**程合《ほどあ》い▲** ちょうどよい。程度。頃合い。
**歩道《ほどう》** 人が歩く側の道。「―橋」⇔車道

**舗道《ほどう》** 【鋪道】舗装してある街路・道路。
**補導《ほどう》** 正しい方向へ導くこと。
**母堂《ぼどう》** 他人の母の尊称。母上。「ご―」
**解《ほど》く** 結んだ物などを解きほぐす。
**仏《ほとけ》** 仏陀《ぶっだ》。釈迦《しゃか》。仏葬した霊。
**仏心《ほとけごころ》** 仏の心。慈悲深い心。情け心。
**施《ほどこ》す** 恵み与える。行う。設ける。
**程遠《ほどとお》い** かなり隔たる。⇔程近い
**程《ほど》なく** 間もなく。やがて。じきに。
**迸《ほとばし》る** 勢いよく飛び散る。「情熱が―」
**潤《ほと》びる** 水を吸ってふやける。増長する。
**殆《ほとほと》** 本当に。全く。「―いやになる」
**程程《ほどほど》** 適当。ちょうどよいさま。
**程好《ほどよ》い** ちょうどよい。適当である。
**辺《ほとり》** 【畔】辺り。そば。近辺。「湖の―」

**殆《ほとん》ど** おおかた。大部分。ほぼ。
**穂波《ほなみ》** 稲穂などが風に揺れる様子。
**哺乳《ほにゅう》** 乳児に母乳を飲ませる。「―瓶」
**母乳《ぼにゅう》** 母親の乳。
**補任《ほにん》** 職に補し官に任じること。
**骨《ほね》** 骨格を構成する堅い構造物。
**骨惜《ほねお》しみ** 苦労を惜しむこと。
**骨折《ほねお》り損《ぞん》** 苦労がむだ。徒労。
**骨折《ほねお》る** 精を出して働く。努力する。
**骨組《ほねぐ》み▲** 骨格。主要部分の組立て。
**骨接《ほねつ》ぎ** 骨折・脱臼《だっきゅう》の治療。接骨。
**骨抜《ほねぬ》き** 魚などの骨を抜く。無価値。
**骨太《ほねぶと》** 骨の太いこと。じょうぶな骨格。
**骨身《ほねみ》** 骨と肉。全身。「―にこたえる」
**骨休《ほねやす》め** 一息つくこと。休息。休養。

**暮年《ぼねん》** 老年になった時。晩年。
**炎《ほのお》** 【焰】火の先端。心中の激情。
**仄《ほの》か** かすか。ぼんやり。うっすら。
**仄暗《ほのぐら》い** 薄暗い。
**仄仄《ほのぼの》** ほのかに明るくて温かい様子。
**仄《ほの》めかす** それとなく示す。暗示する。
**牡馬《ぼば》** 雄の馬。「種―」⇔牝馬《ひんば》
**捕縛《ほばく》** とらえ縛ること。捕まえること。
**帆柱《ほばしら》** 帆を張る、帆船の柱。マスト。
**歩幅《ほはば》** 歩く時の一歩の距離。
**墓碑《ぼひ》** 文字が刻まれた墓石。「―銘」
**補筆《ほひつ》** 補い書くこと。書き添えること。
**輔弼《ほひつ》** 君主を輔佐すること。輔佐。
**墓標《ぼひょう》** 墓じるしとなる柱。「―を建てる」
**匍匐《ほふく》** 腹這いになって進むこと。這う。

**屠《ほふ》る** 鳥獣を殺す。打ち滅ぼす。
**歩兵《ほへい》** 徒歩で戦う兵隊。
**略《ほぼ》** 【粗】大体。おおよそ。おおかた。
**微笑《ほほえ》む** にっこり笑う。微笑する。
**誉《ほま》れ** 名誉。よい評判。栄誉。「―高い」
**焰《ほむら》** 【炎】炎。恨みなどの心中の炎。
**褒《ほ》める** 【誉める】たたえる。称賛する。
**火屋《ほや》** 香炉などのふた。ランプの円筒。
**小火《ぼや》** 小さな火事。「―騒ぎ」
**暮夜《ぼや》** 夜。夜中。夜分。「―ひそかに」
**保有《ほゆう》** 保ち持つこと。保持。維持。
**保養《ほよう》** 健康・活力を養うこと。「―所」
**洞《ほら》** ほらあな。どうけつ。洞窟。
**法螺《ほら》** ホラ貝。大言。「―をふく」
**洞《ほら》が峠《とうげ》** 日和見。「―を決めこむ」

**堀《ほり》** 【濠】地を掘り水をためた所。
**捕吏《ほり》** 罪人をとらえる役人。とりて。
**堀江《ほりえ》** 地面を掘って水を通した川。
**掘《ほ》り出《だ》し物《もの》▲** 思いがけず手に入った珍しい物。安く手に入れたよい品。
**彫《ほ》り物《もの》▲** 彫刻。入れ墨。「―師」
**保留《ほりゅう》** おさえてとめておくこと。留保。
**蒲柳《ほりゅう》** 体質が弱いさま。「―の質」
**捕虜《ほりょ》** とらわれの身。とりこ。俘虜《ふりょ》。
**掘《ほ》り割《わ》り▲** 地を掘って造った水路。
**彫《ほ》る** きざむ。えぐる。彫刻する。
**掘《ほ》る** 土を削って地に穴をあける。
**保冷《ほれい》** 食料品を低温のまま保つ。「―剤」
**惚《ほ》れ惚《ぼ》れ** うっとりするさま。
**惚《ほ》れる** 恋い慕う。好きになる。夢中。

**幌**《ほろ》 風雨を避けるためのおおい。
**襤褸**《ぼろ》 使い古した布きれ。欠点。失敗。
**歩廊**《ほろう》 二列の柱の間の通路。回廊。
**幌馬車**《ほろばしゃ》 幌で覆った馬車。
**滅**《ほろ》**ぶ** たえる。なくなる。消滅する。
**微酔**《ほろよ》**い** 飲酒で少し酔う。微酔《びすい》。
**本**《ほん》 書物。書籍。手本。本格的。
**盆**《ぼん》 食器を載せて運ぶ器。うら盆。
**翻案**《ほんあん》 小説や戯曲を改作すること。
**本位**《ほんい》 物事の基準。中心。「自分—」
**本意**《ほんい》 本当の気持。本心。真意。「不—」
● 仕事本位　品質本位　● 本意をとげる
**翻意**《ほんい》 決意を変えること。「—を促す」
**盆踊**《ぼんおど》**り**◀ お盆の夜に踊るおどり。[秋]
**本懐**《ほんかい》 本来の願い。本望。「—をとげる」

**本格**《ほんかく》 本来の格式。本式。「—的」「—派」
**本館**《ほんかん》 中心となる建物。当館。⬍別館
**本願**《ほんがん》 宿願。寺の創立者。「他力—」
**凡眼**《ぼんがん》 平凡な眼識・眼力。⬍慧眼《けいがん》
**本気**《ほんき》 正気。本心。真剣なさま。
**本義**《ほんぎ》 言葉や文字本来の意味。⬍転義
**本給**《ほんきゅう》 手当などを加えない基本給。
**本拠**《ほんきょ》 よりどころとなる場所。「—地」
**本業**《ほんぎょう》 主たる業務。本職。⬍副業
**本局**《ほんきょく》 中心となる局。⬍支局
**凡愚**《ぼんぐ》 平凡で愚かなこと。凡人。凡下。
**盆暮**《ぼんく》**れ**◀ お盆の頃と年の暮れ。
**本家**《ほんけ》 本元の家。家元。宗家。「—本元」
**盆景**《ぼんけい》 盆に山水などをかたどったもの。
**本卦帰**《ほんけがえ》**り** 【本卦還り】還暦。60歳。

**本絹**《ほんけん》 純粋な絹糸。正絹。⬍人絹
**本源**《ほんげん》 みなもと。おおもと。根源。
**梵語**《ぼんご》 古代インドの文章語。
**本校**《ほんこう》 本体となる学校。わが校。⬍分校
**翻刻**《ほんこく》 原本通りに再出版する。⬍原版
**本国**《ほんごく》 自分の生まれた国。母国。
**本腰**《ほんごし》 真剣な気構え。「—を入れる」
**凡骨**《ぼんこつ》 普通の器量の人。凡人。
**本妻**《ほんさい》 正式の妻。正妻。⬍妾《めかけ》
**凡才**《ぼんさい》 平凡な才能。凡人。⬍天才
**盆栽**《ぼんさい》 観賞用の鉢植えの植木。
**梵妻**《ぼんさい》 僧侶の妻。大黒《だいこく》。
**凡作**《ぼんさく》 平凡な、つまらない作品。
**凡策**《ぼんさく》 平凡な策略。ありふれた策。
**梵刹**《ぼんさつ》 寺。寺院。ぼんせつ。



**本山**《ほんざん》 各宗派を統轄する寺院。⬍末寺
**本旨**《ほんし》 本来の趣旨や目的。
**本字**《ほんじ》 漢字。略さない正式の字。正字。
**梵字**《ぼんじ》 サンスクリット語を書き表す字。
**本式**《ほんしき》 正式。本当の形式。⬍略式
**本質**《ほんしつ》 根本の性質や要素。「—的」
**本日**《ほんじつ》 きょう。こんにち。この日。
**本社**《ほんしゃ》 本店の事業所。この社。⬍支社
**奔車朽索**《ほんしゃきゅうさく》 極めて危険な状態。
**凡手**《ぼんしゅ》 普通の腕前（の人）。「—の作品」
**本州**《ほんしゅう》 日本列島の中心の島。本土。
**奔出**《ほんしゅつ》 勢いよく出ること。「水が—する」
**本性**《ほんしょう》 持って生まれた性質。正気。
**梵鐘**《ぼんしょう》 寺の、鐘楼のつりがね。
**本職**《ほんしょく》 持ち前の職。本業。プロ。

**本心**《ほんしん》 本当の心や気持ち。真意。本音。
**翻身**《ほんしん》 身をひるがえすこと。
**本陣**《ほんじん》 陣営で大将のいる所。本営。
**凡人**《ぼんじん》 普通の人。ありふれた人。凡夫。
**本筋**《ほんすじ》 中心となる筋道。「話の—」
**本籍**《ほんせき》 戸籍の所在場所。原籍。「—地」
**盆石**《ぼんせき》 石を盆に配し自然を模した置物。
**本線**《ほんせん》 主要の鉄道線路。幹線。⬍支線
**本選**《ほんせん》 最終的な選定・選挙。⬍予選
**本然**《ほんぜん》 生まれつき。天性。「—主義」
**本膳**《ほんぜん》 主となる膳。「本膳料理」の略。
**翻然**《ほんぜん》 心を翻すこと。急に改めること。
**凡戦**《ぼんせん》 平凡でつまらない対戦・試合。
**本訴**《ほんそ》 一連の民事訴訟で最初の訴訟。
**本葬**《ほんそう》 本式の葬儀。⬍密葬・仮葬

**奔走**《ほんそう》 駆け回って世話をやくこと。
**本則**《ほんそく》 おおもとの規則。原則。⬍付則
**凡俗**《ぼんぞく》 世間並み。俗人。凡人。「—の徒」
**本尊**《ほんぞん》 その寺の信仰の中心となる仏像。
**凡打**《ぼんだ》 野球でヒットにならない打球。
**本体**《ほんたい》 正体。真の姿。実相。実体。
**本題**《ほんだい》 中心となる題目。主題。テーマ。
**凡退**《ぼんたい》 野球で打者がアウトで退くこと。
**本宅**《ほんたく》 本来の住まい。本邸。⬍別宅
**本立**《ほんた》**て**◀ 書物を立てておく台。
**本棚**《ほんだな》 書物を載せておく棚。書架。
**盆地**《ぼんち》 周りが山で囲まれた土地。
**本庁**《ほんちょう》 根幹となる中央官庁。⬍支庁
**本調子**《ほんちょうし》 本来の調子。「—が出る」
**本店**《ほんてん》 事業の中心となる店。⬍支店

本殿《ほんでん》 神霊を安置した社殿。⇕拝殿
梵天《ぼんてん》 祭礼で使う御幣。延縄《はえなわ》の浮標。
本土《ほんど》 一国の主たる国土。本国。本州。
本当《ほんとう》 まこと。真実。偽りでないこと。
本島《ほんとう》 群島・列島中の主たる島。
奔騰《ほんとう》 物価や相場が急に上がること。
本堂《ほんどう》 寺の本尊を安置する堂。金堂。
本道《ほんどう》 主な街道。⇕間道 正しい道。
本人《ほんにん》 その人。当人。首領。張本人。
本音《ほんね》 本心の言葉。本心。⇕立前《たてまえ》
本年《ほんねん》 ことし。当年。この年。
本能《ほんのう》 生まれながら持つ性質・能力。
煩悩《ぼんのう》 人の心を迷わす一切の欲望。
本場《ほんば》 本来の場所。主な産地。「—物」
奔馬《ほんば》 勢いよく走る馬。奔逸する馬。

本箱《ほんばこ》 書物を入れておく箱。本棚。
本場所《ほんばしょ》 大相撲の正規の興行。
盆花《ぼんばな》 うら盆に、精霊棚に飾る花。
本番《ほんばん》 テレビなどの本式の撮影・放送。
凡百《ぼんぴゃく》 色々。様々。雑多。ぼんびゃく。
本部《ほんぶ》 団体・組織などの中心機関。
凡夫《ぼんぷ》 煩悩にとらわれた人。凡人。
本復《ほんぷく》 病気が治ること。全快。完治。
本節《ほんぶし》 カツオ節。本式な唄の節回し。
本降り《ほんぶり》 雨や雪が本格的に降りだす。
本分《ほんぶん》 立場上で果たすべき務め。
本文《ほんぶん》 文書・書物の本体部分。⇕序文
本舗《ほんぽ》 本店。総本店。製造元。
本邦《ほんぽう》 わが国。この国。「—初公開」
本俸《ほんぽう》 基本給。諸手当を除いた本給。

奔放《ほんぽう》 思うままに振舞うこと。「自由—」
雪洞《ぼんぼり》 小さい行灯《あんどん》。手燭《てしょく》。
本末転倒《ほんまつてんとう》 重要な事柄と重要でない事柄とを取り違える。主客転倒。
本丸《ほんまる》 城の中心となる部分。本城。
本名《ほんみょう》 本当の名前。実名。⇕偽名
本務《ほんむ》 本来の務め。主な務め。⇕兼務
本命《ほんめい》 生まれ年の九星。最有力候補。
奔命《ほんめい》 忙しく立回ること。「—に疲れる」
本望《ほんもう》 本来の望み。望み達成の満足感。
本元《ほんもと》 最も根源的なもと。「本家—」
本物《ほんもの》 本当の物。実物。本格的な様子。
本文《ほんもん》 書物などの主要部分。「—批評」
翻訳《ほんやく》 外国文を自国文に直すこと。
凡庸《ぼんよう》 平凡で優れた点がない。⇕非凡

本来《ほんらい》 もともと。元来。生来。当たり前。
本流《ほんりゅう》 もとの流れ。主な流儀。⇕支流
奔流《ほんりゅう》 激しい勢いの流れ。急流。激流。
凡慮《ぼんりょ》 凡人の考え。平凡な考え。
本領《ほんりょう》 本来の力。もともとの特質。
本塁《ほんるい》 本拠の砦。野球でホームベース。
翻弄《ほんろう》 もてあそぶこと。手玉にとること。
本論《ほんろん》 議論などの中心となる主要部分。

## ま

真《ま》 本当。真実。「—に受ける」
間《ま》 すきま。時。折。部屋。「—が悪い」
魔《ま》 人心を迷わす悪。「—が差す」
間合い《まあい》◂ 物事を行う適当な時機。
麻雀《マージャン》 中国から伝わった室内遊戯。

舞《まい》 音曲に合わせ体を動かす芸術。
枚挙《まいきょ》 一つ一つ数え上げること。
舞子《まいこ》 【舞妓】宴会で舞を演じる少女。
迷子《まいご》 連れとはぐれた子ども。
埋骨《まいこつ》 死者の骨を埋めること。「—式」
舞い込む《まいこむ》◂ 不意に入ってくる。
邁進《まいしん》 一心に突き進むこと。「一路—」
埋設《まいせつ》 地中に埋めて備えつけること。
埋葬《まいそう》 遺体や遺骨を土中に葬ること。
埋蔵《まいぞう》 地中に埋まっていること。「—量」
真一文字《まいちもんじ》 まっすぐ。一直線。
毎度《まいど》 いつも。そのたびごと。
賂《まいない》 【賄】わいろ。
舞姫《まいひめ》 舞踊やバレエを演じる女性。
埋没《まいぼつ》 埋もれて見えなくなること。

舞い戻る《まいもどる》◂ もといた所へ帰る。
参る《まいる》 行く。くる。参拝する。負ける。
詣る《まいる》 神社や寺・墓に行って拝む。
眩う《まう》 目がくらむ。目が回る。
舞う《まう》 踊る。回る。空中を飛ぶ。
前《まえ》 表。向いている方。昔。
前祝い《まえいわい》◂ 成功を期待し前もって祝う。
前売り《まえうり》◂ 当日より前に売ること。
前置き《まえおき》◂ 本論の前に述べる言葉。
前書き《まえがき》◂ 本文の前に書き添える文章。
前掛け《まえかけ》◂ 汚れを防ぐために掛ける布。
前貸し《まえがし》◂ 支払日前に金を貸すこと。
前頭《まえがしら》 大相撲の位の一。小結の下。平幕。
前髪《まえがみ》 額に短く垂らした髪。
前借り《まえがり》◂ 受取日前に借り入れること。

前金《まえきん》 先に払う代金や給料・借り賃。
前倒し《まえだおし》 時期を早めて実行すること。
前歯《まえば》 前面の上下各四枚の歯。門歯。
前払い《まえばらい》◀ 代金などを先に払うこと。
前評判《まえひょうばん》 事前に広がった評判。
前触れ《まえぶれ》 前もって知らせる。前兆。
前前《まえまえ》 以前。前方《まえかた》。⇔後後《あとあと》・のちのち
前向き《まえむき》 正面に向くこと。積極的。
前以て《まえもって》 事前に。あらかじめ。
前厄《まえやく》 厄年の前の年。⇔後厄《あとやく》
前渡し《まえわたし》 金品を期日前に渡すこと。
魔王《まおう》 天魔の王。悪魔の王。
間男《まおとこ》 人妻の密通、その相手。間夫《まぶ》。
魔界《まかい》 悪魔の世界。悪魔のすむ所。
磨崖仏《まがいぶつ》 岩壁に彫刻された仏像。

紛い物《まがいもの》 本物に似た作りの偽物。
紛う《まがう》 よく似ていて区別できない。
真顔《まがお》 まじめな表情。真剣な顔つき。
籬《まがき》 竹などを粗く編んで作った垣。
任せる《まかせる》 【委せる】放任する。ゆだねる。
勾玉《まがたま》 【曲玉】巴形の玉。古代の装身具。
賄う《まかなう》 やりくりする。食事を出す。
摩訶不思議《まかふしぎ》 極めて不思議なこと、そのさま。奇妙きてれつ。
禍禍しい《まがまがしい》 不吉な予感をさせる。
間借り《まがり》◀ 金を払い部屋を借りること。
罷り出る《まかりでる》 退出する。参上する。
罷り通る《まかりとおる》 堂々と行われる。
罷り成らぬ《まかりならぬ》 してはならない。
曲がり形《まがりなり》◀ 不完全な形。「—にも」

罷り間違う《まかりまちがう》 万が一間違う。
曲がる《まがる》◀ まっすぐでなくなる。ゆがむ。
巻《まき》 書物などの内容上の一区分。
薪《まき》 燃料に使う木材。たきぎ。
真木《まき》 【槙】ヒノキやスギなどの総称。
巻き上げる《まきあげる》◀ 完全に巻く。奪う。
巻き網《まきあみ》◀ 【旋網】魚群を幅広い網で取りまき、裾を絞って捕獲する漁法。
蒔絵《まきえ》 漆で文様を描き装飾した漆工芸。
撒き餌《まきえ》 魚や鳥を集めるのにまく餌。
巻き起こす《まきおこす》◀ 吹上げる。引起こす。
巻き返す《まきかえす》◀ 劣勢から転じて攻める。
巻き込む《まきこむ》◀ 巻いて中に入れる。
巻き舌《まきじた》◀ 舌を巻くように話す口調。
巻き尺《まきじゃく》◀ 小さく巻き込める物差し。

巻き添え《まきぞえ》◀ 災難に巻き込まれる。
蒔き直し《まきなおし》 あらためて種をまくこと。はじめからやりなおすこと。「新規—」
牧場《まきば》 牛馬の放牧施設。ぼくじょう。
巻物《まきもの》 軸に巻いた書画や反物。
紛れる《まぎれる》 まじってわからなくなる。
間際《まぎわ》 【真際】直前。寸前。「帰る—」
幕《まく》 仕切りに使う布。芝居の一場面。
膜《まく》 物の表面を覆う薄い皮。被膜。

巻く《まく》 【捲く】まるめる。包む。まわす。
蒔く《まく》 【播く】種を散らす。蒔絵をする。
撒く《まく》 一面に散らす。はぐれさせる。
●ねじを巻く　舌を巻く　●種を蒔く　金粉を蒔く　●水を撒く　尾行者を撒く

幕間《まくあい》 芝居の休憩時間。「—劇」

幕開き《まくあき》 芝居の開始。物事の始まり。
幕内《まくうち》 大相撲で、番付の第一段の力士。
幕切れ《まくぎれ》 芝居の一段落。物事の終わり。
秣《まぐさ》 【馬草】ウシ・ウマの飼料用の草。
幕下《まくした》 十両を除く、番付二段目の力士。
捲し立てる《まくしたてる》 続け様にしゃべる。
間口《まぐち》 土地や家などの正面の幅。
魔窟《まくつ》 悪魔のすむ所。私娼《ししょう》窟。
枕《まくら》 寝る時に頭をのせる寝具。
枕絵《まくらえ》 性交の様子を描いた絵。春画。
枕木《まくらぎ》 レールの下に横向きに敷く木材。
枕詞《まくらことば》 和歌で特定の言葉を修飾する語。
枕元《まくらもと》 【枕許】寝ている人の枕のそば。
捲る《まくる》 はしから巻いて上げる。「裾を—」
紛れ《まぐれ》 偶然。思いがけなく起こること。

馬鍬《まぐわ》 牛馬に引かせ田畑をならす農具。
髷《まげ》 髪を束ねて曲げたもの。わげ。
負け惜しみ《まけおしみ》◀ 負けて強がること。
負けず嫌い《まけずぎらい》 強情で負けを嫌う。
曲げて《まげて》 【枉げて】強いて。無理でも何とか。
髷物《まげもの》 髷を結った時代の小説や芝居。
曲げ物《まげもの》 薄い板を曲げて作る器。
負ける《まける》 争いに敗れる。値段を割り引く。
曲げる《まげる》 折りたわめる。信念をゆがめる。
孫《まご》 子の子。一つおいた関係。
馬子《まご》 馬を引く職業の人。「—にも衣装」
真心《まごころ》 うそ偽りのない心。誠意。
孫弟子《まごでし》 弟子の弟子。

真《まこと》 【実】偽りがない。真実。「—話」
誠《まこと》 真心。誠意。「—を尽くす」

孫の手《まごのて》 背中をかく竹製の道具。
孫引き《まごびき》▲ 他書の引用文句を引用する。
鉞《まさかり》 木を切るための刃幅の広いおの。
弄る《まさぐる》 もてあそぶ。指先で探す。
真砂《まさご》 きめ細かい砂。「―路」
摩擦《まさつ》 こすれあうこと。不和。「貿易―」
正に《まさに》 確かに。相違なく。「―承知した」【方に】ちょうど。「今―出発の時」【将に】今にも。「―泣きそうだ」
当に《まさに》 当然。当たり前。「―行くべきだ」
柾目《まさめ》 【正目】まっすぐに通った木目。
正夢《まさゆめ》 事実とよくあう夢。⇔逆夢《さかゆめ》
勝る《まさる》 【優る】ほかより程度が上である。
間仕切り《まじきり》▲ 部屋の間の仕切り。
況して《まして》 言うまでもなく。なおさら。

呪い《まじない》 願いを神仏に祈ること・術・文句。
在す《まします》 「居る」の尊敬語。いらっしゃる。
真面目《まじめ》 本気。一生懸命。誠実。
間尺《ましゃく》 寸法。割。「―に合わない」
魔手《ましゅ》 悪に誘うもの。害を与えるもの。
魔術《まじゅつ》 不思議な術。大掛かりな手品。
魔女《まじょ》 魔法を使う妖女《ようじょ》。性悪な女。
魔性《ましょう》 悪魔の性質。人を惑わす性質。
交じる《まじる》 もとの状態を保ったまま加わる。
混じる《まじる》 とけ合って一体化する。混合。
●白髪が交じる
●酒に水が混じる
瞬ぐ《まじろぐ》 まばたきする。またたく。
交わる《まじわる》 交差する。つきあう。性交する。
麻疹《ましん》 伝染病の一つ。はしか。
魔神《まじん》 わざわいをもたらす神。

升《ます》 【枡】液体などを測量する容器。
増す《ます》 【益す】ふえる。ふやす。強まる。
先ず《まず》 最初に。とにかく。たぶん。
麻酔《ますい》 薬を使い知覚を失わせること。
拙い《まずい》 下手。上手でない。「―作戦」
不味い《まずい》 具合が悪い。味が悪い。
貧しい《まずしい》 乏しい。不十分だ。貧乏だ。
枡席《ますせき》 【升席】相撲などの枡形の観客席。
益益《ますます》 一層。以前よりもさらに。
先ず先ず《まずまず》 どうやら。まあまあ。
升目《ますめ》 【枡目】升ではかった量。格子状。
益荒男《ますらお》 【丈夫】強くて立派な男性。
摩する《まする》 こする。磨く。近づきせまる。
混ぜる《まぜる》 異質の物を入れて一緒にする。
又《また》 別の。次に。「―今度」「―の機会」

叉《また》 二つ以上にわかれ開いている所。
股《また》 両足のつけ根。足と足との間。
●木の叉 三つ叉
●世界を股にかける
亦《また》 【又】同じく。「彼も―若い」
復《また》 【又】再び。さらに。「―会おう」
未だ《まだ》 時期や状態などに至っていない。
又貸し《またがし》▲ 借りた物をほかへ貸すこと。
跨る《またがる》 【股がる】股を広げて乗る。渡る。
又聞き《またぎき》 聞いた人からさらに聞く。
跨ぐ《またぐ》 股を広げて物の上を越える。
股座《またぐら》 両ももの間。股間。「―をくぐる」
股下《またした》 股のわかれ目から下。
股擦れ《またずれ》 股の内側がすりむけること。
瞬く《またたく》 まばたく。ちらつく。「星が―」
股旅《またたび》 博徒などが旅をして歩くこと。

斑《まだら》 色が入り混じっていること。
間怠い《まだるい》 もどかしい。じれったい。
町《まち》 人家が多く立ち並んだ場所。
街《まち》 商店などが立ち並ぶ通りや場所。
襠《まち》 服などのゆとりのための布。
待合《まちあい》 芸者などを呼んで遊興する所。
町医者《まちいしゃ》 個人開業している医者。
間近《まぢか》 時期や場所が近い。「―に迫る」
間違い《まちがい》 正しくないこと。万一の事。
街角《まちかど》 【町角】街路の曲がり角。街頭。
待ち遠しい《まちどおしい》 長く待ち望むさま。
町中《まちなか》 町の中で家や商店が集まった所。
町並み《まちなみ》▲ 町の家が並んでいる様子。
町外れ《まちはずれ》 町の中心から離れた場所。
待ち針《まちばり》▲ 布の仮どめ用に刺す針。

待ち人《まちびと》▲ 来るのを待たれている人。
待ち伏せ《まちぶせ》▲ 隠れて相手を待つこと。
待ち惚け《まちぼうけ》▲ 待つ相手が来ないこと。
区区《まちまち》 一つ一つ異なっている様子。
待ち侘びる《まちわびる》 来なくて気をもむ。
末《まつ》 すえ。終わり。粉状のもの。
待つ《まつ》 実現や到着まで時をすごす。
俟つ《まつ》 結果が出るのを期待する。
末裔《まつえい》 末々の子孫。後裔《こうえい》。「平家の―」
真っ赤《まっか》 すっかり赤い。まるっきり。
松毬《まつかさ》 【松笠】松の果実。まつぼっくり。
松飾り《まつかざり》▲ 正月、門に飾る松。門松。新
松風《まつかぜ》 松に吹く風。茶釜《ちゃがま》の煮立つ音。
末期《まつき》 終りの時期。「―的症状」⇔初期
真っ暗《まっくら》 何も見えないほど暗いさま。

真《ま》っ黒《くろ》　全く黒い。汚れ方がひどい。
睫《まつげ》　【睫毛】上下まぶたのふちの毛。
末期《まつご》　死に際。臨終。「—の水」
抹香《まっこう》　焼香に使うシキミの葉の粉末。
真《ま》っ向《こう》　真正面。「—から反対する」
真《ま》っ最中《さいちゅう》　盛んに行っている時。
真《ま》っ青《さお》　全く青い様子。「—な空」
真《ま》っ逆様《さかさま》　上下が正反対の状態。
真《ま》っ盛《さか》り　最も盛んな時や状態。
真《ま》っ先《さき》　一番はじめ。最も先頭。
抹殺《まっさつ》　完全に消し去る。全く認めない。
末子《まっし》　すえの子。ばっし。「—長子」
末寺《まつじ》　本山や本寺の支配下にある寺。
驀地《まっしぐら》　目標に向かい激しく進む様子。
末日《まつじつ》　その期間の最終日。みそか。

末社《まっしゃ》　本社に付属する神社。支社。
末梢《まっしょう》　枝の先。物の先端。「—神経」
抹消《まっしょう》　消してなくすこと。「登録—」
末梢的《まっしょうてき》　重要でない様子。⬍本質的
真《ま》っ白《しろ》　全く白い様子。純白。
真《ま》っ直《す》ぐ　少しも曲がっていない。
末世《まっせ》　乱れた世。道徳が廃れた時代。
末席《まっせき》　最下位の人の席。「—をけがす」
末節《まっせつ》　重要でない部分。「枝葉—」
末代《まつだい》　のちの世。後世。死後の世。
全《まった》く　完全に。本当に。絶対に。「—偶然」
真《ま》っ只中《ただなか》　まんなか。真っ最中。
末端《まったん》　最もはし。組織の下部。「—価格」
燐寸《マッチ》　摩擦により火をつける発火具。
抹茶《まっちゃ》　ひいて粉にした茶。ひき茶。

真《ま》っ当《とう》　まじめ。まとも。「—な生活」
全《まっと》うする　【完うする】完全にとげる。
松《まつ》の内《うち》　正月の、門松のある間。新
真《ま》っ裸《ぱだか》　全裸。丸裸。夏
松葉杖《まつばづえ》　足が不自由な人がつくつえ。
松原《まつばら》　松の木が多く生えている所。
末尾《まつび》　最後の部分。終わり。⬍起首
末筆《まっぴつ》　手紙の最後に書く文・あいさつ。
真《ま》っ平《ぴら》　絶対に嫌なさま。「—ごめん」
末文《まつぶん》　文の最後。手紙の結びの文。
松脂《まつやに》　松の幹からとれる樹脂。「—油」
末葉《まつよう》　一時代の終わり頃。末孫。
祭《まつ》り◀　【祀り】神霊をまつる儀式。夏
政《まつりごと》　国土人民を統治すること。政治。
末流《まつりゅう》　末の子孫や流派。「源氏の—」

祭《まつ》る　【祀る】儀式を行い神霊を慰める。
末路《まつろ》　人生の終わり。衰えた最後。
纏《まつ》わる　絡みつく。関係する。「村に—話」
迄《まで》　限度や到達点・限定を示す。
摩天楼《まてんろう》　超高層建築物。
的《まと》　目標。関心の対象。「注目の—」
窓《まど》　採光や通風のための開口部。
纏《まとい》　馬じるし。消防組のしるし。
団居《まどい》　丸く座る。車座。集まって楽しむ。
纏《まと》う　巻くように着る。身につける。
惑《まど》う　心が迷う。心が乱れる。「逃げ—」
間遠《まどお》　隔たっている様子。⬍間近《まぢか》
円《まど》か　形が丸い。穏やかな様子。
窓口《まどぐち》　人と応対する所や係。「受付—」
的外《まとはず》れ　要点からそれる。「—な意見」

纏《まと》める　集めて一つにする。整える。
真面《まとも》　真正面。きちんとした様子。
間取《まど》り◀　家の、部屋の配置。
微睡《まどろ》む　短い間うとうとと眠る。
惑《まど》わす　心を迷わせる。判断力を失わす。
真名《まな》　【真字】漢字。⬍仮名・実名
俎板《まないた》　【俎】庖丁を使う時に用いる板。
眼《まなこ》　目。目玉。「ねぼけ—」
眼差《まなざ》し◀　【目指・眼指】目つき。視線。
眦《まなじり》　【眥・睚】目じり。⬍目頭《めがしら》
愛弟子《まなでし》　目を掛けている弟子。
学舎《まなびや》　学問をする所。学校。学窓。
学《まな》ぶ　教わる。習う。覚える。
愛娘《まなむすめ》　かわいがっている娘。最愛の娘。
間《ま》に合《あ》う　用が足りる。遅れず着く。

随《まにま》に　成行きにまかせるさま。ままに。
真人間《まにんげん》　まともな人間。まじめな人間。
免《まぬが》れる　嫌なことから逃れる。「死を—」
間抜《まぬ》け　やることに抜かりがある。
真似《まね》　まねること。行動。「泣き—」
招《まね》く　呼寄せる。来てもらう。引起す。
真似《まね》る　ほかのものを手本に似せる。
目《ま》の当《あ》たり◀　【眼の辺り】目の前。
間延《まの》び　しまりがない。間が長いこと。
瞬《まばた》き　まぶたを瞬間的に開閉すること。
眩《まばゆ》い　【目映い】光輝いてまぶしい。
疎《まば》ら　すき間が多い様子。数が少ない。
麻痺《まひ》　機能が停止すること。しびれる。
間引《まび》く　抜きとって間をあける。
目庇《まびさし》　【眉庇】かぶとや帽子のひさし。

目深《まぶか》　目が隠れるほど深くかぶる様子。
眩《まぶ》しい　目を開けられないほど光が強い。
塗《まぶ》す　粉などを一面にくっつける。
瞼《まぶた》　目の表面を覆う皮膚。
目縁《まぶち》　目のふち。まぶた。
真帆《まほ》　順風を受ける全開の帆。⇔片帆
魔法《まほう》　不思議な術。幻術。「—瓶」
幻《まぼろし》　実際にあるように見えるもの。
儘《まま》　なりゆきに従って。思う通り。
間間《まま》　ときどき。時には。「—ある」
継子《ままこ》　血のつながりのない子。⇔実子
飯事《ままごと》　家庭生活をまねる子どもの遊び。
継父《ままちち》　血のつながらない父親。けいふ。
継母《ままはは》　血のつながらない母親。けいぼ。
見《まみ》える　お目に掛かる。顔をあわせる。

真水《まみず》　塩分を含まない水。淡水。
塗《まみ》れる　汚いものがくっついて汚れる。
真向《まむ》かい▲　ちょうど正面。真ん前。
肉刺《まめ》　手足にできる豆状の水膨れ。
忠実《まめ》　努力や苦労を惜しまない様子。
豆粕《まめかす》　大豆から油をしぼったかす。
摩滅《まめつ》　【磨滅】擦り減ってなくなること。
豆本《まめほん》　携帯用の超小型の本。芥子《けし》本。
豆撒《まめま》き　【豆蒔き】節分に豆をまいて鬼を追い払う行事。豆打ち。图
摩耗《まもう》　【磨耗】擦り減ること。
間《ま》も無《な》く　すぐに。短い時間で。
魔物《まもの》　魔性のもの。人を惑わすもの。
守《まも》り神《がみ》▲　災難から守ってくれる神。
守《まも》る　防ぐ。破らず持続する。

麻薬《まやく》　麻酔薬。依存性のある薬。
眉《まゆ》　まぶたの上部に生えている毛。
繭《まゆ》　さなぎの殻状の覆い。夏
眉毛《まゆげ》　まぶたの上部に生える毛。眉。
眉尻《まゆじり》　眉の、こめかみに近い方のはし。
眉墨《まゆずみ》　【黛】眉をかくための化粧品。
繭玉《まゆだま》　枝に繭形の餅をつけた飾り。新
眉唾物《まゆつばもの》　真偽が疑わしいもの。
眉根《まゆね》　眉の、鼻に近い方のはし。
迷《まよ》う　決断がつかない。方向を間違う。
魔除《まよ》け　魔を避けるためのお守り。
真夜中《まよなか》　夜がいちばんふけた時。
魔羅《まら》　【摩羅】人心を惑わすもの。陰茎。
毬《まり》　【鞠】遊びに使う丸い玉。「手—」
魔力《まりょく》　人を惑わす怪しい力。超能力。

丸《まる》　球形。円形。全体。「—かじり」
丸洗《まるあら》い　衣類をほどかずに洗うこと。
丸《まる》い　立体的な球の形。角がないさま。
円《まる》い　平面的な円の形。穏やかなさま。
●丸い卵　角が丸い
●円い窓　円い人柄
丸写《まるうつ》し　修正せずそのまま写すこと。
丸帯《まるおび》　女物の幅の広い帯。礼装用。
丸抱《まるがか》え　全費用を負担する。自前。
丸木舟《まるきぶね》　原木をくりぬいて造った舟。
丸首《まるくび》　丸くくり抜いてある襟ぐり。
丸腰《まるごし》　武器を持っていない状態。
丸損《まるぞん》　利益がなく全部損失になること。
丸太《まるた》　切り出したままの木材。「—小屋」
丸出《まるだ》し　隠さないこと。むきだし。
丸潰《まるつぶ》れ　すっかりつぶれること。

丸煮《まるに》　切らずに煮ること、煮たもの。
丸呑《まるの》み　かまずに飲み込むこと。
丸裸《まるはだか》　真っ裸。全裸。無一文。
丸坊主《まるぼうず》　頭髪をすべてそった頭。
丸干《まるぼ》し▲　もとの形のまま干すこと。
丸丸《まるまる》　すべて。太っている様子。
丸見《まるみ》え　すっかり見えてしまうこと。
丸《まる》め込《こ》む　丸め入れる。手なずける。
丸《まる》める　形を丸くする。剃髪《ていはつ》する。
丸儲《まるもう》け　収入全部が利益になること。
丸焼《まるや》け　火事ですべて焼ける。全焼。
稀《まれ》　【希】めったにない。珍しい様子。
円《まろ》やか　丸みがある。口当たりがよい。
回《まわ》し　力士の褌。回すこと。「たらい—」
回《まわ》し者《もの》　敵方が内密に送り込んだ者。

真綿《まわた》　くず繭を伸ばして作った綿。
回《まわ》り　回ること。巡ること。「火の—」
周《まわ》り　辺り。周囲。近い所。「—の目」
回《まわ》り灯籠《どうろう》　影絵つきの灯籠。夏
回《まわ》り道《みち》　遠回りして行くこと・道。
回《まわ》り持《も》ち　順番に受け持つこと。
回《まわ》る　円をかくように動く。順に動く。
満《まん》　ちょうど。満ちる。「—を持す」
万一《まんいち》　可能性が非常に低い。万が一。
満員《まんいん》　定員に達する人で一杯の状態。
満悦《まんえつ》　満足して喜ぶ様子。「ご—の体」
蔓延《まんえん》　悪いものがはびこり広がること。
漫画《まんが》　絵とせりふで展開される物語。
満開《まんかい》　花がすっかり開くこと。⇔半開
満額《まんがく》　目標や要求の金額に達すること。

**満干**《まんかん》 満潮と干潮。みちひ。干満。
**満願**《まんがん》 願掛けの期間が終了する。結願。
**満艦飾**《まんかんしょく》 派手に飾りたてること。
**満期**《まんき》 期限に達すること。
**満喫**《まんきつ》 十分に味わい楽しむこと。
**万金**《まんきん》 多額の金銭。「―を積む」
**万鈞**《まんきん》 非常に重いさま。「―の重み」
**万華鏡**《まんげきょう》 鏡を三枚使う筒状の玩具。
**満月**《まんげつ》 十五夜の月。まん丸い月。[秋]
**万言**《まんげん》 多くの言葉。「―を費やす」
**漫言**《まんげん》 思いつきで言う言葉。漫語。
**満腔**《まんこう》 体中。全身。「―の謝意」
**満座**《まんざ》 その場にいるすべての人。
**満載**《まんさい》 たくさん載せること。
**万歳**《まんざい》 【万才】新年を祝う舞。「三河―」[新]

**漫才**《まんざい》 掛け合いをする演芸。「上方―」
**満作**《まんさく》 穀物がよく実ること。豊作。
**満更**《まんざら》 必ずしも。「―嫌いではない」
**満山**《まんざん》 山全体。全山。寺全体。
**卍**《まんじ》 卍の紋章。仏教で吉祥の印。
**卍巴**《まんじどもえ》 互いを追う形で入り乱れるさま。
**饅頭**《まんじゅう》 肉やあんを包み入れ蒸した菓子。
**満場**《まんじょう》 その場にいる全員。「―一致」
**満身**《まんしん》 体中。全身。「―の力」
**慢心**《まんしん》 おごり高ぶること、その心。
**満身創痍**《まんしんそうい》 全身が傷だらけ。
**満水**《まんすい》 水がいっぱいになること。
**慢性**《まんせい》 症状がよくならず長びく様子。
**満席**《まんせき》 座席がいっぱいになること。
**漫然**《まんぜん》 とりとめなく。何の気もなく。

**満足**《まんぞく》 十分であること。不満がないこと。
**曼陀羅**《まんだら》 【曼荼羅】仏教で悟りの境地。
**漫談**《まんだん》 軽妙でこっけいな話芸。
**瞞着**《まんちゃく》 ごまかすこと。だますこと。
**満潮**《まんちょう》 潮が満ちること・とき。⇔干潮
**満天**《まんてん》 空いっぱい。「―の星」
**満点**《まんてん》 規定の最高点。完全。「栄養―」
**満天下**《まんてんか》 世の中全体。世界中。
**万灯**《まんどう》 多数の灯。長柄の行灯《あんどん》。「―会」
**真ん中**《まんなか》 ただなか。ちょうど中央。
**万年**《まんねん》 長い年月。いつまでも同じ状態。
**万年床**《まんねんどこ》 敷きっぱなしの寝床。
**万年筆**《まんねんひつ》 携帯用のペンの一種。
**万年雪**《まんねんゆき》 一年中残っている雪。
**満年齢**《まんねんれい》 誕生日で一増える年齢。

**満杯**《まんぱい》 【満盃】いっぱいに満ちている。
**満帆**《まんぱん》 風を受け帆をいっぱいに張る。
**万引き**《まんび》◀ 買うふりをして商品を盗む。
**漫筆**《まんぴつ》 思いつくままに書く文章。随筆。
**万病**《まんびょう》 あらゆる病気。「―の薬」
**満票**《まんぴょう》 投票数の全部を得ること。
**満幅**《まんぷく》 幅全体。全幅。「―の信頼」
**満腹**《まんぷく》 腹がいっぱいになる。⇔空腹
**満遍無く**《まんべんな》 【万遍なく】もれなく。
**漫歩**《まんぽ》 あてもなくぶらぶらと歩くこと。
**幔幕**《まんまく》 式場などに張りめぐらす幕。
**真ん丸**《まんまる》 完全な円形。全く丸いこと。
**満満**《まんまん》 満ちあふれている様子。「意欲―」
**漫漫**《まんまん》 広々として果てしないさま。
**満面**《まんめん》 顔全体。「―の笑み」

**満目**《まんもく》 見渡す限り。辺り一面。
**満目蕭条**《まんもくしょうじょう》 見渡す限りひっそりとしていて、もの寂しいさま。
**漫遊**《まんゆう》 気の向くまま巡り遊ぶこと。
**万葉**《まんよう》 日本最古の歌集。「―仮名」
**万力**《まんりき》 工作材料を挟んで固定する器具。
**満了**《まんりょう》 規定期間が終わること。「任期―」
**満塁**《まんるい》 野球で全部の塁に走者がいる。

## み

**巳**《み》 十二支の六番目。昔の時刻の名。
**身**《み》 立場。自分自身。体。「―を入れる」
**実**《み》 果実。種。中身。内容。「―を結ぶ」
**箕**《み》 穀物をふるい殻を取り除く農具。
**見合い**《みあ》◀ 結婚相手を探すための面会。

**見合わせる**《みあ》◀ 見比べる。差し控える。
**見出す**《みいだ》 見つけだす。「才能を―」
**木乃伊**《ミイラ》 乾固して原形を保つ死体。
**実入り**《みい》 穀物などの成熟。収入。
**見入る**《みい》 一心に見る。じっと見る。
**魅入る**《みい》 執念をかけて人に取りつく。
**身請け**《みう》◀ 【身受け】芸者を請け出す。
**見受ける**《みう》 見かける。見さだめる。
**身動き**《みうご》 体を動かすこと。身じろぎ。
**見失う**《みうしな》 見えなくなる。取り逃がす。
**身内**《みうち》 体の内部。親類。仲間。
**身売り**《みう》◀ 借金などの代償に譲り渡す。
**見栄**《みえ》 よく見せようとする。「―を張る」
**見得**《みえ》 芝居で役者のポーズ。「―を切る」
**見え透く**《みす》 本意が見えてわかる。

澪《みお》　【水脈】船の通行に適する水路。
見送《みおく》る　人やものが去るのを見守る。
見納《みおさ》め　【見収め】見るのが最後。
見落《みお》とす◀　うっかりして見すごす。
見劣《みおと》り　他より劣って見えること。
澪標《みおつくし》　水脈のしるしに海に立てたくい。
見覚《みおぼ》え　前に見た記憶があること。
身重《みおも》　妊娠していること。妊娠中の体。
未開《みかい》　開拓されていないこと。「—地」
味解《みかい》　味わいながら理解すること。
見返《みかえ》し　書物の表紙を裏返した部分。
見返《みかえ》す　立派になって見せつける。
見返《みかえ》り　保証として差し出すこと。
見限《みかぎ》る　あきらめて相手にしない。
味覚《みかく》　舌で感じるものの味の感覚。

磨《みが》く　【研く】こする。努力し良くする。
見掛《みか》け　外から見た感じ。外見。
見掛《みか》け倒《だお》し◀　外観ほどよくない。
見方《みかた》　見る方法や立場。見解。考え方。
味方《みかた》　【身方】自分の仲間。⬍敵
三日月《みかづき》　陰暦三日の月。細い月。[秋]
身勝手《みがって》　わがまま。自分勝手。
見兼《みか》ねる　平気で見ていられない。
身構《みがま》え　攻撃や防御のための姿勢。
身柄《みがら》　当人の身体。「—を確保する」
身から出《で》た錆《さび》　苦境・災難の原因は自分の悪い行いであるということ。
身軽《みがる》　軽快に動く。自由に行動できる。
身代《みが》わり◀　他人の代りになる・人。
未刊《みかん》　まだ刊行されていない。⬍既刊

未完《みかん》　完成されていない。「—の大器」
幹《みき》　木の中央部分。物事の重要部分。
見聞《みき》き　見たり聞いたりすること。
右利《みぎき》き　利き手が右手。⬍左利き
砌《みぎり》　時。おり。ころ。「幼少の—」
見切《みき》る　見込みがないとあきらめる。
身奇麗《みぎれい》　身なりがさっぱりしている。
汀《みぎわ》　【渚】陸地で波が寄せる所。水際。
見極《みきわ》める　真偽や成否を確認する。
見下《みくだ》す　侮って自分より低く見る。
三行半《みくだりはん》　夫から妻に出す離縁状。
見縊《みくび》る　甘く判断する。軽く見る。
見苦《みぐる》しい　醜い。体裁が悪い。
身包《みぐる》み　体につけているものすべて。
三毛《みけ》　白・黒・茶色の毛がまじった猫。

未決《みけつ》　まだ決まっていない。⬍既決
未見《みけん》　まだ見ていないこと。「—の書」
眉間《みけん》　まゆとまゆの間。「—のしわ」
巫女《みこ》　【神子】神に仕える未婚の女性。
御子《みこ》　【皇子・皇女】天皇の子。
見巧者《みごうしゃ》　物の見方のじょうずな人。
神輿《みこし》　神体を安置した輿《こし》。しんよ。[夏]
見越《みこ》し　物越しに見ること。「—の松」
身拵《みごしら》え　服装を整える。身仕舞い。
見越《みこ》す　先の見通しをつける。
見応《みごた》え　見るだけの価値があること。
尊《みこと》　神または貴人の尊称。
見事《みごと》　手際がよい。立派。完全。
詔《みことのり》　【勅】天皇の言葉。詔勅。
見込《みこ》み◀　可能性。予想。「—違い」

身籠《みご》もる◀　妊娠する。はらむ。
身頃《みごろ》　衣服の、前と背を覆う部分。
見頃《みごろ》　見るのに適した時期。「花の—」
見殺《みごろ》し　困っている人を放っておく。
未婚《みこん》　まだ結婚していない。⬍既婚
弥撒《ミサ》　カトリック教の聖餐《せいさん》式。
未済《みさい》　処理や返金が済んでいないこと。
操《みさお》　志をかたく変えないこと。貞操。
見境《みさかい》　物事の判断。分別。「—なく」
岬《みさき》　湖や海に突き出た陸地の先端。
見下《みさ》げる　軽べつする。見くだす。
陵《みささぎ》　天皇や皇后などの墓所。御陵。
見定《みさだ》める　見て確かめて判断する。
短《みじか》い　時間や長さが少ない。足りない。
短夜《みじかよ》　すぐ明ける夜。[夏]⬍長夜

身仕度《みじたく》　【身支度】身なりを整える。
惨《みじ》め　見ていられないほど哀れ。
未収《みしゅう》　まだ徴収・収納していないこと。
未熟《みじゅく》　まだ熟していないこと。不十分。
未詳《みしょう》　まだ確実な情報がないこと。
実生《みしょう》　種子から芽を出し生長する植物。
見知《みし》る　見たことがあり知っている。
微塵《みじん》　細かいちり。極めて小さいもの。
御簾《みす》　神前や宮殿で用いるすだれ。
水垢《みずあか》　水中の物質が付着したもの。
水揚《みずあ》げ◀　陸揚げ。漁獲量。売り上げ。
水中《みずあた》り　生水を飲んで下痢をおこす。
水浴《みずあ》び　水を浴びること。水泳。[夏]
水飴《みずあめ》　でんぷんで作った液状のあめ。
未遂《みすい》　成しとげなかったこと。⬍既遂

水入《みずい》らず　他人を交えないこと。
湖《みずうみ》　陸地に囲まれ水をたたえた所。
見据《みす》える　じっと見つめる。
水鏡《みずかがみ》　水面に姿が映ること、その水面。
水掻《みずか》き◀　【蹼】指の間にある薄い膜。
瑞垣《みずがき》　【瑞籬】神社の垣根の美称。
水掛《みずか》け論《ろん》◀　決着しない議論。
水嵩《みずかさ》　川やダムの水の量。「—が増す」
水菓子《みずがし》　果物。果実。
見透《みす》かす◀　胸中や魂胆を見抜く。
水瓶《みずがめ》　【水甕】水を入れておくかめ。
自《みずか》ら　自分で。自分自身。「—を励ます」
水涸《みずが》れ　川や田などの水が干上がる。
身過《みす》ぎ　生活。生計。「—世過ぎ」
水着《みずぎ》　水泳用の衣服。海水着。夏

水際《みずぎわ》　陸地が水と接している所。
水際作戦《みずぎわさくせん》　敵の上陸を防ぐ作戦。海港・空港で防疫態勢をとること。
水際立《みずぎわだ》つ　鮮やかで目立つ。
水茎《みずぐき》　筆。筆跡。「—うるわしい」
水草《みずくさ》　水中に生える草や藻。すいそう。
水臭《みずくさ》い　水っぽい。他人行儀である。
水気《みずけ》　物に含まれている水分。
水煙《みずけむり》　煙のように飛び散る水しぶき。
水子《みずこ》　堕胎・流産した胎児。「—地蔵」
水心《みずごころ》　水泳の心得。「魚心あれば—あり」
見過《みす》ごす◀　見ていて気づかない。
水垢離《みずごり》　水を浴び心身を清めること。
水杯《みずさかずき》　【水盃】別れに水を飲み交わす杯。
水先案内《みずさきあんない》　船の水路の案内。

水差《みずさ》し◀　【水指し】水を入れる容器。
水商売《みずしょうばい》　収入が客次第の職業。
見《み》ず知《し》らず　全然知らないこと。
水炊《みずた》き◀　鶏肉を湯で煮る鍋料理。
水玉《みずたま》　玉形の水滴や水しぶき。「—模様」
水溜《みずた》まり◀　雨水などがたまった所。
水鉄砲《みずでっぽう》　筒先から水を出す玩具。夏
見捨《みす》てる　【見棄てる】放っておく。
不見転《みずてん》　金次第で言いなりになる。
水時計《みずどけい》　水量で時間を計る装置。
水鳥《みずとり》　水辺にすむ鳥の総称。水禽《すいきん》。冬
水《みず》に流《なが》す　なかったことにする。
水《みず》の泡《あわ》　努力などがむだになること。
壬《みずのえ》　十干の第九。
癸《みずのと》　十干の第十。

水捌《みずは》け　水の流れ去る具合。排水。
水洟《みずばな》　水のような鼻汁。みずっぱな。冬
水腹《みずばら》　水を飲みすぎたときの腹具合。
水引《みずひき》　進物の包みに掛ける細いひも。
水浸《みずびた》し　すっかり水に浸った様子。
水辺《みずべ》　池・川・湖などの岸に近い所。
瑞穂《みずほ》　みずみずしい稲の穂。「—の国」
水疱瘡《みずぼうそう》　急性伝染病の一つ。
見窄《みすぼ》らしい　外見が貧弱なさま。
見済《みす》ます◀　【見澄ます】見極める。
水枕《みずまくら》　水や氷を入れて頭を冷やす枕。
水増《みずま》し　見かけの量を増やすこと。
水回《みずまわ》り　台所や浴室など水を使う所。
見《み》す見《み》す　目の前で見ていながら。
瑞瑞《みずみず》しい　あでやかで若々しい。

水虫《みずむし》　手足にできる皮膚病の一つ。夏
水物《みずもの》　飲み物。予想しにくいもの。
水屋《みずや》　水を扱う所。茶室に付いた勝手。
魅《み》する　不思議な力で人をひきつける。
水割《みずわ》り◀　酒類を水で薄めること。
水《みず》を差《さ》す　はたから邪魔をする。
水《みず》を向《む》ける　誘いをかける。
未成年《みせいねん》　満二十歳未満の若者。
見《み》せ掛《か》け　上辺。外見。「—の愛」
見《み》せ金《がね》　信用を得るため見せるお金。
店構《みせがま》え　店の規模。店の建物の造り。
店仕舞《みせじま》い◀　その日の閉店。廃業。
見《み》せしめ　ほかへのいましめとする罰。
未設《みせつ》　まだ設けていないこと。⬍既設
身銭《みぜに》を切《き》る　自分のお金で払う。

見《み》せ場《ば》　人に、特に見せたい場面。
見世物《みせもの》　珍しい物を見せる興行。
未然《みぜん》　まだ起こらないこと。「—に防ぐ」
味噌《みそ》　大豆から造る調味料。「—漬」
溝《みぞ》　細長いくぼみ。感情面の隔たり。
未曾有《みぞう》　いまだかつてないこと。
鳩尾《みぞおち》　胸の下中央のくぼみ。みずおち。
晦日《みそか》　【三十日】毎月の最終日。⬍朔
密《みそ》か事《ごと》◀　秘密の事柄。密通。
禊《みそぎ》　水で身を清め罪やけがれを払う。
見損《みそこ》なう　見間違う。評価を誤る。
三十路《みそじ》　三十。また、三十歳。
味噌汁《みそしる》　味噌で味つけした汁。
味噌擂《みそす》り　へつらうこと・人。
味噌《みそ》っ滓《かす》　一人前に扱われない子。

味噌《みそ》っ歯《ぱ》　欠けて黒くなった歯。
三十一文字《みそひともじ》　短歌。和歌。
見初《みそ》める　一目見て好きになる。
身空《みそら》　身の上。境遇。「若い―で」
霙《みぞれ》　解けて雨まじりに降る雪。冬
身丈《みたけ》　身長。襟下から裾までの寸法。
見出《みだ》し　新聞記事などの表題。
身嗜《みだしな》み　服装などを整える(心がけ)。
乱《みだ》す　混乱させる。「秩序を―」
見立《みた》てる　見て選ぶ。仮定する。
御霊《みたま》　死者の霊に対する敬称。「―代」
見《み》た目《め》　外見。見かけ。「―が悪い」
淫《みだ》ら　【猥ら】性に関してだらしない。
御手洗《みたらし》　参拝者が手を清める所。
妄《みだ》りに　【濫りに】勝手に。軽々しく。

乱《みだ》れる　ばらばらになる。平静でなくなる。
道《みち》　通路。距離。方法。分野。道理。
未知《みち》　まだ知られない。「―数」⇔既知
道案内《みちあんない》　道順を教えること・人。
道糸《みちいと》　釣糸で、竿先から錘《おもり》迄の部分。
身近《みぢか》　自分に近い。自分と関係が深い。
見違《みちが》える　ほかのものと見誤る。
満《み》ち欠《か》け　月の形が変わること。
道草《みちくさ》　途中で他事に時間を費やすこと。
満《み》ち潮《しお》　潮が満ちてくる現象。差し潮。
道標《みちしるべ》　道案内、またその標識。手引き。
道筋《みちすじ》　通っていく道。物事の道理。
道連《みちづ》れ　連れだって行くこと・人。
道形《みちなり》　道のまま。道に沿って行くこと。
道《みち》の辺《べ》　みちばた。路傍。「―の地蔵」

道程《みちのり》　目的地への道の長さ。「遠い―」
道端《みちばた》　道の端。道のかたわら。路傍。
導《みちび》く　案内する。指導する。仕向ける。
道道《みちみち》　道を歩きながら。道すがら。
未着《みちゃく》　まだ着いていないこと。⇔既着
満《み》ちる　【充ちる】十分になる。到達する。
密《みつ》　すき間がない。親しい。「―な仲」
蜜《みつ》　甘く粘り気のある液。はちみつ。
密雲不雨《みつうんふう》　兆候があるにもかかわらず、なかなか事が起こらないこと。
密画《みつが》　細かく精密に描いた絵。⇔疎画
密会《みっかい》　人目を避けてひそかに会うこと。
三日天下《みっかてんか》　短期間の政権保持。
三日坊主《みっかぼうず》　永続きしないこと。
密議《みつぎ》　ひそかに相談すること。密談。

貢《みつ》ぎ物《もの》◀　支配者に献上する金品。
密教《みっきょう》　大日如来に帰依する仏教の宗派。
貢《みつ》ぐ　献上する。入れ揚げる。
身繕《みづくろ》い　身なりを整えること。
見繕《みつくろ》う　品物を適当に選んで整える。
密計《みっけい》　ひそかな計略。「―をめぐらす」
蜜月《みつげつ》　結婚直後の時期。親密な関係。
見付《みつ》ける　さがしだす。発見する。
密行《みっこう》　目的地へこっそりと行くこと。
密航《みっこう》　許可を得ず隠れて渡航すること。
密告《みっこく》　こっそりと知らせること。「―状」
密事《みつじ》　秘密の事柄。内緒ごと。
密室《みっしつ》　閉め切られ出入りできない部屋。
密集《みっしゅう》　すき間もないほど集まること。
密書《みっしょ》　秘密の書類・手紙・文書。

密生《みっせい》　すき間なく生えていること。
密接《みっせつ》　ぴったりつく・関係が深いこと。
密栓《みっせん》　かたく栓をする、また、その栓。
密葬《みっそう》　内々で葬式を営むこと。⇔本葬
密造《みつぞう》　隠れて不法に造ること。「―酒」
密談《みつだん》　ひそかに相談すること。密議。
密着《みっちゃく》　離れずにつくこと。「―取材」
密通《みっつう》　妻や夫以外と関係を持つ。私通。
密偵《みってい》　ひそかに内情を探ること・人。
密度《みつど》　詰まっている度合い。「人口―」
三《み》つ巴《どもえ》　三者が互いに入り乱れる。
密入国《みつにゅうこく》　違法な入国。⇔密出国
密売《みつばい》　法を破ってひそかに売ること。
密封《みっぷう》　厳重に封をすること。
密閉《みっぺい》　すき間なく閉じること。「―容器」

三《み》つ叉《また》　三方にわかれていること。
蜜豆《みつまめ》　豆などに蜜をかけた食べ物。夏
三《み》つ身《み》　幼児(三、四歳)用の和服。
見詰《みつ》める　じっと見る。「事態を―」
見積《みつ》もる◀　前もって算出する。
密約《みつやく》　ひそかに約束すること。
密輸《みつゆ》　不法に輸出入すること。密貿易。
密猟《みつりょう》　不法に狩猟すること。「シカの―」
密漁《みつりょう》　不法に漁をすること。「―船」
密林《みつりん》　樹木が密生する森林。⇔疎林
蜜蠟《みつろう》　ミツバチの巣から作った蠟。
未定《みてい》　まだ決まっていない。⇔既定
見《み》て呉《く》れ　見掛け。外見。体裁。
未到《みとう》　まだ誰も到達していないこと。
未踏《みとう》　まだ誰も足を踏み入れないこと。

●前人未到の記録
●人跡未踏の奥地

**味到**《みとう》 内容などを味わい尽くすこと。
**御堂**《みどう》 仏像を安置した堂。礼拝《らいはい》堂。
**見通し**《みとおし》 遠望。予測。「—が立つ」
**見咎める**《みとがめる》 見て怪しみ問いただす。
**味得**《みとく》 味わい理解し自分のものにする。
**味読**《みどく》 味わいながら丁寧に読むこと。
**見所**《みどころ》 見る価値のある所。将来性。
**見届ける**《みとどける》 最後まで見て確かめる。
**認め▲印**《みとめいん》 承認を示す印。日常用の印。
**認める**《みとめる》 目に留める。許す。判断する。
**緑**《みどり》 【翠】青と黄の中間色。緑の草木。
**見取り▲図**《みとりず》 形や配置の略図。
**見取る**《みとる》 見ながら内容を理解する。
**看取る**《みとる》 看病する。最期まで見守る。

●様子を見取る
●病人を看取る

**見蕩れる**《みとれる》 心を奪われて見入る。
**皆**《みな》 すべて。残らず。みんな。「—の衆」
**見直す**《みなおす》 もう一度見る。再評価する。
**水上**《みなかみ》 水の流れてくる上の方。上流。
**漲る**《みなぎる》 水や力が満ちあふれる。「—闘志」
**身投げ**《みなげ》 飛び込んで死ぬこと。投身。
**皆殺し**《みなごろし》 【鏖】一人残らず殺すこと。
**孤児**《みなしご》 両親のない子。こじ。「戦災—」
**見做す**《みなす》 【看做す】見て判定する。
**水無月**《みなづき》 陰暦六月の異称。夏
**港**《みなと》 【湊】船の出入りや碇泊《ていはく》の場所。
**南**《みなみ》 方角の一。「—半球」「—風」⬌北
**水面**《みなも》 海・川・湖などの水の表面。
**源**《みなもと》 水の流れのもと。物事の起こり。

**見習い▲**《みならい》 見習うこと、その立場の人。
**見習う**《みならう》 見て覚える。模範とする。
**身形**《みなり》 衣服を身につけた姿。体形。
**醜い**《みにくい》 容姿が悪い。見て不快になる。
**見難い**《みにくい》 よく見えない。⬌見易《みやす》い
**見抜く**《みぬく》 隠れた本質などを知る。
**峰**《みね》 【嶺】山の頂上。刀の刃の背。
**蓑**《みの》 カヤなどで編んだ雨具。「腰—」
**未納**《みのう》 まだ納めていないこと。「—金」
**身の上**《みのうえ》 人の境遇や運命。「—相談」
**見逃す**《みのがす》 見落とす。とがめない。
**身の毛**《みのけ》**がよだつ** ぞっとする。
**身の▲代金**《みのしろきん》 人質と交換する金。
**身の丈**《みのたけ》 身長。背丈。背の高さ。
**身の程**《みのほど》 自分の能力などの程度。

**身の回り**《みのまわり》 日常の雑事。自身の事。
**実る**《みのる》 【稔る】実がなる。成果を得る。
**見場**《みば》 外から見た様子。見かけ。外見。
**見栄え**《みばえ》 【見映え】見た目が立派。
**見計らう**《みはからう》 見て見当をつける。
**見放す**《みはなす》 【見離す】諦めて見捨てる。
**未払い▲**《みはらい》 まだ払っていないこと。
**見晴らし▲**《みはらし》 遠くまで見渡す眺め。
**見張り▲**《みはり》 警戒すること・人。「—番」
**瞠る**《みはる》 【見張る】目を大きく開いて見る。
**見張る**《みはる》 周囲を慎重に見て番をする。
**見霽かす**《みはるかす》 見渡す。見晴らす。
**身贔屓**《みびいき》 関係者をひいきすること。
**未必の故意**《みひつのこい》 悪い結果を予測しながらもその行為に及ぶ心理状態。

**見開き**《みひらき》 開いた本の左右の二ページ。
**身振り▲**《みぶり》 感情などを示す身の動き。
**身震い**《みぶるい》 恐怖などで体が震えるさま。
**身分**《みぶん》 社会的地位。境遇。「—証明書」
**未亡人**《みぼうじん》 夫に死なれた女性。寡婦。
**見本**《みほん》 商品の一例。代表例。サンプル。
**見舞う**《みまう》 安否を気遣う。食らわせる。
**見紛う**《みまがう》 ほかのものと見間違える。
**身罷る**《みまかる》 死ぬ。この世から去る。
**見守る**《みまもる》 注意深く見る。じっと見る。
**見回す**《みまわす》 辺りをぐるっと見る。
**見回る**《みまわる》 警戒や監視のため見て回る。
**未満**《みまん》 その数に達していないこと。
**耳打ち**《みみうち》 耳もとでこっそりささやく。
**耳学問**《みみがくもん》 人から聞いて得た知識。

**耳飾り**《みみかざり》 耳たぶの飾り。イヤリング。
**耳金**《みみがね》 左右に突き出た器物の取っ手。
**耳聡い**《みみざとい》 聴覚が鋭い。耳が早い。
**耳障り**《みみざわり》 聞いて不快な感じがする。
**蚯蚓腫れ▲**《みみずばれ》 細長く赤い腫れ。
**耳朶**《みみたぶ》 耳の、下部の垂れ下がった部分。
**耳年増**《みみどしま》 聞いた話で知識が豊富な女。
**耳鳴り**《みみなり》 耳の奥で音を感じる異状。
**耳に胼胝**《みみにたこ》**ができる** 同じことを何度も聞かされて、うんざりする。
**耳元**《みみもと》 【耳許】耳のすぐそば。
**耳寄り**《みみより》 聞く価値がある。「—な話」
**見目**《みめ》 【眉目】外観。容貌。面目。
**未明**《みめい》 夜がまだ明けきらない時分。
**見目形**《みめかたち》 顔立ちと姿。容貌《ようぼう》と姿。

身悶え《みもだえ》 苦しみに体をうねらせる。

身持ち《みもち》◀ 品行。生活態度。身重。

身元《みもと》 【身許】名や経歴。素姓。「—不明」

見物《みもの》 見る値打ちがあるもの。

実物《みもの》 園芸などで果実を主とするもの。

宮《みや》 神社。皇族や親王家の称号。

脈《みゃく》 血管。脈拍。望みや見込み。

脈動《みゃくどう》 周期的・律動的に動くこと。

脈搏《みゃくはく》 心臓の拍動に応じた動脈の鼓動。

脈脈《みゃくみゃく》 途切れず続いている様子。

脈絡《みゃくらく》 物事のつながり。関連。「—貫通」

土産《みやげ》 旅先の土地の産物。「—話」

都《みやこ》 皇居・政府のある所。都会。

都落ち《みやこおち》 都を去り地方に逃げること。

宮大工《みやだいく》 社寺・仏閣建築の専門大工。

宮仕え《みやづかえ》 官庁や会社に勤めること。

雅やか《みやびやか》 上品で優雅なさま。「—な装い」

見破る《みやぶる》 隠していることを見抜く。

深山《みやま》 山の美称。奥山。「—桜」

宮参り《みやまいり》 神社への参詣。生後初の参詣。

見遣る《みやる》 遠くを見る。その方を見る。

御幸《みゆき》 【行幸】天皇の外出。ぎょうこう。

深雪《みゆき》 雪の美称。深く積もった雪。図

御代《みよ》 【御世】天皇の在位期間。

妙《みょう》 不思議。非常に優秀。「演技の—」

見様《みよう》 ものを見る方法。見方。「—見まね」

妙案《みょうあん》 非常によい考え。うまい考え。

冥加《みょうが》 知らずに受ける神仏の加護。

妙技《みょうぎ》 非常に優れた技術や演技。

妙計《みょうけい》 うまい計略。妙策。

名号《みょうごう》 阿弥陀《あみだ》仏の名前。尊号。

名字《みょうじ》 【苗字】その家の名。姓。「—帯刀」

妙手《みょうしゅ》 優れた技術を持つ人。好手。

妙趣《みょうしゅ》 非常に優れた趣。妙致。

明星《みょうじょう》 金星。「宵の—」優れた人物。

明神《みょうじん》 「神」の尊称。「南無大—」「—祭」

名跡《みょうせき》 代々の名字や家名。「—を継ぐ」

名代《みょうだい》 目上の人の代理を務める・人。

明朝《みょうちょう》 あしたの朝。みょうあさ。

妙諦《みょうてい》 優れた真理。みょうたい。

明晩《みょうばん》 あしたの晩。明夜。

明礬《みょうばん》 硫酸アルミニウムなどの化合物。

妙味《みょうみ》 微妙な味わい。うまみ。妙趣。

妙薬《みょうやく》 不思議なくらいよく効く薬。

名利《みょうり》 世俗的な名声と利欲。めいり。

冥利《みょうり》 最高の満足感。好結果の恩恵。
●名利を求める
●役者冥利に尽きる

妙齢《みょうれい》 女性の年頃。適齢期。

身寄り《みより》◀ 頼ることができる親類縁者。

未来《みらい》 この先。将来。今後。⇕過去

未来永劫《みらいえいごう》 この先、永遠に。

未了《みりょう》 まだ終わらないこと。⇕完了

魅了《みりょう》 人の心をひきつけとらえること。

魅力《みりょく》 人の心をひきつける力。「—的」

味醂《みりん》 調味用の甘い酒。「—干し」

見る《みる》 目で感じる・判断する。「海を—」「—からに」「—間に」【観る】鑑賞・観賞・観察する。「映画を—」「桜を—」「手相を—」【視る】視察する。「被災地を—」【看る】看護する。「病人を—」

診る《みる》 診察する。検査する。「患者を—」

未練《みれん》 諦めきれないこと。「—がましい」

弥勒《みろく》 将来出現し人を救うという菩薩。

魅惑《みわく》 心をひきつけ迷わすこと。「—的」

見分ける《みわける》 よく見て区別する。

見渡す《みわたす》 広い範囲にわたって見る。

民意《みんい》 民の心。国民の意思や考え。

民営《みんえい》 民間で経営する。⇕国営・公営

民家《みんか》 住民の住む家。人家。民屋。

民間《みんかん》 公的機関に属さない一般社会。

民芸《みんげい》 庶民の生活から生まれた工芸。

民権《みんけん》 人民が政治に参加する権利。

民事《みんじ》 商法や民法上の問題。⇕刑事

民主《みんしゅ》 主権が国民にあること。「—主義」

民需《みんじゅ》 民間の需要。⇕官需・軍需

民衆《みんしゅう》 一般の人民。大衆。公衆。

民宿《みんしゅく》 一般民家の営む簡易な宿泊施設。

民情《みんじょう》 一般民衆の生活状態や心情。

民心《みんしん》 人民の心。国民の気持ち。

民生《みんせい》 人民の生活・生計。「—委員」

民政《みんせい》 文民による政治。「—移管」⇕軍政

民選《みんせん》 人民が選挙で選ぶこと。⇕官選

民俗《みんぞく》 民衆の風習や風俗。「—信仰」

民族《みんぞく》 同じ人種・地域の集団。「—国家」
●民俗芸能　民俗学
●民族衣装

民度《みんど》 人民の経済力や文化の程度。

民兵《みんぺい》 民間人で組織した軍隊。

民法《みんぽう》 個人の権利・義務を定めた法律。

民有《みんゆう》 民間の所有。⇕国有・公有

民謡《みんよう》 民衆の間で伝えられてきた歌。

民力《みんりょく》 国民の経済力。国民の経済的な労力。

民話《みんわ》 民衆の間に伝わる説話。「—劇」

## む

無《む》 何も存在しない。「—に等しい」
無為《むい》 何もしないこと。自然のまま。
無意識《むいしき》 意識しない。意識がない。
無医村《むいそん》 医者がいない村。
無一物《むいちぶつ》 何も持っていないこと。
無一文《むいちもん》 お金を全く持っていない。
無為徒食《むいとしょく》 毎日をむだに過ごす。
無意味《むいみ》 意味や価値がないこと。
無為無策《むいむさく》 適切な方策がない。
無益《むえき》 役に立たない。むだ。⇔有益
無援《むえん》 ほかからの助けがない。「孤立—」
無縁《むえん》 関係がない。縁者がない。「—仏」

無我《むが》 我意がないこと。われを忘れる。
無害《むがい》 害がない。「人畜—」⇔有害
無蓋《むがい》 屋根のないこと。「—貨車」⇔有蓋
向◀かい風《むかいかぜ》 前からの風。⇔追い風
向◀かう《むかう》 体を向ける。目指して進む。
迎え酒《むかえざけ》 二日酔いを治すための酒。
迎え火《むかえび》 祖霊を迎えるための火。秋
迎える《むかえる》 くるのを待つ。時期がくる。
無学《むがく》 学問がない。ものを知らない。
昔《むかし》 遠い前の時代。ずっと以前。
昔気質《むかしかたぎ》 古風で律儀な性質。
昔馴染み《むかしなじみ》 昔からの友達。
昔話《むかしばなし》 【昔噺】昔から伝わる空想的な話。
向◀かっ腹《むかっぱら》 理由もなく腹を立てる。
無我夢中《むがむちゅう》 我を忘れ熱中する。

無官《むかん》 官職についていない。「無位—」
無冠《むかん》 位を持たないこと。「—の帝王」
無関係《むかんけい》 何のかかわりもないこと。
無関心《むかんしん》 興味を持たないこと。
無季《むき》 俳句中に季題や季語がないこと。
無期《むき》 期限がないこと。「—延期」⇔有期
無機《むき》 生活機能を持たない物質。「—質」
向き合う《むきあう》 互いに相手の方を向く。
無傷《むきず》 傷がない。失敗や負けがない。
剥き出し《むきだし》 あらわに出る。露骨。
無軌道《むきどう》 軌道がないこと。でたらめ。
向き直る《むきなおる》 向きを変える・正す。
剥き身《むきみ》 殻から取り出した貝の肉。
麦飯《むぎめし》 ムギを米にまぜて炊いた飯。夏
無休《むきゅう》 休日がないこと。「年中—」

無給《むきゅう》 給料が支払われない。⇔有給
無窮《むきゅう》 際限や終りがないこと。永遠。
無気力《むきりょく》 気力がない。覇気がない。
麦藁《むぎわら》 穂を取ったムギのくき。夏
無菌《むきん》 細菌がない状態。「—室」
向く《むく》 その方向に動く。ふさわしい。
剥く《むく》 はぐ。はがす。取り去る。
無垢《むく》 けがれがない。混じり気がない。
報い《むくい》 【酬い】行為の結果として受ける。
報いる《むくいる》 【酬いる】お返しをする。「恩に—」
尨毛《むくげ》 獣などの長く垂れた毛。
無口《むくち》 口数が少ないこと。寡黙。
浮腫《むくみ》 水分がたまって腫れること。
剥れる《むくれる》 不機嫌になる。はがれる。
骸《むくろ》 【軀】体。死骸《しがい》。朽ち木の幹。

無碍《むげ》 【無礙】邪魔が入らず自由なさま。
無形《むけい》 形がない。「—文化財」⇔有形
無芸《むげい》 芸がないこと。能がないさま。
無芸大食《むげいたいしょく》 食事しか能がない。
無欠《むけつ》 欠けたところがない。「完全—」
無血《むけつ》 血を流さないこと。「—革命」
無限《むげん》 限りがないこと。果てしないこと。
夢幻《むげん》 夢と幻。はかない様子。「—的」
夢幻泡影《むげんほうよう》 この世のはかなさ。
婿《むこ》 【聟】娘の夫。新郎。⇔嫁・新婦
無辜《むこ》 何の罪もないこと。「—の民」
惨い《むごい》 痛ましい。あまりにもひどい。
婿入り《むこいり》 結婚して妻の家の籍に入る。
向◀こう《むこう》 向かい合った正面の方。あちら。
無効《むこう》 効き目がないこと。効力がない。

向◀こう傷《むこうきず》 体の前面に受けた傷。
向◀こう見ず《むこうみず》 無鉄砲なこと。
婿取り《むことり》 婿を迎えること。⇔嫁取り
婿養子《むこようし》 娘婿として迎える養子。
無根《むこん》 証拠や根拠がないこと。「事実—」
無言《むごん》 ものを言わないこと。「—劇」
無才《むさい》 才能がないこと。「無学—」
無罪《むざい》 罪がないこと。「—放免」⇔有罪
無策《むさく》 方策のないこと。「無為—」
無作為《むさくい》 作りごとでないこと。
無差別《むさべつ》 差別がない。平等なこと。
貪る《むさぼる》 欲深く望む。欲しがる。「財を—」
無産《むさん》 財産がないこと。無資産。⇔有産
霧散《むさん》 霧のように残らず消えること。
無残《むざん》 【無惨】残酷。いたわしいこと。

虫《むし》 癇癪《かんしゃく》。熱中する人。昆虫。[秘]
無私《むし》 私心がないこと。「公平—」
無視《むし》 存在を認めない。問題にしない。
無地《むじ》 染色が一色で模様がないこと。
蒸《む》し▼暑《あつ》い 湿気が多く気温が高い。
虫下《むしくだ》し 体内の寄生虫を外に出す薬。
虫螻《むしけら》 虫または人を卑しめていう語。
虫酸《むしず》 【虫唾】胃から逆流してくる液。「—が走る」で、不快でたまらない、の意。
無実《むじつ》 罪に値する事実がないこと。
虫《むし》の息《いき》 今にも絶えそうな呼吸。
虫《むし》の知《し》らせ なんとなく不吉に感じること。悪い予感がすること。
虫歯《むしば》 細菌に侵されて穴があいた歯。
蝕《むしば》む 【虫食む】少しずつ悪くする。

無慈悲《むじひ》 思いやりがないこと。
蒸《む》し▼風呂《ぶろ》 湯気で暖まる風呂。
虫干《むしぼ》し▼ 日に干し風に当てる。[夏]
虫眼鏡《むしめがね》 凸レンズの拡大鏡。
武者《むしゃ》 武士。「—修行」「落ち—」
無邪気《むじゃき》 悪気がない。あどけない。
武者震《むしゃぶる》い 勇み立ち震えること。
無臭《むしゅう》 においがないこと。「無味—」
無住《むじゅう》 寺院に住職がいないこと。「—寺」
無重力《むじゅうりょく》 重力のない状態。無重量。
無宿《むしゅく》 住居や正業を持たないこと・人。
無趣味《むしゅみ》 趣味のないこと。無風流。
矛盾《むじゅん》 整合しないこと。撞着。「—を来す」
矛盾撞着《むじゅんどうちゃく》 辻褄《つじつま》が合わない。
無償《むしょう》 報酬がない。代金をとらない。

霧消《むしょう》 あとかたもなく消え失せること。
無上《むじょう》 この上ないこと。最上。「—の喜び」
無常《むじょう》 変わらないものはない。変転。
無情《むじょう》 情け心がない。非情。薄情。
●諸行無常　無常観
●無情な仕打ち
無条件《むじょうけん》 何の条件もないこと。
無常迅速《むじょうじんそく》 世の移り変わりが非常に速いこと。人の死が早くくること。
無性《むしょう》に むやみに。やたらに。
無色《むしょく》 色がないこと。偏らないこと。
無職《むしょく》 定まった職業を持たないこと。
虫除《むしよ》け 虫の害を防ぐ、またその道具。
無所属《むしょぞく》 どの党派にも属さないこと。
毟《むし》る つまんで引き抜く。ちぎり取る。
筵《むしろ》 【蓆】ワラなどで編んだ敷物。

寧《むし》ろ どちらかというと。いっそ。
無心《むしん》 何も考えない。お金をねだる。
無人《むじん》 人がいないこと。「—駅」⇔有人
無尽《むじん》 尽きないこと。「無尽講」の略。
無神経《むしんけい》 気配りがない様子。
無尽蔵《むじんぞう》 取っても尽きないこと。
産《む》す 【生す】発生する。生える。
蒸《む》す 蒸し暑く感じる。蒸気で熱する。
●苔《こけ》が産す
●ご飯を蒸す
無数《むすう》 数えきれないほどたくさん。
難《むずか》しい わかりにくい。わずらわしい。
息子《むすこ》 男の子ども。せがれ。⇔娘
結《むす》ぶ ゆわえる。他人と関係を持つ。
娘《むすめ》 若い女。女の子ども。「愛《まな》—」
娘盛《むすめざか》り 娘として最も美しい年頃。

無声《むせい》 声や音を発しないこと。「—映画」
無性《むせい》 雌雄の区別がないこと。「—生殖」
夢精《むせい》 睡眠中に射精する現象。
無税《むぜい》 税金が掛からないこと。⇔有税
無制限《むせいげん》 制限がない。制限しない。
無生物《むせいぶつ》 生命を持たないもの。
無精卵《むせいらん》 受精していない卵。
無責任《むせきにん》 責任感がない様子。
噎《む》ぶ 【咽ぶ】むせる。むせび泣く。
噎《む》せる 【咽せる】息が詰まった感じになる。
無銭《むせん》 お金を持たないこと。「—飲食」
無線《むせん》 電波を利用して行う通信。
無双《むそう》 比べるものがないこと。無類。
夢想《むそう》 あてもないことを心に思うこと。
無造作《むぞうさ》 【無雑作】気軽なさま。簡単。

無駄《むだ》 【徒】意味がない。利益がないこと。
無駄足《むだあし》 行った甲斐《かい》がないこと。
無体《むたい》 無理。無法。「—な言い分」
無代《むだい》 代金がかからないこと。無料。
無題《むだい》 題のないこと。題詠でないもの。
無駄口《むだぐち》 【徒口】益のないおしゃべり。
無駄遣《むだづか》い 役立たない使い方。
無駄骨《むだぼね》 役に立たない苦労。徒労。
無駄飯《むだめし》 仕事をしないで暮らすこと。
無断《むだん》 許可を得ないこと。「—借用」
鞭《むち》 【笞】動物などを打つ細長い具。
無知《むち》 知識がないこと。無学。「—無能」
無恥《むち》 恥知らずなこと。「厚顔—」
無知蒙昧《むちもうまい》 愚かで道理に暗い。
無茶《むちゃ》 筋が通らないこと。「—苦茶」

夢中《むちゅう》 熱中していること。上の空。
霧中《むちゅう》 霧がたちこめる中。「―信号」
無賃《むちん》 料金を支払わないこと。「―乗車」
無痛《むつう》 痛みのないこと。「―分娩《ぶんべん》」
睦月《むつき》 陰暦正月の異称。一月。新
襁褓《むつき》 おしめ。おむつ。うぶぎ。
睦言《むつごと》 床の中で男女が交わす言葉。
睦《むつ》まじい 心が通じ合い仲がよい。
無定見《むていけん》 定まった考えがないこと。
無抵抗《むていこう》 逆らわない様子。「―主義」
無手勝流《むてかつりゅう》 戦わずに勝つこと。
無敵《むてき》 かなうものがないほど強いこと。
霧笛《むてき》 濃霧の際に鳴らす航海信号。春
無鉄砲《むてっぽう》 先を考えずことを行うこと。
無電《むでん》 「無線電信」の略。無線の通信。

無道《むどう》 人の道に背くこと。「悪逆―」
無毒《むどく》 毒がないこと。「―の蛇」⇔有毒
無届《むとど》け◀ 事前に届け出ていないこと。
無頓着《むとんちゃく》 少しも気にかけないこと。
胸板《むないた》 胸部の平たい部分。「―が厚い」
棟木《むなぎ》 屋根の棟に用いる横木。
胸糞《むなくそ》が悪《わる》い いまいましい。
胸倉《むなぐら》 着物の左右のえりが重なる部分。
胸苦《むなぐる》しい 胸の辺りが息苦しい。
胸先《むなさき》 胸の辺り。胸元。「―三寸」
胸騒《むなさわ》ぎ 不安で心が落ち着かない。
胸算用《むなざんよう》 心中での計算。心算。胸積り。
空《むな》しい 【虚しい】形だけで中身がない。
胸突《むなつ》き八丁《はっちょう》 最も苦しい時。
胸元《むなもと》 【胸許】胸の辺り。胸の前。

無二《むに》 二つとない。掛けがえのない。
無《む》に帰《き》する すべてなくなる。
無二無三《むにむさん》 ひたむきなさま。
旨《むね》 主な意味や内容。趣旨。
宗《むね》 【旨】主とすること。第一。
●その旨を伝える
●質素を宗とする
胸《むね》 体の前面で、首と腹の間。心。
棟《むね》 屋根のいちばん高い所。棟木。
棟上《むねあ》げ 建築の際に棟木を上げる。
胸三寸《むねさんずん》 胸の中の考え。
無念《むねん》 雑念がないこと。悔しく思うこと。
無念無想《むねんむそう》 無我の境地の状態。
無能《むのう》 能力や才能がない様子。⇔有能
無配《むはい》 株式などの配当金がないこと。
無比《むひ》 比べるものがないこと。無類。

夢寐《むび》 眠って夢をみること、その間。
無筆《むひつ》 読み書きができないさま。無学。
無謬《むびゅう》 判断などに誤りがないこと。
霧氷《むひょう》 樹木に霧が凍りついたもの。冬
無表情《むひょうじょう》 気持ちが顔に表れないさま。
無病息災《むびょうそくさい》 病気もなく健康。
無風《むふう》 風がない。波乱や影響がない。
無分別《むふんべつ》 わきまえずに行動するさま。
宜《むべ》 【諾】なるほど。いかにも。うべ。
無辺《むへん》 広大で果てしない。限りがない。
無法《むほう》 法や秩序が無視されていること。
無謀《むぼう》 結果を考えずに行動すること。
謀反《むほん》 【謀叛】主君に背いて兵を起こす。
夢魔《むま》 夢に現れて人を苦しめる悪魔。
無味《むみ》 味がない・面白みがないこと。



無味乾燥《むみかんそう》 味わいが全くない。
無明《むみょう》 煩悩に覆われ真理を知らない。
無名《むめい》 世に知られていない。⇔有名
無銘《むめい》 刀や書に作者名がない。⇔在銘
無闇《むやみ》 【無暗】よく考えずに行うさま。
夢遊病《むゆうびょう》 睡眠中に行動する病気。
無用《むよう》 必要ない・役に立たないこと。
無用《むよう》の長物《ちょうぶつ》 あっても全く役に立たない・かえってじゃまなもの。
無欲《むよく》 欲がないこと。
無欲恬淡《むよくてんたん》 無欲で執着しない。
村《むら》 田舎で人が群がり住んでいる所。
斑《むら》 そろっていない。変わりやすい。
群《むら》がる 【叢る】一か所に集中する。
斑気《むらき》 気が変わりやすいこと。むらぎ。

叢雲《むらくも》 群れ集まった雲。「月に―」
紫《むらさき》 赤と青の中間の色。しょうゆ。
村里《むらざと》 田舎で人家が集まっている所。
村雨《むらさめ》 【叢雨】ひとしきり降ってやむ雨。
村八分《むらはちぶ》 仲間外れにすること。
無理《むり》 道理に反する。困難。強行する。
無理解《むりかい》 理解しないこと。
無理算段《むりさんだん》 無理して融通する。
無理強《むりじ》い 強制すること。
無理難題《むりなんだい》 無法な言いがかり。
無理無体《むりむたい》 強引に押し通す。
無慮《むりょ》 おおよそ。だいたい。ざっと。
無料《むりょう》 料金がかからないこと。ただ。
無量《むりょう》 限りなく多いこと。「感慨―」
無力《むりょく》 体力や勢力・能力がないこと。

無類《むるい》 たぐいない。比べるものがない。

群れ《むれ》▲ 人や生物の集まり。「魚の―」

群れる《むれる》 多くのものが一所に寄り集まる。

室《むろ》 外気を遮り物を貯蔵する所。

室咲き《むろざき》 温室で咲かせる花。[冬]

無論《むろん》 論じるまでもなく。もちろん。

## め

目《め》 物を見る働きの器官。鑑識力。

芽《め》 種から出た直後の草木。兆し。

目新しい《めあたらしい》 見たこともない新しさ。

目当て《めあて》▲ 目印。目的。ねらい。標準。

命《めい》 いのち。言いつけ。「―に背く」

明《めい》 道理を見抜く力。「先見の―」

姪《めい》 兄弟姉妹の娘。⇔甥《おい》

銘《めい》 器物や金石に刻んだ言葉や文。

名案《めいあん》 うまい思いつき。よい考え。

明暗《めいあん》 明るい面と暗い面。「―を分ける」

名医《めいい》 優れた・有名な医者。⇔藪《やぶ》医者

銘打つ《めいうつ》 銘を刻む。名目をかかげる。

命運《めいうん》 存続にかかわる運命。「会社の―」

名演《めいえん》 優れた演技・演奏。

名花《めいか》 名高く美しい花。美女のたとえ。

名家《めいか》 歴史のある立派な家柄。名人。

銘菓《めいか》 特別の名をつけた上等な菓子。

名画《めいが》 名高い絵。優れた絵画・映画。

明快《めいかい》 筋が通って平明なこと。「単純―」

明解《めいかい》 よくわかる解釈。詳解。簡明。

冥界《めいかい》 あの世。死後の世界。冥土。

明確《めいかく》 はっきりしていて確かな様子。

銘柄《めいがら》 商品を代表する名称。商標。

名鑑《めいかん》 人や物の名を集めた書物。名簿。

名器《めいき》 有名な器物。優れた器物。

明記《めいき》 はっきりと書きしるす。特記。

銘記《めいき》 強く心に留めて忘れない。感銘。

●理由を明記する
●心に銘記する

名妓《めいぎ》 優れた芸者。有名な芸妓。

名義《めいぎ》 表向きの名前。形式上の権利者。

迷宮《めいきゅう》 中で迷って出られなくなる建物。

明鏡止水《めいきょうしすい》 静かに澄んだ心境。

名曲《めいきょく》 有名な楽曲。優れた楽曲。

名局《めいきょく》 囲碁や将棋の素晴らしい対局。

鳴禽《めいきん》 美しい声でさえずる鳥。

名吟《めいぎん》 優れた詩歌や俳句。巧みな吟詠。

名句《めいく》 名高い句。優れた俳句。名言。

名君《めいくん》 善政を敷く徳の優れた君主。

明君《めいくん》 賢明な君主。⇔暗君

名月《めいげつ》 美しい月。陰暦八月の十五夜、九月の十三夜の月。明月。「中秋の―」[秋]

明月《めいげつ》 澄み渡って輝く丸い月。名月。[秋]

名言《めいげん》 本質をうまく言い当てた言葉。

明言《めいげん》 はっきり言うこと。「―を避ける」

名工《めいこう》 優れた工芸品を作る職人。

明細《めいさい》 細部まで示した詳しい内容。

迷彩《めいさい》 周囲に紛れるようにする。「―色」

名作《めいさく》 有名な作品。優れた作品。傑作。

名刹《めいさつ》 由緒ある有名な寺院。「古寺―」

明察《めいさつ》 事情や真相を察し知ること。

名産《めいさん》 その土地の有名な産物。名物。

名山《めいざん》 美しく風格のある山。名高い山。

名士《めいし》 名の通った人。有名人。名家。

名刺《めいし》 氏名や職業を記した小さな紙。

明視《めいし》 はっきりと見えること。「―距離」

名詞《めいし》 品詞の一。事物の名前を表す語。

明示《めいじ》 はっきりと示すこと。⇔暗示

名実《めいじつ》 名称と実質。評判と実際。

名手《めいしゅ》 技術の優れた人。名人。「舞の―」

盟主《めいしゅ》 同盟の中で中心となる人や国。

銘酒《めいしゅ》 銘柄の付いた上等な酒。「―屋」

名所《めいしょ》 景色や古跡で有名な場所。

名匠《めいしょう》 芸術や学術に優れた人。名工。

名将《めいしょう》 優れた武将。有名な将軍。

名称《めいしょう》 呼び名。名前。呼称。「正式―」

名勝《めいしょう》 景色が見事な土地。「―庭園」

名状《めいじょう》 状態を言い表す。「―しがたい形」

明色《めいしょく》 明るい感じを受ける色。⇔暗色

命じる《めいじる》 命令する。任命する。命名する。

銘じる《めいじる》 心に留める。銘記する。「肝に―」

迷信《めいしん》 科学的根拠のない不合理な信仰。

名人《めいじん》 技芸に熟達した人。「―芸」「―肌」

名数《めいすう》 「三景」など、数のついた呼称。

命数《めいすう》 運命。天命。生命の長さ。寿命。

瞑する《めいする》 目を閉じる。安らかに死ぬ。

名声《めいせい》 世間でのよい評判。「―を博す」

名跡《めいせき》 【名蹟】有名な旧跡・古跡。

明晰《めいせき》 明らかではっきりしている様子。

銘仙《めいせん》 平織りのじょうぶな絹織物。

名僧《めいそう》 知徳の優れた高名な僧。

迷走《めいそう》 不規則に方向を変えながら進む。

瞑想《めいそう》 【冥想】目を閉じ心静かに考える。

明窓浄机《めいそうじょうき》 明るく清潔な書斎。
命題《めいだい》 題をつけること。課題。
明達《めいたつ》 物事の道理に通じていること。
明断《めいだん》 明快に決断すること。
名地《めいち》 名高い土地。有名な土地。
明知《めいち》 【明智】優れた知恵。
銘茶《めいちゃ》 銘柄のある上質な茶。
命中《めいちゅう》 目標に当たること。的中。「―率」
名著《めいちょ》 名高い書物。優れた著書。
明澄《めいちょう》 曇りなく澄み渡ること。「大気―」
目一杯《めいっぱい》 限界ぎりぎりまで。「―働く」
酩酊《めいてい》 ひどく酒に酔うこと。泥酔。
明哲《めいてつ》 賢明で道理に通じていること。
明度《めいど》 色の持つ明るさ暗さの度合。
冥土《めいど》 【冥途】死者の魂が行く所。黄泉《よみ》。

名刀《めいとう》 名高い刀剣。優れた刀。名剣。
名答《めいとう》 適切な答え。「ご―」⬄愚答
名湯《めいとう》 優れた効力で有名な温泉。
明答《めいとう》 はっきりとした答え。「―を促す」
銘刀《めいとう》 特別の名を持つ優れた刀。
鳴動《めいどう》 音を立てて揺れ動くこと。
命日《めいにち》 死んだその日。忌日。「祥月―」
名馬《めいば》 名高い馬。優れた馬。⬄駄馬
明白《めいはく》 はっきりとよくわかること。
明媚《めいび》 清らかで美しいこと。「風光―」
名筆《めいひつ》 書画に優れている人、その作品。
名品《めいひん》 名のある品。優れた品。
明敏《めいびん》 頭の働きが鋭く判断力がある。
冥府《めいふ》 死後の世界。冥土。地獄。冥《みょう》界。
冥福《めいふく》 死後の幸福。「―を祈る」

名物《めいぶつ》 有名なもの。有名な産物。
名分《めいぶん》 身分に応じた義務。「大義―」
名文《めいぶん》 名高い文。優れた文章。「―家」
名聞《めいぶん》 人聞き。世間の評判。
明文《めいぶん》 はっきり規定した条文。「―化」
名簿《めいぼ》 氏名や住所を記載した帳簿。
名宝《めいほう》 名高い宝。素晴らしい宝。
名峰《めいほう》 山容の美しい有名な山。名山。
盟邦《めいほう》 同盟国。友邦。
名望《めいぼう》 名声高く人望があること。「―家」
明眸皓歯《めいぼうこうし》 「美人」の形容。
名木《めいぼく》 由緒ある特別な木。名高い木。
銘木《めいぼく》 床柱などに使う上質の木。
命脈《めいみゃく》 生命。いのち。「―を保つ」
迷夢《めいむ》 とりとめもない考え。心の迷い。

命名《めいめい》 名前をつけること。「―式」
銘銘《めいめい》 各自。おのおの。それぞれ。
明明白白《めいめいはくはく》 「明白」の強調。
明滅《めいめつ》 灯火がついたり消えたりする。
迷妄《めいもう》 無知から生じる誤った考え。
名目《めいもく》 名前。表向きの理由。口実。
瞑目《めいもく》 目を閉じること。安らかに死ぬ。
名門《めいもん》 由緒のある有名な存在。「―校」
名訳《めいやく》 優れた翻訳。優れた解釈。
盟約《めいやく》 かたく誓い約束すること。
名優《めいゆう》 演技の優れた俳優。
盟友《めいゆう》 かたく誓い合った友人。
名誉《めいよ》 高い評判を得ること。面目。
名流《めいりゅう》 名高い人々。上流階級の人々。
明瞭《めいりょう》 明らか。はっきりしていること。

滅入《めい》る 元気を失う。気がふさぐ。
命令《めいれい》 上位者からの言いつけ。「至上―」
迷路《めいろ》 入り込むと迷って出られない道。
明朗《めいろう》 明るく朗らか。隠し事がない。
名論《めいろん》 優れた意見や議論。「―卓説」
迷惑《めいわく》 他人のせいで不快な思いをする。
目上《めうえ》 地位や年齢が自分より上の人。
目打《めう》ち 千枚通し。穴をあける錐《きり》。
目移《めうつ》り ほかを見て関心が移ること。
夫婦《めおと》 妻と夫。ふうふ。みょうと。
目隠《めかく》し 目を覆って見えなくする。
妾《めかけ》 正妻以外に養っている女性。
目頭《めがしら》 目の、鼻に近いはし。⬄目尻
目方《めかた》 はかりで量った重さ。重量。
目角《めかど》 目尻。目くじら。「―を立てる」

眼鏡《めがね》 視力を補うための器具。鑑識。
眼鏡違《めがねちが》い 見込みが外れること。
女神《めがみ》 女性の神。「勝利の―がほほえむ」
目利《めき》き 物を鑑定する能力がある人。
女狐《めぎつね》 めすの狐。男をだます悪賢い女。
目腐《めくさ》れ金《がね》 わずかな金。
目薬《めぐすり》 眼病の治療のために目にさす薬。
目配《めくば》せ 目だけを動かして合図する。
目配《めくば》り 方々を注意して見ること。
恵《めぐ》む 情けを掛ける。金品を与える。
芽《め》ぐむ 【萌む】草木が芽を出す。芽ばえ。
巡《めぐ》り合《あ》う やっとのことで出あう。
巡《めぐ》り合《あ》わせ◀ 偶然そうなること。
捲《めく》る 覆っているものをはぎ取る。
巡《めぐ》る あちこちと順に見て回る。

目眩く《めくるめ》　目がくらむ。理性を失う。
目溢し《めこぼ》　見て見ぬふりをする。
目先《めさき》　目の前。当座。ごく近い将来。
目刺し《めざ》◀　目に串を通した干物。春
目指す《めざ》　【目差す】目標とする。
目敏い《めざと》　見つけるのがすばやい。
目覚ましい《めざ》◀　驚くほど立派。
目覚める《めざ》　目が覚める。働き始める。
目障り《めざわ》　見て不快になること・もの。
飯《めし》　米や麦を炊いた食べ物。食事。
目地《めじ》　れんがやタイルの間の継ぎ目。
召し上げる《めあ》◀　取り上げる。没収。
目下《めした》　地位や年齢が自分より下の人。
召し使い《めつか》◀　雑用をする雇い人。
飯櫃《めしびつ》　ごはんを入れる木製の容器。

雌蕊《めしべ》　受粉して種を作る花の器官。
目尻《めじり》　目の、耳に近いはし。⇔目頭《めがしら》
目印《めじるし》　【目標】見つけるためのしるし。
目白押し《めじろお》　込んで並ぶ。多く集まる。
雌《めす》　【牝】動物で卵や子を産む方。
召す《め》　「呼びよせる」「招く」の敬称。
珍しい《めずら》　まれである。目新しい。「―記録」
目線《めせん》　目の向く方向や角度。視線。
目立つ《めだ》　人の注意を引く。「―存在」
目玉《めだま》　眼球。しかること。中心の事柄。
鍍金《めっき》　【滅金】金属の薄膜をかぶせる。
目付き《めつ》　物を見る時の目の様子。
滅却《めっきゃく》　滅ぼしなくすこと。「心頭―」
滅菌《めっきん》　細菌を死滅させること。殺菌。
目付け《めつ》◀　監視。見張り。武士の役職。

滅失《めっしつ》　滅びてなくなること。
滅私奉公《めっしほうこう》　私利私欲を捨て、国や社会など公のために力を尽くすこと。
滅する《めっ》　ほろびる。消える。消す。
滅相《めっそう》　とんでもない様子。「―もない」
滅多打ち《めったう》　むやみに打つこと。
滅多な《めった》　むやみな。あたりまえの。
滅多に《めった》　ほとんど起こらないさま。
目潰し《めつぶ》　相手の目をくらますこと。
滅亡《めつぼう》　滅びてなくなること。⇔興隆
滅法《めっぽう》　並外れたさま。非常に。「―強い」
馬手《めて》　右の手。右の方。⇔左手・弓手《ゆんで》
愛でる《め》　美しさをほめる。慈しむ。「花を―」
目処《めど》　【目途】目標。見通し。「―が立つ」
針孔《めど》　針の、糸を通すためのあな。

目通り《めどお》　身分の高い人に会う。謁見。
目と鼻の先《めはなさき》　距離が非常に近い。
娶る《めと》　妻に迎える。妻にする。
目抜き《めぬ》◀　特に目立つ所。「―通り」
目の上の瘤《めうえこぶ》　じゃまなもの・人。
目の敵《めかたき》　何かにつけて憎むこと。
目の子《めこ》　目で大まかに計算すること。
芽生え《めば》　芽が出ること。萌芽。始まり。
目端《めはし》　その場を見計らう機転・才知。
雌花《めばな》　雌しべだけある花。⇔雄花
目鼻立ち《めはなだ》　鼻の形や目。顔だち。
目張り《めば》◀　すき間に紙を張ってふさぐ。
芽吹く《めぶ》　草木の芽が出る。「柳が―」
目分量《めぶんりょう》　目で推測した分量。目積り。
目減り《めべ》　重さや量が徐々に減ること。

目星《めぼし》　目当て。見当。眼球の白い点。
眩暈《めまい》　【目眩】目がくらむこと。眩暈《げんうん》。
女女しい《めめ》　意気地がない。柔弱。
目元《めもと》　【目許】目の辺り。目つき。
目盛り《めも》◀　量や長さを示す印。
目安《めやす》　目当て。目標。見当。基準。
目脂《めやに》　目から出る粘液。目くそ。
減り張り《めりは》　【乙張り】抑揚。緩急。
面《めん》　顔。仮面。平らなひとつながり。
綿《めん》　もめんわた。もめん。
麺《めん》　【麪】そば、うどんなどの総称。
免疫《めんえき》　疾病に関する抵抗現象。「―性」
綿花《めんか》　【棉花】ワタの種子を包む繊維。
面会《めんかい》　人に会うこと。「―謝絶」「―人」
免官《めんかん》　官職をやめさせられること。

面詰《めんきつ》　面と向かって問い詰めて責める。
免許《めんきょ》　政府や官公庁の許可、その証書。
免許皆伝《めんきょかいでん》　師匠が弟子に奥義をすべて伝授すること。「―の腕前」
面食い《めんく》　顔の美しい人を好む性質。
面食らう《めんく》　突然のことでまごつく。
免罪《めんざい》　罪を許すこと。「―符」
綿糸《めんし》　木綿の糸。「―紡績」
面識《めんしき》　互いに顔を見知っていること。
面従腹背《めんじゅうふくはい》　上辺では服従しているように見せて心の中で反抗すること。
免除《めんじょ》　義務や責任などを許し除くこと。
免状《めんじょう》　免許の証となる文書。「卒業―」
免職《めんしょく》　職をやめさせること。「懲戒―」
免じる《めん》　特に許す。職をやめさせる。

**面《めん》する** その方を向いている。直面する。
**免税《めんぜい》** 課税を免除すること。「—店」
**面責《めんせき》** 面と向かって非難する。面詰。
**面積《めんせき》** 面の広さ。二次元の部分の広さ。
**面接《めんせつ》** 試しに直接その人と会うこと。
**面前《めんぜん》** 目の前。人の前。「公衆の—」
**面相《めんそう》** 顔つき。人相。容貌《ようぼう》。「百—」
**明太子《めんたいこ》** タラコの唐辛子漬け。
**面談《めんだん》** 直接会って話をすること。
**面疔《めんちょう》** 顔面にできる悪性の腫れ物。
**面子《メンツ》** 体面。面目。「—にかかわる」
**面倒《めんどう》** 煩わしいこと。厄介。世話。
**雌鳥《めんどり》** 雌《めす》の鳥、特に雌《めす》の鶏。⬍雄鳥《おんどり》
**面罵《めんば》** 面と向かってののしること。

**面皮《めんぴ》** つらの皮。「鉄—」
**綿布《めんぷ》** 綿糸で織った布。木綿の布。
**面壁九年《めんぺきくねん》** 粘り強く努力する。
**面貌《めんぼう》** 顔つき。おもだち。面相。面容。
**綿棒《めんぼう》** 先端に脱脂綿をつけた細い棒。
**麺棒《めんぼう》** うどんなど麺の生地を伸ばす棒。
**面目《めんぼく》** 世間の評価。人に合わせる顔。
**綿密《めんみつ》** 細部まで詳しい様子。⬍粗雑
**面面《めんめん》** おのおの。各自。一人ひとり。
**綿綿《めんめん》** 続いていて絶えない様子。
**面目《めんもく》** 世間の評価。体面。めんぼく。
**面目一新《めんもくいっしん》** 評価が改善される。
**面目躍如《めんもくやくじょ》** 評価どおりの活躍。
**面妖《めんよう》** 不思議なこと。奇妙なこと。
**面容《めんよう》** 顔の様子。顔かたち。面体。

**綿羊《めんよう》** 【緬羊】羊毛をとるためのヒツジ。

## も

**面《も》** おもて。表面。「川の—」
**喪《も》** 近親者の死後に行動を慎むこと。
**藻《も》** 水中の水草、海藻などの総称。
**盲唖《もうあ》** 目が見えず口がきけないこと。
**盲愛《もうあい》** むやみにかわいがる。やたら。
**猛悪《もうあく》** 荒々しく乱暴で悪いこと。
**猛威《もうい》** 凄まじい威力。勢い。「台風の—」
**孟夏《もうか》** 夏のはじめ。初夏。陰暦四月。[夏]
**猛火《もうか》** 激しい勢いで燃える火。
**儲《もう》かる** 利益を得る。もうけを得る。
**毛管《もうかん》** 細いガラス管。微細な血管。
**濛気《もうき》** 【朦気】もうもうと立ち込める気。

**猛禽《もうきん》** 性質が激しい肉食の鳥。猛鳥。
**設《もう》ける** 用意する。機を作る。「一席—」
**儲《もう》ける** 利益・子供を得る。得をする。
**猛犬《もうけん》** 気性の激しい乱暴な犬。
**妄言《もうげん》** 偽りの言葉。でたらめの言葉。
**猛攻《もうこう》** 激しい攻撃をすること。猛撃。
**蒙古斑《もうこはん》** 小児の尻にある青黒い斑点。
**毛根《もうこん》** 毛髪や体毛の皮膚内の部分。
**毛細管《もうさいかん》** 極めて細い管。毛細血管。
**申《もう》し上《あ》げる** 「言う」の謙称。
**申《もう》し合《あ》わせ** 話し合いでの決定。
**申《もう》し入《い》れる** 進んで言う。
**申《もう》し送《おく》る** 次に言って伝える。
**申《もう》し子《ご》** 神仏に祈って授かった子。
**申《もう》し越《こ》し** 相手から言って寄こす。



**申《もう》し込《こ》む** 意志を先方に伝える。
**申《もう》し立《た》てる** 意見を主張する。
**申《もう》し付《つ》ける** 言付ける。命令する。
**申《もう》し出《で》る** 進んで言って出る。
**申《もう》し開《ひら》き** 言いわけ。弁明。
**申《もう》し分《ぶん》** 言い分。不満点。あら。
**亡者《もうじゃ》** 死んだ人。異常に執着する人。
**妄執《もうしゅう》** 迷いの心から起こる執着。妄念。
**孟秋《もうしゅう》** 秋のはじめ。初秋。陰暦七月。[秋]
**猛襲《もうしゅう》** 激しい襲撃。激しく襲うこと。
**盲従《もうじゅう》** 是非にかかわらず従うこと。
**猛獣《もうじゅう》** 性質が激しい肉食の動物。
**孟春《もうしゅん》** 春のはじめ。陰暦一月。[春][新]
**猛暑《もうしょ》** ひどい暑さ。激しい暑さ。酷暑。
**猛将《もうしょう》** 強い大将。強い将軍。

**申《もう》し訳《わけ》** 言いわけ。弁解。形ばかり。
**妄信《もうしん》** むやみに信じること。ぼうしん。
**盲信《もうしん》** 訳もわからず信じること。
●うわさを妄信する
●薬効を盲信する
**盲進《もうしん》** 見当もつけずやたらに進むこと。
**猛進《もうしん》** 激しい勢いで進むこと。「猪突—」
**盲人《もうじん》** 目の見えない人。盲者。
**申《もう》す** 「言う」「告げる」の謙称。
**猛省《もうせい》** 強く反省すること。「—を促す」
**妄説《もうせつ》** 根拠のないでたらめな説。
**毛氈《もうせん》** 獣毛の繊維の敷物。フェルト。
**猛然《もうぜん》** 勢いが激しい様子。
**妄想《もうそう》** 想像を事実と信じ込むこと。
**盲腸《もうちょう》** 大腸の始点にある腸の一部。
**猛追《もうつい》** 激しく追いかけること。

**詣《もう》でる** 神社や寺などにお参りする。
**盲点《もうてん》** うっかりして気づかない点。
**毛頭《もうとう》** 毛の先ほども。少しも。「—ない」
**孟冬《もうとう》** 冬のはじめ。初冬。陰暦十月。［冬］
**妄動《もうどう》** 【盲動】考えなしの行動。「軽挙—」
**盲導犬《もうどうけん》** 盲人の行動を助ける犬。
**猛毒《もうどく》** 激しい毒。作用の非常に強い毒。
**妄念《もうねん》** 迷った執念。妄執。
**毛髪《もうはつ》** 髪の毛。頭髪。「—湿度計」
**毛筆《もうひつ》** 獣の毛を束ねて作った筆。
**毛布《もうふ》** 厚手の毛織物の寝具。［冬］
**孟母三遷《もうぼさんせん》** 子どもの教育にはよい環境を選ぶことが大切という教え。
**蒙昧《もうまい》** 知識が不十分で物事に暗いこと。
**網膜《もうまく》** 眼球の内面を覆う膜。「—炎」

**濛濛《もうもう》** 【朦朦】霧や煙で見通しが悪い。
**盲目《もうもく》** 目が見えないこと。「—的」
**猛勇《もうゆう》** たけだけしくていさましいこと。
**網羅《もうら》** 残らず集め、取り入れること。
**魍魎《もうりょう》** 山河や木石の精。「魑魅《ちみ》—」
**猛烈《もうれつ》** 勢いや程度・作用が激しい様子。
**朦朧《もうろう》** ぼやけてはっきりしない様子。
**耄碌《もうろく》** 年老いて思考力などが落ちる。
**萌葱《もえぎ》** 【萌黄】黄色がかった緑色。
**燃《も》え止《さ》し** 燃えきらず残ったもの。
**萌《も》える** 芽が出る。芽ぐむ。きざす。
**燃《も》える** 炎上する。情熱的になる。
●若草が萌える
●希望に燃える
**踠《もが》く** 苦しみもだえて手足を動かす。
**虎落笛《もがりぶえ》** 冬の烈風が出す音。［冬］

**模擬《もぎ》** 【摸擬】本物に似せて行う。「—店」
**没義道《もぎどう》** 非道。むごいこと。
**捥《も》ぐ** もぎ取る。ねじり取る。
**沐雨《もくう》** 雨で体を洗うこと。苦労する。
**木魚《もくぎょ》** 読経のときにたたく木製仏具。
**木偶《もくぐう》** 木製の人形。でく。
**目撃《もくげき》** 実際にその場で見ること。「—者」
**黙劇《もくげき》** 無言劇。パントマイム。
**目語《もくご》** 目で互いに意思を通じること。
**黙座《もくざ》** 黙って座っていること。
**艾《もぐさ》** 灸に使う、干したヨモギ。［春］
**木材《もくざい》** 木工や建築の材料とする木。
**黙殺《もくさつ》** 知っていながら無視すること。
**目算《もくさん》** 大体の見当。見積り。「—が立つ」
**目視《もくし》** 肉眼で見ること。「標的を—する」

**黙止《もくし》** 無言でそのままにしておくこと。
**黙示《もくし》** 暗黙のうちに示すこと。「—録」
**黙視《もくし》** 黙って見ていること。
**目次《もくじ》** 書物の見出しを順に並べたもの。
**目睫《もくしょう》** 非常に近い所。目前。間近。
**藻屑《もくず》** 海中の藻のくず。「—となる(と消える)」で、海難・海戦で死ぬ、の意。
**目《もく》する** 判断する。見なす。見る。
**沐《もく》する** 髪を洗う。体を洗う。
**黙《もく》する** だまる。無言でいる。
**木星《もくせい》** 太陽系の第五惑星。
**木製《もくせい》** 木で作ったもの。木造。「—品」
**目前《もくぜん》** 目の前。間近。すぐ近く。面前。
**目送《もくそう》** 去る者を目を離さず見送ること。
**黙想《もくそう》** 黙って考え込むこと。瞑想《めいそう》。

**木造《もくぞう》** 木材でつくるもの。「—建築」
**木像《もくぞう》** 木製の像。
**目測《もくそく》** 目で大体の見当をつけること。
**黙諾《もくだく》** 暗黙のうちに承諾する。黙認。
**木炭《もくたん》** 木を蒸焼きにした燃料。炭。［冬］
**木彫《もくちょう》** 木材に彫刻する、その像や文様。
**目的《もくてき》** 目指す事柄。めあて。目標。
**目途《もくと》** めあて。目標。めど。
**黙禱《もくとう》** 目をとじ黙って祈ること。
**黙読《もくどく》** 声を出さずに読むこと。⇔音読
**黙認《もくにん》** 黙って認めること。黙許。
**黙然《もくねん》** 黙っている様子。もくぜん。
**木馬《もくば》** 木製の馬の形の遊具。「回転—」
**木版《もくはん》** 絵や字を彫った印刷用の木の板。
**黙秘《もくひ》** 何も言わずに通すこと。「—権」

**目標《もくひょう》** 目じるし。目あて。ねらい。
**木本《もくほん》** 木幹を持つ植物。木。⇔草本
**木目《もくめ》** 木の切り口の模様。木理。
**黙黙《もくもく》** 黙って何かをし続ける様子。
**黙約《もくやく》** 互いの了解だけで結んだ約束。
**沐浴《もくよく》** 髪や体を洗い清めること。
**潜《もぐ》る** 水中に入る。入り込む。隠れる。
**目礼《もくれい》** 目だけで挨拶する。「—を交わす」
**黙礼《もくれい》** 黙って敬礼する。「霊前で—する」
**目録《もくろく》** 内容の一覧を記したもの。
**目論見《もくろみ》** 心中の企て。計画。
**目論《もくろ》む** 企てる。計画する。
**模型《もけい》** 実物に似せて作ったもの。
**模糊《もこ》** ぼんやり見える様子。「曖昧《あいまい》—」
**猛者《もさ》** 力や技の優れた強い人。

**模作**《もさく》 【摸作】まねて作る・もの。模造。
**模索**《もさく》 【摸索】試しながら探し求める。
**若《も》し** 仮に。もしも。万一。
**模試**《もし》 「模擬試験」の略。
**文字**《もじ》 言葉を見える形に書き表す符号。
**模式図**《もしきず》 構造を単純に表現した図。
**若《も》しくは** あるいは。または。
**模写**《もしゃ》 【摸写】まね写す・もの。「声帯—」
**喪主**《もしゅ》 葬式を営む際の当主。
**喪章**《もしょう》 弔意を示すためにつける黒い布。
**捩《もじ》る** 有名な言葉や句を言いかえる。
**燃《も》す** 燃やす。たく。
**裳裾**《もすそ》 裳のすそ。着物のすそ。
**模《も》する** 【摸する】まねる。まねて作る。
**模造**《もぞう》 【摸造】本物に似せて造る。「—品」

**悶《もだ》える** 煩い苦しむ。悩み苦しむ。
**擡《もた》げる** 起こす。持ち上げる。「頭を—」
**齎《もたら》す** 持ってくる。生じさせる。
**凭《もた》れる** 【靠れる】寄りかかる。胃が不快。
**餅**《もち》 糯米《もちごめ》を蒸してついた食物。
**黐**《もち》 とりもち。モチノキ。「—竿《ざお》」
**持《も》ち味《あじ》**◀ 本来持っている味やよさ。
**持《も》ち家《いえ》**◀ 所有している家。もちや。
**用《もち》いる** 役に立つとして使う。採用する。
**持《も》ち掛《か》ける** 話などを切り出す。
**持《も》ち株《かぶ》**◀ その人が所有している株。
**持《も》ち切《き》り**◀ ある期間話が続くこと。
**持《も》ち腐《ぐさ》れ**◀ 持つだけで活用しない。
**持《も》ち崩《くず》す** 身持ちを悪くする。
**持《も》ち越《こ》す** 次の時期に送る。

**持《も》ち堪《こた》える** こらえ保ち続ける。
**持《も》ち駒《ごま》**◀ 手駒。利用できる人や物。
**糯米**《もちごめ》 粘り気が強く餅に適した米。
**餅搗《もちつ》き** 餅をつくこと・人。图
**望月**《もちづき》 十五夜の月。満月。秋
**持《も》ち直《なお》す** もとのよい状態に返る。
**持《も》ち逃《に》げ**◀ 人のものを持ち去る。
**持《も》ち主《ぬし》**◀ 物品を所有している人。
**持《も》ち場《ば》**◀ 受け持った場所や方面。
**餅肌**《もちはだ》 【餅膚】白く柔らかい滑らかな肌。
**持《も》ち分《ぶん》**◀ 各人が受け持つ部分・割合。
**持《も》ち前《まえ》**◀ 生まれつき持っている性質。
**持《も》ち回《まわ》り**◀ 関係者の間で順に渡す。
**持《も》ち物《もの》**◀ 持っているもの。所有物。
**喪中**《もちゅう》 喪に服している期間。「—欠礼」

**勿論**《もちろん》 無論。言うまでもなく。
**持《も》つ** 手に取る。所有する。支える。
**目下**《もっか》 現在。差し当り。目今。「—進行中」
**黙過**《もっか》 知らないふりをし見過ごすこと。
**木簡**《もっかん》 文字などを書き記した木の札。
**木管楽器**《もっかんがっき》 木製の管楽器。
**黙許**《もっきょ》 知らないふりをして許しておく。
**木琴**《もっきん》 木片を並べた打楽器。シロホン。
**勿怪**《もっけ》**の幸**《さいわ》**い** 思いがけない幸運がもたらされること。「物怪の〜」とも書く。
**黙契**《もっけい》 無言の内に合意すること。黙約。
**畚**《もっこ》 縄を網状に編んだ土石運搬用具。
**木工**《もっこう》 大工。木材の工芸。「—細工」
**黙考**《もっこう》 黙って考え込むこと。「沈思—」
**勿体**《もったい》 重々しい様子。尊大な様子。

**勿体**《もったい》**ない** おそれ多い。惜しい。
**以《もっ》て** 〜を使って。〜の理由で。
**以《もっ》ての外《ほか》** とんでもないこと。
**尤《もっと》も** 道理に合う様子。しかしながら。
**最《もっと》も** 何よりも一番。最高に。
**尤《もっと》もらしい** いかにも本当のような。
**専《もっぱ》ら** 一途に。集中して。主として。
**縺《もつ》れる** 絡み合う。入り乱れる。「話が—」
**弄《もてあそ》ぶ** 【玩ぶ】好きに扱う。いじくる。
**持《も》て余《あま》す** 取り扱いや処置に困る。
**持《も》て成《な》す** 待遇する。歓待する。
**持《も》て囃《はや》す** 盛んにほめたてる。
**下**《もと》 もののした。影響の及ぶ所。
**元**《もと》 はじめ。起こり。以前。原因。
**本**《もと》 物事の根本。本源。本来。⇔末

**素**《もと》 ものを作る際の原料になるもの。もとい。基盤。
**基**《もと》 土台。基礎。もとい。基盤。
●青空の下 ●騒動の元 火の元 ●本を正す ●大豆を素に作る ●基を築く
**許**《もと》 【元】そば。「手—」「親の—」
**基**《もとい》 物事の根本。建物の土台。礎《いしずえ》。
**元請**《もとう》**け**◀ 仕事を直接受けること。
**元売**《もとう》**り**◀ 卸元業者に売ること。
**擬《もど》き** 似ているようなもの。「梅—」
**元金**《もときん》 もとで。資本金。がんきん。
**元肥**《もとごえ》 種まきや移植の前に施す肥料。
**元締**《もとじ》**め**◀ 締めくくる役。まとめ役。
**戻《もど》す** 以前の状態にする。嘔吐《おうと》する。
**元帳**《もとちょう》 会計の原簿。会計記録。
**基《もと》づく** 基礎をおく。原因がある。

元手《もとで》 仕事のもとになるもの。元金。
髻《もとどり》 頭の上で髪を束ねたところ。
元値《もとね》 仕入れた値段。原価。⇔売値
元《もと》の鞘《さや》に収《おさ》まる 一度別れた者どうしが再び親密な仲に戻る。
元《もと》の木阿弥《もくあみ》 一旦よい状態になったものが再び前の悪い状態に戻る。
求《もと》める 探す。望む。ほしがる。買う。
元元《もともと》 前から。もとと同じ状態。
固《もと》より 【元・本・素より】言うまでもなく。
悖《もと》る 道理に反する。筋に合わない。
戻《もど》る 帰る。もとの状態になる。
最中《もなか》 さいちゅう。和菓子の一つ。
蛻《もぬけ》の殻《から》 人が抜け出して室内が空の状態。亡骸《なきがら》。「蛻」は脱皮のこと。

物言《ものい》い 言葉遣い。決定への異議。
物忌《ものい》み◀ ある期間、行動を慎むこと。
物入《ものい》り 出費がかさむこと。出費。
物憂《ものう》い 何となく気分が重い。「―朝」
物置《ものおき》 当面使わない物を入れておく所。
物怖《ものお》じ 物事をおそれること。臆病。
物惜《ものお》しみ 物が減るのを嫌うこと。
物音《ものおと》 何かの音。「不審な―」
物覚《ものおぼ》え 物事を覚えること。記憶力。
物思《ものおも》い いろいろと考え悩むこと。
物書《ものか》き 文章を書く、その職業の人。
物陰《ものかげ》 物に隠れて見えない場所。
物語《ものがたり》 内容のある話。散文の文学作品。
物悲《ものがな》しい 理由もなく悲しい。
物臭《ものぐさ》 【懶】面倒くさがる・人。無精。

物心《ものごころ》 世間のありさまを理解する心。
物腰《ものごし》 人に接する際の態度や言葉遣い。
物事《ものごと》 一切の事柄。物と事。諸事。
物差《ものさ》し◀ 【物指し】長さを測る道具。
物寂《ものさび》しい 何となく寂しい。
物静《ものしず》か ひっそりとしている様子。
物知《ものし》り 【物識り】何でも知っている。
物好《ものず》き 一風変わったものを好む。
物凄《ものすご》い 恐ろしい。たいへんな。
物種《ものだね》 物事のもと。「命あっての―」
物足《ものた》りない 満足できない。
物取《ものと》り 人の物を盗むこと。盗人。
物《もの》の怪《け》 たたりをなす怨霊。妖怪。
物日《ものび》 祭日・祝日など特別な日。
物干《ものほ》し◀ 洗濯物を干すこと・場所。

物真似《ものまね》 声や仕草をまねること。
物見高《ものみだか》い 何でも見たがる。
物見遊山《ものみゆさん》 見物して回ること。
物持《ものも》ち◀ 財産家。大切に長く使う。
物物《ものもの》しい いかめしい。おおげさ。
物貰《ものもら》い 麦粒腫。まぶたの腫れ物。
物分《ものわ》かり◀ 物事を理解する度合い。
物別《ものわか》れ 話がまとまらず別れること。
物忘《ものわす》れ 何事も忘れやすいこと。
物笑《ものわら》い あざけり笑うこと。「―の種」
最早《もはや》 もう。今となっては。「―手遅れ」
模範《もはん》 見習うべき手本。「―解答」「―的」
喪服《もふく》 葬式や法事で着る黒い礼服。
模倣《もほう》 【摸倣】似せる・まねならうこと。
籾《もみ》 脱穀しない米。もみがら。図

揉《も》み上《あ》げ◀ 髪の、両耳の前の部分。
揉《も》み消《け》す 火を揉んで消す。隠す。
紅葉狩《もみじが》り◀ 紅葉をみて楽しむ。図
揉《も》み手《で》 両手を擦りあわせること。
揉《も》む 挟みこする。押し合う。鍛える。
揉《も》め事《ごと》 ごたごた。争いごと。
揉《も》める 言い合う。争ってごたごたする。
木綿《もめん》 ワタの種からとれた繊維。「―糸」
腿《もも》 【股】脚の、ひざから上の部分。
桃色《ももいろ》 桃の花の色。ピンク。淡紅色。
股立《ももだ》ち 袴の両開きの縫い留めた所。
桃《もも》の節句《せっく》 三月三日のひな祭り。
股引《ももひ》き◀ ズボン形の長い下ばき。図
靄《もや》 薄い霧状の水蒸気。霞《かすみ》。「朝―」
舫《もや》う 船どうしをつなぎ合わせる。

燃《も》やす 燃えるようにする。情熱を注ぐ。
模様《もよう》 飾りとしての絵や形。様子。
催《もよお》す 会などを計画して開く。兆す。
最寄《もよ》り 最も近く。すぐ近所。「―駅」
貰《もら》い泣《な》き つられて泣くこと。
貰《もら》い火《び》 類焼。よそからもらう火種。
貰《もら》う 人から与えられる。獲得する。
漏《も》らす 【洩らす】こぼす。密告する。
森《もり》 【杜】高い樹木が広く茂った所。
銛《もり》 魚類を刺して捕える漁具。
守《も》り 管理や世話をすること・人。
盛《も》り上《あ》がる◀ 勢いが高まる。
盛《も》り合《あ》わせ◀ 種々の食品を盛る。
盛《も》り返《かえ》す◀ 衰えた勢いを回復する。
盛《も》り込《こ》む◀ 一部として組み入れる。

盛《も》り▲塩《じお》 水商売などで縁起に、門口に塩を盛ること、その塩。盛り花。塩口。
盛《も》り▲沢山《だくさん》 内容が豊富な様子。
守《も》り▲立《た》てる 守り育てる。力が出せるよう援助する。再興する。「事業を—」
盛《も》り▲花《ばな》 籠などに花を盛る。盛り塩。
盛《も》る 高く積む。器にたくさん入れる。
漏《も》れ聞《き》く 【洩れ聞く】密かに聞く。
漏《も》れなく 残らず。例外なく。
漏《も》れる 【洩れる】こぼれる。外に伝わる。
脆《もろ》い 壊れやすい。心が動きやすい。
諸手《もろて》 【双手】両手。左右の手。
諸共《もろとも》 ともに。一緒。「死なば—」
諸肌《もろはだ》 【諸膚】両方の肩・上半身の肌。「—を脱ぐ」で、物事に全力で取り組む、の意。

諸刃《もろは》の剣《つるぎ》 役立つ一方、使い方を誤ると危険なもの・こと。「両刃の剣」とも。
諸人《もろびと》 みんな。多くの人。すべての人。
諸諸《もろもろ》 【諸】様々のもの。多くのもの。
文《もん》 模様。文字。昔の貨幣単位。
門《もん》 出入り口。経路。学問の一派。
紋《もん》 模様。もんどころ。家紋。
門下《もんか》 師に直接教えを受ける人。「—生」
門外漢《もんがいかん》 専門外の人。関係ない人。
門外不出《もんがいふしゅつ》 秘蔵すること。
門構《もんがま》え 門を構えること。門の外観。
紋切《もんき》り▲型《がた》 決まりきった様式。
文句《もんく》 語句。言い分。苦情。「殺し—」
門限《もんげん》 門を閉める時刻。帰るべき時間。
門戸《もんこ》 出入り口。流儀の一派。「—開放」

文言《もんごん》 文章中の語句。文句。
門札《もんさつ》 門に掛ける札。表札。門標。
悶死《もんし》 苦しみもだえながら死ぬこと。
文書《もんじょ》 書きつけ。書類。「古—」
紋章《もんしょう》 家や団体のしるし。「王家の—」
問診《もんしん》 診断の手がかりに質問すること。
問責《もんせき》 責任を問い詰めること。詰問。
悶絶《もんぜつ》 苦しみもだえて気絶すること。
門前市《もんぜんいち》を成《な》す 門の前が市場《いちば》の意から、来訪者・客が多いさま。
門前雀羅《もんぜんじゃくら》 衰退し寂れた状態。
門前払《もんぜんばら》い 面会せず追い返すこと。
問題《もんだい》 解決が必要な事柄。厄介な事。
悶着《もんちゃく》 ごたごた。もめごと。「一—」
門柱《もんちゅう》 門の両側の柱。もんばしら。

紋付《もんつ》き▲ 紋所のついた礼装用の和服。
門弟《もんてい》 弟子。門人。門下生。
門徒《もんと》 門下の学徒。宗門・寺院の信徒。
門灯《もんとう》 門に取りつけた明かり。
問答《もんどう》 問いと答え。話し合い。「—無用」
門当戸対《もんとうこたい》 家柄が釣合うさま。
翻筋斗打《もんどりう》つ 宙返りする。
文無《もんな》し 一文の銭もないこと。無銭。
門閥《もんばつ》 家柄。門地。名門。「—家」
門番《もんばん》 門の番人。門衛。
門扉《もんぴ》 門のとびら。
紋服《もんぷく》 紋付の衣服。もんつき。礼服。
匁《もんめ》 尺貫法の重さの単位。
悶悶《もんもん》 悩みもだえ苦しむ様子。
文様《もんよう》 【紋様】図形や色の組合せ。模様。

## や

矢《や》 【箭】弓につがえ飛ばす道具。
野《や》 野原。民間。「—に下る」
灸《やいと》 きゅう。灸治。「—をすえる」
刃《やいば》 はもの。刀剣。「—にかける」
夜陰《やいん》 夜の闇。夜。「—に乗じる」
八重《やえ》 八つに、また多く重なる。「—桜」
夜営《やえい》 夜、野外に陣を張ること。
野営《やえい》 野外で陣を張ること。露営。
八重歯《やえば》 重なるように生えた歯。
野猿《やえん》 野生の猿。野山にすむ猿。
八百長《やおちょう》 なれあい勝負。いんちき。
矢面《やおもて》 【矢表】抗議などを受ける立場。
八百屋《やおや》 野菜類を売る店。青果店。

八百万《やおよろず》 極めて数が多い。「—の神」
徐《やお》ら おもむろに。静かに。ゆっくり。
野外《やがい》 野原。屋外。「—演習」⇔屋内
夜学《やがく》 夜間に勉強すること。図
矢絣《やがすり》 【矢飛白】矢羽根の模様の絣。
屋形《やかた》 【館】貴人の邸宅・屋敷。
屋形船《やかたぶね》 屋根・小座敷つきの船。
軈《やが》て まもなく。ほどなく。結局。
喧《やかま》しい 音や声がうるさい。口うるさい。
族《やから》 一家。一族。家族。血族。
輩《やから》 連中。仲間。「不逞《ふてい》の—」
夜間《やかん》 夜の間。夜分。「—営業」⇔昼間
薬缶《やかん》 【薬罐・薬鑵】湯をわかす容器。
夜気《やき》 夜の外気。夜のたたずまい。
焼《や》き▲芋《いも》 焼いたサツマイモ。図

**焼き印**《やきいん》 焼き跡をつける金属製の印。
**焼き討ち**《やきうち》 【焼打ち】火で攻め討つ。
**焼きが回る**《やきがまわる》 年をとり衰える。
**焼き付く**《やきつく》 心に強く印象が残る。
**焼き直し**《やきなおし》 改めて焼く。仕立て直す。
**焼き場**《やきば》 ものを焼く所。火葬場。
**焼き畑**《やきはた》 草木を焼いて耕作する畑。
**焼き増し**《やきまし》 同じネガで現像し直す。
**焼き餅**《やきもち》 焼いた餅。嫉妬《しっと》。ねたみ。
**焼き物**《やきもの》 焼き料理。陶磁器の総称。
**野球**《やきゅう》 球技の一。ベースボール。
**夜業**《やぎょう》 夜間の仕事。夜なべ。[秋]
**夜曲**《やきょく》 「セレナーデ」の訳語。小夜曲。
**冶金**《やきん》 鉱石から金属を取り出す技術。
**夜勤**《やきん》 夜間に勤務すること。⇔日勤

**野禽**《やきん》 山野にすむ野生の鳥類。⇔家禽
**厄**《やく》 苦しみ。わざわい。厄年。
**役**《やく》 務め。役割。地位や任務。
**約**《やく》 おおよそ。取り決め。約束。
**訳**《やく》 翻訳すること。訳したもの。
**妬く**《やく》 そねむ。ねたむ。嫉妬《しっと》する。
**焼く**《やく》 燃やす。十分に熱する。
●他人の恋愛を妬く
●恋に身を焼く
**夜具**《やぐ》 夜、寝るときに使う用具。寝具。
**役員**《やくいん》 その役の担当。組織の幹部職員。
**厄落とし**《やくおとし》 厄難を払い落とす。[冬]
**薬害**《やくがい》 薬剤によって受ける害。薬禍。
**薬学**《やくがく》 薬剤について研究する学問。
**役柄**《やくがら》 職務の性質。役に伴う立場。
**約言**《やくげん》 要点をかいつまんで言う。要約。

**訳語**《やくご》 翻訳した言葉。⇔原語
**薬剤**《やくざい》 調合された薬品。「—散布」
**扼殺**《やくさつ》 手や腕で首をしめて殺す。絞殺。
**薬殺**《やくさつ》 毒薬で殺すこと。「—処分」
**訳詞**《やくし》 外国語の歌詞を翻訳すること。
**訳詩**《やくし》 詩を翻訳すること。翻訳した詩。
**薬餌**《やくじ》 薬と食べ物。「—療法」
**役者**《やくしゃ》 俳優。駆引上手な人。「千両—」
**訳者**《やくしゃ》 翻訳する人。翻訳者。
**薬種**《やくしゅ》 漢方薬などの薬の材料。「—店」
**訳出**《やくしゅつ》 翻訳すること。訳し出すこと。
**訳述**《やくじゅつ》 翻訳して文章にすること。
**役所**《やくしょ》 役人が公務を行う場所。官公庁。
**訳書**《やくしょ》 翻訳した書物。訳本。⇔原書
**躍如**《やくじょ》 はっきりと現れる。「面目—」

**約定**《やくじょう》 約束して取り決めること。「—書」
**役職**《やくしょく》 重要な役目・職務。管理職。
**躍進**《やくしん》 めざましく進出、発展すること。
**約す**《やくす》 約束する。要約する。約分する。
**訳す**《やくす》 解釈する。翻訳する。「英語に—」
**約数**《やくすう》 ある数を割り切れる数。「公—」
**扼する**《やくする》 締めつける。要所を押さえる。
**薬石**《やくせき》 薬や治療。「—効なく」「—の言」
**薬草**《やくそう》 薬として用いる植物。薬用植物。
**約束**《やくそく》 互いの誓い。取り決め。契約。
**益体**《やくたい》 役に立つこと。「—もない」
**約諾**《やくだく》 約束して引き受けること。「—書」
**役立つ**《やくだつ》 用をなす。間にあう。
**訳注**《やくちゅう》 【訳註】翻訳者がつけた注。
**役付き**《やくつき》 役職に就いていること・人。

**躍動**《やくどう》 いきいきと活動すること。「—感」
**役得**《やくとく》 役目上得られる特別な利益。
**訳読**《やくどく》 原文を訳しながら読むこと。
**薬毒**《やくどく》 薬の中に含まれている毒。
**役所**《やくどころ》 与えられた役。ふさわしい役。
**厄年**《やくどし》 災難に遭いやすく注意すべき年。
**厄難**《やくなん》 わざわい。災難。「—に遭う」
**役人**《やくにん》 官公庁で職務に就いている人。
**役場**《やくば》 町村などの公務を取り扱う所。
**厄払い**《やくばらい》 神仏に祈り厄を落とす。[冬]
**厄日**《やくび》 災難に遭いやすい日。悪日。[秋]
**疫病**《やくびょう》 流行する伝染性の熱病。えやみ。
**疫病神**《やくびょうがみ》 人々から嫌われる人。
**薬品**《やくひん》 品としての薬。化学実験用の薬。
**役不足**《やくぶそく》 実力より軽すぎる役目。

**薬物**《やくぶつ》 薬となるもの。薬。「—中毒」
**約分**《やくぶん》 分母と分子を公約数で割ること。
**訳文**《やくぶん》 翻訳した文。⇔原文
**訳本**《やくほん》 翻訳した本。⇔原本
**役回り**《やくまわり》 振り当てられる役目。
**薬味**《やくみ》 料理に添える野菜や香辛料。
**役向き**《やくむき》 役目に関すること。役柄。
**役目**《やくめ》 責任をもって果たすべき務め。
**薬用**《やくよう》 薬として用いること。「—酒」
**厄除け**《やくよけ》 災難を防ぎ取り払うこと。
**櫓**《やぐら》 武器庫。見張るための高い建物。
**薬理**《やくり》 薬品による生理的な変化。「—学」
**矢車**《やぐるま》 矢を放射状につけた風車。[夏]
**薬籠**《やくろう》 薬箱。「自家—中のもの」
**役割**《やくわり》 割り当てられた役や任務。

自棄《やけ》 投げやりにふるまうさま。
焼《や》け跡《あと》 火事で焼けた跡。
夜景《やけい》 夜の景色。夜色。
夜警《やけい》 夜間に警備すること・人。図
焼《や》け石《いし》に水《みず》 労力・助力が少ないために効果がまったくないこと。
自棄糞《やけくそ》 自暴自棄。すてばち。
火傷《やけど》 火や熱湯に触れ皮膚がただれる。
焼《や》け棒杭《ぼっくい》 燃えさしの杭。「―に火がつく」で、一度切れた男女の縁が元に戻る。
野犬《やけん》 飼われていない犬。野良犬。
夜光《やこう》 暗所で光ること。「―虫」「―塗料」
夜行《やこう》 夜活動すること。夜に走る列車。
屋号《やごう》 歌舞伎《かぶき》俳優の家や商店の名称。
野合《やごう》 正式な手続きを経ない男女関係。

夜行性《やこうせい》 昼は休み夜に行動する性質。
野菜《やさい》 食用に育てた植物。青物。
優男《やさおとこ》 気立てのやさしい男。柔弱な男。
家捜《やさが》し 【家探し】家の中を調べ探す。
優形《やさがた》 体がほっそりとして上品なこと。
矢先《やさき》 事の寸前。ちょうどその時。
易《やさ》しい 容易でわかりやすい。たやすい。
優《やさ》しい 穏やか。思いやりがある。親切。
●易しい問題
●優しい性格
香具師《やし》 【野師】縁日や祭りの興行師。
野次《やじ》 【弥次】からかいや非難の言葉。
野次馬《やじうま》 興味本位で騒ぎ回る人。
屋敷《やしき》 【邸】家の敷地。構えの立派な家。
養《やしな》う 生活の面倒をみる。作り上げる。
夜叉《やしゃ》 猛悪な鬼神。人を害する鬼。

玄孫《やしゃご》 曾孫《そうそん》の子。孫の孫。
野趣《やしゅ》 自然で素朴な趣。野性味。
夜襲《やしゅう》 夜に敵を襲うこと。夜討ち。
野獣《やじゅう》 野生の猛獣。野蛮人。
夜色《やしょく》 夜の景色。夜景。夜の気配。
夜食《やしょく》 夕飯後の夜間にとる軽食。図
鏃《やじり》 【矢尻】矢の先のとがった部分。
矢印《やじるし》 方向などを示す矢の形のしるし。
社《やしろ》 神がまつられている建物。神社。
野心《やしん》 大それた望み。分不相応な望み。
野人《やじん》 田舎者。民間人。粗野な人。
簎《やす》 魚を刺して捕るための漁具。
安上《やすあ》◀がり 安い費用でできること。
安《やす》い 心が穏やか。お金が少なくすむ。
易《やす》い 簡単だ。楽にできる。⇔難い

安請《やすう》け◀合《あ》い◀ 軽々しく引受ける。
安売《やすう》り◀ 安価で売る。気軽に与える。
安値《やすね》 安い値段。取引での最安値。
安普請《やすぶしん》 お金をかけず家を建てる。
休《やす》む 休息する。寝る。欠席する。
安物《やすもの》 安価で、質の悪いもの。
易易《やすやす》 たやすい様子。「―引き受ける」
安《やす》らか 心配事もなく穏やかな様子。
鑢《やすり》 工作面を削り磨く工具。「―板」
野生《やせい》 山野に自然に育つこと。自生。
野性《やせい》 生まれたままの性質。野趣。
●野生のシカ
●野性味あふれた人
痩《や》せ腕《うで》 か細い腕。生活力に乏しい。
痩《や》せ我慢《がまん》 平気そうに見せる。
痩《や》せる 【瘠せる】細くなる。肥えない。

夜戦《やせん》 夜間の戦闘。夜に戦うこと。
野戦《やせん》 山野での戦い。戦場。「―病院」
野草《やそう》 自然に生えている草。のぐさ。
夜想曲《やそうきょく》 夜の叙情曲。ノクターン。
屋台《やたい》 【屋体】移動式の店。山車。
屋台骨《やたいぼね》 家屋の骨組み。組織の支え。
弥猛《やたけ》 ますます勇みたつこと。「―心」
八千代《やちよ》 極めて長い年代。
野鳥《やちょう》 野生の鳥。野禽《きん》。「―保護法」
家賃《やちん》 借家料。家や部屋の借り賃。
奴《やつ》 人をののしって言う語。あいつ。
八《や》つ当《あ》◀たり 当たり散らすこと。
薬禍《やっか》 副作用などによる薬の障害。
厄介《やっかい》 面倒そう。迷惑。世話。「―者」
訳解《やっかい》 訳と解説。翻訳し解説すること。

約款《やっかん》 契約などの一つ一つの条項。
躍起《やっき》 焦って必死になること。
矢継《やつ》ぎ◀早《ばや》 次から次へと行うさま。
薬莢《やっきょう》 鉄砲に詰める火薬の筒。
薬局《やっきょく》 薬剤師が薬を調合・販売する所。
奴《やっこ》 しもべ。家来。冷や豆腐。
薬効《やっこう》 薬の効果。「―かいなく」
八《や》つ裂《ざ》き ずたずたに裂くこと。
窶《やつ》す 目立たないように姿を変える。
鋏《やっとこ》 工作物をはさみ持つ工具。
窶《やつ》れる 病気や悩みでやせ衰える。
宿《やど》 住む家。旅先で泊まる家。宿屋。
雇《やと》い◀人《にん》 雇われた人。使用人。
雇《やと》う 代金を払って人や乗り物を使う。
夜盗《やとう》 夜間に盗むこと・人。よとう。

**野党**《やとう》 政権を担わない政党。⬍与党

**宿替**《やどが》**え** 引っ越し。転居。

**宿**《やど》**す** 表面や内部に持つ。妊娠する。

**宿帳**《やどちょう》 宿泊人の名や住所を記す帳面。

**宿賃**《やどちん》 宿泊料。家の借り賃。間代。

**宿無**《やどな》**し** 泊まる家や住む家がない。

**宿**《やど》**る** 旅先で泊まる。内部にとどまる。

**宿六**《やどろく》 自分の夫をさげすんでいう語。

**梁**《やな》 【簗】川の瀬などで魚を捕る仕掛。

**柳腰**《やなぎごし》 細くてしなやかな腰つき。

**柳**《やなぎ》**に風**《かぜ》 逆らわずに受け流すこと。

**家並**《やな》**み**◀ 【屋並】家の並び方。家ごと。

**脂**《やに》 木の皮やタバコから出る粘液。

**野**《や》**に下**《くだ》**る** 公職を離れ私人となる。

**脂下**《やにさ》**がる** 得意げににやにやする。

**家主**《やぬし》 一家の主人。借家の持ち主。

**屋根**《やね》 建物の上部に設けた覆い。

**夜半**《やはん》 夜中。真夜中。「—来」

**野蛮**《やばん》 文化が開けていない。無作法。

**野卑**《やひ》 【野鄙】下品で洗練されていない。

**藪**《やぶ》 竹や草木などの生い茂った所。

**藪医者**《やぶいしゃ》 技術の下手な医者。⬍名医

**藪入**《やぶい》**り**◀ 奉公人が帰宅する正月・盆。

**藪**《やぶ》**から棒**《ぼう》 言動がだしぬけなさま。

**吝**《やぶさ》**か** ためらう様子。惜しむ様子。

**流鏑馬**《やぶさめ》 騎射の一つ。「—神事」

**藪睨**《やぶにら》**み** 斜視。見当外れなこと。

**藪蛇**《やぶへび》 よけいなことをして不利を招く。

**破**《やぶ》**る** 裂く。崩す。乱す。負かす。

**破**《やぶ》**れる** 裂ける。壊れる。終わる。破棄。

**敗**《やぶ》**れる** 争いや勝負で相手に負ける。
●和平が破れる
●試合に敗れる

**夜分**《やぶん》 夜。夜中。夜間。

**野暮**《やぼ》 世情に疎いこと。あか抜けない。

**野望**《やぼう》 分にすぎた大それた望み。

**野暮用**《やぼよう》 日常のつまらない用事。

**山間**《やまあい》 山と山との間。山中。「—の村」

**山嵐**《やまあらし》 山の嵐。山から吹き下ろす嵐。

**病**《やまい》 病気。悪い癖。「不治の—」

**山奥**《やまおく》 山の奥の方。山の奥深い所。

**山男**《やまおとこ》 山で働く男。登山が趣味な男。

**山颪**《やまおろし》 山から吹き下ろす強い風。

**山家**《やまが》 山の中の家。山里。「—育ち」

**山掛**《やまか》**け**◀ とろろ汁をかけた料理。

**山雀利根**《やまがらりこん》 自分の知識だけに固執し、他を知ろうとしないこと。

**山狩**《やまが》**り** 山での狩猟。山中の捜索。

**山勘**《やまかん》 勘で予想する。あてずっぽう。

**山際**《やまぎわ》 尾根と空が接する辺り。稜線。

**山鯨**《やまくじら》 「イノシシの肉」の異称。冬

**山崩**《やまくず》**れ** 山腹の岩や土が崩れ落ちる。

**山気**《やまけ》 冒険や投機を好む気質。

**山籠**《やまご》**もり**◀ 山中に閉じこもること。

**山里**《やまざと》 山の中の人里。

**山師**《やまし》 投機などを好んでする人。

**山路**《やまじ》 山中の道。やまみち。

**疚**《やま》**しい** 【疾しい】後ろめたい。

**山裾**《やますそ》 山のふもとの広がった部分。

**山津波**《やまつなみ》 山崩れで生じる土石流。

**山積**《やまづ》**み** 山のように高く積み重ねる。

**大和**《やまと》 【倭】日本の異称。日本的なもの。

**大和言葉**《やまとことば》 日本固有の言葉。

**大和魂**《やまとだましい》 日本民族に固有の精神。

**大和撫子**《やまとなでしこ》 日本女性の美称。

**山並**《やまな》**み**◀ 山が並んでいる様子。連山。

**山形**《やまなり》 山のような曲線を描くこと。

**山鳴**《やまな》**り** 山が鳴り響くこと。

**山**《やま》**の神**《かみ》 山を守り支配する神。妻。

**山**《やま》**の手**《て》◀ 山の方。高台の地区。

**山**《やま》**の端**《は》 山の屋根筋。山のはし。

**山場**《やまば》 最も重要な場面。「—を迎える」

**山肌**《やまはだ》 山の地肌。山の草木がない地面。

**山彦**《やまびこ》 山の霊。山の神。こだま。

**山襞**《やまひだ》 谷と尾根とでひだに見える所。

**山開**《やまびら》**き** 夏 登山の解禁日。

**山伏**《やまぶし》 山野に起居して修行する僧。

**山懐**《やまふところ》 深く入り込んだ山間のくぼ地。

**山鉾**《やまぼこ》 台に鉾などを立てた山車。夏

**山盛**《やまも》**り**◀ 山のように高く盛ること。

**山分**《やまわ》**け** 等分に分けること。

**闇**《やみ》 【暗】光がない状態。希望がない。

**病**《や》**み上**《あ》**がり**◀ 病が治った直後。

**闇市**《やみいち》 闇取引の店が集まる市場。

**闇討**《やみう》**ち**◀ 暗闇に乗じて人を襲うこと。

**闇雲**《やみくも》 よく考えずにする様子。

**闇路**《やみじ》 闇夜の道。分別のつかない状態。

**病**《や》**み付**《つ》**き** 熱中してやめられない。

**闇取引**《やみとりひき》 不正に行う取引。

**闇値**《やみね》 闇取引での相場の値段。闇相場。

**闇夜**《やみよ》 月のない真っ暗な夜。⬍月夜

止む《やむ》 しなくなる。終わる。とまる。
病む《やむ》 病気になる。悩む。「気に—」
已むなく《やむなく》 【止むなく】仕方なく。
止める《やめる》 【已める】打ち切る。中断する。
辞める《やめる》 職や任務を退く。辞職する。
●たばこを止める
●会社を辞める
寡婦《やもめ》 【寡】夫を亡くした女性。未亡人。
鰥夫《やもめ》 【鰥】妻を失った男性。男やもめ。
稍《やや》 【漸】わずかに。少し。しばらく。
動もすれば《ややもすれば》 どうかすると。
揶揄《やゆ》 からかうこと。皮肉を言うこと。
弥生《やよい》 陰暦三月の異称。春
矢来《やらい》 竹や丸太を粗く組んだ仮の囲い。
夜来《やらい》 昨夜以来。ゆうべから。「—の雨」
遣らずの雨《やらずのあめ》 帰る（出かける）のを思いとどまらせるかのように降る雨。
遣らせ《やらせ》 示しあわせて行わせる。
槍《やり》 【鎗】突き刺す武器。将棋の香車。
遣り合う《やりあう》 しあう。互いに争う。
遣り切れない《やりきれない》 我慢できない。
遣り口《やりくち》 物事のやり方。やりよう。
遣り繰り《やりくり》 どうにか都合をつける。
槍玉《やりだま》 槍先で突くこと。非難の対象。
遣りっ放し《やりっぱなし》 後始末をしない。
遣り手《やりて》 行う人。与える人。敏腕家。
遣り取り《やりとり》 与えたり受けたりする。
槍投げ《やりなげ》 槍を投げる陸上競技の一つ。
遣り場《やりば》 持っていく場。向ける方向。
遣り水《やりみず》 水やり。庭にひいた小川。
遣る《やる》 行かせる。送る。与える。
遣る方ない《やるかたない》 気が晴らせない。
遣る気《やるき》 積極的にやろうとする意識。
遣る瀬ない《やるせない》 心のやり場がない。
野郎《やろう》 男をののしっていう語。あいつ。
夜郎自大《やろうじだい》 自分の力量をわきまえずに威張ること。唯我独尊。遼東之豕。
柔《やわ》 弱いさま。壊れやすいさま。
夜話《やわ》 夜にする話。気楽に読める話。
柔らかい《やわらかい》 ふんわりして弾力性がある。
軟らかい《やわらかい》 かたさがない。弾力性がない。
●柔らかい肌・体
●軟らかい肉・話
和らぐ《やわらぐ》 穏やかになる。静まる。「風が—」

## ゆ

湯《ゆ》 水を沸かしたもの。浴場。温泉。
湯垢《ゆあか》 鉄瓶や浴槽の内側につく水あか。
湯上がり《ゆあがり》◀ 風呂《ふろ》から出た直後。
湯中り《ゆあたり》 長い入浴で気分が悪くなる。
唯一《ゆいいつ》 ただ一つ。それだけ。ゆいつ。
唯一無二《ゆいいつむに》 二つとないこと。
唯我独尊《ゆいがどくそん》 独りよがり。
遺言《ゆいごん》 死後のことを言い残す。「—状」
由緒《ゆいしょ》 物事の始まりとその歴史。
結納《ゆいのう》 婚約のしるしとしての金品交換。
勇《ゆう》 いさましいこと。「匹夫の—」
雄《ゆう》 強く勇ましいこと。「戦国の—」
結う《ゆう》 むすんで整える。ゆわえる。
友愛《ゆうあい》 友人や他人に対する情愛。
有為《ゆうい》 役立つ。才能がある。有望。
有意《ゆうい》 意図・意味のあること。有意義。
雄偉《ゆうい》 雄々しくてりっぱなこと。
優位《ゆうい》 ほかよりよい立場や高い地位。
有意義《ゆういぎ》 意義や価値がある様子。
誘引《ゆういん》 誘い込むこと。引き入れること。
誘因《ゆういん》 ある事を引き起こす原因。
●観光客を誘引する
●犯行の誘因になる
憂鬱《ゆううつ》 気がふさいで晴れない様子。
遊泳《ゆうえい》 【游泳】泳ぐこと。「—禁止」夏
有益《ゆうえき》 役立つ・ためになる。⇔無益
優越《ゆうえつ》 ほかより優れ勝っていること。
幽遠《ゆうえん》 奥深く計り知れないこと。深遠。
悠遠《ゆうえん》 はるかに遠い過去。「—の歳月」
幽艶《ゆうえん》 【幽婉】奥ゆかしく美しいこと。
優艶《ゆうえん》 【優婉】しとやかで美しいさま。
勇往邁進《ゆうおうまいしん》 勇ましく進むこと。
優雅《ゆうが》 上品で華やかな様子。⇔粗野
幽界《ゆうかい》 死後に行く所。あの世。⇔顕界
誘拐《ゆうかい》 人をだまして連れ去る。「—事件」
融解《ゆうかい》 固体が液体になること。⇔凝固
有害《ゆうがい》 害があること。「—物質」⇔無害
遊客《ゆうかく》 仕事をせずに遊び暮らす人。
遊郭《ゆうかく》 遊女屋の多く並ぶ地区。くるわ。
遊学《ゆうがく》 ほかの国や土地に行って学ぶ。
夕影《ゆうかげ》 夕日。夕日に照らされた物の影。
誘蛾灯《ゆうがとう》 虫を誘い寄せ殺す灯火。夏
夕刊《ゆうかん》 夕方に発刊する新聞。⇔朝刊
有閑《ゆうかん》 資産も暇もあること。「—マダム」
勇敢《ゆうかん》 おそれず勇ましく行動すること。
憂患《ゆうかん》 非常に心配すること。心配事。
遊閑地《ゆうかんち》 放置されている土地。

有機《ゆうき》 生活機能を持つ。「―肥料」⬌無機
勇気《ゆうき》 不安やおそれに負けない強い心。
幽鬼《ゆうき》 死者の霊。亡霊。化け物。妖怪。
友誼《ゆうぎ》 友達としての親しい間柄。友情。
遊技《ゆうぎ》 娯楽としての遊びや勝負事。
遊戯《ゆうぎ》 遊び事。学校での訓練的遊び。
●遊技場 ●園児のお遊戯 遊戯的
有給《ゆうきゅう》 給料が支払われること。「―休暇」
悠久《ゆうきゅう》 長く久しい。永久。「―の昔」
遊休《ゆうきゅう》 設備などが使われずにあること。
遊侠《ゆうきょう》 男だて。侠客《きょうかく》。「―の徒」
幽境《ゆうきょう》 人里離れた静寂な所。幽寂な所。
遊興《ゆうきょう》 酒場などで遊び楽しむ。「―費」
夕霧《ゆうぎり》 夕方に立ちこめる霧。〔秋〕⬌朝霧
優遇《ゆうぐう》 より大切に扱う。厚遇。⬌冷遇

夕暮れ《ゆうぐ》◀ 日の暮れる頃。黄昏《たそがれ》。夕方。
友軍《ゆうぐん》 味方の軍隊。「―機」⬌敵軍
遊軍《ゆうぐん》 待機中の戦列外の軍隊。「―記者」
夕餉《ゆうげ》 夕方の食事。夕食。⬌朝餉・昼餉
有形《ゆうけい》 形があるもの・こと。⬌無形
雄勁《ゆうけい》 雄々しく力強いこと。「筆力―」
遊芸《ゆうげい》 踊りなど遊び事に関する芸能。
遊撃《ゆうげき》 随時必要に応じて攻撃すること。
勇健《ゆうけん》 勇ましくて達者な様子。壮健。
有限《ゆうげん》 限りがあること。⬌無限
幽玄《ゆうげん》 表現できない深い趣があること。
有権者《ゆうけんしゃ》 選挙権をもつ人。
友好《ゆうこう》 友としての交際。仲のよいこと。
有効《ゆうこう》 効力がある。役に立つ。⬌無効
融合《ゆうごう》 とけて一つになること。「核―」

油腔滑調《ゆうこうこっちょう》 話や文などが軽薄。
幽谷《ゆうこく》 山の奥深く静かな谷。「深山―」
憂国《ゆうこく》 国家の現状や将来を心配する。
雄渾《ゆうこん》 力強くてよどみがない様子。
有罪《ゆうざい》 罪がある・犯罪が成立すること。
雄材大略《ゆうざいたいりゃく》 大きな才能と計画。
有産《ゆうさん》 財産が多くあること。「―階級」
有史《ゆうし》 文字で記録された歴史がある。
有志《ゆうし》 物事を一緒に行う気持ちがある。
勇士《ゆうし》 強い兵士。軍人。「歴戦の―」
勇姿《ゆうし》 勇み立った姿。勇敢な姿。
雄姿《ゆうし》 雄々しく堂々とした姿。英姿。
●日本選手団の**勇姿** ●富士山の**雄姿**
遊子《ゆうし》 旅行者。旅人。
雄志《ゆうし》 おおしい志。壮志。雄心。

融資《ゆうし》 資金を融通して貸し出すこと。
有事《ゆうじ》 大災害や戦争が起きること。
有識《ゆうしき》 学問や知識のあること。「―者」
勇者《ゆうしゃ》 勇気のある人。勇ましい人。
幽寂《ゆうじゃく》 奥深くてもの静かなこと。静寂。
有終《ゆうしゅう》 全うすること。「―の美を飾る」で、完遂して立派な成果をあげる、の意。
幽囚《ゆうしゅう》 捕まり牢に入れられること・人。
幽愁《ゆうしゅう》 深いうれい。深いもの思い。
憂愁《ゆうしゅう》 心配し深く悲しむこと。憂い。
優秀《ゆうしゅう》 一段と優れていること。⬌拙劣
優柔《ゆうじゅう》 はっきりしない。決断力がない。
幽愁暗恨《ゆうしゅうあんこん》 深い憂いと恨み。
優柔不断《ゆうじゅうふだん》 決断が鈍いこと。
幽趣佳境《ゆうしゅかきょう》 上品な趣や境地。

湧出《ゆうしゅつ》 【涌出】地中からわき出る。「―量」
優駿《ゆうしゅん》 足の速い優れた競走馬。⬌駑馬《どば》
佑助《ゆうじょ》 たすけること。神の助け。天佑。
宥恕《ゆうじょ》 寛大な気持ちで許す。「―を乞う」
有償《ゆうしょう》 代価を支払うこと。「―保証」
優勝《ゆうしょう》 試合などで勝ち抜き一位になる。
友情《ゆうじょう》 友達との間の情愛。「厚い―」
優勝劣敗《ゆうしょうれっぱい》 優れたものが生き残って栄え、劣ったものは滅びること。
憂色《ゆうしょく》 心配そうな顔色。⬌喜色
友人《ゆうじん》 とも。友だち。朋友《ほうゆう》。
有人《ゆうじん》 人がいること。「―飛行」⬌無人
幽邃《ゆうすい》 物静かで奥深いこと。「―の地」
雄蕊《ゆうずい》 花のおしべ。⬌雌蕊《しずい》
有数《ゆうすう》 際立っていて数が少ないこと。

融通《ゆうずう》 柔軟に対応する。金品を貸借する。
融通無礙《ゆうずうむげ》 行動や考えが自由。
夕涼み《ゆうすず》 夏の夕方に屋外で涼む。〔夏〕
有する《ゆう》 持つ。持っている。「権利を―」
有性《ゆうせい》 雌雄の性別があること。「―生殖」
遊星《ゆうせい》 惑星。
優生《ゆうせい》 優れた遺伝形質を後世に残す。
優性《ゆうせい》 次代に必ず現れる遺伝形質。
優勢《ゆうせい》 勢いが優れている様子。⬌劣勢
遊説《ゆうぜい》 各地を説き歩くこと。「地方―」
融雪《ゆうせつ》 雪どけ。とけた雪。「―注意報」
有線《ゆうせん》 電線を使って行う通信。「―放送」
勇戦《ゆうせん》 勇ましく戦うこと。「―奮闘」
優先《ゆうせん》 ほかに先んじて行うこと。「―権」
悠然《ゆうぜん》 落ち着いてゆったりしている。

勇壮《ゆうそう》 勇ましく意気盛ん。「―活発」
郵送《ゆうそう》 郵便で送ること。「―料」
有職《ゆうそく》 深い学識を身につけていること。
遊惰《ゆうだ》 遊び怠けて暮らすこと。怠惰。
勇退《ゆうたい》 自ら潔く役職をやめること。
優待《ゆうたい》 手厚くもてなすこと。「―券」
雄大《ゆうだい》 規模が大きく堂々としている。
夕立《ゆうだち》 夏の午後の激しいにわか雨。夏
勇断《ゆうだん》 思い切って決断すること。英断。
有段者《ゆうだんしゃ》 武道などで段位のある人。
誘致《ゆうち》 積極的に招き寄せる。「工場―」
悠長《ゆうちょう》 気長な様子。のんびりした様子。
融点《ゆうてん》 固体が液体になりはじめる温度。
雄図《ゆうと》 勇ましい企て。雄大な計画。
雄途《ゆうと》 勇ましい門出・出発。壮途。

遊蕩《ゆうとう》 酒や女遊びにふけること。
優等《ゆうとう》 成績などがほかより優れている。
誘導《ゆうどう》 目的の所へ導くこと。「―尋問」
有徳《ゆうとく》 徳を備え持つこと。「―の僧」
有毒《ゆうどく》 毒があること・もの。「―物」
夕凪《ゆうなぎ》 夕方に風波が静まる状態。夏
優《ゆう》に 余裕がある様子。「―百万を超す」
有能《ゆうのう》 才能や能力があること。⇔無能
有配《ゆうはい》 株式などの利益配当があること。
夕映《ゆうば》え 夕日で空やものが輝くこと。
誘爆《ゆうばく》 同類の爆発を引き起こすこと。
誘発《ゆうはつ》 あることが他事を引き起こす。
夕日《ゆうひ》 【夕陽】夕方の太陽。⇔朝日
雄飛《ゆうひ》 新たな場で盛んに活躍すること。
優美《ゆうび》 上品で美しい様子。「―な姿」

郵便《ゆうびん》 通信文や小包を伝達する制度。
裕福《ゆうふく》 財産が多く生活が豊かな様子。
夕《ゆう》べ 夕方。日暮れ。夜の催し物。
昨夜《ゆうべ》 昨日の夜。さくや。昨晩。
幽閉《ゆうへい》 人を閉じ込めること。監禁。
雄弁《ゆうべん》 弁舌が巧みな様子。「―家」
友邦《ゆうほう》 親しく交際している国。友国。
雄峰《ゆうほう》 雄大な山。「―を仰ぐ」「―富士」
有望《ゆうぼう》 見込みがあること。「前途―」
遊牧《ゆうぼく》 放牧して移住生活をすること。
遊歩道《ゆうほどう》 散歩用に造られた道。
夕間暮《ゆうまぐ》れ 夕方の薄暗い時。
遊民《ゆうみん》 定職をもたずに暮らす人。遊客。
有名《ゆうめい》 名前が知られている。⇔無名
勇名《ゆうめい》 勇ましくて強いという評判。
●有名なお店
●勇名をとどろかす

幽明《ゆうめい》 冥土と現世。あの世とこの世。
幽冥《ゆうめい》 よみじ。冥土。黄泉《よみ》。「―界」
有名無実《ゆうめいむじつ》 実質が伴わない。
勇猛《ゆうもう》 勇ましくて強い様子。「―果敢」
夕靄《ゆうもや》 夕方に立ちこめるもや。⇔朝靄
憂悶《ゆうもん》 心配事で悩み苦しむ。「―の情」
勇躍《ゆうやく》 勇んで躍り上がる。「―出陣する」
夕焼《ゆうや》け 日没時に赤く染まる空。夏
夕闇《ゆうやみ》 日暮れがたの暗がり。宵闇。
悠悠《ゆうゆう》 余裕があり落ち着いている様子。
悠悠閑閑《ゆうゆうかんかん》 ゆっくりしたさま。
悠悠自適《ゆうゆうじてき》 心静かに生活する。
有余《ゆうよ》 余り。以上。「五年―」
猶予《ゆうよ》 期日を延ばすこと。ためらい。

有用《ゆうよう》 役に立つこと。⇔無用
悠揚《ゆうよう》 落ち着き払っている様子。
遊弋《ゆうよく》 艦船が海上を航行して警備する。
遊覧《ゆうらん》 見物して回ること。「―船」
有利《ゆうり》 利益がある。好都合。⇔不利
遊里《ゆうり》 遊郭。花柳街。くるわ。
遊離《ゆうり》 ほかから離れて存在すること。
憂慮《ゆうりょ》 悪い事態を予測し心配すること。
有料《ゆうりょう》 料金がかかること。⇔無料
優良《ゆうりょう》 標準以上に優れてよい様子。
有力《ゆうりょく》 ほかより勢力や実現性がある。
幽霊《ゆうれい》 生前の姿で現れた死者の霊。
優麗《ゆうれい》 上品で美しいさま。「―な舞い」
優劣《ゆうれつ》 すぐれていることとおとること。
宥和《ゆうわ》 なだめ(許し)て仲よくなること。

融和《ゆうわ》 うち解けて和やかな関係を保つ。
●宥和政策を立てる
●両国の融和を図る
誘惑《ゆうわく》 本意でないことへ誘い込むこと。
故《ゆえ》 わけ。理由。事情。「―あって」
輸液《ゆえき》 液体を皮下などに投与すること。
愉悦《ゆえつ》 心から楽しみ喜ぶこと。
由縁《ゆえん》 事の由来。ゆかり。「命名の―」
所以《ゆえん》 わけ。いわれ。理由。
油煙《ゆえん》 油を燃やした時に出るすす。
床《ゆか》 家の中で、板を張った所。
愉快《ゆかい》 楽しくて気分がよい。⇔不愉快
湯掻《ゆが》く 湯に浸して熱を通す。
床《ゆか》しい 懐かしい。控えめで好ましい。
浴衣《ゆかた》 木綿のひとえ。夏の着物。夏
歪《ゆが》む ひずむ。正しくなくなる。

所縁《ゆかり》 【縁】関係やつながりがあること。
湯灌《ゆかん》 納棺前に死者を湯でふき清める。
裄《ゆき》 背縫いから袖口までの長さ。
雪明かり《ゆきあかり》 雪による明るさ。〔冬〕
雪折れ《ゆきおれ》 積雪で枝が折れること。〔冬〕
雪下ろし《ゆきおろし》 屋根の雪を落ろす。〔冬〕
行き交う《ゆきかう》 行ったりきたりする。
行き掛かり《ゆきがかり》 進みはじめた勢い。
雪掻き《ゆきかき》 積雪をかきのけること。〔冬〕
行き掛け《ゆきがけ》 行く途中。「―の駄賃」
雪合戦《ゆきがっせん》 雪の玉を投げ合う遊び。〔冬〕
行き来《ゆきき》 【往き来】往来。つきあい。
雪沓《ゆきぐつ》 【雪靴】雪道用のワラ製長靴。〔冬〕
雪国《ゆきぐに》 雪がたくさん降る地方。
雪消《ゆきげ》 雪がとけること。雪どけ。〔春〕

雪景色《ゆきげしき》 雪が積もったながめ。〔冬〕
雪化粧《ゆきげしょう》 雪で美しく覆われること。
雪煙《ゆきけむり》 風で煙のように舞う雪。〔冬〕
行き摺り《ゆきずり》 すれ違う。かりそめ。
雪空《ゆきぞら》 雪が降りそうな空。雪模様。〔冬〕
行き倒れ《ゆきだおれ》 道ばたに倒れること。
雪達磨《ゆきだるま》 雪で作ったダルマの形。〔冬〕
行き違う《ゆきちがう》 すれ違う。食い違う。
行き詰まる《ゆきづまる》 先へ進めない。
行き届く《ゆきとどく》 細かい点まで気を配る。
雪見《ゆきみ》 雪景色を眺め楽しむこと。〔冬〕
雪焼け《ゆきやけ》 雪の反射による日焼け。〔冬〕
行き渡る《ゆきわたる》 全体に及ぶ。「連絡が―」
行く《ゆく》 【往く】ほかへ移動する。去る。
逝く《ゆく》 遠くへ行って戻らない。死ぬ。

行方《ゆくえ》 行った先や場所。将来。「―不明」
行く先《ゆくさき》 行こうとする場所。将来。
行く末《ゆくすえ》 これから先。将来の展開。
行く手《ゆくて》 進んで行く先の方。前途。
行く行く《ゆくゆく》 やがて。行きながら。
湯気《ゆげ》 湯などから立ちのぼる蒸気。
輸血《ゆけつ》 他人の血液を静脈内に注入する。
湯煙《ゆけむり》 温泉で大量に立ちのぼる湯気。
癒合《ゆごう》 傷口が治ってふさがること。
諭告《ゆこく》 一般の人へ告知すること・文書。
油彩《ゆさい》 油絵の具で絵をかく。⇔水彩
湯冷まし《ゆざまし》 湯を冷ましたもの。
湯冷め《ゆざめ》 入浴後に体が冷える。〔冬〕
遊山《ゆさん》 山野へ遊びに出かける。「物見―」
油脂《ゆし》 油。油と脂肪。「―工業」

諭旨《ゆし》 訳を言い聞かせること。「―免職」
輸写心腹《ゆしゃしんぷく》 心情を打ち明ける。
輸出《ゆしゅつ》 製品などを外国へ売り出すこと。
濯ぐ《ゆすぐ》 水中で揺らしてざっと洗う。
強請る《ゆする》 金品を脅し取る。恐喝する。
揺する《ゆする》 揺り動かす。細かく動かす。
譲る《ゆずる》 人に与える。あとに回す。
油井《ゆせい》 石油を採るために掘った井戸。
油性《ゆせい》 油を備えている性質。⇔水性
湯煎《ゆせん》 湯に入れ間接的に温めること。
輸送《ゆそう》 人やものを運び送ること。「―船」
豊か《ゆたか》 十分にあるさま。ゆるやか。
委ねる《ゆだねる》 すっかり任せる。一任する。
茹だる《ゆだる》 湯で十分に煮られる。うだる。
油断《ゆだん》 気を緩めること。「―大敵」

湯湯婆《ゆたんぽ》 湯を入れ暖を取る道具。〔冬〕
癒着《ゆちゃく》 皮膚がくっつく。深く結びつく。
茹でる《ゆでる》 湯でさっと煮る。うでる。
油田《ゆでん》 石油を産する地域。「―地帯」
湯桶《ゆとう》 湯をつぐための柄のついた器。
湯豆腐《ゆどうふ》 豆腐を湯で煮た料理。〔冬〕
湯桶読み《ゆとうよみ》 上が訓、下が音の読み。
湯通し《ゆどおし》 料理の材料を熱湯に通す。
湯殿《ゆどの》 浴室。風呂場。
輸入《ゆにゅう》 製品などを外国から買い入れる。
湯の花《ゆのはな》 鉱泉で生じる沈殿物。
湯呑み《ゆのみ》 【湯飲み】湯や茶を飲む器。
湯葉《ゆば》 【湯波】豆乳を煮てできる薄皮。
指折り《ゆびおり》 抜群に優れている。屈指。
指切り《ゆびきり》 小指を掛け合い約束する。

指貫き《ゆびぬき》 指にはめ針の頭を押す道具。
指輪《ゆびわ》 【指環】飾りとして指にはめる輪。
湯船《ゆぶね》 【湯槽】入浴用のおけ。浴槽。
湯水《ゆみず》 湯や水。「―のように使う」で、むやみにどんどん使う・浪費する、の意。
弓形《ゆみなり》 弦を張った弓のような形。
弓張り月《ゆみはりづき》 上弦や下弦の月。〔秋〕
弓矢《ゆみや》 【弓箭】弓と矢。武器。きゅうし。
弓を引く《ゆみをひく》 背く。反抗する。
努《ゆめ》 決して。必ず。「―疑うな」
夢《ゆめ》 睡眠中の幻覚。願望。理想。
夢現《ゆめうつつ》 夢か現実かわからない状態。
夢心地《ゆめごこち》 ぼんやりとした気持ち。
夢路《ゆめじ》 夢。夢を見ること。「―をたどる」
夢にも《ゆめにも》 少しも。全然。「―思わない」

夢枕《ゆめまくら》 夢を見ている枕元。「―に立つ」
夢見《ゆめみ》 夢を見ること。見た夢。
夢見心地《ゆめみごこち》 うっとりした感じ。
努努《ゆめゆめ》 決して。「―思わない」
湯文字《ゆもじ》 婦人の腰巻き。湯巻き。
湯元《ゆもと》 【湯本】温泉の沸き出る土地。
湯屋《ゆや》 風呂屋。公衆浴場。銭湯。
由由《ゆゆ》しい 重大な。たいへんな。
由来《ゆらい》 物事の始まりとその歴史。
愉楽《ゆらく》 たのしみ。悦楽。「―にふける」
揺《ゆ》らぐ 揺れ動く。基礎がぐらつく。
揺《ゆ》り籠《かご》 揺すって赤ん坊を寝かす籠。
緩《ゆる》い 厳しくない。締まっていない。
忽《ゆるが》せ おろそか。いいかげん。
揺《ゆ》るぎない しっかりしている。

赦《ゆる》す 【許す】罪や過失をとがめない。
許《ゆる》す 注意を怠る。認める。やらせる。
緩《ゆる》む 【弛む】締る力が弱る。緩和する。
緩《ゆる》やか ゆとりがある。厳重でない。
揺《ゆ》れる 上下や左右に動く。動揺する。
結《ゆ》わえる むすぶ。ゆう。束ねる。
湯沸《ゆわ》かし 湯を沸かす器具。「―器」
弓手《ゆんで》 弓を持つ手。左手。⇔馬手《めて》

## よ

予《よ》 【余】われ。わたくし。
世《よ》 世の中。世間。時世。「―を嘆く」
代《よ》 【世】時代。「平成の―」
夜明《よあ》かし 朝まで眠らない。徹夜。
夜明《よあ》け 夜の明ける頃。あかつき。
夜遊《よあそ》び 夜、遊び回ること。
宵《よい》 夜になってから間もない頃。
良《よ》い 【好い】優れている。十分。「―品」
善《よ》い 道理にかなっている。「―行い」
宵越《よいご》し 翌日まで一晩持ち越すこと。
酔《よ》い覚《ざ》め 酒の酔いから覚める。
酔《よ》い痴《し》れる うっとりする。
宵《よい》っ張《ぱ》り 夜ふかしすること。
宵《よい》の口《くち》 日が暮れて間もない頃。
宵宮《よいみや》 本祭の前に行う祭。宵祭。夏
宵闇《よいやみ》 月が出るまでの暗さ。夕闇。秋
余韻《よいん》 あとに残る響きや風情。余情。
余韻嫋嫋《よいんじょうじょう》 余韻や余情が続く。
用《よう》 行うべき仕事。役に立つこと。
様《よう》 方法。ありさま。「悲しみ―」
酔《よ》う 酒が回る。うっとりする。
用意《ようい》 必要なものをそろえておくこと。
容易《ようい》 たやすい・手軽にできること。
養育《よういく》 面倒をみて育てること。「―費」
用意周到《よういしゅうとう》 手抜かりがない。
要因《よういん》 物事の主要な原因。主な要素。
要員《よういん》 その物事のために必要な人員。
揺曳《ようえい》 たなびき漂う。「湯気が―する」
用役《ようえき》 社会に役立つはたらき。役務。
溶液《ようえき》 物質が溶け交じった液体。
妖艶《ようえん》 【妖婉】なまめかしく美しいさま。
陽炎《ようえん》 空気のゆらめき。かげろう。春
拗音《ようおん》 「ヤ・ユ・ヨ」を小さく書き表す音。
養家《ようか》 養子に行った先の家。⇔実家
洋画《ようが》 西洋風の絵画。西洋の映画。
陽画《ようが》 明暗・色彩が被写体と同じ画像。
妖怪《ようかい》 不思議な存在。化け物。「―変化」
容喙《ようかい》 よけいな口出しをすること。
溶解《ようかい》 物質が液体に溶け込むこと。
熔解《ようかい》 【鎔解】金属が液状になること。
要害《ようがい》 守りやすく敵が攻めにくい所。
洋学《ようがく》 蘭学や英学などの西洋の学問。
洋楽《ようがく》 西洋の音楽。⇔邦楽
洋菓子《ようがし》 西洋風の菓子。⇔和菓子
羊羹《ようかん》 あんを練り固めた和菓子の一つ。
洋館《ようかん》 西洋建築を模した建物。
溶岩《ようがん》 【熔岩】火山から噴出したマグマ。
妖気《ようき》 悪い予感をさせる怪しい気配。
容器《ようき》 ものを入れる器。入れ物。
陽気《ようき》 明るく元気がいい様子。時候。
容疑《ようぎ》 罪を犯した疑い。嫌疑。「―者」
容儀《ようぎ》 礼儀にかなった姿や身のこなし。
洋弓《ようきゅう》 西洋式の弓術。アーチェリー。
要求《ようきゅう》 必要性などを強く求めること。
幼魚《ようぎょ》 稚魚でやや成長した魚。⇔成魚
養魚《ようぎょ》 魚を飼育し、繁殖させること。
窯業《ようぎょう》 れんがや陶磁器を製造する工業。
陽極《ようきょく》 電極で電位の高い方。⇔陰極
謡曲《ようきょく》 能楽の詞章、それを歌うこと。
洋銀《ようぎん》 銅・亜鉛・ニッケルの合金。
用具《ようぐ》 あることに使う道具。「筆記―」
養鶏《ようけい》 鶏を飼育すること。「―場」「―家」
要撃《ようげき》 敵を待ちぶせて攻撃すること。
邀撃《ようげき》 敵を迎え撃つこと。迎撃。「―機」
要訣《ようけつ》 物事をなすための一番大切な点。

用件《ようけん》 用事の内容。所用。用向き。
要件《ようけん》 重要な用事。必要な条件。
用言《ようげん》 動詞など活用を持つ自立語。
揚言《ようげん》 公然と言いふらすこと。
用語《ようご》 特定分野で使う言葉。「学術—」
要語《ようご》 重要なことば。重要語。要言。
養護《ようご》 大事にして養う。看護。介抱。
擁護《ようご》 かばい守ること。保護。庇護《ひご》。
●養護施設
●人権擁護
妖光《ようこう》 怪しげな光。不気味な光。
洋行《ようこう》 欧米に旅行や留学をすること。
要港《ようこう》 産業上、軍事上などで重要な港。
要項《ようこう》 必要な事項をまとめたもの。
要綱《ようこう》 根本をなす大切な事柄。「政策—」
陽光《ようこう》 太陽の光線。日光。

溶鉱炉《ようこうろ》 【熔鉱炉】鉱石を溶かす炉。
陽刻《ようこく》 字・柄を浮き出す彫刻。⇔陰刻
洋菜《ようさい》 レタスなど西洋の野菜の総称。
洋裁《ようさい》 洋服の裁縫。⇔和裁
要塞《ようさい》 戦略上の要所に設けた防備施設。
用材《ようざい》 建築などに使う材木。材料。
溶剤《ようざい》 物質を溶かすために用いる液体。
養蚕《ようさん》 繭をとるためカイコを飼うこと。
用紙《ようし》 特定のことに使う紙。「答案—」
洋紙《ようし》 西洋流の製法で作った紙。
要旨《ようし》 肝心な内容。要点のまとめ。
容姿《ようし》 姿かたち。顔だちと体つき。
養子《ようし》 養子縁組で子の資格を得た人。
用字《ようじ》 使用する文字。文字の使い方。
幼児《ようじ》 学齢前の幼い子ども。「—語」

用事《ようじ》 しなくてはならない事柄。
幼時《ようじ》 幼い頃。幼年時代。幼児期。
楊枝《ようじ》 【楊子】歯に詰ったものを取る具。
養子縁組《ようしえんぐみ》 血縁のない者の間に実の親子関係を成立させる法律の行為。
洋式《ようしき》 西洋流の様式。「—便所」⇔和式
要式《ようしき》 必要とされる一定の方式。
様式《ようしき》 同類に共通のやり方。「生活—」
用捨《ようしゃ》 用いるか捨てるかの区別。取捨。
容赦《ようしゃ》 罪を許すこと。手加減すること。
用尺《ようじゃく》 仕立てるのに必要な布地の長さ。
幼弱《ようじゃく》 幼くてか弱いこと。「—な児童」
洋酒《ようしゅ》 西洋流の製法で造った酒。
妖術《ようじゅつ》 不思議な技を見せる術。幻術。
陽春《ようしゅん》 陽気の満ちた春。陰暦正月。圏

洋書《ようしょ》 西洋の書物。外国の本。⇔和書
要所《ようしょ》 大事な点・場所。重要な箇所。
幼女《ようじょ》 幼い女の子。童女。
養女《ようじょ》 養子である女子。
幼少《ようしょう》 幼いこと。「—時代」
要衝《ようしょう》 交通や軍事・商業上の大切な地。
洋上《ようじょう》 海の上。海上の船の上。「—会談」
養生《ようじょう》 病気を治すように努める。摂生。
洋食《ようしょく》 西洋風の食事。西洋料理。
要職《ようしょく》 重要な職。重要な地位や任務。
容色《ようしょく》 女性の顔かたちの美しさ。器量。
養殖《ようしょく》 魚介などを人工的に育て増やす。
養親《ようしん》 養子縁組による親。養父・養母。
用心《ようじん》 【要心】万一に備える。「火の—」
要人《ようじん》 重要な地位にある人。「政府の—」

用心棒《ようじんぼう》 護衛として身近に置く人。
様子《ようす》 【容子】情勢。事情。姿。そぶり。
要図《ようず》 必要なことだけを記した図面。
用水《ようすい》 飲料・灌漑《かんがい》・工業などに使う水。
羊水《ようすい》 子宮内で胎児を保護する液。
要する《ようする》 必要とする。「注意を—」
擁する《ようする》 抱える。持つ。守り立てる。
夭逝《ようせい》 年若くして死ぬこと。若死に。
妖精《ようせい》 動植物や自然物の精。精霊。
要請《ようせい》 実現するよう願い求めること。
陽性《ようせい》 陽気な性質。反応が現れること。
養成《ようせい》 教育や訓練で一人前にすること。
容積《ようせき》 容器の中を満たし得る分量。
夭折《ようせつ》 年若くして死ぬこと。夭逝《ようせい》。
溶接《ようせつ》 【熔接】金属を熱でつなぎ合せる。

用箋《ようせん》 手紙などを書く小幅の紙。
傭船《ようせん》 運送用に船を借り入れること。
要素《ようそ》 物事を成り立たせる成分や条件。
洋装《ようそう》 洋服を着ること。西洋風の装丁。
様相《ようそう》 物事のありさま。様子。姿。
様態《ようたい》 もののあり方。行動の様子。
容体《ようだい》 【容態】体の状態。病状。ようたい。
用足し《ようたし》 【用達】用事を済ませること。
用立てる《ようだてる》 役に立てる。立てかえる。
用談《ようだん》 用事についての話し合い。
要談《ようだん》 大切な相談。「各国首脳との—」
幼稚《ようち》 子どもっぽいこと。幼い。「—園」
用地《ようち》 何かに使うための土地。「工場—」
要地《ようち》 重要な土地。「防衛上の—」
夜討ち《ようち》◀ 闇に紛れ夜襲う。⇔朝駆け

幼虫《ようちゅう》 卵から成虫になるまでの虫。
羊腸《ようちょう》 羊の腸。曲がりくねった道。
窈窕《ようちょう》 しとやかで美しいさま。
膺懲《ようちょう》 敵を討ちこらしめること。
腰椎《ようつい》 脊柱《せきちゅう》のうち腰部の五個の骨。
腰痛《ようつう》 腰の痛み。
要諦《ようてい》 物事の本質にかかわる肝心な所。
要点《ようてん》 物事の中心となる大切な点。
陽転《ようてん》 陰性から陽性に変わること。
用途《ようと》 ものやお金の使いみち。使用法。
用度《ようど》 必要な費用。物品の供給。「—品」
陽動《ようどう》 注意を他へそらすこと。「—作戦」
羊頭狗肉《ようとうくにく》 見掛け倒し。
杳《よう》として 不明瞭なさま。「—知れない」
養豚《ようとん》 豚を飼育すること。「—業」

容認《ようにん》 許すこと。大目に見る。⇔否認
幼年《ようねん》 幼い年頃。子ども。「—期」
遥拝《ようはい》 遠く離れた地から拝むこと。
洋髪《ようはつ》 西洋風の髪の結い方、その髪形。
曜日《ようび》 曜のつく、一週間の各日。
用筆《ようひつ》 使用する筆。運筆。筆遣い。
用品《ようひん》 あることに用いる品。必要な品。
洋品《ようひん》 靴下など西洋風の服飾雑貨。
妖婦《ようふ》 なまめかしく男を惑わす女。
養父《ようふ》 養子に入った先の父親。⇔実父
洋舞《ようぶ》 ダンス・バレエなどの西洋舞踊。
洋風《ようふう》 西洋風。欧米の形式。⇔和風
洋服《ようふく》 西洋風の衣服。「—掛け」⇔和服
養分《ようぶん》 成長に必要な成分。滋養分。
用兵《ようへい》 戦いでの軍隊の動かし方。「—術」

葉柄《ようへい》 茎や枝につく葉の柄の部分。
傭兵《ようへい》 契約で雇われる給料制の兵士。
擁壁《ようへき》 崖などが崩れるのを防ぐ壁。
用便《ようべん》 大便・小便をすること。用足し。
養母《ようぼ》 養子に入った先の母親。⇔実母
用法《ようほう》 使い方。使用方法。「—を誤る」
養蜂《ようほう》 蜜などをとるための蜜蜂の飼育。
要望《ようぼう》 実現を強く求め望むこと。要求。
容貌《ようぼう》 顔立ち。顔かたち。「美しい—」
容貌魁偉《ようぼうかいい》 容ぼうや体が立派。
洋間《ようま》 西洋ふうの部屋。洋室。⇔日本間
葉脈《ようみゃく》 葉の面に分布するすじ。
用務《ようむ》 なすべき務め。仕事。「会社の—」
要務《ようむ》 大切な務め。必要な務め。
用向《ようむ》き 仕事や用事の内容。用件。

用命《ようめい》 用を言いつけること。注文。
幼名《ようめい》 幼い頃の名。ようみょう。
羊毛《ようもう》 ヒツジの毛。毛織物の原料。
要目《ようもく》 重要な項目。重要な事柄。
漸《ようや》く どうにか。段々。「—完成した」
要約《ようやく》 要点を短くまとめること。簡約。
洋洋《ようよう》 希望などが満ちている。「前途—」
揚揚《ようよう》 得意げな様子。「意気—」⇔消沈
要用《ようよう》 要件。肝要。重要な用事。
瓔珞《ようらく》 もとインドの貴婦人の装身具で、仏像や本堂の内陣の装飾に用いる飾り具。
要覧《ようらん》 事柄の要点を知らせる文書。
揺籃《ようらん》 ゆりかご。物事の発展のはじめ。
揚陸《ようりく》 船から積み荷を陸に揚げること。
擁立《ようりつ》 もり立てて高位に就かせること。

要略《ようりゃく》 要点をまとめること。要約。
用量《ようりょう》 薬などの一定の使用量。分量。
容量《ようりょう》 器物などに入れられる量。容積。
●薬の用量を守る
●缶詰の容量を量る
要領《ようりょう》 要点。処理の仕方。「—が悪い」
葉緑素《ようりょくそ》 葉に含まれる緑色の色素。
用例《ようれい》 実際に使われている例。「—集」
陽暦《ようれき》 太陽暦。しんれき。⇔陰暦
要路《ようろ》 重要な交通路。重要な地位。
養老《ようろう》 老人をいたわること。「—院」
余蘊《ようん》 余分なたくわえ。残ったところ。
余映《よえい》 日没・消灯後に残る光。余光。
余栄《よえい》 死後に残る栄誉。「—を重んじる」
余炎《よえん》 他に及ぶ炎。燃え残る炎。残暑。
余煙《よえん》 消え残るけむり。「沈火後の—」

余殃《よおう》 先祖の悪事による災い。⇔余慶
予価《よか》 予定している価格。予定価格。
予科《よか》 本科に進む前の予備の課程。
余暇《よか》 仕事の合間の自由時間。暇。
予感《よかん》 事前に何となく感じること。
余寒《よかん》 立春後の寒さ。残寒。[春]
予期《よき》 前もって期待や覚悟をすること。
予議《よぎ》 あらかじめ協議すること。
余技《よぎ》 専門以外に身につけた技能。
夜汽車《よぎしゃ》 夜間運行する汽車。
余儀《よぎ》ない やむをえない。「—事情」
余興《よきょう》 興を添えるために行う演芸。
夜霧《よぎり》 夜に掛かる霧。夜の霧。[秋]
過《よぎ》る 通りすぎる。「不安が心を—」
預金《よきん》 金融機関にお金を預けること。

欲《よく》 欲しがること・心。「—が深い」
翌《よく》 次の。あくる。「—日」「—朝」
抑圧《よくあつ》 無理に抑えつけること。抑制。
抑鬱《よくうつ》 心がふさいで不快なこと。「—症」
翼賛《よくさん》 力添えして助けること。「大政—」
抑止《よくし》 抑えつけて止めること。「—力」
浴室《よくしつ》 入浴する場所。風呂《ふろ》場。
浴場《よくじょう》 浴室。風呂《ふろ》場。銭湯。「公衆—」
欲情《よくじょう》 性欲を起こすこと。愛欲の情。
欲心《よくしん》 欲す心。肉体的な欲望。欲念。
浴《よく》する 被る。浴びる。「恩恵に—」
抑制《よくせい》 勢いを抑え止めること。「—栽培」
浴槽《よくそう》 入浴用の湯船。風呂《ふろ》おけ。
沃地《よくち》 作物がよく育つ肥沃な土地。
欲得《よくとく》 利得をむさぼる気持ち。「—ずく」

欲張《よくば》る 限度を超えて欲しがる。
欲深《よくふか》 欲が深いこと・人。欲張り。
欲望《よくぼう》 欲しがる心。したがる心。
欲目《よくめ》 都合よく見ること。ひいき目。
沃野《よくや》 地味の肥えた平野。「緑の—」
抑揚《よくよう》 音声の上げ下げや強弱・高低。
善《よ》く善《よ》く 【能く能く】十分に。
翼翼《よくよく》 びくびくする様子。「小心—」
抑留《よくりゅう》 無理に抑えとどめること。
余計《よけい》 必要以上。余分。むだ。「—な手間」
余慶《よけい》 祖先の善行のおかげで得る幸運。
避《よ》ける 【除ける】さける。害から防ぐ。
予見《よけん》 事が起こる前に見通すこと。
予言《よげん》 未来を予測して言うこと。
預言《よげん》 人々に神のお告げを伝えること。

●予言が的中する
●旧約聖書の預言者

横《よこ》 水平・左右への広がりや長さ。
予後《よご》 病後の経過の見通し。「—不良」
横合《よこあ》い▲ 横の方面。無関係な立場。
横穴《よこあな》 山腹などに横方向に掘られた穴。
緯糸《よこいと》 布を織る時横に通す糸。⇔経《たて》糸
予行《よこう》 本番通りに練習する。「—演習」
余光《よこう》 日没のあとに残っている光。
余香《よこう》 あとに残る香り。残り香。余薫。
横顔《よこがお》 横から見た顔。知られざる一面。
横紙破《よこがみやぶ》り 無理に我を通すこと。
横切《よこぎ》る 一方の側から他方へ渡る。
与国《よこく》 互いに助け合う間柄の国。
予告《よこく》 前もって知らせること。「—編」
横車《よこぐるま》 理不尽なこと。「—を押す」

邪《よこしま》 正しくないこと。非道。「—な恋」
寄越《よこ》す 【遣す】来さす。送ってくる。
汚《よご》す きたなくする。けがす。「口を—」
横滑《よこすべ》り ほかの同等の職に移ること。
横《よこ》たわる 横になる。存在する。
横町《よこちょう》 【横丁】表通りから横へ入った道。
横付《よこづ》け 側面を直接つけること。
横綱《よこづな》 力士の最高位。最も優れたもの。
横取《よこど》り 横合いから奪い取ること。
横流《よこなが》し 不正に転売すること。
横殴《よこなぐ》り 横からたたきつけること。
横這《よこば》い 変動がない。横に動くこと。
横腹《よこばら》 わき腹。乗り物などの左右側面。
横笛《よこぶえ》 管を横に構えて吹く笛の総称。
横道《よこみち》 わき道。本道から外れた道。

横目《よこめ》 目だけ動かして横を見ること。
横文字《よこもじ》 横つづりの文字。西洋語。
横槍《よこやり》 無関係な他人の差し出口。
横恋慕《よこれんぼ》 他人の恋人に恋をすること。
余罪《よざい》 判明している罪以外に犯した罪。
夜桜《よざくら》 夜見る桜の花。「—見物」 春
夜寒《よさむ》 晩秋の夜の寒さ。晩秋。秋
予算《よさん》 見積り。収支の予定計上。「—案」
由《よし》 理由。事情。手段。「知る—もない」
余事《よじ》 余暇や余力ですること。他事。
善《よ》し悪《あ》し よいか悪いかの区別。
四次元《よじげん》 三次元に時間を加えた空間。
葦簀《よしず》 【葭簀】アシで編んだすだれ。夏
余日《よじつ》 残りの日。他日。暇な日。
由無《よしな》い 理由がない。仕方がない。

攀《よ》じ登《のぼ》る 物にすがりついて登る。
誼《よしみ》 【好】親しいつきあい。因縁。
縦《よ》しや▲ たとえ。かりに。「—反対でも」
予習《よしゅう》 習う前に学習しておくこと。
余剰《よじょう》 残り。余り。剰余。「—物資」
余情《よじょう》 あとに残る風情や味わい。
捩《よじ》る ねじる。ひねる。折り曲げる。
攀《よ》じる すがりついて登る。よじのぼる。
予診《よしん》 本格的な診察前の予備的な診察。
余震《よしん》 大地震のあとに起こる揺り返し。
余人《よじん》 ほかの人。他人。「—は知らず」
余燼《よじん》 燃え残りの、くすぶっている火。
縦《よ》しんば▲ たとえ。かりにそうでも。
止《よ》す やめる。中止する。「旅行を—」
縁《よすが》 よるべ。たより。手掛かり。

世過《よす》ぎ　世渡り。渡世。「身過ぎ―」
世捨《よす》て人《びと》　隠遁《いんとん》・出家した人。
寄席《よせ》　落語などを演じる演芸場。
余生《よせい》　残りの人生。老後の生活。
余勢《よせい》　あとに残る勢い。「―を駆る」
寄《よ》せ書《が》き　一枚の紙に大勢で書く。
寄《よ》せ鍋《なべ》　色々な具を煮るなべ料理。图
寄《よ》せる　近づける。集める。心を傾ける。
予選《よせん》　参加者を前もって選ぶ会や試合。
余喘《よぜん》　死に際に吐く息。虫の息。
余所《よそ》　【他所】ほかの場所。他人の家。
装《よそ》う　食べ物を器に盛る。よそる。
予想《よそう》　あらかじめ見当をつけること。
装《よそお》う　飾り整える。見せ掛ける。
予測《よそく》　あらかじめ推し量ること。予想。

余所事《よそごと》　自分には関係ない事柄。
余所見《よそみ》　ほかの方向を見ること。
余所目《よそめ》　他人から見た目。
余所者《よそもの》　ほかの土地からきた者。
余所行《よそゆ》き　改まった所作・言動。
与太《よた》　でたらめ。いい加減。怠け者。
預託《よたく》　お金を預けて任せること。
与奪《よだつ》　与えることと奪うこと。「生殺―」
弥立《よだ》つ　寒さや恐怖で体の毛が立つ。
涎《よだれ》　口から垂れ流れるつばき。
予断《よだん》　事前に判断する。「―を許さない」
余談《よだん》　本筋からそれた話。むだ話。
予知《よち》　前もって知ること。「―能力」
余地《よち》　あまる所。あき。余裕。「弁解の―」
予兆《よちょう》　兆し。事の前ぶれ。前兆。

世継《よつ》ぎ　【世嗣】家のあと継ぎ。
欲求《よっきゅう》　欲しがり求めること。「―不満」
四《よ》つ辻《つじ》　十字に交わった道。四つ角。
因《よ》って　【依って】というわけで。従って。
四《よ》つ這《ば》い　両手両膝をつけてはう。
酔《よ》っ払《ぱら》い　酒に酔った人。泥酔者。
夜露《よつゆ》　夜間に降りる露。秋⇔朝露
予定《よてい》　あらかじめ決めること・事柄。
余滴《よてき》　筆先に残ったしずく。こぼれ話。
淀《よど》　【澱】水が流れずたまった所。
与党《よとう》　政権を担う側の政党。⇔野党
夜通《よどお》し　夜から朝までの間じゅう。
夜伽《よとぎ》　夜、寝ずに付き添う。夜の添寝。
余得《よとく》　余分のもうけ。よけいな利益。
余徳《よとく》　先人の残した恩徳。余薫。

澱《よど》む　【淀む】流れないでたまる。
世直《よなお》し　悪い世の中をよくすること。
夜長《よなが》　夜の時間の長いこと。秋⇔日長
夜泣《よな》き　乳児などが夜に泣くこと。
夜業《よなべ》　夜分に仕事をすること。秋
夜《よ》な夜《よ》な　毎夜。夜ごと。
世慣《よな》れる　世間の実情をよく知る。
夜逃《よに》げ　夜中にこっそり逃げること。
予熱《よねつ》　あらかじめ熱しておくこと。
余熱《よねつ》　冷めずにまだ残っている熱。
余念《よねん》　ほかの考え。雑念。他念。
世《よ》の中《なか》　この世。世間。社会。時代。
余波《よは》　なごり。影響。「事件の―」
夜這《よば》い　夜、男が女の家へ忍び込む。
余白《よはく》　紙の、何も書いていない部分。

夜番《よばん》　夜に番をすること・人。夜警。
予備《よび》　あらかじめ準備する。「―知識」
呼《よ》び子《こ》　呼ぶ合図に吹く小さい笛。
呼《よ》び声《ごえ》　呼ぶ声。うわさ。評判。
呼《よ》び捨《す》て　敬称をつけず名を呼ぶ。
呼《よ》び出《だ》す　呼んで、来させる。
呼《よ》び名《な》　通常呼ぶ名前。通称。
呼《よ》び水《みず》　誘い水。きっかけの事柄。
呼《よ》び物《もの》　人気を集めるもの。
余病《よびょう》　ある病気から起こるほかの病。
呼《よ》び鈴《りん》　人を呼ぶために鳴らすベル。
呼《よ》ぶ　声を掛ける。来てもらう。招く。
夜更《よふ》かし　夜遅くまで起きている。
夜更《よふ》け　夜の、非常に遅い時。深夜。
余憤《よふん》　あとまで残っている怒り。

余分《よぶん》　余った部分。残り。必要以上。
余聞《よぶん》　本筋からそれた話。こぼれ話。
余弊《よへい》　あとまで残る弊害。「前代の―」
予報《よほう》　前もって知らせること。「天気―」
予防《よぼう》　前もって防ぐこと。「―注射」
輿望《よぼう》　世間の期待。衆望。「―を担う」
余程《よほど》　ずいぶん。相当。いっそのこと。
世迷《よま》い言《ごと》　取るに足らない愚痴。
夜回《よまわ》り　夜の見回り。图
黄泉《よみ》　死者の魂が行くという所。冥土。
蘇《よみがえ》る　【甦る】生き返る。再び盛り返す。
読《よ》み切《き》り　一回で完結する短編。
読《よ》み止《さ》し　読書を途中でやめる。
嘉《よみ》する　よしとする。ほめる。「志を―」
夜店《よみせ》　夜、路上でものを売る店。夏

読《よ》み▲物《もの》 書物。気軽に読めるもの。
夜宮《よみや》 祭日前夜の小祭。宵宮。宵祭り。
詠《よ》む 詩歌をつくる。詩歌で表現する。
読《よ》む 文字を声に出す。見て理解する。
●短歌を詠む
●相手の心を読む
嫁《よめ》 息子の妻。結婚相手の女性。
夜目《よめ》 夜の暗い中で見ること。
余命《よめい》 残っている命。「―幾何もない」
嫁入《よめい》り 嫁に行くこと。とつぐこと。
嫁取《よめと》り 嫁を迎えること。⇕婿取り
終夜《よもすがら》 【終宵】しゅうや。一晩中。夜通し。
四方山《よもやま》 様々。雑多。「―話」
予約《よやく》 あらかじめ約束すること。
余裕《よゆう》 ゆとり。余り。残り。
余裕綽綽《よゆうしゃくしゃく》 落ち着き払う様子。

代代《よよ》 【世世】代を重ねること。代々。
寄《よ》り▲合《あ》い▲ 集まること。会合。
縒《よ》りが戻《もど》る 仲たがいした異性との関係が良好になる。「別れた夫と―」
拠《よ》り所《どころ》 支えとなるもの。根拠。
選《よ》り取《ど》り 選好みする。「―見取り」
選《よ》り抜《ぬ》き 優れものを選び出す。
寄《よ》り▲道《みち》 ついでにほかに立ち寄る。
余力《よりょく》 あまっている力。「―を残す」
縒《よ》りを掛《か》ける 腕前を示そうと意気込む。「腕に縒りを掛けた手料理」
夜《よる》 日の入りから日の出までの間。
由《よ》る 【因る】そこに原因がある。
依《よ》る 基づく。手段。関係する。頼る。
●過失に由る事故
●労働に依る所得

拠《よ》る よりどころにする。根拠とする。
寄《よ》る 近づく。重なる。集まる。「立ち―」
選《よ》る 【択る】より分ける。選び出す。
縒《よ》る 【撚る】よじる。ひねり合わせる。
寄《よ》る辺《べ》 頼りにして身を寄せる所。
予鈴《よれい》 前もって知らせる合図のベル。
鎧《よろい》 【甲】戦闘用の防具。「―かぶと」
鎧戸《よろいど》 鎧板をつけた戸。巻上げ式の鉄扉。
余禄《よろく》 余分の収益。予定外の収入。
余録《よろく》 主要の記録以外のもの。余話。
蹌踉《よろ》ける 【蹣跚ける】ふらつく。
喜《よろこ》ぶ 【悦ぶ】うれしく思う。快く思う。
宜《よろ》しい 「よい」の改まった言い方。
万《よろず》 あまた。すべて。何事も。「―世」
万屋《よろずや》 種々の日用品などを売る店。

世論《よろん》 【輿論】一般人の意見。「―調査」
余話《よわ》 こぼれ話。余聞。余談。余録。
齢《よわい》 【歯】とし。年齢。「―を重ねる」
弱《よわ》い 力や勢いが十分にない。⇕強い
弱気《よわき》 消極的な気持や考え方。⇕強気
弱腰《よわごし》 弱気な態度。消極的な態度。
世渡《よわた》り 世の中で生きていく。処世。
弱音《よわね》 いくじのない言葉。「―を吐く」
弱味《よわみ》 後ろめたい所。弱点。⇕強味
弱虫《よわむし》 弱い者。いくじのない者。
弱《よわ》り目《め》 弱った時。困った時。
拠《よ》ん所《どころ》ない やむをえない。

## ら

羅《ら》 薄く織った絹織物。あみ。

拉麺《ラーメン》 中華そば。中国風の汁そば。
来意《らいい》 来訪の理由。「―を告げる」
雷雨《らいう》 雷を伴って激しく降る雨。夏
雷雲《らいうん》 積乱雲など雷をもたらす雲。夏
来援《らいえん》 応援にくること。来て助けること。
来演《らいえん》 その土地に来て演じること。
来駕《らいが》 「他人の来訪」の敬称。
来会《らいかい》 会合などに出席すること。参会。
来客《らいきゃく》 訪ねてきた客。くる客。訪問客。
来月《らいげつ》 今月の次の月。翌月。⇕先月
来航《らいこう》 外国から船に乗ってくること。
来迎《らいごう》 死ぬ時に仏が迎えにくること。
礼賛《らいさん》 【礼讃】ほめたたえること。
来社《らいしゃ》 会社などに訪ねてくること。
来週《らいしゅう》 今週の次の週。次の一週間。

来集《らいしゅう》 集まって来ること。参集。「ご―」
来襲《らいしゅう》 敵が襲ってくること。襲来。
来春《らいしゅん》 来年の春。来年の正月。
来場《らいじょう》 その場所にくること。「―者」
来信《らいしん》 よそからきた手紙。来状。
雷神《らいじん》 雷を起こすとされる神。
頼信紙《らいしんし》 電報の電文を書く用紙。
来世《らいせ》 仏教で死後生まれ変わる世。
来宅《らいたく》 客が自分の家にくること。
来談《らいだん》 やって来て話し合うこと。
来朝《らいちょう》 外国人が日本にくること。来日。
来聴《らいちょう》 演奏などを聴きにくること。
来店《らいてん》 客が店にやってくること。
来電《らいでん》 電報が届くこと。届いた電報。
雷電《らいでん》 雷と稲妻。

**雷同**《らいどう》 簡単に他人の説に賛同すること。
**来日**《らいにち》 外国人が日本にくる。⇔離日
**来任**《らいにん》 その地に赴任してくること。
**来年**《らいねん》 今年の次の年。明年。⇔去年
**礼拝**《らいはい》 仏を敬い拝むこと。「—堂」
**来賓**《らいひん》 主催者に招待された客。「—席」
**来復**《らいふく》 一度去ってまた戻ってくること。
**来訪**《らいほう》 人が訪ねてくること。⇔往訪
**来報**《らいほう》 来て知らせること、その知らせ。
**雷名**《らいめい》 世間に響きわたっている名声。
**雷鳴**《らいめい》 雷の鳴り響く音。夏
●天下に**雷名**が轟く
●遠くで**雷鳴**が轟く
**磊落**《らいらく》 さっぱりしてこだわらない性格。
**来臨**《らいりん》 出席することの敬語。
**来歴**《らいれき》 物事が経過してきた歴史。経歴。

**老酒**《ラオチュウ》 中国産の醸造酒の総称。
**裸眼**《らがん》 眼鏡などを使わない目・視力。
**楽**《らく》 安らか。たやすい。「—な生活」
**烙印**《らくいん》 罪人の額などに押す焼き印。
**落胤**《らくいん》 貴人が本妻以外に産ませた子。
**楽隠居**《らくいんきょ》 隠居してのんびり暮すこと。
**楽園**《らくえん》 苦しみのない楽しく幸福な場所。
**洛外**《らくがい》 都(京都)の外。郊外。⇔洛中
**落書き**《らくがき》◀ 【楽書き】いたずら書き。
**落雁**《らくがん》 いり粉に砂糖をまぜた干菓子。
**落伍**《らくご》 【落後】集団から後れる。「—者」
**落語**《らくご》 滑稽話におちのある話芸。「—家」
**落差**《らくさ》 高低の差。二つのものの間の差。
**落札**《らくさつ》 入札して権利を手にすること。
**落日**《らくじつ》 沈みゆく太陽。落陽。落ち目。

**落手**《らくしゅ》 手に入れること。受け取ること。
**落首**《らくしゅ》 歌形式の諷刺《ふうし》の落書き。
**落掌**《らくしょう》 手紙などを受け取ること。落手。
**楽勝**《らくしょう》 大した苦労もせず勝つこと。
**落城**《らくじょう》 城が敵に攻め落とされること。
**落成**《らくせい》 工事の完成。「—式」⇔起工
**落石**《らくせき》 山の上から石が落ちてくること。
**落籍**《らくせき》 戸籍簿の記載もれ。身請け。
**落選**《らくせん》 選挙や選考に落ちること。
**落第**《らくだい》 試験に合格しない。春⇔及第
**落胆**《らくたん》 気落ちすること。失意。
**落着**《らくちゃく》 結末がつくこと。解決すること。
**洛中**《らくちゅう》 都(京都)の中。洛内。⇔洛外
**落丁**《らくちょう》 本のページが脱落していること。
**落潮**《らくちょう》 引き潮。落ち目。株相場の下落。

**楽天的**《らくてんてき》 楽観的に考える。⇔厭世的
**楽土**《らくど》 安楽に暮らせる場所。楽園。
**酪農**《らくのう》 乳製品の製造農業。「—家」「—業」
**落馬**《らくば》 乗っていた馬から落ちること。
**落剝**《らくはく》 はげ落ちること。はがれ落ちる。
**落魄**《らくはく》 落ちぶれること。零落。「—の身」
**落莫**《らくばく》 何もなくもの寂しい。「秋風—」
**落盤**《らくばん》 【落磐】坑内の岩が崩れ落ちる。
**楽日**《らくび》 千秋楽。興行期間の最後の日。
**落命**《らくめい》 命を落とすこと。死ぬこと。
**楽焼き**《らくやき》◀ 低温で焼く手作りの陶器。
**落葉**《らくよう》 木の葉が枝から落ちる。おちば。
**落陽**《らくよう》 入り日。夕日。落日。落暉《らっき》。
**落雷**《らくらい》 雷が落ちること。夏
**楽楽**《らくらく》 気楽な様子。たやすい様子。

**落涙**《らくるい》 涙を落とすこと。泣く。涙を流す。
**羅紗**《ラシャ》 起毛させた厚手の毛織物。
**裸身**《らしん》 裸の体。裸体。
**羅針盤**《らしんばん》 方位を測る器具。
**螺旋**《らせん》 渦巻き状の形。「—階段」
**裸像**《らぞう》 彫刻などに表現された裸の像。
**裸体**《らたい》 丸裸の体。「—像」「—画」
**埒**《らち》 物事の区切り。馬場の柵。
**拉致**《らち》 無理に連れて行くこと。「—監禁」
**落下**《らっか》 高い所から落ちること。
**落花**《らっか》 花が落ちること。落ちた花。春
**落下傘**《らっかさん》 パラシュート。「—部隊」
**落花流水**《らっかりゅうすい》 男女の慕い合う心。
**落花狼藉**《らっかろうぜき》 物事が乱雑なさま。
**落款**《らっかん》 書画につける作者の署名や印。

**楽観**《らっかん》 すべてよい方に考える。⇔悲観
**落球**《らっきゅう》 球を捕り損ねて落とすこと。
**落慶**《らっけい》 社寺建物の落成を祝うこと。
**喇叭**《らっぱ》 金管楽器の総称。「—飲み」
**辣腕**《らつわん》 非常に処理能力がある。「—家」
**裸婦**《らふ》 裸の女性。「—像」
**羅列**《られつ》 思いつくまま並べ立てること。
**乱**《らん》 秩序が乱れること。戦争。
**欄**《らん》 手すり。枠で区切った部分。
**乱雲**《らんうん》 乱れ飛ぶ雲。「乱層雲」の旧称。
**卵黄**《らんおう》 卵の中身の黄色い部分。きみ。
**欄外**《らんがい》 紙面の枠の外。仕切りの外。
**濫獲**《らんかく》 【乱獲】魚や鳥獣をやたらに捕る。
**蘭学**《らんがく》 西洋の学術文化を研究する学問。
**欄干**《らんかん》 装飾を兼ねた橋などの手すり。

乱行《らんぎょう》 みだらな行い。乱暴な行為。
乱切《らんぎ》り◀ 形をそろえずに切ること。
乱気流《らんきりゅう》 局部的に起こる気流の乱れ。
乱杭《らんぐい》 【乱杙】ばらばらに打った杭。
濫掘《らんくつ》 【乱掘】計画なしにむやみに掘る。
乱座《らんざ》 大勢が入り乱れて座ること。
濫作《らんさく》 【乱作】むやみに多く作ること。
乱雑《らんざつ》 乱れ散らかって秩序のない様子。
卵子《らんし》 雌の成熟した生殖細胞。⇔精子
乱視《らんし》 ものがゆがんで見える状態。
乱射《らんしゃ》 ねらいも定めず撃ちまくること。
爛熟《らんじゅく》 成熟しきっていること。「―期」
濫觴《らんしょう》 物事の始まり。起こり。起源。
乱心《らんしん》 気が狂うこと。気がふれること。
乱臣《らんしん》 反乱を企てた臣下。国を乱す臣。

乱臣賊子《らんしんぞくし》 不忠不孝の者。
卵生《らんせい》 卵の形で生まれること。⇔胎生
乱世《らんせい》 秩序なく乱れた世の中。⇔治世
乱戦《らんせん》 敵味方が入り乱れて戦うこと。
卵巣《らんそう》 卵子を作る雌の生殖器。
濫造《らんぞう》 【乱造】質を考えず大量に作る。
乱層雲《らんそううん》 全天を厚く覆う暗い雲。
乱打《らんだ》 続けて激しく打つこと。「―戦」
懶惰《らんだ》 【嬾惰】なまけ怠る。「―な生活」
乱痴気《らんちき》 入り乱れはめを外す騒ぎ。
乱丁《らんちょう》 本のページ順が狂っていること。
乱調《らんちょう》 乱れた調子。乱調子。
乱闘《らんとう》 入り乱れて争うこと。「場外―」
濫読《らんどく》 【乱読】手当たり次第に読むこと。
乱取《らんど》り◀ 柔道で技をかけ合う稽古《けいこ》。

乱入《らんにゅう》 大勢でどっと押し入ること。
乱売《らんばい》 めちゃめちゃに安く売ること。
卵白《らんぱく》 卵の中身の白い部分。しろみ。
濫伐《らんばつ》 【乱伐】むやみに木を切り出す。
濫発《らんぱつ》 【乱発】むやみに発行すること。
濫費《らんぴ》 【乱費】金銭をむだに使うこと。
乱筆《らんぴつ》 乱れた文字。自分の筆跡の謙称。
乱舞《らんぶ》 入り乱れて舞うこと。乱れ飛ぶ。
乱文《らんぶん》 乱れた文章。自分の文の謙称。
乱暴《らんぼう》 荒っぽいこと。無法な行い。
蘭方《らんぽう》 オランダから伝来した西洋医術。
藍本《らんぽん》 原本。原点。底本。
欄間《らんま》 鴨居や長押と天井の間の空間。
爛漫《らんまん》 花が咲き乱れる様子。「春―」
乱脈《らんみゃく》 秩序が乱れていること。「―経営」
濫用《らんよう》 【乱用】むやみに使う。「職権―」
爛爛《らんらん》 光り輝く様子。眼光が鋭い。
濫立《らんりつ》 【乱立】やたらに多く立つこと。
襤褸《らんる》 破れた衣服。ぼろぎれ。ぼろ。

## り

利《り》 好都合。利益。利息。「漁夫の―」
理《り》 筋道。法則。真理。「―の当然」
吏員《りいん》 公務員。公吏。官吏。
利運《りうん》 【理運】幸運。出合うべき運。
利益《りえき》 ためになること。もうけ。得。
梨園《りえん》 演劇、特に歌舞伎役者の社会。
離縁《りえん》 夫婦または養子縁組を解消する。
理科《りか》 自然科学に関する学科。「―系」
理会《りかい》 物事の道理を会得すること。

理解《りかい》 内容や意味を悟る。立場を知る。
●教法を理会する
●文意を理解する

利害《りがい》 利益と損害。得と損。「―関係」
理外《りがい》 道理から外れている。「―の理」
利害得失《りがいとくしつ》 利益と損失。
理学《りがく》 自然科学。特に、物理学。「―博士」
離間《りかん》 仲を悪くさせること。「―策」
力《りき》 体力。ちから。力量。「千人―」
利器《りき》 鋭い刃物。便利な発明品。
力泳《りきえい》 全力を出しきって泳ぐこと。
力演《りきえん》 全力で演じること。熱演。
力学《りきがく》 力と運動の関係を研究する分野。
力感《りきかん》 力強い感じ。「―あふれる演技」
力作《りきさく》 全精力を傾けて作った作品。
力士《りきし》 相撲取り。「金剛力士」の略。

力説《りきせつ》 特に強く主張・説明すること。
力戦奮闘《りきせんふんとう》 全力の限り戦う。
力走《りきそう》 力の限り走ること。全力で走る。
力点《りきてん》 てこで力を加える所。主眼点。
力闘《りきとう》 全力を傾注してたたかうこと。
力《りき》む 力を込める。威張る。気負う。
離宮《りきゅう》 皇居のほかに設けられた宮殿。
離京《りきょう》 都（東京・京都）を離れること。
離郷《りきょう》 故郷を離れること。出郷。
力量《りきりょう》 物事を成し得る能力の程度。
陸《りく》 地表の、水に覆われていない所。
陸揚《りくあ》げ◀ 船荷を陸におろす。揚陸《ようりく》。
利食《りぐ》い 株を転売して差額を得る。
陸運《りくうん》 陸上の運送。陸送。⇔海運・空輸
陸軍《りくぐん》 陸上の戦争にあたる軍隊。「―兵」

**六書**《りくしょ》 漢字の成り立ちに関する六種別。

**陸上**《りくじょう》 陸地の上。「陸上競技」の略。

**陸生**《りくせい》 【陸棲】陸上にすむこと。⇔水生

**陸戦**《りくせん》 陸上での戦闘。「―隊」

**陸続**《りくぞく》 絶えずひっきりなしに続く様子。

**陸地**《りくち》 地球上で水のない部分。おか。

**理屈**《りくつ》 物事の筋道。無理につけた理由。

**陸稲**《りくとう》 畑で作る稲。おかぼ。⇔水稲

**陸風**《りくふう》 夜、陸から海へ吹く風。⇔海風

**陸離**《りくり》 あざやかで美しくきらめく様子。

**戮力**《りくりょく》 力をあわせること。協力。

**陸路**《りくろ》 陸上の交通路。⇔空路・海路

**利権**《りけん》 利益を伴う権利。「―屋」

**俚言**《りげん》 その地方独特の語や言い方。

**俚諺**《りげん》 民間で使われることわざ。

**利己**《りこ》 自分だけの利益をはかること。

**利口**《りこう》 【利巧】賢い。頭の回転が速い。

**履行**《りこう》 契約や約束の通りに行うこと。

**離合**《りごう》 別れたり集まったりすること。

**利根**《りこん》 生来賢いこと。利発。⇔鈍根

**離婚**《りこん》 夫婦が結婚を解消すること。

**罹災**《りさい》 災難・災害にあう。被災。「―者」

**理財**《りざい》 財産を有効に運用すること。

**利鞘**《りざや》 売買で得る差額分の利益。

**離散**《りさん》 離れて散りぢりになる。「一家―」

**利子**《りし》 借金や預金によって支払う金銭。

**俚耳**《りじ》 世間の人々の耳。俗耳。

**理事**《りじ》 組織を代表し事務を行う役。

**履修**《りしゅう》 決められた課程を修めること。

**利潤**《りじゅん》 企業の純益。もうけ。利益。

**離床**《りしょう》 寝床を離れること。起床。

**利殖**《りしょく》 資産を運用し財産を増やすこと。

**離職**《りしょく》 退職や失業などで職を去ること。

**利水**《りすい》 水の通りをよくすること。水利。

**離水**《りすい》 水面を離れ飛び立つ。⇔着水

**理数**《りすう》 理科と数学。「―系」

**利する**《りする》 得する。役立つ。利用する。

**理性**《りせい》 論理的に考えて判断する能力。

**離席**《りせき》 座席から離れること。席をたつ。

**理想**《りそう》 考え得る最も望ましい状態。

**利息**《りそく》 借金や預金によって受取る金銭。

**離村**《りそん》 生まれ育った村を離れること。

**利他**《りた》 他人の利益や幸福をまず考える。

**利達**《りたつ》 立身出世をすること。栄達。

**離脱**《りだつ》 抜け出すこと。離れ去ること。

**理知**《りち》 【理智】論理的な判断力。「―的」

**律義**《りちぎ》 【律儀】義理をかたく守る。実直。

**率**《りつ》 割合。歩合。程度。「合格―」

**立案**《りつあん》 計画を立てる。草案をつくる。

**立夏**《りっか》 二十四節気で、五月五日頃。[夏]

**立願**《りつがん》 神や仏に願をかけること。

**立脚**《りっきゃく》 立場や根拠を定めること。

**陸橋**《りっきょう》 道路や線路の上にかけた橋。

**立件**《りっけん》 刑事事件としての要件の成立。

**立憲**《りっけん》 憲法を制定すること。「―君主制」

**立言**《りつげん》 意見を述べること、その意見。

**力行**《りっこう》 努力して物事を行う。「勤倹―」

**立候補**《りっこうほ》 候補者として立つこと。

**立国**《りっこく》 国家の建設。国を繁栄させる。

**律師**《りっし》 高徳の僧。僧都に次ぐ位の僧。

**立志伝**《りっしでん》 志をもち成功した人の伝記。

**立秋**《りっしゅう》 二十四節気で、八月七日頃。[秋]

**立春**《りっしゅん》 二十四節気で、二月四日頃。[春]

**立証**《りっしょう》 証拠を挙げること。証拠を示す。

**立食**《りっしょく》 立ったまま飲食すること・方式。

**立身**《りっしん》 社会的に認められる地位につく。

**立身出世**《りっしんしゅっせ》 社会に出て高い官職や地位につき、名声を得ること。

**立錐**《りっすい》 錐を立てること。「―の余地」

**律する**《りっする》 一定の規準によって処置する。

**慄然**《りつぜん》 恐ろしさにぞっとする様子。

**立像**《りつぞう》 立っている姿の像。⇔座像

**立体**《りったい》 三次元の広さを持っているもの。

**立地**《りっち》 その土地の地勢や環境。「―条件」

**立冬**《りっとう》 二十四節気で、十一月七日頃。[冬]

**律動**《りつどう》 周期的な動き。リズム。「―的」

**立派**《りっぱ》 非難できないほどよい様子。

**立腹**《りっぷく》 腹を立てること。怒ること。

**立方**《りっぽう》 三乗。体積の単位を表す語。

**立法**《りっぽう》 法律を定める。法律の制定。

**理詰め**《りづめ》 ◀ 理屈で推し進めること。

**律令**《りつりょう》 奈良・平安時代の法令。「―国家」

**立礼**《りつれい》 立って行う敬礼。⇔座礼

**立論**《りつろん》 議論の趣旨や順序を組み立てる。

**里程**《りてい》 道のり。里数。「―標」

**利敵**《りてき》 敵を有利にすること。「―行為」

**利点**《りてん》 有利な点。利益のある点。

**離党**《りとう》 属していた政党を離れること。

**離島**《りとう》 陸から離れた島。島を出ること。

**利得**《りとく》 利益を得ること。「不当な―」

理《り》に落《お》ちる 理屈っぽくなる。
理《り》に適《かな》う 道理に合う。理屈どおり。
離日《りにち》 外国人が日本を離れること。
離乳《りにゅう》 乳児の乳離れ。「―食」
利尿《りにょう》 小便を出やすくさせる。「―剤」
離任《りにん》 任務や任地から離れること。
理念《りねん》 理性判断による最高の概念。
離農《りのう》 農業をやめること。⇔帰農
利発《りはつ》 子どもが賢い様子。「―な子」
理髪《りはつ》 髪や髭を刈り整えること。「―師」
利幅《りはば》 利益の大きさ。
離反《りはん》 【離叛】離れ背くこと。
理非曲直《りひきょくちょく》 道理にかなうこととかなわないこと。正と不正。是非。
罹病《りびょう》 病気にかかること。罹患。「―率」

理不尽《りふじん》 道理にかなわない様子。
離別《りべつ》 人と別れること。別離。離縁。
利便《りべん》 都合のよいこと。「簡易―」
理法《りほう》 道理にかなった法則。「自然の―」
利回《りまわ》り 元金に対する利息の割合。
裏面《りめん》 物事の表に現れない部分。
略《りゃく》 計略。省くこと。「以下―」
利益《りやく》 神仏の与える恵み。御利益。
略儀《りゃくぎ》 正式手続きを省いた方式。略式。
略語《りゃくご》 一部を省略した形の語。簡略語。
略号《りゃくごう》 簡略に表現するための記号。
略字《りゃくじ》 点画の一部を省いた字体。
略式《りゃくしき》 正式の順序を一部省いた形式。
略取《りゃくしゅ》 【掠取】奪い取る。無理に連れ去る。
略述《りゃくじゅつ》 要点やあらましを簡単に述べる。

略称《りゃくしょう》 簡略化した呼び名。
略《りゃく》す 省く。簡単にする。奪い取る。
略図《りゃくず》 必要部分だけを簡単にかいた図。
略説《りゃくせつ》 要点だけを簡単に説明すること。
略装《りゃくそう》 略式の服装。略服。⇔正装
略奪《りゃくだつ》 【掠奪】力で奪い取ること。
略伝《りゃくでん》 簡単に述べた伝記。⇔詳伝
略筆《りゃくひつ》 要点以外を省略して書くこと。
略歴《りゃくれき》 大体の経歴。「著者―」
略解《りゃっかい》 要点だけの簡略な解釈・説明。
略記《りゃっき》 要点を簡略に記すこと。⇔詳記
竜《りゅう》 【龍】想像上の動物。たつ。
流《りゅう》 流派。流儀。「自己―」
理由《りゆう》 そうなった訳。いわれ。「存在―」
柳暗花明《りゅうあんかめい》 春の美しい景色。

留意《りゅうい》 心にとどめる・注意すること。
流域《りゅういき》 河川の流れに沿った両岸の地域。
溜飲《りゅういん》 胸やけした状態。「―が下がる」で、不満が一気に解消し痛快なさま、の意。
隆運《りゅううん》 盛んな運命。盛運。⇔衰運
流会《りゅうかい》 予定の会合が中止になること。
留学《りゅうがく》 外国で一定期間勉強すること。
流感《りゅうかん》 流行性感冒。インフルエンザ。
隆起《りゅうき》 高く盛り上がる。⇔沈下・沈降
流儀《りゅうぎ》 独特の仕方。流派の伝統的様式。
流血《りゅうけつ》 争いなどで血が流れること。
流言《りゅうげん》 全く根拠のないうわさ。「―蜚語」
竜虎《りゅうこ》 優劣つけがたい二人の強者。
流行《りゅうこう》 一時的に社会に広まること。
柳巷花街《りゅうこうかがい》 色町・遊郭。

竜骨《りゅうこつ》 船底の中心を縦貫する主要材。
硫酸《りゅうさん》 無色無臭の強酸性の液体。「―雨」
流産《りゅうざん》 妊娠七か月以内で死産すること。
粒子《りゅうし》 物質を構成する細かい粒。「微―」
流失《りゅうしつ》 流れてなくなること。「―家屋」
流出《りゅうしゅつ》 流れ出る。外部へ出てしまう。
隆昌《りゅうしょう》 大いに栄えること。「国家―」
竜頭《りゅうず》 腕時計などでぜんまいを巻く具。
流水《りゅうすい》 流れる水。水の流れ。「行雲―」
流星《りゅうせい》 光を放ち落ちる天体の破片。
隆盛《りゅうせい》 勢いが盛んなこと。栄えること。
流説《りゅうせつ》 根も葉もないうわさ。流言。
流線型《りゅうせんけい》 【流線形】曲線で現された形。
流速《りゅうそく》 流体の流れる速度。「―計」
流体《りゅうたい》 気体・液体の総称。「―力学」

流弾《りゅうだん》 流れ弾。逸れ弾。
留置《りゅうち》 一定の場所に拘束すること。
流暢《りゅうちょう》 話し方に淀みがない様子。
流通《りゅうつう》 世間に通用すること。「―貨幣」
流動《りゅうどう》 流れ動くこと。移り変わること。
流動食《りゅうどうしょく》 消化しやすい液状食物。
竜頭蛇尾《りゅうとうだび》 尻すぼみ。
流入《りゅうにゅう》 流れ込むこと。入り込むこと。
留任《りゅうにん》 現在の職や任務にとどまること。
留年《りゅうねん》 学生が進級・卒業できないこと。
流派《りゅうは》 流儀の違いでわかれた系統。
流氷《りゅうひょう》 海面を漂流している氷塊。春
柳眉《りゅうび》を逆立《さかだ》てる 美女が激怒する。柳眉は、「美人の眉」の形容。
留別《りゅうべつ》 去る者が残る者に別れを告げる。

留保《りゅうほ》 一時さし控えておくこと。保留。
流木《りゅうぼく》 川や海に漂い流れる木材。
流民《りゅうみん》 故郷を出て他所をさすらう人々。
流用《りゅうよう》 本来の目的以外に使うこと。
流離《りゅうり》 故郷を離れ他所をさまようこと。
流流《りゅうりゅう》 流派の各々の流儀。「細工は―」
隆隆《りゅうりゅう》 盛り上がったさま。盛んな勢い。
粒粒辛苦《りゅうりゅうしんく》 地道な努力をする。
流量《りゅうりょう》 水や電気、ガスなどの流れる量。
嚠喨《りゅうりょう》 楽器の音などがさえて響き渡る。
流麗《りゅうれい》 文章などが滑らかで美しいさま。
流連荒亡《りゅうれんこうぼう》 遊興にふけること。
流露《りゅうろ》 思いなどが自然に現れ出ること。
両《りょう》 対のものの双方。昔の通貨単位。
陵《りょう》 大きな丘。天子の墓。みささぎ。

涼《りょう》 涼気。すずしさ。「―をとる」
猟《りょう》 鳥や獣をとらえること。「シカ―」
漁《りょう》 魚や貝を捕ること。「カツオ―」
量《りょう》 重さ・数量・容積など。「―より質」
寮《りょう》 学生や従業員の寄宿舎。「独身―」
利用《りよう》 使って役立たせること。「廃物―」
里謡《りよう》 【俚謡】民間で伝承する歌。民謡。
理容《りよう》 整髪や髭そりで容姿を整える。
良案《りょうあん》 よい考えや思いつき。名案。
領域《りょういき》 領有する区域。対象になる範囲。
両院《りょういん》 衆議院と参議院。上院と下院。
涼雨《りょうう》 すずしさを感じさせる雨。夏
凌雲《りょううん》 雲をしのぐように高いこと。
良縁《りょうえん》 よい縁談。お似合いの縁組。
遼遠《りょうえん》 遥かに遠い様子。「前途―」

良貨《りょうか》 品質のよい貨幣。⇔悪貨
凌駕《りょうが》 【陵駕】ほかをしのぐ。上回る。
了解《りょうかい》 【諒解】納得する・承知すること。
領海《りょうかい》 領土主権の及ぶ水域。⇔公海
両替《りょうがえ》 貨幣の種類をかえること。
涼感《りょうかん》 涼しそうな感じ。「―をさそう」
量感《りょうかん》 重みや厚みのある感じ。重量感。
涼気《りょうき》 涼しい空気。涼しさ。夏
猟奇《りょうき》 怪奇なものを好みあさること。
猟期《りょうき》 許可された狩猟の期間。狩猟期。
漁期《りょうき》 許可された漁の期間。ぎょき。
両極端《りょうきょくたん》 非常にかけ離れていること。
料金《りょうきん》 ものの使用に対し支払うお金。
領空《りょうくう》 領土主権の及ぶ空域。「―侵犯」
良家《りょうけ》 家柄のよい家。上品な家庭。

量刑《りょうけい》 裁判所が刑罰の程度を決める。
料簡《りょうけん》 【了見】考え。思案。「狭い―」
猟犬《りょうけん》 狩猟補助の訓練を受けた犬。冬
燎原《りょうげん》 野原を焼くこと。「―の火」で、勢いが盛んで防ぎ止められない、の意。
良工《りょうこう》 技術の優れた職人。優れた画家。
良好《りょうこう》 状態や結果などがよい様子。
領国《りょうごく》 領地として有する国土。「―争い」
良材《りょうざい》 良質の材木・材料。優れた人材。
良妻賢母《りょうさいけんぼ》 夫に対してはよい妻で、子に対しては賢い母である女性。
良策《りょうさく》 よいはかりごと。良計。良案。
了察《りょうさつ》 【諒察】相手の事情をくみとる。
量産《りょうさん》 同規格の品の大量生産。「―品」
梁山泊《りょうざんぱく》 豪傑や野心家の集合する所。

料紙《りょうし》 書くのに使う紙。用紙。「―箱」
猟師《りょうし》 狩猟で生計を立てる人。狩人。
漁師《りょうし》 漁で生計を立てる人。「―町」
聊爾《りょうじ》 軽はずみなこと。率爾。失礼。
領事《りょうじ》 条約国に駐在する官吏。「―館」
療治《りょうじ》 病気を治すこと。治療。「荒―」
良識《りょうしき》 健全な判断力。優れた見識。
良質《りょうしつ》 品質がよいこと。⇔悪質
領主《りょうしゅ》 領地・荘園の所有者。
涼秋《りょうしゅう》 陰暦九月の異称。涼しい秋。秋
領収《りょうしゅう》 代金など受け取ること。「―証」
領袖《りょうしゅう》 集団の長となる人。「政党の―」
猟銃《りょうじゅう》 狩猟に使用する銃。
良書《りょうしょ》 有益な書物。ためになる書物。
諒恕《りょうじょ》 相手の事情に同情し許すこと。

了承《りょうしょう》 【諒承】納得して承知すること。
糧食《りょうしょく》 食料。食糧。「―が尽きる」
凌辱《りょうじょく》 【陵辱】辱める・女性を犯すこと。
両親《りょうしん》 ふたおや。父と母。
良心《りょうしん》 道徳的に善悪を判断する意識。
良人《りょうじん》 妻から夫をさして呼ぶ称。夫。
領する《りょうする》 領有する。承知する。「一国を―」
両生《りょうせい》 【両棲】水中・陸上で生活できる。
両性《りょうせい》 陰性と陽性。男性と女性。
良性《りょうせい》 たちがよい。よい性質。⇔悪性
寮生《りょうせい》 寄宿舎で生活する学生・生徒。
両成敗《りょうせいばい》 当事者両方を罰すること。
稜線《りょうせん》 峰から峰へ続く線。尾根。
僚船《りょうせん》 仲間の船。船団を同じくする船。
瞭然《りょうぜん》 はっきりしている。「一目―」

良俗《りょうぞく》 よい風俗・習慣。「公序―」
両端《りょうたん》 両方のはし。はじめと終わり。
両断《りょうだん》 二つに断ち切ること。「一刀―」
了知《りょうち》 【諒知】事情などを悟り知ること。
良知《りょうち》 生来の正しい知力。「―良能」
料地《りょうち》 ある目的に使用する土地。用地。
領地《りょうち》 領有の土地。領土。
料亭《りょうてい》 日本料理を出す高級料理屋。
量定《りょうてい》 軽重をはかり定める。「刑の―」
両天秤《りょうてんびん》 二股を掛けること。
領土《りょうど》 一国の主権が及ぶ土地。「―保全」
両刀《りょうとう》 大小の刀。「両刀遣い」の略。
糧道《りょうどう》 食糧を運搬する道。資金源。
両得《りょうとく》 一度に二種類の利益を得ること。
両刃《りょうば》 両側に刃があること。もろは。

猟場《りょうば》 狩りをする場所。かりば。[冬]
漁場《りょうば》 魚や貝をとる所。ぎょじょう。
量販《りょうはん》 安く大量に販売すること。「―店」
良否《りょうひ》 よいか悪いか。よしあし。善悪。
良風《りょうふう》 よい風習・風俗。「―美俗」⇔弊風
涼風《りょうふう》 涼しい風。すずかぜ。[夏]
領分《りょうぶん》 力の及ぶ範囲。領域。領地。
陵墓《りょうぼ》 天皇や皇族の墓。みささぎ。
寮母《りょうぼ》 寮生の世話をする婦人。
両方《りょうほう》 二つの物事。双方。⇔片方
療法《りょうほう》 病気の治し方。治療の方法。
糧米《りょうまい》 食糧としての米。糧食。
涼味《りょうみ》 すずしい感じ。涼感。[夏]
良民《りょうみん》 善良な人民。一般人民。
量目《りょうめ》 品物の目方。はかりめ。

良夜《りょうや》 月の美しい夜。名月の夜。[秋]
良薬《りょうやく》 よい薬。よく効く薬。妙薬。
両雄《りょうゆう》 「―並び立たず」で、英雄が二人現れれば必ず争い、一方が倒れる、の意。
良友《りょうゆう》 つきあうとためになる友人。
僚友《りょうゆう》 職場の友人。同僚。
領有《りょうゆう》 自分のものとして所有すること。
両用《りょうよう》 両方に使えること。「水陸―」
両様《りょうよう》 二つの様式。二通り。「和戦―」
療養《りょうよう》 体を休め栄養をとること。「―所」
両翼《りょうよく》 両方の翼。列の左右のはし。
繚乱《りょうらん》 【撩乱】多種の花が咲き乱れる。
料理《りょうり》 食べられるものをこしらえる。
両立《りょうりつ》 両方が支障なく成り立つこと。
喨喨《りょうりょう》 笛の音などが高らかに響くさま。

稜稜《りょうりょう》 角ばっているさま。厳しいさま。
寥寥《りょうりょう》 数が少ない様子。わびしい様子。
両両相俟《りょうりょうあいま》って 双方で助け合って。欠点を互いに補い合って。
両輪《りょうりん》 両方の車輪。りょうわ。
両論《りょうろん》 相対する二つの意見。「賛否―」
慮外《りょがい》 思いのほか。意外。無礼。「―者」
旅客《りょかく》 乗り物に乗る旅行者。「―機」
旅館《りょかん》 和風の宿泊施設。「温泉―」
利欲《りよく》 利益を得ようとする欲望。
緑陰《りょくいん》 【緑蔭】茂った青葉の陰。[夏]
緑雨《りょくう》 新緑の頃に降る雨。
緑樹《りょくじゅ》 青葉の茂っている木。
緑地《りょくち》 草木が茂っている土地。「―帯」
緑茶《りょくちゃ》 若葉を蒸し揉んで作る茶。

緑内障《りょくないしょう》 眼圧が高くなる病気。
緑肥《りょくひ》 植物の葉や茎を肥料にするもの。
緑風《りょくふう》 青葉を吹き渡る初夏の風。薫風。
緑野《りょくや》 草木が青々と生い茂った野原。
旅券《りょけん》 国籍・身分を証明する公文書。
旅行《りょこう》 旅。旅すること。「新婚―」
旅愁《りょしゅう》 旅の間に感じるわびしさ。
虜囚《りょしゅう》 捕らわれた人。とりこ。捕虜。
旅宿《りょしゅく》 旅行先で泊まること、その宿。
旅情《りょじょう》 旅の間のしみじみした思い。
旅装《りょそう》 旅行の服装。「―を解く」
緑化《りょっか》 植樹で国土に緑を増やすこと。
旅程《りょてい》 旅行の日程。旅行の道のり。
旅費《りょひ》 旅行に必要な費用。路用。路銀。
膂力《りょりょく》 筋肉の力。腕の力。

離陸《りりく》 陸地を離れて飛び上がること。
凜凜《りり》しい きりっとした様子。
利率《りりつ》 元金に対する利息の割合。
履歴《りれき》 経験してきた学業や職業。経歴。
理路《りろ》 話や議論などの構成。話の筋道。
理路整然《りろせいぜん》 筋道が通っている。
理論《りろん》 原理のもとに立てた概念・知識。
倫《りん》 人として守るべき道。道理。
燐《りん》 非金属元素の一つ。
霖雨《りんう》 幾日も降り続く雨。長雨。宿雨。
輪禍《りんか》 乗り物にひかれる災難。
燐火《りんか》 燐の燃える青白い火。鬼火。
隣家《りんか》 隣の家。隣。「―の火事」
臨海《りんかい》 海のそば。「―学校」「―副都心」
臨界《りんかい》 物質が別の状態に変化する境界。

輪郭《りんかく》 【輪廓】ものの外形線。事の概略。
林学《りんがく》 森林や林業を研究する学問。
林間《りんかん》 林の中。林の間。「—学校」
悋気《りんき》 男女間のやきもち。嫉妬《しっと》。
臨機《りんき》 場に応じて対処すること。
稟議《りんぎ》 案を関係者に回し承認を求める。
臨機応変《りんきおうへん》 その時々の状況に応じて、適切な手段をとること。
林業《りんぎょう》 山林に関係した生産業。
鱗茎《りんけい》 ユリなど地下茎の一種。
臨月《りんげつ》 出産の予定される月。
臨検《りんけん》 その場所に臨んで調べること。
綸言《りんげん》 天皇の言葉。「—汗の如し」
凜乎《りんこ》 りりしいさま。りんぜん。
輪講《りんこう》 数人が順番に講義すること。

燐光《りんこう》 黄燐から発する青白い光。
隣国《りんごく》 隣の国。隣接している国。隣邦。
輪作《りんさく》 順に同じ土地に作付けすること。
燐酸《りんさん》 燐灰石から作られる燐の化合物。
臨時《りんじ》 定時でないこと。一時的なこと。
臨写《りんしゃ》 手本・原本を見て写すこと。
臨終《りんじゅう》 死に際。最期。末期。「—の床」
臨書《りんしょ》 手本を見ながら書を書くこと。
輪唱《りんしょう》 同じ旋律を間隔をおいて歌う。
臨床《りんしょう》 患者を実際に診察すること。
臨場《りんじょう》 その場所に出ること。「—感」
吝嗇《りんしょく》 極端に物惜しみすること。けち。
隣人《りんじん》 隣の人。近所の人。「—愛」
綸子《りんず》 紋を織り出した高級な絹織物。
隣席《りんせき》 隣の座席。隣の席。

臨席《りんせき》 公の場に出席すること。
隣接《りんせつ》 隣り合っていること。「—水域」
林泉《りんせん》 木立と泉水。庭園。
臨戦《りんせん》 戦場に出ること。「—態勢」
凜然《りんぜん》 寒さが厳しい様子。「—たる態度」
輪転機《りんてんき》 印刷版を回転させる印刷機。
林道《りんどう》 林の中の道。林産物運搬用の道。
輪読《りんどく》 一冊の本を順番に回し読むこと。
輪廻《りんね》 生死を繰り返すこと。流転。
淋巴《リンパ》 病原体の侵入を防ぐ淡黄色液。
輪伐《りんばつ》 区画を決め森林を順次伐採する。
輪番《りんばん》 順番に係などにあたる。「—制」
淋病《りんびょう》 【痳病】淋菌による性病。
輪舞《りんぶ》 輪になって回りながら踊ること。
鱗粉《りんぷん》 蝶《ちょう》などの羽を覆う鱗状の粉。

厘毛《りんもう》 わずか。ほんの少し。いささか。
林野《りんや》 森林と野原。
淪落《りんらく》 落ちぶれる・堕落すること。
倫理《りんり》 道徳観や善悪の基準。「—学」
淋漓《りんり》 滴り落ちる様子。「墨痕—」
林立《りんりつ》 林の木のように並び立つ様子。
凜凜《りんりん》 寒さなどで身が引き締まる様子。
凜冽《りんれつ》 寒さの厳しい様子。「寒気—」

## る

累《るい》 巻き添え。迷惑。「—を及ぼす」
塁《るい》 とりで。野球のベース。
類《るい》 似たものの集まり。仲間。同類。
類縁《るいえん》 似ていて近い関係にあるもの。
累加《るいか》 次々に加わり増えること。

累計《るいけい》 小計を合算した結果。累算。
類型《るいけい》 似ている型。平凡なもの。「—的」
累月《るいげつ》 数か月にわたる。何か月もかかる。
累減《るいげん》 次第に減る・減らす。⬍累増
類語《るいご》 類似の意義を持つ語。類義語。
類纂《るいさん》 同類のものを集めて編纂《へんさん》する。
誄詞《るいし》 故人の生前の功績を讃える言葉。
累次《るいじ》 何度も重なり起きること。
類字《るいじ》 形が似ている文字。
類似《るいじ》 互いに似ていること。「—品」
累日《るいじつ》 日を重ねること。積日。連日。
羸弱《るいじゃく》 体が弱い・かよわい。「—の身」
類従《るいじゅう》 種類ごとに分類、編集すること。
類書《るいしょ》 内容や形式が同類の書物。
類焼《るいしょう》 他家からの出火で焼ける。類火。

累乗《るいじょう》 同数を順次掛けあわせること。
累進《るいしん》 次々と昇進する・比率が増すこと。
類人猿《るいじんえん》 最も人間に近いサル類。
類推《るいすい》 似た点をもとに推定すること。
類する《るい》 似通う。同類である。共通する。
累積《るいせき》 積もり重なること。「—赤字」
涙腺《るいせん》 涙を分泌する腺。「—が緩む」
累増《るいぞう》 しだいに増えること。⬍累減
累代《るいだい》 代を重ねること。代々。「—の墓」
類題《るいだい》 同じ種類の問題。似た問題。
累年《るいねん》 年を重ねること。連年。「—の病」
累犯《るいはん》 何度も罪を犯すこと。「—加重」
類比《るいひ》 比べ合わせること。比較。類推。
類別《るいべつ》 種類ごとに分けること。分類。
累卵《るいらん》 不安定で危険な状態のたとえ。

累累《るいるい》 積み重なっている様子。
類例《るいれい》 似かよった例。同じような例。
流刑《るけい》 遠方の地や島に送る刑。流罪。
鏤刻《るこく》 木などに彫りこむ。推敲《すいこう》する。
鏤骨《るこつ》 骨を刻むほどの苦心をすること。
屢次《るじ》 しばしば起こる。繰り返される。
屢述《るじゅつ》 しばしば述べられること。屢説。
縷述《るじゅつ》 細かい点まで述べること。縷説。
留守《るす》 外出して家にいないこと。不在。
流説《るせつ》 世間一般に広まった説。流言。
坩堝《るつぼ》 耐熱性の容器。種々のものが入り交じっていること・場所。「人種の―」
坩堝と化《るつぼとか》す 人々の熱狂でわきたつ場となる。「館内が興奮の―」
流転《るてん》 限りなく移り変わる。「生生―」
流布《るふ》 世に広く行き渡ること。「―本」
瑠璃《るり》 艶のある美しい青い宝石。「―色」
縷縷《るる》 細く長く続く様子。詳細な様子。
流浪《るろう》 さまようこと。さすらうこと。

## れ

令《れい》 命令。法令。「―を下す」
礼《れい》 礼儀。謝意。「―を失する」
例《れい》 たとえ。類。しきたり。「―を引く」
零《れい》 ゼロ。記数法の空位を示す数。
霊《れい》 魂。不思議な力を持つもの。
霊安室《れいあんしつ》 遺体を一時安置する所。
冷暗所《れいあんじょ》 低温で日光が当たらない所。
霊位《れいい》 霊がのり移っているもの。位牌。
冷雨《れいう》 冷たい雨。氷雨。
霊園《れいえん》 【霊苑】区画した共同墓地。墓苑。
冷夏《れいか》 例年に比べ異常に気温の低い夏。
冷菓《れいか》 凍らせて作った菓子。氷菓。
零下《れいか》 摂氏零度以下。氷点下。
例会《れいかい》 日を決めて定期的に開く会。
例解《れいかい》 例を挙げて解き明かすこと。
霊界《れいかい》 死後の霊魂の世界。精神の世界。
冷害《れいがい》 夏の低温による作物の被害。
例外《れいがい》 一般の原則に外れること。
冷汗《れいかん》 ひやあせ。「―三斗」
冷寒《れいかん》 冷たくて寒いこと。寒冷。
霊感《れいかん》 人間の不思議な感応力。霊応。
冷眼《れいがん》 冷淡な目つき。「―視」
冷気《れいき》 冷えびえとした空気。⇔熱気
霊気《れいき》 不思議で神秘的な雰囲気。
礼儀《れいぎ》 人間関係上必要とされる作法。
冷却《れいきゃく》 冷えること。冷やすこと。「―水」
霊柩車《れいきゅうしゃ》 ひつぎを運ぶための車。
礼金《れいきん》 礼として出すお金。謝礼金。
麗句《れいく》 美しく飾った調子よい文句。
礼遇《れいぐう》 礼をつくして厚くもてなすこと。
冷遇《れいぐう》 冷淡な態度で粗末に扱うこと。
令兄《れいけい》 相手の兄の敬称。⇔令弟
令閨《れいけい》 相手の妻の敬称。令室。令夫人。
冷血《れいけつ》 体温が低いこと。冷酷。「―漢」
例月《れいげつ》 いつもの月。それぞれの月。
冷厳《れいげん》 主観の入る余地なく厳しい様子。
例言《れいげん》 例として挙げる言葉。凡例。
霊験《れいげん》 神仏の現す不思議な感応。
励行《れいこう》 努力して実行すること。「時間―」
冷酷《れいこく》 思いやりがなくむごい様子。
例刻《れいこく》 いつもの決まった時刻。定刻。
霊魂《れいこん》 たましい。「―不滅」⇔肉体
冷菜《れいさい》 前菜で出る冷たい料理。
例祭《れいさい》 決まった日に行われる祭儀。
零細《れいさい》 非常に少ない。極めて小さい。
霊山《れいざん》 神仏を祭った神聖な山。霊峰。
令姉《れいし》 相手の姉の敬称。⇔令妹
令嗣《れいし》 相手の跡取りの敬称。
麗姿《れいし》 美しく整った姿。「美女の―」
例示《れいじ》 実例として示すこと。
零時《れいじ》 午前または午後の十二時。
礼式《れいしき》 公式に決められている礼儀作法。
令室《れいしつ》 相手の妻の敬称。令閨。令夫人。
麗質《れいしつ》 生まれつきの優れた性質。
冷酒《れいしゅ》 燗《かん》しない酒。ひやざけ。冷用酒。
隷従《れいじゅう》 部下としてつき従うこと。隷属。
令書《れいしょ》 法的な命令を記した文書。令状。
隷書《れいしょ》 漢字の書体の一つ。「―体」
冷笑《れいしょう》 さげすんであざ笑うこと。嘲笑。
例証《れいしょう》 例を引いて証明すること。
令状《れいじょう》 命令を記した書状。「召集―」
礼状《れいじょう》 お礼の手紙や葉書。謝礼の書状。
礼譲《れいじょう》 礼を尽くし謙虚な態度を示す。
令嬢《れいじょう》 相手の娘の敬称。「深窓の―」
霊場《れいじょう》 社寺のある神聖な所。霊地。
令色《れいしょく》 こびへつらう顔つき。「巧言―」
麗人《れいじん》 見目麗しい人。美人。
冷水《れいすい》 冷たい水。「―摩擦」
冷静《れいせい》 落ち着いていて動じない様子。

励声《れいせい》 【厲声】声を張上げる・荒くする。
励精《れいせい》 【厲精】精を出して励むこと。
礼節《れいせつ》 礼儀と節度。「—を重んじる」
冷泉《れいせん》 二十五度以下の鉱泉。⬍温泉
冷戦《れいせん》 厳しい対立状態にあること。
霊泉《れいせん》 不思議な効果のある泉や温泉。
冷然《れいぜん》 冷ややかで情を欠いている態度。
霊前《れいぜん》 死者の霊の前。「御—」
礼装《れいそう》 儀式用の正式な服装。礼服。
冷蔵《れいぞう》 食品などを低温で保存すること。
令息《れいそく》 相手の息子の敬称。⬍令嬢
隷属《れいぞく》 他者の支配を受けつき従うこと。
令孫《れいそん》 相手の孫の敬称。
例題《れいだい》 理解や練習用に例に出す問題。
霊台方寸《れいだいほうすん》 心。胸中。

令達《れいたつ》 命令を伝えること。命令の通達。
冷淡《れいたん》 同情や関心を持たない態度。
霊知《れいち》 霊妙な知恵。すぐれた知恵。
霊長類《れいちょうるい》 ヒトとサルの総称。霊長目。
令弟《れいてい》 相手の弟の敬称。⬍令兄
霊的《れいてき》 霊魂や精神に関するさま。
冷徹《れいてつ》 考えなどが冷静で鋭い様子。
礼典《れいてん》 礼儀に関しての決まり。礼法。
零点《れいてん》 得点がないこと。目盛が零の点。
霊殿《れいでん》 死者の霊を祭った建物。霊廟。
零度《れいど》 度数計算のもとになる起点。
冷凍《れいとう》 保存のために凍らせること。
冷肉《れいにく》 加熱したあとで冷やした肉。
例年《れいねん》 いつもの年。それぞれの年。
冷罵《れいば》 ばかにして罵ること。嘲罵《ちょうば》。

礼拝《れいはい》 キリスト教などで神を拝むこと。
零敗《れいはい》 試合で得点が取れず負けること。
霊媒《れいばい》 死者の霊を呼び出す媒介者。
麗筆《れいひつ》 美しい筆跡。見事な筆遣い。
冷評《れいひょう》 冷淡な批評。「—を浴びる」
霊廟《れいびょう》 先祖などの霊を祭った建物。
冷風《れいふう》 つめたい風。⬍温風
礼服《れいふく》 儀式や行事用の衣服。⬍平服
令夫人《れいふじん》 相手の妻の敬称。令室。
令聞《れいぶん》 よい評判。ほまれ。令名。
例文《れいぶん》 説明のために例として挙げた文。
礼法《れいほう》 礼儀の規則。礼儀作法。礼式。
礼砲《れいほう》 敬意を表するための空砲。
霊峰《れいほう》 信仰の対象となる山。霊山。
礼帽《れいぼう》 礼装の時にかぶる帽子。

冷房《れいぼう》 室温を下げ涼しくすること。夏
零墨《れいぼく》 筆跡の断片。「断簡—」
令妹《れいまい》 相手の妹の敬称。⬍令姉
霊妙《れいみょう》 不思議で優れている様子。霊異。
令名《れいめい》 よい評判。令聞。名声。「—が高い」
黎明《れいめい》 夜明け。始まり。「—期」
礼物《れいもつ》 謝礼として贈る品物。進物。
霊薬《れいやく》 不思議なほどよく効く薬。妙薬。
令誉《れいよ》 よいほまれ。名誉。令聞。令名。
麗容《れいよう》 美しい容姿。麗姿。「富士の—」
零落《れいらく》 落ちぶれること。落魄《らくはく》。⬍栄達
伶俐《れいり》 頭がよく賢いこと。利口。利発。
冷涼《れいりょう》 冷ややかで涼しい様子。
玲瓏《れいろう》 美しく澄みきっている様子。
例話《れいわ》 例として引きあいに出す話。

轢殺《れきさつ》 車輪でひき殺すこと。
歴史《れきし》 人間社会の移り変わりの過程。
轢死《れきし》 車輪にひかれて死ぬこと。「—体」
暦日《れきじつ》 【歴日】こよみ。「山中—なし」
暦数《れきすう》 日月運行を測って暦を作る方法。
歴世《れきせい》 歴代。代々。累世。列世。
歴戦《れきせん》 戦闘を何度も経験していること。
歴然《れきぜん》 疑いようもなく明らかな様子。
歴代《れきだい》 始まりから現在まで。「—首相」
轢断《れきだん》 列車が人をひいて切断すること。
歴任《れきにん》 次々に種々の役職に就くこと。
暦年《れきねん》 暦上の一年。元日からの一年。
歴年《れきねん》 年月を経ること。連年。毎年。
●暦年による統計
●歴年の労を報いる
暦法《れきほう》 天体の運行から暦を作る方法。

歴訪《れきほう》 次々に各所を訪れてまわること。
歴遊《れきゆう》 各地を歩き回ること。遊歴。
歴歴《れきれき》 地位や身分の高い人々。歴然。
列《れつ》 並んだもの。順序。等級。仲間。
劣悪《れつあく》 品質などが悪く価値が低い様子。
劣化《れっか》 品質や性能が悪くなること。
烈火《れっか》 激しい勢いで燃え盛る火。
列記《れっき》 一つ一つ並べて記すこと。
歴とした《れっきとした》 地位が高い。明らかに。
列挙《れっきょ》 一つ一つ数え上げること。枚挙。
列強《れっきょう》 強国である国々。「—進出」
劣後《れつご》 ほかに劣り遅れること。
列国《れっこく》 多くの国々。諸国。「—会議」
列座《れつざ》 関係者として座に連なること。
烈士《れっし》 気性が激しく節義を守りぬく人。

烈日《れつじつ》 強く照る太陽。「秋霜—」
列車《れっしゃ》 連なった鉄道車両。「貨物—」
劣弱《れつじゃく》 力が劣って貧弱なさま。
烈女《れつじょ》 信念を貫く意志の強い女性。
裂傷《れっしょう》 皮膚などが裂けてできた傷。
劣情《れつじょう》 いやしい心情。いやしい欲情。
烈震《れっしん》 震度6の強い地震。
列する《れっする》 並ぶ。加わる。列席する。
列世《れっせい》 代々。歴代。歴世。世々。
劣性《れっせい》 次代に現れず潜在する遺伝形質。
劣勢《れっせい》 勢いが劣っていること。⇔優勢
列席《れっせき》 その場に出席すること。「—者」
列伝《れつでん》 人々の伝記を並べ記したもの。
列島《れっとう》 並び続いている島々。「日本—」
劣等《れっとう》 普通より劣っていること。「—感」

劣敗《れっぱい》 劣っているものが敗れ去ること。
裂帛《れっぱく》 鋭く激しい声。「—の気合」
烈婦《れっぷ》 意志の強い女性。烈女。⇔烈夫
烈風《れっぷう》 非常に激しく吹く風。暴風。
烈烈《れつれつ》 勢いが非常に激しい様子。
恋愛《れんあい》 特定の異性を恋い慕うこと。
廉価《れんか》 安い値段。安価。「—販売」
連歌《れんが》 上下の句を交互に詠み合う歌。
煉瓦《れんが》 粘土に砂などを加え焼いたもの。
連関《れんかん》 【聯関】互いにかかわっている。
連記《れんき》 並べて書くこと。「—投票」⇔単記
連木《れんぎ》 すりこぎ。「—で腹を切る」
連休《れんきゅう》 休日が続くこと。「飛び石—」
連句《れんく》 【聯句】俳諧体の連歌。
蓮華《れんげ》 陶器のさじ。ハスの花。

**連係《れんけい》** 【連繋】相手と関係を保つこと。
**連携《れんけい》** 連絡を取り協力し合い行うこと。
●連係プレー
●連携を深める

連結《れんけつ》 つなぎ合わせること。「—器」
廉潔《れんけつ》 無欲で心が清く行いが正しい。
連呼《れんこ》 同じことを何度も叫ぶこと。
連語《れんご》 二つ以上の語が連結した語。
連行《れんこう》 人を連れて行くこと。
連合《れんごう》 【聯合】複数が結ばれた一組織体。
連鎖《れんさ》 鎖のようにつながる。「—反応」
連座《れんざ》 【連坐】他人の犯罪に関与する。
連載《れんさい》 続きものを数回に分け掲載する。
連作《れんさく》 同じ土地に同じ作物を毎年作る。
憐察《れんさつ》 哀れみ思いやる。「ご—ください」
連山《れんざん》 重なり並び続く山々。連峰。

連日《れんじつ》 毎日毎日。「—の雨」「—連夜」
連珠《れんじゅ》 【聯珠】玉をつなげる。五目並べ。
練習《れんしゅう》 学問や技術を繰り返し習うこと。
練熟《れんじゅく》 経験を積んでいてうまいこと。
連署《れんしょ》 複数が同じ文書に署名すること。
連勝《れんしょう》 引き続き勝つ。「連戦—」⇔連敗
恋情《れんじょう》 恋い慕う心。「—が募る」
錬成《れんせい》 【練成】心身を鍛え上げること。
連接《れんせつ》 ものが連なり続くこと。「—都市」
連戦《れんせん》 続けて戦うこと。「—連勝」
連想《れんそう》 【聯想】関係する物事を想起する。
連続《れんぞく》 つながり続く・続ける。⇔断続
連打《れんだ》 続けざまに打つこと。
連帯《れんたい》 複数が協力して事に当たること。
連隊《れんたい》 【聯隊】軍隊の編制単位の一。

蓮台《れんだい》 ハスの花の形の、仏像の台座。
練達《れんたつ》 熟練してうまいこと。「—の士」
練炭《れんたん》 【煉炭】石炭を固めた燃料。図
連弾《れんだん》 二人で一台のピアノを弾くこと。
廉恥《れんち》 心が清く恥を知る心があること。
恋着《れんちゃく》 深く強く恋い慕うこと。
連中《れんちゅう》 つれ。仲間とみなす人々。
廉直《れんちょく》 心が清く正直なこと。「—な人」
連動《れんどう》 一部が動くとほかの部分も動く。
練乳《れんにゅう》 【煉乳】煮詰めて濃縮した牛乳。
連破《れんぱ》 相手を続けざまに負かすこと。
連覇《れんぱ》 前回に続けて優勝すること。
廉売《れんばい》 値段を安くして売る。安売り。
連敗《れんぱい》 引き続き負けること。⇔連勝
連発《れんぱつ》 続けて発すること。「—銃」

連判《れんぱん》 連署して印を押すこと。「—状」
憐憫《れんびん》 ふびんに思うこと。哀れに思う。
練武《れんぶ》 武芸の練習をすること。「—場」
練兵《れんぺい》 兵士を訓練すること。「—場」
恋慕《れんぼ》 恋い慕うこと。「—の情」「横—」
連邦《れんぽう》 【聯邦】複数の国の連合国家。
連峰《れんぽう》 並び続いている山々。連山。
練磨《れんま》 【錬磨】心身を鍛え磨くこと。
連名《れんめい》 二名以上が名を連ね記すこと。
連盟《れんめい》 【聯盟】目的を同じくする組織。
連綿《れんめん》 長く続いていて絶えない様子。
連用《れんよう》 用言に続くこと。連続の使用。
連絡《れんらく》 つながること。知らせること。
連立《れんりつ》 【聯立】同時に並び立つ。「—内閣」
恋恋《れんれん》 恋しくて思い切れない様子。

# ろ

炉《ろ》 いろり。暖炉。火床。图
絽《ろ》 生地の薄い絹織物。絽織り。
櫓《ろ》 【艪】和船をこぐ道具。「—をこぐ」
艫《ろ》 船首。へさき。船尾。とも。
露悪《ろあく》 自分の欠点をわざとさらけ出す。
労《ろう》 骨折り。苦労。「—をとる」
牢《ろう》 罪人などを閉じ込めておく所。
楼《ろう》 高い建物。高殿。やぐら。
蠟《ろう》 燃えとけやすい脂肪に似た物質。
聾唖《ろうあ》 耳と口が不自由なこと・人。
朗詠《ろうえい》 詩歌を声高くうたうこと。朗吟。
漏洩《ろうえい》 【漏泄】外部に漏れる。「機密—」
労役《ろうえき》 肉体的な役務。課せられる仕事。

老翁《ろうおう》 年老いた男性。おきな。⇕老媼
老媼《ろうおう》 年老いた女性。おうな。⇕老翁
老鶯《ろうおう》 春が過ぎても鳴くウグイス。夏
陋屋《ろうおく》 狭くて粗末な家。拙宅。陋居。
老化《ろうか》 老いに伴い心身の機能が衰える。
廊下《ろうか》 建物の中の細長い通路。「渡り—」
老獪《ろうかい》 経験を積んでいて悪賢いこと。
楼閣《ろうかく》 高く立派な建物。「砂上の—」
老眼《ろうがん》 老化して近くが見えにくい眼。
牢記《ろうき》 しっかり心にとどめて忘れない。
老朽《ろうきゅう》 古くなって役に立たないこと。
籠球《ろうきゅう》 バスケットボール。
籠居《ろうきょ》 外に出ず閉じこもること。
老境《ろうきょう》 年老いた境遇。老人の境地。
浪曲《ろうきょく》 浪花節《なにわぶし》。

労苦《ろうく》 骨折りや心配。苦労。
老兄《ろうけい》 年老いた兄。年長の友の敬称。
臘月《ろうげつ》 陰暦十二月の異称。
牢乎《ろうこ》 ゆるがないさま。強固。堅固。
牢固《ろうこ》 しっかりしてじょうぶな様子。
老後《ろうご》 年老いてからのち。「—の計画」
老巧《ろうこう》 経験豊富で物事に巧みなこと。
陋巷《ろうこう》 狭くて汚い町中。むさ苦しい町。
漏刻《ろうこく》 水時計。水時計の目盛り。
牢獄《ろうごく》 罪人を閉じ込めておく所。牢屋。
老骨《ろうこつ》 年老いた体。「—にむち打つ」
老妻《ろうさい》 年老いた妻。⇕老夫
労災《ろうさい》 労働災害。労働者災害補償保険。
労作《ろうさく》 苦労して作り上げた作品。
老残《ろうざん》 老いたまま生きながらえること。

老師《ろうし》 年老いた、僧・師匠・先生。
牢死《ろうし》 牢に入ったまま死ぬこと。獄死。
労使《ろうし》 労働者と使用者。「—代表」
労資《ろうし》 労働者と資本家。「—協調」
老実《ろうじつ》 物事に慣れていて堅実なこと。
老弱《ろうじゃく》 老人と子ども。老いて弱いこと。
老樹《ろうじゅ》 年月を経た木。老木。古木。
老醜《ろうしゅう》 年老いてみにくくなること。
陋習《ろうしゅう》 悪い習慣。「旧来の—」
老熟《ろうじゅく》 経験を積み熟練していること。
漏出《ろうしゅつ》 漏れて出ること。「ガスが—する」
朗唱《ろうしょう》 声高に歌うこと。「国歌を—する」
朗誦《ろうしょう》 【朗唱】声高に読み上げる。朗読。
楼上《ろうじょう》 高い建物の上。楼閣の上。
籠城《ろうじょう》 城に立てこもる。家にひきこもる。

老少不定《ろうしょうふじょう》 人の死期は予測できず、だれが先に死ぬかわからないこと。
朗色《ろうしょく》 ほがらかな顔つき。快活なさま。
老人《ろうじん》 年老いた人。年寄り。「—病」
老衰《ろうすい》 年老いて心身が衰えること。
漏水《ろうすい》 水が漏れること。漏れた水。
労する《ろうする》 苦労する。疲れさせる。
弄する《ろうする》 もてあそぶ。「詭弁を—」「策を—」
聾する《ろうする》 聞こえなくなる。「耳を—騒音」
老生《ろうせい》 男の老人の自称。愚老。
老成《ろうせい》 大人びること。老熟。「—な考え」
狼藉《ろうぜき》 乱暴な行い。取り散らかること。
労組《ろうそ》 「労働組合」の略。「合同—」
蠟燭《ろうそく》 糸などの芯をろうで固めた灯具。
老体《ろうたい》 年老いた体。老軀。老骨。老身。

楼台《ろうだい》 高い建物。高殿。屋根のある台。
老大家《ろうたいか》 経験豊かなその道の権威。
老大国《ろうたいこく》 国勢が衰えふるわない国。
臈長ける《ろうたける》 洗練されて気品がある。
壟断《ろうだん》 利益をうまく独占すること。
労賃《ろうちん》 労働に対して支払う賃金。労銀。
漏電《ろうでん》 絶縁不良で電気が漏れること。
漏斗《ろうと》 液体を注ぎ込む道具。じょうご。
労働《ろうどう》 賃金や報酬のために働くこと。
郎党《ろうどう》 【郎等】側近。子分。家来。従者。
朗読《ろうどく》 声に出して詩や文章を読むこと。
老若《ろうにゃく》 老人と若者。老少。ろうじゃく。
老若男女《ろうにゃくなんにょ》 すべての人。
浪人《ろうにん》 進学や就職の次の機会を待つ人。
老年《ろうねん》 年をとり衰えが目立つ年代。

老婆《ろうば》 年老いた女性。老媼《ろうおう》。⬌老爺
老廃《ろうはい》 古くなって役に立たないこと。
狼狽《ろうばい》 慌てふためくこと。「周章―」
老婆心《ろうばしん》 必要以上の親切心。
浪費《ろうひ》 むだに使うこと。「―家」「―癖」
老父《ろうふ》 年老いた父。⬌老母
老兵《ろうへい》 年老いた兵。軍事に熟練した兵。
老母《ろうぼ》 年老いた母。⬌老父
朗報《ろうほう》 喜ばしい知らせ。よい知らせ。
老木《ろうぼく》 古い立木。老樹。古木《こぼく》。⬌若木
老僕《ろうぼく》 長年仕えて年老いた下男。
浪漫《ろうまん》 ロマンチシズム的な傾向「―的」
労務《ろうむ》 労働。労働に関係する事務。
楼門《ろうもん》 二階造りの門。
老爺《ろうや》 年老いた男性。⬌老婆

牢屋《ろうや》 罪人を閉じ込めておく所。牢獄。
老幼《ろうよう》 老人と幼児。老少。老若。
老来《ろうらい》 年老いた現在において。
籠絡《ろうらく》 人を丸め込んで操ること。
労力《ろうりょく》 働き。骨折り。労働力。
老齢《ろうれい》 年老いたこと。老年。「―年金」
陋劣《ろうれつ》 卑しく汚いこと。下劣。「―な手段」
老練《ろうれん》 熟練して巧みな様子。「―な技術」
朗朗《ろうろう》 声が澄んではっきり聞こえる。
浪浪《ろうろう》 さまよい歩くこと。「―の身」
露営《ろえい》 野外に陣営を張ること。「―地」
濾過《ろか》 液体をこし、まじりものを除く。
路肩《ろかた》 道の両わきの部分。ろけん。
録音《ろくおん》 音を記録すること。「―放送」
録画《ろくが》 映像を記録すること。「―放映」

緑青《ろくしょう》 銅の表面につく緑色のさび。
勒《ろく》する 統御する。彫りつける。刻む。
録《ろく》する 書きとどめる。記録する。
碌《ろく》でなし 役に立たない者。
碌《ろく》に 【陸に】確かに。十分に。満足に。
禄盗人《ろくぬすびと》 ろくに働かずに報酬は一人前にもらっている人の蔑称。給料泥棒。
六分儀《ろくぶんぎ》 天体の高度を測る器械。
肋木《ろくぼく》 多数の横木を固定した体操用具。
六曜《ろくよう》 吉凶の判断基準となる日。六輝。
轆轤《ろくろ》 回転運動を利用する装置。「―鉋」
碌碌《ろくろく》 【陸陸】十分に。ろくに。満足に。
露見《ろけん》 【露顕】悪事などがばれること。
露骨《ろこつ》 感情などをむき出しにする様子。
露座《ろざ》 【露坐】屋根のない所に座ること。

濾紙《ろし》 液体をこすのに用いる紙。
路次《ろじ》 道すがら。道筋。途次。ろし。
路地《ろじ》 家々の間の狭い通路。「―裏」
露地《ろじ》 屋根など覆いのない地面。「―苺」
露出《ろしゅつ》 むき出しにすること。露光。
路上《ろじょう》 道の上。途上。「―駐車」
路線《ろせん》 交通経路。活動方針。「平和―」
露台《ろだい》 屋根のない台。バルコニー。夏
肋間《ろっかん》 あばら骨の間。「―神経痛」
肋骨《ろっこつ》 胸郭を形成する骨。あばら。
六根《ろっこん》 眼・鼻・耳・舌・身・意の器官・能力。
六根清浄《ろっこんしょうじょう》 六根から生じる煩悩を断ち切り、心身が清らかになること。
六腑《ろっぷ》 漢方で、六つの内臓。「五臓―」
六方《ろっぽう》 【六法】東西南北と天地の六方向。

六法《ろっぽう》 六種の代表的な法律。「―全書」
路程《ろてい》 道のり。道程。行程。「―計」
露呈《ろてい》 さらけ出してしまうこと。
露天《ろてん》 屋根のない所。野天。「―商」
露店《ろてん》 道ばたに張る屋台の店。大道店。
露点《ろてん》 水蒸気の凝結しはじめる温度。
路頭《ろとう》に迷《まよ》う 生活手段を失い困窮すること。「路頭」は道ばた、路上の意。
魯鈍《ろどん》 愚かで頭の回転が鈍い。愚鈍。
炉端《ろばた》 いろりや暖炉の周囲。「―焼き」
路盤《ろばん》 道路の土台となる地盤。路床。
炉塞《ろふさ》ぎ 風炉を使い始めること。春
炉辺《ろへん》 炉のそば。ろばた。「―談話」
鹵簿《ろぼ》 行幸・行啓の行列。
路傍《ろぼう》 道ばた。道のほとり。「―の人」

露命《ろめい》 はかない命。「―をつなぐ」
路面《ろめん》 道路の表面。「―電車」
呂律《ろれつ》 言葉の調子。「―が回らない」
論《ろん》 意見。判断。議論。「―より証拠」
論外《ろんがい》 議論の範囲外。問題外。
論議《ろんぎ》 意見を戦わせること。議論。
論客《ろんきゃく》 議論を好む人。議論のうまい人。
論及《ろんきゅう》 本論外のことにまで言い及ぶ。
論究《ろんきゅう》 徹底的に論じ極めること。
●細部にわたる論及
●問題点を論究する
論拠《ろんきょ》 議論や意見のよりどころ。
論語《ろんご》 孔子とその弟子の言行録。
論考《ろんこう》 【論攷】論じて考察すること。
論功行賞《ろんこうこうしょう》 功績の有無や大きさに応じて、ふさわしい賞を与えること。

論告《ろんこく》 裁判の検察官の意見陳述。
論旨《ろんし》 議論の筋道・主旨。「—明快」
論者《ろんしゃ》 議論する人。ろんじゃ。
論集《ろんしゅう》 論文を集めた書物。論文集。
論述《ろんじゅつ》 筋道を立てて論じ述べること。
論証《ろんしょう》 論拠を提示して証明すること。
論じる《ろんじる》 筋道を立てて説明する。論ずる。
論陣《ろんじん》 議論する際の論の組み立て。
論説《ろんせつ》 是非を論じ自説を述べること。
論戦《ろんせん》 意見を戦わせること。論争。
論争《ろんそう》 互いに自説を主張して争うこと。
論断《ろんだん》 議論して結論や判断を下すこと。
論壇《ろんだん》 批評家・評論家などの社会。
論調《ろんちょう》 議論の進め方の調子や傾向。
論敵《ろんてき》 論争の相手。反対意見の相手。
論点《ろんてん》 議論の中心となる問題点。
論難《ろんなん》 不正などを論じ非難する。
論破《ろんぱ》 議論して相手を言い負かすこと。論詰。
論駁《ろんばく》 相手の説の非を攻撃すること。
論評《ろんぴょう》 批評を論じ述べること、その評。
論文《ろんぶん》 研究の成果を論じた文。「卒業—」
論法《ろんぽう》 論の運び方。「三段—」
論鋒《ろんぽう》 議論の勢い。議論のほこ先。
論理《ろんり》 思考や議論の筋道。「—的」「—学」

## わ

和《わ》 仲よくすること。足した数の値。
輪《わ》 【環】線状のものを丸くしたもの。
歪曲《わいきょく》 ゆがめ曲げること。「事実の—」
猥雑《わいざつ》 ごたごたして下品な様子。
矮小《わいしょう》 丈が低く小さい様子。「—化」
猥褻《わいせつ》 みだらでいやらしい様子。卑猥。
猥談《わいだん》 みだらな話。わいせつな話。
猥本《わいほん》 性的で淫らな内容の本。淫本《いんぽん》。
賄賂《わいろ》 不正な金品の授受。そでのした。
和音《わおん》 二音以上の音の合成音。かおん。
和歌《わか》 日本固有の五七調の定型詩。
若い《わかい》 年齢や数が小さい。未熟だ。
和解《わかい》 争いをやめ仲直りすること。
若い燕《わかいつばめ》 年上の女の、若い男の愛人。
若木《わかぎ》 生えて間もない木。⇔老木
若君《わかぎみ》 年若い主君。主君の子息。
和学《わがく》 日本に関する学問。国学。
若草《わかくさ》 芽を出して間もない草。[春]
若気《わかげ》 若者のはやる気持ち。「—の至り」
若様《わかさま》 高貴な家の子弟の敬称。
和菓子《わがし》 日本風の菓子。⇔洋菓子
若死に《わかじに》 年若くして死ぬ。早死に。
若衆《わかしゅ》 年が若い男性。若者。青年。
若造《わかぞう》 【若僧】若者や未熟な者の蔑称。
若旦那《わかだんな》 主人の跡取り息子の敬称。
分かち書き《わかちがき》 文節で分けて書く。
分かつ《わかつ》 【別つ】区分する。分配する。
若作り《わかづくり》 服や化粧などで若く見せる。
若手《わかて》 集団の中で若い方の人。⇔古手
若菜《わかな》 春のはじめに生える若い菜。[新]
綰ねる《わがねる》 たわめて輪にする。「髪を—」
若葉《わかば》 芽を出して間もない葉。[夏]
我が輩《わがはい》 男子の自称。わし。われら。
若松《わかまつ》 年を経ない松。正月飾りの小松。
我が儘《わがまま》 自分の都合しか考えない。
若水《わかみず》 元旦や立春の早朝にくむ水。[新]
若緑《わかみどり》 松の若葉の鮮やかな緑色。[春]
若武者《わかむしゃ》 年若い武者。若ざむらい。
若芽《わかめ》 生えて間もない草木の芽。新芽。
若者《わかもの》 年の若い人。わこうど。青年。
我が物顔《わがものがお》 遠慮のないふるまい。
若やぐ《わかやぐ》 若々しくふるまう。若返る。
分かる《わかる》 【判る・解る】理解できる。明白。
別れ霜《わかれじも》 春の最後の霜。忘れ霜。[春]
別れる《わかれる》 人や場所から離れる。「駅で—」
分かれる《わかれる》 別々になる。「意見が—」
若若しい《わかわかしい》 いかにも若く見える。
和姦《わかん》 男女合意の上での性交。⇔強姦
和漢《わかん》 日本と中国。和学と漢学。
脇《わき》 体の側面。そば。よそ。「—が甘い」
腋《わき》 腕の付け根の下の部位。「—毛」
和議《わぎ》 仲直りの相談。和睦《わぼく》会議。
和気藹藹《わきあいあい》 人々の間に和やかな雰囲気が満ちあふれている様子。
腋臭《わきが》 【狐臭】腋の下の悪臭。腋《えき》臭症。
沸き返る《わきかえる》 煮えたぎる。熱狂する。
脇差《わきざし》 【脇指】腰に差す小刀。
脇付《わきづけ》 宛名に添えて敬意を表す語。
脇腹《わきばら》 腹の側面。横腹。妾《めかけ》腹。
弁える《わきまえる》 区別する。承知している。償う。
脇見《わきみ》 よそ見。脇目。「—運転」
涌き水《わきみず》 【湧水】地中から涌き出る水。
脇道《わきみち》 枝道。本筋から逸れた方向。
脇目《わきめ》 よそ見。脇見。「—も振らず」

脇役《わきやく》 【傍役】主役を助けて演技する役。
和牛《わぎゅう》 古くから日本に産する小形牛。図
枠《わく》 囲み。縁取り。制約。「黒ー」
沸く《わ》 煮えたつ。興奮して騒ぐ。沸騰。
湧く《わ》 【涌く】発生する。地中から出る。
●風呂・観衆が沸く
●意欲・泉が湧く
枠組み《わくぐ》◀ 物事の大まかな組み立て。
惑星《わくせい》 太陽の周囲を公転する天体。
惑溺《わくでき》 熱中しすぎて判断力を失うこと。
病葉《わくらば》 病気で変色・萎縮した葉。夏
惑乱《わくらん》 判断力を失うほど心乱れること。
和訓《わくん》 漢字の日本語読み。訓読。
訳《わけ》 事情。理由。意味。道理。
話芸《わげい》 落語などの話術による演芸。
訳知り《わけし》 事情に詳しいこと。「ー顔」

別けても《わ》 【分けても】とりわけ。特別。
別け隔て《わへだ》 【分け隔て】差別する。
分け前《わまえ》 各自がもらえる分。取り分。
分け目《わめ》 物事を分ける境。「天下ー」
和語《わご》 【倭語】日本固有の語。大和言葉。
和合《わごう》 仲よくすること。「夫婦ー」
若人《わこうど》 若い人。若者。青年。わかびと。
和光同塵《わこうどうじん》 自分の優れた才能を隠して、俗世間の中に交わること。
和魂漢才《わこんかんさい》 日本人固有の精神と中国伝来の学問をあわせ持つこと。
和魂洋才《わこんようさい》 日本人固有の精神をもって、西洋の文明を学び取ること。
技《わざ》 技術。技量。攻撃の型。「寝ー」
業《わざ》 行為。しわざ。仕事。「至難のー」

和裁《わさい》 和服の裁縫。⇕洋裁
業師《わざし》 策略の巧みな人。
態と《わざ》 意図的に。故意に。「ー負ける」
業物《わざもの》 切れ味の鋭い刃物や刀。
災い《わざわ》 【禍】不幸のもとになる悪い事。
態態《わざわざ》 あえて。無理に。特別に。「ー書く」
和算《わさん》 日本で発達した独特の数学。
儂《わし》 男性の自称。おれ。
和紙《わし》 日本古来の製法による紙。
和式《わしき》 日本流の様式。⇕洋式
和室《わしつ》 和風に作った部屋。日本間。
鷲摑み《わしづか》 乱暴にものをつかむ様子。
鷲鼻《わしばな》 先が鋭く下に曲がった鼻。
話術《わじゅつ》 巧みに話す技術。話し方。
和書《わしょ》 日本語の書籍。和綴じの本。

和食《わしょく》 日本風の食事。日本料理。
和親《わしん》 国家間で友好関係にあること。
倭人《わじん》 【和人】日本人の古称。
僅か《わず》 【纔か】ほんの少し。「ーな金」
患う《わずら》 病気にかかり苦しむ。「胸をー」
煩う《わずら》 思い苦しむ。悩む。「思いー」
煩わしい《わずら》 面倒で嫌だ。煩雑だ。
煩わす《わずら》 思い悩ませる。面倒をかける。
和する《わ》 仲よくする。調子をあわせる。
忘れ物《わすもの》 持ち物をうっかり置いてくること、またその物。「ーをする」「傘のー」
忘れる《わす》 記憶がなくなる。覚えていない。
早稲《わせ》 【早生】早熟な稲の品種。秋
和声《わせい》 和音による響き。ハーモニー。
和製《わせい》 日本製。国産。「ー英語」

和船《わせん》 日本古来の型の木造船。
和戦《わせん》 平和と戦争。和解。和睦《ぼく》。
和装《わそう》 日本風の服装。和綴じの装丁。
腸《わた》 はらわた。内臓。「イカのー」
話題《わだい》 話の主題となる事柄。
綿入れ《わたい》 【棉入れ】綿を入れた服。図
蟠る《わだかま》 不満が消えずに心が晴れない。
私《わたくし》 個人的な事柄。自分。自称。
私事《わたくしごと》 自分だけに関係する事柄。
綿雲《わたぐも》 綿のように浮かんだ雲。
綿毛《わたげ》 綿のように柔らかな毛。
私《わたし》 「わたくし」のくだけた言い方。
渡し舟《わたぶね》 【渡し船】人を対岸に運ぶ舟。
渡す《わた》 向こう側へ届かせる。譲る。
轍《わだち》 車輪の通ったあとのくぼみ。

綿帽子《わたぼうし》 真綿を広げて作る帽子。図
綿雪《わたゆき》 ちぎった綿のような雪。図
渡り合う《わたあ》 きり合う。論戦する。
渡り鳥《わたどり》 季節ごとに移住する鳥。秋
亘る《わた》 ある範囲に及ぶ。引き続く。
渡る《わた》 通って移動する。暮らして行く。
●広範囲に亘る被害
●世間を渡る
和衷《わちゅう》 一同が心をあわせる。「ー共済」
話頭《わとう》 話を進める方向。「ーを転じる」
和綴じ《わと》 日本風の本の綴じ方。
罠《わな》 鳥獣を捕る仕掛け。陥れる策略。
輪投げ《わな》 棒を立て輪を投げる遊び。
戦く《わなな》 【戦慄く】恐怖などで震える。
鰐口《わにぐち》 仏殿や神社の前の大きな鈴。
侘び《わ》 質素で落ち着きのある趣。閑寂。

**詫《わ》び** 謝ること。謝罪。「―を入れる」
**侘《わ》び▲しい** 心細くもの寂しい。貧しい。
**侘《わ》びる** できないで心細い。「待ち―」
**詫《わ》びる** 悪かったと謝る。「非礼を―」
**和風《わふう》** 日本の様式。日本風。⇔洋風
**和服《わふく》** 日本古来の衣服。「―姿」⇔洋服
**和文《わぶん》** 日本語の文章。「―英訳」
**和平《わへい》** 和解して平和になる。「―工作」
**話法《わほう》** 話す技術。話し方。「直接―」
**和睦《わぼく》** 争いをやめて仲直りすること。
**和本《わほん》** 和紙を用い、和綴じした本。
**和名《わめい》** 動植物の学問上の日本名。
**喚《わめ》く** 大声で叫ぶ。騒ぐ。「泣き―」
**和訳《わやく》** 外国語を日本語に訳す。邦訳。
**和様《わよう》** 日本の様式。和風。⇔唐様

**和洋折衷《わようせっちゅう》** 日本風と西洋風のものをほどよく取り合わせること。
**藁《わら》** 稲・麦などの茎を干したもの。
**笑《わら》い種《ぐさ》** 【笑い草】笑いを誘う材料。
**笑《わら》い話《ばなし》** 滑稽《こっけい》な話。軽く聞く話。
**笑《わら》う** うれしさなどを声や顔に表す。
**嗤《わら》う** 【笑う】あざけりの対象にする。
●笑う門には福来たる ●失敗を嗤う
**和楽《わらく》** なごやかに打ち解け楽しむこと。
**藁沓《わらぐつ》** ワラを編んで作ったくつ。
**草鞋《わらじ》** ワラで編んで作ったはきもの。
**藁稭《わらしべ》** 稲の穂のしん。わらすべ。
**藁苞《わらづと》** ワラを束ねてものを包むもの。
**藁半紙《わらばんし》** ワラをまぜて作った半紙。
**藁葺《わらぶ》き** 屋根をワラでふくこと。

**童《わらべ》** 子ども。子ども達。「―歌」
**割《わり》** 割ること。割合。「―を食う」
**割合《わりあい》** 全体に対して占める比率。
**割《わ》り▲当《あ》てる** 分配して与える。
**割《わ》り▲印《いん》** 二枚にまたがって押す印。
**割《わ》り▲勘《かん》** 勘定を平等に分担すること。
**割《わ》り▲切《き》る** 迷いなく結論を求める。
**割《わ》り▲込《こ》む** 無理に間に入り込む。
**割《わ》り▲算《ざん》** ある数を違う数で割る計算。
**割《わ》り▲下《した》** 醤油に出汁などを加えた汁。
**割高《わりだか》** 品質や分量に比べて高価なこと。
**割《わ》り▲出《だ》す** 算出する。結論を出す。
**割《わ》り▲付《つ》け▲** 印刷物のレイアウト。
**理《わり》ない** 理屈をこえている。「―仲」
**割《わり》に** わりあい。思いのほか。割と。

**割《わ》り▲箸《ばし》** 二本に割って使うはし。
**割引《わりびき》** 何割か値を引くこと。手形割引。
**割《わ》り▲符《ふ》** 印を押し二つに割った木札。
**割《わ》り振《ふ》る** 全体を分け各あてがう。
**割《わ》り▲前《まえ》** 各自の分け前。割り当て分。
**割《わ》り▲増《ま》し** 何割か額を増すこと。
**割《わ》り▲戻《もど》す** 代金の何割かを返す。
**割安《わりやす》** 品質や分量に比べて安価なこと。
**悪《わる》** 悪いこと。悪者。過度。「―ふざけ」
**破《わ》る** 強い力を加えものの形をこわす。
**割《わ》る** 分ける。開いて見せる。薄める。
**悪足掻《わるあが》き** むだな抵抗。
**悪《わる》い** よくない。正しくない。劣る。
**悪賢《わるがしこ》い** 悪事に頭が働く。ずるい。
**悪気《わるぎ》** 意地の悪い心。悪意。悪知恵。

**悪口《わるくち》** 他人を悪く言うこと・言葉。
**悪擦《わるず》れ** 世間慣れして悪賢いこと。
**悪巧《わるだく》み** 悪事の企て・計画。
**悪知恵《わるぢえ》** 悪事にかけて働く知恵。
**悪乗《わるの》り** 調子に乗りすぎたふざけ方。
**悪者《わるもの》** 悪い行いをする者。悪人。
**悪酔《わるよ》い** 気分のよくない酔い方。
**我《われ》** 【吾】自分自身。私。「―を忘れる」
**我勝《われが》ちに** 互いに先を争うさま。
**割《わ》れ▲鐘《がね》** 【破れ鐘】ひびの入った鐘。
**我先《われさき》に** 先を争って。われ勝ちに。
**割《わ》れ▲鍋《なべ》に綴《と》じ▲蓋《ぶた》** 人には各ふさわしい配偶者がいるということ。
**我褒《われぼ》め** 自分で自分を褒める。自賛。
**割《わ》れ目《め》** 割れた部分。さけめ。

**割《わ》れ▲物《もの》** 割れた物。割れやすい物。
**我等《われら》** われわれ。わたくしたち。
**割《わ》れる** 【破れる】壊れる。砕ける。ばれる。
**我我《われわれ》** 【吾吾】私たち。自分の謙称。
**椀《わん》** 飲食物を盛る木製の器。
**碗《わん》** 飲食物を盛る陶磁器の器。
**湾《わん》** 海の陸地に入り込んだ所。
**湾岸《わんがん》** 湾の沿岸。「―道路」
**湾曲《わんきょく》** 【彎曲】弓形に曲がること。
**湾口《わんこう》** 湾の、外海への出入り口。
**腕章《わんしょう》** 目印ために腕に巻きつける布。
**雲呑《ワンタン》** ギョウザ風の具を浮かべた汁物。
**湾入《わんにゅう》** 【彎入】弓形に曲がって入り込む。
**腕白《わんぱく》** 子供がいたずらな様子。「―小僧」
**腕力《わんりょく》** 腕の力。腕ずく。「―に訴える」

# 動植物名

## ●哺乳《ほにゅう》類・両生類・爬虫《はちゅう》類

青蛙《あおがえる》〔夏〕 青大将《あおだいしょう》 海豹《あざらし》 海驢《あしか》【葦鹿】 穴熊《あなぐま》〔冬〕 雨蛙《あまがえる》〔夏〕 蟻食《ありくい》 鼬《いたち》〔冬〕 一角《いっかく》 犬《いぬ》 猪《いのしし》〔秋〕 疣蛙《いぼがえる》 井守《いもり》〔夏〕 海豚《いるか》 兎《うさぎ》〔冬〕 牛《うし》 馬《うま》 狼《おおかみ》〔冬〕 麋《おおじか》 膃肭臍《おっとせい》 猩猩《オランウータン》 蛙《かえる》〔春〕 河鹿《かじか》〔夏〕 金蛇《かなへび》 河馬《かば》 蝦蟇《がま》 羚羊《かもしか》 鴨嘴《かものはし》 川獺《かわうそ》【獺】 狐《きつね》〔冬〕 麒麟《きりん》 鯨《くじら》〔冬〕 熊《くま》〔冬〕 黒貂《くろてん》 蝙蝠《こうもり》〔夏〕 巨頭鯨《ごんどうくじら》 犀《さい》 逆叉《さかまた》 猿《さる》 山椒魚《さんしょううお》 鹿《しか》〔秋〕 獅子《しし》 柴犬《しばいぬ》 縞馬《しまうま》 麝香鹿《じゃこうじか》 麝香鼠《じゃこうねずみ》 儒艮《じゅごん》 白熊《しろくま》 水牛《すいぎゅう》 海象《セイウチ》【海馬】 銭亀《ぜにがめ》 背美鯨《せみくじら》 穿山甲《せんざんこう》 象《ぞう》 獺狸《だつたぬき》〔冬〕 狆《ちん》 月輪熊《つきのわぐま》〔秋〕 手長猿《てながざる》 貂《てん》 蜥蜴《とかげ》〔夏〕 胡獱《とど》 馴鹿《トナカイ》 殿様蛙《とのさまがえる》 虎《とら》 長須鯨《ながすくじら》 樹懶《なまけもの》 錦蛇《にしきへび》 猫《ねこ》 鼠《ねずみ》 貘《ばく》【獏】 白鼻心《はくびしん》 波布《はぶ》 針鼠《はりねずみ》 大熊猫《パンダ》 海狸《ビーバー》 蟾蜍《ひきがえる》【蟇】〔夏〕 羆《ひぐま》 羊《ひつじ》 狒狒《ひひ》 豹《ひょう》 袋熊《ふくろぐま》 豚《ぶた》 蛇《へび》〔夏〕 北極熊《ほっきょくぐま》 抹香鯨《まっこうくじら》 蝮《まむし》〔夏〕 食蛇獣《マングース》 鼯鼠《むささび》 貉《むじな》 眼鏡猿《めがねざる》 緬羊《めんよう》 土竜《もぐら》 鼯鼠《ももんが》 山羊《やぎ》 豪猪《やまあらし》 山犬《やまいぬ》 山棟蛇《やまかがし》〔夏〕 冬眠鼠《やまね》 山猫《やまねこ》 守宮《やもり》〔夏〕 駱駝《らくだ》 猟虎《らっこ》【海獺】 騾馬《らば》 羊駝《ラマ》 栗鼠《りす》 驢馬《ろば》 鰐《わに》

## ●鳥類

間鴨《あいがも》 蒿雀《あおじ》〔夏〕 鯵刺《あじさし》〔夏〕 花鶏《あとり》〔秋〕 阿比《あび》 家鴨《あひる》 信天翁《あほうどり》 斑鳩《いかる》【鵤】〔夏〕 鶍《いすか》【交喙】〔秋〕 磯鷸《いそしぎ》 鸚哥《いんこ》 鵜《う》〔夏〕 鶯《うぐいす》〔春〕 鶉《うずら》〔秋〕 鷽《うそ》〔春〕 海猫《うみねこ》 柄長《えなが》 鸚鵡《おうむ》 鴛鴦《おしどり》〔冬〕 尾長鶏《おながどり》 鸊鷉《かいつぶり》〔冬〕 懸巣《かけす》〔秋〕 鵲《かささぎ》 樫鳥《かしどり》 鵞鳥《がちょう》 鰹鳥《かつおどり》 郭公《かっこう》〔夏〕 金糸雀《カナリア》 鴨《かも》〔冬〕 鷗《かもめ》 烏《からす》【鴉】 烏鳩《からすばと》 軽鴨《かるがも》 翡翠《かわせみ》〔夏〕 雁《かん》〔秋〕 閑古鳥《かんこどり》〔夏〕 菊戴《きくいただき》〔秋〕 雉《きじ》〔春〕 木叩き《きたたき》 啄木鳥《きつつき》〔秋〕 木走《きばしり》 黄鶲《きびたき》〔夏〕 九官鳥《きゅうかんちょう》 錦華鳥《きんかちょう》 錦鶏《きんけい》 銀鶏《ぎんけい》 金腹《きんばら》 水鶏《くいな》【秧鶏】〔夏〕 草鷸《くさしぎ》 孔雀《くじゃく》 熊啄木鳥《くまげら》 熊鷹《くまたか》 軍艦鳥《ぐんかんどり》 計理《けり》 五位鷺《ごいさぎ》 鸛《こうのとり》 小雀《こがら》〔秋〕 黒鳥《こくちょう》 小啄木《こげら》 小綬鶏《こじゅけい》 木の葉木菟《このはずく》 駒鳥《こまどり》〔夏〕 小瑠璃《こるり》 犀鳥《さいちょう》 鷺《さぎ》 差羽《さしば》 山鶏《さんけい》 三光鳥《さんこうちょう》 山椒喰《さんしょうくい》 鴫《しぎ》【鷸】〔秋〕 四十雀《しじゅうから》〔秋〕 七面鳥《しちめんちょう》 慈悲心鳥《じひしんちょう》〔夏〕 鴲《しめ》〔秋〕 十姉妹《じゅうしまつ》 雀《すずめ》 脊黄青鸚哥《せきせいいんこ》 鶺鴒《せきれい》〔秋〕 大杓鷸《だいしゃくしぎ》 大膳《だいぜん》 鷹《たか》〔冬〕

田鷸《たしぎ》 駝鳥《だちょう》 丹頂鶴《たんちょうづる》 千鳥《ちどり》冬 矮鶏《ちゃぼ》 長元坊《ちょうげんぼう》 長尾鶏《ちょうびけい》 鶫《つぐみ》秋 筒鳥《つつどり》夏 燕《つばめ》春 鶴《つる》冬 東天紅《とうてんこう》 鴇《とき》【朱鷺】 鳶《とび》 鍋鶴《なべづる》 入内雀《にゅうないすずめ》 鶏《にわとり》
鵺《ぬえ》【鵼】夏 野鶲《のびたき》 鷂《はいたか》 白鳥《はくちょう》冬 禿鷲《はげわし》 鳩《はと》 隼《はやぶさ》冬 鷭《ばん》夏 日雀《ひがら》秋 火食鳥《ひくいどり》 緋秧鶏《ひくいな》 菱食《ひしくい》【鴻】 鶲《ひたき》秋 雲雀《ひばり》【告天子】春 鵯《ひよどり》【白頭鳥】秋
緋連雀《ひれんじゃく》秋 鶸《ひわ》秋 梟《ふくろう》冬 仏法僧《ぶっぽうそう》夏 文鳥《ぶんちょう》 頬白《ほおじろ》春 時鳥《ほととぎす》【不如帰・子規】夏 鶚《みさご》 鷦鷯《みそさざい》冬 木菟《みみずく》冬 都鳥《みやこどり》冬 椋鳥《むくどり》秋 胸黒《むなぐろ》 眼黒《めぐろ》 目白《めじろ》秋
百舌《もず》【鵙】秋 戴勝《やつがしら》 山雀《やまがら》夏 山鷸《やましぎ》秋 山翡翠《やませみ》夏 山鳥《やまどり》春 山娘《やまむすめ》 百合鷗《ゆりかもめ》冬 葦切《よしきり》夏 夜鷹《よたか》夏 雷鳥《らいちょう》夏 瑠璃鳥《るりちょう》 蓮角《れんかく》 連雀《れんじゃく》秋 鷲《わし》冬

## ●魚介類

鮎並《あいなめ》【鮎魚女】夏 赤貝《あかがい》 阿古屋貝《あこやがい》 浅蜊《あさり》【蛤仔】春 鰺《あじ》夏 穴子《あなご》夏 甘鯛《あまだい》冬 鮎《あゆ》【香魚・年魚】夏 鮑《あわび》【鰒】夏 鮟鱇《あんこう》冬 飯蛸《いいだこ》春 烏賊《いか》夏
貽貝《いがい》 玉筋魚《いかなご》春 伊佐木《いさき》夏 鮊《いさぎ》冬 躄魚《いざりうお》 石鯛《いしだい》夏 石首魚《いしもち》【石持】夏 伊勢蝦《いせえび》【伊勢海老】新 糸魚《いとよ》 糸縒鯛《いとよりだい》冬 鰯《いわし》【鰮】秋 岩魚《いわな》夏
石斑魚《うぐい》 鰻《うなぎ》夏 海雀《うみすずめ》 海蛇《うみへび》 潤目鰯《うるめいわし》 鱏《えい》【鱝】 蝦《えび》【海老】 鰧《おこぜ》【虎魚】夏 親睨《おやにらみ》 牡蠣《かき》冬 笠子《かさご》 鰍《かじか》【杜父魚】秋 梶木《かじき》【旗魚】 数の子《かずのこ》
片口鰯《かたくちいわし》 鰹《かつお》【松魚】夏 金頭《かながしら》【火魚】冬 蟹《かに》夏 鎌柄《かまつか》 烏貝《からすがい》 鰈《かれい》 川蜷《かわにな》【河貝子】春 皮剝《かわはぎ》 細螺《きさご》 鱚《きす》夏 黄肌鮪《きはだまぐろ》 義蜂《ぎばち》 黍魚子《きびなご》 銀鮫《ぎんざめ》
銀宝《ぎんぽ》 金眼鯛《きんめだい》 草魚《くさうお》 久保貝《くぼがい》 車蝦《くるまえび》 黒鯛《くろだい》夏 黒蝶貝《くろちょうがい》 鯉《こい》 鯒《こち》夏 鮗《このしろ》 小鰭《こはだ》 氷下魚《こまい》冬 鮴《ごり》 権瑞《ごんずい》 桜貝《さくらがい》春 鮭《さけ》秋 栄螺《さざえ》春 鯖《さば》夏 鮫《さめ》
細魚《さより》【針魚】春 沢蟹《さわがに》夏 鰆《さわら》春 秋刀魚《さんま》秋 鱰《しいら》 潮吹《しおふき》 蜆《しじみ》春 舌鮃《したびらめ》 芝蝦《しばえび》 縞鰺《しまあじ》 蝦蛄《しゃこ》 鯱《しゃち》 撞木鮫《しゅもくざめ》 白魚《しらうお》春 白腹《しろはら》 真珠貝《しんじゅがい》 助惣鱈《すけそうだら》
介党鱈《すけとうだら》 鱸《すずき》秋 鼈《すっぽん》 鯣烏賊《するめいか》 鮬《せいご》 草魚《そうぎょ》 鯛《たい》 高足蟹《たかあしがに》 蛸《たこ》【章魚】夏 太刀魚《たちうお》秋 駄津《だつ》 鱮《たなご》 鱈《たら》冬 鱈場蟹《たらばがに》 血鯛《ちだい》 蔓巻《つるまき》 闘魚《とうぎょ》 棘魚《とげうお》
常節《とこぶし》 泥鰌《どじょう》【鰌】 飛魚《とびうお》夏 跳鯊《とびはぜ》 虎河豚《とらふぐ》 鈍甲《どんこ》 海鼠《なまこ》冬 鯰《なまず》夏 虹鱒《にじます》 鰊《にしん》【鯡】春 鮸《にべ》 鋸鮫《のこぎりざめ》 貝《ばい》 鮠《はえ》 沙魚《はぜ》【鯊】秋 鰰《はたはた》【燭魚】冬 蛤《はまぐり》春
鱧《はも》夏 鮠《はや》 針千本《はりせんぼん》 鰉《ひがい》 緋鯉《ひごい》夏 鮃《ひらめ》 鱶《ふか》 河豚《ふぐ》【鰒】冬 鮒《ふな》 鰤《ぶり》冬 遍羅《べら》 魴鮄《ほうぼう》 帆立貝《ほたてがい》 𩸽《ほっけ》春 鯔《ぼら》【鰡】秋 真鰺《まあじ》 真鰯《まいわし》秋 鮪《まぐろ》冬 鱒《ます》春
馬刀貝《まてがい》 翻車魚《まんぼう》 虫鰈《むしがれい》 鯥《むつ》冬 鯥五郎《むつごろう》春 室鰺《むろあじ》 目高《めだか》夏 眼撥《めばち》 眼張《めばる》春 明太魚《めんたい》 諸子《もろこ》春 山女《やまめ》夏 槍烏賊《やりいか》 雷魚《らいぎょ》夏 公魚《わかさぎ》春 稚鰤《わらさ》

## ●昆虫・その他

赤蜻蛉《あかとんぼ》[秋]　揚羽蝶《あげはちょう》　虻《あぶ》[春]　油蟬《あぶらぜみ》[夏]　油虫《あぶらむし》[夏]　水黽《あめんぼ》【水馬】[夏]　蟻《あり》[夏]　蟻地獄《ありじごく》[夏]　蟻巻《ありまき》[夏]　家壁蝨《いえだに》　磯巾着《いそぎんちゃく》[春]　糸蜻蛉《いととんぼ》[夏]　蝗《いなご》[秋]　芋虫《いもむし》[秋]　蛆《うじ》
海胆《うに》【海栗】[春]　馬追虫《うまおいむし》　海牛《うみうし》　海蛍《うみほたる》　浮塵子《うんか》[秋]　御玉杓子《おたまじゃくし》【蝌蚪】[春]　蚊《か》[夏]　蛾《が》[夏]　貝殻虫《かいがらむし》　蚕《かいこ》[春]　回虫《かいちゅう》【蛔虫】　海綿《かいめん》　大蚊《がかんぼ》[夏]　蜉蝣《かげろう》[秋]
蝸牛《かたつむり》[夏]　金蚉《かなぶん》[夏]　鉦叩《かねたたき》[秋]　兜虫《かぶとむし》【甲虫】[夏]　蟷螂《かまきり》[秋]　竈馬《かまどうま》[秋]　天牛《かみきりむし》[夏]　椿象《かめむし》　蛙《かわず》[春]　邯鄲《かんたん》[秋]　黄鳳蝶《きあげは》　木食虫《きくいむし》　螽斯《きりぎりす》[秋]　金蝿《きんばえ》　草蜉蝣《くさかげろう》
轡虫《くつわむし》[秋]　熊蟬《くまぜみ》　熊蜂《くまばち》　蜘蛛《くも》[夏]　水母《くらげ》【海月】[夏]　黒鳳蝶《くろあげは》　鍬形虫《くわがたむし》　蚰蜒《げじげじ》[夏]　螻蛄《けら》[夏]　源五郎《げんごろう》[夏]　蟋蟀《こおろぎ》[秋]　砂蚕《ごかい》　黄金虫《こがねむし》　蜚蠊《ごきぶり》[夏]　穀蛾《こくが》
穀象虫《こくぞうむし》[夏]　蠍《さそり》　真田虫《さなだむし》　蝲蛄《ざりがに》[夏]　塩辛蜻蛉《しおからとんぼ》　紙魚《しみ》[夏]　尺取虫《しゃくとりむし》[夏]　猩猩蠅《しょうじょうばえ》　虱《しらみ》【蝨】[夏]　白蟻《しろあり》　鈴虫《すずむし》[秋]　蟬《せみ》[夏]　象虫《ぞうむし》　草履虫《ぞうりむし》　壁蝨《だに》[夏]
田螺《たにし》[春]　玉虫《たまむし》[夏]　蝶《ちょう》[春]　天道虫《てんとうむし》[夏]　蜻蛉《とんぼ》[秋]　蛞蝓《なめくじ》[夏]　南京虫《なんきんむし》　蚤《のみ》[夏]　羽蟻《はあり》[夏]　蠅《はえ》[夏]　蜂《はち》[春]　飛蝗《ばった》【蝗】[秋]　斑猫《はんみょう》[夏]　蜩《ひぐらし》[秋]　海星《ひとで》【人手】　蛭《ひる》[夏]
船食虫《ふなくいむし》　船虫《ふなむし》[夏]　蚋《ぶゆ(ぶよ)》[夏]　孑孑《ぼうふら》[夏]　蛍《ほたる》[夏]　松虫《まつむし》[秋]　蜜蜂《みつばち》[春]　蓑虫《みのむし》[秋]　蚯蚓《みみず》[夏]　百足《むかで》【蜈蚣】[夏]　夜光虫《やこうちゅう》[夏]　馬陸《やすで》[夏]　寄居虫《やどかり》[春]　藪蚊《やぶか》　綿虫《わたむし》[冬]

## ●草花

葵《あおい》[夏]　石蓴《あおさ》　水綿《あおみどろ》【青味泥】　藜《あかざ》[夏]　茜《あかね》　麻《あさ》[夏]　朝顔《あさがお》[秋]　薊《あざみ》[春]　葦《あし》【蘆・葭】[秋]　紫陽花《あじさい》[夏]　小豆《あずき》　油菜《あぶらな》　亜麻《あま》　菖蒲《あやめ》[夏]　紫羅欄花《あらせいとう》　荒布《あらめ》
粟《あわ》[秋]　藺《い》[夏]　碇草《いかりそう》　海髪《いぎす》　虎杖《いたどり》[春]　苺《いちご》【莓】[夏]　鳶尾《いちはつ》[夏]　一薬草《いちやくそう》　稲《いね》[秋]　牛膝《いのこずち》　鳳尾草《いのもとそう》　蕁麻《いらくさ》【刺草】　巻柏《いわひば》　隠元《いんげん》　茴香《ういきょう》　浮萍《うきくさ》[夏]
浮矢幹《うきやがら》　靫葛《うつぼかずら》　靫草《うつぼぐさ》　独活《うど》[春]　苜蓿《うまごやし》[春]　裏白《うらじろ》[新]　瓜《うり》[夏]　蟒草《うわばみそう》　荏胡麻《えごま》　蝦夷菊《えぞぎく》[夏]　榎茸《えのきたけ》　狗尾草《えのころぐさ》[秋]　蝦根《えびね》　蝦藻《えびも》　猿猴草《えんこうそう》　延胡索《えんごさく》
豌豆《えんどう》[夏]　燕麦《えんばく》　大谷渡《おおたにわたり》　大爪草《おおつめくさ》　車前草《おおばこ》[秋]　荻《おぎ》[秋]　翁草《おきなぐさ》[春]　小車《おぐるま》　朮《おけら》　含羞草《おじぎそう》[夏]　白粉花《おしろいばな》[秋]　苧環《おだまき》　弟切草《おとぎりそう》　男郎花《おとこえし》[秋]　踊子草《おどりこそう》[夏]
巻耳《おなもみ》　鬼蓮《おにばす》　鬼百合《おにゆり》[夏]　尾花《おばな》[秋]　女郎花《おみなえし》[秋]　沢瀉《おもだか》[夏]　万年青《おもと》　海葱《かいそう》　火焔菜《かえんさい》　燕子花《かきつばた》【杜若】[夏]　垣通《かきどおし》　笠菅《かさすげ》　片栗《かたくり》　酢漿草《かたばみ》
片桧葉《かたひば》　金葎《かなむぐら》　鹿の子草《かのこそう》[春]　蕪《かぶら》[冬]　南瓜《かぼちゃ》[秋]　蒲《がま》[夏]　鷗鶴《かもめづる》　萱《かや》【茅】[秋]　蚊屋吊草《かやつりぐさ》[夏]　烏瓜《からすうり》[秋]　烏麦《からすむぎ》[夏]　苧《からむし》　刈萱《かるかや》[秋]　排草香《かわみどり》　寒葵《かんあおい》【杜衡】

寒忌竹《かんきちく》　雁首草《がんくびそう》　萱草《かんぞう》　甘草《かんぞう》[夏]　岩韮《がんぴ》[夏]　雁来紅《がんらいこう》[秋]　甘藍《かんらん》[夏]　桔梗《ききょう》[秋]　菊《きく》[秋]　菊芋《きくいも》　木耳《きくらげ》　雉隠し《きじかくし》　羊蹄《ぎしぎし》　着綿《きせわた》　吉祥草《きちじょうそう》　衣笠草《きぬがさそう》

黍《きび》[秋]　擬宝珠《ぎぼうし》[夏]　胡瓜《きゅうり》[夏]　金魚草《きんぎょそう》[夏]　金魚藻《きんぎょも》[夏]　金紅花《きんこうか》　金盞花《きんせんか》[春]　金梅草《きんばいそう》　金鳳花《きんぽうげ》[春]　銀竜草《ぎんりょうそう》[夏]　九蓋草《くがいそう》　莎草《くぐ》　草杉蔓《くさすぎかずら》　孔雀草《くじゃくそう》[夏]

葛《くず》[秋]　熊谷草《くまがいそう》[春]　鞍馬苔《くらまごけ》　慈姑《くわい》[春]　君子蘭《くんしらん》[春]　珪藻《けいそう》　鶏頭《けいとう》[秋]　芥子《けし》【罌粟】　月下香《げっかこう》　月桃《げっとう》　華鬘草《けまんそう》　紫雲英《げんげ》[春]　現の証拠《げんのしょうこ》[夏]

河骨《こうほね》[夏]　高麗芝《こうらいしば》　高粱《コウリャン》　御形《ごぎょう》[新]　苔《こけ》【蘚】　小髭《こひげ》　牛蒡《ごぼう》　胡麻《ごま》[秋]　駒草《こまくさ》　小松菜《こまつな》　駒繋《こまつなぎ》　蒟蒻《こんにゃく》　昆布《こんぶ》[夏]　細辛《さいしん》　采配蘭《さいはいらん》　鷺草《さぎそう》[夏]

桜草《さくらそう》[春]　大角豆《ささげ》　匙沢瀉《さじおもだか》　座禅草《ざぜんそう》　薩摩芋《さつまいも》【甘藷】[秋]　里芋《さといも》[秋]　砂糖黍《さとうきび》【甘蔗】[秋]　仙人掌《サボテン》[夏]　猿の腰掛《さるのこしかけ》　山東菜《さんとうな》　椎茸《しいたけ》[秋]　紫苑《しおん》[秋]

色丹草《しこたんそう》　獅子頭《ししがしら》　紫蘇《しそ》[夏]　羊歯《しだ》【歯朶】[新]　七島藺《しちとうい》　自然薯《じねんじょ》[秋]　芝《しば》　湿地《しめじ》【占地】[秋]　下野草《しもつけそう》[夏]　射干《しゃが》【著莪】[夏]　錫杖草《しゃくじょうそう》　芍薬《しゃくやく》[夏]

車軸草《しゃじくそう》　蛇の鬚《じゃのひげ》　秋海棠《しゅうかいどう》[秋]　十薬《じゅうやく》[夏]　数珠球《じゅずだま》[秋]　繻子蘭《しゅすらん》　棕櫚草《しゅろそう》　春菊《しゅんぎく》[春]　蓴菜《じゅんさい》[夏]　生姜《しょうが》【薑】[秋]　菖蒲《しょうぶ》[夏]　松露《しょうろ》　除虫菊《じょちゅうぎく》[夏]　白糸草《しらいとそう》

白鬚草《しらひげそう》　紫蘭《しらん》[夏]　白瓜《しろうり》[夏]　西瓜《すいか》[秋]　水仙《すいせん》[冬]　酸葉《すいば》[春]　睡蓮《すいれん》[夏]　酸模《すかんぽ》　杉菜《すぎな》[春]　菅《すげ》　薄《すすき》【芒】[秋]　清白《すずしろ》【蘿蔔】　鈴蘭《すずらん》[夏]　菫《すみれ》[春]　石菖《せきしょう》　石竹《せきちく》[夏]

石斛《せっこく》　銭葵《ぜにあおい》[夏]　芹《せり》[春]　千日紅《せんにちこう》[夏]　千振《せんぶり》[秋]　薇《ぜんまい》[春]　蕎麦《そば》[秋]　空豆《そらまめ》【蚕豆】[夏]　大黄《だいおう》　大根《だいこん》[冬]　大豆《だいず》　大青《たいせい》　大文字草《だいもんじそう》[秋]　高灯台《たかとうだい》　高菜《たかな》

田芥《たがらし》　立葵《たちあおい》[夏]　蓼《たで》[夏]　煙草《たばこ》【莨】　玉羊歯《たましだ》　玉簾《たますだれ》　球萵苣《たまちしゃ》　球菜《たまな》【玉菜】　玉葱《たまねぎ》【葱頭】[夏]　田村草《たむらそう》　誰故草《たれゆえそう》　檀特《だんどく》　蒲公英《たんぽぽ》[夏]　茅《ちがや》【白茅】

萵苣《ちしゃ》　父子草《ちちこぐさ》　草石蚕《ちょろぎ》　月見草《つきみそう》[秋]　土筆《つくし》[春]　衝羽根草《つくばねそう》　綱麻《つなそ》　角叉《つのまた》　爪草《つめくさ》　爪蓮華《つめれんげ》　露草《つゆくさ》[秋]　釣鐘草《つりがねそう》　石蕗《つわぶき》[冬]　鉄線《てっせん》[夏]　天草《てんぐさ》[夏]

甜菜《てんさい》　天南星《てんなんしょう》　唐辛子《とうがらし》【蕃椒】[秋]　冬瓜《とうがん》[秋]　道灌草《どうかんそう》　唐黍《とうきび》[秋]　灯心草《とうしんそう》[夏]　唐菜《とうな》　唐茄子《とうなす》[秋]　玉蜀黍《とうもろこし》[秋]　木賊《とくさ》[秋]　毒芹《どくぜり》　蕺草《どくだみ》[夏]　野老《ところ》

鳥兜《とりかぶと》[秋]　取草《とりぐさ》　長芋《ながいも》[秋]　梨瓜《なしうり》[夏]　茄《なす》【茄子】[夏]　薺《なずな》[新]　鉈豆《なたまめ》[秋]　撫子《なでしこ》[秋]　滑子《なめこ》[冬]　苦艾《にがよもぎ》　日日草《にちにちそう》　韮《にら》[春]　人参《にんじん》[冬]　大蒜《にんにく》[春]　零余子《ぬかご》[秋]　糠穂《ぬかぼ》

沼茅《ぬまがや》【沼萱】　葱《ねぎ》[冬]　軒忍《のきしのぶ》　鋸草《のこぎりそう》　野蒜《のびる》[春]　海苔《のり》[春]　白菜《はくさい》[冬]　繁縷《はこべ》[春]　芭蕉《ばしょう》[秋]　蓮《はす》[夏]　裸麦《はだかむぎ》[夏]　薄荷《はっか》[秋]　初茸《はつたけ》[秋]　花菖蒲《はなしょうぶ》[夏]　花菅《はなすげ》　花菱草《はなびしそう》[夏]

花椰菜《はなやさい》　母子草《ははこぐさ》[春]　波布草《はぶそう》　葉牡丹《はぼたん》[冬]　浜菅《はますげ》[夏]　浜昼顔《はまひるがお》[夏]　浜木綿《はまゆう》[夏]　馬鈴薯《ばれいしょ》[秋]　稗《ひえ》[秋]　日陰蔓《ひかげのかずら》　彼岸花《ひがんばな》【石蒜】[秋]　鹿尾菜《ひじき》[春]

未草《ひつじぐさ》[夏]　一人静《ひとりしずか》[春]　雛菊《ひなぎく》[春]　向日葵《ひまわり》[夏]　姫女苑《ひめじょおん》[夏]　百日草《ひゃくにちそう》[夏]　莧《ひゆ》[夏]　瓢箪《ひょうたん》[秋]　昼顔《ひるがお》[夏]　蛭蓆《ひるむしろ》[夏]　風蘭《ふうらん》[夏]　風鈴草《ふうりんそう》[夏]　蕗《ふき》[夏]　福寿草《ふくじゅそう》[新]

藤袴《ふじばかま》〔秋〕 双葉葵《ふたばあおい》〔夏〕 二人静《ふたりしずか》〔春〕 不断草《ふだんそう》【恭菜】 富貴草《ふっきそう》 布海苔《ふのり》〔夏〕 糸瓜《へちま》〔秋〕 紅花《べにばな》 蛇苺《へびいちご》〔夏〕 弁慶草《べんけいそう》〔秋〕 箒草《ほうきぐさ》 鳳仙花《ほうせんか》〔秋〕 防風《ぼうふう》〔春〕
菠薐草《ほうれんそう》〔春〕 酸漿《ほおずき》【鬼灯】〔秋〕 蛍袋《ほたるぶくろ》〔夏〕 忽布《ほっぷ》 塊芋《ほど》【土芋】 仏の座《ほとけのざ》〔新〕 杜鵑草《ほととぎす》〔秋〕 馬尾藻《ほんだわら》〔新〕 舞茸《まいたけ》 海人草《まくり》 真桑瓜《まくわうり》〔夏〕 真菰《まこも》【真薦】〔夏〕
松茸《まつたけ》〔秋〕 松葉牡丹《まつばぼたん》〔夏〕 松雪草《まつゆきそう》 曼珠沙華《まんじゅしゃげ》〔秋〕 水葵《みずあおい》【雨久花】〔夏〕 水菜《みずな》〔春〕 水芭蕉《みずばしょう》〔夏〕 水引《みずひき》 都忘れ《みやこわすれ》〔春〕 茗荷《みょうが》 海松《みる》【水松】〔春〕 麦《むぎ》〔夏〕
葎《むぐら》〔夏〕 武蔵鐙《むさしあぶみ》 紫《むらさき》 蓍萩《めどはぎ》 女日芝《めひじわ》 毛氈苔《もうせんごけ》 水雲《もずく》【海雲】〔春〕 餅草《もちぐさ》〔春〕 矢車草《やぐるまそう》〔夏〕 八頭《やつがしら》 八房《やつぶさ》 藪蝨《やぶじらみ》〔秋〕 破れ傘《やぶれがさ》〔夏〕 山吹草《やまぶきそう》 山母子《やまははこ》
夕顔《ゆうがお》〔夏〕 雪笹《ゆきざさ》 雪の下《ゆきのした》〔夏〕 雪割草《ゆきわりそう》〔春〕 百合《ゆり》〔夏〕 宵待ち草《よいまちぐさ》 嫁菜《よめな》〔春〕 蓬《よもぎ》【艾】〔春〕 夜顔《よるがお》〔秋〕 落花生《らっかせい》〔秋〕 薤《らっきょう》【辣韮】〔夏〕 蘭《らん》〔秋〕 竜舌蘭《りゅうぜつらん》 竜胆《りんどう》〔秋〕
縷紅草《るこうそう》〔夏〕 瑠璃草《るりそう》〔春〕 伶人草《れいじんそう》 蓮華草《れんげそう》〔春〕 蓮根《れんこん》 若布《わかめ》【和布】〔春〕 分葱《わけぎ》〔春〕 山葵《わさび》〔春〕 勿忘草《わすれなぐさ》〔春〕 綿《わた》【棉】〔秋〕 蕨《わらび》〔春〕 吾木香《われもこう》【吾亦紅】〔秋〕

## ●樹木

青桐《あおぎり》【梧桐】〔夏〕 金合歓《あかしあ》 木通《あけび》【通草】〔秋〕 梓《あずさ》 翌檜《あすなろ》 馬酔木《あせび》 阿檀《あだん》 杏《あんず》〔夏〕 一位《いちい》 無花果《いちじく》【映日果】〔秋〕 銀杏《いちょう》【公孫樹】〔秋〕 伊吹《いぶき》 水蝋《いぼた》
五加《うこぎ》 卯木《うつぎ》 姥目樫《うばめがし》 梅《うめ》〔春〕 梅擬《うめもどき》〔秋〕 漆《うるし》 蝦夷松《えぞまつ》 金雀児《エニシダ》〔夏〕 榎《えのき》 槐《えんじゅ》 桜桃《おうとう》〔夏〕 黄梅《おうばい》〔春〕 阿利布《オリーブ》 海棠《かいどう》 楓《かえで》〔秋〕 柿《かき》〔秋〕 鉤葛《かぎかずら》【鉤藤】 樫《かし》
柏《かしわ》 桂《かつら》 要黐《かなめもち》 樺《かば》 樺桜《かばざくら》 榧《かや》 枸橘《からたち》【枳殻】 唐橘《からたちばな》 落葉松《からまつ》 花梨《かりん》【花櫚】〔春〕 寒紅梅《かんこうばい》〔冬〕 雁皮《がんぴ》 肝木《かんぼく》 木苺《きいちご》〔夏〕 黄雁皮《きがんぴ》 通条花《きぶし》
【木付子】 伽羅木《きゃらぼく》 夾竹桃《きょうちくとう》〔夏〕 御柳《ぎょりゅう》 桐《きり》 金柑《きんかん》〔秋〕 金銀木《きんぎんぼく》 枸杞《くこ》〔春〕 臭木《くさぎ》 樟《くすのき》【楠】 梔子《くちなし》〔夏〕 苦蘇《くっそ》 櫟《くぬぎ》【椚】 九年母《くねんぼ》〔冬〕 苦扁桃《くへんとう》
熊柳《くまやなぎ》〔冬〕 茱萸《ぐみ》【胡頽子】〔秋〕 栗《くり》〔秋〕 胡桃《くるみ》〔秋〕 黒樺《くろかんば》 黒文字《くろもじ》 桑《くわ》〔春〕 月桂樹《げっけいじゅ》〔秋〕 欅《けやき》【槻】 柑子《こうじ》 楮《こうぞ》 紅梅《こうばい》〔春〕 蝙蝠葛《こうもりかずら》 高野箒《こうやぼうき》 広葉杉《こうようざん》
古加《こか》【古柯】 小臭木《こくさぎ》 黒檀《こくたん》 小米空木《こごめうつぎ》 呉茱萸《ごしゅゆ》 胡椒《こしょう》 御所柿《ごしょがき》 小手毬《こでまり》〔春〕 辛夷《こぶし》〔春〕 行李柳《こりやなぎ》 金漆《こんあぶら》 権萃《ごんずい》 皀莢《さいかち》 采振木《さいふりぼく》
榊《さかき》【賢木】 桜《さくら》〔春〕 石榴《ざくろ》【柘榴】〔秋〕 笹《ささ》 山茶花《さざんか》〔冬〕 皐月《さつき》〔夏〕 核太棗《さねぶとなつめ》【酸棗】 朱欒《ざぼん》【香欒】〔冬〕 娑羅双樹《さらそうじゅ》 百日紅《さるすべり》〔夏〕 猿梨《さるなし》 椹《さわら》 山帰来《さんきらい》
珊瑚樹《さんごじゅ》 山査子《さんざし》 山茱萸《さんしゅゆ》 山椒《さんしょう》 椎《しい》 雌黄《しおう》 塩地《しおじ》 樒《しきみ》 使君子《しくんし》 蜆花《しじみばな》 枝垂桜《しだれざくら》〔春〕 信濃柿《しなのがき》 科の木《しなのき》 下野《しもつけ》 石楠花《しゃくなげ》【石南花】〔夏〕

蛇結茨《じゃけついばら》 南燭《しゃしゃんぼ》 棕櫚《しゅろ》【棕梠】 常山《じょうざん》 白樺《しらかば》 白文字《しろもじ》 沈香《じんこう》 沈丁花《じんちょうげ》〔春〕 真柏《しんぱく》 水蜜桃《すいみつとう》〔夏〕 蘇芳《すおう》【蘇枋】 杉《すぎ》 篠懸の木《すずかけのき》【鈴懸の木】
李《すもも》〔夏〕 千両《せんりょう》〔冬〕 素馨《そけい》 蘇鉄《そてつ》 外青《そよご》 大茴香《だいういきょう》 大王松《だいおうしょう》 泰山木《たいざんぼく》 橙《だいだい》〔冬〕 大風子《だいふうし》 鉄刀木《たがやさん》 岳樺《だけかんば》 筍《たけのこ》〔夏〕 蛸の木《たこのき》【露兜樹】 橘《たちばな》〔秋〕 椨《たぶのき》
楤の木《たらのき》 多羅葉《たらよう》 檀香梅《だんこうばい》 萵苣の木《ちしゃのき》 丁子《ちょうじ》【丁香】〔春〕 栂《つが》 槻《つき》 衝羽根《つくばね》 黄楊《つげ》【柘植】 蔦《つた》〔秋〕 蔦漆《つたうるし》 躑躅《つつじ》〔春〕 葛藤《つづらふじ》 椿《つばき》【山茶】〔春〕
吊花《つりばな》 蔓梅擬《つるうめもどき》 胡頽子《つるぐみ》 梯姑《でいこ》 満天星《どうだん》〔春〕 杜松《としょう》 橡《とちのき》【栃】 椴松《とどまつ》 梣《とねりこ》 海桐花《とべら》 梛《なぎ》【竹柏】 梨《なし》〔秋〕 棗《なつめ》〔秋〕 七竈《ななかまど》〔秋〕 楢《なら》【柞・枹】 南天《なんてん》
錦木《にしきぎ》〔秋〕 肉桂《にっけい》 楡《にれ》 庭常《にわとこ》【接骨木】 忍冬《にんどう》 白膠木《ぬるで》 猫四手《ねこしで》 猫柳《ねこやなぎ》〔春〕 捩木《ねじき》 杜松《ねず》 鼠黐《ねずみもち》 合歓木《ねむのき》 凌霄花《のうぜんかずら》〔夏〕 這松《はいまつ》 萩《はぎ》〔秋〕 白丁花《はくちょうげ》〔夏〕
黄櫨《はぜのき》【櫨の木】 巴旦杏《はたんきょう》〔夏〕 花筏《はないかだ》 柞《ははそ》 浜瑰《はまなす》〔夏〕 薔薇《ばら》〔夏〕 針槐《はりえんじゅ》〔夏〕 針樅《はりもみ》 榛の木《はんのき》 柊《ひいらぎ》 柃《ひさかき》 檜《ひのき》 白檀《びゃくだん》 蒲葵《びろう》 枇杷《びわ》〔夏〕 檳榔子《びんろうじ》 楓《ふう》
福木《ふくぎ》 総桜《ふさざくら》 藤《ふじ》〔春〕 仏桑華《ぶっそうげ》〔夏〕 葡萄《ぶどう》〔秋〕 橅《ぶな》【山毛欅】 芙蓉《ふよう》〔秋〕 紅木《べにのき》 朴《ほう》 鳳凰竹《ほうおうちく》 蓬莱竹《ほうらいちく》 木瓜《ぼけ》 菩提樹《ぼだいじゅ》 牡丹《ぼたん》〔夏〕 槙《まき》 柾《まさき》 木天蓼《またたび》
松胡頽子《まつぐみ》 茉莉《まつり》 檀《まゆみ》【真弓】 榲桲《まるめろ》 万作《まんさく》【満作】〔春〕 万両《まんりょう》〔冬〕 実海棠《みかいどう》 蜜柑《みかん》〔冬〕 三椏《みつまた》 椋《むく》 木槿《むくげ》【槿】〔秋〕 無患子《むくろじ》〔秋〕 郁子《むべ》〔秋〕 紫式部《むらさきしきぶ》
孟宗竹《もうそうちく》 木犀《もくせい》〔秋〕 木蓮《もくれん》【木蘭】〔春〕 黐の木《もちのき》 木斛《もっこく》 樅《もみ》 桃《もも》 椰子《やし》 八手《やつで》 宿木《やどりぎ》【寄生木】 柳《やなぎ》〔春〕 藪柑子《やぶこうじ》〔冬〕 山萩《やまはぎ》〔秋〕 山吹《やまぶき》〔春〕 山桃《やまもも》〔夏〕
雪柳《ゆきやなぎ》〔春〕 柚子《ゆず》〔秋〕 梅桃《ゆすらうめ》【山桜桃】〔夏〕 譲葉《ゆずりは》【交譲木】〔新〕 竜眼《りゅうがん》 令法《りょうぶ》〔春〕 旅人木《りょじんぼく》 林檎《りんご》〔秋〕 茘枝《れいし》 檸檬《れもん》〔秋〕 連翹《れんぎょう》〔春〕 臘梅《ろうばい》【蠟梅】〔冬〕 侘助《わびすけ》〔冬〕

## 国・州・都市・地方名

愛蘭《アイルランド》 亜細亜《アジア》 雅典《アテネ》 阿弗利加《アフリカ》 亜米利加《アメリカ》 亜剌比亜《アラビア》 亜爾然丁《アルゼンチン》 英吉利《イギリス》 伊太利《イタリア》 英蘭《イングランド》 印度《インド》 維納《ウィーン》 烏克蘭《ウクライナ》 埃及《エジプト》
濠太剌利《オーストラリア》 墺太利《オーストリア》 和蘭《オランダ》 加奈陀《カナダ》 柬埔寨《カンボジア》 玖馬《キューバ》 希臘《ギリシア》 桑港《サンフランシスコ》 西伯利亜《シベリア》 寿府《ジュネーブ》 新嘉坡《シンガポール》 瑞西《スイス》 瑞典《スウェーデン》 西班牙《スペイン》 泰《タイ》 西蔵《チベット》
智利《チリ》 丁抹《デンマーク》 独逸《ドイツ》 土耳古《トルコ》 新西蘭《ニュージーランド》 紐育《ニューヨーク》 諾威《ノルウェー》 巴奈馬《パナマ》 巴里《パリ》 聖林《ハリウッド》 布哇《ハワイ》 洪牙利《ハンガリー》 比律賓《フィリピン》 芬蘭《フィンランド》 伯剌西爾《ブラジル》 仏蘭西《フランス》
勃牙利《ブルガリア》 越南《ベトナム》 秘露《ペルー》 白耳義《ベルギー》 伯林《ベルリン》 波蘭《ポーランド》 葡萄牙《ポルトガル》 墨西哥《メキシコ》 莫斯科《モスクワ》 欧羅巴《ヨーロッパ》 羅馬尼亜《ルーマニア》 羅馬《ローマ》 羅府《ロサンゼルス》 露西亜《ロシア》 倫敦《ロンドン》 華盛頓《ワシントン》

一般的な往信
拝啓・謹啓
(女性)

辞典 ポケット判(青)

書店編集部
秀雄
会社 高橋書店
70-6014
京都豊島区東池袋3-1-1 サンシャイン60 14階
話 03-5957-7103
W-7-㉙
1-17225-1
II SHOTEN Printed in Japan


についてのご質問は「書名、質問事項(ページ、内容)、お客様のご連
記のうえ、郵送、FAX、ホームページお問い合わせフォームから小社
ださい。
お時間をいただく場合がございます。また、電話によるお問い合わせ、
容を超えたご質問にはお答えできませんので、ご了承ください。
する正誤等の情報は、小社ホームページもご参照ください。

**についての問い合わせ先】**
面 〒170-6014 東京都豊島区東池袋3-1-1
サンシャイン60 14階 高橋書店編集部
A X 03-5957-7079
ール 小社ホームページお問い合わせフォームから
(https://www.takahashishoten.co.jp/)

**良品についての問い合わせ先】**
ページの順序間違い・抜けなど物理的欠陥がございましたら、電話
03-5957-7076へお問い合わせください。ただし、古書店等で購入・
入手された商品の交換には一切応じられません。



# カタカナ語・ローマ字略語

**●見出し語の配列**

カタカナ語では五十音順, ローマ字略語ではアルファベット順とした.

長音は直前の仮名の母音と同じと見なして配列した.

[例]アリーナ▶アリイナ　ユーザー▶ユウザア　スケープゴート▶スケエプゴオト

**●原語**

見出し語に続けて, 原語を[ ]で示した. 英語以外の原語名は, [antiqueフランス]のように原語の末尾に示した.

見出し語が略語の場合, **インフラ**[＜infrastructure]のように, 先頭に「＜」を置いて, 元の言葉の全体を表示した.

**●ローマ字略語の読み**

略語に一般に定着している読み方がある場合は, ( )で示した.

## 【ア】

**アーカイブ**[archive]アクセスする頻度の低いファイルを長期間保存したりするために, 複数のファイルをまとめたファイル.
**アーキテクチャー**[architecture]①建築物. ②システム全体の基本構造.
**アース カラー**[earth color]茶色や黄土色などの地面の色.
**アーティフィシャル**[artificial]①人工的な. ②不自然な.
**アーバン**[urban]都会的な. 都市の.
**アイコン**[icon]コンピュータの画面上の絵文字.
**アイスバーン**[Eisbahnドイツ]雪面が凍結して氷状となったもの. スケート場.
**アイソトープ**[isotope]原子番号が同じで原子量の違う元素. 同位体.
**アイテム**[item]①項目. 品目. 小道具. ②新聞などの短い記事.
**アイデンティティー**[identity]①自己同一性. ②特徴. 個性.
**アイドリング**[idling]機械, 特に車の空転.
**アイ メート**[eye mate和製]盲導犬の愛称.
**アウェー**[away]相手チームの本拠地. また, そこでの試合のこと.
**アウトソーシング**[outsourcing]業務の一部の外部への委託.
**アウトレット**[outlet]ブランド品の在庫を格安で販売すること(店).
**アカウンタビリティー**[accountability] (説明)責任. 義務.
**アカウント**[account]①勘定. ②コンピュータの利用権限. ③広告代理店の顧客.
**アクセス**[access]①交通手段. ②情報媒体への接続.
**アグレッシブ**[aggressive]攻撃的. 積極的.
**アシメトリー**[asymmetry]非対称.
**アスリート**[athlete]運動選手, 特に陸上選手.
**アセスメント**[assessment]財産や環境などの評価・査定.
**アセンブリー**[assembly]①集合. ②組み立て.
**アソシエーション**[association]①協会. 団体. ②連合. 連帯. ③連想.
**アダルト チルドレン**[adult children]幼少時の体験による精神的後遺症を持つ人.

付録

アット マーク[at mark]@マーク. 商品単価を表す.
アップデート[update]データファイルなどを更新すること.
アップロード[upload]データを端末からホスト・コンピュータへ転送すること.
アテンダント[attendant]①接客係. ②付添人.
アトピー[atopy]先天性過敏症.
アトランダム[at random]無作為に. 手当たり次第に.
アナクロニズム[anachronism]時代錯誤. アナクロ.
アナリスト[analyst]分析を行う人.
アニバーサリー[anniversary]記念日.
アニマル セラピー[animal therapy]動物介在療法.
アニュアル レポート[annual report]年次報告. 年報.
アパレル[apparel]衣料品. 転じて, 服飾関係の職種の総称.
アビリティー[ability]能力. 力量.
アフターケア[aftercare]①販売した後のサービス. ②退院後の医療活動.
アプリケーション[application]①申請. ②コンピュータのソフトウエア. ③応用.
アムネスティ[＜Amnesty International]政治思想犯の国際的人権保護団体.
アメニティー[amenity]生活環境の快適さ.
アリーナ[arena]①(屋内)競技場. ②円形劇場.
アルマナック[almanac]①年鑑. ②暦.
アレルゲン[Allergenドイツ]アレルギー反応を起こさせる物質.
アロマセラピー[aromatherapy]芳香による治療法. アロマテラピー.
アンソロジー[anthology]選集.
アンティーク[antiqueフランス]①ギリシャ・ローマ時代の古典美術. ②骨董品.
アンテナ ショップ[antenna shop和製]企業が情報収集のために経営する店舗.
アントルプルヌール[entrepreneurフランス]起業家. 事業主. アントレプレナー.
アンビバレンス[ambivalence]両義性. 両価感情.
イーサネット[Ethernet]ゼロックス社らが開発したラン(LAN)の規格の一.
イートイン[eat-in]ファストフード店などの店内で飲食すること.
イニシエーション[initiation]入会(の儀式). 成人式.
イノベーション[innovation]技術革新.
イミテーション[imitation]模倣. 模造品.
イヤーブック[yearbook]年鑑.
イリュージョン[illusion]まぼろし. 幻想.
インカム[income]収入. 所得.
インキュベーター[incubator]ベンチャービジネスを支援する組織.
インサイダー[insider]消息通. 内部の人間.
インストール[install]ソフトウエアをハードディスクに組み込むこと.
インストラクター[instructor]講師. 指導者.
インストルメンタル[instrumental]楽器. 楽器だけの演奏.
インセンティブ[incentive]①誘因. ②社員の志気などを促すような刺激.
インターセプト[intercept]①相手のパスしたボールを横取りすること. ②妨害.
インターネット[internet]世界規模のコンピュータネットワーク.
インターネット カフェ[internet cafe]インターネットを利用できる喫茶店.
インターネット バンキング[internet banking]インターネット上の銀行業務.



## 手紙の頭語と結語

| | | |
|---|---|---|
| | …ます・謹んで申し上げます | |
| 一般的な返信 | 拝復・啓復・復啓・拝答・御状拝見<br>(女性) お手紙拝見いたしました<br>取り急ぎご返事申し上げます | 敬具・拝具・敬白・草々<br>(女性) かしこ・ごめんくださいませ・ごきげんよう |
| 改まった場合 | 謹啓・謹呈・粛啓・粛呈・恭啓<br>(女性) 謹んで申し上げます | 謹言・謹白・敬白・再拝・頓首・拝具・拝白 (女性) かしこ |
| 前文省略の場合 | 前略・冠省・略啓・略陳<br>(女性) 前略ごめんください・前文お許し下さいませ | 草々・匆々・不一・不乙・不二・不悉・不尽・不備 |
| 急用の場合 | 急啓・急呈・急陳<br>(女性) 取り急ぎ申し上げます・さっそくでございますが | 敬具・早々・匆々・不備<br>(女性) かしこ |
| はじめて手紙を出す場合 | 突然で失礼とは存じますが・突然お手紙を差し上げます失礼をお許し下さい | |
| 返事が遅れた場合 | ご返事を差し上げるのが遅れて申し訳ございません・早速ご返事差し上げるべきところ | 敬具・謹言・謹白・頓首お返事まで<br>(女性) かしこ |
| 重ねて手紙を出す場合 | たびたび失礼とは存じますが・重ねて申し上げます | |

**インターバル**[interval]①間隔．②休息期間．③投球間隔．④音程．
**インターフェース**[interface]機械間，あるいは機械と人間を接続する媒介装置．
**インターフェロン**[interferon]抗ウイルス作用で生産される高分子タンパク質．
**インターポール**[Interpol]国際刑事警察機構．ICPO．
**インタラクティブ**[interactive]双方向の．対話型．
**インテリジェント ビル**[＜intelligent building] 高度情報化対応ビル．
**イントラネット**[intranet]インターネットの環境を企業内通信に利用したネットワーク．
**インフォームド コンセント**[informed consent]医療行為の内容の説明と同意．
**インフォマーシャル**[＜information commercial]通販番組など，情報番組の形をとる広告番組．
**インフラ**[＜infrastructure](通信・道路などの)社会資本，経済基盤．
**インフレーション**[inflation]貨幣価値が下落し，物価が高騰する経済状況．
**インボイス**[invoice]送り状．積荷明細書．
**ウイルス**[Virusラテ]①細菌より小さな微生物の一種．②コンピュータ・ウイルス．
**ウォーターフロント**[waterfront]水辺(の地域)．都市部における臨海地区．
**エア バッグ**[air bag]自動車の乗員保護装置の一．
**エア ポケット**[air pocket]気流の状態で航空機が失速する空域．
**エアロビクス**[aerobics]有酸素運動．体力トレーニングの一．
**エイズ**[AIDS＜acquired immunodeficiency syndrome]後天性免疫不全症候群．
**エイド**[aid]①助力．②助手．補助者．
**エージェンシー**[agency]①代理店．②独立行政法人．
**エキジビション**[exhibition]①展覧会．②エキジビション・ゲーム．
**エキスポ**[expo＜exposition]見本市．万国博覧会．エクスポ．
**エクステリア**[exterior]①建物の外観．②外部の．屋外の．
**エグゼクティブ**[executive]上級管理職．幹部．重役．
**エコビジネス**[eco-business]環境保護に関わるビジネス．
**エコマーク**[eco-mark]環境保全を考慮した商品に付けられるマーク．
**エコロジー**[ecology]①生態学．②生態系．
**エスコート**[escort](特に婦人に)付き添うこと．
**エステティック**[esthétiqueフランス]①美学．②全身美容．
**エスニック**[ethnic]民族的な．
**エッセンス**[essence]①本質．②香料．③美容液．
**エピゴーネン**[Epigonenドイツ]模倣者．追従者．亜流．
**エピローグ**[epilogue]①終章．②曲のコーダ．③事件などの結末．
**エフェクト**[effect]効果．音響効果．
**エポック**[epoch]新時代．新段階．
**エマージェンシー**[emergency]緊急事態．
**エル ニーニョ**[El Niñoスペイン]南米沖の異常高温海水現象．
**エンコーダー**[encoder]入力信号を符号化する装置．
**エンド ユーザー**[end user]①端末利用者．②一般のユーザー．
**エントリー**[entry]①参加申し込み．②入場．入会．③辞書の見出し語．
**エンボス**[emboss]型押しされて凹凸模様のついた紙・布・革．
**オーガニック**[organic]①有機栽培の．②器官の．

**オークション**[auction]競売.
**オーセンティック**[authentic]正統的な. 本物の.
**オーソリティー**[authority]①その道の権威. 大家. ②権力. 威信.
**オーディット**[audit]会計監査. 決算.
**オート クチュール**[haute coutureフランス]高級衣装店.
**オーバーブッキング**[overbooking]定員以上の予約をとること.
**オーバーホール**[overhaul]①機械類の分解修理. ②体の精密検査や手入れ.
**オープン プライス**[open price]小売業者が自由に設定する商品価格.
**オキシダント**[oxidant]二酸化窒素以外の酸化性物質の総称.
**オゾン**[ozone]酸素の同素体. 殺菌・消毒・漂白などに使用.
**オファー**[offer]提案. 契約の申し込み.
**オフィシャル**[official]公式の.
**オフェンス**[offense]攻撃. 攻撃側.
**オブザーバー**[observer]議決権を持たない会議出席者. 傍聴人.
**オブジェ**[objetフランス]作品として提示される物体.
**オフショアセンター**[offshore center]国際金融市場.
**オプチミスト** [optimist]楽天家. 楽観論者.
**オプティカル**[optical]①視覚の. ②光学用の.
**オフライン**[off-line]端末機が中央装置とつながっていない状態.
**オフレコ**[＜off the record]非公開の. 秘密の.
**オフロード**[off-road]道として整備されていないところ.
**オペレーター**[operator]①機械などを操作する人. ②船舶運輸業者.
**オムニバス**[omnibus]①乗合馬車. ②一つのテーマで複数の短編を集めた作品.
**オリエンテーション**[orientation]方向づけ. 進路指導.
**オルターナティブ**[alternative]①二者択一の.代案.②既存のものに代わるもの.
**オン デマンド**[on demand]①注文に応じて. ②ネットワーク上において利用者の注文に応じて情報を提供するサービス.
**オンブズマン**[ombudsmanスウェーデン]行政監察委員.
**オンライン**[on-line]端末機が中央装置とつながっている状態.

## 【カ】

**カーソル**[cursor]ディスプレー上で入力位置を表示するマーク.
**ガーデニング**[gardening]①園芸. ②造園.
**ガイドライン**[guideline]指針. 目標. 目安.
**カイロプラクティック**[chiropractic]手による脊椎矯正療法.
**カウンセラー**[counselor]相談員. 助言者.
**カウンター カルチャー**[counterculture]対抗文化. サブカルチャー.
**カスタマイズ**[customize]設定変更.
**カタストロフィ**[catastrophe]①大惨事. 大変動. ②破局.
**カタルシス**[katharsisギリシャ]精神の浄化.
**カテゴリー**[Kategorieドイツ]範疇. 部門.
**ガバナビリティ**[governability]統治能力, 統率力. 原義は被統治能力の意.
**カリカチュア**[caricature]戯画. 風刺画.
**カリグラフィー**[calligraphy]文字を美しく書く術. 書道.

**カリスマ**[Charismaドイツ]超人的な資質や教祖的な指導力(を持った人).
**カルテル**[Kartellドイツ]企業の独占形態の一. 企業連合.
**カルト**[cult]①宗教的な崇拝. ②一部からの熱狂的な支持. ③邪教集団.
**ガレージ セール**[garage sale]一般家庭が不要品をガレージで売ること.
**カンフル**[kamferオランダ]①精製された樟脳液. 注射用の強心剤の一. ②活性を失った物事に対して行う特効薬的な対策.
**キー インダストリー**[key industry]基幹産業.
**キー パーソン**[key person]重要人物. 中心人物.
**ギガ**[giga-]10億倍を示す単位用接頭辞.
**キックバック**[kickback]割戻金. リベート.
**キッチュ**[Kitschドイツ]①まがいもの. ②俗悪趣味.
**ギブ アンド テイク**[give-and-take]①持ちつ持たれつ. 互譲. ②意見交換.
**キャスティング ボート**[casting vote]少数派が握る決定権.
**キャッシュ バック**[cash back和製]現金の払い戻し.
**キャッシュ フロー**[cash flow]企業の一定期間の資金流出入.
**キャパシティー**[capacity]容量. 受容能力. 収容人数.
**キャピタル ゲイン**[capital gain]資産の値上がりによる利益.
**キャビネ**[cabinetフランス]写真判の大きさの一. 120×165ミリ.
**キャラバン**[caravan]砂漠地方の隊商.
**キャリア**[career]①経歴. ②国家公務員試験Ｉ種合格者である者の俗称.
**キングメーカー**[kingmaker]最高権力者の人選を左右する陰の実力者.
**クアハウス**[Kurhausドイツ]多目的温泉施設.
**クーリングオフ**[<cooling-off period]割賦販売や訪問販売で, 契約の解除を一定期間内認める制度.
**クオーク**[quark]陽子, 中性子などの構成要素.
**グッズ**[goods]商品. 品物.
**クライアント**[client]①依頼主. ②ネットワーク上でサービスを受ける側.
**クライシス**[crisis]危機.
**クランケ**[Krankeドイツ]患者.
**グランド スラム**[grand slam]スポーツで, 年間主要試合をすべて制すること.
**グリーン ピース**[Greenpeace]国際的な環境保護団体.
**クリーン ルーム**[clean room]防塵室.
**クリック**[click]コンピュータで, マウスなどのボタンを1回押す操作.
**クリティカル**[critical]①批判的な. ②危機的な.
**クリニック**[clinic]①診療所. ②臨床講義.
**グルニエ**[grenierフランス]屋根裏部屋.
**クレーム**[claim]苦情. 批判.
**グローバリゼーション**[globalization]国際化. 世界の統合化.
**グローバル スタンダード**[global standard]国際標準.
**クローン**[clone]無性生殖による複製生命体.
**クロニクル**[chronicle]年代記. 編年史.
**ケア マネージャー**[care manager]介護支援専門員.
**ケア ワーカー**[care worker和製]高齢者や障害者を介助する専門職.
**ケースワーカー**[caseworker]社会福祉問題の相談に個別で応じる専門家.

**ケータリング**[catering]料理の仕出し.
**ケナフ**[kenaf]木材パルプの代替製紙原料となるアオイ科の一年草.
**コア**[core]核. 中心部.
**コア タイム**[core time]フレックスタイム制で, 就労義務のある時間帯.
**コーキング**[caulking]小さいすき間に充填材を詰めること. またその詰めもの.
**コーティング**[coating]上塗り. 防水・耐熱加工.
**コーポレート ガバナンス**[corporate governance]企業統治.
**コスト パフォーマンス**[cost performance]対費用有効度.
**コスモポリタン**[cosmopolitan]世界主義者. 国際人.
**コネクション**[connection]①手づるとしての縁故関係. ②連絡. ③密輸組織.
**コミック マーケット**[comic market和製]マンガ同人誌の大規模な即売会. コミケ.
**コラボレーション**[collaboration]共同作業. 合作. 協力.
**コングロマリット**[conglomerate]複合企業. 多角化企業連合.
**コンコース**[concourse]駅・空港などの大通路.
**コンシェルジェ**[conciergeフランス]ホテルの, 観光の手配・情報提供の専門スタッフ.
**コンシューマー**[consumer]消費者.
**コンセプト**[concept]①考え. ②広告などで, 全体を貫く新しい視点や考え方.
**コンセンサス**[consensus]合意. 意見の一致.
**コンセントレーション**[concentration]集中.
**コンツェルン**[Konzernドイツ]巨大金融資本が実質的に支配する企業集団.
**コンテンツ**[contents]①内容. 中身. ②情報の内容. ③容量. ④目次.
**コンテンポラリー**[contemporary]現代の. 同時代的な.
**コンパニオン**[companion]①仲間. ②(主に女性の)接待係.
**コンピュータ ウイルス**[computer virus]他のコンピュータのプログラムの中に潜り込んで, データを破壊するコンピュータ・プログラムの一.
**コンベンション**[convention]①習俗. ②集会.
**コンボイ**[convoy]①護衛. ②護送船団.
**コンポジション**[composition]①写真・絵などの構図. ②(英)作文. ③作曲.
**コンポスト**[compost]生ゴミなどで作る有機肥料.

## 【サ】

**サーバー**[server]複数のコンピュータに情報を提供するコンピュータ.
**サーモグラフィー**[thermography]体表面温度を測定・画像化して診断に用いる機械(方法).
**サイコセラピー**[psychotherapy]心理療法.
**サイト**[site]①用地. ②インターネットで情報を公開しているコンピュータがある場所.
**サイバースペース**[cyberspace]デジタル情報で表現された仮想空間.
**サイバー テロ**[<cyber terrorism]コンピュータ情報破壊を狙うテロ行為.
**サイバネティックス**[cybernetics]人工頭脳学.
**サイレント マジョリティー**[silent majority]物言わぬ大衆.
**サニタリー**[sanitary]①衛生的な. ②水回り.
**サブカルチャー** [subculture]副次的文化. 下位文化.
**サブリミナル**[subliminal]潜在意識の. 潜在意識に働きかける.

**サプリメント**[supplement]①補遺．付録．②栄養補給剤．
**サポーター**[supporter]①保護用のゴム布製のバンドや下着．②支持者．特に，サッカーなどで，特定のチームを熱狂的に応援する人．
**サミット**[summit]主要先進国首脳会議．
**サルベージ**[salvage]①沈没船の引き揚げ作業．②海難救助．
**サンクチュアリ**[sanctuary]①聖域．②鳥獣の保護区・禁猟区．
**サンプリング**[sampling]標本を抽出すること．
**シークエンス**[sequence]連続．順序．一連の画面．
**シーベルト**[sievert]放射線が人体に及ぼす危険度を表す線量当量の国際単位．
**シーリング**[ceiling]①予算の概算要求限度水準．②天井．
**シーレーン**[sea-lane]海上航路．
**ジェンダー**[gender]文化的，社会的に形成される男女の性差．
**シオニズム**[Zionism]ユダヤ民族の国家建設運動．
**システマティック**[systematic]組織的な．体系的な．
**システム インテグレーション**[system integration]ハードウエア，ソフトウエア，メディアなどを組み合わせて，コンピュータ・システムを構築すること．SI．
**シナジー**[synergy]①共同作用．相乗作用．②経営戦略で，販売・操業・開発などの機能を重層的に活用することで，さらなる利益を生みだすこと．
**シニカル**[cynical]皮肉な態度をとるさま．冷笑的．
**シノニム**[synonym]同義語．類義語．
**ジハード**[jihādアラビア]聖戦．イスラム教徒による宗教戦争．
**シビリアン コントロール**[civilian control]文民統制．
**シミュレーション**[simulation]模擬実験．
**ジャンク**[junk]①がらくた．廃品．②麻薬．
**ジャンクション**[junction]①連結．②高速道路の立体交差部分．
**ジャンク フード**[junk food]スナック菓子やファストフードなどの食品．
**シリコン バレー**[Silicon Valley]米国西部のIT先進地域．
**シンク タンク**[think tank]頭脳集団．総合研究所．
**シングル マザー**[single mother]未婚または母子家庭の，母親．
**シンクロナイズ**[synchronize]①カメラのシャッターとフラッシュの同調．②音声と画像の一致．
**シンジケート**[syndicate]①企業連合．②有価証券の引き受け団体．③犯罪組織．
**シンドローム**[syndrome]症候群．転じて「～的傾向・性向」の意．
**シンポジウム**[symposium]公開討論会の一．
**シンメトリー**[symmetry]左右対称．
**スキーム**[scheme]①計画．②組織．体系．
**スキャナー**[scanner]コンピュータに画像データを入力する装置．
**スキル**[skill]技量．技能．
**スクランブル**[scramble]①かき混ぜる．②緊急発進．③放送電波の暗号化．
**スケープゴート**[scapegoat]いけにえ．身代わり．
**スケルトン**[skeleton]①骨格．建造物の骨組み．②骸骨．③(半)透明の外装．
**スタグフレーション**[stagflation]不景気な経済状況における物価上昇．
**スタンス**[stance]①野球などで，打つときの足の構え．②立場．姿勢．
**ステーショナリー**[stationery]文具．事務用品．

付録

**ステータス**[status]①社会的な地位や身分．②状態．現状．
**ステルス**[stealth]戦闘機などをレーダーに探知されにくくする技術．
**ステレオタイプ**[stereotype]①鉛版．ステロ版．②紋切り型．
**ストーカー**[stalker]特定の相手を執拗に追いかけ回す人．
**ストック オプション**[stock option]自社株購入権．
**ストラテジー**[strategy]戦略．
**ストリート チルドレン**[street children]路上で暮らしている子どもたち．
**ストリーミング**[streaming]音声や動画をリアルタイムで再生する技術．
**スパ** [spa]①温泉．鉱泉．②温泉地．温泉を備えた保養地．
**スパン**[span]①距離．②時間的間隔．
**スピリット**[spirit]精神．魂．
**スペック**[spec＜specification ]仕様書．明細．規模や性能などをまとめた表．
**スラング**[slang]俗語．隠語．
**セーフガード**[safeguard]緊急輸入制限．
**セオリー**[theory]説．学説．理論．
**セカンド オピニオン**[second opinion]（特に別の医師による）第二の意見．
**セキュリティー**[security]安全保障．防犯．
**セクハラ**[＜sexual harassment]性的いやがらせ．
**セグメント**[segment]部門．区分．
**セットバック**[setback]外壁を敷地境界線から後退させて建築すること．
**ゼネコン**[＜general contractor]総合建築業者．
**セラピー**[therapy]治療．治療法．テラピー．
**セラミックス**[ceramics]非金属無機材料の総称．
**ソーシャル ワーカー**[social worker]社会福祉などで活動する専門家の総称．
**ソート**[sort]①種類．②分類すること．③データを基準に従って並べ換えること．
**ソフトウエア**[software]コンピュータのプログラムの総称．ソフト．
**ソムリエ**[sommelierフランス]レストランなどのワインの専門係．
**ソリューション**[solution]①解決法．②溶液．溶解．

## 【タ】

**ターミナル ケア**[terminal care]終末期の患者を心身両面から支える医療．
**タイアップ**[tie-up]協力・提携して行うこと．
**ダイオキシン**[dioxin]有機塩素化合物で，猛毒の環境汚染物質．
**タイム ラグ**[time lag]時間差．
**ダウンサイジング**[downsizing]①小型化・軽量化．特に大型汎用コンピュータから高性能の小型機種などに替えること．②企業規模を縮小すること．
**ダウンロード**[download]ホスト・コンピュータのデータを端末に取り込むこと．
**ダスト**[dust]ほこり．ちり．ごみ．
**タックス ヘイブン**[tax haven]租税回避地．
**ダミー**[dummy]①模型．②替え玉．身代わり．③名義だけの会社．
**ダンピング**[dumping]不当に低い価格で販売すること．投げ売り．
**チャット**[chat]インターネット上でのリアルタイムのメッセージのやりとり．
**チャネリング**[channeling]宇宙存在や異次元との交信．
**ツール**[tool]道具．工具．

**ディーラー**[dealer]①販売業者．特約店．②証券や為替の自己売買業者．
**テイク アウト**[take out]ファストフード店などでの飲食物を持ち帰る方式．
**ディスクロージャー**[disclosure]企業内容開示．情報公開．
**テイスト**[taste]趣味．味わい．
**ディストリビューション**[distribution]①分配．配布．②配当．③分布．
**ディテール**[detail]細部．詳細．明細．
**ディフェンス**[defense]防御．守備側．
**ディベート**[debate]肯定派と否定派に分かれて行う討論．
**データベース**[database]コンピュータでの検索，多目的利用が可能なデータ．
**テーマ パーク**[theme park和製]テーマに基づいて構成されたレジャーランド．
**テクニカル ターム**[technical term]専門用語．学術用語．
**テクノクラート**[technocrat]科学者・技術者出身の官僚．
**テクノストレス**[techno-stress]高度情報機器の普及によって起こるストレス．
**デジャ ビュ**[déjà vuフランス]既視感．
**デタント**[détenteフランス]国際関係における緊張緩和．
**テナント**[tenant]入居者．貸しビルなどの店子．
**デノミネーション**[denomination]通貨呼称単位の変更．
**デビット カード**[debit card]即時払い型のカード．
**デ ファクト スタンダード**[de facto standard]事実上の業界標準．
**デフォルト**[default]①債務不履行．②初期設定．
**デフォルメ**[déformerフランス]変形，誇張して表現すること．真実をゆがめること．
**デフレーション**[deflation]通貨量が減少し，物価が下落する状態．デフレ．
**デフレ スパイラル**[＜deflation spiral]物価の下落と景気後退の悪循環．
**デリバティブ**[derivative]先物，オプションなどの金融派生商品．
**デリバリー**[delivery]配達．
**テンプレート**[template]①ある形式の図形を描くための定規板．②ひな形．
**ドーピング**[doping]運動競技の選手などが運動能力を高めるために，鎮静剤や興奮剤を使用すること．
**ドクトリン**[doctrine]①教義．②政治・外交における基本理論．
**ドグマ**[dogma]①（宗教上の）教義．②独断的な説．
**トッピング**[topping]調味や飾りのために料理の上にのせるもの．
**トップダウン**[top-down]企業などの，上から下への命令伝達による管理方式．
**ドナー**[donor]臓器・骨髄の提供者．
**トピック**[topic]話題．話の種．
**ドメイン ネーム**[domain name]インターネット上でコンピュータやユーザーの組織や国籍などを識別するために使われる名称．
**トライアル**[trial]試し．試走．
**トラウマ**[Traumaドイツ]精神的外傷．後遺症を残すような精神的ショックや体験．
**ドラスティック**[drastic]徹底的な．激烈な．
**トラスト**[trust]企業合同．企業同盟．市場独占形態の一．
**ドラッグストア**[drugstore]薬・化粧品・日用雑貨などを売る店．
**トランス**[trance]忘我・恍惚の境地．
**トリビア**[trivia]ささいなこと．くだらないこと．
**トリミング**[trimming]①構図の修正．②ペットの毛の手入れ．

**トルネード**[tornado]大竜巻,大旋風（アメリカ中南部に発生するものが有名）.
**トレッキング**[trekking]軽い山歩き.
**トレンド**[trend]傾向. 流行. 趨勢.
**ドロップアウト**[dropout]脱落または落伍すること(人).

## 【ナ】

**ナーシング ホーム**[nursing home]医療・福祉一体の施設. 養護施設.
**ナーバス**[nervous]神経質な.
**ナショナリズム**[nationalism]国家主義. 民族主義.
**ナショナル トラスト**[National Trust]自然保護・歴史的建造物の保存などを目的とする団体.
**ナノ**[nano-]10億分の一を表す英語の接頭辞の一.
**ナビゲーター**[navigator]①航海士. ②運転者に道先を指示する人(機械).
**ニアミス**[near-miss]航空機などの異常接近.
**ニュー エージ ミュージック**[new age music]精神的な安らぎを与える音楽.
**ニュートラル**[neutral]①中立. 中間. ②自動車の変速装置の中間位置.
**ヌーボー**[nouveauフランス]①新しい.②(日本語的用法で)つかみどころのないこと.
**ヌバック**[nubuck]表面を毛羽立たせた革素材.
**ネガティブ**[negative]①否定的. ②写真の陰画. ネガ.
**ネガティブ オプション**[negative option]業者が勝手に品物を送る悪徳商法.
**ネゴシエーション**[negotiation]交渉. 折衝.
**ネチケット**[netiquette<network＋étiquetteフランス]インターネット上でのエチケット.
**ネット サーフィン**[net surfing]インターネット上で次々と情報を見て回ること.
**ノー ブランド**[no brand和製]無商標商品. 有名なメーカーのものではない商品.
**ノーマライゼーション**[normalization]障害者が健常者と同じように暮らせる社会を目指す理念.
**ノベライゼーション**[novelization]テレビドラマや映画作品などの小説化.
**ノベルティー**[novelty]無料の広告用商品.
**ノンバンク**[nonbank]貸し金業務を営む銀行以外の金融機関.

## 【ハ】

**バージョン**[version]①改訂版. ②コンピュータのソフトウエアなどの版.
**パーソナリティー**[personality]①個性. ②ラジオやテレビの番組の司会者.
**バーター**[barter]物々交換.
**バーチャル リアリティー**[virtual reality]仮想現実.
**ハード ディスク**[hard disk]パソコンの補助記憶装置の一.
**バイオテクノロジー**[biotechnology]生物工学.
**バイオハザード**[biohazard]遺伝子操作で生まれた有害微生物による災害.
**バイオマス**[biomass]エネルギー源として利用される生物体.
**ハイ テク**[<high technology]高度先端技術.
**バイト**[byte]情報量を示す単位. 1バイトは8ビット.
**ハイパー** [hyper-]英語の接頭辞の一. 度を越した. 極度の. 超.
**ハイブリッド**[hybrid]①雑種. ②異なった種類のものの組み合わせ.
**ハイブリッド カー**[hybrid car]複数の動力源により走行する低公害車.

**ハイリスク ハイリターン**[high-risk high-return和製]危険度も収益性も高いこと.
**バイリンガル**[bilingual]二か国語を話せる人. 二か国語使用の.
**ハウスダスト**[housedust]家の中のちりやほこり.
**バグ**[bug]コンピュータのプログラム上の誤り.
**ハザード**[hazard]①障害. 災害. ②ゴルフで, コース中に設けられた障害物.
**パスタ**[pastaイタリア]イタリア料理のめん類の総称.
**ハッカー**[hacker]不法に他人のコンピュータ・システムに侵入する人.
**バッシング**[bashing]叩くこと. 激しく非難・攻撃すること.
**パテント**[patent]特許. 特許権.
**パフォーマンス**[performance]①実行. ②演奏. 演技. ③コンピュータの性能.
**パラサイト シングル**[parasite single和製]親と同居する独身者.
**パラダイム**[paradigm]①規範. 凡例. ②ある時代に優勢な考え方.
**パラドックス**[paradox]逆説.
**パラリンピック**[Paralympics]身体障害者の国際スポーツ大会.
**バランス シート**[balance sheet]賃借対照表.
**バリア フリー**[barrier free]高齢者や障害者にとっての障害を取り除くこと.
**ハローワーク**[hello work和製]公共職業安定所のニックネーム.
**バンドル**[bundle]①束. ②ソフトウエアを組み合わせたパソコンなどの販売.
**ヒート アイランド**[heat island]都市部を中心として島状に高温となること.
**ヒーリング**[healing]癒し. 治療.
**ヒエラルキー**[Hierarchieドイツ]階層制. ピラミッド型の支配制度.
**ビオトープ**[biotope]動植物が生息できる空間(を創造すること).
**ビッグ バン**[big bang]①宇宙の起源の最有力モデル. ②金融業界の再編.
**ビット**[bit]①二進法で数字の0または1. ②情報量を示す最小の単位.
**ヒトゲノム**[human genome和製]ヒトの遺伝情報全体.
**ピル**[pill]①経口避妊薬. ②錠剤.
**ビンテージ**[vintage]①特定の年の極上ワイン. ②年代物.
**ファイナンス**[finance]財政. 財源. 財政学.
**ファイバー**[fiber]繊維.
**ファクター**[factor]①要素. 要因. ②因数.
**ファンクション**[function]①機能. 作用. ②関数.
**ファンド**[fund]①資金. ②信託財産.
**フィードバック**[feedback]結果を分析し, やり方を変えること.
**フィールド ワーク**[field work]実地調査.
**ブーイング**[booing]非難を表す「ブーブー」というヤジ.
**フーリガン**[hooligan]サッカー場で騒ぎを起こすような熱狂的なファン.
**フェティシズム**[fetishism]①呪物崇拝. ②物や身体の一部への異常な執着.
**フェミニズム**[feminism]女性解放論. 男女同権主義.
**フェロモン**[pheromone]動物の特有な行動を誘引する物質.
**フォーマット**[format]①形式. ②初期化.
**フォルダー**[folder]①紙ばさみ. ②ファイルをまとめたもの. ディレクトリー.
**プライム レート**[prime rate]最優遇貸出金利.
**ブラウザー**[browser]ホームページ閲覧ソフト.
**フランチャイズ**[franchise]①サッカーチームなどの本拠地. ②営業販売権.

**ブランド**[brand]銘柄. 商標.
**プラント**[plant]大型機械などの生産設備一式.
**フリーク**[freak]①マニア. ②奇形.
**フリース**[fleece]毛足の長い紡毛織物. また, 化学繊維で作った防寒用新素材.
**フリーズ**[freeze]①冷凍. ②コンピュータの機能停止.
**フリー スクール**[free school]児童中心主義の自由な学校.
**フリーター**[<free＋Arbeiterドイツ]定職を持たず, アルバイトで生計を立てる人.
**ブリーフィング**[briefing]①報道機関に対して行う状況説明. ②事前説明.
**フリー ラジカル**[free radical]①遊離基. ②活性酸素.
**プリペイド カード**[prepaid card]前払いのカード.
**プルサーマル**[<plutonium thermal use和製]プルトニウムの軽水炉での燃料利用.
**ブルワリー**[brewery]ビールなどの醸造所.
**ブレーンストーミング**[brainstorming]自由討論形式の集団思考法. ブレスト.
**プレゼンテーション**[presentation](企画の)提示. 発表.
**フレックスタイム**[flextime]自由な時間に出・退社する制度.
**プレミアム**[premium]①割増金. 手数料. ②株式などの額面超過額. ③賞品.
**フローチャート**[flowchart]作業工程図. 流れ図.
**ブロードバンド**[broad band]高速大容量データ転送.
**プロジェクト**[project]計画. 企画.
**プロセス**[process]①手順. ②過程.
**プロトコル**[protocol]①外交議定書. ②通信規約.
**プロトタイプ**[prototype]モデル. 原型.
**プロバイダ**[provider]①供給者. ②インターネット接続サービスの提供会社.
**プロパガンダ**[propaganda]宣伝. 特に, 特定の主義を押しつける宣伝.
**プロパティー**[property]①財産. 所有権. ②パソコンのWindowsで参照する設定情報.
**プロファイリング**[profiling]過去の犯罪データにより犯人像を割り出す捜査法.
**プロモーション**[promotion]①昇格. ②販売促進. 売り込み.
**プロローグ**[prologue]①序曲. 序幕. ②物事の発端.
**ペイ オフ**[pay off]金融機関が破綻したときの, 一定額の預金の返還の保証.
**ペースト**[paste]①食材をすりつぶした食品. ②コピーしたデータの貼り付け.
**ペースメーカー**[pacemaker]心拍を正常に保つ装置.
**ペーパー カンパニー**[paper company和製]実体のない幽霊会社.
**ヘゲモニー**[Hegemonieドイツ]主導権.
**ベジタリアン**[vegetarian]菜食主義者.
**ペシミスト**[pessimist]悲観論者. 厭世家.
**ヘッジ ファンド**[hedge fund] ハイリスクハイリターン型の投資信託.
**ヘッドハンティング**[headhunting]有能な人材の引き抜き.
**ヘッドライン**[headline]新聞・雑誌などの見出し.
**ペット ロス**[pet loss]ペットとの別れで生じる精神的苦痛.
**ベンチャー ビジネス**[venture business和製]革新的・創造的な経営の中小企業.
**ペンディング**[pending]保留. 未決定.
**ペントハウス**[penthouse]マンションなどの最上階の高級な部屋.
**ボーダーレス**[borderless]①境界や国境がない. ②境界が薄れた状態.

**ポータル サイト**[portal site]インターネット接続で最初に入るサイト.
**ポートフォリオ**[portfolio]①紙ばさみ. ②有価証券の一覧表. 資産の内訳.
**ホーム ページ**[home page]インターネット上の情報提供のためのページ. HP.
**ホームレス**[homeless]住居のない人. 街頭生活者.
**ボキャブラリー**[vocabulary]語彙.
**ポジティブ**[positive]①肯定的. ②写真の陽画. ポジ.
**ホスピス**[hospice]死期の近い患者に総合的なケアを行う施設.
**ボディー ランゲージ**[body language]身振り手振りによる意思伝達.
**ポテンシャル**[potential]潜在能力.
**ボトムアップ**[bottom-up]下から上への発議で意思決定がなされること.
**ボランティア**[volunteer]社会事業活動に自発的に無報酬で参加する人.
**ポリフェノール**[polyphenol]植物中に多数存在する有機化合物の総称.
**ポルターガイスト**[Poltergeistドイツ]家の中で大きな物音をたてる幽霊.
**ホロスコープ**[horoscope]占星術.

## 【マ】

**マーケティング**[marketing]生産者から消費者への流通を円滑化する活動.
**マイノリティー**[minority]少数派.
**マイライン**[my line和製]電話事業における優先接続制度のサービス名.
**マイレージ**[mileage]旅程マイルへの換算.
**マウス**[mouse]①はつかねずみ. ②コンピュータの入力を容易にする装置.
**マザーズ**[Mothers＜Market of the high-growth and emerging stocks]ベンチャー企業の上場を目指す新市場.
**マジョリティー**[majority]多数派.
**マニフェスト**[manifest]①宣言書. 声明書. ②乗客名簿.
**マネー サプライ**[money supply]通貨供給量.
**マネー ロンダリング**[money laundering]資金洗浄.
**マルチメディア**[multimedia]音声,画像,文字などの多種の伝達媒体(の融合).
**ミレニアム**[millennium]千年間. キリスト教の千年至福期.
**ムック**[mook＜magazine＋book] 雑誌と書籍の中間的性格をもった本.
**メガ**[mega-]100万倍を示す単位用接頭辞.
**メジャー**[major]主流派. 一流の.
**メセナ**[mécénatフランス]企業の文化活動に対する後援.
**メタファー**[metaphor]暗喩. 隠喩.
**メタモルフォーゼ**[Metamorphoseドイツ]変身. 変形.
**メッセ**[Messeドイツ]見本市.
**メディア**[media]媒体. 情報伝達手段.
**メトロポリス**[metropolis]大都市. 首都.
**メンタル**[mental]精神の. 心の.
**メンテナンス**[maintenance]維持. 保守. 管理. 点検.
**モーダル シフト**[modal shift]輸送方式の変更.
**モジュール**[module]①基本寸法. ②歯車の歯の大きさを示す値.
**モチベーション**[motivation]動機付け. 誘因.
**モデル ケース**[model case]典型的な事例. 模範例.

付録

**モニター**[monitor]①依頼されて商品についての意見を述べる人．②監視装置．
**モニュメント**[monument]記念碑．歴史的業績．
**モバイル**[mobile]①可動性の．②オフィスや自宅以外の場所での通信回線などの利用．
**モラトリアム**[moratorium]①支払猶予.②社会人としての義務遂行の猶予期間．
**モラル ハザード**[moral hazard]倫理観の欠如．道徳的危険．

## 【ヤ】

**ユーザー**[user]利用者．購買者．
**ユーティリティー**[utility]①有用性．②ユーティリティールーム(家事室)の略．
**ユーロ**[Euro]ヨーロッパ単一通貨の呼称．
**ユニックス**[UNIX]1969年に開発された，コンピュータ・オペレーティング・システム．
**ユニバーサル デザイン**[universal design]年齢や障害の有無にかかわらず，だれもが利用しやすい商品や建築物のデザイン．
**ユニラテラリズム**[unilateralism]単独主義．一方的軍備廃棄論．

## 【ラ】

**ライアビリティー**[liability]①責任．義務．②借金．負債．
**ライフライン**[lifeline]①命綱．②電気·水道など，生活を支える生命線．
**ラジカル**[radical]急進的な．根本的な．
**ランダム**[random]無作為に．手当たり次第に．
**ランドスケープ**[landscape]①景観．②風景画．
**ランニング コスト**[running cost]経営維持に必要な費用．運転資金．
**リアクション**[reaction]反応．反動．反作用．
**リアリズム**[realism]①現実主義．②写実主義．③実在論．
**リアル タイム**[real time]即時．同時．実時間．
**リーク**[leak]秘密を漏洩すること．
**リーズナブル**[reasonable]①合理的な．納得できる．②手ごろな．
**リーフレット**[leaflet]①ちらし．②小冊子．
**リカバリー**[recovery]回復．復旧．
**リコール**[recall]①選挙民による解職要求．②欠陥製品の回収·修理．
**リサイクル**[recycle]不用品や廃物の再利用．
**リスク**[risk]危険．
**リストラ**[<restructuring]企業の再構築．
**リターナブル**[returnable]空き瓶などが返却可能なこと．
**リテール バンキング**[retail banking]中小企業·個人向けの銀行業務．
**リナックス**[Linux]UNIX 互換のパソコン用OS．
**リニューアル**[renewal]①再開．②改装．③復活．
**リバウンド**[rebound]①ボールの跳ね返り．②ダイエット後の体重増加．反動．
**リピーター**[repeater]商品やサービスなどを繰り返し利用する顧客．
**リフレクソロジー**[reflexology]足裏マッサージなどによる健康法．
**リベート**[rebate]①代金の一部の割り戻し．②賄賂．
**リベラル**[liberal]①自由主義的な．②自由な．

**リベンジ**[revenge]復讐．仕返し．
**リロケーション**[relocation]移転．転じて，留守宅を一定期間賃貸するサービス．
**リンク**[link]①鎖の輪．②連結．連動．
**ルーター**[router]ネットワークどうしの接続中継装置．
**ルーチンワーク**[routine work]決まりきった仕事．
**レイオフ**[layoff]一時解雇．
**レギュレーション**[regulation]規定．規則．
**レシピ**[recipe]①料理や菓子の材料の分量と作り方．②処方箋．
**レジュメ**[résuméフランス]要約．レジメ．
**レスキュー**[rescue]救助．救出．
**レスポンス**[response]①応答．②自動車で，操作に対する反応性．
**レセプト**[Rezeptドイツ]医療費の請求明細書．
**レトロ**[rétroフランス]懐古趣味．
**レファレンス**[reference]①参考．参照．②照会．
**レファレンダム**[referendum]国民投票．人民投票．
**レプリカ**[replica]複製品．写し．
**ロイヤルティー**[loyalty]著作権・特許権の使用料．
**ログ**[log]①通信記録．②丸太．丸木．
**ログイン**[log-in]ネットワークなどに接続すること．
**ロビイスト**[lobbyist]政治団体などの依頼を受けて議員に働きかける人．

## 【ワ】

**ワーカホリック**[workaholic]仕事中毒．
**ワールド カップ**[World Cup]世界選手権大会．
**ワイヤレス**[wireless]①無線の．②無線電話．
**ワラント債**[warrant bond]新株引き受け権付きの社債．

---

## A

**ABS**[anti-lock brake system]急ブレーキ時に車輪のロックを自動的に防止するシステム．
**AC**[alternating current]交流電流．
**ADSL**[asymmetric digital subscriber line]非対称デジタル加入者回線．
**AF**[automatic focusing]カメラの自動焦点調整機能．
**AI**[artificial intelligence]人工知能．
**AMeDAS**（アメダス）[Automated Meteorological Data Acquisition System]気象庁の地域気象観測システム．
**ANC**[African National Congress]アフリカ民族会議．
**AOC**[Association of Olympic Committee]各国オリンピック委員会協会．
**APEC**（エーペック）[Asia Pacific Economic Cooperation Conference]アジア太平洋経済協力会議．
**ASEAN**(アセアン)[Association of South-East Asian Nations]東南アジア諸国連合．
**AT**[automatic transmission]自動変速装置．
**ATM**[automated teller machine]金融機関の現金自動預け払い機．
**ATS**[automatic train stop]自動列車停止装置．

**B**

**BAA**[bachelor of applied arts]応用美術学士.
**BBS**[bulletin board system]電子掲示板システム.
**BIS**(ビス)[Bank for International Settlements]国際決済銀行.
**BOD**[biochemical oxygen demand]生物化学的酸素要求量. 単位はppm.
**BtoB**(ビーツービー)[business to business] 企業間電子商取引.
**BtoC**(ビーツーシー)[business to consumer]企業と消費者との電子商取引.

**C**

**CAD**(キャド)[computer-aided design]コンピュータを使用しての設計.
**CATV**[cable television]ケーブルテレビ. 有線テレビ.
**CB**[convertible bond]転換社債.
**CDMA**[code division multiple access]符号分割多元接続.
**CD-R**[CD-recordable]1回だけデータの書き込みができるCD-ROM.
**CD-ROM**(シーディーロム)[compact disc read only memory]読み出し専用記憶装置.
**CEO**[chief executive officer]経営最高責任者.
**CG**[computer graphics]コンピュータ・グラフィックス.
**CI** [corporate identity]コーポレート・アイデンティティー.
**CIA**[Central Intelligence Agency]米国中央情報局.
**COO**[chief operating officer]最高執行責任者.
**CPU**[central processing unit]コンピュータの中央演算処理装置.
**CRT**[cathode-ray tube]陰極線管. ブラウン管.
**CS**①[communication satellite]通信衛星. ②[customer satisfaction]顧客満足度.
**CT**[computerized tomography]コンピュータ断層X線撮影法.
**CTBT**[Comprehensive Test Ban Treaty]包括的核実験禁止条約.
**CTC**[centralized traffic control]列車集中制御装置.
**CVS**[convenience store]コンビニエンス・ストア.

**D**

**DC**[direct current]直流電流.
**DJ**[disk jockey]ディスク・ジョッキー.
**DM**[direct mail]ダイレクト・メール.
**DNA**[deoxyribonucleic acid]デオキシリボ核酸.
**DPE**[development, printing, enlargement]写真の現像, 焼き付け, 引き伸ばし.
**dpi**[dot per inch]1インチあたりに印字表示できる点の数を示す, 解像度の単位.
**DTP**[desktop publishing]パソコンによる出版作業システム.
**DV**[domestic violence]家庭内暴力. 特に女性が夫や恋人から受ける暴力.
**DVD**[digital versatile disc]CDサイズの大容量光ディスク.

**E**

**EC**[electronic commerce]電子商取引. eコマース.
**ED**[erectile dysfunction]勃起障害.
**EDI**[electronic data interchange]電子データ交換.
**EMS**[European Monetary System]欧州通貨制度.
**ER**[emergency room]緊急救命室.
**ETC**[electronic toll collection]ノンストップ自動料金徴収システム.
**EU**[European Union]欧州連合.
**EV**[electric vehicle]電気自動車.

**F**

**FAO**[Food and Agriculture Organization]国連食糧農業機関.
**FBI**[Federal Bureau of Investigation]米国連邦捜査局.
**FIFA**(フィーファ)[Fédération Internationale de Football Associationフランス]国際サッカ

一連盟.

FP[financial planner]ファイナンシャル・プランナー.

FWD[front-wheel drive]前輪駆動.

**G**

G7(ジーセブン)[Group of 7]先進七カ国(日米英仏独伊加)財務相会議.

G8(ジーエイト)[Group of 8]G7にロシアを加えた財務相会議.

GATT(ガット)[General Agreement on Tariffs and Trade]関税および貿易に関する一般協定.

GDE[gross domestic expenditure]国内総支出.

GDP[gross domestic product]国内総生産.

GNE[gross national expenditure]国民総支出.

GPS[global positioning system]全地球測位システム.

GT車[grand touring car]グランド・ツーリング・カー.

**H**

HIV[human immunodeficiency virus]ヒト免疫不全ウイルス. エイズウイルス.

HST[hypersonic transport]極超音速旅客機.

HTML,html[hypertext markup language]インターネットのホームページの情報を表示する言語の一.

HTTP,http[hypertext transfer protocol]データ送信の通信規格の一.

**I**

IAEA[International Atomic Energy Agency]国際原子力機関.

IAS[International Accounting Standards]国際会計基準.

IATA(イアタ)[International Air Transport Association]国際航空運送協会.

ICU[intensive care unit]集中治療室.

ID[identification]身分証明.

ILO[International Labor Organization]国際労働機関.

IMF[International Monetary Fund]国際通貨基金.

INF[intermediate-range nuclear forces]中距離核戦力.

IOC[International Olympic Committee]国際オリンピック委員会.

IQ[intelligence quotient]知能指数.

ISBN[International Standard Book Number]国際標準図書番号.

ISDN[integrated services digital network]総合デジタル通信網.

ISO[International Standardization Organization]国際標準化機構.

IT[information technology]情報技術.

IWC[International Whaling Commission]国際捕鯨委員会.

**J**

JA[Japan Agricultural cooperatives]農業協同組合.

JAF(ジャフ)[Japan Automobile Federation]日本自動車連盟.

JARO(ジャロ)[Japan Advertising Review Organization]日本広告審査機構.

JAS(ジャス)[Japanese Agricultural Standard]日本農林規格.

JASDAQ(ジャスダック)[Japan Association of Securities Dealers Automated Quotation]日本店頭銘柄気配自動通報システム.

JASRAC(ジャスラック)[Japanese Society for Rights of Authors, Composers and Publishers]日本音楽著作権協会.

JETRO(ジェトロ)[Japan External Trade Organization]日本貿易振興会.

JICA(ジャイカ)[Japan International Cooperation Agency]日本の国際協力事業団.

JIS(ジス)[Japanese Industrial Standards]日本工業規格.

JOC[Japan Olympic Committee]日本オリンピック委員会.

**JOCV**[Japan Overseas Cooperation Volunteers]青年海外協力隊.

**K**
**KD**[knock down]ノックダウン輸出の略. 現地組み立て方式.
**KKK**[Ku Klux Klan]アメリカの白人秘密結社.

**L**
**LAN**(ラン)[local area network]企業など限られた地域内の情報通信網.
**LCD**[liquid crystal display]液晶ディスプレイ.
**LED**[light emitting diode]発光ダイオード.
**LNG**[liquefied natural gas]液化天然ガス.
**LPG**[liquefied petroleum gas]液化石油ガス.
**LSI**[large-scale integration]大規模集積回路.

**M**
**M&A**[merger and acquisition]企業の合併・買収.
**MD**[Minidisk]ミニ・ディスク. 音楽用の光磁気ディスク.
**MIDI**(ミディ)[musical instrument digital interface]電子音楽データ通信規格.
**MO**[magneto-opticaldisk]光磁気ディスク. コンピュータの補助記憶装置の一.
**MP3**[MPEG(motion picture expert group) audio layer-3]音声情報圧縮技術の一.
**MPU**[microprocessor unit]マイクロ・プロセッサー. 超小型の演算処理装置.

**N**
**NASA**(ナサ)[National Aeronautics and Space Administration]米航空宇宙局.
**NASDA**(ナスダ)[National Space Development Agency of Japan]日本の宇宙開発事業団.
**NASDAQ**(ナスダック)[National Association of Securities Dealers Automated Quotations]全米店頭銘柄気配自動通報システム.
**NATO**(ナトー)[North Atlantic Treaty Organization]北大西洋条約機構.
**NGO**[nongovernmental organization]非政府組織.
**NIES**(ニーズ)[newly industrializing economies]新興工業経済地域.
**NOx**(ノックス)[nitrogen oxides]窒素酸化物の総称.
**NPO**[non-profit organization]民間非営利団体.
**NPT**[Nuclear Non Proliferation Treaty]核拡散防止条約.
**NTB**[non-tariff barrier]非関税障壁.

**O**
**OA**[office automation]オフィス・オートメーション. 事務作業の自動化.
**OAU**[Organization of African Unity]アフリカ統一機構.
**ODA**[official development assistance]政府開発援助.
**OECD**[Organization for Economic Cooperation and Development]経済協力開発機構.
**OEM**[original equipment manufacturing]相手先商標商品.
**OPEC**(オペック)[Organization of Petroleum Exporting Countries]石油輸出国機構.

**P**
**PC**①[political correctness]政治的妥当性.②[personal computer]パソコン.
**PDA**[personal digital assistant]携帯情報端末.
**Ph.D.**[philosophiae doctor ラテ]哲学博士.
**PHS**[personal handyphone system]簡易型携帯電話.
**PKF**[Peace-Keeping Forces]国連平和維持軍.
**PKO**[Peace-Keeping Operations]国連平和維持活動.
**PLO**[Palestine Liberation Organization]パレスチナ解放機構.
**ppm**[parts per million]100万分の一の意を表す単位.
**PTSD**[post-traumatic stress disorders]心的外傷後ストレス精神障害.

**Q**
**QC**[quality control]品質管理.
**QOL**[quality of life]人生・生活の質.

**R**

**RAM**(ラム)[random access memory]随時書き込み・読み出し可能記憶素子.
**RGB**[red, green, blue]赤・緑・青の光の三原色.
**RIMPAC**(リムパック)[Rim of the Pacific Exercise]環太平洋合同演習.
**ROE**[return of equity]株主資本利益率. 自己資本利益率.
**ROM**(ロム)[read-only memory]読み出し専用記憶素子.
**RPG**[role-playing game]ロール・プレイング・ゲーム.
**RV**[recreational vehicle]レクリエーショナルビークル. レジャー用乗用車.

**S**

**SAT**[Special Assault Team]特殊急襲部隊.
**SFX**[special effects]特殊撮影技術.
**SGマーク**[safety goods mark]生活用品の安全基準合格マーク.
**SIDS**[sudden infant death syndrome]乳幼児突然死症候群.
**SOHO**(ソーホー)[small office home office]在宅勤務.
**SOx**(ソックス)[sulfur oxide]硫黄酸化物.
**SP**[security police]要人の身辺警護を任務とする警官.
**SST**[supersonic transport]超音速旅客機.
**STD**[sexually transmitted disease]性行為感染症.

**T**

**TC**[traveler's check]トラベラーズ・チェック. 旅行者用の小切手.
**TCP/IP**[transmission control protocol/internet protocol]インターネットで使用される通信手順の規格.
**TOEFL**(トーフル)[Test of English as a Foreign Language]米国への留学を希望する外国人のための英語学力テスト.
**TOEIC**(トーイック)[Test of English for International Communication]国際コミュニケーション英語能力テスト.
**TOPIX**(トピックス)[Tokyo Stock Price Index]東証株価指数. 東京証券取引所が発表している株価指数.

**U**

**UN**[United Nations]国際連合.
**UNESCO**(ユネスコ)[United Nations Educational, Scientific and Cultural Organization]国連教育科学文化機関.
**UNF**[United Nations Forces]国連軍.
**UNHCR** [Office of the United Nations High Commissioner for Refugees]国連難民高等弁務官事務所.
**URL**[uniform resource locator]インターネットでの接続先を指定する表記.
**UV**[ultraviolet rays]紫外線.

**V**

**VAN**(バン)[value-added network]付加価値通信網.
**VICS**[Vehicle Information and Communication System]道路交通情報通信システム.
**VTR**[video tape recorder]ビデオテープレコーダー.

**W**

**WASP**(ワスプ)[White Anglo-Saxon Protestant]アングロサクソン系白人新教徒.
**WHO**[World Health Organization]世界保健機関.
**WWF**[World Wide Fund For Nature]世界自然保護基金.
**WWW**[world wide web]インターネット上の情報検索システム.

**Y**

**YH**[youth hostel]ユース・ホステル.
**YMCA**[Young Men's Christian Association]キリスト教青年会.
**YWCA**[Young Women's Christian Association]キリスト教女子青年会.

## 十干十二支

| | | | | |
|---|---|---|---|---|
| 甲子《きのえね》 | 丙子《ひのえね》 | 戊子《つちのえね》 | 庚子《かのえね》 | 壬子《みずのえね》 |
| 乙丑《きのとうし》 | 丁丑《ひのとうし》 | 己丑《つちのとうし》 | 辛丑《かのとうし》 | 癸丑《みずのとうし》 |
| 丙寅《ひのえとら》 | 戊寅《つちのえとら》 | 庚寅《かのえとら》 | 壬寅《みずのえとら》 | 甲寅《きのえとら》 |
| 丁卯《ひのとう》 | 己卯《つちのとう》 | 辛卯《かのとう》 | 癸卯《みずのとう》 | 乙卯《きのとう》 |
| 戊辰《つちのえたつ》 | 庚辰《かのえたつ》 | 壬辰《みずのえたつ》 | 甲辰《きのえたつ》 | 丙辰《ひのえたつ》 |
| 己巳《つちのとみ》 | 辛巳《かのとみ》 | 癸巳《みずのとみ》 | 乙巳《きのとみ》 | 丁巳《ひのとみ》 |
| 庚午《かのえうま》 | 壬午《みずのえうま》 | 甲午《きのえうま》 | 丙午《ひのえうま》 | 戊午《つちのえうま》 |
| 辛未《かのとひつじ》 | 癸未《みずのとひつじ》 | 乙未《きのとひつじ》 | 丁未《ひのとひつじ》 | 己未《つちのとひつじ》 |
| 壬申《みずのえさる》 | 甲申《きのえさる》 | 丙申《ひのえさる》 | 戊申《つちのえさる》 | 庚申《かのえさる》 |
| 癸酉《みずのととり》 | 乙酉《きのととり》 | 丁酉《ひのととり》 | 己酉《つちのととり》 | 辛酉《かのととり》 |
| 甲戌《きのえいぬ》 | 丙戌《ひのえいぬ》 | 戊戌《つちのえいぬ》 | 庚戌《かのえいぬ》 | 壬戌《みずのえいぬ》 |
| 乙亥《きのとい》 | 丁亥《ひのとい》 | 己亥《つちのとい》 | 辛亥《かのとい》 | 癸亥《みずのとい》 |

## 六曜

| | |
|---|---|
| 先勝《せんしょう》 | 午前は吉、午後は凶。急用や訴訟などによいとされる日。せんかち。 |
| 友引《ともびき》 | 朝晩は吉、昼は凶。相引で勝負なしという日。「友を引く」として、葬式にはよくないとされる日。 |
| 先負《せんぶ》 | 午前は凶、午後は吉。公事や急用、争い事を避け、平静を守って吉とされる日。せんまけ。 |
| 仏滅《ぶつめつ》 | 万事に凶であるとする日。 |
| 大安《たいあん》 | 万事進んでよしとされる日。結婚、結納、旅立ち、移転、開店に吉。だいあん。 |
| 赤口《しゃっこう》 | 正午のみ吉の凶日。しゃっく。 |

## 七草

春

芹《せり》
薺《なずな》
御形《ごぎょう》
繁縷《はこべ》
仏《ほとけ》の座《ざ》
菘《すずな》
蘿蔔《すずしろ》(清白)

秋

萩《はぎ》
尾花《おばな》
葛《くず》
撫子《なでしこ》
女郎花《おみなえし》
藤袴《ふじばかま》
桔梗《ききょう》

## 七福神

恵比寿《えびす》(恵比須・蛭子・戎)
大黒天《だいこくてん》
毘沙門天《びしゃもんてん》
寿老人《じゅろうじん》
布袋《ほてい》
福禄寿《ふくろくじゅ》
弁財天《べんざいてん》(弁才天)